本辭典編撰經費承
嘉新水泥公司捐助壹佰萬元
嘉新文化基金會捐助貳拾伍萬元

雲五社會科學大辭典

第六冊

法律學

名譽總編輯　王雲五

編輯委員會召集人　楊亮功　陳雪屏　羅志淵

本冊主編　何孝元

本冊編輯委員　王建今　吳　智　何孝元
李學燈　林咏榮　桂公仁
馬漢寶　陳　珊　張鏡影
管　歐

出版委員會主任委員　劉季洪

出版者　臺灣商務印書館

本冊撰稿人

（以姓名筆畫為序）

王建今
何孝元
林咏榮
馬漢寶
張鏡影
吳智
李學燈
桂公仁
陳珊
管歐

雲五社會科學大辭典

第六冊　法律學

序　言

民國五十六年六月，雲五社會科學大辭典編輯委員會邀孝元擔任該會法律學組召集人，自忖才菲學淺，未敢荷重。奈以盛情難却，黽勉將事。惟以國內法學界名流碩彥，多皆身膺要職，未遑抽暇他顧，延攬本組委員，至感不易。數度商請，一再敦促，始徵得張鏡影、陳珊、李學燈、王建今、管歐、林咏榮、吳智、馬漢寶、桂公仁諸位先生之同意，惠允撰擬專篇，彙成巨帙。第以法律條例，浩如煙海，典籍書刊，汗牛充棟，要不知從何入手。遂與諸委員數度磋商，幾經研討，迺就其在學術上與實例上具有重要性者，分爲左列七部門。其中英美法一項，原不擬列入，惟鑑於比來國際貿易發達，交往頻繁，英美民法商法之知識，處處有其需要，故擇其主要而爲目前便於適用者，一併列入，以供參考。

一、法理學。

二、中國法制史。

三、民法

㈠民法總則　㈡債編總則　㈢債編分則　㈣物權　㈤親屬　㈥繼承　㈦民事訴訟法　㈧強制執行法　㈨破產法。

四、商事法

㈠緒論　㈡公司法　㈢票據法　㈣海商法　㈤保險法　㈥動產擔保交易法。

五、有關民商法之行政法規

㈠土地法　㈡商業登記法　㈢商品檢驗法　㈣專利法　㈤商標法　㈥度量衡法　㈦標準法。

六、刑法

㈠刑法總則　㈡刑法分則　㈢刑事政策　㈣刑事訴訟法　㈤特別刑事法：⑴戡亂時期貪污治罪條例

，(2)妨害兵役治罪條例，(3)戒嚴法，(4)懲治叛亂條例，(5)戡亂時期檢肅匪諜條例，(6)懲治走私條例，(7)海關緝私條例，(8)妨害國幣懲治條例，(9)懲治盜匪條例，(10)戡亂時期竊盜犯贓物犯保安處分條例，(11)戰時軍律，(12)違反糧食管理治罪條例，(13)妨害軍機治罪條例，(14)軍機種類範圍令，(15)戰時禁制品條例，(16)國家總動員法，(17)妨害國家總動員懲罰暫行條例，(18)軍事徵用法，(19)要塞堡壘地帶法，(20)戡亂時期肅清煙毒條例，(21)戰時交通電業設備及器材防護條例，(22)軍事審判法，(23)陸海空軍刑法。

七、英美法

㈠英美契約法　㈡英美侵權行爲法　㈢英美衡平法　㈣英美刑法。

上列科目經第一次會議討論後，決定由本組各位編輯委員分別擔任如左：

張委員鏡影擔任：民法總則，民法債編分則，民法親屬，民法繼承。

陳委員珊擔任：民法物權，破產法，強制執行法，刑事訴訟法。

李委員學燈擔任：民事訴訟法。

王委員建今擔任：刑法總則，刑法分則，刑事政策。

管委員歐擔任：有關民商法之行政法規。

林委員咏榮擔任：公司法，票據法，保險法，海商法，動產擔保交易法，中國法制史。

吳委員智擔任：特別刑事法規。

馬委員漢寶擔任：法理學。

桂委員公仁擔任：英美刑法。

何委員孝元擔任：民法債編總則，英美契約法，英美侵權行爲法，英美衡平法。

本組所任工作，範圍過廣，原限定之五十萬字，殊不足盡其所述，經申報編輯委員會並經其同意，增擴爲六十萬字，而實際上多數委員所撰稿件，字數仍遠超過此數者。

前列各專篇，幸於本年八月終完成，茲特就此機會，對於各委員之辛勞，用表謝忱，謹述其編撰始末，敬祈博雅君子有所教正是幸。

民國五十九年八月二十八日　何孝元　謹識

雲五社會科學大辭典（第六冊）

法律學

一子繼承主義

係以家族所有財產僅許長子一人繼承，他人不得染指，亦稱強制保留主義。此制目的在保全世襲制度之財產，不致分散。及封建制度式微或已取消之國家，因其着眼於耕地之面積利用，不欲分割而減少經濟上之價值，仍保留此制。不過名雖一子繼承，其實為共同分別繼承。在計算上仍由諸子平均繼承，惟耕地不予分割，由長子或季子一人繼承，對其他繼承人之應繼分，則以金錢或該農地之收益補償之，德英兩國尙存此制。（民法繼承）（張鏡影）

一年另一日原則（Year-and-a-Day Rule）

欲使行為人負刑責，必其不法侵害他人之行為與死亡或傷害結果間，有相當或最近之因果關係，其決定法則不一，「普通法」特以一年另一日時間為機械式計算法，即被害人未於被侵害後一年另一日時間內死亡者，推定行為人之侵害行為與死亡事實間無若何因果關係。在德力（State v. Dailey, 191 Ind. 678, 134 N.E. 481, 1922）一案中，被告以致命武器打擊被害人，後者於受傷後十四月死亡，美國印第安那州最高法院判決認為，該州旣無立法明文排除「普通法」「一年另一日」法則之適用，應解釋為默示適用該「一年另一日」原則，被害人於受傷後十四月死亡，是與被告侵害行為無因果關係，被告不負殺人刑責。另有部分州法院主張，如無立法明文適用「普通法」「一年另一日」原則，則應解釋排除其適用，否則有司法侵入立法，違反三權分立精神。目前醫學發達，被害人傷勢是否會發生死亡結果，幾可立時斷定，無須更待一年另一日，故此原則已逐漸被廢棄。（英美刑法）（桂公仁）

一事不再理

訴訟法上為防對於同法律關係發生相牴觸之裁判，且免虛耗勞費時間，或為維持判決之確定力起見，設有禁止更行起訴之規定（民訴二五三，四〇〇），此在學說上謂之一事不再理之原則。析言之：㈠當事人不得就已起訴之事件，於訴訟繫屬中，更行起訴（二五三）。此因訴一經提起，即生訴訟繫屬之效力，該訴訟之原告或被告不得更以他造為被告，就同一訴訟標的，在同一法院或他法院，提起新訴或反訴。㈡訴訟標的於確定之終局判決中經裁判者，除法律別有規定外，當事人不得就該法律關係更行起訴（四〇〇Ⅰ）。此種效力稱為判決之實質確定力或旣判力。以上二種情形，自當事人言之，不得更行起訴，自法院言之，即不得更行受理，故稱為一事不再理。然必須前後二訴為同一事件，始受一事不再理之限制，所謂同一事件，係指同一當事人，就同一法律關係，而為同一之請求而言。同一當事人，不限於在前後二訴同屬於原告或被告之地位，同一法律關係，係指為訴訟標的之法律關係，同一之請求，係指所求判決之內容相同，或正相反對或可以代用者而言。若三者有一不同，即不得謂為同一事件。此為訴訟成立要件之絕對要件事項，其情事之有無，法院應以職權調查之。如起訴違背上述規定者，法院應以裁定駁回之（二四九Ⅰ7）。惟如判決確定後，判決原本及正本滅失，而無其他方法證明判決之內容者，過去依復員後辦理民事訴訟補充條例（現已失效）第十七條得更行起訴，則為此一原則之例外。餘參見「旣判力」條。（民事訴訟法）（李學燈）

一事不再理原則（Double Jeopardy）

「普通法」及英美諸國憲法為確保人權，有「一事不再理」之原則，此所謂「一事」係指同一犯罪或同一犯行，非僅指同一罪名言。就同一犯罪已依法起訴，判決時，不得再行起訴（Driggers v. State, 197 Fla. 182, 188 So.

118, 120）。在包爾一案中，被害人在肯州受傷但死於田州，被告抗辯謂肯州法院無管轄權獲釋。依英美普通法原則，被害人在甲州受創如死於乙州時，前者有管轄權。今檢方昧於法理將被告開釋，即不得就同一罪行再行起訴。在亞倫（Allen v. State, 52 Fla. 1, 41 So. 593, 120 Am. St. Rep. 188）一案中，被告要求准予暫時退庭以便尋找主要證人，檢方却因而要求庭上撤退陪審團，佛州最高法院認爲，被告在合法審判程序中受審，檢方無正當理由或需要，更未經被告同意，遽然要求撤退陪審團，停止審判，即等於將被告無罪開釋，嗣後若就同一罪行再起訴或開庭，則爲違背一事不再理原則。（英美刑法）（桂公仁）

一般預防主義

一般預防，爲刑法本來之任務，即使社會上一般人不致走入犯罪之岐途。主要之意義，在於犯罪人受到相當的處罰以後，對於社會一般人即發生嚇阻作用，故又稱爲一般威嚇主義。此種主義，雖以預防爲其思想之出發點，但爲達到預防之目的，不能不應用報應刑觀念爲其糾正社會心理之方法，故一般預防主義與報應主義實具有相同之目的與作用。惟刑罰之威嚇力，雖不失爲維持社會秩序之有效方法，但其本身亦有其一定之限度，且可產生不良之副作用，蓋對於激情犯人即不可能期待其有何威嚇作用。同時因發揮威嚇力之結果，甚易發生不必要之嚴酷的刑罰，倘超過一定限度之嚴酷刑，則顯然輕視個人之生命、自由與財產，而爲造亂之根源。故眞正之威嚇作用，並不在於嚴酷的刑罰，而應爲人民對於優良警察，檢察及審判制度之信賴，犯罪者終必受到法律之制裁，無倖逃法網之餘地，如此方爲合理之一般預防。（刑法總則）（王建今）

一級謀殺罪（Murder in the First Degree）

英美「普通法」之謀殺罪（murder）係指被告有明示或默示惡意預謀，且無正當理由非法殺人，應受死刑判決，罪名無等級之分。然美國部分州法律，將謀殺罪區分爲一級謀殺罪及二級謀殺罪，旨在放寬刑度，非如「普通法」之謀殺罪一概處以死刑。賓州刑法可謂典型代表，其對謀殺罪定義如下：「以毒物，埋伏及任何蓄意預謀之殺人，或於從事或意圖從事縱火罪，強姦罪，強盜罪，夜盜罪及擄人罪，而發生致人於死之結果者，均係犯一級謀殺罪，上述情形以外之謀殺，皆爲二級謀殺罪。凡犯一級謀殺罪者，應經陪審團裁決，分別處以死刑或無期徒刑。犯二級謀殺罪者，如係初犯，處以二十年以下之有期徒刑，如係再犯者，處以無期徒刑。」（Pennsylvania Penal Code, 18 P. S. §4701）

一級謀殺罪之被告必須具有明示或默示惡意預謀，二級謀殺罪被告殺人時，有推定惡意預謀（constructive malice afore thought）即足。（英美刑法）（桂公仁）

一造審理主義

見「兩造審理主義」條。（民事訴訟法）（李學燈）

一造辯論判決

判決基於當事人之一造辯論而爲之者，謂之一造辯論判決。關於當事人一造於言詞辯論期日不到場時，法院應如何處置，各國立法例，有缺席主義及一造辯論主義之分。前者，如原告缺席，則擬制爲捨棄請求；如被告缺席，則擬制爲自認原告主張之事實；以其缺席之效果爲基礎，依到場一造之聲請予以敗訴之判決。雖已有之訴訟資料，於判決時亦不得斟酌之。對於此種判決聲明不服之方法，則爲聲明窒礙，一有此項聲明，不問缺席之理由如何，即使訴訟回復缺席前之程度。後者，仍由到場之一造照常辯論而爲判決，如以前已爲辯論或證據調查或未到場人有準備書狀中之陳述，均應斟酌，未到場人以前聲明之證據，其必要者，並應調查之（民訴三八五Ⅱ）。現行法採此主義，故於言詞辯論期日，當事人之一造不到場者，得依到場當事人之聲請，由其一造辯論而爲判決。不到場之當事人，經再傳而仍不到場者，並得依職權由一造辯論而爲判決（三八五Ⅰ）。惟有下列各款情形之一者，法院應以裁定駁回聲請，並延展辯論期日。㈠不到場之當事人未於相當時期受合法之通知者，㈡當事人之不到場可認爲係因天災或其他不可避之事故者，㈢到場之當事人於法院應依職權調查之事項，不能爲必要之證明者，㈣到場之當事人所提出之聲明、事實或證據，未於相當時期通知他造者（三八六）。當事人於辯論期日到場不爲辯論者，視同不到場（三八七）。當事人於言詞辯論期日不到場，基於其他一造之辯論而爲判決，非必即爲該不到場當事人敗訴之判決，亦即非必對於該當事人生不利益之效果。蓋依現有之訴訟資料，亦有應爲有利於缺席人之判決者。到場之當事人聲請由其一造辯論而爲判決時，須證明爲訴訟要件之事項存在，如不能爲必要之證明（三八六3）法院認訴爲不合法時，應以裁定駁回之，或爲其他處置，或駁回到場人之聲請，不得爲判決。如當事人已於前次辯論期日到場辯論，則以前辯論之效力，不因以後一造之缺席而受影響。故因缺席人在前辯論不爭執某事實所生之效力（二八〇、三五七），仍繼續存在，而到場人之辯論，亦必不與以前之辯論抵觸或雖抵觸而爲一般原則所許者而後可。一造辯論之判決，係因一造缺席，本於其他一造辯論而爲之判決，因此亦得稱之爲缺席判決。參見「缺席判決」與「對席判決」條。（民事訴訟法）（李學燈）

一部保險

保險契約上所約定的保險金額如不及保險標的物的價值者，例如保險金額爲八萬元，而保險標的物的價值爲十萬元，此在實際上保險金額僅佔其標的物價值十分之八，故謂之「一部保險」（under insurance, partialoversicher-ung, assurance partille, sous-assurance）。在此場合，其標的物如係全部損失，除契約另有約定外，保險人的負擔，以保險金額對於保險標的物的價值比例定之。（參照保險法第七十三第七十七等條）。（商事法）（林咏榮）

一部終局判決

訴訟標的之一部或以一訴主張之數項標的，其一達於可爲裁判之程度者，法院得爲一部終局判決，本訴或反訴於可爲裁判之程度者亦同（民訴三八二）。所謂訴訟標的之一部，係指可分之訴訟標的之一部而言。所謂以一訴主張之數項標的，係指由原告合併提起，或於起訴後追加成爲數項之標的而言（五三、二四八、二五五）。所謂本訴或反訴有一達於可爲裁判之程度，係指被告提起反訴後，本訴或反訴，有一已達於可爲裁判之程度而言。對於訴訟爲一部判決與否，依法院之意見定之。若以爲不相宜者，亦得俟全部訴訟達於可爲裁判之程度時，再爲全部終局判決。當事人無强求法院先爲一部判決或不爲一部判決之權。但以一訴請求計算及被告因該法律關係所應爲之給付，而先求法院判決命被告爲計算之報告者（二四五），則必須以一部判決爲之。又當事人就訴訟標的之一部，或於合併訴訟之數項標的中就其一項爲捨棄或認諾者，則必須爲一部捨棄或認諾之判決。至必要之共同訴訟必須合併裁判，則不得爲一部判決；亦有合併之數訴，不宜爲一部判決者。一部終局判決，關於上訴，再審及强制執行等，與全部終局判決同。關於訴訟費用之裁判，由該一部分所生之費用應一併裁判之。但亦得於最後之終局判決，一併裁判之。餘參見「終局判決」條。（民事訴訟法）（李學燈）

一部聲請覆判

軍事審判法上所稱之一部聲請覆判，謂聲請人僅對初審判決之一部分聲明不服，請求該管覆判機關覆判。對於判決之一部聲請覆判者，其有關係之部分視爲亦已聲請覆判。未聲明爲一部者，視爲全部聲請覆判。（特別刑事法）（吳智）

人工收穫物（Fructus Industriales）

人工收穫物者，乃經施以人力與栽培在土地上成長之出產物也，如稻、麥等是。人工收穫物爲動產，不屬於土地利益之範圍，故不論其於土地分離前或分離後而土地移轉者，均不視爲一八九三年英國貨物買賣法第四節所規定之「土地之利益」（見 Anson's Law of Contract, Brierly, 12ed., 1952, p. 71.）。（英美契約法）（何孝元）

人合公司

人合公司係指公司的信用基礎，依存於股東的人的資望。無限公司爲典型的「人合公司」（personalgesellschaft, société de person-nes）。人合公司重視各股東的個別條件，在性格上屬於個人主義公司（individualistische Gesellschaft）。且其股東的結合，以相互深切瞭解爲必要，勢須於親族或戚屬中求之，故此種公司具有家族性，而稱之爲家族性公司。（商事法）（林咏榮）

人身保險

見「保險種類」條及「火災保險」條。（商事法）（林咏榮）

人身保護狀（Habeas Corpus）

有關傳詢訴訟當事人出庭之令狀皆謂之，原文爲拉丁文，其英文意爲 you have the body，主要作用在釋放受非法監禁之當事人，在法律上言之，並無決定當事人有罪與否之效力，當事人僅得據以請求法院裁決其受拘禁是否符合法定程序(due process)。(Ex parte Presnell, 58 Okl. Cr. 50, 49 P2d 232)。(英美刑法)(桂公仁)

人法物權

此爲羅馬法上之分類，對神法物權而言，其標的可分爲下列數種：㈠私有物，即個人私有之財產。㈡府有物，即屬於市府與私人共有之財產。㈢公有物，即公共使用之物。我民法上所定物權，自係屬於此類。(民法物權)(陳　冊)

人事訴訟程序

人事訴訟，係關於人之身份能力之訴訟，而非以財產關係爲訴訟標的。法律爲設特別程序，總稱曰人事訴訟程序(民訴第九編)，亦即關於婚姻事件、親子關係事件，禁治產事件及宣告死亡事件四種特別訴訟程序之總名(第九編第一章至第四章)。財產訴訟，影響僅及私人之權利，人事訴訟，影響及於社會之秩序，攸關國家之公益，故人事訴訟程序之特別規定，其要點在兼採干涉主義與限制當事人之處分權。他國立法例，有使檢查官得參與其程序，以維護社會國家之利益者。我國舊民事訴訟條例及民事訴訟律即採此種立法例，而現行法則未與檢察官以此項職權。然較之一般訴訟程序，其特色於下列各點可見一斑：㈠專屬管轄之規定(如五六八、五八三、五八九、五九二、五九七、六二〇、六二六)；㈡被告適格之規定(如五六九、五九一)；㈢有訴訟能力人範圍之擴大(如五七〇、五八四、六一二)；㈣兼採職權調查主義而限制處分權主義(如五七四、五七五、五九四、五九五、六〇一)；㈤訴之合併、變更、追加或提起反訴之特別規定，及他訴合併之禁止(如五七二，六一三)；㈥判決效力之擴張(如五八二，六四〇)等是。惟人事訴訟程序，雖爲特別訴訟程序之一種，然其中所規定者，不過與一般訴訟程序相異之部分而已。故除特別規定外，仍應適用或準用一般訴訟程序(第一編至第五編)之規定。(民事訴訟法)(李學燈)

人壽保險(Life Insurance; Lebensversicherung; Life Assurance)

人壽保險契約，就是以被保險人的生命爲保險標的，並以死亡或生存爲保險事故(係指其在契約規定年限內死亡或屆契約規定年限而仍生存)，保險人於事故發生時，依照契約負給付保險金額責任的一種人身保險契約(保險法第一〇一條)。一七六二年倫敦有公平保險社(Equitable Society)的設立，實奠近代人壽保險企業的始基。其後法蘭西、荷蘭等國相繼成立人壽保險公司，而人壽保險事業，乃漸臻於發達。德瑞兩國現行保險契約法，均於第三章設「生命保險」的規定，與其第二章「損害保險」相對稱。日本現行商法亦然，而法國現行保險契約法，則規定「生命保險」於第三章(人保險)第二節中。我舊法略仿法國立法例，於第二章規定損失保險，第三章規定人身保險，其第二節，則爲人壽保險，現行法仍採二分法，規定財產保險於第三章，規定人身保險於第四章，其第一節則爲人壽保險。(商事法)(林咏榮)

人證

見「證人」條。(民事訴訟法)(李學燈)

爲證據之一種，與物證相對稱，即第三人於法院或檢察官前以言詞陳述見聞事實之謂。人證以人之供述爲證，非以其人爲證，其據以認定犯罪事實者，乃爲證言，故又稱爲言詞證。(刑事訴訟法)(陳　冊)

九刑

虞書舜典有：「象以典刑，流宥五刑，鞭作官刑，扑作教刑，金作贖刑」的紀錄。所謂：「象以典刑」，聚訟紛如；愚以解爲：「察天之象，示人以常刑」爲是。所謂五刑，係指墨、劓、剕、宮、大辟，是爲主要刑；而流、鞭、扑、贖則爲補助刑，合稱九刑。(中國法制史)(林咏榮)

九族

尚書堯典：「克明俊德，以親九族」，九族者，係指同一祖先所出的男系血親。宗親的範圍，考諸經典暨歷代法制，皆以九族爲準，如禮記喪服小記：「親親，以三爲五，以五爲九，上殺、下殺、旁殺，而親畢矣」。所謂「三」

者，指父己子，所謂「五」，於「三」之外，上加祖與下加孫，所謂「九」，於「五」之外，上加高曾二代之祖，下加曾玄二代之孫。此即所謂三代、五代、九世。因為九族之親，上止於高祖，下止於玄孫。而「同父則期，同祖則大功，同曾祖則小功，同高祖則緦麻，是旁殺也，高祖外無服，故曰畢矣」。（中國法制史）（林咏榮）

九章

漢丞相蕭何，就前代的法經六篇，刪參夷連坐之罪，增部主見知之條，另加事律—興律、廐律、戶律三篇，合稱九章。（中國法制史）（林咏榮）

九卿會審

唐宋以刑部覆按大理寺，明清則以大理寺覆按刑部，視大理寺為愼刑機關。其有大獄，則由都察院、大理寺、通政司及六部共議，謂之九卿會審。（中國法制史）（林咏榮）

十九信條

清宣統三年九月十三日所公布的十九信條，可視為有清一代籌備立憲中的唯一憲法，亦我國歷史上憲法的濫觴。其中規定，如：憲法由資政院起草議決，皇帝頒布之。憲法改正提案的權屬於國會。上院議員，由國民於法定特別資格中公選之，總理大臣，由國會公選，皇帝任命之，其他國務大臣由總理大臣推舉，皇帝任命之；皇族不得為總理大臣，其他國務大臣，並各省行政長官。總理大臣受國會的彈劾，非解散國會，即內閣總理辭職，但一次內閣，不得為兩次國會的解散。皇帝直接統率海陸軍，但對內使用時，須依國會議決之特別條件。不得以命令代法律；除緊急命令外，以執行法律所委任者為限。國際條約，非經國會的議決，不得締結；但宣戰講和，不在國會開會期內，由國會追認之等等，此項信條雖非完全的憲法，但已具憲法的效力。九月二十六日袁世凱的組閣，即係資政院根據信條第八條的規定，公舉袁氏為內閣總理大臣；惟因清廷無誠意立憲，十九信條亦終與清廷而歸於泯滅。（中國法制史）（林咏榮）

十惡

十惡之中，如謀反、大逆、不道、不敬等，課以厲刑，早就已經有了；惟「十惡」的名稱，乃起源於北齊，而北周律却沒有此目，隋承齊制，唐仍之，直到於清，都保留着。唐律疏議上說：「五刑之中，十惡尤切，虧損名教，毀裂冠冕，特標篇首，以為明誡，其數甚惡者，事類有十，故稱十惡」。其所謂十惡，是：①謀反—係指謀危社稷（圖謀顚覆政府），就是現在的內亂罪。②謀大逆—係指毀壞宗廟山陵（古帝王因山而葬故其墓地曰山陵）及宮闕。③謀叛—係指背叛本國、從敵僞，類似現在的外患罪。④惡逆—係指毆及謀殺祖父母、父母、殺伯叔父母、姑、兄姊、外祖父母、夫、夫的祖父母與父母。⑤不道—謂殺一家非死罪者三人（一家被殺三人之中如有一人合死，或於數家各殺二人，雖合死刑，但不入十惡）及支解人（支解身體），造畜蠱毒（以蠱類造合成蠱，此蠱有毒，畜以害人），厭魅（邪俗陰行為害於人）。⑥大不敬—係指盜大祀神御之物、乘輿（意指皇帝）服御物，盜或僞造御寶、合和御藥誤不如本方或封題有誤，造御膳誤犯食禁、御幸舟船誤不牢固、指斥乘輿情理切害、及對捍制使（制使指奉制出使者）而無人臣之禮。⑦不孝—謂告言（告訴）詛罵祖父母、父母、及祖父母、父母在而別籍異財或供養有闕，居父母喪而身自嫁娶或作樂釋服從吉，聞祖父母、父母喪匿不舉哀，詐稱祖父母、父母死。⑧不睦—係指謀殺及賣緦麻以上親，毆告夫及大功以上尊長，小功尊屬。⑨不義—係指殺本屬府主（依令，職事官五品以上，帶勳官三品以上，得親事於內，其所事之主，名為府主）、刺史、縣令、現受業師、吏、卒殺本部五品以上官長、及聞夫喪匿不舉哀、或作樂釋服從吉及改嫁。⑩內亂—謂姦小功以上親、父祖妾及與和者（婦人與男子和姦）。凡犯十惡，處刑較重，常人犯一般死罪而祖父母、父母老疾應侍，家無期親成丁者，得具狀上請，聽敕處分，而犯十惡者就不同了，雖然遇赦，十惡猶在除名，舊制的八議減刑，十惡亦不與其列。（中國法制史）（林咏榮）

七出

所謂七出，就是合於下列七款之一者，得以出妻（出妻即現代語的片面離婚）。其七款，依唐令的規定，為：(1)無子、(2)淫泆、(3)不事舅姑（舅姑即翁姑，亦即夫之父母）、(4)口舌（口舌即多言）、(5)盜竊、(6)妬忌、(7)惡疾。所謂三不去，就是合於下列三款之一者，除犯惡疾或犯姦者外，雖具備七出中的六出之一，亦不得出妻。其三款依唐律的疏議，爲：(1)經持舅姑之喪，亦卽在夫的父母喪服期中。(2)娶時賤後貴，亦卽娶時夫貧賤，因娶妻後而富貴。(3)有所受無所歸，坊本作「有所取無所歸」，取卽娶，換言之，男方已有所娶，而女方尚無歸宿。此外有所謂「義絶」，依唐律疏議，係指：「毆妻之祖父母、父母，及殺妻外祖父、伯叔父母、兄弟姐妹，若夫妻祖父母、父母、外祖父母、伯叔父母、兄弟姑姐妹，自相殺，及妻毆詈夫之祖父母、父母，殺傷夫之外祖父母、伯叔父母、兄弟姑姐妹，及與夫之緦麻以上親若妻母姦，及欲害夫者，雖會赦皆爲義絶」。凡妻有義絶之狀者，亦得出之。(中國法制史)(林咏榮)

二級謀殺罪 (Murder in the Second Degree)

英美普通法中本無二級謀殺罪，凡惡意預謀非法殺人均處以死刑。因殺人情形各殊，皆處以死刑失之過苛，美國部分州立法遂將謀殺罪區分等級，視殺人事實分別處被告死刑，無期徒刑等。如，惡意預謀，以毒物，設伏等不法方法致人於死時，或於犯夜盜，縱火，強盜，強奸等重罪時致人於死，行爲人須負一級謀殺罪刑責。若行爲人無惡意預謀，又非於犯重罪時殺人，僅臨時起意，或從其使用武器殺傷力推定有殺人惡意時，行爲人應付二級謀殺罪行責 (State Nelson, 148 Minn. 285, 181 N. W. 850. 851)。紐約州刑法規定犯二級謀殺罪者應處以二十年以上有期徒刑，或處無期徒刑。(英美刑法)(桂公仁)

八議

周官小司寇之職，有所謂「八辟」，就是後世所謂的八議。八議雖起源很早，但見於律者，自魏開始。隋律凡在八議之科及官品第七以上犯罪，皆例減一等。唐律所規定的八議，一是議親，謂皇帝袒免以上親，及太皇太后皇太后緦麻以上親、皇后小功以上親。二是議故，謂故舊，卽夙侍宮中，特蒙皇帝接遇歷久者。三是議賢，謂有大德行，卽賢德的人，言行可爲法則者。四是議能，謂有大才業，卽能整軍旅，泣政事，輔弼皇帝丕業者。六是議貴，謂有執掌的執事官三品以上，無執掌的散官二品以上及爵一品者。七是議勤，謂有大勤勞，卽大將吏恪居官次，夙夜在公，或遠使絶域，經涉險難者。八是議賓，謂承先代之後爲國賓者，如周武王封夏后之後於杞，封殷氏之後於宋，又如唐以國賓之禮，待周後介公，隋後酅公等。諸八議者，犯死罪皆條所坐及應議之狀，先奏請議(有關大臣集議)，議定奏裁。凡流罪以下減一等，但犯十惡者不在議減之內。宋元明清均依唐制；惟宋論贖且限於八議，明清以議勤列於議貴之上，議功列於議賢之前，這是一些小不同的地方。到清代歷屆刑律，雖然保持此制度；但實在大清會典，早就聲明八議之條不可以爲訓，未曾有實行，到雍正六年並且有明諭申述這意思。(中國法制史)(林咏榮)

土地

土地一詞，有廣狹二義，就狹義言，土地僅指地球表面上之陸地；就廣義言，所謂土地，則指地球上一切自然物質及非物質，幾與天然同一涵義，英國學者伊萊(Richard J. Ely)謂：「經濟學家所稱土地，係指天然資源或天然力量，不僅指地球表面，且包括地上及地下一切物資，水爲天然資源之一，亦同稱爲土地」；馬沙爾(Alfred marshall)謂：「存在於水、陸、空氣、光線、熱力等的物質及自然力，其能自然輔助人類而充分給與者，皆爲土地」。均係指廣義的土地。我土地法第一條規定：「本法所稱土地，謂水陸及天然富源」，自係指廣義的土地而言；又如民法第六十六條規定：「稱不動產者，謂土地及其定着物；不動產之出產物尚未分離者，爲不動產之部分」；民法第七百七十三條規定：「土地所有權除法令有限制外，於其行使有利益之範圍內，及於土地之上下，……」，亦均與土地法對於土地採取廣義之相同觀念。(土地法)(管歐)

土地水利權 (Right of Water)

所謂土地水利權者，乃土地所有人對於沿繞其土地或通過其土地之流水，皆可自由使用之權利也。如不法汲取、汚穢或杜絶水流之水，卽構成妨害土地水利權之行爲(見 R. F. V. Heuston: Salmond on Torts, 11th ed., 1953, p. 292)。(英美侵權行爲法)(何孝元)

土地支撐權 (Right of Support)

土地支撐權者，乃任何土地占有人，均有使鄰地所有人對於其土地負擔支撐之義務，亦卽土地占有人享有鄰地支撐其土地之權利也。例如鄰地所有人開掘土地或爲建築時，不得因此使土地占有人之地基動搖或發生危險是。如地面與地之下層不屬於同一人所有時，則地之下層所有人，亦應負擔支撐地面之義務（見R. F. V. Heuston: Salmond on Torts, 11th ed., 1953, p. 283）。

（英美侵權行爲法）（何孝元）

土地分類

土地得依各種標準而爲分類，就土地法之規定言，得分類如左：

一、依土地之使用方法，得分爲：㈠建築用地：如住宅、官署、機關、學校、工廠、倉庫、公園、娛樂場、會所、祠廟、教堂、城堞、軍營、砲台、船埠、碼頭、飛機基地等屬之；㈡直接生產用地：如農地、林地、漁地、牧地、狩獵地、鑛地、鹽地、水源地、池塘等屬之；㈢交通水利用地：如道路、溝渠、水道、湖泊、港灣、海岸、堤堰等屬之；㈣其他土地：如沙漠、雪山等屬之。（土、二）

二、依土地所有權之歸屬，得分爲：㈠公有土地：即國有土地、省有土地、市縣有土地、或鄉鎭有之土地（土、四），公有土地又有當然公有土地及普通公有土地之別，前者謂不得爲私有之土地，如土地法第十四條所規定之土地是，後者指未經人民依法取得所有權之土地，及私人土地之所有權已消滅之土地；㈡私有土地：指土地經人民依法取得其所有權者，私有土地之所有權消滅者，爲國有土地（土、十）。

三、依土地使用之有無限制，得分土地爲限制使用地及自由使用地（土、九一）。

四、依土地使用之是否經濟，得分土地爲空地及荒地，前者凡編爲建築用地，而未依法使用之土地屬之；後者凡編爲農業或其他直接生產用地，而未依法使用者屬之（土、七七、七八、）。

五、依行政區劃及人口之散佈，得分土地爲城市地及鄉地。

以上各種土地之分類，可參看各項之詳細說明。（土地法）（管　歐）

土地主登記

此指土地因新登記原因之發生，而重新記入於登記簿之登記，例如物權之取得、設定、移轉等登記是。（土地法）（管　歐）

土地改良物

何者爲土地改良物，各國立法例不一，紐西蘭（Newzealand）法律，謂土地改良物，係指土地所有人或占有人以其勞力或費用，爲土地利用之目的，於土地上所爲之一切工事，但以此種工事及所費材料之結果，增加土地價値，而其效用尚未失去者爲限；新南威爾斯（New South Wales）法律規定，謂土地改良物包括房屋、建築、牆垣、鑿井、以及蔓草之刈除，牧場之培成，土壤之改良等均是。我土地法規定土地改良物，分爲建築改良物，及農作改良物二種：附着於土地之建築物或工事，爲建築改良物；附着於土地之農作物及其他植物，與水利土壤之改良，爲農作改良物（土、五）是土地法所謂土地改良物，較之民法所謂土地定着物之含義爲廣，因定着物須具有獨立經濟價値之性質，改良物則不問其有無各種價値，凡附着於土地之構成部分，而有增加土地之效用者均屬之，又附着於土地之鑛，及經濟上可供公衆利用之天然力，屬於國家所有（中華民國憲法第一四三條第一項），而鑛泉地及鑛地，不得爲私有，或不得移轉、設定負擔或租賃於外國人（土、一四、一七、）自不得謂土地改良物。（土地法）（管　歐）

土地更正登記

登記人員或利害關係人，於土地登記完畢後，發見登記錯誤或遺漏時，以書面聲請該管上級機關查明核准，予以更正（土、六九）登記更正後之登記內容，自始發生登記之效力。（土地法）（管　歐）

土地使用

土地使用，謂施以勞力資本，爲土地之利用（土、八○），因土地之面積雖有不可增性，惟土地之生產力及其效用，則可因人力及資本而增加，故勞力、資本二者，與土地並列爲生產之基本要素。關於土地使用之種別，除土地法第二條已就其使用方法列舉四大類，每類又列舉若干細目外（詳見土地分類條），市縣地政機關得就管轄區內之土地，依國家政策、地方需要情形，及土地所能供使用之性質，分別商同有關機關，編爲各種使用地；凡編爲某種使用之土地，不得供其他用途之使用，但經該管市縣地政機關核准，得爲他種使用者，不在此限；惟編爲某種使用地之土地，於其所定之使用期限前，仍得繼續爲從來之使用；又使用地之種別或其變更，經該管市縣地政機關編定，由市縣政府公布之；使用地編定公布後，上級地政機關認為有較大利益或較重要之使用時，得令變更之（土、八一至八五）。（土地法）（管　歐）

土地使役權（Servitude）

土地使役權者，乃以他人之土地，供自己使役之謂也。土地使役權包括下列三種：㈠地役權（easement），㈡受益權（profit），㈢特許權（licence）。所謂地役權者，乃權利人對於他人之土地有使用之權利，而無受益之權利也。地役權又分土地支撐權、土地採光權、土地水利權與通行權四種（另詳）。所謂受益權者，即權利人對於他人之土地，有使用受益之權利也。所謂特許權者，即受許可人得進入許可人之土地，或受有許可，為一定之行為之權利也（見 R. F. V. Heuston: Salmond on Torts 11th ed., 1953, pp. 271-272, 275, 282, 283, 287, 292, 300）。（英美侵權行為法）（何孝元）

土地法

土地法於十九年六月三十日公布，二十五年三月一日施行，三十五年四月二十九日修正，四十四年三月二十九日修正第十八條條文。全文共二百四十七條，計分五編，第一編總則，包括法例、地權、地權限制、公有土地、地權調查等五章，第二編地籍，包括通則、地籍測量、土地總登記、土地權利變更登記等四章，第三編土地使用，包括通則、使用限制、房屋及基地租用、耕地租用、荒地使用，土地重劃等六章，第四編土地稅，包括通則，地價及改良物價、地價稅、土地增值稅、土地改良物稅、土地稅之減免、欠稅等七章，第五編土地徵收，包括通則、徵收程序、徵收補償等三章。

本法係根據　中山先生平均地權之遺教而制訂，民國十七年中央政治會議第一七一次會議通過土地法立法原則九項，送交立法院作為制訂本法之依據，此九項原則為：㈠征收土地稅以地值為根據，㈡土地稅率採漸進辦法，㈢對於不勞而獲的土地增益行累進稅，㈣土地改良物之輕稅，㈤政府收用私有土地辦法，㈥免稅土地，㈦以增加地稅或估高地值方法促進土地之改良，㈧土地掌管，㈨土地權移轉須經政府許可。上述各原則，分別規定於本法各編之內，乃為規定土地事件之基本法律。至於耕地三七五減租條例，實施耕者有其田條例，實施都市平均地權條例等法律，就土地事件有特別規定者，自應從其規定，各該條例未規定者，仍依土地法及其他法律之規定。土地法對各該條例而言，乃立於普通法之地位，各該條例則立於特別法之地位。（土地法）（管　歐）

土地法施行法

土地法施行法於民國二十四年四月五日公布，二十五年三月一日施行，三十五年四月二十九日修正，本法依土地法第九條之規定制定之，故為土地法之子法，全文分為五編，與土地法內分編相同，都六十一條。其要旨為：「㈠就土地法所未明定之事項，應為規定者加以規定；㈡因各地方在土地法施行前，已經舉辦之土地行政事項，於土地法施行後有改正之必要，須於施行法中有適當規定為之救濟者；㈢關於土地法條文，有為補充規定之必要者。」（見當時立法院土地法委員會及法制委員會所提土地法施行法審查報告）因土地法雖於十九年六月三十日公布，但並非自公布之日施行，一因土地法施行程序，異常繁複，必須有一種法律施行之法則為之輔助，始臻完備；一因土地法為新土地制度之立法，欲以之解決全國土地問題，必須各方面有相當之準備，始能施行無礙。故土地法與土地法施行法之制定公布，雖有先後，惟須同時施行，國民政府於二十五年二月二十五日明令：「土地法及土地法施行法，自二十五年三月一日起施行。」（土地法）（管　歐）

土地法規

係指關於規定土地事項之法律及兼指非法律而含有命令性質之規章而言，其中經過立法程序者為法律，其無須經過立法程序，僅由行政機關本於職權以命令規定具有條文之形式者為規章。現行有關土地之法規甚多，例如：土地法、土地法施行法、實施耕者有其田條例、實施都市平均地權條例等均為法律；土地登記規則、地價調查估計規則、地籍測量規則、土地重劃辦法、實施耕者有其田條例臺灣省施行細則、實施都市平均地權條例臺灣省施行細則等均為規章是。規章既為命令性質，故有關土地法規，亦得謂為土地法令，不過通常將命令分為單純命令及法規命令，單純之命令，指命令之形式，並無像法律一樣之條文規定，僅是單純的對於某種事件之宣告或指示而言；法規命令是指命令之形式，亦有法律一樣之條文規定，故又稱為規章。土地法規即係概括的兼指規定土地事件之法律及此種規章。（土地法）（管　歐）

土地所有權人

指土地所有權之享有者，不限於自然人，卽法人亦得爲土地所有權人，亦不問其爲公法人或私法人。例如：國家、省、市、縣或鄉鎭，均得有其土地，是爲公有土地，係公法人爲土地所有權人；社團法人或財團法人有其土地，係私法人爲土地所有權人。又外國人亦得爲土地所有權人，惟外國人在中華民國取得或設定土地權利，以其本國與中華民國有外交關係，並依條約或依本國法律，中華民國人民享受同樣權利者爲限（土、一八），至土地所有權人對其土地所享有之權利，是爲地權，地權受法律之限制及依法得予調整，分別詳見「地權」、「地權限制」及「地權調整」各條。（土地法）（管　歐）

土地制度

亦得謂爲土地所有制度，理論甚多，大體言之，可分兩派，卽土地國有論派，及土地所有改良論派。前者如英人斯賓士（Thomus Spence 1750 - 1814）、奧其佛（William Ogivers 1756 - 1819）、華勒士（Alfred Ruosel Wallace 1822—1913）、及德人高斯（Hermann Heinrich Gossen 1810-1858）等主張之，謂私人不得擁有土地所有權，土地之所有權應屬於國家，由國家斟酌社會經濟情形，人民生活需要，及其他各種因素，將土地爲合理之分配與使用，俾得共同平等享受土地之利益；至於倡導共產主義之馬克斯（Karl Marx 1818—1883），反對土地私有，尤不具論；後者亦得謂爲地租公有論派，或地租課稅主義派，如英人李嘉圖（David Ricardo 1772—1823）、約翰穆勒（John Stuart Mill 1808—1875）、美人亨利喬治（Henry George 1839—1897）、及德人達馬斯克（Adolf Damaschke 1865—1935）等主張之。謂土地爲天然之產物，原不應由個人取得其私有權，惟若於土地上施以資本及勞力所產生之收益，則應歸其私有，而承認其所有權，若由於土地本質所生之自然利益，及因社會進步，致土地之價格增漲，則此爲不勞而獲之利益，不應歸於私人，應由社會公共所有，其方法則爲地租之課稅，且應課徵重稅，藉以限制土地之私有，並逐漸消滅私有土地。我國所採行之土地制度，在憲法上有原則性之規定，卽：「中華民國領土內之土地屬於國民全體，人民依法取得之土地所有權，應受法律之保障與限制。私有土地應照價納稅，政府並得照價收買。附着於土地之礦，及經濟上可供公衆利用之天然力，屬於國家所有，不因人民取得土地所有權而受影響；土地價值非因施以勞力資本而增加者，應由國家徵收土地增值稅，歸人民共享之；國家對於土地之分配與整理，應以扶植自耕農及自行使用土地人爲原則，並規定其適當經營之面積」。（中華民國憲法第一四三條），乃基於民生主義關於平均地權之原則而爲規定。係折衷於土地國有制度及地租公有制度之間。（土地法）（管　歐）

土地附記登記

此指附記於既存之土地登記，而變更其一部分，以新登記而維持其既存登記之登記，例如登記人更名或變更住所之登記是（土地登記規則、四六）；附登記之性質，附隨主登記；附登記之事項，可謂主登記事項之延長，故與主登記相對稱，其登記之次序，應依主登記之次序；但附記登記，各依其先後（同規則、六）。（土地法）（管　歐）

土地政策

國家爲解決土地問題在政治上所採取之具體方策。亦卽在土地方面施政之重點所在。例如：耕地三七五減租、公有耕地放領、實施耕者有其田、實施都市平均地權等措施，均爲土地政策之表現。自政策之淵源及過程言之，大抵根據主義及憲法有關土地事項，而決定土地政策，依據政策，而制定有關土地法規，執行法規以貫澈土地政策，解決土地問題。（土地法）（管　歐）

土地重劃

土地重劃，乃爲使一定區域內分割畸零細碎狹小之土地，全部混合整理，重行規劃分配，以使不合於經濟使用之土地，而改進成爲最經濟之利用。市縣地政機關因左列情形之一，經上級機關核准，得就管轄區內之土地，劃定重劃地區，施行土地重劃，將區內各宗土地重新規定其地界：㈠實施都市計劃者，㈡土地面積畸零狹小，不適合於建築使用者，㈢耕地分配不適合於農事工作，或不利於排水灌漑者，㈣將散碎之土地交換合併，成立標準農場者，㈤應用機器工作，興辦集體農場者（土、一三五）；土地重劃後，應依各宗土地原來之面積或地價仍分配於原所有權人；但限於實際情形，不能依原來之面積或地價妥為分配者，得變通補償（土、一三六），因土地於重劃後，仍分配於原所有權人，此其所以與土地徵收經徵收後，原土地所有權人受地價之補償，即喪失其所有權者不同。凡土地畸零狹小，全宗面積在土地法第三十一條所規定最小面積單位以下者，得依土地重劃廢置或合併之；重劃區內公園、道路、堤塘、溝渠或其他供公共使用之土地，得依土地重劃變更或廢置之；土地重劃後，土地所有權人所受之損益，應互相補償；其供道路或其他公共使用所用土地之地價，應由政府補償之（土、一三七至一三九）。（土地法）（管　歐）

土地重劃辦法

本辦法係於民國三十五年十月三十一日行政院公布，同日施行，全文三十條。土地重劃，除法令別有規定外，依本辦法之規定。舊土地法第一編總則第三章，規定土地重劃之原則，其重劃程序，則於第三編土地使用第四章規定之，頗為詳盡，現行土地法將土地重劃之原則與程序，彙併於第三編第六章，內容不及舊土地法之詳備。行政院所公布之土地重劃辦法，對於重劃費之負擔，建築物之損害補償，重劃書之記載等事項，均有規定，足以補土地法之不足。（土地法）（管　歐）

土地建築改良物估價規則

民國三十五年十月二十八日前地政署公布，同日施行。本規則依土地法施行法第四十條之規定訂定之，全文二十六條。規定建築改良物之估價程序，其主體構造材料之種類，調查表所應包括之項目，建築主要材料現值之計算公式等事項。（土地法）（管　歐）

土地特性

指土地本身所具有之特殊性質，通常係就物質、經濟、社會等方面，以說明土地特質之所在。就物質方面言：㈠不動性，土地所佔有地球表面之空間，有其固定不移之特性，故亦謂之為不動產，非若一般物質，可藉人力或機器而自由移動或變更其地位；㈡差異性，構成土地之土壤，有肥瘠優劣之等級差別，（另見土壤一詞）㈢耐久性，土地有不可毀滅之能力，除因天災地變外，其所佔有之空間，恒永留於地球表面之上；就經濟方面言：㈠受報酬遞減律之支配，即是土地報酬，在未達到某一限度以前，大抵係隨勞力或資本之增加，而有所遞增；若超過某一限度時，土地報酬必趨於遞減，不能與增加之勞力或資本成正比例（另見土地報酬遞減定律一詞）；㈡稀少性，由於土地之需要日繁，而土地之面積不能任意增加，供求不能相應，致顯示土地供應之稀少性，而發生價格高漲現象。就社會方面言：㈠形成特權階級，古時裂土封侯，現時地主收租，幾均以土地為爵位及財富之源，而形成為社會上之一種階級；㈡鼓勵人民儲蓄，土地為不動產，乃安全可靠之投資對象，足以鼓勵人民儲積金錢，以購置土地。（土地法）（管　歐）

土地採光權（Right of Light）

土地採光權者，乃供役地人不得建築房屋或設置工作物，以阻礙陽光之透入於需役地之權利也。土地採光權，非基於不動產物權性質所產生之當然結果，而係地役權之一種。其取得之方式，與其他之地役權同，或基於法律行為，或基於取得時效。此種地役權，名之曰「土地上之悠久陽光權」（right of ancient light）〔見 R. F. V. Heuston: Salmond on Torts, 11th ed., 1953, p. 287〕。（英美侵權行為法）（何孝元）

土地異議登記

此指以土地為標的，而為物的請求權之準備登記，凡因登記原因之無效或撤銷，提起訴訟者，得聲請為異議登記（土地登記規則、九七、1）因提起訴訟後，如有第三人為土地權利之登記，即不得塗銷新登記，以追奪第三人既得之權利，故許提起訴訟者聲請為異議登記，以保全其塗銷登記請求權。異議登記，須對於既存之土地權利登記為之，須其登記原因有無效或撤銷之原因，而提起確認無效或撤銷之訴，以對於其土地權利之登記聲明異議，又聲明異議，因假處分或經土地權利登記名義人之同意為之（同規則、九八）。（土地法）（管　歐）

土地稅

指對於土地所課之稅，原屬於稅法之範圍，惟遵照民生主義之意旨，釐定地價，照價徵稅，漲價歸公，照價收買，始得實現平均地權之主張，故土地法特立土地稅一編，將地價及徵收地價稅、土地增值稅之程序方法，土地稅之減免，及欠稅之制裁等事項，詳予規定。土地稅分地價稅及土地增值稅二種，分別詳見各條。土地稅為地方稅，土地及其改良物，除依土地法規定外，不得用任何名目征收或附加稅款，但因建築道路、堤防、溝渠或其他土地改良之水陸工程所需費用，得依法征收工程受益費（土、一四四、一四六、一四七）。惟公有土地及公有建築改良物，免征土地稅及改良物稅，但供公營事業使用或不作公共使用者，仍不免稅；又供下列用途之私有土地：㈠學校及其他學術機關用地，㈡公園及公共體育場用地，㈢農林、漁牧試驗場用地，㈣森林用地，㈤公共醫院用地，㈥公共墳場用地，㈦其他不以營利為目的之公益事業用地，得由財政部會同中央地政機關呈經行政院核准，免稅或減稅；凡減稅或免稅之土地，其減免之原因事實有變更或消滅時，仍應繼續征稅（土、一九一、一九二、一九九）。（土地法）（管　歐）

土地登記

土地登記，謂土地及其建築改良物之所有權與他項權利之登記（土、三七），所稱土地，謂水陸及天然富源（土、一）；所稱建築改良物，指附着於土地之建築物或工事（土、五），所有權係指一般的支配其物之權利；他項權利，係指地上權、永佃權、地役權、典權、抵押權、耕作權等權利而言（土地登記規則、三），此外施行耕地三七五減租條例區域之耕地租賃權，亦須登記（耕地三七五減租條例、六）。土地登記，為公示土地權利之制度，具有公定力，關係土地交易之安全甚巨。我國土地登記，始自民國十一年五月司法部頒布之不動產登記條例，主辦登記機關為司法機關，即當時之審判廳。國民政府成立後，司法行政部於十七年通令各法院仍援用該條例辦理不動產登記，至十九年，土地法公布，已有土地登記之規定，該條例即予停止適用。土地法施行法第十三條規定：「依土地法辦理土地總登記之地方，自開始登記之日起，法院所辦不動產登記，應即停止辦理，其已經法院為不動產登記之土地，應免費予以登記」。依現行土地法之登記制度，其特點約為：㈠實質的登記主義。其登記有公信力及形式的法律效力，以登記簿之登記，為權利確認之要件；㈡合意主義。權利變更，須有關係人對權利變更之無因的合意，其登記須由聲請，並須登記義務人對登記之認諾；㈢公示主義。土地聲請或囑託登記之件，經縣市地政機關審查證明無誤後，應即公告之（土、五五），依法所為之登記，有絕對效力（土、五三）；㈣合法主義。登記機關對登記之聲請，應審查是否有管轄權、登記能力、權利能力、行為能力、處分權及代理權等事項；㈤個別主義。對於權利之內容及範圍、及登記簿之編製，就權利主體人個別為之，以確定其權利之狀態。關於土地登記，得分為：土地總登記、土地權利變更登記、土地主登記、土地附記登記、土地更正登記、土地塗銷登記、土地預告登記、及土地囑託登記、土地異議登記等類別，分別詳各該條。（土地法）（管　歐）

土地登記規則

係民國三十五年十月二日前地政署公布，同日施行，現尚有效。共分：總則、土地登記書表簿冊、土地登記程序、土地登記費、土地權利書狀、及附則等六章，都一〇九條。各省市辦理土地登記，除依土地法、土地法施行法規定外，依本規則辦理之；凡土地及其改良物之所有權與他項權利，如地上權、永佃權、地役權、典權、抵押權、耕作權之取得、設定、移轉、變更或消滅，均應依本規則登記，無論於公有土地、私有土地均適用之。土地權利名義與本規則所列各種不符，而其性質與其中之一種相同或相類者，經中央地政機關審定，認為某種權利為該權利之登記，並添註其原有之名義，凡已辦登記之區域，關於土地權利之取得、設定、移轉、變更、或消滅，非經登記，不生效力（土地登記規則、一、二、三、四）。（土地法）（管　歐）

土地測量

土地得分為地籍測量與地質探驗二類（另見各條），其目的約為：㈠丈量土地面積，俾得統計各種用地，以適應人口之分配；㈡明瞭土地所有權之分配情態，藉以釐訂有關解決私有土地問題之政策；㈢確定私有公有土地之範圍及其權利關係；㈣檢驗土地之性質，藉以編定用地之種類，並依其生產力而釐訂其等級；㈤估定地價藉能得正確之標準。（土地法）（管　歐）

土地報酬遞減定律

土地報酬遞減定律，一稱土地收益漸減定律（The Law of Diminishing Returns）乃謂土地在農業生產上，若技術程度不變，對於一定之土地面積，增加勞力或資本，在未達到某一限度以前，土地報酬，固大抵隨勞力或資本之增加，而有所遞增加；惟若達到或超過某種限度以後，土地產量之增加，不能與所增之勞力或資本成正比例，亦即土地之報酬，勢必趨於遞減，此種必然遞減之趨勢，雖可因技術之改良，或其他新方法之使用，而使之趨向和緩，惟不能消除其報酬遞減之現象，是即為土地報酬遞減定律；惟此係一種靜態之法則，須在一固定之土地空間，固定之生產時間，及固定之生產方法，始有此種定律之適應性；又所謂報酬遞減，係指在總報酬數量中增加率之遞減(diminishing rate of increace)，而非指總報酬數量之減少，因對於一定之土地面積，繼續施以勞力資本後，其生產額即總報酬數，恒亦有相當之增加，其所發生遞減之趨向者，乃在土地總報酬數量中增加率之遞減而已。（土地法）（管　歐）

土地預告登記

此指以土地為標的，而為債權請求權之準備登記。依土地登記規則第九十六條規定：有左列情形之一者，得聲請為預告登記：㈠為保全關於土地權利移轉或使其消滅之請求權；㈡為保全土地權利內容或次序之變更之請求權；預告登記於附有條件或將來之請求權，亦得為之；經預告登記後，土地權利人對於其土地權利所為之處分，有妨礙第一次之請求權者，無效；預告登記因假處分或經土地權利登記名義人之同意為之。（土地法）（管　歐）

土地債券

土地法所稱土地債券，為土地銀行依法所發行之債券（土、七），同法第三十四條：「各級政府為創設自耕農場需用土地時，經行政院核定，得依左列順序徵收之，其地價得以土地債券給付」；第二百三十三條但書：「但因實施國家經濟政策，或舉辦第二百零八條第一款第二款或第四款事業徵收土地，得呈准行政院以土地債券搭發補償之」，其中所稱土地債券，均係指土地銀行所發行之債券而言。

關於土地債券之發行，曾制定中國農民銀行土地債券法（三十一年三月二十六日國民政府公布施行）；四十二年臺灣省實施耕者有其田關於徵收耕地地價之補償，則以實物土地債券七成及公營事業股票三成搭發之；實物土地債券，交由省政府依法發行，其發行及還本付息事務，委託土地銀行辦理（實施耕者有其田條例第十五條、第十六條）實物土地債券，係以農作物計值而發行之債券，自與以貨幣為本位而發行其債券有別。（土地法）（管　歐）

土地塗銷登記

此指因土地權利消滅或其他原因，而塗銷既存登記為目的之登記。具體言之：已登記之權利，因一定關係人之死亡而消滅者，得僅由權利人或義務人聲請為塗銷登記；但應加具死亡證明書（土地登記規則、九三）；因徵收土地為所有權移轉登記之聲請或囑託時，所有其他權利之登記，應塗銷之；但被征收之土地，設有地役權者，其登記不在此限（同規則、九五）。（土地法）（管　歐）

土地管轄

以土地之區域為標準，劃分法院管轄之範圍者，謂之土地管轄。申言之，亦即同種類職務管轄之訴訟事件，依照土地之區劃，分配於多數同級之法院間，使屬一定法院之管轄。如是分配，則各法院各有土地管轄區域，區域內有一定關係之訴訟事件，則歸該法院受理。各該事件之被告，有受該法院審判之權利義務，亦即有受該法院管轄之原因。就被告言之，即於該法院有審判籍。故學者亦有稱審判籍為管轄原因。就法院言之，對該事件及事件之被告有管轄權。舊民事訴訟條例及民事訴訟律，以及二十一年施行之舊民事訴訟法，於法文中均用審判籍之用語，現則為學者所沿用，現行民事訴訟法第一章第一節，所用管轄一語，開始即係關於土地管轄之規定。土地管轄，因所定關係之不同，又可以㈠普遍審判籍與特別審判籍，㈡屬人的管轄與屬物的管轄，㈢專屬管轄與非專屬管轄，或專屬審判籍與選擇審判籍等區分之。（民事訴訟法）（李學燈）

以土地區域之劃分，為決定法院執行審判職務範圍之標準者，為土地管轄。某種案件應屬某處法院之管轄範圍，有何具體標準？各國法例，未盡相同。我國刑訴法係由案件之犯罪地或被告之住所、居所或所在地之法院管轄。所謂犯罪地係指行為地兼結果地而言。所謂被告所在地，係指其身體所在之處所，至其所在原因，出於自由抑被強制，均非所問。如在中華民國領域外之中華民國航艦或航空機內犯罪者，船艦之本籍地、航空機出發地或犯罪後停泊地之法院，亦有管轄權。（刑事訴訟法）（陳　卌）

土地管轄謂依地區定其管轄之範圍，非現役軍人犯罪，應受軍事審判之案件，依軍事審判法第四十四條第二項規定，其初審管轄權屬於犯罪地、被告住居所或所在地之軍事審判機關。惟若已依軍事審判法第九條第六款及第十條第二款分別設立初級、高級軍事審判機關時，初審管轄權屬於各該管初級軍事審判機關。但該初級軍事審判機關無管轄權之案件，或未設有初級軍事審判機關者，其初審管轄權屬於該管高級軍事審判機關。（特別刑事法）（吳　智）

土地增值稅

土地增值稅係土地稅之一種，恒與地價稅相對稱，係對於土地自然增值所征收之土地稅，與地價稅係對於土地原價所征收之土地稅有別。土地增值稅既係對於土地不由於受益者之勞力費用而自然價值所課之稅，實即實行民生主義中「漲價歸公」之主張。其征稅之方法有二：㈠土地移轉增值稅，又稱間接增值稅，係於各宗土地所有權移轉時，如絕賣、繼承或贈與者，其增值稅向出賣人、繼承人或受贈人征收之（土、一七六、1前段、一八二）；㈡土地定期增值稅，又稱直接增值稅，係指土地所有權雖無移轉，而屆滿十年時，仍須課征土地增值稅，此十年期間，自第一次依法規定地價之日起算（土、一七六、1前段及2）；惟：㈠因土地征收或土地重劃，致所有權有移轉時，或㈡農人之自耕地及自住地，於十年屆滿無移轉時，或㈢農地因農人施用勞力與資本，致地價增漲時，均不征收土地增值稅（土、一九六至一九八）。土地增值稅不依法完納者，加征罰鍰，並得將其土地及改良物一部或全部交司法機關拍賣，以所得價款抵償欠稅（土、一〇五、一〇六）。（土地法）（管　歐）

土地徵收

土地徵收，乃國家因公共事業之需要，或實施國家經濟政策，以補償為條件，收用私人土地之行為。徵收須有法律之依據，為公法上之行為；且為國家一方意思表示之行為，無須土地所有權人之同意，故為行政處分，因此處分一方土地原所有人喪失其所有權，他方則取得其所有權，一面為權利之創設，一面為權利之廢除，創設處分與廢除處分同時合併存在，實為混同處分；土地徵收須依法公告或通知而成立，乃為要式處分。

依土地法之規定，徵收土地之原因有二：其一：國家因下列公共事業之需要，得徵收私有土地，但徵收之範圍，應以其事業所必需者為限：㈠國防設備，㈡交通事業，㈢公用事業，㈣水利事業，㈤公共衛生，㈥政府機關、地方自治機關及其他公共建築，㈦教育學術及慈善事業，㈧國營事業，㈨其他由政府興辦以公共利益為目的之事業；其二：政府機關因實施國家經濟政策，得征收私有土地，但應以法律規定者為限。征收土地時，其改良物應一併征收；征收土地應補償之地價及其他補償費，應於公告期滿後十五日內發給之（土、二〇八、二〇九、二一五、二三三）。（土地法）（管　歐）

土地總登記

亦稱第一次土地登記，係指未經登記所有權之土地，而為第一次之所有權及他項權利之登記，乃土地權利之靜態登記，將土地權利狀態，使用狀況，全部登記，與地籍測量所製成之地籍圖相配合，以釐定地籍。土地總登記，依下列次序辦理：㈠調查地籍，㈡公布登記區及登記期限，㈢接收文件，㈣審查並公告，㈤登記發給書狀並造冊（土、四八）。土地總登記辦理前，應將該登記區地籍圖公告之（土、五〇）；土地總登記，由土地所有權人於登記期限內，檢用證明文件聲請之，如係土地他項權利之登記，由權利人及義務人共同聲請（土、五一）。（土地法）（管　歐）

土地權利書狀

所謂土地權利書狀，種類有二，即土地所有權狀及土地他項權利證明書，此項書狀，為土地權利之證明，亦為行使土地權利之依據，其應繳費額，依申報地價或權利價值之多寡，以累進方式徵收之（土、六七）；他項權利價值如以契約所載之實物塡報，應由主管地政機關將實物按照登記時之價值折算之（土地登記規則第一〇〇條）。土地權利書狀因損壞或滅失，請求換給或補給時，應依規定之程序辦理（土、七九）。（土地法）（管　歐）

土地權利變更登記

此指土地權利之動態登記，與土地總登記為土地權利之靜態登記者有別。因土地總登記後，土地權利狀態常有變動，若不為變更登記，則登記簿之記載與事實不符，地籍必將紊亂，故土地總登記後，土地權利有移轉、分割、合併、增減、或消滅時，應為變更登記（土、七二）；土地權利變更登記，應由所有權人聲請；如係土地他項權利，應由權利人及義務人共同聲請之（土、七三）；聲請為土地權利變更登記，應檢附原發土地所有權狀及地段圖或土地他項權利證明書（土、七四）。（土地法）（管　歐）

土地囑託登記

土地登記，應由登記權利人、登記義務人或其代理人聲請為之，是為原則；惟因特殊情形，法令規定得以囑託方法代替聲請登記，是為囑託登記。如公有土地之登記，由原保管或使用機關囑託該管市縣地政機關為之（土、五二）；因官署或法定自治機關執行拍賣或公賣處分，為權利移轉登記時，權利人得請求官署或法定自治機關，囑託地政機關登記；官署或法定自治機關自為權利人而為土地之登記時，應取得義務人之承諾書或他項證據，囑地政機關登記（土地登記規則，二一、二三）。（土地法）（管　歐）

土壤

所謂土壤，指構成土地本身所具有之性質，土壤乃為岩石所分解而來之物質，由於化學與物理之作用，分化黴菌、植物與動物等元素，而成土壤，恒受濕度、光度、熱度、風度、及地形等影響，致其肥瘠之差別等級。土壤性質與農業關係極巨，中國土壤性質，約有十種區別，即：㈠紅壤區、「包括灰化之水稻土及一部分之黑色石灰土」；㈡黃壤區、「包括灰化之水稻土及黑色石灰土」；㈢新近之沖積土及湖成土區；㈣微灰化土壤區、「包括含紫棕壤山東棕壤」；㈤灰化之土壤區；㈥黑鈣土區；㈦栗鈣土區；㈧排水不良之鈣層土區；㈨漠境鈣土區；㈩鹼土區。（見五十一年中華民國年鑑「中國土壤性質與農業之關係表」）（土地法）（管　歐）

大元通制

元初未有法守，百司斷理獄訟，循用金律，迨世祖為刪削繁苛，乃命史天澤、姚樞等纂定新格，嗣又命何榮祖審定，益以公規、治民、禦盜、理財等十事，輯為一書，元代至元二十八年（1291 A. D.）刊行至元新格，凡二十篇，亦即名例、衛禁、職制、祭令、學規、軍律、戶婚、食貨、大惡、奸非、盜賊、詐偽、訴訟、鬬毆、殺傷、禁令、雜犯、捕亡、恤刑、平反，綜計一千零七十六條，與唐宋律略殊。仁宗時，又以格例條畫有關風紀者，分類集為風憲宏綱，與新格並行。英宗至治三年（1323 A. D.）復取前兩書而損益之，其大綱有三，曰詔制，凡九十四條，曰條格，凡一千一百五十一條，曰斷例，凡七百一十七條，稱之為大元通制。（中國法制史）（林咏榮）

大周刑統

五代的後周世宗，以為前後敕格差繆重疊，難於詳究，乃令張湜等編集律格敕，顯德五年（958 A. D.）書成，號大周刑統，與律疏、令式並行。（中國法制史）（林咏榮）

大明律

明初定律，篇目一準於唐，洪武二十二年乃改以吏、戶、禮、兵、刑、工等六部為分類，明史刑法志云：「蓋太祖之於律令也，草創於吳元年（1367 A. D.），更定於洪武六年，整齊於二十二年，至三十年（1397 A. D.）始頒天下，日久而慮精，一代法始定，中外決獄，一準三十年所頒」，凡四百六十條，是為大明律。（中國法制史）（林咏榮）

大律

西魏趙肅為廷尉卿，撰定法律，積思累年遂因心疾而死。及後周宇文覺踐西魏祚（557 A. D.），命司憲大夫拓拔廸繼之，至武帝保定三年（563 A. D.）告成，謂之大律，凡一千五百三十七條，分為二十五篇，即：刑名、法例、祀享、朝會、婚姻、戶禁、水火、興繕、衛宮、市廛、鬭競、刼盜、賊叛、毀亡、違制、關津、諸侯、廐牧、雜犯、詐偽、請求、告言、逃亡、繫訊、斷獄，考其篇目，乃就晉律而損益之。（中國法制史）（林咏榮）

大赦

見「赦免」條。（刑法總則）（王建今）

大清律例

清世祖順治初年敕法司詳譯明律，參以滿制，並以條例附之，三年（1646 A.D.）書成，四年頒布，名爲大清清律集解附例。聖祖康熙十八年（1676 A.D.）敕刑部，就所有條例加以甄定，名之曰現行則例。二十八年依臺臣盛符升等奏，乃將現行則例，附入大清律例之內，迄世宗雍正元年（1723 A.D.）再加增損，頒布施行。高宗乾隆五年（1740 A.D.）以三泰爲總裁，逐條重行考正，校定例一千四百條，編纂入律，而律亦加修訂，刪改舊律四百五十七條，併爲四百三十六條，是爲大清律例。（中國法制史）（林咏榮）

大清現行刑律

清廷在光緒二十八年派沈家本伍廷芳二氏爲法律大臣，籌設修訂法律館，着將一切現行律例，按照與各國交涉情形，參酌各國成規，悉心修訂。是時伍氏適出使外國，刑部恐新訂之律，扞格難行，乃將大清律例先行刪節，以備過渡之需，初由刑部修正，後改歸法律館辦理，由沈氏董之，迄光緒三十四年（1908A.D.)竣事，定名爲大清現行刑律，於宣統二年四月頒行。（中國法制史）（林咏榮）

大陪審團（Grand Jury）

刑事訴訟中，由地方警長（sheriff）傳喚之，其主要根據乃是法院事前身家調查，遴選當地身心健全，曾受教育，奉公守法之公民，編列陪審員名單（jury list），訴訟進行時，列席聽取檢方公訴，鑑定證據。大陪審團與一般陪審團（petit jury）略異，組成之陪審員較多，「普通法」中規定大陪審團陪審員數目不得少於十二人，亦不得多於廿三人。美國部分州有以州法律另定大陪審團陪審員人數，與列岡州及猶他州法律定爲七人，南達可他州規定六人以上八人以下等是。大陪審團陪審員首須宣誓，次由承審法官向彼等宣示有關法令適用原則，陪審員就犯罪事實，聽取檢方提出之證據後，投票決定提起公訴（indictment）與否(Finley v. State, 61 Ala. 204)。

大陪審團雖旨在保障被告，但在陪審員，證人傳喚出席方面，勞費甚多，使彼等忙碌之餘，將列席陪審或作證視爲畏途，間接延誤訴訟之進行。是以美國部分州已不採大陪審團制度，另一部分州將此制度加以限制，如處死刑或有期徒刑以上之犯罪，或在叛亂罪及謀殺罪案件中，始適用大陪審團陪審。目前公認此一制度對於調查公務員違法及大規模陰謀犯罪時，有其適用價值，（National Commission On Law Observance and Enforcement, Report on Prosecution (1931), pp. 34-37.)。（英美刑法）（桂公仁）

大衆化公司

見「資合公司」條。（商事法）（林咏榮）

大數法則

見「蓋然率」條。（商事法）（林咏榮）

上官長官

陸海空軍刑法第九條規定稱上官或長官者，謂有命令權之軍官，或無命令關係而官階在上者而言，就條文文義，似指有命令權之軍官爲上官，無命令關係而官階在上者，爲長官，但本法分則有關上官長官之規定，則與本條之規定不全相符，因係立法之技術問題，故經行政院於四十三年一月六日臺(43)防字第○○七四號令解釋，將上官與長官爲同一名稱。（特別刑事法）（吳　智）

上訴

上訴係對於判決聲明不服之方法。詳言之，亦即當事人（或有上訴權之人，參照民訴五八，七○）對於下級法院未確定之終局判決，向上級法院聲明不服，求其廢棄或變更該判決之行爲，謂之上訴。故對於裁定向上級法院聲明不服者，爲抗告而非上訴；對於已確定之判決聲明不服，提起再審之訴者，爲再審而非上訴；對於中間判決僅得隨同終局判決聲明不服，不得獨立上訴，以及申請更正或補充判決（二三二、二三三），或提起撤銷除權判決之訴（五五一），撤銷禁治產宣告之訴（六○九），撤銷死亡宣告之訴（六三六），均與上訴不同。民事訴訟法第三編上訴審程序，就第二審及第三審分章規定。因對第一審判決上訴而開始之程序，謂之第二審；因對第二審判決上訴而開始之程序，謂之第三審；兩審皆以審查下級審判決之當否爲目的；自訴訟全體而言之，均係因起訴而開始之訴訟程序之繼續，而並非新開始之訴訟，惟在第二審係就法律及事實問題均予審理，並許當事人提出訴訟新資料，作爲判決之基礎（四四七）。故第二審係續行第一審之辯論，除別有規定外關於第一審通常訴訟程序之規定，均準用之（四六三）。其在第三審，則因對於第二審判決上訴，非以其違背法令爲理由，不得爲之（四六七）。其判決在原則上，應以第二審判決確定之事實爲基礎（四七六），僅就法律點予以審查，不許提出新事實新證據。故第三審爲法律審，係續行第二審辯論終結應爲判決之程序，除第三審程序別有規定外，關於第二審程序之規定準用之（四八一）。上述經合法提起後，即生移審之效力，（上訴審應進而調查其有無理由而予以裁判），及阻斷確定之效力，（使原判決不因上訴期間於訴訟程序進行中屆滿而確定）。上訴必備合法之要件，亦稱形式上之要件，即上訴合於程序，未逾期間，及爲法律所應准許，否則應以上訴爲不合法而駁回之。上訴必備有效之要件，亦稱實質上之要件，即以上訴聲明不服之判決，實於當事人爲不利，且屬不當，否則應以上訴爲無理而駁回之。（民事訴訟法）（李學燈）

不服下級法院未確定之判決，向其上級法院請求撤銷變更之方法爲上訴。

㈠上訴之提起。1.當事人對於下級法院之判決有不服者，得上訴於上級法院。2.被告之法定代理人或配偶，得爲被告之利益獨立上訴。3.原審之代理人或辯護人，得爲被告之利益而上訴。但不得與被告明示之意思相反。4.檢察官對於自訴案件之判決，得獨立上訴。5.告訴人或被害人對於下級法院之判決有不服者，亦得具備理由，請求檢察官上訴。除顯無理由者外，檢察官不得拒絕。檢察官爲被告之利益，亦得上訴。6.宣告死刑或無期徒刑之案件，原審法院應不待上訴，依職權逕送該管上級法院審判，並通知當事人。7.自訴人於辯論終結後喪失行爲能力或死亡者，得由其法定代理人、直系血親或配偶爲提起自訴之人上訴。㈡上訴之範圍：上訴得對於判決之一部爲之；未聲明爲一部者，視爲全部上訴。對於判決之一部上訴者，其有關係之部分，視爲亦已上訴。㈢上訴之期間：上訴期間爲十日，自送達判決後起算。但判決宣示後送達前之上訴，亦有效力。㈣上訴之程式：提起上訴，應以上訴書狀提出於原審法院爲之。上訴書狀應按他造當事人之人數，提出繕本。在監獄或看守所之被告，於上訴期間內向監所長官提出上訴狀者，視爲上訴期間內之上訴。被告不能自作上訴書狀者，監所公務員應爲之代作。監所長官接受上訴書狀後，應附記接受之年、月、日、時，送交原審法院。被告之上訴書狀，未經監所長官提出者，原審法院之書記官於接到上訴書狀後，應即通知監所長官。原審法院書記官，應速將上訴書狀之繕本，送達於他造當事人。㈤上訴權之捨棄（詳另條）。㈥上訴之撤回（見另條）。以上係上訴通則，適用於第二三審之上訴程序。（刑事訴訟法）

（陳　冊）

上訴特許狀（Certiorari）

經當事人申請發給上訴特許狀後，上級法院得審查（re-examination）下級法院之判決，或調閱繫訟中案件之卷證等。上級法院基於當事人申請，如認其理由正當，且非因申請人之過失致其權利受損，爲申請正義起見，上級法院得行使裁量權，發給上訴特許狀。最初，英國司法審查程序中，上級法院得以本令狀命令下級法院法官證明或歸還繫訟案件之卷證紀錄，補正其瑕疵等。美國部分州以制定法廢止本令狀普通法上之名稱，而以審查狀（writ of review）名之。（英美刑法）（桂公仁）

上訴期間

提起上訴，應於原審判決送達後二十日之不變期間內爲之（民訴四四〇，四八一參照）。此爲不變期間，除應扣除在途期間外，不得以任何理由伸長或縮短之（一六三Ⅰ但）。但如因天災或其他不應歸責於己之事由，遲誤此項不變期間而未逾一年者，於其原因消滅後十日內仍得聲請回復原狀（一六四）。上訴期間，應自送達於該當事人或其代收人之翌日起算。送達不合法者，上訴期間無從進行，且此不合法之送達並不因當事人不責問而視爲已補正（一九七參照）如已合法送達，即當然進行。判決，於上訴期間屆滿時確定（三九八），有上訴權之人即喪失其上訴權。惟此項期間之進行，應對於兩造當事人各別計算。若對於兩造之送達有先後者，其上訴期間之屆滿，應亦有先後之別。在通常共同訴訟，上訴期間對於各共同訴訟人，自向其人送達時始，各別進行。此在必要共同訴訟亦然，惟其受送達最遲之共同訴訟人，若於期間內提起上訴者，對於其他共同訴訟人亦生效力（五六Ⅰ1.）。至上訴期間內提起上訴，因不合法被駁回後，當事人仍得於上訴期間內補正再行上訴。又上訴期間內有補充判決者，對於補充判決之上訴期間，固應自送達補充判決之日起算，但對於最初判決之上訴，仍應於上訴期間爲之。提起上訴，如逾上訴期間者，應以裁定駁回之（四四二Ⅰ，四四四Ⅰ，四八一）。（民事訴訟法）（李學燈）

上訴審程序

上訴審程序，乃訴訟當事人不服下級法院未確定之終局判決，向上級法院提起上訴所生之訴訟程序。民事訴訟法第三編所定之上訴審程序，計有第二審程序與第三審程序兩種。前者係對於第一審判決提起上訴所開始之程序，其性質爲事實兼法律審。後者係對於第二審判決提起上訴所開始之程序，其性質爲法律審。自審級言之，每一審級，均各有其程序，故有第二審程序及第三審程序之分。自內容言之，則均屬於求爲廢棄或變更下級法院未確定之判決，故統稱之曰上訴審程序，第二審第三審法院則統稱之爲上訴審法院。其餘參見「第二審程序」及「第三審程序」條。（民事訴訟法）（李學燈）

上訴權

上訴權係對於下級法院未確定判決之不服聲明權，乃得爲上訴之人之權利。此權利非實體法所賦與，而係因訴訟法之創設而產生，故爲訴訟上之權利。提起上訴之人謂之上訴人，其上訴之相對人謂之被上訴人。提起上訴，須由有上訴權之人爲之。有上訴權之人，通常爲下級法院判決之當事人，及下級法院判決後，因承受訴訟等事由而接充當事人之人（民訴一六八至一七二，一七四），除經捨棄上訴權或撤回上訴者外，對於未確定之判決，均有上訴權。至參加人雖非主當事人，然既得按參加時之訴訟程度，輔助當事人爲一切訴訟行爲（六一），自亦得以其所輔助之當事人名義提起上訴。即以其所輔助之一造，列爲上訴人。但除獨立之參加人（六二）外，如其所輔助之當事人已捨棄上訴權或對其上訴有異議者，應不生上訴之效力（六一但）。通常之共同訴訟人均得各別提起上訴，與他共同訴訟人不生影響。惟在必要共同訴訟，其中一人上訴時，因其上訴之效力及於全體，其餘之人雖未上訴，亦皆視爲上訴人（五六I 1.）。訴訟代理人以有受上訴之特別委任者爲限（七〇I但），始得爲當事人提起上訴。又上訴須對於應爲被上訴人之人爲之，亦即須對下級法院判決之他造當事人或於判決後因承受訴訟等事由而接充當事人之人爲之。在必要之共同訴訟，他造如對共同訴訟中之一人提起上訴，因其效力及於全體（五六I 2.），他共同訴訟人亦皆視爲被上訴人。上訴如非由有上訴權之人，對於應爲被上訴人之人爲之者，即屬法律上不應准許，法院應認其上訴爲不合法以裁定駁回之（四四四，四八一）。餘參見「上訴」條。（民事訴訟法）（李學燈）

上訴權之捨棄

當事人對於下級法院得上訴之判決，表示放棄聲明不服之意思，謂之上訴權之捨棄。其爲捨棄須於下級法院判決宣示後，不宣示者，在其送達後爲之（四三九I）。其於判決宣示前表示捨棄者，應解爲不生捨棄之效力。上訴權之捨棄爲訴訟法上之一方法律行爲，無庸經他造當事人之同意，亦無須法院之裁判。其捨棄應向法院爲之。若於宣示判決時，以言詞捨棄上訴權者，應記載於言詞辯論筆錄（即宣示判決筆錄，參照二一三I 6.），如他造不在場，應將筆錄之繕本送達（四三九II）。上訴權經捨棄後，即生喪失上訴權之效果，其後若再行提起上訴者，其上訴即非合法，法院應以裁定駁回之（四四四I）。惟在第二審上訴之情形，若他造當事人提起上訴時，該捨棄上訴權之人，於言詞辯論終結前，尚得提起附帶上訴（四六〇）。（民事訴訟法）（李學燈）

三不去

見「七出」條。（中國法制史）（林咏榮）

三尺法

漢杜周爲廷尉（法官），斷獄多阿附皇上，容有指責其不循三尺法者。此所謂三尺法，係指尺竹簡書寫法律，因爲在紙未發明之前，均以竹爲簡也。朱博亦云奉三尺律令以從事，鹽鐵論（詔聖篇）乃云二尺四寸之律，古今一也。蓋律書以二尺四寸簡，舉其大數，謂之三尺，曹褒新禮、寫以二尺四寸簡，漢禮與律令同錄，其制一也。（中國法制史）（林咏榮）

三法司

明清兩代，以刑部掌刑名，都監院主糾察，大理寺司駁正，謂之三法司。（中國法制史）（林咏榮）

三赦

周禮有三赦，一是幼弱、二是老旄、三是蠢愚。漢文帝有詔，「凡年七十以上，不滿十歲有罪者完之，其後並著於令；若年八十以上，八歲以下、孕者未乳（懷孕未生產者）、師（樂師即瞽者）、侏儒（矮人，因其不良於行者），當鞠繫者頌繫之」（頌讀作容，頌繫亦即寬容不加以桎梏）。（中國法制史）（林咏榮）

三綱五常

三綱爲「君爲臣綱、父爲子綱、夫爲妻綱」，五常爲「父義、母慈、兄友、弟恭、子孝」，這是根據孔穎達所著的尚書疏；而董仲舒所著賢良對，則以「仁、誼、禮、智、信」爲五常。但後說却與我國固有的家庭倫理不相吻合，以前說爲準。才能與三綱相配合。（中國法制史）（林咏榮）

工作物所有人之侵權責任

土地上之建築物或其他工作物，因設置或保管有欠缺，致損害他人之權利者，由工作物之所有人負賠償責任（民法第一九一條第一項）。工作物所有人如於防止損害之發生，已盡相當之注意者，則不負賠償之責（民法第一九一條第一項但書）。損害之發生，如別有應負責任之人，所有人於賠償損害後，對於該負責人有求償權（民法第一九一條第二項）。（民法債編總論）（何孝元）

工礦抵押法

依照我國民法，動產僅能就之設定質權；而不能以之爲設定抵押權的標的，對於工商業的發展，頗有阻礙，所以民國四十四年一月六日遂仿照日本工場抵押法及礦業抵押法（明治三十八年亦即公元一九〇五年公布施行），制定並公布工礦抵押法，同日施行。依其規定，凡公用事業或以營利爲目的而製造或加工物品的工廠或礦物，得組織工礦財團，並准以財團設定抵押權，以擴展工廠從物抵押的範圍。惟工礦抵押法隨動產擔保交易法的頒行（民國五十二年八月二十五日公布。並定五十四年六月十日起施行）而歸於廢止。（動產擔保交易法）（林咏榮）

工礦財團登記辦法

我國經濟部依工礦抵押法（見工礦抵押法條）第二十二條的規定，而於民國四十四年十二月十三日訂定並頒行「工礦財團辦法」，凡十一條。依其規定，工礦財團登記事項如下：①工礦財團設立登記、②財產（抵押物）的登記、③二以上的工廠礦場或事業間約定權利義務的登記、④抵押權設定及債權金額或最高額的登記、⑤抵押權人的登記、⑥工礦財團代表人變更的登記、⑦分離財產（抵押物）抵押權消滅的登記、⑧抵押權消滅的登記（即工礦財團消滅的登記）、⑨其他變更事項的登記。此項辦法，隨工礦抵押法的廢止而失效。（商事法）（林咏榮）

干名犯義

唐律規定：「諸告祖父母父母者，絞」；「諸告期親尊長、外祖父母、夫、夫之祖父母，雖得實徒二年，其告事重者，減所告一等，即誣告重者，加所誣罪三等，告大功尊長，各減一等，小功緦麻減二等，誣告重者，各加所誣罪一等」，謂之親屬犯罪相容隱；而明清律對於觸犯類似於此的規定者，則名之曰「干名犯義」（刑律訴訟門）。（中國法制史）（林咏榮）

干涉主義

見「辯論主義」條。（民事訴訟法）（李學燈）

已經履行之契約（Executed Contract）

已經履行之契約者，乃當事人之一方須已履行必要之行爲，而後契約始告成立之契約也。已經履行之契約之要件，爲履行之行爲，例如懸賞廣告規定爲一定之行爲，非俟行爲人完成該行爲，廣告人無須履行其義務是（見 Anson's Law of Contract, 20th ed., 1952, pp. 24-25.）。（英美契約法）（何孝元）

下蠶室

漢景帝時，凡死罪欲代以腐刑（宮刑）者皆許之，遂垂爲定制，司馬遷曾受此刑。後漢的「下蠶室」（因宮刑執行畏風須煖，作暗室蓄火如蠶室，因以名其獄焉）爲宮刑的別名，及隋始除之。（中國法制史）（林咏榮）

不公開審理主義

見「公開審理主義」條。（民事訴訟法）（李學燈）

不可分物與可分物

Indivisible thing 爲物之一種。對可分物而言。凡物因分割而變更其性質或減少其價值者，皆爲不可分物。有在性質上不可分者，如牛一隻，車一輛之類是。有因當事人之意思表示爲不可分者，如不可分之債權或債務是。至可分物者，乃其物可分，而分割後之各部分仍不失其未分前之效用。亦即是不因分割而變更其性質或減少其價值之物也。惟可分物與不可分物區別之實益，於債權債務及共有物之是否可分，關係極大。未可掉以輕心。（民法總則）（張鏡影）

不可分債務

不可分債務者，數債務人負擔一不可分給付之債務之謂也。其成立之要件有二：㈠須爲債之標的之給付，應屬不可分；㈡須債務人有數人，至於債權人爲一人或數人，則非所問。不可分債務之效力，準用連帶債務之規定（民法第二九二條），即關於連帶債務人中一人所生絕對效力之事項之規定，如清償、提存、抵銷（民法第二七四條），確定判決（民法二七五條），債權人受領遲延（民法第二七八條），民法第二七九條所生相對事項之效力等規定，以及關於連帶債務人相互關係之規定，如平均分擔之原則（民法第二八〇條），求償權（民法第二八一條），求償權之擴張（民法第二八二條）等規定是。其他之規定，於不可分債務，則無準用之餘地。（民法債編總論）（何孝元）

不可分債權

不可分債權者，數債權人享受一不可分給付之債權之謂也。其成立之要件有二：㈠須爲債之標的之給付，應屬不可分；㈡須債權人有數人，而債務人爲一人或數人則非所問。各債權人僅得爲全體請求給付，債務人亦僅得向債權人全體爲給付（民法第二九三條第一項）。不可分債權之效力，我民法於第二九二條規定，除第二九三條之規定外，準用連帶債權之規定。（民法債編總論）（何孝元）

不可否認之代理（Agency by Estoppel）

不可否認之代理者，乃因當事人之行爲表示以代理權授與他人者，第三人因信該他人爲其代理人而爲契約行爲以致受損害者，當事人不得否認該他人有表見代理權(apparent authority)之謂也。蓋第三人僅能見其外表之行爲，而無法知悉其內部之關係，故以行爲表示授權與他人者，法律即推定其有眞正之代理權。若欲消滅此種表見代理之關係，非以授權人與代理人間之意思表示爲已足，並須將此事實通知第三人，否則不生效力（見J.F. Wilson:The Law of Contract, 1957, pp. 201-202.）。（英美契約法）（何孝元）

不可抗力

不可抗力者，乃由於外界之力量，而非人力所能抵抗之事實也。如天災、地震、戰禍是。在通常情形，債務人對于不可抗力所發生之事實，可不負責。惟債務人在遲延給付中，對于因不可抗力而生之損害，則應負責（民法第二三一條第二項）。（民法債編總論）（何孝元）

不可抑制之衝動說（Irresistable Impulse Test）

行爲人因精神障礙或腦疾，不克控制其自由意志，無法知所適從，甚而產生不可抑制之衝動，觸犯刑章，得以之爲阻却責任之抗辯之謂。在德漢一案中（Durham v. U.S., 94 U.S. App. D.C.228, 214 F. 2d 862），上訴法院以爲，是非說（right and wrong test）欠缺科學精神，於一九二九年時起即有不可抑制之衝動說補其不足，作爲衡量被告精神障礙之標準，但强調，若據心理學家，醫生鑑定，證明被告犯罪行爲與其精神障礙間並無因果關係，被告仍不能辭其刑責，是又補「不可抑制之衝動說」之不足。本說與是非說主要不同處在被告雖精神障礙，然仍能明辨是非。（英美刑法）（桂公仁）

不可避免之事變（Inevitable Accident）

不可避免之事變者，乃出乎通常情形之外之事實，其性質異常，而其發生，非通常所能預期者也。不可避免之事變，計有二種：㈠不可抗力（act of God）：即不可預期、防護或抗拒之天然災害也，如地震、電擊、洪水或狂風暴雨等是。㈡不可預期之第三人之行爲（unforeseeable act of a third party）（見Salmond on Torts, 11th ed., 1953, pp. 29-31; James A.Ballentine: Law Dictionary, 1959, p. 27）。（英美侵權行爲法）（何孝元）

不正當占有

爲占有之一種，與正當占有相對稱，即本無實體上權利而占有之謂。不正當之占有，亦受法律保護，權利人僅能循合法途徑請求回復，不得逕行侵奪。如盜賊於其贓物之占有，除原物所有人得為回復請求外，他人則無主張之餘地。（民法物權）（陳　珊）

不正當勢力（Undue Influence）

不正當勢力者，乃一方克制他方之意思，並誘使其爲或不爲某種行爲，而施以任何不正當之強迫或奸計之謂也（見 Black's Law Dictionary, 4th ed., 1957 , p. 1697.）。對於因不正當勢力而訂立之契約不予生效，普通法與衡平法之立論不盡相同，普通法着眼於當事人自由意思之被剝奪，衡平法則重於防止當事人之取得不正當利益。

不正當勢力依其情形，可分爲二種：一爲贈與係由於以不正當勢力取得者，一爲贈與人與受贈人間有某種關係，因可推定受贈人對於贈與人會施以某種勢力。對於前者之契約，准予撤銷，蓋欲禁止因詐欺而取得不法之利益；對於後者之契約，准予撤銷，乃本於維持公序良俗，俾有某種關係之人不得濫用其權勢也。上開契約，除受贈人能證明贈與人所給予之贈與確出於自願外，均得撤銷（見 Chitty on Contracts, vol. I 1961, pp. 153-157. ）。（英美契約法）（何孝元）

不代替物與代替物

Non-fungible thing, 爲物之一種，對代替物 fungible thing 而言。即在社會觀念上認爲不能以種類品質或數量而指定以代替之物也。例如某街第幾號住宅是。所謂代替物 fungible thing ，乃在社會觀念上認爲可以同種類同品質同數量之他物相代替者。例如金錢米布等之屬是。關於代替物與不代替物之區別之實益。在消費借貸及消費寄託，則僅限於代替物。惟代替物與不代替物，每易與特定物及不特定物相混。其實大有差別。蓋前者本於社會之觀念而爲區別之標準，後者之區 別，乃本於當事人之意思以爲之耳 。（民法總則）（張鏡影）

不在地主

土地法所稱不在地主，謂有下列情形之一之土地所有權人：㈠土地所有權人及其家屬離開其土地所在地之市縣，繼續滿三年者；㈡共有土地，其共有人全體離開其所在地之市縣，繼續滿一年者；㈢營業組合所有土地，其組合於其土地所在地之市縣停止營業，繼續滿一年者（土、八、㈠），不在地主之土地，如爲承佃耕作之土地，承佃人繼續耕作滿八年以上者，得請求該管縣市政府代爲照價收買之（土、三三）；不在地主之土地，各級政府爲創設自耕農場需用土地時，得予徵收（土、三四），其地價稅應徵之數，加倍徵收（土、一七五）；但若土地所有權人因兵役、學業、公職或災難變亂，離開土地所在地之市縣者，不適用本法第八條第一項所定不在地主之列（土地法第八條第二項）。（土地法）（管　歐）

不在現場之主張（Alibi）

被告主張起訴書中指控之犯罪當時，其本人不在犯罪現場，而在另一遙遠地方，致不可能實施該犯罪行爲。嚴格言之，被告在刑事訴訟程序中作此主張，難謂有抗辯（defense）之性質（State v. Norman, 103 Ohio St. 541, 134 N.E. 474）。（英美刑法）（桂公仁）

不行爲，不當行爲及不法行爲（Nonfeasance, Misfeasance and Malfeasance ）

有行爲之義務，忽略而未行爲，是謂「不行爲」。得依法履行之行爲，以不當方法爲之，是「不當行爲」，如民事上之侵權行爲（trespass）等是。依法行爲人有不作爲義務，違反該義務，或違反特定法令而作爲，稱謂「不法行爲」，如毀約作爲，或妨害公務等是(State ex rel. Knabb v. Frater, 198 Wash. 675, 89 P. 2d 1046, 1048)。此處所謂「不行爲」，通常不指違約不履行，多指違反義務，侵害公義致使特定個人權益受損。以代理行爲爲例，代理人有爲被代理人從事一定作爲之義務而不從事，是「不行爲」。代理人本得代被代理人爲一合法行爲，現竟無權或越權代理，致侵害第三人之權益，是「不當行爲」。代理人依法根本不應作爲而竟作爲，是「不法行爲」（Owens v. Nichols, 139 Ga. 475, 77 S.E. 635, 636）。（英美刑法）（桂公仁）

不行爲請求權之執行

強制執行，基於以消極行爲爲標的而取得之執行名義，曰不行爲請求權之執行。執行名義，係命債務人容忍他人之行爲，或禁止債務人爲一定之行爲者，債務人不履行時，執行法院得拘提管收之，或處以一千元以下之過怠金，處過怠金時並得因債權人之聲請，命債務人提出相當之擔保。（強制執行法一二九）。（強制執行法）（陳　珊）

不完全占有

爲占有分類之一，對完全占有而言，即本於地上權、永佃權、典權、質權而占有，並非以所有意思之謂。學者間對於此種占有與他主占有之性質相類似。（民法物權）（陳　珊）

不完全物權

亦稱定限物權。（見該條）。（民法物權）（陳　珊）

不完全給付

不完全給付者，債務人違反債之本旨之給付也。所謂給付不完全，不僅限於給付物之品質或數量之不完全而言，即給付方法之不當或給付時間之不當，亦視爲不完全給付。前者，如交付有傳染病之羊，致使債權人之羊亦被傳染；後者，如包裹劣陋，致使給付物毀損，或趁債權人不在而爲給付，使債權人無法受領是。債務人不爲完全之給付者，債權人得聲請法院強制執行，即請求法院責令債務人補正或交換給付，如有損害，並得請求損害賠償（民法第二二七條）。（民法債編總論）（何孝元）

不告不理

見「民事訴訟」條。（民事訴訟法）（李學燈）

不利益自供（Self-Incrimination）

美國聯邦憲法第五修正案規定，於刑事訴訟中，法庭不得強迫被告作不利於自己證言或提供其他不利於己之證據，此亦爲被告應享受之憲法權利。因事實上欲被告作不利益自供，勢必違背其自由意志，有誘使被告觸犯僞證罪名可能。再者，如欲堅持使被告作不利益自供，恐捨威脅利誘別無他途，但此顯係有背公序良俗，爲法所不許。在克蘭一案中（State v. Cram, S.Ct. of Oregon,1945, 176 Or. 577, 160 P. 2d.283），被告醉酒駕車肇禍，過失傷人致死之餘，自己亦受傷昏厥，警方乘機抽其血液化驗，證明含酒精成分，遂以此驗血報告爲證據，控被告違法醉酒駕車，過失殺人。被告抗辯認爲以其血液爲證據，是違反禁止「不利益自供」之憲法規定，上訴至奧列岡州最高法院。該院判決以爲，抽血驗血之舉乃於被告昏迷時，由醫生爲之，雖其後提供作證據之用，終非被告主動，積極之協力，即不得謂「不利益自供」，認爲驗血報告具證據力，被告應負醉酒駕車，過失殺人刑責。（英美刑法）（桂公仁）

不作爲犯

所謂不作爲犯，是指行爲對於一定事項，以消極的方法達成犯罪者而言。詳言之，對於一定結果之發生，法律上有防止之義務或因自己行爲致有發生一定結果之危險，行爲人能防止而不防止，因而犯罪者，謂之不作爲犯（刑法十五條）。不作爲犯有「純正不作爲犯」與「不純正不作爲犯」之分。所謂純正不作爲犯，係指在法律規定的形式上，以純粹消極的不作爲構成犯罪者而言。例如刑法第二十五章所規定之遺棄罪是。所謂不純正的不作爲犯，係指法律上以積極行爲的形式所規定之犯罪，以消極的不作爲之方法而犯之者而言。例如負有哺乳義務之乳母，故意對於嬰兒不予哺乳，任其餓斃者，應構成刑法第二七一條之殺人罪是。（刑法總則）（王建今）

不定值保險（Insurance of Open Policy）

不定值保險契約，係指保險契約在訂立時，因保險標的的價值無法確定，乃於該契約上載明保險標的的價值須至危險發生後，按其發生損失時實際價值予以估計，以定其賠償金額的契約。惟其所估計的賠償金額，不得超過其保險金額（保險法第五十條第二項、第七十三條第三項）。（商事法）（林咏榮）

不定期刑

不定期刑，即法律與裁判均不確定自由刑之刑期，一任行刑之實際效果如何，而確定刑期之制度。不定期刑與定期刑相對立，對於一定之犯罪，必須處以一定之刑期，原含有客觀的贖罪意味。不定期刑的理論，是反對有贖罪意味的報應刑思想，認爲刑罰分量的輕重，應就犯人對於未來社會的危險性而爲衡量。此種制度之良否，在今日尚難成爲定論，如就以防止犯罪爲目標之刑事政策看來，自不無研究之價值。

對於不定期刑之反對論，約有以下兩點：第一刑法之基本原理，在於罪刑法定主義。裁判官僅屬有罪之宣告，刑期之確定，委之於執行刑罰之行政人員，有反五權分立或三權分立之原理，對於人權之保障，不免發生危險。第二不定期刑將刑罰權委之於行政人員，不免誘致行政人員之專橫，結果亦易使犯人流於自暴自棄之途。然而主張不定期刑制度者，則認爲此種反對理由，不過爲行刑人員之人選及行刑制度之改善問題，而非不定期刑本身之存廢問題。

不定期刑，有絕對的不定期刑與相對的不定期刑之分：所謂絕對的不定期刑，係指刑期之決定，完全委之於行刑人員而言；所謂相對的不定期刑，係指裁判人員僅宣告自由刑之短期與長期，其執行期間，則委之於行刑人員而言。現行假釋制度，卽含有相對不定期刑之意味。不定期刑之理想，在於絕對的不定期刑。（刑事政策）（王建今）

不受理判決

案件有下列情形之一者，應諭知不受理之判決：㈠起訴之程序違背規定者。㈡已經提起公訴或自訴之案件，在同一法院重行起訴者。㈢告訴或請求乃論之罪，未經告訴、請求或其告訴、請求經撤回或已逾告訴期間者。㈣曾爲不起訴處分或撤回起訴，而違背再行起訴之規定者。㈤被告死亡者。㈥對於被告無審判權者。㈦依第八條競合管轄之規定而不得爲審判者。（刑事訴訟法）（陳　珊）

不法集會罪（Crime of Unlawful Assembly）

三人以上公然聚集，意圖犯罪或從事破壞社會治安之行爲，謂之不法集會罪。若行爲人等已實際着手實行其非法陰謀（雖然集會當初該集會性質爲合法），威脅社會安寧，係另構成暴動罪。又若不法集會後進入實施階段，但未達於強暴行爲者爲騷動罪（rout）。（英美刑法）（桂公仁）

不要式行爲與要式行爲

Informal act　係法律行爲之一，對要式行爲而言。卽其意思表示，不須經過一定之形式爲其主要要素之法律行爲也。例如諾成行爲中之買賣或贈與等，僅須當事人承諾，卽生法律上之效力是。古代法律行爲多注重要式行爲。其後商業蓬興，以要式行爲諸多不便，於是趨於不要式行爲，近世因人心反覆，不注重個人之誠實信用。爲保有證據計，近復又重要式行爲。以備舉證之用。然一般立法例，仍以不要式行爲爲原則。所謂要式行爲者，卽其意思表示須經一定之形式爲主要要素之法律行爲，例如婚姻遺囑之類是。惟要式行爲有二：一爲法定方式（legal form），卽法律行爲不依法定方式者無效（民法七三條）。所謂法定方式，例如結婚，應有公開之儀式及二人以上之證人（民法九八二條）。又如不動產物權之移轉或設定，應以書面爲之（民法七六〇條）之類是。另一爲約定方式(stipulated form)，乃對法定方式而言。卽由當事人以契約約定，須依一定方式之法律行爲也。例如合夥人約定須訂立合同，乃能開張經營事業是。至於違反約定方式者，是否無效？則依當時情形以決定之。（民法總則）（張鏡影）

不待陳述之判決

被告拒絕陳述者，得不待其陳述逕行判決；其未受許可而退庭者亦同。法院認爲應科拘役、罰金或應諭知免刑或無罪之案件，被告經合法傳喚無正當理由不到庭者，得不待其陳述逕行判決。被告在第二審上訴程序中受合法傳喚無正當理由不到庭，自訴人經合法傳喚無正當理由不到庭或到庭不爲陳述而非告訴或請求乃論之罪，均得不待其陳述而爲判決。（刑事訴訟法）（陳　珊）

不能犯

已着手於犯罪之實行，而其行爲不能發生犯罪之結果又無危險者，謂之不能犯（刑法二六條但書）。依我國刑法第二十六條但書之規定，不能犯並非不罰，應屬特種未遂犯，其與普通未遂犯所不同者，卽在行爲不能發生犯罪結果之有無危險，如有危險，則屬普通未遂犯，如無危險，則屬不能犯。普通未遂得按既遂之刑減輕之。不能未遂，則可斟酌情節，予以減輕或免除其刑。至於幻覺犯，因其並無犯罪之客體而誤想爲有，例如誤以木偶爲活人而殺之者，因其犯罪客體不存在，自應在不罰之列，而非不能犯。又所謂迷信犯者，例如祈禱神靈，以求他人速死，顯係主觀上認識錯誤，客觀上又絶對無危險，亦應不罰，自無刑法第二十六條但書之適用。（刑法總則）（王建今）

不能強制履行之契約（Unenforceable Contract）

不能強制履行之契約者，乃因法律上無救濟方法規定，或因契約未依法律所規定之方式訂立，或罹於時效而無法實行其權利等原因，致法院拒絕強制他方履行契約上之義務之謂也。所謂因法律上無救濟方法規定而不能予以強制履行者，如英國律師不得向當事人請求報酬是；所謂因未依法律所規定之方式而訂立之契約者，如缺少防止詐欺法規所規定之要件是；所謂因罹於時效而無法實行其權利者，如超過時效法規所規定之期限是（見 Williston on Contracts, 1938,Rev.ed.,p.11.）。此種契約原屬有效，惟在行使權利時發生障礙耳。如當事人之一方徵得對方之同意，准予補正其瑕疵者，例如法律規定須具備書面之契約，後竟依其規定補正之，或已罹時效之債權經債務人之承認是，則此種契約仍能恢復其強制履行之效力。（英美契約法）（何孝元）

不起訴之約定（Covenant not to Sue）

不起訴之約定者，乃債權人對於聯合債務人中之一人表示不起訴而其他債務人並不因而免其責任之契約也。此類約定之特質，即債權人並無消滅全部或一部債務之意思，而對於其他聯合債務人仍保留其依訴訟請求之權利（見 James A. Ballentine: Law Dictionary, 1959, pp. 305-306.）。（英美契約法）（何孝元）

不起訴處分

檢察官就其偵查結果，所為不向法院提起公訴之處分，為不起訴處分。案件有下列情形之一者，應不起訴：㈠曾經判決確定者。㈡時效已完成者。㈢曾經大赦者。㈣犯罪後之法律已廢止其刑罰者。㈤告訴或請求乃論之罪，其告訴或請求已經撤回或已逾告訴期間者。㈥被告死亡者。㈦法院對於被告無審判權者。㈧行為不罰者。㈨法律應免除其刑者。㈩犯罪嫌疑不足者。檢察官於刑法第六十一條所列各罪之案件，參酌刑法第五十七條所列事項，認為以不起訴為適當者，得為不起訴之處分。為是項不起訴處分前，並得斟酌情形，經告訴人同意，命被告為下列各款事項：㈠向被害人道歉。㈡立悔過書。㈢向被害人支付相當數額之撫慰金。上列情形，應附記於不起訴處分書內。撫慰金之支付記載，並得為民事強制執行名義。被告犯數罪時，其一罪已受重刑之確定判決，檢察官認為他罪雖行起訴，於應執行之刑無重大關係者，得為不起訴之處分。依上列各種情形為不起訴之處分者，應制作處分書，敍述不起訴之理由，以其正本送達於告訴人、被告及告發人。是項送達，自書記官接受處分書原本之日起，不得逾五日。告訴人如不服時，得於接受後七日內以書狀敍述理由，經原檢察官向直接上級法院首席檢察官或檢察聲請再議。（詳另條）。不起訴處分之效力如下：㈠關於羈押被告之效力。羈押之被告受不起訴處分者，視為撤銷羈押。但再議期間內或聲請再議中，得命具保、責付或限制住居；遇有必要情形，並得命繼續羈押之。㈡關於扣押物之效力。為不起訴之處分者，扣押物應即發還。但應沒收或為偵查他罪或他被告之用應留存者，不在此限。㈢關於同一案件之效力。不起訴處分已確定者，非有下列情形之一，不得對於同一案件再行起訴：1.發見新事實或新證據者。2.有刑訴法第四百二十條第一項第一款、第二款、第四款或第五款所定得為再審原因之情形者。（刑事訴訟法）（陳　珊）

不純正不作為犯

見「不作為犯」條。（刑法總則）（王建今）

不特定物與特定物

Indefinite thing 為物之一種，對特定物而言。即依當事人之意思，抽象的依種類品質數量而指定之物也。例如買土地若干畝是。所謂特定物(definite thing; particular thing) 者，係以當事人之意思，依物之個性而具體指定之物也。其與不特定物之區分，乃以當事人之意思有無具體指定為標準，其被具體指定者為特定物，如買某街某號房屋是。無具體指定者為不特定物。又不特定物與特定物區分之實益，與債權之關係甚大，如特定物毀損滅失則發生損害賠償問題。不特定物則否，債務人則依約定之種類品質數量而給付之。惟在物權則以特定為原則。（民法總則）（張鏡影）

不動產（Immovable）

爲物之一種，對動產而言。即凡性質上不能移動其位置之物，或非經破壞變更則不能移動其位置之物。皆稱爲不動產。我國民法規定，稱不動產者，謂土地及其定着物。至不動產之出產物尚未分離者，則爲該不動產之部分（第六六條）。惟不動產所有權 right of ownership in immovables 之範圍可分爲二：(1)土地，其所有權除法令有限制外，於其行使有利益之範圍內，及於土地之上下。如他人之干涉，無礙於其所有權之行使者，不得排除之（民法第七七三條）。於是土地之界限有三，即地面地下空中是。所謂法令限制者，如狩獵法即地面之限制。鑛業法即地下之限制。航空法即空中之限制。(2)建築物。其所有權則有爲專有者，有爲共有者。有爲區分所有者。我國民法規定數人區分一建築物而各有其一部分者，該建築物及其附屬物之共有部分，推定爲所有人之共有。其修繕費及其他負擔，由各所有人按其所有部分之價值分擔之（第七九九條及參考八〇〇條）。又不動產物權與不動產所有權，亦有區別。蓋不動產物權係以不動產爲標的物之物權也。亦即是以不動產爲所有權地役權抵押權典權之標的物之物權，不可不辨。（民法總則）（張鏡影）

不動產所有權

謂以不動產爲標的所有權也。不動產之定義，在總則第六十六條，稱土地及其定著物。惟在物權法上，建築物爲獨立之不動產，雖亦定著於土地，但非土地之一部，故土地及建築物之所有權，得分屬於不同之主體。物權編關於不動產所有權列有專節，其內容在於規定不動產所有權之行使，尤其着重土地所有權行使之限制，而於第七七三條表明其概括原則曰：「土地所有權，除法令有限制外，於其行使有利益之範圍內，及於土地之上下，如他人之干涉，無礙其所有權之行使者，不得排除之」。爲維護社會公益，對於所有權之絕對性，自須予以限制。至關不動產所有權之取得，依於法律行爲者，規定於物權通則；依於法律事實者，規定於所有權通則，因其取得方法，多爲與動產所有權相同，應列入所有權及其他物權之共通法則。（民法物權）（陳　珊）

不動產物權

爲物權學理上分類之一，對動產物權而言，即以不動產爲標的之物權也。如地上權、永佃權、地役權、典權、抵押權皆是。此一分類，以標的物之種類爲標準，所有權則兼以不動產及動產爲標的，其區別實益，在於物權契約成立之方式，不動產物權之變動，以登記爲生效要件，動產則爲交付。（民法物權）（陳　珊）

不動產執行

對動產執行而言，即以使債務人履行其義務爲目的，而以國家強制力爲根據，由執行機關以查封、強制拍賣、強制管理等方法，對債務人之不動產所爲之處分。（強制執行法七五—一一四）。（強制執行法）（陳　珊）

不就指定守地

係指軍事長官，率所屬部隊，不到達或進入指揮官所指定守地而言。（特別刑事法）（吳　智）

不就職役

陸海空軍刑法第九十三條所規定不就職役，爲消極之行爲，與離去職役，乃積極之行爲，在犯罪之態樣上不同，不就職役，指奉派職役後，無正當事故，或未經長官核准，而不就其職役者而言。（特別刑事法）（吳　智）

不爲給付 (Non-Performance)

不爲給付者，乃債務人不履行契約之謂也。此乃違約最常見之態樣。債務人不爲給付，即可推知其有拒絕履行之意思（見 J.F. Wilson: The Law of Contract, 1957, p. 441.）。（英美契約法）（何孝元）

不經言詞辯論之判決

第一二兩審採言詞審理主義。但刑訴法第三零二條之免訴，第三零三條之不受理，第三零四條之管轄錯誤，均爲形式判決，得不經言詞辯論爲之。（刑事訴訟法）（陳　珊）

不當得利

不當得利者，乃無法律上之原因而受利益，致他人受損害之事實之謂也（

民法第一七九條）。不當得利之成立，須具備下列要件：㈠一方受利益；㈡他方受損害；㈢受利益與受損害間須有因果關係；㈣無法律上之原因。何謂無法律上之原因？其學說有二，即：就一切之不當得利，求其共通之觀念者，謂之統一說，就各種不當得利，求其個別之觀念者，謂之非統一說。究應採何種學說，迄今尚無定論。

不當得利一經成立，受損人有請求返還之權利，而受益人有負返還其所受利益之義務。惟於下列事項，受損人則不得請求返還（民法第一八〇條）：㈠履行道德上義務之給付：所謂道德上之義務，例如對於無扶養權利之親屬給予扶養是，又名之曰自然債務。惟誤信有道德上之義務而為給付，實際上並無此種義務，則仍得請求返還。㈡清償期前債務之給付：債務人於未到期之債務，因清償而為給付者，不得請求返還。債務人對於其所付之中間利息，亦不得請求返還。㈢非債清償：因清償債務而為給付，於給付時明知無給付之義務者，不得請求返還。如在給付之當時，係因誤信有給付之義務而為清償，至日後方知無此義務者，則給付人仍可請求返還。㈣不法原因之給付：因不法之原因而為給付者，不得請求返還。但不法之原因，僅存於受領人之一方者，給付人則得請求返還。

不當得利之受領人，應返還其利益，返還義務之範圍，則視受領人知無法律上之原因與否而有別：不當得利之受領人不知無法律上之原因，而其所受之利益已不存在者，免負返還或償還價額之責任（民法第一八二條第一項）。受領人於受領時知無法律上之原因者，應將受領時所得之利益，附加利息，一併償還，如有損害，並應賠償；受領人其後知無法律上之原因者，應將知無法律上之原因時所現存之利益，附加利息，一併償還，如有損害，並應賠償（民法第一八二條第二項）。（民法債篇總論）（何孝元）

不實標示

商品依商品檢驗法所為之標示與該商品之實際情形不符者，即為該法第四條第三款所稱不實之標示，其情形約有如下數種：

(1)商品非由標籤上具名者製造，而未以特定語句顯示製造者與推銷者之關係，「如某廠商製造，某廠商包裝」或「某廠商製造，某公司經銷」或其他類似之語句表明此項事實者。

(2)商品中含有某種成分，為該商品之正確定義與標準所無者。

(3)該商品之正確定義與標準中所規定之成分，該商品實際欠缺者。

(4)該商品之正確定義及標準如規定有某種成分之限量時，實際含量不合此種規定者。

(5)仿製品未標明其為仿製者。

(6)商品之標識，足以引起與他人商品混淆或使人誤認之虞者。

(7)一種商品含有二種以上主要成分，如其設計標識僅用一種名稱而非全部成分之名稱者。

(8)與國外廠商技術合作製造之商品或取得外國廠商之商標專用權而未標明在中華民國製造者。

(9)各種成份之次序顚倒，或其相對之顯著性有變動者應施檢驗之商品，不依規定為標示或為不實之標示者，主管機關得命令其停止輸出、輸入、陳列或銷售。（商品檢驗法）（管　歐）

不認識之過失

不認識之過失，係指犯人對於構成犯罪之事實並無預見，因怠於注意，以致犯罪者而言。不認識之過失，與認識之過失及未必之故意三者甚易相混。不可不詳加區別。所謂認識之過失，係指犯人對於構成犯罪之事實，雖預見其能發生而確信其不發生，但終至發生者而言。所謂未必之故意，係指犯人對於構成犯罪之事實，預見其有發生之可能，而仍出於一定之積極的行為或消極的不予防止，以容認其犯罪結果之發生者而言。不認識之過失與認識之過失，兩者均屬於過失範圍，亦即均無希望犯罪結果發生之決意，而未必之故意，則屬於故意範圍，犯人之心理狀態，對於犯罪結果之發生，雖未可必，但並無不能發生之確信，該項結果之發生，早在其預料之中，即不能謂其無希望之決意，亦即與其本意並不違背。總之，不認識之過失與認識之過失，對於犯罪結果之發生均無預見，而未必之故意，對於犯罪結果之發生既在預料之中，即不能謂無預見。此其主要之區別。（刑法總則）（王建今）

不確定故意

見「故意」條。（刑法總則）（王建今）

不確定期限與確定期限

不確定期限與確定期限（Uncertain (Indefinite) Limitation of Time ）為期限之一種。係對確定期限而言。所謂不確定期限者，謂其內容事實之發生乃屬確定，僅其時期則不確定。換言之，即其到來之時日不能明定也。例如約定某甲死亡時履行債務，其履行債務為確定之事實，其死亡時期則不能確定。所謂確定期限者（certain（definite）limitation of time），即其內容之事實之發生乃屬確定，而其時期亦屬確定之期限。例如約定某月某日履行債務，則均屬確定。（民法總則）（張鏡影）

不聽指揮

不聽指不接受，或不聽命令之謂，無論積極或消極行為，均可構成。指揮係指發佈命令所行之一切調遣而言，軍刑法第六十四條之不聽指揮罪之所謂指揮，須與軍事有關為要件。（特別刑事法）（吳　智）

不變期間

見「期間」及「法定期間」條。（民事訴訟法）（李學燈）

公文書

文書依其制作人而為區別，得分為公文書與私文書。公文書係由機關或公務員，於職務上，依定式所制作之文書。有公務員之資格而非於法令規定之權限內所作成之文書，或法令規定有一定之程式者，未依定式所作成之文書，均無公文書之效力。至於公文書上所載事物，無論其為私法上之關係，或公法上之關係，其所載事物內容完全與否，均不影響公文書之性質。其以公文書供證據之用，謂之公證書。凡非公文書之文書，稱為私文書，私文書雖經機關或公務員之證明認可，仍不失為私文書之性質，其以私文書供證據之用者，稱為私證書。（民事訴訟法）（李學燈）

稱公文書者，謂公務員職務上制作之文書（刑法一〇條三項）。依此規定，其要件有二：㈠須制作者為公務員。㈡須公務員基於其職務而制作。二者缺一，即不得謂為公文書。（刑法總則）（王建今）

公示主義

公司組織的商業，其內部決定而涉及股東或其他利害關係人的重要事項，法律特課以公告周知的義務者，此在立法上稱之為公示主義（der grundsatz der publizitat）。例如各種公司合併時，應將其合併公告於債權人，股份有限公司召集股東會時，應將其召集公告於股東等是（參照現行公司法第七三、第七四及第一七二等條）。尤其股份有限公司，其股份分散於大衆，對於「公告」更為必要，故現行公司法第一二九條第五款以「公告方法」，為股份有限公司章程上必要記載事項之一。（商事法）（林咏榮）

公示送達

對於當事人以公示方法所為之擬制送達，謂之公示送達，即將應送達於當事人之文書，依一定之程式公示後，經過一定期間，即視與已為送達同。當事人已否知悉，或於何時知悉，均非所問，故又稱擬制送達。此項送達，僅得對於當事人（包括參加人）為之，對於其他訴訟關係人如證人、鑑定人、以及督促程序中之債務人（民訴五〇九），均不適用。又原則上須本於當事人之聲請，須有下列情形之一，受訴法院始得依聲請准為公示送達：㈠應為送達之處所不明者，但如當事人知他造之住居所，指為所在不明而與涉訟，聲請為公示送達者，如嗣後判決確定，除他造當事人已承認其訴訟程序者外，得以之為再審之理由（四九六Ⅰ6）。㈡於有治外法權人之住居所或事務所為送達而無效者。㈢於外國為送達，不能依第一四五條之規定辦理或預知雖依該條規定辦理而無效者，例如該國管轄機關拒絕囑託，兩國之間並無應為法律上協助之國際條約，又無使領人員駐在該國或現無邦交關係是。雖有上述各種情形之一，仍須經由當事人之聲請，並經受訴法院裁定准許，始得為公示送達（一四九Ⅰ）。惟對某當事人之公示送達，業經法院裁定准許後，其效力及於該事件之各審法院。關於准許公示送達之裁定，無須送達，亦不許抗告，但對於駁回聲請之裁定，則得為抗告（一四九Ⅱ）。此外法院依職權得為公示送達者，其情形有二：㈠原告或曾受送達之被告，變更其送達之處所，而不向受訴法院陳明，以致應為送達之處所不明者，受訴法院得依職權命為公示送達（一四九Ⅲ）。㈡依

第一四九條爲公示送達後，對於同一當事人仍應爲公示送達者，得依職權爲之（一五〇）。公示送達應由法院書記官保管應送達之文書，而於法院之牌示處黏貼公告，曉示應受送達人應隨時向其領取。但應送達者，如係通知書，應將該通知書黏貼於牌示處。除上述規定外，法院應命將文書之繕本或節本，登載於公報或新聞紙，或用其他方法通知或公告之（一五一）。法院書記官爲公示送達者，應作記載該事由及年月日時之證書附卷（一五三）。公示送達，自將公告或通知書黏貼牌示處之日起，其登載公報或新聞紙者，自最後登載之日起，經二十日發生效力；於外國爲送達，不能依第一四五條之規定辦理或預知雖依該條規定辦理而無效，因而爲公示送達者，經六十日發生效力；於依法爲公示送達後，對於同一當事人又依職權爲公示送達者，自黏貼牌示處之翌日起發生效力（一五二）。（民事訴訟法）（李學燈）

公示催告

凡以公示之方法，催告關係人爲一定之行爲者，謂之公示催告。民事訴訟法第八編所定公示催告程序中之公示催告，係由法院依當事人之聲請爲之，催告不明之利害關係人，於一定期間內，申報權利，如不申報權利，則使生法律上不利益（失權或證券無效）之效果。詳見「公示催告程序」條。（民事訴訟法）（李學燈）

公示催告程序

公示催告程序（民訴第八編），係指法院依當事人之聲請，以公示之方法，催告不明之利害關係人，於一定期間內，申報權利，如不申報灌利，則使生法律上不利益效果之程序。蓋在一般訴訟，原須有特定之相對人，始能提起訴訟。若欲主張權利之當事人，因相對人不明，無從依一般之規定提起訴訟，致其權利無從主張，或竟使法律關係永不確定，既非保護權利之道，亦恐有害公益。故於民事訴訟法設有公示催告程序，由法院以公示方法，催告利害關係人申報權利，於不申報時使生失權效果，則其主張權利之目的可達，或逕由此得權利之保護，實爲極有益之制度。此係由法院所行之程序，且因當事人之聲請而開始，法院不得依職權爲之。對於不申報權利人使生失權或證券無效之效果（五三九、五六四Ⅰ）。故雖係以公示之方法催告申報權利而非由法院爲之者（如土地法五七），或於不申報時使生失權之效果，但其程序另有他種目的者（如破產法六五），均非此所謂之公示催告程序。此程序之目的，祇爲宣示失權或證券無效，其性質本屬非訟事件，而非民事訴訟。然民事訴訟法既視之爲民事訴訟而規定於該法之中，則除該程序有特別規定外，自應適用或準用民事訴訟法之一般規定。此程序既無特定之相對人，對於法律關係之存否，亦不能爲確認之裁判。如對法律關係有爭執時，仍應依通常訴訟程序解決之。公示催告之要件有二：㈠申報權利之公示催告，以得依背書轉讓之證券及其他法律有規定者爲限。何項證券得依背書轉讓，依法律之規定，如指示證券，提單，倉庫，載貨證券，滙票，本票，支票，公司股票等均是。所謂其他法律有規定，係指實體法有規定得爲公示催告者而言（如民七一八、七二五、二一一五七、一一七八、一一七九、票據一九）。㈡公示催告須有相對人不明之情形，以及聲請者須爲有聲請權之人始得爲之。何人爲有聲請權，除於證券部份有規定（民訴五五八）外，應依實體法及其他法律定之。關於管轄公示催告之法院，除宣告證券無效之公示催告，有特別規定（五五七）外，其他應於許可適用公示催告程序之法律中求之，如無規定者，則視公示催告之性質，依一般管轄之規定（總則編）定之。至其職務管轄，應屬於地方法院（法組十），自不待言。公示催告之聲請，無論准許或駁回，均應以裁定行之（民訴五四〇Ⅰ）。數宗公示催告程序，法院得合併之（五五五）。法院依職權調查結果，認應准許聲請者，應爲公示催告（五四Ⅱ）。公示催告，應記載：㈠聲請人，㈡申報權利之期間及在期間內應爲申報之催告，㈢因不申報權利而生之失權效果，㈣法院（五四一）。如爲宣告證券無效之公示催告，則應記載持有證券人應於期間內申報權利及提出證券，並曉示以如不申報及提出者，即宣告證券無效（五六〇）。公示催告之公告，應黏貼於法院之牌示處，並登載於公報或新聞紙（五四二）。申報權利之期間，應有二個月以上（五四三）；如爲宣告證券無效之公示催告，則應有六個月以上（五六二）；並應注意其他法律有關之規定（如民一一五七Ⅱ）。聲請人得於申報權利之期間已滿後，三個月內聲請爲除權判決（五四五Ⅰ）。法院除因公示催告不合法，或其聲請已逾期間或有其他不合法之情形，應以裁定駁回外（五四七），如經言詞辯論及調查之結果，認爲聲請合法且有理由者，應宣示其因不申報權利所生不利益之結果，而爲除權判決。惟如遇有利害關係人申報權利時，其申報意旨係對於公示催告聲請人所主張之權利有爭執者，法院應酌量情形，在就所報權利有確定裁判前，裁定停止公示催告程序，或於除權判決保留其權利（五四八）。此外因宣告無記名證券之無效聲請公示催告，法院准許其聲請者，應依聲請不經言詞辯論，對於發行人爲禁止支付命令。如爲除權判決，應宣告證券無效（五六四Ⅰ）。除權判決，除宣示及送達外，法院得以相當之方法，將其要旨公告之。如宣告證券無效，應依職權公告之（五五〇，五六四Ⅱ）。對於除權判決，不得上訴，但受該判決效力所及之利害關係人，得以公示催告聲請人爲被告，向法院提起撤銷除權判決之訴（五五一）。（民事訴訟法）（李學燈）

公司（Corporation）

公司爲一法人，經法律擬制，幾與自然人一般，能享有權利負擔義務，至其能否作爲刑事處罰對象，甚多爭議。近代英美普通法多認公司亦能犯罪，尤以不須犯意之場合（statutory offenses）爲然。公司得因犯罪受罰金或受藐視法庭之處分，但行爲性質與公司目的無關，或其唯一處罰爲自由刑者，自無法論以刑責，如公司不能犯重婚罪是（People v. Rochester Ry. L. Co., 195 N.Y. 102, 88 N.E. 22）。（英美刑法）（桂公仁）

公司合併

公司的合併係指二個以上的公司，因契約關係而合爲一個公司。凡合併兩個以上的公司，其原有公司概行解散，而另立新公司者，稱爲創設合併；若一個公司依然存續，其餘公司皆行解散，而合併於這一個存續的公司者，則稱爲存續合併或吸收合併。公司若和其他公司合併時，在無限公司和兩合公司，應得全體股東的同意；在股份有限公司，應經股東會的特別決議，其決議方法，應有代表已發行股份總數四分之三以上股東的出席，以出席股東表決權過半數同意行之。在有限公司若係有執行業務股東者，應比照無限公司；其選有董事者，則比照股份有限公司有關的規定。至股份兩合公司的合併，除股東會議特別決議外，並應經全體無限責任股東的同意。公司決議合併時，或於資產負債表或財產目錄，爲虛僞的記載時。各科以四千元以下的罰金。公司在合併決議後，應即向各債權人分別通知及公告，並聲明於其所指定三個月以上的期限內，提出異議；若債權人不於期限內提出異議，即爲默認，公司即可實行合併。公司負責人違反規定，不爲前述的通知及公告，而與他公司合併時，各科四千元以下的罰金。公司爲合併時，應於實行後十五日內向地方主管機關轉呈中央主管機關分別申請登記。（商事法）（林咏棠）

公司名稱

公司也像一般商業的商號，得以股東姓名或其他名稱作爲名稱。依公司法的規定，公司的名稱應標明其種類（參看公司法第二條第二項）。就是按照公司的性質，分別標明爲無限公司，有限公司，兩合公司，股份有限公司，股份兩合公司。外國公司的名稱，除標明種類外並應標明其國籍（參看公司法第三七〇條。）；例如「大明印刷股份有限公司」係指中國公司；「美商大明印刷股份有限公司」則爲外國公司。因有「美商」冠於公司名稱之上，一般人顧名思義，一望而知該公司係由美商經營。凡同類業務的公司，不問是否同一種類，也不問是否同在一省（市）內，不得使用相同或類似的名稱（參看公司法第十三條）；例如臺灣省大明印刷股份有限公司經登記成立後，國內不但不許有大明印刷有限公司，而且連大明印刷無限公司，或大明印刷兩合公司，也要受對抗效力之拘束，故其範圍較之商號專用權爲廣。又依公司法的規定，凡未經設立登記，而以公司名義經營業務，或爲其他法律行爲者，行爲人自負其責；行爲人有二人以上者連帶負責，各科以三千元以下的罰金，主管機關並得禁止其使用公司名稱；外國公司，亦受同一限制（參看公司法第一九條及三七七條）。（商事法）（林咏棠）

公司住所

民法曾規定：「法人以其主事務所之所在地爲住所。」公司既爲法人，當然也要有它的住所；所以公司法引申民法，特規定：「公司以其本公司所在地爲住所。」所謂本公司，是公司依法首先成立，以管轄全部組織的總事務，而分公司則是受本公司管轄的分支機構。公司的住所，不僅關係於主管官署監督權的行使，而且關係於民事訴訟審判權的隸屬，甚至爲決定公司國籍的依據。公司的本公司設於美國，即本公司的住所在美國，依照住所地法律組織的公司，就是美國公司（外國公司）。外國公司與中國公司的判別，在於本公司所隸屬的國籍，故一個公司雖有外國股東在內，不能即認爲外國公司，外國公司雖

有中國股東在內，亦不能即認爲中國公司。（商事法）（林咏榮）

公司法

工商企業的建立、維持與發展，爲國民經濟建設的體系；而在此體系中又可分爲工商企業組織與工商企業活動兩部分，前者爲工商企業活動的主體，後者爲工商企業主體的行爲。規範前者，謂之組織法，規範後者，謂之行爲法。公司法於此兩部分兼而有之，惟就其性質與成分論，則以規範前者爲主，規範後者爲輔。所以公司法，可說是以公司的組織與活動爲其規律對象的法。公司法在性質上雖屬於私法；但爲保障或實現其所規定的私法上事項，其中不少屬於公法上之條款（例如類似於行政法、刑法、民事訴訟法及非訟事件法的條款等是）。關於公司法的編制，各國立法例，大別有二：㈠採民商分立主義者—民法法典之外，另有商法法典，有關公司的事項，規定於商法法典之中。其規定方式又可細分爲三：⑴主體說—以公司爲主體，獨立爲一篇，如日、德商法是；⑵契約說—以公司的組織，爲契約的結合，列公司爲商事契約的一種，如西、葡商法是；⑶折衷說—公司雖不獨立列爲一篇，但却與商事契約分別以專章規定，如法、意商法是。㈡採民商合一主義者—凡有關商事的一般共通事項，規定於民法法典，而特殊事項則以單行法規定之。此在瑞士，關於公司，規定於債務法第三篇，而在我國則另行訂頒公司法。無論其爲單行式之公司法抑爲附屬於商法典之公司篇，大抵皆以規定公司組織及其行爲等事項爲其內容與範圍，此爲形式意義的公司法。至於實質意義的公司法，則限於公司特有的法，其內容與範圍雖與形式意義的公司法大體相同，但非完全一致。單就公司法或公司篇爲範圍而論，在形式意義上原包含公司法或商法典中關於刑事罰與行政罰的規定，而在實質意義上則否。從此點觀之，實質意義的公司法，乃屬於私法；而形式意義的公司法，則兼具公司法的性質。前者的範圍較之後者爲狹，但從一般言，實質意義的公司法，反屬於廣義，而形式意義的公司法，反屬於狹義。蓋後者僅限於單行式的公司法或附屬於商法典的公司篇，而前者不僅包含民法上有關公司的規定，且涉及有關公司的公法與有關公司的國際法。（商事法）（林咏榮）

公司的內部關係

承襲德國商法立法例者，皆將公司的法律關係，分爲內部關係與對外關係。內部關係乃公司與股東及股東相互間的關係。其關係僅涉及股東的利害，立法者於此多採任意規定，故我國公司法以公司的內部關係，除法律有規定者外，得以章程定之（公司法第四二條）；而德日兩國商法更具體規定，凡章程或商法未規定者，準用民法關係合夥的規定（德國商法第一〇五條第二項、日本商法第六十八條），我國採民商合一主義，在解釋上自應從同。至公司對外關係，乃公司或股東與第三者的關係，因其涉及第三者的利害，故立法者於此採強行規定，多數國立法例均同。（商事法）（林咏榮）

公司的經理人

經理人就是管理公司事務及有權爲其簽名的人（參照民法第五五三條第一項）。公司得依章程規定，設置經理人。經理人有數人時，應以一人爲總經理，一人或數人爲經理（公司法第二九條第一項及第三九條）。並得設置副總經理，協理、與副經理一人至數人，如何設置，應以章程訂定之（公司法第三八條）。就形式言，法國商法不設經理人的特別規定，而委之民法上一般原則；德日兩國商法均規定於總則篇。我國舊公司法於「股份有限公司」一章內，以專節規定經理人，易使人誤爲股份有限公司始有經理人的設置；而新公司法移置「總則」中，以示經理人的重要性，其有關規定並可適用於各種公司，在理論上與實用上均屬適當。若就實質言，德國商法總則篇第五第六兩章，分別規定經理權與商業輔助人，其經理權的授與，屬於代理關係，輔助人的任用屬於僱傭關係。日本商法總則篇，却將兩者合併爲商業使用人，而經理人則爲商業使用人之一，經理人之與公司，亦屬於代理關係。美國多數州立法例，以經理人爲代理人（agent），列入職員（officers），其性質屬於僱傭（employment），而我國新法則規定爲委任，與董事同（參照公司法第二九條第二項並參照同法第一二九條）。（商事法）（林咏榮）

公司的對外關係

見「公司的內部關係」條。（商事法）（林咏榮）

公司的監督

受設立許可的法人（公司），其業務屬於主管機關監督。所謂主管機關在中央爲經濟部，在省爲建設廳，在直轄市爲社會局（參看民法第三二條，公司法第五條）。這些機關，對於公司皆有監督權。關於監督權的行使，約可分爲兩種：(1)事前監督—公司設立的籌備，必須依據法律所設定的準則；且公司非經中央主管機關登記，並發給執照後，不得成立。凡未經設立登記，而以公司名稱經營業務或其他法律行爲者，其行爲人自負其責，行爲人有二人以上者連帶負責，各科以三千元以下的罰金，主管機關並得禁止其使用公司名稱。這些都是屬於事前的監督。(2)事後監督—公司設立登記後，如發現其設立登記或其他登記事項有違法或虛僞情事時，經法院裁判後，通知中央主管機關撤銷其登記。公司負責人有前項情事時，得各科二千元以下的罰金，情節如屬重大，得各科以一年以下有期徒刑、拘役或四千元以下的罰金（參看公司法第九條。又民國二十四年院字第一九九一號解釋，公司法所定罰金及徒刑，係特別刑法，除由被害人自訴外，應經檢察官起訴）。外國公司經認許後，其應受中國主管機關的監督，與中國公司略同，惟營業狀況及財產情形，不必按年度報告，僅在必要時，中國主管機關得查閱其有關營業的簿册、文件（參看公司法第三七五、三七七及第三八四條）。（商事法）（林咏榮）

公司的種類

依照我國現行公司法，公司有下列五種：(1)無限公司—此爲二人以上之股東所組織，對公司債務負連帶無限淸償責任的公司。(2)有限公司—此爲二人以上二十人以下之股東所組織，就其出資額爲限，對公司負其責任的公司。(3)兩合公司—此爲一人以上的無限責任股東，與一人以上的有限責任股東所組織，其無限責任股東對公司債務負連帶無限淸償責任；有限責任股東就其出資額爲限對公司負其責任的公司。(4)股份有限公司—此爲七人以上股東所組織，全部資本分爲股份，股東就其所認股份，對公司負責任的公司。(5)股份兩合公司—此係一人以上的無限責任股東，與五人以上的有限股東所組織，其無限責任股東對公司債務負連帶無限淸償責任，有限股份股東就其所認股份對公司負其責任的公司（公司法第二條第一項）。（商事法）（林咏榮）

公司重整（Corporate Arrangement and Reorganization）

公司重整，是就已瀕窘境而預料有重建可能的股份有限公司，調整其債權人，股東及其他利害關係人的權利與義務，而以謀該事業的維持與更生爲目的的一種程序。其建立的目的有二，一爲淸理債務，一爲維持企業。在企業高度發展的現階段，社會各業經緯交織，相互成爲有機的關連，此一經濟單位已發生的破綻，可能影響於其他經濟單位，甚至於招致企業萎縮，而惹起經濟恐慌！股份有限公司在經濟單位中所占數量既多，且其規模亦較爲宏大，預防其破產，以消弭各方的無形損失，而維持社會的經濟秩序，實爲現代公司立法的重要課題。英國一九二九年公司法中，有所謂管理人（receiver）制度，日本於昭和十三年（A.D. 1938）修正商法，乃依其法理並參酌其法院監督淸算的程序，以專節規定「公司整理」；惟公司整理制度，係以破產法上破產前和解程序爲骨幹，對於股份有限公司的衆多股東和債權人，頗難謀取協調。於是又根據美國的重建（Reorganization）制度，另訂「會社更生法」，凡二九五條，於昭和二十七年頒布；而其商法中有關公司整理的規定，仍予保留。美國的重建制度原自其聯邦法院「衡平法上的管理」（equity receivership）發展而來。其目的在於防止現存企業（going concern）的解體，其方法係處於債務人地位的公司，以公司財產對於其債權人爲代物淸償；而其債權人則以受償的財產充現物出資一變而爲重建後公司的股東，公司的結構隨之重新調整。迨一九三三年，美國始將此種方法加以具體化，訂入聯邦破產法（Bankruptcy）中，一九三八年聯邦破產法全部修訂（Bankruptcy Act amended by Chandler Act 簡稱 Chandler Act），於其第十章，以專章規定「公司重建（corporate reorganization）」，凡一二五條。茲次我國現行公司法，援美國及日本立法例、融合其整理與重建制度，擷要以專節規定「公司重整」。（商事法）（林咏榮）

公司能力

公司的能力，可分爲：㈠公司的權利能力—公司爲法人，當然具有權利能力；惟應受法令的限制，亦即公司所營業務，以登記事項爲範圍，並不得以其資本借貸與其股東或其他個人。且專屬自然人的權利，如生命上、身體上的權利，公司亦不得享受。至於公司爲他公司的無限責任股東、或其他合夥事業的合夥人，爲我國公司法所不許；如爲他公司的有限責任股東，除以投資爲專業外，其所有投資總額，不得超過自己公司實收股本四分之一。並應依本法第十四條的規定辦理。公司負責人違反上述各規定之一時，各科以四千元以下的罰金，並賠償公司因此所受之損害。又公司得爲他公司的董事、監察，但須指定自然人充任代表（參看公司法第二七條第一項。）；㈡公司的行爲能力—公司有沒有行爲能力，學說尚不一致。有的主張法人擬制說，認爲公司的行爲，不過是代理人的行動，公司本身沒有行爲能力；有的主張法人實在說，認爲構成公司的組織是代表機關而不是代理人，代理機關所爲的行爲，在法律上卽係公司的行爲，故公司有行爲能力。我國立法例採取後說，故公司法規定：「本法所稱公司負責人，在無限公司、兩合公司爲執行業務或代表公司的股東；在有限公司爲董事或執行業務之股東；在股份兩合公司爲無限責任股東。公司之經理人或清算人，有限公司之監督人，股份有限公司的發起人，監察人、檢查人或重整人，股份兩合公司之監察人或檢查人，在執行其職務之範圍內，亦爲公司之負責人」；「政府或法人爲股東時，得被推爲執行業務股東或當選爲董事或監察人；但須指定自然人代表行使職務。政府或法人爲股東時，亦得由其代表人被推爲執行業務股東或當選爲董事或監察人，代表人有數人時，並得分別被推或當選。前兩項之代表，得依其職務關係，隨時改派補足原任期。對於第一、第二項代表權所加之限制，不得對抗善意第三人」。又「公司除依其他法律或公司章程規定以保證爲業務者外，不得爲任何保證人」。至於公司的侵權行爲，若依法人擬制說，應由代理人負其責任；但依法人實在說，則責任應歸屬於公司。我國公司法折衷兩說，特規定：「公司負責人對於公司業務之執行，如有違反法令，致他人受有損害時，對他人應與公司負連帶賠償之責」。這是基於我國民法第二十八條所作的規定。至公司負責人違反規定，而以公司爲保證人者，應自負保證責任，並科以四千元以下的罰金，如公司受有損害時，亦應負賠償的責任（參看公司法第十六條第二項。）經認許的外國公司於法令限制內與同種類的中國公司有同一權利能力。惟外國公司，除股東私人買賣股份、債券外，不得在中國境內募股，募債；同時外國公司經認許後，雖得依法購置因其業務所需用的地產，但須先呈請地方主管機關轉呈中央主管機關核准，並得依其本國法律准許中國公司享受同樣權利爲條件。這就是外國公司能力的限制。這些限制的立法意旨，前者在於吸收外國資本，促進國民經濟，後者係基於平等互惠的原則。如土地法第十八條所規定等。（商事法）（林咏榮）

公司設立行爲

公司的設立，乃設立者（發起人）爲公司取得法人人格而循一定程序所爲的法律行爲。概括稱之爲設立行爲。其性質如何，學說頗不一致，大別之爲：㈠契約說—此說以設立行爲，及股東相互間約定負其責任之債的契約，又可分爲合夥契約說與特種契約說。前者以公司的設立，亦如民法債篇中的合夥契約；後者則以公司的設立，雖係股東相互間的契約行爲，但此種契約，究不同於民法債篇的合夥，或可稱之爲無名契約。㈡單獨行爲說—此說以設立行爲，及各股東以組織公司爲目的之單獨行爲。又可分爲聯合的單獨行爲說與偶合的單獨行爲說。前者以公司的設立，乃各股東依一定目的，所爲單獨行爲的聯合；後者以公司的設立，乃各股東未必有一定目的，所爲單獨行爲的偶然競合。㈢公同行爲說—亦稱共同行爲說。此說與聯合的單獨行爲說，實際上無甚差異；雖公同行爲說係以股東相互間意思表示合致爲基礎，從其有多數一致的意思表示之點觀之，近於契約；從其意思表示不發生相互間法律關係之點觀之，又類似於單獨行爲。㈣合併行爲說—此說以設立行爲，係公同行爲與契約行爲的合併行爲。綜上觀之，以公同行爲說，較爲合理，大多數學者皆從之，蓋契約的成立，須一方要約與他方承諾的合致；而公司的設立，並不以此爲要件，且若以公司的設立爲契約行爲，亦與債權契約淆混。至公司的創立，往往須經創立會的決議，單獨行爲說，實不足以包括之。故契約說與單獨行爲說，均不足採。契約說既不能成立，則以契約說爲合併之一的合併行爲說，自必失其立場，亦難認爲圓愜。（商事法）（林咏榮）

公司設立登記

公司法第六條規定：「公司非在中央主管機關登記並發給執照後，不得成立」。與民法第三〇條規定：「法人非經向主管官署登記，不得成立」，兩者立旨相同；惟法人設立登記的主管機關爲所在地的法院，而公司設立登記的機關却專屬於經濟部。公司設立登記，爲完成法人人格所必循的程序；如果把公司的設立行爲譬之爲胎兒的孳長以至於誕生；而聲請登記，旨在報請中央主管機關發給執照，則可譬之爲戶籍的出生登記，以確定其法律上權利義務的關係。公司設立登記，在無限公司、兩合公司，應由全體無限責任的股東，在有限公司應由全體執行業務的股東（如選有董事、監察人者，則由半數以上的董事和至少監察一人）；在股份有限公司應由半數以上的董事及至少監察人一人；

在股份兩合公司應由全體無限責任股東及半數以上的監察人；均在設立行為完畢後十五日內，向主管機關申請為設立的登記。如違反此項期限，對負責人得科以一千元以下的罰鍰。申請登記時，如有虛偽的陳述，得各科以一年以下的有期徒刑、拘役或四千元以下的罰金。（參看公司法第四〇五、第四一〇、第四一一、第四一二、第四一八、第四二〇、第四三〇及第四三一等條）。（商事法）（林咏榮）

公司章程

公司章程為公司設立人對於設立目的，彼此意思表示合致的公同行為，公司組織與公司活動均以此為準據。公司之有章程，猶之乎自治團體之有規約，其主要內容，在於訂定公司團體內組成員的權利與義務。公司的章程，得就其應記載或可記載的內容，分為必要事項與任意事項。必要事項又可分為絕對必要事項與相對必要事項，前者為章程的要素，若不記載於章程，則其章程不生效力；後者為章程的偶素，若記載於章程，其在章程上則生法律的效力。任意事項亦然。相對必要事項，可謂為法定的任意事項；而任意事項可謂為約定的任意事項。約定任意事項，除違反法律強制或禁止規定，或有背公序良俗者外，凡公司的內部關係，均可由各股東自由議定並列入章程（參照公司法第四〇、第九八、第一一六、第一二九及第三五九等條）。（商事法）（林咏榮）

公司清算

公司解散以後，為要了結一切事務，必須清算。否則公司與股東及第三人所發生的債權與債務。勢必將無法清理。故公司法特規定：「解散的公司，除因合併、破產或變更組織而解散者外，應行清算」。「解散的公司，於清算範圍內，視為尚未解散」。外國公司撤回或撤銷認許後，也要準用這一條的規定。各種公司清算程序不同，綜其要旨在於選任清算人負責清算，清算人的任務，約有四端：①了結現務。②收取債權、清償債務。③分派盈餘或虧損。④分派賸餘財產。（商事法）（林咏榮）

公司組織變更

公司因解散而喪失其原有經營一定事業的能力，終至歸於消滅，從維持企業的目的上觀之，不能不引為一種缺憾；現行公司法為彌補此缺憾，特仿照德日兩國立法例；特設「組織變更」的規定。亦即：(a)無限責任與一部無限責任的公司得相互變更其組織－無限公司得經全體股東的同意，以一部股東改為有限責任或另加入有限責任股東，變更其組織為兩合公司。其股東經變動而不足本法所定的最低人數亦即僅餘一人時，如加入有限責任股東，變更其組織為兩合公司者亦同（參看公司法第七六條）。反之，兩合公司有限責任股東全體退股，而其無限責任股東在二人以上，或無限責任股東與有限責任股東均各在一人以上時，前者得經無限責任股東一致的同意，後者得經無限責任與有限責任股東全體的同意，變更其組織為無限公司（參看公司法第一二六條第二第三項）。股份兩合公司亦可改組為無限公司；或兩合公司。(b)有限責任與股份有限責任的公司，得相互變更其組織－有限公司的股東在七人以上時，得經股東全體同意，變更其組織為股份有限公司。反之，股份有限公司，如其記名股票的股東不滿七人時，亦得經全體股東同意，改組為有限公司（參看公司法第三一五條第三項）。無限公司以一部分股東改為有限責任，而變更其組織為兩合公司時，則其一部分股東的責任，因之減輕，對於公司債權人容有不利，故本法特規定「其在公司變更組織前，公司的債務，於公司變更登記後二年內，仍負帶共無限責任」（參看公司法第七八條下半段）。有限公司原不得發行公司債，所以股份有限公司如有發行公司債者應於改組為有限公司前，提先清償（參看公司法第三一五條第三項但書。）並以原公司現有資本淨值，為其改組的資本總額，其資產估價過高者，參加決議同意此項估價的股東，應對公司連帶支付其不足額的義務；但經全體股東同意減少其資本額，不在此限（參看公司法第三二〇條）。反之，兩合公司改組為無限公司，其一部分股東的責任，因之加重，而有限公司改組為股份有限公司，其股東的責任仍屬相同，對公司債權人，尚無不利，故其改組，公司法不加以限制。（商事法）（林咏榮）

公司認許

「認許」專為外國公司而設，其性質實與本國公司的登記相同。依據我國公司法第三七一條及第三七三條的規定，外國公司非在其本國設立營業者，不得申請認許；非經認許給予認許證者，不得在中國境內營業或設分公司。其有左列情事之一，則不予認許：㈠其目的或業務違反中華民國法律、公共秩序，或善良風俗者；㈡其設分公司的地區，限制外國人居住，或其業務限制外國人經營者；㈢第四三五條所列各款事項，有虛僞情事者；㈣外國公司所屬的國家，對於中國不予認許者。至於申請認許，應由外國公司本公司執行業務的股東或董事，或其在中國的代表、經理人或由各該人員的代理人爲之。其申請應具備前述公司法第四三五條所列各款的事項及文件，並應附具申請人國籍的證明文件及本公司的授權或委託證書（參看公司法第四三四條）。外國公司經認許後，如發現其所認許的事項，有違法或虛僞者，得撤銷其認許。撤銷認許，不得影響於債權人的權利及公司的義務（參看公司法第三七九條第二項）。（商事法）（林咏榮）

公司債

公司債是公司發行證券，向公衆募集款項而對公衆所負的債務。公司因基於事業而需要資金時，原可增加資本吸收新股，或向銀行借款以資週轉。惟以手續繁重緩急不濟；或因借款無多，不敷需要，故公司法特許股份有限公司發行公司債。公司債在法律上的性質，學者頗多爭議，或謂爲買賣行爲、或謂爲消費借貸。按民法上所謂買賣，係指當事人約定一方移轉其財產權於他方，他方支付價金的行爲。公司債的發行，雖發給有價證券，其證券亦可視爲一種財產，惟究與一般財產權有別。又消費借貸，係要物契約，消費借貸的借用人，須用以同種類，同數量之物爲原則；而公司債既得爲低於券面金額的發行，又得爲超過券面金額的償還，故公司債的性質，與買賣行爲或消費貸款皆不相同。究其實際，以類似消費借貸的一種契約，較爲妥當。一八〇七法國商法典，和一八九七年德國法典，對於公司債均未設特別的規定，一八八二年意大利商法雖設有明文，但甚簡略（自第一七一至一七五條）。其後各國立法例接踵而起，如一八八八年葡萄牙商法（自第一九五至一九八條）一九一三年比利時公司法（自第八二至一〇〇條）。一九二六年土耳其商法（第四一九條以下），一九一二年阿根廷公司債法（凡四十二條），一九二九年，英國公司法（自第七三條以下及第六二條以下），一九三六年瑞士債務法（自第一一五六至一一八二條），美國各州公司法，皆揭載及之，而號稱商法始祖的法國，遲至一九三五年十月三十日始制定其比較具體的保護公司債債權者之法（Relatif a la protection des obligataires）。至德國一九三七年的股份法，雖於股份有限公司的規定甚於詳備，並以新姿態出現；但僅在第一七四條規定轉換公司債（wandelschuld-verschrebungen）與利益分配公司債（Gewinnschuld-verscherebungen），且僅視爲一種附條件的增資。蓋在法德及其他多數國立法例，關於公司債一般原則，適用民商法上，關於有價證券的規定，其特別事項，則以單行法令補充，如德國民法第七九五條及一八九九年十二月四日之法，卽其一例。與德、法等國相反的少數國，如意大利、英國、比利時、葡萄牙、土耳其、阿根廷及美國的多數州。其立法例均設特別的規定，惟其規定繁簡不同而已。其中號稱不文法的英美二國，其公司債制度，基於成文法與多數判例，反成爲各國立法的楷模，這不能不說是一種變例。日本明治二十三年（1890 A.D.）新商法以舊商法爲基礎，於第四章（股份有限公司）第五節規定「公司債」，凡九條。日俄戰爭後，爲謀經濟復興，乃參考英美制信託的法理，於明治三十八年制定「附擔保公司債信託法」，迭經修正，漸次擴張物上擔保的範圍。昭和十三年（1939 A.D.）商法徹底修正，關於公司債增爲四十五條。其中最重要者，爲：①明確規定公司債募集的受託公司的職務與權限；②創立公司債權者集會制度；③承認轉換公司債。昭和二十三年及二十五年再加修訂，除基於授權資本制度所產生之變革外，餘仍舊貫。我國舊法從日本舊制，新公司法從其新制。（商事法）（林咏榮）

公司債債權人會議

發行公司債的公司，公司債債權人的受託人，或有同次公司債總數百分之五以上的公司債債權人，得爲公司債債權人的共同利害關係事項，召集同次公司債債權人會議。公司債債權人會議的決議，應有代表公司債債權總額四分之三以上的債權人出席，以出席債權人表決權三分之二以上的同意行之，並按每一公司債券最低票面金額有一表決權。無記名公司債債權人，出席公司債債權人會議者，準用股份有限公司無記名股票的股東出席股東會的規定。公司債債權人會議的決議，應製成議事錄，由主席簽名，經申報公司所在地的法院認可並公告後，對全體公司債債權人發生效力，由公司債債權人的受託人執行之；但債權人會議另有指定者，從其指定。公司債債權人會議的決議，有下列情事之一者，法院不予認可：①召集公司債債權人會議的手續或其決議方法，違反法令或應募書的記載者。②決議不依正當的方法達成者。③決議顯失公正者。④

決議違反債權人的一般利益者（參看公司法第二六四、二六五兩條）。（商事法）（林咏榮）

公司解散

公司的設立，必須有設立行爲。公司的解散，有時雖亦出於股東的同意、或股東會的決議，同爲一種法律行爲；但因一定解散事由的發生，法律亦承認它的效果。茲將各種公司解散的事由，列表比較如左：

公司別		無限公司	有限公司由股東執行業務者	兩合公司	股份兩合公司	股份有限公司	有限公司選有董事者
事由		章程所定解散事由	同上	同上	同上	同上	同上
		公司所營事業已成就或不能成就	同上	同上	同上	同上	同上
		股東全體的同意	同上	同上	股東會議爲解散的決議及無限責任股東的同意	股東會議爲解散的決議	同上
		股東變動而不足本法所定的最低人數	同上	無限責任股東或有限責任股東的全體退股	有限股份不滿五人或無限責任股東全體退股	有記名股票的股東不滿七人	股東不滿二人
		與他公司合併	同上	同上	同上	同上	同上
		破產	同上	同上	同上	同上	同上
		解散的命令或裁判	同上	同上	同上	同上	同上
依據法條		公司法第七一條第一項	公司法第一一三條前段	公司法第一一五條及一二六條前段	公司法第三六七條及三六六條	公司法第三一五條第一項	公司法第一一三條後段

公司經登記而成立，倘主管機關因故撤銷其登記，其法人人格歸於消滅，故亦爲公司解散的事由。又法人於法令限制範圍內有享受權利與負擔義務的能力，倘公司的目的或其行爲，違反法律、公共秩序或善良風俗時，法院得因主管機關、檢察官或利害關係人的請求，宣告解散。公司的解散，除破產外，應於解散開始後十五日內，申請主管機關爲解散的登記，經核准後在本公司所在地公告之。公司負責人違反前項聲請登記期限時，各科以一千元以下的罰鍰。其選有董事的有限公司及股份有限公司的董事會，應即將解散的要旨通知各股東，其有發行無記名投票者，並應公告之。此在外國公司的撤銷或撤回認許，亦可準用（參看公司法第三八〇條）。（商事法）（林咏榮）

公有土地

公有土地與私有土地相對稱，凡未經人民依法取得所有權之土地，及私有土地所有權消滅之土地，爲公有土地。土地法將公有土地分爲國有、省有、市縣有、或鄉鎮有；省市縣政府對於其管公有土地、非經該管區內民意機關同意，並經行政院核准，不得處分或設定負擔，或爲超過十年期間之租賃；各級政府機關需用公有土地時，應商同該管市縣政府層請行政院核准撥用；省市縣政府應將該管公有土地之收益，列入各該政府預算（土、四、二五、二六、二七）。（土地法）（管　歐）

公有物權

對私有物權而言。所謂公有物有廣狹二義：前者指國家及公共團體之所有物，行政之財產及收益財產，均包括在內。後者乃單指直接供公衆所用之有體物而言，如公園、公立學校、醫院、圖書館等直接供公衆使用之設備，在行政法上稱爲營造物，不得爲私人所有，亦不得由私人經營。至就廣義之公有物權而言，凡未經人民依法取得所有權之土地，即已依法取得所有權而又消滅者，其土地所有權皆屬國有。公有土地之所有權，惟中央政府得處分之，在地方政府管轄區域內之公有土地，原則上該地方政府僅有使用收益之權。由地方主管機關或自治團體所經營管理之森林，稱爲公有林，遇有法定之必要原因，得收歸國有，但應予以補償。（民法物權）（陳　珊）

公同共有

依法律或契約成一公同關係之數人，基於其公同關係而共有一物之狀態，為公同共有。如合夥財產、未分割之遺產及夫妻之共同財產皆是。各公同共有人之權利，及於公同共有物之全部。公同共有人之權利、義務，依其公同關係所由規定之法律或契約定之。除此以外，公同共有物之處分，及其他之權利行使，應得公同共有人全體之同意。公同關係存續中，各公同共有人，不得請求分割其公同共有物。公同共有之關係，自公同關係終止或因公同共有物之讓與而消滅。公同共有物分割之方法，除法律另有規定外，應依關於共有物分割之規定。（民法第八二七—八三〇條）。（民法物權）（陳　珊）

公同共有之財產（Joint Tenancy）

公同共有之財產者，乃二人以上於其生存期間共同持有利益相等之財產也。成立公同共有之財產，必須具備下列四要件：㈠共有人須各有相等之利益，㈡財產之移轉須共同為之，㈢財產之處分須同時為之，㈣財產之佔有須為不可分。如上述四要件缺一者，則非為公同共有之財產也（見 James A. Ballentine: Law Dictionary, 1959, p. 693.）。（英美契約法）（何孝元）

公共危險罪

公共危險罪，為妨害公共安全之犯罪。此種犯罪所侵害之法益，為社會之安全，倘僅侵害特定人之法益者，則構成刑法上其他罪名，不在公共危險範圍之內。公共危險罪規定於刑法分則第十一章，自第一百七十三條至第一百九十四條，計有二十二條，包括放火罪、決水罪、妨害救災罪、危害交通罪、妨害衛生罪、危險物罪及因違背建築成規或毀壞一定設備而生之危險罪等在內。本章犯罪行為，範圍甚為廣泛。有以事實上發生具體的危險為犯罪構成要件者，有僅規定某種行為有害於公共安全之危險性，不問事實上是否發生危險，祇須有其行為即認為犯罪者，蓋旨在保護公共法益，以策社會之安全故也。（刑法總則）（王建今）

公務員

稱公務員者，謂依法令從事於公務之人員（刑法一〇條二項）。此乃指刑法上之公務員而言，與公務員任用法上之公務員有別。後者有簡任、薦任、委任三等之分，前者之範圍較為廣泛，縱在三等之外，例如公務機關僱用之司書錄事，如係依法令從事於公務，仍屬刑法上之公務員（參照院字二一四三號解釋）。此外尚須注意下列四點：㈠縱係從事於公務，倘係經營個人利益之事務者，如律師、會計師等，均非公務員。㈡如係基於國民義務而執行一定之事務者，如士兵、團丁等，亦不得謂為公務員。㈢黨務人員在行憲後不能認為刑法上之公務員（司法院釋字五號）。㈣股份有限公司，政府股份在百分之五十以上者，其依法令從事於該公司職務之人員，應認為刑法上之公務員（司法院釋字八號）。（刑法總則）（王建今）

公務員之侵權責任

公務員對於第三人違背公法上應執行之職務，致第三人受有損害時，自不能不負賠償之責。惟關於賠償義務之範圍，則因其違背職務係出於故意抑過失而有差異：如公務員之違背職務係出於故意者，不因被害人能否依他項方法請求損害賠償，而公務員須要負擔全部責任；如公務員之違背職務係出於過失者，則法律上特減輕其責任，祇限於被害人不能依其他方法受賠償時，負賠償損害之責（民法第一八六條第一項）。如被害人之損失，另有救濟方法可以除去其損害，而因被害人之故意或過失不為之者，公務員即不負損害賠償之責任（民法第一八六條第二項）。（民法債編總論）（何孝元）

公設辯護人（Assigned Counsel）

美國聯邦憲法第六修正案規定刑事被告有受律師或公設辯護人辯護之權利，有以此僅指適用於聯邦法院之訴訟程序，各州法院對公設辯護人之指定則有其裁量權，不受聯邦憲法第十四修正案規定而當然適用至州之刑事訴訟程序。或謂在重罪案件如殺人罪等之被告，或因其他特殊情事，州法院始有指定公設辯護人義務（Bute v. Illinois, 333 U.S. 640, 68 S. Ct. 763, 92 L. Ed. 986）。唯自溫賴特一案始，認為人民受公設辯護人辯護之憲法權利，亦應受州法院尊重及保障。（英美刑法）（桂公仁）

公訴

法院基於檢察官之請求而對被告有無刑罰權之存在及其範圍之確定程序為公訴。公訴程序，分為偵查、起訴及審判三階段。國家機關發動及實行公訴之職權，稱為公訴權。刑罰權之確定，雖為公訴權實行之結果，但二者非必合致。有刑罰權已發生而公訴權不發生者，如告訴或請求乃論之罪，未經合法告訴或請求者，因欠缺追訴條件而無從發生公訴權。亦有公訴權已發生而刑罰權不發生者，如案經提起公訴，而其實行結果，則對被告為無罪、免訴或不受理判決之諭知。公訴之實行原則上不受告訴或私訴所左右，是為其獨立性。一人犯數罪，一罪有數犯人，均須經一一起訴，方能受理。且於審判進行，須就全部為之，不得任意分割，是為其不可分性。（刑事訴訟法）（陳　珊）

公訴（Indictment）

具有管轄權之法院，依法召集大陪審團，就被告違反公安之非法行為或不行為，以書面提起公訴，與此之所謂公訴略有不同的「公訴」（presentment），係指完全由大陪審團自動自發，依據合法證據，就被告非法行為或不行為提起訴訟，而此之「公訴」（indictment），乃係首先由法院檢察官草成公訴狀，交由大陪審團作起訴與否之裁決。再者「告發」（information）與公訴形同質同。唯一不同者，「告發」行為與大陪審團無關，純由其他司法人員，如警察等，主動為之。至於「供詞」（affidavit），乃個人所做之主張或說明，亦與大陪審團無關(Kennedy v. State, 86 Tex. Cr. R. 450, 216 S.W. 1086 2 Story, Const. §§1784, 1786）。（英美刑法）（桂公仁）

公訴（Prosecution）

國家依據其刑法權之行使，對觸犯刑章有犯罪嫌疑之被告，在有管轄權法院中依法定其罪責之程序之謂。公訴之提起須以國家名義為之，故有認其為國家行使刑罰權，懲罰罪犯方法者。公訴一詞（prosecution）有時指國家，或檢方，檢方律師，為一刑事訴訟術語（Summerour v. Fortson, 174 Ga. 862,164 S.E. 809）。英美法採當事人主義，起訴狀不僅為公判請求書，亦為對被告攻擊之通知書，內容宜簡要，俾被告知所準備防禦，若過於瑣碎，易導致不利於被告之偏見。（英美刑法）（桂公仁）

公然

陸海空軍刑法第七十五條第二項所謂公然，係指不特定多數人得以共見共聞之狀況下而言，如公然侮辱上官是。（特別刑事法）（吳　智）

公然占有

為占有分類之一，對隱秘占有而言。即占有狀態之表現，不故意為避免他人發見之行為也。所為公然，純屬消極觀念，故無他人知有事實之必要，但依物之性質，以普通方法而為占有，即係公然占有，如受寄人或質權人將其標的物收藏於倉庫內，僅為防其毀損，並非為避免他人之發見也。（民法物權）（陳　珊）

公開審理主義

此就審理訴訟之狀況所採之立法主義。公開審理主義，乃指行訴訟之辯論及裁判之宣示，應公開法庭行之（法組六五），許公眾到場旁聽之主義，亦稱公開主義。公開可以保證裁判之公平，維持司法之信用，並可使當事人、證人等憚於公然為虛偽之陳述，有助眞實之發見。不公開審理主義，亦稱不公開主義或秘密審理主義，乃指為上述訴訟行為時，除訴訟關係人外，不許第三人到場旁聽之主義。民事訴訟法原則上採公開審理主義，違背言詞辯論公開之規定者，其判決當然為違背法令，當事人得為上訴第三審之理由（民訴四六九5）。但遇有防害秩序或善良風俗之虞時，經法院之決議得不公開（法組六五但書）。此外調解程序，得不公開（訴四一〇、五七七、五八八），禁治產程序，不得公開等（六〇〇、六〇七Ⅱ、六二一），均係例外兼採不公開審理主義之規定。至於受命推事、受託推事前之程序，專以搜集訴訟資料為目的，非關於訴訟之辯論，亦不受公開之限制。（民事訴訟法）（李學燈）

公署

公署為公務員執行職務之機關，代表國家之威信及其在法律上的權力作用，並非指其建築物。人民對於公署應尊重其地位，如對之公然侮辱者，則可處六月以下有期徒刑、拘役或一百以下罰金（刑法一四〇條）。（刑法總則）（王建今）

公營公司

依公司法組織，由政府與人民合資經營而政府資本超過百分之五十以上者，為公營公司；反之為民營公司。公司之為公營或民營，不在於股東的成份，而在於公股與民股所占資本的比例。公營事業，除屬於①直接涉及國防秘密、②專賣或獨占性、③大規模公用或有特定目的者外，得轉讓民營（參看公營事業移轉民營條例第二、第三兩條）。（商事法）（林咏榮）

公斷

公斷（民訴三二7），係基於公斷契約，使私人爲公斷人，就當事人間現在或將來之民事上私權之爭議，爲判斷解決之程序。其特質如下：㈠既非强制的亦非自治的解決民事紛爭之方法，與民事訴訟爲國家强制的解決民事紛爭之方法不同；㈡係因人民拋棄其對於國家行使之權利保護請求權，由非國家機關之私人（公斷人）爲判斷；㈢僅求民事爭議之解決，以其自由意思行之，不以適用法律爲目的，故亦不受法律之拘束；㈣公斷人之判斷，係由當事人賦予以權限，除公斷人判斷之效力外，無國家權力之存在；㈤公斷人之判斷，於當事人間，雖與法院之確定判決有同一之效力，但須俟法院有執行判決後，方得爲强制執行（公斷二一）；㈥公斷契約，應立書據，且非當事人就所爭議之法律關係得爲合解者，不生效力（一、二）；㈦如有一定之情形，當事人得提起撤銷公斷人判斷之訴。判斷有撤銷原因者，不得爲執行判決（二二、二三）。（民事訴訟法）（李學燈）

中止

見「訴訟程序之停止」及「裁定停止」條。（民事訴訟法）（李學燈）

中止犯

所謂中止犯，係指行爲人已着手於犯罪行爲之實行，而因己意中止或防止其結果之發生者而言（刑法二七條）。依此規定，其構成要件如下：一、行爲須出於故意。過失行爲不構成中止犯。二、須已着手於犯罪行爲之實行。陰謀或預備行爲，不構成中止犯。三、須有發生結果之危險。若該項行爲不能發生結果之危險，則屬於不能犯，自無所謂中止。四、須中止於未遂階段。若犯罪既遂，卽無從中止。五、中止須出於己意。若因障礙而中止者，則爲普通未遂犯，而非中止犯。六、須由己意防止其結果之發生。若雖由己意防止而其結果仍不能免於發生者，仍係既遂犯，而非中止犯。中止犯減輕或免除其刑（刑法二七條）。旨在獎勵犯人之悔改，以減少被害人之損害，乃主觀主義之立法也。（刑法總則）（王建今）

中央標準局

中央標準局係經濟部之附屬機構，其任務爲掌理全國標準事宜，其組織設有四科及技術室五單位，第一科職掌爲：一、關於國家標準之呈請公佈事項；二、關於合於標準產品及方法之審定檢查及保護事項；三、關於製造標準產品之指導事項；四、關於推行辦法之執行事項。第二科職掌爲：一、關於國家標準有關法規之草擬事項；二、關於各種標準有關資料之收集研究事項；三、關於標準化之經濟效率事項；四、關於國內及國際標準之聯繫事項；五、關於國家標準有關出版物之編輯刊行事項。第三科職掌爲：一、關於度量衡之推行事項；二、關於度量衡標準器副原器之製造檢定檢驗及鏨印事項；三、關於各省市度量衡檢定所之監督指揮事項；四、關於度量衡營業之許可及取締事項；五、關於度量衡檢定人員之養成及訓練事項。第四科職掌爲：一、關於文件之收發分配保管事項；二、關於典守印信事項；三、關於公布局令事項；四、關於庶務出納事項；五、關於不屬其他各科室事項。技術室職掌爲：一、關於標準之研究擬訂修改事項；二、關於標準審查意見之彙集研究事項；三、關於協助各起草委員會處理有關技術事項；四、關於實施標準之指導事項；五、關於技術有關方面之聯繫事項。

中央標準局除設有上述科室以及標準審查委員會、標準起草委員會外，並附設有度量衡製造所，製造度量衡器具，及度量衡檢定人員訓練所，以訓練度量衡檢定人員，分別有「經濟部中央標準局度量衡製造所組織規程」及「經濟部中央標準局度量衡檢定人員訓練所組織規程」予以規定。（標準法）（管歐）

中間之爭點

中間之爭點，係指訴訟進行中所生程序上之爭點，法院爲判決時，就此爭點應予以裁判者而言。法律條文中，以中間之爭點與獨立之攻擊或方法並舉時，應解爲係指攻擊或防禦方法以外，程序上之爭點而言。例如訴是否合法之爭執，訴有無變更或應否許其變更之爭執，證據應否容許或是否必要之爭執，及當事人或第三人應否提出文書之爭執是。至若爭執之點非關於訴訟程序者，則屬於本案之爭點，而非中間之爭點。中間之爭點達於可爲裁判之程度者，而本

案訴訟尚未至可爲裁判時，法院得爲中間判決（民訴三八三）。參見「中間判決」條。（民事訴訟法）（李學燈）

中間判決

訴訟進行中，就有關本案或程序上之中間爭點加以判斷之判決，謂之中間判決。因其非以終結訴訟之全部或一部爲目的，僅爲終局判決之準備，訴訟在該審級尚未終結，對於將來之終局判決言之，故謂之中間判決。中間判決既爲終局判決之準備，自限於訴訟尚未至可爲終局裁判時始得爲之。爲中間判決與否，法院有裁量之自由，如不爲中間判決，留待終局判決時一併裁判，亦無不可。中間判決具有確認之性質，判決之情形有三：㈠各種獨立之攻擊或防禦方法達於可爲裁判之程度者（但須全案尚未達於可爲終局裁判之程度）。㈡中間之爭點，達於可爲裁判之程度者。（所謂中間爭點，乃指上述之攻擊或防禦方法以外，於訴訟程序中所生之爭點，法院爲判決時，應就此爭點先予以裁判者而言。例如訴是否合法，訴有無變更或應否許其變更之爭執是）。㈢請求之原因及數額俱有爭執時，法院以其原因爲正當者。中間判決宣示後，當事人得不待送達，續行以後之訴訟程序。其所裁判之事項，法院爲終局判決時，應受其羈束，不得更爲相反之裁判，當事人就其所裁判之事項，在該審級亦不得再行提出攻擊或防禦方法。中間判決祇爲終局判決之準備，無既判力，故不得對之上訴，惟得隨終局判決一併聲明不服，並受上訴法院之審判。（民事訴訟法）（李學燈）

中間期間

見「固有期間」條。（民事訴訟法）（李學燈）

中間確認之訴

中間確認之訴，係於訴訟進行中，於某法律關係之成立與否有爭執，而其裁判應以該法律關係爲據者，並求確定其法律關係之訴（民訴二五六、5）。所謂訴訟之裁判以某法律關係爲據者，即指該法律關係之存否，於本訴訟之裁判有影響，而爲其應先解決者而言。該法律關係有由原告作爲訴訟標的之基礎而主張或不認者，如原告提起交付某物之訴時所主張之該物所有權存在是。有由被告作爲抗辯之主張者，如上例，被告主張有留置權存在是。惟被告爲此請求時，應以反訴方式爲之。此等應先解決之法律關係，如兩造於訴訟進行中，對其存否有所爭執，爲併得一有既判力之裁判，得於該訴訟進行中，並求判決確定其法律關係，惟原告提起此訴，其性質爲訴之追加。新訴如專屬他法院管轄，或不得行同種程序者，不得爲之（二五七）。如由被告提起者，其性質爲反訴，尤須合於反訴之條件（二六〇）。（民事訴訟法）（李學燈）

中斷

見「訴訟程序之停止」及「當然停止」條。（民事訴訟法）（李學燈）

分別共有

數人按其應有部分，對於一物共享一所有權者，爲分別共有，亦即普通共有，其特質在於應有部分，通常稱爲持分，即二分之一、三分之二或五分之三等類是也。應有部分之多寡，依其成立時之法律關係定之，如甲乙丙各出資十萬元合買房屋一棟，應各有三分之一。應有部分不明者，推定其爲均等，如甲以某物贈與乙丙兩人而未指明其受贈範圍；二人以上共同先占一物或共埋藏物之發見取得皆是。共有之性質如何？有以下五種學說：一、內容分割說。謂數人共有一物，而甲爲使用乙爲收益，是對物之作用，業已分割，而非若完整之單獨所有權也。二、價格分割說。謂數人共有一物，其價格乃分屬於各共有人也。三、理想分割說。共有物之所有權，既爲分屬於數人，在想像上業已分割也。四、實在部分說。各共有人對於一物既有一定之應有部分，是其實在權利原爲分屬於數人，僅形式上爲共有而已，故又稱實在分割說。五、權利範圍說。謂各共有人之應有部分，即其對於共有物各別之權利範圍，既云共有，則不能謂已分割。對物之使用收益，乃爲支配方法。物之價格，並不能獨立存在。所有權有其現實狀態，非可以想像度之。應有部分係存在於共有物之全部，並非實在部分。數說相衡，自以最後者爲當。分別共有之效力如下：一、共有人之權利：㈠積極作用：1.使用共有按其應有部分，對於共有物之全部有使用之權。如甲乙共有一車各爲二分一之應有部分者，一人使用一日是。2.收益。各共有人按其應有部分，對於共有物之全部，有收益之權。如收取共有土地內之天然孳息或共有房屋之租金，皆就整個之土地房屋爲之，惟其數額不得超過各個應有部分之範圍。3.處分。各共有人，得自由處分其應有部分，如以之讓與他人或設定負擔，均得單獨為之。共有物之處分、變更或設定負擔應得共有人全體之同意。㈡消極作用：各共有人對於第三人，得就共有之全部，為本於所有權之請求。但回復共有物之請求，僅得為共有人之全體利益為之。即共有人中之一人，為排除他人干涉而保護其共有物，得單獨行使保全請求權。至返還請求權，亦得單獨行使，惟須為全體之利益為之，不得請求返還與其個人。二、共有人之義務：此指共有人間之內部關係，即對於共有物費用之分擔也。共有物之管理費及其他負擔，除契約另有訂定外，應由各共有人按其應有部分分擔之。共有人中之一人，就共有物之負擔為支付，而逾其所應分擔之部分者，對於其他共有人，得按其各應分擔之部分，請求償還。三、共有物之管理：㈠共有物之管理，除契約另有訂定外，由共有人共同為之。㈡共有物之簡易修繕及其他保全行為，由各共有人單獨為之。㈢共有物之改良，非經共有人過半數，並其應有部分合計已過半數者之同意，不得為之。分別共有物之分割：一、分割之請求。各共有人得隨時請求分割共有物。但因物之使用目的不能分割或契約定有不分割之期限者，不在此限。約定不分割之期限，不得逾五年，逾五年者，縮短為五年。二、分割之方法：㈠協議分割。此一方法，手續簡便，且可節省金錢，保持情感，故較適宜。㈡裁判分割。不能以協議決定分割方法者，法院得因任何共有人之聲請，命為下列之分配：1.以原物分配於各共有人。2.變賣共有物，以價金分配於各共有人。以原物為分配時，如共有人中，有不能按其應有部分受分配者，得以金錢補償之。法院依以上標準，自由裁量，不為當事人之意思所左右。三、分割之效力：㈠標的物之移轉。共有物因分割而成各個人之獨有，權利移轉之效力，何時發生？立法上有兩種主義：一為宣示主義，又稱認定主義，其效力溯及於共有發生之時。一為付予主義，又稱移轉主義，自分割時起向後發生效力。我國民法於遺產分割，明定其效力溯及於繼承開始之時，共有物之分割，無此規定，是採付予主義。㈡擔保之責任。各共有人，對於他共有人因分割而得之物，按其應有部分，負與出賣人同一之擔保責任。如分得物之所有權為他人追奪，或分得物之價值及效用有減少之瑕疵，分割人相互間負有擔保責任，以維權益。㈢證書之保存：共有物分割後，各分割人應保存其所得物之證書。關於共有物之證書，歸取得最大部分之人保存之。無取得最大部分者，由分割人協議定之。不能協議決定者，得聲請法院指定之。各分割人得請求使用他分割人所保存之證書。（民法第八一七—八二六條）。（民法物權）（陳　珊）

分別共有之財產（Tenancy in Common）

分別共有之財產者，乃二人以上基於不可分之占有而自由保有其共有之不動產財產權也（見 James A. Ballentine: Law Dictionary, 1959, p. 1269）。（英美契約法）（何孝元）

分別辯論

當事人以一訴主張之數項標的，法院得命分別辯論，本訴及反訴亦同（民訴二〇四）。原告如以形式上之一訴，主張數項法律關係而為訴之合併，無論其為主觀合併或客觀合併，其合併係由最初起訴而生，或因訴之追加而生，本應合併辯論及裁判，以符訴訟經濟之原則，被告對於原告提起反訴者亦同。惟就數訴同時為辯論，往往有致程序混雜或遲滯，故設得命分別辯論之規定，以利訴訟之進行。由法院認為適宜時，以裁定行之。此為訴訟進行中指揮訴訟之裁定，不得抗告（四八三），但法院得隨時撤銷之，仍合併其辯論（二三八）。一經裁定分別辯論即與分別提起之數訴同，不僅分別辯論，並分別裁判，言詞辯論期日須就各訴分別定之。當事人僅於某訴之言詞辯論期日不到場者，祇就該訴得適用一造辯論而為判決之規定（三八五）。惟訴訟繫屬仍由最初存續，以及法院之管轄，以起訴時為準（二七），均不因分別辯論而受影響。分別辯論與否，固依法院之意見定之，但如必要之共同訴訟（五六），及人事訴訟之合併有特別情形者（五七二），其辯論則不許分別行之。（民事訴訟法）（李學燈）

分析法學（Analytical Jurisprudence）

分析法學係英國學者奧斯丁（John Austin 1790-1859）所創立。最能代表盛行於十九世紀中葉之法律實證主義，故亦稱分析實證主義（analytical positivism）。依奧斯丁之見，「法律乃主權者之命令」（the command of the sovereign）。析言之，主權者之命令對於從屬者產生作為與不作為之義務（duty），違背義務則受制裁（Sanction）。因此，嚴格意義的法律，限於具有主權、命令、義務及制裁四種要素之規則，亦即所謂「實證法」（positive law）。不過，主權者可為一人，亦可為多數人。而命令得直接來自主權者，亦得間接來自主權者。因此，國家立法機關所制定之規則，固爲法律，而法官經由國家授權而樹立之判例亦爲法律。國際公法因不合上述條件，故不是法律，而僅屬「實證道德」(positive morality)。奧斯丁以後之分析法學者，如賀蘭德（Thomas Holland）、馬克畢（Willian Markby）、艾默思（Shelden Amos）等，對於「主權者」與「命令」之說雖有修正，但均一致認爲唯有國家制定或承認之規則—亦卽實證法—始爲法律。如此，法律與習慣、道德以及國家以外其他社會組織之規則均有區別，而獲得明晰的觀念。分析法學旣認爲以權力制裁爲後盾之規則卽是法律，研究法律卽不必過問其內容是否公平合理。故堅持法律應與道德分離。依奧斯丁之見，對法律評價是立法者的工作，屬於倫理學的範圍，不可與法學的領域混淆。因此，法學的任務專在精邏輯與形式的方法，以分析、闡明實證法之種種概念與原則，俾使實證法能有系統而運用方便。奧斯丁認爲此種方法可用於任何比較發達的法律制度。與此一法學脈絡相通而在理論上方法上自成體系者，則有純粹法學與語言分析的法學。（參閱「法律實證主義」、「純粹法學」、「法律與語言之分析」。）(法理學)(馬漢寶)

參考文獻：

John Austin, The Province of Jurisprudence Determined, ed. H. L. A. Hart, London,1954.

分等檢驗

商品檢驗之目的係在提高商品品質，建立市場信譽，進而保障消費者利益，促進農工礦業正常發展，因此由政府依商品檢驗法之規定以阻止不合格產品輸出或在市場上出售，固然重要，但其手續較繁，政府負擔亦多，因此以鼓勵方法促使生產廠場自行建立品質管制，充實檢驗設備與人員，藉以達到提高產品品質之目的，實爲最重要之目標，爲此經濟部乃於民國五十一年三月廿二日公佈國產商品生產廠場分等檢驗辦法，玆就當前我出口商品分等檢驗制度，分述如下：㈠分等檢驗公佈與申請程序——1.由經濟部公佈品目——目前已頒佈分等檢驗之品目計有(1)樟腦(2)平板玻璃(3)電扇(4)鋁錠(5)魚肝油(6)螢光管(7)鋼筋(8)肥料(9)調味粉(10)蔗板(11)鳳梨罐頭(12)洋菇罐頭(13)洋釘(14)鐵線(15)麵粉(16)電線(17)膠合木板(18)焦炭(19)冷凍豌豆莢(20)鋼纜（包括鋼纜及鋼纜用鋼絲）等二十個品目，除洋菇罐頭、洋釘、鐵線、麵粉及鋼纜五種品目外，其餘十五種品目均已執行分等檢驗。2.經濟部商品檢驗局公佈申請日期。3.業者申請登記後由商品檢驗局調查，並經初審、複審後送呈經濟部核定等級，公佈實施日期。

㈡分等檢驗登記程序：1.申請——由業者先塡具「國產商品生產廠場分等檢驗登記申請書」。2.調查——由商品檢驗局組織調查小組至各申請廠場調查。3.審核——初審機關係商品檢驗局，複審機關爲經濟部進出口商品檢驗審議委員會，最後由經濟部核定。至於審核標準，依國產商品生產廠場分等檢驗辦法第三條之規定，各等區分如下：(A)甲等：(1)具有完善之生產設備及良好工廠環境，足資生產優良劃一之成品者。(2)實施品質管制制度，且具備下列條件，能控制成品品質者：a設有健全之檢驗部門及熟練之專責技術人員，經常執行各生產過程之逐項逐步檢驗者。b有必需之檢驗設備，足以檢驗原料成品及生產過程中中間產物之品質者。c定有嚴密檢驗方法，實施各生產過程之逐項逐步檢驗者。d成品及生產過程各階段均有檢驗紀錄及其統計資料等等，足資證明確能控制品質者。(3)由原料至成品及各階段之品質均能經常保持優良劃一者。(B)乙等：(1)具有完善之生產設備及良好工作環境足資生產優良品質之成品者。(2)實施成品檢驗制度，具下列條件，足以控制成品品質者：a有專責技術人員經常辦理成品檢驗者。b有檢驗設備用以檢驗成品品質者。c定有檢驗方法以執行成品品質檢驗者。d有成品檢驗紀錄及統計資料足資證明者。(3)成品品質確屬優良劃一者。(C)丙等：(1)具有可生產合格產品之設備及環境者。(2)有不完整之檢驗辦法僅具下列條件者：a有技術人員並不經常辦理檢驗工作者。b有檢驗設備僅能作局部檢驗。c無檢驗記錄或記錄不完整者。(3)成品品質合格但不劃一者。(D)丁等：(1)生產設備簡陋，成品品質未能經常保持同一水準者。(2)無檢驗設備及工具，且無技術人員辦理檢驗工作者。

㈢分等檢驗出口報驗與發證程序：1.甲等——檢驗機關根據生產廠場提供之品質檢驗負責報告簽發證書，檢驗費從價計收萬分之三。2.乙等——檢驗機關審查並校對生產廠場所提供之品質檢驗負責報告後，簽發證書，檢驗費從價計收萬分之七至千分之一。3.丙等——除按照通常手續辦理報驗外，檢驗機關得簡化其檢驗程序，免驗其次要項目，檢驗費從價計收千分之一至千分之三。(4)丁等：按出口檢驗程序執行檢驗。檢驗費從價計收千分之三。

㈣經分等檢驗登記廠場之管理——1.廠商應報明其產品之種類、名稱、標準、規範、標幟及包裝式樣。2.甲、乙、丙等級檢驗之廠場，檢驗機關得派員抽驗其產品品質與核對其紀錄，發現不實時得報經濟部變更等級。3.經分等檢驗商品，如由代理商或貿易商轉手者，凡有該項商品之原生產廠場證明，及其品質檢驗負責報告，並保持該項成品原有之標幟及包裝，該批商品亦得享受分等檢驗出口資格，否則視同未經分等之商品處理。（商品檢驗法）（管　歐）

分損擔保（With Average or All Risks，簡稱W.A. or A.R.）

分損擔保係指保險人對於一切損害，除依法律所規定或契約所訂的一般除外事項得以免責外，其餘皆須負責賠償，此在全損的場合，固無論已；即單獨海損、共同海損、及海難救助的費用，亦包括於賠償的範圍中。其因保險人所負責任最重，而要保人所交付的保險費亦高昂。（商事法）（林咏榮）

分擔損失（Contribution or Indemnity）

分擔損失者，乃損害之發生，係由於數不法行爲人之行爲所致者，無論其爲共同或各別之行爲，任何一不法行爲人得向其他共同行爲人請求分擔其損失之謂也。如被害人向二不法行爲人求償，而其中之一人因有合法理由而得免責者，則其他之一人應負全部之損害賠償責任。至於分擔方法，乃按照雙方當事人過失之輕重，使之比例分擔之（見 Salmond on Torts, 11th ed., 1953, pp.90-94）。（英美侵權行爲法）（何孝元）

反正來歸

指叛徒覺悟其非，自找僞法權所不及地區，棄暗投明，直接或輾轉奔向我政府全誠歸順之意，我政府對覺悟分子，期以自新機會，啟其向善，特以寬大爲懷而表現於法律，於懲治叛亂條例第九條所明定，反正來歸者，得予不起訴處分，或減輕或免除其罪刑。（特別刑事法）（吳　智）

反抗長官命令

反抗係反對違抗之謂，長官指有命令系統，或有指揮權之長官而言，命令爲有指揮權之長官在其職務權限內，對於部下表示要求其實行某種事件之意思言，但命令須爲合法之命令，并與軍事有關者，倘有違反，始成立軍刑法第六十四條之反抗長官命令罪。（特別刑事法）（吳　智）

反要約（Counter-Offer）

承諾之內容必須與要約之內容一致，否則契約不成立。承諾變更要約之內容者，謂之爲「反要約」。反要約非特視爲要約之拒絕，抑且使要約之效力因之消滅。例如海德一案（Hyde v. Wrench, (1840) 3 Beav. 334.），甲向乙表示願將其農場以一千鎊之價格出售，乙覆稱願以九五〇鎊承購。甲不允，乙乃願以一千鎊之原價承購，甲不願出售。法院認爲乙以九五〇鎊承諾，實爲拒絕原要約而另爲新要約，甲乙間並無契約關係存在。要約一經拒絕，即歸於消滅。相對人亦不得對於要約增加新條件，因此等於爲反要約（Brogden v. Metropolitan Railway, (1877) 2 App Cas 666.）。惟相對人僅向要約人詢問可否變更其要約，則非必爲拒絕原要約（Stevenson v. Mc Lean. (1880) 5Q.B.D. 346. 見 Chitty on Contracts, vol. 1, 1961, p. 32.）。（英美契約法）（何孝元）

反訴

被告於訴訟繫屬中，依原告之訴所生訴訟程序，對原告提起之訴，謂之反訴。對於反訴稱原告之訴曰本訴。法律所以設反訴制度者，無非在求訴訟之經濟，並防裁判之牴觸。故許被告於言詞辯論終結前，得在本訴繫屬之法院，提起反訴（民訴二五九Ⅰ）。提起反訴，除須具備一般起訴要件外，尚須具備下列之特別要件：㈠須本訴在繫屬中，㈡須於本訴之言詞辯論終結前爲之，㈢須由本訴之被告，對於本訴之原告提起，即反訴之當事人，須與本訴之當事人相反而易其原被之地位，㈣須非對於反訴之反訴（二五九Ⅱ），㈤須向本訴繫屬之法院提起，㈥反訴之標的，須非專屬他法院管轄，㈦反訴之標的須與本訴之標的及其防禦方法相牽連，㈧反訴須與本訴得行同種之訴訟程序（二〇六），㈨須非法律禁止提起之反訴（六一三、六二四Ⅲ、六三九參照）。反訴爲獨立之訴，其提起原應以書狀爲之（二四四），然爲便宜計，亦許由當事人於本訴之言詞辯論時以言詞爲之。其以言詞爲之者，法院書記官應將其關於提起反訴之陳述，記載於言詞辯論筆錄，如他造不在場，應將該筆錄送達於他造（二六一）。至反訴之提起是否具備上述各要件，法院應依職權調查之。如欠缺反訴之要件者，應認其訴爲不合法，以裁定駁回之（二四九Ⅰ6.）。如具備反訴之要件者，法院應進而爲一般訴訟成立要件之調查，如亦具備，即生第二之訴訟關係（反訴訴訟關係），而與本訴訟關係合併，成爲複數之訴訟法律關係，原則上應合併本訴與反訴之辯論及裁判。但除如人事訴訟之有特別情形者（五七二參照）外，法院亦得酌量情形，命將辯論分別行之（二〇四）。若其中本訴或反訴先達於可爲裁判之程度者，亦得先爲一部之終局判決（三八二）。（民事訴訟法）（李學燈）

被告於自訴程序中，對於自訴人所爲之訴訟爲反訴。㈠反訴之要件：1.須爲自訴程序中被告所提起。2.須對於提起自訴之被害人。3.須於第一審辯論終結前。㈡反訴之程序。除其特別規定外，準用自訴之規定。㈢反訴之程式。提起反訴得於審判期日以言詞爲之。㈣反訴之審判。反訴應與自訴同時判決，但有必要時，得於自訴判決後判決之。㈤反訴之效力：自訴之撤回，不影響於反訴。（刑事訴訟法）（陳　珊）

反訴（Cross Bill）

反訴者，乃被告就本訴之繫爭事項，對於同一訴訟之原告或原告與其他被告提起之衡平法訴訟也。按提起反訴之目的，在：㈠發現事實，藉以對本訴提出答辯；㈡提出新事實，以便提出答辯；㈢對本訴繫爭之事項請求積極之救濟；或㈣請求雙方當事人之救濟與確定本訴所有之爭點（見 James A. Ballentine: Law Dictionary, 1959, p. 313）。（英美衡平法）（何孝元）

反對訊問（Cross-Examination）

當事人或其法定代理人，於審判中或偵察（hearing）中訊問對造證人，以發見其證言之眞實性，或據以探測有利於己之證據事實，謂之反對訊問。證人之訊問，以舉出證人之當事人爲第一順序，謂之直接發問，他造當事人爲第二順序，謂之反對訊問，但無從依反對訊問權加以調查之證據，如傳聞供述及證據書類等類，原則上並不認其有證據能力。（英美刑法）（桂公仁）

反證

見「本證」條。（民事訴訟法）（李學燈）

與本證相對稱。凡用以證明本證爲非眞實之證據皆爲反證。如本證指扣押之贓物，係在被告家中搜得，而被告提出證明方法，足以信爲誣栽。又如被告以親書文字，證明所扣押之文書非其筆跡等是。（刑事訴訟法）（陳　珊）

少年犯法庭（Juvenile Court）

未成年人因家庭疏於管教，淪爲罪犯，英美法國家特設少年犯法庭予以管轄。古羅馬法規定七歲以下之未成年人，智慧未開，不能明辨是非，認其無犯罪能力；七歲以上，十四歲以下者推定其無犯罪能力，有反證時則否；十四歲以上之未成年人則推定其有犯罪能力。英美法因此精神，於一八九九年，美國伊利諾州特以立法設立第一個少年犯法庭，無公訴程序，無陪審團陪審，及非正式之訴訟程序爲其審理特色。少年犯法庭旨在保護感化偶入歧途之未成年人，使能自新，故另設感化院、學校等將其再教育，與普通刑事犯隔離，不以處罰爲手段，是少年犯法庭特色之一。（英美刑法）（桂公仁）

少年犯罪（Juvenile Dinquency）

未達特定年齡之少年兒童，觸犯刑章，或其行爲違反公序良俗至不可救藥者謂之。問題兒童（delinquent child）與無依兒童（dependent child or neglected child）在少年犯罪中常互相通用，唯無依兒童並非絕對是問題兒童。英美普通法認爲七歲以下之兒童無辨別善惡能力，亦即無犯罪能力，七歲至十四歲之兒童，推定其無犯罪能力，十四歲以上者則推定其有犯罪能力、故一般少年法皆規定十六歲以下之兒童犯罪，其管轄權專屬少年法院；十六歲以上之少年犯罪，得依少年法院裁量，移送普通法院刑事追訴。（英美刑法）（桂公仁）

少年事件處理法

本法於民國五十一年一月三十一日公布，其施行日期，由行政院以命令定之。因需要各種準備關係，迄今（五十八年八月）尚未施行。本法稱少年者，謂十二歲以上十八歲未滿之人（本法二條），因此凡十二歲未滿及十八歲以上之人，即不得依本法予以處理，而應依刑法辦理。未滿十二歲之人犯罪，如有施以感化教育之必要者，可依刑法第八十六條第一項規定宣告之。本法中關於少年法庭之組織，爲法院組織法之特別法；關於少年事件之處理程序，爲刑事訴訟法之特別法；關於少年處刑之減輕等，爲刑法之特別法。在本法施行以後，均有優先適用之效力。本法對於少年有犯罪之虞者，即可加以處理，意在防患於未然，對之有所保護也。對於少年之保護管束與感化教育，採不定期主義（本法四二條三項），俾執行時得按實際需要，予以伸縮，但至多執行至滿二十一歲爲止（本法五四條）。本法採觀護人制度，觀護人之主要任務，在於事件處理前各種必要之調查及處分之執行。（刑事政策）（王建今）

少數股東權

見「個別股東權」條。（商事法）（林咏榮）

六科給事中

明太祖甲辰歲，設給事中，後數更其秩，洪武六年，設給事中十二人，始分爲二科，成祖初，仍置左右給事中，尋改爲六科，置於午門外，直房涖事。吏、戶、禮、兵、刑、工六科給事中，掌侍從規諫補闕拾遺，稽察六部百司，置都給事中一人，左右給事中各一人，各科給事中若干人。清沿明制，惟自雍正元年，以六科給事中併入都察院。（中國法制史）（林咏榮）

六條詔書

西魏大統七年（542 A.D.）度支（財政）尚書蘇綽奏議，制頒六條詔書：一是修身心、二是厚敦化、三是盡地利、四是擢賢良、五是恤獄訟、六是均賦役，令百官置座右習誦之。牧守令長非通六條及計帳者，不得居官。日本學者多謂日本憲法導源於推古（563 A.D.）皇太子所作的憲法（制誥）十七條，而推古皇太子所作的憲法十七條，則導源於我國西魏的六條詔書，亦可想見其影響力。（中國法制史）（林咏榮）

六經

戰國末葉，魏文侯之師李悝（B.C. 424-387）彙集諸國的法而撰著法經，爲我國最早期的法典，李氏亦因此被頌爲我國法典創作的鼻祖。他認爲「王者之政，莫急於防止盜賊」，所以他的法經以盜賊爲始，因盜賊須劾捕（劾即告劾，亦即告訴），又以囚捕次之，再次爲雜律，包括輕狡、越城、博戲、借假、不廉、淫侈、踰制等項，復以律須具加減，乃殿以具法，總共六篇，即盜法、賊法、囚法、捕法、雜法、具法稱爲六經。（中國法制史）（林咏榮）

六贓

唐有六贓，明亦有六贓。唐以「受財枉法」、「不枉法」、「受所監臨」、「常人盜」、「竊盜」、「坐贓」爲六贓，而無「強盜」及「受所監臨」。沈家本先生說：「（明律的）計贓之法，『監守』與『枉法』同，『常人』與『不枉法』同。同名爲六等，實止四等。唐無『常人盜』，而『監守』加凡盜二等，別無計贓之法，故入六贓之內，此唐明之所以異（氏著明律目箋三，第二〇頁）。（中國法制史）（林咏榮）

五刑

古時所謂五刑，即墨（一稱黥，刺傷其面部，以墨注之）、劓（割鼻）、剕（亦稱刖，或臏，斷足也）、宮（一稱腐刑，斷絕其生殖器，亦即去勢）、大辟（斬首）。隋有天下，更定刑例，除廢鞭刑外，其死、流、徒、杖、笞等五刑皆淵源於北周，由是五刑歸於確定，迄於清季未改；及清季變法，始改以死、遣、流、徒、罰金爲五刑，尋又改五刑爲死、無期徒刑、有期徒刑、拘役與罰金。今仍沿用之。（中國法制史）（林咏榮）

五服親

舊制喪服服式及服期，約言之：①斬衰（用至粗麻布爲服，不縫下邊）三年。②齊衰（用稍粗麻布爲服，縫下邊），分爲期服一年（又分爲杖期與不杖期）、五月、三月。③大功（用粗熟布爲服）九月。④小功（用稍粗熟布爲服）五月。⑤緦麻（用稍細熟布爲服）三月，以上爲五服；五服外無服，謂之袒免。有服者謂之有服親，反之，謂之無服親。而大功以上之親屬，普通則稱之爲近親。（中國法制史）（林咏榮）

五禮

禮的要旨在於辨別尊卑上下的等分爲主。其分類如下：⑴吉禮－祭祀的禮。古者政治與宗教合一。故祭祀的禮極為重要。正如孔子在論語上所說：「郊（祭天）社（祭地）所以祀上帝，宗廟之神所以祀乎其先（祖先）也」。(2)凶禮—喪葬的禮。自天子以至於庶人，殯葬皆有定期。天子七日而殯。諸侯五日。大夫士三日。天子的棺椁四重，木用松。其葬法，隧道懸棺。諸侯三重，木與天子同。大夫二重，木以柏。士二重，木以雜品為之。又造竹瓦等器，納之於棺中，名曰明器。其斂也，含飯衣衾等。皆以豐為主。(3)軍禮—師旅田役的禮，平時則司馬以旂致民，列陣而教以坐作進退疏數之節。有事則入廟誓衆，而授之以兵，並告之曰：「閫以內寡人主之。閫以外將軍主之。其禮甚嚴。此外若凱旋之日獻俘飲至。或於廟、或於學。皆有禮制。又介者不拜。軍中不馳。亦為軍禮。(4)賓禮—相見的禮，相見往往以贄物以表達意思。天子用鬯、諸侯用圭、卿用羔、大夫用雁、士用雉、庶人用鶩、童子用束脩。婦人以脯脩棗栗、榛榛等。野外軍中無贄。以纓拾矢為之。(5)嘉禮—冠婚的禮，亦即：(a)冠禮—男子年二十行之。表其為成人之意。筮日、筮賓。至期，冠者之父迎賓，加冠其子，且命其子以字。冠畢，有見其母與兄弟及卿大夫鄉先生之禮。(b)婚禮—娶妻不娶同姓。男子三十而娶。女子二十而嫁。行婚禮時，有納采、問名、納吉、納徵、請期、親迎等六禮，納采以下的五禮。皆使媒人通達。親迎則婿自往，奠雁而迎新婦歸。當時王侯至庶人皆行此六禮，諸侯嫁女列國必使姪娣從其姑姊同嫁為媵、妾、夫人死則代之。故諸侯一取九女。天子於后之外，更有三夫人、九嬪、二十七世婦、八十一御妻。(c)鄉飲酒禮—（另詳鄉飲酒禮條）。此外尚有君臣燕飲及習射等，亦皆屬嘉禮。（中國法制史）（林咏榮）

文書

文書有廣狹二義。狹義之文書，係指以文字或普通使用之記號，表著意思或思想之物體。所謂文字或普通使用之記號，只需其能表著吾人之意思或思想，使可依其內容所載之趣旨為證據方法，不問其為中國文、外國文、或普通代文字用之其他符號，如速記符號、電報號碼等，均得謂為文書，其構成之物質為紙為帛，為金石，為竹木，其制作之方法，為寫錄，為刻印，均非所問。惟其所用之記號，若為他人所不能理解，或係全無記載者，雖亦表著吾人之意思或思想，尚不能謂為文書。例如商品之價碼記號，或全無文字之界標，對牌，或紀念碑及圖畫照片等。然其效用亦可表著意思或思想，與狹義之文書相類似，於訴訟程序中亦可用為證據方法。故法律規定文書外之物件，有與文書相同之效用者，準用文書之規定（三六三）。學者間有稱之為準文書或廣義之文書。（民事訴訟法）（李學燈）

在訴訟程序中所為各種行為，依法以文字表示而制作之文件為文書。文書有由公務員制作者，亦有由非公務員制作者，其主要作用，一為文書之眞實性，一為文書之必要方式。由公務員制作之文書，又可分為一般文書、筆錄及裁判書三種：先就一般文書而言，其制作要點，應記載制作之年、月、日及其所屬機關，由制作人簽名。公務員制作之文書，不得竄改或挖補；如有增加、刪除或附記者，應蓋章其上，並記明字數，其刪除處應留存字跡，俾得辨審。筆錄及裁判書見另條。（刑事訴訟法）（陳　珊）

文書之保管

關於訴訟文書，法院應保存者，由書記官編為卷宗，編卷時應按制作或收到時日之先後，順序編入，註明頁數，裝訂成冊，卷首冠以目錄，卷面標明案由並附載其他必要事項，以便閱覽考查。案件由立卷以迄歸檔，中經附卷、整卷、送卷、發卷，稍有疏懈，錯亂堪虞，因卷宗或文件滅失而負行政責任甚至涉及刑事嫌疑者，所在多有。至卷宗保存，定有年限。卷宗滅失案件之處理，另以法律定之。（刑事訴訟法）（陳　珊）

文書之證據力

文書之證據力，係指文書屬於眞正，對於待證事實，有證明之價值。文書首須成立眞正，次須對於待證事實，有證明之價值，始有證據力之可言。故文書之證據力，有形式之證據力與實質之證據力之別。文書眞正時所存在之證據力，亦即有得為判斷材料之價值。如為眞正之文書，即足證其作成人實曾為文書內所記載之陳述或報告，是為其形式之證據力。文書所記載之事項，有足證某事實眞正與否之價值，亦即文書依其內容，足為某事項之證明，是為其實質之證據力。故形式證據力，為文書眞正所生之證據力；實質證據力，為由眞正文書內容所生之證據力。無形式之證據力時，固無實質之證據力；雖有形式證據力，若其所記載之事項，與待證之事項無關者，不得採為判斷之資料，亦無實質證據力之可言。文書之實質證據力，由法院依據經驗法則及論理法則，參酌文書作成人之觀察及報告是否正確，依自由心證判斷之。至於其形式證據力，又因公文書及私文書而異。文書依其程式及意旨，得認作公文書者，推定為眞正（民訴三五五Ⅰ）。此際，舉證人毋庸證明其為眞正。如他造當事人對之有爭執者，應由他造舉出反證以證明其非眞正。惟法院若認公文書之眞偽有可疑者，得請求作成名義之機關或公務員陳述其眞偽（三五五Ⅱ）。外國之公文書，其眞偽由法院審酌情形斷定之，但經駐在該國之中華民國大使、公使或領事證明者，推定為眞正（三五六）。私文書經本人或其代理人簽名、蓋章，或按指印或有法院或公證人之認證者，推定為眞正（三五八）。除上述推定為眞正之情形外，私文書應由舉證人證明其為眞正，但他造於其眞正無爭執者，即係訴訟上之自認，此時舉證人無庸證明其眞正（三五七）。無論公私文書，其眞偽有疑問時，法院得依核對筆跡或印跡證之。核對筆跡或印跡，適用關於勘驗之規定（三五九）。無適當之筆跡可供核對者，法院得指定文字，命該文書之作成名義人書寫，以供核對（三六〇）。（民事訴訟法）（李學燈）

夫妻同居之訴

夫妻同居之訴（民訴五六八Ⅰ），係指本於民法上夫妻互負同居義務之規定（民一〇〇一）請求法院判決命他造履行同居義務之訴。此為婚姻事件之一種，其性質為給付之訴。但夫妻同居之判決，不適用強制執行之規定（強執一二八Ⅱ）。餘參見「婚姻事件程序」條。（民事訴訟法）（李學燈）

夫妻別體主義（Separate Existence System）

此制與夫妻同體主義相對立。所謂夫妻同體主義(coverture system)者，謂夫妻在法律上係屬一體，通常以妻之人格被夫之人格所吸收。妻之法律行為與財產享有之能力，均不能獨立為之。皆受夫之支配。此種主義為古代英國法羅馬法及我國舊法所採用。及男女平權之潮流掀起，各國立法例均順應潮流而易為夫妻別體主義。在法律上規定夫妻各有獨立人格。雙方處於對等地位。各自得為其法律行為與享有財產之能力。我國民法亦然。（民法親屬）（張鏡影）

互易（Exchange）

即當事人兩造互為移轉金錢所有權以外之財產權之契約也。日本民法稱為交換。互易之性質為雙務契約不要式契約諾成契約，並為有償契約。詩經之「抱布貿絲」，即互易也。我國古代之互易，係日中為市，聚天下之民，以有易無，交易而退，各得其所，實包含貿易之大多數。其後因貨幣發明，以貨幣為他物交換之媒介，始曰買賣。其以物易物者則曰互易。時至今日，買賣之例居多，故法律加以嚴密之規定，對互易則僅有簡略之明文。因互易與買賣性質至為相近，故準用買賣之規定（民法第三九八條）。至互易時並應付金錢者，其金錢部分亦準用關於買賣價金之規定（同法第三九九條）。（民法債編分則）（張鏡影）

互毆罪（Affray）

二人以上在公共場所互相毆打，威脅公共安全者，構成本罪，英美普通法以「輕罪」論處（misdemeanor）。行為人互毆無需事先有所安排或使用足以致命之武器，祇需有互毆之事實即足。本罪以實際互毆為成立要件，故雙方僅以言語互相辱罵，則不能論以互毆罪；但一造若以言語辱罵另一造，意在挑激使與毆打，對造果因而發動攻擊時，雙方均觸犯本罪（State v. Maneg, 194 N.C. 34, 138 S.E. 441, 442）。（英美刑法）（桂公仁）

介入原因（Intervening Cause or Force）

於被告非法行為或不行為，及被害人原應受損害之間，介入另一原因力量，改變其間關聯關係，產生一新結果，且為被告始未料及者，此一使被告免責之原因力量，謂之介入原因(Hartman v. Atchison, T.&S.F. Ry Co., 94 Kan.184, 1469. p. 335)。因其直接中斷被告非法行為與被害人損害間因果關係，使前者非法行為不再是損害之最近原因，被告自不能就介入原因產生之新結果負責。（英美刑法）（桂公仁）

介入權

見「競業禁止」條（商事法）（林咏榮）

心神喪失（Insanity）

行為人腦部神經失常，致欠缺推理，思考或記憶能力；或行為人因腦疾易於衝動，對自己行爲之性質及後果不能預見，不能明辨是非而觸犯刑章。一般而言，心神喪失得以阻却責任，但此之心神喪失非指暫時性之昏睡狀態，癲癎或醉酒等。是以，醫學上所謂心神喪失專指因疾病心神失常之狀態；法律上則强調行爲人因心神失常，所作特定行爲或不行爲之效果。行爲人無須完全失去理智，若因腦疾致無能明辨其行爲之性質及後果即足；但行爲人酗酒成習，導致精神不健全，達於心神喪失之程度時，視同心神喪失，得阻却責任（Rucker v. State, 119 Ohio St. 189, 162 N.E. 802, 805）。（英美刑法）（桂公仁）

心神喪失人

所謂心神喪失，係指行爲人於行爲時之精神，對於外界事物全然缺乏知覺及判斷作用，而無自由決定意思之能力者而言。心神喪失人之行爲，幾與自然力無異。故刑法第十九條第一項規定，心神喪失人之行爲不罰。如行爲人決定意思之能力並非完全喪失，僅較普通人之平均程度顯然減退者，則爲精神耗弱，仍應負刑事責任，惟因其程度之不同，得減輕其刑而已（刑法十九條二項）。行爲人是否達於心神喪失或精神耗弱之狀態，應以行爲時爲準。此種精神狀態，屬於醫學上精神病科之專門學問，應由具有此種專門學問之人加以鑑定，以爲裁判之依據。（刑法）（王建今）

父母子女（Parents and Children）

本爲親子關係(Relation between parents and children)之別稱。親子關係者，謂父母與子女間之權利義務之關係也。我國歷次民法草案，均有此項名稱。而且偏重於權利方面。現行民法則直稱之曰父母子女，承認父母應履行保護子女之義務。（民法親屬）（張鏡影）

支付命令

民事訴訟法督促程序中所稱之支付命令，係法院對於給付金錢或其他代替物或有價證券之一定數量爲標的之請求，依債權人之聲請，而非認爲不合法或無理由者，應不訊問債務人，即以裁定記載法定事項，命債務人爲支付之命令。聲請發支付命令，得以書狀提出於法院或請法院書記官作成筆錄爲之，須表明㈠當事人及法定代理人。㈡請求之標的並其數量及其請求之原因事實。㈢應發支付命令之陳述。㈣法院（民訴五一一）。法院發支付命令，除應記載上述㈠、㈡、㈣各款事項外，並應記載：債務人如欲免假執行，應於命令送達後十五日內向債權人清償其請求並賠償程序費用，否則應向法院提出異議（五一四）。支付命令送達於債務人後，法院應速通知債權人，若於發支付命令後，三個月內不能送達於債務人者，其命令失其效力（五一五），債務人於支付命令送達後十五日內，得不附理由提出異議。就請求一部提出異議者，其效力及於全部（五一四Ⅱ，五一六Ⅰ、Ⅱ）。支付命令所載期間已滿後，債務人未提出異議時，應依債權人之聲請，宣告假執行（五一七）。債權人如於三十日內不爲宣告假執行之聲請者，支付命令失其效力。駁回宣告假執行聲請之裁定已確定者亦同（五二〇）。宣告假執行之裁定送達後十五日內，仍得提出異議（五一八）。對於支付命令於合法時期提出異議者，支付命令失其效力（五一九）。宣告假執行之裁定，送達後十五日內未提出異議，或駁回異議之裁定已確定者，與確定判決有同一之效力（五二一）。餘參見「督促程序」條。（民事訴訟法）（李學燈）

井田制度

周代在郊野實施助法，每井分爲九份，其中一份爲公田，餘八份爲私田，其形狀如「井」字，所以叫做井田，凡領耕私田的人，必須共同協力助耕公田收穫歸公，僅藉其力，而不收其稅，是爲助法，原爲殷制；反之，周代在城鎮則實施貢法，「什一使自賦」，按數歲的平均收穫量，十取其一，納貢於公家，是爲貢法，原爲夏制。而周制則兼配此二者，故謂之「徹」，徹與通同義，就是說周制是通於夏殷兩代，孟子所謂「清野九一而助，國中什一使自賦」，就是這個意思。關於井田制度，許多學者尚表懷疑，愚以爲當時地曠人稀，重劃並分配土地，自屬可能，惟「以六三十畝劃爲一區，每一區七十畝」，乃後儒附會，以增制度的完整，結果適得其反，而滋疑竇。（中國法制史）（林咏榮）

什伍而相收司

商鞅任秦國左庶長，定變法之令，令民什伍而相收司連坐，亦即十家五家，應相互糾舉其犯罪行爲，若不糾舉，則負連帶坐罪的責任。（中國法制史）（林咏榮）

太和律令

北魏孝文帝太和元年（477 A.D.）令高閭等議定律令，歷五年蕆事，凡八百三十二章，門誅十有六，大辟二百三十五，刑三百七十七，是爲太和律令。（中國法制史）（林咏榮）

元典章

元代至治年間（1321），將世祖以來的制詔律令，集爲國朝典章（卽元典章），凡十篇，卽詔令、聖政、朝綱、台綱、吏部、戶部、禮部、兵部、刑部、工部。（中國法制史）（林咏榮）

方法錯誤

見「事實錯誤」條。（刑法總則）（王建今）

欠缺認識（Inadvertance）

欠缺認識者，乃行爲人因對構成侵害之事實未盡通常人所應有之注意，致未能預見其結果之能發生之謂也（見 R.F.V. Heuston: Salmond on The Law of Torts,11th ed., Edition, 1953, pp. 36, 37）。（英美侵權行爲法）（何孝元）

引渡（Extradition）

外國因犯罪人本國之聲請，將逃亡該國之犯罪人（accused or convicted of an offense）交由其本國司法機關審理，要者須犯人先在其本國司法管轄權所及之地犯罪，然後逃亡至引渡之外國。引渡人犯常涉及國際公法之適用，國家間常訂立引渡條約，視爲國際間友好行爲或準政治義務（political duty of imperfect obligation）。美國諸州之間亦得引渡，但仍須以有引渡條約，協定爲必要。（英美刑法）（桂公仁）

天然出產物（Fructus Naturales）

天然出產物者，乃不經人力而在土地上天然滋長之出產物也，如草、木、樹或樹上菓實等是。天然出產物爲一八九三年英國貨物買賣法第四節規定所謂之「土地之利益」，故天然出產物於與土地分離後而土地移轉者，不視爲防止詐欺法上之「土地之利益」；如於分離前而土地移轉者，則視爲該法上之「土地之利益」（見 Anson's Law of Contract, Brierly, 12th ed., 1952, p. 71; J.F. Wilson: The Law of Contract, 1957, p. 84.）。（英美契約法）（何孝元）

內亂罪

內亂罪之本質，在於侵害國家內部之存立條件，爲集體犯罪之一種。其犯罪之動機，往往出於改革一國之政治。其犯罪之形態，有普通內亂罪與加重內亂罪之分。前者爲意圖破壞國體，竊據國土或以非法方法，變更國憲，顚覆政府，而着手實行者，卽行構成（刑法一〇〇條一項）。後者係以暴動方法而犯該罪者之謂。內亂罪一經着手實行，不問結果如何，卽爲犯罪之既遂。故該罪無處罰未遂犯之規定。因該罪罪質重大，足以動搖國本，故有處罰預備及陰謀之特別規定。此種預備犯或陰謀犯，如自首者，因其實害尙未發生，爲獎勵其改過自新，故特設減輕或免除其刑之規定。內亂罪之特別法爲懲治叛亂條例及戡亂時期檢肅匪諜條例。依特別法優於普通法之原則，在特別法有效期間，關於內亂罪，應依該特別法論科，刑法當然停止適用。（刑法總則）（王建今）

允諾後不可否認之原則（Promissory Estoppel）

允諾後不可否認之原則者，乃他方當事人因信任無酬報關係之允諾而爲履行其契約時，允諾之當事人卽應受其允諾約束之謂也（見 McClintock on Equity, 1948, p. 81.）。例如債權人對債務已表示接受少數數目以淸償較大數目，經債務人業已依約履行，縱債務人未給予債權人其他之酬勞，其契約卽生效力。惟此原則受有三種限制，卽：㈠債務人因履行債權人之要約須受有損害。㈡此項原則僅發生停止淸償之效力，而無消滅債務之效力。㈢允諾後不可否認之原則僅可用於抗辯，不得成立獨立之訴（見 Chitty on Contracts, vol. I, pp. 68-72）。（英美契約法）（何孝元）

及齡

到達服兵役之年齡，稱爲及齡，如男子年滿十八歲者，爲國民兵役及齡，年滿十九歲之年，爲常備兵及補充兵現役及齡。（特別刑事法）（吳　智）

幻覺犯

即誤信法律上不罰之行爲爲犯罪而爲之者，稱爲幻覺犯，又名錯覺犯或誤想犯。例如誤認木偶爲活人而殺之者是。此種情形，應不成立犯罪。幻覺犯與不能犯有別。幻覺犯縱然實現行爲人預見之結果，亦不構成犯罪；而不能犯係不能實現行爲人預見之結果。前者不生未遂問題，後者則屬不能未遂，仍應構成犯罪，不過減輕或免除其刑而已（刑法二六條但書）。（刑法總則）（王建今）

代位

代位者，乃法律規定之債權之移轉也。其情形有五種：㈠代償請求權：如債務人因給付不能之事由，對於第三人取得給付物之代償利益時，例如標的物毀滅，債務人有保險金請求權是；債權人得向債務人請求讓與其損害賠償請求權，或支付其所受領之賠償物（民法第二二五條第二項）。此項請求權，名之曰代償請求權。㈡賠償代位：損害賠償請求權人就其物或權利所生之損害，已受全部之清償時，負賠償責任之人得向損害賠償請求權人，請求讓與基於其物之所有權，或基於其權利對於第三人之請求權（民法第二二八條），此之謂賠償義務人之讓與請求權。例如受寄人因過失致其寄託物被盜，於賠償寄託人後，得向寄託人請求讓與基於其物之所有權，俾得向盜取人請求返還其物或損害賠償是。㈢求償權人之代位權：連帶債務人中之一人，因清償或其他行爲，致他債務人同免責任者，得向他債務人請求償還其各自分擔之部分，並自免責時起之利息。前項情形，求償權人於求償範圍內，承受債權人之權利。例如關於原債權之擔保權利，求償權人得承受之是。但此項權利之行使，不得有害於債權人之利益（民法第二八一條）。㈣就債之履行有利害關係之第三人爲清償者，得按其限度就債權人之權利，以自己之名義，代位行使，但不得有害於債權人之利益（民法第三一二條）。此項代位行使，名之曰法律上的債權之移轉。㈤保證人向債權人爲清償後，債權人對於主債務人之債權，於其清償之限度內，移轉與保證人（民法第七四九條）。（民法債編總論）（何孝元）

代位繼承（Succession by Subrogation）

爲繼承之一種，對直接繼承言，即直系血親卑親屬爲繼承人時。若其人於繼承開始時之前死亡，或喪失其繼承權，法律規定許其人之直系卑親屬代位繼承其應繼之分，此制即代位繼承。例如甲乙同爲其父遺產二萬元之繼承人，甲於其父生時死亡，亦即繼承開始前死亡或喪失其繼承權。甲之子丙自可代甲繼承其所應繼之遺產一萬元。惟應注意者，被代位繼承人須爲被繼承人之第一順序繼承人。至第二順序以下之各順序繼承人及配偶，縱使在繼承開始前死亡或喪失繼承權，其直系血親卑親屬均不得代位繼承。其應繼分則歸屬於其他共同繼承人。若第二順序以下之同一順序繼承人均已死亡或喪失繼承權者，則由第三順序繼承人繼承之。即無代位繼承之可言。至第一順序繼承人，則不問其爲長子次子末子，其死亡或喪失繼承權者之直系血親卑親屬皆得爲代位繼承。僅被代位繼承者在喪失繼承權以後所生之子女，則不得有代位繼承權（參照民國二十一年院字第七五四號解釋）。質言之，須該直系血親卑親屬在被代位繼承人未喪失繼承權時所生者，乃有代位繼承權。按此制與唐戶令相似。蓋唐令規定：「諸應分田宅財物者，兄弟均分；兄弟亡者，子承父分；兄弟俱亡，則諸子均分。」（民法繼承）（張鏡影）

代位權（Subrogation）

代位權者，乃第三人爲債務人清償債務後得代位行使債權人之權利，並得就原債權人所有之各種擔保與利益實行其債權也（見 McClintock on Equity, 2nd ed., 1948, p. 332）。（英美衡平法）（何孝元）

代表人

法人（如公司等）必有其機關，其機關必以自然人爲代表，亦稱之爲代表人，例如民法第二七條規定：「法人須設董事；董事就法人一切事務，對外代表法人」。代表人與代理人不同，因爲代表人的行爲，即係其所代表的法人的行爲，代表人與其所代表的法人，屬於一體，祇有一層人格；而代理人的行爲，却係代理其本人所爲的行爲，代理人與本人，各爲一體，具有二層人格，這是代表人與代理人在法律關係上的差別。（商事法）（林咏榮）

代表的當事人

見「選定當事人」條。（民事訴訟法）（李學燈）

代表機關

公司為法人，其對外行動須以自然人所組織的機關為代表。前者稱為代表人，後者稱為代表機關。代表機關對外行動時，仍須以其組成員為代表人。這些代表人，因具有代表公司表達意思的資格，統稱為公司的代表（參看公司法第二七條第一、第二兩項及民法第二七條）。那些人是公司的代表？在無限公司，其股東不論出資的多少，原則上皆有代表公司的權利和義務；但章程如特定某些股東為代表時，只有這些特定代表公司的股東得代表公司，其餘股東則無代表權（參看公司法第五六條）。兩合公司和股份兩合公司的無限責任股東亦同（參看公司法第一一五條、第三五八條第一項第二款）。股份有限公司應由董事互推一人為董事長，一人或數人為常務董事，代表公司；董事長請假或因故不能行使職權時，應指定常務董事一人或由常務董事互推一人代理之。（其未設常務董事者，則為董事）。（參看公司法第二〇八條）。至有限公司如章程訂明專由股東中一人或數人執行業務時，這一人或數人得代表公司（參看公司法第一〇八條準用第五六條）。若其選有董事執行業務時，則由董事代表公司（參看公司法第一〇八條，準用股份有限公司的規定）。代表公司的股東，關於公司營業上一切事務，皆有辦理的職權。公司對於股東代表權雖得加以限制，但其限制不得對抗善意第三人（參看公司法第五七、第五八兩條）。（商事法）（林咏榮）

代物清償

代物清償者，乃債權人受領他種給付，以代原定給付，而使債之關係消滅之契約也（民法三一九條）。例如原定給付為五百元，債務人無力支付，經債權人同意，以馬一匹抵償是。代物清償，必須債務人現實為他種給付，以代原定給付，始能成立，故代物清償為要物契約。債務人之他種給付，與債權人之拋棄原定給付，成為對待給付，故代物清償為有償契約。代物清償與清償生同一之效力，故代物清償係以債之消滅為目的之契約。

代物清償之成立，必須具備下列要件：(一)須有因代物清償而消滅之債權之存在，(二)須債務人以他種給付代原定給付，(三)須經債權人受領。（民法債編總論）（何孝元）

代理（Agency）

即代理人於代理權限內，以本人名義向第三人為意思表示，或由本人向第三人表示授權他人為代理，直接對本人發生效力之行為也（民法第一〇三條及第一六七條）。其代為意思表示或受意表示者為代理人。其相對人曰第三人。其受該意思表示之效力者曰本人，亦稱被代理人。惟代理之要件有四：(1)須有代理權之授與；(2)須表明係為本人而為代理行為；(3)須代本人為意思表示或受意表示；(4)須直接對本人發生效力。關於代理行為何以對本人發生效力？學者間的見解不一，彙之約有三說：(1)共同行為說（Theory of joint act），認為代理行為之一部為本人之授權行為，其他一部分則為代理人分擔之代理行為，兩相合成乃生一效果，是即所謂代理之表意受意而效力直接及於本人。(2)本人行為說（Theory of the act by principal），此說謂代理人之行為所以及於本人者，因法律上以代理人之行為視為本人之行為也。然亦有事實上視為本人之行為者，亦有事實上非本人之行為而由於法律之擬制視為本人之行為者。(3)代理人行為說（Theory of the act by agent），謂代理行為在事實上為代理人之意思表示，不過法律為尊重其效力意思而使之對本人生效耳。此說為多數學者所贊同，因在理論上與事實上尚無枘鑿。以上三說，雖為通說，第近代立法例，關於法律行為以許代理為原則，但有例外，例如在性質上必須本人自身為之者，若結婚離婚是。又如代理人與本人利害相反（民法一〇六條）者，均不得以代理人為之，計代理之種類有七：(1)法定代理與意定代理；(2)一般代理與特別代理；(3)積極代理與消極代理；(4)有權代理與無權代理；(5)直接代理與間接代理；(6)授權代理與表現代理；(7)單獨代理與共同代理。（民法總則）（張鏡影）

代理人

代理人係指於代理權限內，以本人之名義為意思表示，使其效力直接對本人發生之人（民一〇三），此為實體法上之意義。在訴訟法上之代理人，其意義亦復相同，即代當事人之一方，以當事人之名而為訴訟行為或受訴訟行為之第三人。其代當事人為訴訟行為，應以當事人（即本人）之名為必要，故為他人而為訴訟之當事人（如破產管理人），或參加訴訟之從參加人，均非代理人。代理人之行為固以有代理權為必要，但訴訟上之無權代理人所為訴訟行為，如法院據以判決，雖屬當然違背法令，但除得以上訴或再審聲明不服外（民訴四六九４、四九六Ｉ５），尚非當然無效。此與民法上無權代理，未經本人承認前絕對無效者不同。又訴訟法上之代理，祇有直接代理，不認間接代理之關係，亦無如民法上所謂對造代理（民一〇六），均與民法上之代理性質有異。訴訟法上之代理人，因其代理權發生之原因不同，可分為法定代理人與訴訟代理人。細分之，前者又有所謂特別代理人與準法定代理人。後者又有所謂選任代理人或複代理人。詳見各該條。（民事訴訟法）（李學燈）

基於被告或自訴人之授權範圍，而代其為訴訟行為之人為代理人。最重本刑為拘役或專科罰金之案件，被告於審判中或偵查中得委任代理人到場。但法院或檢察官認為必要時，仍得命本人到場。自訴人不論何種案件，均得委任代理人到場；但法院認為必要時，得命本人到場。代理人之資格、人數及其產生方式均準用選任辯護人之規定。其享有受收送達文書、檢閱及證物並得抄錄攝影之權利，亦與辯護人同，但被告之代理人在偵查中，對於卷宗及證物不得抄閱攝影，因偵查不公開行之，在偵查中尚不得為辯護人之選任，此際自無準用選任辯護人規定之可言。（刑事訴訟法）（陳　珊）

代理人之行為即係本人之行為（Qui Facit Per Alium Facit Per Se）

所謂代理人之行為即係本人之行為者，乃任何人授權與或促使他人侵害第三人之權利者，猶如其自己所為之行為，應對該第三人負損害賠償之責任也。基於此種理由，本人與代理人乃係共同侵權行為之人，應負連帶賠償之責。如代理人之行為未經本人明示或默示授權者，斯項原則即不適用之（見Salmond on Torts, 12th ed., 1957, p. 98; James A. Ballentine: Law Dictionary,1959,P. 1071）。（英美侵權行為法）（何孝元）

代理人之權能（Power of Attorney）

代理人之權能者，乃代理人為本人履行某特定行為，而由本人所為之書面授權之謂也（見James A. Ballentine: Law Dictionary, 1959, p. 992.）。（英美契約法）（何 孝元）

代理訴訟主義

見「本人訴訟主義」條。（民事訴訟法）（李學燈）

代理權之授與

代理權之授與者，乃本人以代理權授與他人之行為也。授權行為為單獨行為，祇須本人向代理人，或向代理人對之為代理行為之第三人，為授權行為之意思表示，代理權即為成立，毋須取得代理人之同意（民法第一六七條）。又代理權之消滅，依其所由授與之法律關係定之（民法第一〇八條第一項）。亦即授與代理權之基本法律關係，為代理權發生或消滅之必要條件。故授權行為又為要因之單獨行為。（民法債編總論）（何孝元）

代理權限（Scope of the Delegated Authority）

即代理權之範圍。亦因法定代理與意定代理而不同。前者，以法律之規定者為限。其代理人在原則上得委託他人代理行使其監護之職務如民法第一〇九二條規定，父母對其未成年之子女，得因特定事項，於一定期限內，委託他人行使其法定代理權是。後者，其範圍由本人授權時之意思表示以定之。其代理人之職務，原則上不能選任複代理人。非得本人之同意及在萬不得已之情形下，不得為之。如代理權限不明時，則代理人僅得為管理行為，而不得為處分行為。所謂管理行為，係包括保存利用改良等行為而言。（民法總則）（張鏡影）

代替契約（Accord and Satisfaction）

代替契約者，乃一方提供對方新的約因，以免除其債務之約定也。其為侵權行為之債務，抑為債務不履行之債務，均非所問。代替契約，須經雙方當事人同意，並於對方取得新約因後，始生效力。惟所謂約因，往昔須實踐新諾言後，始能生效，今則祇須有約因之諾言為已足。至於此項約因是否適當，法院不予審究，但給付種類須與原有債務不同，否則無效。又原契約之一部履行，不得作為免除債務之代價；然如債務人以少於原債務之數額提前給付，或以不同之方式為清償則可。抑有進者，對於代替契約須有新約因之原則，英國一八八二年票據法設有例外之規定：如票據執票人書面聲明拋棄票據上之權利，或以票據交還票據上之債務人，雖無約因，票據債務即因之消滅（見J. F. Wilson: The Law of Contract, 1957, pp.433-435.）。（美英契約法）（何孝元）

代辦商（Commercial Agent）

即凡平時經營一定商業之商人，在其營業範圍內為其他商人代理或介紹而為商行為者也。舊民律草案稱為代理商。其權限除有特別規定外，須依委任契約定之。與經理人不同。其區別之點如下：㈠代辦商為獨立商人，經理人為商業使用人而非商人。㈡代辦商與本人之關係為委任。經理人與商號所有人之關係為僱傭。㈢代辦商可為一商人或數商人之代理或介紹商行為。經理人則恒由一商人使用之。㈣代辦商在自己的營業所營業。經理人則在其商號所有人之營業所執行業務。㈤代辦商通常對於其所為之代理行為收取佣金 commission。經理人則通常按期支領一定工資。㈥代辦商因營業而生之費用，歸自己負擔。經理人執行業務所支出之費用，全由商號所有人負擔。（民法債編分則）（張鏡影）

代辦商權（Power of Commercial Agent）

乃代辦商受商號之委託，於一定處所或一定區域內，以該商號之名義，辦理其事務之全部或一部之權也。代辦權之範圍如何？自應依委託商號之授權意思表示為準。但民法仍設有規定：㈠代辦商有為代辦必要行為之權，但非有書面之授權，不得負擔票據上之義務，或為消費借貸，或為訴訟（第五五八條）。㈡對商號有隨時報告之義務（第五五九條）。㈢請求報酬或請求償還費用之權（第五六〇條）。關於未定期限之代辦權，當事人之任何一方得隨時終止其契約。但須於三個月以前預先通知。惟法律為保護商號之利益起見，對於代辦商為自己或第三人經營與其所辦理之同類事業，或為同類事業無限公司之股東，均在禁止之列。但得其商號之許可者，仍得為之（第五六一－五六二條）（民法債編分則）（張鏡影）

代償請求權

因不可歸責於債務人之事由，致給付不能者，債務人免給付義務（民法第二二五條第一項）。如債務人因給付不能之事由，對於第三人取得給付物之代償利益時，例如給付物為第三人所毀滅，債務人對於第三人而有侵權行為之損害賠償請求權；或標的物毀滅，債務人有保險金請求權是，依民法第二二五條第二項規定，債權人得向債務人請求讓與其損害賠償請求權，或交付其所受領之賠償物。此項請求權，名之曰代償請求權。蓋不如此，債務人將因不能給付而反得不當之利益也。（民法債編總論）（何孝元）

主文

裁判以法律為大前提，以事實為小前提，依此推理所生之結論謂之主文。主文為確定裁判內容之事項，係由事實及理由所生之結論，宜以簡明詞句，將所為裁判之內容全部揭出。在主文內不宜引用其他文件，但為裁判標的之物過於繁雜或有名稱冗長者，無妨另列清單附之於後，而於主文內記為如附單所載云云。判決，應作判決書，記載法定事項，主文為其最重要之部分（民訴二二六）。如為原告敗訴之判決，其主文僅須記載原告之訴駁回，固無待論。如為原告勝訴之判決，在確認之訴，應將確認如何之法律關係存在或不存在，記載明確。在給付之訴，應將給付範圍種類數量全部記載明確。在形成之訴，應將形成何項法律上之效果，記載明確。關於訴訟費用及假執行之裁判，亦應記載於主文（八七，九〇，九五，三九三Ⅱ）。又判決書之主文，應與宣示之主文相符，否則得為上訴第三審之理由。若判決未載主文，或所載主文意旨，無從明瞭者，則不得認為已有判決。餘參見「判決」及「判決書」條。（民事訴訟法）（李學燈）

主犯（Principal）

在犯罪現場直接或間接參與犯罪，或幫助、教唆犯罪之人均謂之主犯，前者直接為犯罪行為之人稱一級主犯，後者在現場幫助、教唆者為二級主犯，英美「普通法」對主犯一詞有如上之區別。所謂在現場從事犯罪，非專指親身在現場，如在現場附近把風等，亦視同在現場。其後美國部分州刑事立法，甚至明文摒棄「普通法」之區別，而將事前從犯視同主犯。叛逆罪或輕罪之共犯通常認為均係主犯。（英美刑法）（桂公仁）

主刑

所謂主刑，係指得以獨立科處之刑罰而言。又稱為本刑。依刑法第三十三條規定，主刑分左列五種：

一、死刑　為剝奪犯人生命法益之刑罰。又稱為「生命刑」。刑法中規定唯一死刑之罪，僅有四條，即第二百二十三條犯強姦罪而故意殺被害人之罪，第三百三十三條第三項犯海盜罪因而致人於死之罪，第三百三十四條犯海盜罪而放火、強姦、擄人勒贖或故意殺人之罪，第三百四十八條第一項犯擄人勒贖罪而故意殺被害人之罪。以上四種犯罪，雖係唯一死刑之規定，但如係自首，仍不得科以死刑，應減為無期徒刑或為十五以下十二年以上有期徒刑（刑法六四條二項），如係從犯或其犯罪之情狀可憫恕者，得減輕其刑。

二、無期徒刑　為終身監禁之「自由刑」。但在執行中如有悛悔實據者，其執行逾十年後，可獲得假釋。

三、有期徒刑　為有一定期間之自由刑，即二月以上十五年以下，但遇有加減時，得減至二月未滿或加至二十年（刑法三三條三款）。為自由刑中適用最廣之刑罰。

四、拘役　為最輕之自由刑。其期間為一日以上二月未滿，但遇有加重時，得加至四個月（刑法三三條四款）。拘役與拘留不同，拘役係刑罰，拘留係行政罰。

五、罰金　為「財產刑」。罰金數額為一元以上。其最高額則依刑法分則或特別刑法各條之規定。如因犯罪所得之利益超過罰金最多額時，得於所得利益之範圍內酌量加重（刑法五八條）。（刑法總則）（王建今）

主任軍事審判官

軍事審判法第十六條第二項規定，軍事審判官有二人以上時，以一人為主任軍事審判官。惟於主任軍事審判官之職權，該法並無特別規定。（特別刑事法）（吳　智）

主任軍事檢察官

主任軍事檢察官得親自處理本機關軍事檢察官之事務。基於檢察一體之原則，並得將已承辦之事務，移轉於其他軍事檢察官處理之。最高軍事審判機關之主任軍事檢察官，如於判決確定後，發見該案件之審判係違背法令者，得以書面敘述理由，向該最高軍事審判機關提起非常審判。軍事檢察官於判決確定後，發見該案件之審判違背法令者，應具意見書呈由該管長官將該案卷宗及證物送請最高軍事審判機關主任軍事檢察官提起非常審判。（特別刑事法）（吳　智）

主行為與從行為

主行為（principal act)為法律行為之一種，對從行為(accessory act）而言。即其法律行為係獨立存在，而與其他行為無關係者。易言之，即為其他法律行為之前提之法律行為也。從行為亦法律行為之一，對主行為而言。即其法律行為成立之前，須別有其他法律行為之存在為其前提，亦即是主行為存在，則從行為存在；主行為不存在，則從行為無所附而歸於消滅。例如消費借貸為主行為，因消費借貸而設定擔保之抵押權質權或保證契約，即是從行為。又如夫妻財產契約乃婚姻關係之從行為是。（民法總則）（張鏡影）

主物與從物

所謂主物（principal things; main things），係對從物而言，即被從物所附麗之物也。所謂從物(accessory things; Appurtenance)亦對主物而言，即物之所有者以一物附屬於自己所有他物之上，而供其平常之用。我國民法規定：非主物之成分，常助主物之效用，而同屬於一人之所有者為從物。但交易上有特別習慣者，依其習慣。且主物之處分，及於從物（第六十八條）。故其要件：(1)須非主物之成分。例如門窗雖常助房屋通氣透光及啟閉之用，但係房屋之構成部分。不能謂為從物。(2)須常助主物之效用。例如冷氣機，僅熱天助屋涼爽，春秋冬則不需用，亦不能謂為從物。(3)須同屬一人之所有，例如借鄰人之鎖匙開自己之鎖，則不能以其鎖匙為自己之從物。至於交易上有特別習慣者，例如咖啡館中買一杯咖啡，則盛咖啡之杯不能認為從物。又如白鐵烟筒之於爐灶、地氈之於地板、窗簾之於窗等等，習慣上均不以之為從物。(4)須隨主物而處分。例如賣鎖，則鎖匙隨之賣出，此乃主物與從物區別之實益也。（民法總則）（張鏡影）

主物權

爲物權學理上分類之一，對從物權而言。卽獨立存在之物權也。如所有權、地上權、永佃權、地役權、典權皆是。其爲自行發生，自行消滅，不因其他權利之存否而影響其效力。（民法物權）（陳　冊）

主要證據

爲證據之一種，對補強證據而言。凡足證明主要事實存否之證據，爲主要證據。如以扣押之贓物證明竊盜、以手槍及子彈證明殺人等是。（刑事訴訟法）（陳　冊）

主張

當事人之主張，或稱當事人之陳述，係當事人將一定之法律意見或事實之狀態，陳述其存否，而爲觀念之通知。主張與聲明不同。廣義之聲明，固可包含聲明之意旨（狹義之聲明）及爲其理由之法律上或事實上之主張，然狹義之聲明，則要求爲一定行爲之意思表示。而主張則爲維持聲明，以充實聲明之理由，屬於提供訴訟資料之行爲，恒以有聲明爲前提，其性質爲觀念通知（知識報告）而非意思表示。主張可分爲法律上之主張及事實上之主張。法律上之主張，謂當事人陳述關於特定事件法律之適用與解釋上之意見。事實上之主張，謂當事人陳述關於特定事件事實之存在或不存在。前者，因法院有應認知法律之職責，雖習慣法、地方制定之法規及外國之現行法爲法院所不知者，當事人有舉證之責任，但法院仍得依職權調查之（民訴二八三）。故當事人之法律上主張遠不若事實上主張之必要。後者，乃構成裁判基礎之資料，所以支持其聲明，故當事人爲期依聲明爲裁判，通常有爲事實上主張之必要。當事人爲法律上主張或事實上主張，原則上均不得附以條件。因如俟一定之條件成就，始可認其主張爲眞實或不眞實，則此種觀念通知卽不免自陷於矛盾。惟多數主張，選擇的主張其一卽爲選擇之主張或稱假定之主張者，自屬無妨。但於選擇時，應依事實之理論關係而定其順序，不得任意爲之。例如主張債務已因淸償而消滅，從而假定主張縱未淸償，其請求權之時效業已完成是。至於學說上所謂假定或預備之抵銷抗辯，例如被告否認原告所主張之債權存在，而又預慮法院認其債權存在，乃同時提出抵銷之抗辯，以備法院於認原告之債權存在時，可以斟酌此項抗辯者，雖係附條件之主張，然民事訴訟既許爲預備的聲明，則例外予以容許。至於當事人事實上之主張，有包含私法上形成權之行使者，例如於訴訟上行使對於他造之請求爲抵銷，或法律行爲之撤銷，或契約之解除等之形成權者，則此時既爲觀念通知，又屬私權形成之意思表示。自係訴訟行爲而又兼有法律行爲之性質。關於形成權行使及效果發生之要件，應依民法之規定；關於其行使之方式，則應依訴訟法之規定。此項私法上之意思表示，以後若因訴之撤回、和解或因其他事由訴訟終結，未經法院採爲判決之基礎者，則不留存何項之效果。又當事人之主張及包含此項意思表示，均得於言詞辯論終結前隨時撤回或變更之。（民事訴訟法）（李學燈）

主張責任

本於辯論主義之原則，應依當事人所主張之事實及提出之證據，確定事實關係。當事人不主張之事實，不得據爲裁判之基礎。因此某種事實因未經當事人主張之故，卽不得據以認爲有利於該當事人之效果發生或不發生。此種不主張事實之當事人所負擔之危險或不利益，稱爲主張責任。主張一稱爲陳述，故當事人應就訴訟關係爲事實上及法律上之陳述（民訴一九三Ⅰ），當事人就其提出之事實，應爲眞實及完全之陳述。當事人對於他造提出之事實，應爲陳述（一九五）。事實上之陳述較法律上之陳述尤有其必要，因法律爲法院所應認知，而事實則由當事人主張爲原則，不主張者，不予斟酌。未經主張之事實，非證據之標的，卽使該事實於法院已顯著者亦然。因此項事實爲法院所認知而無待於舉證。然事實於法院已顯著或爲其職務上所已知者，雖非當事人提出，亦得斟酌之（二七八），此與其他應依職權調查事項同爲主張責任之例外。至當事人主張有利於己之事實，他造對之有爭執者，除有例外情形，卽應舉證以支持其主張。在一般情形，不舉證者，不予置信，因此就其事實有舉證之責任（二七七）。故聲明主張與舉證三者，有密切之關係。參見「聲明」條，「主張」條，「舉證責任」條及「舉證責任之分配」條。（民事訴訟法）（李學燈）

主參加

主參加係對從參加或輔助參加而言。現行法上之訴訟參加，則專指後者。所謂主參加，係指第三人就他人間已繫屬之訴訟，爲自己有所請求或主張，而提起訴訟，以本訴訟之當事人兩造爲共同被告。現行法以此爲共同訴訟之一種，於共同訴訟一節中規定就他人間之訴訟標的全部或一部爲自己有所請求，或主張因其訴訟之結果，自己之權利將被侵害者，得於本訴訟繫屬中，以其當事人兩造爲共同被告，向該第一審法院起訴（民訴五四Ⅰ），此在沿革上（二十四年以前之舊法）卽稱之曰主參加。所謂主張因其訴訟之結果，自己之權利將被侵害，係指對於本訴訟之兩造，主張其係串通提起訴訟，其結果將致自己私法上之地位受不利益之影響而言（此爲二十四年七月一日施行之舊法所增訂）。主參加訴訟，既係以本訴訟（卽他人間之訴訟）之當事人兩造爲共同被告，其性質自屬於共同訴訟，雖係於他人間之訴訟繫屬中加入而提起之訴，然係由主參加人爲原告，獨立要求判決，與參加係輔助本訴訟當事人之一造而參加其訴訟者不同。此項訴訟，不問本訴訟現在繫屬之審級如何，均以向本訴訟之第一審法院提起爲原則（五四Ⅰ），不問本訴訟之第一審法院，依一般規定有無管轄權。本訴訟之第一審法院，包括現在繫屬或前曾繫屬之第一審法院而言。故本訴訟雖已至上級審，只須仍在繫屬中，仍得向其原第一審法院起訴。如本訴訟繫屬於第二審級法院者，亦得於其言詞辯論終結前，向該第二審法院起訴（五四Ⅱ）。此爲期與本訴訟有合併辯論之可能，易防兩訴訟裁判之矛盾而設。此時可憑欲爲主參加者之意，任向本訴訟之第一審法院或第二審法院起訴均無不可。如係向本訴訟現在繫屬之法院提起，而在其辯論未終結以前者，應與本訴訟合併辯論及裁判之。但法院認爲無合併之必要或應裁定停止本訴訟之程序者，不在此限（二〇五Ⅲ）。（民事訴訟法）（李學燈）

主當事人

民事訴訟之當事人，學說上有所謂主當事人與從事人之分。前者指成立訴訟關係之人，卽本訴訟程序之當事人而言。後者指參加他人之訴訟之人，卽參加人而言。其餘參見當事人條。（民事訴訟法）（李學燈）

主證據（Substantive Evidence）

證據之目的在證明繫爭之事實者謂之主證據。若證據目的在否定證人之作證能力或其證言之證據力者，則非此所謂之主證據。通常主證據有證明主要事實之力量，但若欲證明之事實特殊，且關係被告法益至鉅時，仍須藉補強證據增強其證明力。（英美刑法）（桂公仁）

主權利與從權利

主權利（principal right）爲私權分類之一，對從權利而言。亦稱獨立權利，乃獨自成立之權利。並不依靠他權利之存在而存在，如物權中之所有權，債權中之原本債權之類是。所謂從權利（accessory right）係對主權利而言。卽附隨於主權利而存在之權利，亦卽是隨主權利而當然取得之權利。其特徵有三：(1)無主權利卽不得成立，亦不得存續。例如未有原本債權，自不能成立利息請求權。無所有權則無收益權使用權處分權之類是。(2)隨主權利而當然取得。例如取得債權，則利息請求權當然取得是。(3)雖得隨主權利而轉讓，但從權利不能離開主權利而獨自轉讓。例如利息請求權不能離開債權而單獨轉讓。又從權利與從屬權，驟視之則與從權利無甚差別。細視之，則仍有微異。因從屬權須經設定，乃能有從屬權之可言。例如抵押權質權如不設定卽不能取得。並非債權成立卽當然取得抵押權或質權。非若債之利息，縱未約定有約定利息，亦當然取得法定息。其差別在於有無設定。須經設定而取得者爲從屬權。不經設定約定而當然隨主權利而取得者爲從權利。其區別在此，不可混爲一談。（民法總則）（張鏡影）

主觀主義

主觀主義，亦稱人格主義。其大意謂刑事責任之基礎觀念，不在於犯人之行爲，而在其性格。刑罰並非爲既生之實害或危險而定，乃爲犯人反覆侵害之性格而定。換言之，刑事責任之基礎與輕重，必須依據犯人之惡性，卽其犯行反覆之危險性或社會之危險性而定。此種刑法思想，與「目的主義」及「特別預防主義」相結合，構成新派刑法理論之體系，近代各國刑事立法，乃逐漸地棄客觀主義，採用主觀主義。由於受主觀主義影響所產生之刑事立法的新制度，例如裁判上之酌量減輕、假釋、緩刑、累犯加重、教唆犯之獨立處罰及量刑範圍擴大等規定，對於防衞社會安全與保障個人利益均獲有顯著之成效。（刑法總則）（王建今）

主觀的訴之合併

主觀的訴之合併，係指當事人之一造或兩造爲複數而所生之複數之訴。無論係一原告對數被告，或數原告對一被告或數被告提起之訴訟，只須成立多數當事人之訴訟均屬之，故在法律上稱爲共同訴訟（民訴第一編第二章第三節）。當事人之一方或雙方爲多數，以同一訴訟程序而爲請求，其形式上雖爲一訴，但因當事人爲多數之故，亦卽等於有多數之請求於同一訴訟程序爲之，實質上係就數訴合併其程序，與客觀的訴之合併相同。惟一爲關於訴訟主體（當事人）複數之訴之合併，一爲關於訴訟標的之複數之訴之合併，在學說上遂冠以主觀的與客觀的以區別之。他若當事人與訴訟標的均爲複數，亦卽共同訴訟如主張數項標的時，則爲主觀的訴之合併與客觀的訴之合併之競合。主觀的云云，係就當事人而言，當事人則指狹義的當事人而言，不包括代理人及從當事人在內。故如一當事人有數法定代理人或數訴訟代理人，或一當事人有輔佐人或輔助參加人，或當事人爲法人其代表有數人者，均非主觀的訴之合併，不生共同訴訟問題。又多數有共同利益之人，選定其中一人爲全體起訴或被訴時，其訴訟當事人僅爲一人（四一），故亦爲單獨訴訟，而非共同訴訟，無主觀的訴之合併之可言。其他參見「共同訴訟」及「訴之合併」條。（民事訴訟法）（李學燈）

犯人分類

見「刑事政策之基本原則」條。（刑事政策）（王建今）

犯罪

具備犯罪構成要件之違法有責行爲，謂之犯罪。詳言之，第一須出於行爲。所謂行爲，卽表現於人之外部的動止狀態。單純之心理活動，不成立犯罪。第二須出於有責任能力人之故意或過失之行爲。如犯罪人未滿十四歲或心神喪失者，固不成立犯罪（刑法一八條一項、一九條一項）。卽使通常之人，如其行爲非出於故意或過失者，亦不成立犯罪（刑法一二條）。第三須出於違法之行爲。若干行爲，在外形上雖似犯罪，但如具有阻却違法之原因者，仍不成立犯罪，例如「正當防衛」「緊急避難」等，均在不罰之列。第四須具備犯罪構成要件。犯罪構成要件，爲法律所明定，如不合法定犯罪構成要件，仍在不罰之列（刑法一條）。任何行爲，必須具備上述四點，始能謂爲犯罪。（刑法總則）（王建今）

犯罪（Crime）

積極或消極侵害國家主權、社會公益、違反法律上科之以義務之行爲，而國家得依其刑罰權，以刑事訴訟程序起訴處罰者，處罰方法有(一)死刑(二)有期徒刑(三)罰金(四)撤職(五)褫奪公權等（Wilkins v. U.S., C.C.A.Pa., 96F. 837, 37 C.C.A. 588. Pen. Code Cal. § 15, Code Ga. 1882 § 4292. Pen. Code 1910, § 31）。任一違反公法之犯罪，均須由犯罪行爲及犯意或過失合成。法學家布賴克史東（Mr. Blackstone）以爲，犯罪（crime）與輕罪（misdemeanors）二詞略有區別，前者涵義較廣，惡性較重，應專指一般重罪（felong）而言，然史東氏主張，爲適用時便宜計，「犯罪」一詞以兼括「輕罪」爲妥。

又，刑事犯罪與民事侵權行爲亦有區分必要；就社會整體言之，個人若違反其依法應盡之義務，或侵害社會合法權益，依法學家布朗氏（Mr. Brown）之看法，均認其爲犯罪。按犯罪之成立，主觀心意狀態較客觀犯罪行爲重要，通常所謂責任卽指構成犯罪之心意狀態而言。英美法承襲歐洲中古時代宗教法觀念以爲「行爲不能產生罪責，除非依行爲人之心意應負罪責」。在此意義下，所謂構成犯罪責任之心意狀態，其必要成份有三：(一)是非辨別力(二)意思之決定自由(三)犯罪之意識作用（故意或過失）（韓忠謨「刑事責任之理論研究」，第14頁）。（英美刑法）（桂公仁）

犯罪主體

所謂犯罪主體，係指立於犯罪地位之人而言。所謂人，有自然人與法人之分。所謂自然人，係指有意思與形體而自然生長之人而言。自然人成爲犯罪主體，必須具有「責任能力」與「責任條件」（詳見另條），否則不構成犯罪主體。法人在法律上雖得爲權利義務之主體，但法人爲一組織體，其本身應無意思與行爲，故現代刑法，在原則上不認法人爲犯罪之主體。法人如觸犯刑法，應由法人之代表人負責（參見「法人之刑事責任」條）。（刑法總則）（王建今）

犯罪地

所謂犯罪地，包括行爲地與結果地兩者在內。例如殺人罪，被害人在臺南被殺害，在臺北死亡者，臺南與臺北皆為犯人之犯罪地。又被害人在中華民國領域外被殺害，至中華民國領域內發生死亡之結果者，我國亦為犯人之犯罪地（參照刑法四條）。（刑法總則）（王建今）

犯罪地主義（Territorial Commission Theory）

關於犯罪起訴地問題，美國多數州採犯罪地主義，即應在犯罪發生地對被告起訴，以之確定法院管轄權。一般認為犯罪要旨或要件（gist of the offense）開始發生之地，即是犯罪地。犯罪管轄（jurisdiction）與審判地（venue）一語不同，前者係指審判程序進行之地點，後者則專指選出陪審員之地區（county），即英美「普通法」所指之審判地），但據美國聯邦刑事訴訟法規定，陪審員不一定須從審判進行之郡（county）選出，亦得從審判地司法區（judicial district）中任一部分選出。（英美刑法）（桂公仁）

犯罪行為（Criminal Behavior）

刑法主旨在保障社會法益，是故與此法益牴觸者，均在國家行使刑罰權處罰之列，易言之，無損於社會法益之行為自不構成刑事責任。另一方面，並非所有「有害」於社會公益之行為皆是犯罪行為，蓋有關「犯罪」一詞定義，有時而窮，不足確定行為之反社會性。同時，處罰犯罪行為之刑法本身，弊端百出，其產生之不良後果，有時較反社會性之犯罪行為尤有過之。然則，不論「普通法」或其他成文刑法規定如何，一行為是否構成重罪或輕罪，必須自特定政治組織，社會之本質，決定其反社會性，亦即自社會整體法益之立場，以普通常識，經驗調查，理性分析等方法，測度特定行為後果，確立其反社會性。此外，某一特定行為是否犯罪，亦可自刑法之強制性（enforceability）及影響力（effects）判斷之，如一刑法本身欠缺強制力及影響力，則其欲禁止之某特定行為，當然無法有效加以禁止，至是否應該禁止，亦頗令人懷疑（Michael and Adler, Crime, Law and Society, pp. 353-57, 1933）。

不法行為危害國家或公眾利益，政府應以國家名義本於國家主權予以懲罰，此與民事上之侵權行為不同，以特定個人為對象之不法行為得予損害賠償者為民事侵權行為。同一行為得同時為犯罪行為及侵權行為，犯罪既涉及一般公眾利益而不獨限於特定個人利益，其本質超出個人利益甚明。於侵權行為場合，行為經被害人同意者不構成侵權行為責任，然犯罪行為縱經犯罪人同意亦不得免除刑事責任。如行使及收受賄賂與同意決鬥是。侵權行為之被害人與有過失或自己有不法行為者，喪失其民事上損害賠償請求權，但不得因而免除被告之刑事責任。又，侵權行為之訴訟標的為損害賠償，無須證明被告有不法之故意，但就刑事責任而論，被告在犯罪時須有犯罪之意思，亦即須具意思能力，始負刑責，從而心神耗弱或喪失，或無行為能力人，自應免其刑責或酌減其刑（Outlines of the Law, by V. A. Griffith, The Bobbs-Merrill Co.）。（英美刑法）（桂公仁）

犯罪客體

所謂犯罪之客體，係指被害法益及被害人而言。所謂被害法益，有國家法益、社會法益與個人法益之分。例如犯內亂、外患及妨害國交等罪，其所侵害者即為國家法益。犯公共危險、妨害風化等罪，其所侵害者即為社會法益。犯殺人、傷害等罪，其所侵害者即為個人法益。犯罪客體，不僅指被害法益，同時亦指享有法益之被害人。所謂被害人，係指自然人及法人兩者而言。凡因犯罪而直接被害之人，除得向檢察官告訴外，並得向法院提起自訴。惟同一案件，經檢察官終結偵查者，不得再行自訴，如已經提起自訴者，不得再行告訴（刑訴三二三條一項、三二四條）。（刑法總則）（王建今）

犯罪原因

犯罪原因，在大體上可分為個人的原因與社會的原因二種，分析言之如下：第一個人的原因：㈠動機。犯罪出於行為，決定行為者為動機。動機者，行為人因受外部刺激之影響而生之犯罪的心理作用，即反社會的情操也。此種情操，往往由饑餓、性慾、支配慾、復仇心、憎惡心、嫉妒心、名譽慾、利慾、所有慾、吝嗇、殘忍性等而生。㈡精神缺陷。通常人之意思，係因動機而決定，但在精神缺陷者，則無此決定能力或其能力較低。我國刑法，將精神缺陷者分為二種：⑴心神喪失人，其行為不罰（刑法一九條一項）。⑵精神耗弱人，其行為得減輕其刑（刑法一九條二項）。㈢遺傳的素質。遺傳的素質，成為犯罪原因者，以酒癖，精神病及癲癇病為多，為一般所公認。第二社會的原因：㈠社會心理的原因。犯罪之社會心理的原因，最重要者為模倣作用。其中對於優越者之模倣，尤爲顯著。犯罪從歷史上考察，常由貴族階級傳播於一般平民，若從現代考察，則恒由大都市傳播於鄉村，由首都傳播於地方。犯罪之模倣作用，以羣集暗示構成犯罪原因，最爲顯著。㈡社會經濟的原因。犯罪之社會的原因甚爲複雜，如教育之缺陷、職業之種類、宗教之信仰、政治之鬥爭等是。其中尤以經濟的關係占主要之成分。犯罪之經濟的原因，由於現代產業組織及其發展之結果而產生。近代之產業，因集中於都市之結果，使都市人口激增，住宅困難，因而妨害風化罪亦隨之俱增，都市中電影院、咖啡館、飲食店等娛樂設備之道德的腐化，都市無產階級之激增及因上述情形之影響，使家庭生活趨於崩潰，少年犯罪亦隨之增加。又隨近代產業組織機械化而發生大量之失業者及因財富集中之結果，而發生大衆之貧窮化，基於貧窮之犯罪，占各種犯罪之最多數。（刑事政策）（王建今）

犯罪構成要件

犯罪構成要件，亦即犯罪成立要件。犯罪爲定型的有責與違法之行爲。犯罪出於行爲，無行爲即不成立犯罪。犯罪乃法律所規定之一定的類型，例如竊盜罪爲刑法第三二〇條所定之類型。殺人罪爲刑法第二七一條所定之類型。而各種犯罪行爲的類型，必須具備兩項要件：其一爲有責，即具有責任能力與責任條件（故意、過失），此爲主觀的要件（一般構成要件），規定於刑法總則之中。其二爲違法，即觸犯法律的規定，此爲客觀的要件（特別構成要件），規定於刑法分則之中。任何行爲，如不具備以上兩項要件，即不成立犯罪。（刑法總則）（王建今）

犯罪學

見「刑事學」條。（刑事政策）（王建今）

犯意

亦稱故意。見「故意」條。（刑法總則）（王建今）

犯意表示

犯罪主觀之要件爲犯罪之意思，客觀之要件爲犯罪之行爲。單純之意思活動與非出於意思之行爲，皆不構成犯罪。犯意表示，爲犯罪意思決定之表示。犯意既經表示於身體之外部，即已構成犯罪行爲。犯意表示，爲達到犯罪目的之手段，通常以不罰爲原則，但亦有惡性重大或危險性者，故刑法上以特別規定處罰之，例如刑法第二十九條之教唆罪，第一百五十三條之煽惑罪，第三百零五條之恐嚇罪等是。（刑法總則）（王建今）

本人

本人係指下列兩種人而言：㈠於代理關係，一方爲代理人，被代理之他方稱爲本人（民法第一〇三條）。㈡於無因管理，管理他人之事務者，謂之管理人。受管理人管理事務之效果者，謂之本人（民法第一七二條前段）。（民法債編總論）（何孝元）

本人占有

爲占有分類之一，對機關占有或補助占有而言。即由占有人自己對物所實施之管領力也。其爲自主抑他主均非所問。（民法物權）（陳　珊）

本人送達

見「直接送達」條。（民事訴訟法）（李學燈）

本人訴訟主義

此就爲訴訟行爲之人所採之立法主義。凡各種訴訟行爲，得由當事人本人或其法定代理人自爲之者，謂之本人訴訟主義。反之，須由具有法定資格之人代爲訴訟行爲，而當事人不得自爲之者，謂之代理訴訟主義。民事訴訟係本人欲保護其私權，關於訴之原因與事實，本人知之最詳，原以本人訴訟主義爲宜。然使無法律學識或經驗之人爲訴訟行爲，在辯論主義之下，往往對於有利之情事而不知主張，且難免枉費無益之程序與時間，而使訴訟不克爲順利之進行，故他國法例有採用代理訴訟主義，以避免此項缺點者。民事訴訟法則採用本人訴訟主義，其委任代理人與否，一任當事人之自由。（民事訴訟法）（李學燈）

本物權

對準物權而言，即民法物權編所定之所有權及七種其他物權。（民法物權）（陳　冊）

本約

本約者，乃因履行預約而訂立之契約也。本約與預約，係屬二個獨立之契約。預約義務人如不爲訂立本約，預約權利人得請求其履行，並得請求損害賠償（民法第二二七條），或解除預約（民法第二五四條）。（民法債編總論）（何孝元）

本案

民事訴訟法上常用「本案」一詞，意謂爲主之事項，通常即指訴訟標的而言，而與訴訟程序問題相對稱。例如對於訴訟程序問題之辯論，稱關於訴訟標的之辯論時，則曰本案辯論是（民訴二五，九八，二五五Ⅱ，二六二Ⅰ）。亦有不專指訴訟標的，而泛指訴訟事件之本身或該事件之判決程序而言者。例如對於訴訟費用或宣告假執行之裁判，稱關於訴訟事件本身之裁判曰本案裁判（八八，三九五），又如對於假扣押假處分程序稱判決程序曰本案是（五二四，五三〇Ⅳ，五三四，五三七）。（民事訴訟法）（李學燈）

本案之言詞辯論

本案之言詞辯論，或稱實質上之辯論，實體上之辯論。與之相對稱者，爲訴訟成立要件之辯論或訴訟程序之辯論，或形式上之辯論，一稱本案外之辯論或非本案之辯論。見「言詞辯論」條。（民事訴訟法）（李學燈）

本案判決

本案判決，係指關於訴訟標的之判決而言。又稱實體上之判決或實質判決。係認本案請求爲有理由，而爲如當事人聲明之判決，或認其請求爲無理由，而爲駁回其訴之判決是。與其相對稱者，則爲無關本案之判決。惟法律上所稱本案裁判，亦有泛指關於訴訟事件本身之裁判者，如對於訴訟費用之裁判稱關於訴訟事件本身之裁判，則曰本案裁判是（民訴八八）。（民事訴訟法）（李學燈）

本案裁判

見「本案」及「本案判決」條。（民事訴訟法）（李學燈）

本票的強制執行

我國現行票據法爲增強本票的效力，特規定本票執票人向本票發票人行使追索權時，得聲請法院裁定後，強制執行（參看票據法第一二三條）。所謂強制執行，就對人言，執行法院認爲必要時，應命債務人提出擔保者，得拘提管收；就對物言，執行法院得查封債務人的動產與不動產，並以之拍賣或變賣，就賣得金對債權人爲清償。至債務人對於第三人的金錢債，執行法院並得允許債權人收取或將其債權移轉於債權人（參看強制執行法有關各條）。（商事法）（林咏榮）

本證

當事人一造主張事實，提出其事實存在之證據，謂之本證。無論原告就請求之原因事實，或被告就抗辯之事實所舉之證據均屬之。例如原告主張被告借款未還，請求清償借款而提出之借據；或被告抗辯，所借原告之款已經清償完畢，而提出原告出給之收據是。反證與本證相對待。當事人一造爲否定或推翻他造主張之事實，提出其相反事實存在之證據，謂之反證。故反證即爲妨止本證成功之證據，亦即爲當事人一造對於他造之主張事實，妨止審理事實之人確信其爲眞實而提出之證據。又某種事實已有法律上之推定時，因否定該項推定而提出之證據，亦稱爲反證（民訴二八一）。反證與證據抗辯有別。證據抗辯僅係攻擊對造之證據不得作爲裁判之基礎，反證則係另行提出證據，用以證明有相反事實之存在。反證，通常於本證提出之後提出，然與本證同時提，或在其以前提出，亦無不可。如本證已不合法或無足憑信，不能達其證明之目的時，則反證即無提出之必要。惟有時亦可使本證更無成立之可能。（民事訴訟法）（李學燈）

亦稱主證，對反證而言。凡爲舉證人所主張之證據足供證明其所指之事實者，皆爲本證。如檢察官或自訴人所提供之證據方法，及法院依職權蒐集調查所得之證據資料，足爲認定犯罪事實之依據者均屬之。（刑事訴訟法）（陳　冊）

本權

為物權學理上分類之一，對占有而言，即構成民法物權編本體內容之所有權及各種其他物權也。因採占有事實說之法例，不認占有為權利，而法律保護其現實狀態，亦具有排除他人干涉之效果，故使之與本權相對稱。（民法物權）（陳　珊）

正犯

依自己之行為完成犯罪構成要件者，謂之正犯。包括下列四種：一、單獨正犯，即指單獨有責違法實現犯罪構成要件者而言。包括利用工具、動物或自然力等犯罪在內。二、間接正犯，即指利用無責任能力人或不知情之人犯罪者而言。三、共同正犯，即指二人以上共同實施犯罪者而言。四、被教唆犯或被幫助犯，即指因他人之教唆或幫助實行犯罪者而言。（刑法總則）（王建今）

正犯與從犯之區別

在共犯之中，有共同實施犯罪行為者，有予以幫助者，有僅參與同謀者，究竟何者為正犯，何者為從犯，應有所區別。學者所見，頗為分歧。有採主觀說者，即以犯意為準。有採客觀說者，即以犯罪事實為準。有採折衷說者。實例上過去採折衷說，其見解如下：一、以自己犯罪之意思，而參與犯罪構成要件之行為者為正犯。二、以幫助他人犯罪之意思，而參與犯罪構成要件之行為者，為正犯。三、以幫助他人犯罪之意思而參與，其所參與之行為，係犯罪構成要件以外之行為者，為從犯。四、以自己犯罪之意思而參與，其所參與之行為，為犯罪構成要件以外之行為者，為正犯（最高法院刑庭總會議決）。近年以來，有由折衷說進入主觀說之趨勢，即司法院大法官會議釋字第一〇九號解釋：「以自己共同犯罪之意思，事先同謀，而由其中一部分人實施犯罪之行為者，亦為共同正犯」。由於此一解釋，則僅有犯罪之同謀，而未參與犯罪構成要件或構成要件以外之行為者，亦為正犯。顯係着重犯人主觀之犯意，而為主觀說之見解。然而刑法第二十八條之規定，共同正犯，以共同實施犯罪行為為必要條件，不免有擴張解釋之嫌（參照「共犯」條。）（刑法總則）（王建今）

正本

見「原本」條。（民事訴訟法）（李學燈）

正平律令

北魏正平元年（A. D. 451）太子傅游雅，中書侍郎胡方回及散騎常侍高允等改定律制，務求厥中，凡不便於民者，依例增損。盜律復舊，增故縱通情及他罪，凡三百九十一條、門誅（門房之誅、夷族）四條、大辟一百四十五條、刑二百二十一條，稱為正平律令。（中國法制史）（林咏榮）

㊣字標記

所謂㊣字標記，乃係指凡在中華民國境內之廠商，其所生產之產品達到國家所定之標準後，依法申請，經中央標準局審查合格後，准予在該合格產品上標明「㊣」標記而言，其式樣如下：一、㊣字內切正方形R為圓之半徑字之寬及高度為C；二、右邊之短橫與左側之短豎為C之二分之一，短橫居圓之中心；三、短豎在C之六分之一處，圓及㊣字筆劃粗細為R之十分之一；四、圓徑級按等比標準分為五、十、二十、廿五、五十、一百公釐五級。廠商如欲申請使用㊣字標記，應具備申請書、調查表、樣品，並附工廠登記證、商標註冊證或審定書影本及最近三個月內之產品檢驗紀錄，持向中央標準局申請，中央標準局對於申請書表所載情形，得先施行工廠實況調查，如認為與實際情形不符，或其生產及檢驗設備並製造技術等不足以控制產品品質時，即視同不合格，不予核准，如申請使用㊣字標記之產品，經中央標準局或其委託之機構依照標準檢驗方法，或由中央標準局指定之方法再自行取樣檢驗。審查合格後，即由中央標準局發給㊣字標記證明書。

產品如經審查合格取得㊣字標記後，表示該項產品優良，因此將取得大衆之信任，增廣銷路，所以㊣字標記亦可謂是一種無形資產、商譽，因此在廠商將其營業轉與他人時，如無意繼續保有㊣字標記證明書，得將該㊣字標記證明書與營業一併轉讓於他人，此時亦由移轉人與承受人共同報請中央標準局換發證書，以證明其權利之移轉及取得。（標準法）（管　歐）

正當占有

為占有之一種，與不正當占有相對稱。謂占有人有可占有其物之實例上基本權利而為占有之狀態，如質權人、受寄人、運送人等之占有是。故亦云合法

占有。（民法物權）（陳　珊）

正當防衛

正當防衛，爲行使權利之行爲，受法律之保護，故亦稱權利行爲。依刑法第二十三條規定：「對於現在不法之侵害，而出於防衛自己或他人權利之行爲不罰。但防衛行爲過當者，得減輕或免除其刑」。依此規定，其要件有四：一、須對於現在之侵害。即指被侵害之事實狀態，非過去亦非將來，而爲現時直接發生者而言。二、須對於不法之侵害。如係合法之行爲，則不得行使防衛權。例如司法警察依法執行拘提逮捕，監獄職員依法執行刑罰時，受執行之人有服從之義務。三、須出於防衛自己或他人權利之行爲。所謂權利，並無一定之限制，凡生命、身體、自由、財產、名譽等均是。四、須其防衛行爲不過當，即不得超過適當之程度。原則上侵害與防衛應兩相平衡，否則即爲過當。（刑法總則）（王建今）

正當防衛（Self-Defense）

爲防衛自身身體或財產安全，對於他人不法攻擊，有以武力還擊之權。如他人不法之攻擊，旨在犯重罪（felony），行爲人爲防衛己身或家屬身體、財產、居住安全，有格殺攻擊者之權(State v. Patterson, 45 Vt. 308, 12 Am. Rep. 200)。行爲人有合理根據，深信現時急迫危險之存在，可主張正當防衛，擊退他人不法攻擊，無須負民事或刑事上責任。行使正當防衛權要件如下：㈠行爲人非首先肇事者㈡現時急迫之危險㈢捨武力反擊外，無他途避免對方之不法攻擊(Hayes v. State, 225 Ala. 253, 142 So. 675, 677)。（英美刑法）（桂公仁）

正當評論（Fair Comment）

正當評論者，乃就他人之著作、文學或文藝作品中所載之事實，予以忠實之批評而未涉及作者品格之評論也（見James A. Ballentine: Law Dictionary, 1959, p. 483）。行爲人被訴誹謗時，如能證明所發之言論，係基於公衆利益之正當評論，則可免於責任。可受公評之事，計分二種：㈠有關公衆利益之事項：例如對於公務員於執行職務內所爲之事宜是；㈡個人甘受公評之事項：例如個人所著文藝之作品是。惟批評公務員於執行職務內所爲之事，祇可指摘其措施之不當，不可涉及其個人之私德，否則以誹謗論。

評論必須基於眞實之事實；惟事實之陳述，係出諸有特權者之口者，則評論者對於事之眞僞，可不負責，祇須其事屬於可受公評之事，而其批評亦皆認爲適當，即可免於誹謗之嫌。

評論必須正當，即評論必須忠實而無惡意，始可免於誹謗之責（見Salmond on Torts, 11th ed., 1953, pp. 473-485）。（英美侵權行爲法）（何孝元）

正當當事人

見「當事人適格」條。（民事訴訟法）（李學燈）

民法上物權

爲物權學理上分類之一，對附屬法上物權而言，即依法規定而成立之物權也。如民法上之所有權及其他物權皆是。此一分類之區別標準，在於物權產生之根據。（民法物權）（陳　珊）

民法的商化

民法的商化（Komuerzialiscerung des buger luheu Rechts），語源出自德儒李查（Jakob Riesser 1853-1932）於一八九四年所著「德國民法草案關於商法的理念及其影響」(Der. Enfluss. Haudelsrechtlicher Ideen, auf den,Entwurf, eines burger-lichen Gesetzbuchs fur das.Deutsche Reich 1894），日本學者多倡導之。民法與商事法所支配的領域，既常相互浸潤，兩者界限亦恒發生變動，在資本主義經濟下，民法的商化，其程度尤深，人亦幾乎成爲商人化，於是學者認爲民法與商法，有倒置的可能，商法將變爲一般私法，民法卻淪爲特別私法。（商事法）（林咏榮）

民事責任

民事責任者，即損害賠償之責任也。民事責任可分爲侵權行爲責任與債務不履行責任兩種。所謂侵權行爲責任，乃因故意或過失，不法侵害他人權利所生之責任也。所謂債務不履行責任，乃債務人因故意或過失，違反債務以侵害

債權人所生之責任也。（民法債編總論）（何孝元）

民事訴訟

民事訴訟，爲國家司法機關因確定私權，基於當事人之請求，而保護其私法上之權利或利益之程序。析其要義：㈠民事訴訟之直接目的，首在確定私權。法律既認吾人私權之存在，則遇私權被人侵害或有受人侵害之虞，自必須有以保護之。保護之方法，首須爲私權之確定。國家司法機關，現稱爲法院，對於私權之確定，卽以民事訴訟行之。㈡民事訴訟所保護者，原爲私法上之權利，然亦有時及於私法上之利益，故可統而稱之曰權益，有時卽以私權二字簡稱之。所謂保護兼及於利益，例如消極確認之訴，只求確定權利或法律關係不存在，自不得謂爲保護權利或法律關係。又確認證書眞僞之訴（民訴二四七後段），所求保護者，實只爲法律上之利益。被告請求駁回原告之訴，所求保護者，亦非權利是。然民事訴訟所保護之權益，以私法上之權益爲原則。其有例外情形，關於公法上之權益，亦有得爲民事訴訟之標的者，則由於其他特殊例外之規定，例如選擧訴訟是。㈢民事訴訟，爲對於特定人間，保護其一方面之權利或利益。故雙方當事人之利害，必係互相反對，但有時不必定須相爭（例如民訴八〇逕行認諾是）。只須在起訴當時對法律關係（或證書眞僞），尙存有疑問或紛爭，而此項疑問或紛爭有解決之必要者，卽能成立民事訴訟。又受保護之一方，非僅限於原告。例如駁回原告請求之判決，確定原告所主張之權利或法律關係不存在時，被告之利益，亦受司法機關保護是。㈣民事訴訟，爲要求有利於己之保護行爲，卽私人對於國家之司法機關，主張有權利保護請求權，且要求有利於己之保護行爲。基於民事訴訟之性質，保護私權手續之民事訴訟，須私人向國家司法機關要求時方開始進行，是爲不告不理之原則。㈤民事訴訟，爲國家司法機關，要求有利於己保護行爲之程序。故對於司法機關以外之國家機關或非國家機關爲之者，非民事訴訟。於茲所謂之私人，乃指爲訴訟主體之當事人，要求保護權益者及其對造，處於私法上對等關係之義。所謂民事，原指對等的私人間生活關係而言。故民事訴訟，亦卽國家司法機關，參與對等的關係人之間而爲審理及裁判，以確定其私權之程序。其他之公法人，如處於私法上對等之關係，而爲民事訴訟之當事人時，亦包含於上述所謂私人之內。㈥程序云者，乃因一定目的，依一定計劃，連貫多數行爲之全體。民事訴訟之程序，依民事訴訟法之規定而發展及進行，故爲法律上之程序。至於保護私權之程序，尙有所謂强制執行程序、破產程序、管收程序等，亦均以保護私權爲目的，不僅以民事訴訟爲限。其中尤以民事强制執行程序與民事訴訟關係最爲密切，因私權於確定後，有時尙須另以强制力量使之實現者。依我國現行法制，將民事訴訟程序與民事强制執行程序析而爲二。學者有稱不含民事執行者，爲狹義之民事訴訟，兼及民事執行者，爲廣義之民事訴訟。惟自强制執行之性質言，既非在於確定私權，實應解爲非訟事件而不得以民事訴訟稱之。（民事訴訟法）（李學燈）

民事訴訟法

民事訴訟，既爲私人要求國家司法機關保護私法上權利或利益之程序，民事訴訟法，亦卽爲規定此種程序之法規。其意義，可分爲形式的及實質的二者。形式的意義之民事訴訟法，卽指命名爲民事訴訟法之法典而言。如中華民國五十七年二月一日修正公布之民事訴訟法是。實質的意義之民事訴訟法，包括一切有關民事訴訟制度及其作用之法規，凡合乎民事訴訟本質之一切法規，如關於民事訴訟行爲之程式、要件、內容、效力、以及民事法院之權限、管轄及組織等各種規定皆屬之。除民事訴訟法典外，其他民事訴訟之特別法，及與民事訴訟法典有關之法令（如民事訴訟費用法、司法印紙規則；戡亂時期罰金罰鍰裁判費執行費公證費提高標準條例等），以及實體法內若干關於訴訟之規定（例如民法五五五關於經理人代表商號爲訴訟行爲，九八九至九九七關於結婚違反規定，何人於何情形得請求撤銷，一〇五二關於裁判離婚，一〇六三關於否認之訴，公司法一八九關於撤銷股東會決議之訴，海商法一二〇關於碰撞之管轄，法院組織法中有關民事法院之權限及其組織，法庭之開閉及秩序，法院之用語，裁判之評議，與民用航空法，礦業法，破產法中有關之各種規定等），均爲實質的民事訴訟法。故實質的意義之民事訴訟法，不以形式的民事訴訟法典爲限。而形式的民事訴訟法典中，亦有不屬於實質的民事訴訟法之規定者。例如其中關於若干非訟事件程序，爲便利起見，規定於民事訴訟法典之中。此外尙有關於實體法之規定，如第五一條選任特別代理人之規定，第三九五條第二項關於返還及賠償之規定；第六四〇條第二項關於歸還財產責任範圍之規定是。（民事訴訟法）（李學燈）

民商合一論

自法國於一八〇七年制定商法以後，其商法與民法並立，於是乎民商分立論與商法自主性因之形成，歐陸各國立法例，靡然從之。迨至一八四七年意大利學者摩坦尼利（Motanelli）倡民商二法統一論，一八七二年瑞士債務法採之，遂形成民商合一論，蘇俄、土耳其、泰國、意大利及我國立法例從之。我國雖係採瑞士民商合一的立法例，然所合一者，祇通常屬於商人通例的經理人與代辦商，及屬於商行為的買賣、交互計算、行紀、倉庫、運送暨承攬運送；而於商業登記、公司、票據、海商及保險，則分別獨立，另訂頒單行法。（商事法）（林咏榮）

民營公司

見「公營公司」條。（商事法）（林咏榮）

司法上之自由裁量權（Judicial Discretion）

司法上之自由裁量權者，乃衡平法官對於當事人給予衡平法之救濟與否得自由決定之謂也。衡平法官行使此項自由裁量權，全須依據衡平法格言，賦予當事人公平之救濟，藉以減輕普通法之嚴格性，故具有相當伸縮之餘地。此種自由裁量權，非屬於法官個人而係司法上所賦予者，故衡平法官應依據前例，尋出衡平原則，以適用於現實之案件，作為決定何者為最適當救濟之準繩，而非僅憑其一己之意思，任為不當之救濟也（見McClintock on Equity, 2nd ed., 1948, pp. 49-52）。（英美衡平法）（何孝元）

司法行為（Judicial Act）

司法行為者，即對已完成或已發生之某現存事物所為之法律上裁判或決定也（見 James A. Ballentine: Law Dictionary, 1959, p. 700）。例如法官於審理案件時，得獨立行使其職權；不論其結果如何，應受法律之保護是（見 William L. Prosser: Law of Torts, 2nd ed., 1955, p. 607）。（英美侵權行為法）（何孝元）

司法認知（Judicial Notice）

法官或陪審員於審理案件時，承認特定繫爭事實之存在或其真實性，無須憑藉任何證據，謂之司法上之認知。一般言之，認知之特定事實必須為衆所週知之事實，或依據國內法、國際法、憲法、社會學或自然學法則，公認該特定事實之真實性，無待另以證據證明之。（英美刑法）（桂公仁）

司法警察

下列人員為司法警察，應受檢察、推事之命令執行職務：㈠警長、警士。㈡憲兵。㈢鐵路、森林、漁業、鑛業或其他各種專業警察機關之警長、警士。㈣海關鹽場之巡緝員警。司法警察知有犯罪嫌疑者，應報告該管檢察官或司法警察官。但得不待其命令，逕行調查犯罪嫌疑人犯罪情形及蒐集證據。上述第㈢㈣兩類之司法警察受指揮命令執行職務者，以與其職務有關之事務為限（刑訴二三一、調度司法警察條例四）。（刑事訴訟法）（陳　珊）

司法警察官

依法有協助檢察官偵查犯罪職權或應聽檢察官指揮偵查犯罪之官員，為司法警察官。前者如縣（市）長、警政廳長、警務處長，警察局長及憲兵隊長官是，其所實施偵查之結果，應移送該管檢察官；如接受被拘提或逮捕之犯罪嫌疑人認其有羈押必要時，應於二十四小時內移送該管檢察官。但檢察官命其移送者，應即時移送。後者如警察官長、憲兵官長及士官暨其他依法令關於特定事項，得行司法警察官之職權者皆是。其於知有犯罪嫌疑時應報告該管檢察官或有協助偵查職權之司法警察官。但得不待其指揮，逕行調查犯罪嫌疑人、犯罪情形及蒐集證據。（刑事訴訟法）（陳　珊）

司敗

春秋時，列國的司寇、陳楚的司敗、齊之士、晉之理，都是法官，散見於經傳，猶可徵之。（中國法制史）（林咏榮）

司寇

周禮以大小司寇為刑官的正副首長，其屬有：士師、鄉士、遂士、縣士，分掌國、鄉、遂、縣各級地方的獄訟。（中國法制史）（林咏榮）

出入人罪

唐律斷獄篇云「諸官司入人罪者，若入全罪，以全罪論，從輕入重，以所剩論（例如從笞十入三十，所剩爲二十），刑名易者，從笞入杖，從徒入流，亦以所剩論（原註云：從徒入流者，三流同，比徒一年爲剩），從笞杖入徒流，從徒流入死罪，亦以全罪論，其出罪者各如之」—此爲故意出入人罪所設的規定。「卽斷罪失於入（因過失而入人罪）者，各減三等，失於出者，各減五等，若未決放，及放而還獲，若（同或）囚自死，各聽減一等」（斷獄篇），此爲過失出入人罪所設的規定。「卽別使推事，通狀失情者，各又減二等，所司已承認斷訖，卽從失出入法，雖有出入，於決罰不異者，勿論」（斷獄篇），此爲非出於故意或過失而出入人罪所設的規定。因爲本案旣經另派推事覆按，通狀仍不得實情，則原判的失察，情有可原。（中國法制史）（林咏榮）

出口檢驗程序

關於出口檢驗，除應實施出口檢驗之品目，由經濟部公佈並核定檢驗標準（通常係以國家標準爲檢驗標準，但亦有用臨時標準者)外，通常出口檢驗之執行，有下述五種程序：⑴報驗：由業者向貨物所在地之檢驗機構報驗，塡寫「報驗申請書」一式二份，惟所報貨物需經產地檢驗者，應於該貨之產地檢驗機構報驗之（所謂產地檢驗，包括到場檢驗與到廠檢驗。目前規定須經產地檢驗之品目有：⑴青果類之香蕉、柑桔、鳳梨、西瓜。⑵蔬菜類之生薑、蒜頭、洋葱、番茄、馬鈴薯、甜椒、分葱頭、冬瓜、結球白菜、甘藍。⑶罐頭食品。⑷加工蔬菜。⑸蜜餞。⑹肥料等六類)。報驗時付淸檢驗費（如爲配合運輸期限，申請加班檢驗者，須用印有紅邊之特檢申請書）。2.檢驗：⑴由檢驗機構派員至貨物所在地執行檢驗，如規定須取樣攜回試驗室檢驗者，則按規定之數量扦取樣品攜回，並將該貨全部加封，不得移動。⑵檢驗合格者，發給輸出合格證書（certificate for export）。惟如該貨係經產地檢驗者，則發「產地檢驗通知書」，並由檢驗機構派員於該貨品上加附標識後，准其移動。⑶檢驗不合格者，發給「不合格通知書」。3.複檢：如貨主對檢驗不合之評定認爲不能信服，可於接獲不合格通知書後七天內要求複驗，其時應塡具「複驗申請書」申請之。惟複驗以一次爲限。複驗不再收費。4.運輸：由貨主將該貨品運至港口。5.港口驗對：⑴向港口之檢驗所報請驗對，塡具「港口驗對申請書」。⑵港口檢驗所派員至貨物所在之倉庫或碼頭執行驗對，驗對注重外觀檢驗。但規定須扦樣攜回試驗室檢驗者，携回試驗。⑶驗對符合者，於「輸出合格證書」上加「驗訖」之戳記，或將「產地檢驗通知書」換發「輸出合格證書」。⑷驗對不符者，將「輸出合格證書」或「產地檢驗通知書」註銷。（商品檢驗法）（管　歐）

出典人

謂因典權設定，以其所有之不動產，移轉占有於他人以供使用收益之人也。通常指典物所有人而言。出典人多爲收受典價之人，但亦得以自己之不動產，供他人設定典權（參「典權」條）。（民法物權）（陳　珊）

出版（Publication）

謂當事人之一方約定以文藝學術或美術之著作物爲出版而交付於他方，他方則約定擔任印刷及發行之契約也。交付著作物者曰版權授與人（person ceding the right of publication）。擔任印刷及發行者曰出版人（editor or publisher）。此契約爲雙務契約及諾成契約。原則上爲不要式契約，其有償無償悉依當事人之約定。惟出版契約與著作權契約不可相混。因前者並未將著作權出讓與出版人，後者反是，其受讓人亦不負出版之義務。關於對出版人之義務，參看民法出版節之規定。至出版契約之消滅，除約定出版次數或法定版數賣完後當然消滅外。如著作人死亡或喪失能力，或非因其過失而致不能完成其著作者，出版契約亦當然消滅。但其繼續有一部或全部可能而公平者，立法爲獎勵著作發達計，規定法院得許其繼續或爲必要之處置。（民法債編分則）（張鏡影）

出資

公司的資本，應由股東按出資額或認定的股份分擔，故出資爲股東應盡的義務。無限責任的股東，及出資不分股份的有限責任股東，其出資通常皆應一次繳足。有限股份股東，如由發起人認足第一次應發行股份時，應卽按股繳足股款。發起人如不認足股份，而須向外募集股份，當其股份募足時，發起人應向各認股人催繳股款。認款人延欠應繳的股款時，發起人應定一個月以上的期限，催告認股人照繳，並聲明逾期不繳者失其權利；發起人已爲此項催告而認股人仍不照繳者，即失其權利，所認股份另行募集。公司如因此受有損害時，並得向認股人請求賠償（參看公司法第一三一、第一三二、第一四一、第一四二等條）。這些雖都是爲股份有限公司而設的規定，但股份兩合公司亦可準用之（參看公司法第三五八條第二項。）無限責任股東除現金及現物外，依章程訂定，得以信用、勞務或其他權利爲出資。如以債權抵作股本，而其債權到期未能受清償時，應由該股東補繳，公司倘因此受有損害時，並應負責賠償。有限責任的股東，則不得以信用或勞務爲出資。惟有限公司與兩合公司的有限責任股東，及股份有限公司的發起人亦得以現金以外的財產抵繳股款。（商事法）（林咏榮）

出質人

謂爲質權標的物之動產的所有人或其他權利人也。是項動產所有人或其他爲質權標的物之權利人，通常爲債務人，惟以第三人之動產或其他權利，亦得設定質權。（詳「質權」條）。（民法物權）（陳　珊）

出廠檢驗

所謂出廠檢驗，係指依商品檢驗法（第十條第二項）之規定，應施檢驗之國內市場商品經主管機關特別規定應於運出廠前報請檢驗而言，應實施出廠檢驗之國內市場商品，其報驗方式，應分批爲之，其難於分批者，得以在一定期間內生產者爲一批，由檢驗機構定期抽樣檢驗，蓋外銷品檢驗，以一次成交者爲一批，可截然劃分，但工廠往往連續生產，內銷即不易分批，故得以生產時間爲分批標準。

應施出廠檢驗之國內市場商品，經檢驗合格後，由檢驗機關或授權該生產廠場逐加合格標識，並標明日期，如未經檢驗合格加蓋合格標識並發給合格證書之前，不得出廠銷售。（商品檢驗法）（管　歐）

未必之故意

見「故意」及「不認識之過失」條。（刑法總則）（王建今）

未成年（Infancy）

英美「普通法」以二十一歲爲成年，低於此法定年齡者爲未成年人，其法律行爲之效力，自是與成年人不同。七歲以下之孩童無法分辨善惡，認其無犯罪能力；七歲以上至十四歲者，在無反證情形下，推定其無犯罪能力；十四歲以上則推定其有犯罪能力。總之，未成年人犯罪，少年法院有專屬管轄權，旨在預防犯罪，及青少年人之感化與再教育。（英美刑法）（桂公仁）

未成年人（Minor）

未成年人者，乃未滿二十一歲之人也。未成年人並無一般訂約之能力（見 James A. Ballentine: Law Dictionary, 1959, p. 820）。在原則上言之，未成年人對於其侵權行爲之應負其責任，不減於成年人。但未成年人智識薄弱；其不因故意或過失而能構成侵權行爲者，未成年人仍應負損害賠償之責。未成年人之父母，對於未成年人之不法行爲，不負侵權行爲之責。但如未成年人之行爲，係由父母所策使者，其父母應負僱用人對於受僱人行爲之責任。若因未成年人之父母監督不嚴致損及他人者，其父母則應負過失行爲之責任。如未成年人之違反契約行爲，同時亦爲侵權行爲，其相對人雖不能使未成年人負契約上之責任，但可使其負侵權行爲之責。又未成年人雖用詐術，取得契約上之利益，亦不負違反契約或侵權行爲之責。但相對人得向之請求返還原物或契約上之利益，此乃衡平法上未成年人應負之責任（見 R. F. V. Heuston: Salmond on The Law of Torts, 11th ed., pp. 70-74）。（英美侵權行爲法）（何孝元）

未經履行之契約（Executory Contract）

未經履行之契約者，乃尙未履行之契約也。另一意爲一方當事人對某特定事物負有作爲或不作爲義務之契約（見 James A. Ballentine: Law Dictionary, 1959, p. 465.）。（英美契約法）（何孝元）

未遂犯

所謂未遂犯，係指行爲人已着手於犯罪之實行，而未完成犯罪構成要件，法律上特別規定其處罰者而言（參照刑法二五條）。分析言之如下：一、未遂犯以有故意爲必要。過失犯不成立未遂犯。二、須已着手於犯罪之實行。犯罪在着手以前，對於陰謀或預備行爲，法律雖亦有特別規定其處罰者，但均不構成未遂犯。三須未完成犯罪構成要件。蓋如完成犯罪構成要件，則入於既遂之階段。四在法律上須有處罰之特別規定。若無處罰之特別規定，則縱有未遂行爲，亦不能以未遂犯論科。（刑法總則）（王建今）

未遂罪(Attempt)

行爲人致力企劃犯罪，但由於事故中止，犯罪未能完成之狀態。行爲人除應有犯罪之故意外，尚須有行爲(overt act），如僅係犯罪準備階段(preparation），不得謂爲未遂。故欲一行爲構成未遂，必需：㈠行爲之目的在犯罪，㈡行爲有達成該犯罪趨勢，㈢功虧一簣，犯罪未能完成(State v. Ainsworth, 146 Kan.665, 72 P. 2d 962)。在墨瑞特一案中(Merritt v.Commonwealth, 164 Va. 653, 180 S.E. 395)，被告以槍指向被害人，遂被控以謀殺未遂罪，維吉尼亞最高法院將該案發回更審，認原審未能認定被告有謀殺之特別故意，不能論以謀殺未遂罪。（英美刑法）（桂公仁）

外國公司

外國公司係指以營利爲目的而準據於外國法律所設立的社團。本國公司與外國公司差別的標準，在於公司所隸屬的國籍，公司準據於某一國的法律，在實質上該公司的國籍，即係隸屬於該國。我國民國十八年九月所頒行的民法總則施行法第一一第一五兩條，有認許外國法人的規定，三十五年四月所頒行的修正公司法，基於抗戰勝利後平等新約的締結，始以專章規定外國公司，現行法仍沿襲之。（商事法）（林咏榮）

外國判決之執行

謂以外國確定判決爲名義之執行事件也。依外國法院確定判決，聲請強制執行者，以該判決無民事訴訟法第四百零二各款情形（見民訴外國判決條）之一者，並經中國法院以判決宣示許可其執行者爲限，得爲強制執行，是乃國際私法上所謂「相應判決」（強制執行法四三條）。（強制執行法）（陳　冊）

外國政府之請求

刑法第一百十六條及第一百十八條之罪，須外國政府請求乃論。其請求程式，得經由外交部長函請司法行政最高長官令知該管檢察官。請求之撤回及效力，均準用告訴之規定。（刑事訴訟法）（陳　冊）

外患罪

外患與內亂爲相對待之犯罪行爲。內亂係侵害國家內部之存立條件，外患係侵害國家外部之存立條件。就對國家之侵害言，兩者同爲叛亂罪行，內亂罪之目的，往往在於一國政治之改革，而外患罪則爲通謀外國，背叛本國，有招致亡國之危險，故其罪質較內亂罪爲尤重。外患罪規定於刑法分則第二章，自第一百零三條至第一百十五條，其內容包括通謀外國開戰罪、通謀外國喪失領域罪、直接反抗本國罪、單純助敵罪、加重助敵罪、戰時不履行軍需契約罪、洩漏或交付國防秘密罪、刺探或收集國防秘密罪、擅行侵入軍用處所建築物罪、私與外國定約罪、違背對外委任罪及僞造變造毀棄隱匿國權文書罪等。因該罪罪質重大，故多有處罰預備及陰謀之特別規定。外患罪之特別法爲懲治叛亂條例及懲治漢奸條例。凡犯罪行爲在特別法中有規定者，應優先適用。（刑法分則）（王建今）

外觀主義

契約行爲因當事人雙方意思表示一致而成立。意思是內在的，而表示是外在的，意思與表示如不一致時，在民法係採意思主義，以探求當事人的眞意爲主（參照民法第九八條），凡心裏保留與虛僞表示等所爲的意思表示，依民法規定，前者得以其表示爲有效，後者不得以其表示的無效對抗善意第三人（參照民法第八六、八七等條）；而在商事法係採表示主義，應從外觀，以認定法律行爲的效果，德國學者所謂「外觀法理」（rechtsscheintheorie），日本學者所謂外觀主義及英美法例所謂「禁反言」（estoppel by repressentation），其旨趣皆同。我商事法屬於此類的規定，如公司負責人代表權的限制（參照公司法第三六、五八兩條及第二〇八條第六項），疑似股東的責任（公司法第六二及一二一等條）及有價證券的文義性（票據法第五條）等是。（商事法）（林咏榮）

包庇

陸海空軍刑法第三十五條所謂包庇，係指利用權力，對於不法者予以包容庇護，以排除外來阻力，助成其不法企圖而言。（特別刑事法）（吳　智）

包庇叛徒

懲治叛亂條例第四條第七款，所定之包庇叛徒行為，即對叛徒包容庇護，排除阻力，以助成或便利其叛亂活動之謂；行為態樣上，多偏於積極事前之作為。至包庇叛徒之方法如何，原因如何，係直接抑間接，以及效果如何，有無排除阻力，均非所問，如行為人已完成包庇行為，罪即成立。（特別刑事法）（吳　智）

包裝

商品檢驗法所稱之包裝，係指商品製造或加工廠商之原始包裝而言，蓋商品由產製者以至消費者之手，在銷售過程中輾轉經多人之手，每多分裝分售，因此務使保存原始包裝上之標示，以利識別。（商品檢驗法）（管　歐）

包裝檢查

除穀物、煤炭、礦砂、鋼鐵等運輸販賣習慣上散裝之大宗商品外，凡須包裝始能保持品質之商品，應照下列規定包裝，並施行包裝檢查：

(一)包裝有國家標準者依國家標準，無國家標準者，應能確保商品品質並耐於儲藏運輸。

(二)同批商品包裝之式樣大小及重量應一致，但畸零數不在此限。包裝之商品在運輸途中易於破碎、受潮或不可倒置或必須保持低溫者，應以習用之文字或符號顯著標示之。包裝檢查之時間，通常係於取樣前為之。（商品檢驗法）（管　歐）

包攬訴訟罪（Champerty）

行為人與訴訟當事人一造約定，由前者負擔訴訟費用並出面進行訴訟，如能勝訴，則行為人有權分得訴訟標的或其利益之一部分為酬，與幫助訴訟罪略異，後者與訴訟當事人間無勝訴後朋分利益之約定。（英美刑法）（桂公仁）

可分之契約（Divisible Contract）

可分之契約者，乃依契約之性質與目的，認當事人之給付為可分而其履行得各自獨立之謂也（見 Black's Law Dictionary, Fourth Edition, 1957, p. 566.）。依契約法之原則，契約應視為一個不可分之整體，當事人除對於自己部分已為全部給付或準備給付外，不得請求他方給付。但此原則亦有例外，即法院於特殊情況之下，得解釋契約為獨立而可分。換言之，一方之給付，毋須基於他方之全部給付。職是之故，當事人之一方為一部之給付時，他方不得據以免除自己給付之義務。例如租賃契約內之雙方諾言，各自獨立，承租人雖不給付租金，出租人之修繕義務，並不因而免除是（見 J.F. Wilson: The Law of Contract, 1957, pp. 417-418.）。（英美契約法）（何孝元）

可分之債

可分之債者，以可分給付為標的，而以其給付分割於各債權人或債務人間之多數主體之債也（民法第二七一條）。例如數人共同負有支付價金之債務，或數人共同享有請求價金之債權是。可分之債，有依法律規定而生者，例如數人繼承以可分給付為客體之債權或債務是；有依法律行為而生者，例如債權之一部讓與或債務之一部承擔是。

可分之債之成立，須具備下列要件：(一)須債之主體為多數，(二)須以同一給付為內容，(三)須給付為可分，(四)須由同一原因而發生。

可分之債之效力有二，即：(一)對外之效力：(1)債權債務各自獨立。如債權人為多數時，各債權人惟就其自己部分，行使其權利；債務人為多數時，債務人亦惟就其自己部分，負擔債務。從而就一債權人或債務人所生之事項，對於他債權人或債務人，不生效力。(2)在同一給付標的上仍互相牽連。例如解除契約，無論其債之關係為可分，仍應由其全體或對其全體，以解除之意思表示為之是。(3)債權債務平均分擔平均分受。(二)對內之效力：除依當事人間有特約，或依法律行為之性質，已有一定分析比例之標準外，多數債權人或債務人之債權或債務，以平均分擔或分受為原則（民法第二七一條）。（民法債編總論）（何孝元）

目的主義

在刑法理論之中，有「報應主義」與目的主義之爭。目的主義，認為報應主義係對於過去的犯罪行爲，從道義上的一種非難僅有消極的作用，不能從積極方面達成未來的「社會防衛」的目的。詳言之，目的主義，主張刑罰的目的，不在於刑罰本身，而應於刑罰以外求之，卽以防衛社會爲其最大目的。此種學說，乃根據人類學及社會學之實證的研究，針對未來社會的安全，認爲刑罰的作用，應依社會進化的原理，以預防將來再犯爲其使命。而構成新派刑法理論之中心思想，於刑事政策學及有關刑事政策之法律制度方面有重大之貢獻。（刑法總則）（王建今）

目的法學（Zweckjurisprudence）

目的法學爲德國學者耶林（Rudolf von Jhering 1818-1892）所創。耶林以爲目的爲宇宙間之普遍原則。人類目的與行爲之關係，與自然界之因果關係相同。在自然界有原因必有結果，而人類有目的亦必產生行爲以實現目的。由於個人目的與他人目的的結合更易達到個人目的，於是乃生商業、社會以及國家。個人旣爲實現自己的目的而組織團體，幷設定社會目的，卽應爲實現社會目的而各盡其責。不少社會目的——亦卽社會生活的條件——係由個人自由實現之。但如不能用自由方式以實現，卽須依政治的強制力。此卽法律發生的原因。依耶林之見，「法律乃是藉國家強制力而獲得保障的社會生活條件（最廣義的）之總和」，換言之，法律亦卽是一種藉國家強制力以保障社會生活條件的方式或工具。此種藉國家強制力以保障社會生活條件的方式或工具，固定不變。但社會生活條件本身則變動不居。前者爲法律的形式，後者爲法律的內容。法律內容隨各時代各地方衆人所追求之目的而異。因此，任何法律制度均在藉國家的強制力，以使該社會人民於特定時期內之生活目的或利益，獲得保障。此種目的或利益，從主觀的立場看，卽是權利。換言之，權利亦卽是受法律保障之目的或利益。不過耶林強調法律係以保障個人利益爲達到保障團體利益之過程或手段。因此，個人利益與團體利益難免衝突，而須加調整。耶林分利益爲個人利益、國家利益與社會利益三種，而認爲從歷史發展看，社會對個人之壓力日增，個人利益勢須向團體利益讓步。耶林解釋利益雖從邊沁功利之說，但着重社會目的，故論者有稱其學爲「社會功利主義」(social utilitarianism)者。耶林幷首先指出法律之主題不是條文與概念，而是形成條文與概念內容之衆人的實際目的或利益，故力駁概念法學而爲以後社會法學各家理論，開其先河。（參閱「社會法學」，「社會利益說」，「概念法學」，「功利主義的法學」各條）。（法理學）（馬漢寶）

參考文獻：

Rudolf Jhering, Law as a Means to an End, I.Husik Translation, 1924.

Edwin Patterson, Jurisprudence-Men and Idea of the Law, Brooklyn, 1953, pp. 459-464

目的錯誤

見「事實錯誤」條。（刑法總則）（王建今）

必要之言詞辯論

見「言詞辯論」條。（民事訴訟法）（李學燈）

必要共同訴訟

必要共同訴訟，係指訴訟標的，對於共同訴訟之各人，必須合一確定（民訴五六）。凡必須合一確定之共同訴訟，謂之必要共同訴訟。因有合一確定之必要，其中有需各人必須全部一同起訴或一同被訴者（固有之必要共同訴訟），原告非依共同訴訟之方式起訴，卽不獲勝訴之判決，故在學說上稱曰必要共同訴訟，又稱特別共同訴訟，以與通常共同訴訟相區別。所謂合一確定，係指法院於爲判決時，對於共同訴之各人，就爲訴訟標的之法律關係，在法律上以一致確定爲必要。（另詳合一確定條）。故凡依法律之規定，或依法律規定之精神以觀察，訴訟標的，對於共同訴訟之各人，必須合一確定，原告有數人時，必須一同起訴，被告有數人時，必須一同被訴，否則原告所提起之訴，其當事人卽難謂爲適格，此在學說上稱之爲固有之必要共同訴訟。例如請求分割公同共有物之訴（民八一九，八二〇，八二八參照），應由同意分割之公同共有人全體一同起訴，並以反對分割之其他公同共有人全體爲共同被告是。然必要共同訴訟之訴訟標的，對於數人雖有合一確定之必要，但有合一確定必要之訴訟標的，並非均須提起共同訴訟。在某場合，依單獨訴訟，抑依共同訴訟爲之，原告仍不無選擇之自由者，此時如原告選擇共同訴訟提起後，則就其訴訟標的，對於共同訴訟人全體，亦必須合一確定，與固有之必要共同訴訟相類似，此在學說上稱之爲類似之必要共同訴訟。至如何情形，始可認爲得提起類似之必要共同訴訟，學說雖不一致，但凡依單獨訴訟所爲本案判決之效力，於法律上應及於當事人以外之第三人者，即得以該第三人爲共同訴訟人，提起類似之必要共同訴訟。例如股份有限公司之股東，提起撤銷股東會決議之訴（公司一八九），或利害關係人提起撤銷死亡宣告之訴（民訴六三五）等，本案判決，對於他股東或他利害關係人亦有效力。如該他股東或利害關係人爲共同訴訟人，即爲類似之必要共同訴訟是。其餘參見「共同訴訟」條，及「固有之必要共同訴訟」條與「類似之必要共同訴訟」條。（民事訴訟法）（李學燈）

必要處分（Necessity）

客觀環境產生不可抗拒之力量，迫使行爲人爲一定行爲，不能發揮其自由意志及無選擇餘地，亦即通常所謂之緊急避難行爲。英美法中必要處分行爲約有下述三種：㈠爲保全自己生命之必要而殺人，得免負刑責，㈡服從法令及長官之必要處分行爲，㈢因不可抗力或第三人造成之必要處分行爲（see Jacob; Mozley § whiteley）。一般而論，行爲人之必要處分行爲雖觸犯刑章，特別不使負刑責。他如基於社會公益，公共衛生之客觀需要，於星期日經營一定商業，亦不受星期日法（Sunday law）制裁，係必要處分另一型態（Lakeside Inn Co. v. Commonwealth, 134 Va. 696, 114 S.E. 769, 771）。（英美刑法）（桂公仁）

生子關係事件

生子關係事件，係指法律（民訴五八九）所列舉之事件，即否認或認領子女與認領無效或撤銷認領之訴，及就母再婚後所生子女確定其父之訴而言。如非法條所列舉之事件，雖因親生子女所生之事件，亦不適用生子關係事件程序。生子關係事件程序之特點約舉如次：㈠專屬子女住所地或其死亡時住所地之法院管轄（五八九）。㈡關於當事人之適格，在否認子女之訴，依民法之規定（民一〇六三），應由夫對被否認之子女提起。如夫於法定起訴期間內或開始前死亡者，繼承權被侵害之人得自夫死亡時起六個月內提起之。夫於提起否認子女之訴後死亡者，繼承權被侵害之人得承受其訴訟（五九〇）。在認領子女之訴，得由非婚生子女之生母，或其他法定代理人對於不爲認領之生父提起（民一〇六七）。在就母再婚後所生子女確定其父之訴，母之配偶及前配偶互爲被告。由子女或母起訴者，以母之配偶及前配偶爲共同被告，母之配偶或前配偶死亡者，以生存者爲被告（五九一）。在認領無效或撤銷認領之訴，其當事人之適格，法無明文規定，應依一般理論解決之。故在認領無效之訴，得由就認領無效有利害關係之人對於利害關係相反之人提起之。在撤銷認領之訴，得由認領之人，對於子女或其生母提起或以子女及生母爲共同被告提起之。㈢子女雖不能獨立以法律行爲負義務者，亦有訴訟能力（五九六Ⅱ、五八四參照）。生父與子女間之訴訟，如子女無行爲能力，而生父爲其法定代理人者，應由生母代爲訴訟行爲，無生母者，由親屬會議所指定之人代爲訴訟行爲（五九六Ⅱ、五八六參照）。㈣關於認諾及訴訟上之自認或不爭執事實之效力規定，不適用之（五九四）。法院亦得斟酌當事人所提出之事實，並於裁判前應令當事人有辯論之機會（五九五）。㈤生子關係事件與婚姻事件同屬人事訴訟，故若干關於婚姻事件程序之規定，於生子關係事件，亦準用之。（民事訴訟法）（李學燈）

生命刑

見「主刑」條。（刑法總則）（王建今）

生產蕃息

唐律所謂生產蕃息，係指婢產子、馬生駒之類，生產蕃息，本爲應產之類，而有蕃息；若是興生出舉（借貸），而得利潤，皆用後人之功，本無財主之力，既非孳生之物，不同蕃息之限。（中國法制史）（林咏榮）

占田逾限

唐興，就北魏均田酌以隋制，分爲永業田與口分田，前者每人給田二十畝，雖身死不還於官，永爲子孫世業。諸王公以下，亦各給永業田，最多者親王百頃，其餘以次遞差，至六十畝爲止；後者凡丁男十八以上者，給田一頃，其中除二十畝爲永業外，餘爲口分。田多可以足其人者爲寬鄉，田少者爲狹鄉，狹鄉授田減寬鄉之半。身死則還口分田於官，官復給他人。買賣田地干禁，惟人民自狹鄉而徙於寬鄉者，得賣其所授的口分田，已賣出者，即不復授。其在寬鄉之民，不得移於狹鄉，要以獎勵人民移於寬鄉爲主。凡人民占田過限，唐律戶婚篇沒有處罰的明文，其疏議云：「王者制法，農田百畝，其官人永業準品，及老小寡妻，受田各有等級，不得限外更占，若占田過限者，一畝笞十，十畝加一等，過，杖六十，二十畝加一等，一頃五十一畝，罪、止徒一年。（中國法制史）（林咏榮）

占有

對物有事實上之管領力，稱爲占有。所謂對物之管領，係指對可供利用之有體物而予以支配之情形而言。所謂事實上之管領力，係指現實之對物支配，是否有實體上之權利，則非所問。占有以物之所持爲內容，並非若實體權利，以物之支配權能爲基礎，故僅有事實上之管領力，而不問其在法律上有無管領之權，其爲自己之物，抑爲他人之物，乃屬於占有之權源問題，其於占有之現實狀態，無關宏旨。占有制度，乃應社會需要而產生，爲維持社會秩序而確立，故不論占有權源之有無，而必須依法律途徑，尋求公力之救濟，否則私人間此攘彼奪，純以強力爲尚，將何以保公共秩序之安寧？故須使物之外形，受國家法律之保護。至其外形與實體內容是否相合，則有待國家機關依訴訟程序而爲確定。占有之性質如何？在學理上有主觀說與客觀說之分：前者謂「占有須具占有人之意思（心素）、受僱人、代理人及耕作他人土地之人，皆非占有人，其中又分所有說及爲己說。後者謂占有乃物之現實狀態，僅須有事實之存在，如以物誤投入他人信箱，或於夜移送物於他人住宅，雖非該他人所知，仍不失爲占有人。從而各國法例，所宗不同，採主觀說者，以占有爲權利，如日民法第二編第二章名「占有權」。我採德法例認占有爲單純事實而非權利，故物權編第十章名爲「占有」，而以第九四〇條標明其定義曰：「對物有事實上之管領力者爲占有人」。一、占有之種類：占有情形不同，原因各殊，可分爲以下類別：㈠自主占有與他主占有。㈡直接占有與間接占有。㈢善意占有與惡意占有。㈣和平占有與強暴占有。㈤公然占有與隱秘占有。㈥繼續占有與非繼續占有。㈦有瑕疵占有與無瑕疵占有。㈧有過失之占有與無過失之占有。㈨有權占有與無權占有。㈩有主物之占有與無主物之占有。(十一)自己占有與補助占有（本人占有與機關占有）。(十二)法定占有與自然占有。(十三)完全占有與不完全占有。(十四)正當占有與非正當占有（合法占有與不法占有）。(十五)單獨占有與共同占有。(十六)物之占有與權利之占有。(十七)抵押物之占有與信託占有（詳各該條）。二、占有之推定：㈠權利之推定。占有人於占有物上，行使之權利，推定其適法有此權利。㈡事實之推定。占有人，推定其爲以所有之意思、善意、和平及公然占有者。經證明前後兩時爲占有者，推定前後兩時之間繼續占有。三、占有之取得，亦有原始及繼受之分，占有之移轉，因占有物之交付而生效力。交付方法，亦準用民法第七百六十一條動產交付之原則與例外各規定。占有之繼承人或受讓人，得就自己之占有或將自己之占有與前占有人之占有合併，而爲主張，合併前占有而爲主張者，並應繼承其瑕疵。四、占有之效力：㈠善意占有之效力：1.即時取得。以動產所有權及其他物權之移轉或設定爲目的，而善意受讓該動產之占有者，縱其讓與人無讓與之權利，其占有仍受法律之保護。若占有物係盜贓或遺失物，其被害人或遺失人，自被盜或遺失之時起，二年以內得向占有人請求回復其物。盜贓或遺失物如係占有人由拍賣或公共市場或由販賣與其物同種之物之商人，以善意賣得者，非償還其價金，不得回復其物。盜贓或遺失物，如係金錢或無記名證券，不得向其善意占有人請求回復。2.權利行使。善意占有人，依推定其爲適法所有之權利，得爲占有物之使用收益。3.賠償責任。善意占有人，因可歸責於自己之事由，致占有物滅失或毀損者，對於回復請求權人，僅以因滅失或毀損所受之利益爲限，負賠償之責。4.償還費用：(1)善意占有人，因保存占有物所支出之必要費用，得向回復請求人請求償還。但已就占有物取得孳息者，不得請求償還。(2)善意占有人，因改良占有物所支出之有益費用，於其占有物現存之增加價值限度內，得向回復請求人請求償還。㈡惡意占有之效力：1.損害賠償之責任。惡意占有人或無所有意思之占有人，因可歸責於自己之事由，致占有物滅失或毀損者，對於回復請求人，負損害賠償之責。2.必要費用之求償。惡意占有人，因保存占有物所支出之必要費用，對於回復請求人，得因關於無因管理之規定，請求償還。3.返還孳息之義務。惡意占有人，負返還孳息之義務。其孳息如已消費，或因其過失而毀損或怠於收取者，負償還其孳息價金之義務。五、占有之變更：㈠他主占有變爲自主占有。占有，依其所由發生之事實之性質，無所有之意思者，其占有人對於使其占有之人表示所有之意思時起，爲有所有意思之占有。其因新事實變爲以所有之意思占有者，亦同。㈡善意占有變爲惡意占有。善意占有人，於本權訴訟敗訴時，自其訴訟拘束發生之日起，視爲惡意占有人。所謂訴訟拘束之發生，係起於訴狀提出於管轄法院之時。所謂敗訴，係指有敗訴之確定判決。所謂本權訴訟，係指以私法上實體法律關係爲標的之訴訟。其與以占有事實爲標的訴訟截然兩事，故占有之訴與本權之訴，兩不相妨，對於占有之訴亦不得以本權主張爲抗辯。六占有之保護：㈠自力保護。占有人對於侵奪或妨害其占有之行爲，得以己力防禦之。占有物被侵奪者，如係不動產，占有人得侵奪後，即時排除加害人而取回之；如爲動產，占有人得就地或追踪向加害人取回之。依第九百四十二條所定對於物有管領力之人（即所謂「占有補助人」），亦得行使上述之保護權利。㈡公力保護。占有人，其占有被侵奪者，得請求返還其占有物；占有被妨害者，得請求除去其妨害；占有有被妨害之虞者，得請求防止其妨害，是謂之「占有之物上請求權」，亦如所有權之物上請求權，包括「返還」及「保全」兩種作用。惟本於保護占有之請求權，自侵奪或妨害占有或危險發生後，一年間不行使而消滅。七占有之消滅。占有，因占有人喪失其對物之事實上管領力而消滅。但其管領力僅一時不能實行者，不在此限。（民九四〇—九六四條）。（刑事訴訟法）（陳　珊）

占有 (Possession)

占有者，乃對不動產或動產有管領與支配力之謂也（見James A. Ballentine: Law Dictionary, 1959, p. 986 ）。（英美侵權行爲法）（何孝元）

占有物權

爲物權學理上分類之一，對非占有物權而言，即以占有標的物爲成立要件之物權也。如動產質權之設定，因移轉占有而生效力，質權人不得使出質人代自己占有質物（民法第八八五條）。動產質權，因質權人返還質物於出質人而消滅。返還質物時，爲質權繼續存在之保留者，其保留無效。質權人喪失質物之占有而不能請求返還者亦同（民法第八九七、八九八條）。留置權之主張，亦以合法占有債務人之動產爲先決條件（民法第九二八條）。（民法物權）（陳　珊）

加工

爲添附情形之一，即加工作於他人動產，成爲新物體，或加工於他人動產之表面，而定其所有權歸屬之法律事實也。此爲廣義之加工，乃多數立法例所共認。亦有狹義之加工說，對於加工在他人動產之表面者，不包括之。加工物所有權歸屬之標準，在各國法例有以保護材料所有人之利益爲原則者，如法國是也。有以保護加工人之利益爲原則者，德國是也。我民法第八一四條規定：「加工於他人之動產者，其加工物之所有權，屬於材料所有人。但因加工所增之價値顯逾材料之價値者，其加工物之所有權，屬於加工人」。蓋亦採保護材料所有人之原則。（民法物權）（陳　珊）

加工(Specificatio)

加工者，乃一方加工作於他方之動產而成爲新物之取得財產之方式也（見Black's Law Dictionary, 4th ed., 1957, p. 1571 ）。（英美侵權行爲法）（何孝元）

付款（Payment）

付款是付款人支付票據上一定金額，藉以消滅票據關係所爲的行爲。惟此種行爲無須於票據上爲意思表示，故一般人不以之屬於票據行爲，僅就其具有消滅債務的性質，認爲法律行爲的一種，而相當於民法上的清償。不過，票據爲流通證券，因其輾轉流通，執票人爲誰，付款人不得而知，無從付款，故執票人必須先向付款人或承兌人爲付款的提示，亦即將現實的票據，提示於付款人，始得請求付款（此項提示不得代之以謄本，亦不得以郵寄方式行之）；異於民法上的清償，原則上應由債務人向債權人的住所地履行（參照民法第三〇九條以下）。票據上付款的提示，與其付款，判爲兩事，惟執票人提示其票據於付款人；如付款人即爲付款時，則兩者可前後連續而同時行之。茲所謂付款人均係包括承兌人。滙票上如有擔當付款人的記載時，執票人應向擔當付款人，提示其票據並請求付款（票據法第九六條第二項）。爲交換票據，向票據交換所（clearing house）提示者，與付款提示，有同一的效力（票據法第六九條第三項）。（商事法）（林咏榮）

付款處所（Zahlstelle）

付款處所係指票據上付款地內所記載的特定場所。例如臺北市爲付款地；

而臺北市寧波西街一一四號爲付款處所。發票人得記載在付款處所；付款人於承兌時亦得記載之（票據法第二七條、第五〇條）。（商事法）（林咏榮）

用水權

爲相鄰間水權關係之一，卽對水使用之權利也。㈠水源地人之用水。水源地、井、溝渠之所有人，得自由使用其水，但有特別習慣者，不在此限。水源地或井之所有人，對於他人因工事杜絕、減少或汚穢其水者，得請求損害賠償。如其水爲飮用或利用土地所必要者，並得請求回復原狀。但不能回復原狀者，不在此限，此爲用水權之消極作用。土地所有人，因其家用或利用土地所必要，非以過鉅之費用及勞力不能得水者，得支付償金，對鄰地所有人，請求給予有餘之水。㈡水流地人之用水。水流地所有人之用水，亦以自由使用爲原則，習慣限制爲例外。至以特定方法用水者，有兩種情形：1.變更水流或寬度：水流地所有人，如對岸土地屬於他人時，不得變更其水流或寬度。兩岸之土地，均屬於水流地所有人者，其所有人得變更其水流或寬度，但應留下游自然之水路。以上兩種情形，如另有習慣者，從其習慣。2.設堰與用堰。束水爲埭謂之堰。水流地所有人有設堰之必要者，得使其堰附着於對岸。但因此所受之損害，應支付償金。對岸他所有人，如水流之一部，屬於其所有者，得使用上項之堰。但應按其受益之程度，負擔該堰設置及保存之費用。以上兩種情形，如另有習慣者，從其習慣。（民法第七八一—七八五條）。（民法物權）（陳　珊）

用益物權

爲物權學理上分類之一，係對擔保物權而言，卽以對物之使用收益爲內容之物權也。如地上權、永佃權、地役權、典權均屬之。有謂典權爲擔保物權者，容於典權條內論之。（民法物權）（陳　珊）

永佃權

支付佃租永久在他人土地上爲耕作或牧畜之權利，稱爲永佃權。所謂耕作，指栽培植物，以收穫爲目的而施勞力於土地。所謂牧畜，指利用土地，以收益爲目的而飼養牲畜。所謂永佃，不得定有期限，如有期限，卽視同租賃，適用關於租賃之規定，則爲債權而非物權。永佃權之特質，亦爲用益權，其取得方法，亦有依法律行爲與法律事實之別，其情形與地上權相類似。其效力如下：㈠永佃權之相鄰關係：第七百七十四條至第七百九十八條土地所有權行使限制之規定，於永佃權人間或永佃權人與土地所有權人間準用之。㈡永佃權之讓與。永佃權人，得將其權利讓與他人。所有前永佃權人，對於土地所有人所欠之租額，由該受讓永佃權之第三人，負償還之責。㈢永佃權之佃租。永佃權以支付佃租爲必要，永佃人因不可抗力致其收益減少或全無者，得請求減少或免除地租。㈣永佃權之撤佃。撤佃之原因有二：1.永佃權人將土地出租於他人者。2.永佃權人積欠地租達二年之總額者（另有習慣者除外）。撤佃方法，應向永佃權人以意思表示爲之。㈤永佃權之物上請求權。永佃權無準用所有權物上請求權之規定，多認如爲他人侵奪，可適用民法第九六二條占有物上請求權之規定。永佃權之消滅原因，亦如一般物權，關於永佃權所特有者，則惟撤佃或合意終止。並無如地上權限制拋棄之規定。消滅效果有：㈠地上物之取回。㈡地狀之回復。㈢地上權之留買。均準用第八三九條地上權消滅效果之規定。（民法第八四二至第八五〇條）。（民法物權）（陳　珊）

永明律

南朝齊武帝留心法令，詳正舊註，永明九年（491 A.D.）尙書刪定郎王植（別號植之）集張裴、杜預二家之註，合爲一書，凡二十卷，千七百三十二條。另有王植、孔稚珪與宋躬合纂的律書，凡二十卷，號永明律。（中國法制史）（林咏榮）

召集

爲達軍事教育、演習、點閱與應變、作戰之需要，而行之後備軍人及國民兵等之集中，謂之「召集」。依兵役法第三十八條規定，召集區分爲：動員召集、臨時召集、教育召集、勤務召集、點閱召集五種。對於意圖避免召集者，妨害兵役治罪條例第六條第七條分別就其犯行定有，處五年以下或三年以下有期徒刑之罪刑。（特別刑事法）（吳　智）

召集中之在鄉軍人

在鄉軍人，現已改稱爲後備軍人，陸海空軍刑法所稱召集中之在鄉軍人，卽指兵役法第二十五條所列預備役之常備軍官役、常備士官役、常備兵役、補充兵役、預備軍官預備士官等後備軍人，於收受召集令時起至報到入營前之應召期間內之人員，是爲召集中之在鄉軍人。（特別刑事法）（吳　智）

平行線支票

普通支票遺失或被竊時，執票人雖可依法爲止付或爲公告催告的聲請，以謀救濟；但付款人已憑支票爲付款者，即不負任何責任，發票人爲防止類似此種意外的危險，可限制其付款範圍，而發行平行線支票（crossed cheque）（俗稱劃線支票）。背書人或執票人亦得將普通支票改爲平行線支票。平行線支票可分爲三種：(1)普通平行線支票—即發票人、背書人或執票人，在支票正面，畫平行線二道，或以其劃線內並記載銀行、公司或其他同義的文字（例如信用合作社）者，其支票僅得對銀錢業者支付之（票據法第一三九條第一項、統一支票法、德、法及日本支票法均第三七條及第三八條、英國票據法第七六條同旨）。(2)特別平行線支票—即發票人、背書人或執票人於平行線內，記載特定銀錢業的商號，其支票僅得對於該特定銀錢業者支付之（亦稱爲特定平行線支票）。例如平行線內載有臺灣銀行字樣者，付款人對於該銀行以外的執票人爲支票付款的提示時，應拒絕之；但該特定銀錢業者，得以其他銀錢業者爲背書人，背書後，委託其取款。此即所謂委任取款背書（票據法第一三九條第二項、統一支票法、德、法及日本支票法均第三七條、英國票據法第七七條同旨）。(3)受託平行線支票—即銀錢業者受委託取款時，得以未劃線支票正面，劃平行線二道，或於平行線之內，記載自己的商號，代爲取款（票據法第一三九條第三項、統一支票法、德、法及日本支票法均第三七條及第三八條、英國票據法第七七條）。違反上列三項的規定而付款者，付款人應負損害賠償的責任，但賠償金額，不得超過支票金額（票據法第一四〇條、統一支票法、德、法及日本支票法均第三八條；而英國票據法第七九條對於正當的執票人應負賠償責任，其賠償額並無限制）。平行線支票，得由發票人於平行線內，記載「照付現款」或同樣字樣，由發票人簽名或蓋章於其旁者，視爲平行線的撤銷（票據法施行法第十條）。（商事法）（林咏榮）

平均保險費

見「自然保險費」條。（商事法）（林咏榮）

功利主義的法學（Utilitarian Theories of Law）

十九世紀英國學者邊沁（Jeremy Bentham 1748-1832）創功利主義，認為人類受「苦」（pain）「樂」（pleasure）二情之支配。行為之善惡，視其所引起之苦樂程度而定。故政府與法律之任務即在增進快樂，免除痛苦。而其至高原則則為「最多數人之最大幸福」（the greatest happiness of the greatest number）。不過，依邊沁之見，個人如有幸福，團體亦必有幸福。因此，立法者應努力為人民達成四項目的，即供給生活、助成富裕、促進平等及維持安全。邊沁主張自由經濟，強調法律只在提供適宜的環境及平等的機會，以鼓勵個人自動營生與追求富裕。故深具個人主義的色彩。雖然，邊沁所謂「最多數人之最大幸福」，與福祉國家（wellfare state）之觀念頗易結合。且既指明法律之主要目的在求安全與平等而非自由，復贊成議會權力至上而否認個人有所謂自然的權利。因此，邊沁事實上係藉國家之立法以經營人民之生活，而成為一位積極的社會改革者。同時，由於邊沁反對自然法思想而解法律為「立法者之意志或命令」，故亦常被指為法律實證主義之一員先鋒。誠然，邊沁之法學企圖調和個人利益與團體利益而常難自圓其說，不過，對於以後利益法學之發展，不無影響。

另一英國學者米爾（John Stuart Mill 1806-1873）承邊沁功利之說而多有修正。在法學上，其與邊沁不同之處，在於邊沁輕視公平正義觀念，而米爾則強調公平正義之重要性，并進而探究其性質以及其與功利之關係。米爾之結論在指出，公平正義源出自衞之本能與同情之感覺。公義感即對於加諸本人之損害，亟思施以報復，并基於同情，對於加諸社會他人之損害亦思予以還報。論者因此認為米爾之功利觀念，性屬利他，而非利己。其功利主義之理想，已由個人幸福轉向大衆幸福。（法理學）（馬漢寶）

參考文獻：

John Plamenataz, The English Utilitarians, Oxford, 1949

Utilitarianism, edited by C. Piest, New York, 1957

令狀（Writ）

令狀者，乃法院頒發予當事人以爲救濟之書狀也。令狀可分爲兩大類，即

：㈠對特定財產或事物予以扣押之令狀，㈡未指明特定財產，而由官員對訴訟當事人一方之財產足以清償對方所請求者予以扣押之令狀（見 James A. Ballentine: Law Dictionary, 1959, p. 1371）。（英美侵權行爲法）（何孝元）

他物權

爲物權分類之一，係對自物權而言。卽存在於他人物上之權利也。如地上權、永佃權、地役權、典權、抵押權、質權、留置權等皆係存在於他人不動產或動產上之權利，故均稱之爲他物權（餘詳「自物權」條）。（民法物權）（陳 珊）

奴婢

奴婢爲舊社會的賤民。男爲奴，女爲婢。詳「賤民」條。（中國法制史）（林咏榮）

史堪地內維亞法律實在論（Scandinavian Legal Realism）

北歐史堪地內維亞半島各國的法律實在論，與美國的法律實在論雖然名稱相同，而實質上頗有差異。前者對於法律問題在方法上與語言上，較美國法律實在論者偏重抽象推理。而注意司法程序的心理因素，則不若美國法律實在論者之甚。此一運動之創始者爲瑞典哲學家海格斯壯（Axel Hägerström 1866-1939），其主要代表者則有瑞典學者龍斯德（A. Vilhelm Lundstedt 1882-1955）、奧立夫克隆納（Karl Olivercrona）以及丹麥學者羅斯（Alf Ross）。此輩學者強調法律只是一組社會事實，尤過於美國實在論者。法律根本上爲一座巨型的機械，用以保障社會安全。因此，權力爲法律之要素，藉以使人民行爲合法。依此種見解，「法律秩序」與「暴力政權」幷無分別。事實上，此一運動認爲一切價值問題均爲主觀情感之表示，而不能以理性辯明。因此，否定自然法思想或任何絕對正義之觀念。同時對於爲分析法學基礎之基本概念，如權利、義務等，亦一併視爲主觀良心之事，而無客觀的意義。約言之，北歐各國的法律實在論要在指出，法律此一機械體——亦卽立法、司法、行政活動之結合——必須不受任何先入觀念之影響，而專依特定社會之實際需要或利益加以運用。此卽龍斯德所謂「社會福祉」（social welfare）之方法。（參閱「美國法律實在論」）（法理學）（馬漢寶）

參考文獻：

Edgar Boden heimer, Juris prudence-The Phitosophy and Method of the Law, Harvard, 1962, pp. 120-125.

打擊錯誤

見「事實錯誤」條。（刑法總則）（王建今）

立繼

在舊時的宗祧繼承，雖因無子，可以立繼（夫死無子而自立之者）或命繼（死後無子由尊親屬或族長爲立者），但必限於同宗昭穆相當的人，故明清律規定：①立繼—凡婦夫亡，無子守志者，合承夫份，須憑族長擇昭穆相當之人繼嗣（明戶令、清律例戶役門、立嫡違法條）；②命繼—凡ⓐ已聘未娶，媳婦守志，ⓑ已婚而故，婦能孀守，或雖未能孀守，但所故（死）之人，業已成立，ⓒ子雖未娶，而因出征陣亡，有一於此，俱應爲其子立後，爲後的人，仍須昭穆相當者（同上條附例）。（中國法制史）（林咏榮）

自由心證

自由心證，係指自由判斷證據力而言。法院於調查證據之後，就證據力之有無强弱，可否採信，據以判斷事實之眞僞，由其自行決定，別無規定以拘束之。且爲求得眞實起見，所有言詞辯論全體意旨，悉應加以斟酌。因法院爲判決時，應斟酌全辯論意旨及調查證據之結果，依自由心證判斷事實之眞僞（民訴二二二Ⅰ）。所謂全辯論意旨，例如當事人之陳述與其陳述之欺罔、矛盾或態度之輕率，對於發問不爲陳述（一九九，二〇〇），或不遵法院之命到場（二〇三Ⅰ），或不遵命提出證物或隱匿毀壞證物（三四五，三五三，三六二，三六七）等情形是。所謂調查證據之結果，指由調查證據之施行所生一切之結果。以證人之訊問爲例，舉凡證人之陳述，依其陳述推理之所得，及證人之態度，前後有無矛盾，記憶是否無誤，曾否親見親聞，有無利害關係，隔別訊問或對質有無牴觸，以及其他有無影響其憑信性之情事等均屬之。惟自由心證，必須以有合法調查之證據爲前提。非指漫無標準，僅憑主觀之臆測，得以隨心所欲而爲判斷者而言。其所爲判斷，且須無背於論理法則及經驗法則。違者其判決卽屬有法律上之瑕疵，足爲上訴第三審之理由（四六八）。所謂經驗法則，指由人類之經驗歸納所得之定則，自各種科學上技術上之定則，以至於日常生活閱歷所得之人情物理均屬之。法院依自由心證判斷事實之眞僞，是採自由心證主義爲原則，但別有規定者，不在此限（二二二Ⅰ但書）。例如關於言詞辯論所定程式之遵守，專以筆錄證之（二一九），即屬例外之規定是。餘請參見「自由心證主義」條。（民事訴訟法）（李學燈）

自由心證主義

自由心證主義，係對待法定證據主義而言。法定證據主義於證據之價值即所謂證據力，須合於法律上所定之標準，始認有證明或否定某種事實之效力。亦有稱此爲形式的法定證據主義，而就凡於證據能力有所限制，另稱之實質的法定證據主義者。自由心證主義則指證據力並無法律規定之拘束，而由審理事實之人自由判斷之。依前主義可防專橫之擅斷，依後主義易得待證之眞實。然所謂自由心證，既須以有證據爲前提，而後始有證據力之可言，並非得爲任意之猜測，且據以判斷其價值之證據尚須合法，並經合法之調查；得心證之理由，應記明於判決（民訴二二二Ⅱ），不得違背經驗法則或論理法則。可見所謂自由係對待法定而言，而非漫無標準得爲任意之擅斷。民事訴訟法採自由心證主義，法院爲判決時，應斟酌全辯論意旨及調查證據之結果，依自由心證，判斷事實之眞僞（二二二Ⅰ）。然亦非無例外規定，如關於言詞辯論所定程式之遵守，專以筆錄證之（二一九），賦予筆錄以强大之證據力。此外亦有專就證據力加以限制者，例如限用書證是（二四Ⅱ，四二）。（民事訴訟法）（李學燈）

自由刑

以剝奪自由爲內容之刑罰，謂之自由刑。包括「無期徒刑」、「有期徒刑」及「拘役」三種。近代各國刑罰，以自由刑爲中心。刑法思想，由報應主義進入目的主義以後，認爲刑罰之主要功能，在於教育犯人，使其重作新人，復歸於社會，以達成防衛社會之目的。因之對於自由刑之執行，建立若干新制度，如行刑累進處遇及假釋等制度，以期獲得自由刑之實效。（參閱「主刑」條）。（刑法總則）（王建今）

自由法說（Freirechtslehre）

自由法說在廿世紀初起源於德國。其主要的代表可以包括歐立區（Eugen Ehrlich 1862-1922）、傅克斯（Ernst Fuchs 1859-1929）、康脫若維玆(Hermann Kantorowitz 1877-1940）等。此一運動强調司法程序中直覺與感情的因素。主張縮減法典的權威，擴大司法官的自由裁量。換言之，法典規定不全或不明時，應許司法官依據公義衡平的觀念，自由發現法理。因此，對於當時崇奉法典之概念法學，乃屬一種反抗運動。而其立場較諸利益法學尤爲激進。論者以爲此一運動與美國之法律實在論（legal realism）均在破除實證法萬能之迷信，并指出司法官個人主見與法律的關係。對於歐美社會法學之形成，可說擔任過舖路的工作。（參閱「利益法學」，「社會法學」，「美國法律實在論」）（法理學）（馬漢寶）

參考文獻：

Edgar Bodenheimer, Juris prudence-The Philosophy and Method of the Law, Harvard, 1962, pp. 107-109.

自由意思

見「道義責任論」條。（刑法總則）（王建今）

自由順序主義

自由順序主義乃對於法定順序主義而言。在法定順序主義，凡當事人之訴訟行爲，應依法律所定之順序爲之，否則不生效力。法定順序主義中，有規定將事實上之主張，與證據方法之提出，分爲二個階段，須事實主張完畢後，方開始舉證及調查，一經調查證據，即不得爲事實上之陳述，此謂之證據分離主義。反之，規定當事人所爲之主張或舉證，須同時或於一定期間內提出者，謂之同時提出主義或證據結合主義。至於自由順序主義，則於當事人之辯論，不設法定之順序，即當事人於一定時期之前，得由由爲各種訴訟行爲，其主張與舉證，任得於何時均可提出。採用法定順序主義，貴在能使訴訟迅速進行，並防程序之混雜。然因有順序之限制，有時難得完全之資料。採用自由順序主義，貴在能得完全之裁判資料，惟因無一定順序，易生訴訟之遲延與混雜。我民事訴訟法規定，攻擊或防禦方法，得於言詞辯論終結前提出之（民訴一九六Ⅰ），即係採自由順序主義爲原則。惟爲避免自由順序主義所生之流弊，更設若

干限制而爲例外之規定（二五、九七、一九六、二〇六、二七六）。（民事訴訟法）（李學燈）

自由認領（Free Acknowledgement）

爲認領之一種，與法定認領相對稱。又名任意認領。即由其生父自動的對其非婚生子女加以認領而爲其所生之子女也。有自由認領權者，以有生父之身分者爲限。其爲被認領權之客體者，亦以非婚生子女爲限。如爲其生父所生之非婚生之子女，縱爲未出生之胎兒，亦得爲認領之客體。至已死亡之子女，能否成爲認領之客體？在理論上而言之，已無人格，自屬不得認領。在實際上而言之。縱認領亦無實益。但日本民法規定，則以死亡之子女之認領，以其有直系卑親屬者爲限。如卑親屬係成年人者，應得其承諾。其立法之旨，在於財產之繼承，故規定已死亡子女亦得認領。我民法無此規定，似嫌疏漏。又亂倫所生之子女，是否亦可認領？德瑞民法加以禁止。我民法雖無規定，但司法院三十五年院解字第三一八一號解釋，得依民法第一〇六五條規定予以認領，殊有悖常之義。至於認領方式，德國則不以生父之認領爲已足。必經國家機關公告，並給公證證書(Öffentliche Urkunde)非婚生子女始取得婚生子女地位。我國除生父表示認領外，尚須戶籍法規定，應爲認領之登記（第二一條）。經認領後視爲婚生子女（民法第一〇六五條第一項）。認領本爲生前行爲，是否得以遺囑認領？民法無規定，惟在戶籍法規定有：「依遺囑爲認領者，以遺囑執行人爲聲請義務人（第四一條）」。至非婚子女被生父認領後，彼此間之權利義務如何？各國立法例不一，法國則單純之認領，不能使被認領者取得婚生子女之身分，必須經父母結婚乃可取得。但彼此間有相互繼承權與扶養義務。瑞士則被認領者對生母之繼承權完全與婚生子女同。對生父之繼承權則爲婚生子女之半數。日本則對生父爲庶子，繼承權亦爲婚生子（嫡子）之半數。我國民法則視爲婚生子，其應繼分與婚生子自無軒輊。關於認領行爲可否撤銷，我民法第一〇七〇條規定，生父認領非婚生子女後，不得撤銷其認領。此因認領之後，即爲生理血親，並非擬制血親。生理血親自不可以法律行爲撤銷之，且以免妨害非婚生子女之既得權利也。但民事訴訟法第五百八十九條有撤銷認領之訴。則又許生父撤銷其認領。揆立法之義，如生父因被詐欺或脅迫而爲認領之意思表示者，因其表意有瑕疵，仍許生父可行使其撤銷權。惟認領之否認，德國因認領採國家機關宣告制，宣告之前，未成年人須得其生母之同意，成年人則應得自己之同意，有配偶者須得其配偶之同意，故民法上無須規定認領之否認。法國瑞士則採利害關係人得對認領行爲提出否認。我民法仿瑞士法例，獨許其生母對生父之認領得否認之（第一〇六六條）。如此則利害關係之第三人能否提出，又成爲解釋問題矣。（民法親屬）（張鏡影）

自主占有

爲占有分類之一，對他主占有而言，即以所有之意思而占有，在我民法上爲動產及不動產所有權時效取得之要件。對於無主動產之自主占有，亦依先占事實而取得其所有權（民八〇二）。他主占有。爲占有分類之一，與自主占有相對稱，即非以所有之意思而占有之狀態。他主占有得變爲自主占有（見占有條）。（民法物權）（陳　珊）

自甘冒險（Assumption of Risk）

自甘冒險者，乃原告明示或默示允爲免除被告之責任，而自願承擔某特定之危險也。自甘冒險，爲否認責任之一種抗辯，即被告根本否認其過失責任，而主張損害之發生純係由於原告自甘冒險所致者也（見 Prosser on Torts, 2nd ed., 1955, p. 303）。（英美侵權行爲法）（何孝元）

自行迴避

推事或法院之書記官及通譯等遇有法定自行迴避之原因，就特定之事件，應自行迴避，當然不得執行職務。是謂自行迴避，亦稱法定迴避或當然迴避。民事訴訟法第三十二條規定，推事有左列各款情形之一者，不得執行職務。一、推事或其配偶，前配偶或未婚配偶，爲該訴訟事件當事人者。二、推事爲該訴訟事件當事人，八親等內之血親或五親等內之姻親或曾有此關係者。三、推事或其配偶，前配偶或未婚配偶，就該訴訟事件與當事人有共同權利人，共同義務人或償還義務人之關係者。四、推事現爲或曾爲該訴訟事件當事人之法定代理人或家長、家屬者。五、推事於該訴訟事件，現爲或曾爲當事人之訴訟代理人或輔佐人者。六、推事於該訴訟事件，曾爲證人或鑑定人者。七、推事曾參與該訴訟事件之前審裁判、更審前之裁判、公斷或仲裁者。所謂自行迴避，乃不待當事人之聲請或法院之裁定，卽應自動停止執行職務。如有自行迴避原因，而仍爲職務上之行爲者，其行爲爲違法。該推事所參與之程序應更新之。否則不得爲裁判之基礎。其本於該推事參與之程序所爲之裁判，及經該推事參與之裁判，當事人得對之聲明不服（參照民訴四六九2，四九六Ⅰ4）。故推事如不自行迴避，當事人得隨時聲請其迴避（三三Ⅰ1）。當事人不爲聲請時，法院亦應依職權爲迴避之裁定（三八）。關於推事迴避之規定，於法院書記官及通譯準用之（三九）。（民事訴訟法）（李學燈）

自助行爲（Act of Self-help）

卽權利人爲保護自己之權利，對於他人之自由或財產施以拘束押收或損害者，法律上許其不負損害賠償責任之行爲也。法律爲防止行爲人濫用此權，亦有嚴格之限制，分爲事前事後。所謂事前限制者，卽須以實施保護自己權利時，不及受官署之援助，並非於卽時爲自助行爲，則請求權不得實行，或其實行顯有困難者爲限（民法第一五一條）。所謂事後限制者，卽拘束他人自由，或押收他人財產者，須卽時向官署聲請援助。例如將所拘束之人，或所押收之財產，應卽送交當地法院。如無法院則應交警察官署，請爲適當之處分。至謂卽時者，乃極言不可遲延之謂也。倘如聲請官署援助之聲請被駁回，或其聲請遲延者，行爲人仍應負損害賠償之責（民法第一五二條）。另有準自助行爲(act of quasi-self-help)者，卽其行爲均具有自助行爲之性質，而散見於債編物權編之內者，例如出租人就不動產租賃契約所生之契約，對於承租人之物置於該不動產者有留置其物受淸償或擔保之留置權（民法第四四五條）。又如旅店主人就客人住宿飲食，或墊款所生之債權，在未淸償前有留置客人所攜帶之行李及其他物品之留置權（民法第六一二條）。其他如民法第七九一條第二項土地所有人之留置權，第七九七條土地所有人之越界根枝刈取權，第九六〇條占有人之防禦權及追止權等是。（民法總則）（張鏡影）

自物權

謂存在於自己物上之權利也。通常指所有權，乃存在於所有人自己之物上，係對他物權而言。惟所有權以外之物權，亦有存在於所有人自己物之上者，如甲在乙之土地上先設有地上權，嗣乙將該土地讓與於甲，或甲於乙死後因繼承而取得該地之所有權，是甲之抵押權仍存在於其自己土地之上，如有次位抵押權之存在，甲之抵押權居於第一順位，不因混同而消滅，似此卽不能單指所有權爲自物權矣。（民法物權）（陳　珊）

自首

明丘濬以「自首減刑」乃導源於尙書康誥所謂：「既道極厥辜，時乃不可殺」（道極卽盡輸其情，時卽是），漢律雖有「自告」（按卽自首）之名，然伍被傳：「被詣吏自告與淮南王謀反，卒被夷誅」，「自首」未能減刑，可見其律的規定猶闕；魏志所紀自首的例甚多，但均未載於律，而自首之制於律中作詳密規定者，以唐律爲始，其名例篇云：「諸犯罪未發而自首者，原其罪；其輕罪雖發，因首重罪者，免其重罪」；宋元明淸律略同。（中國法制史）（林咏榮）

所謂自首，係指對於未發覺之罪，向偵查機關自動陳述其犯罪事實，願受裁判者而言。所謂未發覺，係指未被檢察官及司法警察人員知覺而言。其他私人縱知悉犯罪事實及犯人，仍不妨自首。倘偵查機關已經知悉該罪爲何人所犯，此時犯人自動投案陳述其犯罪經過者，則爲自白，而非自首。關於獎勵自首之立法例，有採得減主義者，如日本刑法是。我國刑法第六十二條規定，係採必減主義，任何情節重大之犯罪，倘經自首，均不得判處死刑，在刑事政策上實不無研究之餘地。（刑法總則）（王建今）

行爲人於犯罪未發覺時自行向偵查機關報告其犯罪事實者爲自首。其向檢察官或司法警察官為之者，準用刑訴法第二四二條。（刑事訴訟法）（陳　珊）

自耕

土地法所稱自耕，係指自任耕作者而言，其爲維持一家生活直接經營耕作者，以自耕論（土、六）至所謂維持一家生活，係專指自然人而言。私有農地所有權之移轉，其承受人以承受後能自耕者爲限（土、三〇）。（土地法）（管　歐）

自耕農

指自任耕作之農民而言，恒與僱農或佃農並稱。因自耕農係就自己之私有農地而自任耕作，雇農係雇用他人而耕作自己之私有農地，佃農則係承租他人之私有農地而自任耕作，此三者在法律上所規定之權利義務關係，互不相同；又自耕農與自耕之涵義相當，另見「自耕」條。（土地法）（管　歐）

自益權

股東的權利，通常分爲自益權與共益權。前者如盈餘分派請求權（公司法第二三二條）。股息分派請求權（公司法第二三四條），賸餘財產分派請求權（公司法第三三〇條），新股認購權（公司法第二六七條）等，以財產爲內容的權利屬之；後者如決議權（公司法第一七九條），以訴撤銷股東會決議的權利（公司法第一八九條），請求召集股東會的權利（公司法第一七三條）、請求董事監察人或清算人解任的權利（公司法第一九九條、第二二七條、第三二三條）等，以監督公司經營與防止不當經營爲內容的權利屬之。（商事法）（林咏榮）

自訴

犯罪之被害人或其特定親屬，於刑事案件，不經偵查程序而逕向該管法院追訴者爲自訴。㈠自訴之主體：犯罪之直接被害人得提起自訴。但無行爲能力或限制行爲能力或死亡者，得由其法定代理人、直系血親或配偶爲之。㈡自訴之範圍：犯罪事實之一部提起自訴者，他部分雖不得提起自訴亦以得提起自訴論。但不得提起自訴部分係較重之罪，或其第一審屬於高等法院管轄，或係對於直系尊親屬或配偶爲之者，不在此限。㈢自訴之程式：自訴應向管轄法院提出自訴狀爲之。自訴狀應記載下列事項：1.被告之姓名、性別、年齡、籍貫、職業、住所或居所，或其他足資辨別之特徵。2.犯罪事實及證據。自訴狀應按被告之人數，提出繕本。自訴人不能提出自訴狀者，得以言詞爲之。其以言詞提起自訴者，應就自訴狀所列之事項，分別陳明，由書記官制作筆錄；如被告不在場者，應將筆錄送達被告。㈣自訴之限制：1.對於直系尊親屬或配偶，不得提起自訴。2.告訴或請求乃論之罪，已不得爲告訴或請求者，不得再行自訴。3.同一案件經檢察官偵查終結者，不得再行自訴。㈤自訴之效力：1.在偵查終結前檢察官知有自訴者，應即停止偵查，將案件移送法院。但遇有急迫情形，檢察官仍應爲必要之處分。2.同一案件經提起自訴者，不得再行告訴或爲刑訴法第二百四十三條之請求。㈥自訴之撤回：1.自動撤回：告訴或請求乃論之罪，自訴人於第一審辯論終結前，得撤回其自訴。撤回自訴，應以書狀爲之。但於審判期日或受訊問時，得以言詞爲之。書記官應速將撤回自訴之事由，通知被告。撤回自訴之人，不得再行自訴或告訴或請求。2.曉諭撤回：法院或受命推事訊問自訴人等及調查證據，於發見案係民事或利用自訴程序恫嚇被告者，得曉諭自訴人撤回自訴。3.視爲撤回：告訴或請求乃論之罪，自訴人經合法傳喚，無正當理由不到庭或到庭不爲陳述者，以撤回自訴論。㈦自訴之審判：自訴之審判，準用公訴程序，其於自訴之特別規定：1.審判之準備：⑴自訴人之傳喚，準用傳喚被告之規定。⑵自訴人之拘提。自訴人受合法傳喚無正當理由不到場者，得命拘提。拘提之執行及注意，準用拘提被告之規定。⑶訴狀繕本之送達。法院於接受自訴狀後，應速將其繕本送達於被告。但認爲有先行傳喚或拘提之必要者，得於訊問時交付之。⑷當事人之訊問。法院或受命推事，得於第一次審判期日前，訊問自訴人及被告，其訊問不公開之；非有必要，不得傳訊被告。⑸證據之蒐集調查。⑹檢察官之通知。檢察官得協助自訴，故法院應將審判期日通知檢察官。⑺自訴之駁回。法院依訊問及調查結果，認有應不起訴或得不起訴之情形者，得以裁定駁回自訴。駁回裁定確定後，非有法定再行起訴之原因，不得再行自訴。2.審判之進行：⑴自訴人之地位，與檢察官同，凡檢察官在審判中所得爲之訴訟行爲，自訴人均得爲之。⑵檢察官得於審判期日出庭陳述意見。3.審判之停止：犯罪是否成立或刑罰應否免除，以民事法律關係爲斷，而民事未起訴，停止審判，並限期命自訴人提起民事訴訟。逾期不提起者，應以裁定駁回其自訴。㈧自訴之擔當：1.自訴人受合法傳喚無正當理由不到場，如爲非告訴或非請求乃論之罪，法院認爲有必要者，得通知檢察官擔當訴訟。2.自訴人於辯論終結前喪失行爲能力或死亡者，得由其得爲提起自訴之特定親屬，於一個月內聲請法院承受訴訟；如無承受訴訟之人或逾期不爲承受者，法院除逕行判決外，亦得通知檢察官擔當訴訟。㈨自訴之判決：1.判決之種類：⑴不受理之判決。不得提起自訴而提起者，應諭知不受理之判決。⑵管轄錯誤之判決。諭知管轄錯誤之判決者，非經自訴人聲明，毋庸移送案件於管轄法院。檢察官接受不受理或管轄錯誤之判決書後，認爲應提起公訴者，應即開始或續行偵查。㈩自訴之反訴（詳另條）。（刑事訴訟法）（陳　冊）

自殺（Suicide）

出於自田意志，故意毀滅自己之生命(Insurance Co. v. Moore, 34 Mich. 41)。自殺是否以故意為要件，在保險案件中其答案為否定，僅行為人死於己手為已足，意思能力如何，在所不問(Benard v. Protected Home Circle, 161 App. Div. 59, 146 N.Y.S. 232)。早期英國普通法，認自殺為重罪(felong)，以特殊葬禮羞辱之，並將其家產充公。因此，美國沿襲英國普通法之諸州亦視自殺為重罪，至自殺未遂則處以輕罪(misdemeanor)，另有部分州且認為幫助或教唆自殺者，應處以謀殺罪。其餘不沿用英國普通法，州法律又乏明文規定之諸州，自殺則未被認為犯罪，但自殺未遂而意外致他人於死時，犯謀殺罪。（英美刑法）（桂公仁）

自然人(Natural Person)

為私權利主體之一。按人之意義有二：一為通常所謂之人，指天然界之人而言。一為法律上所謂之人。係指法律上認其存在之人格而言。亦即是在法律上有權利能力與義務能力而言。換言之，凡有人格而能享受權利及負擔義務者，即是法律上之人。因此在法律上，徐自然人外，其依法成立之社會團體，亦認為人。惟自然人在法律上亦有各種規定：㈠成年人及未成年人。此依年齡為區分者。前者，我民法規定年滿二十歲者為成年。未成年人已結婚者為準成年人（第十二條及第十三條第三項）。後者，未滿二十歲者為未成年人。惟其中又分為未滿七歲之未成年人為無行為能力人。滿七歲以上之未成年人為限制行為能力人（第十三條第一項）。㈡精神健全人及禁治產人。此係依精神狀態為區分者。另有準禁治產人，我國現行民法無此規定。㈢內國人與外國人，此依國籍而區分者。㈣男人及女人，此依性別為區分者。如一身而兼具男女兩性者，在我國法律規定，私權利義務之享有或負擔無甚差別。惟服兵役義務則成問題。須經醫生鑑定，以其身體上男女組織之成分多寡，以為確定之標準。亦可隨中性人自己之自由意思決定。（民法總則）（張鏡影）

自然人之行為能力(Disposing Capacity of the Natural Person)

即自然人之行為，在法律上發生效力者之謂也。各國立法例不一。有祇分為有行為能力及限制行為能力兩者，如法日民法是，例如日本民法，係以成年人為有行為能力。未成年人禁治產人及妻為限制行為能力人。何人為無行為能力則不規定。在解釋上則依據其有無意識力能力以決定之。有分為有行為能力人無行為能力人及限制行為能力人三者，如德瑞民法是。例如德民法則以成年人為有行為能力人；未滿七歲之未成年人精神病人及因精神病而宣告為禁治產之人為無行為能力人。滿七歲以上之未成年為限制行為能力人。我民法則大體從德瑞立法例。以成年人為有行為能力人；未滿七歲之未成年人及禁治產人為無行為能力人。滿七歲以上之未成年人為限制行為能力人（民法第十二條至第十五條）。按日法之立法例，係採實質主義，故僅就限制行為能力人設有規定，無行為能力人則均據事實以決定之耳。德瑞之立法例，則採形式主義，故對限制行為能力人及無行為能力人均以明文規定，在發生問題時，免除舉證及認定爭執之煩。（民法總則）（張鏡影）

自然人之權利能力(Capacity for Right of the Natural Person)

即自然人與生俱來之權利能力也。其性質如何？學說不一致。有謂權利能力即人格權者，德國 Gierke氏之說是。有謂權利能力為享有權利之資格者，德國Hölder之說是。我國學者多採後說。此權利能力與生俱來，故始於出生，終於死亡（民法第六條）。惟胎兒之權利能力，以將來非死產者為限，其利益之保護，視為既已出生（第七條）。權利能力之始於出生，究非天賦人權，蓋此為法律所規定而付與之耳。其在法律上係以平等為原則。然亦有各種之限制：㈠關於國籍上之限制。計有四種：⑴敵視主義；即敵視外國人，不付與權利能力之謂也。⑵特許主義，即僅特許付與某種權利而已。餘則加以限制。⑶相互主義，即國與國間訂有互惠條約者，互相付與權利能力於外國人是也。⑷平等主義，即使外國人與本國人有同等權利能力為原則，然為維護國家利益起見，亦有例外之限制。例如限制外國人購買己國土地之面積是。㈡關於性別之限制：例如夫權與妻權，則因性別不同。㈢關於階級之限制，例如古代羅馬，奴隸無權利能力是，近代已廢。成為歷史之名詞。㈣關於職業上之限制，例如公務員不得經營商業是。㈤關於年齡之限制，例如未達結婚年齡不得有婚姻權利是。（民法總則）（張鏡影）

自然犯

所謂自然犯，係指不待法律規定，即具有反社會性與反道義性之犯罪而言。例如犯殺人、強盜等罪是。自然犯爲與「法定犯」相對立之名詞。所謂法定犯，係指因行政上之目的所特定之犯罪而言。法定犯之本身，並非當然具有反社會性與反道義性。不過因違反行政法規之規定，以致構成犯罪。故又稱爲「行政犯」或「取締犯」。惟此種違法行爲，仍屬犯罪之一種，依刑法總則第十一條規定：「本法總則於其他法令有刑罰之規定者亦適用之」。如是自然犯與法定犯已無區別之實益，故學者有主張否定此種區別者。（刑法總則）（王建今）

自然占有

爲占有之一種，與法定占有相對稱，即通常對物有事實上管領力之情形，包括無權占有。有謂自然占有，不受法律保護者，我民法上無此規定。（民法物權）（陳　珊）

自然法學（Natural Law Jurisprudence）

自然法學係根據「自然法」（jus naturale, Naturrecht, droit naturel, natural law）觀念而建立的法學。自然法一觀念之淵源可遠溯及希臘的哲學。其後經過羅馬時代、中世紀、宗教革命以至於近世，代代均有自然法學者露其頭角。各時代的自然法學者見解雖常有出入，其共同之處可說在認爲人類社會生活所適用之行爲規則，幷不限於國家制定的法律。在國家制定的行爲規則以外，向有性質更爲普遍的行爲規範，不分時間空間適用於一切的人。此等行爲規範非由任何人創制，而係根據具有理性的人之基本需要而存在者。故人憑藉其理性即得察知之、認識之。此等規範形成一切個別行爲規則之泉源，幷構成批判一切人爲規則的內容，爲善爲惡公平與否之標準。換言之，自然法學者可說皆承認一種較高法或理想法之存在，以爲實證之終極根據。例如，柏拉圖所謂合於「法律理念」（idea of law）之眞實法與實證法之區別，亞里斯多德「自然正義」與「法律正義」或「習慣正義」之分辨，可謂此種思想之開始。繼之，齊諾（Zeno 350–260 B.C.）領導之斯多以客學派（the Stoics）以及羅馬之西塞羅（Cicero 106–43 B.C.）建立了以正當理性（right reason）爲本而拘束整個人類的自然法觀念。迨中世紀之聖湯瑪斯（St. Thomas Acquinas 1226–1274）乃將信仰基督的宗教教義與亞里斯多德的哲學相結合，而替自然法與人爲法之關係提供謹嚴的理論基礎。宗教革命之後，脫離神學而極端依賴個人理性之自然權利的學說，逐漸興起。此種理論肇端於葛洛秀士（Hugo Grotius 1583–1645），歷經霍布斯（Thomas Hobbes 1588–1679），洛克（John Locke 1632–1704），盧梭（Jean Jacques Rousseau 1712–1778）而達於頂點。雖爲自然法思想帶來一時的厄運，對於民主憲政制度，則奠定了不朽的基石。與自然法學敵對而取代其地位之實證主義的各式法學，在十九世紀末即不能維持其優勢。故廿世紀初，自然法思想即捲土重來。不過再起的自然法學，一般言之均不致力尋覓恒久的自然正義，而轉求可以適應環境的理想標準，以爲實證法之指導原則。史坦姆勒的「可變內容的自然法」，足爲代表。晚近二三十年來，闡揚自然法之學者有增無減。約可分爲三類。有以聖湯瑪斯之學爲根本之新經院學派的自然法論，有直追希臘哲學之古典型態的自然法論，亦有與自然法思想聲氣相求之重視價值的各家法學。（法理學）（馬漢寶）

參考文獻：

馬漢寶著：「自然法之現代的意義」載國立臺灣大學法學院刊行「社會科學論叢」第十七輯，民國五十六年。

自然保險費

一般情形，人的年齡愈高，死亡愈易，故死亡保險，常因被保險人年齡的增長，而逐漸增加其保險費，例如保險十年，第一年應交付保險費爲二百元，以後每年遞增二百元，至第十年則應交付二千元，十年合計應交付一萬一千元。倘要保人依照此種遞增的數額，逐年交付其保險費，則屬於自然方式，其保險費稱爲自然保險費；惟依照此種方式交付保險費，保險人常感其不利便，蓋就通常情形言，要保人往往自兼被保險人，其職業上收入，因其年齡愈老而愈少，若遞年增加其應交付的保險費，實不勝其負擔，其延交與欠交，足以困擾保險人。基此，保險公司常採取平均方式，亦即前述的保險費一萬一千元，按十年平均分繳，稱之爲平均保險費。（商事法）（林咏榮）

自然債務

自然債務者，債權人雖不能以訴權請求強制履行，然如債務人任意履行，則其履行爲有效，即不得援用不當得利之規定，請求返還之債務也，亦稱不完全債務。例如時效已完成之債務（民法第一四四條第二項），基於道德上義務之債務（民法第一八〇條第一款），因不法原因而爲之給付（民法第一八〇條第四款），及超過利率限制之利息之債務（民法第二〇五條）等是。（民法債編總論）（何孝元）

自爲判決

在民事訴訟，上訴審法院認上訴爲有理由而廢棄原判決，不將該事件發回原審法院或發交其他同級法院，而爲變更原判決之判決，謂之自爲判決。在第二審法院，如因第一審之訴訟程序有重大之瑕疵，而兩造合意願由第二審法院就該事件爲裁判者，應即自爲判決（民訴四五一Ⅱ）。在第三審法院，因有下列情形，再調查事實，亦應就該事件自爲判決：㈠因其於確定之事實，不適用法規或適用不當而廢棄原判決，而事件已可依該事實爲裁判者；㈡因事件不屬於普通法院之權限，而廢棄原判決者（四七八）。又如第一審法院違背專屬管轄之規定，第二審判決未予糾正者，第三審法院應廢棄第二審判決，而自爲判決，將該事件移送於有管轄權之第一審法院（四八一、四五二Ⅱ）。（民事訴訟法）（李學燈）

自認

自認爲承認係爭事實之陳述或行爲，在審判中發生不利於己之作用。自認可分爲訴訟上之自認與訴訟外之自認。我國法律上所稱之自認，即爲訴訟上之自認，又有自認（明示自認）與準自認（默示自認，擬制自認）之分。凡當事人一造所主張之事實，於他造當事人不利，而他造於訴訟上爲承認此事實之陳述者，謂之訴訟上之自認（明示自認）。此種自認之方式，須「於準備書狀內或言詞辯論時，或在受命推事、受託推事前」爲之（民訴二七九Ⅰ）。至於準自認（默示自認或擬制自認），則係「當事人對於他造主張之事實，於言詞辯論時不爭執者，視同自認。但因他項陳述可認爲爭執者，不在此限」（二八〇Ⅰ）。「當事人對於他造主張之事實爲不知或不記憶之陳述者，應否視同自認，由法院審酌情形斷定之」（二八〇Ⅱ）。訴訟上之自認，發生法定之效力，即主張之當事人無庸舉證（二七九Ⅰ）。因而自認遂成爲證據法則，其本身已非屬於證據。自認之標的，應爲單純之事實，不包含由經驗法則，或事實連鎖而爲之判斷，以及關於法律上效果之主張。如承認他造關於法律上效果之主張者，則屬認諾而非自認。自認不限於他造先行主張後，始爲被動之承認，即一造主張在前，他造主張在後，凡兩造之主張一致者，均符於自認之意義。至當事人於訴訟外或其他訴訟事件中或刑事案件中承認他造主張之事實，則爲訴訟外之自認。訴訟外之自認，僅得作爲證據斟酌之，而非如訴訟上之自認，發生無庸舉證之效力。訴訟上之自認，又有所謂限制之自認，即當事人於自認有所附加或限制者，應否視爲自認，由法院審酌情形斷定之（二七九Ⅱ）。又當事人撤銷自認所及於自認效力之影響，亦由法院審酌情形斷定之。自認之撤銷，除別有規定外，以自認人能證明與事實不符且係出於錯誤而自認者，始得爲之（二七九Ⅲ）。自認之主體，非僅限於當事人之本人。除法定代理人得爲自認外，訴訟代理人，輔佐人，或參加人亦得代爲自認，如與當事人或其法定代理人之行爲無所牴觸，且未經即時撤銷更正者，亦可發生自認之效力。準自認之效力，原則上與自認同。其微有不同者，即自認在原則上不許任意撤銷，準自認在言詞辯論終結前，尚得隨時爲爭執之陳述；且在第一審判決後，第二審訴訟進行中，亦得追復之（四四七Ⅱ）。關於自認之效力，法律有例外之規定。如共同訴訟人中一人所爲之自認，在必要之共同訴訟，對於全體不生效力（五六Ⅰ1.）。又如人事訴訟程序，明文規定不容訴訟上自認之效力（五七四Ⅱ、五八八、五九四、六一五、六二四Ⅲ、六三九）。（民事訴訟法）（李學燈）

自認之追復

自認（明示）有得撤銷之問題，準自認（默示）有得追復之問題。準自認之當事人於言詞辯論終結前，尚得隨時爲爭執之陳述，即至第二審亦然。蓋於第一審判決後，上述至第二審時，其在第一審就事實及證據所未爲之陳述得追復之（民訴一九六、四四七）。經追復後，其自認之擬制即因而消滅。該視同自認之事實，他造如原有舉證之責任者，仍有舉證之必要。此與自認（明示）在未經撤銷前，即不得再行爭執，且在第一審爲自認者，於第二審亦有效力（四四八）者不同。其餘參見「自認」及「自認之撤銷」條。（民事訴訟法）（李學燈）

自認之撤銷

當事人對於他造主張之事實，經自認後，他造無庸舉證。除準自認行爲，之事人於言詞辯論終結前，得隨時追復另爲爭執之陳述外，其明示之自認，一經自認，應即受其拘束。除有可得撤銷之情形外，不得任意撤銷。歷來認爲可得撤銷之情形如下：㈠自認之當事人，證明其所爲之自認出於錯誤而不合於眞實者。㈡他造當事人同意撤銷者。㈢自認，係被詐欺脅迫或因他人有刑事上應罰之行爲而爲者。㈣訴訟代理人，輔佐人，或參加人代爲自認，經即時撤銷者（民訴六一、七二、七七）。上述得爲撤銷之情形，除最後一種外，舊法未設明文之規定。惟現行法較舊法增列一項爲「前項自認之撤銷，除別有規定外，以自認人能證明與事實不符且係出於錯誤而自認者，始得爲之」（二七九Ⅳ）。條文用語，有欠周延，一若雖與事實不符，亦有非出於錯誤者，則縱能證明與事實不符，亦不得予以撤銷然。爲求運用得當，自不得爲拘泥於文字之解釋。惟當事人率爾自認，率爾撤銷，或嫌矛盾，或失輕率。是以撤銷自認所及於自認效力之影響，仍由法院審酌情形斷定之（二七九Ⅱ）。其餘參見「自認」條。（民事訴訟法）（李學燈）

自願給付之人（Volunteer）

自願給付之人者，乃未經他人授權，又無法律或道德上義務而自願服勞務或支付金錢之人也（見 Black's Law Dictionary, fourth edition, 1957, p. 1747）。（英美衡平法）（何孝元）

共犯

所謂共犯，係指二人以上共同參加一定之犯罪者而言。包括共同正犯、教唆犯及從犯在內。我國刑法第四章自第二十八條至第三十一條，即爲此三種犯罪之規定。共犯有必要的共犯與任意的共犯之分。所謂必要的共犯，係指刑法分則乃至特別刑法中規定之二人以上之共同犯罪者而言。例如賭博罪、收受賄賂罪及陰謀內亂罪等皆是。所謂任意的共犯，係指法律規定本來是一人實行的犯罪，而由二人以上犯之者而言。刑法總則中所規定之共同正犯、教唆犯及從犯均屬之。所謂「共同正犯」，係指二人以上共同實施犯罪行爲者而言。所謂「教唆犯」，係指教唆無犯意或犯意不確定之人使其犯罪者而言。所謂「從犯」，係指幫助他人犯罪者而言。通常所謂廣義的共犯，包括共同正犯、教唆犯及從犯三者在內；狹義的共犯，僅指教唆犯及從犯而言。關於共犯之理論，有犯罪共同說與行爲共同說之分。前者爲舊派所主張，即數人共同實行特定之犯罪之謂。後者爲新派所主張，着重社會之危險性，即多數人各自犯罪時，事實上行爲是共同的，例如甲以殺乙爲目的，丙以強姦丁爲目的，相互利用脅迫達成犯罪者是。此種相互利用之共犯，事實上仍不失爲單獨犯。此外日本學者尙有所謂「共同意思主體說」，亦即所謂「共謀共同正犯」之理論。其大意謂：二人以上爲一定犯罪之謀議，僅由其中一部分人實施犯罪行爲，其未參與實施者，亦均認爲共同正犯。此種見解，着重於共犯之社會心理的特色，因其既有共同目的參與犯罪之謀議，即屬同心一體，構成共同意思之主體，而應共同負責。爲日本最高裁判所所採用。然而彼邦學者，頗多持反對見解：即認爲共同意思主體說，爲一種團體負責之觀念，與以單獨犯爲前提之立法精神顯不相合，不免有將共同正犯過分擴張解釋之嫌。其持論頗爲中肯。我國刑法第二十八條規定：「二人以上共同實施犯罪行爲者，皆爲正犯」。依此規定，二人以上共同犯罪，除主觀上須有意思之共同外，在客觀上應有行爲之分擔，方能構成共同正犯。惟司法院大法官會議釋字第一〇九號解釋：「以自己共同犯罪之意思，事先同謀，而由其中一部分人實施犯罪之行爲者，亦爲共同正犯」。此種解釋，與前述日本之見解，如出一轍。我國舊刑法對於殺人強盜及擄人勒贖等重大犯罪，設有同謀犯之規定。所謂同謀犯，係指對於他人之犯罪，並未分擔實施，僅於其實施前參與謀議者而言。現行刑法既無此規定，遇有此種情形，只能按其情節，論以教唆或幫助之責任。（刑法總則）（王建今）

共有

二人以上對於一物共同享有一所有權者爲共有。一物不容二主，指各個之獨有而言，若爲共有狀態，則所常見。共有發生之原因，有由於法律行爲者，如數人共同買賣或一同受贈一物之情形是。有基於法律規定者，如未分割之遺產，夫妻之共同財產，及前述之添附、埋藏物之發見取得等皆是。共有之對外關係，固與單獨所有權無大差異，惟其內部關係，難免有衝突，故有關共同制度之規定，係在調和各共有人間之利益，防止糾紛，而全物之效用。共有之形式，有分別共有及公同共有兩種，所有權以外之財產權，亦恒爲數人所共同者，亦得準用共有之規定，此種情形，稱之爲準共有。（民法物權）（陳　珊）

共有分割之執行

即以分割共有物爲名義之執行也。執行法院就各共有人分得部分之權利，給予移轉書。（强制執行法一三一）。（强制執行法）（陳　珊）

共同正犯

見「共犯」條。（刑法總則）（王建今）

共同占有

爲占有之一種，對單獨占有而言，卽二人以上共同占有一物之謂。數人占有一物時，各占有人，就其占有物使用之範圍，不得互相請求占有之保護（民九六五）。（民法物權）（陳　珊）

共同代理

共同代理者，乃代理行爲，於代理人有數人時，應由數代理人共同行使其代理權之代理也。所謂共同行使，卽代理人全體對於外部爲意思表示，或受意思表示也。惟共同代理之行爲，不必數代理人同時爲之，其先後爲之者，亦不失爲共同，此際於最後之一人爲行使時，其代理行爲始爲成立。關於同一事件有數代理人時，依民法第一六八條規定，其代理行爲應共同爲之。但法律另有規定或本人另有意思表示者，不在此限。故原則上爲共同代理，例外爲單獨代理。所謂法律另有規定者，例如民法第五五六條、第一〇八九條、民事訴訟法第七一條之規定是。至本人另有意思表示，則從其意思。（民法債編總論）（何孝元）

共同海損

係指在海難中船長爲避免船舶及貨載（亦卽積貨）的共同危險所爲處分，而直接發生的損害及費用（海商法第一五〇條），其要件有四：(1)須爲現實的共同危險。(2)須爲船貨的共同危險。(3)須爲船長的處分行爲。(4)須有損害及費用。且此四要件的海損，應以下列各項：(a)所存留的船舶；(b)所存留貨載的價格；(c)運費的半額（卽運費全額的半數）；(d)爲共同海損行爲所犧牲的財物，與共同海損的總額爲比例。由各利害關係人分擔之（海商法第一五一條）：試舉共同海損分担額的計算公式及實例如下：今假設船舶價值六百萬元，裝載貨物全部價值爲一百四十萬元，其運費爲二十萬元。若共同海損總額爲一百四十萬元（卽前述的d項），其中船舶損失額爲一百萬，貨物損失額爲四十萬元，則其存留的船舶價值爲五百萬元（卽前述的a項），存留的貨物價值爲一百萬元（卽前述的b項），運費半額爲十萬元（卽前述的c項）。其應分擔的海損總額爲七百五十萬元，於是，各利害關係人應分担如次：

①船舶部分的分擔額爲：$\frac{\text{原船舶價值} \times d}{a+b+c+d} = \frac{6000000 \times 1400000}{7500000} = 1120000$ 元

②貨物部分的分擔額爲：$\frac{\text{原貨物價值} \times d}{a+b+c+d} = \frac{1400000 \times 1400000}{7500000} = 261333$ 元

③運費部分的分擔額爲：$\frac{\text{運費半額} \times d}{a+b+c+d} = \frac{100000 \times 1400000}{7500000} = 18667$ 元

共同海損在海商法上爲最古制度之一，在紀元前三世紀的羅德海法（Lex Phodia de iactu），卽已有投棄貨物的規定，羅馬法繼之；中世紀以後各國有海法者，殆無不蹈襲之。一八六〇年英國學者首倡統一之議，一八六四年國際法協會於英國約克（York）召集會議，制定「約克規則」十一條，一八七七年於安特衞普（Antwerp）召集會議，加以修正，一八九〇年又集會於利物浦（Liverpool）再加增訂，稱之爲「約克·安特衞普規則」（York-Antwerp Rules），嗣經一九〇三年、一九二四年及一九五〇年修改後，計二十條，已成爲國際間關於共同海損的重要準則。（商事法）（林咏榮）

共同侵權行爲

共同侵權行爲者，乃同一損害之發生，由於多數人之行爲所構成之謂也。共同侵權行爲人應連帶負賠償損害責任（民法第一八五條第一項）。共同侵權行爲之體態有三：

㈠眞實的共同侵權行爲

眞實的共同侵權行爲，卽數人共同不法侵害他人之權利也（民法第一八五條第一項前段）。共同侵權行爲，須數人皆具備侵權行爲之要件，始能成立。惟侵權行爲之體樣，各共同行爲人不必同一，因故意之行爲人與過失之行爲人，皆可爲侵權行爲人。數人侵害權利之方法雖有差異，亦不妨爲共同侵權行爲。例如共同殺人，一則用刀，一則用鎗，雖方法不同，其結果則一。又各侵權行爲人之侵害權利，均須與損害有因果關係；其無因果關係者，即不負共同侵權行爲之責。

㈡準共同侵權行爲

數人共同不法侵害他人之權利，而不能知其中孰爲加害人者，爲準共同侵權行爲（民法第一八五條第一項後段）。準共同侵權行爲之特色，在於數人共同爲侵害權利之危險行爲，而不能知共同行爲中孰爲加害人者，使其連帶負損害賠償之責。如共同行爲人能證明他人爲加害人時，應許其免責。

㈢造意及幫助

侵權行爲人之造意人及幫助人，視爲共同行爲人（民法第一八五條第二項）。造意人者，教唆他人，使之爲侵權行爲之決意之人也。幫助人者，於他人爲侵權行爲之際，幫助該侵權行爲人之人也。教唆及幫助者，亦應與行爲人負連帶損害賠償之責。（民法債編總論）（何孝元）

共同侵權行爲人（Joint Tortfeasors）

共同侵權行爲人者，乃共同或單獨侵害他人之權利，而發生同一損害之結果之人也。所謂共同行爲，乃協力發生同一損害結果之行爲，而非數個單獨行爲，偶然撮合而發生同一損害之結果之謂。此類行爲，可分三種，即：本人對於代理人行爲所負之責任，僱用人對於受僱人行爲所負之責任，及共同行爲是。共同侵權行爲之成立，必須加害人有意思聯絡。若被害人之損害，係由於數加害人之單獨各別之行爲所致者，則不得視爲共同侵權行爲。共同侵權行爲人，對於共行爲所致之損害，應連帶負損害賠償責任。關於共同侵權行爲人相互間之責任，英國之法律修正法案規定：「如損害之發生，係由於數不法行爲人之行爲所致者，無論其爲共同或各別之行爲，任何一不法行爲人得向其他共同行爲人請求分擔其損失」。但如侵權行爲人因賠償他人之損害所受之損失，本應由其他之共同行爲人負賠償之責者，則該共同行爲人不得使之分擔損失。例如代理人之不法行爲，係受本人之指示，其因此向被害人賠償損害所受之損失，原應由本人負責賠償，則本人不能使之分擔損失是（見Salmond on Torts, 11th ed., 1953, pp. 87-92）。（英美侵權行爲法）（何孝元）

共同訴訟

共同訴訟，係指當事人之一造或兩造爲複數之訴訟，亦即原告或被告或原被告各有二人以上之訴訟。因有二人以上於同一訴訟程序，爲共同之請求，或受共同之請求，故曰共同訴訟，該二人以上之原告或被告，稱爲共同訴訟人。共同訴訟在形式上雖爲一訴，但在實質上則係按其當事人之人數而爲數訴，就此數訴合併其訴訟程序，實即數訴之合併。以其別於訴訟標的爲複數，稱之爲客觀的訴之合併，此則稱之爲主觀的訴之合併。其在立法上准予合併之理由，均爲顧及訴訟上之經濟，節省勞費與時間，並防止裁判之牴觸。如共同訴訟之訴訟標的亦爲複數時，則兼兩種訴之合併而有之。至於共同訴訟之發生原因，通常係因起訴而發生，但亦有於起訴後訴訟進行中發生者，下列各種原因，除㈠外，均屬於起訴後所發生。㈠於起訴當時，二人以上一同起訴或一同被訴。㈡訴訟進行中，原告或被告死亡，由數繼承人承受訴訟。㈢訴訟繫屬中第三人提起主參加訴訟（民訴五四）。㈣原告於訴訟中，追加原非當事人之人爲當事人（二五五、二五六）。㈤分別提起之數訴，其當事人不同，經法院命爲合併辯論（二〇五）。又爲符合訴之合併之目的，共同訴訟須合於一定之要件，可分爲主觀的或客觀的二種。其主觀的要件係就多數之當事人言之。二人以上於下列各款情形得爲共同訴訟人，一同起訴或一同被訴（五三）。㈠爲訴訟標的之權利或義務爲其所共同者；㈡爲訴訟標的之權利或義務，本於同一之事實上及法律上原因者；㈢爲訴訟標的之權利或義務，係同種類，而本於事實上及法律上同種類之原因者。其客觀的要件，係因當事人爲多數，其各人之請求以同一訴訟程序而合併，自應具備客觀的數訴合併之要件：㈠受訴法院就數訴須有管轄權；㈡須數訴許行同種之訴訟程序；㈢須數訴非法律禁止合併者（如六一三、六二四Ⅱ、Ⅲ、六三九）。客觀要件攸關於保護公益之事項，蓋以此爲法院就數訴爲合併辯論及合併裁判所必具之要件，如有欠缺，則數訴在事實上即屬無法合併。故是否具備，法院應依職權調查之。調查結果，如認其要件具備者，除依法（二〇四，三八二）得分別辯論，分別裁判外，原則上應合併辯論及裁判。如認爲要件不備時，應將各訴分別辦理，與辦理分別提起之訴同，不得逕認其訴全部不合法，以裁定駁回之。至於主觀的要件則非法院就數訴爲合併辯論及裁判所必具之要件，縱有欠缺，其數訴亦非無法合併。且法院如以合併辯論及裁判爲不適宜時，尚得依法（二〇四，三八二）爲分別辯論或裁判。故於被告無異議時，無須以有欠缺爲理由，而禁止其程序合併之必要。是以主觀的要件是否具備，須俟被告提出異議（一九七），始予審究，法院無須以職權調查。如被告捨棄或喪失其責問權，此項要件之欠缺，視為補正。如其欠缺，經被告提出異議，法院應就各訴分別辯論及裁判，與辦理分別提起之訴同。惟嗣後如合於得命合併辯論（二〇五）之規定時，法院亦得命將各訴合併辯論。共同訴訟人各有續行訴訟之權。法院指定期日者，應通知各共同訴訟人到場（五七）。其餘參見訴之合併及主觀的訴之合併條。又共同訴訟可分為通常共同訴訟（一稱普通共同訴訟）及必要共同訴訟，詳見各該條。（民事訴訟法）（李學燈）

共同訴訟之從參加

見「獨立之從參加」條。（民事訴訟法）（李學燈）

共同過失（Contributory Negligence）

共同過失者，乃被害人之行為與加害人之過失，兩相協同致損害於被害人或其財產之謂也（見James A. Ballentine:Law Dictionary, 1959, p. 284）。於此種情形下，加害人得以被害人之共同過失為抗辯之事由，但加害人如有故意、惡意、輕率或魯莽者，則不在此限（見Prosser on Torts, 2nd ed., 1955, p. 283）。（英美侵權行為法）（何孝元）

共同意思主體說

見「共犯」條。（刑法總則）（王建今）

共益權

見「自益權」條。（商事法）（林咏榮）

共謀犯罪（Conspiracy）

二人以上共謀協力從事不法行為，或該行為本質上合法，經二人以上共同協力為之後成為不法，又或共謀人以非法方法為之後，本為合法之行為亦得成為非法，謂之共謀犯罪（Pettibone v. U.S., 148, U.S. 197,13 S.Ct. 542, 37 L. Ed. 419）。共謀犯罪主要在行為人間有協議及行為；對犯罪事實單純之認識，默許或企圖不得為已足。共謀人可任意加入或退出協議，無須了解共謀計劃之細節，亦無須認識其餘共謀人；了解共謀犯罪目的，有加入協議之意思，從事犯罪行為即可（Craig v. U.S., C.C.A. Cal., 81 F. 2d 816, 822）。共謀犯罪除法有特定外，為輕罪（misdemeanor），但圖謀之犯罪完成且構成重罪時，為後一重罪吸收，共謀人應負較重刑責。（英美刑法）（桂公仁）

共謀共同正犯

見「共犯」條。（刑法總則）（王建今）

刑之酌科

近代各國刑法，量刑範圍，均趨擴大，我國亦然。就殺人罪而言，最重可以判處死刑，最輕可以判處有期徒刑十年。如係殺人未遂、自首，而犯罪之情狀又可憫恕者，則有三減之原因，由法定最低度之刑十年一減而為五年，再減而為二年六月，三減而為一年三月，即可符合刑法第七十四條規定，宣告緩刑。以殺人重罪，最高可以處死，低則可能宣告緩刑，其伸縮度之廣大，可以概見。因此在「量刑」上，即刑之酌科，不能無一定之標準。刑法第五十七條規定：「科刑時應審酌一切情狀，尤應注意左列事項，以為科刑輕重之標準：一、犯罪之動機。……」。本條規定之重點，在於審酌一切情狀，並非以所列舉之十款為限。此項審酌情形，應記載於有罪之判決書理由之內（刑訴三一〇條三款），不得疏漏。否則即為違法。（刑法總則）（王建今）

刑事政策

刑事政策有廣義與狹義之分：廣義的刑事政策，乃探求犯罪之原因而確立其對策之謂。就此種意義言，各種社會政策之設施，亦與刑事政策有連帶關係，李士特（Liszt）所謂最善之刑事政策，即為最善之社會政策，即指此廣義之刑事政策。狹義的刑事政策，乃探求犯罪之原因，批評現存刑法制度之犯罪對策的得失，研究未來刑罰制度之改進，並確立其犯罪對策之謂。刑事政策之出發點，在認犯罪出於行為，行為因動機而決定，動機以性格為因素，而性格則多為社會環境之產物。換言之，犯罪乃因社會缺陷，造成惡劣的性格，即反社會的性格之表現，因此針對此種惡劣的性格及造成犯罪原因之社會的缺陷，而施以適當的方策，以謀犯罪之預防及消滅，即為刑事政策的目的。刑事政策之觀念，乃新派學者依據刑法理論之改造而建立，並使其發展，成爲刑事學中重要之科學。雖舊派學者，對於刑事政策在刑事立法上及司法上之貢獻，亦不能加以否認。惟舊派學者認刑罰與刑事政策之性質完全相異，以刑事政策爲一種特殊之制度，但新派學者，則以刑罰與刑事政策爲一綜合觀念，認刑罰乃實施刑事政策的具體方法之一，因此刑法之構成與改良，必須以刑事政策之原則爲先導。惟刑罰爲歷史悠久之制度，而刑事政策之諸種設施，則爲近代之產物。故刑事政策一詞就最狹義之觀念言之，卽爲刑罰以外之犯罪預防政策之意。

廣義之刑事政策，包括以下三方面：其一爲對於普通犯罪人之方策。其二爲對於特殊危險者之方策。其三爲一般預防政策。對於普通犯罪人之方策，以刑罰爲中心，以發揮感化之功能。對於特殊危險者之方策，如少年犯之感化教育、精神病犯人之監護及習慣犯之強制工作等是。至於一般預防政策，要不外一般社會政策而已。（刑事政策）（王建今）

刑事政策之基本原則

刑事政策之基本原則，在認犯罪係基於一定原因而成立之因果事實。蓋任何犯罪，必先有其犯罪原因，而後始發生犯罪之結果。究其犯罪原因，卽爲犯人之惡性或反社會性。而此種性格，則由於犯人之素質與社會之缺陷所造成。因此刑事政策之要求，卽爲針對此因果事實所立之犯罪對策，亦卽爲針對犯人惡性與社會缺陷所定之方策。玆將近代刑事政策之基本原則略舉如下：一、刑罰個別化與犯人之人格調查。新派刑法理論，認犯罪爲犯人個性之產物，雖屬同一種類之犯罪，因行爲人之人的關係，對於法律秩序侵害之可能性，卽反社會性或危險性之程度各有不同，因此刑罰卽不能依犯罪之外部實害的大小爲決定之標準，而應依行爲人反社會性之大小以爲斷。此卽爲刑罰個別化之原理。根據此種原理，在立法方面，應特別注重犯人之分析；在審判方面，應依犯人之反社會性或危險性爲量刑之標準；在刑之執行方面，應依犯人入獄後反社會性消長之程度，而爲刑期伸縮之處置。刑罰個別化之原理，因以犯人之性格爲中心，故需要調查犯人之人格，爲其當然之結論。此種人格調查之原則，在美國、比利時、德國、蘇聯等國刑法之內，均定有相當之範圍及程度。我國刑法第五十七條亦有明文規定。二、犯人分類。因實施刑罰個別化與犯人之人格調查，故犯人之分類，當然爲事實所必需。關於犯人之分類方法，學者見解不一。李士特（Liszt）主張將犯人分爲常習犯人與偶發犯人二種。在常習犯人之中，更有改善不可能犯人與改善可能犯人之分。龍波羅梭（Lommbroso）主張將犯人分爲生來犯人、精神病犯人、激情犯人及偶發犯人四種。斐利（Ferri）主張將犯人分爲精神病犯人、生來犯人、常習犯人、偶發犯人及激情犯人五種。日本學者木村龜二認爲犯人分類，應採多元之方法：㈠以反社會性爲標準，則分爲常習犯人與偶發犯人。㈡以性格是否固定爲標準，則分爲成年犯人與少年犯人。㈢以精神狀正常與否爲標準，則分爲常態犯人與精神病犯人。㈣以犯人之價值意義達到社會水準或突破其水準與否爲標準，則分爲普通犯人與確信犯人。此種分類方法，頗有見地。對於成年犯人、常態犯人、普通犯人及偶發犯人，應審酌一切情狀，施以不起訴、緩刑、感化教育或處以適當之刑罰。在刑事政策上所成問題者，爲少年犯人、常習犯人、確信犯人及精神病犯人四種，分述如下：(1)少年犯人。近代各國對於少年犯人，大都制定少年法，並設置少年法院，施以特別審判。我國於民國五十一年二月公布少年事件處理法，規定少年法庭之組織，少年管訓事件之管轄、調查、審理及管訓處分之執行暨少年刑事案件之處理等。採取保護與教育之精神。(2)常習犯人。常習犯人恒屬累犯，然而累犯由於刑法第四十七條之規定，有其一定之要件，故累犯未必盡屬常習犯人。常習犯人完全基於犯人之性格而造成，常習犯人之中，有自動的以犯罪爲生活之手段者，卽所謂常業犯或職業犯。亦有被動的因受刺激而犯罪逐漸成爲習慣者。常習犯人多由於慢性之失業、貧窮、疾病、遊蕩及懶惰等事實而來。對於常習犯人，以施以特殊之教化及不定期刑最爲適宜。(3)確信犯人。確信犯人之發生，以政治的及社會的原因爲最多。確信犯人之特質，往往爲企圖實現理想之社會秩序，而破壞現實之社會秩序。其情節與一般犯罪有別。故在可能範圍內，國家對於確信犯人應採寬大之政策。(4)精神病犯人。例如因白痴、暴燥狂、憂鬱狂、癲癇狂、傳染性精神病、中毒性精神病等疾病而犯罪者是。此種犯人在犯罪時，如已達於心神喪失之程度，應爲不罰，得令入相當處所施以監護，如係精神耗弱者，得減輕其刑及施以監護（刑法一九條、八七條）。三、刑罰制度之改造。關於刑法內容具有一定之分量，係受報應刑思想之影響，卽對於犯罪行爲施以同等價值之惡害的觀念而來。然而新派刑法理論，認爲犯罪乃由於犯人之惡性而發生，以痛苦報痛苦，難收實效。欲圖根本消滅犯罪，必須釜底抽薪，除去犯罪之原因，卽犯人反社會之性格。除去反社會性之基本方法，在於教育。故教育刑乃新派理論之中心，主張刑罰制度應作下列之改造：(甲)單一刑主義。即廢除自由刑間種類之區別。如我國自由刑有徒刑拘役之分。蓋刑罰爲達成對於犯人教育的作用而設，且以勞動爲中心，刑期之長短，應以適應各個犯人之反社會性爲已足，而不必於自由刑之間復加若何種類之區別。(乙)短期自由刑廢止論。刑罰之作用既在於教育，短期自由刑，根本不能發揮教育之功能，犯人入獄之後，不但喪失其自尊心，且極易傳染犯罪之惡習，而發生諸多流弊。短期自由刑本爲情節輕微之犯罪而設，新派學者主張短期自由刑應予以廢止，而代以緩起訴，緩宣告、緩刑、罰金或不加拘禁之強制工作等合理之處置。(丙)不定期刑。即刑期之長短，以適應犯人改善之程度爲標準。其已經改善者，卽予釋放，其尚未改善者，仍繼續拘禁（參見另條）。(丁)執行自由刑制度之改造。自由刑教育化，同時行刑技術方面亦必須革新。從來拘禁犯人之方法，以獨居及雜居二種制度爲中心，代之而興者，則爲合理之累進制。所謂累進制，係將刑期分爲數個階段，因受刑人之改善，同時進入刑之緩和的階段，因刑之逐漸緩和，乃促使受刑人容易再與社會同化，卽再社會化之謂。累進制之中，又有英格蘭制與愛爾蘭制之分：英格蘭制將累進之階級分爲獨居、雜居及假釋三個階段；愛爾蘭制在雜居與假釋之間，復插入半自由之中間制度。就教育方法而論，當以愛爾蘭制爲佳。又隨累進制而來者，尚有受刑人自治制。自由刑原非爲抑壓或閉塞犯人之社會性而設，實應發揮其人類之社會性，以導入社會生活，使其再社會化爲目的。就此點而論，受刑人自治制，當最合刑事政策之要求。(戊)廢止死刑。廢止死刑之理由，大意謂死刑與人道不合，死刑固無特別預防之可言，卽就一般預防而言，亦無若何之效果。倘不定期刑能有合理之實施，則死刑卽當然無存在之價值。(己)保安處分。新派學者主張社會責任論與特別預防主義，在刑罰內容方面，應求其教育化，刑罰與保安處分之性質，已趨一致，卽刑罰已趨向於保安處分化。其最終之目的，在於改善犯人之惡性，使其重作新民。（刑事政策）（王建今）

刑事時效制度

刑事時效制度，有下列二種：㈠追訴權時效。所謂追訴權時效，係指國家機關對於犯罪，如不於一定期間內偵查、起訴及審判，卽喪失其追訴之效力而言。追訴權並非單指起訴權，應包括偵查、起訴及審判三種權限在內。所謂審判，應包括第一審至第三審在內。㈡行刑權時效。係指國家機關對於科刑判決確定之被告，如不於一定期間內執行刑罰，卽喪失其執行之效力而言。

近代各國，對於刑事時效之法律規定，不外三種方式：第一將追訴權及行刑權時效全部規定於刑事訴訟法之內，如法國是。第二將追訴權時效規定於刑事訴訟法之內，而將行刑權時效規定於刑法之內，如日本是。第三將追訴權及行刑權時效全部規定於刑法之內，如我國及其他多數國家均是。

關於追訴權時效制度之立法例，約有下列三種：其一爲時效中斷制。日本舊刑事訴訟法採之。卽刑事案件一經提起公訴或爲公判或預審之處分等行爲時，其追訴權時效卽行中斷。自中斷事由終止時起，時效重行起算。此種制度，縱時效期間規定甚短，但可無限制延長，故極難完成，於被告甚爲不利。其二爲時效停止制。我國現行刑法及日本現行刑事訴訟法採之。此種制度，時效較易完成，於被告及社會均屬有利。其三爲時效中斷制與停止制併行。德國現行刑法採之。卽裁判官對於犯人採取各種行爲時，中斷其時效。中斷僅對於裁判官所爲行爲有關之犯人發生效力。中斷後新時效更新進行（德刑六八條）。是爲時效中斷制之規定。又依法律之規定，刑事追訴不能開始或繼續時，停止時效之進行。刑事訴訟程序之開始或繼續應以其他程序之裁判爲先決條件者，在此項程序終結前，停止時效之進行（德刑六九條）。此種制度，時效亦不易完成。以上三種制度，第一與第三大體相同，時效均極難完成，被告往往終身在追訴狀態之中，於犯人及社會均屬不利。我國過去之暫行新刑律亦曾採用第三種制度。至民國十七年制定舊刑法時，卽將中斷制予以廢止。二十四年修改刑法時，復酌加損益，而成現制。

依刑法第八十條規定，追訴權行使期間，分爲二十年、十年、五年、三年及一年五種。如在此期間內不爲偵查、起訴及審判時，其時效卽爲完成。時效完成者，在偵查中應爲不起訴之處分（刑訴二五二條二款）。在審判中應諭知免訴之判決（刑訴三〇二條二款）。如在此期間內實施偵查、起訴及審判時，時效卽當然停止。惟當國家機關行使追訴權之際，如依法律之規定，遇有偵查、起訴或審判之程序不能開始或繼續之情形時，其時效亦應停止其進行（刑法八三條）。惟此種停止，係基於刑法第八十三條之特別規定，其停止原因繼續存在之期間，如達於第八十條第一項各款所定期間四分之一者，其停止原因，視爲消滅。卽仍然進行時效。因之刑法第八十三條之停止進行時效，與偵查審判依法進行中之停止進行時效有別。前者有四分之一之限制，後者無時間之限制。故任何刑事案件，凡於刑法第八十條第一項規定期間內，在通常情形之下，開始偵查及審判者，卽不生時效問題。

關於行刑權之時效，卽處刑判決確定後，國家對受判決人執行刑罰權之時效，依刑法第八十四條規定，分爲三十年、十五年、七年、五年及三年五種。此種計算方法，較爲單純，在適用上所須注意者，卽當行刑權行使期間開始後，如遇有法律上之規定，不能開始或繼續執行時，應停止四分之一期間之進行。例如判決確定後因被告逃亡而被通緝者，應停止其行刑權行使期間四分之一，而後進行。（刑法總則）（王建今）

刑事訴訟

法院基於當事人之請求，對於特定犯罪事件，依法予以審判之行爲，謂之刑事訴訟。是乃一般人之觀念，就此以言刑事訴訟之意義，向有廣狹範圍：前者以凡係國家以貫行刑罰權爲目的所爲之一切行爲皆屬之，包括審判前之偵查起訴及審判後之執行程序。後者以刑事法院與當事人間相互關聯之行爲，用以確定國家刑罰權之存否及其範圍之程序，乃爲刑事訴訟，則單指審判程序而言。就刑事訴訟法全部內容觀之，宜從廣義。（刑事訴訟法）（陳　珊）

刑事訴訟之方式

刑事訴訟有二種方式：一稱「糾問式」。追訴與審判，均由法院爲之，僅係法院爲訴訟主體，對此有稱之爲一面關係說。一稱「彈劾式」。必有對立之原被兩造，訴訟方能成立，是以法院、原告及被告三方面同爲訴訟主體，故對此有稱之爲三面關係說。現代制度，皆採彈劾式，我亦從之。（刑事訴訟法）（陳　珊）

刑事訴訟之立法主義

根據各種資料淵源，針對實際需要，釐定有關刑事訴訟之基本原則，以供訂定法律之採擇者，爲立法主義。依我國現行制度以爲說明，有以下各種：㈠彈劾主義與糾問主義（見另條）。㈡國家追訴主義與私人追訴主義。前者由國家設置特定公務員（檢察官），行使追訴犯罪之職權，稱曰「公訴」。後者由犯罪之被害人或其特定關係人不經偵查程序，逕向法院訴請處罰犯罪，稱曰自訴。現行法以採國家追訴主義爲原則，私人追訴主義爲例外，自訴範圍，亦甚廣泛。㈢勵行主義與便宜主義。前者係有罪必追，檢察官實施偵查之結果，如認被告之犯罪嫌疑已足證明者，必須起訴。後者斟酌情形認以不起訴爲適當或無起訴之必要者，亦得爲不起訴之處分，二者均爲我現行法所採取。㈣職權主義與處分主義。前者由法院以職權進行訴訟，惟以受當事人之請求事項爲範圍，對於本案裁判仍爲不告不理。後者由當事人主動進行訴訟，法院依其聲請而爲處置。如當事人未盡舉證責任，法院卽以裁判駁回其請求，原則上不以職權調查當事人未經聲明之證據。我現行法仍以職權主義爲主。㈤本人訴訟主義與代理訴訟主義。前者一切訴訟行爲，係由當事人本人所自爲。後者一切訴訟行爲，須委由律師代理。現行法以本人自爲訴訟爲原則，自訴人之委任代理，一任其意思自由，被告之委任代理人，尙以最重本刑爲拘役或專科罰金之案件爲限。自訴人或被告雖委有代理人，但法院或檢察官認爲必要時，仍得命本人到場。㈥單級審理主義與數級審理主義。前者一審判決，卽行確定。迅速了結，乃其所長，無法救濟，乃其所短。後者不服原判，得以上訴，須經二以上審級之裁判，方告確定。愼重刑獄，乃其所長，增加勞費，乃其所短。兩相衡酌，後者較優。現行法以三級三審爲原則，但刑法第六十一條所列各罪之案件，經第二審判決者，不得上訴於第三審法院；內亂、外患及妨害國交等案件，管轄權屬於高等法院，均爲二審確定。㈦公開審理主義與秘密審理主義。前者進行審理，宣示裁判，均係公開，任人旁聽。後者以秘密方法行之，不許旁聽。現行法以審判公開爲原則，但因有妨害公共秩序或善良風俗之虞而禁止公開，尙須宣示理由，記載筆錄，否則卽構成程序違背法令之原因。㈧直接審理主義與間接審理主義。前者訊問被告及其他訴訟關係人，蒐集調查裁判上一切資料，均由法院直接行之，後者得以間接取得之訴訟資料，據爲裁判基礎。現行法以直接審理爲原則，但以囑託調查之所得，及證人在審判外之陳述而有其他特別規定者，亦得作爲證據，是乃例外。㈨兩造審理主義與一造審理主義。前者不論公訴或自訴程序，均須兩造當事人對席辯論，而爲判決。後者僅由當事人一造到庭受審，得不待他造之陳述逕行判決。現行法以兩造審理爲原則，自訴人及第一、二審程序中之被告受合法傳喚無正當理由不到庭者，均有不待陳述逕行判決之規定。言詞審理主義與書面審理主義。前者案件裁判，必須經過合法之言詞辯論，方得爲之。後者就兩造當事人之書面陳述，卽得爲裁判。現行法於第一、二兩審採言詞審理主義，但為免訴、不受理及管轄錯誤等形式判決，得不經言詞辯論。第三審採書面審理主義，但法院認為有必要且以有律師任代理人或辯護人者為限，亦得命為言詞辯論。㈩當事人同等主義與當事人差等主義。前者原告立於攻擊地位，被告立於防禦地位，其得行使訴訟法上之權利，互相平等。後者在訴訟程序進行中，雙方當事人之權利義務設有差等。現行法亦採同等主義。惟在偵查程序，檢察官非以當事人之地位行使職權，其與被告向無足以言同等。㈪實質的眞實發現主義與形式的眞實發現主義。前者以確定國家刑罰權之存否，必須無枉無縱，故被告雖經自白，仍應調查其他必要證據，以察其是否與事實相符，此即所謂實質的眞實發現，為刑事訴訟確守之原則。後者但就表面上之現象觀察，即為裁判事實之認定，如依當事人之捨棄認諾而使其受敗訴判決，基於明示自認或默認，而確信他造主張為眞實，則為形式上之眞實發現，而不窮究其實際情形，此種主義，乃為民事訴訟法規所採行。㈫法定順序主義與自由順序主義。前者於訴訟程序之進行，劃有階段、證據之聲明、提出與調查辯論，定有先後次序，逾時即不生效力。後者訴訟行為，不加限制，亦無一定順序之分。二者多為各國立法例所兼採，以資調劑，我亦從之。現行法雖於審判前設有準備程序之規定，但在言詞辯論終結前仍得提出有利證據或為調查證據之請求。㈬法定證據主義與自由心證主義。前者以證據力之強弱及可否採取，均由法律定之，法院不得自由取捨，又稱為形式證據主義。後者以證據之證明力，由法院自由判斷之，而不受任何之拘束或限制，其作用重在發現眞實，故又稱實質證據主義。我刑訴法原採自由心證主義，五十六年一月修正時增加若干法定限制而有例外。(刑事訴訟法)（陳　珊）

刑事訴訟之條件

刑事訴訟採程序法定主義，故必踐行法定方式，始生效力，依其內容，可區為多種條件：㈠狹義條件與廣義條件。前者為訴訟成立之條件，須有合法之追訴，訴訟乃能成立，故又稱追訴條件。後者為訴訟續行之條件，所有程序必須依法進行，方能達於裁判階段，故又稱為裁判條件。㈡絕對條件與相對條件。前者為職權行為之條件，法院無待當事人之請求，應逕行為搜索、扣押、勘驗、調查人證及交付鑑定等行為，現行法雖有舉證責任之規定，但仍不影響於職權進行。後者為聲請行為之條件，如當事人雖認推事有偏頗之虞，如不聲請迴避，法院不得逕為迴避之裁判。㈢形式條件與實質條件。前者為訴訟發生之條件，如提起公訴或自訴，均須具備法定程式，欠缺此要件者，如不能或不為補正者，法院即不能受理，此為訴訟上之積極效果，故又稱為積極條件。後者為訴權失其存在條件，如案件有時效完成或曾經大赦等情形，訴權即行消滅，法院應為免訴之判決。此乃訴訟上消極作用，故亦稱為消極條件。㈣普通條件與特別條件。前者為一般訴訟之條件，刑法上一般犯罪，均得因公訴或自訴之提起而付審判。後者為特定訴訟之條件，如為刑法上告訴或請求乃論，必經合法之告訴或請求，方能受理。㈤公訴條件與自訴條件。前者為該管法院檢察官提起公訴之條件，包括起訴之管轄、程式及追加等有關規定。後者為犯罪之被害人或其他得為自訴之人提起自訴之條件，包括自訴能力、自訴限制及其效力之規定。(刑事訴訟法)（陳　珊）

刑事訴訟之順序

刑事訴訟既係法院與兩造當事人間之行為，有為單獨實施，有為會合進行。經過順序，分為三個階段：一為偵查，乃起訴前之準備程序，起訴則係偵查之結果，由檢察官掌之。是為公訴權之行使，若為自訴，則不經偵查。次為審判程序，由法院掌之，現制以三級三審為原則，三級二審為例外。再為執行程序，由檢察官指揮之。但其性質應由法院或審判長、受命推事、受託推事指揮，或有特別規定者，不在此限。(刑事訴訟法)（陳　珊）

刑事訴訟法

規定刑事訴訟程序之法律為刑事訴訟法。就其性質、內容及效力，可作以下之區分：㈠廣義的與狹義的刑事訴訟法。前者指以實行國家刑罰權為目的之法規總體，除有關審判權行使之規定外，審判前之偵查程序，判決確定後之執行程序，皆列入之。後者單指確定國家刑罰權之存否及其範圍之程序法而言，依刑事訴訟法之全部內容觀之，應從廣義。㈡形式的與實質的刑事訴訟法。前者係指刑事訴訟法之法典而言，其內容雖亦有非刑事訴訟之規定，如其第九編之附帶民事訴訟，但其形式上之名稱則為刑事訴訟法。後者指有關刑事訴訟之一切法律而言，如法院組織法、監獄行刑法、行刑累進處遇條例及覊押法等，在形式上雖均無刑事訴訟之名，而其實質則多為有關刑罰權之實行規定。㈢普通的與特別的刑事訴訟法。前者即據以辦理普通刑事案件之現行刑事訴訟法。後者更可分爲兩種：一爲特別刑事訴訟法，如據以審判陸海空軍軍人軍屬，及非軍人依戒嚴法應受軍事審判案件之軍事審判法是。一爲刑事訴訟之特別法，如過去之縣司法處辦理訴訟補充條例、非常時期刑事訴訟補充條例、復員後辦理刑事訴訟補充條例及特種刑事案件訴訟條例等皆屬之。刑事訴訟法乃成文法典之一種，其爲規定國家公權行使關係之法律，故爲公法。其爲規定犯罪追訴處罰程序之法律，故爲程序法。其有強制實行之絕對效力，不爲任何人意思所左右，故爲強行法。其適用範圍限於普通法院辦理一般刑事案件，故爲普通法。其效力僅及於中華民國領域及在國外之特定犯罪案件，故爲國內法。其爲繼受他國法制，並非本國所固有，故爲繼受法。我國自古即有刑獄，但無獨立之刑事訴訟法。簡單之訴訟成規，向均附於刑例。歷代刑制，乃係實體法而兼程序法，混同一體，難以區分。秦漢之囚捕兩律，魏晉梁陳律中之告劾、繫訊、斷獄以及捕律或討捕各篇，北齊律中之鬥訟捕斷兩篇。後周律中之告言、繫訊、斷獄、逃亡等篇。隋唐律中之鬥訟、斷獄、捕亡等篇，宋刑統失其傳，元典章中之刑獄卷，內列：刑具、察獄、繫獄、鞫獄、審獄、斷獄、提牢等條；訴訟卷內列：書狀、聽訟、告事、問事、元告、被告、首告、誣告、稱寃、越訴、伐訴、折證、約會、停務、告攔、禁例等條。明清律中之訴訟、斷獄、捕亡等篇。既列治罪標準，亦有實施程序，此類刑事訴訟法則，均未成爲民國以來刑事訴訟法之淵源。清末變法，成立法律修訂館，至宣統二年十二月，刑事訴訟法草案起草完成，但未公布。民國十年三月，廣東軍政府就此加以修改，公布施行，名爲刑事訴訟律。在北方政府由司法部就同一草案加以增減，名曰刑事訴訟條例。於民國十年十一月呈准施行於東三省特別區，次年七月通行其他各地。國民政府奠都南京，經立法院就原草案加以修正，名曰刑事訴訟法。於民國十七年七月二十八日公布，同年九月一日施行。至民國二十四年一月一日，公布現刑事訴訟法，同年七月一日施行。三十四年十二月二十六日修正部分條文。五十六年一月二十八日　總統令公布修正新法，同日施行。五十七年十二月五日　總統令公布修正第三百四十四條及第五百零六條條文。(刑事訴訟法)(陳　珊)

刑事學

刑事學有廣義與狹義之分：狹義的刑事學，係指犯罪原因論而言；廣義的刑事學，係指關於犯罪一般的法律社會現象之研究而言，即關於刑事立法、司法（檢察、審判）及行政（行刑、司法保護、犯罪預防）等研究，包括刑事政策學在內。此外刑事學用於最廣義時，並包括刑事技術學（法醫學、偵查學、指紋學及採證心理學等）在內。狹義的刑事學，即犯罪學。其研究對象有二：其一爲犯罪。犯罪是一種法律的與社會的事實，犯罪行爲的發生，常與法律、政治、經濟、道德、宗教、氣候、風土等社會的及自然的條件有密切的關係。其二爲犯罪人。即犯人之體格、年齡、學歷、職業、智能、性格、家庭、配偶等社會的、心理的及生理的各種條件，常與犯罪有密切關係。以上兩種事實，爲研究犯罪學之基本要素。(刑事政策)(王建今)

刑法

刑法是規定犯罪與刑罰的法律。分析言之：一、刑法是法律。所謂法律，必須經過立法程序及總統公布。否則不得謂之法律。二、刑法是規定犯罪的法律。犯罪爲具有反社會性之行爲，所以國家之公權力不能不加以處罰。然而何種行爲構成犯罪，則必須由刑法予以明文規定，而後始能令人民切實遵守。三、刑法是規定「刑罰」的法律。刑罰是剝奪人民生命、自由、財產及資格之法益的處罰。所以必須由法律來愼重的明文規定。即行爲之處罰，以行爲時之法律有明文規定者爲限（刑法一條）。

現行刑法係民國二十四年一月一日國民政府公布，同年七月一日施行。民國三十七年十一月七日總統令修正第五條條文。民國四十三年七月二十一日總統令修正第七十七條條文。民國四十三年十月二十三日總統令修正第一百六十條第一項條文。刑法爲維護國家社會安寧秩序之常典，故過去甚少修正，惟如不能適應社會之需要時，則往往另行制定特別刑法以救濟之。例如懲治叛亂條例爲內亂罪之特別法，戡亂時期貪污治罪條例爲瀆職罪之特別法，懲治盜匪條例爲強盜罪之特別法等是。(刑法總則)　(王建今)

刑法的解釋

關於刑法的解釋，約可分爲左列數種：

一、文理解釋，又稱文典解釋。着重法文的文字與詞句，從文法上或文典上探究法律內容的眞意。

二、論理解釋，不拘於法律的文字，而依照論理的法則，解釋法律的意思，又分爲下列五種：㈠當然解釋，卽從法律所規定之命令與禁止的意旨上，認爲當然包括在內者。例如禁止馬車通行之規定，牛車較馬車爲重，當然在禁止之列是。㈡擴張解釋，卽擴大法文的意義，探求法律的意思。例如文書之毀棄，不限於文書的滅失與毀損，其塗抹行爲亦包括在內。㈢縮小解釋，通常又稱爲嚴格解釋，卽將法文的意義縮小其範圍，而予以理解。例如刑法第二九三條之遺棄罪，以積極之遺棄行爲爲限，其消極遺棄之行爲，例如路見患病之乞丐不予救助者，不成立犯罪是。㈣類推解釋，卽並無明文規定之事實，而援據類似該項事實之規定，以爲適用。現行刑法第一條係採罪刑法定主義，故禁止類推解釋。㈤反對解釋，卽就法律正面所規定的意思，而推斷其相反的意思。例如規定夜間禁止通行，則日間自不在禁止之內是。（刑法總則）（王建今）

刑法理論（Strafrechtstheorien）

刑法理論，原爲德國刑法學者之用語，通常係指刑罰之意義、本質、根據及其目的等而言。犯罪與刑罰之構成，爲從來學者在理論上發生爭論之刑法中心問題。此種理論之爭，在歷史上形成刑法學派之爭，亦卽舊派刑法理論（古典學派刑法論）與新派刑法理論（實證學派刑法論）之爭。

舊派刑法理論，發生於法國革命以後，因受個人自由與平等觀念之影響，主張人人具有平等之「自由意思」，同時爲防止法官之擅斷，主張「罪刑法定主義」。由是支配十九世紀前半期之刑法理論。

新派刑法理論，發生於十九世紀中期，主張拋棄自由意思之見解，根據科學原理，認爲犯罪乃因果關係必然的事實。如龍波羅梭之生來犯罪人論及斐利之犯罪的實證理論，將犯罪原因分爲自然的原因與社會的原因兩種，卽犯罪係由於犯人的素質與環境使然，應從犯罪行爲中認識行爲人之性格，卽所謂犯罪徵表說，同時主張刑罰並非單純的報應，而應爲防衞社會之手段。刑罰之重輕，並不以行爲或犯罪結果所生實害之大小爲準，而應以行爲人之主觀方面對於社會的危險性爲準，因而構成目的主義、主觀主義與特別預防主義之理論。

綜合新舊兩派刑法理論之爭，約可分爲下列三方面：（一）「報應主義」與「目的主義」之爭。（二）「客觀主義」與「主觀主義」之爭。（三）「一般預防主義」與「特別預防主義」之爭（均見另條）。（刑法總則）（王建今）

刑法關於人之效力

刑法第三條規定：「本法於中華民國領域內犯罪者適用之」。依此規定，凡在中華民國領域內犯罪者，無論中國人或外國人，皆有其適用。惟有左列之例外：

第一國內法上之例外，卽憲法第五十二條規定：「總統除犯內亂或外患罪外，非經罷免或解職，不受刑事上之訴究」。

第二國際法上之例外，卽依國際慣例，享有治外法權之人員，不受駐在國刑事之訴究。其人員如下：㈠外國元首及其家屬從者。㈡外國使節及其家屬從者。㈢經停泊國承認之外國軍艦及其因公登陸之外國軍隊。㈣因特約享有治外法權之外國領事。（刑法總則）（王建今）

刑法關於地之效力

刑法關於地之效力，在立法上約有下列五種主義：㈠屬人主義。卽凡屬本國人犯罪者，不問其犯罪地在於國內或國外，一律適用本國刑法之謂。㈡屬地主義。卽凡在本國領域內犯罪者，不問其爲本國人或外國人，均適用本國刑法之謂。㈢保護主義。卽刑法之效力，不以本國領域爲限，縱在國外犯罪，如其有害於本國或本國人民之法益者，亦得適用本國刑法之謂。㈣世界主義。卽不問犯人或犯罪地如何，對於反人類的犯罪，均得適用本國刑法之謂。今日世界各國的刑法，均以屬地主義爲原則，而酌量補充其他各種主義。我國刑法亦採此同樣見解。就中如刑法第三條規定：「本法於中華民國領域內犯罪者適用之」。係採屬地主義。刑法第五條規定，本法於凡在中華民國領域外犯內亂、外患等罪者適用之。其第六條規定，本法於中華民國公務員在中華民國領域外犯瀆職、脫逃等罪者適用之。及其第八條規定，均係採保護主義。刑法第七條規定：「本法於中華民國人民在中華民國領域外犯前二條以外之罪，而其最輕本刑爲三年以上有期徒刑者適用之」。係採屬人主義。刑法第五條第六款至第八款之規定，與國際間之禁止烟毒，廢除奴隸，緝捕海盜之刑事政策適相符合，係採世界主義。觀於上述，可知我國刑法關於地之效力，以屬地主義爲原則，以其他各種主義爲例外，可謂折衷主義。（刑法總則）（王建今）

刑法關於時之效力

刑法自公布施行之日起，至廢止之日止發生效力。現行刑法於民國二十四年一月一日公布，同年七月一日施行而生效。刑法不適用於施行前之犯罪行為，為「法律不溯既往之原則」。蓋刑法尚未公布施行，則該項行為是否犯罪？如何處罰？無從推測，自不得以行為後之法律為處罰之依據。惟行為後法律有變更者，而新變更之法律又有利於行為人時，為顧及行為人之利益，則不可無救濟之途。故刑法第二條第一項特設溯及既往之例外規定。即行為後法律有變更者，適用裁判時之法律，但裁判前之法律有利於行為人者，適用最有利於行為人之法律。係採從新兼從輕主義，實為進步之立法。（刑法總則）（王建今）

刑書

見「刑鼎」條。（中國法制史）（林咏榮）

刑鼎

刑書與刑鼎，均係以公布式將法律宣示於民，就形式的要件言，亦足媲美於羅馬十二銅表法（lex duodecim tebularum）。且鄭鑄刑書為左傳魯昭公六年，即周景王九年，應為公元前五三六年，晉鑄刑鼎為魯昭公二十九年，即周敬王七年，應為公元前五一三年，均先於羅馬十二銅表法，因為羅馬十二銅表法公布於公元前四五〇年。（中國法制史）（林咏榮）

刑罰

刑罰是國家為維護社會秩序對於犯罪人剝奪其法益的處罰。玆將其本質與種類分述如下：㈠刑罰的本質。刑罰為對於犯罪的報應。善有善報，惡有惡報，為向來社會生活之通常觀念。報復亦可謂人類之本能，在歷史上各時代不同的刑罰，固然是對於犯罪的報復，即在今日，刑罰仍不失為一種正當的報應。惟新派刑法學者，主張目的刑主義及教育刑主義，認刑罰並非為報復犯罪所科處，而是為了預防將來再犯所科處。然而這種思想，就現在的刑罰制度來說，僅成為導致行刑方法改善的原則，尚不能完全脫離刑罰之報應的本質。㈡刑罰的種類，分為主刑及從刑二種。主刑分死刑、無期徒刑、有期徒刑、拘役及罰金五種（刑法三三條）；從刑分褫奪公權及沒收二種（刑法三四條）。死刑為生命刑。無期徒刑、有期徒刑及拘役為自由刑。罰金及沒收為財產刑。褫奪公權為資格刑，又稱為能力刑。褫奪公權，係褫奪下列之資格：1.為公務員之資格。2.公職候選人之資格。3.行使選舉、罷免、創制、複決四權之資格（刑法三六條）。（刑法總則）（王建今）

刑罰個別化

見「刑事政策之基本原則」條。（刑事政策）（王建今）

有主物之占有

為占有分類之一，對無主物之占有而言，即占有他人所有物之謂，如其占有係以所有之意思而無占有之瑕疵者，即開始取得時效之進行。（民法物權）（陳珊）

有行為能力人（Person Capable of Disposing）

為自然人行為能力之一，即在法律上能為完全有效之法律行為之人。換言之，即凡能獨立因法律行為而取得權利或負擔義務之人，即是有行為能力人。統觀我民法第十三至第十五條各規定，得一當然之解釋，即年滿二十歲之成年人有行為能力和未成年人已結婚者有行為能力。此因男女結婚即成家，家是社會的組織單位，其在社會上應不無交易之行為。故法律規定為準成年人而賦與有行為能力。惟未成年人結婚之情形有三種：一為男女均達結婚年齡，即男屆滿十八歲，女屆滿十六歲。二為男女均未屆滿結婚年齡。三為男女僅有一方屆滿結婚年齡。其因結婚而有行為能力，均無問題。倘結婚後因配偶之一方死亡或離婚，或其婚姻經撤銷，均未達成年時，其取得之行為能力，是否因之喪失？日本學者柚木馨氏謂結婚成年為一種擬制。婚姻如消滅時，仍恢復為未成年人（氏著民法總論六七頁）。我國司法院解釋則異於是。已達結婚年齡而結婚之未成年男女在婚姻關係消滅後，仍未達成年者，並不喪失其行為能力。未達結婚年齡而結婚者，婚姻關係消滅時尚未成年時，在婚姻關係消滅後無行為能力（院字第四六八號及院字第一二八二號）。至有行為能力人之意思表示，若在無意識或精神錯亂中所為者，則仍無效（民法第七五條）。（民法總則）（張鏡影）

有形物權

對無形物而言，即以可供直接支配之不動產或動產爲標的物權也。此即民法物權編所規定之各種物權，通常稱之爲狹義物權。（民法物權）（陳珊）

有利叛徒宣傳

即對不特定之多數人，得以共見共聞之狀況下，以文字圖畫演說，爲有利於叛徒之宣揚傳播者，即屬懲治叛亂條例第七條之有利叛徒宣傳罪，其中所謂演說，不以言詞當衆演講爲限，其以歌唱、演劇、呼口號或以錄音播送，應均視爲演說之範圍。（特別刑事法）（吳　智）

有限公司

有限公司係指二人以上二十人以下股東所組織，就其出資額爲限，對公司負其責任的公司（公司法第九八條第一項及第九九條）。在他種公司，其股東人數，本法僅定其最低額；而獨於有限公司並規定其最高額。因其股東有最高額的限制，勢必具有資力和資望者始得參加，此頗類似於人合的無限公司，惟無限公司的股東應負連帶無限的責任，是則本質上兩不相同，此其特色者一。有限公司的股東，對於公司債權人既不負任何責任，而對於公司所負的責任，亦祇限於出資額。就其股東的責任言，頗與資合的股份有限公司相彷彿；惟有限公司不得向外招募股份，且不得發行公司債，學者稱之爲「非公衆的私的鎖閉」。且其設立程序較爲簡單，機關組織較爲單純，而公示主義亦較爲緩和（亦即公司向股東及第三者應採公告的方法，法律所要求者較爲不嚴格），是則兩者在本質上却不相同，此其特色二。故有限公司在立法的造型，乃採取人合公司與資合公司的中間形態。溯有限公司的立法，原以一八九二年德國的有限公司法爲最早，第一次世界大戰後，依梵爾賽條約，德國的阿爾薩斯（Alsace）及洛林（Lorraine）兩地歸還法國，此兩地在一八九二年依德國有限公司法所設立的公司，爲數甚多，於是法國便採取德制擬訂有限公司法，迄一九二五年公布實施。據其工業所有權局的統計，有限公司設立數，自一九二〇—二八年爲一六、五五一家，迄一九三五年增爲四九、七二〇家，其發展可謂迅速。英國一九〇七年頒行的公司法，有所謂「私公司」（private company），乃股份有限公司的變態組織，其股東責任可分爲無限與有限，如屬於有限責任者，則類似德國的有限公司。就法律上系統不同的英德兩國而論，其關於有限公司的立制，雖均係折衷於人合公司與資合公司；但英制偏重於人合，既限定股東人數最高額爲五十人，又不許自由轉讓其股份（英公司法第二十六條）；而德制偏重於資合，無股東人數的限制，却規定其公司資本股東出資的最低額。日本昭和十三年（1938 A.D.）所頒行的有限公司法，係以德國法爲基礎（如：公司的股份、資本及其組織），而滲以英國法關於人之成分（如股東人數的最高額及股份轉讓的限制）。其立制乃傾向於小規模簡易組織的特別的股份有限公司。我國基於政府與本國或外國人民富有資力者合資組織的必要，乃於民國二十九年六月二十二日頒布特種股份有限公司條例。其所規定的特種股份有限公司。於三十五年修正公司法時，酌以日本成規，承認其亦可由人民單獨組織，遂蛻變爲有限公司。其股東人數的限制，最低額爲二人，與法日二國立制同（法國有限公司法第五條，日本解釋例同。法國無最高額的規定；而日本在原則上限於五十人）；而最高額爲十人，則爲獨創一格。惟最高額限制太嚴，如公司增加資本須增加股東人數時，勢必遭遇困難，我現行法經針對此失，對於股東人數原則上限於二十人，而資本及出資却不設最低額的規定，可謂傾向於英國制的人合；異於德、法、日、諸國現制，均承認資本與股份的最低額，而接近於資合。（商事法）（林咏榮）

有限公司的中間形態

有限公司的股東，對於公司債權人，祇以出資額爲限負其責任，頗與資合的股份有限公司相類似，惟有限公司却不得向外招募股份，亦不得發行公司債，則與股份有限公司不同，而與人合的無限公司相彷彿，所以學者認爲有限公司的造型，乃折衷於人合的無限公司與資合的股份有限公司之中間形態。（商事法）（林咏榮）

有限公司的雙軌制

有限公司的股東，均有執行業務的權利，而負其義務；但章程訂明專由股東的一人或數人執行業務時，其決議與執行的方法、責任及報酬等項，均準用無限公司有關的規定（公司法第一〇八條第一項、第四五、四六、四九至五三條及第五五至五九條），如公司股東選任董事執行業務者，則準用股份有限公司董事的規定（公司法第一〇八條第二項，及第一九二條以下）。所以有限公司的組織是採雙軌制的。（商事法）（林咏榮）

有效（Effective；Validity）

即意思表示，在法律上有發生效果之可能者，謂之有效。惟有效之成立，必須具備有效要件（conditions for validity），即意思表示能成為法律行為，亦即是法律行為發生效力時不可缺少之要件。故凡法律行為之未具備有效要件者，其行為雖成立，但不能發生效力。此項有效要件有三：⑴行為人須有行為能力。⑵須為效果之意思表示，其表示且為人所喻知。⑶須有適當之標的，所謂適當之標的者，指標的須為可能的，確定的及合法的。惟有時意思表示除具備有效要件外，尚須具備成立要件（condition of consistence），亦稱成立要素。在民法中有特別規定者甚多，其未備此項成立要件者，縱具備具有效要件，亦難認為有效。例如不動產物權，依法律行為取得、設定、喪失及變更者，非經登記，不生效力（民法第七五八條）。蓋要式行為或要物行為之類，如行為人未履行一定之情形，其法律行為自難謂為有效之成立。（民法總則）（張鏡影）

有期限物權

為物權學理上分類之一，對無期限物權而言，即有一定存續期限之物權也。除所有權外均為有期限之物權。永佃權雖謂永久，但其性質係屬不定期之權利並非無期，遇有撤佃或合意終止等情形，仍即消滅。（民法物權）（陳　珊）

有期徒刑

見「主刑」條。（刑法總則）（王建今）

有意

有意即故意，陸海空軍刑法第十九條第五款規定，有意便缺乏兵器彈藥、糧食被服或其他軍用物品之罪，係指利敵行為，及有意圖，罪即成立，刑罰為唯一死刑。（特別刑事法）（吳　智）

有罪判決

被告犯罪已經證明者，應諭知科刑之判決，但免除其刑者，應諭知免刑（詳另條）之判決。有罪之判決書，應於主文內載明所犯之罪及諭知之主刑、從刑或刑之免除，暨其他有關論罪科刑之必要事項；並得就起訴之犯罪事實，變更檢察官所引應適用之法條。（刑事訴訟法）（陳　珊）

有罪相為容隱

唐律名例篇同居容隱條曾規定：「諸同居者大功以上親及外祖母、外孫、若孫之婦，夫之兄弟及兄弟妻有罪相為隱，部曲奴婢為主隱，皆勿論；即洩露其事及擿語消息亦不坐；其小功以下相隱，減凡人三等，若犯謀叛以上者，不用此律」。明清律都相同，但更擴大其範圍，為：「凡同居，若大功以上親及祖父母、外孫、妻之父母、女婿，若孫之婦，夫之兄弟及兄弟妻，有罪相為容隱；奴婢雇工人為家主隱者皆勿論，若漏泄其事，及通報消息，致令罪人隱匿逃避者，亦不坐，其小功以下相容隱，及漏泄其事者，減凡人三等，無服之親減一等，若犯謀叛以上者，不用此律」，這是基於孔子在論語上所說的「子為父隱」的遺意。我國現行刑事訴訟第一八〇條第一款及民事訴訟法第三〇七條第一項對於五親等內的血親得拒絕作證的規定，亦頗具有此旨！（中國法制史）（林咏榮）

有瑕疵占有

為占有分類之一，對無瑕疵占有而言，為強暴占有、隱秘占有、惡意占有、過失占有之總稱。占有之繼承人或受讓人，如合併前占有人之占有而為主張，並應繼承其瑕疵（民九四七）。（民法物權）（陳　珊）

有償契約

有償契約者，雙方當事人各須由給付而取得利益之契約也。例如買賣、互易、租賃、僱傭、承攬等是。有償契約，可準用關於買賣之規定（民法第三四七條）。有償契約債務人注意之程度較無償契約為重（民法第五三五條、第五九〇條）。限制行為能力人，未經法定代理人允許，不得訂立有償契約（民法第七七條）。（民法債編總論）（何孝元）

有權占有

亦稱正當權原之占有，對無權占有而言。凡基於所有權、其他物權或物權以外之財產權而爲物之占有者皆是。如因地上權、永佃權、典權、質權、留置權及債權上之租賃、借貸及寄託等關係均得占有不動產或動產。（民法物權）（陳　冊）

地上權

以在他人土地上有建築物或其他工作物或竹木爲目的，而使用其土地之權利，稱爲地上權。地上權之特質，在各國法例上有着眼於地上物之保護者，即有地上物方有地權。有着眼於土地之使用者，即無地上物仍不失其地上權。我民法設有「地上權不因工作物或竹木之滅失而消滅」之規定，是爲土地使用權之一種。一、地上權之取得。地上權爲不動產之物權，其依法律行爲取得者，適用物權通則之規定。即其移轉或設定，應以書面爲之，並非經登記，不生效力。其依法律事實取得者，亦準用所有權取得時效之規定。二、地上權之存續期間。定期之地上權，依其約定。未定期限之地上權，地上權人得隨時拋棄其權利。但另有習慣者，不在此限。其拋棄之方法，應向土地所有人以意思表示爲之。有支付地租之訂定者，其地上權人拋棄權利時，應於一年前通知土地所有人或支付未到支付期之一年分地租。至由土地所有人終止地上權者，在民律草案定有以二十年至五十年之衡酌期間，現行民法雖未採取，但解釋上仍以此爲審酌標準。三、地上權之效力：(一)地上權之相鄰關係。民法第七百七十四條至第七百九十八條所定土地所有權行使之各種限制，於地上權人間或地上權人與土地所有權人間準用之。(二)地上權之撤銷。地上權人積欠地租達二年之總額者，除另有習慣外，得撤銷其地上權，撤銷方法，應向地上權人以意思表示爲之。其欠租縱因不可抗力妨礙其土地之使用，亦不得請求免除或減少。(三)地上權之讓與。地上權人，得將權利讓與他人，但契約另有訂定或另有習慣者，不在此限。(四)地上權之物上請求權。地上權被侵奪時，有無所有權物上請求權之適用，在此無若地役權準用第七六七條之規定，多認爲應適用第九六二條占有物上請求權之規定。四、地上權之消滅：(一)消滅原因。地上權因物權之一般消滅事由及拋棄、終止、撤銷等特定事由而消滅，但於地上工作物或竹木之滅失，並非消滅原因。(二)消滅效果：1.地上物之取回。地上權消滅時，地上權人得取回其工作物或竹木。2.地狀之回復。取回地上物，應回復土地之原狀。3.地上物之留買。地上權消滅時，土地所有人以時價購買其工作物或竹木者，地上權人，不得拒絕。4.建築物之補償。地上權人之工作物爲建築物者，如地上權因存續期間屆滿而消滅，土地所有人，應按該建築物之時價爲補償。但契約另有訂定者，從其訂定。土地所有人，於地上權存續期間屆滿前，得請求地上權人，於建築物可得使用之期限內，延長地上權之期間。地上權人拒絕延長者，不得請求建築物之補償。（民法第八三二—八四一條）。（民法物權）（陳　冊）

地方團隊人員

戰時軍律第一條所稱之地方團隊人員，係指服務於依法令組織之一切地方性質團隊人員而言，亦即軍事審判法第三條第七款，於戰時參加戰鬥序列之地方民衆自衞團隊、警察隊、及其他特種部隊之官長、士兵或隊員。（特別刑事法）（吳　智）

地主

指土地所有權人而言，詳「土地所有權人」條。又現行法令及通俗觀念，每將地主與雇農對稱，或將地主稱爲土地出租人而與承租人對稱者，實則地主亦有係自耕農者，而土地出租亦並非以地主爲限。地主具有法定之情形者，稱不在地主（土、八）詳「不在地主」條。（土地法）（管　歐）

地役權

以他人土地供自土地便宜權利，稱爲地役權。地役權之特質，係因地而役，非若地上權、永佃權之供人使用，故須有兩個土地，他人土地稱之爲供役地或承役地，自己土地稱之爲需役地，地役權隨需役地之所有權而發生及消滅，故其性質爲從物權。地役權亦導源於羅馬法，西方法例，分爲人役權與地役權兩種，我民法亦如日本法例，祇有地役權之規定。地役種類，學理上有：天然地役與法定地役；田野地役與市府地役；積極地役與消極地役；繼續地役與非繼續地役；表見地役與非表見地役等區分，除後兩者外，在我民法上並無區別實益。地役權之取得，亦如其他之不動產物權，惟因時效而取得者，以繼續並表見爲限，其餘要件，亦準用所有權取得時效之規定，祇不須具有所有之意思。關於地役權之效力：(一)地役權之讓與。地役權爲從物權，故不得由需役地分離而為讓與，或為其他權利之標的物。㈡地役權之行使：1.通常行使。地役權人因行使或維持其權利，得為必要之行為。但應擇於供役地損害最少之處所及方法為之。2.有所設置。地役權人因行使權利而為設置者，有維持其設置之義務。供役地所有人，得使用是項之設置；但有礙地役權之行使者，不在此限。使用設置之供役地所有人，應按其受益程度，分擔維持其設置之費用。㈢土地之分割。1.需役地之分割。需役地經分割者，其地役權為各部分之利益，仍為存續。但地役權之行使，依其性質，祇關於需役地之一部分者，僅就該部仍為存續。2.供役地之分割。供役地經分割者，地役權就其各部分，仍得存續。但地役權之行使，依其性質，祇關於供役地之一部分者，僅對於該部分仍為存續。㈣物上請求權。地役權非占有物權，供役之土地，仍在所有人占有中，如遇他人侵奪地役權，不能無以保護，故設有準用第七六七條所有權物上請求權之明文。地役權人既不為供役地之占有，自亦無庸作如地上權等準用不動產所有權相鄰間關係之規定。地役權之消滅情形，亦類似其他之不動產物權，惟於無存續之必要時，法院因供役地所有人之聲請，得宣告地役權消滅，是乃專設之特別消滅原因。（民法第八五一—八五九條）。（民法物權）（陳　冊）

地政機關

指主管或掌理地政事務之機關，依土地法之規定，得分為：㈠中央地政機關，直隸於行政院，原為地政署，現為內政部，設地政司掌理其事；㈡地方地政機關，即省、市、縣地政機關，設局、所或科掌理其事。關於地政機關之權限，除法律別有規定外，土地法之規定，由地政機關執行之（土、三）。其權限又得分為：㈠地政機關一般之權限，乃為各地政機關所均有之權限；㈡中央地政機關特有之權限，乃指僅中央地政機關始有此種權限，例如限制土地面積之最高額，應經中央地政機關之核定（土、二八），㈢地方地政機關之特有權限，乃指僅地方地政機關始有此種權限，其中又得分省地政機關之權限（土、三九），及市縣地政機關之權限（土、五二、五五等條）。舊土地法於地政機關外，復規定設有土地裁判所，現行土地法則規定關於土地權利之糾紛爭執，劃歸法院受理審判。（土地法）（管　歐）

地價

指土地之價值，土地及其改良物之價值，應分別規定（土、一四五）。地價得分為法定地價及標準地價：㈠法定地價。土地所有權人依土地法所申報之地價，為法定地價；土地所有權人聲請登記所有權時，應同時申報地價，但僅得為標準地價百分二十以內之增減，若聲請登記而不同時申報地價者，以標準地價為法定地價（土、一四八、一五六、一五八）；㈡標準地價。地價調查，應抽查最近兩年內土地市價或收益價格，以為查定標準地價之依據；調查結果，就地價相近及地段相連或地目相同之土地，劃分為地價等級，並就每等級內抽查宗地之市價或收益價格，以其平均數或中數，為各該地價等級之平均地價；每地價等級之平均地價，由該管市縣地政機關報請該管市縣政府公布為標準價格。標準地價之公布，應於開拓土地總登記前分區行之；土地所有權人對於標準地價認為規定不當時，如有該區內同等級土地所有權人過半數之同意，得於標準地價公布後三十日內，向該管市縣政府提出異議，交由標準地價評議委員會評議之；土地所有權人認為標準地價過高，不能為申報時，得聲請該管市縣政府照標準地價收買其土地（土、一五〇至一五四、一五七）。（土地法）（管　歐）

地價稅

地價稅係土地稅之一種，恒與土地增值稅相對稱，係對於土地原價所徵收之土地稅，與土地增值稅係對於土地自然增價所徵收之土地稅有別。地價稅向土地所有權人征收之；其設有典權之土地，由典權人繳納。地價稅照法定地價按年征收一次，必要時得准分兩期繳納；以其法定地價數額千分之十五為基本稅率，按累進稅率征收之。（土、一七二Ⅰ、一六七至一七〇）。地價稅既係對土地原價按年征收之土地稅，故因土地狀態之不同，得分為：㈠改良物稅、建築改良物得照其估定價值，按年征稅，其最高稅率不得超過千分之十，於征收地價稅為之（土、一八五、一八六）；㈡不在地主稅，不在地主之土地，其地價稅得由承租人代付，在當年應繳地租內扣還之，其地價稅應照應繳之數加倍征收之（土、一七二2、一七五）；㈢空地稅，私有空地經限期強制使用，而逾期未使用者，應於依法使用前加征空地稅，其稅不得少於應繳地價稅之三倍，不得超過應繳地價稅之十倍（土、一七三）；㈣荒地稅，私有荒地，經限期強制使用，而逾期未使用者，應於依法使用前加征荒地稅，其稅不得少於應征之地價稅，不得超過應繳稅之三倍（土、一七四）。地價稅不依期完納者，加征罰鍰，並得將欠稅土地及其改良物之全部或一部交司法機關拍賣，以所得價款抵償欠稅（土、二〇〇、二〇一）。（土地法）（管　歐）

地價調查估計規則

民國二十五年十月二十八日前地政署公布，四十三年十一月二十五日內政部修正公布，同日施行。本規則依土地法施行法第四十條之規定訂定之，全文二十二條，規定地價調查之時期，調查程序，調查表之記載事項，土地收益價格之估計方法，及地價等級之計算公式等事項。（土地法）（管　歐）

地質探驗

地質探驗與地籍測量同為土地測量中之分類，地籍測量係着眼於土地表面上之測量，地質探驗則係着眼於土地下面之測量，例如就土地變形之來源，地力之蘊藏，土壤之種類，鑛產之分布等，關於土地性質上之調查探驗均是。（土地法）（管　歐）

地籍

所謂地籍，係指查明各宗土地之位置、界線、面積、使用狀況及權利狀態等，以圖冊簿籍為之記載，俾便查明土地狀況，鑑定土地權利，而為徵課土地賦稅之標準，實施土地政策之依據。簡言之，地籍即係將土地登記於冊籍之意，舊土地法未以「地籍」為編章之命名，其第二編土地登記，分通則、登記簿冊及登記地圖、登記程序、登記費、土地權利書狀五章，關於土地測量，則於第一編總則中另立一章。現行土地法第二編改「土地登記」為「地籍」，分通則、地籍測量、土地總登記、土地權利變更登記四章。（土地法）（管　歐）

地籍測量

地籍測量與地質探驗同為土地測量中之一類，係以測量技術測量各宗土地之種類、面積、位置、界線、形狀等事項，編定地號，製作地籍圖，藉以明瞭土地之分布狀況。其實施計劃應經中央政府之核定；測量之執行，則由該管省市縣政府辦理（土、四五）；關於地籍測量之次序，為三角測量、圖根測量、戶地測量、計算面積、製圖（土、四四），玆參照地籍測量規則，分別說明之：

㈠三角測量、乃在地球表面上用精密儀器選測許多三角點，測定各點之位置，埋置標石，為各種專業測量之依據。三角測量，按照三角邊長（即三角點之距離），分大三角測量與小三角測量；大三角測量又分為一等三角測量（邊長二十公里至八十公里）與二等三角測量（邊長十公里至二十公里）；小三角測量又分為三等三角測量（邊長三公里至十公里）與四等三角測量（邊長一公里至三公里）；㈡圖根測量、係指道綫測量及交會點測量，應依據三角點之成果施行之；㈢戶地測量、係以平板測量及航空攝影測量二種方法為原則，戶地平板測量，應用光線法、道線法、半道線法及交會法施行之；航空攝影測量，應用適宜之飛機及航攝儀於空中按垂直攝影法施行之；㈣計算面積、測量完竣後，每一地號之面積，應就原圖算定之。以用求積儀測算為原則，如求積儀不敷應用時，得以三斜法補助之，三斜法之計算法，係將每宗土地劃分為若干三角形，先以三角形之底長乘高長折半，算出各三角形之面積，更計算其總和，即得該土地之全面積；㈤製圖、製圖分為四種，即段圖、地籍公布圖、區（鄉鎮）地籍圖、縣（市）一覽圖。製圖係根據測量所繪製之地籍原圖，再行摹繪或縮繪，製成各種地籍圖及地圖。（土地法）（管　歐）

地籍測量規則

係行政院於民國二十三年一月二十八日公布，共分六章，計一五四條，規定地籍測量之程序，為三角測量、道線測量及交會點測量、戶地測量、計算面積、製圖（見「地籍測量」條），為各省市地籍測量之依據，各省市實施地籍測量時，得因事實之需要，由主管地政機關另訂地籍測量實施辦法。（土地法）（管歐）

地籍整理

指對於土地之位置、界線、面積、使用狀況及權利狀況等有不明、錯誤或紊亂等情形，而予以查明、清理、更正或確定之謂，實為辦理地籍之一種方法及必經程序。關於地籍整理之程序，為地籍測量及土地登記（土、三六、2）；地籍整理以市縣為單位，市縣分區，區內分段，段內分宗，按宗編號（土、四〇），是為地籍整理之基本工作。（土地法）（管　歐）

地權

所謂地權，有廣狹二義，廣義之地權，指凡對於土地所享有之權利，如地上權、永佃權、抵押權等均屬之，不以對於土地之所有權為限；狹義之地權，則僅指土地所有權人對其土地權利而言，土地法及其他現行法律所稱地權，係指狹義之地權。中華民國憲法第一四三條第一項規定：「中華民國領土內之土地，屬於國民全體，人民依法取得之土地所有權，應受法律之保障與限制」；土地法第十條第一項規定：「中華民國領域之土地，屬於中華民國人民全體，其經人民依法取得所有權者，為私有土地」。其意旨均係指土地之所有權而言，地權屬於私人所有者，為私有土地，地權屬於公有者，為公有土地。另於私有土地及公有土地各詞中說明之。至於土地所有權以外設定他項權利之種類，依民法之規定（土地法十一）例如就土地設定地上權、永佃權、地役權、抵押權、典權等權利（民法八三二、八四二、八五一、八一六、九一一、）；又依民法債編之規定，在不動產上尚可設定租賃權（民法債編第二章第五節），此等權利，均以土地之使用或收益，構成其權利之內容，於民法已有規定，可資依據，土地法無庸再為規定。（土地法）（管　歐）

地權限制

地權限制指對於土地所有權所為之限制。十九世紀時認為所有權具有絕對不可侵犯，近代則認為所有權應為社會一般幸福而利用，須有適當之限制，中華民國憲法第一四三條第一項規定：「中華民國領土內之土地，屬於國民全體，人民依法取得土地之所有權，應受法律之保障與限制」，此明示人民雖得依法取得土地之所有權，但仍應受法律之限制。土地法所定地權限制，係包括公私地權之限制，及外國人租買土地權利之限制。

第一、私有土地之限制：一、下列土地不得為私有：㈠海岸一定限度內之土地；㈡天然形成之湖澤而為公共需用者及其沿岸一定限度內之土地；㈢可通運之水道及其沿岸一定限度內之土地；㈣城鎮區域內水道湖澤及其沿岸一定限度內之土地；㈤公共交通道路；㈥鑛泉地；㈦瀑布地；㈧公共需用之水源地；㈨名勝古蹟；㈩其他法律禁止私有之土地；上項土地已成為私有者，得依法徵收之（土、一四）；二、附着於土地之鑛，不因土地所有權之取得而成為私有（土、一五、1）；三、國民政府對於私有土地所有權之移轉、設定負擔或租賃，認為有妨害國家政策者，得制止之（土、一六）。

第二、公有土地之限制：一、省市縣政府對於其所管公有土地，非經該管區內民意機關同意，並經行政院核准，不得處分或設定負擔或為超過十年期間之租賃（土、二五）；二、各級政府機關需用公有土地時，應商同該管市縣政府層請行政院核准撥用（土、二六）；三、省市縣政府應將該管公有土地之收益，列入各該政府預算（土、二七）。

第三、外國人租買土地權利之限制：一、標的之限制：凡農地、林地、漁地、牧地、狩獵地、鹽地、鑛地、水源地、要塞軍備區域及領域邊境之土地，不得移轉、設定負擔或租賃於外國人（土、一七）；二、用途之限制：外國人租賃或購買土地，以下列之用途為限：㈠住所，㈡商店及工廠，㈢教堂，㈣醫院，㈤外僑子弟學校，㈥使領館及公益團體之會所，㈦墳場。以上各類土地，如變更用途或為移轉時，應呈請該管市縣政府核准。（土、一九、二〇2）；三、面積及所在地之限制：外國人租賃或購買土地之面積及所在地點，應受該管市縣政府所定之限制；經營工業者，應經由該事業之中央主管機關核定之（土、一九、二一2）；四、程序上之限制：外國人租賃或購買土地，應會同原所有權人呈請該管市縣政府核准，變更原定用途或為移轉時亦同（土、二〇）；經營工業者，應將中央主管機關所發核准憑證，向所在地市縣政府繳驗，聲請協同租賃或購買，並由市縣政府層轉行政院（土、二二）；五、平等互惠原則之限制：外國人在中華民國取得或設定土地權利，以其本國與中華民國有外交關係，並依條約或其本國法律，中華民國人民得在該國享受同樣權利者為限（土、一八）。（土地法）（管　歐）

地權移轉

指土地所有權之移轉而言，實即土地所有權主體之變更，與土地標的物本身之喪失存在者有別。土地法規定國民政府對於私有土地所有權之移轉，認為有妨害國家政策者，得制止之（土、一六），所謂妨害國家政策，指私有土地所有權人行使權利，而於國計民生有妨礙時而言（土地法原則九），其所稱國民政府，在行憲後尚未修正，實例係由總統得行使其制止之權；又凡農地、林地、漁地、牧地、狩獵地、鹽地、鑛地、水源地、要塞軍備區域及領域邊境之土地，不論其為私人或政府所有，皆不得移轉於外國人（土、十七），即使合於土地法第十八條所定條件之外國人，亦不得享有此項土地移轉之權利。詳見

「地權限制」條。（土地法）（管　歐）

地權調整

所謂地權調整，指以直接方法，限制土地面積及承受，藉以防止土地之壟斷。其方法爲：第一、最高土地面積單位之限制：省或院轄市政府對於私有土地，得斟酌地方情形，按土地種類及性質，分別限制個人或團體所有土地面積之最高額；此項最高額，應經中央地政機關之核定；私有土地受此項規定限制時，由該管縣市政府規定辦法，限令於一定期間內將額外土地分劃出賣，否則，該管縣市政府得依法徵收之（土、二八、二九）；所謂斟酌地方情形，指斟酌該地方土地總面積及人口稀密等情形，定其土地面積最高額而言；所謂土地種類，指依土地法第二條所列土地使用，分建築用地、直接生產用地、交通水利用地等各大類；所謂土地性質，指土地之性質及土地所處之地位而言，如水田（田）旱田（畑）是；第二、最低土地面積單位之限制，市縣地政機關於其管轄區內之土地，得斟酌地方經濟情形，依其性質及使用之種類，爲最小面積單位之規定，並禁止其再分割；前項規定，應經上級機關之核准（土、三一）；第三、農地承受之限制：私有農地所有權之移轉，其承受人以承受後能自耕者爲限（土、三〇）；此係間接以扶植自耕農爲目的，以使僱農、佃農、半自耕農等易於獲得農地。所謂自耕，土地法第六條已有規定；所謂移轉，係指因法律行爲之移轉而言，因法律事實之移轉，例如繼承、不在其內。承受後以能自耕爲已足，若承受時雖非自耕，而在承受後徵收前，如已爲自耕，或將土地移轉與能自耕者，則其限制原因，已不存在，均無本條規定之適用；第四、承佃耕作地之照價收買：承佃耕作之土地，合於左列情形之一時，如承佃人繼續耕作滿八年以上，得請求該管縣市政府代爲照價收買之：㈠土地所有權人爲不在地主；㈡土地所有權人非自耕農，但老弱孤寡殘廢及教育慈善公益團體藉土地維持生活者，免予照價收買（土、三三）；第五、自耕農場土地之徵收：各級政府爲創設自耕農場需用土地時，經行政院核定，得依左列順序徵收之，其地價得以土地債劵給付：㈠私有荒地；㈡不在地主之土地；㈢出佃之土地，其面積超過依第二十八條所限定最高額之部分（土、三四）。（土地法）（管　歐）

合一確定

共同訴訟中之必要共同訴訟，其爲訴訟標的之法律關係，對於共同訴訟之各人，必須合一確定（民訴五六參照）。所謂合一確定，係指法院於爲判決時，對於共同訴訟之各人，在法律上一致確定爲必要，不許有歧異者而言。合一確定之必要，須於法律上存在，此在舊民事訴訟條例（六七）定明須係於法律上有合一確定之必要。現行法條文中雖無法律上字樣，亦應作同一之解釋。若僅因同一事實上或法律上問題，數人在理論上應受一致判決者，尚非此之所謂必須合一確定，亦即不得解爲必要之共同訴訟。例如連帶債務人數人被訴時，有一人主張該債務業已清償，雖對於數共同訴訟人之判決，在理論上應歸一致，但非必要之共同訴訟是。惟有合一確定必要之訴訟標的，並非均須提起共同訴訟。如在某場合，就原告有自由選擇爲單獨訴訟或共同訴訟之點觀察，固與普通共同訴訟無異；如就其訴訟標的對於共同訴訟人有合一確定必要之點觀察，在原告選擇提起共同訴訟後，其共同訴訟人之地位，與必要共同訴訟之情形無異，則又與必要共同訴訟相類似。例如數人提起撤銷婚姻及確認婚姻無效與其成立或不成立之訴（五八二），或數利害關係人提起撤銷死亡宣告之訴（六三五）是。此在學說上謂之類似之必要共同訴訟。亦有在必要共同訴訟之場合，因訴訟標的對於共同訴訟人必須合一確定，非全部一同起訴，或一同被訴，則爲當事人不適格者，例如第三人提起婚姻訴訟者，應以夫妻爲共同被告（五六九Ⅱ）是。此在學說上謂之固有之必要共同訴訟。詳見各該條。並參見「共同訴訟」條。（民事訴訟法）（李學燈）

合名公司

見「無限公司」條。（商事法）（林咏榮）

合股

我國企業的一般形態，在清代以前，非個人單獨經營，則合股共同經營。合股者卽現代的合夥。史記所記：「管鮑之交」，亦卽管仲與鮑叔合股所經營的商業，盈利所得，管仲因家貧多分，鮑叔因家裕少分，千古播爲美談。（中國法制史）（林咏榮）

合法之根據（Justification）

合法之根據者，乃被告於法庭上主張或提出其所爲行爲之充分理由也。例如書面誹謗，行爲人能證明所言爲眞實。此時，縱行爲人心懷惡意，仍可免於誹謗之責（見Black's Law Dictionary, 4th ed., 1957, p. 1004; R.F.V. Heuston: Salmond on The Law of Torts, 11th ed., 1953, p. 445）。（英美侵權行爲法）（何孝元）

合法程序原則(Due Process of Law)

依據美國憲法，人民有受「合法程序原則」保障之憲法權利。合法組成具有管轄權之法院，代表國家行使司法主權以及根據法令，循正常訴訟程序，解決訟爭，確保人民私權。是凡生命、自由、財產受到不法侵害，當事人應有出庭參與訴訟，有延聘律師代理及與對造當事人當庭對質等憲法權利，非經此等法定程序而擅自推定被告之罪責，即屬違反「合法程序原則」(Brown v. Levee Com'rs, 50 Miss. 468)。

此處法院於訴訟程序中適用之法律，非絕對指美國制憲當時即存在之法條或「普通法原則」，否則，不啻否定立法機關有修訂及廢止法令之權，但受「合法程序原則」保障之權利，係指由來已久，受憲法明文保障人民基本權利（fundamental rights），則無庸置疑。在此原則下，被告有受合法傳訊，出庭受審及延聘律師爲己辯護之權利，另一方面，司法機關亦必須依合法訴訟程序審理，不得任意，專橫或武斷(Nebbia v. People of State of N. Y., N. Y., 54 S. Ct505.)。（英美刑法）（桂公仁）

合併辯論

分別提起之數宗訴訟，法院得命合併辯論（民訴二〇五Ⅰ）。只須分別提起而繫屬於同一法院，不問是否分配同庭或同一推事承辦，亦不問當事人是否相同及有無法律上之牽連關係，法院如爲節省勞費與時間及防止裁判之牴觸，均得命將數宗訴訟之辯論合併行之。惟命合併辯論，以有合併之利益爲前提，故數宗訴訟如非可行同種之訴訟程序，自不得命合併辯論。又如數宗訴訟中有一訴或數訴爲不合法者，就該一訴或數訴，亦以不命合併辯論爲宜。命合併辯論，以法院之裁定行之。此爲訴訟進行中指揮訴訟之裁定，不得抗告（四八三），但法院得隨時撤銷之，仍分別爲辯論（二三八）。一經裁定合併辯論，即生訴之客觀合併，如數宗訴訟當事人不同，並生訴之主觀合併，其數宗訴訟之言詞辯論，即應於同一期日爲之。至各該訴訟繫屬之時期，及法院之管轄，則不因合併辯論而受影響。命合併辯論並非即可合併裁判，如欲合併裁判，尙須數訴當事人兩造均屬相同（二〇五Ⅱ）。否則雖合併辯論，仍應分別裁判。至於兩造相同時，是否合併裁判，法院仍得自由決定之。但例外情形應予合併裁判之情形有二：㈠就他人間之訴訟標的全部或一部爲自己有所請求，或主張因其訴訟之結果，自己之權利將被侵害，而向本訴訟現在繫屬之法院提起主參加訴訟而在其辯論未終結以前者，爲謀訴訟進行之便利，兼防裁判之牴觸，應與本訴訟合併辯論及裁判。但法院認爲無合併之必要或應命在主參加訴訟終結以前裁定停止本訴訟之程序者（一八四），不在此限。（二〇五Ⅲ前段）。㈡撤銷死亡宣告之訴有數宗者，應合併之（六三八）。（民事訴訟法）（李學燈）

合理及可能之原由（Reasonable and Probable Cause）

合理及可能之原由者，乃申告人深信被申告人有犯罪可能之事實，即令任何明達審愼之士，處於申告人之地位，審核當時之情況，加以理性之判斷，亦將爲同一之結論之謂也。誣告之成立，必須申告無合理及可能之原由。證明無合理及可能之原由之舉證責任，在於被申告人，而合理及可能之原由之有無，則決之於審判官（見R. F. V. Heuston: Salmond on Torts, 11th ed., 1953, pp. 740-742）。（英美侵權行爲法）（何孝元）

合意（Agreement）

合意者，乃二或二以上當事人意思表示之一致之謂也（見 Restatement of Contracts, § 3.）。契約之成立，必須有合意。要約一經承諾，諾言因而成立，合意亦因之實現。惟有時當事人以通函或電話爲交易時，此時法律上所認之合意，乃客觀之合意，而非主觀之合意。換言之，法律祇認表面上有無合意之事實，不問雙方當事人之內心如何。故所謂合意，非內心之合意，乃係事實上之合意，事實上之合意，可以行爲推定。易言之，當事人之合意與否，非以其意思而定，而以其表示爲準（見 Chitty on Contracts, vol. 1, 1961, pp. 2-3.）。（英美契約法）（何孝元）

合意停止

民事訴訟程序，因當事人間之合意而停止進行者，謂之合意停止（民訴一八九）。此在舊法（五十七年二月一日修正公佈前）稱之爲休止。當事人兩造遲誤言詞辯論期日者，除別有規定外，視爲合意停止（一九一Ｉ）。此在舊法謂之視爲休止。所謂別有規定，如宣示裁判（二二五Ｉ），及調查證據（二九六），雖兩造不到場時，亦得爲之。關於當事人以合意停止訴訟程序，係採用當事人進行主義，原則上應尊重當事人之意思，故不問訴訟程度如何，得由兩造將其合意向受訴法院陳明（一八九Ⅱ）。其合意爲訴訟法上之雙方法律行爲，法律既未限定其程式，自任得以言詞或書狀爲之。兩造同時陳明或先後陳明均無不可。當事人自陳明合意停止時起，即生停止之效力，法院及當事人不得爲關於本案之訴訟行爲。合意停止發生於言詞辯論終結後者，本於其辯論之裁判，亦不得宣示之（參照一八八Ｉ）。期間停止進行，自停止終竣時起，其全期間更始進行。但不變期間之進行，不因合意停止而受影響（一八八Ⅱ，一八九Ｉ）。至於停止訴訟程序之期間，自得以合意定之，惟最多不得逾四個月。因自陳明合意停止時起，如於四個月內不續行訴訟者，則應視爲撤回其訴或上訴。續行訴訟而再以合意停止訴訟程序者，以一次爲限（一九〇）。如定合意停止期間不足四個月，期滿再陳明續行停止訴訟程序者，此非續行訴訟之行爲，一俟四個月期間屆滿，仍視爲撤回起訴或上訴。如未定停止期間者，則於四個月內，如有當事人之任何一造，向法院表示續行訴訟之意思時，訴訟程序之停止即因而終竣。當事人兩造遲誤言詞辯論期日而視爲合意停止者，當事人仍得聲請續行訴訟，惟自遲誤言詞辯論期日起，如於四個月內不續行訴訟，則視爲撤回其訴或上訴。所謂遲誤言詞辯論期日，乃指當事人經合法通知後，於言詞辯論期日因朗讀案由而開始後，兩造均不到場或到場不爲辯論者而言。若未經合法通知，自不得視爲合意停止。視爲合意停止，固生停止之效力，但法院於認有必要時，仍得依職權續行訴訟。續行訴訟之言詞辯論期日，如無正當理由兩造仍遲誤不到者，即視爲撤回其訴或上訴（一九一）。其餘參見「訴訟程序之停止」條。（民事訴訟法）（李學燈）

合意管轄

合意管轄，謂因當事人合意而生之管轄。管轄所以定各法院間事務之分配，有關公益，原非當事人所應任意變更。惟民事訴訟法爲尊重當事人之意思，於一定範圍內，亦許當事人以合意定法院之管轄，雖某法院於法律上本無管轄權者，亦得依當事人之合意而有管轄權。合意管轄有明示的合意管轄與默示的合意管轄之分。後者亦稱爲擬制的合意管轄，或應訴管轄。二者共同應備之要件：㈠須限於第一審法院之管轄，㈡須非專屬管轄之訴訟。明示的合意管轄之特別要件：㈠須有管轄之合意。即當事人以定管轄爲目的，須有意思表示之一致，其性質亦猶私法上之契約，惟因其目的爲發生訴訟法上之效果，故其行爲爲訴訟行爲。其要件及效力，應依訴訟法之規定。如爲合意之當事人須有訴訟能力是。㈡須由一定法律關係而生之訴訟。㈢須特定一定之法院。㈣管轄之合意，應以文書證之（民訴二四）。如於言詞辯論時，陳明其合意，經記明於筆錄者亦無不可。默示的合意管轄之特別要件：㈠須原告向本無管轄權之法院起訴。㈡被告不抗辯法院無管轄權而爲本案之言詞辯論（二五）。具備要件之明示的合意管轄，一經明示後，當事人及法院均應受其合意內容之拘束，不得以無管轄權而駁回其訴或移送於他法院。原告亦惟有向其合意所定之法院起訴，否則被告得抗辯該法院無管轄權。至於默示的合意管轄，由於法律之擬制，被告知悉與否，有無過失，均非所問。惟若原告撤回起訴，或其訴因不合法而被駁回後，再向該法院起訴時，不得以曾有擬制之合意而主張有管轄權。（民事訴訟法）（李學燈）

合資公司

前清光緒二十九年（1903 A.D.）二月，清廷派載振等擬訂大清商律，因迫於需要，乃於是年先頒行商人通例九條及公司律一百三十一條，其公司律將公司分爲合資公司、合資有限公司、股份公司及股份有限公司。茲所謂合資公司略等於現制的無限公司。（商事法）（林咏榮）

合夥（Partnership）

即指二人以上，互約出資以經營共同事業之契約。此與公司有異，因合夥無獨立人格，各合夥人仍爲權利義務之主體。公司則股東爲構成分子，其組成之團體乃爲權利義務之主體，有獨立人格。因公司係法人故也。又合夥與隱名合夥亦有區別。前者，各合夥人均須出名並共同經營事業。後者，僅出名營業人經營事業，隱名合夥人則不能經營其事業。合夥契約有一特點，即出資種類並無限制，不僅限於金錢及其他財產，即勞務亦可為出資。且合夥之財產乃合夥全體人之公同共有之財產，非經全體同意不得處分合夥財產。而合夥之債務，各合夥人負連帶責任，但限於合夥財產不足清償時。否則，仍由合夥財產清償之。合夥人對於自己之股份，得自由轉讓於他合夥人。若轉讓於非合夥人，則須經他合夥人全體之同意，方得為之。合夥定有存續期間者，在未屆滿前，合夥人得以全體同意解散之。解散後，其財產於清償合夥債務及返還各合夥人之出資後，尚有賸餘者，按各出資額之比例分派之。如有不足返還各合夥人出資者，亦按各出資額比例返還之（參看民法合夥有關各條）。（民法債編分則）（張鏡影）

交子

宋時蜀人以金屬所鑄的錢甚重，携帶不便，乃私自爲券，互相通用，謂之交子，以利貿易。交子初由十六富戶經營，後商人衰，乃由國家設交子務主之，是為我國本票所由來。（中國法制史）（林咏榮）

交互計算（Current Account）

謂當事人間約定，以其相互間之交易所生之債權債務為定期計算，互相抵銷，而僅支付其差額之契約也。交易計算與互易有別。前者，由當事人約定在一定期限內將其相互間之交易所生之債權債務，加以計算，互相抵銷，而僅支其差額。後者，係以物易物。二者大相逕庭，不容相混。此契約之作用，乃為簡省手續等費用，預防危險之發生及使資金能充分活動而設也。其立法例之主義有三：㈠一般主義——謂交互計算之目的，在省略手續，節撙費用，預防危險，活動資金，應適用於一般人民，不問商人與非商人，均可適用。瑞士債法採之，我民法亦然。㈡商事主義——謂交互計算之目的，既為節省手續費用，凡商事均適用之。蓋所以使商事趨於簡易便利也。西班牙及意大利之商法採之。㈢商人主義——謂交互計算之適用，僅限於商人方面，始得適用之。此主義又分為一方商人主義與兩方商人主義兩派。前者，謂當事人之一方苟為商人，即可適用。日本商法及德國新商法採之。後者，謂兩方均須為商人，方可適用。德國舊商法採之。至記入之債權為票據或流通證券，到期如不獲清償，即無抵銷之可言。當事人得除去之。但自計算經過一年，則不得請求除去或改正，所以使計算得以確定也。至計算期間，法定為六個月。約定則自由訂定，不受限制。此契約則隨時均可終止其計算。如當事人有特約者，則依其約定（見民債編各種之債第三節）。（民法債編分則）（張鏡影）

交互訴訟（Interpleader）

交互訴訟者，乃債務人或財產持有人為免雙重給付所提起之一種訴訟也。同一標的為雙方當事人所爭執，而債務人或財產持有人不知孰為正當權利人時，衡平法院得准許債務人或財產持有人將該訴訟標的物提交法院，同時由法院責令有爭執者之當事人為交互訴訟，以確定孰為正當權利人（見 McClintock on Equity, 2nd ed., 1948, p. 493）。（英美衡平法）（何孝元）

交付送達

見「直接送達」條。（民事訴訟法）（李學燈）

交付感化

感化係保安處分之一種，戡亂時期檢肅匪諜條例第八條第二款對涉嫌匪諜，經逮捕後，認情節輕微者，有交付感化之規定，所謂情節輕微，應指其罪行輕微，而於思想上或行為上衡量，予以感化教育，以資匡救，感化教育期間為三年，執行感化時，經考核思想純正，行狀優良，有悛悔實據，無繼續執行之必要者，得准保釋，至感化處分之方式，應以判決或裁定行之。（特別刑事法）（吳　智）

交通水利用地

土地依其使用所為分類之第三類（土、二）詳見「土地分類」條。（土地法）（管歐）

交錯要約

交錯要約者，乃當事人之一方向對方為要約，而適值對方亦對之爲此同一內容之要約也。例如甲向乙表示，願以一千金出售其馬，而同時乙亦來函表示願出一千金購買甲之馬是。交錯要約，亦可成立契約。至此項契約成立之時期，須俟各要約均達到相對人時，契約始行成立。蓋各要約之意思表示，須達到於相對人時，始能發生效力（民法第九五條第一項前段），到達後，乙方之要約，甲方可視爲對己要約之承諾，甲方之要約，乙方亦可視爲對己要約之承諾，而契約因以成立也。（民法債編總論）（何孝元）

再抗告

對於抗告法院，就抗告所爲之裁定再爲抗告者，通常稱之爲再抗告。管轄再抗告之法院，必爲最高法院，於其受理再抗告時，自亦可稱之爲再抗告法院。對於抗告法院之裁定，限於係以抗告爲不合法而駁回之或以抗告爲有理由而廢棄或變更原裁定者，始得再爲抗告（民訴四八六Ⅱ）。以抗告爲不合法而駁回之者，得由原抗告人再爲抗告。其以抗告爲有理由而廢棄或變更原裁定者，得由原抗告人之相對人再爲抗告。他如抗告法院以抗告爲無理由而駁回時，則無論其裁定之內容當否，均不得再爲抗告。再抗告亦同屬抗告之性質，應依關於抗告之一般規定辦理。其原屬不得抗告之裁定，自亦不許再爲抗告。例如對於受訴法院駁回迴避聲請之裁定提起抗告，經抗告法院裁判變更原裁定，而以該聲請爲正當者，對其裁定即不得再爲抗告是（三六）。餘參見「抗告程序」條。（民事訴訟法）（李學燈）

不服抗告法院之裁定，由抗告人再向其直接上級法院請求撤銷或變更之方法爲再抗告。再抗告非就下列抗告所爲之裁定，不得提起：㈠駁回上訴之裁定。㈡因上訴逾期而聲請回復原狀之裁定。㈢聲請再審之裁定。㈣更定其刑或定執行刑之裁定。㈤聲明疑義或異議之裁定。㈥證人、鑑定人、通譯其他非當事人對於所受之裁定。上列各種裁定，如爲不得上訴於第三審法院之案件，不得再抗告。（刑事訴訟法）（陳　珊）

再保險（Reinsurance）

原保險（original insurance）指原來訂立的保險契約，係再保險的相對語。所謂再保險（reinsurance），即轉保險，就是保險人爲欲避免或減輕其保險契約上的責任，寧願納再保險費，以其所承保的危險，轉向他保險人爲責任保險的契約（參看保險法第三九條）。再保險人不得向原保險契約的要保人，請求交付保險費；原保險人亦不得以再保險人不履行再保險金額給付的義務爲理由，拒絕或延遲履行其對於被保險人的義務（參看保險法第四一、四二條）。按原保險與再保險兩者的關係，雖極密切，但究係各自獨立的契約，故原保險契約的被保險人，對於再保人無賠償請求權（參看保險法第四十條）。（商事法）（林咏榮）

再開言詞辯論

法院於言詞辯論終結後宣示裁判前，如有必要，得命再開言詞辯論（民訴二一〇）。開閉言詞辯論，屬於審判長之權限，再開已閉之言詞辯論，則屬於法院之權限，應由法院裁定之。法院如認爲事件關係尙未臻於十分明瞭，不適於爲裁判者，則於宣示裁判前，得命再開辯論。此非當事人所可强求，如當事人爲再開辯論之聲請，雖在事實上可以促其法院之注意，然法院亦無庸就其聲請予以裁判。已閉之言詞辯論，如經裁定，再開後，即與未閉同，再開辯論之期日，即爲前次言詞辯論之續行期日，無須更新以前之辯論。當事人得提出新攻擊或防禦方法，其以前遲誤訴訟行爲者，得於辯論再開後到場，除去其遲誤之效果。言詞辯論終結後，參與該辯論之推事，如於宣示裁判前死亡或因去職等事故不能行使職務者，自亦得再開辯論。再開辯論時，即應更新以前之辯論（二一一）。又言詞辯論終結後始認原告之訴爲不合法者，如其不合法之情形可以補正時，應再開辯論以裁定命其補正。（民事訴訟法）（李學燈）

再審

見「再審程序」條。（民事訴訟法）（李學燈）

對於已確定之判決，因發現事實上之重大錯誤，而以撤銷或變更爲目的，請求再行審判之程序，爲再審。㈠再審之原因：1爲受判決人不利益聲請再審之原因：⑴一般原因：甲、原判決所憑之證物已證明其爲僞造或變造者。乙、原判決所憑之證言、鑑定或通譯已證明其爲虛僞者。丙、受有罪判決之人，已證明其係被誣告者。丁、原判決所憑之通常法院或特別法院之裁判已經確定裁判變更者。戊、參與原判決或前審判決或判決前所行調查之推事，或參與偵查或起訴之檢察官，因該案件犯職務上之罪已經證明者。己、因發見確實之新證據，足認受有罪判決之人應受無罪、免訴、免刑或輕於原判決所認罪名之判決者。上述甲至丙款及戊款情形之證明，以經判決確定，或其刑事訴訟不能開始或續行非因證據不足者爲限，得聲請再審。(2)特別原因：不得上訴於第三審法院之案件，除上列情形外，其經第二審確定之有罪判決，如就足生影響於判決之重要證據漏未審酌者，亦得爲受判決人之利益，聲請再審。2.爲受判決人不利益聲請再審之原因：甲有上列甲乙戊己各款情形之一者。乙受無罪或輕於相當之刑之判決，而於訴訟上或訴訟外自白，或發見確實之新證據，足認其有應受有罪或重刑判決之犯罪事實者。丙受免訴或不受理之判決，而於訴訟上或訴訟外自述或發見確實之新證據，足認其並無免訴或不受理之原因者。㈡再審之期間：1.聲請再審於刑罰執行完畢後或已不受執行時，亦得爲之。2.不得上訴於第三審法院之案件，因重要證據漏未審酌而聲請再審者，應於送達判決後二十日內爲之。3.爲受判決人之不利益聲請再審，於判決確定後，經過刑法第八十條第一項期間二分之一者，不得爲之。㈢再審之管轄：1.聲請再審，由判決之原審法院管轄。2.判決之一部曾經上訴，一部未經上訴，對於各該部分均聲請再審，而經第二審法院就其在上訴審確定之部分爲開始再審之裁定者，其對於在第一審確定之部分聲請，亦應由第二審法院管轄之。3.判決在第三審確定者，對於該判決聲請再審，除以第三審法院之推事犯有職務上之罪爲原因者外，應由第二審法院管轄之。㈣再審聲請人：1.爲受判決人利益之聲請人：(1)管轄法院之檢察官。(2)受判決人。(3)受判決人之法定代理人或配偶。(4)受判決人已死亡者，其配偶、直系血親、三親等內之旁系血親、二親等內之姻親或家長、家屬。2.爲受判決人利益之聲請人：(1)管轄法院之檢察官。(2)自訴人。以有刑訴法第四百二十條第一、二、四、五各款情形爲限。其已喪失行爲能力或死亡者，得由有權提起自訴之人爲再審之聲請。㈤再審之聲請：1.方式：聲請再審，應以書狀敍述理由，附具原判決之繕本及證據，提出於管轄法院爲之。2.效力：聲請再審，無停止刑罰執行之效力。但管轄法院之檢察官於再審之裁定前，得命停止。3.撤回：再審之聲請，於再審判決前，得撤回之。撤回再審聲請之人，不得更以同一原因聲請再審。再審之聲請及撤回，準用上訴之規定。4.裁判：(1)法院認聲請之程序違背規定者，應以裁定駁回之。(2)法院認無再審理由者，應以裁定駁回之。經裁定後不得更以同一原因聲請再審。(3)法院認再審有理由者，應爲開始再審之裁定；並得以裁定停止刑罰之執行。開始再審之裁定，得於三日內抗告。㈥再審之審判：1.開始再審之裁定確定後，法院應依其審級之通常程序，更爲審判。2.受判決人已死亡者，爲其利益聲請再審之案件，應不行言詞辯論，由檢察官或自訴人以書狀陳述意見後，即行判決。但自訴人已喪失行爲能力或死亡者，得由其他有自訴權人於一個月內向法院聲請承受訴訟；如無承受訴訟人或逾期不爲承受者，法院得逕行判決，或通知檢察官陳述意見，上列判決，不得上訴。3.爲受判決人利益聲請再審之案件，受判決人於再審判決前死亡者，準用上述第2款之規定，如爲不利益之再審，其再審之聲請及關於再審之裁定，失其效力。4.爲受判決人利益聲請再審之案件，諭知有罪判決者，不得重於原判決所諭知之刑。5.爲受判決人利益聲請再審之案件，諭知無罪之判決者，應將該判決書刊登公報或其他報紙。（刑事訴訟法）（陳　珊）

再審之訴

見「再審程序」條。（民事訴訟法）（李學燈）

再審理由

再審之訴，係對已確定之判決聲明不服，爲防當事人之濫訴，輕易動搖已確定之判決，自應嚴加限制。五十七年二月一日修正公布之民事訴訟法，參照刑事非常上訴之用意，增設一、二兩款，擴大再審理由。依此規定，有下列各款情形之一者，得以再審之訴，對於確定終局判決聲明不服。但當事人已依上訴主張其事由，或知其事由而不爲主張者，不在此限。㈠適用法規顯有錯誤者；㈡判決理由與主文顯有矛盾者；㈢判決法院之組織不合法者；㈣依法律或裁判應迴避之推事參與裁判者；㈤當事人於訴訟未經合法代理者；㈥當事人知他造之住居所，指爲所在不明而與涉訟者，但他造已承認其訴訟程序者，不在此限；㈦參與裁判之推事關於該訴訟違背職務犯刑事上之罪者；㈧當事人之代理人或他造或其代理人關於該訴訟有刑事上應罰之行爲影響於判決者；㈨爲判決基礎之證物，係僞造或變造者；㈩證人、鑑定人或通譯就爲判決基礎之證言，鑑定或通譯爲虛僞陳述者；(十一)爲判決基礎之民事或刑事判決及其他裁判或行政處分，依其後之確定裁判或行政處分已變更者；(十二)當事人發現就同一訴訟標的在前已有確定判決或和解、調解或得使用該判決或和解、調解者；(十三)當事人發見未經斟酌之證物或得使用該證物者，但以如經斟酌可受較有利益之裁判者爲限。上開第㈦至第㈩款情形，以宣告有罪之判決已確定，或其刑事訴訟不能開始或續行非因證據不足者爲限，得提起再審之訴（民訴四九六）。又依法（四六六）不得上訴於第三審法院之財產權事件，其經第二審確定之判決，如就足影響於判決之重要證物，漏未斟酌者，亦得提起再審之訴（四九七）。爲判決基礎之裁判如有前述（四九六、四九七所定）之情形者，得據以對於該判決提起再審之訴。餘參見「再審程序」條。（民事訴訟法）（李學燈）

再審程序

法院就已確定之裁判，因有法定之事由，依請求而更爲審理及裁判，謂之再審。此種求爲廢棄或變更已確定之裁判與更爲審理及裁判之程序，謂之再審程序（民訴第五編）。對於已確定之終局判決聲明不服，而訴求廢棄或變更者，謂之再審之訴（四九六）。判決一經確定，縱有法律上之瑕疵，原可視爲已因確定而補正，不得更求撤銷，以維持一事不再理之原則。惟如確定判決所據之訴訟程序及資料或判決之基礎有重大瑕疵者（四九六、四九七），若絕對固守此原則，而不另設救濟之途，則亦有違正義與公平，且於國家保護私權之職責，亦有所未盡，此所以有再審制度之設。再審之訴，以除去已有之確定判決爲目的，爲形成之訴之一種。其訴之標的，則爲訴訟法上得求除去確定判決之權利。此訴所生之訴訟程序，在形式上爲新開始之程序，在實質上則爲前訴訟程序之再開及續行。此訴之當事人以原訴訟之當事人及原判決既判力所及之人爲限。提起再審之訴之人爲再審原告，其對造爲再審被告，與前訴訟程序之原被告無須一致。再審之訴，專屬爲判決之原法院管轄，如有特定之情形者，則專屬原第二審法院管轄（四九九）。再審之訴，應以再審訴狀於三十日之不變期間內提起，期間自判決確定時算起，但再審之理由知悉在後者，自知悉時起算。已逾五年者，不得提起。但有特定之情形者，不在此限（五〇〇，五〇一）。再審程序，可分爲三段落：㈠法院首應調查再審之訴是否合法。再審之訴須具備再審程序編所規定之合法要件，即其訴合於程式（四九九、五〇一），未逾期間（五〇〇），且爲法律上所應准許（四九六，四九七），並須備一般之訴訟要件，且無爲訴訟障礙之事項，始得認爲合法。不合法者，應以裁定駁回之（五〇二Ⅰ）。但係管轄錯誤時，通常應將事件移送有管轄權之法院（二八）。㈡再審之訴合法者，應進而調查其有無再審之理由，亦即調查其是否具備有效要件。再審之訴，必須主張原確定判決於己不利，並主張訴訟程序或判決基礎有重大瑕疵，經法律認其有再審之理由（四九六，四九七）。法院除調查有無再審之理由外，尚應調查其他訴權存在要件是否具備。如無再審之理由，或其他訴權存在要件欠缺，應以判決駁回之。其顯無再審理由者，得不經言詞辯論以判決駁回之（五〇二Ⅱ）。㈢再審之訴有理由者，法院應本於其訴而就已終結之訴訟更爲審判，此即本案之程序，應就原判決之當否加以調查。本案之辯論及裁判，以聲明不服之部分爲限（五〇三）。再審之訴，雖有再審理由，法院如認原判決爲正當者，應以判決駁回之（五〇四）。再審之訴程序除有特別規定外，準用關於各該審級訴訟程序之規定（五〇五）。再審之訴，無停止確定判決執行之效力，但依強制執行法之規定，法院有時得命停止執行（強制一八）。再審法院廢棄原確定判決者，該判決於確定後，其效力溯及既往。惟爲保護善意第三人之權益，於第三人在起訴前（再審之訴提起前），以善意取得之權利無影響（五〇六）。再審之訴，得撤回之。被告已爲本案之言詞辯論者，應得其同意（五〇五，二六二）。此與有再審理由後而爲本案之辯論（五〇三）者，意義不盡相同。故被告僅就再審之訴有無理由爲辯論後，即應得其同意。提起再審之訴之權利，應解爲於原判決已宣示或送達後，可以捨棄。關於捨棄之性質、方法及效力，參照上訴權之捨棄條之說明。對於已經確定之裁定聲請再審者，見「聲請再審」條。（民事訴訟法）（李學燈）

行刑權時效

見「刑事時效制度」條。（刑法總則）（王建今）

行政犯

見「自然犯」條。（刑法總則）（王建今）

行紀（Commission Agency；Factors）

謂以自己之名義，爲他人之計算，爲動產之買賣，或其他商業上交易而受報酬之營業也。日本名之曰問屋營業，明清律謂之牙行。即代客買賣，交互說合，抽取佣金。明清營此業者必先向官府領取行帖，名曰牙帖。每年須繳牙稅。現行民法謂之行紀。稱營此業者曰行紀人。委託行紀人買賣者曰委託人。行紀契約爲混合契約，卽混合委託契約與買賣契約而構成。亦卽行紀人對委託契約係受託人身分。對買賣契約則為買受人或出賣人之身分。依民法規定，行紀人有直接履行契約之義務，遵照指定價額之義務，對占有之買賣物有保管之義務，有請求報酬或各項費用之權利，拍賣買入物及出賣物之權利。（民法債編分則）（張鏡影）

行爲

行爲乃基於意思之身體的動止狀態。因此凡非基於意思的動作，例如無意識的動作或絕對被強制的動作，皆非行爲。又在身體的動止未表現以前，單純內心的意思活動，亦非行爲。此處所謂行爲，係指刑法上可以評價的犯罪行爲而言。在刑法上無行爲者無罪。行爲與意思有一定之連帶關係，換言之，意思爲構成行爲的要素。行爲有積極行爲與消極行爲之分，積極行爲可構成「作爲犯」；消極行爲可構成「不作爲犯」。（刑法總則）（王建今）

行爲之違法性

犯罪卽是違法行爲。所謂違法，卽指某種行爲在客觀上牴觸法律規範而言。行爲之違法性，有形式的違法與實質的違法之分。所謂形式的違法，卽指違反法律規範而言，例如殺人行爲，違反刑法第二七一條之規定，竊盜行爲，違反刑法第三二〇之規定等是。所謂實質的違法，卽指侵害或威脅法益而言。形式的違法與實質的違法兩者之評價，有時並不一致，卽形式上雖爲違法，而實質上並不構成犯罪者，例如正當防衛、緊急避難等是。（刑法總則）（王建今）

行爲能力（Disposing Capacity）

乃能爲發生法律上效力行爲的資格。與權利能力不同。因行爲能力爲實行權利之資格。權利能力爲享有權利之資格。行爲能力之範圍，就其廣義言之，不問其爲合法行爲違法行爲，皆爲行爲能力。就狹義言之，則僅指合法行爲。就最狹義言之，則專指合法行爲中之法律行爲能力而言。但其外之合法行爲亦得類推適用法律行爲能力之規定。我國民法所稱之行爲能力，係採最狹義說。行爲能力之性質，亦分爲一般行爲能力(general disposing capacity)與特別行爲能力(special disposing capacity)兩種：前者，指民法總則內關於行爲能力之各規定而言。多數學者謂此項規定僅能適用於財產上之行爲。至身分上之行爲則不適用。後者，指民法總則以外有關行爲能力之規定而言。多見於親屬繼承二篇。例如訂婚及結婚年齡之規定是。蓋多爲身分上之行爲能力。行爲能力與人格有不可分離之關係，故法定不得拋棄（民法十六條）。

（民法總則）（張鏡影）

行爲請求權之執行

強制執行基於以請求履行一定行爲爲標的而取得之執行名義，曰行爲請求權之執行。依執行名義，債務人應爲一定行爲而不爲者，執行法院得以債務人之費用，命第三人代爲履行。此項費用，由執行法院酌定數額，命債務人預行支付。必要時，並得命鑑定人鑑定其數額。依執行名義，債務人應爲一定之行爲，而其行爲非他人所能代爲履行者，債務人不履行時，執行法院得定債務履行之期間，及逾期不履行應賠償損害之數額，向債務人宣示，或處或併處債務人以一千元以下之過怠金。是項規定，於夫妻同居之判決，不適用之。執行名義，係命債務人交出子女或被誘人者，除適用首開規定外，得用直接強制方法，將該子女或被誘人取交債權人。（強制執行法一二七、一二八）。（強制執行法）

（陳　珊）

收孥

周禮秋官有：「其奴，男子入於罪隸，女子入於舂槀」，這裏所謂「奴」，係指因犯罪而沒入官爲奴者。及商鞅相秦，明令「大小僇力耕織；其事末利，及怠而貧者，舉以爲收孥」，這裏所謂孥，就是收爲奴隸的意思。降及唐，凡謀反，謀大逆，不分首從皆斬，父、子年十六以上皆絞，十五以下及母女妻妾、祖孫兄弟姊妹、部曲及資財，田宅並沒官，直至明清皆略同，這些沒官的人都是收孥的餘蛻。（中國法制史）（林咏榮）

收容逃亡

逃亡指潛逃官長士官兵，收容指藏匿或容留，官兵一經逃亡，卽爲人犯，收容逃亡，無異協助逃亡，影響軍紀，危害戰力甚鉅，故應取締。陸海空軍刑法對收容逃亡罪，以明知爲逃亡之官兵，而故予循情包庇，不將其送回原部隊

，爲其要件。（特別刑事法）（吳　智）

收養事件程序

收養事件程序，爲人事訴訟程序中親子關係事件程序之一種，係指收養無效之訴、撤銷收養之訴、確認收養關係成立或不成立之訴及終止收養關係之訴之程序而言（民訴五八三）。其特點約舉如次：㈠專屬養父母之住所地或其死亡時住所地之法院管轄。㈡關於當事人之適格，由養父母起訴者，以養子女爲被告；由養子女起訴者，以養父母爲被告；由第三人起訴者，以養父母及養子女爲共同被告（五八八、五六九）。㈢養子女雖不能獨立以法律行爲負義務者，亦有訴訟能力（五八四）。未成年之養子女爲訴訟行爲者，受訴法院之審判長應依聲請選任律師爲其訴訟代理人，於認爲必要時，並得依職權爲之選任（五八五）。在養父母與養子女間之訴訟，如養子女無行爲能力，而養父母爲其法定代理人者，應由本生父母代爲訴訟行爲；無本生父母者，由本生父母方面親屬會議所指定之人代爲訴訟行爲（五八六）。㈣終止收養關係之訴，於起訴前，應經法院調解（五八七）。（民事訴訟法）（李學燈）

收養無效之訴

收養無效之訴，係指有民法上收養無效之原因，而求宣告其爲無效之訴。例如收養子女未以書面爲之，而又非自幼收養，違背法律行爲方式之規定者（民一〇七九），因而提起收養無效之訴，請求法院判決宣告其無效是。其性質爲確認之訴，係收養事件之一種。餘參見「收養事件程序」條。（民事訴訟法）（李學燈）

危害國家治安罪（Crime of Espionage and Sediction）

美國聯邦刑法規定，凡非法取得或准他人取得有關國防安全之機密情報；或非法洩漏有關國防安全之機密情報；或於戰時爲煽動叛逆國家之言論、行爲者，均觸犯本罪。（英美刑法）（桂公仁）

危險犯

所謂危險犯，是與實害犯相對立之用語。卽指以侵害一定法益之危險性爲構成要件之犯罪而言。危險犯分爲下列二種：第一具體的危險犯。卽以發生現實的具體危險爲必要之犯罪，例如刑法第十一章公共危險罪中之放火罪決水罪等是。第二爲抽象的危險罪。卽在行爲之性質上認爲具有一般的抽象的危險性，僅以一定之作爲或不作爲爲構成要件的犯罪。例如未受允准持有軍用槍礮子彈罪、侵入住宅罪等是。（刑法總則）（王建今）

危險負擔

危險者，乃因不可歸責於任何一方當事人之事由，所生損害之狀態之謂也。此項危險，究應由何方負擔？斯爲危險負擔之問題。解決危險負擔之問題，我國民法關於一般雙務契約，係採債務人主義（民法第二六六條），卽因不可歸責於債務人之事由致給付不能時，如債務人不得對於債權人請求對待給付，則此項因給付不能所生之損害，祇得由債務人任之。關於特定物之買賣契約，則採物權人主義（民法第三七三條），卽因不可歸責於債務人之事由致給付不能時，危險之負擔，應以所有權移轉之時期爲標準，移轉以前，由債務人負擔，移轉以後，由債權人負擔之。故我民法上之危險負擔，係以債務人主義爲原則，而以物權人主義爲例外也。（民法債編總論）（何孝元）

危險勤務

陸海空軍刑法第九十條規定之危險勤務，係指作戰及偵探巡察之一切含有危險性之勤務而言，蓋軍人嚴紀律、重服從、應具有冒險犯難之精神，故指定之危險勤務，不容故意規避。（特別刑事法）（吳　智）

危險通知

保險契約的訂立，係基於危險的存在。其危險雖由保險人負擔；但要保人在雙方合作的誠意基礎上，當訂立保險契約時，對於保險人的書面詢問，自應據實說明，否則保險人得據以解除契約（保險法第六十四條）；且在保險契約訂立後，其對於危險的發生或增加情形，亦應通知保險人，此之謂「通知義務」（represehtation）。而「據實說明」，學者則稱之爲「告知義務」（disclosure）。（商事法）（林咏榮）

任意之言詞辯論

見「言詞辯論」條。(民事訴訟法)(李學燈)

任意之債

任意之債者，乃債務人或債權人得以他種給付，代替原定給付之債也。任意之債，有債務人之任意之債，與債權人之任意之債之分。前者，即債務人有代替權之謂。例如原定給付為馬一匹，而債務人得給付國幣一千元，以代替馬一匹之給付是。後者，即債權人有代替權之謂。例如購買甲馬，同時約定如不滿意時，得換以乙馬是。任意之債，通常固由法律行為而生，但亦有由法律規定者，例如民法第二〇二條所規定者是。(民法債編總論)(何孝元)

任意代理

見「訴訟代理人」條。(民事訴訟法)(李學燈)

任意殺人罪(Voluntary Manslaughter)

故意殺人而無惡意預謀，如，因被害人之行為致使被告激憤，無法控制自己情感而殺人。衝動固無須達於喪失理智程度，但須確無惡意預謀，僅一時情緒激憤，無相當時間冷靜思考而殺人(Outlines of the Law, by V.A. Griffith, The Bobbs-Merrill Co. Indianapolis, U.S.A.)。如二人由口角互毆，其中一人臨時激憤起意將對手殺死(Wiley v. State, 19 Ariz. 346, 170 P. 869, 873, L.R.D, 1918D.)。故知任意殺人罪實以對造(被害人)引起被告激憤(provocation)為構成要件。任意殺人罪非如惡意殺人(murder)，沒有惡意預謀。與非任意殺人罪(involuntary manslaughter)亦略異，後者是在沒有激憤之場合犯罪。(英美刑法)(桂公仁)

扣押

對於得為犯罪證據或可供沒收之物暫行留置之處分，謂之扣押。㈠扣押之對象：1.一般物之扣押。對於應扣押物之所有人、持有人或保管人，得命其提出或交付。2.公務上秘密物之扣押。政府機關、公務員或曾為公務員之人所持有或保管之文書及其他物件，如為其職務上應守秘密者，非經該管監督機關或公務員允許不得扣押。是項允許，除有妨害國家利益者外，不得拒絕。3.郵電之扣押。郵政或電信機關，或執行郵電事務之人員所持有或保管之郵件、電報，有下列情形之一者，得扣押之：(1)有相當理由可信其與本案有關者。(2)為被告所發或寄交被告者。但與辯護人往來之郵件、電報，以可認為犯罪證據或有湮滅、偽造、變造證據或勾串共犯或證人之虞或被告已逃亡者為限。為扣押時應即通知郵件、電報之發送人或收受人；但於訴訟程序有妨害者，不在此限。㈡扣押之執行。扣押除由檢察官或推事親自實施外，得命司法警察或司法警察官執行。命司法警察或司法警察官執行扣押者，應於交與之搜索票內記載其事由。其於行搜索或扣押時，發見本案應扣押之物為搜索票所未記載者，亦得扣押。應扣押物之所有人、持有人或保管人無正當理由拒絕提出或交付或抗拒扣押者，得用強制力扣押之。㈢扣押物之處置：1.收存。扣押，應制作收據，詳記扣押物之名目，付與所有人、持有人或保管人。扣押物應加封緘或其他標識，由扣押之機關或公務員蓋印。2.保管。扣押物因防其喪失或毀損，應為適當之處置。不便搬運或保管之扣押物，得命人看守，或命所有人或其他適當之人保管。3.毀棄。易生危險之扣押物，得毀棄之。4.拍賣。得沒收之扣押物，有喪失毀損之虞或不便保管者，得拍賣之，保管其價金。5.發還。扣押物若無留存之必要者，不待案件終結，應以法院之裁定或檢察官命令發還之；其係贓物而無第三人主張權利者，應發還被害人。其因所有人等之請求，得命負責保管，暫行發還。㈣準扣押物之處置。所有人、持有人或保管人任意提出或交付之物經留存者，準用處置扣押物之規定。(刑事訴訟法)(陳　冊)

扣取折扣

陸海空軍刑法第四十三條規定之扣取折扣，係指為公採買、建築、製造等應付之費用，而與商民串通作弊，扣取一部分價款，圖為自己或第三人不法所有而言。(特別刑事法)(吳　智)

扣留命令(Ne Exeat)

扣留命令者，乃衡平法院為保護當事人衡平法上之權利，阻止債務人離去衡平法院之管轄區所發佈之命令也。此項命令可以拘捕債務人並扣留之，直至其交保時止(見McClintock on Equity, 2nd ed., 1948, pp. 552-553)。(英美衡平法)(何孝元)

扣餉不發

指明知應按時發放之薪餉待遇，而抑留不發者而言，至其抑留原因，不必具有入己之意圖，或移作別用，祇須有扣留之行爲，即軍刑法第三十九條規定扣餉不發罪，亦係對部隊長及經理財物人員而設，以扣留至一個月以上，或因而激成事變者，分別論處，蓋扣餉行爲，消極的影響士氣動搖軍心，積極的致官兵鼓譟、譁變、投敵、逃亡等事變，故罪刑亦因其行爲，而有輕重。（特別刑事法）（吳　智）

多衆共同

陸海空軍刑法第十四條之多衆共同，係指多數人有共同之目的，而共同實施者而言，并不以人數之多寡爲標準，行爲人各負行爲之一部，而無爲首指揮助勢附和隨行之分，此點與多衆集合之性質有間。（特別刑事法）（吳　智）

多衆集合

陸海空軍刑法第七十二條之多衆集合，係指不確定之多數人聚衆集合之行爲而言，其構成要件有三：㈠須爲不確定之多數人，㈡須有共同犯罪之意思，㈢須有集合爲犯罪之行爲，且有首謀隨和之分。（特別刑事法）（吳　智）

多數之債（Several Liability; Joint Liability and Joint and Several Liability）

多數之債者，乃債之主體爲多數之謂也。有時債務人方面爲多數，有時債權人方面爲多數，亦有時雙方當事人皆爲多數。多數主體之債，可歸納爲三，即分擔之債、聯合之債及聯合與分擔之債。稱分擔之債者（several liability），乃二以上之當事人依同一文書或數種不同之文書，對於他方當事人各爲分別之諾言，因而負擔各自所有之債務之謂也。稱聯合之債者（joint liability），乃多數當事人對於他方當事人聯合允爲同一之給付，從而各債務人對於債權人負有全部給付之責任之契約也。稱聯合與分擔之債者（joint and several liability），乃數當事人於同一文書上，對於同一給付爲一聯合之諾言，並同時爲各別之諾言之債也。此種之債爲前述二種債務之併存，而兼有此二種債務之性質（見 Chitty on Contracts vol, 1, 1961, P.555, ）。（英美契約法）（何孝元）

多數債權人之和解（Composition with Creditors）

多數債權人之和解者，乃債務人與多數債權人成立和解而約定以他種給付代替原有給付也。債務人清償一部債務，經債權人同意免除其他部分，其約定爲無效。但債務人與多數債權人成立和解，則任何一債權人嗣後不得再向債務人請求原有之給付，蓋多數債權人因和解而已放棄其一部分權利，該債權人之請求原有給付，不啻詐欺其他債權人也（見 Chitty on Contracts, vol, 1, 1961 p. 72.）。（英美契約法）（何孝元）

全部終局判決

訴訟達於可爲裁判之程度者，法院應爲終局判決（民訴三八一Ⅰ）。訴訟事件除因撤回、和解、當事人之死亡等，不待裁判而終結者外，法院通常應爲全部之終局判決。命合併辯論之數宗訴訟，其一達於可爲裁判之程度者，法院應先爲終局判決（三八一Ⅱ），此指分別提起之數宗訴訟，依法（二〇五）命合併辯論，而其中一訴達於可爲裁判之程度者而言。就該訴訟言之，亦即爲全部之終局判決，與由當事人合併提起或於起訴後追加而成立數訴（五三、二四八、二五五），其一達於可爲裁判之程度，先請該一部爲終局判決者不同。惟主參加之訴訟（五四），如係向本訴訟繫屬之法院提起而在其辯論未終結以前者，應與本訴訟合併辯論及裁判之。但法院認爲無合併之必要，或應以裁定停止本訴訟之程序者（一八四），仍得先就主參加之訴爲終局判決（三八一Ⅱ但書）。餘參見「終局判決」條。（民事訴訟法）（李學燈）

全部聲請覆判

軍事審判法上所稱之全部聲請覆判，謂聲請人對於初審判決之全部聲明不服，請求該管覆判機關覆判。如聲請人於聲請覆判時，未聲明爲一部者，視爲全部聲請覆判。（特別刑事法）（吳　智）

全損擔保（Total Loss Only, T.L.O）

全損擔保或稱於海損免責（free of all average F.A.A.）。凡保險人於保險標的的全部損失時，或其極接近全部損失亦即依海商法的規定得以委付時，始負其責任。而共同海損、單獨海損、救助費用等「全部損失以外」的損害及其費用，則不負其責任。多數國關於船舶保險契約，殆皆以全損擔保爲條件，蓋保險人所負責任較輕，而要保人交付的保險費，亦較低廉，彼此均感利便。（商事法）（林咏榮）

因果關係

刑法上之因果關係，爲犯罪行爲與結果間之關係。即一定之先行事實與一定之後行事實之間必然繼起的關係。換言之，若無先行之事實，則後行之事實即不至發生之關係。此種因果關係，在學說上大別爲三說：一、條件說，又稱爲全條件同價值說。認爲如無前因即無後果，此種因果關係之幅員及延長不加限制，即以一切條件均爲結果之原因。此說範圍失之過廣，爲一般學者及實務家所不採。二、原因說。認爲對於結果之發生有重要影響之條件，與結果成立因果關係，而排除其他條件。此說之中，又分爲最有力條件說、最終條件說及直接條件說等等，其範圍又失之過狹，亦不足採。三、相當因果關係說，又稱適當條件說。此說有以下三種見解：第一主觀說。以行爲人行爲時所認識或能認識之情事爲基礎，同時在通常情形之下亦可能發生之範圍內，認定其有因果關係。第二客觀說。根據行爲時客觀情事之存在，不問行爲人事前之認識如何，而以法院事後認識之事實及行爲當時在經驗法則上可能發生之情事爲基礎，就通常情形，認爲有此因必有此果者，即成立因果關係。第三折衷說。即以行爲時通常一般人可能認識之事實及行爲人所認識或能認識之事實爲基礎，認爲有此因必有此果者，即成立因果關係。通說採相當因果關係說中之折衷說。（刑法總則）（王建今）

因果關係（Cause and Effect）

被害人之損害，須與被告行爲間有原因結果關係，始能令被告負刑責，亦即損害事實之發生必基於被告之行爲，其間密切連絡之關係，謂之因果關係。若被告不法行爲之力量中止，另一新力量於此介入，而造成損害結果，則難令被告負責，蓋損害與被告行爲間因果關係過於疏遠。是以，被害人傷害須爲被告非法行爲之自然相當之結果（natural and probable consequence），被告始負刑責（The Proximate Consequence of an Act, 33Harv. L. Rev. 633, 19-20）。在里奥波一案中，被告縱火燒被害人住宅，被害人逃出火窟後又自行奔回搶救財物，被焚斃命，美國康州法院認爲被害人捨命奔回搶救財物，乃人之本性，無論被害人是否故意或過失，並不中斷被告不法行爲與被害人死亡間之因果關係，被告應負二級謀殺罪刑責（State V. Leopold, 110 Conn. 55, 147 A. 118, 1929）。（英美刑法）（桂公仁）

因果關係中斷（Intervening Cause）

因果關係中斷者，乃原因事實正在進行中，因他項原因之介入而發生結果時，則前因後果不相連絡之謂也。英美法分介入之事實爲行爲人所預期者（intervening act foreseeable）及爲行爲人所不能預期者（intervening act unforeseeable）兩種：

㈠介入事項爲行爲人所預期者

行爲人對於其行爲之結果，苟無其他事項之介入，固應繼續負責，但對其行爲之結果而能預期者，亦應負責。例如甲宣揚他人之劣跡，有意使乙聞之而爲之傳述是（Weld-Blundell V. Stephens（1920）A. C. 956, 999, per Lord Wrenbury）。

㈡介入事項爲行爲人不能預期者

結果之發生，由於介入之事項爲行爲人所不能預期者，因果關係爲之中斷，行爲人得因而免責。例如克浦一案（Cobb V. Great Western Ry.（1893）I Q.B. 459），被告之火車過於擁擠，致使原告遭遇扒竊，扒竊乃一獨立行爲，故可爲中斷因果關係之原因（見Salmond on Torts, 11th ed., 1953, pp 158-159, 168, 175-176）。（英美侵權行爲法）（何孝元）

死刑

見「主刑」條。（刑法總則）（王建今）

死刑（Capital Punishment）

通常言之，犯一級謀殺罪者均處以死刑，自人道立場而言，死刑之存廢，議論紛紜，莫衷一是，有謂刑罰目的在於防止犯罪，改造犯人人格，或如大法官丹寧曰：刑罰作用並不在防止及改造，而係嚇阻。蓋犯罪行爲深爲社會非難訴病，犯罪之人自然被社會深惡痛絶，故常人必因刑罰存在而不敢輕易以身試法，故刑罰（或死刑）對精神正常之人，對須以犯意爲犯罪構成要件之罪（如謀殺罪等），最具效用。

英國在皇家委員會學報發行時期（Report of the Royal Commission），凡成年人犯謀殺罪均處以死刑，法官無減刑裁量權，但得由陪審團爲被告請求減刑，法官附之向皇室請求減刑。該委員會並提出四項緩和死刑之建議，認爲僅第一項略爲可行：一、將謀殺罪分爲二等級，僅對犯一級謀殺罪者科以死刑，二、以特別刑事立法縮小謀殺罪定義，使較普通法之定義爲狹，三、予法官科處死刑裁量權，四、予陪審團決定是否減刑之裁量權。今日美國除聯邦政府，哥倫比亞特區外，尚有四十二州採用死刑，其中，卅五州及聯邦政府予陪審團決定死刑裁量權，四州刑法規定陪審團有推荐減刑之權，但法官可以不受拘束。廿六州將謀殺罪區分爲二等級，僅於一級謀殺罪場合科以死刑；九州曾廢除死刑，現已恢復，但曼因州現又廢止死刑。一九六一年伊利諾州刑事法規定，陪審團可以投票作死刑裁決，但法官不受此拘束，若陪審團未作死刑裁決，法官僅能作死刑以外之判決。（Crimival Justice, Fred. E. Inbau, Claude R. Sowle, pp. 140）。（英美刑法）（桂公仁）

死刑廢止論

刑罰隨歷史之演進而變遷。昔時以死刑爲刑罰之中心，今則以自由刑爲其中心。因之死刑廢止問題，遂逐漸由理論而趨於實現。主張保存死刑之主要理由：㈠刑罰之本質在於報應，辟以止辟，對於罪大惡極之徒，非死刑不足懲其兇頑。㈡死刑對於犯罪具有威嚇力，爲不可否認之事實。若廢止死刑，則惡性重大者，益將恃無忌憚。主張廢止死刑之主要理由：㈠死刑爲極殘酷之刑罰制度，有背人道觀念。㈡刑罰之本質，應在於教育，死刑無發揮教育之可能。㈢死刑對犯罪並無重大之威嚇力。例如激情犯人對刑罰之輕重根本不加考慮。有計劃之犯罪，非重刑所能嚇阻。政治犯爲具有政治信仰與集體的犯罪，尤非死刑所能收效。㈣裁判難免不生錯誤，死刑執行後即無從救濟。然而死刑之存廢，並非一單純之理論問題，應連帶考慮國家之歷史文化，社會心理，政治環境等，而爲決定。近代各國廢止死刑有增加趨勢。挪威、瑞典、荷蘭、瑞士（一九三七年）、義大利（一九四四年）、奧大利（一九五〇年）、西德（一九四九年）均已廢止死刑。美國北部五州亦已廢止。英國盛倡廢止運動，下院曾於一九五六年六月通過廢止法案，但被上院否決。（刑事政策）（王建今）

同批商品

同批商品係指品名、規格均相同之商品而言。（商品檢驗法）（管　歐）

同時履行抗辯

同時履行抗辯者，亦稱契約不履行之抗辯，即雙務契約當事人之一方，於他方當事人未爲對待給付前，得拒絶自己給付之權利也。同時履行抗辯之成立，必須具備下列要件：㈠須因雙方契約互負債務，㈡須被請求人無先爲給付之義務：如一方之給付義務在先，他方之給付義務在後，自不得促其同時交換履行（民法第二六四條第一項但書）。若他方之財產於訂約後顯形減少，致有難爲對待給付之虞時，則此方於他方未爲對待給付或提出擔保前，得拒絶自己之給付（民法第二六五條）。㈢須他方未爲對待給付：如他方已先爲給付，或已爲給付之提出，則被請求之此方自無援用同時履行抗辯之理由。惟提出之給付，須依債之本旨，始得認爲合法提出，若所提出之給付爲一部給付或不完全給付，則仍可視爲未爲給付，而有同時履行抗辯之適用。但他方已爲部分之給付時，依其情形，如拒絶自己之給付有違背誠實及信用方法者，不得拒絶自己之給付（民法第二六四條第二項）。同時履行抗辯之行使，祇有暫時防止請求權行使之效力，而非否認相對人之請求權。（民法債編總論）（何孝元）

夷三族

所謂三族指父族、母族與妻族。尙書泰誓有：「罪人以族」，孔安國傳云：「一人有罪，刑及父母兄弟妻子」，依此，似乎夷族之制古已行之；實則不然，沈家本刑制考：「今文尙書泰誓，說者咸以爲東晉人僞作，幾成爲定論，然亦必有所本，非盡臆造，或係據荀子君子篇「亂世與三族」之文，遂謂今泰誓取諸荀子，第荀子乃周末人，所謂亂世未必專指商紂，大約古有是說，東晉人采入今書耳」。故夷族之說雖流傳頗早，惟信而可徵者，則始於秦。丘璿在

其所著大學衍義補，亦謂：「古有五刑極於大辟（死），一身之外無餘刑也。至秦始皇有三族之法」。（中國法制吏）（林咏榮）

休止

見「訴訟程序之停止」及「合意停止」條。（民事訴訟法）（李學燈）

竹木刈除關係

爲相鄰間關係之一，即鄰地竹木根枝逾越疆界之情形也。土地所有人遇有鄰地竹木之枝根，有逾越疆界者，得向竹木所有人，請求於相當期間內刈除之。竹木所有人不於相當期間內刈除者，土地所有人得刈取越界之枝根。但於土地之利用無妨害者，不適用以上之規定（第七九七條）。按有關竹木刈除權之立法例，共有四種：㈠由土地所有人刈除。㈡由鄰地人刈除。㈢通知定期催告鄰地人不爲刈除者，由土地所有人刈除。㈣枝根由土地所有人及鄰地人分別刈除。我國民法殆取第三主義。（民法物權）（陳　珊）

至元新格

見「大元通制」條。（中國法制吏）（林咏榮）

先占

以所有之意思，占有無主動產而取得其所有權之法律事實，稱爲先占或先占取得。在各國立法例，有所謂國庫先占主義者，無主物之所有權，應歸屬於國庫，取得物之所有權。有所謂「自由先占主義」者，法律上許依先占事實，法律上不許個人取得。我國民法於動產採自由先占主義，特以第八〇二條明定：「以所有之意思，占有無主動產者，取得其所有權」。此爲法律事實之一種，故不適用意思表示之規定，即爲欠缺行爲能力之人，亦生先占取得之效果。至所謂「無主動產」，亦祇爲實際及現在之無主，其在占有人之觀念上是否認爲無主，或過去是否有主，均非所問。（民法物權）（陳　珊）

肉刑

秦以前關於五刑中的墨、劓、剕、宮都是肉刑。漢初凡當夷三族者，先黥、劓、斬左右趾、笞殺之，梟其首、菹其骨肉於市，至誹謗詈詛者、又先斷舌，肉刑依舊存在。漢文帝時齊太倉令淳于公有罪當刑，其女緹縈上書，願沒入官婢，以贖父罪，使得自新，帝憫其志，遂下令除肉刑凡三，以髡鉗代黥，以笞三百代劓，以笞五百代斬左趾，因笞重，率多死，而斬右趾者仍棄市。及景帝時凡棄市而欲斬右趾者，皆許之。迨至東漢，崔實主張恢復肉刑，他在他所著的政論中說：「當斬右趾者棄市，斬右趾者既殞其命，笞撻者往往至死，雖有輕刑的名，其實殺也」。荀悅、仲長統等均贊成他的主張，而孔融獨持反對，朝廷善之，結果沒有改正。魏太祖時又議復肉刑，議未定因有軍事遂擱置。及晉劉頌與衞展復倡議恢復，終以王導、庾亮等既不表同意，而王敦更以爲：「百姓習俗已久，忽復肉刑，必駭遠近，且逆寇未殄，曾宜有慘酷之聲，以聞天下」，於是乃止。而南朝宋明帝曾一度恢復之，但魏晉六朝曾有逃奴刼盜的刺字（亦即黥），旋即廢止，唐太宗即位，以舊律令重，於是議絞刑之屬五十條，免死罪，斷其右趾；尋又愍其受刑之苦，謂侍臣曰：「前代不行肉刑久矣，今忽斷人右趾，意甚不忍」！旋乃除斷趾法，改爲加役流三千里居作；惟宋遼以後，尚有黥其面而刺配之之制。（中國法制吏）（林咏榮）

名例

名例與現代法律的總則相同，往古法制無總則和名例之稱。他國也是一樣，其在中國，李悝法經六篇，殿以具法，漢律益以戶與廐三篇，爲九章，而具法列於第六，魏律始改稱刑名，移列十八篇之首，晉律分刑名法例爲二，北齊始合爲一而稱之爲名例以後，歷隋唐宋元明而至於清朝，沿而未改。（中國法制吏）（林咏榮）

存留養親

存留養親，亦即犯流罪，因親老無子者，則髡鞭付營，存留養親。唐律仍設犯罪存留養親的規定。金史世宗紀大定十三年尚書省奏：「鄧州民范三毆殺人當死，而親老無侍」。上曰：「在醜不爭謂之孝，孝然後能養。斯人以一朝之忿，忘其身，而有事親之心乎？可論如法；其親，官與養濟」。惟明清仍沿唐制。（中國法制吏）（林咏榮）

安特衛普規則

國際法協會（Intitut de Droit International）於一八九〇年，就共同海損（參看「共同海損」條）的統一事項，擬定約克、安特衞普規則（Régles d'york et d'anvers, York-Untwerp Rules）。（商事法）（林咏榮）

印章（Seal）

印章者，乃當事人簽名於附有蠟、膠、紙等之文件之印記也。自古以來，蓋印契約，必須蓋有印章，始生效力。今則法律已從寬規定。凡當事人簽名於附有蠟、膠、紙或其他印章之標誌之文件上，而有使其發生蓋印契約之效力者，即有印章之效力（Stromdale & Ball Ltd. V. Burden [1952]ch. 223, 230, per Danckwerts J.）。惟法人之蓋印契約則須按照其章程辦理，並須蓋有正式彫刻之印章（見 Chitty on Contracts, vol. 1. p. 12.）。（英美契約法）（何孝元）

在途期間

當事人不在法院所在地住居者，計算法定期間，應扣除其在途之期間。但有訴訟代理人住居法院所在地，得爲期間內應爲之訴訟行爲者，不在此限（民訴一六二Ⅰ）。此因當事人之住居，有在法院所在地者，有不在法院所在地者。計算法定期間，爲予當事人以同等之利益，對於不在法院所在地住居者，附加以在途之期間，故又稱爲附加期間。所謂不在法院所在地住居，參照司法行政部歷來所頒之當事人在途期間表，係指不在法院所在之市或鎭（鄉）或距離該市或鎭（鄉）不滿十里之地住居而言。由法定代理人代爲訴訟者，應否扣除在途期間，以法定代理人是否在法院所在地住居爲斷。其有訴訟代理人住居法院所在地，且有得爲期間內應爲之訴訟行爲之權限者，雖該當事人不在法院所在地住居，亦不得扣除在途期間。否則如無訴訟行爲之權限，例如未受得爲上訴之特別委任，於其上訴時計算上訴期間，仍應扣除在途期間。應扣除之在途期間，由司法行政最高機關定之（一六二Ⅱ）。向例均由司法行政部核定在途期間表，以資適用。關於扣除在途期間之規定，僅適用於計算法定期間。至於裁定期間，本應於裁定時酌量情形定之，當已斟酌在途所需之時日，自無扣除在途期間之可言。如於裁定時未盡斟酌之能事，向有伸長期間之規定（一六三Ⅰ），可資適用。其餘參見「期間」及「固有期間」條。（民事訴訟法）（李學燈）

仲裁

仲裁（民訴三二7），係基於當事人合意而生之仲裁契約，就當事人間現在或將來商務上之爭議，以私人爲仲裁人，而加以判斷之程序（仲裁一）。仲裁契約，以書面爲之（一Ⅱ），係以一定之法律關係所生之爭議（二），拋棄其對於國家行使之權利保護請求權，而使仲裁人爲判斷。其判斷在當事人間，固與法院之確定判決，有同一之效力，但須俟法院有執行裁定後，方得爲強制執行（二一）。如有一定之情形，當事人得提起撤銷仲裁判斷之訴，並得聲請法院以裁定停止執行（二三、二五）。關於仲裁事件之管轄法院，準用民事訴訟法之規定（二六）。（民事訴訟法）（李學燈）

回復原狀

民事訴訟法上之不變期間，法律上附以不變之名，雖有重大理由，亦不得伸長或縮短之（民訴一六三Ⅰ）。爲謀求救濟之途，因設回復原狀之規定。當事人或代理人因天災或其他不應歸責於己之事由，遲誤不變期間者，於其原因消滅後十日內，如該不變期間少於十日者，於相等之日數內，得聲請回復原狀。此十日或相等之日數，雖非不變期間，亦不得伸長或縮短之。遲誤不變期間已逾一年者，不得聲請回復原狀（一六四）。因遲誤上訴或抗告期間而聲請回復原狀者，應以書狀向爲裁判之原法院爲之；遲誤其他期間者，向管轄該期間內應爲之訴訟行爲之法院爲之。遲誤期間之原因及其消滅時期，應於書狀內表明並釋明之。聲請回復原狀，應補行期間內應爲之訴訟行爲（一六五）。書狀不合程式或其他欠缺者，審判長應定期間命其補正（一二一Ⅰ）。回復原狀之聲請，由受聲請之法院與補行之訴訟行爲合併裁判之。但原法院認其聲請應行許可，而將該上訴或抗告事件送交上級法院者，應送由上級法院合併裁判（一六六）。法院如許可回復原狀，卽係除去不變期間之效果，故對於回復原狀之聲請，應依職權調查之。至於遲誤非不變期間或其他期間，不生回復原狀之問題。（民事訴訟法）（李學燈）

回復原狀（Restitutio in Integrum）

回復原狀者，乃使當事人回復於訂立契約前原來之狀態也。回復原狀，須有回復之可能。昔日普通法對於此種救濟，限制綦嚴，即所謂回復原狀，須完全回復至原來之狀態，始准予回復。衡平法則許當事人回復至相當程度，而以金錢補償其差額。但標的物已改變其性質時，則無回復之可能。若僅有毀損而原形不變時，當事人仍應負回復原狀之義務。回復原狀之原則，多用之於詐欺案件，於非故意之錯誤表示則鮮用之。

原告於下述情形，則喪失其回復原狀之請求權：㈠承認契約；㈡善意第三人取得標的物；㈢契約之履行（見 Chitty on Contracts, Vol. 1, 1961, pp. 132-138.）。（英美契約法）（何孝元）

企業法

凡以經濟營運爲目的而具有計劃性、繼續性和獨立性的構成體，稱之爲企業（unternehmung, enterprise），商事法上所謂企業，則僅限於市場上以財貨或勞務提供於第三人，得其對價，而謀取資本的增殖爲目的的營利事業。就商事營運形態的歷程觀之，始則多爲獨資的個人經營，繼則多爲集資的合夥經營，再則爲投資的組織公司經營；而商事的範圍隨之擴大，其立法的重心亦因之推移，初爲規範商主體的商人法，再進而爲規範商行爲的商事法，今則更跨入商企業法的階段，以企業的維持與發展，爲各國經濟體系中的重要環節，故商事法亦擴大其內容而稱之爲商企業法。（商事法）（林咏榮）

州際妨害風化罪（Interstate Immorality）

美國若干州立法特定，凡以營利爲目的，故意將婦女運送至他州（in interstate commerce），與他人非法姦淫，或從事其他違反公序良俗不道德之行爲，或引誘良家婦女，運送至他州，使其成爲娼妓經營淫業者，論以州際妨害風化罪。本罪立法意旨在維護家庭倫理，故其適用範圍至廣，無論是否以營利爲目的，誘使婦女越州與他人姦淫者，均在處罰之列。（英美刑法）（桂公仁）

血親（Blood-Relationship；Consanguinity；Relatives by Blood）

爲親屬之一種，即基於血統關係之親屬也。與舊律宗親不同。因宗親僅限於男系血親，而血親則女系血統所生之親屬亦包括在內。例如妻所生之子女與妻之父母及其兄弟姊妹皆爲血親是也。血親分爲三種。一曰直系血親（lineal relatives by blood），即己身所從出及己身所出之血親也。所謂己身所從出，如父母祖父母及曾祖父母是。是曰直系尊親屬（lineal ascendants）。所謂己身所出，如子女孫子女曾孫子女是；是曰直系卑親屬。二曰旁系血親（collateral relatives by blood），指非直系血親，而與己身同出一源之血親而言。例如兄弟姊妹表兄弟姊妹及伯叔姑母是。其尊輩曰旁系尊親屬，低輩曰旁系卑親屬。輩分同者曰旁系血親同輩親屬。三曰擬制血親（fictitious relatives），非基於血統所生之親屬。例如收養他人之子女爲子女時，其收養者爲養父或養母，被收養者爲養子或養女（民法第一〇七二條）。又如指定繼承人者，其繼承人與被繼承人之關係，除法律另有規定外，與婚生子女同（民法第一〇七一條）。此頗有似於舊俗之繼嗣。自屬於擬制血親之一種。又舊民律草案中庶母與嫡子衆子間爲準母子之關係，今妾制已廢，妾與嫡子衆子不發生親屬關係。妾生之子女則爲家長之非婚生子女，家長之妻對之，則爲配偶之血親，發生親屬關係。（民法親屬）（張鏡影）

年齡與犯罪

人之年齡，與其身心之發育有密切關係，因而刑事責任，亦隨年齡而異。依我國刑法第十八條規定，未滿十四歲人之行爲不罰，即無責任能力。十四歲以上未滿十八歲及滿八十歲人之行爲得減輕其刑，即有減輕責任能力。十八歲以上八十歲未滿之人有完全責任。此種規定，係以滿十八歲爲身心發育已達成熟之年齡。在成熟以前，身心之發育甚爲迅速，雖經過期間較短，但其身心與生活之變化甚大，故犯罪之預防與處分，必須特設制度與方法以適應之。在身心發育成熟以後，則變化較小，除有特殊異狀者外，對於犯罪之預防與處罰，可以通常之方法以適應之。依據龍波羅梭（Lommbroso）之研究，男子犯罪年齡，多在十五歲至二十五歲之間；女子犯罪年齡，大約在五十歲以上者爲多。然而人之身心狀態與犯罪行爲，每因氣候、環境、人種及民族等關係之不同，而犯罪之年齡並非一致，故未可作爲定論也。（刑事政策）（王建今）

妨害公務罪

公務員依法執行公務，直接爲維護國家之存立與公共利益，間接亦爲保護人民之利益。故人民對於公務之執行，有服從之義務，不得加以妨害，否則卽構成罪行，應受法律之制裁。刑法分則第五章規定妨害公務罪，自第一百三十五條至第一百四十一條共計七條，包括以強暴脅迫妨害執行公務罪、妨害考試罪、毀壞或隱匿公務員掌管之文物罪、汚損或除去封印標示罪、侮辱公務員職務及公署罪及侵害文告罪等在內。本章係妨害公務罪之一般規定，其他特殊妨害公務之罪行，則按其罪質另行規定，例如妨害投票罪、縱放人犯脫逃罪、藏匿人犯罪等是。其他法令亦有規定之者。（刑法分則）（王建今）

妨害他人行動自由（False Imprisonment）

妨害他人行動自由者，乃無合法理由，逮捕或拘禁他人，或阻止他人離去其場所之謂也。構成此行爲，不必有形同監禁之事實，祇須被害人之自由被剝奪爲已足。妨害他人行動自由之要件有三：㈠須行爲人有妨害他人行爲自由之故意；如無妨害他人行動自由之故意，縱有妨害他人行動之事實，仍不構成妨害他人行動自由之行爲。至於有無惡意，非本行爲之要素，僅可爲增減損害賠償之依據（見 Prosser on Torts, 2nd, ed., 1955, p. 52）。㈡行爲人須有拘禁之行爲。所謂拘禁，乃閉錮被害人於一定場所，使其不得自由行動之謂。拘禁有以實力爲之者，有以威脅使被害人屈服而自動爲之者，亦有由行爲人誘引被害人至一處所，不予援助而使其得以離去之者（見 Restatement of Torts, §§39, 40, 45）。又合法拘禁，因逾法定拘禁期限，亦得視爲非法拘禁。㈢被害人無須知有被拘禁之事實（見 Salmond on Torts, 11th ed., 1953, pp. 369-372）。（英美侵權行爲法）（何孝元）

妨害自由罪

自由爲人民最重要之權利，舉凡身體自由、居住及遷徙自由、言論講學著作及出版自由、秘密通訊自由、信仰宗教自由、集會及結社自由及其他自由，不妨害社會秩序公共利益者，均受憲法之保障。刑法爲確保人民之自由，特設妨害自由罪專章（第二十六章），明定其處罰。其重要之犯罪如下：㈠使人爲奴隸罪（刑法二九六條）。㈡圖利以詐術使人出國罪（二九七條一項）。㈢意圖結婚略誘婦女罪（二九八條一項）。㈣意圖營利或猥褻姦淫而略誘婦女罪（二九八條二項）。㈤移送被略誘人出國罪（二九九條）。㈥剝奪他人行動自由罪（三〇二條一項）、強制使人行無義務之事或妨害人行使權利罪（三〇四條）、恐嚇危害安全罪（三〇五條）、侵害居住自由罪（三〇六條）。（刑法分則）（王建今）

妨害自由罪（False Imprisonment）

在無拘捕狀，或以非法之拘捕狀，或拘捕狀縱經合法頒發，而未依法執行之情形下，以暴力拘留他人，置之於監獄或作監禁用之特定處所，構成妨害自由罪。拘留他人身體，使不能自由行動卽足，拘留時間之長短在所不計，例如加速開車，故意使乘客無法下車，卽構成妨害自由罪（ Blashfield, Cyc. of Automobile Law and Practice, Perm. Ed. § 5528. 26 ）。其他以強暴、恐嚇、畏懼等方法達成拘禁他人，剝奪其行動自由目的者亦然，「普通法」認妨害自由爲輕罪。（英美刑法）（桂公仁）

妨害行爲（Nuisance）

妨害行爲者，乃違反法定義務以致侵害公共利益或他人土地使用受益權之行爲也。妨害行爲有二種：一爲妨害公共利益之行爲（public nuisance），一爲妨害私人利益之行爲（private nuisance），前者爲犯罪行爲，後者爲民法上之不法行爲。妨害公共利益之行爲，乃違反作爲或不作爲之法定義務，致使公共利益蒙受其損害之行爲，如開設賭博場所之行爲是。妨害私人利益之行爲，泰半乃侵害他人對於其土地使用受益之權利之行爲，其方式不外二種：一爲干擾他人使用其地役權或與土地有關之使役權，一爲使妨害衞生之物侵入他人之土地內，如動物、病菌等是。（見 Salmond on Torts, 11th ed., 1953, pp. 247-248）

一人於其土地上裝有可供玩弄之設備而明知對於兒童有發生危險之可能者，對於因而遭受損害之兒童，應負賠償責任，此之謂「有引誘性妨害行爲之原則（attractive nuisance doctrine）」（見 James A. Ballentine: Law Dictionary, 1959, p. 125)。斯項原則，有時亦稱之爲「鐵路轉臺之原則（turntable doctrine）」。例如於西敖克斯城與太平洋鐵道公司一案（Sioux City & Pac. R. Co. V. Stout, 1873, 17 wall., U.S. 657, 21 L. Ed. 745）法院判令被告鐵道公司對於原告因戲弄其轉臺所受之損害，應負賠償之責是。構成有引誘性之妨害行為，須具備下列四要件：㈠須侵入行為，為不動產占有人所能預見者；㈡須不動產上之情形，對於兒童有發生危險之可能者；㈢須此種危險，為兒童所不能查覺者；㈣須此種情形所給之利益甚微，而其所生之危險則甚鉅者(見 Prosser on Torts, 2nd ed., 1955, pp. 438-444)。（英美侵權行為法）（何孝元）

妨害名譽（Defamation）

妨害名譽者，乃以指摘足以毀損他人名譽之意思表示，發播於衆之行為也。意思表示不以言語或書面為限，即以行動表示亦可。例如以被害人之肖像，與殺人兇犯及穢行昭彰之人陳列一處是。所謂足以毀損他人名譽之意思表示，乃有使被害人為人所輕視，或成為仇恨、譏笑、畏懼、憎惡之目標之意思表示也(見 Salmond on Torts, 11th ed., 1953, p. 420)。（英美侵權行為法）（何孝元）

妨害名譽及信用罪

名譽及信用為社會生活中個人之人格與地位之評價。亦即為人之第二生命。名譽及信用如受侵害，則個人即難立足於社會，而事業前途亦將遭受不良之影響。故法律必須予以保護。刑法分則第二十七章規定妨害名譽及信用罪，自第三百零九條至第三百十四條計有六條，包括公然侮辱罪（刑法三〇九條一項）、強暴公然侮辱罪（三〇九條二項）、誹謗罪（三一〇條）、侮辱死者罪（三一二條一項）、誹謗死者罪（三一二條二項）及損害信用罪（三一三條）等在內。（刑法分則）（王建今）

妨害兵役

就阻礙兵役行政之推行言，凡應受徵兵處理及徵召服役，無故延遲或不到，兵役及齡隱匿不報，作虛偽記載或證明，偽造證件，用頂替及其他詐偽方法，意圖規避，以暴力反抗，或違害兵役推行，及辦理兵役人員，意圖舞弊不依法令辦理者，均屬之；兵役法第四十八條有明文規定。其就兵役言，依妨害兵役治罪條例第二條規定，係指妨害下列各項而言。

㈠動員召集。

㈡臨時召集。

㈢常備兵、補充兵現役之徵集。

㈣預備軍官、預備士官之徵集召集。

㈤國民兵之徵集。

㈥教育召集、勤務召集、點閱召集。

依本條例科刑時，應審酌妨害兵役情狀，及前項所定次序為科刑重輕之標準。（特別刑事法）（吳　智）

妨害兵役治罪條例

為對妨害兵役之行為人，處以刑罰而制定之特別法。我國在未施行兵役制度前，兵源採招募方式，至民國二十六年蘆溝橋事變發生後，政府以募兵害處甚多，乃改徵兵制度，對於妨害兵役行為，於同年七月十六日經前國民政府公布違反兵役法治罪條例，全文十條。但對辦理兵役人員妨害兵役之行為，未能詳細規定，適用頗感困難。至民國二十九年六月二十九日，將該條例廢止，而公布妨害兵役治罪條例，共二十四條，較舊法完備，三十二年六月二十七日修正第十五條；民國三十六年七月十七日修正第十六條，民國三十八年九月五日修正第十二條，民國三十九年六月三日修正第十二條；民國四十四年五月三十日修正全文共二十六條（特別刑事法）（吳　智）

妨害投票罪

投票為實施民主憲政之根本要素。投票如不能合法公平與確實，則政治基礎即生動搖，而影響國家社會之存立。故刑法第六章特設妨害投票罪之規定，自第一百四十二條至第一百四十八條計有七條，包括妨害投票自由罪、投票受賄罪、投票行賄罪、誘惑投票罪、妨害投票正確罪、妨害投票秩序罪及妨害投票秘密罪等在內。（刑法分則）（王建今）

妨害風化罪

妨害風化罪，以姦淫或猥褻行為為構成要素。良以穢德淫行，最足以傷風敗俗，故不能無罰。我國刑法分則第十六章規定妨害風化罪，自第二百二十一條至第二百三十六條計有十六條，其重要犯罪如下：㈠強姦罪，即指對於婦女以強暴、脅迫、藥劑、催眠術或他法，至使不能抗拒而姦淫之者而言（刑法二二一條一項）。㈡準強姦罪，即姦淫未滿十四歲之女子，雖未使用強行之手段，亦論以強姦罪而言（刑法二二一條二項）。㈢共同輪姦罪（刑法二二二條）。㈣強姦而故意殺被害人罪，因其惡性重大，故處以唯一死刑（刑法二二三條）。㈤姦淫十四歲以上未滿十六歲女子罪（刑法二二七條一項）。㈥利用權勢姦淫猥褻罪（刑法二二八條）。㈦詐術姦淫罪（刑法二二九條）。㈧近親和姦罪（刑法二三〇條）。㈨強制猥褻罪，即對於男女以強暴、脅迫、藥劑、催眠術或他法，至使不能抗拒而爲猥褻之行爲者而言（刑法二二四條一項）。所謂猥褻，除姦淫外，凡違背善良風俗之一切色情淫慾行爲，在客觀上足以引起他人色慾，主觀上足以滿足自己色慾者均屬之。㈩準強制猥褻罪（刑法二二四條二項）。（刑法分則）（王建今）

妨害風化罪（Sexual Assault）

英美普通法中對此未加特別規定，除行爲人有強姦或猥褻故意，而加強暴於被害人時犯本罪，其餘一律論以強暴毆擊罪（assault and battery）。近年美國部份州立法，於妨害風化而涉及兒童者，特明文予以重懲，如年滿十八歲以上之男子，無強姦故意，猥褻十六歲以下女子，無論有否經後者同意，觸犯妨害風化罪（State v. Hoffman, 240 Wis. 124, 2 N.W. 2d. 707）。（英美刑法）（桂公仁）

妨害軍機治罪條例

妨害軍機治罪條例，係國家爲維護軍事機密，懲治洩密罪行之特別刑法。無論軍民，只要有妨害軍機行爲，均須依此條例論罪處刑。本條例於民國四十年五月六日總統令公布同日施行，四十三年五月四日總統令修正第十條第十二條條文，四十六年五月二日總統令刪除第十二條條文，原第十三條修改爲第十二條。（特別刑事法）（吳　智）

妨害秩序罪

安寧秩序，爲國家及社會存立之必要條件。就廣義言，任何犯罪，無不妨害社會之安寧秩序。就狹義言，直接侵公衆法益者，始構成妨害秩序罪。刑法第七章規定之妨害秩序罪，係指後者。自第一百四十九條至第一百六十條計有十二條，包括聚衆不解散罪、聚衆實施強暴脅迫罪、恐嚇公衆危害公安罪、妨害合法集會罪、煽惑他人犯罪或違背法令罪、參與犯罪結社罪、煽惑軍人背叛罪、私招軍隊罪、挑唆或包攬訴訟罪、冒充公務員行使職權罪、冒用公務員服章或官銜罪及侮辱國徽國旗與　國父遺像罪等在內。（刑法分則）（王建今）

妨害秘密罪

秘密爲個人生活中之一種自由。人民有秘密通訊之自由，憲法第十二條定有明文，其他秘密，如業務上之秘密及工商秘密等，在不妨害社會秩序公共利益之範圍內，亦受憲法及法律之保障。刑法分則第二十八章規定妨害秘密罪，自第三百十五條至第三百十九條計有五條。包括妨害書信秘密罪（刑法三一五條）、洩漏業務上知悉之他人秘密罪（三一六條）、洩漏業務上知悉之工商秘密罪（三一七條）、洩漏公務上知悉之工商秘密罪（三一八條）等在內。（刑法分則）（王建今）

妨害國交罪

所謂妨害國交罪，即妨害國與國間交際關係之犯罪。近代國際關係，日趨繁密。講求親善，敦睦邦交，於國家利益，所關至鉅，故對妨害國交之犯罪行爲，不可不嚴加處罰。刑法分則第三章規定妨害國交罪，計有四條，即第一一六條規定侵害友邦元首或外國代表身體、自由、名譽罪，第一一七條規定違背局外中立命令罪，第一一八條規定侮辱外國國旗國章罪，第一一九條規定妨害國交罪之追訴條件，即第一百十六條之妨害名譽罪及第一百十八條之罪，須外國政府之請求乃論。所謂外國政府之請求，須由外國政府或足以代表外國政府者爲之，若僅由外國領事或其人民請求，不能謂已具備各該罪之追訴條件（刑法分則）（王建今）

妨害國家中立罪（Offense Against Neutrality）

特定國於其他二以上國家作戰時，宣佈中立，不與任一交戰國聯盟或爲敵，謂之國家中立狀態，若行爲人非法侵害此一中立狀態，即違國際公法。美國憲法或各州制定法若對國際公法之處罰規定加以承認，就該被承認範圍內，成爲國內刑法之一部份，行爲人即應負擔刑責。國會僅須於法律中訂明本罪罪

名即足，無須詳述其如何違反國際公法之情形。（英美刑法）（桂公仁）

妨害國家總動員懲罰暫行條例

為貫徹實施國家總動員，對有違反或妨害國家總動員法令或業務者，施行懲罰而制定之特別法也。本條例經國民政府於中華民國三十一年六月二十九日公布，同年八月一日施行；民國三十八年九月五日總統令修正第五條、第六條、第八條、第九條、第十五條條文；民國四十二年十二月二十五日總統令修正第三條條文。在本條例公布前，已頒行之經濟管制法令有處罰較重之規定者，依其規定。（特別刑事法）（吳　智）

妨害婚姻及家庭罪

婚姻為構成家庭之基礎，而家庭又為構成社會及國家之基礎。為維護國家社會之安全與個人生活之幸福，對於妨害婚姻及家庭之犯罪，不能無罰。刑法分則第十七章規定妨害婚姻及家庭罪，自第二百三十七條至第二百四十五條，計有九條，包括重婚罪、詐術締婚罪、和姦罪、和誘罪、略誘罪、移送被誘人於國外罪、收受藏匿被誘人罪等在內。妨害婚姻罪與妨害風化罪有別，前者係維護婚姻之正常制度，後者係維護善良風俗。妨害家庭罪與妨害自由罪有別，前者係維護家庭之安全，後者係維護個人之自由。（刑法分則）（王建今）

妨害國幣懲治條例

妨害國幣懲治條例，係政府為鞏固金融、穩定幣制，於民國三十二年十月十八日公布施行，三十四年十月三十一日修正，凡㈠意圖營利私運金類、銀類、銀幣以及各種輔幣出口者，㈡意圖營利銷毀銀幣及各種輔幣者，㈢意圖供行使之用，偽造、變造幣券者，㈣不按法定比率兌換各種幣券者，㈤私發類似幣券之紙票或輔幣行使者，均優先適用妨害國幣懲治條例處罰。該條例無規定者，適用刑法或其他法律。（特別刑事法）（吳　智）

妨害農工商罪

農工商業，不僅國民資以為生，而社會之繁榮與國家之發展，亦基於此。故妨害之者，不能無罰。刑法分則第十九章規定妨害農工商罪，自第二五一條至第二五五條計有五條，包括妨害販運公共所需飲食品或農工業所需物品罪（刑法二五一條一項）、妨害農事水利罪（刑法二五二條）、偽造仿造商標商號罪（刑法二五三條）、販運偽造仿造商標商號之貨物罪（刑法二五四條）、虛偽標記商品之原產國或品質罪（刑法二五五條一項）、販運虛偽標記原產國或品質之商品罪（刑法二五五條二項）等在內。（刑法分則）（王建今）

妨害選舉罪（Abuse of the Elective Franchise）

濫用選舉特權，乃係侵害國家之主權，無論「普通法」，聯邦法律，或各州之制定法，均有處罰非法投票之規定。其他如行為人未經合法當選，強踞公職；或強暴脅迫選民者，依普通法規定論以本罪。部分地區之制定法認為以選舉結果從事賭博行為，有損民主政治尊嚴，有處罰之必要。（英美刑法）（桂公仁）

判決

判決係法院對於當事人就終局裁判，依定式作成文書之意思表示。通常係本於當事人之言詞辯論（民訴二二一）就實體上權利之爭點為之。例外亦有就訴訟程序之爭點為判決者（四五一、四五二）。凡判決必由法院為之，無由審判長或受命推事為判決者（二二二Ⅰ、二二六Ⅰ6）。判決得依種種標準，為不同之分類。就判決之形式言，可分為終局判決（三八一、三八二）與中間判決（三八三）。就判決之性質或訴之內容言，可分為給付判決、確認判決與形成判決。就判決之內容或訴訟之標的言，可分為本案判決與本案無關之判決。就判決之基礎或當事人兩造或一造之辯論言，可分為對席判決與缺席判決。判決須在訴訟繫屬中，達於可為裁判之程度，依一定之程式為之。判決原本，交付法院書記官，以正本送達於當事人（二二八、二二九）。除不經言詞辯論之判決，應宣示之（二二三）。宣示後，為該判決之法院受其羈束；不宣示者，經送達後受其羈束（二三一）。（民事訴訟法）（李學燈）

判決之更正

判決經宣示或送達後，為該判決之法院，固應受其羈束（民訴二三一），不得自行撤銷或變更。但如有誤寫、誤算或其他類此之顯然錯誤，或其正本與原本不符者，法院得隨時或依聲請以裁定更正之（二三二Ⅰ）。所謂顯然錯誤，係指判決中所表示者，與法院本來之意思顯有不符，依訴訟及判決之意旨，一見甚明，無待更爲調查者而言。不論係法院所無之意思，誤於判決中表示之；或法院所有之意思，誤於判決中漏未表示者，均屬之。至其錯誤之部份，不問見於判決之主文、事實或理由內，如關於當事人或代理人之表示不正確，或有遺漏，或事實理由主文相矛盾，或主文之記載不完全，亦不問係出於法院之過失，或係根據當事人之陳述，概得以裁定更正之。更正判決，依法得隨時依聲請或依職權爲之。雖在該判決已經上訴或確定後亦得更正（三一，院、二三一三解）。參與更正裁定之推事，不以參與原判決之推事爲限。裁定附記於判決原本及正本。正本與原本不符者，則將裁定附記於正本。如正本已經送達，不能附記者，應制作該裁定之正本送達（二三二Ⅱ）。更正之效果，溯及於爲判決之時。故對該判決之上訴與該判決之確定及執行，均以更正後之判決爲準。當事人之聲請，得以書狀或言詞爲之。對於更正之裁定，得爲抗告（四八二），對於駁回更正聲請之裁定，則不得抗告（二三二Ⅲ）。惟當事人除得向爲判決之法院聲請更正外，尙得以上訴求爲更正。故於更正之聲請被駁回後，倘仍可爲上訴時，仍得以上訴主張之。（民事訴訟法）．（李學燈）

判決之形式上確定力

判決確定後，當事人不得以上訴之方法求將該判決廢棄或變更。故判決一經確定，有拘束訴訟當事人之效力。此謂之判決之形式上確定力。自判決之本身方面加以觀察，可稱之爲形式上確定力，若自當事人方面觀察，則爲判決之羈束力。得生此項確定力之判決，以終局之判決爲限。至中間判決，只因其祇得隨同終局判決聲明不服，故不能獨立發生形式確定力。參見「確定判決」條，「判決之確定力」條，「判決之羈束力」條。（民事訴訟法）（李學燈）

判決之形成力

判決之形成力，謂判決有足使法律關係發生、變更或消滅之效力，亦稱判決之創設力。此種效力，惟形成判決有之。蓋某種法律關係，有時須由有可致某法律上效果之權利人提起訴訟，以判決形成之者，如非兩願之離婚、非雙方同意之終止收養關係、非任意之認領、非經協議之分割共有物等是。於此等情形之法律關係，即因宣告形成之判決確定而形成，形成此種法律關係之判決所有之效力，即謂之形成力。故形成判決，乃所以確定形成權之存在，即以判決，使生形成之效果。形成判決之生形成力，不以形成實體法上之法律關係爲限，即判決之內容係形成訴訟法上之法律關係者亦屬之，例如上級法院廢棄下級法院判決之判決是。形成力之發生，亦以判決確定爲必要，無待於强制執行。依其性質通常對於一般第三人亦有效力，亦即其所形成之某法律上之效果，原則上任何人均不能否認。如離婚之判決及分割共有物之判決是。此爲形成判決與他種判決效力不同之特質。（民事訴訟法）（李學燈）

判決之宣示

見「宣示判決」條。（民事訴訟法）（李學燈）

判決之效力

判決經宣示或送達後，發生羈束力。判決一經確定，即發生形式上之確定力及實質上之確定力（既判力）。已確定或經宣告假執行之給付判決有執行力。已確定之形成判決有形成力。故言判決之效力者，因其觀察標準之不同，得分爲判決之羈束力，確定力（形式上確定力，實質上確定力—既判力），執行力，形成力數種。詳見各該條。（民事訴訟法）（李學燈）

判決之補充

民事訴訟法第二三三條第一項規定，訴訟標的之一部或訴訟費用，裁判有脫漏者，法院應依聲請以判決補充之。所謂裁判有脫漏，係指法院對於應於判決主文裁判之事項，有未爲裁判者而言。其非應表示於判決主文者，例如於事實欄內記載當事人之攻擊或防禦方法有所遺漏，祇得謂係顯然之錯誤；又如於理由欄內，漏未記載關於攻擊或防禦方法之意見，則屬判決不備理由；均不得謂爲裁判脫漏，惟若在判決理由中，表明就訴訟標的已爲如何裁判之意旨，而未記入於主文者，自不得不謂爲裁判脫漏；但此際亦得謂有顯然之錯誤，而以裁定更正之。判決之補充（民訴二三三）與判決之更正（二三二）不同，其要點：㈠補充限於依當事人之申請爲之，更正得依職權爲之。㈡補充應以判決爲之，更正應以裁定爲之。㈢申請補充判決，應於判決送達後二十日之不變期間內爲之，裁定更正，則得隨時爲之。㈣裁判脫漏之部份，如已辯論終結，應即為補充判決時，則非參與前判決之推事不得為之，如推事有變更者，應更新辯論。至為更正之推事，則不以原推事為限。至於裁判既有脫漏，則脫漏部份未經裁判，凡經下級審裁判之事項，上級法院在原則上不得為判決（例外情形參照四四六）當事人應亦不得對之提起上訴或附帶上訴。故當事人如就脫漏部份聲明不服者，縱非申請補充判決，亦以申請補充判決論。當事人就脫漏部份申請補充判決或聲明不服，法院認為不合法或無理由者，應以裁定駁回之。對於此項裁定，得依一般規定，提起抗告。若其所請未逾期間，具備其他合法要件，裁判亦確有脫漏部份，如已辯論終結，應即為補充判決。如未經辯論終結，審判長應速定言詞辯論期日。辯論之範圍，自應限於脫漏部份，不得為訴之追加。對於補充判決不服者，得獨立上訴。他若聲請補充判決（或聲明不服）之法定期業已逾越，或駁回該聲請之裁定業已確定，則除另行起訴外，別無救濟之途。蓋未經裁判之一部訴訟標的。此際應視為原來之訴訟繫屬，已歸消滅，與未經起訴同，當事人自得仍就該項法律關係另行起訴（民事訴訟法）（李學燈）

判決之執行力

判決之執行力，謂判決有作為執行名義，開始强制執行之效力。執行力，唯給付判決有之，且須該判決已確定或有宣告假執行。蓋給付判決，為確定請求權存在，且命當事人為給付之判決，如當事人不履行時，得聲請强制執行，以達保護私權之目的。至於確認判決及形成判決，因無庸執行，且亦不得執行，故不發生執行力。給付判決，雖有執行力，但判決未確定者，尚不能有執行名義，亦即尚未發生執行力。但有假執行之宣告者，則雖未確定亦有執行力。又確定之給付判決，其給付之內容，有不適於强制執行或無庸執行者，亦無執行力。前者如命夫妻同居之判決（强執一二八Ⅱ），後者如命債務人為一定之意思表示之判決（强執一三〇）是。（民事訴訟法）（李學燈）

判決之實質上確定力

見「既判力」條。（民事訴訟法）（李學燈）

判決之確定力

判決之確定力，即判決一經確定，不得以上訴聲明不服之效力。判決確定力得分為形式上確定力與實質上確定力二者。前者係指判決確定後，受判決羈束之當事人，不得以上訴之方法，求將該判決廢棄或變更之，是謂形式上確定力。後者係指為訴訟標的之法律關係，於確定終局判決中已經裁判者，當事人不得更以該法律關係為標的而提起新訴訟；且於新訴訟用作攻擊或防禦方法，亦不得為與確定判決意旨相反之主張；是謂實質上確定力，又稱既判力。判決非有形式上之確定力，不生實質上之確定力，蓋實質上之確定力，係以形式上之確定力之發生為要件，且自有形式上確定力之時開始。詳見既判力條，並參見「確定判決」條，「判決之形式上確定力」條。（民事訴訟法）（李學燈）

判決之羈束力

羈束力，亦即拘束力，係指有支配人之行為，使為一定行為或不為一定行為之效力。所謂判決之羈束力，即指判決有足支配人之行為之效力。凡應受其羈束者，應依判決之內容，為一定之行為或不得為與判決內容矛盾之行為之效力。判決經宣示後，為該判決之法院受其羈束，不宣示者，經送達後受其羈束（民訴二三一）。法院既應受其羈束，則不問其為終局判決或中間判決，一經宣示或送達後，該法院即不得自行撤銷或變更其裁判，雖當事人同意撤銷或變更時亦然。學者有謂對此原則，尚有若干例外者，如(1)判決經當事人提起再審之訴（四九六至四九八、五〇〇），或(2)提起撤銷之訴（五五一、六二五、六三六），或(3)經上訴法院廢棄而發回更審者（四五一、四七八），例外均得撤銷或變更之。然再審之訴，係因法定事由而提起之新訴，撤銷變更係另一訴訟程序之結果；至於發回事件，則原判決已因廢棄而不存在，均無所謂不受原判決羈束之可言。惟在他國之立法例，如法院於宣示後一定期間內發見判決違背法令時，得為變更之判決者（日民訴一九三之二），斯可稱為羈束力之例外。又判決對於其他法院本不生羈束力，但發回、發交或移送之判決，則有羈束發回、發交或受移送法院之效力（四五一Ⅰ、四五二、四七八）。第二審判決確定之事實，有羈束第三審法院之效力（四七六）。判決之效力，原則上僅及於訴訟之當事人，而不及於第三人，但有下列之例外：㈠形成判決有對世效力，一般第三人均受其羈束。㈡人事訴訟之判決，於法有特別規定時，對於一般第三人有羈束力（五八二、五八八、五九六Ⅰ、六四〇Ⅰ）。㈢判決對於從參加人有羈束力（六三）。㈣判決對於脫離訴訟之當事人有羈束力（六四）

。㈤確定判決對於訴訟繫屬後爲當事人之繼受人或爲當事人或其繼受人占有請求之標的物者亦有羈束力（四〇一Ⅰ）。㈥對於爲他人而爲原告或被告者之確定判決，對於該他人亦有羈束力（四〇一Ⅱ）。㈦公司設立無效之判決（公九Ⅰ），撤銷公司股東會決議之判決（公一八九），對於第三人之社員或股東有羈束力。此外法院之判決，原則上不能羈束行政機關，惟如關於登記權利之民事判決、人事訴訟及選舉罷免訴訟之判決，則有羈束登記機關或戶籍機關或辦理選舉之行政機關之效力。（民事訴訟法）（李學燈）

判決書

判決應作判決書，記載各款事項（民訴二二六）：㈠當事人姓名、住所、或居所；當事人爲法人或其他團體者，其名稱及事務所或營業所。判決書未表明當事人者，其判決有瑕疵，得爲第三審上訴之理由，且即使確定，亦無確定私權之效力。但如有誤寫或顯然錯誤，得以裁定更正之（二三二）。㈡有法定代理人，訴訟代理人者，其姓名、住所或居所。判決書內未經表明之效果，大致與前款同。惟關於訴訟代理人之記載，如有遺漏，尚與判決之效力，無大影響。㈢主文。主文爲確定判決內容之事項，即由事實及理由所生之結論。對於當事人應受判決事項之聲明，應爲認許或駁回之表示，爲判決中最重要之部份。宜以簡明之詞句，將判決標的之內容揭出之。其依職權爲訴訟費用之裁判及假執行之宣告者，亦應記載於主文。判決書未揭主文或主文之意旨不明者，不能認爲有判決。所記之主文應與宣示之主文相符，否則得爲上訴第三審之理由。㈣事實。事實爲判決理由之根據。各當事人所爲之聲明，及其提出之攻擊或防禦方法，均應記載。雖法院認爲不必要，或已不許使用，或於理由內認定爲非屬眞實者亦然。又訴訟經過情形之重要者，及依職權命調查證據等事，亦應記載之。判決書記載之事實，若有欠缺，得爲上訴之理由。㈤理由，即根據事實，予以判斷，說明產生判決主文之理由。理由既爲主文之所由生，故應記載關於攻擊防禦方法之意見及法律上之意見。得心證之理由，應記明於判決（二二二Ⅱ）。判決書內不記載理由或理由不備、或矛盾者，得爲上訴第三審之理由。㈥法院，即爲判決之法院，餘參見「判決」條。（民事訴訟法）（李學燈）

判決請求權

見「權利保護請求權」條。（民事訴訟法）（李學燈）

判決確定證明書

見「確定判決」條。（民事訴訟法）（李學燈）

判決離婚（Juridical Divorce; Divorce by Judicial Decree）

又名呈訴離婚，亦稱請求離婚。與協議離婚相對稱。謂夫妻之一方，依法定之原因，向法院訴請而經判決准予解消婚姻關係也。所謂法定原因，我國民法採列舉主義：㈠重婚者；㈡與人通姦者；㈢夫妻之一方受他方不堪同居之虐待者；㈣妻對於夫之直系尊親屬爲虐待，或受夫之直系尊親屬虐待，致不堪爲共同生活者；㈤夫妻之一方以惡意遺棄他方在繼續狀態中者；㈥夫妻之一方意圖殺害他方者；㈦有重大不治之惡疾者；㈧有重大不治之精神病者；㈨生死不明已逾三年者；㈩被判二年以上之徒刑或因犯不名譽之罪被處徒刑者。按呈訴離婚，固爲夫妻之一方之權利，但法律爲安定婚姻計，設有訴權消滅之規定：㈠配偶之一方死亡者，其訴權消滅。(2)對於有上述第一第二種離婚原因者，其有請求權之一方於事前同意，或事後宥恕，或知悉後已逾六個月，或自其情事發生後已逾二年者，不得請求離婚。(3)對於有上訴第六第十種原因者，其有請求權之一方，自知悉後已逾一年，或自其原因發生後已逾五年者，亦不得請求離婚（民法第一〇五二條至一〇五四條）。（民法親屬）（張鏡影）

判罪（Conviction）

刑事訴訟程序終結，法庭諭令被告有罪服刑之謂。亦有認爲「判罪」一詞，僅指陪審團對被告所作有罪之認定。

一般而言，刑事訴訟程序中，被告於庭前自白，陪審團投票認定犯罪事實。判決（judgement），則指庭上將上述認定之犯罪事實向被告宣示。判罪後之大赦（pardon），如係犯罪事實認定後，處刑（sentence）以前爲之，與判罪前之大赦不同，應非爲違憲。英美法中「判罪」可分爲二種：㈠前案判罪（former conviction），被告主張「一事不再理」時得援用之。㈡簡易判罪（summary conviction），由承審推事單獨爲之，不經陪審團之投票認定（

Black's Law Dictionary, pp. 403, §conviction)。（英美刑法）（桂公仁）

私公司（Private Company）

英國一九〇七年頒行的公司法，有所謂私公司（private company），一九二九年及一九四九年先後修定的公司法仍有此制，乃股份有限公司的變態組織，其股東責任可分爲無限與有限，如屬於有限責任者，則類似德國的有限公司。（商事法）（林咏榮）

私文書

見「公文書」條。（民事訴訟法）（李學燈）

私生子（Natural Children；Bastards）

即由男女苟合或無效之婚姻所生之子女。包括舊日妾生之庶子及姦生子在內。亦名非婚生子，我國民法規定非婚生子女經生父認領者，視爲婚生子女，其經生父撫育者，視爲認領（一〇六五條）。此非婚生子之認領（acknowledgement of natural child）後，即不得撤銷其認領（一〇七〇條）。惟非婚生子女之生母或其他法定代理人請求其生父認領之請求權，自該子女出生後五年間不行使而消滅（一〇六七條）。（民法親屬）（張鏡影）

私有土地

人民依法取得土地所有權者，爲私有土地。（土地法十、1）所謂依法取得所有權，指依民法及土地法之規定取得而言：第一、依民法之規定，其取得方法爲原始取得及繼受取得，其中原始取得，有因時效取得（民法七六九、七七〇）因附合之取得（民法八一一）及因經過除斥期間之取得（民法九二三），至於繼受取得，爲因繼承或轉讓之取得；第二、依土地法之取得，即本法第十二條因土地回復原狀時之取得，及第十三條因岸地自然增加之優先依法取得。至於興辦工業人需要編爲工業用地區域內之土地，政府應依土地法之規定，施行區段徵收，於整理劃分後售與之（獎勵投資條例三六），亦可謂爲依土地法之取得。

私有土地所有權消滅者，爲國有土地（土、十、2）私有土地所有權因下列原因而消滅：㈠標的物消失、私有土地因天然變遷，成爲河澤或可通運之水道時，其所有權視爲消滅（土、一二、1）；㈡拋棄、私有土地所有權人，因拋棄其土地而成爲無主物時，即歸爲公有；㈢公用徵收、私有土地因依法被公用徵收，其所有權消滅；㈣時效、所有權原不因時效而消滅，惟因取得時效之結果，原所有權亦因之消滅，例如提存物之權利，自提存後十年間不行使而消滅，其提存物歸於國庫（民法三三〇），其提存物爲土地時，則成爲公有土地；㈤沒收、依刑法規定，沒收原以動產爲限，惟若其他法律有沒收犯人財產之規定，（懲治漢奸條例第八條），該項財產爲土地時，其所有權即歸消滅，而歸公有；㈥無人繼承之土地所有權、無繼承人承認繼承時，其遺產於清償債務，並交付遺贈物後，如有賸餘，歸屬國庫（民法一一八五）。私有土地因上述原因消滅時，即歸公有，而爲國有土地。又此所謂消滅，乃指私有土地所有權之絕對消滅而言，若僅係私有權利主體之變更，則仍爲私有土地，而不得謂爲私有土地所有權之消滅。（土地法）（管　歐）

私有物權

對公有物權而言。即自然人與私法人所享有之物權也。公法人雖亦得爲私權主體，但其標的物則屬於公有。以土地所有權而言，原屬於國民全體，但經個人依法取得所有權者，則爲私有土地。私有地權之取得，法律設有限制。中央政府對於私有土地所有權之移轉、設定負擔或租賃，認爲有妨害國家政策者，得制止之。如有公用，得徵收之。由私人或私人團所經營之森林曰私有林，原與一般之私有物權無異，惟於國有林或公有林之經營上有必要時，得依法徵收之，或以相當之國有林或公有林與之交換。（民法物權）（陳　珊）

私權之主體（Subject of Private Right）

即私權利能力所歸屬之本體。亦即是私權之享有者。通常稱之爲人格者，或稱爲權利人。但人格者與權利人亦有區別。即凡得享有私權之資格者，就是有權利能力人。始得稱爲人格者。至於現在享有特定私權者，就是以本人名義享有私權者，乃能稱爲權利人。惟私權之主體有二：一爲自然人（natural person），一爲法人，已詳法人條，不贅述。所謂自然人者，其意義有二：自然科學上所謂之人，指自然界之人類而言。法學上所謂之人，乃指法律上承認其人格者而言。因法律賦予有權利能力，故與自然界之其他動物有異。惟自然人之種類：㈠依年齡之區別，有成年人與未成年人。㈡依精神狀態為區別，則有精神健全人與禁治產人和準禁治產人。㈢依國籍為區別，則有內國人與外國人。㈣以性為區別，則有男人與女人。如人一身而兼有男女兩性者，在現行繼承法係男女平等主義，其繼承權並無不同。惟遇公義務中之兵役義務，則頗成問題。（民法總則）（張鏡影）

私權之取得（Acquisition of Private Right）

即私權附於權利主體之事實，易言之，就是私權與特定主體相結合之謂也。惟私權之取得，有基於權利主體之意思者，如甲乙二人因合意所生之買賣或贈與等是。有基於法律之規定，如因侵權行為所生之賠償請求權，或因身分而得之法定繼承財產權等是。至於私權取得之方式：㈠原始取得(original acquisition)，即不基於他人既有之權利而獨立取得之權利。例如先占、或因時效而取得之新權利，又如在所有之土地上新建之建築物，其建築物亦為原始取得。㈡繼受取得，又名繼承取得，亦稱傳來取得（derivative acquisition)，即基於他人既存權利而取得之也。又可分為(1)創設繼承取得(constituted acquisition)，係就他人所有權上設定權利，如地上權地役權等是。(2)移轉繼承取得（translative succession)，即前主之權利之內容不變而移轉於後主。惟其移轉係出於當事人之法律行為者，例如買賣贈與等是。如其移轉係出於法定之事實者，如繼承人因被繼承人死亡而繼承其財產是。至所謂私權，乃與公權相對稱，即私法上之權利。計有財產權，非財產權（身分權人格權）、支配權、形成權、抗辯權、請求權、專屬權、非專屬權等。（民法總則）（張鏡影）

私權之客體（Object of Private Right）

即私權行使之對象。亦即私權之目的物也，故又稱為私權之標的。學者對此，素有客體為物說與客體行為說二者。然一般均認前者為通說。誠以權利之標的不能離乎物，故客體物說之為通說，自有其相當之理由。要亦有可議之處；即失之過偏。蓋私權之種類不同，其客體亦有差異。大別之，不外人與物及行為三者。例如親權之客體多為人，物權之客體多為物，債權之客體多為債務人之行為。不過適用最多者為物耳。至於其他關於精神作用及權利，均可作為私權之客體。惟物在法律上的觀念與物理上物的觀念不同。物理上之物，係就物之本身與其性質而言。法律上之物，乃就人與物發生之關係而言。蓋法律上之物為權利之客體，供人之支配。苟物理上之物不置於人之支配之下而為權利之客體，則非法律上之物。如江河之水，乃物理上之物。如汲於汲水者之桶中，則成為法律上之物，汲水者對桶中之水，因先占而取得所有權，可以自由支配，並受法律之保護。因之，物必須獨立而成為一體，乃能成為私權之客體。又人之身體為人格所附麗，不能謂為法律上之物。至於尸體，若製成標本出售，則不能謂非權利之客體。（民法總則）（張鏡影）

私權之喪失（Loss of the Private Right）

即私權與主體分離之事實也。惟就喪失之性質分之，有相對之喪失與絕對喪失兩者。所謂相對喪失者，例如將屋舍出讓是。所謂絕對喪失者，例如屋舍被焚燬是。絕對之喪失，又可稱為私權之消滅（extinction of the private right），即目前存在之私權，以後喪失其存在之謂也。（民法總則）（張鏡影）

私權之變更（Alteration of the Private Right）

即私權並不消滅，惟其客體主體及內容發生變更之事實之謂也。惟發生變更之原因不一，有基於權利主體之意思者，有基於法律規定者。至於變更之狀態，則有三種：㈠權利客體之變更，例如所有之房屋被燬去一部分是。㈡權利主體之變更，有三種情形：一為權利主體之更換，例如債權之讓與是。二為權利主體之更替，例如繼承人之繼承被繼承人之財產是。三為權利主體之增減，例如獨有人變為共有人，即主體之增加；共有人變為獨有人，即主體之減少。㈢權利內容之變更，亦有三種情形：一為作用之變更，例如本不能對抗者變為得對抗者是。二為數量之變更，例如債務經清償一部是。三為性質之變更，例如附有條件之權利變為無條件之權利是。（民法總則）（張鏡影）

言詞主義

即言詞審理主義，見該條。（民事訴訟法）（李學燈）

言詞審理主義

就當事人所爲訴訟行爲之方式，在立法上所採之主義言之，可分爲言詞審理主義與書狀審理主義。言詞審理主義簡稱言詞主義，係指當事人之辯論及提供訴訟資料，須於推事前以言詞爲之，始有效力，否則不得採爲裁判基礎之主義。書狀審理主義，或稱書面審理主義，簡稱書面主義，或書狀主義，係指推事專據當事人書狀所得之資料爲判決基礎之主義。言詞審理主義之優點，在能速知訴訟事件之內容，易得完全之訴訟資料，法院及旁聽人均得同時聆聞當事人之辯論與其他訴訟關係人之陳述，適於合議制度及公開審判主義。惟因推事記憶難免疏漏，仍應以筆錄爲據，筆錄若有誤載，裁判卽難正確。且下級法院之筆錄如有疏漏，上級法院亦無由知之。書狀審理主義之優點，在於訴訟資料，均記載於書面，不致因時日遷延或筆錄疏漏而有舛誤，且上級法院亦易據以知下級法院之裁判資料，適於覆審制度。然不能藉闡明權以明事實之眞象，其審判難於深入研求，且易致訴訟之稽延。如有多數之推事，則須各別閱覽書狀，不適於合議制度及公開審判主義。我國民事訴訟法於事實審之判決程序採言詞審理主義爲原則，故法院所爲之判決，除別有規定外（民訴二四九Ⅱ、四五三、五〇二Ⅱ），應本於當事人言詞辯論爲之（二二一）。但於訴、上訴、抗告、再審之訴之提起（二四四、四四一、四七〇、四八八、五〇五），及於言詞辯論期日外爲訴或上訴之撤回（二六二Ⅱ、四五九Ⅲ、四八一），均以書狀爲之。第三審之判決程序，則採用書狀審理主義爲原則（四七四）。至於裁定，無論何級法院，均得不經言詞辯論爲之（二三四Ⅰ）。（民事訴訟法）（李學燈）

言詞辯論

有時簡稱辯論，乃指法院當事人及其他訴訟關係人，於言詞辯論期日一切訴訟行爲所構成程序之總稱。如法院之指揮訴訟，調查證據，行使闡明權；當事人之聲明陳述，及證人或鑑定人之陳述均屬之。至於法院之宣示裁判，則不包括在內（民訴二一〇、二二三）。然學者間每謂有廣狹數義，上述爲義之狹者。自廣義言之，則包括宣示裁判在內（二一三Ⅰ6）。自最狹義言之，則專指當事人於言詞辯論期日所爲之行爲而言（二二一）。言詞辯論之開閉及指揮，由審判長行之（一九八）。以當事人聲明應受裁判之事項爲始（一九二）。其已行準備程序之事件，當事人應陳述準備程序之要領（二七五）。各種攻擊或防禦方法，原則上均得於言詞辯論前提出之（一九六）。參與辯論人如不通中華民國語言，法院應用通譯。推事不通參與辯論人所用之方法，或參與辯論人爲聾啞人，不能用文字表達意思者亦同（二〇七）。辯論達於可爲終局裁判之程度者，應卽宣告辯論終結。惟於宣示裁判前如有必要得命再開言詞辯論（二一〇）。就辯論之內容言，可分本案之言詞辯論及本案外之言詞辯論。前者指就本案實體上之請求有無理由爲辯論，故又稱實質上之辯論，或實體上之辯論。後者指就訴訟成立要件，卽程序上是否合法爲辯論，通常又稱訴訟程序上之辯論或形式上之辯論。就辯論是否爲裁判必要之基礎而言，可分爲必要之言詞辯論，與任意之言詞辯論。前者如判決程序，原則上以言詞辯論爲裁判必要之基礎（二二一）。後者如裁定程序，經由言詞辯論與否，依裁判機關之自由裁量定之（二三四），亦有依法律明定，不得爲辯論而卽予裁定者（五一二）。（民事訴訟法）（李學燈）

言詞辯論之準備

民事訴訟法採言詞審理主義及當事人之辯論主義，所有當事人之聲明與陳述，凡以提供訴訟資料爲目的者，通常均應於言詞辯論時，以言詞爲之。然訴訟事件，有內容極爲複雜者，當事人所欲於言詞辯論中提出之訴訟資料，如不於言詞辯論期日前，先行提出於法院，則法院既因不能充分理解其旨趣，自無從準備調查並令爲適當完全之辯論；而他造當事人亦無從對之爲適當之答辯。或有企圖延滯訴訟之當事人，亦可藉此故意遲延提出訴訟資料，辯論期日往往隨之延展，有違訴訟經濟及迅速進行之原則。故法律特設言詞辯論之準備程序（民訴二六五至二七六），俾便言詞辯論得爲迅速而有效之進行。關於準備之規定，可分爲三：㈠準備書狀之提出（二六五至二六八）；㈡法院因使辯論易於終結，認爲必要時，得於言詞辯論前，爲各種之處置（二六九）；㈢行合議審判之訴訟事件，法院於必要時以庭員一人爲受命推事，使行準備程序（二七〇至二七六）。（民事訴訟法）（李學燈）

言詞辯論時法院之權限

言詞辯論中，關於指揮訴訟行爲，原則上固應由審判長爲之。然有若干行爲，因關係較爲重大，例外由法院行之，是爲屬於法院之權限。例如：㈠法院因闡明或確定訴訟關係得㈠命當事人或法定代理人本人到場。㈡命當事人提出圖案、表册，外國文文書之譯本或其他文書、物件。㈢將當事人或第三人提出之文書、物件暫留置於法院。㈣依職權命行勘驗鑑定或囑託機關團體爲調查（民訴二〇三）。(乙)因便利訴訟之進行，或防止裁判之牴觸，法院尙得爲下列處置：得㈠命分別辯論（二〇四），㈡命合併辯論（二〇五），命限制辯論（二〇六）。(丙)使用通譯（二〇七）。(丁)禁止陳述（二〇八）。(戊)調査證據（二〇九）。(己)再開辯論（二一〇）。(庚)就參與辯論人提出之異議爲裁定（二〇一）等。均爲言詞辯論時法院所應爲或得爲之行爲。（民事訴訟法）（李學燈）

言詞辯論時審判長之權限

審判長代表合議庭之人員，在言詞辯論時應爲或得爲各種行爲，亦可稱爲審判長之權限。例如㈠開閉及指揮言詞辯論（民訴一九八Ⅰ），㈡行使闡明權（一九九Ⅱ），㈢指定受命推事或爲囑託（二〇二），㈣宣示法院之裁判（一九八Ⅰ）等均屬之。（民事訴訟法）（李學燈）

言詞辯論期日

言詞辯論期日係法院與訴訟關係人會合而行言詞辯論之時期。期日以朗讀案由爲始（民訴一五八），言詞辯論則以當事人聲明應受裁判之事項爲始（一九二）。所謂應受裁判之事項，即當事人願受如何裁判，其裁判應有如何之內容是。當事人於言詞辯論時，首應以言詞聲明應受裁判之事項。若不知爲此聲明者，審判長應令其聲明（一九九Ⅱ）。言詞辯論期日不限於一次，言詞辯論須續行者，審判長應速定其期日（一九八Ⅲ）。其第一次言詞辯論期日，可謂之最初言詞辯論期日。此後可謂之續行言詞辯論期日。續行言詞辯論期日乃最初言詞辯論期日延展之結果，故不必再爲應受裁判事項之聲明。但如參與言詞辯論之推事有變更時，則應更新審理程序，當事人應陳述以前辯論之要領，但審判長得令庭員或書記官朗讀以前筆錄代之（二一一）。法院調査證據，除別有規定外，於言詞辯論期日行之（二〇九）。當事人兩造遲誤言詞辯論期日者，除別有規定外，視爲合意停止訴訟程序。但法院於認爲必要時，得依職權續行訴訟，如無正當理由而兩造仍遲誤不到者，視爲撤回其訴或上訴（一九一）。其餘參見「期日」及「言詞辯論」條。（民事訴訟法）（李學燈）

言詞辯論筆錄

言詞辯論，應作筆錄爲證，謂之言詞辯論筆錄，亦即記載言詞辯論進行之要領及一定事項之文書。此實爲訴訟程序中，法院書記官依自己之責任所爲之要式行爲。無論爲必要之言詞辯論，或任意之言詞辯論，均應製作筆錄，以證明辯論之經過，及言詞辯論所定程式之遵守。筆錄應記載之事項，有形式之事項（民訴二一二），與實質之事項（二一三）。筆錄內引用附卷之文書，或表示將該文書作爲附件者，其文書所記載之事項與記載筆錄者，有同一之效力（二一五）。筆錄或上述文書內所記關於本法二一三條一項一至四款之事項，應依聲請於法庭向關係人朗讀或令其閱覽，並於筆錄內附記其事由。其對筆錄所記有異議者，書記官得更正或補充之。如以異議爲不當，應於筆錄內附記其異議（二一六）。書記官製作筆錄，雖應服從審判長之命令，其應記載於筆錄之事項，審判長並得口授之命其照書，或命其更正，但書記官如以審判長之命令爲不當者，得於筆錄內附記其意見（法組四七）。筆錄爲公證書之一種，有強固之證據力，除有反證足以證明其所記載辯論之內容爲不實外，應認其所記載者屬於眞實，但關於言詞辯論所定程式之遵守，則專以筆錄證之。審判長及書記官應於筆錄內簽名（民訴二一七）。筆錄違背簽名之規定者，無公證書之證據力，但言詞辯論並不因之無效，筆錄亦非絕無證據力。筆錄不得挖補或塗改文字，如有增刪，應蓋章並註明字數，其刪除處應留存字跡，俾得辨認（二一八）。違背此種規定者，言詞辯論並不因之無效，筆錄亦非無證據力，其增刪處所記之證據力自較薄弱，仍由法院依自由心證判斷之。（民事訴訟法）（李學燈）

言語誹謗（Slander）

言語誹謗者，乃以言語或姿勢指摘足以毁損他人名譽之行爲也。犯言語誹謗者，祇負民事責任，且非經由被害者證明受有特殊之損害，不能成立。但下列四種情形，則爲例外：㈠指摘原告曾經犯有重罪；罪刑可用罰金代替者，則不在此限。㈡指摘原告患有可憎之疾病，如花柳、癲瘋等病是。㈢指摘有關原告事業上、營業上或職業上之事實，如謂某商人將破產或某醫師無能是。㈣指摘女性原告之不貞。上述四例，原告雖無損失，被告仍應負賠償之責，此之謂當然之言語誹謗（slander actionable per se）（見 Salmond on Torts, 11th ed., 1953, pp. 421, 422, 487-489）。（英美侵權行爲法）（何孝元）

利息

利息者，乃使用他人之金錢或代替物，依一定之利率，比照其原本之數額，及使用期間之長短，所給與他人之對價也。利息為使用他人原本之對價，法律稱之為法定孳息。其支付應依一定利率。利率者，乃以對於原本之一定比例，並按使用期間之長短，計算利息之標準也。利率為利息之要件，無利率，則無法計算利息。（民法債編總論）（何孝元）

利息之債

利息之債，係以利息為給付標的之債。利息之債具有左列特質：

㈠利息之債之從屬性

利息之債既為原本之債之從權利，自應與原本之債共其運命。故㈣原本之債如發生無效，撤銷或消滅，利息之債亦隨之發生無效、撤銷或消滅。㈤原本債權轉讓時，未支付之利息，推定其隨同原本移轉（民法第二九五條）。㈥原本債權之效力，推及於利息債權，原本債權之擔保，即為利息債權之擔保；原本債權有優先權者，利息債權亦有優先權（民法第七四〇條、第八六一條、第八八七條、第九〇一條）。

㈡利息之債之獨立性

利息之債雖從屬於原本之債，但兩者究屬各別之債。故㈣已發生之利息債權，雖原本債權歸於消滅，仍可獨立存在。㈤利息債權得獨立讓與，其效力不及於原本債權。㈥利息債權與原本債權之請求權，各因不同之時效而消滅（民法第一二五條、第一二六條）。

利息之債之發生，依我民法規定，僅以有法律行為或法律規定者為限。前者為約定利息，後者為法定利息。（民法債編總論）（何孝元）

利益法學（ Interessenjurisprudence ）

利益法學屬於社會法學之一支，是廿世紀初發生於德法等國之一種法學運動。此一運動在德國之代表，應推赫克（Philipp Heck）。赫克認為立法者意在平衡社會上衝突的利益，但實際上無法就生活萬態作周詳的規定。因此，任何實證的法制均有缺漏。法官排難解紛，不能專靠實證法之邏輯的運用，而必須探求立法者的意志。換言之，利益法學不求為司法官提供問題之答案，而僅在將法條所牽涉之各種利益予以表露整理，以使利司法官制作正確的判決。故德國的利益法學主張用創造性的解釋方法，以補法典之不足，頗似法國葉尼（Francois Geny 1861-1944）解釋法律的理論，而同屬對當時風靡歐洲之概念法學與形式法學的一種反抗。但利益法學幷不認為司法官得於實證法以外，自由覓致判決之準據。因此，與所謂自由法運動幷非一事。（參閱「自由法說」，「社會法學」條）（法理學）（馬漢寶）

參考文獻：

The Juris prudence of Interests,edited and translated by M. M. Schoch, Cambridge, Mass, 1948.

利得償還請求權

利得償還請求權，就是票據上債權罹於時效或因手續欠缺而消滅時，執票人對於發票人或承兌人，於其所受的利益限度內，得請求償還其利益的權利（票據法第二二條第四項）。例如甲向乙購買貨品，計價金二萬元，適乙欠丙二萬元，乙遂以甲為付款人發行滙票一紙付丙，以清償其債務。丙經向甲承兌後，該滙票自到期日起，經過三年，未向承兌人請求付款，其票據上的權利、即為罹於消滅時效（票據法第二二條第一項）。在此場合，甲無須付款，而丙却蒙受其損害，殊欠平允。法律為求衡平，特課甲於受領二萬元貨品價金的限度內，對丙負償還的責任。至所謂手續欠缺，如不為承兌或付款的提示、或應作成拒絕證書而不作成等是。在此場合，執票人喪失其追索權（票據法第四二第六九第八六及第一〇四等條），而承兌人或付款人倖免履行票據債務，自非合理，故法律亦賦予執票人對於承兌人或付款人有返還其利得的請求權。所以利得償還請求權，乃為補償票據權利人，應得的利益而設。日內瓦票據統一公約第一附屬書，對於利得償還請求權未設立任何規定，而委諸各締結國自行立法。票據上權利，因時效或手續欠缺而消滅，其執票人就之有所謂利得償還請求權，乃德國法系所採的法例；而與法國法系立制，以票據資金上的所有權，應隨票據移轉，否認所謂利得償還請求權的觀念相對立。英美法亦無所謂利得償還請求權，其對於票據債權，與一般債權同視，此則與我國異制，蓋我民法因時效消滅，債務人有拒絕給付的抗辯權，債權人無從主張其請求權，其請求權等於消滅，不生所謂返還問題（我國民法第一四四條、德國民法第二二二條亦同）。（商事法）（林咏榮）

戒嚴地域

戒嚴地域，謂依戒嚴法第一條之規定，宣告戒嚴或宣告緊急戒嚴；或依同法第三條之規定，宣告臨時戒嚴之地域。宣告戒嚴之地域，依同法第二條之規定，分為警戒地域及接戰地域。警戒地域及接戰地域應於時機必要時，指定公告之。（特別刑事法）（吳　智）

戒嚴法

戒嚴，謂國家遇有戰爭或叛亂發生，為維持社會秩序、公共治安，或基於軍事上之要求，對於全國或某一地域應行戒嚴時，總統得經行政院會議之議決或呈請，立法院之通過或追認，依戒嚴法宣告戒嚴，或使該一地域最高軍事長官宣告戒嚴。

戒嚴時期，警戒地域內地方行政官及司法官處理有關軍事之事務，應受該地最高司令官之指揮。接戰地域內地方行政事務及司法事務移歸該地最高司令官掌管。其地方行政官及司法官應受該地最高司令官之指揮。又戒嚴地域內最高司令官得對於人民之基本權利與自由施以相當之限制或停止。（特別刑事法）（吳　智）

戒嚴區域

陸海空軍刑法第二條所稱戒嚴區域，乃指當戰爭或叛亂發生之際，對於全國或某一地域，施行戒嚴，或因猝受敵匪之攻圍，或為應付非常事變，而依戒嚴法之規定，宣告戒嚴時所區劃之地域而言。（特別刑事法）（吳　智）

告知送達

見「寄存送達」條。（民事訴訟法）（李學燈）

告知參加

見「訴訟參加」及「訴訟告知」條。（民事訴訟法）（李學燈）

告訴

犯罪之被害人或其有告訴權人，向偵察機關報告犯罪事實並表示請求追訴之意思為告訴。得為告訴之人有下列各種：㈠犯罪之被害人。㈡被害人之法定代理人或配偶，得獨立告訴。㈢被害人已死亡者，得由其配偶、直系血親、三親等內之旁系血親、二親等內之姻親或家長、家屬告訴。但告訴乃論之罪，不得與被害人明示之意思相反。㈣特定犯罪案件之得為告訴者：1.刑法第二百三十條之妨害風化罪，非下列之人不得告訴：⑴本人之直系血親尊親屬。⑵配偶或其直系血親尊親屬。2.刑法第二百三十九條及第二百四十條第二項之妨害婚姻及家庭罪，均非配偶不得告訴。3.刑法第二百九十八條之妨害自由罪，被略誘人之直系血親、三親等內之旁系血親、二親等內之姻親或家長、家屬亦得告訴。4.刑法第三百十二條之妨害名譽及信用罪，已死者之配偶、直系血親、三親等內之旁系血親、二親等內之姻親或家長、家屬得為告訴。㈤被害人之法定代理人為被告或該法定代理人之配偶或四親等內之血親、三親等內之姻親或家長、家屬為被告者，被害人之直系血親、三親等內之旁系血親、二親等內之姻親或家長、家屬得獨立告訴。㈥告訴乃論之罪，無得為告訴之人或得為告訴之人不能行使告訴權者，該管檢察官得依利害關係人之聲請或依職權指定代行告訴人。但告訴乃論之罪，不得與被害人明示之意思相反。告訴之期間：告訴乃論之罪，其告訴應自得為告訴之人知悉犯人之時起，於六個月內為之。得為告訴之人有數人，其一人遲誤期間者，其效力不及於他人。告訴之程式：告訴人應以書狀或言詞向檢察官或司法警察官為之；其以言詞為之者，應制作筆錄。為便利言詞告訴，得設置申告鈴。告訴之效力：告訴乃論之罪，對於共犯之一人告訴者，其效力及於其他共犯。告訴之撤回：告訴乃論之罪，告訴人於第一審辯論終結前，得撤回其告訴。撤回告訴之人，不得再行告訴。對於共犯之一人撤回者，其效力及於其他共犯。但刑法第二百三十九條之罪，對於配偶撤回告訴者，其效力不及於相姦人。（刑事訴訟法）（陳　珊）

告發

第三人向偵查機關報告犯罪事實之行為，謂之告發。不問何人知有犯罪嫌疑者，得為告發。公務員因執行職務知有犯罪嫌疑者，應為告發。告發應以書狀或言詞向檢察官或司法警察官為之。其以言詞為之者，應制作筆錄。為便利告發，得設置申告鈴。（刑事訴訟法）（陳　珊）

告發（Information）

具管轄權之治安人員依法指控他人犯罪之謂。其與「起訴」(indictment) 略異，後者由大陪審團提起，且依據前者提供犯罪事實，若認證據充分，被告確實犯罪，則投票決定之(Commonwealth v. Cooke,55 Pa. S.Ct. 435, 439)，告發書內容宜簡要，須引述被告觸犯之刑事法規，其引述錯誤或疏漏未引述時，若未致被告不利時，不影響該告發本身效力(U.S. federal Rules of Criminal Procedure (1946), Rule 7)。（英美刑法）（桂公仁）

防止詐欺法規（Statute of Frauds）

一六七七年，英國頒布之「防止詐欺法」規定：契約須以書面爲之，並須經負責人或其代理人簽名；但不拘形式，便條或備忘錄均可，但其內容須包括當事人及契約之要點，足以辨明契約主體及標的爲必要。此類文件並應載明契約之約因。若契約不具備上述要件者，並非無效，僅當事人喪失訴權而已（見Chitty on Contracts, vol. 1, 1961, pp. 75, 79, 80.）。（英美契約法）（何孝元）

防衛他人（Defense of Others）

對於現在不法之侵害，爲防衛近親之權利，或有阻止重罪發生之必要，行爲人爲防衛他人而殺人，其行爲爲不罰。英美普通法承認行爲人有權殺人，如其目的在阻止被害人犯重罪，且其殺人行爲爲必要時。爲防衛近親而殺人，得否主張正當防衛，應視州法律（statute）明文而定。又，被防衛之第三人首肇爭端，被害人反擊欲置其於死地，是否亦在得防衛其生命而殺人之例，須視行爲人是否知悉其近親或該第三人爲首肇爭端，如爲肯定，表示行爲人有謀殺之惡意，如不知被防衛人首肇爭端之事實，善意防衛其生命權利而殺他人，其行爲爲不罰。（英美刑法）（桂公仁）

防禦方法

見「攻擊或防禦方法」條。（民事訴訟法）（李學燈）

防禦行爲（Act of Defence）

又稱正當防衛（legal defence），即權利人在其權利或他人權利被侵害時，或受危險時，公力不及救濟，法律允許其在一定範圍內爲自力救濟之行爲也。此種行爲在刑事上不構成犯罪之行爲，謂之阻却違法。在民事上不構成侵權行爲，亦得免除民事上之賠償責任。此種防禦行爲其得免除責任之理由有二說：主觀說者，謂防禦行爲出於緊急之時，已無思考能力，失去意思，無意思能力之行爲，應免除其責任。客觀說者，謂防禦行爲人於非常緊急時期，無法依賴公力保護，惟有任其以己力救濟，其發生之結果，當然免除其責任。此說爲通說，據以之爲免責之理由。我國民法明文規定，即對於現時不法之侵害，爲妨衛自己或他人之權利所爲之行爲，不負損害賠償責任。但已逾越必要之程度者，仍應負相當賠償之責（第一四九條）。至於行爲人對於侵權行爲與有原因者，是否成立防禦行爲？例如甲明知乙性易激而衝動行兇，見乙手持木杖，乃故意挑逗使怒，俟其以杖行兇時，以刀傷之。民法僅對於動物係由第三人或他動物之挑動而加害於人者，其占有人對之有求償權（第一九〇條第二項）。對此則無明文。在法理上應持否定說。況救護行爲中，如危險之發生，行爲人有責任者，不能免除損害賠償責任。自亦可以類推及之。（民法總則）（張鏡影）

更正判決

見「判決之更正」條。（民事訴訟法）（李學燈）

更新審判程序

已進行之審判程序，重新開始進行之情形爲更新審判程序。其法定原因有二：(一)審判期日應由參與之推事始終出庭；如有更易，程序即應更新。行準備程序之推事有更易者，毋庸更新其程序。(二)審判非一次期日所能終結者，除有特別情形外，應於次日連續開庭；如下次開庭因事故間隔至十五日以上者，應更新審判程序。（刑事訴訟法）（陳　珊）

更新審理

依言詞主義及直接審理主義，推事非參與爲判決基礎之辯論者，不得參與判決（民訴二二一Ⅱ）故參與言詞辯論之推事，如因前後易人而有變更者，應使當事人陳述以前辯論之要領（二一一），此所謂更新辯論是。如審判長認爲適當時，並得令庭員或書記官朗讀以前筆錄以代當事人之陳述（二一一但）。此際審判長當然亦得自行朗讀。依此而爲審理之程序，稱爲更新審理。又言詞辯論終結後，因參與該辯論之推事有於宣示前死亡或不能行使職務而再開辯論者（二一〇參照），亦應更新以前之辯論。（民事訴訟法）（李學燈）

更新辯論

參與言詞辯論之推事有變更者，當事人應就以前辯論爲陳述，舊法（民十九、二十公布二〇二）稱之爲更新辯論。見「更新審理」條。（民事訴訟法）（李學燈）

投降人

投降人指敵方戰鬥員自動解除武裝，向我投誠之人員而言。投降人犯罪，依軍事審判法第四條規定，得依該法追訴審判之。（特別刑事法）（吳　智）

投標

以招標之表示，使多數競爭人各提出有利之條件，而由招標者選擇其中一人，而與之成立買賣行爲，曰投標。拍賣不動產，執行法院得因債權人或債務人之聲請或依職權，以投標之方法行之。以投標方法拍賣不動產時，執行法院得酌定保證金額，命投標人於開標前繳納之，不遵命繳納者，其投標無效。投標人應以書件密封投入執行法院之標匭。是項書件，應載明下列事項：㈠投標人之姓名、年齡、住址及職業。㈡願買之不動產。㈢願出之價額。投標結果，由執行推事當衆開示，並朗讀之。投標人願出之最高價額相同者，以抽籤方法定其得標人。（強制執行法八五—九〇）。（強制執行法）（陳　珊）

投敵

所謂投敵，係指無故離去職役，而自動投向敵人勢力範圍，幷聽其指揮，而足以損害民國之防禦力爲限，至是否出於積極或消極行爲，在所不問，投敵行爲，與降敵行爲不同點，降敵須在與敵開戰或將開戰時爲之，而投敵則不限於上述之情形。（特別刑事法）（吳　智）

扶養（Maintenance; Support）

謂特定人對於特定人於其不能生活及教養時，予以必要之費用也。我國歷次草案均以此爲一種義務。且逕名之爲扶養義務。實則供給扶養費之一方曰扶養義務人，受扶養之他方曰扶養權利人。現民法稱爲扶養，包括雙方當事人在內。所給予之費用曰扶養費。至扶養之程度，則應按受扶養權利人之需要及扶養義務人之經濟能力及身分而定之。對扶養之方法如何？原則上由當事人協議定之。但不能協議時，則由親屬會議定之。經議定後，遇情事變更時，自應許當事人之請求而加以變更。若扶養當事人有一方死亡時，則扶養義務與權利即行消滅。若扶養義務人不能維持自己之生活時，或扶養權利人已恢復謀生能力者，則扶養之權利與義務即因之而停止（民法親屬編第五章內各條）。（民法親屬）（張鏡影）

扶養義務人（Person Bound to Furnish Support; Obliger in the Maintenance）

即凡依法對於特定人負有扶養之義務者也。民法對扶養義務人設有明文，即對下列親屬互負扶養之義務。㈠直系血親相互間；㈡夫妻之一方與他方之父母同居者，其互相間；㈢兄弟姊妹相互間；㈣家長家屬相互間。上述各扶養義務人若同時有數人時，則依下列順序定之：㈠直系血親卑親屬；㈡直系血親尊親屬；㈢家長；㈣兄弟姊妹；㈤家屬；㈥子婦女婿；㈦夫妻之父母。若同係直系尊親屬或直系卑親屬者，在同一順序而爲履行扶養義務人者，則以親等近者爲先。又如負扶養義務者有數人，而其親等同一時，則應各依其經濟能力分擔義務（民法第一一一四條至一一一五條）。（民法親屬）（張鏡影）

扶養權利人（Person Entitled to Support; Obligee in the Maintenance）

指享有受特定人扶養權利之人而言。享有扶養權利之要件，原則上僅以不能維持生活而無謀生能力之特定人爲限。但直系尊親屬則雖無謀生能力，亦得享受扶養權利，是爲例外。依民法規定，扶養義務人同時爲扶養權利人（參看扶養義務人條）。惟扶養權利人有數人時，則有一定之順序，以定先後。其順序：㈠直系血親尊親屬；㈡直系血親卑親屬；㈢家屬；㈣兄弟姊妹；㈤家長；㈥夫妻之父母；㈦子婦女婿。若同係直系血親尊親屬或直系血親卑親屬者，則以親等近者爲先受扶養之人。若受扶養權利者同時有數人，而其親等又爲同一者，則應按其需要之狀況酌爲扶養（民法第一一一四至一一一六條）。（民法親屬）（張鏡影）

形成之訴

形成之訴，卽求爲形成判決之訴，亦卽要求確定有形成權之存在，因形成權之行使，依判決而使法律關係發生、變更或消滅之訴。故又稱權利變更之訴或創設之訴。因其形成之效果不同，得別爲實體法上形成之訴與程序法上形成之訴。前者有關實體法上法律狀態之變動，有祇問將來形成效果者，如撤銷婚姻之訴，離婚之訴，撤銷收養或終止收養之訴，宣告停止親權或撤銷其宣告之訴，分割共有物之訴；有溯及既往形成效果者，如撤銷詐害行爲之訴（民二四四），宣告股東會議決議撤銷之訴（公司一八九），撤銷認領子女之訴（民訴五八九）等是。後者有關程序法上法律效果之變更，如再審之訴，撤銷除權判決之訴，撤銷公斷或仲裁之訴（公斷二二、仲裁二三），執行異議之訴（强執一四、一五）等是。形成之訴原則上以私法上之權利爲標的，例外亦有形成公法上權利者，如公職選擧罷免訴訟是。因其求爲形成判決，直接可致法律關係發生、變更或消滅之效果，故必限於法律有明文規定時，始得爲之，一經獲得形成判決，確定後卽直接形成法律之效果，於判決之外，無須附加他種行爲。此與給付判決，有時尙待强制執行，以完成其效果者不同。（民事訴訟法）（李學燈）

形成判決

判決之內容，係認原告有可致某法律上效果之權利，而使生此項效果者，謂之形成判決。亦卽以形成之訴爲有理由，認定原告之形成權存在，而使某法律關係發生、變更或消滅之判決。故又稱權利變更判決或創設判決。然如以形成之訴爲無理由而爲駁回之判決，則爲消極的確認判決。因形成判決具有變動法律狀態之形成力，該形成力卽因判決之確定而生，故無待於强制執行。且其形成之效果，原則上爲任何人所不能否認。如離婚判決或分割共有物之判決是。判決所生之形成力，又不以判決內容形成實體法上之法律關係爲限，其係形成訴訟法上之法律關係者，亦屬之，例如發回或移送之判決是。（民事訴訟法）（李學燈）

形式犯

形式犯是與「實質犯」或「結果犯」相對立之用語。卽指僅止於一定之行爲（作爲或不作爲）爲構成要件，而不以實害或危險狀態之發生爲必要之犯罪而言。因之又稱爲「擧動犯」。例如侵入住宅罪（刑法三〇六條）及不解散罪（刑法一四九條）等是。形式犯的性質，屬於抽象的危險犯，此種犯罪，多因違反行政上取締之規定而構成，不生因果關係問題。（刑法總則）（王建今）

抗告

見「抗告程序」條。（民事訴訟法）（李學燈）

有抗權人不服下級法院之裁定，向直接上級法院請求撤銷或變更之方法爲抗告。㈠抗告之主體：1.當事人。2.證人、鑑定人、通譯及其他受裁定之非當事人。㈡抗告之限制：1.對於判決前關於管轄或訴訟程序之裁定，不得抗告。但下列裁定，不在此限：(1)有得抗告之明文規定者。(2)關於羈押、具保、責付、扣押或扣押物發還及因鑑定將被告送入醫院或其他處所之裁定。2.不得上訴於第三審法院之案件，其第二審法院所爲裁定，不得抗告。㈢抗告之期間：抗告期間，除有特別規定外，爲五日，自送達裁定後起算。但裁定經宣示者，宣示後送達前之抗告，亦有效力。㈣抗告之程式：提起抗告，應以書狀敍述理由，提出於原審法院。㈤抗告之進行：1.原審法院認爲抗告不合法律上之程式或法律上不應准許，或其抗告權已喪失者，應以裁定駁回之。但其不合法律上之程式可補正者，應定期先命補正。2.原審法院認爲抗告有理由者，應更正其裁定。3.認爲全部或一部無理由者，應於收受抗告狀後三日內，送交抗告法院，並得添具意見書。㈥抗告之效力：抗告無停止執行裁判之效力。但原審法院於抗告法院裁定前，得以裁定停止執行。抗告法院亦得以裁定停止裁判之執行。㈦抗告之裁判：1.原審法院認有必要者，應將該案卷證送交抗告法院。抗告法院認有必要者，得請原審法院送交卷證。抗告法院收到卷證後，應於十日內裁定。2.抗告法院認抗告有不合法之情形者，應以裁定駁回之。但其情形可以補正而未經原審法院命其補正者，審判長應定期間先命補正。3.抗告法院認爲抗告無理由者，應以裁定駁回之。4.抗告法院認為抗告有理由者，應以裁定將原裁定撤銷；於有必要時，並自為裁定。5.抗告法院之裁定，應速通知原審法院。(八)再抗告。(九)準抗告（均詳另條）。抗告除其特別規定外準用上訴通則。（刑事訴訟法）（陳　冊）

抗告程序

抗告為對於裁定聲明不服之方法。當事人及其他訴訟關係人對於未確定之裁定，向上級法院聲明不服，求為廢棄或變更之者，謂之抗告。因抗告而開始之程序，謂之抗告程序（民訴第四編）。提起抗告之當事人或其他訴訟關係人，謂之抗告人，其與抗告人有相反之利害關係人是為相對人，但無被抗告人之稱。管轄抗告或受理抗告之法院，謂之抗告法院。對於抗告法院之裁定，再向上級法院抗告者，通常稱之為再抗告。抗告係對於未確定之裁判聲明不服之方法，與對於已確定之裁定聲請再審者不同（五〇七）。又抗告係求上級法院廢棄或變更下級法院或其審判長所為之裁定，故亦與向原法院提出異議（二〇一、三二〇、四八五、五一六），或聲請更正或補充裁定（二三九準二三二、二三三）有別。又上訴為對於判決聲明不服之方法，必須當事人及因承受訴訟等事由而接充當事人之人始得為之。而提起抗告，除當事人外，其他訴訟關係人亦得為之。惟抗告之要件亦與上訴同，得分合法要件與有效要件。前者亦稱形式要件，即須抗告合於法定程序，未逾法定期間，且為法律上所應准許，否則應以抗告為不合法而駁回之，毋庸進而調查其有無理由。所謂有效要件，須其所抗告之裁定，於抗告人不利且屬不當，否則應以其為無理由而駁回之。合法要件之存否，以提起抗告時為準。有效要件之存否，以抗告法院裁定之時為準。抗告，除別有規定外，應於裁定送達後十日之不變期間內為之，但送達前之抗告，亦有效力。法律有定為應於五日內抗告者，亦為不變期間（四八七）。提起抗告，應向為裁定之原法院或原審判長所屬法院提出抗告狀為之。亦有例外情形，得以言詞為之者（四八八）。對於裁定，亦有不許抗告者。如(一)訴訟程序進行中所為之裁定，除別有規定外，不得抗告（四八三）；(二)關於財產權之訴訟，其標的之金額或價額在法定（四六六）所得受之利益額數以下，為不得上訴第三審之標準者，其第二審法院所為之裁定，不得抗告（四八四）；(三)受命推事或受託推事之裁定，不得抗告（四八五）；(四)法律特別規定不得抗告者（二三三Ⅲ、二三九、四九一Ⅳ、五三七Ⅲ、六〇九Ⅰ、六二四Ⅰ）；(五)抗告法院之裁定，除以抗告為不合法而駁回之，或以抗告為有理由而廢棄或變更原裁定者外，不許再為抗告（四八六）；(六)法律特別規定不得聲明不服之裁定，不得抗告（二三三Ⅲ、二八Ⅲ、三六、三九、三三二、三七一Ⅲ、四〇六Ⅱ、四五八、五一三Ⅱ）等是。具備合法要件之抗告，有發生移審及阻斷原裁定確定之效力，但除有特別規定（一〇四、一〇五、三〇三、三一〇、三一一）外，原則上無停止執行之效力（四九一Ⅰ），但原法院或審判長得在抗告法院裁定前，停止原裁定之執行；抗告法院得在裁定前，停止原裁定之執行或為其他必要處分（四九一Ⅱ、Ⅲ）。抗告，得提出新事實及證據（四八九）抗告法院認抗告為不合法或無理由者，應為駁回抗告之裁定。認抗告為有理由者，應廢棄原裁定，自為裁定或命原法院或審判長更為裁定（四九二）。關於捨棄上訴權及撤回上訴之規定，於抗告準用之（四九三）。訴訟關係人依法應為抗告而為異議者，視為已提起抗告；應提出異議而誤為抗告者，視為已提出異議（四九五）。（民事訴訟法）（李學燈）

抗辯

當事人對於他造所為事實上之陳述，自為另一種事實上之主張，以期他造陳述之事實應生之法律上效果停止或消滅者，謂之抗辯。例如原告求償借款，被告抗辯該債務尚未到期，又無到期不履行之虞，或抗辯原告之請求權已因時效而消滅是。對於抗辯之抗辯，通稱為再抗辯。抗辯與爭執不同，抗辯必須自為一種事實主張，爭執則僅否認他造陳述之事實，不必自為一種事實主張。抗辯乃就事實之現在效果而為陳述，爭執則就事實之曾否發生而為陳述。抗辯必以承認他造陳述之事實已發生為前提，故就其抗辯之事實，恒負舉證之責，在爭執則否。抗辯可分為訴訟上之抗辯與實體上之抗辯。前者又有本案前之抗辯及證據抗辯之別。本案前之抗辯，如被告主張原告之訴不合法是。證據抗辯，如當事人主張他造聲明之證據不合法，無證據能力，或無證據價值，不足憑信是。後者亦有種種情形，其最重要者為(一)對於他造主張權利狀態之發生，以有障礙之事實為抗辯。例如主張該權利係基於通謀而為虛偽意思表示而生是。(二)對於他造主張已生之權利狀態，以有消滅之原因事實為抗辯。例如主張清償、免除或抵銷、混同等是。(三)對於他造主張之權利狀態，以有拒絕履行之原因事

實爲抗辯。例如主張同時履行抗辯及先訴抗辯等是。（民事訴訟法）（李學燈）

成分分離之法則

物之成分及其天然孳息，於分離後，乃屬於其物之所有人，此爲原則。但法律另有規定者（如民法第七〇條、七九〇條第二項等規定），不在此限。是謂之成分分離之法則，其作用在確定所有權之保護範圍。分離成分之性質，學說有三：㈠孳息說。㈡原物一部說。㈢新物體說。以第三說爲較當，因定新物體所有權之歸屬，而設此規定。（民法物權）（陳　珊）

成年人（Majority）

即自然人達到法定年齡，在法律上能爲完全有效之法律行爲之人也。關於成年人年齡之規定，各國係根據其國人之生理及發育狀態，並其風土習俗而定之。因此立法例不一。丹麥爲二十五歲，前奧大利爲二十四歲，西班牙爲二十三歲，英美德意比等國爲二十一歲。瑞士日本及我國爲二十歲，蘇聯爲十八歲，土耳其印度爲十六歲，波斯爲十五歲。另有準成年人(guasi-majority)，即未成年人已結婚者（民法十三條第三項）。此未成年人係指男滿十八歲及女滿十六歲之結婚年齡而言（民法九八〇條）。蓋未成年人已結婚而成家，家爲社會組織之單位。如其仍爲限制行爲能力人，其何能自治其財產而處於社會交易之中，故各國多設有準成年制以濟其窮。（民法總則）（張鏡影）

別除權

就屬於破產財團特定財產之賣得價金，不依破產程序，而先於破產債權人及財團債權人以受清償之權利，爲別除權。此種權利，係就特定之財產而生，與財團債權之就一切財產有優先清償權者不同。在破產宣告前，對於債務人之財產有質權、抵押權或留置權者，就其財產有別除權，此係基於物權排他性之效果。有別除權之債權人，得以行使別除權後未能受清償之債權，爲破產債權而行使其權利，但無優先效力。（破產法一〇八、一〇九）。（破產法）（陳　珊）

別籍異財

唐律規定：「諸祖父母、父母在，而子孫別籍異財者，徒三年（註：別籍異財不相須，下條準此）。若祖父母、父母令別籍者，徒二年，子孫不坐」。「諸居父母喪……兄弟別籍異財者，徒一年」（戶婚篇）。所謂別籍，就是別立戶籍。所謂異財，就是分異財產。所謂不相須，就是別籍和異財，兩者有一即構成和罪。明律雖仍承襲唐律的精神，惟其以此列爲親告罪，其規定爲：「凡祖父母、父母在，而子孫別立戶籍、分異財產者，杖一百（註：須祖父母、父母親告乃坐）。若居父母喪而兄弟別立戶籍、分異財產者，杖八十（註：須期親以上尊長親告乃坐）」（戶律戶役門）」。（中國法制史）（林咏榮）

否認子女之訴

否認子女之訴，係就法律上推定之婚生子女求爲確認非其子女之訴（民一〇六三）。其性質爲確認之訴，係生子關係事件之一種。餘參見「生子關係事件程序」條。（民事訴訟法）（李學燈）

否認簽立契約之抗辯（Non Est Factum）

所謂「否認簽立契約之抗辯」者，即不識字之人對於其所簽立之契約，因傳述錯誤而發生契約內容錯誤，得否認該契約爲其所簽立之抗辯也。現代法律已將此原則擴展至不識字以外之情形，並用之於簡單契約（見Chitty on Contracts, Vol. 1, 1961, p. 15. ）。（英美契約法）（何孝元）

身分犯

所謂身分犯，係指行爲人具有法定之身分爲其犯罪構成要件者而言。例如公務員、醫師及親屬關係等犯罪，法律上恒有特別規定。具體言之，如收受賄賂罪、濫用職權罪、業務上洩漏秘密罪及親屬竊盜詐欺罪等，均屬身分犯。因身分或其他特定關係成立之罪，其共同實施或教唆幫助者，雖無特定關係，仍以共犯論。因身分或其他特定關係致刑有重輕或免除者，其無特定關係之人，科以通常之刑（法三一條）。（刑法總則）（王建今）

身家調查

對現役徵集及齡男子之教育、職業、技能、信仰及其家庭狀況等，定期予以調查登記，稱爲身家調查。於每年四月開始，由役男本人或戶長申報，鄉鎮公所依據申報查對戶籍，並行必要之調整，登入名簿，於六月底前辦理完畢，於七月以前將調查經過及有關統計，呈報縣市政府，彙報省政府，並彙送團管區司令部，以為配職兵額及軍種兵種鑑定之參考。若役齡男子對於身家調查無故不依規定辦理者，妨害兵役治罪條例第三條規定，應處三年以下有期徒刑。（特別刑事法）（吳　智）

坐視友軍危殆不為應援

危殆指犧牲慘重，或軍情極端危急，有被殲滅、或潰敗之虞情勢而言，坐視指按兵不動，遲疑觀望之意，兩軍在同一戰線，或同在一戰場間，負同一任務時，有彼此策應赴援之義務，如明知友軍情勢危殆，意圖保存實力，坐視不援，即應構成戰時軍律第十條規定坐視友軍危殆，不為策應赴援之刑責，或有拘泥於擅離配置地之罪責，但擅離配置地之行為，係指令其獨負配置地之任務，而坐視友軍危殆，不為應援者，乃兩軍於同一戰場，負同一任務而言，是應注意及之。（特別刑事法）（吳　智）

坐贓致罪

唐律疏議於雜律上云：「贓罪正名，其數有六，謂受財枉法、（受財）不枉法、受所監臨（監臨之官受所監臨內之財物）、強盜、竊盜、並坐贓。然坐贓者謂非監臨主司（主管），因事受財，而罪由此贓，故名坐贓致罪」。明清律均沿用之。（中國法制史）（林咏榮）

良心公平之原則（Ex Acqus Et Bono）

良心公平之原則者，乃本諸衡平與良心之原理也。被告依良心公平之原則而應負金錢返還之義務時，返還債務之訴即可成立（見James A. Ballentine: Law Dictionary, 1959, P. 457）。關於準契約之理論根據，曼斯斐爾特倡良心公平之原則。曼氏認為被告不應取得不法利益，致原告受損害，故本諸良心公平之原則，被告須受自然之正義與公道之拘束而應負返還其利益之責（見J. F. Wilson: The Law of Contract, 1957, p. 503）。（英美衡平法）（何孝元）

完全占有

為占有分類之一，對不完全占有而言，係以所有之意思為占有，在占有物上為使用、收益、處分等包括管領行為之謂。學者間多認此種占有與自主占有相同。（民法物權）（陳　珊）

沒收

見「從刑」條。（刑法總則）（王建今）

呂刑

周穆王命司寇呂侯作呂刑，今見於書經所記載者，有所謂五刑、五罰、五過。凡五刑可疑者，則予寬宥改課罰鍰，如墨辟疑赦，其罰百鍰，劓辟惟輕，雖大辟亦可以金贖之。呂刑雖甚缺漏，但漢以後學者論法律時多視呂刑為準則，如陳寵的進表，便是顯例。（中國法制史）（林咏榮）

宋刑統（新型統）

宋初仍用唐的律令格式，而隨時損益，並且以敕補充律的不備，所以有所謂「編敕」，一司一路一州又另有其「敕」。太祖建隆四年（963A.D）敕竇儀就後周顯德的刑統加以修正，詳定新刑統，與「編敕」並行。（中國法制史）（林咏榮）

住所（Domicile）

即人以久住之意思，住居於一定之地址，此地址即住所。惟住所之設定，有意定住所(Voluntary domicile)與法定住所(Legal domicile)兩種，前者，基於各人之自由意思而設定，有本住所(Original domicile)與假住所(Temporary domicile)之別。本住所簡稱住所，一人同時不得有兩住所（民法第二十條第二項），假住所亦稱選定居所，或稱臨時住所，我國民法規定：「因特定行為選定居所者，視為住所（民法第二十三條）。」後者，不問其本人之意思如何及事實上是否有住於一定地域之事實，由法律規定其住所。如無行為能力人及限制行為能力人，以其法定代理人之住所為住所（民法第二十一條）。此住所即法定住所。關於住所在法律上之效力，計有十端，㈠為決定審判籍之標準，㈡為決定應適用何國法律之標準，㈢為歸化而取得國籍之要件。㈣為受送達之處所，㈤爲決定特別之審判期間之標準，㈥爲繼承之開始地，㈦爲債務淸償地，㈧爲決定破產事件管轄權之標準，㈨爲決定失踪之標準，㈩爲法人設立時應登記事項之一。（民法總則）（張鏡影）

助法

見「井田制度」條。（中國法制史）（林咏榮）

把持

指專攬不使他人參預之謂，如軍刑法第二十九條所規定把持各種機關之罪是。（特別刑事法）（吳　智）

廷　尉

秦以廷尉主刑辟，位列九卿之一。以御史兼理疑案，具有檢察官的性質。漢初仍沿秦制，景帝時改廷尉爲大理，武帝時恢復舊稱，王莽篡位時改稱士，光武帝又恢復爲廷尉。其後各代略有變更，迨至明後，廷尉之名，已成爲歷史的陳迹。（中國法制史）（林咏榮）

希望主義

見「故意」條。（刑法總則）（王建今）

夾帶私貨

軍用艦船、飛機、車輛，原供軍事作戰運輸之用，軍人如利用上述軍用交通工具希圖漏稅私自夾帶貨物者，即構成軍刑法第四十六條夾帶私貨罪。（特別刑事法）（吳　智）

作爲犯

所謂作爲犯，是指行爲人以積極的動作實行犯罪者而言。詳言之，行爲人以積極的動作，使用身體或器械等物理的力量，變更原有狀態，致生犯罪之事實者，謂之作爲犯。例如以槍殺人、以刀傷人等均屬作爲犯。（刑法總則）（王建今）

杜預律註

杜預爲晉律起草者十四人之一，著有律註，頗負盛名。（中國法制史）（林咏榮）

佔領地域

陸海空軍刑法第四條所稱佔領地域者，指軍事佔領之區域，其範圍限於佔領者權力所及之地區，凡該地區已無敵踪，而佔領者又能控制時，即屬佔領之地域。（特別刑事法）（吳　智）

囤積居奇

違反糧食管理條例所稱囤積居奇，依該條例第三條規定，係指：㈠非經營糧食業而購進糧食營利者。㈡經營糧食業之商人，購存糧食，不遵糧食主管機關規定出售者。㈢業戶之餘糧，即指所有存糧，減去應繳政府實物，應繳積穀，應存種子，及保持至下屆收穫時之食用量後之餘糧，經糧食主管機關規定出售，而藏匿或規避不售者而言。以囤積居奇糧食數量之多寡，論斷其刑罰。（特別刑事法）（吳　智）

攻擊或防禦方法

攻擊或防禦方法，係指當事人因欲維持其利己之聲明，所提出之各種訴訟資料而言。故凡當事人所提出之事實、證據、對於他造主張之陳述，證據抗辯，及法律上之意見，與程序上之聲請或聲明等均屬之（民訴六三、八二、一九六等）。亦有用爲狹義，僅指所提出之事實、證據及程序上之聲請聲明而言者（二六五、二七一）。有謂由原告或上訴人提出者，稱爲攻擊方法，即原告或上訴人爲求其訴或上訴之合法及有理由，而提出之訴訟資料是。由被告或被上訴人提出者，稱爲防禦方法，即被告或被上訴人爲主張原告或上訴人之訴或上訴爲不合法或無理由而提出之訴訟資料是。實則所謂攻擊防禦，係借用軍事上之術語，原不限於任何一方。訴訟上之攻擊，乃指積極的提出事實、證據等資料而言。防禦乃指消極的就他造提出之事實、證據等阻礙其成爲不利於己之資料而言。任何一方均得爲之。有時同一資料既用爲防禦，又即用爲攻擊者。本法對於當事人之辯論，採自由順序主義爲原則，即各種攻擊或防禦方法，祇須在事實審之言詞辯論終結前，任於何時均得提出之（一九六）。是則於事實審之言詞辯論終結後，或於第三審之法律審，均不得提出，此之所謂言詞辯，不問其是否係再開辯論，或發回更審，或再審之訴之言詞辯論，均包括之。但若當事人意圖延滯訴訟，或因重大過失，逾時始行提出攻擊或防禦方法，法院得駁回之。如係意圖延滯訴訟，縱在客觀上並未逾時；或雖無此意圖，而因重大過失逾時始行提出者均屬之。但不致延滯訴訟者，則不在此限（一九六Ⅱ）。（民事訴訟法）（李學燈）

求償權

求償權者，乃連帶債務人中之一人履行全部債務後，就其超過自己分擔部分之部分，對於他債務人，請求償還其各自分擔之部分之權利也。求償權之成立，其要件爲：㈠須致他債務人共同免責，㈡須因清償或其他行爲而免責。（民法債編總論）（何孝元）

求償權（Right of Indemnity）

求償權者，乃求償人於清償債務後，除當事人間另有約定外，得向其他債務人請求其應分擔部分之謂也。其性質屬於準契約。求償人行使求償權，須以其清償額逾越其應分擔額爲要件，如其清償額僅爲其應分擔部分，即不得行使其求償權。但如事後發生某種情形，致使債務人之債務全部罹於消滅，例如債務因時效完成而消滅，則其清償額即可視爲逾越其應分擔額，求償人仍可向其他債務人求償。至各債務人之應分擔部分，應依債務人間之關係定之。又連帶保證人於清償保證債務後，得向主債務人請求償還其全部清償額，或向其他連帶保證人請求償還其各自分擔部分，除無支付能力者或由於其他原因對於該連帶保證人無法行使求償權者外，並應於其他全體連帶保證人列爲共同被告（見 Chitty on Contracts, vol. I, 1961, p. 562.）。（英美契約法）（何孝元）

役齡

兵役法第三條規定，男子年滿十八歲之翌年一月一日起役開始，至年滿四十五歲之年十二月三十一日除役止，共計二十七年之期間，均爲役齡。（特別刑事法）（吳　智）

法人

法人（Juristic Person）

爲私權主體之一，即非自然人而基於法律之承認，與自然人同一視爲有人格，可爲權利義務之主體。又稱爲無形人。其本質在學說分爲三派：㈠法人否認說(theory of negating juristic person)，亦稱法人不存在說。以法人爲空物，非有實質存在。應無獨立人格之可言。於是主張無主財產說者，謂法人乃因特定目的，或特定自然人而存在，其本身仍屬無主。主張受益人主體說者，謂法人之財產，乃屬於受益之個人。主張管理人財產說者，謂法人之財產，屬於管理人。要皆迷於自然人始得爲權利之主體，現已成落伍之學說，義不足取。㈡法人擬制說(theory of fiction juristic person)，以法人之得爲權利主體者，乃法律之所擬制。其本身並無實質之存在，此說倡於羅馬法，其後盛行於德國。曾風靡於大陸各國。其缺點在於崇信自然人乃得爲權利之主體。與法人否認說同源而異流，亦不足採。㈢法人實在說(theory of real juristic person)，認爲法人有實體之存在，非由擬制而來。於是有兩種主張，主張法人爲有機體者，謂法人乃社會有機體，乃天然之存在。故所表示之意思，爲自然團體之意思。主張法人爲組織體者，謂法人之組織，乃基於法律之規定而享有人格者，其表示之意思，乃法律所認定之意思。年來多數學者多採此主張。惟法人之成立，各國立法例有五，㈠放任主義，㈡特許主義，㈢準則主義，㈣許可主義，㈤登記主義。民法規定法人非經登記不得成立（第三十條）。又受設立許可之法人，其業務屬於主管官署監督（第三十二條）。且法人非依本法或其他法律之規定，不得成立（第二十五條），足見我國民法對於法人之成立，兼採準則、許可、登記三種主義。（民法總則）（張鏡影）

法人（Corporation）

法人者，乃無形體而其權利與義務均由法律所規定之想像之人也（見 James A. Ballentine: Law Dictionary, 1959, p. 292.）。英美法分法人爲二種：一爲集體法人（corporation aggregate），乃由多數人組成而具有永久性之存在者，如市政府，商業公司等法人是；一爲獨任法人(corporation sole)，由一人單獨相繼擔任其職務者，如教區之牧師是。法人之成立，有依政府之特許者，亦有依法律規定者。前者名之爲「特許法人」（chartered corporation），內中包括有因時效而推定其有特許之法人，此類法人具有行爲能力，與自然人同，其與他人所訂立之契約，不因其越權而無效，不過法人可能因此而被撤銷。後者名之爲「法定法人」(statutory corporation)，此類法人必須在其指定目的之範圍內行使其權利，否則爲越權行爲，於法無效（見 J. F. Wilson: Principles of the Law of Contract , 1957, pp. 191-195.)。(英美契約法)(何孝元)

法人之刑事責任

現代刑法，不認法人有刑事責任，因此在原則上法人非犯罪之主體。惟在經濟、行政及其他法規中，仍有對法人科處罰金及沒收之規定。前大理院統字第一八四四號解釋：「查法人非有明文規定，不能有犯罪能力，故普通刑律罪刑，不能適用。該處如關於特種犯罪有處罰法人之規章，自應以該種法人爲該種犯罪之被告，否則法人不能爲被告。至實施普通刑律上犯罪行爲之人，無論係爲自己或謀法人之利益，仍應依刑律處斷」。可資參考。(刑法總則)(王建今)

法人之行爲能力（Disposing Capacity of Juristic Person）

卽法人之行爲能發生法律上之效力，便是法人之行爲能力。惟法人之行爲，亦卽法人之活動，須由自然人爲之。因自然人代法人活動之故，於是學者間有兩說：㈠代理人說。此說認爲法人無行爲能力，代理人之行爲係其自身之行爲，僅效力及於法人而已。蓋襲法人擬制說而演繹出之理論。㈡機關說。此說主張法人有行爲能力，以董事爲法人之機關，董事在職務上之行爲乃法人之行爲。蓋緣於法人實在說以推演而出者。德瑞立法例採之。我國民法規定，法人須設董事，就法人一切事務，對外代表法人（第廿七條），仿德瑞立法例耳。(民法總則)(張鏡影)

法人之責任能力（Capacity for Responsibility of Juristic Person）

此指法人應負法律上之責任而言。亦卽是法人之董事或其職員因職務上之行爲，加損害於他人時，應負賠償損害的責任。學者對此有兩種學說：㈠無責任說：謂法人之代理人因職務上之行爲而加損害於他人，乃代理人執行職務時不愼之所致，與法人無涉，法人無責任。㈡有責任說：董事爲法人之機關，基於機關的職務上之行爲，乃法人之行爲，如加損害於第三人，法人自應負其損害賠償之責任。我民法第二十八條之規定，法人與該行爲人連帶負賠償之責任。如行爲人有過失，則法人之賠償，可求償於該行爲人。顯見係採法人有責任說。(民法總則)(張鏡影)

法人之監督(Supervision over Juristic Person）

卽國家對法人所加之監督，以匡扶其正常發展。使私益社團法人以繁榮社會之經濟，公益財團法人以奠定社會之公益。我國民法以明文規定之監督，計有三種：一爲業務之監督，卽主管官署對受許可之法人，有檢查其財產狀況，及其有無違反許可條件，或違反其他法律之規定各情形（第三十二條）。二爲清算之監督。此爲該管法院對法人清算時得爲隨時必要之檢查；如妨礙其檢查者，得處罰五百元以下之罰鍰（第四十二及四十三條）。三爲法人許可之撤銷，此爲法人之行爲違反許可條件時，主管官署本其監督權，得撤銷其許可（第三十四條）。法人之許可經撤銷，法人卽告解散。(民法總則)(張鏡影)

法人之權利能力（Legal Capacity of Juristic Person）

卽法人在法律上爲人的資格。其權利能力之始期，在公益爲目的之社團法人及財團法人，則以得主管官署許可時爲準。在以私益爲目的之社團法人及財團法人，則以訂立章程發表成立時爲始期。其權利能力之終止，理論上應爲宣告解散之日。如因解散而喪失其權利能力，消滅其人格，則於清算進行中，無法行使其權利，故德日法例採假存續說以爲補救。我民法亦採此說。規定法人至清算終結止，在清算必要範圍內，視爲存續（四十條第二項）。至其權利能力之範圍，則僅於法令限制內有享受權利和負擔義務之能力。如專屬於自然人之權利與義務者，如人格權中之身體權、生命權及身分上之親權、夫權等，義務中之服兵役之義務等，法人自不得享有及負擔之（民法第二十六條）。(民法總則)(張鏡影)

法定不法（Malum Prohibitum）

行爲本質上並無不法或不道德，僅因違反法律禁止之規定，而變爲不法，謂之法定不法，與當然不法（malum in se）相對（people V. Pavlic, 227

Mich, 562, 199 N.W. 373, 374, 35 A.L.R. 741）。行為人在無預謀情形下，為一行為，結果由於純然意外，而為另一行為，致侵害他人法益時，如原來之行為係合法，或縱為法定不法，則次一侵害他人法益之行為為不罰。否則，如原來之行為本質上不法（malum in se），則因純然意外發生之次一侵害行為，應在處罰之例。一般言之，法定不法之行為，其是否違反道德標準，在所不問，要在立法本旨認該特定行為為不法或反社會性。（英美刑法）（桂公仁）

法定代理（Legal Agency）

為代理之一種，即由法律規定之代理人。其產生之原因有三：㈠由法律明文規定者，如民法第一千零八十六條規定，父母為其未成年子女之法定代理人。對於無行為能力人，由法定代理人代為意思表示，並代受意思表示（民法第七十五條）。對限制行為能力人所為之意思表示及受意表示，應得法定代理人之允許（同法七十七條）。又如同法第一千零九十八條規定，監護人為受監護人之法定代理人是。㈡由於官署處分者，如法院得因利害關係人之聲請，選任清算人（同法第三十八條）。又如未成年之養子女為訴訟行為者，受訴法院之審判長應依聲請選任律師為其訴訟代理人。並於認為必要時，得依職權為之選任訴訟代理人是。㈢由於私人選任者。例如父母對其未成年之子女，得因特定事項，於一定期間內，委託他人行使監護之職務（民法一〇九二條）。或後死之父母以遺囑指定監護人（民法一〇九三條）。或由親屬會議選定監護人（民法一〇九四條第五款）。（民法總則）（張鏡影）

法定代理人

代理人之代理權，凡非基於當事人本人之意思而生者，無論係依法律之規定，或由法院或其他機關或第三人之選任，均為法定代理人。無訴訟能力人不得自為或自受訴訟行為，應由法定代理人代為或代受之。至於何人須由法定代理人代為或代受訴訟行為，及何人得為其法定代理人，依民法及其他法令之規定（民訴四七）。例如未結婚之未成年人以其父母或監護人為法定代理人，禁治產人以其監護人為法定代理人，胎兒關於遺產之訴訟以其母為法定代理人（民一〇八六、一〇九一、一〇九八、一一一〇、一一六六）。法人代表人在民法上固非所謂法定代理人，在民事訴訟法則視作法定代理人，適用關於法定代理之規定。法人之代理人有數人時，在訴訟上是否均得單獨代表法人，亦應依民法及其他法令定之。關於法定代理權之範圍，若民法或其他法令無直接規定者，應解為凡無訴訟能力人，於有訴訟能力時所得為之訴訟行為，法定代理人均得為之。惟法定代理人對於特定訴訟，依法令之規定，有須得第三人之允許，方得代為訴訟者，則非受為訴訟必要之允許，不得有法定代理權。例如監護人代被監護人提起婚姻事件之訴訟或親子關係之訴訟，應得親屬會議之允許是（民訴五七一Ⅱ、五八八、五九六Ⅰ）。又法定代理人之性質，仍為代理人而非當事人，故關於訴之管轄，推事迴避，訴訟拘束，判決之既判力，以及訴訟參加之利害關係等，均以當事人為準，而不得逕依法定代理人決之。法定代理權之存否，乃訴訟成立要件之一（二四九Ⅰ4），法院應依職權予以調查。當事人對於法定代理權存否有爭執時，自應由主張有法定代理權之一造，負舉證之責任。無法定代理權人或未受必要之允許之法定代理人，其代為訴訟行為，不生效力，他造當事人對於無法定代理權人所為之訴訟行為亦然。其代當事人提起之訴訟，或對之提起之訴訟，法院應以其訴為不合法，以裁定駁回之。但其情形可以補正者，應定期間先命補正。如恐久延致當事人受損害時，並得許其暫為訴訟行為（四九、二四九Ⅰ4）。至於訴訟進行中，法定代理人有死亡或喪失代理權者，則生訴訟程序停止之效果（一七〇）。（民事訴訟法）（李學燈）

法定代理人之侵權責任

法定代理人之責任，因無行為能力人或限制行為能力人於行為時有否識別力而不同：侵害他人之權利時，無行為能力或限制行為能力人具有識別能力者，依民法第一八七條第一項前段規定，應與其法定代理人連帶負損害賠償責任；如侵害他人權利時，無行為能力人或限制行為能力人無識別能力者，依民法第一八七條第一項後段規定，應由其法定代理人單獨負賠償責任。但法定代理人並無監督疏懈之情事或縱加以相當之監督，而仍不能避免發生損害者，法定代理人則可免除其賠償責任（民法第一八七條第二項）。如不能依前二項規定受損害賠償時，法院因被害人之聲請，得斟酌行為人與被害人之經濟狀況，令行為人為全部或一部之損害賠償（民法第一八七條第三項）。（民法債編總論）（何孝元）

法定代理權

見「法定代理人」條。（民事訴訟法）（李學燈）

法定犯

見「自然犯」條。（刑法總則）（王建今）

法定刑

所謂法定刑，係指刑法分則或其他法律所規定之刑罰而言。法定刑之方式有二：其一爲絕對法定刑，即刑之種類及範圍，由法律爲絕對的規定，法院無選擇裁量之餘地。我國刑法除極少數犯罪規定惟一死刑外，其他均不採用。其二爲相對法定刑，即刑之種類及範圍，由法律爲相對的規定，法院有自由選擇裁量之權。現代各國刑法均採相對法定刑，我國刑法對於一般犯罪，規定量刑之範圍甚爲廣大。（刑法總則）（王建今）

法定住所（Legal Domicile）

爲住所種類之一，即法律規定其人之住所，不問其人有無設定其爲住所之意思，逕以法律明定之住所爲其人之住所。此本德法瑞各國民法之法例，我國採之。依我國民法之規定有四：㈠無行爲能力人及限制行爲能力人，以其法定代理人之住所爲住所(第二十一條)。㈡法人以其主事務所之所在地爲住所（第二十九條）。㈢住所無可考者，以其居所視爲住所（第二十二條）。㈣在中國無住所者，以其居所視爲住所（第二十二條）。㈤因特定行爲選定居所者，關於其行爲視爲住所（第二十三條）。亦稱爲假住所。㈥妻以夫之住所爲住所，贅夫以妻之住所爲住所（第一千零零二條）。（民法總則）（張鏡影）

法定利息

基於法律規定而發生利息者，謂之法定利息。法定利息之發生，計有下列四種：㈠遲延利息，即因遲延給付所生之利息，例如民法第二三三條第一項規定是。㈡墊費利息，即爲他人支出費用所得請求之利息，例如民法第一七六條，第二八一條第一項及第五四六條第一項之規定是。㈢擬制利息，即使用他人之金錢而生之利息，例如民法第一七三條第二項，第五四二條及第六八〇條之規定是。㈣返還利息，即依法應返還其受領之給付時所應附加之利息，例如民法第一八二條第二項、第二五九條第二款、第四〇四條第二項及第九五八條之規定是。法定利息，依法定利率計算之。（民法債編總論）（何孝元）

法定利率

法定利率者，由法律規定所定之利率也。約定利息，可能依約定利率計算，亦可能依法定利率計算。惟法定利息，則祇能依法定利率計算之。關於法定利率，我民法第二〇三條規定：「應付利息之債務，其利率未經約定，亦無法律可據者，週年利率爲百分之五。」依此規定，利率苟有約定，從其約定；苟無約定而有法律可據者，則從其法律規定。例如遲延利息之利率（民法第二三三條第一項但書），票據法上法定利息之利率（票據法第二八條第二項），利率管理條例關於未經約定之利率（利率管理條例第六條）等是。如別無法律可據，則其週年利率爲百分之五。（民法債編總論）（何孝元）

法定所有權

美國各州法律，尤其商事法律極具彈力性與適應性，故其動產，既可就之設定質權，亦可以之爲抵押權的標的。關於動產抵押權的設定，其債權人即因之取得其標的物的法定所有權。此說將物之所有權，分爲法定所有權（legal title）與實益所有權（beneficial title）兩種，因抵押權之設定，抵押權人（債權人）即取得其標的物的法定所有權；而抵押權設定人（債務人）仍保有其實益所有權。依據法定抵押權之法的觀念，其抵押權設定人如怠於履行債務時，抵押權人基於法定所有權得依自力或聲請法院，收回其在債務人（抵押權設定人）占有中的抵押物，並以之出賣於他人，就出賣所得的價金抵償債務。如有不足，抵押權人就不足之數，以訴訟請求法院判令抵押權設定人補還；反之，其有餘額時，其餘額應歸還於抵押權設定人。（動產擔保交易法）（林咏榮）

法定拍賣（Statutory or Legal Auction）

爲拍賣之一種，對任意拍賣強制拍賣而言。即由法律規定須用拍賣之程序，於拍賣價金中取償其因拍賣之標的物而生之法律關係所生債權之數額，非由於強制拍賣以取償，旨在藉公開競賣方式以杜債務人之疑竇。例如民法第五百八十五條，委託人拒絕受領行紀人依其指示所買之物，經行紀人催告而逾期不受領，行紀人得拍賣其物。又如同法第六百二十一條，倉庫營業人得拍賣其逾期不移去之寄託物。第六百五十條第三項，運送物不能寄存於倉庫或有腐敗性者，運送人得拍賣運送物之類是。（民法債編分則）（張鏡影）

法定物權

為物權學理上分類之一，對意定物權或設定物權而言，即依法律規定而成立之物權也。如民法第五一三條之法定抵押權，民法第四四五條、第六一二條、第六四七條、第七九一條等之特別留置權及第九二八條之普通留置權皆屬之。（民法物權）（陳　珊）

法定財產制(Gesetzliches Guterrecht; Legal Arrangement as to Marital Property)

即婚姻當事人間於結婚前或結婚後，在未以契約定其婚姻關係存續中底夫妻財產制時，就適用法定財產制為其夫妻財產制。此種法定財產制，各國法例不同。綜計有兩大趨勢：㈠為夫妻同產主義(Gutervereinigung)，採此主義為立法例者，多以共同財產制為法定財產制。㈡為夫妻異產主義(Gutergetrennth-eit)，採此主義為立法例者，有以分別財產制為法定財產制者，如奧大利捷克匈牙利意大利希臘土耳其英國及美國有數州是。有以聯合財產制為法定財產制者，如德國瑞士日本及美國數州。我國民法以聯合財產制為法定財產制。此制在我民法上又分為通常法定財產制和法定非常法定財產制兩種。所謂通常法定財產制，即結婚時屬於夫妻之財產及婚姻關係存續中夫妻所取得之財產為其聯合財產。但關於夫妻之特有財產不在其內（一〇一六條）。惟此項特有財產，係指夫或妻職業上必需之物，專供夫或妻個人使用之物，夫或妻個人所受之贈與物，或妻因勞力所得之報酬（一〇一三條）而言。又妻於結婚時所有之財產及婚姻關係存續中因繼承或其他無償取得之財產，為妻之原有財產，並保有其所有權。至夫之原有財產及不屬於妻之原有財產之部分，則為夫所有。而妻之原有財產所生之孳息之所有權亦歸屬於夫（一〇一七條）。聯合財產由夫管理，其管理費用由夫負擔。所謂法定非常法定財產制，指夫妻在聯合財產制、共同財產制及統一財產制時，如有一方受破產宣告，其夫妻財產制當然成為分別財產制（一〇〇九條），法語用當然成為分別財產制，即不經請求法院宣告而逕成為分別財產制，所以別於裁判的分別財產制。至何時成為分別財產制？解釋上應認為受破產宣告之時為起點。（民法親屬）（張鏡影）

法定退夥(Statutory Retirement of Partner)

為退夥之一種。對任意退夥而言，亦稱非任意退夥。即非基於合夥人之意思，係由於法律規定應與他合夥人脫離合夥關係也。民法對此規定之情形有四：㈠合夥人之債權人就合夥人之股分聲請扣押而於兩個月前通知合夥時，即有退夥之效力（六八五條）。㈡合夥人死亡時，但約定由其繼承人繼承者，不在此限。㈢合夥人受破產之宣告或禁治產之宣告者。㈣合夥人經開除者（六八七條）。（民法債編分則）（張鏡影）

法定迴避

見「自行迴避」條。（民事訴訟法）（李學燈）

法定符合說

見「事實錯誤」條。（刑法總則）（王建今）

法定順序主義

見「自由順序主義」條。（民事訴訟法）（李學燈）

法定孳息(Legal Fruit)

為孳息之一種，對天然孳息而言，亦名法定果實。指利息租金及其他因法律關係所得之收益（九十六條第二項）。我國民法規定，有收取法定孳息權利之人，按其權利存續期間內之日數取得其孳息（七〇條第二項）。此因法定孳息，非由原物生出者。乃法律規定准許之權利。如利息及租金，皆為當事人許可他人使用其物而收取之報酬。法律對此種報酬允許權利人收取。譬之利息，在當事人未約定者，民法規定為週年利率百分之五是。（民法總則）（張鏡影）

法定期間

法律上規定之期間，稱為法定期間，與裁判上所定之期間稱為裁定期間者相對待。法定期間依其性質又可分爲不變期間與通常期間或非不變期間兩種。所謂不變期間，在民事訴訟法附以不變之名，如提起上訴，應於判決送達後二十日之不變期間內爲之（民訴四四〇、四八一），提起抗告，除別有規定外，應於裁定送達後十日之不變期間內爲之（四八七）均是。不變期間，除因訴訟程序當然或裁定停止而停止進行外，不因其他情事而受影響。雖有重大理由，法院亦不得伸長或縮短之（一六三但書）。惟當事人或代理人，如因天災或其他不應歸責於己之事由，遲誤不變期間者，得依法聲請回復原狀（一六四）。至於通常法定期間，即非不變期間，則凡法定期間而未附以不變期間之名者屬之，如聲請回復原狀之期間（一六四Ⅰ），證人，鑑定人請求日費旅費之期間（三二三Ⅱ、三二四）等是。其餘參見「期間」條。（民事訴訟法）（李學燈）

法定認領（Statutory Acknowlegement）

爲認領之一種，與自由認領相對立。亦名強制認領。即對於不爲認領之生父，在法定情形內，由有權提起訴訟之當事人訴請法院判使生父認領之謂也。各國立法例有承認者，亦有否認者。我民法折衷於此兩者之間。原則上承認非婚生子女之生母或其法定代理人得向生父爲認領之請求。惟須備下列情形之一，始得爲之：㈠受胎期間，生父與生母有同居之事實者；㈡由生父所作之文書可證明其爲生父者；㈢生母爲生父強姦或略誘成姦者；㈣生母因生父濫用權勢成姦者。至於例外，不得訴請認領者，須有下列二種情形之一：㈠自非婚生子女出生五年後者；㈡生母於受胎期間內曾與他人通姦，或爲放蕩之生活者（第一〇六七至一〇六八條）。（民法親屬）（張鏡影）

法定管轄

依法律規定以決定案件之管轄法院者爲法定管轄，如職務管轄、事物管轄及土地管轄均屬之。牽連案件之合併於一法院審判，原爲土地管轄之變例，本無管轄權之法院，因其犯罪案件有相互牽連之關係，依法律規定，亦因合併審判而爲有管轄權之法院，基此以言決定管轄權之效果，亦爲法定管轄。至數法院均有管轄權之牽連案件，由其中一法院合併審判，更未超越土地管轄之範圍，仍爲土地管轄之另一形態，自屬法定管轄。惟在是類案件已有同級或不同級法院之二以上繫屬時，須本於移送裁定始生合併管轄之權，則又非單憑法定即可解決，於此情形，亦可謂爲裁定管轄。競合管轄之情形另有說明。（刑事訴訟法）（陳　珊）

法定證據主義

見「自由心證主義」條。（民事訴訟法）（李學燈）

法定繼承人（Statutory Heir）

爲繼承人之一種，與指定繼承人相對稱，即由法律規定直接取得繼承人資格之人。各國立法例對於法定繼承人之範圍，其廣狹不同。有以配偶、卑親屬、父母及其卑親屬、祖父母及其卑親屬、曾祖父母及其卑親屬、遠祖父母及其卑親屬爲法定繼承人者，如德國民法是。有以直系卑親屬、父母系尊親屬、兄弟姊妹及其卑親屬、配偶爲法定繼承人者，如法國民法是。有以配偶、直系卑親屬、父母及其直系卑親屬、祖父母及其直系卑親屬爲法定繼承人者，如瑞士民法是。有以直系卑親屬、配偶、直系尊親屬、戶主爲法定繼承人者，如日本民法是。亦有以直系卑親屬、配偶及生前所扶養之人爲法定繼承人者，如蘇俄民法是。綜觀上述法例，德民法之範圍最廣，蘇俄民法之範圍最狹。其他各國則介於二者之間，我國民法所規定之繼承人範圍，大體從瑞士立法例。依其規定，遺產繼承人，除配偶外，依下列順序：㈠直系血親卑親屬；㈡父母；㈢兄弟姊妹；㈣祖父母（一一三八條）。至於養子女繼承順序則與婚生子女同。（民法繼承）（張鏡影）

法制

我國早期所謂「法」，與「禮」對稱，僅有刑罰之義，偏於刑獄律例方面；而「制」與「令」同釋，範圍稍廣，包括典謨章則，概及政治規範方面。從一般言，法與制雖各有其界限，但兩者常相互通用，如孟子云：「徒善不足以爲政，徒法不能以自行」，其所謂「法」顯然含有「制」的意義，而秦始皇以：「命爲制，令爲詔」，其所謂「制」，亦屬於「法」的範疇。前者以「法」統攝制度，後者以「制」代替法令，法與制既已混淆不清，於是研究法制史者遂有廣狹兩說。採狹義之說者，認爲法制即刑制，法制史即法律史，所涉範圍，祇以法律上的制度爲限，凡與訟獄律例無關的制度，皆在排除之列，如程樹德氏著中國法制史屬之；採廣義之說者，認為法制應包括法律與制度，法制史的領域，不限於法律的一端，應兼及一切典章經制，如丁元普氏著中國法制史屬之。（中國法制史）（林咏榮）

法例

法例（Rules for the Application of Law ; Application and Interpretation of Law）

凡法律內容浩繁者，多各設有法例以爲各該法律適用的通則。我國民法、刑法、刑事訴訟法、違警罰法及土地法等均各設有法例。玆所釋者爲民法的法例。民法也有不設法例的。如德日各國的民法是。設有法例的，如瑞士泰國蘇聯等國的民法。我民法仿瑞士例，設法例章，計五條，歸納爲三點：㈠爲法律適用的順序。卽民事，法律未規定者依習慣，無習慣者依法理（民法第一條）。所謂法律，指經立法院通過，總統公布者而言（憲法第一七〇條）。所謂習慣，指多數人對同一事實，或先或後，繼續反覆而爲同一的行爲所生的準則，以不背於公共秩序，善良風俗者爲限（民法二條）。所謂法理，係指立法原理；必須有合於公平正義和誠實信用之精神。㈡文書制作之效力。卽依法律規定，有使用文字的必要者，得不由本人自寫，惟必須親自簽名。如用印章代替簽名，那蓋印章和簽名有同一的效力。如捺指印或畫十字和其他符號代替簽名時，必須有兩個人在該文件上簽名來證明是某人的指印或是其畫押。這也和簽名生同等的效力（民法三條）。㈢數量的認定。卽係同時以文字或號碼表示一定的數量，如不相符合時，應以文字爲準（民法四條）。如一定的數量，以文字或號碼作數次表示有不符合時，應以最低額爲標準（民法五條）。（民法總則）（張鏡影）

法律之適用、解釋及一般效力之通例，是爲法例。刑事訴訟法中所定法例，包括三種事項：一爲犯罪追訴處罰之依據，標明程序法定主義，並明定其適用範圍及於現役軍人軍法以外之犯罪及其例外限制原因消滅後之追處標準。次爲實施刑事訴訟程序之公務員，對於被告有利及不利情形之注意及被告所爲利己處分之請求。三爲本法上當事人之定義解釋。（刑事訴訟法）（陳　珊）

法律上之加重

所謂法律上之加重，係指基於法律上特定之事由，就法定刑加重處罰而言。法律上之加重，分爲下列二種：第一總則上之加重，屬於一般加重，例如累犯加重（刑法四七條）、連續犯加重是（刑法五六條）。第二分則上之加重，屬於特別加重，例如對於直系血親尊親屬犯傷害罪之加重是（刑法二八〇條）。（刑法總則）（王建今）

法律上之陳述

當事人應就訴訟關係爲事實上及法律上之陳述（民訴一九三Ⅰ），所謂法律上之陳述，一稱法律上之主張。詳見「主張」條。（民事訴訟法）（李學燈）

法律上之減輕

關於刑之減輕，有裁判上之減輕與法律上之減輕之分。所謂裁判上之減輕，卽指犯罪之情狀可憫恕者，得酌量減輕其刑而言（刑法五九條）。又稱爲裁判上之酌減。此種減輕，任何犯罪，與此規定相合者均可適用，故又稱爲一般的減輕。惟必須該項犯罪，處以法定最低度之刑猶嫌過重者，而後始能適用刑法第五十九條減至法定最低度之刑以下。此爲裁判上減輕之本旨。所謂法律上之減輕，係指基於法律上特定之事由，就法定刑減輕處罰而言。此種減輕，又分爲總則上之減輕與分則之減輕二種：關於總則上之減輕：㈠不知法律之減輕（刑法十六條）。㈡未滿十八歲或滿八十歲之減輕（十八條）。㈢精神耗弱人之減輕（十九條）。㈣瘖啞人之減輕（二〇條）。㈤正當防衛過當之減輕（二三條）。㈥緊急避難過當之減輕（二四條）。㈦未遂犯之減輕（二六條、二七條）。㈧從犯之減輕（三〇條）。㈨自首之減輕（六二條）。關於分則之減輕，例如刑法第一百二十二條第三項行賄後自首之減輕。第一百六十二條第五項、第一百六十七條親屬關係之減輕。第一百六十六條、第一百七十二條犯罪後自白之減輕。第二百四十四條、第三百零一條、第三百四十七條第五項犯罪後態度悔改之減輕等是。具有以上法定減輕之原因予以減輕後，如認其犯罪之情狀可憫恕者，仍無妨再予裁判上之減輕（刑法六〇條）。刑法第六十六條規定，減輕其刑至二分之一或三分之二云者，係指法定刑之減輕，可達最高度二分之一或三分之一而言。在最高度以下，究以減至何種程度爲宜，則一任法院之自由裁量。（刑法總則）（王建今）

法律上之錯誤（Mistake of Law）

行爲人不得以自己錯誤不知法律作爲抗辯。但於以特定犯意爲構成要件之犯罪，行爲人善意不知法，足徵該特定犯意欠缺，例外得以之爲抗辯。要之，所謂法律上之錯誤，約有下列三種情形：㈠不知自己行爲爲犯罪，㈡行爲人了解其行爲之性質及有關法律之強制禁止規定，唯善意誤以其行爲不違法，㈢行爲人除有前項情形外，另曾善意切實探知其行爲應屬合法，如經律師或其他專家解釋並認可是。以上第一、二項情形，對於法律認識錯誤乃由於行爲人主觀判斷錯誤，其罪行較大；在第三種情形中，行爲人曾努力探求行爲之合法性，顯有守法誠意，其錯誤之發生與行爲人主觀判斷無甚因果關係，罪行較輕，故特准以爲抗辯（Leng v. State, 5 Terry 262, 65 A. 2d 489）。要言之，法律上之錯誤係欠缺狹義之違法認識，行爲人有無犯罪之故意實無影響，至於行爲人對刑法以外之法律欠缺認識，致欠缺犯罪構成事實之認識者，嚴格言之屬於事實錯誤，不受法律錯誤原則之適用。（英美刑法）（桂公仁）

法律上推定

見「推定」條。（民事訴訟法）（李學燈）

法律上推定之事實（Presumption）

法律上推定之事實者，乃依法律之規定而推定某事實之存在也。例如死亡之推定是。此項事實，除有相反事實之證明外，並不以經證明爲必要。法律上推定之事實，屬於審判官之職權，陪審員不得爲此推定。如對方提出反證時，則此項推定之效力，自歸消滅（見William L. Prosser: Law of Torts, 2nd ed., 1955, p. 198）。（英美侵權行爲法）（何孝元）

法律不溯既往之原則

見「刑法關於時之效力」條。（刑法總則）（王建今）

法律占有

爲占有之一種，與自然占有相對稱，即占有時依於法律所規定之謂，亦稱法定占有。如質權之設定，留置權之主張，皆以動產之占有爲要件，一經喪失占有，原則上權利即行消滅。（民法物權）（陳　珊）

法律行爲（Juristic Act ; Act-in-the Law）

乃當事人之自由意思表示，發生私法上權利或義務之效果的行爲。亦即是本於表意之希望，發生私法上效果之事實。其成立之要件有三：⑴須其內容不違反公共秩序和善良風俗。且其標的須確定和可能與合法。⑵行爲人須有一般及特別之行爲能力。⑶其爲法律行爲組成之意思表示，須意思與表示一致，且無瑕疵。計法律行爲之分類有十四種：⑴契約及單獨行爲與共同行爲。⑵生前行爲與死後行爲。⑶財產行爲與身分行爲。⑷要式行爲與不要式行爲。⑸主行爲與從行爲。⑹有償行爲與無償行爲。⑺獨立行爲與補助行爲。⑻債權行爲與物權行爲。⑼完全行爲與不完全行爲。⑽現實行爲與非現實行爲。⑾設權行爲變權行爲廢權行爲與保權行爲。⑿有相對人行爲與無相對人行爲。⒀處分行爲與非處分行爲。⒁有因行爲與無因行爲。（民法總則）（張鏡影）

法律事實（Legal Fact ; Juristic Fact）

即發生法律現象之原因，亦即是發生私權之得喪變更消滅之現象底原因。因其爲法律效力之原因，故又稱爲法律要件。關於法律事實有二：㈠自然之事實，即人之行爲以外的事實。例如因天災地震而喪失私權之事實；又如成年未成年、心神喪失、精神耗弱、以及期日期間時效等是。㈡人之行爲事實，即人的心內意識，由身體的行動而表示於外，不問其爲積極的作爲或消極的不作爲，皆人之行爲事實也。惟人之行爲事實，有發生法律上之效力者，有不發生法律上之效力者。發生法律上之效力者，即是法律行爲。不發生法律上之效力者，即非法律行爲，例如社交行爲，不能謂之爲法律事實。（民法總則）（張鏡影）

法律現象（Legal Phenomenon）

亦稱法律效力，即由法律事實所發生之結果。易言之，即權利義務因法律上一定之事實而發生取得變更消滅或喪失各現象也。此種取得變更消滅或喪失之現象，而法律效力遂因之而發生。因此現象發生法律上之效力，其稱法律效力者，蓋本乎此。故法律現象可分爲㈠私權之發生；㈡私權之消滅；㈢私權之取得

㈣私權之變更；㈤私權之喪失等現象。（民法總則）（張鏡影）

法律推定之契約（Contract Implied in Law）

所謂法律推定之契約，即依法律推定當事人間有合意存在之契約也。此種契約所生之債務，乃法律所規定者，而非若明示或默示契約由當事人合意而構成者，例如因錯誤而爲之給付，或無法律上之原因而爲之給付，法律規定受益人應返還其給付於爲給付之人是（見 Chitty on Contracts, vol. I, 1961, p. 8.）。（英美契約法）（何孝元）

法律程序之濫用（Abuse of Legal Process）

法律程序之濫用者，乃申告人利用法律程序，以達其與本案無關之目的也。例如葛雷因克一案（Grainger V. Hill, 1838, 4 Bing N.C. 212, 132 Eng. Rep. 769），被告對原告提起債務淸償之訴，並請求法院拘提原告到案，而其目的係在要挾原告交出船舶登記證，作爲債之抵押品，法院判決被告之行爲爲非法是。其與誣告之訴不同之處，即被害人無須證明原訴之已否終結，與原訴有無相當理由，祇須證明申告人懷有惡意爲已足。所謂惡意，即申告人欲達其他非法之目的是也（見 Prosser on Torts, 2nd ed., 1955, pp. 667-669）（英美侵權行爲法）（何孝元）

法律與語言分析（Law and Language Analysis）

自廿世紀以來，英國各大學的哲學家爲反抗傳統的形而上學，即鼓吹一種新的哲學運動，其重心在於「語言的邏輯分析」（logical analysis of language）。其中一部分學者認爲形而上學的種種問題，是由於誤用了「通俗語言」（ordinary language）所致。解決之道，在將發生困惑的個別事例中，所用的通俗語言之有關用法，加以糈明。此輩學者都屬於牛津大學，故以「牛津哲學」（Oxford Philosophy）爲名。此種哲學理論與方法，近年來已被適用於法學研究。可以原在牛津大學講授哲學而現任該校法理學講座教授的哈特（Herbert L. A. Hart）爲例說明之。哈特的目的在爲支配英國法學界的分析法學，解決困難。他指出要明瞭法學上的概念，如權利、契約等，不能靠定義的方式。因爲法律名辭與普通字眼不同，同一名辭，例如權利，常可用於不同的場台而分別表示權利（right）特許（privilege）權力（power）免除（immunity）。且法律名辭在客觀世界裏亦無直接的對等物（couter parts）。因此建議，欲明瞭權利、契約爲何，須明瞭此等名辭在法律語言中特殊的功用爲何。其方法則在「從整個句子觀察法律字眼的用法」，而不要在單獨字眼上推敲。依哈特的分析，法律文句的特性有二。其一即法律文句是根據某特定種類的法規，推斷而得的一種法律上的結論（a conclusion of law）。其二即法律文句是可以推翻的（defeasible）。換言之，法律文句不是「敍述性的」（descriptive）及「情感性的」（emotive）文句，而是「歸屬性的」（ascriptive）文句，其功用在將權利或責任歸屬於某人。因爲是歸屬性的，故均得加以推翻或作廢。例如根據契約而主張之權利，即可因種種抗辯而被否定。因此，欲明瞭「權利」、「契約」，即應以「甲與乙訂有契約」或「甲對乙享有一種權利」等句子爲對象，而說明其特殊用法。不過哈特所舉的實例，均須先假設一個法律制度的存在，根據該法律制度內某條或幾條規則，某個人或幾個人即負有作爲或不作爲的義務，而所謂「甲有某一權利」或「甲與乙訂有契約」等法律文句，均係用以在屬於上述規則管轄下的某特定事例內，推算一項法律上的結論。換言之，法律概念不過是代表一個特定的法律制度內某些法律規則以及某些可歸屬於此等規則範圍以內的事實之間的一種「連接」（connection）而已。爲建立法律概念的「科學的」、「純粹的」意義，此種法學自然摒棄一切理論與概括的原則。事實上，牛津哲學對於倫理性或評價性的言辭，一概視爲情感的表示，而不具「認識的意義」（cognitive meaning）。因此，語言分析的法學實爲分析實證主義的一種最新的型態。（參閱「法律實證主義」、「分析法學」、「純粹法學」條。）（法理學）（馬漢寶）

參考文獻：

H.L.A. Hart, Definition and Theory in Jurisprudence, Oxford, 1953; "The Ascription of Resposibility and Rights" in Logic and Language, edited by A.G.N. Flew, Oxford. 1955.

馬漢寶著：「牛津哲學對法學之影響」載國立臺灣大學法學院刊行「社會科學論叢」第十輯，民國四十九年。

法律實證主義（Legal Positivism）

法律實證主義是十九世紀中葉，受實證主義哲學影響而興起之一種法律思想。實證主義哲學之特徵，依其代表者法國學者孔德（August Comte 1798-1857）之見，在於認為事象之本質不可知。所可知及所須知者，事象及事象與事象間之關係而已。因此，摒棄一切先驗的推理或形而上的研究，而專從自然科學的方法，以觀察事象以及事象間之關係。法律實證主義具有上述一般特徵，故以觀察、解析實際存在的法律與法律制度爲法學之專務，而排斥任何對於法律觀念與理想所作之形而上的推理。析言之，根據法律實證主義，唯有實證法（positive law）始爲法律，而實證法則指國家依權威制定或承認之規則而言。換言之，任何規則，無論其內容如何，如係國家制定或承認，即爲法律而須加遵守。因此，法律實證主義強調法律與倫理道德無關。法學之對象限於實證法，法學之方法亦專在解析實證法之原則與概念，而不對法律作任何批判或評價。由於上述立論，法律實證主義素來與自然法思想立於敵對的地位。法律實證主義之型態不一。其中分析實證主義（Analytical Positivism）最爲顯著，可以奧斯丁（John Austin）之分析法學（Analytical Jurisprudence）爲代表。開爾遜（Hans Kelsen）之純粹法學（Pure Theory of Law）乃至晚近語言分析之法學，皆屬之。（參閱「分析法學」、「純粹法學」、「法律與語言分析」條。）（法理學）（馬漢寶）

參考文獻：

H.L.A. Hart, Legal Positivism, The Encyclopedia of Philosophy, vol. 4, The Macmillan Company and the Free press, New York, 1967, pp. 418-420.

Edgar Bodenheimer, Jurisprudence -The philosophy and Method of the Law, Harvard, 1962, pp. 92-93.

法律審

第三審審查第二審判決之當否，以關於法律之點爲限，故可稱之爲法律審。對於第二審判決上訴，非以其違背法令爲理由，不得爲之（民訴四六七）。至於事實，則應以第二審判決所確定者爲第三審判決之基礎（四七六Ⅰ），原則上不許當事人提出新事實及新證據。故第三審祇續行第二審辯論結果應爲判決之程度，以審查其是否適用法規或適用有無不當，而非續行其辯論，與第二審係續行第一審之全部程序，爲事實審而兼法律審者不同。法律審之目的，在依法律之點，一面審查下級審判決之當否，一面在求法律上見解之統一。其審理案件，關於法律上之見解，如與本庭或他庭判決先例有異時，應依法召集變更判例會議決定之（法組二五）。（民事訴訟法）（李學燈）

法律錯誤

法律錯誤，又稱爲違法性之錯誤。可分爲下列二種：其一爲積極的法律錯誤，即行爲人對於法律上無罪之行爲誤認爲有罪者是。此種情形，稱爲幻覺犯或錯覺犯，應不予處罰。其二爲消極的法律錯誤。即行爲人對於違法犯罪之行爲，誤信爲法律所許可者是。通常所謂法律錯誤，即指此種情形而言。依照我國刑法第十六條規定，法律錯誤之刑事責任，分爲下列三種：第一不得因不知法律而免除刑事責任。例如公然辱罵他人，而不知刑法第三〇九條有處罰之規定者，仍應依該條處斷。第二按其情節得減輕其刑。第三如自信其行爲爲法律所許可而有正當理由者，得免除其刑。何者應予減輕，何者應予免刑，悉由審判人員依據行爲人主觀上之認識及客觀上之情況，酌量辦理，以求情、理、法之平衡。（刑法總則）（王建今）

法院之判決（Judgment）

法院之判決者，乃管轄法院就繫爭之事實所爲之最後決定也（見 James A. Ballentine: Law Dictionary, 1959, p. 696.）。法院之判決可發生債權債務關係，此項債務，係由於法律規定加之於債務人者也。法院之判決責令一方對於他方爲積極或消極之給付，雙方同意與否，在所不問（見 Anson's Law of Contract, 1952, pp. 60-61..）。（英美契約法）（何孝元）

法院之和解

即債務人不能清償債務，在有破產聲請前，請由該管法院所爲和解之程序也。債務人已依破產法第四十一條向商會請求和解，而和解不成立者，不得更向法院聲請。債務人聲請和解時，應提出財產狀況說明書，及其債權人、債務人清冊，並附具所擬與債權人和解之方案，及提供履行其所擬清償辦法之擔保。法院應自收到聲請之日起七日內，依調查之結果，就聲請而許可或駁回之裁定。是項裁定，不得抗告。（參閱破產法六一一一）。（破產法）（陳　珊）

法院之管轄

刑事法院執行審判職務之範圍，在刑訴法上稱為法院之管轄。法院為行使司法權之國家機關，狹義之司法權，單指司法審判權而言，廣義之司法權，尚包括司法行政權，訴訟法上所稱法院，乃係行使國家審判權之機關，故稱之爲狹義法院，乃由獨任推事或合議庭所構成。現行訴訟制度，採多級審理主義，以言狹義法院之縱的組織，上下共有三級，以言其橫的組織，一時難計其處數，若使任何法院均有權審判任何案件，則不僅秩序紊亂，且亦爲事實所不能，故在法院組織法上已有審級之劃分，在訴訟法上亦有職務分配及區域範圍之規定。就案件之性質及種類以決定審判職務分配之標準，是乃法院管轄規定內之主要內容。（刑事訴訟法）（陳　珊）

法院職員之迴避

法院職員遇有特定原因而不得執行其職之情形稱為廻避。此所謂法院職員，不僅為狹義法院之構成分子，卽其補助機關與檢察官及辦理檢察事務之書記官均屬之，其範圍較爲寬泛。在刑訴法列為專章，在學理上有稱此為法院之內部組織，以與請爲法院外部組織之管轄問題相對稱。（刑事訴訟法）（陳　珊）

法條競合

所謂法條競合，又稱法律競合，係指一個犯罪行爲，而有數個法條之規定而言。在裁判上僅能適用其一，而排除其他。其適用之原則如下：㈠特別法優於普通法。例如在戒嚴區域犯搶奪罪，陸海空軍刑法第八十三條及刑法第三百二十五條均規定其處罰。因陸海空軍刑法係特別法，故應優先適用，而排除刑法（普通法）之適用。㈡基本法優於補充法。例如有追訴或處罰犯罪職務之公務員，濫用職權爲逮捕或覊押者，刑法第一百二十五條已有基本規定，而第一百三十四條係補充規定，既有基本法可資適用，則補充法自在排除之列。㈢實害法優於危險法。例如施強暴於直系血親尊親屬而成傷者，則適用刑法第二百八十條，而排除第二百八十一條之適用。㈣複雜法優於單純法或全部法優於一部法。例如得被害人之承諾而殺之，應適用刑法第二百七十五條，而排除第二百七十一條之適用。㈤高度行爲吸收低度行爲。例如行使僞造有價證券罪，雖有詐欺成分，然已爲行使有價證券罪所吸收，應適用刑法第二百零一條第二項，而排除第三百三十九條之適用。㈥結合犯應適用其特定之法條。例如強盜殺人罪，應適用刑法第三百三十二條第四款，而排除第三百二十八條及第二百七十一條之適用。法條競合與「想像的競合犯」有別。想像的競合犯，係一行爲而觸犯數罪名，從一重罪處斷而言。不生二以上之法律擇一適用問題（詳見另條）。（刑法總則）（王建今）

法理（Principle of Law；Legal Principles）

又名條理。乃指法律之原理而言。亦卽為一般人通常認為正誼公平誠實信用者也。我國民法規定：「民事，法律未規定者依習慣，無習慣者依法理。」旨在補法律之未有規定，習慣未有形成之闕。用法理以衡量民事紛爭，以法理爲尺度而求解決之道耳。蓋法理乃法律重要淵源之一，其成立爲法理也，大多由學者平日觀察社會一般事象及社會羣衆之共同意識之是非觀念，而演成法理。頗能順應時代之要求，而不與民情相左也。況社會生活無時無日不在生長變化之中，法律條文爲數有限，習慣之形成更需歷相當時日。是條文與習慣不足以應付現時社會之需要。惟法理可以隨時應變，以濟其窮。故多數國家立法例，均以法理爲法律最後之適用。以便爲人民息民事糾紛耳。又法理非法理學(jurisprudence)。蓋法理學乃指法律之智識（knowledge of law）與法律之科學（science of law）而言。奧斯丁（Austin）曾下定義曰：「凡論題之爲各種法律所共通，而非僅與任何特種法律相關者，謂之法理學。」由此定義觀之，法理非法理學也明矣。（民法總則）（張鏡影）

非不變期間

見「期間」及「法定期間」條。（民事訴訟法）（李學燈）

非公務員制作之文書

文書由非公務員制作者（如訴訟關係人等所具書狀），應記載年、月、日並簽名。其非自作者，應由本人簽名，不能簽名者，應使他人代書姓名，由本人蓋章或按指印；但代書之人，應附記其事由並簽名。（刑事訴訟法）（陳　珊）

非占有物權

為物權學理上分類之一，對占有物權而言，即以不移轉占有為成立要件之物權也。如抵押權僅得就債務人或第三人所供擔保之不動產實行其權利，但於抵押物之占有並不移轉。他如用益物權，雖不以占有為成立要件，但除地役權外，必先占有，方能使用收益。惟若本於抵押權之關係，而由抵押權人占有抵押物，仍為無權占有。（民法物權）（陳　冊）

非可抑制之恐懼（Uncontrollable Fear）

行為人因被害人之行為，感到非可抑制之恐懼，喪失其理智與判斷力，而在欠缺構成正當防衛要件下將被害人殺害，其非法致人於死，雖不構成謀殺罪，但須令負任意殺人罪責。例如克德一案(State v. Kidd, 24 N.M. 572, 175 p. 772, 1917)，被告與被害人之妻有曖昧關係，作賊心虛，及見被害人走向置槍處，以為其欲取槍殺他，大為恐懼，不覺先行拔槍殺被害人，應負任意殺人責任。部分判例主張，如被告因非可抑制之恐懼殺人，且恐懼為被害人所引發時，應考慮其殺人行為是否為正當防衛(People v. Smith, 404 Illinois 350)。（英美刑法）（桂公仁）

非任意自白（Involuntary Confession）

被告因外界壓力，如警方施用暴力，威嚇或許諾等，陳述並承認其被控之犯罪事實，此之陳述謂之非任意自白。他如警方輪番疲勞訊問，減刑或不起訴之許諾，誘使被告自承犯被控之罪，自亦係非任意自白。非任意自白乃違反被告自由意志，故其陳述多屬虛偽不真實，且抵觸被告「不利益自供拒絕」之憲法特權（privilege against self-in crimination），一般認不得採為證據。（英美刑法）（桂公仁）

非任意殺人罪（Involuntary Manslaughter）

行為人從事一惡性不重大（not felonious），無重大傷害性之非法行為而致人於死，或行為人從事一合法行為，由於疏忽或欠缺技巧而致人於死時，須負「非任意殺人罪」(State v. McVay, 47 R.I. 292, 132 A 436, 437, 44 A.L.R. 572)。美國部分州有將「非任意殺人罪」分成等級者，如「一級非任意殺人罪」，「二級非任意殺人罪」是，其處刑有一至十年有期徒刑不等。本罪犯者，欠缺不法殺人或傷害之故意，亦非因一時激憤（provocation）而殺人，故與「任意殺人罪」不同，又因其無任何明示或默示之惡意預謀，當然亦與謀殺罪不同。凡故意犯某一輕罪（misdemeanor）因而致人於死者，行為人應負「非任意殺人罪」責任，如墮胎罪依英美普通法為輕罪，設甲得乙之同意，為之墮胎，由於不能預見之原因致乙於死，甲負「非任意殺人罪」刑責。又如，惡意毀損罪（malicious mischief）為輕罪，被告若以毀損之意思，射擊他人家禽而誤中他人斃命者，亦構成「非任意殺人罪」（韓忠謨：「刑事責任之理論研究」，pp.19）。（英美刑法）（桂公仁）

非法之給付不得請求返還

非法之給付不得請求返還者，乃一方不能基於非法契約所為之給付為理由而提起準契約之訴，向他方請求返還其給付也。惟有下列三種例外情形：㈠無過失之一方得請求返還之。㈡如特別法係專為保護某特定人而設，則該特定人有權得請求返還其給付。㈢非法目的未達到以前，反悔之一方得撤銷其契約，而請求返還其給付（見 J.F. Wilson: The Law of Contract, 1957, pp. 490, 491.）。（英美契約法）（何孝元）

非法搜索與扣押（Illegal Search and Seizure）

美國聯邦憲法第四修正案規定人民有保護其身體、住所、文件與財物之權，不受無理拘捕，搜索與拘押，並不得非法侵犯。除有正當理由並經宣誓，並詳載搜索之地點，拘捕之人或收押之物外，不得頒發搜索票，拘票或扣押狀。同法第五修正案規定不得強迫刑事罪犯自證其罪，亦不得未經正當法律程序使喪失生命、自由或財產。可知非法搜索與扣押行為乃侵犯人民之憲法權利，在安尼羅（Agnello v. United States, 269 U.S. 20; 46 S. Ct. 4; 70 L. Ed.）一案中，美國最高法院認為未依法取得拘捕證而拘捕被告已屬違法，其搜索被告住所以外之房屋並扣押犯罪證物，更非拘捕之從屬行為（not incidental to the arrest），如再以扣押之證物用作對抗被告之證據，是不僅違反美國憲法第四修正案，且違反同法第五修正案「禁止強迫自證其罪」之規定。（英美刑法）（桂公仁）

非要式契約（Informal Contract）

非要式契約者，乃依口頭或非蓋有印章之書面訂立之契約也（見 James A. Ballentine: Law Dictionary, 1959, p. 1204.）。此類契約，又名簡單契約（simple contract），亦稱口頭契約（parol contract），其成立要件爲雙方當事人意思表示一致及有約因。此種契約，或爲口頭，或爲書面，除防止詐欺法規定其須有書面之方式外，二者於訴訟程序與舉證責任上並無差別，故皆列爲口頭契約（見 Williston on Contracts, 1938, rev. ed., p. 8.）。（英美契約法）（何孝元）

非固有期間

見「固有期間」條。（民事訴訟法）（李學燈）

非軍人

陸海空軍刑法第二條所稱之非軍人，係指一、現役及視同軍人以外之人，二、因停役、備役，消失現役因素者，亦以非軍人論。（特別刑事法）（吳　智）

非常上訴

檢察長對於確定判決，以違背法令爲理由，向最高法院請求撤銷原判決或其訴訟程序之方法爲非常上訴。檢察官發見確定判決有違背法令情形者，應具意見書將該案卷證送交檢察長，聲請提起非常上訴。㈠程式：提起非常上訴，應以非常上訴書敍述理由，提出於最高法院爲之。㈡審理：非常上訴之判決，不經言詞辯論爲之。最高法院之調查，以非常上訴理由所指摘之事項爲限。刑訴法第三百九十四條調查事實之規定，於非常上訴準用之。㈢判決：1.認爲非常上訴無理由者，應以判決駁回之。2.認爲非常上訴有理由者，應分別爲下列之判決：⑴原判決違背法令者，將其違背之部分撤銷。但原判決不利於被告者，應就該案件另行判決。如係誤認爲無審判權而不受理，或其他有維持被告審級利益之必要者，得將原判決撤銷，由原審法院依判決前之程序更爲審判。但不得諭知較重於原確定判決之刑。⑵訴訟程序違背法令者，撤銷其程序。3.非常上訴判決之效力，除有利於被告或撤銷訴訟程序者外，不及於被告。因其目的一爲統一法令之解釋，一爲保護被告之利益。（刑事訴訟法）（陳　珊）

非常審判

非常審判，係對於違背法令之確定判決而設之救濟方法。以統一法令適用，兼保護被告利益爲目的。判決確定後，發見該案件之審判違背法令者，最高軍事審判機關之主任軍事檢察官得以書面敍述理由，向最高軍事審判機關提起非常審判。非常審判由最高軍事審判機關組織非常審判庭，以書面審理之。認爲非常審判之提起無理由者，以判決駁回之。認爲有理由者，如係原審審判程序違背法令者，撤銷其程序；如係原判決違背法令者，將其違背之部分撤銷，其效力不及於被告。但原判決不利於被告者，應就該案件另行判決，其效力則及於被告。（特別刑事法）（吳　智）

非常審判庭

非常審判庭爲非常審軍事法庭，由最高軍事審判機關以簡任級審判官五人組織之，以書面審理確定判決之違背法令案件。（特別刑事法）（吳　智）

非訟事件

非訟事件，係於私權尚未發生爭執時，以預防爭執或危害之發生爲目的，由國家機關干與私權或法律關係之形成。與民事訴訟爲確定私權，而以保護已受危害或瀕於危害之私法上利益爲目的者不同。惟民事訴訟法中，有實質上爲非訟事件者，如保全程序、公示催告程序、禁治產及宣告死亡事件程序等是。要而言之，非訟事件之特質如下：㈠無訟爭性，未必有對立之當事人；㈡依有關非訟事件法規或民事訴訟法之特別規定處理；㈢有不由法院管轄（法組一），而由行政機關處理者（如非訟六九）；㈣採職權調查主義及不公開主義（一七、一九）。（民事訴訟法）（李學燈）

非處分文書

見「勘驗文書」條。（民事訴訟法）（李學燈）

非現役軍人

非現役軍人係與現役軍人相對稱者。凡非陸海空軍軍官、士官、士兵現職在營服役者，均為非現役軍人。如已屆役齡而尚未奉召入營，或入營而現已退除役或脫離軍籍者，皆非現役軍人。軍事審判法第一條第二項規定，非現役軍人，不受軍事審判。但戒嚴法有特別規定者，從其規定。（特別刑事法）（吳　智）

非專屬管轄

見「專屬管轄」條。（民事訴訟法）（李學燈）

非登記物權

為物權學理上分類之一，對登記物權而言，即不以登記方式為變動要件之物權也。如民法上之動產物權，以交付而生變動效果。至依民法以外之法律，如海商法之船舶，民用航空法上之航空器，其於所有權之移轉或抵押權之設定，均須登記，否則不得以之對抗第三人（海商法第九、第三四條。民用航空法第三〇條）。依動產擔保交易法所設定之動產抵押權及其他權利，非經登記，不得對抗善意第三人（第五條）。（民法物權）（陳　珊）

非對話人意思表示（Inter Absentes；Person at a Distance）

即表意人不能直接向相對人表示意思，而以書信或其他傳達方法為意思表示於相對人之謂也。其與對話人之區別，不在空間而在時間，易言之，不應以表意人及相對人之所在地遠近為標準，而以彼此間了解意思之時間為標準。例如甲乙雖在一地而不能直接傳達意思，亦為非對話人。若甲乙雖異國而居，能以電話或無線電話直接表達意思，則為對話人之意思表示。應為對話人。惟對於非對話人間意思表示之生效時期如何？各國立法例有四種主義：⑴表示主義（doctrine of expression）。此主義又稱為表意主義。即非對話人之意思表示，不拘任何方法，但以表示為主，即意思一經表示，即為成立而發生效力。例如甲欲向乙為法律行為，甲只要將意思筆之於書面，該書面寄發與否，則非所問。是相對人於不知之際而法律行為已生效，流弊滋多，不足採取。⑵發信主義（doctrine of utterance），即表意人將意思表示於傳達之工具上，而將該工具寄交相對人。相對人收到與否，則非所問，該法律行為自交寄時生效。例如表意之書信，自交郵時生效。英美法以此主義為原則。我國民法則以此主義為例外，而以受信主義為原則。如民法第九五條第二項規定，表意人於發出通知後死亡，或喪失行為能力，或其行為能力受限制，其意思表示，並不因之失其效力。即採此主義為例外之規定。⑶受信主義（doctrine of reception），即表意人之意思表示須達到相對人時，始發生效力。例如甲向乙表示意思之書件，須到達乙時，方為有效。我國民法採此主義為原則。如第九十五條第一項規定，非對話而為意思表示者，其意思表示，以通知達到相對人時發生效力。但撤回之通知同時或先時到達者，不在此限。⑷了解主義（doctrine of perception），即相對人須實知表意人之意思時，始發生效力之謂也。例如甲表示意思之書件到乙處，須乙開視了解時，始發生效力。此主義失之偏頗，倘相對人於受信後，積久而不拆閱，或閱而不解，是使表意人之意思表示，終無成立之日，將使交易為之遲延，義不足取。（民法總則）（張鏡影）

非繼續占有

為占有分類之一，對繼續占有而言，即占有狀態持續中曾有間斷之謂。（民法物權）（陳　珊）

受公正法院管轄之權（Right to an Impartial Tribunal）

美國聯邦憲法明訂刑事被告有受公正法院管轄審判之權利。英美法國家採陪審制度，基於種族、膚色、輿論或政治等因素之影響所及，極易形成法官或陪審員對被告之偏見（prejudice or bias），是以憲法賦予刑事被告受公正法院管轄審判之權利，亦即法院之審判程序不得受前述因素左右致侵害被告之法益（參閱美國聯邦憲法修正案第六條、第十四條）。（英美刑法）（桂公仁）

受公務機關委託承辦公務之人

為戡亂時期貪污治罪條例適用對象之一，所謂受公務機關委託承辦公務之人，在委託者方面，須為公務機關，所委託之事務，須為委託機關權責範圍內之公務。受委託者，取得委託機關所委託公務範圍內之地位與權利；故雖非公務員，而因有從事公務之職權，自應列為本條例之適用對象。惟應注意者，委託承辦，須具備委託手續，受委託者亦須接受而着手承辦。又所謂人，係指自

然人而言，雖受委託者爲法人，仍由實施犯罪行爲之自然人負其刑責。（特別刑事法）（吳　智）

受命推事

在合議制之法院，以庭員一人行某特定訴訟程序時，該庭員推事稱爲受命推事。受命推事由審判長於庭員或其代理推事（法組五七、六一）指定之，亦得自爲受命推事。實例上往往卽由配受案件之推事任之。使受命推事爲何行爲，自理論上言之，應由法院裁定。惟僅限於法律有特別規定時，始得爲之。例如行準備程序，以闡明訴訟關係（民訴二七〇），調查證據（二九〇），試行和解（三七七），及於婚姻事件程序訊問本人（五七六Ⅱ）等是。（民事訴訟法）（李學燈）

受益人

受益人乃指下列兩種人而言：㈠第三人利益契約中取得直接請求給付權利之第三人，稱爲受益人（民法第二六九條第一項後段）。㈡債權人行使撤銷權時，基於債務人之行爲取得利益之人，稱爲受益人（民法第二四四條第二項）。（民法債編總論）（何孝元）

受益人（Beneficiary）

受益人係指被保險人或要保人，在保險契約上約定於保險事故發生時，享有保險賠償金請求權的人（保險法第五條前段）。亦卽受益人爲保險賠償金的受領人。要保人或被保險人亦得兼充之（保險法第五條後段）。（商事法）（林咏榮）

受益第三人（Third Party Beneficiary）

所謂受益第三人者，乃指非契約當事人，且未給付對價而因契約之成立受有利益之第三人之謂也。受益第三人得分爲下列三種：

㈠債權受益人（creditor beneficiary）債權受益人者，要約人對於第三人負有給付之義務，約定由債務人向第三人爲給付之謂也。

㈡贈與受益人（donee benficiary）贈與受益人者，要約人對於第三人爲贈與或使其享受對於債務人之權利，約定由債務人向第三人爲給付之謂也。

㈢間接受益人（incidental beneficiary）間接受益人者，係指上述二項以外之受益第三人而言。此種受益人，在法律上並無請求權（見 Corbin on Contracts, 1952, pp. 727-728, 736-737.）。（英美契約法）（何孝元）

受許可人（Licensee）

受許可人者，乃受有不動產占有人之許可，進入其區域之人也。此等人既受有不動產占有人之許可，自不得視爲侵入人。但其之來也，係爲其個人之利益，而非爲不動產占有人之利益，故亦不應享有不動產占有人之安全保護，其對於土地上所有之危險，惟有自行注意，不動產占有人對之不負警告之義務。許可須爲明示或默示，不動產占有人之容忍，不得視爲許可。屬於此類之人，多爲請求臨時通行之人，尋覓遺失物之人，請求參觀工廠之人等；依歷年之判例，日常賓客，公園或公共娛樂場所之遊客，均列爲受許可人。至於救火員與警察，亦視之爲受許可人。不動產占有人對於受許可人所負之義務，限於二種情形：㈠當不動產占有人在其地上從事工作，有危及受許可人之可能時，該占有人應注意受許可人之安全。㈡不動產占有人應通知受許可人於其區域內隱蔽不現而爲其所知之危險。上述原則，亦可適用於動產。如汽車乘客之付有車資者，爲被邀人，免費乘坐者，則爲受許可人（見 Prosser on Torts, 2nd ed., 1955, pp. 445-452）。（英美侵權行爲法）（何孝元）

受寄財物

現行民法所規定的「寄託」，卽唐、明、清律中所指的「受寄財物」或「受寄財產」。如唐律雜律規定：「諸受寄財物，而輒費用者，坐贓論，減一等；詐言死失者，以詐欺取財物論，減一等」，因爲當時的法律，以此等行爲，爲非法取得他人的財物。明清律承之；惟詐稱寄託物死亡或喪失者，係課以竊盜罪。此則與唐制稍異。（中國法制史）（林咏榮）

受託推事

法院關於訴訟事件應爲之行爲，有囑託他法院爲之者，其受囑託爲該行爲之推事，謂之受託推事。此項囑託，僅限於法律有特別規定時，始得爲之。例如調查證據（民訴二九〇），試行和解（三七七），於婚姻事件程序訊問本人（五七六Ⅱ）及於鑑定人前訊問應禁治產人（六〇二Ⅱ）等是。（民事訴訟法）（李學燈）

受訴法院

民事訴訟法條文內常用之受訴法院一語，係泛指管轄某判決程序之法院或某判決程序現在繫屬或前曾繫屬之法院而言。其在法律上管轄起訴或受理起訴，而應於判決程序先為判決之第一審法院，固得稱之為受訴法院。然若訴訟繫屬於上訴審之法院，有時亦得以受訴法院稱之，非必以第一審法院為限。（民事訴訟法）（李學燈）

受陪審團陪審之權（Right to Jury Trial）

刑事被告在起訴認否程序（assignment）中作無罪答辯（plea of not guilty）後，根據美國聯邦或各州憲法中有關受陪審團陪審之權之規定（trial by jury clause），有要求陪審團審理犯罪事實之絕對權利。但在某些輕罪案件中可不經陪審團陪審而逕行審判。但是哥倫比亞特區最高法院在柯茲（District of Columbia V. Colts）一案中，表示過失駕車（reckless driving）肇禍，危害生命，財產之安全，惡性重大，不能視為輕罪，被告應享有受陪審團陪審之憲法權利。紐約州上訴法院曾認為陪審團應由十二人組成，一陪審員中途退席，十一人陪審係違反法定程序，且剝奪被告憲法權利。（英美刑法）（桂公仁）

受僱人（Servant）

受僱人者，乃為僱用人所僱用，並受其指示與監督，供給勞務之人也。僱用人對於受僱人於執行職務所為之侵權行為，與受僱人負連帶賠償之責。受僱人有為臨時者，有為無償者，亦有為僅限於一次之工作者，祇須僱用人對之有指示監督之權，仍不失為受僱人。

又甲乙二人，雖屬父子，或為朋友，然如一方為他方服務，供其驅使，亦可為他方之受僱人，此之謂「實質之受僱人（de facto servant）」。例如普納特一案（Pratt V. Patrick, 1924, I K B. 488），被告邀請甲乙二人乘坐汽車，甲任駕駛，因其過失，致使乙受傷身死，法院判令被告負責賠償，因甲雖為被告之友，而其所任之職務，實為被告之受僱人也。然如車主將其車借於其友使用，則車主對於其友所加於他人之損害，不負其責（見R. F. V. Heuston: Salmond on The Law of Torts, 11th ed., 1953, pp. 97-102）。（英美侵權行為法）（何孝元）

受領清償人

所謂受領清償人，係指債權人或其他有受領權人而言。持有債權人簽名之收據者，視為有受領權人。惟該項收據須屬眞實，債務人須為善意且無過失（民法第三〇九條第二項）。清償經債權人或其他有受領權人受領後，債之關係消滅（民法第三〇九條）。

對於無受領權之第三人所為之清償，原則上不發生效力。惟具有下列各款情形者，亦有清償之效力：㈠第三人之受領經債權人承認或嗣後取得債權者（民法第三一〇條第一款），㈡債權之準占有人：向第三人為清償經其受領者，如受領人係債權之準占有人者，以債務人不知其非債權人者為限，有清償之效力（民法第三一〇條第二款）。所謂債權之準占有人，即行使債權者之謂（民法第九六六條第一項）。㈢債權人因而受利益者：向第三人為清償經其受領者，於債權人因而受利益之限度內，有清償之效力（民法第三一〇條第三款）。（民法債編總論）（何孝元）

受領遲延

受領遲延者，乃債權人不予債務人以必要之協力，以完成其給付行為之謂也，亦稱為債權人之遲延。債權人之遲延，僅為權利不行使，無違反任何義務之可言，故債務人之債務，並不因之而消滅，不過債務人之責任得因此減輕或免責而已。因此，債權人遲延受領時：㈠債務人僅就故意或重大過失負其責任（民法第二三七條）。㈡債務人無須支付利息（民法第二三八條）。㈢債務人應返還由標的物所生之孳息或償還其價金者，如民法第一八一條不當得利之受領人是，在債權人遲延中，以已收取之孳息為限，負返還責任（民法第二三九條）。㈣債務人得請求賠償提出或保管之必要費用（民法第二四〇條）。㈤債務人得提存標的物或拋棄不動產之占有（民法第三二六條，第二四一條）。㈥

於雙務契約之場合債務人得解除契約（民法第五〇七條）。（民法債編總論）（何孝元）

受領證書

受領證書者，證明受領清償之文件也。清償人對於受領清償人，得請求給與受領證書（民法第三二四條）。清償人之請求交付受領證書，得與其清償同時交換爲之。惟債權人並無先行給與受領證書之義務，故清償人不得於清償前請求交付。關於利息或其他定期給付，如債權人給與受領一期給付之證書，未爲他期之保留者，推定以前各期之給付已爲清償。又債權人如給與受領原本之證書者，推定其利息亦已受領（民法第三二五條第一項、第二項）。（民法債編總論）（何孝元）

事物管轄

以訴訟標的物之種類爲定法院執行審判職務範圍之標準者，爲事物管轄，在昔法院編制法之施行期間，係採四級三審制度，初級案件先由初級審判廳管轄第一審，嗣由地方審判廳之簡易庭管轄，由地方審判廳管轄第二審，以高等審判廳爲終審。地方案件，由高等審判廳爲第二審，大理院爲終審，是謂之二頭三審，訴訟物或爲輕微案件，或爲重大案件，情形不一，管轄大有區分，故事物管轄，爲重要之區別標準。現行法採三級三審制度，僅爲一頭三審，訴訟案件，無復初級與地方之分，刑法第六十一條案件，雖不得上訴於第三審法院，但其第一審之管轄權仍屬於地方法院。惟刑訴法第四條規定內亂罪、外患罪、妨害國交罪，殘害人群治罪條例第六條規定犯該條例之罪者，其第一審之管轄權，均屬於高等法院，此亦因訴訟物之種類特殊，而破第一審案件不歸地方法院管轄之常例，是可謂爲事物管轄。（刑事訴訟法）（陳　珊）

事前及事後從犯 (Accessories before and after the Fact)

行爲人幫助、建議、鼓勵、命令或教唆他人犯罪，而犯罪當時其本人並不在現場者，謂之事前從犯。行爲人知他人犯罪之事實，而故意將當事人及其犯罪事實隱藏不令治安當局知曉，或助其逃脫拘捕，免受處罰等，謂之事後從犯。英美法之從犯與幫助犯（aiders and abettors）略異，後者必須於他人犯罪時在現場，亦與二級主犯（principal in the second degree）不同，後者於他人犯重罪時亦須直接或間接在現場幫助或教唆（Black's Law Dictionary, pp. 29）。（英美刑法）（桂公仁）

事前證據

爲證據之一種，對當時證據及事後證據而言。凡以前因證明後果者，爲事前證據，如以實施犯罪前之預備行爲，犯人之精神狀態及綜合其他有關犯罪之一切情況，作爲有無犯罪事實之參考是。（刑事訴訟法）（陳　珊）

事後證據

爲證據之一種，對事前證據及當時證據而言。凡以後果證明前因者，爲事後證據。如於犯罪後發現被告之足跡，經勘驗確實或發現其搬運、寄藏或處分贓物等情事，而證明其確有犯行等是。（刑事訴訟法）（陳　珊）

事務管轄

事務管轄又稱職務管轄，以案件爲劃分管轄範圍標準。（特別刑事法）（吳智）

事實上之錯誤 (Mistake of Fact)

被告主觀認識之事實與客觀存在之事實，因認識錯誤而發生齟齬之謂。法律以特定違法事實爲犯罪客觀內容，如對此犯罪構成事實因錯誤而欠缺認識，表示行爲人欠缺犯罪故意，應使阻却責任。若錯誤之發生由於過失，或國家爲貫徹特定政策，則例外認爲事實之錯誤不能阻却責任。茲將事實上之錯誤阻却責任之條件，分述如后：㈠須被告所認識之客觀事實，苟非因錯誤，應係完全合法，㈡行爲人之認識錯誤非由於過失。（英美刑法）（桂公仁）

事實上之推定

見「推定」條。（民事訴訟法）（李學燈）

事實上之陳述

當事人應就訴訟關係爲事實上及法律上之陳述（民訴一九三Ⅰ），所謂事實上之陳述，一稱事實上之主張。詳見「主張」條。（民事訴訟法）（李學燈）

事實公司

見「設立無效」條。（商事法）（林咏榮）

事實問題（Question of Fact）

須以感官，知覺或證人之證言，加以證明之事實問題，一般言之，此一事實存在與否問題，多由陪審團決定之。「事實」包括：㈠行爲，㈡已完成之交易，㈢目前實際狀態，㈣現在發生之事件，已成就之條件等問題（Thayer, Evid. 190, Black's Law Dictionary pp. 706）。刑事訴訟上所謂之事實，約指實體法上事實及程序法上事實二類，自更不以犯罪事實爲限。其他如刑法加重減免原因事實，管轄權有無及免訴事由，訴追條件等事實問題，例應由陪審團決定之。（英美刑法）（桂公仁）

事實審

第一審及第二審訴訟程序，重在事實之審理，兼及法律之適用。故在第一審程序，當事人應就訴訟關係爲事實上及法律上之陳述（民訴一九三Ⅰ），當事人就其提出之事實，應爲眞實及完全之陳述。當事人對於他造提出之事實，應爲陳述（一九五）。攻擊或防禦方法，得於言詞辯論終結前提出之（一九六Ⅰ）。當事人聲明之證據，法院應爲調查。如不能依當事人聲明之證據而得心證，或因其他情形認爲必要時，得依職權調查證據。法院於認爲適當時，得使庭員一人爲受命推事或囑託他法院之推事調查證據（二八六、二八八、二九〇）。法院爲判決時，應斟酌全辯論意旨及調查證據之結果，依自由心證，判斷事實之眞僞。得心證之理由，應記明於判決（二二二）。在第二審程序，當事人得提出新攻擊或防禦方法。在第一審就事實或證據所未爲之陳述，得追復之（四四七）。在第一審所爲之訴訟行爲，於第二審亦有效力（四四八）。除別有規定外，第一審通常訴訟程序之規定，於第二審程序準用之（四六三）。是第一審及第二審均得稱之爲事實審。尤以第三審法院，應以第二審判決確定之事實爲判決基礎（四七六），故第二審爲事實之終審，與第三審僅限於法律之點，審查第二審判決是否違背法令，而爲法律之終審者不同。（民事訴訟法）（李學燈）

事實錯誤

所謂事實錯誤，係指行爲人認識之犯罪事實，與結果發生之犯罪事實不一致，亦即所知與所犯不一致之情形而言。事實錯誤分爲下列二種：第一「客體錯誤」，又稱爲「目的錯誤」。例如行爲人意欲殺甲，誤以乙爲甲而殺之。犯罪之客體雖屬錯誤，但既明知乙爲人而殺之，自應負殺人既遂之責任。此種見解，在學說上並無爭執。第二「方法錯誤」，又稱「打擊錯誤」。例如行爲人發槍擊甲，因技術不良，誤中乙致死，應如何處斷問題。約有左列三種學說：

一、「具體符合說」。行爲人意欲殺甲而誤中乙致死，其所知與所犯未能具體一致，所知部分不阻却犯罪之故意，所犯部分阻却犯罪之故意。卽對甲係殺人未遂，對乙係過失致人於死，兩罪競合，從一重處斷。

二、「法定符合說」。所知與所犯在法律規定上其犯罪之性質及價值相同者，不阻却犯罪之故意，其相異者，所犯部分阻却故意。就前例而言，行爲人意欲殺甲而誤中乙致死。行爲人之犯意在殺人，其結果亦爲人命之死亡，雖被害者非行爲人所預期之人，但乙與甲之生命，在法律規定上其犯罪之性質及價值既屬相同，應依殺人既遂處斷。至於犯罪之性質及價值相異者，例如以殺人之意思，而僅毀損他人之物者，應依殺人未遂罪及過失毀損罪兩者從一重處斷。惟過失毀損在刑法上無處罰之規定，故僅能依殺人未遂罪處罰。

三、「抽象符合說」。所知與所犯無論犯罪之性質及價值相同與否，所知部分，均不阻却故意。例如以犯毀損罪之意思，發生致人於死之結果者，毀損罪爲既遂與過失致人於死罪兩者從一重處斷。反之，以殺人之意思，結果毀損他人之物者，依殺人未遂與毀損既遂兩者從一重處斷。

以上三說，具體符合說係客觀主義。抽象符合說係純粹主觀主義，與故意過失之理論不相容洽。兩者均有所偏。法定符合說係採折衷主義，較爲合理。我國過去在北京大理院時期，曾一度採用法定符合說。迨最高法院成立迄今，均採具體符合說。在刑法思想上不免有過於守舊之感。（刑法總則）（王建今）

事變

事變者，乃非由於債務人之故意或過失所生之事實也。事變之發生，有由於債務人業務範圍內之事由者，如運送人對于運送物之喪失、毀損、或遲到是（民法第六三四條）。亦有由於第三人之行爲者，如旅館內之行李被竊是（民法第六〇六條第一項）。（民法債編總論）（何孝元）

事變，有廣狹兩義，廣義說：包括騷擾或其他天災在內，狹義說：指非戰爭之國內國外之騷擾。軍刑法第一百零八條規定事變應從狹義說，事變應與地方性之騷擾有別，故事變者可解爲除戰爭以外，尚難以警察力量鎮壓之國家緊急局勢而言。（特別刑事法）（吳　智）

股份

無限公司、兩合公司及股份兩合公司的無限責任股東，其出資的證明，即爲每人各執一份的章程（參看公司法第四〇條第二項、第一一五條及第三五九條第一項第一款）。股份有限公司、股份兩合公司或有限公司的有限責任股東，應於公司設立登記後，取得公司所發行的股票或股單，證明其股份（參看公司法第一六一條、三五八條第二項及第一〇四條）。股份有限公司和股份兩合公司有限責任股東的資本，必須分爲股份，且每股金額應歸一律（參看公司法第一五六條第一項及第三五八條第二項）。有限公司的資本，分爲股份或不分爲股份均可，故稱前者的出資憑證爲股票，後者出資憑證爲股單，以示區別。（商事法）（林咏榮）

股份有限公司

股份有限公司，係七人以上股東所組織，其全部資本分爲均一的股份，股東就其所認定者，對公司負股份有限責任的公司。所以①股東應有七人以上，②資本分爲均一的股份，③股東僅就其所認定的股份負有限的責任，乃股份有限公司的特徵，亦爲其構成的要件。若就其性質言，股份有限公司，係由少數人發起，結合爲多數人的團體；並由小額的股份，集合爲鉅額的資本。股東就其所認定的股份，繳清股款後，實際上無所謂責任。且其股份係以股東爲證明，並具有轉讓的充分自由，因無記名式股票的流通迅速，而股東亦隨之變動頻繁，非持有股票者，不得行使股東權，股東權趨於證券化（股票爲證券的一種），此爲其特性之一。又因其股份分散，持有股票者人數衆多，其中不少志在股票上的企業利潤，而不在股票上的股東資格，故不可能抑亦未必有興趣，皆參與公司業務的執行；而公司業務的執行，勢必須委諸對於企業經營與管理有興趣與有經驗的股東甚或非股東，因之企業所有（unternehmenshesitz）與企業經營（unternehmensleitung）趨於分離，此其特性之二。總之，股份有限公司乃以資本結合爲中心的團體，稱之爲典型的資合公司。其與股東相互間以及股東相互間，人的關係與情感甚爲稀薄，異於無限公司重視於股東的人的條件，而稱之爲典型的人合公司。股份有限公司的起源，學者不一其說，惟在近今一般通說，則謂股份有限公司乃起源於一六〇二年依政府特許狀（oktios）所設立的荷蘭東印度公司。（商事法）（林咏榮）

股份法

一九三三年希特勒（Adolf-Hitler）握有政權，基於其獨特的綱領，在法的領域內，對於股份公司，以所謂「指導者原理」（fuhrer prinzip）與「負責任經營」（verant wortliche Fuhrung），積極促進股份法改正運動，終於一九三七年一月三十日頒行股份法，包括股份兩合公司與股份有限公司。且對於鑛業公司（bergrechtliehen gewerkschaft），作特別的規定。而商法中關於此類的規定，隨之廢止。其特點約有：⑴股份有限公司的無名性（係指無記名股票）所發生的弊害，設法予以排除；⑵縮小股東大會權限，提高董事會權責，採用所謂「指導者原理」；⑶國家所施的監督，加以強化；⑷最低資本金額的提高及調度資金，變更組織程序的簡化。終第二次世戰後德國分爲東西，而西德仍行之。（商事法）（林咏榮）

股份兩合公司

股份兩合公司，乃一人以上無限責任股東與五人以上有限股份股東所組織的公司。其無限責任股東對公司債務負連帶無限清償責任，與無限公司的股東或兩合公司的無限責任股東相同；股份有限股東就其所認股份對公司負其責任，而對公司的債權人不負任何直接的責任，此與股份有限公司的股東無異（公二5、三五七）。股份兩合公司的制度，導源於法國，其創設動機在於避免股份有限公司設立須經政府核准的麻煩，乃以股份有限公司之實，而假兩合公司之名，遂成爲股份兩合公司。因爲當時的兩合公司，其有限責任股東的出資，亦得分爲股份（參照商法三八），故股份有限公司祇須就原有的少數股東，改其責任爲無限，即可依照兩合公司自由設立，無須經過嚴格核准的程序，凡循此途徑所設立的兩合公司，實際上即爲股份兩合公司。因此股份兩合公司，既爲兩合公司的變體，亦爲股份有限公司的化形。法國一八六七年公司法對於股份兩合公司股份的最低金額，特加以限制，設立數遂年遞減，在一九二九年爲二二家，一九三三年爲一七家，一九三五年爲七家。德國亦然，在一九〇六年爲一〇八家，一九二九年爲九八家，一九三四年爲四九家，一九三五年爲四五家，其股份法第二次草案定稿時，曾決定廢止此種公司，一九三七年股份法雖仍予保留，但已改變其性質。日本在昭和八年和九年聲請爲此種公司設立登記者各三家，十年爲四家，十一、十二兩年均各爲四家，一蹶不振，故其在昭和二十五年修正商法，已廢棄此制，我國新公司法草案初稿經予廢棄，旨在使公司的法律關係，趨於簡化，不能謂非合理；而立法院於審議時，又恢復之。所以現行公司法仍規定股份兩合公司於第六章。（商事法）（林咏榮）

股東

見「股東會」條。（商事法）（林咏榮）

股東平等原則

股份有限公司基於股東資格的法律關係，無論權利或義務，皆應以平等待遇爲依歸；惟茲所謂平等，非指股東人數的均一，而係指其所持有股份在數額上的比例，亦即利益的分派與表決權行使，均應依照各股東的股份數額定之，故稱之爲「比例的平等」（proportionate. equality）。雖然，公司法亦設有例外的規定，如發起人所得受的特別利益（公司法第一三〇條第一項第五款），百分之三以上表決權的限制（公司法第一七九條）及特別股的發行（公司法第一五七條）等是，除法有明文爲例外的規定外，凡章程或股東會的決議，違反此項原則，皆應歸於無效。惟股東個人如拋棄其依此原則所享受的利益時，其拋棄既無害於公益，自應認爲有效。此與拋棄時效的利益相同（參照民法第一四七條）。（商事法）（林咏榮）

股東名簿

股東名簿，是記載股份有限公司股東及其股份有關事項的册籍。公司應於申請設立登記前編造之（參照公司法四一九條第一項第二款、第四二〇條第一項）。股東名簿應編號，記載下列各款事項：①各股東之本名或名稱、住所；②各股東之股數及其股票號數；③發給股票之年、月、日；④發行無記名股票者，應記載其股數、號數及發行之年、月、日；⑤發行特別股者，並應註明特別種類字樣。公司負責人不備置前項股東名簿於本公司者，各科一千元以下罰鍰；其所備置股東名簿有虛僞的記載時，各科四千元以下罰金（公司法一六九條）。（商事法）（林咏榮）

股東責任

公司具有法人的獨立人格，其對外關係自應專屬於公司，而不屬於公司的股東；故股東與第三人的關係，僅在公司財產不足清償債務時，其無限責任的股東對於第三人應負的責任。在無限公司，當公司資產不足清償債務時，股東應連帶負其清償的責任。在此場合，公司爲主債務人，股東爲從債務人。所謂連帶責任，爲各股東不問其出資或盈虧分派的比例，對公司債權人應負共同或單獨清償全部債務的責任。在兩合公司，其無限責任的股東，和無限公司的股東同樣負有連帶無限的責任。至有限責任的股東，則以出資額爲限，對公司負其責任（參看公司法第一一四條第二項下半段）。在有限公司，其股東對於公司的責任，皆以出資額爲限。其對於公司債權人只負間接責任，而不負直接責任。即公司資產不足清償債務時，除應繳而未繳的出資額得由公司催收外，公司的債權人不得向股東請求償還，在股份有限公司，其股東僅有出資的義務，且係有限的。故各股東的責任，以繳清所認股份金額爲限。惟公司資本有虧損時，股東不得以其對公司的債權，抵繳其已認而未繳的股款。股份如爲數人所共有，其共有人對於公司負連帶繳納股款的義務（參看公司法第一五四條）。在股份兩合公司，其無限責任的股東，對公司的責任，與兩合公司的無限責任股東相同：即對公司的債務，負連帶無限清償的責任。其有限責任的股東，對於公司的責任，與股份有限公司的股東相同；即對於公司的債務，就其所認股份負其責任（參看公司法第三五八條第一項第二款及第二項）。（商事法）（林咏榮）

股東會

股份有限公司的股東會，分爲常會及臨時會兩種，股東常會每年至少召集一次，並應於每營業年度終結後六個月內召集之；但有正當事由經報准者，不在此限。股東臨時會，則應於必要時召集之。股東常會的召集，應於一個月（臨時會爲十五日）前通知各股東，對於持有無記名股票者，應於四十日（臨時會爲二十日）前予以公告；而持有無記名股票的股東，非於開會前五日將其股票交存於公司，不得出席。至於常會、臨時會的召集，在其通知與公告中，均應載明召集事由；但無表決權的股東，則不必通知之。前項召集事由，得列臨時動議；但關於改選董事、監察人，變更章程或公司解散或合併的事項，應在事由列舉，不得以臨時動議提出。（參看公司法第一七〇條第二、三兩項，第一七二條四、五二項，第一七六條及一八二條。）股份有限公司，各股東每股有一個表決權；但一股東而有已發行股份總數百分之三以上者，應以章程限制其表決權。有限公司如有股東會的組織，除性質不相同者外，可準用股份有限公司股東會的規定。惟無論有無組織股東會，其股東表決權，得依章程所訂定，不問出資多寡，每一股東有一表決權，或按出資多少比例分配表決權。（參看公司法第一〇二條）。（商事法）（林咏榮）

股票

見「股份」條。（商事法）（林咏榮）

股單

見「股份」條。（商事法）（林咏榮）

股權

如果說公司之有章程，猶之乎國家之有憲法。那麽，股東之有股權也可以說是類似於人民之有民權。因此，股東對於公司一切方針與業務以及重要人事的任免，亦以多數表決的方式來行使其股權，而股東會，就是股東行使股權的最高意思機關。（商事法）（林咏榮）

物之交付請求權之執行

即以交付動產或不動產為名義之執行也。執行名義，係命債務人交付一定之動產而不交付者，執行法院得將該動產取交債權人。執行名義係命債務人交出不動產而不交出者，執行法院得解除債務人之占有，使歸債權人占有。以上兩種情形，準用關於動產及不動產執行之規定。如應交付之動產或不動產爲第三人所占有，執行法院應以命令將債務人對於第三人得請求交付之權利，移轉於債權人。（強制執行法一二三—一二六）。（強制執行法）（陳　珊）

物證

爲證據之一種，與人證相對稱。凡以某種物體爲認定犯罪事實之依據者，皆爲物證。如以兇器、血衣或藥品證明殺人，以贓物證明竊盜等是。物之種類繁多，用爲證據資料，情形不一，有爲所在處所，有爲地之外狀，亦有爲物之形態，亦有爲破損痕跡。依各種情況，又有環境證與情狀證之稱。（刑事訴訟法）（陳　珊）

物權

直接管領物，並於法令限制之範圍內得排除一般人干涉之權利爲物權。物權以物爲標的，須能供人支配，其在民法上分爲動產及不動產，故應爲有體物。且其爲自然界之獨立體，並爲屬於特定主體之特定財產，故應爲獨立物及特定物。直接管領，謂不需他人之行爲爲媒介。排除一般人干涉，謂有對抗任何第三人之絕對效力。物權與債權同爲財產權之一種，其不同者，物權得對抗一般人，債權在原則上僅能對特定之債務人，故稱爲對人權或相對權，非若物權具有對世效力。其次物權有優先效力、追及效力、行使物上請求權及破產法上剔除權之效力（見各該條），均非債權所可及。物權之法律關係，有兩派不同之觀念：一爲對物關係說，一爲對人關係說。前者以其積極作用爲本位，而以其消極作用爲結果；後者以其消極作用爲本位，而以其積極作用爲內容，故依其本質，既係對物關係又係對人關係。物權之類別，在法理上可作以下之區分：㈠完全物權與定限物權。亦有分爲自物權與他物權或所有權與他物權。㈡主物權與從物權。㈢用益物權與擔保物權。㈣不動產物權與動產物權。㈤有期限物權與無期限物權。㈥登記物權與非登記物權。㈦民法上物權與附屬法上物權。㈧本權與類似物權。㈨法定物權與意定物權（亦稱設定物權）。㈩占有物權與非占有物權。(十一)公有物權與私有物權。(十二)人法物權與神法物權。(十三)本物權與準物權。㈣普通物權與特別物權。㈤有形物權與無形物權。㈥積極物權與消極物權。以上種種包括一切對世性之財產權而言，或為具有法律上之區別實益，或係基於法理上之分析探討。其有區別實益者，詳見另條說明。至法典上之分類有所有權及地上權、永佃權等七種其他物權，在土地法上稱為「土地之他項權利」。完全物權為物權學理上分類之一，對定限物權或不完全物權而言，即對物有包括管領力之權利也。如對物得以使用收益、處分，為完全之支配作用，物權中惟所有權始具有此全部內容。（民法物權）（陳　珊）

物權之主體

對於有管領特定有體物之權利人，謂之物權主體，不論自然人或法人皆得為之。任何主體，不問有無行為能力，皆有實現物權內容之權能。（民法物權）（陳　珊）

物權之物體

所謂物權之物體，乃指物權之直接客體而言，即物權之標的物也。此種標的物須有形體，乃能供人管領，且須為特定之物，權利方能確定。否則物權主體雖欲行使權利，而因標的物之不確定，事實上亦不可能。（民法物權）（陳　珊）

物權之客體

物權客體，有直接間接之分：所謂直接客體，乃指具體物之本身而言，蓋即物權之標的也。間接客體，則指對於物之一般人而言。物權有不可侵性，一般人對物權有所干涉，即生消極之排斥作用。（民法物權）（陳　珊）

物權之活動

物權依法律行為而生得喪變更之狀態，為物權之活動。基此而使權利易主或內容變更，故又謂為物權之變動。以言物權取得，即指物權歸屬於特定主體之狀態，有為原始取得，有為繼承取得，而於繼承取得中又有包括繼承與特定繼承之分，依法律行為而取得，乃屬於後者之原因。物權之喪失，有絕對相對之分：物權與其主體絕對分離之狀態為絕對喪失。以物權移轉於他人之情形，自其前主觀之為喪失，自其新主觀之則為取得，是為相對之喪失。物權之變更，指其主體或內容有所異動之情形而言。前者如共有物因分割而變為各個之獨有，後者如不定期之地上權變為定期，或就出典予以轉典。至於物權取得中又有所謂移轉取得與設定取得者。前者係由前主權利移歸新主權利，後者乃就前主權利創立新主權利也。物權之活動，因採形式主義，須具以下要件：㈠不動產物權之活動要件：1.書面。不動產物權之移轉或設定，應以書面為之。（民法第七六〇條）。2.登記。不動產物權依法律行為而取得、設定、喪失及變更者，非經登記不生效力。因繼承、強制執行、公用徵收或法院之判決，於登記前已取得不動產物權者，非經登記，不得處分其物權，係採登記要件主義。㈢權狀。關於以土地為標的之物權，發生得喪變更之情形，在土地法上又兼採地券交付主義，於土地所有權，則註銷原所有權狀，而換發新所有權狀於新所有權人。如為地上權、永佃權等他項地權，則發土地他項權利之證明書，此於登記所生之公信力外，又增益其舉證效用。㈡動產物權之活動要件：以動產物權之讓與，非將動產交付不生效力。是採交付要件主義，以視他國法例以交付為對抗第三人之條件者，異其旨趣。交付行為，原則上須為現實的移轉占有，稱為現實交付，惟有時為事實上之便利，不得不設立例外之變通規定。我民法上之交付例外情形，有以下三種：1.簡易交付。即受讓人已占有動產者，於讓與合意時，即生效力。如甲以鋼琴一架，存於乙家，嗣讓與於乙，雙方合意時即為交付，如由甲取回而後交乙，反而不便。2.占有改定。讓與動產物權，而讓與人仍繼續占有動產者，讓與人與受讓人間，得以訂立契約，使受讓人因此取得間接占有，以代交付。如甲以其鋼琴一架，讓與於乙，而仍須繼續使用，於雙方訂立借貸或租賃契約時即為交付，亦可省往返交付之勞。3.求還代位。讓與動產物權，如其動產由第三人占有時，讓與人得以對於第三人之返還請求權，讓與於受讓人，以代交付。如前例中之鋼琴存於丙處，乙得代甲之位向丙請求返還。是為請求返還代位權之簡稱，又稱指示交付。（民法第七六一條一、二、三項）。（民法物權）（陳　珊）

物權之效力

物權既為直接管領特定有體物之權利，故生下列各種效力：㈠物權生追及權。物權之權利人得追及物之所在而行使權利。如物權之標的物不論輾轉入於何人之手，均得向現占有人主張權利。又如抵押物之所有權雖經移轉於他人，而於抵押權之效力不生影響。㈡物權生優先權。同一物上有數種權利相競合時，其中某權利如較他權利爲強，卽有先於他權利而行使之效力，是爲物權之優先作用。就物權與債權而言，有擔保之債權，優先於無擔保者；擔保順位在前之債權，優先於順位在後者。就物權本身而言，兩種不相容之物權，先設定者優於後設定。此乃一物不容二主之結果，是爲物權之排他作用。㈢物權生物上訴權。物權之權利人於其權利內容與現存狀態不相合致時，對於使之不合致之人，請求除去不合致原因之權利，謂之物上訴權或對物訴權，此種名詞淵源於羅馬法，惟行使此種權利，不必依訴之方法，卽以意思表示爲之可矣，請求不得結果，則惟有訴請法院裁判，故又稱物上請求權或物的請求權，較爲切當。物上請求權又有返還請求權與保全請求權之分：前者係在標的物被他人無權占有或侵奪時行之。後者爲於物權之行使受妨害或有妨害之虞時所設之保護方法。㈣物權生別除權。此乃破產法上之權利。卽就屬於破產財團特定財產之賣得價金，不依破產程序而先於破產債權人及財團債權人受淸償之權利也。依破產法第一〇八條：「在破產宣告前，對於債務人之財產有質權、抵押權或留置權者，就其財產有別除權。有別除權之債權人，不依破產程序而行使其權利」。質權、抵押權、留置權，皆爲擔保物權，故云別除權由物權而生，亦係屬於排他作用之一種。（民法物權）（陳　冊）

物權之創設

物權創設乃物權創立設定之總稱，各國立法例於此有兩種主義：一爲自由創設主義，祇須當事人之意思合致，隨時隨地均可創設物權，法律不予干涉。一爲法定創設主義，關於物權種類及成立方式，須依法律規定不許當事人間任意創設。前者基於財產權之絕對性及契約自由之原則，重視個人利益。後者以物權負擔過多，有礙經濟發展，重視社會功能。我民法第七五七條規定：「物權，除本法或本法或其他法律有規定外，不得創設」，係從多數立法例採法定創設主義。（民法物權）（陳　冊）

物權之消滅

物權與其主體絕對分離之狀態，爲物權之消滅，卽權利絕對喪失之情形，與物權之移轉有別。物權消滅之原因甚多，有爲多數物權所共通者，亦有個別物權所特定者，無庸分析列擧。例如標的物之滅失，公用徵收、裁判沒收、時效、拋棄及混同皆屬之。我民法有規定者僅拋棄及混同兩種（詳各該條）。（民法物權）（陳　冊）

物權法

規定對物支配及排除他人干涉之法律爲物權法。一、範圍：㈠廣義物權法與狹義物權法。前者爲物權關係法律之總稱，包括土地法、森林法及準用物權規定之漁業法、鑛業等有關內容，後者單指民法物權編而言。㈡形式物權法與實質物權法。前者係指民法物權編中各種物權規定。後者如債編中之法定抵押權（五一三條），特別留置權（四四五、六一二、六四七各條）等，亦爲物權規定。㈢普通物權法與特別物權法。前者爲普通民法中有關物權規定。後者如過去之工鑛抵押法，現行之動產擔保交易法等是。㈣獨立物權法與附屬物權法。前者指民法之物權編。後者則爲附屬於其他法律中之物權規定，除上述土地、森林、漁業、鑛業等法外，如海商法上之船舶物權及民用航空法上之航空器物權等規定皆屬之。通常所謂物權法，乃就狹義、形式、普通及獨立之物權法而言。二、性質：㈠物權法爲財產法。民法中所定之權利，分爲人身權與財產權二種，物權爲財產權之一部，其規定獨立成編，以與債編相並列。㈡物權法爲經濟法。物權作用關係經濟上之活動運用，屬於現代經濟法中經濟物法之範疇。㈢物權法爲強行法。物權之變動及行使，關係社會公益至鉅，故其規定多爲強行，不許當事人以特約變更其效力。三、沿革（見民法註）四、位置：物權編爲民法之一部，我民法如德國法例採巴威里式，以物權編位於債編之後，因物權契約之成立必先有債權契約也。非若採索遜式之日本民法，以物權編先於債權編。五、立法精神：基於民生主義之物權立法，係本王道精神，其表見於具體法條者，有以下之數大原則：㈠限制物權創設。物權之成立，採法定創設主義（七五七條），必須依法定種類及其活動程式，方能生效。不許當事人間自由創設物權，以維社會公益。㈡限制權利行使。物權之權利人應在法令限制之範圍內依其內容對物自由使用收益或處分，並得排除他人之干涉。個人利益應置於社會公利益之下，故於物權之積極及消極之效果，均不得超出法定之限制範圍。（七六五條、七七四條—七九八條）。㈢採取登記制度。不動產物權之取得、設定、喪失、變更，非經登記不生效力，是爲登記要件主義，以免第三人因不明權利變動情形而受詐害。（七五八條、七五九條）。㈣承認時效取得。爲明確權利狀態，維護佔有利益，以徹權利行使之怠忽，而全物之效用，特採取得時效之制度，凡以所有之意思和平公然占有他人之動產，或和平繼續占有他人未登記之不動產，經過一定期間，均得取得其所有權。（七六八—七七二條）。㈤保存典權制度。典權制度，為我國固有之習慣，如典物價格低減，出典人得拋棄其回贖權而免除負擔；如典物價格高漲，出典人還得向典權人找補，實為我國道德上濟弱觀念之優點，略予修正，而予保存（九一一—九二七條）。（民法物權）（陳　珊）

物權契約

以物權設定或移轉為目的之要式的無契約，謂之物權契約，以別於債權契約而言。依法律行為而生物權之得喪變更，必先有債權契約之成立，如甲以其土地房屋或其他動產之所有權移轉於乙，而為之買賣行為，乃係債權契約，基於雙方當事人之意思合致，即行成立。至其後由此契約所產生之授受移轉實行行為，乃為物權契約。因物權往往涉及第三人之利害關及社會公共利益，故各國多採形式主義，間亦有採意思主義者，亦非絕對，而兼採形式主義，用折其衷。所謂形式主義者，除於意思表示合致外，並須具備特定方式，以不動產為標的之物權契約，須為登記；以動產為標的者，則須交付。登記及交付之作用，又有要件主義與公示主義之不同，前者非經登記或交付，不生效力，我國採之。後者非經登記或交付，不得對抗第三人，日本採之。（民法物權）（陳　珊）

附合

為添附情形之一，即不動產為他人之不動產從而合體，或異其所有人之動產相接合而不能分離，或分離需費過鉅之情形，謂之附合。前者為動產與不動產之附合，我民法第八一一條定其權利歸屬之標準曰：「動產因附合而為不動產之重要成分者，不動產所有人，取得動產之所有權」。如甲未經乙之同意，而取乙之建築材料，以修繕其房屋，其建材之所有權即歸屬於甲，乙祇能依法另求救濟，而不能請求拆還，所以保全房屋完整，維護社會公益也。後者為動產與動產之附合，第八一二條定其標準曰：「動產與他人之動產附合，非毀損不能分離或分離需費過鉅者，按其動產附合時之價值，共有合成物。如附合之動產，可視為主物者，該主物所有人，取得合成物之所有權」。如甲以木料三支與乙之木料四支，合而製成傢俱一件，原無主從關係可分，則依該條第一項共有規定，以決定其所有權之歸屬。再如以甲之鑽石一粒與乙之白金合為鑽石戒指，鑽石之價值，高於白金，即能分別主從關係，以甲為主物所有人，依同條第二項規定取得白金所有權。（民法物權）（陳　珊）

附合（Accessio）

附合者，乃一方之物與他方之物併合為一體之取得財產之方式也（見Black's Law Dictionary, 4th ed., 1957, p. 28）。（英美侵權行為法）（何孝元）

附始期之權利（Right with Begining Term）

為當事人約定其權利俟期限之始期屆至時發生效力之謂也。例如甲借乙之款使用，約定民國五十七年八月一日返還。是乙之請求權須至民國五十七年八月一日始可行使。此項請求權，即所謂附始期權利也。至所謂附終期權利（right with expired term）者，乃指期限屆滿時，其權利之效力即行消滅而言。例如甲與乙約，民國五十七年八月一日止，乙有請求權。如逾八月一日以後，該項請求權即行消滅。此時乙之請求權，即所謂附終期權利也。我民法第一〇二條規定，附始期之法律行為，於期限屆至時，發生效力。附終期之法律行為，於期限屆滿時，失其效力。即此旨耳。（民法總則）（張鏡影）

附負擔之贈與（Gift with Obligation or Subject to a Charge）

此為特種贈與之一，即贈與人對受贈人為贈與時，約定對自己或第三人或為公益計，使之負擔某種給付義務之贈與也。此與附條件之贈與有別。前者，效力於成立時即已發生。後者，須於條件成就時始發生效力。此兩者不可混為一談也。且附負擔之贈與，其贈與與負擔非必成為對待關係，實則贈與為主，附負擔為從，故仍為片務契約。又附負擔之贈與者，並非由給付以取得利益為目的。不過以之限制贈與之效力耳，因此仍為無償契約。我國民法對此有明文規定，附負擔之贈與，如贈與人已為給付，而受贈人不履行其負擔時，贈與人得請求受贈人履行其負擔或撤銷其贈與。若負擔以公益為目的者，於贈與人死亡後，主管官署得命受贈人履行其負擔（第四一二條）。如其贈與不足償其負擔者，受贈人僅於贈與之價值限度內，有履行其負擔之責任。設贈與之物或權利有瑕疵，則贈與人對於受贈人於負擔之限度內負與出賣人同一之擔保責任（第四一三至四一四條）。（民法債編分則）（張鏡影）

附帶上訴

當事人一造已經提起第二審上訴後，其被上訴人或其接充之當事人，於已開始之第二審程序亦提起第二審之上訴，謂之附帶上訴（民訴四六〇Ⅰ）。附帶上訴，惟於第二審程序見之。法律之所以設此制度，乃因上訴人於提起上訴後，得自由擴張其不服聲明之範圍，爲期兩造獲同等之保護，故許被上訴人附帶上訴，亦有求爲廢棄或變更原判決之機會。在第三審，因上訴人不得擴張其聲明，故被上訴人在第三審亦不得爲附帶上訴（四七三）。又在第二審得附帶上訴之情形，必係第一審爲一部勝訴，一部敗訴之判決，否則將無附帶上訴之可言。附帶上訴之合法要件爲：㈠須有上訴之存在，㈡須係對於上訴人所上訴之第一審判決聲明不服，㈢須由被上訴人對上訴人提起，㈣須於第二審言詞辯論終結前提起，㈤須非對於附帶上訴之附帶上訴，㈥須遵守法定之程式，提出書狀爲之或於言詞辯論時以言詞爲之，以言詞爲之者，應記明言詞辯論筆錄，他造不到場者，應將筆錄送達（四六〇Ⅲ、二六一）。附帶上訴，雖在被上訴人之上訴期間已滿或曾捨棄上訴權或撤回上訴後亦得爲之（四六〇Ⅱ）。但如捨棄附帶上訴權或撤回附帶上訴，則不得再行提起附帶上訴。附帶上訴與本訴有從屬關係，故如上訴經撤回或上訴因不合法而被駁回者，附帶上訴即失其效力，但附帶上訴備上訴要件者，視爲獨立之上訴（四六一）。所謂備上訴之要件，係指在自己之上訴期間內提起，並具備獨立上訴之其他要件者而言。故被上訴人如曾捨棄上訴權或撤回上訴，或專就第一審判決中關於訴訟費用之裁判聲明不服者，皆應失其效力，不得視爲獨立之上訴。（民事訴訟法）（李學燈）

附帶民事訴訟

因犯罪而受損害之人，於刑事訴訟程序中，對於被告及依民法負賠償責任之人，附帶提起回復損害之民事訴訟，爲附帶民事訴訟。一、訴訟範圍：依民法之規定。二、訴訟程序：準用關於刑事訴訟之規定。但經移送或發回、發交於民事庭後，應適用民事訴訟法。民訴法關於下列事項規定，於附帶民訴準用之：㈠當事人能力及訴訟能力。㈡共同訴訟。㈢訴訟參加。㈣訴訟代理人及輔佐人。㈤訴訟程序之停止。㈥當事人本人之到場。㈦和解。㈧本於捨棄之認諾。㈨訴及上訴或抗告之撤回。㈩假扣押、假處分及假執行。三、起訴程式：應提出訴訟於法院爲之，準用民事訴訟法之規定。準備書狀，應按他造人數提出繕本，由法院送達於他造。原告於審判期日到庭時，得以言詞提起附帶民訴，所應表明於訴狀之事項，記載於筆錄。他造不在場或在場而請求送達者，應將筆錄送達於他造。四、訴訟進行：㈠附帶民訴之審理，應於刑事後行之。但審判長認有必要，亦得同時調查，檢察官毋庸參與。㈡當事人無故缺席，或到庭不爲辯論，或未經許可而退庭者，均得不待其陳述逕行判決。㈢刑事證據之調查，視爲附帶民訴亦經調查。民事當事人或代理人得陳述意見。四、訴訟裁判：附帶民訴之判決，應以刑事認定之事實爲據。但本於捨棄而爲判決者，不在此限。附帶民訴，應與刑訴同時判決。㈠駁回原訴之判決：法院認爲原告之訴不合法或無理由者，應以判決駁回之。㈡被告敗訴之判決：認原告之訴爲有理由者，應依其請求，爲被告敗訴之判決。㈢刑事無罪及形式之判決：刑訴諭知無罪、免訴或不受理之判決者，應以判決駁回原告之訴。但經原告聲請時應移送管轄法院之民事庭。上項駁回判決，非對刑事判決有上訴時，不得上訴。㈣移送民庭之裁定：法院認附帶民訴確係繁雜，非經長久時日不能終結者，得以合議裁定移送民庭；其因人數不足不能合議者，由院長裁定之。是項移送案件，免納裁判費，裁定不得抗告。五、上訴程序：㈠第三審上訴之限制：刑事不得上訴於第三審法院之判決，附帶民訴則得上訴於第三審法院。但應受民事上訴利益之限制。㈡第三審上訴理由之引用：刑事第二審判決經上訴，已有上訴理由可資引用者，附帶民訴得不敍述上訴之理由。㈢第三審上訴之裁判：1.駁回上訴：附帶民訴之原審判決，無可爲上訴理由之違背法令者，應駁回其上訴。2.自爲判決：附帶民訴之原審判決有可爲上訴理由之違背法令者，應將其判決撤銷，就該案件自爲判決。3.發回更審：撤銷原判認有審理事實之必要時，應將該案件發回原審法院或發交與原審同級之他法院民事庭更審。六、單獨審判：法院如僅應就附帶民訴爲審判者，應以裁定將該案件移送該法院之民事庭。但附帶民訴之上訴不合法者，不在此限。上項移送裁定，不得抗告。七、再審程序：對於附帶民訴之判決聲請再審者，應依民事訴訟法向原判決法院之民事庭提起再審之訴。（刑事訴訟法）（陳　珊）

附條件之贈與（Conditional Gift）

附條件之贈與者，乃一方約定於某條件成就時，無償給與財產予他方之謂也。例如甲對乙謂：「爾如能使予車可以駛行，予願以之給爾。」此類贈與，須形之於蓋印契約始生效力（見 Chitty on Contracts, vol. 1, 1961, p. 3.）。（英美契約法）（何孝元）

附條件買賣（Conditional Sale）

附條件買賣，係指在買賣契約上附以條件，藉以保留其標的物的所有權，而便於向買受人求償。申言之，亦即：「稱附條件買賣者，謂買受人先占有動產之標的物，約定至支付一部或全部價金，或完成特定條件時，始取得標的物所有權之交易」（參照動產擔保交易法第二十六條）。分期付價的買賣，以分期付款的方式，使收入較低者能買進價值較高的物品，足以改善一般人民的生活；同時，因買賣量的增加，而生產量亦隨之增加，對於國民經濟的發展與工商事業的開拓，頗具有促進的作用，故分期付價的買賣方法，為近世經濟制度的重要環節。我民法雖亦有規定分期付價的特種買賣；但其買賣的標的物所有權，亦如一般買賣，於其契約成立時即移轉於買受人。買受人雖可延期支付價金，而先取得其標的物；但出賣人往往將延期支付的利息，甚至連同出賣人因延期支付價金所冒危險可能發生的損失，亦計算在內，尤其出賣人於買賣契約中附加苛刻的約款，將使買受人蒙受不利。瑞士債務法，為保護經濟弱者的買受人，特設限制的規定（瑞士債務法第二百二十六條至二百二十八條）；我民法從之，於第三百八十九與第三百九十兩條，對於「期限利益喪失約款」（la clause d'exigilite）及「失權約款」（la clause de déchance），特加限制。亦即前者，在分期付價的買賣契約中，縱訂明其買受人如有遲延情事，出賣人即得請求支付全部價金的約定；但其遲延非連續兩期，且其遲付的價額已達全部價金五分之一時，出賣人不得主張之。後者在分期付價的買賣契約中，縱訂明出賣人於解除契約時，得扣留其所受領價金的約定；但其扣留的數額，不得超過標的物使用的代價及標的物受有損害時的賠償額。如此規定，其立法的重點，顯然在於保護債務人；而出賣人對於分期付價的買賣，不免有所顧慮，故分期付價的買賣，在我國不能發達；動產擔保交易法為補偏救弊，特仿照美國統一附條件買賣法（Uniform Conditional Sales Act），設附條件買賣的規定，其較之民法上分期付價的買賣，在形態上雖頗類似；但在性質上却不相同。（商事法）（林咏榮）

附擔保公司債

所謂擔保，係指物上擔保，亦係指有無抵押而言。有抵押的公司債，乃以公司全部或部分資產為償還本利的擔保而發行債券，債券到期公司如不能還本付息，持券人對於提供抵押之標的物，有依法處分之權。日本在明治三十八年（1905 A.D.）曾公布附擔保公司債信託法。美國於一九三九年所頒布的信託契約法（Trust Indenture Act），基於公司債債權人為數甚多，其與發行公司債的公司，個別設定物上擔保殆不可能；乃使受託人（trustee）介入其間，由發行公司（委託公司）與信託公司（受託公司亦即受託人），訂立一種信託契約（supplementary agreement or indenture），受託公司取得物上擔保，為全體公司債債權人保全其擔保權，並負其實行的義務。所謂實行，係指將來公司債不能如期償還時，受託公司應依法處分其擔保品，以全體公司債債權人為受益人，就各債權額，平等享受其擔保利益。此即所謂「開放擔保」（open-end mortgage），而別於通常個別設定擔保的「鎖閉擔保」（closed mortgage）。我國現行公司法除仍舊承認公司債發行的擔保（公司法第二四八條第一項第一五款，舊法第二三八條第十款）並增列其禁止的條件（公司法第二四九條、第二五〇條）外，略仿美日兩國立法例，特規定：「公司為發行公司債所設定的抵押權或質權，得由受託人為債權人取得，並得於公司債發行前先行設定。受託人對於此項抵押權或質權或其擔保品，應負責實行或保管之」（公司法第二五六條）。（商事法）（林咏榮）

附屬法上物權

為物權學理上分類之一，對民法上物權而言，即以物權規定附屬於民法以外之法律也。如土地森林等法，皆為行政法，其中所規定之各種地權，均為附屬法上之物權。（民法物權）（陳　珊）

直接占有

為占有分類之一，係對間接占有而言，即對物直接實施管領力之狀態，不問其有無實體權利可據，均以自己為占有人。「間接占有」。為占有分類之一，對直接占有而言。如質權人、承租人、受寄人或基於其他類似之法律關係，對於他人之物為占有者，該他人為接間占有人（民九四一）。（民法物權）（陳冊）

直接生產用地

土地依其使用所為分類之第二類（土、二）詳見「土地分類」條。（土地法）（管歐）

直接故意

見「故意」條。（刑法總則）（王建今）

直接送達

送達人將應送達之文書，直接交付應受送達人本人謂之直接送達，或稱本人送達，或交付送達。蓋因送達，原則上本應交付應受送達人之本人，其他送達方法，均係難於為直接交付時所設不得已之辦法。交付送達，除由法院書記官，得於法院內直接將文書付與應受送達人（民訴一二六）外，須於應受送達人之住居所、事務所或營業所行之，但在他處會晤應受送達人時，得於會晤處所行之（一三六Ⅰ）。對於法定代理人之送達，亦得於當事人本人之事務所或營業所行之（一三六Ⅱ）。對於無訴訟能力人為送達者，應向其法定代理人為之（一二七）。茲以無訴訟能力之當事人本人有事務所或營業所者，其法定代理人亦必恒在該處所管理其事務，因而增設其應受送達之處所。故如應受送達人分別有應受送達之住居所，事務所或營業所者，送達人自可任向其中一處為送達。至對於在軍隊或軍艦服役之軍人為送達者，應向該管長官為之（一二九）。對於在監所人為送達者，應向該監所長官為之（一三〇）。對於在中華民國有事務所或營業所之外國法人或團體為送達者，應向其在中華民國之代表人或管理人為之（一二八）。關於商業之訴訟事件，送達得向經理人為之（一三一）訴訟代理人有受送達之權限者，送達應向該代理人為之。但審判長認為必要時得命送達於當事人本人（一三二）。當事人或代理人經指定代收人，向受訴法院陳明者，應向該代收人為送達（一三三）。（民事訴訟法）（李學燈）

直接送達主義

直接送達主義者，乃當事人直接以送達之事委託送達機關而為送達之主義；間接送達主義，則係當事人經由法院書記官委諸送達機關而為送達之主義。我國民事訴訟法除於原則上採用職權送達主義（民訴一二三），書記官得於法院內自為送達（一二六），並規定送達，除別有規定外，由法院書記官交執達員或郵政機關行之（一二四）外；例外採用當事人送達主義，則本於法定情形，由當事人向受訴法院聲請為公示送達，即係採用間接送達主義。其餘參見「公示送達」條。（民事訴訟法）（李學燈）

直接審理主義

此就審理訴訟之方式所採之立法主義。參與裁判之推事，以其直接認識所得之資料為裁判之基礎者，謂之直接審理主義。反之，以他人直接認識所得之資料為裁判之基礎者，謂之間接審理主義。民事訴訟法採直接審理主義為原則，故推事非參與裁判基礎之辯論者，不得參與裁判（民訴二二一Ⅱ、二三九）。調查證據，除別有規定外，於言詞辯論期日行之（二〇九）。採此主義，重在易於發現眞實。然如推事中途有變更者，則必須重新審理，不免增加法院之事務負擔及訴訟費用之支出，且在事實上有時亦有兼採間接審理主義之必要。故在行合議審判之訴訟事件，法院得隨時以庭員一人為受命推事，使行準備程序（二七〇）。法院於認為適當時，得使庭員一人為受命推事，或囑託他法院指定推事調查證據（二九〇）。應於外國調查證據者，囑託該國管轄機關或駐在該國之中華民國大使、公使、或領事為之（二九五Ⅰ）。均係例外兼採間接審理主義之規定。（民事訴訟法）（李學燈）

直接證據

直接證據，係指用以直接證明應證事實（或待證事實）之證據。例如某證人證稱，曾親見當事人間訂立買賣契約是。間接證據，係指用以間接證明待證事實之證據，即先證明某事實，再由此事實，推論應證事實之證據。例如某證人證稱曾見當事人在買賣市場衆議，以後各執一紙欣然道別，因而推論當事人間有締結買賣契約是。直接證據之證據力通常較間接證據之證據力為強。依間接證據從事推論，可能自甲事實推論乙事實，再自乙事實推論丙事實，間接愈多，其蓋然性愈小，亦即其證據力愈弱。又在證據法上所稱直接證據，常與傳聞證據相對稱。前者係指有直接親知知識之證據，後者係指於審判外得自他人之陳述（包括言詞與文書），而用於審判中之證據。證人既係得自他人之陳述，當事人對之無從詰問，其證言之憑信性易有問題。故若干國家之法律，每以排除傳聞為原則，容許傳聞為例外。是謂之傳聞法則。（民事訴訟法）（李學燈）

為證據之一種，對間接證據而言。凡足以直接證明待證之事實者，皆為直接證據，如供犯罪所用或因犯罪所得之證物及目擊犯罪行為實施情形之證言等是。此係證明自然事實，故又稱為自然證據。（刑事訴訟法）（陳　珊）

直接證據（Direct Evidence）

一種證明之工具或方法，能顯示要證事實之存在，而無須假借其他事實幫助之謂，常與情況證據對稱（Brown v. Calder, 23 mont. 504, 59 p. 903）。故證人就其耳聞目睹所作證言，如能直接證明欲證事實，此類證言即直接證據。（英美刑法）（桂公仁）

直屬長官

軍事審判法上所謂之直屬長官，係指被告直接隸屬之基層長官。如陸軍連長為被告時，其直屬長官為其所隸屬之營長。營長為被告時，其直屬長官為其所隸屬之團長；士官、士兵之直屬長官，為其所隸屬之排長。被告之直屬長官為被告之利益，得聲請覆判。並得獨立為被告選任辯護人。（特別刑事法）（吳智）

拍定

拍賣人對應買人所為之應買表示，表示賣定之意思，謂之拍定。一經拍定，買賣契約，即告成立。動產拍賣應就應買人所出之最高價，高呼三次後為之。應買人所出之最高價如低於底價，或雖未定底價而債權人或債務人對於應買人所出之最高價認為不足而為反對之表示時，執行拍賣人應不為拍定，由執行處定期再行拍賣。再行拍賣時，應拍歸出價最高之應買人。其在不動產之拍賣，由執行推事當眾開標，並朗讀之為拍定。（強制執行法七〇、八八）（強制執行法）（陳　珊）

拍定期日

「拍定期日」。拍定之日期為拍定期日。在動產拍賣，大都以拍賣之當日為拍定期日，在不動產之拍賣，如以投標之方式行之者，以開標決定之日為拍定期日。（強制執行法）（陳　珊）

拍買人

又稱應買人，見「應買人」條。（強制執行法）（陳　珊）

拍賣

執行機關以公然競爭出價而定價金之方法，以出賣債務人之動產或不動產，就其賣得價金以分配於債權人之處分之謂。拍賣有法定拍賣、任意拍賣與強制拍賣三種，強制執行法上之拍賣，乃指最後一種而言。（強制執行法）（陳　珊）

拍賣（Auction）

拍賣者，乃拍賣人將其拍賣物售予出價最高應買人之財產之公開出賣也（見 James A. Ballentine: Law Dictionary, 1959, p. 125.）。拍賣係拍賣人表示出賣之意思，不能認為具有要約之性質，故拍賣以前所刊登之廣告，拍賣物品之陳列等，均屬要約之引誘，除有明白表示外，拍賣人並無義務將其拍賣物賣與出最高價之應買人。有謂拍賣廣告中如用「無保留」（without reserve）之字樣，出最高價之善意應買人即應取得拍賣物，拍賣人如拒絕賣與，應負違反契約之責任。但此主張為多數學者所非議（見Cheshire and Fifoot, Law of Contracts, 5th ed, pp. 26-27, Anson, Principles of the English Law of Contract, 21st ed., pp. 34-36, Pollock Pinciples of Contract 13th ed., pp. 13-15.）。蓋以其與「拍賣廣告為要約之引誘」及「應買人之出價為要約」之原則不符，以致至今仍屬懸案(見Chitty on Contracts, vol. 1, 1961, p. 26.)。（英美契約法）（何孝元）

拍賣人

與應買人相對稱，在強制執行程序中所為之拍賣，凡處於執行機關之地位，強制拍賣債務人之動產或不動產之人，曰拍賣人，通常由執行推事命書記官督同執達員為之。但於動產拍賣，執行處認為適當時，亦得委託拍賣行為拍賣人，委託拍賣時，執行處應派員監督之。（強制執行法六一）。（強制執行法）（陳　冊）

拍賣公告

執行機關於實施拍賣程序前，向公眾通告關於拍賣物之種類、拍賣處所、拍賣日期以及其他必要事項之文書，曰拍賣公告。拍賣動產之公告，應記載下列之事項：㈠拍賣之種類、數量、品質及其他應記明之事項。㈡拍賣之原因、日時及場所。㈢閱覽拍賣物查封筆錄之處所及日時。㈣定有拍賣價金之交付期限者，其期限。拍賣不動產之公告，應記載下列事項：㈠不動產所在地、種類及其他應記載之事項。㈡拍賣之原因、日期及場所。如以投標方法拍賣者，其開標之日時及場所。定有保證金額者，其金額。㈢拍賣低價額。㈣交付價金之期限。㈤閱覽查封筆錄之處所及日時。拍賣公告，應揭示於執行法院及拍賣場所。如認為必要或因債權人或債務人之聲請，並得登載於公報或新聞紙。如當地有其他習慣者，並得依其習慣方法公告之。（強制執行法六四、六五、八一、一一三）。（強制執行法）（陳　冊）

拍賣期日

實施拍賣程序之時期曰拍賣期日，由執行推事定之，且須預先公告。在動產拍賣，應於公告五日後行之，但因物之性質須迅速拍賣者，不在此限。不動產之拍賣期日距公告之日，不得少於十四日。（強制執行法六六、八二）。（強制執行法）（陳　冊）

拍賣場所

又稱拍賣處所，即實施拍賣時拍賣人與不特定人集合之場所，應由執行推事定之，但須事先公告。在動產拍賣，原則上於執行法院或動產所在地行之；但執行處認為適當時，亦得委託拍賣行拍賣。不動產之拍賣，於執行法院或其他場所為之。（強制執行法六一、八三）。（強制執行法）（陳　冊）

拍賣筆錄

拍賣終結後由執行處書記官作成之紀錄，曰拍賣筆錄。應記載下列事項：㈠拍賣物之種類、數量、品質及其他應記明之事項。㈡債權人及債務人。㈢拍賣之買受人姓名、住址及其應買之最高價額。㈣拍賣不成立或停止時，其原因。㈤拍賣之日、時及場所。㈥作成筆錄之處所及年、月、日。是項筆錄，應由執行拍賣人簽名。（強制執行法七三、一一三）。（強制執行法）（陳　冊）

和平占有

為占有分類之一，對強暴占有而言。即占有之取得及保持，依和平手段之謂。如買受人依買賣關係而取得物之占有，斯為和平占有。和平係指正當方法，竊盜行為，並為實施強暴，仍非和平占有。（民法物權）（陳　冊）

和解

和解（Compromise）

謂當事人約定互相讓步，以終止爭執或防止爭執發生之契約也。此契約因雙方諾成而互負有互相讓步以終止爭執或防止爭執之債務。且因為對待給付互為之原因，故為債權契約雙務契約及有償契約要因契約。此契約一經成立，在法律上有使當事人所拋棄之權利消滅及使當事人取得該契約中所訂明權利之效力。和解既為債權契約，除應適用一般法律行為及契約之效力消滅並債之效力之消滅等規定外，民法復規定和解不得以錯誤為理由而撤銷之。但有下列情事之一者，仍得撤銷。即㈠和解所依據之文件，事後發見偽造或變造，而和解當事人如知其為偽造變造，即不和解者。㈡和解事件經法院確定判決而為當事人雙方或一方於和解時所不知者。㈢當事人之一方對於他方當事人之資格，或對於重要之爭點有錯誤而為和解者（參看民法和解節內有關各條文）。（民法債編分則）（張鏡影）

和解有訴訟上之和解，與訴訟外之和解之分。訴訟外之和解，一稱民法上之和解，即當事人約定互相讓步，以終止爭執或防止爭執發生之契約（民七三六）。此爲私法上之法律行爲。至訴訟上和解，係指當事人於訴訟繫屬中，在受訴法院或受命推事，受託推事前所爲之和解而言。關於和解之意義，仍與民法上之和解無殊，即兩造互相讓步以止息其間爭執之合意。惟其合意一面以就私法上之法律關係止息爭執爲目的，一面又以終結訴訟全部或一部爲目的。故既爲私法上之法律行爲，同時亦爲訴訟行爲，且係訴訟上之雙方法律行爲。詳見「訴訟上和解」條。（民事訴訟法）（李學燈）

債務人於不能清償債務時，爲防免破產宣告，與債權人團體間，締定以讓步方法，了結債務之強制契約，經法院許可或商會處理後，而生效力之程序，爲破產法上之和解，此與民法及民訴法上之和解，異其旨趣。在各國立法例，有曰和解前置主義者，凡聲請破產者，必先試行和解，和解不成立，方可爲破產宣告，英國法採之。有曰和解分離主義者，其與破產程序，兩相分立，德國法採之。我破產法上對此兩種程序，亦採分章並立制度，但不以和解爲破產之前奏，其與以上法例，相近而不盡相同。和解內容，分爲法院與商會之和解兩種。（詳各該條）。（破產法）（陳　珊）

和解之撤銷

法院以裁定取消和解契約之行爲，曰和解之撤銷，其原因有以下三種：㈠債權人於債權人會議時不贊同和解之條件，或未曾出席會議，而能證明偏重他債權人利益致有損本人之權利者。㈡證明債務人有虛報債務、隱匿財產之情事者。㈢債務人不履行和解條件者。法院撤銷和解，因債權人之聲請或以職權爲之，認聲請不應准許者，亦得駁回。對於撤銷和解之裁定，不得抗告，應以職權宣告債務人破產。駁回聲請之裁定，得爲抗告。（破產法五〇—五四）。（破產法）（陳　珊）

和解公告

法院以和解事項使不特定之多數人得以了知之表示，曰和解公告。法院許可和解聲請後，應即公告下列事項：㈠許可和解聲請之要旨。㈡監督人之姓名、監督輔助人之姓名、住址及進行和解之地點。㈢申報權利之期間，及債務人會議期日。公告應貼於法院牌示處，並登載於公報及新聞紙，如該法院管轄區域內無公報、新聞紙者，應並黏貼於商會或其他相當之處所。（破產法一二、一三）。（破產法）（陳　珊）

和解文書

謂和解事件所應用之書面也。法院對於和解事件，應以下列文書之原本或繕本，備利害關係人閱覽或抄錄：㈠關於聲請和解之文件及和解方案。㈡債務人之財產狀況說明書，及其債權人、債務人清冊。㈢關於申報債權之文書及債表。以上規定，於商會之和解準用之。（破產法二一、四九）。（破產法）（陳　珊）

和解裁定

法院對於和解聲請，所爲有拘束力之准駁表示也。法院對於和解聲請之許可或駁回，應自收到聲請之日起七日內，以裁定爲之，是項裁定，不得抗告。和解之聲請，遇有下列情形之一時，應駁回之：㈠聲請不合程式者。㈡聲請人曾因和解或破產，依破產法之規定而受有期徒刑之宣告者。㈢聲請人曾經法院認可和解或調協，而未能履行其條件者。㈣聲請人經法院傳喚無正當理由不到場，或到場而不爲眞實之陳述，或拒絕提出關係文件者。（破產法九、一〇）。（破產法）（陳　珊）

和解監督人

監督和解條件執行之人，曰和解監督人。在法院之和解，由法院指定推事一人爲之。在商會之和解，則由債權人會議推舉之，其數額爲一人至三人。（破產法二一、四、八）。（破產法）（陳　珊）

和解讓步之撤銷

謂債權人於債務人不依和解條件爲清償時，因未受清償而爲取消和解讓步之意思表示也，就其因和解讓步之撤銷而回復之債權額，非於債務人對於其他債權人完全履行和解條件後，不得行使其權利。（破產法五六）。（破產法）（陳　珊）

抵押

謂以物供債權擔保之作用也。（詳抵押權條）。（民法物權）（陳　冊）

抵押回贖權 (Equity of Redemption)

抵押回贖權者，乃衡平法院賦予抵押人於其不履行債務時亦得回贖之特權也。不動產抵押常有沒收之約款（forfeitures）。所謂沒收之約款者，即當事人之一方約定無法履行其債務時，願意放棄動產或不動產及其所生之利益也。惟現今衡平法已有抵押權法之制定，賦予抵押人以抵押回贖權，藉以減輕抵押人之損害，以免抵押權人於抵押人不履行其債務時，逕行沒收其土地（見James A. Ballentine: Law Dictionary, 1959, p. 442; Mc Clintock on Equity, Second Edition, 1948, p. 83）。（英美衡平法）（何孝元）

抵押物

謂為設定抵押權標的物不動產也。在特別抵押權，動產亦得為抵押物。在準抵押權、地上權、永佃權，均得視為抵押物，是乃廣義。（詳抵押權條）。（民法物權）（陳　冊）

抵押物之占有

為特別民法上動產抵押權之保全效果，債務人不履行契約或抵押物被遷移、出賣、出質、移轉或受其他處分，致有害於抵押權之行使者，抵押權人得占有抵押物。（動產擔保交易法第十七條）。（民法物權）（陳　冊）

抵押權

對於債務人或第三人不移轉占有而供擔保之不動產，得就其賣得價金優先受清償之權利，稱為抵押權。抵押權非占有物權，僅供擔保而不能支配，故學理上有債權說與物權說之爭，惟於抵押權之實行，係由抵押權人直接聲請法院拍賣，不需債務人或第三人之行為為媒介，故其性質仍以物權說為當。抵押權為不動產物權之一種，其設定方法，適用物權通則，惟其為從物權，隨主債權之發生與消滅，不能獨立存在。抵押權之範圍：一、供擔保之範圍。抵押權所擔保者為㈠原債權。㈡利息。㈢遲延利息。㈣實行抵押權之費用。但契約另有訂定者，不在此限。二、標的物之範圍。抵押權及於：㈠從物權。但第三人於抵押權設定前就從物取得之權利，不受影響。㈡從權利。㈢抵押物扣押後由抵押物分離之天然孳息。㈣抵押物扣押後抵押人就抵押物得收取之法定孳息。但抵押權人，非以扣押抵押物之情事，通知應清償法定孳息之義務人，不得與之對抗。抵押權之效力有四：一、優先效力：㈠抵押權與抵押權之優先。不動產所有人，因擔保數債權，就同一之不動產，設定數抵押者，其次序依登記之先後定之。㈡抵押權與其他物權之優先。不動產所有人設定抵押權後，於同一不動產上，得設定地上權及其他權利，但其抵押權不因此而受影響，因其設定在先，僾於設定在後也。二、追及效力：㈠標的物移轉之追及。不動產所有人，設定抵押權後，得將不動產讓與他人。但其抵押權不因此而受影響。㈡標的物分割或部分讓與之追及。抵押之不動產如經分割或讓與其一部，或擔保一債權之數不動產而以其一讓與他人者，其抵押權不因此而受影響。三、從屬效力：㈠以抵押權擔保之債權，如經分割或讓與其一部者，其抵押權不因此而受影響。是項規定，於債務之分割時，亦適用之。㈡抵押權不得由債權分離而為讓與，或為其他債權之擔保。四、保全效力：㈠事前保全。抵押人之行為，足使抵物之價值減少者，抵押權人得請求停止其行為。如有急迫之情事，抵押權人得為必要之保全處分。因請求或處分所生之費用，由抵押人負擔。㈡事後保全。抵押物價值減少時，抵押權人得請求抵押人回復抵押物之原狀，或提出與減少價額相當之擔保。抵押物之價值，因非可歸責於抵押人之事由致減少者，抵押權人僅於抵押人得受損害賠償之限度內，請求提出擔保。抵押權之實行方法有三：一、拍賣。其程序如下：㈠拍賣之請求。抵押權人於債權已屆清償期而未受清償者，得聲請法院拍賣抵押物，就其賣得價金而受清償。約定於債權已屆清償期而未為清償時，抵押物之所有權移屬於抵押權人者，其約定為無效。此乃流質契約，為維護社會公益，特設禁止規定。㈡拍賣之標的。供抵押之不動產為拍賣之標的物。若為單一狀態，自不生其他糾葛。如土地及建築物有以下情形，則為杜免標的物之牽連糾葛，而定有適當解決之標準：1.土地及其土地上之建築物，同屬於一人所有，而僅以土地或僅以建築物為抵押者，於抵押物拍賣時，視為已有地上權之設定，其地租由當事人協議定之。協議不諧時，得聲請法院定之。2.土地及其土地上之建築物，同屬於一人所有，而以土地及建築物為抵押者，如經拍賣，其土地與建築物之拍定人各異時，適用上項之規定。3.土地所有人於設定抵押權後，在抵押之土地上營造建築物者，抵押權人於必要時，得將其建築物與土地併付拍賣；但對於建築物之價金，無優先受清償之權。祇為求拍賣上之便利而已。㈢拍賣之結果。拍賣終結後，以其賣得之價金，清償其所擔保之債權，分配方法，按抵押權人之次序定之，其次序同者，平均分配。為同一債權之擔保，於數不動產上設定抵押權，而未限定各個不動產所負擔之金額者，抵押權人得就各個不動產賣得之價金，受債權之全部或一部之清償。此在民草設有比例取償及代位求償之規定，以保護次位抵押權人之利益，民法未予採取。二、取得抵押物之所有權。抵押權人於債權清償期屆滿後，為受清償，得訂定契約，取得抵押物之所有權。此種實行方法，與抵押權之目的，並無違背，其以契約取得抵押物之所有權，係在債權清償期屆滿之後，若在期滿前為之，則為流質契約，應在禁止之列。三、其他方法。處分抵押物，亦得用拍賣以外之方法為之，如變賣或找補等等。但有害於其他抵押權人之利益者，不在此限。抵押權之消滅原因及效果，有以下數種情形：一、第三人之代償。債權因清償而消滅，抵押權亦即失其存在。如係由為債務人設定抵押權之第三人，代為清償債務，或因抵押權人實行抵押權致失抵押物之所有權時，依關於保證之規定，對於債務人有求償之權。二、消滅時效之完成。以抵押權擔保之債權，其請求權已因時效而消滅，如抵押權人於消滅時效完成後，五年間不實行其抵押權者，其抵押權消滅。此為總則第一四五條之特別規定，依該條效果，以抵押權擔保之請求權，雖經時效消滅，債權人仍得就抵押物而為取償，此於物權編中加以五年之時間限制。三、抵押物之滅失。抵押權因抵押物滅失而消滅。但因滅失得受之賠償金，應按各抵押權人之次序分配之。以地上權、永佃權、典權為標的之抵押權，及法定抵押權，均準用抵押權章所設規定，是謂之準抵押權。（民法第八六〇—八八三條）。此外基於其他法律所生之抵押權，如海商法上之船舶抵押權，民用航空法上之航空器抵押權，過去工礦抵押法上之工礦財團抵押權，現行動產擔保交易法上之動產抵押權，統為特別抵押權，除適用各該法律之特別規定外，亦準用民法上抵押權之規定。（民法物權）（陳　珊）

抵押權人

謂以設定抵押權為擔保之債權人也。享有對抵押物之賣得價金有優先受償之權利主體，就同一抵押物有數抵押權人者，以其設定次序之先後，定其分配（詳抵押權條）。抵押人。謂以其不動產供債權擔保之人也。亦即抵押物之所有人。抵押物通常為債務人之不動產，但第三人亦得以其不動產供主債務人設定抵押權之負擔。因抵押權不移轉抵押物之占有，僅供擔保，於對物之支配無妨也。（詳抵押權條）。（民法物權）（陳　珊）

抵銷

抵銷者，乃債務人對於債權人有給付種類相同之債權時，使其所有之債權，與其所負之債務，就所示之數額同歸消滅之謂。抵消之要件有五：㈠須二人互負債務，㈡雙方債務須為同種給付，㈢雙方債務須屆清償期，㈣債務之性質須能抵銷，㈤須無抵銷之禁止。當事人間如有抵銷禁止之約定或法律上有禁止抵銷之規定，則從其約定或規定。具備上述五項要件時，即為抵銷適狀，當事人即得行使其抵銷權。

抵銷之方法，應以意思表示向他方為之（民法第三三五條第一項）。惟此項意思表示一經到達他方，即生效力，雙方債權，因以消滅，毋須得他方之同意，故抵銷為單獨行為之一種。又抵銷之意思表示，不得附有條件或期限（民法第三三五條第二項）。（民法債編總論）（何孝元）

抵銷權

對於破產人負有債務之破產債權人，於破產宣告時，無論給付種類是否相同，或附期限或附解除條件，得不依破產程序，而為抵銷之權利，曰抵銷權。此為原則，但有以下例外情形之一時，不得抵銷：㈠破產債權人，在破產宣告後，對於破產財團負債務者。㈡破產人之債務人，在破產宣告後，對於破產人取得債權或取得他人之破產債權者。㈢破產人之債務人，已知其停止支付或聲請破產後而取得債權者。但其取得係基於法定原因或基於其知悉以前所生之原因者，不在此限。（破產法一一三、一一四）。（破產法）（陳　珊）

免刑判決

依刑法總則或分則上應免除或得免除其刑之規定，而諭知免刑判決者，應表明於有罪裁判之主文。如依刑法第六十一條規定，為免刑判決前，並得斟酌情形經告訴人或自訴人同意，命被告為下列各款之情事：㈠向被害人道歉。㈡立悔過書。㈢向被害人支付相當數額之慰撫金。以上三種情形，均應記載於判

決書內，慰撫金之支付，並得為民事強制執行名義。(刑事訴訟法)(陳　珊)

免役

兵役法第四條規定，凡身體畸形、殘廢、或有痼疾不堪服兵役者，免服兵役，稱為免役。合於免役男子，須檢具公立衛生醫療機構之診斷書，向鄉鎮公所申請，層報上級機關核准，發給免役證方為有效。若揑造免役原因，意圖避免兵役徵集或召集者，妨害兵役治罪條例第四條至第七條規定有罪刑。(特別刑事法)(吳　智)

免除

免除者，乃債權人向債務人表示免除其債務之意思，而使債之關係消滅之謂也(民法第三四三條)。免除為單獨行為，祇須債權人一方向債務人表示免除之意思，即生效力。主債務經免除而消滅後，其從屬債務，如利息債務，自亦隨同消滅(民法第三〇七條)。(民法債編總論)(何孝元)

免除(Release)

免除者，乃債權人向債務人表示放棄其請求權，而使債之關係消滅之謂也(見James A. Ballentine: Law Dictionary, 1959, p. 1111.)。(英美契約法)(何孝元)

免除其刑

犯罪雖然成立，但在刑事政策上認為無處刑之必要者，該項行為，在法律上往往為免除其刑之規定。例如刑法第六十一條之罪，正當防衛或緊急避難行為過當(刑法二三條、二四條)，不能犯、中止犯(刑法二五條、二六條)及刑法第一百零二條之內亂罪等均是。犯罪而免除其刑者，應諭知免刑之判決，並應於判決書內記載免刑之理由(刑訴二九九條、三一〇條四款)。(刑法總則)(王建今)

免訴判決

案件有下列情形之一者，應諭知免訴之判決：㈠曾經判決確定者。㈡時效已完成者。㈢曾經大赦者。㈣犯罪後之法律已廢止其刑者。(刑事訴訟法)(陳　珊)

免檢驗

依商品檢驗法之規定，應施輸出輸入檢驗之商品有下列情形之一者，除動植物疫病蟲害檢驗外，得免檢驗(商檢、九)。

㈠輸入商品經有互惠免驗優待出品國政府發給檢驗合格證書者：此檢驗合格證書所載內容，應與商品相符。

㈡各國駐華使領館或享有外交豁免權之人員，為自用而輸出輸入國境者：此款規定所稱各國駐華使領館之人員，應具有外交官身分。

㈢非銷售之物品，經主管機關准予免驗者：此所稱非銷售之物品，為商業樣品、模型、展覽品或用以餽贈之物品，其為展覽品者以供陳列之非賣品並有主管機關之證明者為限。

㈣輸出輸入國境，未逾主管機關所規定免驗之數量者：此款所規定免驗之數量限於(1)果品、蔬菜(包括生鮮及已加工者)或其他消費品重量在十公斤以內而其價值不逾四百元者。(2)依國際郵政公約規定得以小包郵件寄遞者。(3)經外匯貿易主管機關規定，准予免結匯輸出輸入者。(4)旅客出入國境隨身手提可認為自行消費者。(商品檢驗法)(管　歐)

定作人之侵權責任

承攬人因執行承攬事項，不法侵害他人之權利者，定作人不負損害賠償責任(民法第一八九條)。但定作人因定作或指示有過失，致侵害他人之權利時，則應負責(民法第一八九條但書)。(民法債編總論)(何孝元)

定金

定金者，乃當事人之一方因確保契約之履行，所交付之金錢或其他代替物也。定金之種類可分為四：㈠以定金為契約成立之要件者，謂之成約定金；㈡以定金為訂立契約之證據者，謂之證約定金；㈢以定金為契約不履行之損害擔保者，謂之違約定金；㈣以定金為解除契約之代價者，謂之解約定金。當事人所交付之定金，究屬何種定金？應依當事人意思表示決定之。當事人間無特約時，則應依民法第二四九條之任意規定決定之。

定金契約，為從契約，要物契約及非要式契約。訂約當事人之一方，由他方受有定金時，其契約視為成立（民法第二四八條）。主契約成立後，已付之定金，應依當事人之特約處理之。當事人間如無特約時，應作下列規定處理之：㈠契約履行時，定金應返還或作為給付之一部。㈡契約因可歸責於付定金當事人之事由致不能履行時，定金不得請求返還。㈢契約因可歸責於受定金當事人之事由致不能履行時，該當事人應加倍返還其所受之定金。㈣契約因不可歸責於雙方當事人之事由致不能履行時，定金應返還之（民法第二四九條）。（民法債編總論）（何孝元）

定限物權

為物權學理上分類之一，對完全物權而言，亦稱為不完全物權。即對物僅有一定限度內之管領力也。如地上權、永佃權、地役權，僅能對物使用，典權得對物使用收益，抵押權、質權、留置權，係供債之擔保，不得對物用益或自行處分。皆無完全之支配作用，故稱為定限物權。（民法物權）（陳　珊）

定值保險（Insurance of Valued Policy）

定值保險契約，係指保險契約在訂立時，在契約上載明保險標的一定價值的契約。定值保險契約對於保險標的物的價值已加以確定，將來保險標的物如有損失，保險人即應按此標準給付其賠償金額，惟其標的物部分損失，仍須按此例計算以定之（保險法第五十條第三項）。（商事法）（林咏榮）

定期給付之贈與（Regular Donation）

簡稱定期贈與(gift with periodical presentation)，為特種贈與之一，即以一定時期，繼續給付之贈與也。例如某甲之妹乙所嫁之夫，不善治生，饔飧不繼，其兄甲約定每月贈妹乙生活費一千元是。我國民法規定，定期給付之贈與，因贈與人或受贈人之死亡而失其效力。但贈與人有反對之表示者不在此限（第四一五條）。此定期贈與驟視之，與終身定期金之契約相似，其實益亦復無異，但實際上亦有分際。蓋終身定期金契約之訂立，應以書面為之，乃要式契約。定期贈與為諾成契約，亦即不要式契約。且前者於期間及金額有疑義時，民法有推定之規定（第七三一條）。後者則否。（民法債編分則）（張鏡影）

定期買賣（Purchase and Sale at Fixed Date）

為買賣方式之一種。對即時買賣而言。又稱猶豫買賣。其區別在於財產權之移轉或物品之交付是否即時為標準。若買賣契約成立時，隨即依約交付標的者為即時買賣。若買賣成立後，定有期限而為權利之移轉或物品之交付者。即此之所謂定期買賣也。此本屬於特種買賣，惟我民法之特種買賣，僅採貨樣買賣試驗買賣分期付款及拍賣四種，對定期買賣未採入。但民間習慣上恒有之，類多以特約約定。例如不動產之買賣，先成立買賣契約，而後辦理所有權之移轉登記。又如買青苗，先付清價金，俟秋收時交付稻穀之類是。（民法債編分則）（張鏡影）

承兌（Acceptance）

承兌，是滙票付款人，承諾就票據上文義所載的支付委託，負擔其義務所為附屬的票據行為。承兌制度為滙票所獨有，而本票係由發票人自任付款，支票則為見票即付，均無所謂承兌。滙票的執票人，得於滙票到期日前，向付款人為承兌的提示（票據法第四二條）。換言之，亦即滙票的執票人得提示滙票，請求付款人承兌。付款人未為承兌之前，對於滙票，不負任何責任。但一經承兌的簽名後，則付款人變為承兌人而成為票據之主債務人。承兌的性質，與民法上指示證券的承擔相似（民法第七一一條第一項）。惟承擔屬於契約行為，而承兌乃負擔一定金額支付義務的單獨行為，此則兩者不同。承兌人與付款人在實質上固同為一人；而在形式上亦必如此。故承兌人為承兌時，其所用的名稱或所蓋的圖章，必須與票據上所記載相同，至少亦須一般人辨認其屬於同一人者（形式上同一性），始無礙其承兌的效力，例如票上記載付款人為中華書局，而承兌所用的名章為中華書局股份有限公司。承兌既係附屬的票據行為，自應以基本的發票行為的有效為前提。（商事法）（林咏榮）

承受訴訟

民事訴訟程序當然停止者，除極少數之原因（民訴一八〇、一八一）外，其他（一六八至一七二、一七四）均有承受訴訟之問題。所謂承受訴訟，即係由有資格續行訴訟之人，以終竣訴訟程序之停止爲目的，而聲明續行訴訟之行爲。故依法應承受訴訟之人，於得爲承受時，應卽爲承受之聲明（一七五Ⅰ）。易言之，依法應承受訴訟之人，有聲明承受之權利與義務。若不履行此項義務時，他造當事人亦得聲明對之續行訴訟（一七五Ⅱ）。他造聲明承受訴訟時，自須表明可續行訴訟之情形，及指明應承受訴訟之人。如當事人不聲明承受訴訟時，法院亦得依職權，以裁定命應承受人續行訴訟（一七八）。聲明承受訴訟應提出書狀於受訴法院，由法院送達於他造（一七六）。承受訴訟之聲明有無理由，法院應依職權調查之。認其聲明爲無理由者，應以裁定駁回之。訴訟程序於裁判送達後當然停止者，其承受訴訟之聲明，由爲裁判之原法院裁定之。對於聲明承受訴訟之裁定或命續行訴訟之裁定，均得抗告（一七九）。（民事訴訟法）（李學燈）

承當訴訟

承當訴訟，謂由第三人接替當事人，承當其訴訟而自爲當事人。現行法規定參加人經兩造同意時，得代其所輔助之當事人承當訴訟（民訟六四Ⅰ），此以經本訴訟兩造之同意爲限。其同意固得於言詞辯論時以言詞爲之，亦得由兩造共同或各別提出同意書爲之。參加人自表示承當訴訟之意思時起，按當時之訴訟程度，接替先所輔助之當事人而爲當事人，此後參加人卽以自己之名爲訴訟行爲，而判決亦應對於參加人爲之。惟訴訟繫屬仍由最初存在，原當事人前此所爲之訴訟行爲，仍向承當訴訟之當事人繼續其效力。參加人承當訴訟者，其所輔助之當事人，脫離訴訟，無待法院之裁判。但本案之判決，卽關於訴訟標的之判決，對於脫離之當事人，仍有效力（六四Ⅱ），亦卽判決之既判力及執行力，並及於已脫離訴訟之當事人。此外，如於訴訟繫屬中，爲訴訟標的之法律關係，移轉於第三人時，該第三人如經訴訟之他造當事人同意，得代當事人承當訴訟（二五四）。此時只須經移轉法律關係之當事人承認有移轉之事，至於承當訴訟，則不以得其同意爲必要。（民事訴訟法）（李學燈）

承諾

承諾者，乃受領要約之相對人，以與要約人訂立契約爲目的，所爲之意思表示也。承諾之有效成立，須具備下列要件：㈠承諾須由受領要約之相對人爲之；㈡承諾須向要約人爲之；㈢承諾之內容須與要約之內容完全一致（民法第一五三條）；若將要約擴張、限制或變更而爲承諾，則視爲拒絕原要約而爲新要約（民法第一六〇條第二項）；㈣承諾須於要約有效期內爲之：卽向定有承諾期限之要約，須於其期限內爲承諾（民法第一五八條）；向未定承諾期限之契約，其爲對話者，須立時承諾（民法第一五六條），其爲非對話者，須於依通常情形，可期待承諾之達到時期內，爲其承諾（民法第一五七條）。

承諾之通知，按其傳達方法，依通常情形，在相當時期內，可達到而遲到者，要約人應向相對人卽發遲到之通知，如要約人怠於爲此項通知，則視爲未遲到，仍使其發生承諾之效力而成立契約（民法第一五九條）。遲到之承諾，可視爲新要約（民法第一六〇條第一項），若原要約人予以承諾，仍可成立契約。承諾人如欲撤回其承諾，必須其撤回之通知，與承諾通知同時或先時到達，方生撤回之效力（民法第九五條第一項但書）。撤回承諾之通知，其達到雖在承諾通知達到之後，而按其傳達方法，依通常情形，應先時或同時達到者，要約人應向承諾人卽發遲到之通知，若怠於爲此項通知，則撤回承諾之通知，視爲未遲到，卽撤回仍屬有效，而使承諾不發生效力（民法第一六三條）。

（民法債編總論）（何孝元）

承諾（Acceptance of Offer）

承諾者，乃受領要約之相對人明示或默示對於要約表示合致所爲之意思表示也（見 James A Ballentine: Law Dictionary, 1959, p. 11.）。承諾必有承諾之表示。表示可以言詞、書面或行爲爲之。僅有承諾之意思而無表示，不足以構成承諾。又承諾必須通知要約人；但郵遞之承諾則於發信時生效，此則視爲例外。

承諾之內容必須與要約之內容一致，否則契約不成立。契約當事人有時約定其具體之意思，另於契約內規定之，此之謂「附條件之承諾」。於此應區別契約之內容是否於當時業已存在而爲雙方當事人所知，抑或尚在雙方思考之中。於第一種情形，要約與承諾乃全部約定具體而微之表示，應屬有效。於第二種情形，承諾過於概括簡略，不能構成契約。

承諾之方式可分爲二，卽：㈠指定方式：要約人指定承諾之方式及時間，承諾人按其方式爲之者，契約卽以成立。㈡未指定方式：如要約人未指定承諾之方式，相對人即可以當時情形推定之。

承諾之生效時期採二種主義，即：

㈠到達主義　㈠如當事人對話爲要約時，相對人之承諾必使其爲要約人所聽到，而後始可生效。㈡如當事人以電話訂約，相對人必使其承諾到達要約人而後可。㈢在電印機上爲交易，亦係採到達主義。

㈡發信主義　郵寄及電報之通知，係採發信主義，即郵寄通知於投入郵筒時發生效力，電報通知於交付電報局時發生效力（見 Chitty on Contracts Vol. 1, pp. 30-40.）。（英美契約法）（何孝元）

承諾期限之經過（Lapse of Time）

承諾期限之經過者，乃指要約不於承諾期限或相當期限內爲承諾而失其拘束力之謂也（見 American Law Institute: Restatement of The Law of Contracts, Volume I, 1932, pp. 47, 48.）。要約有因承諾期限之經過而消滅。定有承諾期限之要約，相對人不於該期限內爲承諾時，要約失其拘束力。要約未定有承諾期限者，相對人如於相當期限內不爲承諾時，要約失其拘束力（見Chitty on Contracts, vol. 1, 1961, p. 47.）。（英美契約法）（何孝元）

承攬（Hire of Work or Contract for Work）

謂當事人約定一方爲他方完成一定之工作，他方俟工作完成，給付報酬之契約也。羅馬法謂之工作租賃，近世德日瑞各國民法認爲有獨立之性質，其性質爲諾成契約不要式契約有償契約雙務契約，殆與僱傭相似，所不同者，僱傭爲勞務之供給，此則爲交付勞務之結果。因係交付勞務之結果，即完成一定之工作，除以承攬人個人之技能爲契約者外，得使第三人爲之。即俗所謂之轉包也。惟承攬工作之結果，其爲有形或無形及有無財產上之價值，均所不問。此即承攬之特色。承攬因係交付工作之結果，自應負工作物瑕疵擔保之義務。如修補需費過鉅者，得拒絕修補。則定作人對之得解除契約，或減少報酬。但瑕疵非重要或所承攬之工作爲建築物或其他土地上之工作物者，則不得解除契約。如因定作人所供給之材料，或因依其指示而生之瑕疵者，則承攬人不負責任。但承攬人明知其材料或指示足生瑕疵而不告知者，仍應負責。若定作人所供之材料因不可抗力致生危險者，承攬人不負責任。關於危險負擔問題，民法採折衷辦法，即工作物未經定作人受領以前，其危險應歸承攬人負擔之。經受領後，則由定作人負擔之。如因定作人受領遲延，則仍由定作人負擔。如承攬之工作物爲建築物，或其他土地上之工作物，或爲此等物之重大修繕；承攬人就其承攬關係所生之債權，對於其工作所附之定作人之不動產有抵押權，此謂之法定抵押權。即承攬人得不經訴訟程序，逕行聲請法院裁定拍賣而受清償也。（民法債編分則）（張鏡影）

承攬運送（Forwarding Agency）

爲運送營業之一，與物品運送旅客運送相對稱。日本謂之運送取報營業。謂以自己之名義，爲他人之計算，使運送人運送物品而受報酬之營業也。其營業者曰承攬運送人。其對方曰委託運送人。承攬運送與物品運送不同。因物品運送爲託運人與運送人間所訂立。其因契約所生之權利義務，託運人與運送人各自享有或負擔之。承攬運送契約係以自己之名義，代委託人與運送人訂立物品運送契約，而自居於託運人之地位。與運送人共爲該契約之當事人。其因契約所生之權利義務，委託人則直接與之無涉，因非該契約之當事人也。如有關於承攬運送契約所生之請求權，須經承攬運送人之轉嫁（轉讓）後，乃能對運送人行使之。非若物品運送之託運人可直接對運送人行使其權利也。考此制原爲行紀商受委託人之委託，辦理所買貨物交運送人運交委託人，其營業屬於行紀。厥後因分業發達，獨自成爲承攬運送營業。其性質則兩者對委託人均爲委任關係，民法有準用關於行紀之規定，義本於此。如承攬運送人自行運送物品，其權利義務與運送人同，謂之承攬運送人之直接介入。如承攬運送人塡發提單於委託人者，視爲自己運送。不得另行請求報酬，謂之擬制介入。用是準用物品運送中之有關規定。（民法債編分則）（張鏡影）

併加減與遞加減

刑法第六十九條規定：「有二種以上之主刑者，加減時併加減之」。所謂併加減，即指二種以上之主刑同時加減而言。二種以上之主刑，不以選擇刑爲限，即二種以上之主刑併科者，亦包括在內。例如刑法第三百四十條之常業詐欺罪，其主刑爲有期徒刑與罰金二種，而罰金又係併科，如遇有加減之情形時，應一併加減。但依刑法第五十八條規定酌加罰金時，對於其他選科或併科之主刑不得同時加重。蓋因該條純係就罰金刑之特別規定，而非法定之一般加重。

刑法第七十條規定：「有二種以上刑之加重或減輕者，遞加或遞減之」。此種遞加或遞減，與擇一加減或併加減有別。例如有二個加重至二分之一原因時，若採併加辦法，至多僅能加重本刑一倍；如有二個減輕至二分之一原因時，若採併減辦法，則本刑可以減盡，勢將無從達成科刑之目的，故有遞加遞減之規定，即加重後就所得者再加及減輕後就所得者再減之謂。（刑法總則）（王建今）

併存的債務承擔

併存的債務承擔者，乃承擔人加入債務關係，與債務人共同負擔其債務之謂也。共同負擔債務之體樣，有於債務人不履行債務時承擔人始負給付義務者，有與債務人連帶負其債務者。前者如保證債務之類是；後者為連帶債務，例如民法第三〇五條規定之財產或營業之概括承受及第三〇六條規定之營業之合併情形是。（民法債編總論）（何孝元）

併合論罪

所謂併合論罪，係指裁判確定前犯實質上之數罪者，併合處罰而言。詳見「數罪併罰」條。（刑法總則）（王建今）

併科主義

見「數罪併罰」條。（刑法總則）（王建今）

併科罰金

所謂併科罰金，係指除科以徒刑或拘役之外，加科罰金而言。例如刑法第一二一條第一項規定：「公務員或仲裁人對於職務上之行為、要求、期約或收受賄賂或其他不正利益者，處七年以下有期徒刑，得併科五千元以下罰金」。依此規定，法院除對被告科處徒刑外，並可加科罰金，同時予以兩種主刑罰之處罰。（刑法總則）（王建今）

明示之契約拒絕履行（Express Renunciation）

明示之契約拒絕履行者，乃當事人於契約未屆履行期前，已明示拒絕履行之謂也。此時，他方即可不待給付期屆至，提起違約之訴。契約於履行期前被拒絕履行者，債權人有解除契約，或俟履行期屆至時請求他方履行之選擇權；但債務人之拒絕履行，係於履行期日或履行中表示者，債權人則無上述之選擇，僅能對之提起違約之訴（見 J. F. Wilson: The Law of Contract, by J. F. Wilson, 1957, pp. 437-439.）。（英美契約法）（何孝元）

明示自認

通常所稱訴訟上之自認，即為明示自認，係對準自認又稱為默示自認者而言。「見自認」條。（民事訴訟法）（李學燈）

明示排斥默示之原則（Expressum Facit Cessare Tacitum）

明示排斥默示之原則者，乃指某一意思之明示意思表示排除另一意思之推定也（見 James A. Ballentine: Law Dictionary, 1959, p. 474.）。法院解釋契約時，不僅以當事人之明示條款為準，並得將該習慣推定其為契約之一部以充實其內容也。但如當事人有明示排斥習慣之意思表示者，依據「明示排斥默示之原則」，此項推定自無適用之餘地。（見J. F. Wilson: The Law of Contract, 1957, p. 253.）。（英美契約法）（何孝元）

明知為匪諜不『告密檢舉』或『縱容』罪

根絕匪諜潛伏活動，澈底消滅共匪危害民國，策略上須賴每一個人提高防諜警覺，於發現匪諜後，能果敢檢舉，始可免其危害國家社會。如明知為匪諜，主觀上確認無疑，而故意不向當地政府或治安機關告發檢舉，或放縱寬容不加干預，此屬消極行為之不作為犯，即係戡亂時期檢肅匪諜條例第九條之明知為匪諜而不檢舉或縱容罪，法定刑為七年以下有期徒刑。（特別刑事法）（吳　智）

明清會典

明代有所謂會典，其性質雖與周或唐的六典、及元的典章相同，為行政上的憲典，惟「會典」的名則始於明，孝宗弘治十五年（1502 A. D.），基於從前的條格而編成會典，未及頒布，御駕先崩，武宗繼位，於正德四年（1509

A.D.）校修頒布，是為正德會典。嘉靖二十八年續修，是為嘉靖會典。神宗萬曆十五年（1587 A.D.）重修，是為萬曆重修會典，凡二百二十八卷，第一卷至二百二十六卷為規定文職各衙門的組織及權限，第二百二十七卷至二百二十八卷為規定武職各衙門的組織及其權限。前者可細分為宗人府、吏部、戶部、禮部、兵部、刑部、工部、都察院、通政使司及中書舍人、六曹各科、大理寺、詹事府、左右春坊、司經局、順天府、應天府、光祿寺、大僕寺、鴻臚寺、國子監、翰林院、尚寶司、欽天監、太醫院、上林院、五城兵馬指揮使、僧錄司、道錄司、神樂觀；後者可細分為中軍都督府、左右都督府、前後軍都督府、錦衣衛、旗手衛、金吾前後軍、羽林左右衛以下諸衛。其御製之序，中云：「輯累朝之法令，定一代之章程，鴻綱纖目，燦然具備」，由此，亦可想見其規模，清代沿其制，亦有會典之作。（中國法制史）（林咏榮）

社會利益說（Theory of Social Interests）

社會法學派之一部分學者，強調法律的職分在於均衡社會上衝突的利益（the balancing of conflicting interests）。此一趨勢可以美國學者龐德（Roscoe Pound 1870-1964）的「社會利益說」為代表。龐德認為人皆有若干欲望、需要或利益，思得滿足。各人的欲望或利益常相衝突，因此需要法律。法律即在「致力使生活必需品——用以滿足眾人需要或欲望的資財——能於儘量減少摩擦與浪費的情形下，為眾人所分享」。此一工作稱為「社會工程」（social engineering）。人的需要或利益先於法律而存在，不過任何法律制度之目的均在承認某些利益，為其設定範圍，幷致力使其在設定的範圍內獲得保障。為使法律達成上述目的，龐德建議首先調查某特定文明社會的實際事象或眾人的實際需要，依歸納之法求得該社會眾人行為之基本原則，即該社會的「法律基理（jural postulates）。根據此等基理，再制成一種「利益綱目」(a scheme of interests），分列社會利益（social interests），公家利益（public interests）及個人利益（individual interests）。如此，在發生任何爭執或不同的利益發生衝突時，立法者或司法者即可利用已得之基理與綱目，幷在儘量使整個綱目內最少數的利益遭受損害或最多數的利益獲得保障的原則下，選擇一項合理的決定。此亦即達到公平正義的途徑。龐德曾在一九一九年為當時西方文明社會判定五項法律基理，幷據以編成通用法（common law）應該保障的利益綱目。龐德指出一切利益根本上皆為個人利益。不過從政治機構與社會立場看時，乃有公家利益與社會利益之稱。因此在解決實際法律問題或爭執時，必須將爭執內衝突的利益視為同一類的利益，然後加以權衡比較，幷主張以均視為社會利益最為方便。龐德所謂「法律基理」產生於觀察事象與實際需要以後，故事象或實際需要改變，基理亦須隨之修正，而利益綱目亦須隨之調整。因此，龐德實乃替社會法學提供具體可行的方法之一人。（參閱「社會法學」條）（法理學）（馬漢寶）

參考文獻：

馬漢寶著「龐德社會利益說之理論的基礎」載國立臺灣大學法學院刊行「社會科學論叢」第七輯。民國四十五年。

社會防衛

見「目的主義」條。（刑法總則）（王建今）

社會法學（Sociological Jurisprudence）

廿世紀初，在歐美各國同時發生一種新的法學，稱「社會法學」。其定義與範圍，迄今仍有爭議，故屬於此派的學者為數甚多，彼此的理論亦頗不一致。不過有一點所見皆同，即認為「法律的實際作用比法律的抽象內容更為重要。」因此，一致主張法學的任務要在「考究法律與社會事實相互間的關係」。換言之，「法律對於特定社會中眾人的態度與行為有何效果？以及該社會中眾人的態度與行為對法律又有何影響？」基於此，在分析法學認為應與法律隔絕之各種心理、社會、政治、經濟事實或因素，在社會法學目中則成為法學探討的重心。自然法學相信絕對價值的存在，故尋求超越時空，普遍適用的法律原理。而社會法學則以價值為相對的，係與特定時間與空間內，眾人的實際生活相關。故公平正義的觀念隨時代與社會之不同而不同。此種思想可舉奧匈帝國時期的歐立區（Eugen Ehrlich 1862-1922）為代表之一。歐立區率先指出「法律發展之重心不在立法、法學或司法判決，而是在社會本身」。國家制定的法律只佔法律規範之一部分，眞正的法律應求諸社會生活，如家庭關係、財產上與商業上之風俗習慣等。此種法律是自動為人遵守，實際規律人與人間的關係，而無須強行實施者。歐立區特稱其為「活法」（living law）。如就此種思想之淵源而言，則分起於歐美各國之歷史法學、利益法學、自由法運動、法律實在論運動等等，均會由不同的角度，強調法律與社會現象間之關聯，而有助於社會法學之形成與發展。美國學者龐德（Roscoe Pound）創「社會利益說」，對於社會法學之發揚光大，厥功甚偉。（參閱「歷史法學」、「利益法學」、「自由法說」、「美國法律實在論」、「社會利益說」條）（法理學）（馬漢寶）

參考文獻：

Julius Stone, The province and Function of Law, Harvard, 1950, pp. 391-417

社會保險（Social Insurance; Sozialversicherung; Assurance Sociale）

乃國家為推行社會政策，以謀社會福利起見，依法強制的一種保險。德國以一八四五年普魯士工業法，設勞工強制保險的規定，為社會保險立法的濫觴，迨一八八三年宰相俾斯麥（Karl Otto Eduard Leopold Von Bismarck 1815-1898），創立病疾保險法（Krankenversicherungsgesetz），並由德國政府頒行，次年又頒行勞工傷害保險法（Unfallvericherungsgesetz），一八八六年復頒新法，對於官吏、軍人的災害加以扶助，至一八八九年另頒行殘廢老年保險法（Invaliditäts und Altersvessecherungsgestz），遂奠定其社會保險法的基礎。法國社會保險，肇始於一九三〇年所舉辦的綜合性社會保險，如疾病給付、生育給付、殘廢給付、年老給付、死亡給付等，而不包括失業及勞動傷害保險。其後逐漸增進，凡六十五歲以上的退職、及勞動傷害的補償，均列入社會保險之中。英國在一九一二年實施國民健康保險（national health insurance）及失業保險（unemployment insurance），在一九二五年實施國民共醵年金（contributory pensions）。第二次世界大戰後，遂將此等保險，統合為國民保險（National insurance），並於一九四六年八月制定國民保險法。美國於一九三五年，始有社會安全法（social security act），聯邦政府除資助各州舉辦失業保險外，同時並舉辦全國性的老年、遺屬及殘廢保險（old-age survivors and disability insurance, ASDI）。日本大正十一年乃制定並公佈健康保險法，昭和二年（公元一九二七年）一月一日施行，同時開始舉辦健康保險。其後船員保險（一九三九年），勞動者年金保險（一九四二年，現已改為厚生年金），亦相繼實施。我國政府於憲法第一五五條的規定，對於社會保險早在逐步推行中。其中的具體實施者，則始於民國三十九年依臺灣省勞工保險辦法所創辦的勞工保險，四十二年依臺灣省漁民保險辦法所創辦的漁民保險，以及四十七年依公務人員保險法所創辦的公務人員保險。（商事法）（林咏榮）

社會責任論

關於刑事責任的本質，有「道義責任論」與社會責任論兩種對立之理論。社會責任論，認責任為防衛社會之手段所予行為人的處罰，亦即犯罪行為人之反社會的性格，既經表現於外部，社會為防衛其本身之安全，即不能不予行為人以適當之防衛處分，此種處分有刑罰與保安處分之分，所謂刑事責任，即指刑罰而言。

社會責任論為意大利刑法學者斐利（Ferri）及德國刑法學者李斯德（Liszt）所倡導，屬於新派刑法理論之一，依據社會防衛之需要，以「主觀主義」為其立論之中心，重視行為人之性格，並倡導目的刑主義或「目的主義」。

社會責任論，否定道義責任論所謂自由意思。認犯罪係受行為人之素質及環境之支配。社會為維護其本身之安全，對於犯罪必須有所防衛。因此凡具有反社會性之犯罪行為人，即不能不予以社會防衛處分。道義責任論，是以犯罪現實之事實為根據，而社會責任論，則以行為人之反社會性即危險性之表徵為根據。此為兩者根本不同之立腳點。

從社會責任論看來，凡有侵害社會之行為者，均不能不負責任。因此對於通常之犯罪人即處以刑罰；對於特殊之犯罪人即予以保安處分。就社會防衛之性質以觀，刑罰與保安處分並無區別。所不同者，僅屬分量上之差別而已。基此觀點，所謂責任能力，即為刑罰適應能力。所謂責任條件（故意與過失），即為行為人反社會性的表徵。惟於此所成問題者，即社會責任論之理論，是十九世紀末期至二十世紀初期基於社會目的思想所產生，具有實證主義之傾向，有失倫理性與規範性之要素。因此刑事責任，若將刑罰與保安處分一元化，對於刑罰傳統的精神與現在社會的基礎，是否適宜，是很值得研究的。（刑法總則）（王建今）

委付（Abandonment; Délaissement）

委付，乃因保險人所負擔的危險發生，保險標的物（例如船舶、貨物、或運費等）全部損失或有全部損失之虞時，要保人將其移轉於保險人，而請求全部保險金額的給付。委付限於海上保險，其制度起源甚古，初時乃因海上保險契約中條款之一，有「船舶航行方向不明而無任何消息時，視同船舶的喪失」的訂定，寖假遂形成被保險人將被保險物讓與於保險人而取得其保險金的制度。一六八一年路易十四的海事條例，稍稍擴大其觀念，凡被保險物的滅失而具有確實性者，如捕獲、難損等事件，均許其委付。故委付自十五六世紀以來，已慣行於海上保險，今則各國商事法，殆無不承認之（例如德國商法第八六一條以下、法國商法第三六九條以下、日本商法第八三三條以下、英國海上保險法第六〇條以下）。（商事法）（林咏榮）

委任（Mandate）

凡由當事人約定一方委託他方處理事務，經他方允為處理之契約也。委任契約通常以受報酬者為多，但我國民法則不問其受報酬與否，其為他人處理事務者皆為委任。委任處理事務之方曰委任人。允為處理事務之方曰受任人。此契約有時為非要式契約，有時則否。其依法應以文字為之者，其處理權之授與，亦應以文字為之（民法第五三一條）。關於委任之範圍，應依委任契約之約定。如無約定，則依委任事務之性質為標準。因此，有下列二種之別：㈠特別委任——即受任人受特別委任者，就委任事務之處理，得為委任人為一切必要之行為。㈡概括委任，即受任人受概括委任者，得為委任人為一切法律行為。但如為(1)不動產之出賣或設定負擔或租賃期限逾二年者，(2)贈與；(3)和解起訴或提付仲裁者，則須有特別之授權，乃能為之處理。又此契約之成立，有一特點，即擬制成立，或稱默示成立；即對於事務之委託，不即為拒絕之通知表示時，視為允受委託（民法第五三〇條）。其終止則當事人之任何一方得隨時為之。如不利於他方之時期終止者，應負損害賠償責任。但因非可歸責於該當事人之事由，致不得不終止者，不在此限（第五四九條）。（民法債編分則）（張鏡影）

委任代理

見「訴訟代理人」條。（民事訴訟法）（李學燈）

委棄於敵

陸海空軍刑法第三十三條所稱委棄於敵，係指將有關國防上海陸重要地點城塞、或械彈及軍用物品、不盡其所應盡守護管理之責，委棄於敵人之謂。（特別刑事法）（吳　智）

委棄軍用品

委棄，指擅自棄置委之予敵而言，與遺棄不同，於敵前負作戰或供應補給職責之人員，未盡其應盡之責，致將武器、彈藥、糧秣、車輛、油料、或其他於軍事上有直接效用之重要軍用品，輕意委棄予敵，不僅影響我方戰力甚鉅，且無異增強敵人之戰力，故戰時軍律第九條特定處罰。較陸海空軍刑法第五十四條規定，委棄保管軍事機密之圖書、物件於敵者法定刑為重。（特別刑事法）（吳　智）

固有之必要共同訴訟

固有之必要共同訴訟，指依法律之規定，必須數人一同起訴或一同被訴，當事人始為適格之訴訟。換言之，原告必須依共同訴訟之方式起訴，如依單獨訴訟為之，即不能獲勝訴之判決。其為訴訟標的之法律關係，既須對於數人必須合一確定，且以數人共同行使權利或對於數人共同行使之為必要。至如何情形，始得認為有此必要，應依實體法及訴訟法之標準決之。其標準如次：㈠為訴訟標的之法律關係，其處分權或管理權屬於數人共同行使者。故如財產之處分或管理行為，依法必須數人共同為之，始能生效者，關於其財產涉訟，即必須數人共同為之，始有實施訴訟之權能。其情形為：㈰共有權者（民八一九、八二〇、八二八），通常應由共有人全體為原告，或為被告。惟如本於所有權就共有物之全部為請求（八二一），或否認共有人中一人之應有部分，或請求共有人將其應有部分移轉登記，或選定其中一人或數人為全體起訴或被訴（民訴四一）等情形，則為例外。㈪依任務取得當事人地位有數人時，其任務之執行須共同行使之者。例如遺囑執行人有數人（民一二一七），或選定之當事人有數人（民訴四一）等情形是。㈡為訴訟標的之形成權，應由數人共同行使或對於數人共同行使者。此時須具備下列兩要件：㈰須其形成權祇得以形成之訴主張者。如撤銷婚姻之訴，撤銷收養之訴是。惟如契約當事人之一方有數人時，其契約之解除，祇須以裁判外之意思表示爲已足者（民二五八）則非是。(乙)須其形成權祇得由數人全體或向其全體共同爲之。此指數人就被形成之權利或法律關係，或依形成權保護之權利或法律關係，立於權利或法律關係共同之地位而言。例如第三人提起撤銷婚姻之訴，應以夫妻爲共同被告（民訴五六九Ⅱ）；就母再婚後所生子女確定其父之訴，由子女或母起訴者，以母之配偶及前配偶爲共同被告（五九一Ⅲ）；養父母對於養子女提起終止收養關係之訴，應爲共同原告（民一〇七四、一〇八一）等皆屬之。固有之必要共同訴訟人，關於訴訟成立要件之事項，有一人不備者，其影響及於原告之訴之全部，訴之撤回，亦不得由共同原告之一人或對共同被告之一人單獨爲之。至於訴訟標的，對於共同訴訟之各人，既必須合一確定，爲防止判決之歧異，不可不謀判決基礎及訴訟進行之一致，法律特設下列各款之規定（民訴五六）：㈠共同訴訟人中一人之行爲，有利益於共同訴訟人者，其效力及於全體，不利益者，對於全體不生效力。㈡他造對於共同訴訟人中一人之行爲，其效力及於全體。㈢共同訴訟人中之一人，生有訴訟當然停止或裁定停止之原因者，其當然停止或裁定停止之效力及於全體。其餘參見「共同訴訟」條及「必要共同訴訟」條。（民事訴訟法）（李學燈）

固有商

在經濟學上言，凡農業、工業和交通業等以外，介於生產者和消費者之間，關於財貨交易的一種營利行爲，稱之爲商。這一種營利行爲所繫屬的事業，泛稱爲商業。在法律學上言，商的原來意義，也是這樣，這樣意義和範圍的商，學者稱之爲「固有商」（der eigentliche handel）；不過，商的意義和範圍，隨社會進步和經濟發展，逐漸廣大，其與「固有商」有直接或間接關係的營業行爲，如：運送、倉庫、信託和財產保險等營業，亦包括於商的範圍，學者稱之爲「補助商」（hilfah andel）；終至其與固有商毫無關係的人身保險、印刷、出版和攝影，以及原來應屬於工業範圍的加工和製造，亦納入商的範圍，學者無以稱之，乃稱之爲「第三種商」。（商事法）（林咏榮）

固有期間

就當事人或其他訴訟關係人，爲訴訟行爲所定之期間，學者有稱之爲固有期間，以別於法律上其他之期間，而稱其他期間則爲非固有期間。固有期間包括法定期間與裁定期間，法定期間又包括不變期間與非不變期間。至於法律上所定之其他期間，非指當事人或其他訴訟關係人，向法院單獨爲訴訟行爲所應遵守之期限時，均非固有期間，自不適用民事訴訟法第一編第四章第三節關於期間之規定如在途期間（民訴一六二Ⅰ），就審期間（二五一Ⅱ、四二九Ⅰ）。其中又有所謂職務期間及中間期間。所謂職務期間或稱類似期間，係就司法機關爲訴訟行爲所定之期間（二二三Ⅲ、二二八Ⅰ、二二九Ⅱ），如有遲誤，僅生失職問題，並無如固有期間，如有遲誤，通常發生不得更爲該訴訟行爲之效果。所謂中間期間，係定某種期間或期日前應留之時期，或訴訟行爲發生效力前經過之時期（如一五二等），亦均非固有期間之性質。其餘參見「期間」及「法定期間」，「裁定期間」條。（民事訴訟法）（李學燈）

固定方式之契約（Standard Form Contract）

所謂固定方式之契約者，即要約人將契約之內容預先制定繁多而複雜之條款，使相對人無暇審閱之契約也。若相對人逕行簽字，則將受其拘束，此種情形，多於旅客運送契約見之。（見 Chitty on Contracts, vol. 1, 1961, p. 248.）。法院有鑒於此，對於此種契約，特依下列原則解釋之：㈠契約中之文字遇有疑義時，應爲要約人不利之解釋；㈡雖經簽字，但其中所載之一切免責條款，除當事人明示表示同意外，一概不予生效；㈢契約中一切不應訂定或不合理之條款，一律不生效力（見 J.F. Wilson: The Law of Contract, 1957, pp. 249-251.）。（英美契約法）（何孝元）

典物

謂爲典權標的物之不動產也。依特別法動產得爲抵押權之標的物，而不得設定典權。此與質權性質不同，亦與典當業收當動產之商行爲有別。（參閱「典權」條）（民法物權）（陳　珊）

典質

典質舊制以田宅質人，而取其財，曰典；以田宅與人，而易其財，曰賣；

典可贖，而買不可贖。舊時典與賣往往並列，典與質亦無所區別，如杜甫詩云：「朝回日日典春衣」，可見「質」亦稱之為「典」。（中國法制史）（林咏榮）

典權

支付典價，占有他人之不動產，而為使用收益之權利，稱為典權。典權為我國之固有制度，他國法例雖有與之有相類似作用之物權，但其性質與名稱，則均無與典權相同之權利。關於典權之性質，有主用益物權說者，有主擔保物權說者，有主特別物權說，謂其性質既為用益物權又為擔保物權者。典權既為我國所固有，應依我國民法而為解釋，我民法第九一一條已明定為「使用收益之權」，自應認為用益物權。一、典權之取得。㈠取得方法：典權為不動產物權之一種，亦得依法律行為或法律事實而取得，通常以設定方法為之，須以書面，並經登記。㈡存續期間：1.定期典權。典權約定期限，不得逾三十年，逾三十年者，縮短為三十年。典權之約定期限不滿十五年者，不得附有到期不贖即作絕賣之條款。2.不定期典權。典權雖未定期，但亦不得逾三十年。二、典權之效力：㈠典權之相鄰間關係。典權為占有物之一，故民法第七七四條至第七九八條相鄰間土地所有權行使之限制規定，於典權人間或典權人與土地所有權人間準用之。㈡典物之轉典或出租。典權存續中，典權人得將典物轉典或出租於他人。但典約另有訂定或另有習慣者，依其訂定或習慣。典權定有期限者，其轉典或租賃之期限，不得逾原典權之期限。未定期限者，其轉典或租賃，不得定有期限。轉典之典價，不得超過原典價。典權人對於典物因轉典或出租所受之損害，負賠償責任。㈢典權之讓與。典權人得將典權讓與他人，受讓人對於出典人取得與典權人同一之權利。㈣典物所有權之讓與。出典人於典權設定後，得將典物之所有權讓與他人，典權人對於受讓人，仍有同一之權利。是為典權之追及效力。出典人將典物之所有權讓與他人時，如典權人聲明提出同一之價額留買者，出典人非有正當理由，不得拒絕。此種留買權仍係債權性質，並無物權上之優先效力，故不能謂為先買權。㈤典物之滅失。典物滅失後，典權之效力如何？以下三種情形，分別定有解決法則：1.典權之存續。典權存續中，典物因不可抗力致全部或一部滅失者，其滅失之部分，典權與回贖權均歸消滅。出典人就典物之存餘部分，為回贖時，得由原典價中扣減典物滅失部分滅失時之價值之半數，但以扣盡原典價為限。2.典物之重建修繕。典權存續中，典物因不可抗力致全部或一部滅失者，典權人除經出典人同意外，僅得於滅失時滅失部分之價值限度內，為重建或修繕。3.典權人之賠償責任。典權存續中，因典權人之過失，致典物全部或一部滅失者，典權人於典價額限度內，負其責任。但因故意或重大過失致滅失者，除將典價抵償損害外，如有不足，仍應賠償。至於典權之消極作用，能否行使所有權之物上請求權，以排他人之干涉，其情形與地上權及永佃權相同。（詳地上權條）。三、典權之消滅：㈠消滅原因。典權除因物權之一般消滅事由而消滅者外，有以下特定之原因：1.典物之回贖：(1)回贖之請求。典權定有期限者，於期限屆滿後，出典人得以原典價回贖典物。在典期屆滿前發生回贖權之爭執時，亦得請求於典期屆滿後回贖。未定期限之典權，出典人得隨時回贖。(2)回贖之限制。定期之典權，出典人於期限屆滿經過二年者，不得行使其回贖權。不定期之典權，自出典後經過三十年者不得回贖。(3)回贖之時間。出典人之回贖，如典物為耕作地者，應於收益季節後，次期作業開始前為之。如為其他不動產者，應於六個月前，先行通知出典人。2.取得典物之所有權。定期典權及不定期典權，已逾前述之經過期限者，即由典權人取得典物之所有權。前述之經過年限，皆為無時效性質之法定期間。3.時價之找貼。出典人於典權存續中，表示讓與其典物之所有權於典權人者，典權人得按時價找貼，取得典物所有權。但以一次為限。㈡消滅效果：典權人因支付有益費用，使典物價值增加，或依第九百二十一條之規定，重建或修繕者，於典物回贖時，得於現存利益之限度內，請求償還。（民法第九一一－九二七條）。（民法物權）（陳　珊）

典權人

請支付典價，占有他人之不動產，而為使用收益之權利人也。（參「典權」條）。（民法物權）（陳　珊）

拒却鑑定人

鑑定人由受訴法院或受命推事或受託推事選任（民訴三二六、三二七），其鑑定之結果，恆足影響法院之裁判，故當事人得依聲請推事迴避之原因拒却鑑定人，但不得以鑑定人於該訴訟事件曾為證人或鑑定人為拒却之原因（三三一Ｉ）。當事人拒却鑑定人，應在鑑定人尚未就鑑定事項有所陳述，或提出鑑定書以前爲之，若鑑定人已就鑑定事項有所陳述，或已提出鑑定書後，則不得聲明拒却。蓋以當事人之拒却鑑定人，苟漫無限制，則訴訟之進行，必因而遲延，但拒却之原因發生在後，或知悉在後者，不在此限（三三一Ⅱ）。當事人聲明拒却鑑定人，應舉其原因，向選任鑑定人之法院或推事爲之。此項原因，以及遇有上述但書（原因發生在後或知悉在後）之事實，應釋明之（三三二）。拒却鑑定人之聲明是否正當，由受聲請之法院或受命推事、受託推事裁定之。經裁定爲不當者，得於五日內抗告，其以聲明爲正當者，不得聲明不服（三三三）。（民事訴訟法）（李學燈）

拒絕接受（Disclaimer）

拒絕接受者，乃財產受讓人對財產權之移轉表示不接受之行爲也（見 James A. Ballentine: Law Dictionary, 1959, P. 380）。（英美衡平法）（何孝元）

拒絕證言

證人有陳述之義務，然本於各種政策性之考慮及事實上之理由，法律許其如有一定之情形，例外得拒絕證言。此爲證人權利之一種，稱爲拒絕證言權。凡有下列各款情形之一者，得拒絕證言：㈠證人爲當事人之配偶、前配偶、未婚配偶或四親等內之血親，三親等之姻親或曾有此親屬關係者。㈡證人所爲證言，於證人或與證人有前款關係之人足生財產上之直接損害者。然證人雖有以上二款情形之一，關於下列事項，或因其本有證明之義務，或捨之難求其他之證明，則仍不得拒絕證言。⑴同居或同居人之出生、死亡、婚姻或其他身分上之事項，⑵因親屬關係所生財產上之事項，⑶爲證人而知悉之法律行爲之成立及其內容，⑷爲當事人之前權利人或代理人，而就相爭之法律關係所爲之行爲。㈢證人所爲之證言，足致證人或與證人有第一款關係或有監護關係之人受刑事追訴或蒙恥辱者。㈣證人就其職務上或業務上有秘密義務之事項受訊問者。惟如其秘密之責任已經免除者，不得拒絕證言。㈤證人非洩漏其技術上或職業上之秘密不能爲證言者（民訴三〇七、三〇八）。至關於職務上有秘密義務之事項，倘有特殊之規定，即以公務員或曾爲公務員之人爲證人而就其職務上應守秘密之事項訊問者，應得該監督長官之承諾（三〇六）。拒絕證言既係權利

之性質，除職務上秘密事項，應得監督長官之承諾，或業務上有秘密義務之事項，應由對之負義務之人免除秘密責任，始不得拒絕外，其餘則證人均得拋棄其權利或不主張其權利。換言之，拒絕與否，屬於有權拒絕者之自由。如主張是項權利，則於訊問前或訊問中，隨時皆得爲之。其於訊問期日前拒絕證言者，毋庸於期日到場（三〇九Ⅱ）。其到場而得拒絕證言者，審判長應於訊問前或知有前項情形時告知之（三〇七Ⅱ）。其已拒絕證言者，亦仍得於訊問期日未終竣前撤銷其拒絕。證人拒絕證言，應陳明拒絕之原因事實並釋明之。但法院酌量情形，得令具結以代釋明（三〇九Ⅰ）。拒絕證言之當否，由受訴法院於訊問到場之當事人後裁定之。此項裁定，得爲抗告，抗告中應停止執行（三一〇）。餘參見「證人之義務」條。（民事訴訟法）（李學燈）

拒絕證書（Certificate of Protest）

拒絕證書，是證明票據上權利的行使或保全的前提條件，也是證明拒絕事實存在的公證證書。拒絕證書可分爲：①拒絕付款證書；②拒絕承兌證書；③拒絕見票證書等。前二者又可分爲全部的拒絕與一部的拒絕，拒絕承兌證書僅滙票有之；拒絕見票證書僅見票後定期付款的本票有之；拒絕付款證書，則各種票據均有之。拒絕承兌證書，應於提示承兌期限內作成；拒絕付款證書，應於拒絕付款日或其後五日內作成，但執票人允許延期付款時，應於延期的末日或其後五日內作成；拒絕見票證書，則應於提示見票期限內作成。執票人不依限期請求作成拒絕證書，亦爲尚未履行「行使或保全票據權利」的行爲，對於發票人以外的前手，喪失追索權。但滙票於拒絕承兌證書作成後，及見票定期付款的本票，於拒絕見票證書作成後，則無須再請求作成付款拒絕證書，可即行使追索權。（商事法）（林咏榮）

性別與犯罪

男女兩性在生理上有顯著之差異，女性有月經、妊娠及分娩諸現象，而男性則無。此種現象，於婦女心理上之變化，影響至鉅，有時即爲構成犯罪之原因。如當月經期內，易起物慾，間有至於行竊。妊娠時往往性情暴躁，因而對人容易發生侮辱行爲。在孕育期間，因恐懼或厭惡生產，在心理上激起異常之變化，易於發生墮胎之行爲。迨生育以後，因私生、貧窮、子女衆多及其他原因之介入，往往發生遺棄或殺害嬰兒之行爲。以上均爲女性犯罪之特徵，至於

男性犯罪，有非男性不能爲犯罪之主體者，如強姦罪是。更就男女兩性在政治經濟及社會上之地位而言，極不平衡。在男性中心之社會中，女子犯罪數量遠較男子爲少。據龍波羅梭之硏究，認男子犯罪多於女子之原因有三：其一爲女子經營家事，保育兒童，富於利他感情，犯罪之惡性較小。其二爲女子甚少參加社會活動，犯罪之機會亦隨之減少。其三爲女子在生理上與男子不同，如筋骨之發達較爲柔弱，故犯殺人強盜等重罪甚少。此三者不獨事實爲然，即就理論言，亦所應爾也。（刑事政策）（王建今）

性格責任論

性格責任論，與個別行爲責任論相對立，爲社會責任論之理論的核心。即依據犯罪行爲人之一定的精神狀態與對社會的危險性而科以刑事責任之理論。性格責任論，是以自然科學爲基礎，偏於功利主義的刑法理論，與社會防衞論及教育刑論之思想相結合。就現行刑法而論，不免發生矛盾現象：第一刑罰的基礎，着重於行爲人將來之社會危險性，則犯罪構成要件，顯難加以肯定。第二以危險的性格爲責任的本質，偶發犯及過失犯並無危險性，勢難科以刑罰。第三就危險性科以刑罰，不免侵害個人之基本人權。故性格責任論僅屬刑事責任的一種理想而已。（刑法總則）（王建今）

性慾與犯罪

性慾原屬人類之本能。惟若越乎人倫道德及法律之常軌，即成爲犯罪行爲。關於因性慾而犯罪者，約可分爲二類：其一爲普通的性慾犯罪，如強姦、通姦、重婚、猥褻及秘密賣淫等是。其二爲倒錯的性慾犯罪，如淫虐、姦殺、屍姦、雞姦、獸姦等是。以上爲直接因性慾關係之犯罪，尚有間接因性慾關係而犯罪者，如女子因淫蕩而懷孕，爲顧全名譽致生墮胎或殺嬰之犯罪行爲。男子因放浪淫佚致傾家蕩產，流爲竊盜、強盜、詐欺、和誘及略誘等犯罪行爲，亦所數見。（刑事政策）（王建今）

易以訓誡

所謂易以訓誡，係指以訓誡代替拘役或罰金之執行而言。依刑法第四十三條規定，易以訓誡之要件有二：第一須受拘役或罰金之宣告，其他刑罰，不得易以訓誡。第二須犯罪動機在公益或道義上顯可宥恕。易以訓誡，應於裁判時諭知（刑訴法三〇九條四款），而由檢察官執行之（刑訴法四八二條）。因被告處刑輕微，又復情有可恕，故以訓誡代替拘役或罰金之執行，乃基於刑事政策之優良的立法。（刑法總則）（王建今）

易服勞役

所謂易服勞役，係指以勞役代替罰金之執行而言。罰金應於裁判確定後兩個月內完納。此乃法定之完納期間。必期滿而不完納，始可強制執行；經強制執行而無力完納者，始得易服勞役。倘此時被告有逃亡或藏匿之情事，因刑事訴訟法第四百八十條第二項有準用同法第四百六十九條之規定，自得予以通緝。若未經強制執行程序而逕行通緝者，於法自屬不合。科罰金時，已依戡亂時期罰金罰鍰裁判費執行費公證費提高標準條例予以提高者，其易服勞役金額之折算，自亦應予以提高。否則罰金既未提高，則易服勞役自亦不得提高。例如因違反票法科罰金者，其罰金及易服勞役之金額，均不得提高。又罰金易服勞役，其罰金總額折算逾六個月之日數者，以罰金總額與六個月之日數比例折算。所謂六個月，依民法第一二三條第二項規定，每月爲三十日計算，應爲一百八十日。（刑法總則）（王建今）

易科罰金

所謂易科罰金，係指以罰金代替六月以下有期徒刑或拘役之執行而言。易科罰金之要件如下：㈠須所犯爲最重本刑三年以下有期徒刑以下之刑之罪。㈡須受六月以下有期徒刑或拘役之宣告。㈢須執行之檢察官認爲被告因身體、教育、職業或家庭之關係執行顯有困難。必須具備以上三要件，方能易科罰金。所謂受六月以下有期徒刑之宣告，應包括執行刑在內。即被告有數罪併罰之情形，其各罪之宣告刑雖在六月以下，如其執行刑超過六月者，仍不得易科罰金。蓋易科罰金制度，爲救濟六月以下之短期自由刑而設，倘超過六個月亦准予易科罰金，顯失立法之本旨。（刑法總則）（王建今）

具結

見「證人之義務」條。（民事訴訟法）（李學燈）

具體符合說

見「事實錯誤」條。（刑法總則）（王建今）

具體過失

具體過失者，一稱具體的輕過失，即欠缺與處理自己事務爲同一注意之謂也。此項注意，係以債務人本人對於其處理自己事務所加之注意爲標準，故可謂主觀之具體的標準。換言之，如債務人處理自己事務，向係疏忽，則對於他人事務之處理，縱亦如此疏忽，可不負責。惟此注意，不得低於普通人之注意，如低於普通人之注意，雖屬與自己事務爲同一注意，仍應負重大過失之責任（民法第二二三條）。（民法債編總論）（何孝元）

取回權

非屬於破產人財產之權利人得不依破產程序，由破產管理人取回其財產之權利，曰取回權。若出賣人已將買賣標的物發送，買受人尚未收到，亦未付清全價而受破產宣告者，出賣人得解除契約，並取回其標的物；但破產管理人得清償全價而請求標的物之交付。（破產法一一〇—一一一）。（破產法）（陳　珊）

取得時效

對物占有經過一定期間，合於法定要件而取得其所有權之法律事實，稱爲時效取得。其所經過之占有期間，即爲取得時效。通常以之與消滅時效相對稱，日民法且於總則編中列有時效專章：內分總則及取得與消滅時效爲相對立之兩節特則，其實消滅時效，爲請求權之消滅效果，取得時效，爲所有權之取得方法，二者性質迥異。我民法採德國法例，以消滅時效，規定於總則編，以取得時效規定於物權編，以免觀念淆混，其內容如下：㈠動產之取得時效。以所有之意思，五年間和平、公然占有他人之動產者，取得其所有權。（七六八條）。㈡不動產之取得時效：1.長期時效。以所有之意思，二十年間和平、繼續占有他人未登記之不動產者，得請求登記爲所有人。（七六九條）。2.短期時效。具有長期時效之一般要件，而其占有之始，復具善意並無過失之特別要件者，經過十年，即得請求登記爲所有人（七七〇條）。取得時效亦有中斷原因㈠欠缺心素。放棄所有之意思，即變爲不以所有之意思而占有。㈡欠缺體素。自己中止占有，或其占有爲他人所侵奪；但依第九四九條或第九六二條回復其占有者，不在此限（七七一條）。取得時效之規定，於所有權以外之財產權，如物權編之其他物權及其他法律中之財產權，均準用之。（民法物權）（陳　珊）

取締犯

見「自然犯」條。（刑法總則）（王建今）

延役

對於限年例退，或限齡除役者，須予延長服役時，稱爲延役。又常備軍官或士官在營服役期滿時，及常備兵補充現役在營期間，因㈠戰時或非常事變之際。㈡航海中或在國外服勤務時，㈢重要演習校閱或正服特別重要勤務時，㈣因天災或其他不可避免之事故時，須延期退伍者亦稱之爲延役。常備軍官服現役已屆滿十八年，志願申請繼續服現役至逾二十年經核准時亦同。（特別刑事法）（吳　智）

延展專利

專利權人因中華民國與外國發生戰事受損失者，得請求延展專利權之期間，其期間或爲五年或爲十年，以一次爲限，但屬於交戰國人之專利權人，不在此限（專、五五）。

專利延展之期間，應自原專利期間屆滿之次日起算，爲專利權延展之請求者，應敍明受戰事損失之事實，有證件者並附送證件。此項請求，應附送專利證書，核准時由專利局於證書中註明，又專利權之延展，僅以「發明」爲限，至於「新型」及「新式樣」均無準用延展之規定。（專利法）（管　歐）

延聘辯護人權利（Right to Counsel）

美國憲法第六修正案規定，任一刑事被告有受其律師辯護之權利，除非被告知悉其憲法權利而故意放棄時，其不受保護自不待言。在貝茲一案中(Betts v. Brady 316 U.S. 455, 86 L.E. D.1595, 62 S.Ct. 1252)，被告主張延聘辯護人權利乃任何公平審判程序所必需，尤其被告若無資力自行委任，應受公設辯護人之辯護，復主張此一保障之規定應類推適用至各州之審判程序。但該院判決認爲聯邦憲法第六修正案不因第十四修正案之解釋而當然適用至州法院之審判，蓋被告受律師或公設辯護人辯護之權利非屬基本權利（fundamental right），州法院無當然保障之義務。但在溫賴特一案中（Gideon V. Wainwright, 372 U.S. 335, 9 L.E D. 2d 799, 83 S. Ct. 792），美國最高法院推翻前案，認爲欲期審判之公平合理，任何刑事被告有受律師或公設辯護人辯護權利，聯邦及諸州法院同受此憲法規定拘束。（英美刑法）（桂公仁）

兩人同有過失時被告佔有優勢（In Pari Delicto Potior Est Conditio Defendentis）

兩人同有過失時被告佔有優勢者，卽雙方當事人之過失相同時，被告持有較優越之地位也。此項原則不僅適用於非法、不道德或詐欺交易之當事人，如無衡平法上權利之介入時，卽對於當事人之繼承人或其他人亦得適用之（見James A. Ballentine: Law Dictionary, 1959, p. 656）。（英美侵權行爲法）（何孝元）

兩合公司

兩合公司，係一人以上無限責任股東，與一人以上有限責任股東所組織，其無限責任股東對公司債務負連帶無限清償責任，與無限公司之股東同；而有限責任股東，僅以出資額爲限，對於公司負其責任的公司（公司第一一四號）。質言之，兩合公司乃以無限責任股東爲重心，而有限責任股東則以資本參加其組織，故兩合公司乃人的與物的兩種要素相結合，其在經濟上的機能，酷似於民法上的隱名合夥（民法第七〇〇條以下），就其沿革上言，兩者皆從中世紀地中海沿岸資本家與企業者所締結的康孟達契約發展而來（參看「康孟達契約」條）；但就法律上言，兩合公司具有法人人格，而隱名合夥則純係當事者兩人之間的契約關係，此其差別。（商事法）（林咏榮）

兩造審理主義

兩造審理主義係於裁判前，審理當事人之兩造，命兩造陳述，或予以陳述機會之主義。反之，不命他造當事人陳述，僅據一造提出之資料即可裁判者，謂之一造審理主義。前主義期得裁判之公平正確，後主義期獲訴訟之迅速終結。依民事訴訟法之規定，凡裁判前以經言詞辯論爲必要者，採兩造審理主義。因此除裁定得不行言詞辯論外（民訴二三四），判決則採兩造審理主義爲原則，卽本於兩造當事人之辯論爲之。至於一造當事人於言詞辯論期日不到場者，得依到場當事人聲請，依其一造辯論而爲判決，再傳不到者，並得依職權一造辯論判決，然對於未到場者，必須已曾與以到場辯論之機會（三八五、三八六）。至裁判前可不經言詞辯論者，則採一造審理主義，得本於一造之陳述卽爲裁判，雖在判決程序亦有之（二四九Ⅱ、四五三、四七四、五〇二Ⅱ）。但除別有規定，僅得一造審理者外（五一二、五六六），法院於裁判前，亦得行任意之言詞辯論，或命兩造爲陳述。（民事訴訟法）（李學燈）

宗法制度

所謂宗法，依白虎通的解釋，宗指先祖主，爲宗人所尊。「大宗能率小宗，小宗能率羣弟，通於有無，所以紀理族人者也」。所謂大宗小宗，依禮記喪服小記所載：「別子爲祖，繼別爲宗，繼禰者為小宗」。所謂「別子」，係諸侯嫡子之弟，以別於正適（嫡）；所謂「爲祖」係別子爲其後世的始祖；所謂「繼別爲宗」，係指別子的嫡長子，繼別子而爲百世不遷之宗（稱爲大宗）；所謂「繼禰小宗」，係指別子的次子，以其長子繼自己爲小宗，而同父的兄弟共宗之。周時天子世天下，諸侯世其國，大夫世其家，均由嫡長子遞世相傳，至天子之嫡次子照例多被封爲諸侯。天子死而有嗣王，諸侯死而有嗣君，而諸侯的嫡次子若被封爲大夫，則爲「別子」，其嫡長子繼之是爲大宗，其嫡次子爲「禰」，繼之者則爲小宗，因大宗負繼統與統率族人的責任，故大宗「百世不遷」；而小宗「五世則遷」，換言之，小宗傳至五代，其所尊的祖必須遷至遠祖所在的祧廟，因爲小宗必遷，則小宗所尊之祖，不至與大宗所尊之始祖獨立平行，而小宗的地位亦不至變成獨立平行，使宗法內部永遠維持從屬的關係。其關係如附圖：

宗法結構

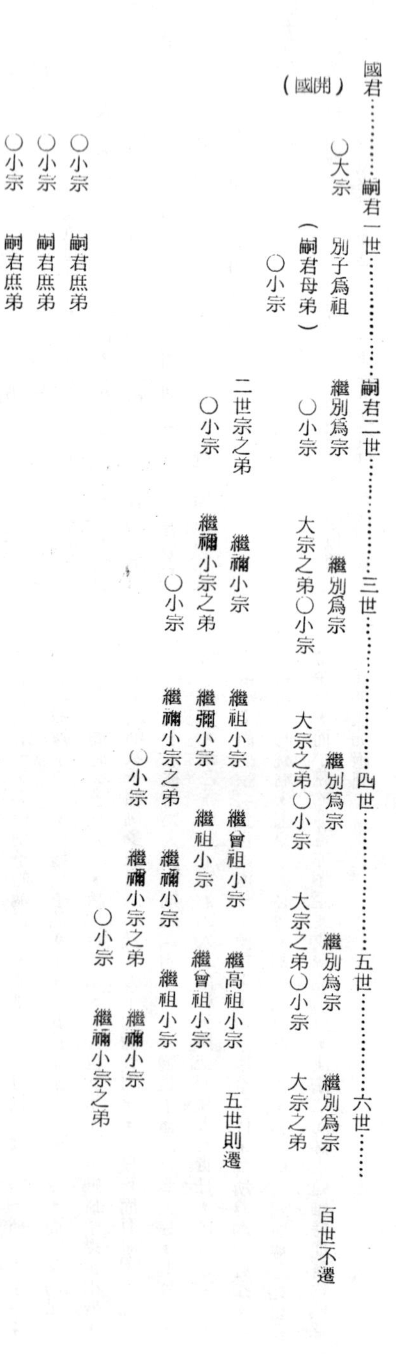

宗祧繼承

所謂宗祧繼承，簡單來說，乃依宗法所生的繼統，在國所繼承者爲君統，在家所繼承者爲宗統。其所繼承者旣爲君統與宗統，所以繼承人與被繼承人相互的血緣與輩分關係，極爲重要；異於現行民法淵源於歐西法制的財產繼承。因財產繼承以遺產的給與與取得爲主旨，着眼點在於權利，凡有遺產者旣得以遺囑自由處分，且遺產繼承人不限於輩分較低的人，而祖父母、父母亦得充之。雖宗祧繼承亦涉及財產繼承；但此非其精神所繫。宗祧繼承限於嫡長子。倘無嫡子或嫡孫者，始可立庶子或庶孫，如並無庶子或庶孫者，始可於同宗中求之。漢書有所謂「非正」與「非子」，「正」即嫡，「非子」則為其所立的子非同宗。唐律戶婚篇，以明文規定：「諸立嫡違法者，徒一年，即嫡妻五十以上無子者，得立庶以長，不立長者亦如之」，唐戶令又規定：「無子者，聽養同宗於昭穆（左昭右穆，係指輩分），相當者」。同宗乃限於同姓，故同律戶婚篇特加以限制，即：「養異姓男者，徒一年，與者笞五十」宋刑統戶婚律相同，明清律並加補充規定，曰：「無子者許令同宗昭穆相當的姪承繼，先儘同父周親，次及大功小功緦麻，如俱無，方許擇立遠房及同姓爲嗣」；「其乞養異姓義子以亂宗者，杖六十；若以子與異姓人為嗣者，罪同，其子歸宗」（戶律戶役門）。清末沈家本氏極力主張異姓而為近親者，應予變通，此一論調，終於孕育現行民法的財產繼承制。在宗祧繼承制之下，其遺產繼承仍然存在，故唐戶令規定：「應分田宅財物者，兄弟均分，兄弟亡者，子承父份」，宋律亦同。可見財產繼承與宗祧繼承，分為兩事，凡有宗祧繼承者固應有財產繼承權；反之，有財產繼承權者，却未必有宗祧繼承權。（中國法制史）（林咏榮）

初級軍事審判機關

軍事審判法第九條規定之初級軍事審判機關，爲陸軍之軍、師、獨立旅，海軍空軍軍區司令部或相等之軍事機關，以及戰時縣政府或其相等之機關，經最高軍事審判機關核准或授權者。依同法第四十四條第一項規定，除將官或其同等軍人外，初級軍事審判機關對該管現役軍人犯罪案件，有初審管轄權。（特別刑事法）（吳　智）

初審

軍事審判法第二編第二章所規定之初審，係對覆判審而言，爲軍事法庭確定具體的刑罰權之有無及範圍所實施之審判程序。（特別刑事法）（吳　智）

官戶

官戶乃隸屬司農卿，為前代配役及配隸相坐者，其人州縣本無戶籍，其姓名登籍於司農卿，歸其收管（參看番戶條）。（中國法制史）（林咏榮）

官當

南朝的陳，凡五歲刑四歲刑，若有官，准當二年，餘應居作；三歲刑若有官，准當二年，餘一年贖，若因公以過誤坐罪者，則處以罰金。其二歲刑有官者，准以贖論；一歲刑雖無官亦以贖論。北魏宣武帝亦有官當之制。隋承之，凡犯私罪以官當徒者，五品以上，一官當徒二年，九品以上當徒一年，以官當流者，三流同（流分為三等），比徒三年，若犯公罪者，徒各加一年，當流者加一等。唐沿隋制，更詳為規定。其名例曰：「若應以官當者，自從官當法」；「諸犯私罪以官當徒者，五品以上一官當徒二年，九品以上一官當徒一年；若犯公罪者，各加一年當」；「以官當流者，三流同，比徒四年」；「其有二官（兼銜），先以高者當，次以勳官當，行守者各以本品（例如從五品官行或守六品職）當，仍各解見（同現）任；若有餘罪及更犯者，聽以歷任之官當」；「其流內官而任流外職犯罪，以流內官當，及贖徒一年者，各解流外任」。宋不承認官當之制，僅許職官犯公罪者得以納贖。清律，凡文武官犯公罪該杖者，六十罰俸一年，七十降一級，八十降二級，九十降三級，俱留任，一百降四級調用；其犯私罪該杖者，六十降一級，遞加至九十降四級，俱調用，一百革職留任，亦含有官當之遺意。（中國法制史）（林咏榮）

命令

陸海空軍刑法所規定之命令，係指上級對下級發佈意旨，要求受方作為或不作為某事之謂。又命令不限於文書，口頭亦可，命令之成立，須以不牴觸法律或上級命令，與不侵及立法權與上級命令權為要件。（特別刑事法）（吳　智）

命繼

見「立繼」條。（中國法制史）（林咏榮）

所有人的責任

此即船舶所有人對於因其船舶所生債務應負的責任。一般債務人對於債務，原以負無限責任為原則；而各國為獎勵航海事業，在立法上大抵皆減輕船舶所有人的責任，使其對於船舶所生的債務，僅負有限的責任，此之謂「船主責任的限制」。各國立法例，概舉之有五：⑴委付主義—船主在原則上應負無限責任；但得委付其海產（海上財產，即船舶、運費等）於債權人，而免其責任；惟此制法國法系諸國採之。⑵執行主義—船主應就債務的全額，負其責任。因其強制執行僅限於海產（海上財產），不得對於其陸產（陸上財產）為之。亦即船主在實際上僅負物的有限責任。此制德國法系諸國採之。⑶船價主義—亦稱船價責任主義，依此主義，船主的責任，在原則上以航海終了時的海產價格為限；但船主亦得委付其船舶和運費於債權人，而免其責任。亦即船主僅負人的有限責任。此制美國和日本的舊法採之。雖然，美國自一九三五年八月二十九日修正其法律後，已否認船主的委付權。⑷金額主義—亦稱金額責任主義或金額限制主義。依此主義，船主的責任，以其所發生的事故定之，惟其責任額却以發生債權的船舶的噸數為限制。此制英國採之。依英國商船法的規定，凡對於物的損害一噸為八磅；而對於人的損害，一噸則為十五磅。以此為標準，就該船所登記的總噸數，算定其金額。在此限度內，債權者得對其海產以外的財產，聲請為強制執行。⑸選擇主義—船主在原則上應負無限制的責任；惟得就委付或以船價為責任的限制，兩者選擇其一，此制希臘採之。以上五種主義，委付主義和執行主義，可概稱為物的有限責任主義。船價主義和金額主義，可概稱為人的有限責任主義。而選擇主義亦可稱為折衷主義。我舊海商法第二三條以海產為船主的責任限制額，頗接近於船價主義；新海商法改為第二一條，轉向於法日的委付主義。（商事法）（林咏榮）

所有權

所有權者，對物有包括管領力並於法令限制之範圍內得排除一般人干涉之永久權利也。所有權為物權之一種，其所異於其他物權者有二：一為所有權管領力之範圍較廣，對物有使用、收益、處分之包括權能，非若其他物權僅各有其局部之支配力。其次其他物權，均有存續期限，稱為有期限之物權，惟所有權乃係永久存續，故其特質為有完全而無期限之物權。所有權究屬何種性質之權利，有以下數種學說：㈠意思說。謂人人有使自然界之物入於自己自由意思下之權利。㈡支配力說。謂所有權有對物之支配力。㈢排外說。謂所有權能排除外力之干涉。㈣處分權說。謂所有權之本質，在能處分其所有物。㈤權利集合說。謂所有權乃占有、使用、收益、處分等多種權利之集合。又以其爲多種效果之總合，又稱爲效果總計說。㈥權利單一說。謂所有權係一種權利而具多種作用，並非多種權利之集合。又以其爲有包括管領力之物權，故又稱爲總括支配說。第六說自較確當，依其本質以觀，所有權之特性有三：1.歸一性。多種權能歸集於所有權之一身。2.彈力性。所有權因有其他權之設定而效力收縮。迨其他物權消滅而負擔解除，其效力隨之擴張而至回復其原狀。3.永續性。所有權爲無期限之物權，其效力永久存續。關於所有權之存在理論，亦有以下諸學說：㈠先占說。又稱占據權說。謂物既爲人所占有，即應承認其所有權。㈡勞力說。又稱加工保護說。謂人已施勞力於物，應予以所有權，以保護其加工之利益。㈢需要說。謂物爲生活資源，應使人享有物之所有權，以應生活上之需要。㈣人性說。謂營謀生活，爲生物自我保存之本能，基於人性應許有所有權之存在。㈤經濟說。謂國家富強有賴國民經濟之發達。有所有權制度經濟方能充裕。㈥契約說。謂所有權之存在，乃基於人與人間相互承認之契約。其中又有祖先契約與社會契約兩說。㈦法律說。謂依法律規定而許有所有權之存在。其中又有自然法與人定法兩說。㈧進化說。謂人類進化至有國家組織，必有法律制度，有法律即有所有權。又謂法律所以規定所有權，係爲解決財產糾紛，維持安寧秩序，故又稱社會秩序維持說。自以進化說較爲確當。所有權之作用，有積極消極之分：積極作用：㈠占有。對物事實上之管領力爲占有，乃支配之先決條件，本於所有權而爲物之占有，自係有本權之占有。㈡使用。不變更物之實質，而依其用法供自己之便宜，謂之使用。㈢收益。不變更物之實質，而收取其孳息及其他利益，謂之收益。㈣處分。對物之實質加以變更，爲事實上之處分。移轉或設定負擔，爲法律上之處分。消極作用：所有權之消極作用，即本於不可侵性而得排除一般人之干涉。排除方法，即爲行使第七六七條之物上請求權（詳「物權之效力」條）。（民法物權）（陳　冊）

空地

凡編爲建築用地，未依法使用者，爲空地；土地建築改良物價值不及所占地基申報地價百分之二十者，視爲空地（土、八七），故若編爲建築用地，不依法使用，建築房屋，固爲空地；即依法使用，而建築簡陋之房屋，其價值不及所占地基申報地價百分之二十者，仍應視爲空地，該管市縣地政機關得劃定區域，規定期限，強制依法使用（土、八九），逾期仍未依法使用者，則加征空地稅，不得少於應地價稅之三倍，不得超過應征地價稅之三倍（土、一七三），藉以迫使空地所有權人依法使用或出賣，以期地盡其利。（土地法）（管　歐）

空頭支票

凡在銀行存款不足支付其所發行的支票，概稱爲空頭支票。其情形有三：①明知已無存款—明知已無存款，又未經付款人允許墊借，而對之發支票者，處一年以上有期徒形、拘役、或科或併科該支票面額以下的罰金。②故意超過存款—發支票時，故意將金額超過其存款，或超過付款人允許墊借的金額者，處一年以下有期徒刑、拘役、或科或併科該超過金額以下的罰金。③故意提回存款—發票人於前述法定提示期限內，故意提回其存款的全部或一部，使支票不獲支付者，其處罰亦同。且此項處罰的案件，不適用刑法第五十六條的規定。按刑法第五六條前半段規定：『連續數行爲而犯同一罪名者，以一罪論』，於是法院對於被告人以概括意思連續簽發支票的犯罪行爲，亦按同樣處理，故刁頑者鑽此漏洞，往往簽發鉅額遠期空頭支票數起，另於適當時間簽發低額空頭支票交給親戚，即向銀行求兌，因無存款而被退票，案移法院，課以該低額支票面金額的罰金，嗣後另簽發數起鉅額空頭支票，被退票而移法院偵辦時，因其在接近期間內，被告仍可援連續犯之例，請求法院依刑訴法第二九四條第一款的規定諭知免訴，故被告得以不關痛癢的罰金，而可逍遙法外，頗多流弊，故特以明文排斥刑法第五十六條的適用。美國法例，凡以謀取金錢或財產爲目的，明知資金不足或不存在而簽發支票者，可構成竊盜罪（guilty of carceny），處刑頗重；日本支票法第七一條對於簽發空頭支票，雖僅有處以五千日圓以下罰鍰（過料）的規定，但其係行政罰，每一次行爲予以每一次的處分，無所謂刑法上的連續犯問題；法國支票法自一八五六年以來，屢次增訂，迄一九五六年已臻完備，現行支票法自第六四條至六七條羅列罰則，其六六條規定，凡詐欺按其情節，分別依刑法第四〇五條各款處以一年至五年有期徒刑、拘役及一千至一萬法郎的罰金，累犯者並得宣告褫奪其公權。且有自訴原告資格者仍可附帶提起民訴，請求與該支票金額同類的損害賠償，其關於先後數個違反票

據行爲，以明文規定爲『累犯』，得加重其刑。（商事法）（林咏榮）

拘役

見「主刑」條。（刑法總則）（王建今）

拘捕（Arrest）

依據合法投權拘束他人身體自由，使出庭應訊之謂。所加之「拘束力量」以使對方放棄其身體自由爲已足。拘捕須以依法簽發之拘捕狀（warrant of arrest）爲之，然若被拘捕人有脫逃或證據有滅失之虞，或向法院請發拘捕狀有不便之處等情形時，例外得許無拘捕狀而施行拘捕。再如被依法拘捕者脫逃，再拘捕（rearrest）時亦無須拘捕狀。被拘捕人請得人身保護狀（habeas corpus）而獲釋後，不得就同一罪名，未另請發拘捕狀而作第二次拘捕（second arrest）。（英美刑法）（桂公仁）

供役地（Servient Tenement）

供役地者，乃因地役權之成立受有負擔，而爲需役地之利益供便宜之土地也（見James A. Ballentine: Law Dictionary, 1959, p.1189）。（英美侵權行爲法）（何孝元）

供應必需品之契約(Contract for the Supply of Necessary Goods)

所謂供應必需品之契約者，卽當事人之一方供給日常生活必需品予未成年人之契約也。供應必需品之契約，乃屬於對於未成年人有效之契約之一種。所謂必需品，係指該物品須適合該未成年人之身份與其當時之環境，及訂約時對之確屬眞正需要而言。此項必需品並包括與維持未成年人及其家庭生活有關之物品，如手錶、自行車、醫藥費用等是。奢侈品固不得視爲必需品，卽過量之必需品，亦不得視爲必需品。此項要件，應由供應人負舉證之責。供應物是否必需品，乃法律與事實之混合問題，物品是否合於未成年人日常生活所必需者，由法院決定之；其於未成年人訂約時，按照當時情況是否必需者，由陪審員決定之。供應必需品之契約，係屬已履行之契約，換言之，須俟相對人爲給付後，未成年人始受其拘束，而未成年人之對待給付，亦以受領時之實際所受之利益爲限，其性質實爲準契約（見 J.F. Wilson: Principles of the Law of Contract, 1957, pp. 173-175, 179-180.）。（英美契約法）（何孝元）

到期日

到期日係指票據上所記載對於一定金額應爲支付的日期。「到期日」一語，淵源於日本舊商法第四四五條第七款所規定的「滿期日」；而其現行票據法第三五條從日內瓦統一法改稱「滿期」亦卽「到期」。蓋到期日與付款日同其觀念，譯成英語皆爲 the day of payment，而到期(maturity, the time of payment.) 却與付款日異其範疇。在通常情形，兩者固爲一致；但在到期爲法定休息日者，應以其休息日的次日爲付款日（參照民法第一二二條）倘若票上所記載的貨幣而不能通用於付款地者，則其折算的行市，却以付款日爲準（票據法第七五條第一項），所以付款日和到期日不可不辨。滙票和本票的到期日，應依左列各種方式之一定之：㈠定日付款（at a fixed date），卽票據上載明某年某月某日付款，該日卽爲定期日。㈡發票日後定期付款(at a fixed after date period)—由票據上所記載的發票日算起，以一定之期爲限，其期限的屆至，卽爲到期日，該日應爲付款。例如票據上記載「於發票後十日付款若干元」者，若其發票爲一月十五日，則其到期日應爲一月二十五日。㈢見票卽付（at sight），—卽以票據提示的期日爲到期日（票據法第六六條第一項）。㈣見票後定期付款(at a fixed period after sight) 卽以承兌後，或拒絕承兌證書作成後經過一定期間，其期間屆滿的期日，爲到期日（票據法第六七條第一項）。例如：票據上載明憑票於見票後一個月付款時，若該票據係於一月十日承兌，則其到期日應爲二月十日。（商事法）（林咏榮）

到場之義務

見「證人之義務」條。（民事訴訟法）（李學燈）

居所（Residence）

卽以一定之目的，暫時繼續居住之處所。與住所不同，則由於無久住之意思。又居所可同時有數處。住所則否。遇住所無可考者，或在中國無住所者，則其居所視爲住所（民法第二十二條）。於是在國際私法上之所謂適用居所地法(Law of settlement; Law of the place of residence)，例如外國法人經中國認許成立者，以其住所地法爲其本國法（涉外民事法律適用法第二條），此即居所在法律上之效力。(民法總則)(張鏡影)

居間（Brokerage）

謂當事人約定一方為他方報告訂約之機會，或為訂約之媒介，他方給付報酬之契約也。日本謂之仲立業，約定報告或媒介之方曰居間人。約定給付報酬之方曰委託人。居間制度乃爲便利社會交易而產生。我國以往謂爲市儈或牙儈。現時傭傭保險買賣等之居間，已成為專業之一種。在民商法分立的國家立法例，有民事居間人與商業居間人之別，乃以民事契約或商業契約之居間為區別之標準。我國民法因採民商合一主義，故不設此項區別。惟居間人因有報告訂約之義務，應據實報告，負有忠實之義務。因係居間業，故有請求報酬權利及費用償還請求權。如委託人有指定不得以其姓名或商號告知相對人者，居間人即有不得告知之義務。又居間契約係以報酬為成立契約之要件，然我民法為維持善良風俗起見，對於婚姻之居間有報酬之約定者，其約定認為無效。換言之，即不承認買賣婚姻也。(民法債編分則)(張鏡影)

抽象符合說

見「事實錯誤」條。(刑法總則)(王建今)

抽象過失

抽象過失者，一稱抽象的輕過失，即欠缺善良管理人之注意之謂也。所謂善良管理人，係指誠實勤勉而富有經驗之人而言。此乃想像之人，而非實有其人。法律以該想像之人之注意爲標準，而定一客觀的應行注意之程度，並不以行爲人自己之注意能力爲標準。欠缺此項注意，即爲抽象過失。債務人注意之程度，依債務人之性質，債務人之地位、職業及其他情形，而有不同。例如運送貴重物品，其注意程度，應較高於普通物品，如債務人有運送貴重物品之義務，而僅加以運送普通物品之注意，即可謂未盡善良管理人之注意。又如醫師爲人治病，應加以一般醫師應有之思慮與經驗之注意，始可謂盡善良管理人之注意。即其他情形，如履行義務之時期、處所及當時環境等項，於定債務人注意之程度時，亦應予以斟酌。(民法債編總論)(何孝元)

使用借貸（Loan for Use）

爲借貸之一種，謂當事人約定，一方以物無償貸與他方，他方於使用後返還其物之契約。此一方爲貸與人，他方為借用人（民法第四六四條）。使用借貸契約與租賃契約雖同為使用標的物，然有顯著不同之點三：(1)前者為要物契約，後者為諾成契約。(2)前者為無償契約，後者為有償契約。(3)前者僅以使用為契約之內容。後者則以使用並收益爲契約之內容。又使用借貸之標的物，僅以物為限。至權利之使用借貸，則為民法所不許。關於貸與人之義務，則有交付借用物及告知瑕疵等義務。其權利則有契約終止、損害賠償、返還借用物等權利。至借用人則有應依約定方法或依物之性質而定之方法以使用借用物，及善良保管借用物，並負擔通常保管費用等各義務。法律因貸與人係無償貸與，故對終止權之行使，除借用人違反使用方法使用借用物，或未盡善良保管使用物等有過失之終止外，尚有借用人並無過失，係貸與人因不可預知之情事，自己需要借用物使用者，亦得終止契約。所以保護貸與人之權利也。(民法債編分則)(張鏡影)

奉行不力

軍事作戰，對上級命令應絕對服從，竭智盡忠，努力奉行；凡對作戰計劃有關之命令，奉行不力，致未達成任務者，謂之奉行不力，視奉行者已否盡其最大能力爲斷。如有違犯，戰時軍律第九條規定處無期徒刑或十年以上有期徒刑。(特別刑事法)(吳　智)

東西廠

明代設有處理政治性犯罪的特務組織，如東廠、西廠、錦衣衛、鎮撫司等，甚爲酷虐，爲一代秕政。(中國法制史)(林咏榮)

表見代理

表見代理者，乃原無代理權，但表面上足令人信爲有代理權之代理也。表見代理之成立，須具備下列要件之一：㈠由自己之行爲表示以代理權授與他人者。㈡知他人表示爲其代理人而不爲反對之意思表示者（民法第一六九條）。例如已被某商號解任之經理人，仍以某商號經理人之名義與他人交易，某商號不同相對人爲業已解任之通知是。

表現代理之效果，爲使本人負授權人之責任。所謂負授權人之責任，乃指負擔其行爲所生之義務而言。惟第三人明知其無代理權，或可得而知者，則無保護之必要（民法第一六九條但書）。（民法債編總論）（何孝元）

於要約人不利之解釋（Contra Preferentem）

所謂「於要約人不利之解釋」者，乃法院對於要約人制定契約條款中之文字遇有疑義時，應爲於要約人不利之解釋也，其目的在於保護契約之相對人（見J, F. Wilson: The Law of Contracts, 1957, Wilson, p. 250）。（英美契約法）（何孝元）

房屋救濟

指救濟城市房屋缺乏之措施，以期解除人民居住之困難。土地法第三編第三章房屋及基地租用，其內容卽係關於房屋救濟之規定。其直接救濟方法：城市地方，應由政府建築相當數量之準備房屋，供人民承租自住之用，及限制人民自住房屋之間數，與限制出租人收回房屋或建築房屋之基地（土、九四1、九六、一〇〇、一〇三）；間接救濟方法，爲減免新建房屋之土地稅及改良物稅，以鼓勵私人建築新房屋，及減低房屋之租金，以使人民租住（土、九四2、九五、九七、九八、九九、一〇五），實施都市平均地權條例施行後（民國四三年八月二十六日公布，五十七年二月十二日修正），對於土地法房屋及基地租用之規定，有所補充或變更，其要點爲：㈠興建國民住宅並扶助人民興建，㈡承購或承租土地之限期興工建築，㈢建築基地或房屋租金之強制減定。凡此均爲關於房屋救濟之措施。（土地法）（管　歐）

爭執

否認他造陳述之事實，謂之爭執。與自認係承認他造陳述之事實，以及抗辯係另爲一種事實上之陳述者，均不相同。自認不必自爲一種事實主張，亦卽僅就事實之曾否發生而爲陳述卽可。否認有直接與間接之分。如他造主張曾向其借貸，答無其事，是爲直接否認。答非借貸而係贈與，是爲間接否認。其餘參見「抗辯」條。（民事訴訟法）（李學燈）

刺探、收集、竊取、隱匿軍機

爲妨害軍機之犯罪方法或手段，「刺探」卽以隱秘方法偵察之謂。「收集」指多方收羅蒐集。「竊取」卽使人不知，行偸竊之方法而取得。「隱匿」卽隱藏不使發現之謂。以軍機對外乃屬秘密，不應知悉或持有之人，若從事刺探、收集、竊取、或隱匿者，卽係妨害軍機之犯罪行爲，視其情節，分別依妨害軍機治罪條例第三條、第五條、第六條之規定處罰。（特別刑事法）（吳　智）

夜間搜索及扣押

稱夜間者，爲日出前、日沒後。有人住居或看守之住宅或其他處所，不得於夜間入內搜索或扣押；但經住居人、看守人或可爲其代表之人承諾或有急迫情形者，不在此限。於夜間搜索或扣押者，應記明其事由於筆錄。日間已開始搜索或扣押者，得繼續至夜間。下列處所，夜間亦得入內搜索或扣押：㈠假釋人住居或使用者。㈡旅店、飲食店或其他於夜間公衆可以出入之處所，仍在公開時間內者。㈢常用爲賭博或妨害風化之行爲者。（刑事訴訟法）（陳　珊）

放棄（Waiver）

放棄者，乃權利人放棄其權利之謂也。例如承諾人非將其承諾通知要約人，不能成立契約，斯爲原則。此通知要件純爲要約人之利益而設，以減少要約人之困難。設要約人表示無須通知，則相對人自不必通知，此之謂承諾通知之放棄。（見Chitty on Contracts, vol. 1, 1961, p. 36.）。（英美契約法）（何孝元）

拋棄

爲物權消滅原因之一。卽物權之權利人表示放棄對物之權利主張或不爲管領行爲之意思者之謂。拋棄之性質，有法律行爲說及法律事實說之分。當以前說爲當。故拋棄應適用意思表示之規定，無行爲能力人之拋棄行爲，依法不生效力。我民法第六四〇條規定：「物權除法律另有規定外，因拋棄而消滅」。所謂「法律另有規定」，乃指民法第八三四、五兩條限制地上權之拋棄規定而言。(民法物權)(陳　冊)

玩視敵情

作戰期間，軍事情況，瞬息萬變，應把握時機，方克制勝，戰時軍律第九條所稱玩視敵情，即指玩忽輕視敵情，漫不經心，而不為適當處置，致誤戰局而言。(特別刑事法)(吳　智)

注意之標準(Standard of Care)

注意之標準者，乃衡量行為人之行為所加於社會之危險，與其行為所裨於社會之利益而定之標準也。茲就行為人之行為所加於社會之危險與行為人之行為所裨於社會之利益二者說明如下：

(一)行為人之行為所加於社會之危險

任何行為，無不含有多少危險之成分，法律並不苛求於行為人，使其對於其行為，加以最高度之注意，亦不因其行為有損及他人權益之可能而阻止之，祇須行為人對於其行為所可發生之危險，加以相當之注意，即可免於過失之責。

(二)行為人之行為所裨於社會之利益

行為人本不得以其行為，增加社會之危險負擔，然如其目的，確有裨益於社會者，則其行為縱有危險之增加，亦不得視為有過失，例如衝至鐵路軌道，搶救一小孩之生命，不得視為過失行為；但如因搶拾一帽而為之者，則應視之為有過失(見R.F.V. Heuston: Salmond on The Law of Torts, 11th ed., 1953, pp. 505-508; Prosser on Torts, 2nd ed., 1955, p. 122)。(英美侵權行為法)(何孝元)

府號官稱犯名

唐律規定：「諸府號官稱，犯祖、父名，而冒榮居之……者，徒一年」。其疏議云：「府有正號，官有名稱。府號者—假若父名衞，不得於諸衞任官；或祖名安，不得任長安縣職之類。官稱者—或父名軍，不得作將軍，或祖名卿，不得居卿位之類，皆須自言，不得輒受」，這樣不合情理的規定，既與禮制不相符；亦於事實為有礙，迨至明律始予以削除。(中國法制史)(林咏榮)

果實穫取權

為相鄰間關係之一，即果實自落於鄰地時所有權之歸屬也。果實自落於鄰地者，視為屬於鄰地。但鄰地為公用地者，不在此限。(民法第七九八條)。因避免查尋之擾，以維相鄰間之和平也，而設此便宜規定。(民法物權)(陳　冊)

返還債務之訴(Indebitatus Assumpsit)

返還債務之訴者，乃不問當事人有無給付債務之明示允諾而得請求付款之訴訟也。廣義言之，並可包括被告對于原告基於自然正義與衡平負有返還義務之訴。此種訴訟於請求金錢給付之明示契約，亦可適用之(見James A. Ballentine: Law Dictionary, 1959, pp. 629, 630.)。(英美契約法)(何孝元)

協議離婚(Divorce by Consent)

又名兩願離婚，亦稱合意離婚。即夫妻雙方以自由意思合致而解消其婚姻關係也。各國立法例不一，有須先行別居，達一定期限後，始得合意離婚者；有無須別居，惟須經過法定程序，即完成合意離婚者。我民法採後者。應備下列三要件：(一)須當事人兩相情願者；(二)如係未成年人，則須得法定代理人之同意。(三)須以書面為之，並應有二人以上證人之簽名。至離婚後之子女，其監護權，在原則上由夫任之。但另有約定者，則從其約定(民法第一〇四九條至一〇五一條)。(民法親屬)(張鏡影)

服辯

唐律斷獄篇規定，「諸獄結竟，徒以上各呼囚及其家屬，具告罪名，仍取囚服辯，若不服者，聽其自理，更為審詳(依其不服之狀更為審詳)，違者笞五十，死罪杖一百」(斷獄篇)，服辯即伏辯，服者心服，辯者辯理，即今之上訴，或服或辯故是服辯。(中國法制史)(林咏榮)

軍人

陸海空軍刑法所稱軍人，即陸海空軍現役軍人之簡稱（參「陸海空軍現役軍人」條）。（特別刑事法）（吳　智）

軍中

陸海空軍刑法所稱軍中，指在動員後之部隊，或戰時編制之部隊而未至敵前者，及當事變騷擾之際，從事於鎮壓之部隊而言。（特別刑事法）（吳　智）

軍用文職人員

軍用文職人員爲軍事審判法第三條第一款所規定，係指陸海空三軍種各官科軍官士官以外，在軍事單位任文職之人員而言。（特別刑事法）（吳　智）

軍用品

陸海空軍刑法第七十八條所稱之軍用品，係指該物品，於軍事上有直接之效用者而言，非若一般觀念凡軍中一切物品，皆得稱爲軍用品。（特別刑事法）（吳　智）

軍佐

陸海空軍刑法第六條規定之陸海空軍軍佐，依照國民政府二十三年七月二十四日公布之陸海空軍官制表規定，指軍醫、軍需、測量，及海軍之造械造艦，空軍之機械人員而言，現制均已改叙爲軍官。（特別刑事法）（吳　智）

軍事犯

陸海空軍軍人犯陸海空軍刑法、刑法、或其他刑事法令所揭各罪者，謂之軍事犯，應依軍事審判法之規定，加以審判。在廣義言之，即非陸海空軍軍人，於戰地或戒嚴區域，犯陸海空軍刑法第二條所揭之罪者，雖係由普通法院審理，惟係陸海空軍刑法之規定，加以處罰，故亦謂之軍事犯。（特別刑事法）（吳　智）

軍事司法

軍事司法者，軍事審判機關透過軍事統帥權以司法方式行使國家刑罰權之謂。

關於軍事審判權之行使，有三種學說

㈠統帥權作用：軍事審判權爲統帥權之一部分，軍事審判係統帥管理軍隊之手段，其作用在維持軍紀，貫徹軍令。主此說者，有英人高爾德 Clode 伯爵及美國軍法學者溫特立 Winthrop 二氏。

㈡司法權作用：軍事審判權爲國家司法權之一部分。軍事審判權之行使屬於司法權作用，旨在確定犯罪加以處罰；所異者，僅其實施之機關不同而已。主此說者，爲日人富山單治及日高己雄。

㈢調和說：現代法律思潮已趨向於統帥權與司法權兩說之調和。即軍事審判係在統帥權之下以司法權方式行之。軍事審判法即據此爲立法精神。

（特別刑事法）（吳　智）

軍事交通

戰時軍律第八條所謂軍事交通，係指鐵路、公路、橋樑、航空、航海等之各種交通設備，與軍事有關者而言（特別刑事法）（吳　智）

軍事法庭

軍事審判法上所稱之軍事法庭，係指軍事審判機關實施軍事審判之組織。軍事法庭分審判庭、覆判庭及非常審判庭。（特別刑事法）（吳　智）

軍事法庭之組織

軍事法庭之組織，指行使軍事審判職權之法庭組織。軍事審判職權之行使，由審判官一人任之者爲獨任制。由審判官三人或五人任之者，爲合議制。（特別刑事法）（吳　智）

軍事法庭之管轄

軍事法庭之管轄，指規定軍事法庭管轄之範圍，即某種軍法案件應由某軍事法庭管轄之謂。審判庭爲初審軍事法庭，管轄初審案件；覆判庭爲第二審軍事法庭，管轄覆判案件；非常審判庭爲非常審軍事法庭，管轄非常審判案件。（特別刑事法）（吳　智）

軍事通信設備

戰時軍律第八條規定有線電話、桿線、無線電報、電話、遙空桿線、天線以及其他通信設備，與軍事有關，并係已設置者而言，如予盜毀依本軍律治罪。如與軍事無關而盜毀者，則應依戰時交通電器設備及器材防護條例處罰之。（特別刑事法）（吳 智）

軍事徵用法

國家於戰事發生時，在軍事上緊急之需要，爲徵用所需之物資及勞力特制定之法令。本法於民國二十六年七月十二日，經前國民政府公布，二十七年七月一日施行，全文計六十四條。軍事徵用法施行細則，於民國五十年十月三十一日，經行政院公布，本細則共六十六條。（特別刑事法）（吳 智）

軍事徵用權

用以徵用軍需物資，或勞力之命令權也。其徵用權限，於各軍事長官得行使之，賦有徵用權之各軍事長官，在軍事徵用法第四條有詳細規定，如陸海空軍各總司令及陸軍軍師長，海軍艦隊司令，空軍區司令指揮官等。（特別刑事法）（吳 智）

軍事審判人員

軍事審判人員指所有與執行軍事審判業務有關之人員。依軍事審判法第一編第二章之規定，舉凡軍事審判機關之軍法主官、軍事檢察官、軍事審判官、公設辯護人、書記官、檢驗員、通譯、執法官兵以及參與軍法審判者均屬之。（特別刑事法）（吳 智）

軍事審判法

軍事審判法，係規定關於軍事審判程序之訴訟法。舉凡軍事審判機關受理軍法案件所實施之偵查、起訴、審判、執行等程序，悉依軍事審判法之規定。其適用對象，爲現役軍人、視同現役軍人、俘虜及投降人。惟戒嚴法有特別規定時，雖非現役軍人，亦有其適用。軍事審判法全文分三編十一章二百五十二條，民國四十五年七月一日 總統令公布，同年十月一日施行。（特別刑事法）（吳 智）

軍事審判官

軍事審判法第十六條規定，軍事審判官爲軍法專業人員，負責組織軍事法庭，行使審判權。（特別刑事法）（吳 智）

軍事審判機關

軍事審判機關，謂有軍事審判權設置軍事法庭之機關。如陸軍之獨立旅、師、軍、軍團，海軍之軍區司令部，空軍之供應司令部，以及陸海空各總司令部與國防部皆設置軍事法庭，均係軍事審判機關。依軍事審判法第八條之規定，軍事審判機關區分爲初級軍事審判機關、高級軍事審判機關、最高軍事審判機關。陸軍軍團以下之軍、師司令部，海、空軍軍區司令部爲初級軍事審判機關。陸、海、空軍總司令部爲高級軍事審判機關。國防部爲最高軍事審判機關。（特別刑事法）（吳 智）

軍事審判機關之管轄

軍事審判機關之管轄，指規定軍事審判機關管轄之範圍，即某種案件應由某軍事審判機關管轄之謂。各級軍事審判機關對該管現役軍人犯罪案件，有初審管轄權。但將官或其同等軍人犯罪案件之初審管轄權，屬於最高軍事審判機關。（特別刑事法）（吳 智）

軍事審判機關長官

軍事審判機關長官，指有軍事審判權設置軍事法庭之機關長官。舉凡軍事審判機關所簽發之傳票、拘票，均以軍事審判機關長官名義行之。搜索票應於呈准軍事審判機關長官後行之。通緝書報由軍事審判機關長官發布。裁判呈由該管軍事審判機關長官核定後，宣示或送達之。軍事檢察官制作起訴書或不起訴處分書於呈報軍事審判機關長官或經其核准後提出或送達之。（特別刑事法）（吳 智）

軍事檢察官

軍事檢察官依軍事審判法第五十七條規定，應受該管軍事長官之指揮監督，代表國家對現役軍人、視同現役軍人、俘虜、投降人及依法應受軍事審判之一般非現役軍人犯罪，行使追訴權。其主要職責，爲實施犯罪偵查、提起公訴、實行公訴、指揮軍事裁判之執行。（特別刑事法）（吳　智）

軍法

軍法者，治軍之法律也，狹義言，指專適用於軍人之陸海空軍刑法及其特別法，廣義言，指對軍人及非軍人犯罪，依法應由軍法審判之案件，於處理所適用之法令，均屬之，其範圍包括實體法、程序法、與軍法行政法。（特別刑事法）（吳　智）

軍法人員

軍法人員亦即軍事審判人員，凡與執行軍法業務有關之人員均係軍法人員。（詳見「軍事審判人員」條）（特別刑事法）（吳　智）

軍法主官

軍法主官指軍事審判機關之軍法單位主官。依軍事審判法第十五條規定，軍法主官秉承該管軍事長官之命，綜理軍法行政，指揮軍事法庭之組織以及軍事檢察事務之分配。（特別刑事法）（吳　智）

軍法官

軍法官依軍事審判法第十三條第二項規定。謂軍事審判機關之軍法主官、軍事檢察官、軍事審判官及公設辯護人。（特別刑事法）（吳　智）

軍法警察

軍事審判法第六十四條規定，軍法警察爲輔助偵查犯罪之基層人員。憲兵士兵、警察、警員、特設軍事機關之巡查及稽查隊員、或依法令關於特定事項得行使司法警察之職權者，爲軍法警察。軍法警察受軍事檢察官及軍法警察官之指揮偵查犯罪。並依法執行搜索、扣押、拘提及逮捕。（特別刑事法）（吳　智）

軍法警察官

軍法警察官係軍事檢察官偵查犯罪之輔佐人員。軍事審判法第六十二條規定，憲兵長官，警察長官，特設軍事機關之稽查長官，非軍事審判機關之軍事機關部隊、學校、獨立或分駐之長官或艦船長，或於戰時擔任警備地方之保安部隊、參加作戰之民衆自衛團隊、警察隊、或特種部隊、獨立或分駐之長官或艦船長等均爲軍法警察官。於其管轄或防區內有協助軍事檢察官偵查犯罪之職權。軍事審判法第六十三條規定，憲兵官長、警察官長、特設軍事機關之稽查官長或依法令關於特定事項得行使司法警察官之職權者，亦爲軍法警察官，應受軍事檢察官之指揮偵查犯罪。並依法執行搜索、扣押、拘提及逮捕。（特別刑事法）（吳　智）

軍隊佔領

陸海空軍刑法第四條所稱陸海空軍軍人，在中華民國軍隊佔領地域內犯刑法或其他法令之罪者，以在中華民國內犯罪論，在中華民國軍隊佔領地域內之本國人民，與從軍之外國人及俘虜犯者，亦同，係指交戰國軍隊，侵入敵國境內，幷不立刻越過或退出，而在實際上控制之地區，行使軍事上權力而言。（特別刑事法）（吳　智）

軍機

軍事上應保守秘密之消息、文書、圖畫或物品，稱爲軍機，鑑別何者屬於軍機之重要標準，以視其洩漏後，對敵有無利益，與對我有無害處爲斷，並無洩漏於敵，或意圖利敵之條件限制。軍事有關應保守秘密之消息、文書、圖畫或物品種類範圍，國防部於民國四十一年四月二十日，依妨害軍機治罪條例第一條第二項之規定，以郁字第〇二九八號令公布有軍機種類範圍令。依本令規定之軍機種類範圍，均屬軍機，而應保守秘密。（特別刑事法）（吳　智）

軍機種類範圍令

本令係根據妨害軍機治罪條例第一條第二之規定，經國防部於民國四十一年四月二十日，以(41)郁字第〇二九八號令制定公布者。全令計十三條六十六項，詳列屬於軍機之種類及範圍，凡洩漏機密屬於本令規定以內之事項，均應依妨害軍機治罪條例治罪。（特別刑事法）（吳　智）

軍屬

陸海空軍刑法第八條規定之陸海空軍軍屬，依照國民政府民國二十三年七月二四日公布之陸海空軍官制表規定，指軍法官、軍人監獄官、軍用技術人員，及軍用文官而言，現制均已改敘爲軍官。（特別刑事法）（吳　智）

保全

保全者，乃債權人確保其債權，不使之受有侵害之謂也。債之保全，固得以特約爲之，如保證契約，擔保物權是。惟如無此特約時，爲保障債權人之債權起見，認定債務人之總財產，爲債權人之共同擔保。故債務人財產之增加與減縮，與債權人之權利有密切關係。如債務人對於自己之權利怠於行使，致其財產消極的減縮，或爲積極的減少其財產之行爲，致債權之擔保轉爲薄弱者，則債權人爲保全其權利起見，對於債務人消極的怠於行使其權利者，則可代爲行使之，此之謂代位權；對於債務人積極的爲減少其財產之行爲者，則可聲請法院撤銷之，此之謂撤銷權（民法第二四二條至第二四五條）。（民法債編總論）（何孝元）

保全程序

保全程序係以保全強制執行爲目的所行之程序，亦即本案訴訟尚未繫屬於法院或於繫屬中所行之假扣押及假處分之程序。強制執行，應本於有執行力之執行名義爲之，通常係以確定之終局判決爲執行名義。在判決未確定前，雖有宣告假執行之制度，但假執行之宣告，亦須待有終局之判決，有時因遷延日久，執行難獲效果，仍不足以保護債權人之權利。故爲保全強制執行，特設此種程序。不問其爲假扣押或假處分，於訴訟繫屬中，終局判決前固得爲之；即訴訟尚未繫屬或就未到履行期之請求，或於爭執之法律關係有定暫時狀態之必要者，亦得爲之。保全強制執行，原屬非訟事件，與執行程序同。然因其係由法院以裁定爲準否之程序，亦規定於民事訴訟法之中而爲第七編，除本編外，自仍須適用或準用他編有關之規定。保全方法分爲假扣押與假處分，參見假扣押及假處分條。（民事訴訟法）（李學燈）

保全證據

見「證據保全」條。（民事訴訟法）（李學燈）

保安處分

所謂保安處分，係爲防止特定行爲人將來之危險及獲得改過遷善之目的，用以代替或補充刑罰所科之剝奪或限制其自由之處分。保安處分創始於一八九三年瑞士刑法草案。由此仿傚而成一九〇九年德國刑法草案。遂爲國際法學界所重視。其後有一九二一年義大利斐利（Ferri）刑法草案，將刑罰與保安處分作綜合統一之規定，即所謂刑罰與保安處分一元主義。後爲一九二六年蘇俄刑法所採用。一九三〇年之義大利刑法仍採刑罰與保安處分二元主義。其後各國新刑法及草案，均採二元主義。綜其保安處分之內容，約有下列十項：㈠對於無責任能力人及限制責任能力人之監護處分。㈡酒癖矯正處分。㈢酒店出入禁止處分。㈣對於游蕩無業者之勞動所收容處分。㈤對於常習犯人之監管處分。㈥限制住居。㈦保護管束。㈧放逐。㈨善行保證。㈩去勢及斷種處分等方法，爲各國刑法或特別法所採用。

我國刑法總則第十二章設有保安處分七種：㈠「感化教育」（八六條）。㈡「監護」（八七條）。㈢「禁戒」（八八條）。㈣「強制工作」（九〇條）。㈤「強制治療」（九一條）。㈥保護管束（九二條）。㈦「驅逐出境」（九五條）（均詳見另條）。保安處分除刑法規定外，其他法律亦有特別規定者，如戡亂時期竊盜犯贓物犯保安處分條例、少年事件處理法等，均爲刑法中保安處分之特別法，有優先適用之效力。

我國刑事立法，係採刑罰與保安處分二元主義。保安處分爲刑罰以外之處分，有代替及補充刑罰之功用。其與刑罰重要不同之點如下：㈠刑罰含有報應的色彩，而保安處分則以改善犯人預防社會將來之危險性爲目的。㈡刑罰有主刑與從刑之分，保安處分則否。㈢刑罰有一定之分量，而保安處分原則上採不定期主義，得視其執行情形，予以縮短或延長。㈣刑罰有緩刑制度，保安處分則否。㈤刑罰有假釋制度，保安處分則否。㈥刑罰有未決羈押日數折抵刑期之規定，保安處分則否。㈦行爲後法律有變更者，在刑罰採從新兼從輕主義，在保安處分則一律採從新主義。㈧刑罰有加重減輕之規定，保安處分則否。㈨刑罰有數罪併罰之規定，保安處分則否。㈩刑罰可以大赦特赦，保安處分則否。（刑法總則）（王建今）

保留徵收

保留徵收，謂就舉辦事業將來所需用之土地，在未需用以前，預為呈請核定公布其征收之範圍，並禁止妨礙征收之使用之制度。依土地法規定，因下列情形之一，得為保留征收：㈠開闢交通路線，㈡興辦公用事業，㈢新設都市地域，㈣國防設備。保留徵收之期間，不得超過三年，逾期不徵收，視為撤銷；但因開闢交通路線，或國防設備，得呈請核定延長保留徵收期間，惟延長期間至多五年。對於保留征收之土地應補償之地價，依征收時之地價，土地權利人對保留征收之土地，在征收前不得請求補償；惟保留征收或依法律限制不能使用之土地，除在保留征收期內仍能為原來之使用者外，概應免稅（土、二一三、二一四、一九四、二四〇）。（土地法）（管　歐）

保險人（Insurer;Underwriter）

保險人係指經營保險事業的各種組織（保險法第二條前段）。我國舊保險業法從日、奧兩國立法例，於第二條以明文規定：「經營保險業者，以股份有限公司及相互保險社為限」，現行保險法第一三六條第一項除就之改「相互保險社」為「保險合作社」外，餘仍舊。保險人為保險契約當事人的一方，對於他方享有請求保險費的權利，而於承保危險事故發生時，依其承保的責任，負擔賠償的義務（保險法第二條後段）。（商事法）（林咏榮）

保險公證人（Public Adjusters, Appraisers）

保險公證人係指向保險人或被保險人收取費用，為其辦理保險標的查勘、鑑定及估價與賠款的理算、洽商、而予以證明的人（保險法第一〇條）。（商事法）（林咏榮）

保險代位

被保險人因保險人應負保險責任的損失發生，而對第三人有損失賠償請求權時，保險人得於給付賠償金額後，代位行使被保險人對於第三人的請求權（保險法第五三條一項前段）。法國保險契約法第三六條第一項、瑞士保險契約法第七二條第一項、日本商法第六六二條第一項同旨；而德國保險契約法第六七條第一項於此作更詳密的規定。保險代位請求權，簡稱為代位權利或權利代位（right by subrogation, Subrogation, Ablretung des schadenersatzansprucns des Versichertes），例如經投保火災的房屋，因第三人的侵權行為，致被焚燬時，則被保險人依民法第一八四條的規定，對於該第三人有損害賠償請求權；惟被保險人因保險標的物被焚燬，保險事故隨之發生，其對於保險人又有保險金給付的賠償請求權。被保險人不應同時取得基於同一事故的兩種權利；故其於取得保險人的賠償金額給付後，即應將其對於第三人的損失賠償請求權移轉於保險人，此係權利的法定的當然移轉，其成立要件有二：①被保險人因保險事故的發生對於第三人有損失賠償請求權；②保險人因保險事故的發生已給付其賠償金額。兩者如缺其一，均不能構成所謂代位請求權。（商事法）（林咏榮）

保險代理人（Insurance Agents）

保險代理人，係指根據代理契約或授權書，向保險人收取費用，並代理經營業務的人（保險法第八條）。通稱為保險代理商。（商事法）（林咏榮）

保險利益

所謂保險利益，係指要保人或被保險人對於保險標的上所得享的經濟利益。保險利益雖基於保險標的而生，但兩者不可相混。保險利益為保險契約成立的基本要素，要保人或被保險人對於保險標的物無保險利益者，保險契約即失其效力（參看保險法第一七條），故財產保險契約的訂立，必須有保險利益的存在，亦即以被保險人在其財產上的經濟利益，作為被保險利益的內容；而在人身保險契約方面，人身之所以能為保險的標的者，實亦由於要保人對其有保險利益的存在。人身保險契約的訂立，即以要保人，或被保險人對保險標的有保險利益為前提。財產保險的保險利益有：①要保人對於財產上的現有利益，或因財產的現有利益而生的期待利益，有保險利益（參看保險法第一四條）。所謂財產上的現有利益，不僅指有形的實物，即無形的權利，可以金錢估計者，亦包括之。所謂期待利益，如果實的收穫及酒類的釀製等均是。②運送人或保管人對於所運送或保管的貨物，應負責任，故在其所付的責任限度內，有保險利益（參看保險法第一四條）。由此種保險利益而成立的契約，即特定責任保險，如投保火險、水險、或盜險等是。至於人身保險，其要保人對於左列各人的生命或身體，有保險利益：①本人或其家屬。②生活費或教育費所仰給之人。③債務人。④爲本人管理財產或利益的人（參看保險法第十六條）。上列四款之人，所以有保險利益者，以其與要保人有密切的利益關係，此項關係皆以金錢上的利益爲主，至所謂「爲本人管理財產或利益的人」，例如商人與其商號的經理人，戲院之與伶人等是。此外凡基於有效契約而生的利益，亦得爲保險利益。（商事法）（林咏榮）

保險法（Law of Insurance）

保險法，就是以保險爲規律對象的一切法規。有廣狹二義：㈠廣義的保險法—(a)就廣義的保險法的法律本質言，可分爲保險公法與保險私法。前者係指其性質屬於公法的一切保險法規，例如保險事業監督法及社會保險法等是；後者係指其性質屬於私法的一切保險法規，例如德法等國的保險契約法及我國的舊保險法等是。惟我國現行的保險法，經收納過去的保險業法於其中；保險業法係以保險團體的組織及其監督爲規律的對象，過去一般學者均視之爲保險公法，所以我國現行的保險法，亦非純粹的保險私法。(b)就廣義的保險法的法律形態言，又可分爲形式意義的保險法與實質意義的保險法。前者係指法律中以「保險」命名者而言，如我國的保險法及德法等國的保險契約法等是。後者則不限於成文的保險法，凡涉及保險事業與保險關係諸有關規定的法規，均屬之。㈡狹義的保險法—狹義的保險法，即前述關於形式意義的保險法中的保險私法，德法等國的保險契約法及我國的保險法，均屬於此一範疇。（商事法）（林咏榮）

保險事故

見「意外事故」條。（商事法）（林咏榮）

保險的種類

我國現行保險法第一百一十三條第一項規定：「保險分爲財產保險及人身保險」。其區別係以保險事故發生的客體、亦即以保險的標的爲標準。財產保險（property insurance），係對物保險，德、法及日本學者稱之爲物保險，在我國通俗亦稱之爲產物保險。凡以物或財貨上可能發生的事故爲保險事故者屬之。其中包括火災保險（fire insurance）、海上保險(marine insurance）、陸空保險（inland and aviation insurance）亦即陸上、內河及航空保險）、責任保險（liability insurance）及其他財產保險（保險法第十三條第二項）。財產保險即舊法所稱之損失保險。所謂損失，係就其標的已發生事故的結果而言；所謂財產係就其標的未發生事故的形態而言。人身保險（personal insurance）係對人保險，德、法及日本學者稱之爲「人保險」，凡以人體上可能發生事故爲保險事故者屬之。其中包括人壽保險（life insurance）、健康保險（healthy insurance）及傷害保險（personal accident insurance）（保險法第十三條第三項）。（商事法）（林咏榮）

保險契約

保險契約亦如其他契約，依要約和承諾而成立。其要約，通常係就保險人已印便的投保申請書（亦即要保申請書）塡寫空白部分，並於簽名後交投於保險人，其承諾係保險人同意要保人的聲請。所以本法經以明文規定，保險契約應以保險單或暫保單爲之，並由保險人於同意要保人聲請後簽訂（保險法第四三條第四四條）。保險人既經同意要保人的聲請，則屬雙方意思表示一致，依民法第一五三條即爲成立，無須要保人於契約上簽名。且依保險法施行細則第二十七條第二項的規定，要保人在保險人簽發保險單或暫保單前交付保險費，而發生應予賠償或給付的保險事故時，保險人應負保險責任，是則保險契約的效力，即於要保人交保險費時發生。（商事法）（林咏榮）

保險責任

保險人負有危險擔保的責任，若危險發生，保險人對於何種情形應負其賠償責任，又對於何種情形不負其賠償責任，保險法曾作如左的規定：㈠保險人對於由不可預料或不可抗力所致的損害，負賠償責任；但保險契約內有明文限制者，不在此限。例如火災保險當事人在契約中訂定，凡由地震噴火引起火災者，不負賠償責任等是。保險人對於因戰事所致的損害，除契約有相反的訂定外，亦應負賠償責任（參看保險法第二十九條第一項、第七十條第一項，第九十條及第三十二條）。㈡保險人對於由要保人或被保險人或其代理人的過失所致的損失，負賠償責任；但出於要保人或被保險人或其代理人的故意者，不在此限（參看保險法第二十九條第二項及第七十條第一項）。過失出於無心，僅屬於通常不注意的結果；而故意則爲明知並有意使其發生，例如火災保險的要保人，爲圖謀保險金額，而放火燒屋，此種情形，保險人自不負賠償責任。㈢保險人對於因履行道德上的義務所致的損害，或因救護保險標的，致保險標的發生損失時，均應負賠償責任。現代法律的基本觀念，已由過去以義務或權利爲本位，進爲以社會的利益爲準據。履行道德上的義務，純爲謀致社會的利益。此種行爲，雖屬近似於故意，例如傷害保險，被保險人因他人小孩逗留火車道上，火車突臨，危險萬分，遂速往救，自己反因而被撞受傷；又如房屋投保火險，鄰居失火，因恐延及而拆除房屋的一部分，前後兩例，保險人均應負賠償責任。㈣保險人對於因要保人或保險人的受雇人或其所有之物或動物所致的損害，應負賠償責任。例如火災保險，因僕人燒飯不愼延燒房屋；或因電線走電，致肇火災，或因小猫踏翻燈臺，引起火災等，保險人均應負賠償的責任（參看保險法第三十一條）不過，前例所述因燒飯延燒房屋，如係出於僕人的故意，保險人對之在不逾所賠償的保險金額的限度內，有代位請求權（參看保險法第五十三條第一項，並參看保險代位條）陸上、海上、內河、航空保險人，對於保險標的物，除契約上有規定外，因陸上、海上、內河及航空一切事變及災害所生的毀損、滅失及費用，應負賠償責任。（參看保險法第八十三條、第八十五條）（商事法）（林咏榮）

保險單（Policy; Police Polize; Versicherungsschein）

所謂保險單亦稱「保險證券」，就是保險人簽發關於用以代替保險契約的書面，此不僅爲保險契約內容的證明，且爲保險契約成立的要件。如係無記名式或指示式的保險單，則視同有價證券，得以流通。（商事法）（林咏榮）

保險經紀人（Insurance Brokers）

保險經紀人，係指基於被保險人的利益，代向保險人洽訂保險契約，而向承保的保險業收取佣金的人（保險法第九條）。俗稱爲保險掮客。（商事法）（林咏榮）

保證

保證（Suretyship or Guarantee）

謂當事人約定一方於他方之債務不履行時，由其代負履行債務責任之契約也。因此保證契約所生之債務曰保證債務。保證債務人即保證人（surety）。其相對人曰債權人。其所保證之債務曰主債務（principal obligation），其債務人則曰主債務人（principal debtor）。惟應注意者，保證債務與承擔債務不同。不可混爲一談。前者，在約上定明債務人不履行債務時，乃由保證人代負履行之義務。後者，在使債務人脫離與債權人底債的關係，逕由承擔人負擔清償之義務。此兩者相異之大較也。又保證契約爲諾成契約，允諾即生效，非若承擔契約須經債權人之同意始生效耳。因債權人對保證人無爲何種給付之義務，於是保證契約不僅爲片務契約，且爲無償契約。惟保證契約之成立，係以主債務之成立爲前提，因之又爲從契約。至保證之種類，除普通保證外，尚有下列五種：㈠連帶保證（joint suretyship），謂保證人與債權人約定與主債務人連帶以保證其債務之契約也。他國民法有此規定。我國民法無此明文。惟二人以上之人對同一債務而負保證責任者，原則上應負連帶保證責任。如該保證契約另有規定者，則屬例外。㈡共同保證（co-suretyship），指數人保證同一債務所訂立之契約而言。除契約另有訂定外，應連帶負保證責任（民法第七四八條）。㈢信用委任（mandate credit），即委任他人以該他人之名義及其計算，供給信用於第三人之謂也。例如甲委任乙，用乙之名義及其計算而借款於丙是。此時供給信用於丙，乃以受任人乙之名義爲之。委任人甲應就該第三人丙因受領信用所負之債務，對於受任人乙應負保證責任。此種契約，學者多主張爲一種委任與保證之混合契約。故對於法律關係，則委任與保證之規定，均可適用（民法第七五六條）。㈣賠償保證（compensative suretyship），乃保證人約定，單就債權人不能由主債務人受履行之部分而負賠償之保證契約而言也。我民法未設有此規定。㈤副保證（duplicative suretyship），即就保證之債務更爲保證之契約也。其性質與內容與普通保證相似，惟法律關係較爲複雜，因副保證人對保證人及主債務人與債權人間之法律關係各有不同耳。我民法未設有此明文。所謂普通保證者，我民法對之之重要規定如下：⑴保證債務之範圍：原則上包括主債務之利息違約金及損害賠償與從屬於主債務人之負擔在內。若另有約訂則屬例外。⑵保證人之抗辯：凡主債務人所有之抗辯，不論已否拋棄，保證人均得主張之。⑶受主債務人委任爲保證人者：遇主債務人之財產顯形

減少者；或其住所營業所變更，致請求清償發生困難者；保證人均得請求除去保證責任。（民法債編分則）（張鏡影）

保證（Guaranty）

保證者，乃保證人約定於主債務人不能給付或履行其債務時，由其負給付或履行責任之保證也。換言之，保證人於主債務人不給付時，始負保證之責（見 Black's Law Dictionary, 4th ed., 1957, p. 833.）。（英美契約法）（何孝元）

保證債務（Guarantee of a Debt）

即保證人以擔保債權爲目的而負擔之債務也。保證債務爲從債務。可分爲下列四點言之：⑴主債務人並未負擔債務，保證人亦隨之不負擔債務。又如附條件債務之保證，在主債務未發生之前，亦不發生保證債務。又主債務無效時，保證債務亦因之無效。⑵主債務因清償抵銷提存免除混同等原因而消滅時，保證債務亦隨之消滅。⑶保證人之保證負擔重於主債務時，應減至主債務之限度。⑷保證人在債權人未就主債務人之財產爲強制執行而無效前，得拒絕清償。如保證人在保證契約上聲明放棄先訴抗辯權者，則爲例外。（民法債編分則）（張鏡影）

保釋（Release on Bail）

令依法在押之刑事被告尋覓保人，保證其於特定之時間，地點出庭應訊，然後暫時將其開釋。bail 一字之舊義係指將動產或不動產交付他人之謂。（英美刑法）（桂公仁）

保護管束

所謂保護管束，亦稱保護觀察，即命犯人在自由社會中，指導其應行遵守之事項，並予以必要之輔導及協助，以促其更生向上之保安處分。執行保護管束之原因有二：第一代替其他保安處分之保護管束。刑法第九十二條第一項規定：「第八十六條至第九十條之處分，按其情形，得以保護管束代之」。即感化教育、監護、禁戒及強制工作處分，均得以保護管束代之。仍保持受處分人之自由。如保護管束不能收效者，得隨時撤銷之，仍執行原處分（刑法九二條二項）。第二緩刑及假釋之保護管束。刑法第九十三條規定：「受緩刑之宣告者，在緩刑期內，得付保護管束。假釋出獄者，在假釋中付保護管束」。緩刑爲救濟短期自由刑之弊害，假釋爲救濟長期自由刑之弊害，使犯人獲得自由，但若不予以適當之監管、輔導及協助，則難收刑事政策之實效，故特設保護管束之規定。如違反保護管束規則情節重大者，得撤銷緩刑之宣告或假釋（刑法九三條三項）。（刑法總則）（王建今）

要式契約

要式契約者，其成立須有一定方式之契約也。要式契約，如不具備法定之方式者，其契約原則上應爲無效（民法第七三條）。例如不動產物權之移轉或設定（民法第七六〇條）與兩願離婚之協定（民法第一〇五〇條），均應以書面爲之是。要式契約，如不具備約定之方式者，在該方式未完成前，則推定其契約爲不成立（民法第一六六條）。（民法債編總論）（何孝元）

要式契約（Formal Contract）

要式契約者，乃依一定方式訂立契約也。此類契約有下列三種：㈠蓋印契約：蓋印契約，亦名契據，純因方式而有效，與當事人之合意或契約之有無約因無關。㈡裁判上義務：所謂裁判上義務，即當事人在法庭上承擔作爲或不作爲一定行爲之義務，而當事人非可以契約爲之者也。例如承擔證人，清償債務，保守秩序等是。㈢票據：所謂票據者，即指支付與執票人，或特定人所指定之之滙票、本票及債券而言（見 Williston on Contracts, 1938, Rev.ed., pp. 5-7.）。（英美契約法）（何孝元）

要因行爲與不要因行爲

要因行爲（causative action）又名有因行爲，對無因行爲（abstract action）而言。即以給付財產爲目的之法律行爲中，其以給付行爲之原因爲目的，以爲其行爲成立之要素者也。其名曰有因者在此。例如借貸時，須作正當使用之約定，始給付之。通常之債權均屬之。其與無因行爲之區分，在以是否須以給付之原因爲其成立行爲爲標準也。無因行爲者，即不須以給付之原因爲其給付財產爲目的之法律行爲也。例如票據之執票人係因背書轉讓而取得票據債權者，票據債務人即無條件支付票據上之金額與執票人。縱爲受票人，而票據債務人亦應無條件以支付之。（民法總則）（張鏡影）

要物契約

要物契約者，於意思表示之一致以外，向須實行給付始能成立之契約也。例如使用借貸、消費借貸、出版、寄託、倉庫等契約是（民法第四六五條，第四七五條，第五一五條，第五八九條，第六一四條）。（民法債編總論）（何孝元）

要約

要約者，乃以締結契約之目的所爲之意思表示也。要約之成立，必須具備下例要件：㈠要約須由特定人爲之，㈡要約須對於相對人爲之，㈢要約須足以決定契約之內容。要約既爲意思表示，其生效時期，自應依民法總則關於意思表示之規定，即：向對話人爲要約，以相對人了解其要約時，發生效力（民法第九四條），向非對話人爲要約時，以其要約達到相對人時，發生效力（民法第九五條）。

要約消滅之原因有三：㈠承諾期間之經過：過期後之承諾，不生承諾之效力。要約定有承諾期限者，非於其期限內爲承諾，失其拘束力（民法第一五八條）。對話爲要約者，非立時承諾，失其拘束力（民法第一五六條）。非對話爲要約者，依通常情形可期待承諾之達到時期內，相對人不爲承諾時，其要約失其拘束力（民法第一五七條）。㈡要約之拒絕：要約之拒絕者，乃受該要約之相對人不爲承諾之意思之謂也。要約經拒絕者，失其拘束力（民法第一五五條）。㈢要約之撤回：要約之撤回者，要約人阻止其要約發生效力之意思表示也。撤回亦爲消滅要約之一原因。惟撤回要約，須撤回之通知，與要約同時或先時到達相對人，始能生效（民法第九五條第一項）。（民法債編總論）（何孝元）

要約（Offer）

要約者，乃契約當事人之一方對於他方，表示願履行某種行爲或不行爲之意思表示之謂也。要約可以言詞或書面表示之，亦可以行爲爲之。例如僱車，僅由僱客向司機表示所赴之地點，即可成立契約是。要約須向特定人爲之，然亦可向不特定人爲之。例如被告登一廣告，謂若有人能完成某特定之行爲者，願給予賞金；原告知已完成其指定行爲，雖該要約並非向特定人爲之，契約亦應生效（見 Chitty on Contracts, Vol. 1, 1961, pp. 25, 28.）。（英美契約法）（何孝元）

要約人

要約人者，乃以締結契約爲目的而爲意思表示之人也。在第三人利益之契約，使當事人之一方向第三人爲給付者，亦稱爲要約人（民法第二六九條第一項）。（民法債編總論）（何孝元）

要約之引誘

要約之引誘者，乃使他人向自己爲要約爲目的而爲之意思表示也。要約之目的，在於締結契約，即要約受領人對於要約一爲承諾，則其契約即屬成立。在要約之引誘，僅引起使他人向自己爲要約之表示，而無結約之意思，其自身不發生何種法律上之效果，故可謂之締約之準備行爲。要約與要約之引誘之區別，民法第一五四條第二項設有例示之規定：「貨物標定賣價陳列者，視爲要約。但價目表之寄送，不視爲要約。」所謂不視爲要約，即惟認價目表之寄送爲要約之引誘。在其他情形之下，何者爲要約？何者爲要約之引誘？仍應就各種具體事實，解釋表意人之眞意決之。（民法債編總論）（何孝元）

要約之引誘（Invitation to Offer）

要約之引誘者，乃係一種準備接受對方要約之表示也。其能否達到雙方意思合致，向屬未定，爲要約引誘者不過欲探索消息，或請求對方向之爲要約而已，此種行爲不能發生法律之關係（見 Chitty on Contracts, Vol. 1, 1961, pp. 25-26.）。（英美契約法）（何孝元）

要約之拘束力

要約一經到達相對人後，要約人即應受其拘束（民法第一五四條第一項）。所謂要約之拘束力，即要約人於要約達到相對人後，非持不能撤回（民法第九五條），並須於一定期限內，不得撤銷、擴張、限制或變更之。但如要約人於爲要約時，已預先聲明不受拘束，或依其情形，或事件之性質，可認當事人無受其拘束之意思者，則要約人得不受要約之拘束（民法第一五四條第一項但書）。

要約有其一定之存續期限，即：㈠要約定有承諾期限者：要約定有承諾期限者，無論其爲對於對話人之要約，抑爲對於非對話人之要約，非於其期限內爲承諾，即失其拘束力。㈡要約未定有承諾期限者：對話爲要約者，非立時承諾，即失其效力（民法第一五六條）；至於非對話爲要約者，則依通常情形，可期待承諾之達到時期內，應有拘束要約人之效力（民法第一五七條）。所謂依通常情形可期待承諾之達到時期，應包括要約達到於相對人之期間，酌予相對人考慮之期間，以及承諾達到於要約人之期間。

要約因上述承諾期間之經過，要約之拒絕（民法第一五五條）及要約之撤回（民法第九五條第一項）而失其拘束力。（民法債編總論）（何孝元）

要約之通知（Communication of the Offer）

要約之通知者，乃要約人將其要約通知相對人之謂也。要約必須通知相對人。惟如行爲人已履行要約人所需要之行爲而不知有要約時，不得成立契約。蓋行爲人不知有要約在先，即無以爲承諾也。又要約人不知行爲人已履行其需要之行爲時，亦不能成立契約。蓋原告之要約未經通知，不能產生承諾也。交錯要約，亦不能認爲有意思之合致。雙方當事人相互間雖有與對方發生同一之法律關係，但彼此均不知有要約之存在，自難謂要約曾經通知，並由對方承諾也(見 Chitty on Contracts, Vol. 1, 22 nd ed., 1961, pp. 28–30.）。（英美契約法）（何孝元）

要約之撤回（Revocation of an Offer）

要約之撤回者，乃要約人於承諾前向相對人通知其不願訂立契約之意思表示也(見 American Law Institute; Restatement of The Law of Contracts, Volume I, 1932, 9.49. ）。要約之撤回有二原則，即：㈠要約須在承諾前撤回。㈡要約之撤回須通知相對人。關於第一原則，要約如在承諾前撤回，即令定有期限，要約人亦不負任何法律上之責任，蓋要約人對於期限之限制，既未受有酬報，自不受其拘束。惟當事人之一方如欲使對方受要約之拘束，其可向對方購得一選擇權（option）。如此，則要約人即不得在指定期限內撤回其要約。關於第二原則，要約之撤回，須通知對方。通知之方法，或以郵遞，或以電報，或以其他方法，均無不可；惟必須到達對方，始能生效。所謂通知，非必要約人自爲之者而後可，即令相對人由第三人處得悉要約人有撤回要約之事實，亦可認爲要約撤回之到達（見 Chitty on Contracts, vol. 1, 1961, pp. 43–45.）。（英美契約法）（何孝元）

要保人（Applicant for Insurance）

要保人係指其對於保險標的具有保險利益，向保險人申請訂立保險契約並負有交付保險費義務的人（保險法第三條）。亦即與保險人訂立保險契約的另一當事人。其資格並無任何限制，凡自然人或法人在保險標的上有保險利益者，皆得充之。（商事法）（林咏榮）

要挾

陸海空軍刑法第六十條所謂要挾，係指乘人危急之時，以壓力要求挾持，使人不得不順從而言。（特別刑事法）（吳　智）

要塞堡壘地帶

國防上所設各種要塞堡壘，其周圍之區域，在規定之一定距離內，稱爲要塞堡壘地帶。此地帶無論陸地或水面，均分爲第一區、第二區，依地形、交通、及居民狀況劃出其自基點或基線，至其周圍外方之範圍，所定之距離內均屬之，並規定禁止、及限制事項。天空則分爲「禁航區」與「限航區」，如有違反其限制或禁止事項，應予處罰。（特別刑事法）（吳　智）

要塞堡壘地帶法

爲保衛軍事要塞堡壘地帶安全制定之法。要塞堡壘，爲國防軍事險要與建築防備城塞之重要地區，其設置係在未戰期間，預定將來戰場上作堅強防禦之一種準備，一旦戰爭發生，非特可以保障國土，且可掩護我軍動員集中，作爲對敵攻擊之屏藩。惟要塞堡壘所在，不僅須構築一切防禦工事，且必須有一定區域之劃分。在此地帶內，無論爲地面爲天空及地上地下一切設施之工事，與各種建築物，爲保持國防軍事機密，對於居住區內人民之自由與權利，及接近要塞之船艦航空器，均必有適當之限制、或禁止，而由法律予以規定；平時備而不用，必要時宣布施行，我國要塞堡壘地帶法，於民國二十六年九月二十七日，經前國民政府公布，全文計十七條，民國四十三年五月十二日，總統令修正公布，同日施行，增訂爲十九條。（特別刑事法）（吳　智）

相互保險（Mutual Insurance）

相互保險乃以參加保險者自身爲構成員，在其所構成的團體內，相互間基於彼此利益的保險。其加入保險的行爲亦即加入團體的行爲，此種團體關於保險事業的經營，應爲其加入者全體的責任而計算，所有收支的差額，最後皆歸屬於其加入者亦即該團體的社員，此種團體，即舊保險業第二條規定的相互保險社，而本法就之改爲保險合作社（保險法第一三六條第一項後段）。（商事法）（林咏榮）

相當之給付（Quantum Meruit）

相當之給付者，乃當事人之一方爲他方服務，得按工作價值向他方請求給付相當之酬金也。相當之給付，有基於契約而生者，亦有基於準契約而生者，茲分述於後：

㈠基於契約而生者

㈠由簡單契約而生者：即當事人僅約定工作，而未約定工作酬報之價額，法律遂推定受領工作之一方，應給予工作之一方與工作相當價值之酬報。

㈡由代替契約而生者：當事人未依約定方式履行契約，法律由其行爲，推定其已同意按照新契約履行其義務。

㈡基於準契約而生者

㈠損害賠償之替代：如當事人之一方拒絕履行其契約上之義務，他方得視爲契約業已解除，而請求損害賠償。但他方亦可捨此而依準契約，對於已履行部分之工作，請求違約之一方，給予相當之酬報。

㈡於無效契約所爲之工作：如甲與乙約定爲乙工作，於發覺該契約自始無效，甲可依準契約，向乙請求相當之給付（見 J.F. Wilson: The Law of Contract, 1957, pp. 497-500.）。（英美契約法）（何孝元）

相當因果關係說

見「因果關係」條。（刑法總則）（王建今）

相當注意（Reasonable Care）

相當注意者，乃一般具有理性之人之注意也。所謂具有理性之人（reasonable man）者，係法律所擬定具有正常之精神狀態，普通之知識與經驗及審愼處事之慣能之想像之人也。具有理性之人，並非實有其人，法律以之爲抽象的與客觀的標準，而定注意之程度。具備上列條件之人之注意，謂之相當注意。有此注意者，爲無過失；欠缺此注意者，爲有過失。無論處理何種事務，均應加以相當注意，否則即以過失論。但事實發生之情形各有不同，而注意之程度亦因之而異。例如律師醫士汽車駕駛員，須有特別知識經驗與智慧，始得任之，則其於業務上行爲，其注意程度，應以各該職業爲標準，較高於普通人是。又行爲人之體質與年齡，如盲聾人欠缺視聽之機能，未成年人因幼稚而缺乏常識，亦應予斟酌（見 Prosser on Torts, 2nd ed., 1955, pp. 124-134）。（英美侵權行爲法）（何孝元）

相當期限（Reasonable Time）

相當期限者，乃就各個具體事件而依一般情形所定之期間也。如要約未定有承諾期限者，相對人如於相當期限內不爲承諾時，要約失其拘束力。例如欒姆斯給特公司一案（Ramsgate Victoria Hotel Co. V. Montefiore, 1866, L.R. 1 Ex. 109.）被告於六月間向原告公司承購股票，並付有定金。原告直至十一月間始函覆被告，告以股票業已配給，並促被告交付差額，被告拒絕受領。法院許之，因原告未於相當期限承諾，故承諾應屬無效。

又如支票之提示與請求付款之相當期限，爲背書後之翌日。依一般原則而言，如銀行與執票人同在一處者，執票人必須於收到支票之當日銀行營業時間內，或其翌日請求付款（見 James A. Ballentine: Law Dictionary, 1959, p.1091.）。（英美契約法）（何孝元）

相對的不定期刑

見「不定期刑」條。(刑事政策)(王建今)

相對的訴訟成立要件

見「訴訟成立要件」條。(民事訴訟法)(李學燈)

相鄰防損權

為相鄰間關係之一，即土地所有人經營工業及行使其他權利，應注意防免鄰地之損害也。自鄰地人觀之，即享有保全之權利(民法第七七四條)。(民法物權)(陳　珊)

相鄰防險權

為相鄰間關係之一，即為工事時或因工作物之危險應預防鄰地危險也。自鄰地人觀之，享有保全之權利。其情形有二：(一)開掘土地或為建築時之防險。土地所有人開掘土地或為建築時，不得因此使鄰地之地基動搖或發生危險。或使鄰地之工作物受其損害。(二)工作物之防險。建築物或其他工作物之全部或一部有傾倒之危險，致鄰地有受損害之虞者，鄰地所有人，得請求為必要之預防。(第七九四—七九五條)。前者為積極行為上之危險防免，後者則為消極情形之防險請求。(民法物權)(陳　珊)

相鄰權

亦稱相鄰間關係，日本民法稱為所有權之界限，即民法上所定土地所有權行使之限制也。在土地、森林、建築等法，均設有限制地權行使之規定，一般稱為公法或行政法上之限制。民法對於土地所有人在相鄰間合法行使權利，亦應尊重他所有人或他項權利人之利益，此為相互間之權利義務關係，在此方為相鄰權，在他方則為相鄰義務，異地而處，效果相同，故名為相鄰權，實應稱為相鄰關係，因為互享權利互負義務也。自七七四條至七九八條皆為相鄰權之規定，其立法原則：一為維持相鄰間之和平，一為促進社會之公益，故應互相容忍、互相扶助。(民法物權)(陳　珊)

侵入人　(Trespasser)

侵入人者，乃未經不動產占有人之邀請或許可而進入其區域之人也。此等人不得享受不動產占有人之安全保護與危險通知之權利。不動產占有人容忍侵入人時常進入其區域時，有時亦可作為默許之佐證；但該占有人僅在其不動產上，未設圍障，尚不足以證明其有默許之事實。又不動產占有人之僕役，未獲其允許前，擅自邀入第三者，該第三人仍為侵入人，因僕役之行為，乃無權代理之行為也(見 Salmond on Torts, 11th ed., 1953, pp. 580-583)。(英美侵權行為法)(何孝元)

侵入不動產罪　(Crime of Forcible Entry)

行為人以武力，強暴脅迫等方法，非法侵入他人佔有之不動產，構成侵入不動產罪，諸如破壞門窗，毀損住宅任何一部份，或以其他威嚇方法侵入他人不動產，或其原始進入行為雖合法，進入後若強暴脅迫物主使感到恐懼時，亦成立本罪。目前美國許多州制定法規定，不法「侵入」須違反物主之意思，至所使用之非法力量(forcible)不必大至若何程度，其達於侵權行為(trespass)時即是(Vernon's Tex. Ann. Civ. St. art. 3975)。(英美刑法)(桂公仁)

侵入住宅罪(Burglary)(或夜盜罪)

以犯重罪(felony)之故意，於夜間破門進入他人住宅，不問是否實際已犯該重罪，論以本罪。美國各州刑事立法將「普通法」之侵入住宅罪略加修改，凡於夜間侵入住宅者，論以夜間侵入住宅罪(night time burglary)；若於夜間侵入他人住宅而無破門行為(without breaking)，或於白日破門侵入他人住宅，僅為「普通侵入住宅罪」。玆將「普通法」侵入住宅罪成立要件分述如后：(一)須有破門行為(breaking)，無須為直接或間接(constructive)，如行為係侵權性即足，(二)須有侵入行為(entering)，行為人全身或身體一部分，或以工具伸入住宅內，均為有效之侵入，要者，侵入須以破門行為為前提要件，(三)須為他人之住宅，他人有將其慣用作休憩處所之故意，若暫居旅社之旅客，旅社不得視為其住宅。又，附屬於住宅之庭院等建築物，視為住宅，(四)須為夜間，指日落後日出前之時間，破門，侵入二行為均應於夜間行之，但不必於同一夜間。(五)須有犯重罪(felony)之故意，或犯竊盜罪之故意。(英美刑法)(桂公仁)

侵占 (Conversion)

侵占者，乃不法侵害他人之動產，爲不利於他人對於該動產權利之行使，致其使用權及占有被剝奪之行爲也。成立侵占之要件有二：㈠不法行爲，卽爲不利於他人對於該動產權利之行使之行爲；㈡有侵占之故意，卽否認他人對於該動產之權利，或確認與他人權利相反之事實。

侵占行爲可分爲：㈠移轉他人之物之侵占行爲（conversion by taking），㈡扣留他人之物之侵占行爲（conversion by detention）；㈢非法交付之侵占行爲（conversion by wrongful delivery），㈣非法處分之侵占行爲（conversion by wrongful disposition），㈤非法毀損之侵占行爲（conversion by wrongful destruction），㈥侵占支票之行爲（conversion of cheques），㈦其他方式之侵占行爲（miscellaneous forms of conversion）（見Salmond on Torts, 11th ed., 1953, pp. 323, 327-333）。（英美侵權行爲法）（何孝元）

侵占罪

侵占罪因意圖爲自己或第三人不法之所有，侵占自己持有他人之物而成立，亦卽監守自盜之謂。分析言之：第一須意圖爲自己或第三人不法之所有。第二須有侵占他人之物之行爲。此種行爲之狀態，不外下列二種：㈠實施處分行爲，卽將自己持有他人之物，視爲自己之物而加以處分之謂。㈡易持有爲所有之行爲，卽指使物之所有人喪失其所有權，而變更爲自己所有之行爲而言。此爲普通侵占罪。刑法第三十一章規定侵占罪，除普通侵占罪外，並規定公務或公益侵占罪、業務侵占罪及侵占遺失物、漂流物或其他離本人持有之物等犯罪。

（刑法分則）（王建今）

侵害他人祕密 (Interference with the Right of Privacy)

侵害他人秘密者，乃侵犯他人之寧靜，宣揚他人之秘密，使公衆對於他人發生錯誤之影響，以及利用他人之特點，作爲商業廣告等之行爲也。

侵害他人秘密之行爲，可分四類：㈠侵犯他人之寧靜，如侵入他人住宅、移轉電流竊聽他人通話、密隨他人之行爲是。㈡宣揚他人秘密，如登載他人小孩殘廢之照像之行爲是。㈢置他人於大衆對之可能發生錯誤影響之地位，如未經本人同意，將其姓名列於電信之末端，作爲其所發表之意見是。㈣利用他人之特點，作爲商業廣告。

侵害他人秘密行爲之要件爲：㈠行爲人須有將他人秘密散佈於大衆之行爲；其僅對一二人爲之，尚不足以構成此行爲。㈡此項權利，僅被害人本人得主張之，並因本人死亡而消滅。㈢被害人無須證明特別之損害。㈣事之眞實，不得以爲免責之抗辯（見Prosser on Torts, 2nd ed., 1955, pp. 635-644）。

（英美侵權行爲法）（何孝元）

侵害行爲 (Trespass)

侵害行爲者，乃侵害他人或其財產所爲之行爲也（見James A. Ballentine: Law Dictionary, 1959, p. 1298）。侵害行爲有侵害不動產行爲（trespass to land）與侵害動產行爲（trespass to chattel）二種：

㈠侵害不動產行爲

侵害不動產行爲，計有三種：(甲)不法進入之侵害（trespass by wrongful entry），(乙)停留他人土地內之侵害（trespass by remaning on land），(丙)留置物件於他人之土地上之侵害（trespass by placing things on land）。

㈡侵害動產行爲

侵害動產行爲，亦有三種：(甲)侵占行爲（conversion）：所謂侵占行爲者，乃不法侵害他人之動產，爲不利於他人對於該動產權利之行使，致其使用權及占有被剝奪之行爲也（另詳）。(乙)扣留行爲（detinue）：所謂扣留行爲者，乃不法扣留他人之動產、契約或文件之行爲也（另詳）。(丙)侵物行爲（trespass to chattels）：所謂侵物行爲者，乃不法直接侵害在他人占有中之動產之行爲也（見 Salmond on Torts, 11th ed., 1953, pp. 227, 230, 323 358; James A. Ballentine: Law Dictionary, 1959, p. 370）。（英美侵權行爲法）

（何孝元）

侵害賠償之訴 (Action ex Delicto)

侵害賠償之訴者，乃因違反實證法上之義務或責任而請求損害賠償之訴訟也。此項訴訟，並非必由於契約而產生。當事人間之法律關係雖可因契約而發生，但法律亦可課予某種義務。若當事人之一方不履行此項法定義務時，被害人即可基於契約而提起違約損害賠償之訴，或視該不法行為為侵權行為，而提起侵害賠償之訴，二者由被害人任擇其一行使之。例如運送營業人不法逐出已付車費之旅客，此時旅客與運送營業人間之法律關係雖源於契約，亦可提起侵害賠償之訴以為救濟（見 James A. Ballentine: Law Dictionary, 1959, p. 23.）。（英美契約法）（何孝元）

侵權行為

侵權行為者，乃因故意或過失，不法侵害他人權利之行為也（民法第一八四條）。被害人對於侵權行為人，取得損害賠償之債權，故為債之發生原因之一種。一般侵權行為之構成，在客觀方面：㈠須為自己之行為，㈡須他人之權利，㈢須有損害之發生，㈣須侵害權利與損害之間有因果關係，㈤須行為為不法。在主觀方面：㈠須行為人有責任能力，㈡須行為人有故意或過失。（民法債編總論）（何孝元）

侵權行為（Tort or Delict）

侵權行為者，乃因作為或不作為，致生損害於他人之行為也。此項危害之發生，或由於無合法理由，或由於違反法定義務，或由於侵害他人之絕對的權利（如占有或財產權），或由於應注意而不注意，應避免而不避免危害發生等行為所致（見 Pollock on Torts, 15th ed., 1951, pp. 14-15）。（英美侵權行為法）（何孝元）

侵權責任能力

侵權責任能力者，乃行為人對於其行為之結果，負法律上責任之能力也。責任能力，係以意思能力為基礎。意思能力，即民法第一八七條所謂之識別力。無意思能力者，即無責任能力，亦即對於其行為之結果，不負責任。惟何種人為有責任能力？我民法無明文規定。然自民法第一八七條第一項後段及同條第四項觀之，可謂除行為時無識別能力之未成年人、禁治產人及行為時無意識或精神錯亂之成年人外，任何人均屬有責任能力之人。故主張無此能力者，應由主張無能力者，負舉證之責。（民法債編總論）（何孝元）

宣示判決

判決應宣示之，但不經言詞辯論之判決，不在此限（民訴二二三Ⅰ）。故凡經言詞辯論之判決，均應宣示，宣示為以言詞公開發表之方法，應由法定數額之推事出席，公開法庭，由審判長朗讀判決主文為之。判決理由如認辯告知者，應朗讀或口述其要領。並由書記官作成筆錄（一九八Ⅰ、二二四Ⅰ、二二三Ⅰ6、法組六五、六八）。其宣示之時期，應於辯論終結之期日或辯論終結時指定之期日為之（二二三Ⅱ），如係另行指定期日宣示者，審判長應於言詞辯論終結時，即行指定期日，面告當事人命其到場（一五六），又此項期日之指定，自辯論終結時起，不得逾五日（二二三Ⅲ），此為訓示規定，如有逾期，於判決之效力不生影響，亦不能據為對於判決上訴之理由。且期日如有重大理由時，亦非不得變更或延展之。宣示判決，為法院一方之訴訟行為，不問當事人是否在場，均有效力。但必須當事人曾受到場之通知或面告（一五六）。判決宣示後，其主文應於當日在法院牌示處公告之，當事人得不待送達，本於該判決為訴訟行為（二二五），判決經宣示後，為該判決之法院受其羈束，不宣示者，經送達後受其羈束（二三一）。至於宣示判決之推事，在理論上及過去之實例上，不以參與言詞辯論及判決之推事為限。不經言詞辯論之判決，依法自毋庸宣示，只以送達為向外發表之方法（二二九）。（民事訴訟法）（李學燈）

宣告刑

法院對於特定之犯罪事實以裁判所宣告的刑罰，謂之宣告刑。宣告刑應在「法定刑」之範圍內量定適當之刑罰後，而為宣告。通常法定刑有其最高度與最低度，法院在其最高度以下最低度以上，有自由裁量之權。故宣告刑與法定刑不同。被告於裁判確定前犯數罪者，應分別宣告其應處之刑罰後，再定其應執行之刑。例如被告犯竊盜及傷害兩罪，竊盜罪宣告有期徒刑二年；傷害罪宣告有期徒刑一年，定其應執行之刑為二年六月，此即為執行刑。被告犯單純一罪者，宣告刑即為執行刑。如其犯數罪者，則宣告刑與執行刑即不相同。（刑法總則）（王建今）

宣告死亡

宣告死亡（Declaration of Death）

按死亡為自然人權利能力消滅之時期。惟死亡有二：一為自然之死亡，即由醫學及生理學之方法決定之。應以心臟脈搏全部停止之時爲準。一爲法律上之死亡，即宣告死亡。宣告死亡之原因，乃爲確定失踪人之財產親屬及繼承等之法律關係，使利害關係人及國家經濟不致受其妨礙。惟宣告死亡須有四個要件，乃得爲之。㈠須爲失踪人，所謂失踪，係指離去住所，音訊不明者而言。㈡須滿法定期間，即普通失踪者爲十年，但七十歲以上者爲五年，特別災難失踪者爲三年。㈢須經利害關係人之聲請。所謂利害關係人，係指配偶、繼承人及債權人。㈣須經法院之宣告，並推定其死亡時於判決內，有反證者仍得推翻之（民法第八條第九條）。失踪人一經宣告死亡之後，其一切法律關係均因之而消滅。但實際上尚生存而生還者，應聲請法院撤銷其宣告。惟撤銷之效力，不特及於利害關係人，且可對抗第三人。並可溯及既往。然亦有例外者二：一爲限於現受利益之限度內，負返還其財產之責（民訴法第六三六條）。另一爲善意所爲之行爲，不受其影響。（民法總則）（張鏡影）

法院依法宣告失蹤人爲死亡者，謂之宣告死亡。失蹤人有死亡宣告之原因事實時，利害關係人得向失蹤人住所地之法院聲請宣告失蹤人爲死亡，法院經公示催告後，以判決宣告失蹤人死亡者，謂之宣告死亡程序。宣告死亡之聲請專屬失蹤人住所地之法院管轄。但關於婚姻事件管轄之補充規定，亦準用之（民訴六二六、五六八Ⅰ但書、Ⅱ、Ⅲ）。其在中華民國有住所或居所之外國人失蹤時，就其在中華民國之財產或依中華民國法律而定之法律關係，得依中華民國法律爲死亡之宣告（涉外民事法律適用法四Ⅰ）。與失蹤人有利害關係之人，均得爲宣告死亡之聲請。聲請任得以書狀或言詞爲之，惟應表明其原因、事實及證據（六二七）。宣告死亡，關係失蹤人身分上及財產上之利益，至爲重大，故法院在爲死亡宣告前，應經公示催告之程序，使失蹤人有陳報其生存之機會，凡知失蹤人死亡者，亦有陳報之機會。故宣告死亡事件，亦準用一般公示催告之規定（五四〇至五五三、六二五）。公示催告，應載明㈠失蹤人應於一定期間內陳報其生存，如不陳報，即應受死亡宣告；㈡凡知失蹤人之生死者，應於其期間內，將其所知陳報法院（六二八）。公告應黏貼於法院之牌示處，並登載於公報或新聞紙（五四二）。公告內陳報之期間，自公示催告後登載公報或新聞紙之日起，應有六個月以上（六二九Ⅰ）。失蹤人滿百歲者，公示催告得僅黏貼於法院之牌示處，其陳報期間，得定爲自黏貼牌示處之日起二個月以上（六二九Ⅱ、Ⅲ）。公示催告後，法院爲宣告死亡之判決前，爲失蹤人生存之陳報而聲請人否認其事實者，法院應於確定裁判前，以裁定停止宣告死亡程序（六三二）。若公示催告所定之期間內無人陳報其尚生存，而法院依職權爲必要之調查，認爲足以宣告死亡者，應即爲死亡之宣告。宣告死亡之判決，應確定死亡之時（六三三）。此判決之性質，屬於形成判決，對於一切人皆有效力。其效力之內容，在推定失蹤人於判決內所確定之時死亡（民九Ⅰ）其及於財產上及身分上法律關係之影響，均與其人尋常死亡時同。惟此種法律效果，僅以失蹤人住所爲中心之法律關係爲限。故受死亡宣告者，其後如復歸來其住所，其歸來後之法律關係，不待死亡宣告之撤銷，仍可有效成立。其實際尚生存於其他地域所發生之法律關係，亦可不受死亡宣告之影響。關於宣告死亡程序之費用，如宣告死亡者，由遺產負擔。此外情形，由聲請人負擔（六三四）。餘參見「宣告死亡事件程序」條。（民事訴訟法）（李學燈）

宣告死亡事件程序

宣告死亡事件程序（民訴第九編第四章），係指關於宣告失蹤人死亡及撤銷該項宣告之程序。至關於宣告死亡之原因及效力等項，則規定於民法中（民八至一一）。宣告死亡之程序，依聲請而開始，如駁回其聲請者，以裁定行之。若准許其聲請，而於公示催告後爲死亡之宣告，則以判決行之。至於撤銷死亡宣告之程序，因對於該宣告提起撤銷之訴而開始，則純爲判決程序。如就宣告死亡事件言之，其性質本屬非訟事件，然民事訴訟法既將此程序視作民事訴訟而規定於該法之中，則除此程序有特別規定外，自應適用或準用民事訴訟法之一般規定。又因其涉及人之生死與其親屬及財產之關係，以及採用職權主義之結果，與人事訴訟極相類似，故不從舊例（民事訴訟律草案）列入公示催告程序，而定於人事訴訟程序之中。但其程序又與公示催告程序相類似，所不同者，二者之目的，一在使生失權效果，一者使生推定爲死亡之效果而已。故關於一般公示催告程序之有關規定（五四〇至五五三），仍準用之（六二五）。（民事訴訟法）（李學燈）

宣告停止親權之訴

宣告停止親權之訴（民訴五九二），係本於民法所定應停止親權之原因（民一〇九〇），而求法院判決宣告停止父母對於子女權利之全部或一部之訴。其性質爲形成之訴，係親權事件之一種。餘參見「親權事件程序」條。（民事訴訟法）（李學燈）

宣告假執行

見「假執行之宣告」條。（民事訴訟法）（李學燈）

宣告禁治產

見「禁治產之宣告程序」條。（民事訴訟法）（李學燈）

宣告證券無效

證券之本體，雖非權利，然因持有證券，即得爲權利之主張，故遇有證券遺失時，則正當權利人之權利，自將受有損害。法律爲防止損害，因於實體法上許以公示催告之方法，宣告證券無效（如民七一八、七二五、票據一九等）；並於民事訴訟法之公示催告程序（第八編）中，就其程序加以規定。詳見「宣告證券無效之公示催告程序」條。（民事訴訟法）（李學燈）

宣告證券無效之公示催告程序

公示催告程序（民訴第八編），可分爲一般公示催告程序，與宣告證券無效之公示催告程序。後者除適用特別規定外（五五七至五六七），仍適用一般公示催告程序之規定。證券範圍甚廣，何種情形，得依公示催告程序宣告其無效，則一依實體法之規定決之（如七一八、七二五、票據一九等）。宣告證券無效之公示催告，由證券所載履行地之法院管轄；如未載履行地者，由證券發行人爲被告時，依其有普通審判籍之法院（一、二）管轄；如無此法院者，由發行人於發行之日爲被告時，依其普通審判籍定之。無記名證券或空白背書之指示證券，得由最後之持有人爲公示催告之聲請，其他證券，得由能據證券主張權利之人爲公示催告之聲請（五五八）。聲請人應提出證券繕本，或開示證券要旨及足以辨認證券之事項，並釋明證券被盜、遺失或滅失及有聲請權之原因、事實（五五九）。法院如准許聲請而爲公示催告，應記載持有證券人應於期間內申報權利及提出證券，並曉示如不申報及提出者，即宣告證券無效（五六〇）。公示催告之公告，除黏貼於法院之牌示處並登載於公報或新聞紙外，如法院所在地有交易所者，並應黏貼於該交易所（五六一）。申報權利之期間，應有六個月以上（五六二）。如無人申報權利並提出證券者，法院應爲除權判決，宣告證券無效（五六四）。證券一經宣告無效，聲請人即與占有證券無異。故有除權判決後，聲請人對於依證券負義務之人，得主張證券上之權利。至因除權判決而爲清償者，於除權判決撤銷後，仍得以其清償對抗債權人或第三人。但清償時，已知除權判決撤銷者，不在此限（五六五）。又法院准許公示催告之聲請者，應依聲請不經言詞辯論，對於發行人爲禁止支付之命令（五六六）。其後如因提出證券或其他原因未爲除權判決而終結公示催告程序者，應依職權以裁定撤銷禁止支付之命令（五六七）。餘參見「公示催告程序」條。（民事訴訟法）（李學燈）

重大過失

重大過失者，即欠缺普通人之注意之謂也。亦即稍加注意，即可避免發生其結果，而竟怠於注意之謂。例如受人之託，保管貴重物品，於收藏該物品之處所，竟忘卻施以鎖鑰是。重大過失與抽象的輕過失，其性質並無區別，不過程度之差而已。但重大過失之性質與故意之性質，則顯然不同。蓋故意之成立，必須有容忍結果發生之意思存在，而重大過失，則根本無此容忍結果發生之意思也。（民法債編總論）（何孝元）

重大過失（Gross Negligence）

重大過失者，乃一人對他人之動產或財產權負有不得侵害之義務而不加以注意或明知其行爲或不行爲能發生危險，而對於其結果之發生漫不加注意之謂也（見James A. Ballentine: Law Dictionary, 1959, p.564）。（英美侵權行爲法）（何孝元）

重大過失（Criminal Gross Negligence）

妄顧他人生命、自由、財產上之法益之作爲或不作爲，跡近狂妄（of a wanton or willful nature），但未達於故意程度者，爲有重大過失。行爲人知或應知其行爲或不作爲有致他人損害之可能，竟不顧後果者，英美刑法認行爲人有重大過失(Bell v. Commonwealth, 170 Va.597, 195 S.E. 675, 681)。(英美刑法)(桂公仁)

重大竊盜及輕微竊盜罪(Grand and Petty Larceny)

昔時英國普通法中，將刑法之竊盜罪分為二類，曰重大竊盜罪及輕微竊盜罪，被竊之動產價值十二辨士以上者觸犯前罪，價值等於或在十二辨士以下者觸犯後罪。目前英國已廢除此一區別，美國多數州亦不作此區分，僅少數州刑事立法因英國舊制，仍以竊盜罪標的物價值為區分重大之竊盜罪及輕微竊盜罪之標準(People v. Murray, 8 Cal. 820)。(英美刑法)(桂公仁)

重利罪

乘他人急迫、輕率或無經驗，貸以金錢或其他物品，而取得與原本顯不相當之重利者，謂之重利罪，分析言之：第一須乘他人急迫、輕率或無經驗。第二須貸以金錢或其他物品。第三須取得與原本顯不相當之重利。如具備此三要件，即構成重利罪，應處一年以下有期徒刑、拘役或科或併科一千元以下罰金(刑法三四四條)。以犯重利罪為常業者，則為常業重利罪，處五年以下有期徒刑，得併科三千元以下罰金(三四五條)。(刑法分則)(王建今)

重婚罪(Bigamy)

明知現存之婚姻關係合法有效，行為人仍故意締結另一婚姻關係，如一男同時有二妻，或一女同時有二夫之情形，行為人犯重婚罪。論者有認為「多妻罪」(polygamy)，較重婚罪能呼應罪狀，如美國麻省刑法即以多妻罪名之。然事實上，重婚罪之本質在於有合法配偶之人再婚，而非再婚之次數多寡，故仍應以重婚罪較妥。教會法中規定妻死後夫再婚，或夫死後妻再婚，此一生存之配偶觸犯重婚罪(Black's Law Dictionary, pp. 206)。又，除州立法明文排除「普通法」適用外，行為人善意而有合理依據地誤信其前一婚姻關係因離婚消滅，其再婚行為不得謂為觸犯重婚罪。(英美刑法)(桂公仁)

重傷

稱重傷者，謂左列傷害：一、毀敗一目或二目之視能。二、毀敗一耳或二耳之聽能。三、毀敗語能、味能或嗅能。四、毀敗一肢以上之機能。五、毀敗生殖之機能。六、其他於身體或健康有重大不治或難治之傷害。刑法第十條第四項有明文規定。如不合上列規定者，即非重傷，而為普通傷害。所謂毀敗身體上之機能，係指該項機能之效用完全喪失之狀態而言。所謂重大不治之傷害，係指傷害之結果，確係機能毀敗或身體健康確有終身不治之傷害者而言。所謂重大難治之傷害，係指在易治與不治之間，而又有重大之情形者而言。(刑法總則)(王建今)

重傷罪(Mayhem)

非法以暴力毀傷他人肢體，使無力自衛或搏鬥之謂。包括使成殘廢，毀容等，如割傷他人舌頭、擊瞎一眼、撕毀他人之耳、鼻、唇是(Pen. Code Cal. §203)。美國各州刑事立法將此「普通法」上之罪加以引申，認為預謀或故意殺人，或欲犯重罪，結果毀傷他人肢體機能者，以重傷罪論處，送監執行徒刑，刑期長短，依各州立法規定。(英美刑法)(桂公仁)

重罪惡意殺人律(Felony Murder Doctrine)

被告於犯重罪(felony)時，因其行為而另發生死亡結果，推定被告有謀殺之惡意，應負謀殺罪刑責。此說終有背因果關係原則，非被告所能預見，若令負責，失之過苛，刑法學家，美國印大霍爾教授(Prof. J. Hall)曾主筆者，英國已不採此「普通法」舊說，美國雖仍沿襲，各州法律有認其為三級謀殺罪(murder in the third degree)者，但，包括霍爾教授本人，不為多數學者接受。目前「重罪惡意殺人律」之觀念略有修正，除死亡結果應為被告能預見者外，所犯「重罪」之種類亦多限制為縱火罪，強奸罪、強盜罪，夜盜罪等惡性較重之罪，若於此等條件下發生死亡，雖非被告蓄意殺人，亦負「一級謀殺罪」刑責，例如，被告持械搶刼銀行，警員趕至現場後，雙方發生槍戰時，甲警員不意為乙警員射殺(Commonwealth v. Almeida, S. Ct. of Penn., 362 Pa.596, 68 A. 2d 595)，賓州最高法院依「重罪惡意殺人律」，判被告負阿梅達「一級謀殺罪」刑責。(英美刑法)(桂公仁)

重熙條制

遼興宗重熙五年（1037 A.D.）始修纂太祖以來的法令，號「重熙條制」，凡五百四十七條，頒布施行。（中國法制史）（林咏榮）

重疊之合併

一稱競合之合併，為客觀的訴之合併之一種，見「競合之合併」條。（民事訴訟法）（李學燈）

指示證券（Orders of Payment; Instrument to Order）

係指示他人將金錢有價證券或其他代替物給付第三人之證券也。為指示之人曰指示人(Drawer)，被指示之他人曰被指示人(Drawee)，受給付之第三人曰領取人(Payee)。例如甲（指示人）指定乙（被指示人）將金錢有價證券或其他代替物給付丙（領取人）是也。被指示人雖對於指示人負有債務，但無絕對承攬其所指示給付或必為給付之義務。如被指示人已向領取人為承擔其所指示之意思表示者，即有依證券內容為給付之義務。指示證券除指示人有禁止讓與之記載者外，領取人得將該證券讓與第三人。此項讓與應以背書為之。被指示人已向受讓人為承擔者，不得以自己與領取人間之債權債務相抵銷之關係而與受讓人對抗。至指示證券之領取人或受讓人，對於被指示人因承擔所生之請求權，自承擔時起，三年間不行使而消滅。指示證券遺失被盜或滅失者，法院得因持有人之聲請，依公示催告之程序，宣告其無效（參看指示證券節內條文）。（民法債編分則）（張鏡影）

指定管轄

上級法院，依當事人之聲請或受訴法院之請求，以裁定指定管轄之法院，因此而生之管轄，謂之指定管轄，亦稱裁定管轄。關於訴訟事件之管轄，法律原就普通審判籍及各種特別審判籍設有詳細之規定，並認當事人以合意定其管轄法院，然於特定具體之事件發生有起訴之必要時，適用以上各種管轄之規定，有時仍不免有障礙或困難之情形。乃不得不另設指定管轄之制度，以濟其窮。此項指定，仍為法院審判權之行使，而非司法行政權之作用。民事訴訟法規定指定管轄之原因有二：㈠有管轄權之法院，因法律（如推事均應迴避，或因部份推事迴避，不能組織合議庭等），或事實（如因天災、事變、或推事疾病等）不能行使審判權者。㈡因管轄區域境界不明，（如管轄區域相毗連而不明其界線之所在），致不能辨別有管轄權之法院者（二三Ⅰ）。指定管轄，應依當事人之聲請或受訴法院之請求為之，直接上級法院不得本於職權自為管轄之指定。關於當事人之聲請，固多由原告為之，然亦得由訴訟繫屬後之被告為之。其申請得向受訴法院或直接上級法院為之，直接上級法院不能行使職權者，則管轄之指定，由再上級法院為之（二三Ⅱ）。此時申請自得向受訴法院或再上級法院為之（二三Ⅱ）。法院經調查結果認有指定管轄之原因，不問其訴訟已否繫屬於法院，即應為指定管轄之裁定。究應具體指定何一法院管轄，應斟酌實際情形為之，不受當事人申請或請求法院陳明之拘束。指定管轄之裁定，不得聲明不服（二三Ⅲ）。被指定之法院亦應受其羈束。反之，對於駁回申請之裁定，當事人不服，則得依抗告程序之規定提起抗告 。（民事訴訟法）（李學燈）

案件由上級法院以裁定指定管轄法院之情形，為指定管轄。指定之原因有三：㈠數法院於管轄權有爭議者，不論其為積極或消極爭議均屬之。㈡有管轄權之法院經確定裁判為無管轄權，而無他法院管轄該案件者。㈢因管轄境界不明，致不能辨別有管轄權之法院者。凡此除指定管轄外，別無他途。指定管轄之程式，如由當事人聲請者，應以書狀敘述理由向該管法院為之，受訴法院自亦得為請求。直接上級法院接受聲請或請求，應以裁定就其所屬下級法院而為指定。如案件不能於上級法院轄區內指定管轄法院，依第五條土地管轄之標準，亦無其他法院可以定其管轄，則由最高法院以裁定指定管轄法院，其範圍甚廣，自不虞選擇指定之困難。（刑事訴訟法）（陳 冊）

指定管轄謂管轄之軍事審判機關不明或有爭議時，由共同上級軍事審判機關指定該管轄之軍事審判機關。（特別刑事法）（吳 智）

指定繼承人（Designated Heir）

為繼承人之一種。與法定繼承人相對稱。係由被繼承人以遺囑指定之繼承也。與嗣子性質雖相類似，但仍有區別。蓋嗣子以承繼宗祧為目的。限於收立同姓之子為己之嗣子。又名繼子。我國古代立嗣子，僅限於大宗。小宗則否。

近世已無大宗小宗之別，人各親其親，暮年無子，皆得立嗣，以娛晚景。現民法廢除宗祧繼承，不復有嗣子之規定。僅有指定繼承人，雖係專爲繼承財產而設。實則與嗣子相似，所不同者，非以繼承宗祧爲法律之目的耳。惟指定繼承人時，須具下列三要件：㈠須無直系血親卑親屬者；㈡須以遺囑爲之；㈢須與關於特留分之規定不相違反者。（民法繼承）（張鏡影）

指揮言詞辯論

見「指揮權」條。（民事訴訟法）（李學燈）

指揮訴訟

見「指揮權」條。（民事訴訟法）（李學燈）

指揮訴訟之裁定

指揮訴訟，係指指揮訴訟之進行，通常卽指指揮言詞辯論而言。參與辯論人，如以審判長關於指揮訴訟之裁定爲違法而提出異議者，法院應就其異議爲裁定（民訴二〇一）。此所謂指揮訴訟之裁定，如指定期日及變更或延長期日之裁定，伸長縮短期間由於審判長所爲之裁定及指揮言詞辯論之各種命令而言。法院對於正當之異議，應將該指揮訴訟之裁定撤銷，否則卽將異議駁回，對此裁定不得抗告。餘參見「指揮權」條。（民事訴訟法）（李學燈）

指揮權

言詞辯論之進行，由審判長指揮之（民訴一九八）。審判長關於指揮訴訟（二〇一）之職權，謂之指揮權。審判長行使指揮權時，應注意令當事人得爲適當完全之辯論（一九九Ｉ）。遇有參與言詞辯論之推事變更時，審判長應命當事人陳述以前辯論之要領，或令庭員或書記官朗讀以前筆錄代之（二一一）。當事人聲請之發問或經許可之自行發問有不當者，得不爲發問或禁止之（二〇〇）。調查證據之結果，應曉諭當事人爲辯論。於受訴法院外調查證據者，當事人應於言詞辯論時陳述其調查之結果，但審判長得令庭員或書記官朗讀調查證據筆錄代之（二九七）。此類行爲，通常亦稱審判長之指揮言詞辯論。其他諸如在言詞辯論時審判長有維持秩序之權，如法庭不公開，審判長應將不公開之理由宣示。雖不公開，審判長仍得允許無妨礙之人旁聽（法組六七、六八）。期日，除別有規定外，由審判長依職權定之。言詞辯論須續行者，審判長應續定其期日（民訴一五四、一九八Ⅲ）。審判長得許訴訟關係人發言，對於兩造之聲明或陳述，得命其依所定之順序先後爲之。其所聲明有不明瞭或不完足者，應令其敍明或補充之（一九九Ⅱ）。遇有不從其關於指揮訴訟（二〇一）或維持秩序（法組六九、七一）之命者，得禁止其發言（民訴一九八Ⅱ）。禁止發言後，仍得許其隨時發言。其他如令辯論不斷進行，或使參與辯論人遵守順序及程式等，亦均屬於指揮權行使之範圍。（民事訴訟法）（李學燈）

限制行爲能力 (Person of Limited (Restricted) Disposable Capacity)

爲自然人行爲能力之一種，卽其人之法律行爲受有限制之謂也。換言之，乃對於其一切法律行爲不能獨立爲之，須受法定代理人事前之允許及事後之追認，方能生效。然此僅對於負擔義務方面之法律行爲而言。若係純享權利之法律行爲，則不受限制，亦卽是勿須得法定代理人之允許也。至對第三人訂立契約，自須經法定代理人之許可。卽第三人對之爲法律行爲，亦須其通知達到其法定代理人時方爲有效。縱送達於限制行爲人亦不生效。因未得法定代理人允許之故也。惟所謂限制行爲能力人，舊民律規定三種人有此資格。卽已滿七歲之未成年人，禁治產人及爲人妻者。現民法因本於男女平等之義，妻有行爲能力。準禁治產人納入禁治產人中，故僅規定已滿七歲之未成年人一種爲限制行爲能力人。但已結婚者，則視爲有行爲能力人（民法第十三條第二項及第三項）。（民法總則）（張鏡影）

限制加重主義

見「數罪併罰」條。（刑法總則）（王建今）

限制物權

爲物權分類之一，對所有權或完全物權而言，謂所有權以外之其他物權，皆係所有權上之負擔，而對所有權加以特定限制之權利，亦稱制限物權。如所有權上因有地上權或永佃權之負擔，而有使用之限制，有典權之負擔，而有使用收益之限制者是。惟所有權之行使，亦受公法或民法規定之限制，謂爲限制

物權，語意亦有含渾。（民法物權）（陳　冊）

限制辯論

當事人關於同一訴訟標的提出數種攻擊或防禦方法者，法院得命限制其種類而為辯論（民訴二〇六）。凡當事人因攻擊或防禦所主張之事項，獨立可生某一法律上之效果者，皆屬獨立之攻擊或防禦方法，亦即凡足使為訴訟標的之法律關係發生、變更、消滅或足妨礙其效力發生之事實均屬之。如非關於訴訟標的之攻擊或防禦方法，如抗辯訴訟成立要件欠缺等，則屬於職權調查事項，自不適用此種限制辯論之規定。關於同一訴訟標的，提出獨立之攻擊或防禦方法如有數種，為謀訴訟進行之便利，並防程序之混雜及遲滯起見，法院得限制其種類而為辯論。此非限制當事人提出攻擊防禦方法，而係就已提出之數種攻擊或防禦方法，限制其專就某種方法先為辯論之謂。其目的祇在定辯論之順序。故言詞辯論期日，仍為一切辯論之期日，非專就應先辯論之攻擊或防禦方法定之。限制辯論，以法院之裁定行之。此為訴訟進行中指揮訴訟之裁定，不得抗告（四八三），為該裁定之法院，不受其羈束（二三八）。有此裁定後，當事人固應專就應先辯論之攻擊或防禦方法行其辯論，但不守此限制之辯論，亦非可視為無效。（民事訴訟法）（李學燈）

限定繼承（Limited Succession）

為財產繼承之一種。與包括繼承相對稱。所謂限定繼承者，係以繼承所得之遺產清償被繼承人之債務。其所具之作用，在打破我國向日父借子還之習例而設。目的在於保護繼承人之利益。此制實始於 Justinianus 帝之 Seimus 法典。嗣後法國民法採之，謂之限定承認（acceptation avecreserve）意大利及日本民法則繼受法國民法之此制。其他大陸各國雖不完全採取限定承認之制，然亦多設限制債務負擔之規定。例如德國民法關於繼承人對遺產債務之責任，原則上雖自始負無限責任，但在遺產不足清償時，繼承人即得主張有限責任。惟對於被繼承人身分相當之殯葬費用及被繼承人死亡時尚在其家內共同生活，且受扶養者，在繼承開始三十日內，應負扶養義務；並應允許其使用住屋及家具（德民法一九六八條及一九六九條）。在歐洲個人權利主義之下，被繼承人所負之債務，應以其遺產為之清償。繼承人無以其自己之財產為供清償之義務。我國在民法施行前，係以家為權利義務之主體，父之遺產僅子孫可以繼承，亦即是僅有子孫可繼承家業，故對父所遺之債務負無限責任。現民法因採德瑞法例，非繼承宗祧而繼承財產，且擴及以父母兄弟姊妹祖父母為繼承人，為顧及人情與事實計，遂採限定繼承為任意規定（民法一一五四條）。惟為限定繼承者，應於繼承開始時起，三個月內開具遺產清冊，聲請法院公告。命被繼承人之債權人於一定期間內報明其債權。在報明債權期間內，繼承人不得對於被繼承人之任何債權人清償債務。期限屆滿之後，按已報明及已知之債權，依其數額比例而分別清償。但不得有害及優先權人之利益。至於遺贈，則非將被繼承人之債務清償後，不得交付遺贈於受遺贈人，所以保護債權人也。又限定繼承本為繼承人之利益，如繼承人有隱匿遺產或在遺產清冊中有虛偽之記載等情形，則喪失限定繼承之利益，則仍對被繼承人之債權負無限之清償責任（民法一一五四至一一六三各條）。（民法繼承）（張鏡影）

約因（Consideration）

約因者，乃一方之行為、容忍或所為之諾言，換取對方諾言之代價之謂也（見 Pollock, principles of Contract, 13th ed., p.133.）。約因之適用有下列三原則，即：㈠約因須為未履行或已履行者而不得為過去者；㈡約因應由受領諾言人為之；㈢約因無須相當，惟須真確（見 Chitty on Contracts, Vol.1, 1961, pp. 50, 54, 57, 58-59.）。（英美契約法）（何孝元）

約束營業之契約（Contract in Restraint of Trade）

約束營業之契約者，乃契約當事人之一方對於他方表示不經營同一商業之契約也。普通法以其契約有違背於公共秩序而宣告無效。近來判例，漸趨寬弛，此類約束，如屬合理，契約仍為有效。故約束營業之契約是否有效，英美法律視其合理與否以為斷。所謂合理，即：㈠約束須因保護財產上之利益而為者。㈡須約束之範圍不得過於廣泛。時期及區域之限制，應視當時之情形以定之。㈢須此項約束出於個人自願而非受他方壓迫者（見 J.F. Wilson: The Law of Contract, 195 pp. 383-388.）。（英美契約法）（何孝元）

約定利息

約定利息者，乃由於當事人約定而發生之利息也。約定利息之發生，有由於法律行爲者，如契約是；亦有由於單獨行爲而生者，如遺囑人於遺囑內，定明遺囑執行終了前，遺贈義務人應向受遺贈人支付利息是。約定利息，通常依約定利率計算；如未就利率爲約定者，則依法定利率計算之。（民法債編總論）（何孝元）

約定利率

約定利率者，因法律行爲所定之利率也。約定利率既屬法律行爲，則當事人之間，必須有意思表示，方可認爲成立。約定利率，超過週年百分之二十者，債權人對於超過部分之利息，無請求權（民法第二〇五條）。債權人對於超過部分之利息雖無積極的請求權，但仍保留無請求權之債權（不完全債權）。故債務人如已爲給付，不得請求返還（民法第一八〇條第一款）。自利率管理條例頒行後，金錢債權之約定利率，依該條例第四條及第五條之規定，不問債權人爲銀錢業或銀錢業以外之人，均應以訂約當時當地中央銀行核定牌告之放款利率（日拆）爲限度，在臺灣，則由中央銀行授權臺灣銀行核定牌告，超過此項牌告放款利率部分，債權人均無請求權。故關於金錢債權之約定利率限制，應優先適用利率管理條例之規定。（民法債編總論）（何孝元）

約定財產制（Contractual Régime Vertragsmassiges Guterrecht）

爲夫妻財產制之一種，與法定財產制相對稱。凡夫妻於結婚前結婚後，以契約就親屬法中所規定之財產制範圍內，選擇一種以爲夫妻財產制者，即約定財產制也。訂立此種財產制之契約就是夫妻財產制契約。此種約定財產制有三：㈠共同財產制（community of property regime）。乃將夫妻之財產及其所得，除特有財產外，合併爲共同財產。而屬於夫妻共同共有之夫妻財產制。其特質有四：一爲設定夫妻共有之財產。二爲於共有財產外，另許各別保有其特有財產。三爲共有財產之管理權與處分權，在原則上屬於夫。四爲共有財產關係終止時，雙方或其繼承人得將共有財產分拆。按各國立法例，對於共有財產制，更可分爲下列三種：⑴一般共同財產制，乃指通常之共同財產制而言。挪威芬蘭荷蘭諸國以之爲法定財產制。⑵以動產及所得爲共同財產制。法國以之爲法定財產制。⑶以所得爲共同財產制，蘇俄西班牙諸國以之爲法定財產制。我國民法則以上述第一第三爲約定財產制（民法第一〇三一至一〇四一條）。㈡統一財產制（unity of property regime），又名併吞財產制。即將夫妻雙方之財產合併爲一，而其所有權則爲夫之一方所有。妻僅得對於夫有取回該估定價額之返還請求權之制度也。此制淵源甚早，時至今日，各國法例採之已少。惟瑞士民法採之爲約定財產制之一，我國民法仿之。其管理使用收益等，均準用關於法定財產制之規定（第一〇四二條至一〇四三條）。㈢分別財產制（separation of property regime）。即夫妻雙方各自保有其財產之所有權及使用收益權之制也。其特質有四：⑴因夫妻各保有其財產之所有權及使用收益權，互不相涉，不致發生債之轇轕；⑵如妻以其財產管理權付與其夫者，妻得隨時收回。⑶各人債務，各自清償。⑷家庭生活費用所負之債，如夫無支付能力時，妻須負擔。且夫亦得請求妻對家庭生活費用爲相當之負擔（第一〇四四條至一〇四八條）。（民法親屬）（張鏡影）

度量衡

度係指計算長短之標準，量爲計算體積大小之標準，衡則係指計算輕重之標準。依我度量衡法之規定，長度係以公尺爲單位，重量以公斤爲單位，容量以公升爲單位，一公尺等於公尺原器在百度溫度計零度時首尾兩標點間之距離，一公斤等於公斤原器之重量，一公升等於一公斤純水在其最高密度七百六十公釐氣壓時之容積，此容積尋常適用即作爲一立方公寸。

凡用以計算長短、體積、輕重之器具稱之爲度器、量器、衡器，度器可分爲直尺、曲尺、摺尺、捲尺、鏈尺等種（度量衡法施行細則第三條）；量器分爲圓柱形、方柱形、圓錐形、方錐形等種（同細則第四條），衡器則分爲天平、臺秤、桿秤等種（同細則第五條）；至於法碼則分爲柱形、片形等種，秤錘分爲圓錐形、方錐形、長方錐形等種。（度量衡法）（管　歐）

度量衡名稱及定位法

關於度量衡之名稱及定位法，玆分述如下：

一、長度：公釐—等於公尺千分之一（〇、〇〇一公尺）；公分—等於公尺百分之一，即十公厘（〇、〇一公尺）；公寸—等於公尺十分之一，即十公分（〇、一公尺）；公尺—單位，即十公寸；公丈—等於十公尺（一〇公尺）

；公引—等於百公尺，即十公丈（一〇〇公尺）；公里—等於千公尺，即十公引（一〇〇〇公尺）。

二、地積：平方公尺—等於公畝百分之一（〇、〇一公畝）；公畝—單位，即一百平方公尺；公頃—等於一百公畝（一〇〇公畝）。

三、容量：公撮—等於公升千分之一（〇、〇〇一公升）；公勺—等於公升百分之一，即十公撮（〇、〇一公升）；公合—等於公升十分之一，即十公勺（〇、一公升）；公升—單位，即一立方公寸；公斗—等於十公升（一〇公升）；公石—等於百公升，即十公斗（一〇〇公升）；公秉—等於千公升，即十公石（一〇〇〇公升）。

四、重量：公絲—等於公斤百萬分之一（〇、〇〇〇〇〇一公斤）；公毫—等於公斤十萬分之一，即十公絲（〇、〇〇〇〇一公斤）；公銖—等於公斤萬分之一，即十公毫（〇、〇〇〇一公斤）；公克—等於公斤千分之一，即十公銖（〇、〇〇一公斤）；公錢—等於公斤百分之一，即十公克（〇、〇一公斤）；公兩—等於公斤十分之一，即十公錢（〇、一公斤）；公斤—單位，十公兩；公衡—等於十公斤（一〇公斤）；公擔—等於百公斤，即十公衡（一〇〇公斤）；公噸—等於千公斤，即十公擔（一〇〇〇公斤）。（度量衡法）（管　歐）

度量衡法

度量衡法係於中華民國十八年二月十六日由國民政府公布，同日施行，四十三年三月二十二日總統令修正公布，全文共十八條，四十四年四月六日修正第十二條條文，本法所稱度量衡，係以萬國權度公會所制定鉑銥公尺、公斤原器為標準而為全國所共同遵守者。度量衡原器，由經濟部負責保管，經濟部依原器製造副原器，分存中央政府、各院部會、各省政府、各直轄市政府，經濟部並設立中央標準局掌理劃一度量衡事宜及委託各省及各直轄市設度量衡檢定所，各縣市設度量衡檢定分所以處理檢定事務。（度量衡法）（管　歐）

度量衡法施行細則

本細則係由工商部於中華民國十八年四月十一日公布，同日施行，二十年十二月五日實業部作第一次修正公布，三十三年五月二十九日經濟部第二次修正公布，四十四年六月十日經濟部第三次修正公布，四十九年四月七日經濟部再修正第二十九條、第卅二條及三十九條條文。全文共五十六條，內容分為：第一章規定度量衡器及計量器之製造；第二章規定度量衡器及計量器之檢定；第三章規定度量衡器及計量器之檢查；第四章規定推行劃一度量衡及施行計量法則；第五章為附則，係度量衡中西名稱及符號之對照。（度量衡法）（管　歐）

客女

客女為部曲之女。所謂部曲見「部曲」條。（中國法制史）（林咏榮）

客體錯誤

見「事實錯誤」條。（刑法總則）（王建今）

客觀主義

與「主觀主義」相對立。所謂主觀主義，是以犯罪行為之意思及性格等主觀方面所表現之惡性為科刑之標準；客觀主義，是重視犯罪之結果，以被害法益之客觀的評價為科刑之標準。此種主義，與「報應主義」及「一般預防主義」相結合，構成舊派刑法理論之體系。對於罪刑法定主義及法國革命以後各種刑法制度之建立有重要之貢獻。惟客觀主義僅注重犯罪事實，而忽視犯人之心理與性格，結果犯人之惡性程度雖甚輕微，倘其實害程度甚高，即應科以重刑；反之，犯人之惡性程度重大，因其實害程度甚低，即應科以輕刑。對於未來之社會危險性顯然無從預防，自不免有失法律維護社會生活安全之主要目的。故近代各國刑事立法，甚少採用純粹的客觀主義。（刑法總則）（王建今）

客觀的訴之合併

客觀的訴之合併，係指同一原告對同一被告，於同一訴訟程序，主張數項訴訟標的之訴。因其係於同一訴訟程序，主張數項標的，故又稱請求之合併。提起此項訴訟，須具備下列要件（民訴二四八）：㈠須由同一原告對於同一被告，主張數項訴訟標的；㈡須受訴法院就數宗訴訟中之一訴訟有管轄權；（惟如有一訴訟應由受訴法院以外之法院專屬管轄者，該定有專屬管轄之訴訟，不得合併於他訴提起。）㈢須數宗訴訟得行同種之訴訟程序；㈣須數宗訴訟無禁止合併之規定（如六〇九、六一三Ⅲ、六三九）。客觀的訴之合併之種類，在學說上通常可分為四類，亦有不認選擇之合併，因其請求原因係屬單一，故只分為三類者。㈠單純之合併，卽同一原告對於同一被告，以一訴同列數宗請求，向法院求為判決之訴之合併。此又可分無牽連請求之合併，與有牽連請求之合併。前者數宗請求基於各異之原因，為訴訟標的之法律關係，其間並無何等法律上或事實上之牽連。後者數宗請求有法律上牽連關係，卽為訴訟標的之數項法律關係，其間有牽連關係之存在。㈡預備之合併或稱假定合併，卽原告預防其所提起之訴為無理由，而同時提起他訴為第二位之請求，以備先位之訴卽第一位之請求無理由時，可就後位之訴卽第二位之請求為有理由之判決。如第一位請求為有理由時，卽不再就第二位請求為裁判。㈢選擇之合併，卽原告之訴主張數宗給付不同之請求，而求命被告履行其一，此為同等選擇之合併。另有補充選擇之合併，卽同時主張補充之請求，求命被告不欲或不能履行第一位請求時，卽應履行補充之請求。此與預備之合併，其先後位之請求在理論上不能同時並存者不同。此則數宗請求可以同時成立。㈣重疊之合併或稱競合之合併，卽原告本於數種請求或權利，主張其可得兩立之請求，以單一之聲明，而要求法院為同一之判決，例如本於消費借貸契約及票據上之債權，提起清償之訴；或主張數種之離婚原因，提起離婚之訴是。客觀的訴之合併，是否具備合併之要件，法院應依職權調查之。調查結果，如認為不備合併要件時，例如原告合併提起數訴，非許行同種訴訟程序者，法院應將各訴分別辦理，不得逕認其訴全部為不合法而以裁定駁回之。如認為合併之各訴，被告非同一者，應依共同訴訟辦理。又如認為合併提起之各訴，法院俱無管轄權者，應以裁定移送於管轄法院。若僅係其中一訴另有專屬管轄法院者，則只將該一訴以裁定移送卽可。再如合併之各訴，法院認為不得行同種之訴訟程序或有禁止合併之規定者，應命將各訴分別辦理，分別依通常訴訟程序、簡易程序、或特別訴訟程序各規定辦理。至調查結果，如認為具備合併之要件及一般訴訟成立要件者，法院應就各訴合併為本案辯論及裁判。其餘參見「訴之合併」條。（民事訴訟法）（李學燈）

建築用地

土地依其使用所為分類之第一類（土、二）詳見土地分類條。（土地法）（管　歐）

建築改良物

為土地改良物分類之一種，與農作改良物並列（土、五）詳見「土地改良物」條。（土地法）（管　歐）

建築改良物價值

指建築改良物之價值而言，由該管市縣地政機關於規定地價時同時估定之，其估計以同樣之改良物於估計時為重新建築需用費額為準，但應減去因時間經歷所受損耗之數額；建築改良物之價值，得與重新規定地價時重為估定（土、一六一、一六二、一六六）。（土地法）（管　歐）

卽成犯

所謂卽成犯，是與「繼續犯」相對立的觀念。卽指侵害一定法益或發生一定結果之犯罪，當其行為終了之時，犯罪卽告完成者而言。又稱為「卽時犯」。除繼續犯外，一般犯罪，均屬卽成犯。其追訴權之時效，自具備犯罪構成要件之日起算。（刑法總則）（王建今）

卽時犯

見「卽成犯」條。（刑法總則）（王建今）

卽時取得

動產之受讓人占有動產而受關於占有規定之保護，卽取得其所有權之情形，稱為卽時取得。所謂受關於占有規定之保護云者，卽民法第九四八條「以動產所有權或其他物權之移轉或設定為目的，而善意受讓該動產之占有者，縱其讓與人無讓與之權利，其占有仍受法律之保護」之規定。如甲以受寄乙之金錶一隻，出賣或出質於不知情之丙，甲雖無此權利，丙之占有仍受法律之保護是，所以保交易之安全也。動產之卽時取得，原係基於受讓關係，在有權讓與之情形，祇須完成第七六一條之交付手續，卽生移轉取得之效果。若為無權讓與，則受讓人必為善意占有，方能取得該受讓動產之所有權，本於物權之追及性，因受他人侵奪或為他人無權占有之動產所有人，得追及物之所在，而向現占有人行使返還請求權，但即時取得之情形則爲追及權之例外。此乃以善意占有爲取得受讓動產所有權之補助條件，故其性質仍係法律事實而不屬於法律行爲。有對此種情形名之爲「瞬間時效」者，惟其取得，並無期間經過，自無時效可言。（民法第八〇一條）。（民法物權）（陳　珊）

契約

契約有廣狹二義：廣義所謂契約，汎指以發生私法上效果爲目的之合意而言，其私法上效果，有爲債之發生者，有爲物權之設定者，有爲物權或其他權利之移轉者，亦有爲親屬法上之效果者；狹義所謂契約，僅指以債之發生爲目的之合意而言。我民法採狹義契約之意義。狹義契約，一稱債權契約。債權契約者，乃二人以上之當事人，以債之發生爲目的，彼此所爲對立之意思表示互相一致之法律行爲也（民法第一五三條第一項）。（民法債編總論）（何孝元）

契約（Contract）

所謂契約，乃由一個諾言，或數個諾言構成，而在法律上有強制履行力之行爲也（見Pollock, Principles of Contract, 13th ed., p. 1. The American Law Institutes Restatement of Contracts, §1.）。其構成之要件有六：㈠須以發生法律關係爲目的；㈡須有諾言之存在；㈢諾言必須有約因或形之於蓋印契約；㈣須合意無瑕疵；㈤契約當事人有行爲能力；㈥須契約之標的非不合法或無效（見Chitty on Contracts, vol. 1, 1961, pp. 1-2.）。

契約有明示契約（express contract）與默示契約（implied contract）之分。前者，乃當事人以言詞或文字表示意思合意之契約也。後者，乃就事實推知當事人間有合意存在之契約也。例如乘客於搭公共汽車時，雖無明白表示訂立契約，但法律可從當事人間之行爲推知：乘客爲給付車資之諾言，而司機爲安全載送至目的地之諾言是（見Chitty on Contracts, Vol. 1, 1961, p. 8）。（英美契約法）（何孝元）

契約之解除

契約之解除，乃有解除權之一方向他方爲意思表示，使已成立之契約，溯及既往而歸於消滅之謂。契約解除後，契約所生債務尚未履行者，僅其債務消滅而已，其業已履行者，該受領給付之當事人應向他方返還給付，以回復未訂約以前之原狀（民法第二五九條）。（民法債編總論）（何孝元）

契約標的不能

契約標的不能者，乃契約之標的，其給付自始不能客觀不能之謂也。以自始不能客觀不能之給付爲契約標的者，其契約爲無效（民法第二四六條第一項）。但有下列二種例外：㈠不能情形可以除去當事人並預期於不能之情形除去後爲給付者，其契約爲有效（民法第二四六條第一項但書）。例如於黃金解禁後，以黃金爲給付，如此項禁令，僅爲一時現象，可以解除，當事人並係預期於解禁後爲給付者，其契約爲有效是。㈡附停止條件或始期之契約於條件成就或期限屆至前不能之情形已除去者，契約亦爲有效（民法第二四六條第二項）。例如約定於某廠恢復生產後爲給付，而該廠於條件未成就期限未屆至前，已恢復其生產，可以爲給付是。（民法債編總論）（何孝元）

信任關係（Fiduciary Relation）

信任關係者，乃指一方對于他方所加以信託之關係也。例如律師與當事人，本人與代理人，主債務人與連帶保證人，地主與佃戶，父與子，夫與妻，受託人與受益人等相互間之關係是。一方基於信任關係爲他方管理事務，須依誠信原則爲之，不得從中巧取利益（見James A. Ballentine: Law Dictionary, 1959, p. 501）。（英美衡平法）（何孝元）

信託（Trust）

所謂信託者，乃一人爲他人之利益而持有動產或不動產，並具有該項財產之法律上所有權也。設立信託之人，謂之委託人（trustor）。爲他人之利益而持有信託財產之人，謂之受託人（trustee）。有權取得信託財產利益之人，謂之受益人（cestui qua trust or beneficiary）。信託之成立，須具備下列三要素：㈠受託人，㈡受益人，㈢信託標的物。凡享有財產權利之一方爲他方之利益而處理其財產權益者，皆應依誠實信用之原則而爲之 見James A. Ballentine: Law Dictionary, 1959, pp. 146, 1303, 1304; Black's Law Dictionary, Fourth Edition, 1957, p. 1685）。（英美衡平法）（何孝元）

信託占有

為特別民法上之擔保權利，即信託人供給受託人資金或信用，並以原供信託之動產標的物所有權為債權之擔保，而受託人依信託收據占有處分標的物之權利之謂。（動產擔保交易法三二）。（民法物權）（陳　珊）

信託占有（Trust Possession）

信託占有，係指依「信託收據」（trust receipt），上的約款，信託人移轉其標的物，歸由受託人先行占有並得就之為處分，將其處分所得的價金，以為清償；在未清償以前，信託人仍保留其對於該標的物的所有權。故本法第三十二條規定：「稱信託占有者，謂信託人供給受託人資金或信用，並以原供信託之動產標的物所有權為債權之擔保，而受託人依信託收據占有、處分標的物之交易」。信託占有雖與動產抵押及附條件買賣制度，同具有擔保權的作用。但在性質上彼此實不相同：第一、美國若干州立法例，視「動產抵押」制度上的物的擔保，為廣義的「質權」（lien）。在其質權理論之下，動產抵押為不移轉占有的質權，其標的物的所有權雖仍屬於抵押人；但抵押權人有「終結抵押」（foreclose the mortgage）之權，亦即拍賣其標的物，以其賣得金以供清償。反之，附條件買賣或信託占有，却係於買賣契約或信託收據訂立時，移轉其標的物於買受人或受託人，仍於其標的物上附以擔保權。在此一點上信託占有與附條件買賣在性質上相同；而異於動產抵押。第二、美國若干州立法例，將「所有權」分為法定所有權與實益所有權兩種，動產抵押制度上的抵押權人，或附條件買賣制度上的出賣人，均保留其法定所有權；而其抵押人或買受人則享有其實益所有權，亦即得就其標的物為使用與收益。倘若抵押人或買受人遲延清償其債務時，則抵押權人或出賣人得基於法定所有權，取回其標的物。在此場合，信託占有制度，頗與附條件買賣的性質相類似。亦即其信託人保留信託關係上標的物的所有權；而受託人則享有其實益所有權。其不相同者，信託占有制度的受託人使用與收益外，並得就之為處分。動產抵押及附條件買賣兩制度的建立，雖可達成融通資金促進交易的目的；但其付款均有一定的期限；在今日商業社會的經濟生活中，仍感不便；而信託占有制度的建立，適足以彌補之。信託占有建立於信託收據之上，信託收據的形式有二，一為雙方的信託收據（bipartie trust receipt），另一為三方的信託收據（tripartite trust receipt）。前者僅有債務人與債權人的相互關係，其依此所建立的信託占有，無異於變態的動產抵押。後者除買賣雙方外，並由銀行加入，依此三方關係所建立的信託占有，乃真正的信託占有。（商事法）（林咏榮）

查封

為對於動產或不動產強制執行之最初程序，即由民事執行處推事依據債權人之聲請，或以職權命書記官督同執達員以標封、烙印、揭示、封閉及追繳契據等方法行之。查封時如債務人不在場，應命其家屬或鄰右之有辨別事理能力者到場，於必要時得請警察到場。查封時遇有抗拒，得請警察協助。（強制執行法四七—四九、七六、一一三）。（強制執行法）（陳　珊）

查封令狀（Writ of Sequestration）

查封令狀者，乃衡平法院為使被告服從命令而對其財產予以扣押之令狀也（見 James A. Ballentine: Law Dictionary, 1959, pp. 1376, 1186）。當被告因不尊重法院命令而被監禁時，法院得頒發查封令狀，委派財產查封人占有被告之動產及扣押其不動產之租金與利益。初時，此種占有及扣押僅用以強迫被告履行給付而已。嗣後，財產查封人並得拍賣動產與動用租金，以實現法院所為之給付判決也（見 McClintock on Equity, 2nd ed., 1948, p. 39）。（英美衡平法）（何孝元）

查封筆錄

對於動產或不動產實施查封時，由執行處書記官所作成之筆錄，曰查封筆錄。

一、動產之查封筆錄，應記載以下事項：㈠為查封原因之權利。㈡動產之所在地、種類、數量及其他應記明之事項。㈢債權人及債務人。㈣查封年、月、日。㈤查封之動產保管人。㈥保管方法。二、不動產之查封筆錄，應記載以下事項：㈠為查封原因之權利。㈡不動產之所在地、種類及其他應記明之事項。㈢債權人及債務人。㈣查封年、月、日。㈤查封之不動產保管人。查封人、保管人及依強制執行法第四十八條之應到場人，均應於查封筆錄簽名（強制執行法五四、七七）。（強制執行法）（陳　珊）

背信罪

為他人處理事務，意圖為自己或第三人不法之利益或損害本人之利益，而為違背其任務之行為，致生損害於本人之財產或其他利益者，謂之背信罪。分析言之：第一須為他人處理事務。此種事務，應指有關財產之事務而言。第二須意圖為自己或第三人不法之利益或損害本人之利益。第三須為違背其任務之行為。第四須致生損害於本人之財產或其他利益。（刑法分則）（王建今）

背書

無記名式的票據，僅交付其票據，即發生權利移轉的效力，茲不具論。至記名式票據，除有禁止轉讓的記載者外，均得依「背書」（indarsement）而轉讓（參看票據法第三〇條第一項、第一二四條及第一四四條）。此與民法上指示證券相同（參看民法第七一六條第一項）。背書是票據的附屬行為，必先有發票行為，始得為背書行為。不過票據具有獨立性，發票行為雖屬無效，而背書行為並不隨之而無效。發票人如在票據上記載禁止轉讓，則該票據失卻其背書性，受款人欲轉讓該票據，只得依民法上一般債權轉讓的規定。至背書人在票據上所為禁止轉讓的記載，其後手仍得依背書而轉讓，但禁止轉讓者，對於禁止後再由背書取得該票據的人，不負責任（參看票據法第三〇條第二項）。背書雖以由背書人在票據的背面或其黏單上為之為原則；但在票據的謄本所為的背書，也有同一的效力。關於背書的方式，票據法分為下列兩類：(a)正式背書—或稱完全背書，又稱記名式背書。即具備被背書人的姓名或商號、背書的年月日、及背書人簽名等三個要件的背書。(b)略式背書—亦即空白背書，或稱無記名式背書。即背書人不記載被背書人姓名，僅簽名於票據的背書。其背書年、月、日記載與否，亦聽自由。至背書的要件，為：㈠背書須完整—不容背書人就票據金額為一部分的轉讓，亦不容背書人將其金額分別轉讓於數人，否則其背書不生效力。㈡背書須單純—務須單純而不得附記條件。如有附記條件，該背書仍為有效，惟其條件視為無記載。㈢背書須連續—執票人應以背書的連續，證明其權利（票據法第三七條第一項前段）。所謂背書的連續，係指在票據上所為的背書，自最初受款人至最後執票人之間，須前後連續而不間斷。（商事法）（林咏榮）

律令格式

唐代法典的種類，可分為四，㈠是律，用以正刑定罪，就前代的律編成，淵源戰國李悝的法經；㈡是令，用以設範立制，創始於秦始皇，而漢代以後，它都是與律並列，令的種類不一，大概皆屬於行政法規；㈢是格，用以禁違糾邪，創始於東魏的麟趾格（參看麟趾格條），乃釐定百官有司所常行的規例，屬於官司職守的章條；㈣是式，用以循序辦事，創始於漢代的品式，凡百官有司所常守的方式，都加以列舉。令格式三者，為行政法，凡國家政務皆據此而付之施行。其有所違或為惡而入于罪者，則一概斷之以律。（中國法制史）（林咏榮）

律學博士

曹魏曾置律學博士，遞相傳受，均以儒生兼習律學。沈家本的法學盛衰說中指出：「蓋自魏置律博士官，下及唐宋，或隸大理，或隸國學，雖員額多寡不同而國家既設此一途，士之講求法律者，亦視為當學之務，傳授不絕於世，迨元廢此官，而法學自此衰矣」。（中國法制史）（林咏榮）

前手

票據上的發票人甲，發行票據一紙給乙，乙將其轉讓給丙，丙再轉讓給丁，在此場合，丁為執票人亦即受款人，該票據到期時，丁如被付款人拒絕付款，依法得向前手行使追索權（參照票據法第八五及第一二一等條）。茲所謂前手，係以丁為基準；在丁之前的丙、乙、甲，都是丁的前手，餘類推。（商事法）（林咏榮）

前科

所謂前科，係指曾經科刑判決確定者而言。前科較累犯之範圍為廣。所謂累犯，係指受有期徒刑之執行完畢或受無期徒刑或有期徒刑一部之執行而赦免後，五年以內再犯有期徒刑以上之罪者而言（刑法四七條）（參見「累犯」條）。前科包括累犯在內。前科若合於累犯之規定，應加重其刑至二分之一。若不合於累犯之規定，則可為量刑之參考。（刑法總則）（王建今）

後配股

見「優先股」條。（商事法）（林咏榮）

後備軍人

後備軍人在陸海空軍刑法第七條稱謂在鄉軍人，依兵役法第二十五條規定，係包括左列人員之總稱：

㈠常備軍官、常備士官在現役期間，依法離職或停役者，或退伍為預備役者。

㈡常備兵補充兵在現役期間依法停役者，或退伍為預備役者。

㈢預備軍官、預備士官之未應召入營者。（特別刑事法）（吳　智）

首魁

陸海空軍刑法第十六條規定，稱首魁者，指發動或支配多數人行為之首腦而言，首魁并不限於一人，數人共同為指揮發動者，均得視為首魁；且不問是否共同臨場實施抑或幕後策動。（特別刑事法）（吳　智）

首謀

陸海空軍刑法所謂首謀，係指首倡謀議之人，居間策動，使羣起響應，隨之開始行動而言。（特別刑事法）（吳　智）

叛徒

凡背叛政府，危害國家之行為人，均稱叛徒。依懲治叛亂條例第一條第二項規定：「本條例稱叛徒者，指犯第二條各項罪行之人而言」；即指犯刑法第一百條第一項普通內亂罪，第一百零一條第一項加重內亂罪，第一百零三條第一項誘致外患罪，第一百零四條第一項意圖喪失中華民國領域罪，或預備或陰謀犯前述各罪，以及刑法第一百零三條第一項，第一百零四條第一項之未遂犯者，均屬叛徒。（特別刑事法）（吳　智）

叛亂

陸海空軍刑法所謂叛亂指背叛政府，危害國家民族之一種悖戾行為，凡意圖破壞國體，竊據國土，或以非法方法變更國憲，顛覆政府，及通謀或幫助外國及其派遣之人危害民國，不問其行為直接間接，積極消極，均屬之。（特別刑事法）（吳　智）

負債字據

負債字據者，乃債務人負債時，向債權人所立之字據也，為負債最有力之證據。債之全部消滅時，債務人自得請求返還，或塗銷負債之字據。惟債之關係如僅一部消滅，則其他未消滅之部分，仍需字據之證明，或債之關係雖已全部消滅，而該項字據中載有債權人他項權利者，則債務人自不能請求返還，或塗銷其字據，祇能請求債權人將消滅之事由記入字據以代之（民法第三〇八條第一項）。如負債字據業已毀滅，或因其他事由不能返還，或該項字據別無空白，不能記入消滅債務之事由者，債務人得請求債權人作成債務消滅證書，聲請債務履行地之法院、公證人、警察官署、商會或自治機關，蓋印簽名，即所謂公認證書是也（民法第三〇八條第二項，民法債編施行法第九條）。（民法債編總論）（何孝元）

負擔（Charge; Encumbrance）

負擔者，乃他人存在於動產或不動產上之一種權利或利益也。債務人之物有此項負擔之存在，其價值因之減少（見 Black's Law Dictionary, Fourth Edition, 1957, pp. 620, 908）。（英美衡平法）（何孝元）

科比

在舊時罪刑既不以明定為限，於是除援引經義為斷外，又可以比照律而科之，遂有科條之名與科比之制。科比之制自漢至清均沿用未改，漢初所謂比，原亦比照律條而科罪，後遂衍而為決事比，此所謂比，則為後世之例。當時儘管一事而輕重異比，但在本質言，比對於律亦僅有補充的效力，唐宋均不重視例，明則以例輔律，當時例的效力亦不及於律。清承明舊，惟其例的效力往往高於律的正條，嘉慶續修大清會典卷四十一云：「凡引律必全引其本文，例亦如之，有例則置律，例有新者則置其故者，律與例無正條者得比而科之」。（中國法制史）（林咏榮）

冒用制服徽章

冒用係指冒充使用，制服徽章爲陸海空軍軍人所着用，制服有一定制式，徽章爲識別之用，均不容假借僭用，非軍人於戰地或戒嚴地域內而冒用陸海空軍制服徽章，或雖係軍人而僭用不相當於其本職之制服徽章，或冒用軍事機關已作廢之徽章，均屬冒用制服徽章。（特別刑事法）（吳　智）

面加侮辱

陸海空軍刑法第七十五條規定之面加侮辱，係指面對上官，以嘲罵戲弄之行爲，而使上官以難堪者而言。（特別刑事法）（吳　智）

胎兒（A Child en Ventre sa Mere）

本爲母體之一部，非自然人。於是對胎兒之權利能力之性質如何？法國學者採擬制說，謂其權利能力，乃法律所擬設，於其出生前即已有之。德國學者主張條件說，謂其權利能力，須以出生爲條件，始能溯及既往，我國民法第七條，規定胎兒以將來非死產者爲限，即採條件說。至於胎兒之利益，各國對此立法例有二：一爲絕對主義，又名概括主義，即凡胎兒之利益，視爲既已出生。我國民法第七條，即採此主義。另一爲相對主義，亦稱法律特定主義。即對胎兒之利益加以保護者，僅以特定事項爲限。關於胎兒之繼承權（right of succession by the child en ventre sa mere），則有兩種主義：一爲不以胎兒爲權利之主體，僅對於胎兒將來應享受之權利爲之保留。作爲無主權利之狀態。不歸何人所有。俟胎兒非死體出生後而給與之。另一爲以胎兒爲權利之主體，法律規定視爲既已出生。若出生係死體，則自始未認爲權利之主體。我民法第七條之規定，係採此主義。胎兒利益之保護，視爲既已出生，繼承權自在保護之列。除死產者外，則其繼承權與出生者無異。惟遇遺產分割時而胎兒尚未出生，則應將其應繼分爲之保留（民法一一六六條第一項）。胎兒關於遺產之分割，則以其母爲代理人（同上條第二項）（民法總則）（張鏡影）

是非說（Right and Wrong Test）

陪審團就犯罪事實審判被告時，原則上推定後者心神正常，具有犯罪能力，彼告若欲以心神喪失爲阻却責任之抗辯，必須提出具體證據，證明其本人因腦疾，致欠缺推理能力，行爲時不知其行爲性質及後果，或縱知其行爲之性質及後果，但不知其行爲爲錯誤，亦即行爲人因腦疾而心神不正常，不能辨別是非，如觸犯刑章，應予阻却責任，是謂是非說（Daniel M'Nahten's Case, 10 Cl.§F. 200, 8 Eng. Reprint 718）。（英美刑法）（桂公仁）

英美法法源（Sources of Anglo-American Law）

英美諸國法制隸屬海洋法系，法律幾皆源自英國之「普通法」（Common Law），所謂「普通法」，乃指各級法院審理案件時，就個案中當事人行爲，依其性質而樹立之種種原則與限制，似此不假手於立法機關，純由司法機關判例演繹而成的，人類行爲規範，即所謂的「普通法」。美國立國之初完全沿襲此制，其後社會情勢鉅變，各州議會紛紛立法取代「普通法」之適用，在刑事法規方面，有根本廢除英國「普通法」者，如威斯康辛，俄亥俄二州是，草成法典，採罪刑法定主義（Smith V. State, 12 Ohio St, 466, 80 Am. Dec. 355(1861)。然則成文法典欠缺伸縮性，無法盡攬，規範全部犯罪行爲，是以大多數州，包括上述採罪刑法定主義之二州，爲救成文立法之窮，遇有窒礙難行，仍參酌「普通法」之成例(Sympsium, The Role of Common Law Concepts in Modern Criminal Jurisprudence, 49 J. Crime L., C.§P.S. 45)。美國聯邦制度（Federal System）中無「普通法」之犯罪，蓋聯邦政府基於美國憲法授權，總攬司法大權，欲有能應萬變之司法制度，使聯邦政府司法權有效地及於各州，全賴國會立法，制訂統一之聯邦刑事法規（United States V. Hudson and Goodwin, 11 U.S. (7 Cranch) 32)。

一般言之，英美法之犯罪約可分爲三大類：㈠叛亂罪，背叛，以不法手段直接攻擊政府。㈡重罪，處一年以上有期徒刑之罪。㈢輕罪，處一年以下有期徒刑或易科罰金之罪。（英美刑法）（桂公仁）

春秋決獄

春秋決獄，就是以孔子所作的春秋，爲司法上判決的準據。漢書應劭傳云：「膠東相董仲舒老病致仕，朝廷每有政議，數遣張湯，親至陋巷，問其得失，於是作春秋決獄二百三十二事，動以經對」，例如甲無子，拾道旁棄兒乙，養之以爲子，及乙長大而殺人，甲藏匿之，他人以狀訴甲，甲當何罪？仲舒斷曰：「甲無子，振活養乙，雖非所生，誰與易之，傳云螟蛉有子，蜾蠃負之，

春秋之義，父為子隱，子為父隱，甲宜匿乙，而不當坐」（坐罪）。（中國法制史）（林咏榮）

侮辱

陸海空軍刑法第七十五條所謂侮辱，係指以嘲罵戲弄，輕蔑之言語、文字，或圖畫使人難堪者而言。（特別刑事法）（吳▪智）

美國法律實在論（American Legal Realism）

十九世紀末期，分析法學所謂實證法自給自足之論遭受多方面的攻擊。此時，在美國興起一種與歐洲自由法說類似的運動，稱「實在論運動」（Realist Movement）。屬於此一運動的學者強調法官以及其他執法官吏之實際作為，乃法律的重心。法律與其當作一套規則，不如視為一組事實。因此，研究法律不在研究法規，而在把握種種個人的、社會的因素，以便「預測法院（法官）將採何行動」。其中法官本身的因素更屬重要。美國此一法學運動一方面與美國法學界一向注重法院的司法程序一點，極有關係；同時亦與美國學者研究社會制度，偏採實利主義的（pragmatist）、行為科學的（behaviorist）態度與方法相合。美國最高法院法官霍姆斯（Oliver Wendell Holmes 1841-1935）可稱為此一運動之先驅。而魯威林（Karl Llewellyn 1839-1962），傅蘭克（Jerome Frank 1889-1957），艾諾德（Thurman Arnold 1891-）等人則為其主要代表。（法理學）（馬漢寶）

參考文獻：

Wolfgang Friedmann, Legal Theory (5th edition), London, 1967, pp. 292-304

冠笄

古者男子二十而冠，女子十五而笄（得以許嫁之年），男子將達二十歲時，筮日（擇日）加冠，以重其事，而示成人。（中國法制史）（林咏榮）

政策法學（Policy Science of Law）

政策法學是晚近美國二位學者賴士威（Harold Lasswell）與麥杜哥（Myres McDougal）攜手發展的一種法學理論。其說雖在建立經驗法學，而實為一種有關價值的理論。兩氏認為「價值（value）即「欲求之事」（a desired event）。基於此一定義，進而發展價值之整套系統，計得「權力」（power）、「財產」（wealth）、「啟導」（enlightment）、「尊敬」（respect）、「康寧」（well-being）、「技巧」（skill）、「正直」（rectitude）與「情愛」（affection）八種「人所喜好之事」。此八種價值僅具代表性，且不能依其重要性分別等級。因為價值之相對地位係因團體、個人、時間之不同而不同。兩氏視法律為權力價值之一種形式，而稱之為「一個社會中權力決定之總和」（the sum of the power decisions of a community）。麥杜哥認為法律制度必具的要素有二：即制作決定之形式權威與保證執行決定之有效控制。由形式權威與有效控制之結合，乃產生一連串的決定，其目的在依社會願望以促進社會價值。換言之，法律實際上是一個社會裡制作決定過程之全部，而非僅一套法規而已。賴士威與麥杜哥之基本信念之一，在認為社會組成分子應參與價值之分配與享有，亦即法律及司法必須致力使價值為人廣泛分享。法律既在促成價值之民主化，以建立一自由富足的社會，必須減少技術性的法律原則，而代以一種「政策」法學。凡具有關鍵性的法律概念或名詞，其解釋應顧及民主生活之目標及問題。因此，重視定義之態度應代以「思考目標」（goal-thinking）。法律上的決定應視為對於急遽事件之反應，亦即是社會過程中價值的種種變動。故解決問題而選擇方法時，應就其對社會制度所具之效果，予以機能性的（functional）考慮。法律規則適用於個別案件時，必須作政策上的選定。法律與政策不應嚴加區分，故賴士威與麥杜哥強調，研究制作決定之程序，如能以將來為重心，遠勝於傳統原則之機械運用。此種思想與美國法律實在論的關係，不難窺知。（參閱「美國法律實在論」條。）（法理學）（馬漢寶）

參考文獻：

Mc Dougal, "Law as a Process of Decision: A Policy-Oriented Approach to Legal Study", I Natural Law Forum 53, 1956

故意

故意為責任條件之一，又稱「犯意」，即犯罪之意思。犯罪以處罰故意為原則，處罰過失為例外（參照刑法一二條）。故意必須認識犯罪事實，此種犯罪事實之認識，在學說上有主張以認識為已足者，稱之為「認識主義」。有主張在認識犯罪事實之外，尚須有希望其結果之發生者，稱之爲「希望主義」。通說採希望主義。

關於故意之種類，在大體上分爲下列二種：第一「直接故意」，又稱「確定故意」。卽行爲人對於構成犯罪之事實，有確定之認識，而決意直接實現其結果之謂。例如甲與乙積有仇恨，意欲殺乙，明知槍能殺人，乃發槍將乙擊斃。亦卽刑法第十三條第一項規定：「明知並有意使其發生者爲故意」。此種故意，謂之直接故意或確定故意。第二「間接故意」，又稱「不確定故意」。卽行爲人預見犯罪事實有發生之可能，而間接聽任其發生，並不違背其本意。卽刑法第十三條第二項規定：「行爲人對於構成犯罪之事實，預見其發生，而其發生並不違背其本意者，以故意論」。

關於不確定故意，分爲左列二種：

一、客體不確定故意，卽指行爲人對於結果之發生雖有預見，但對於犯罪客體之認識不確定者而言。此種故意，又分爲以下二種：其一爲「概括的故意」，卽對於多數客體僅有概括的認識。例如向羣衆開槍，明知有人死傷，但不確定爲何人者是。其二爲「擇一的故意」，卽在數個客體中，選擇其一而任其結果之發生。例如向甲、乙、丙三人開槍，希望有一人命中者是。

二、結果不確定故意，亦名「未必故意」。卽行爲人認識結果之發生在兩可之間，可能發生，亦可能不發生。例如以槍擊獸，明知獸旁有人，以爲不中獸而中人，亦所不惜，結果將人擊斃，卽有殺人之未必故意，應依刑法第二七一條第一項之殺人罪論科。（刑法總則）（王建今）

故意（Intent）

乃指思想狀態，行爲人行爲時之意圖或決心，難於直接證明，通常僅能從事實間接旁證。故意與動機不同，以特定方法達成特定結果爲目的之思想狀態謂之故意，而導致上述思想狀態之理性謂之動機(Witter V. U.S., 106 F. 2d 837, 840, 70, App. D.C. 316, 125 A.L.R. 1031;State V. Walker, 109 W. Va. 351, 154 S.E. 866, 867.)。犯罪行爲人於犯罪時須具有自由意志，對於行爲之性質及後果亦須具有深切之認識，似此之思想狀態，謂之故意（Burrill, Circ. Ev. 284 and Notes)。

就犯罪故意之原則論，乃可分爲三種不同之觀念：㈠一般故意（general intent）：凡基於自己意識之發動而爲某一行爲者，法律推定係故意爲該行爲，由該行爲所當然發生之結果，亦推定其係出於故意，因而法律認爲責任能力人在無違法阻却原因時，任意實行一定之行爲，該行爲又爲刑法處罰者，其實行行爲之意思，推定爲犯罪之故意，例如甲任意以致命之毒物予乙服食，乙因而斃命，推定甲有殺人之故意，亦卽所謂之一般故意（韓忠謨，刑事責任之理論研究，pp.16-18)。㈡特定故意（specific intent）：行爲人不僅有爲某種行爲之意思，且須行爲人在爲該行爲時具有一定之目的意思，例如竊盜罪（larceny）於竊取之意思外，另須具備不法占有之故意，以此目的意思，卽特定故意。㈢擬制故意（constructive intent）：英美法中有凡故意爲某一犯罪行爲，進行中發生其他未預見之法益侵害結果，而構成另一犯罪時，則前一行爲之犯意，擬制爲後一犯罪之犯意，例如強姦致人於死，以強姦之故意，對於死亡之結果部分，擬制有故意，負惡意殺人罪刑責，關於此說限制甚多：㈠須原來之故意犯行屬於自然犯，故超速行車傷人，如無傷人故意或過失，則不能僅以故意違反行車規則推定擬制其有傷人之故意，蓋違反行車規則乃法定犯。㈡所擬制之罪祇需「一般故意」卽可成立，若犯罪依法須以特定故意爲成立要件者，則不得以犯他罪之故意擬制之。(韓忠謨，刑事責任之理論研究pp.16-18)。（英美刑法）（桂公仁）

俘虜

陸海空軍刑法所稱之俘虜，係指被捕獲而拘留之敵方官兵而言，無論爲戰鬥員非戰鬥員，均謂之俘虜，拘留之用意，在防止其重歸本隊參加戰鬥，故與犯罪者之被囚禁有異。（特別刑事法）（吳　智）

洩漏軍機

指軍事上應保守秘密之消息、文書、圖畫或物品，洩漏爲他人知悉或持有之謂，通稱洩密。妨害軍機治罪條例認爲洩密之犯罪行爲，有洩漏、交付、公示三者。所謂洩漏者，指不知秘密之人而爲其知之之謂。交付者，指將物交與他人占有管領之謂。公示者，指將秘密使公眾知悉之謂。又其對於洩漏、交付或公示之秘密爲全部或一部，有償或無償，過失抑故意，聞知者多寡，是否洩露於敵或意圖利敵，均所不問，祇須有足以洩密之可能者，卽應受妨害軍機治

罪條例之懲處。（特別刑事法）（吳　智）

降敵

陸海空軍刑法第十八條所謂降敵，係指與敵國開戰，或將開戰時，以圖利於敵為目的，而自動投降至敵軍勢力範圍內，聽其命令指揮而言。（特別刑事法）（吳　智）

風憲宏綱

見「大元通制」條。（中國法制史）（林咏榮）

飛錢

唐憲宗時，許人民入錢京師，於諸州便換，入錢者得以輕裝趨四方，合券而取之，是謂飛錢。降至宋太祖開寶三年，置便錢務，凡商人入錢者給以券，並飭諸州凡商人齎券至，當日即付，不得住滯，違者科罰，謂之便錢，是為我國滙票的雛形。（商事法）（林咏榮）

姻親（Relationship in Law; Affinity; Relatives by Marriage）

為親屬之一種。我民法規定，包括下列三種親屬而言：㈠血親之配偶。例如伯叔姑母等之配偶，兄弟姊妹之配偶皆是。㈡配偶之血親。例如妻對於夫，或夫對於妻之祖父母父母兄弟姊妹等皆是。㈢配偶之血親之配偶。例如夫對於妻之兄弟姊妹之配偶，或妻對夫之兄弟姊妹之配偶等皆是，至於血親之配偶之血親，則非姻親。關於姻親之親系及親等之計算方法，我民法規定：㈠血親之配偶，從其配偶之親系及親等。例如兄弟之妻之親等親系與兄弟同，即二親等之旁系親。㈡配偶之血親，從其與配偶之親系親等。例如妻之兄弟與妻為二親等之旁系親，則其與己身亦為二親等之旁系親是。㈢配偶之血親之配偶，從其與配偶之親系親等。例如妻之兄弟之妻對於妻為二親等之旁系親。則其與己身之姻親關係亦為二親等之旁系親是。按姻親關係（relationship by marriage）乃由婚姻而來。故夫妻離婚，或夫死妻再婚，或妻死贅夫再婚，其姻親關係即行消滅（民法第九六九條至九七一條）。（民法親屬）（張鏡影）

屍體證據原則（Doctrine of Corpus Delicti）

犯罪之客體或犯罪事實之本質、基礎，得據以推知犯罪事實確已發生及存在者，如自被害人遺體、被焚房屋殘餘部份，可確認謀殺罪及縱火罪事實之存在(People V. Dick, 37 Cal. 281)。

在威伯斯特一案中(Comm. v. Webster, S.J. Ct. of mass., 59 Mass. 295, 386.)，被告焚屍滅跡，極難據「屍體證據原則」，確認其犯謀殺罪，幸在被告試驗室焚化爐中發見被害人之數枚殘餘骨塊、義齒等，遂以間接證據（circumstancial evidence），證明被告犯謀殺罪，可謂「屍體證據原則」之例外。總之，必須犯罪行為導致損害，始有此原則之適用。(英美刑法)(桂公仁)

破門侵入(Breaking and Entering)

以犯重罪之故意，於夜間破門侵入他人住宅，構成夜盜罪或侵入住宅罪。所謂侵入（breaking），必須行為人移開住宅某一有形部分。越過一象徵性之欄杆或橫線，不足構成侵入，蓋其缺乏積極侵權性（trespassory）。但以詐術，如行為人扣門問路，待女傭啟門時側身而入加以洗竊，其侵入雖未經由暴力，視同推定侵入（constructive breaking）。

以侵入為目的，行為人身體任一部分，如手臂、手指是，進入該住宅，或以其他器具伸入住宅竊取。要者，侵入（entering）須以破門（breaking）為前提，若無破門在前，行為人以犯重罪之故意，夜間由已開啟之門進入他人住宅，則不得視為侵入（entering），從而亦不構成本罪。（英美刑法）（桂公仁）

破產

債務人之全部財產不能清償債務時，而使多數債權人得公平的滿足之民訴事件為破產。宣告破產，須具以下要件：㈠須為不能清償債務者。㈡須有多數債權人之存在者。㈢須係以公平的滿足為目的者。（破產法）（陳　珊）

破產人

受破產宣告之債務人為破產人，與破產債權人相對立。破產人一經受破產之宣告，其在法律上之人格，即生種種限制之效力：㈠對於破產財團之財產，喪失其管理及處分之權。㈡不得為法人之清算人或破產管理人。㈢不得為親屬會議會員。㈣不生喪失國籍之效果。㈤其他依法律所定各種消極資格之限制。（破產法）（陳　珊）

破產之終止

破產宣告後，因有特定事由而不繼續進行其程序者，曰破產之終止。所謂特定事由，即破產財團之財產不敷清償財團費用及財團債務之情形，此際，法院因破產管理人之聲請，應以裁定宣告破產終止。（破產法一四八）。（破產法）（陳　珊）

破產之終結

破產事件辦理完畢而結束其程序之謂也。破產管理人於最後分配完結時，應即向法院提出關於分配之報告，法院接到報告後，應即為破產終結之裁定。此項裁定，不得抗告。（破產法一四五、一四六）。（破產法）（陳　珊）

破產公告

法院使公眾週知破產宣告之方法也。法院為破產宣告時，應公告下列事項：㈠破產裁定之主文，及其宣告之年、月、日。㈡破產管理人之姓名、住址及處理破產事務之地址。㈢申報債權之期間，及第一次債權人會議之期日。㈣破產之債務人及屬於破產財團之財產持有人，對於破產人不得為清償或交付其財產；並應即交還或通知破產管理人。㈤破產人之債權人，應於規定期限內向破產管理人申報其債權，其不依限申報者，不得就破產財團受清償。（破產法六五）。（破產法）（陳　珊）

破產法

規定破產程序之法律為破產法。債務人以其全部財產不足清償債務時，債權人之債權，自即無從得為全部之清償，為使其平均分擔損失，而得公平之滿足，乃有以法律規定處理破產人之財產以平均分配於債權人之必要。破產法之立法例：有所謂一般破產與商人的破產主義之分：前者不論何人均有破產程序之適用，為英美德奧等國所採取，我亦從之。後者僅以商人為限，方能適用破產法，法義等國採之。又有所謂公法的破產主義與私法的破產主義之別：前者以破產為訴訟程序之一種，對於破產人之財產，法院得加以占有而逕行清算及分配之。後者視破產為一種清算程序。債權人對於破產人之財產得逕行共同管理之，且得加以變賣及分配。我破產法為公法之一種，由為破產宣告之法院指定破產管理人處理破產財團有關之事務，並由其終結破產程序。我破產法於民國二十四年七月十七日由國民政府公布，同年十月一日施行。二十六年五月一日修正第二十七條。主要立法原則有下列數端㈠遵守三民主義之立法精神。㈡適應一般社會之實際需要。㈢保存中國固有之優良習慣。㈣採納各國法典之優點。（破產法）（陳　珊）

破產法院

破產事件之管轄法院，曰破產法院，我破產法設有明文：破產事件，專屬於債務人或破產人住所地之地方法院管轄，債務人或破產人有營業所者，專屬其主營業所所在地之地方法院管轄。主營業所在外國者，專屬其在中國之主營業所所在地之地方法院管轄。不能依上項規定定管轄法院者，由債務人或破產人主要財產所在地之地方法院管轄。（破產法二）。（破產法）（陳　珊）

破產宣告

法院依聲請或以職權裁定宣示債務人破產之謂。所依聲請，除由債權人或債務人為之者外，在遺產不敷清償被繼承人債務之情形，遺產管理人及遺囑執行人，亦得為之。在民事訴訟程序或民事執行程序進行中，法院查悉債務人不能清償債務時，得依職權宣告債務人破產。法院為破產宣告時，應選任破產管理人，並決定下列事項：㈠申報債權之期間。但其期間須在破產宣告之日起，十五日以上，三個月以下。㈡第一次債權人會議期日。但其期日須在破產宣告之日起一個月內。（破產法五九、六〇、六四）。（破產法）（陳　珊）

破產能力

所謂破產能力，乃指得為破產人之資格而言，凡債務人而具有訴訟當事人之能力者，即有破產能力，不以其有無訴訟能力為限。非法人之團體，雖亦得為訴訟法上之當事人，惟其所設管理人或代表人，並非債務人，該團體亦非私

權主體，故仍無破產能力。（破產法）（陳　冊）

破產原因

據為宣告破產之法定情事，曰破產原因，各國立法例有採概括主義者，如大陸法系國家多屬之，有採列舉主義，英美等國屬之。我國採取前者，以債務人不能清償債務為破產之原因，債務人停止支付者，推定其為不能清償。法人之財產不能清償債務時，董事應即向法院聲請破產。遺產不敷清償被繼承人債務，而有下列情形之一者，亦得宣告破產：㈠無繼承人時。㈡繼承人為限定繼承或繼承人全體拋棄繼承時。㈢未拋棄繼承之繼承人全體有破產原因時。（破產法一、五九、民三五）。（破產法）（陳　冊）

破產財團

供破產債權人分配之財產，曰破產財團。其範圍如下：㈠破產宣告時屬於破產人之一切財產，及將來行使之財產請求權。㈡破產宣告後，破產終結前，破產人所取得之財產。專屬於破產人本身之權利及禁止扣押之財產，不屬於破產財團。（破產法八二）。（破產法）（陳　冊）

破產程序

謂破產事件所實施之程序也，其順序可分以下各階段：㈠破產之聲請。㈡破產之宣告。㈢破產事務之進行。㈣破產事件之終結。㈤破產人之復權。破產程序除破產法有規定外，準用民事訴訟法之規定。（破產法五）。（破產法）（陳　冊）

破產當事人

破產程序中之雙方當事人，曰破產當事人，即破產債權人與破產債務人也。（詳各該條）。（破產法）（陳　冊）

破產賄賂罪

即在破產程序中特定之賄賂行為也。㈠破產受賄罪。內含兩種情形：1.和解之監督輔助人、破產管理人或監查人，對於其職務上之行為、要求、期約或收受賄賂或其他不正利益者，處三年以下有期徒刑，得併科三千元以下罰金。2.債權人或其代理人關於債權人會議決議之表決，要求、期約或收受賄賂或不正利益者，其處罰與以上受賄罪同。㈡破產行賄罪。對於上述兩種受賄罪之主體、行求、期約或交付賄賂或不正利益者，其處罰與受賄罪同。（破產法一五七—一五九）。（破產法）（陳　冊）

破產債務人

為破產當事人之一，即破產人也。其所負之義務如下：㈠經破產管理人之請求，應即提出財產狀況說明書，及其債權人、債務人清冊。是項說明書，應開列破產人一切財產之性質及所在地。㈡應將與其財產有關之一切簿冊、文件及其所管有之一切財產，移交破產管理人，但禁止扣押之財產，不在此限。㈢對於破產管理人或監查人，關於其財產及業務之詢問，有答復之義務。（破產法八六—八八）。（破產法）（陳　冊）

破產債權

在破產宣告前對於破產人所成立之債權，曰破產債權。但有別除權者，不在此限。附期限之破產債權未到期者，於破產宣告時，視為已到期。附條件之債權，得以其全額為破產債權。以下各種債權，不得為破產債權：㈠破產宣告後之利息。㈡參加破產程序所支出之費用。㈢因破產宣告後之不履行所生之損害賠償及違約金。㈣罰金、罰鍰及追徵金。破產債權，非依破產程序，不得行使。對於法人之債務應負無限責任之人受破產宣告時，法人之債權人，得以其債權之總額，為破產債權而行使其權利。（破產法九八、九九、一〇〇、一〇二、一〇三、一〇六）。（破產法）（陳　冊）

破產債權人

享有破產債權之權利人，曰破產債權人。其所享有之權利，以同等為原則，惟如對於破產財團之財產有優先權之債權，先於他債權而受清償，優先之債權有同順位者，各按其債權額之比例，而受清償。（破產法一一二）。（破產法）（陳　冊）

破產罰則

關於破產犯罪之處罰條款，曰破產罰則，理論上應規定於刑法，惟刑法爲一大法典，不能輕易變更，若以破產法則，列入刑法，則修改破產法時，刑法亦將受其遷動，故亦如一般附屬刑法之例，而特定於破產法中，是爲刑法之特別規定，破產法中未規定之犯罪行爲，仍適用普通刑法。現行破產法中所列犯罪，共有以下數種：(一)過怠破產罪。(二)詐欺破產罪。(三)詐欺和解罪。(四)破產賄賂罪。（詳各該條）。（破產法）（陳　珊）

破產管理人

破產機關之一，即管理破產財團之執行機關也。由法院就會計師或其他適於管理該破產財團之人（如律師）中選任之。債權人會議，亦得就債權人中爲選任。破產管理人受法院之監督，必要時，法院得命其提供相當之擔保，其報酬由法院定之。至其執行職務，應以善良管理人之注意，法院因債權人會議之決議，或監查人之聲請，或依職權，得撤換之。（破產法八三—八六）。（破產法）（陳　珊）

破產機關

關於處理破產事件之主體，曰破產機關，包括以下四種：(一)破產法院。(二)破產管理人。(三)監查人。(四)債權人會議。（詳各該條）。（破產法）（陳　珊）

破產聲請

謂債權人或債務人向管轄法院所爲宣告破產之請求也。債權人聲請宣告破產時，應以書狀敍明其債權之性質、數額及債務人不能清償其債務之事實。債務人聲請宣告破產時，應附具財產狀況說明書及債權人、債務人清冊。法院對於破產之聲請，應自收到聲請之日起七日內，以裁定宣告破產或駁回破產之聲請。在裁定前，得依職權爲必要之調查，並傳訊債務人、債權人及其他關係人。（破產法六一—六三）。（破產法）（陳　珊）

特有財產（Peculiar Property；Separate）

此乃夫妻之一方，由其個人所專有專用或專力所取得之財產也。又名保留財產。可分爲法定特有財產與約定特有財產兩種。所謂法定特有財產者，如(1)專供夫或妻個人使用之物；(2)夫或妻職業上必需之物；(3)夫或妻個人所受之贈與物，經贈與人聲明爲其特有財產者；(4)妻因勞力所得之報酬之類是。所謂約定特有財產者，乃夫妻間以契約所訂，以一定之財產爲其特有財產而言（民法一〇一三—一〇一五條）。（民法親屬）（張鏡影）

特別代理人

特別代理人係法院或審判長依法律規定爲當事人就特定事件臨時選任之代理人。通常選任之原因有二：(一)對於無訴訟能力人爲訴訟行爲，因其無法定代理人，或其法定代理人不能行代理權，恐致久延而受損害者，得聲請受訴法院之審判長選任特別代理人。(二)無訴訟能力人有爲訴訟之必要而無法定代理人，或法定代理人不能行代理權者，其親屬或利害關係人得聲請受訴法院之審判長選任特別代理人。選任特別代理人之裁定，除送達於聲請人外，並應送達於特別代理人。選任特別代理人所需費用，例如給與特別代理人之報酬，及特別代理人代爲訴訟所需費用，例如裁判費，受訴法院之審判長得以裁定命聲請人墊付。特別代理人於法定代理人或本人承當訴訟以前，有代理當事人就該訴訟爲一切訴訟行爲之權，但不得對於該訴訟爲捨棄、認諾、撤回或和解（民訴五一）。此外於證據保全程序，他造當事人不明，或調查證據期日不及傳喚他造者，法院因保護該當事人關於調查證據之權利，得爲選任特別代理人，關於上述有關之規定準用之（三七四）。（民事訴訟法）（李學燈）

特別決議

股份有限公司的股東會，其決議方法有二：(a)普通決議—應有代表已發行股份總數過半數股東的出席，以出席股東表決權過半數的同意行之。除本法另有規定外，槪屬普通決議（公司法第一七四條）。(b)特別會議—本法另有規定加重出席股東所代表的股份數所爲的決議。其情形有二：(1)適用於公司變更章程或變更全部營業，財產或許可董事爲競業的行爲者—應有代表已發行股份總數三分之二以上股東出席，以出席股東表決權過半數的同意行之（公司法第二七七條、第一八五條、第二〇九條第二項）。(2)適用於公司解散或合併者—應有代表已發行股份總數四分之三以上股東之出席，以出席股東表決權過半數的同意行之（公司法第三一六條第一項）。（商事法）（林咏榮）

特別物權

對普通物權而言，即依民法以外之法律所規定之物權也。如海商法上之船舶所有權及抵押權，民用航空法上之航空器所有權及抵押權，過去工礦抵押法上之工礦財團抵押權，現行動產擔保交易法上之動產抵押權皆屬之。依特別法優於普通法之原則，基於特別規定而生之物權，其於得喪變更及消滅，均依各該特別法規，其無規定者仍適用普通民法。（民法物權）（陳　珊）

特別預防主義

為從十九世紀進入二十世紀新發生的刑法理論之一，亦為倡導目的主義及主觀主義之德國刑法學者李士特（Liszt）所強調。認刑罰之目的，在於防衛社會，特別著重於犯人個性之考慮，根本否定刑罰之報應性，對於犯罪處以刑罰，是使犯人將來不再犯罪之一種適當的方法。因為犯人具有反社會的危險性，所以刑罰的目標，就是為針對此種危險性的預防處置。刑之量定與執行，並不以犯罪所生結果之大小為標準，而應就其主觀方面，即內在之惡性大小為標準。因為人的主觀性格各有不同，所以對於犯人危險性的社會防衛處置，亦不能採用單一的刑罰制度。對於改善不能者應予以淘汰，改善可能者應加以教育。此種預防方法，應依犯人的個性，而為個別化的適當處施，重視刑罰的改善作用，進一步形成教育刑的理論。由於此種理論的發展，在近代實定法中已建立若干制度，如行刑累進處遇制度、假釋制度、不定刑制度及死刑之廢止等均是。（刑法總則）（王建今）

特別訴訟程序

現行民事訴訟法所稱通常訴訟程序，係就第一審程序中對待簡易訴訟程序而言。此外並無特別訴訟程序名稱之規定。自理論言之，所謂特別訴訟程序，係若干性質特殊之事件，設有若干例外或特殊規定之程序。例如人事訴訟程序中之婚姻事件程序及親子關係事件程序，此類事件每與公益有關，因而多設職權干涉主義之規定（民訴五七四、五七五、五九四等參照）。又如再審程序，係對已確定之終局判決而再開始訴訟，其性質亦甚特殊。此外調解程序，公示催告程序，保全程序，禁治產事件程序，宣告死亡事件程序，本非民事訴訟之性質，祇以其得準用或適用民事訴訟法之規定，遂為立法上之便宜而亦規定於民事訴訟法之中，均可謂為特別訴訟程序。至於刑事附帶民事訴訟，本質上亦為民事訴訟，但除刑事訴訟法明文規定準用民事訴訟法者外（刑訴四九一參照），均適用刑事訴訟法。就民事訴訟法言之，亦可謂係特別訴訟程序之規定。（民事訴訟法）（李學燈）

特別審判籍

依訴訟標的之權利或法律關係與法院管轄區域之關係，或依被告與此二者之關係為定管轄之標準，法院對於某被告就該特種訴訟有管轄權者，稱為特別審判籍。就被告言之，在該法院之管轄區域內為有特別審判籍，亦即指被告就該特種訴訟得受或應受某法院審判之權利義務而言。除專屬審判籍外，特別審判籍與普通審判籍並存時並不互相排斥，原告得任向其中一法院起訴。特別審判籍就訴訟標的之權利或法律關係為定管轄之標準言，為屬物的管轄。唯因有時亦涉及人之關係，故亦可能兼為屬人的管轄。其立法理由係在以原就被大原則之外，復於無礙被告利益之中，兼顧原告之利益，或圖訴訟程序上之便利，或為證據易於調查，或為私權之保護易於實現。民事訴訟法第三條至第十九條即為關於特別審判籍之規定。（民事訴訟法）（李學燈）

特約（Special Contract）

係當事人間對於本契約中的某種事項之權利或義務，另有特別約定，以免除之者，謂之特約。然必須先有本約而後特約乃能附麗。例如民法第三百六十六條，以特約免除或限制出賣人關於權利或物之瑕疵擔保義務者。如出賣人故意不告知其瑕疵，其特約無效。可見非先有買賣之契約，而後乃能有特約約定免除標的物之權利或標的物之瑕疵之擔保義務。惟特約以不違反善良風俗公共秩序及法律禁止和誠實信用者，在原則上概屬有效。否則，該特約即屬無效。上例即屬違背誠實，法律即規定其無效，從可知矣。（民法總則）（張鏡影）

特約條款

特約條款為當事人於基本條款外加訂的條款（參看基本條款條），以承認履行某種特定的義務（參看保險法第六十六條）。凡與保險契約有關的一切事

項，不問過去、現在或將來，均得以特約條款於保險契約中加訂之（參看保險法第六七條）。（商事法）（林咏榮）

特許商業

即凡商業之經營，依法律須經各該業主管機關許可者，於獲得許可後，方得申請登記經營，稱爲特許商業（商登、五），例如，銀樓業（銀樓業許可規則）、製造修理或販賣度量衡器或計量器業（度量衡器及計量器營業條例）、製茶業（臺灣省製茶業管理規則）、乳業（臺灣省乳業管理規則）、種苗業（臺灣省種苗業管理辦法）、銀行業（銀行法）、糧食買賣加工業（糧商登記規則）、報關業（管理報關行規則）、證券商業（修正臺灣省證券商管理辦法）、保險業（戰時保險業管理辦法）、合會儲蓄業（臺灣省合會儲蓄管理規則）、營造業（管理營造業規則）、典押當業（典押當業管理規則）、製造販賣氷類及清涼飲料水業（臺灣省各縣市氷類及清涼飲料水業管理規則）、旅棧業（臺灣省各縣市管理旅棧業規則）、浴室業（臺灣省各縣市管理浴室業規則）、飲食店業（臺灣省各縣市管理飲食店舖規則）、遊藝場業（臺灣省各縣市管理遊藝場業規則）、傭工介紹業（臺灣省各縣市傭工介紹業管理規則）、舊貨業（臺灣省各縣市管理舊貨業規則）、戲院電影業（臺灣省各縣市管理戲院電影業規則）葬儀業（臺灣省各縣市管理葬儀業規則）、理髮業（臺灣省各縣市管理理髮業規則）、刻字業（臺灣省各縣市管理刻印業規則）、脚踏車業（臺灣省各縣市脚踏車業管理規則）、舞場業（臺灣省舞場管理規則）、按摩業（臺灣省各縣市按摩業管理規則）、印刷發行售租連環圖畫業（臺灣省連環圖畫管理規則）、肉類零售業（臺灣省各縣市肉類零售業管理規則）、旅行業管理規則）、輪船業（輪船登記規則）、汽車運輸業（臺灣省汽車運輸業管理規則）、輪船裝卸承攬業（臺灣省輪船裝卸承攬業管理規則）、船務代理行業（臺灣省各港口船務代理行管理辦法）。（商業登記法）（管　歐）

特許實施權

核准專利滿三年，無適當理由，未在國內實施或未適當實施其發明者，專利局得依關係人之請求，特許其實施，此種得特許實施之專利權，稱爲特許實施權。

專利局因關係人之請求，而特許其實施專利權者，應通知專利權人，並由特許實施人對專利權人給予補償金。特許實施權之申請，應於專利權未撤銷前，由關係人附呈實施製造詳細計劃書，向專利局呈請，經專利局核准並議定補償金後，由專利局發給特許實施之憑照。經核准特許實施權後，特許實施人應按年將實施情形報告專利局，其不適當實施時，專利局得依關係人之請求或依職權撤銷其特許實施權。

所謂未適當實施其發明者，係指有下列情形之一而言：㈠核准專利之發明品，可在國內使用而未爲大規模製造，且不能提出充分理由者。㈡專利權人以其發明完全或大部份在國外製造，輸入國內者。㈢利用他人發明爲再發明之專利權人，非實施原發明人之發明，不能實施其再發明，而原發明之專利權人在合理之條件下拒絕租與再發明人實施者。㈣在國外輸入零件，僅在國內施工裝配者。（專利法）（管　歐）

特留分（Compulsory Portion）

亦稱特留財產。日本稱爲遺留分。乃法律規定限制被繼承人不得自由處分其遺產，必須特留一部分給予其繼承人也。此制始於羅馬法，今各國均採爲立法例。其理由不外以保持遺族之養育起見。近世學者以此制易養成襲先人之餘蔭，坐食遺產，不事職業之怠惰依賴心理。流弊所及，有失此制之原意。多主張對特留分加以限制。我國民法抄襲德國，仍加以規定。其特留分之數額因親等而不同。直系血親卑親屬之特留分爲其應繼分二分之一。父母之特留分爲其應繼分二分之一。兄弟姊妹之特留分爲其應繼分三分之一。祖父母之特留分爲應繼分三分之一。配偶之特留分爲其應繼分二分之一。（民法一二二三條—一二二五條）例如甲有遺產二萬元，僅一子爲繼承人時，其特留分爲一萬元，餘一萬元則甲可以自由處分。其計算之方法，我國民法規定，以繼承開始時，被繼承人所有之財產爲基礎，然後加入各繼承人中在繼承開始前因結婚分居或營業所受被繼承人贈與財產之價額，除贈與時被繼承人有反對之意思表示者不計入外，即爲應繼承之財產，再就應繼承財產中除去其債務額而算定之。至於被繼承人以遺囑處分遺產時，若侵及特留分之範圍而使特留分不足時，法律規定許應得特留分人有扣減權（reduzierung）（德）(right of reduction; abatement)。所謂扣減權者，日本謂之減殺權，即被繼承人所爲之遺贈而致應得特留分人之特留分不足額時，應得特留分人得在遺贈財產中有扣取其特留分不足之數額之權利也。其扣減方法，如受遺贈人僅一人時，應按特留分不足之數，由遺贈財產中扣減之，以補足特留分不足之額數。如受遺贈人有數人時，則按各受遺產價額比例扣減以補足特留分不足之額數（民法一二二五條）。（民法繼承）（張鏡影）

特赦

見「赦免」條。（刑法總則）（王建今）

特種之從參加

見「獨立之從參加」條。（民事訴訟法）（李學燈）

特種買賣（Special Kinds of Purchase and Sale）

因其買賣與正常買賣之方式不同。民法規定有四種：(1)試驗買賣（purchase and on appoval），乃以買受人承認標的物為停止條件而訂立之契約（第三八四條）。換言之，即標的物須先經買受人試驗後，合於買受人之希望時，契約始發生效力之買賣也。(2)貨樣買賣（Purchase and sale by sample），亦稱樣本買賣，係依貨樣而定買賣標的物之買賣契約。亦即出賣人對於買受人約明無條件交付與貨樣相符合之標的物之契約也（第三八八條）。(3)分期付款之買賣（Purchase and sale by installments），即當事人間約定對標的物之價金分期支付之買賣也。通常係買受人有遲延時，多約定出賣人得即請求支付全部價金。但民法為保護買受人起見，曾對此有限制之規定。即買受人非連續兩期給付之遲延，或其遲付之價額未達全部價金五分之一者，出賣人不得請求支付全部價金（第三八九條）。(4)拍賣（auction），即因拍賣人auctioneer 拍板，或依其他慣用之方法，為賣定之表示而成立（第三九一條）。亦即是以公然競爭出價而以最高價額拍定拍賣之標的物之買賣契約也。與投標不同，不可不辨。投標是參加投標人彼此互相不知其所投之價額。拍賣係參加拍賣人互知其所出之價額。出最高價額者曰拍定人 highest-bidder。民法禁止拍賣人為拍定人。亦不得使他人為拍定人。（民法債編分則）（張鏡影）

特權（Privilege）

特權者，乃行為人於特定情形下所為之行為不負賠償之責之謂也。一般而言，凡侵害他人之權利者，應負賠償之責。但行為人在特定情形之下，為保護自己之權利，雖其行為有損及他人，亦不負賠償責任，此乃社會政策使然。

特權有絕對的特權（absolute privilege）與相對的特權（conditioned privilege）。前者，如司法人員依法所為之行為，不論其動機或目的如何，均可免除其責任是；後者，如行為人於相當之限度內得主張不正當防衛是（見 Prosser on Torts, 2nd ed., 1955, pp. 79–80）。（英美侵權行為法）（何孝元）

消除可疑權利之訴（Bill Quia Timet）

消除可疑權利之訴者，乃當事人土地上有可疑之其他權利存在時，為除去該可疑權利而預防將來發生損害，向衡平法院所提起之訴訟也。例如某項文件雖屬無效，但其在外之存在有影響當事人之所有權者，當事人即可提起「消除可疑權利之訴」，以取銷此項文件（見 McClintock on Equity, Second Edition, 1948, p. 119）。（英美衡平法）（何孝元）

消費物與不消費物（Consumable Thing and Non Consumable Thing）

消費物為物之一種，對不消費物而言。其區別在於物之使用，是否歸於消費為標準。凡依其物本來使用之方法，祇使用一次即喪失其形體，或變更其實質者，稱為消費物。例如金錢及代替物——米油鹽布等等是。消費物與不消費物區別之實益，在消費物可為消費借貸及消費寄託之標的物。而不消費物則可為使用借貸租賃及通常寄託之標的物。因非消費物可由同一之使用，依同一之目的而反覆使用之，其實質仍不變更或消滅。如車服用具房屋等等是。借用人或承租人受託人均以原物返還之也。（民法總則）（張鏡影）

消費借貸（Loan for Consumption）

為借貸之一種，對使用借貸而言。謂當事人一方約定移轉金錢或其他代替物之所有權於他方，他方以種類品質數量相同之物返還之契約。約定移轉標的物者曰貸與人，約定返還標的物者曰借用人。消費借貸之性質為要物契約，片務契約。有時爲有償契約，有時爲無償契約。其標的物爲金錢或其他代替物，惟須交付借用人，方能使該契約成立。且其所有權亦應移轉於借用人。因標的物之所有權不移轉於借用人，則借用人不能消費其物，何由達消費借貸契約之目的？惟消費借貸有二種：一爲有償消費借貸，一爲無償消費借貸。前者，其標的物有瑕疵者，貸與人應負責任。後者，在原則上可不負責任。但故意不告知瑕疵者，仍應負損害賠償之責。另消費借貸與使用借貸不同之點有三：(1)前者，以物供他方消費爲目的，後者，則以物供他方使用爲目的。(2)前者，以種類品質數量相同之物返還。後者，則以原物返還。(3)前者，有時爲有償契約，有時爲無償契約。後者，則僅爲無償之契約。至於消費寄託(deposit for consumption)，如約定寄託物之所有權移轉於受寄人，並由受寄人以種類品質數量相同之物返還者，受寄人自受領時起，應適用關於消費借貸之規定（第六〇二條）。因實質上與消費借貸無異也。(民法債編分則)(張鏡影)

消滅時效(Extinctive Prescription)

爲時效之一，對取得時效而言。即於一定期間內，權利人繼續不行使其權利，因而喪失其請求權之法律事實也。權利本爲請求權與受領權所構成。消滅時效完成，因請求權喪失，故債務人得拒絕給付。但權利人之受領權仍存在。雖請求權已經時效消滅，債務人若仍爲履行給付者，則不得以不知時效爲理由，請求返還。其以契約承認債務，或提出擔保者亦同（民法一四四條），此因權利人本於受領權而受領，自非不當得利，債務人應無法律關係而請求返還。至消滅時效之期間，一般期間定爲請求權因十五年間不行使而消滅，不得加長。但法律有較短之規定者，如我民法第一二五條及一二六條之規定是。我國民法總則中規定之特別期間，計有兩種。一爲五年者，即利息紅利租金贍養費退職金等等之給付請求權，均因五年間不行使而消滅。另一爲二年者，旅店飲食店及娛樂場之住宿費、運送費及醫師之診費，律師會計師之公費等等之請求權，均因二年間不行使而消滅（以上詳見民法一二五條及一二六條）。又消滅時效之進行，由何時起算？民法之規定，自請求權可行使時起算。以不作爲爲目的之請求權，自行爲時起算（第一二八條）。又消滅時效爲強制規定，不許當事人自由變更，即預先加以拋棄或加長縮短時效期間，均爲民法明文所禁止（第一四九條）。但事後拋棄時效，則不限制。再消滅時效完成之效力：(I)債務人得拒絕給付。(2)主權利因時效消滅者，其效力及於從權力。但從權利中之抵押權質權留置權，因係物權之故，並不隨之消滅。債權人仍得就抵押物質物或留置物受清償。惟保證契約之從權利，隨主權利之消滅時效而消滅。利息亦然。

按消滅時效之制，濫觴於德國普通法之除權利(verschweigung)，羅馬法無此制。德國承受羅馬法後，將請求權之時效規定於總則之中。將取得時效規定於物權編內。我民法仿之，照抄轉賬，依樣葫蘆而已。(民法總則)(張鏡影)

消滅時效之中斷(Interruption of the Extinctive Prescription)

即消滅時效在進行中，有與消滅時效要件相反之事實發生，而令時效進行之若干時間，歸於無效也。我民法規定中斷之事由，計有三項：(I)請求，但須於六個月內起訴，否則，不發生中斷之效力。(2)承認，(3)起訴。另有與起訴有同一之效力者五：即一爲依督促程序，送達支付命令；二爲因和解而傳喚，三爲報明破產債權，四爲告知訴訟，五爲開始執行行爲，或聲請強制執行。然法律又規定視爲不中斷者，即因起訴而中斷者；若撤回其訴或受駁回已確定時；因支付命令而中斷者，若訴訟拘束失其效力時；因和解傳喚而中斷者，若相對人不到庭或和解不成立時；因報明破產債權而中斷者，若撤回其報明時；因告知訴訟而中斷者，訴訟終結後六個月內不起訴時；因開始執行而中斷者，若因聲請或法律上要件欠缺而撤銷其執行處分時；均視爲時效仍繼續進行。時效中斷者，自中斷之事由終止時，重行起算（民法一二九條至一三七條止）。時效中斷之效力，則以當事人繼承人及受讓人間爲限（一三八條）(民法總則)(張鏡影)

消滅時效之停止(Suspension of the Extinctive Prescriptoin)

即時效期間進行後，因一定之事由而停止其進行之謂也。因其已進行之時效期間仍屬有效，在停止之事由終止時，尚可以合併計算，故與時效之中斷前已進行之時效期間全歸無效者不同。我國民法無消滅時效之停止之規定。僅對消滅時效不完成加以規定，蓋以此代之耳。惟消滅時效之停止與消滅時效之不完成，亦微有區別，即消滅時效之停止事由，係在時效期間之內；消滅時效之

不完成之休止事由，係在時效期間之末。可知消滅時效之不完成者，乃狹義之消滅時效之停止耳。（民法總則）（張鏡影）

消滅時效不完成（Incompletion of Extinctive Prescription）

乃時效行將完成之際，因法定之事由發生，使進行之時效不完成之謂也。與時效之停止不同（詳該條）。我國民法僅有時效不完成之規定。即其休止事由發生於時效行將完成之際，亦即是以休止事由發生於時效期間進行將至終點為準。其設此規定者，每有並非不行使請求之權利，而其實有難於行使請求權者，若因此而使之喪失請求權，殊有失公平之義。故在法律上規定時效不完成之事由，暫使時效延長，使權利人得行使其請求權。據民法所規定之事由，大別之為三類：(1)因天災或其他不可避免之事變者（第一三九條）。(2)因自權利之性質而生者，如繼承人未確定是（第一四〇條）。(3)因自權利人身分而生者，如無行為人，限制行為能力人之權利，或夫對妻，妻對夫之權利（第一四一至一四三條）之類是。時效不完成之效力，其以前已進行之時效期間仍完全有效。與消滅時效之中斷之對已進行之時效期間全歸無效，而須重行起算者不同。故不完成之事由終止時，仍可將前已進行之時效期間與此後經過期間一併算入。與消滅時效之停止相同。（民法總則）（張鏡影）

消滅時效法規（Statute of Limitations; Limitation of Actions or Statutes of Repose）

消滅時效法規者，乃規定當事人得向普通法院或衡平法院提起訴訟之期限之法規也（見 James A. Ballentine: Law Dictionary, 1959, pp. 1232, 760, 1233.）。超過時效法規所規定之期限，當事人即無法實行其權利。（英美契約法）（何孝元）

消極的當事人

參見「積極的當事人」及「當事人」條。（民事訴訟法）（李學燈）

消極的確認之訴

見「確認之訴」條。（民事訴訟法）（李學燈）

消極證據

為證據之一種，對積極證據而言。凡係證明犯罪事實之不存在，從而據以諭知無罪之判決者，為消極證據，亦稱為無罪證據。因其多為被告所提出，故又稱為防禦證據或反證。惟基於「實施刑事訴訟程序之公務員應於被告有利或不利之情形一律注意」之規定，檢察官既得使用消極證據，為被告作有利之主張，且得為被告利益而上訴。法院亦得依職權調查，發現被告無罪之證據，並非全由被告所提出。（刑事訴訟法）（陳　珊）

海上保險（Marine Insurance; Assurance Maritime; Seeverricherung）

海上保險亦稱水險，凡海上保險人對於保險標的物，除契約另有規定（例如投保水險而不包括因火災及戰爭所致的危險是）外，因海上一切事變及災害所生的毀損、滅失及費用，負賠償的責者皆屬之（保險法第八三條及海商法第一六九條）。海上保險為近代保險制度的元祖，紀元前四世紀之頃，希臘盛行的「冒險借貸」（Battomry and Respondentia）頗寓有海上保險的性質。一六八一年路易十四的海事條例，經以明文規定海上保險，嗣後各國立法均踵其例。（商事法）（林咏榮）

海上運送

海商係以海上運送營業為中心，海上運送營業異於陸上運送營業，前者規定於海商法，後者規定於民法（參照民法第六二二條以下）。船舶所有人或船舶租賃人（即租用船舶而經營海上運送的業務者），為海上運送人；而委託運送貨物者為託運人。至於自身搭載於船舶者，則為旅客。海上運送人與託運人或旅客之間所訂立的契約，稱為海上運送契約。海上運送契約有下列二種：①貨物運送契約—又可分為：(a)搭載契約（contract of affreightment）—以件貨（每件貨物）之運送為目的而訂立者。(b)傭船契約（charterparty）—以船舶的全部或一部供運送為目的而訂立者。因其全部或一部的不同，復可分為全部傭船與一部傭船契約（參照海商法第八一條）。②旅客運送契約—旅客運送所運送者爲自然人，而貨物運送者爲貨物，兩者雖有顯著的差別；但其運送的關係，則同爲承攬契約的一種，故亦有團體的傭船契約與個別的搭載契約之分（參照海商法第一一九條）。（商事法）（林咏榮）

海上優先權抵押權公約

一九二六年，比利時政府主催，集會於比利時布魯塞爾，議定海上優先權抵押權公約等草案，而大陸法系諸國，大抵皆已批准並依據此等公約以修改其海商法。（商事法）（林咏榮）

海牙規則（The Hague Rules）

一九二一年國際法協會（International Law Association），在荷蘭海牙，擬定關於載貨證券統一規定草案，俗稱「海牙規則」。（商事法）（林咏榮）

海法

依船舶航行於海洋，謂之航海。有關航海事項謂之海事。凡法之體系以海事爲中心者，謂之「海法」。海法可分爲國際海法、海公法、及海私法三類。所謂國際海法，係指海洋的自由及領海的主權在國際間發生衝突時，用以解決的規章。所謂海公法，係規定國家和私人相互間的海上統治關係；其大部分屬於行政法的範疇，亦可稱它爲海上行政法。所謂海私法，泛指一切航海的私法；其屬於商事者，稱之爲「海商法」。（商事法）（林咏榮）

海商法（Maritime Commercial Law; Droit Maritime）

海商法，就是規律海上商事的法。惟海上商事，日趨於企業化，故海商法亦可謂爲「關於海上企業之法」。海商法起源於法國於一六八一年由路易十四所頒布的海事敕令（ordonnance de la marine），亦稱海事條例），一八〇七年法國商法典，仍循前規，以海商法列爲第二篇，近世歐洲大陸諸國的海商法典，殆皆蹈其轍。（商事法）（林咏榮）

海盜罪

所謂海盜罪，係指未受交戰國之允准或不屬於各國之海軍，而駕駛船艦，意圖施強暴脅迫於他船或他船之人或物者而言（刑法三三三條一項）。其構成要件如下：㈠須駕駛船艦。㈡須未受交戰國之允准或不屬於各國之海軍。㈢須意圖施強暴脅迫於他船或他船之人或物。處罰海盜罪之主要目的，在於維護海上安全。凡意圖施強暴脅迫於他船或他船之人或物，而有具體表現之行爲，即成立本罪，至有無掠得財物，在所不問。刑法第三百三十三條第二項之規定爲準海盜罪，即船員或乘客，意圖掠奪財物，施強暴脅迫於其他船員或乘客，而駕駛或指揮船艦者，以海盜論。亦即與海盜同其處罰。（刑法分則）（王建今）

海盜罪（Piracy）

以國際敵意（universal hostility），或竊盜之故意，在公海上非法強盜或掠奪他人財物之謂，通常受國際公法規範，爲國際社會所公認共守。國內法對海盜罪如有處罰之規定時，僅適用於該國管轄權範圍內。一般言之，侵害他人版權，非法盜印他人圖書，或剽竊他人文章者，亦謂之海盜行爲，唯因犯罪性質不同，關於其處罰，法律另有規定。（英美刑法）（桂公仁）

海關緝私條例

海關緝私條例，係民國三十三年六月十九日國民政府公布施行，旨在加強關稅之稽征，增加國庫之收入，維護國內正當工商業之發展，舉凡私運貨物進出口或轉運貨物進出口而有匿報貨物數量、僞報貨價品質、僞造發票單據、違法漏稅或以詐欺方法請求減稅、免稅、或退稅之行爲，而未觸犯懲治走私條例之規定者，由海關稅務司依海關緝私條例之規定，分別爲罰金或沒收之處分。（特別刑事法）（吳　智）

海難救助

海難救助就是因船舶或貨載的全部或一部，遭遇海難，於義務上施以救助，並依其結果請求對方給與相當的報酬（參照日本海商法第八〇〇條）。在各國立法例中，法國路易海事條例及德國現行商法，均將救助分爲救援(assistance Hilfsleistung）與救助（salvage, Bergung），前者謂遭遇的船或物，猶在船員占有之中，救之者僅施以協力；後者係指船員已失控制，情形甚爲嚴重，救之者則施以全力，兩者異其報酬。一九一〇年布魯塞爾國際海法會議所成立的「海難救援救助若干規定統一公約」，以英國一八九四年的商船法爲範式，不承認救援與救助的區別，其報酬的計算，委諸法院依具體事實裁定之。日本商法從英國主義概稱「救助」，而本法則以「救助」與「撈救」相並列。凡船或貨尙在船員管領中，而施以助力者，爲救助（salvage）；若船或貨已在船員管領外，而施以撈獲者，爲撈救（wreck）。（商事法）（林咏榮）

財產刑

以剝奪犯人財產法益爲內容之刑罰，謂之財產刑。現行法關於財產刑之規定有二：㈠罰金。一元以上。在刑法分則及特別刑法中恒規定罰金之最多額。但犯罪所得之利益超過罰金最多額時，得於所得利益之範圍內，酌量加重（刑法五八條）。罰金應於裁判確定後兩個月內完納，期滿而不完納者，強制執行；其無力完納者，易服勞役（刑法四二條一項）。罰金與罰鍰有別。罰金屬於刑罰中主刑之一，罰鍰屬於行政罰。㈡沒收。沒收爲從刑之一。沒收於裁判時併宣告之。但違禁物得單獨宣告沒收（刑法四〇條）。（刑法總則）（王建今）

財產查封人（Sequestrator）

財產查封人者，乃衡平法院於查封程序中委派查封財產之人也（見James A. Ballentine: Law Dictionary, 1959, p. 1186）。當被告因不尊重法院命令而被監禁時，法院得委派財產查封人占有被告之動產，及扣押其不動產之租金及利益。初時，此種占有及扣押僅用以強迫被告履行給付而已；嗣後，財產查封人並得拍賣動產及動用租金，以實現法院所爲之給付判決（見McClintock on Equity, Second Edition, 1948, p. 39）。（英美衡平法）（何孝元）

財產保管人（Conservator）

財產保管人者，乃由管轄法院指派之監督白癡或其他無行爲能力人及管理此等人之財產之人也（見James A. Ballentine: Law Dictionary, 1959, p. 265）。（英美衡平法）（何孝元）

財團費用

即破產財團所生之費用也，有下列數種：㈠因破產財團之管理、變價及分配所生之費用。㈡因破產債權人共同利益所需審判上之費用。㈢破產管理人之報酬。破產人及其家屬之必要生活費及喪葬費，視爲財團費用。上列費用，應先於破產債權，隨時由破產財團清償之。（破產法九五、九七）。（破產法）（陳　冊）

財團債務

即破產財團所負之債務也，有下列數種：㈠破產管理人關於破產財團所爲行爲而生之債務。㈡破產管理人爲破產財團請求履行雙務契約所生之債務，或因破產宣告後應履行雙務契約而生之債務。㈢爲破產財團無因管理所生之債務。㈣因破產財團不當得利所生之債務。財團債務，應先於破產債權，隨時由破產財團清償之。（破產法九六、九七）。（破產法）（陳　冊）

財產保險

見「保險種類」及「火災保險」條（商事法）（林咏榮）

財產管理人（Receiver）

財產管理人者，乃法院委派管理繫爭財產或資金之人也。當訴訟標的發生繫爭時，法院得指定一公正無私之人爲財產管理人，以保有該訴訟標的物，並收受其孳息，於必要時，亦得予以處分，以保護當事人之權利（見James A. Ballentine: Law Dictionary, 1959, p. 1093）。（英美衡平法）（何孝元）

財產繼承

見「宗祧繼承」條。（中國法制史）（林咏榮）

書狀

當事人之訴訟行爲，包括聲明與陳述，其向法院（或審判長等）表達之方法，不外言詞與書面。其以書面提出者，則稱之曰書狀。法律有明定應以書狀爲之者，如起訴應以訴狀提出於法院爲之是（民訴二四四）。有明定應以言詞爲之者，如當事人於言詞辯論時，不得引用文件以代言詞陳述是（一九三）。亦有任得以書狀或言詞爲之者，如簡易訴訟程序之起訴或其他期日外之聲明或陳述是（四二八）。凡於言詞辯論外所爲之聲明或陳述，除依法應用書狀者外，概得於法院書記官前以言詞爲之（一二二Ⅰ）。凡法律明定應用書狀者，如不以書狀爲之，即屬不合法而不生該訴訟行爲應有之效力。如未明定應用書狀者，則雖定有於書狀內應如何表明或如何記載之語，亦仍得不以書狀爲之。關於書狀之程式，當事人以書狀爲訴訟行爲時固應遵守，即其他訴訟關係人如用書狀時，亦宜參照辦理。法律規定一般書狀應記載之事項（一一六），及於書狀內簽名（一一七），並按受送達之他造人數，提出繕本（一一九）。此外於各種書狀應記載之事項，有設特別之規定者，（如三四Ⅰ，五九Ⅱ，六六Ⅰ，一六五Ⅱ，二四四，二六五，二九八，三一五，三四一Ⅱ，三四六Ⅱ，三六四，四〇五Ⅱ，四二四Ⅰ，四四一，四七〇ⅡⅢ，五〇一，五二一，五二五，五九八，六二七），並應依各該規定辦理。書狀不合程式或有其他欠缺者，審判長應定期間命其補正。經於期間內補正者，其補正之書狀與最初提出同（一二一）。（民事訴訟法）（李學燈）

書狀審理主義

一稱書面審理主義或簡稱書面主義、書狀主義，見「言詞審理主義」條。（民事訴訟法）（李學燈）

書面主義

一稱書面審理主義或書狀主義。見「言詞審理主義」條。（民事訴訟法）（李學燈）

書面誹謗（Libel）

書面誹謗者，乃以文字、圖畫或肖像，指摘足以毀損他人名譽之行爲也。因散布文字圖畫，傳播較易，而實害之存在，亦較諸語言爲久遠而易見，故犯之者，非特負民事責任，抑且負刑事責任。書面誹謗皆爲當然誹謗（actionable per se），無須如言語誹謗之須有證明特殊損害必要之要件。昔日之誹謗責任，以言語或書面而定其輕重，今日之誹謗責任，則視其爲暫時性，抑爲久遠性，以分別論態。其藉有聲電影，對於他人，繪影繪形，或在廣播電臺，朗誦書牘，以遂其誹謗他人之目的者，亦可視爲書面誹謗（見Salmond on Torts, 11th ed., 1953, pp. 420-422）。（英美侵權行爲法）（何孝元）

書記官之處分

見「處分」條。（民事訴訟法）（李學燈）

書記官、通譯之迴避

書記官及通譯均爲審判之補助機關，爲防免流弊，維持威信，亦有迴避之必要，故關於推事迴避之規定，於書記官及通譯亦準用之。惟其所執行之職務，與推事不同，若曾於下級法院執行書記官或通譯之職務，在上級法院即不得以之爲迴避原因。至於聲請迴避之裁定，由所屬法院院長行之。（刑事訴訟法）（陳　珊）

書證

以文書之內容或意義爲材料之證據方法，謂之書證。故書證係以文書之記載供證明或釋明之用。其僅以文書之存在、形體、紙質、筆跡等爲證據，即依其外形供證據之用時，則爲勘驗或鑑定之標的物，而非書證。當事人聲明書證，應提出文書爲之（民訴三四一）。其係使用他造所執之文書者，則應聲請法院命他造提出，並應聲明下列各款事項：㈠應命其提出之文書；㈡依該文書應證之事實；㈢文書之內容；㈣文書爲他造所執之理由；㈤他造有提出文書義務之原因（三四二）。其係使用第三人所執之文書者，應聲請法院命第三人提出或定由舉證人提出之期間。文書爲第三人所執之事由及第三人有提出義務之原因，應釋明（三四六）。法院認應證之事實重要，且舉證人之聲請正當者，應以裁定命他造或第三人提出該文書（三四三、三四七）。當事人無正當理由不從提出文書之命者，法院得認他造關於該文書之主張爲正當（三四五）。第三人無正當理由不從提出文書之命者，法院得以裁定科五十元以下之罰鍰，於必要時，並得爲强制處分（三四九Ⅰ）。機關保管或公務員執掌之文書，不問其有無提出之義務，法院得調取之（三五〇）。文書提出之方法，因公文書與私文書而不同。公文書應提出其原本或經認證之繕本。私文書應提出其原本，但僅因文書之效力或解釋有爭執者，得提出繕本（三五二）。法院得命提出文書之原本，不從法院之命提出原本，或不能提出者，法院依其自由心證，斷定該文書繕本之證據力（三五三）。（民事訴訟法）（李學燈）

原本

文書以其作成方法之不同爲標準，得分爲原本、正本、繕本、影本、節本、認證本及譯本。其原由文書作成人所作成之文書，曰原本。依照原本作成，而與原本有同一之內容者，曰繕本。依照法定方法作成之繕本，對於外部與原本有同一效力者，曰正本。就文書影印而成者，曰影本。節錄原有文書內容之一部者，曰節本。於文書之原本，附以公文書，證其作成人實係制作原本之人者，稱爲認證原本。於文書之繕本或節本，附以公文書，證其內容與原本無異者，稱爲認證繕本或認證節本。原爲外國文字之文書，經譯爲中國文字者，稱爲譯本。（民事訴訟法）（李學燈）

原因（Cause）

原因者，卽爲法律行爲之動機或原由也。原因乃源自羅馬法，與約因頗相類似。原因一語常用以表示當事人取得財產或所有權之來源、原因或方式（見Black's Law Dictionary, Fourth Edition, 1957, p. 277; James A. Ballentine: Law Dictionary,1959, p.196）（英美契約法）（何孝元）

原因說

見「因果關係」條。（刑法總則）（王建今）

原判決核准

原判決核准，有廣狹二義。狹義係僅指軍事審判法第二百零五條後段所規定，覆判庭認爲原審軍事審判機關依職權送請覆判之初審判決，認事用法無誤，應爲核准之判決者而言。廣義，兼指同條前段規定，覆判庭就聲請覆判部份，審理之結果，認爲初審判決，認事用法無誤，聲請覆判無理由，應以判決駁回者而言。駁回與核准，名異而義實同。蓋認其聲請覆判爲無理由而予駁回，無異對原審判決之核准。故於核准判決時或駁回聲請時，被告如有合於緩刑條件之情形，均得同時諭知緩刑。（特別刑事法）（吳　智）

原始證據

爲證據之一種，對傳聞證據而言。凡與待證事實有原始關係之一切證據，皆爲原始證據。如證明殺人之兇刀、血衣、證人之目擊、醫生之治療等是。其爲直接間接，均非所問。（刑事訴訟法）（陳　珊）

原屬長官

軍事審判法上所稱原屬長官，指被告原屬單位之各級長官，不限於直屬長官。在偵查期間，基於公務上或業務上之需要，被告之原屬長官得具保聲請停止羈押。（特別刑事法）（吳　智）

送達

送達爲法院書記官依一定之程式，將應送達於當事人或其他訴訟關係人之文書，通知應受送達人之行爲。送達有本於當事人之意思而爲之者，謂之當事人送達主義；有依職權爲之者，謂之職權送達主義。前者有由當事人直接委託送達機關爲之者，謂之直接送達主義，有經由法院書記官委諸送達機關爲之者，謂之間接送達主義。我國民事訴訟法以職權送達主義爲原則，除別有規定外，由法院書記官依職權爲之（民訴一二三）。所謂別有規定，如公示送達，須依當事人之聲請受訴法院准許後，始得經由書記官爲之，則係例外採用當事人送達主義之間接送達主義是（一四九ⅠⅡ），至於實施送達之機關，則由書記官交執達員或郵政機關行之。由郵政機關行送達者，以郵差爲送達人（一二四）。應受送達人現在法院內書記官亦得於法院內將文書付與之（一二六）。郵政機關送達訴訟文書實施辦法由司法行政最高機關會同交通行政最高機關訂定之（民訴施行三）。舊有郵局送達訴訟文書實施辦法（二五、七、一施行），關於郵差實施送達，設有若干注意及補充之規定。書記官除於法院內自行送達（民訴一二六），及爲公示送達（一五一），與因當事人或代理人不陳明送達代收人而將文書交付郵政機關者（一三三）外，其他以交何種機關施行爲宜，則依其意見定之。遇有特殊情形，不能由書記官、執達員或郵政機關行之者，亦得由其他人員行之。如對於有治外法權之人或駐在外國之大使、公使或領事爲送達，得囑託或應囑託外交部爲之（一四四、一四六）。於外國爲送達者，應囑託該國管轄機關或駐在該國之中華民國大使公使或領事爲之（一四五）。對於出戰或駐在外國之軍隊或軍艦之軍人爲送達者，得囑託該管軍事機關或長官爲之（一四七）。送達，除別有規定外，付與該文書之繕本（一三五）。所謂別有規定，如判決及裁定，應以正本送達（二二九、二三九），期日之通知書，應以原本送達（一五六），各種應送達之筆錄，得以節本送達是（二六一Ⅱ，二六二Ⅲ，四三九Ⅱ，四五九Ⅲ，四六〇Ⅲ）。凡民事訴訟法定明應送達者，應依關於送達之程式辦理。若僅規定應通知訴訟關係人而未言應送達者，或未定明應行送達或通知，而依事項之性質，以通知訴訟關係人爲宜者，此際除得以通常不拘一定程式之方法行之者外，爲愼重起見，固不妨仍依送達之程式爲之。送達違背規定者，除送達爲裁判發表之方法或據以起算不變期間者外，亦可因應受送達人之不責問而視爲補正（一九七）。（民事訴訟法）（李學燈）

將訴訟文件交付於訴訟關係人之行爲，謂之送達。交付文件，雖極簡單，而關係法律效果，則甚重大，故送達是否合法，時有爭執發生，不有常規，無從解決。刑事訴訟文件之送達，大都準用民事訴訟法之規定。惟以確定刑罰權之刑訴目的，較諸確定私權之民訴作用爲重，故於送達方法，應更求確實妥當，因而特定較穩固之送達法則，以保訴訟關係人之權益。㈠關於送達處所者：被告、自訴人、告訴人、附帶民事訴訟當事人、代理人、辯護人或輔佐人爲接受文書之送達，應將其住、居所或事務所向法院或檢察官陳明；如在法院所在地無住、居所或事務所者，應陳明以在該地有住、居所或事務所之人爲送達代收人。是項陳明效力，及於同地之各級法院。送達向送達代收人爲之者，視爲送達於本人。是項規定，於在監獄或看守人不適用之。送達於在監獄或看守所之人，應囑託該監所長官爲之。應受送達人雖未爲住、居所、事務所或送達代收人之陳明，而其住、居所或事務所爲書記官所知者，亦得向該處所送達之。對於檢察官之送達，應向承辦檢察官爲之；承辦檢察官不在辦公處所時，向首席檢察官爲之。㈡關於送達方法者：1.郵寄送達。應受送達人未爲住、居所、事務所或代收人之陳明，而其住、居所或事務所爲書記官所已知者，得將應送達之文書掛號郵寄，此採收信主義，與民訴法第一三三條所採之發信主義，截然不同。2.公示送達。被告、自訴人、告訴人或附帶民事訴訟之當事人，有下列情形之一者，得爲公示送達：(1)住、居所、事務所及所在地不明者。(2)掛號郵寄而不能到達者。(3)因住居於法權所不及之地，不能以其他方法送達者。公示送達應由書記官分別經法院或檢察長、首席檢察官或檢察官之許可，除將應送達之文書或其節本，張貼於法院牌示處外，並應以其繕本登載報紙，或以其他適當方法通知或公告之。是項送達，自最後登載報紙或通知公告之日起，經三十日發生效力。㈢關於送達機關者。刑事訴訟文書之送達，由司法警察行之，與民事送達之以執達員行之者，亦有不同。此所謂司法警察，乃依法院組織法所設置之人員，並非刑訴法上得行使司法警察職權之行政警察。如以警察派出代爲送達，則爲囑託性質。㈣關於送達證書者。送達證書之制作、記載、簽收及提出，均準用民訴法之規定。在刑訴法有所不同者，如所送達之文書爲判決、裁定或不起訴處分書者，送達人應作收受證書，記載送達證書所列事項，並簽名交受領人。（刑事訴訟法）（陳　珊）

送達人

送達人謂依法實施送達之人。通常情形，係由法院書記官交執達員或郵政機關行之，由郵政機關行送達者，以郵差爲送達人（民訴一二四）。法院書記官於法院內遇見應受送達人者，亦得自爲送達人（一二六）。遇有特殊情形，不能由書記官、執達員、或郵差行之者，亦得由其他人員行之，法文有時卽舉機關之名稱而言之。詳見「送達」條及「職權送達主義」條。（民事訴訟法）（李學燈）

送達代收人

送達代收人謂經當事人或代理人指定代收送達之人。代收送達雖亦爲訴訟代理，惟依當事人或其法定代理人或訴訟代理人之特定委任，僅有代收送達之權限。對於送達代收人之授權行爲，應向受訴法院陳明，但無須提出委任書。此項陳明，或以書狀爲之，或於期日到場時以言詞爲之，又或於法院書記官前以言詞爲之，由其作成筆錄（民訴一二二），均無不可。當事人或代理人經指定送達代收人，向受訴法院陳明者，應向該代收人爲送達（一三三Ⅰ）。惟如法院書記官仍向本人送達，經其無異議而收受者，亦非無送達之效力。又如審判長認爲必要時，亦非不得命送達於本人（一三二參照）。送達代收人，經指定陳明後，其效力及於同地之各級法院。但該當事人或代理人別有陳明者，不在此限（一三四）。此與訴訟代理人依概括委任當然有代收送達之權限者不同。因訴訟代理人至上訴審後，如未另受委任，雖在同地法院，亦無再爲代收送達之權限。指定送達代收人之情形，可分爲二：㈠任意的指定送達代收人。當事人或代理人爲便利起見，不問其在受訴法院所在地有無住居所、事務所或營業所、均得指定送達代收人。被指定之人自以在受訴法院所在地有住居所、事務所，或營業所者爲宜。否則如審判長認爲不便於送達時，自亦可命其另行指定。㈡强行的指定送達代收人。當事人或代理人於受訴法院所在地無住居所事務所及營業所者，審判長得命其於一定期間內指定送達代收人（一三三Ⅱ）。被指定之人自須在受訴法院所在地有住居所、事務所、或營業所爲必要。當事人或代理人如不於所命之期間內指定送達代收人而陳明者，法院書記官得將應送達之文書註明該當事人之住居所、事務所或營業所交付郵政機關，以交付文書時，視爲送達之時（一三三Ⅲ）。書記官應作記載該事由及年月日時之證書附卷（一四三Ⅱ）。其餘參見郵政送達條。（民事訴訟法）（李學燈）

送達機關

送達機關謂依法實施送達之機關。法文兼用人員（如書記官、執達員、郵差、大使、公使或領事）及機關（如郵政機關、外交部、該國管轄機關、該管軍事機關）之名稱而言之。有時卽與送達人同義。詳見「送達」、「職權送達主義」、「囑託送達主義」條。（民事訴訟法）（李學燈）

送達證書

送達證書，爲證明合法送達而由送達人作成之文書。送達人應作送達證書，記載下列各款事項並簽名（民訴一四一Ⅰ）：㈠交送達之法院，㈡應受送達人，㈢應送達之文書，㈣送達處所及年月日時，㈤送達方法。送達證書，應於作就後交收領人簽名、蓋章或按指印，如拒絕或不能簽名、蓋章或按指印者，送達人應記明其事由。送達證書，應提出於法院附卷（一四一Ⅱ、Ⅲ）。此種證書，只爲施行送達之證據，並非完成送達之行爲。故送達未作送達證書，或其證書不合上述之程式，不得卽謂其無送達之效力。未記載於送達證書之事項，或送達證書遺失時，亦得以其他證據證明之。送達證書雖爲公證書，但應受送達人如有確切反證，亦得否定其證據力。應送達之文書，如不能爲送達者，送達人應作記載該事由之報告書，提出於法院附卷，並繳回應送達之文書。法院書記官應將不能送達之事由，通知使爲送達之當事人（一四二）。法院書記官得於法院內，將爲送達之文書付與應受送達人以爲送達（一二六）。此由書記官自爲送達人，應命送達人提出收據附卷（一四三Ⅰ），以爲送達之證，無庸另作送達證書，以資簡捷，故可稱爲簡易送達。其以郵差爲送達人者，固亦應依式作成送達證書，惟如因不遵命指定送達代收人而交付郵政機關爲送達者，法院書記官應作記載該事由及年、月、日、時之證書附卷（一四三Ⅱ），無須另取郵差所作之送達證書。此外爲公示送達者，法院書記官應作記載該事由及年月日時之證書附卷（一五三）。（民事訴訟法）（李學燈）

追加專利

所謂追加專利，指專利權人於專利權期間內或於專利申請中有再發明或再創作新型時，得依法申請追加之專利。

專利法雖僅明文規定在「專利權期間」得申請追加專利（專、八），但在同法第二十三條中既規定有「追加專利之申請改爲獨立專利申請，或獨立專利之申請，改爲追加專利之申請時，以最初申請之日爲申請之日」，則在專利申請期間中，有再發明或再創作新型時，自可申請追加專利。

專利法規定獨立專利之申請，改爲追加專利之申請，或追加專利之申請，改爲獨立專利之申請時，均以最初申請之日爲申請之日，其用意乃是在於保護原發明人或原新型創作人，使其在最初申請日以後未追加申請前，縱有他人以同一發明或新型申請專利，亦不致因追加專利申請較後而遭核駁。

追加專利其期間以至原專利權期間屆滿時爲止，專利權經撤銷而其追加專利未撤銷者，則視爲獨立之專利權，由專利局另外發給證書，其期限以至原專利權期滿時爲止，追加專利呈請時應附呈其原專利證書，經審查確定給予追加專利權時，塡入原專利證書。（專利法）（管　歐）

追回原物之訴（Replevin）

追回原物之訴者，乃物之所有人因其物被非法侵奪而請求回復其物之占有之一種訴訟也（見 James A. Ballentine: Law Dictionary, 1959, p. 1120）。所有人之物爲他人取去作爲留置或作他項之用時，該所有人得向法院提起追回原物之訴。此類情形，多於出租人因承租人欠租而扣押其物，或被害人爲保障其損害賠償請求權而留置其物者見之（見 Salmond on Torts, 11th ed., 1953, pp. 360-361）。（英美侵權行爲法）（何孝元）

追索權

票據到期不獲付款或在到期日前不獲承兌時，執票人對於前手（參照前手條）有償還票據金額的請求權，我國票據法稱之為「追索權」（right of re-course，統一票據法、德、英、日本票據法及法國商法，亦同。行使追索權，須具備下列的要件：㈠實質的要件—亦即須具有法定的追索原因：有①到期不獲付款；②不獲承兌；③付款人或承兌人死亡、逃避或其他原因無從為承兌的提示；④付款人或承兌人受破產的宣告。凡具備上述原因之一，執票人於其行使或保全票據上權利的行為以後，對於背書人、發票人和票據上其他債務人，得行使追索權。所謂行使或保全票據上權利的行為，例如票據上若載有預備付款人或參加承兌人時，應先請求其付款，否則對於被參加人或指定預備付款人及其後手，喪失其追索權（參照票據法第七九條及第八五條）。㈡形式的要件—亦即原則上須作成拒絕證書。滙票不獲承兌或不獲付款，或無從為承兌提示時，執票人原則上應請求作成拒絕證書，以資證明（參照票據法第八六第八七等條）。（商事法）（林咏榮）

追訴權時效

見「刑事時效制度」條。（刑法總則）（王建今）

追認（Ratification）

追認者，乃無權代理人所為之行為嗣後經本人承認，與本人事先有授權予代理人為之者同，而發生溯及既往之效力之謂也。追認，得以明示或默示為之。例如無權代理人，以本人名義，侵害他人之權利，而事後為本人所追認者，即應由本人負責。此項原則，不僅得適用於契約法，即於侵權行為法亦有其適用。惟構成此項責任，須具備下列要件：㈠須此不法行為以本人名義為之者；㈡須本人知悉該行為之內容，或悉聽代理人之便為之者。本人亦不得以不知情或錯誤為理由以求免責（見 James A. Ballentine: Law Dictionary, 1959, pp.1085-1086; Salmond on Torts,12th ed.,1957,pp.98-99.）（英美契約法）（何孝元）

家長（Head of a Family; Patriach）

家置家長一人，所謂家者，乃以共同生活為目的而同居之親屬團體也。我國舊律偏重於家長之權力，現民法則側重於家長之義務。且家長不以男性為限，女性亦得為之。家長之種類有三：一為推定家長，係由親屬團體中推定之家長。至其是否為最尊輩分，並不重要，旨在專司統率與管理家務之責。故採人才主義（民法第一一二四條），二為當然家長，即在未推定家長時，以家族中之輩分最尊者任之。其輩分同者，則以年長者任之（同上條）。三為代理家長。即當然家長因不能或不願管理家務時，由其所指定家屬中一人代理之。並非當然取得家長之資格。僅係假當然家長之名義以管理家務耳。至於家長之權利，依民法之規定，如為監護人之權，受家屬扶養之權，命令分家權及管理家務等是。（民法親屬）（張鏡影）

家族性公司

見「人合公司」條。（商事法）（林咏榮）

家族團體

中世紀都市興隆，在歐陸上各都市的商人地位，漸趨穩固，其所經營的商業，亦因之垂於久遠。商業主人死亡時，或由其家屬共同繼承，或由其家族醵資接受，當時稱之為家族團體（Hausgemeinshaft），寖假而成為合名公司（無限公司）。意大利自十三世紀以來，皆稱此種團體為 Compagnia 或 Societas ad unum panemet vinum = Brotgemeinschaft（麵麭組合）。德國在十五、六世紀前後，特仿照意大利用語，稱之為 Kumpanie 或 Societas 。此種家族性的商業組織，初行於親族之間，漸及於親族之外，並由意德兩國而推廣於歐洲，由權宜合夥組織，進而為繼續性的家族企業組織。（商事法）（林咏榮）

家督繼承（Succession to the Familyheadship）

為繼承之一種。對宗祧繼承與財產繼承而言。此制為日本特有之制。所謂家督者，即戶主也。即指繼承家督之權利義務而言。其開始繼承之原因有三：一為家督死亡隱居或喪失國籍。二為家督因婚姻，或養子原組之取消而去其家。三為女家督為入夫婚姻，或入夫離婚。又家督相續，乃日本名詞，即家長之繼承也。我國以往之長子承宗，與此相似。現民法係財產繼承，未採宗祧繼承

，對家之規定雖有，仍側重於夫妻家庭制，自無家長繼承之存在。（民法繼承）（張鏡影）

家屬（Members of a Family）

同家之人，除家長外，其餘均為家屬。家屬之身分，其取得有下列六種：(一)由於血親關係者；(二)由於婚姻關係者。(三)由於收養關係者；(四)異居親屬之變為同居者；(五)由於回復國籍或終止收養關係回復本姓者；(六)雖非親屬而以永久共同生活為目的，同居一家者，因此妾亦家屬。惟在法律規定上係視為家屬（民法第一千一百廿三條第三項）。關於家屬之權利有四：(1)受家長扶養之權；(2)代理家長之權；(3)向家長請求分離之權；(4)為親屬會議會員權。但視同親屬及姻親為例外。須無血親或親屬不足法定人數時，法院得因召集人之聲請，亦得指定為會員。至於家屬之義務亦有三：(1)服從家長之義務；(2)扶養家長之義務；(3)其他依家屬身分上所必需之義務。（民法親屬）（張鏡影）

退伍

常備軍官、常備士官、常備兵、補充兵於服滿現役之期，離營轉服預備役者，謂之退伍。他如常備軍官在現役期間有下列情形之一者，一、服滿現役十年者，二、因病傷體弱經檢定不適服現役者，三、軍中員額過剩經檢討應退伍者，四、停役原因消滅免予回役，或依法停役自停役之日起逾三年而未回役者，予以退伍。及兵役法第十八條規定：常備兵現役在營期間，在平時有下列情形之一者，於國防軍事無妨礙時，得提前退伍：一、定額過剩時。二、完成兵科教育者。三、入營前曾修得相當於軍職專長之學能者。（特別刑事法）（吳　智）

退役

軍官已屆滿服役限齡者，由現役退為備役稱為退役，依現行兵役法已稱為退伍，參見「退伍」條。（特別刑事法）（吳　智）

退股

股份有限公司的股東，原則上得自由轉讓其股份；有限公司的股東，因公司不得減少其資本總額（參看公司法第一〇六條第一項），原則上亦無所謂退股。所以退股的事實，僅發生於無限責任股東，及兩合公司的有限責任股東。其退股的事由：為(A)任意退股—凡章程未定公司存續期限者，除關於退股另有訂定外，無限公司股東，得於每營業年度終了退股；但應於六個月前，以書面向公司聲明。股東有非可歸責於自己重大事由時，不問公司定有存續期限與否均得隨時退股。此為我公司法第六十五條所明定，而兩合公司和股份兩合公司的無限責任股東亦可準用之。(B)特定退股—除前述外，無限責任股東，因左列各款情事之一而退股：(1)章程所定退股事由—例如章程上定有股東須為本國人，倘股東喪失國籍應行退股。(2)死亡—無限責任股東，以人的信用為基礎，股東死亡，自應退股。(3)破產—債務人不能清償債務時，法院得因債權人或債務人的聲請，宣告破產。股東受破產宣告，信用既失，自應退股。(4)受禁治產的宣告—禁治產人無行為能力，無行為能力，不能參與業務，自應退股。(5)除名—股東因不履行一定的義務而被除名。兩合公司和股份兩合公司的無限責任股東，其退股雖準用無限公司股東退股的規定；惟兩合公司的有限責任股東，其出資不分股份，不擔任公司的職務，因此公司法設有特別規定，即：(1)有限責任股東，不因死亡或受禁治產的宣告而退股，若其死亡時，其出資歸其繼承人。(2)有限責任的股東，遇有必要時，得經無限責任股東過半數的同意退股，或聲請法院准其退股。至就退股的效力言，股東退股，登記事項必須變更，故退股股東應向地方主管機關聲請登記，其對於登記前公司的債務，在登記後二年內，仍負連帶無限的責任。又公司名稱中，列有股東的姓或姓名者，該股東退股時，得請求停止使用。退股的股東，與公司的結算，應以退股時公司財產的狀況為準，而所出的資本，不問種類如何，公司均得以現金抵還。股東退股時，公司事務如未了結，應於了結後計算其損益，分派其盈虧。以上雖為無限公司而設的規定，但兩合公司和股份兩合公司的無限責任股東的退股，均可準用之。（參看公司法第一一五條、第三五八條、第一項第三款）（商事法）（林咏榮）

退讓說（Retreat to the Wall Doctrine）

對於現在不法之侵害，出於防衛自己或他人權利之行為不罰。但若對現在不法之侵害，另有避免或逃脫之途，被告是否仍應主張正當防衛而殺人，不無爭論。主否定說者以為被告在此應盡力逃避他人不法侵害，非不得已不可主張正當防衛殺人。主肯定說者(Mr. Justice Holmes, in Brown v. U.S., 256

U.S. 335, 41 S. Ct. 501）以為被告若不先退讓，並非即據此可證明其確為有罪，其不退讓之事實僅供作考量，參照其他事實以後，裁量其自衛正當與否而已；若被告有合理根據深信生命或身體有即時受侵害之虞，即得主張正當防衛擊殺加害人，無須先行退讓，此為通說。又，被告為首先肇事者，其是否可主張自衛擊殺被害人？一般言之，若被告首先肇事，繼又欲主張自衛殺人時，被告須先通知被害人其欲善意退讓，停止爭端，若被害人仍不罷休，且欲加不法侵害，被告有權主張自衛。（英美刑法）（桂公仁）

託故不進

陸海空軍刑法第三十三條所規定之託故不進，係指奉令前進，指定某時到達某地，而偽託事故并無合法原因，故意遲延前進，因而失誤軍機者而言。（特別刑事法）（吳　智）

託故遲延

戰時軍律第九條所稱奉令前進、託故遲延，係指奉有指揮長官之命令，於軍事行動中，指定於某時到達某地，而假託事故，故意遲延前進，未能適時趕抵指定地點而言；如因而失誤軍機者法定刑可處死刑。（特別刑事法）（吳　智）

託運人

見「海上運送」條。（商事法）（林咏榮）

高級軍事審判機關

軍事審判法第十條規定，高級軍事審判機關為陸海空軍各總司令部及其相等之軍事機關，與戰時省或相等區域之地方保安部隊最高機關，經最高軍事審判機關核准或授權者。依同法第四十四條第一項規定，除將官或其同等之軍人外，高級軍事審判機關審理該管現役軍人犯罪案件。依同法第五十一條第一項規定，除最高軍事審判機關覆判庭管轄之案件外，高級軍事審判機關覆判庭覆判其所轄初級軍事審判機關之初審案件。（特別刑事法）（吳　智）

高等審判庭

高等審判庭以審判官五人合議行之，由國防部組織之；高級軍事審判機關經授權者，亦得組織之。高等審判庭管轄將官及其同等軍人之犯罪案件（軍事審判法第二十六條第三款第二十七條第二項第四十一條）。（特別刑事法）（吳　智）

高等覆判庭

高等覆判庭以簡任級審判官五人合議行之，由最高軍事審判機關組織之，覆判不屬於普通覆判庭管轄之案件。（特別刑事法）（吳　智）

除斥期間（Time of Exclusion）

又名預定期間（estimated period），即法律上固定之存續期間也。除斥期間與消滅時效期間，雖同為權利人不行使權利而消滅其權利，但亦有顯著之區別。即前者係其行為應於一定期間內為之。否則，因一定期間之經過，即使其權利歸於消滅。例如顯失公平之給付之請求撤銷權為一年（民法第七四條）；意思表示之內容有錯誤及傳達不實之撤銷權，經過一年而消滅（第九〇條）。請求領取提存物之權利為十年（同法三三〇條），其餘甚多，不容一一列舉。後者，時效完成後，債務人即取得拒絕給付之抗辯權。又前者為不變期間（not-fristen），不因任何事由而延長其期間。後者，則因時效中斷或不完成而延長時效期間。且前者，在訴訟上，法院得依職權適用之。後者，非依債務人之主張，法院不得適用。關於此兩者之區分，德國民法最為嚴格。其條文中關於時效則用 Verjährung 或 Verjähren 之詞以表示之。關於除斥期間則另為之措詞，例如 Das Recht ist ausgeshlossen, wen nicht 。由此觀之，可知除斥期間與消滅時效相異之梗概矣。（民法總則）（張鏡影）

除役

服行兵役者，在服役中因特殊事故發生，或因役齡屆滿，由政府解除其服兵役之義務者，謂之除役。如兵役法第五條規定役齡男子起役後至屆滿四十五歲之年十二月三十一日除役。又陸海空軍軍官服役條例第十五條及陸海空軍士官服役條例第十四條規定具有下列情形之一者予以除役：一、屆滿服役限齡者，二、病傷殘廢經檢定不堪服役者，三、失蹤或被俘停役屆滿三年尚未歸還者。若有捏造除役原因，意圖避免動員、臨時、教育、勤務、或點閱召集者，妨害兵役治罪條例第六條、第七條分別定有處罰明文。（特別刑事法）（吳　智）

除權判決

除權判決，係於公示催告程序，法院對於受公示催告之利害關係人，不於一定期間申報權利者，依聲請人之聲請，宣示其喪失權利之判決。申報權利之期間已滿後，聲請人未為除權判決之聲請者，公示催告程序應即認為終結。該受公示催告人之權利，並未喪失。故欲使利害關係人喪失權利，公示催告之聲請人仍須聲請為除權判決，法院不得依職權為之。法院就除權判決之聲請為裁判時，除因不合法以裁定駁回外，應指定言詞辯論期日，通知聲請人為言詞辯論，如已有利害關係人申報權利者，應一併通知（民訴五四五）。申報權利人，對於公示催告人主張之權利有爭執者，法院應酌量情形，在就所報權利有確定裁判前，裁定停止公示催告程序，或於除權判決保留其權利（五四八）。除權判決，除宣示及送達外，為使第三人得知其內容起見，法院得以相當之方法，將判決之要旨公告之（五五〇）。惟宣告證券無效之除權判決應依職權以相當方法公告之（五六四Ⅱ）。對於除權判決，不得上訴（五五一Ⅰ）所附之限制或保留，聲請人得為抗告（五五四）。故除權判決一經宣示，即生形式上確定力。關於公示催告及除權判決之准許與其所為失權之宣告，則有實質上確定力（四〇〇）。其確定力及於受公示催告之一切利害關係人。而受除權判決效力所及之利害關係人，雖不得上訴，但有法定事由得於一定不變期間（知悉除權判決時或知悉其事由時起三十日），以公示催告聲請人為被告，向原法院提起撤銷除權判決之訴。惟對於宣示後已逾五年之除權判決，則不得提起撤銷之訴（五五二）。（民事訴訟法）（李學燈）

起訴

起訴為原告就其特定之權利主張向法院為判決之要求，而使判決程序開始之行為。其相對人為被告，原告所為應受判決事項之聲明為訴之聲明，其請求法院加以判決之法律關係為訴之標的。通常訴訟程序之起訴，應向法院提出訴狀為之（民訴二四四Ⅰ）。但訴之變更、追加、及提起反訴，例外得於言詞辯論時為之，應記載於言詞辯論筆錄，如他造不在場，應將筆錄送達（二六一）。其在簡易訴訟程序，則起訴得以言詞為之（四二八）。此外調解之聲請，或支付命令之聲請，亦有視為起訴者（四一九Ⅱ，五一九Ⅰ）。其以訴狀起訴者，一經提出於法院，即生起訴之效力，由此而發生訴訟繫屬。其以言詞起訴者，於以言詞為起訴時，即生起訴之效力，不待訴狀或筆錄送達於相對人，始生效力。訴狀應表明當事人及法定代理人、訴訟標的、應受判決事項之聲明等法定事項，違者其起訴為不合程式，法院並應以裁定駁回之，但其情形可以補正者，審判長應定期間，先命補正（二四九、Ⅰ、6）。餘參見「訴狀」條。（民事訴訟法）（李學燈）

檢察官對於被告以確定刑罰權之存在及其範圍為目的，而向該管法院所為之請求為起訴。㈠起訴之程式。起訴應提出起訴書，記載下列事項：1.被告之姓名、性別、年齡、籍貫、職業、住所或居所或其他足資辨別之特徵。2.犯罪事實及證據並所犯法條。起訴時應將卷宗及證物一併送交法院。㈡起訴之追加。於第一審辯論終結前，得就與本案相牽連之犯罪或本案之誣告罪，追加起訴。追加起訴，得於審判期日以言詞為之。㈢起訴之效力。起訴之效力，不及於檢察官所指被告以外之人。檢察官就犯罪事實一部起訴者，其效力及於全部。法院不得就未經起訴之犯罪審判。㈣起訴之撤回。檢察官於第一審辯論終結前發見有應不起訴或以不起訴為適當之情形者，得撤回起訴。撤回起訴，應提出撤回書敘述理由，其與不起訴處分有同一之效力，即以之視為不起訴處分書，準用聲請再議之規定。（刑事訴訟法）（陳　珊）

起訴自由權

起訴自由權，一稱訴之自由，即憲法所稱人民有訴訟之權（憲一六）。見「訴之自由」條。（民事訴訟法）（李學燈）

起訴認否程序（Assignment）

檢方以公訴事實告知被告，後者如認其起訴狀有瑕疵，得聲請駁回其公訴，否則被告應為有罪或無罪之答辯（plea），如自認有罪，全部承認檢方主張時，與經陪審團為有罪評決同一效力，法院得不經本案之審理，逕為量刑之宣告，但美國部分州制定法特明定於若干重罪案件，被告雖為有罪之答辯，法院

亦應為本案之審理，不得據以逕為量刑之宣告。又如被告為無罪之答辯或沉默時，法院即應進行本案之審理。（英美刑法）（桂公仁）

訓令式之命令 (Mandatory Injunction)

訓令式之命令者，即除當事人之行為外，尚得命令其作為或不作為，及強迫某積極行為之履行之命令也。訓令式之命令，乃屬衡平法院救濟方式之一。當初衡平法院對給予訓令式之救濟甚為慎重，今則不分畛域，一律皆可給予。此種救濟，當於審理終結為之，但於特殊情形下，亦可於審理終結前為之。例如：㈠被告惟恐法院發布禁止處分命令，而預先變更其財產現有狀態，使原告不及受法院保護時，㈡雙方當事人權利義務業已確定，雖發布禁止命令亦無損於雙方利益時，㈢財產狀態屬於動態而非靜態，有發布訓令方式之必要時，法院皆可於審理終結前給予訓令方式之救濟（見 James A. Ballentine: Law Dictionary, 1959, P. 789; McClintock on Equity, Second Edition, 1948, pp. 32-33）。（英美衡平法）（何孝元）

訓政綱領

訓政綱領與國民政府組織法，可視為我國訓政時期的根本大法。此種大法乃基於　孫中山先生的遺教，本以黨建國與以黨治國的精神，代表國民行使政權，而以國民黨的權力機關—中央政治會議，作為代表國民行使政權的機關，亦為全國訓政的發動與指導機關。訓政綱領全文六條，於民國十七年十月三日中央常會通過，其中規定，如：中華民國於訓政時期開始，由中國國民黨全國代表大會，代表國民大會，領導國民行使政權。中國國民黨全國代表大會閉會時，以政權付託中國國民黨中央執行委員會執行之。依照　總理建國大綱所定選舉、罷免、創制、複決四種政權，應訓練國民逐漸行使，以立憲政的基礎。治權的行政、立法、司法、考試、監察五項，付託於國民政府總攬而執行之，以立憲政時期民選政府的基礎等等。總之訓政綱領六條所規定者係由黨授與國民政府以五項治權，督率政府執行，以訓練全國國民，俾逐漸推行選舉、罷免、創制、複決四種政權，以樹立憲政時期民選政府的基礎。其主旨在在規定人民與黨及政府的關係，而為訓政時期治權與政權行使的根本法律。（中國法制史）（林咏榮）

恐嚇 (Assault)

恐嚇者，乃行為人以行為表示將加害於他人，致使他人發生恐怖之行為也。恐嚇之要件有四：㈠須行為人有恐嚇之故意。㈡須行為人有恐嚇之行為：行為人若僅以語言表示其加害之意思，尚不足構成恐嚇，必其舉動有使被恐嚇人感覺危害之將臨，恐嚇之行為，始得成立。㈢危害須有即時實現之可能。㈣須被恐嚇人發生恐怖（見 Salmond on Torts, 11th ed., 1953, pp. 368-369）。（英美侵權行為法）（何孝元）

恐嚇取財罪

所謂恐嚇取財罪，即指意圖為自己或第三人不法之所有，以恐嚇使人將本人或第三人之物交付而言（刑法三四六條）。其構成要件如下：第一須意圖為自己或第三人不法之所有。第二須有恐嚇之行為。所謂恐嚇，係指以將來之惡害，通知他人，使其發生畏怖心而言。第三須使人將本人或第三人之物交付。恐嚇取財罪，與刑法第三百零五條之單純恐嚇罪有別，後者犯罪之狀態，在於恐嚇他人致生危害於安全；前者犯罪之狀態，在於以恐嚇使人交付財物。為兩者主要不同之點。（刑法分則）（王建今）

倉庫 (Warehousing)

指受報酬而為他人堆藏及保管物品之營業也。倉庫營業(warehouse business)，民法簡稱為倉庫。就其名而論其義，乃供堆藏及保管之工作物也。我國舊法稱為堆棧。其營業曰堆棧營業。在倉庫契約成立時，受報酬之方曰倉庫營業人(warehouseman)，他方曰委託人。此契約之性質為要物契約。而當事人之法律關係乃寄託關係。故除有特別規定外，準用有關委託契約之規定。但倉庫與寄託仍有區別。即前者必為營業，後者則否，其受報酬係例外。又前者必須有倉庫之設備，後者則否。再前者除保管外，尚須為之堆藏；後者則僅負保管義務而已。惟倉庫營業人應備置倉庫簿，因寄託人之請求應填發倉單(warehouse receipt)。並應允許寄託人或倉單持有人檢點寄託物或摘取樣本之義務。如倉庫契約終止時，寄託人或倉單持有人拒絕或不能移去寄託物者，得定相當期限請求移去，逾期不移去時，得拍賣寄託物，由拍賣代價中扣去拍賣費

用及保管費用，其餘額應交付與應得之人（參看倉庫有關條文）。（民法債編分則）（張鏡影）

倉單（Dock or Godown Warrant or Warehouse Receipts）

乃倉庫營業人對於寄託物品，因寄託人之請求而發行之證券，換言之，即寄託物之收據也。日本謂之預證券。其性質在經濟上言之，係一種有價證券。除有禁止轉讓之記載外，得以背書讓與第三人。按各國對倉單之立法例則有二種：一為單券主義，即倉庫營業人對寄託物僅發行一種倉單，荷德等國採之，我國亦然。另一為複券主義，謂倉庫營業人對於寄託物發行兩種倉單，一種為提取或移轉寄託物所有權之用。一種則留存為擔保寄託物之用。此主義之實益，在一面可擔保寄託物，另一面更可移轉寄託物之所有權於第三人，蓋為便利交易計也。倉單為要式證券，必須記載寄託人之姓名住址、受寄物之種類品質數量及其包皮之種類個數、保管之場所、倉單填發地及時間、保管期間、保險金額及期間並保險人之名號等等，而倉單之存根簿亦應逐一載明，以備存查。（民法債編分則）（張鏡影）

浮報名額

陸海空軍刑法第四十五條所稱之浮報名額，係指官兵本不是編制之定額，因意圖冒領經費，故意將官兵名額，虛浮列報之謂，其所意圖冒領之經費，已領未領，及是否侵占均可不問。（特別刑事法）（吳　智）

浮報價目

指就原價目，故為提高，以少報多，或以無報有，從中圖利之謂。軍刑法第四十一條規定浮報價目，係對購買軍火或其他軍用品而言，旨在懲罰辱職行為。（特別刑事法）（吳　智）

唐六典

唐玄宗時，曾仿擬周官，編修六典，即理典、教典、禮典、政典、刑典、事典。由集賢院張說（悅）張九齡及李林甫先後董其事，自開元十年始告完成，凡三十卷。其制作的目的，原為纂訂足以垂久的憲典，凡唐代官制與周代不同者，應漸次變更其體制，以求與六典名實相符；但在實際上却未必如此，其第一卷三師三公之職，既屬無徵，而第六卷刑部郎中之條，謂：「凡決大獄皆棄於市」，原注：「古者決大獄於市，自今上臨御以來向無其例，但存其文耳」，亦可見其一斑；雖唐的六典，在唐並未貫澈實施，但明清諸會典，淵源於此。（中國法制史）（林咏棠）

唐律疏議

唐永徽三年（652 A.D.）廣詔通曉律學者，疏奏條義，令中書門下監定，於是長孫無忌、李勣等撰律疏三十卷，是為唐律疏議。律本文原為十二篇五百條，各篇一卷計十二卷；惟因疏議插入本條，故增為三十卷。十二篇篇目與隋之開皇律相同，就是名例、衞禁、職制、戶婚、廐庫、擅興、賊盜、鬭訟、詐偽、雜律、捕亡、斷獄。（中國法制史）（林咏棠）

缺席判決

因當事人之一造遲誤言詞辯論期日，本於其他一造之辯論所為之判決，謂之缺席判決。對於缺席判決稱本於兩造辯論所為之判決，則謂之對席判決。如以前已為辯論，其後一造不到場，由到場一造辯論並斟酌以前辯論所為之判決（民訴三八五Ⅱ），則為缺席兼對席之判決。（民事訴訟法）（李學燈）

缺額不報

陸海空軍刑法第四十條規定之缺額不報，係指法定編制內之員額兵額，因辭職、免職、死亡、逃亡等事由所遺之空額，明知而延不呈報而言。（特別刑事法）（吳　智）

留置送達

留置送達，謂將文書置於送達處所之送達。即應受送達人拒絕收領而無法律上理由者，應將文書置於送達處所，以為送達（民訴一三九Ⅰ）。所謂應受送達人，不僅指當事人及其他訴訟關係人之本人而言，凡法律上規定應向其直接為送達（一二七至一三二），或經指定之送達代收人（一三三、一三四）及同居人、受僱人（一三七），均包括在內。其拒絕收領而無法律上理由，一經將文書置於送達處所，即與交付文書生同一之效力。所謂無法律上理由，係指本文書之送達程序無拒絕收領之法律上理由而言，至有無其他程序上之理由，則非所問。前者例如未經許可，於夜間爲送達（一四○），應認爲有法律上之理由拒絕收領；後者例如訴狀繕本之送達，缺乏法律上之就審期間（二五一Ⅱ），應認爲無法律上之理由拒絕收領是。惟有無法律上理由，有時恐非送達人所易判斷，因於修正舊法時，增訂第二項，如有難達留置情事者，準用寄存送達之規定（一三九Ⅱ）。（民事訴訟法）（李學燈）

留置權

債權人占有屬於其債務人之動產，而具有法定要件者，於未受清償前得爲留置之權利，稱爲留置權。留置權起於羅馬法上之詐欺抗辯，因而在觀念上恒以之與債法雙務契約同時履行之抗辯權相比較，二者區別甚多，其最著者：一爲物權，一爲債權；一則由於單方當事人之片面主張，一則基於雙方當事人之意思合致；一則以對請求權之抗辯，一則以保債權之實行；一係從權利，一係主權；其在性質及作用，均屬迥不相同。留置權在物權編設有專章，見於該章之外者，有第七九一條因查收物品所生之留置權，見於債編者，有第四四五條出租人對於租賃物之留置權，第六一二條主人對於客人行李、物品之留置權，第六四七條運送人對於運送物之留置權，凡此均爲法定，與一般留置權之發生，正復相同，其有所謂「法定留置權」者，名稱似宜斟酌。一、留置權之要件：㈠債權已至清償期者。惟債務人無支付能力時，債權人縱於其債權未屆清償期前，亦有留置權。㈡債權之發生，與該動產有牽連關係者。商人間因營業關係而占有之動產，及其因營業關係所生之債權，視爲有此牽連關係。㈢其動產非因侵權行爲而占有者。二、留置權之限制：動產之留置，有以下情形之一者，不得爲之：㈠違反公共秩序或善良風俗者。㈡與債權人所承擔之義務相牴觸者。㈢與債務人於交付動產前或交付時所爲之指示相牴觸者。債務人於動產交付後，成爲無支付能力，或其無支付能力於交付後始爲債權人所知者，其動產之留置，縱有以上兩種之牴觸情形，債權人仍得行使留置權。三、留置權之效力：㈠留置權之範圍。債權人於其債權未受全部清償前，得就留置物之全部，行使其留置權。㈡留置物之保管。債權人應以善良管理人之注意，保管留置物。㈢費用之求償。債權人因保管留置物所支出之必要費用，得向其物之所有人請求償還。㈣孳息之收取。債權人得收取留置物所生之孳息，以抵償其債權。四、留置權之實行：㈠通知。債權人於其債權已屆清償期而未受清償者，得定六個月以上之相當期限，通知債務人，聲明如不於其期限內爲清償時，即就其留置物取償。不能爲此項通知者，於債權清償期屆滿後，經過二年仍未受清償時，債權人亦有就留置物取償之權利。㈡取償。債務人不於通知之期限內爲清償，或於清償期屆滿後經過兩年，不爲清償，而不能爲上述之通知時，債權人得依關於實行質權之規定，拍賣留置物或取得其所有權。五、留置權之消滅：留置權除因物權一般之消滅原因而消滅者外，其特定消滅情形有二：㈠擔保之提出。債務人爲債務之清償，已提出相當之擔保者，債權人之留置權消滅。㈡占有之喪失。留置權因占有之喪失而消滅。六、準留置權：前述所謂「法定留置權」，除另有規定外，準用留置權章之規定。（民法第九二八—九三九條）。（民法物權）（陳　冊）

迴利爲本

宋刑統雜律引雜令：「諸公私以財物出舉者，任依私契，官不爲理，每月取利，不得過六分；積日雖多，不得過一倍；家資盡有，役身折酬值，通取戶內男口；又不得迴利爲本（不得將利滾入作本）。其放財物爲粟麥者，亦不得迴利爲本及過一倍。若違法積利，契外剝奪及非出息之債者，官爲理收」。元明清律亦有類似的規定，所謂迴利爲本，與現行民法第二○七所規定的「利息不得滾入原本再生利息」，主旨相同。（中國法制史）（林咏榮）

迴避

訴訟法上所稱之迴避，係指法院職員，就特定事件，迴避而不執行職務之意。或因其有某種情形，足認其執行職務有偏頗之虞，或因其與當事人或訴訟事件有某種關係，爲增進人民之信賴，保證審判之公平，因而使其就該特定事件，不得執行職務。民事訴訟法於第一編第二章第二節定有法院職員之迴避。迴避有法定迴避、裁定迴避、或自行迴避、聲請迴避等之分，詳見各該條。（民事訴訟法）（李學燈）

息爭之訴（Bill of Peace）

息爭之訴者，乃衡平法上防止重複訴訟之一種訴訟也。凡遇有數宗訴訟含有同一之法律或事實問題時，衡平法院准予提起之。此種息爭之訴，多為解決徵收稅款或確定土地所有權之問題，但如損害係由於過失所致者，其訴訟則不得合併提起之，因在過失之訴，常有損害原因之過失相抵及數額相抵等問題發生，且此項訴訟必有陪審員之裁決，故衡平法院不予受理。美國訴訟程序經修正後，因衡平法院有中止當事人訴訟及合併訴訟之權，故當事人提起「息爭之訴」之需要，已大見減少矣（見McClintock on Equity, 2nd ed., 1948, pp. 480, 486-488, 492）。（英美衡平法）（何孝元）

息怒時間（Cooling Time）

被告無惡意預謀，僅因受被害人激怒，衝動不能自制，臨時激憤非法殺人，謂之任意殺人（voluntary manslaughter）。故被告受激怒後至殺人時止，其間若有充分時間足供其平息激動，恢復理智，則其殺人行為視為有惡意預謀，應論以謀殺罪。此一息怒時間，影響被告刑責至鉅。至於如何長之時間方為充分之息怒時間，乃一事實問題，陪審團據「善良管理人」（reasonable man）原則決定之，如被告受激怒後，憤怒平息，並已在從事其他工作，可知其實際上已息怒，或如息怒時間過長，則無庸待陪審團裁定，庭上可依法逕作有充分息怒時間之認定。易言之，自事實、證據諸方面觀之，被告受激怒後至殺人時止，其間經過時間雖甚長，而事實上其並未息怒，亦自不得謂有充分之息怒時間，故可據以減刑(In re Fraley, 3 Okl. Cr. 719, 109 p. 295. 1910）。（英美刑法）（桂公仁）

個人主義公司

見「人合公司」條。（商事法）（林咏榮）

個別股東權

股份有限公司的股東，依其股東資格得享受的權利，股東個人得單獨行使之者，稱之為個別股東權，如盈餘分派請求權是；反之，如請求召集股東會的權利，須持有已發行股份總數百分之幾以上股份的股東，始得行使之者（例如公司法第一一七三條等是），稱之為少數股東權。個別與少數股東權的作用，在以防止多數決原則的濫用與大股東的操縱與專橫。（商事法）（林咏榮）

神法物權

此為羅馬法上之名詞，我民法上無此分類，惟依特別法則有法物權之限制規定。如於宗教、歷史及美術上有關之佛像、神像、禮器、樂器、法器、經典、雕刻、繪畫及其他向由寺廟保存之一切古物，稱曰法物。寺廟之法物，應向該管地方官署呈請登記，其管理之權操於主持，而產權為寺廟所有，非經所屬教會之決議並呈請該管公署之許可，不得處分或變更。（監督寺廟條例第二條、第五—六條、第八條）。（民法物權）（陳　珊）

神䴥律令

北朝後魏太武帝神䴥四年（A.D. 431）命司徒崔浩，改定律令，稱為神䴥律令。（中國法制史）（林咏榮）

純正不作為犯

見「不作為犯」條。（刑法總則）（王建今）

純粹法學（Pure Theory of Law）

純粹法學是維也納學派（Vienna School）領袖開爾遜（Hans Kelsen 1881 - ）所創。與奧斯丁之分析法學後先媲美，同屬法律實證主義之重要代表。不過開爾遜進一步強調法學必須排除任何有關公平正義之理想，而以實證法之形式的研究為專務。法學為保持純粹科學的地位，不容政治學、倫理學、社會學及歷史學等侵入其領域。開爾遜認為法律乃規範體系而非因果關係，故為規範科學而非自然科學。此係根據康德之二元論而來。人稱純粹法學具有新康德主義之哲學基礎者，其故在此。法律規範之特徵，即在以制裁為後盾而實現某種作為或不作為。依開爾遜之見，任何法律制度均係由此種規範組成之有層次的體系（Hierarchy）。下級規範之權威來自上級規範，層層上溯，最後止於最高級的「基本規範」（Grundnorm）。例如，法院之判決，行政機關之命令或私人間之契約，同為下級「個別規範」，其權威或拘束力均係根據立法機關制定之「一般規範」，而一般規範之權威則來自位居「最高規範」的憲法。至於基本規範，乃「最初假設」（Initial hypothesis），賴以建立法律規範體系。其權威何自，非法學所能過問，必須加以接受。換言之，法學之任務即在闡明已有的基本規範與其下級規範間之關係，而對規範本身不作任何評價。故開爾遜的法學亦稱「梯級法學」（Stufen Theorie）。基於上述理論，開爾遜認爲國家與法律實爲一體。國家即強制性規範之總和，因此與法律同其範圍。且由於法律均自基本規範層次推演而來，公法與私法之區分亦無意義。（參閱「新康德法律哲學」，「法律實證主義」，「分析法學」。）（法理學）（馬漢寶）

參考文獻：

Hans Kelsen, "The Pure Theory of Law", 50 Law Quarterly Review 474, 1934;

General Theory of Law and State, A. Wedberg Translation, Cambridge, Mass., 1949.

凌虐

凡以積極或消極違反人道之一切凌辱虐待行爲，致侵害他人身體上、或精神上受痛苦者，謂之凌虐，如陸海空軍刑法第七十三條規定濫用職權爲凌虐之行爲是。（特別刑事法）（吳　智）

凌遲處死

凌遲者，先斷其支體，乃抉其吭（咽喉）也。陸游渭南文集，卷五條對狀：「肌肉已盡，而氣未絕，肝心聯絡，而視聽猶存」。五代以降，絞、斬之上，有凌遲處死之刑。明清兩代沿之，惟不列入五刑圖。清凌遲有廿四切、卅六切、七十二切、百廿切之分。（中國法制史）（林咏榮）

狹義無權代理

狹義無權代理，乃代理人無代理權，且外形上亦無有可認其代理權時，所爲之代理之謂也。凡授權行爲無效之代理，逾越代理權範圍之代理，代理權消滅後之代理等均屬之。代理人所爲之行爲，未經本人授權爲之，自不能對本人發生效力，惟如經本人承認，仍可生效（民法第一七〇條第一項）。相對人得定相當期限，催告本人確答是否承認，如本人逾期未爲確答者，則視爲拒絕承認（民法第一七〇條第二項）。相對人於本人未承認前，有撤回權；惟相對人於爲法律行爲時，明知無權代理人無權代理者，則不得行使撤回權（民法第一七一條）。（民法債編總論）（何孝元）

狹義解釋（Ejusdem Generis Rule）

所謂狹義解釋者，即概括性之文句，應受特殊性之文句之限制也。例如租賃契約規定：「住宅因火災、水災、或其他不可避免之偶然事實被毀時……」，所謂「不可避免之偶然事實」，應限於類似火災或水災之情形，而不得包括因當事人過失所致之事實是（見 Chitty Contracts vol. 1961, p. 268.）。（英美契約法）（何孝元）

能力刑

見「從刑」條。（刑法總則）（王建今）

逃亡過三日過六日

陸海空軍刑法第九十三條規定逃亡過三日過六日之字樣，此爲計算逃亡既遂期間之標準，即指其逃亡期間，已否越過七十二小時，或一百四十四小時，來區別犯罪之既遂或未遂。（特別刑事法）（吳　智）

案由

見「朗讀案由」條。（民事訴訟法）（李學燈）

荒地

凡編爲農業或其他直接生產用地，未依法使用者，爲荒地；但因農業生產之需要而休閒之土地，不在此限（土、八八）；該管市縣地政機關得劃定地區，規定期限，強制依法使用荒地，逾期不使用者，得照申報地價收買之（土、八九）；以免土地任意曠廢，妨礙農業生產。至於照價收買荒地之地價，得分期給付，但清付期限，不得逾五年（土、施、一二二）。（土地法）（管　歐）

尅扣軍餉

陸海空軍刑法第三十八條所謂軍餉，係指軍人之薪餉，所謂尅扣，即指不依照法定餉額發給，而以己意扣減之謂。故剋扣軍餉，應有不法所有之犯意，如僅剋扣而無不法所有之犯意，不構成本罪。（特別刑事法）（吳　智）

哨兵

陸海空軍刑法所稱哨兵，謂於軍隊駐紮地，爲備戍或任警戒勤務之軍人，乃全軍之耳目，例如前哨、步哨、班哨、排哨、連哨、巡哨、瞭望哨、對空監視哨、或機前哨、槍前哨、遞步哨等。（特別刑事法）（吳　智）

貢法

見「井田制度」條。（中國法制史）（林咏榮）

容受勘驗之義務

當事人或第三人提出勘驗物或容受勘驗之義務，一稱爲勘驗之忍耐義務，見該條。（民事訴訟法）（李學燈）

脅迫

脅迫（Manace; duress; threat）

即故意以不當之手段，預示將來之危害，使他人生畏懼之心而爲意思表示之行爲也。惟脅迫之構成，(1)須有脅迫之故意，即須有使被脅迫人發生恐怖之意思，且因恐怖而爲內心不願表示之意思表示。而其意思表示與脅迫之目的相符合，乃爲構成脅迫之故意。(2)須有脅迫之行爲，即脅迫人有預告將來發生危害之情形，使其發生恐怖之程度，即爲已遂。此脅迫行爲，第三人亦得爲之。其危害之主體，不限被脅迫人之自身，即其戚友亦然。而危害之客體，則生命身體自由名譽財產皆屬之。至預告之方法，則言語或容態皆得爲之。(3)脅迫行爲須違法或不當。脅迫之目的或手段有一違法，即已構成脅迫。若其目的或手段並不違法，祇係不當，例如汝不賣此屋與我，我將告發汝罪，因知有犯罪之情形，是可檢舉告發的，並不違法。然其發生脅迫之作用，使被脅迫人生恐怖之心。自亦應構成脅迫。惟對脅迫之目的及手段，不但均不違法，並亦無不當者，則不構成脅迫，例如索債，如不清償，我將訴請法院扣押汝之財產，此則屬於權利之行使，乃其正當之行爲也，自不能謂爲脅迫。至因被脅迫而爲之意思表示，乃意思表示不自由，非本於自由之意志，各國法例規定，表意人得撤銷之，我國民法亦然（第九二條）。此外如由於不可抗拒之暴力，或被威逼而表示之意思，與無意識時所表示之意思表示無異。此係暴行（violent conduct）下之意思表示，應爲無效（參照民法第七十五條下半段意旨）。故與因脅迫而表示之意思得撤銷者，顯然不同。不可不辨。（民法總則）（張鏡影）

脅迫（duress）

脅迫者，乃一方對於他方施以暴力或恐怖使其意志難以抗拒之謂也（見 James A. Ballentine: Law Dictionary, 1959, p. 415-416.）。契約須基於雙方當事人之自由意思而訂定，苟當事人之一方受他方之威脅而爲意思表示，法律准許被脅迫之一方撤銷其契約。普通法所謂脅迫，係指對人施以暴力、恐嚇、或妨害自由而言；衡平法則僅須於當事人間有信任關係時，一方以不正當勢力加之於他方爲已足，有時尙不以有信任關係爲限。脅迫之情形可分爲下列二種：

㈠對人脅迫：以恐嚇或威力或妨害自由施之於人者，爲對人脅迫。恐嚇之嚴重與否，應以被脅迫人之精神與身體之狀態爲斷。在普通法，脅迫須有不法妨害他人自由之事實，而在衡平法，以提起刑事訴訟爲恐嚇，以達其不法之目的者，亦足以構成對人脅迫。

㈡對物脅迫：對物之脅迫，於普通法，本不構成脅迫，但因之而取得之金錢給付，則應返還與給付人。

因脅迫而成立之契約並非無效，不過得撤銷而已。撤銷權人爲被脅迫之當事人。撤銷權因撤銷人之承認契約而消滅。明知有撤銷權而仍爲契約上之行爲者，視爲承認。脅迫終止後不訴請撤銷者亦同。脅迫係由第三人所爲者，被害人須證明爲對造所明知者，始得撤銷之（見 Chitty on Contracts, vol. 1961, pp. 148-153.）。（英美契約法）（何孝元）

脅迫（duress）

行爲人因被他人暴力脅迫，而犯罪時，實際上欠缺犯罪故意，難令其負刑責。一般言之，縱因他人暴力脅迫，行爲人亦不能辭殺人之咎。再者，在通常較殺人罪輕之案件中，欲以暴力脅迫爲阻却責任有效之抗辯，必行爲人感受之暴力脅迫係現實且危急，有死亡或重傷之虞始可。若暴力脅迫係未來的，行為人有充分時間與機會規避而無死傷之危險時，不得以之為阻卻責任之抗辯（State v. St. Clair, 262 S. W. 2d 25）。所謂暴力脅迫乃指拘禁、傷害、威嚇等言，其對象除行為人外，尚包括行為人之父母妻女等，若僅為對行為人之建議，或與之爭論、勸說，不得謂為暴力脅迫。（英美刑法）（桂公仁）

兼軍職之公務員

戰時軍律第一條所稱之兼軍職之公務員，係指文職之公務員兼有軍職，於戰時負有作戰任務者而言，亦即軍事審判法第三條第二款所規定兼任軍職之文職公務員，此種人員視同現役軍人，如省主席兼保安司令之例是。（特別刑事法）（吳　智）

時效（Prescription）

時效者，乃承認權利之一種法律推定也。此項推定，並非法律上不容有異議之推定，當事人仍可提出其他證據反證之（見 James A. Ballentine: Law Dictionary, 1959, p. 1004）。（英美侵權行為法）（何孝元）

酌留分（Discretionary Portion）

即被繼承人生前繼續扶養之人，應由親屬會議，依其所受扶養之程度及其關係，酌給遺產，故謂之酌留分。此被扶養之人，須無自己謀生之能力，若不酌給遺產以維持其生存，顯背被繼承人生前之本意。然此須被繼承人無遺囑，乃能由親屬會議，按其所受扶養之程度酌給遺產。若有遺囑，則應依遺囑行之。（民法繼承）（張鏡影）

射倖契約（Wagering Contract）

所謂射倖契約者，乃契約當事人對於將來不確定事件之發生，持相反之預斷，於將來事件發生時，一方取得他方一定數額金錢之契約也。故射倖契約之成立，須：(一)一方贏得他方一定之金錢；(二)其輸贏依據將來不確定之事件發生；(三)事件之發生非當事人所共通預斷。依普通法，射倖契約為有效，但其標的違反公共利益者，不在此限。迨一八四五年英國公佈射倖法（Gaming Act, 1845），規定射倖契約為無效，契約當事人之一方已給付金錢者，不得請求返還。一八九二年復頒佈新射倖法（Gaming Act, 1892），其範圍擴及於由射倖契約而取得佣金、費用、獎金或酬報之人。自此射倖契約之無效，不復限於當事人之間（見 Anson's Law of Contract, 20th ed., 1952, pp. 206-207, 211-212）。（英美契約法）（何孝元）

氣候與犯罪

人類生活於大自然之中，受空氣日光滋養，無時無地不與氣候之冷暖發生密切關係。人類雖可以知能創造及利用物質，如製造衣服房屋等，以調節及克服自然現象，但血液之運行，身體之發育及一切言行動止，均不能不受自然氣候之影響。進一步言之，氣候不僅影響人之動作，抑且影響人之性格。犯罪為惡性之表現，故氣候與犯罪亦有其相當之關係。斐利（Ferri）云：「一年之中，因月份不同而異其犯罪之性質及形式，並因各年度氣溫之不同，而可推知其年度中犯罪者之數量」。日本學者勝水淳行云：「夏天比冬天容易生活，且夏天生活力旺盛，使性慾興奮，更因夏日氣候溫度較高，多露出肉體之機會與出外交往之時間較多，情慾易受刺激，以致性的犯罪，夏天較冬天為多」。凡此均足為氣候與犯罪關係之明證。（刑事政策）（王建今）

秘密審理主義

見「公開審理主義」條。（民事訴訟法）（李學燈）

浪費信託（Spendthrift Trust）

浪費信託者，乃委託人為維持受益人之生計與防止受益人浪費或破產所設立之信託也。委託人設立此項信託時，得禁止該信託資金之轉讓或用以清償債務，而使受益人得以專享信託之利益（見James A. Ballentine: Law Dictionary, 1959, P. 1223）。（英美衡平法）（何孝元）

租賃（Lease）

日本曰賃貸借，謂當事人約定一方以物租與他方使用收益，而他方支付租金之契約也（民法第四二一條）。以物租與他方者曰出租人，使用收益租賃物

(thing leased)者曰承租人。其性質為有償契約雙務契約及諾成契約，原則上為不要式契約。惟不動產之租賃契約，期限逾一年者，應以字據訂立之。則為例外之要式契約。如未以字據訂立者，視為不定期限之租賃（第四二二條）。不定之租賃，則當事人得隨時終止租賃契約。至耕作地之租賃，在我民法有詳細之規定，但自民國四十二年耕者有其田條例公佈後，耕地一律由政府徵收轉放領與農民，如耕地承領人轉租於他人，則政府即撤銷其承領，而所繳地價不予發還。故耕地租賃已成為民法史上之一名詞而已。至租賃之修繕，原則上由出租人負責，若有約定或有習慣由承租人負責者，乃其例外。惟租賃物已交付於承租人者，縱出租人將租賃物之所有權轉讓與第三人，其租賃契約對於受讓人仍繼續存在（第四二五條）。此係貫徹契約之效力，並保護承租人之權利。至於轉租，是否須經出租人之承諾，各國立法例不一。法民法則除有反對之特約外，承租人得自由轉租。瑞士民法規定承租人得為轉租，須不令出租人因轉租而受不利益。德日民法，則以須得出租人之承諾為轉租要件。我民法仿德日法例（第四四三條第一項）。惟租賃期限，各國規定亦不同，德民法為三十年。我仿日本法例，租賃期限不得逾二十年，逾二十年者，縮短為二十年（第四四九條第一項）。期限滿後，當事人得更新之（同條第二項）。即更訂租賃契約之謂也。（民法債編分則）（張鏡影）

眞意保留（Reservation of Intention）

此為故意不一致之一種。亦稱心裏保留。或稱單獨的虛偽表示。即表意人故意隱匿其心中之眞意，而表示與其眞意不相符合之意思表示也。例如表示人並無履行其義務之眞意，對他人表示將贈以鉅金之表示是。對此眞意保留之效力如何？持意思主義者，謂無內部之意思，則其表示無所依據，此與意思不合之表示應不生效。持表示主義者，謂內部之意思，相對人從何窺知，應以表示於外者為準。始足以保護相對人。以上兩主義各有偏頗，於是持折衷主義者，既不採極端之意思主義，亦不採極端之表示主義。而採以意思主義為原則，表示主義為例外。或以表示主義為原則，意思主義為例外。如此則對表意人及相對人雙方之利益兼顧。不致偏廢。我國民法採折衷主義，以表示主義為原則，以意思主義為例外。觀於第八十六條上半段規定：「表意人無欲為其意思表示所拘束之意，而為意思表示者，其意思表示，不因之無效。」即可知其為採表示主義。同條下半段但書：「但其情形為相對人所明知者，不在此限。」，亦可知其為採意思主義。不過須注意此僅限有相對人之意思表示者，始適用之。若無相對人之單獨行為，仍應適用上半段之規定，不得主張無效。（民法總則）（張鏡影）

匪諜

依戡亂時期檢肅匪諜條例第二條之規定，稱匪諜者，係懲治叛亂條例所稱之叛徒，或與叛徒通謀勾結之人而言。所謂與叛徒通謀勾結之人，即直接間接圖利叛徒之人，或受共匪或附匪分子利用之人均屬之。（特別刑事法）（吳　智）

恣縱殺人罪（Reckless Homicide）

行為人未能如一般理智之人謹慎，對自己行為或不作為之必然結果不加注意，非法致人於死，應令負恣縱殺人罪責。在大多數車禍事件中，若使肇事殺人者負任意殺人罪，失之嚴苛，故美國部分州特以立法，使恣意輕率，草菅人命之駕車肇事人有悔悟自新機會，令負恣縱殺人罪責，科一千美元以下罰金，或處一年以上五年以下有期徒刑；亦有論以非任意殺人罪，處一年以上，十年以下有期徒刑（Criminal Justice, by Fred. in Bau, pp. 223, Foundation Press）。（英美刑法）（桂公仁）

辱職

違法瀆職，而於職務上有所玷辱，謂之辱職，國家建立國防軍治，原在保國衛民，軍人受國家之重託，如不盡忠職守，恪守官箴，其危害當比一般公務員更大，故陸海空軍刑法特設辱職罪專章，其罪質與刑法之瀆職罪相當，不過處罰較重。（特別刑事法）（吳　智）

配屬長官

軍事審判法上所稱配屬長官，指被告配屬服務單位之各級長官，於被告所配屬之服務單位拘提被告時，應責成或會同其配屬長官行之。（特別刑事法）（吳　智）

埋藏物之發見

發見埋藏物而占有，即取得其所有權之法律事實，為埋藏物之發見取得。所謂「埋藏物」，即埋藏於他物之中，不知屬於何人之動產也。發見謂由官能接觸而認識。埋藏乃不易發見之情形，其爲出於自然或人為之原因皆非所問，他物稱之爲包藏物，不動產及動產均屬之。不知屬於何人，必為有主而所有人不分明，無主動產，可依先占取得其所有權而無待於發見取得之法則。如所有人分明，即使發見亦不生取得所有權之效果。此乃動產所有權取得方法之一，故其標的物必為動產。我民法以第八〇八、八〇九兩條，規定取得所有權之標準爲：「發見埋藏物而占有者，取得其所有權。但埋藏物係在他人所有之動產或不動產中發見者，該動產或不動產之所有人與發見人，各取得埋藏物之半」。是乃原則。「發見之埋藏物，足供學術、藝術、考古或歷史之資料者，其所有權之歸屬，依特別法（如古物保存法）之規定」。是乃例外。（民法物權）（陳冊）

商法典（Code de Commerce）

自法國於一八〇七年制定商法典以後，其商法法典與民法法典並立平行，歐陸多數國及日本均從之。凡學者主張商法與民法分立者，稱之爲民商分立論。（商事法）（林咏榮）

商事法

商事法亦稱商法，適如其名，乃關於規範商事的法律。在法典的編制上言，有的國家如德法及日本等國，民商二法分立，除民法法典外，尙有商法法典，商法對於民法處於獨立的地位；有的國家如瑞士、土耳其、泰國及我國，皆採民商法合一編制，商事屬於民法的一部分，無所謂商法法典。我國雖係仿瑞士民商合一的立法例；但我國所合一的，祇通常屬於商人通例的經理人和代理商、及屬於商行爲的買賣、交互計算、行記、倉庫、運送暨承攬等項；而商業登記、公司、票據、海商和保險，則分別另行訂頒單行法，在我國所謂商事法，即係指這些法律而言。（商事法）（林咏榮）

商事法的二元化

商事法在企業活動亦即行爲方面與企業組織方面，各異其支配的原則。前者以自由與迅速爲依歸，所以多屬於任意的規定；後者以嚴格與確實爲必要，所以多屬於強行的規定。這兩種全然相反的精神，學者稱之爲商事法的二元化、二元性或二元觀。這種二元化的規定，表面上雖似矛盾，實質上却爲互相配合。因爲前者屬於行爲法，係規定企業活動或行爲中特定人相互間的法律行爲，其利害關係僅及於當事人，以當事人自治自決爲主，所以採自由主義，多作任意規定；後者屬於組織法，企業組織健全與否，直接或間接與第三人發生利害關係，其影響及於社會安全，所以採嚴格主義，多作強行規定。這二元化却是商事法在基本上的特質。凡商事法的解釋，必須循此方向，方不致於乖謬，而失去立法的原意。所以商法學者 Dahn 曾說：「商事法是一切法律中之最屬於方式自由的；而同時又是最屬於方式嚴格的法律」，（Das Handelsrecht ist zugeich das formenfreists und das formenstrengste aller Rechte）。（商事法）（林咏榮）

商品

就一般觀念而言，商品係指以營利爲目的而生產、製造、加工、販賣、陳列、運輸、銷售而持有之貨物而言，惟商品檢驗法中所稱之商品，並非以營利爲目的者爲限，其不以營利爲目的者亦包括之，又此處之商品，不僅指消費財，即生產財亦屬之，因此商品檢驗法中所稱農工礦商品係包括此項商品之成品、半成品及原料。（商品檢驗法）（曾　歐）

商品市價

商品檢驗法所稱之市價，在輸出輸入之商品，係指由檢驗機構參酌該商品輸出輸入申報價格，指定外匯銀行公佈之出口底價及市場躉售價格經報請主管機關核定公佈之價格而言，至於在國內市場之商品，則係由檢驗機構參酌各種商品市場躉售價格擬定後報請主管機關核定公佈之價格。（商品檢驗法）（曾歐）

商品取樣

應施檢驗商品因檢驗所需之樣品，檢驗人員得向場廠、銷售人、輸出輸入人或其他代理人抽取之，取樣應由取樣之檢驗人員隨機採取，報驗人不得指定，商品於檢驗時，其抽取樣品之數量及方法，通常係依國家標準為之，惟如國家標準無規定者，則比照國家標準有規定之最近似商品辦理，報驗商品經取樣後未獲檢驗結果前，非經報准不得擅自移動，准予移動時，檢驗機構得派員監督，以防弊端。（商品檢驗法）（管　歐）

商品品質

係指商品本身實質上所具有之特性而言。（商品檢驗法）（管　歐）

商品重驗

重驗係指經檢驗合格之商品，有下列情形之一者，應重行報驗而言：

㈠證書已逾有效期間者。
㈡包裝改變或包裝腐損，足致影響商品品質者。
㈢受水漬、火損或有顯著之毀損形跡者。
㈣標示不符或混雜零亂者。
㈤其他應受檢驗事項有變更情事者；依法應重行報驗者，其原先之報驗程序視為已撤銷。（商品檢驗法）（管　歐）

商品規範

商品規範係指就商品本身實質上所具有之特性而擬定之規格。（商品檢驗法）（管　歐）

商品標示

應施檢驗商品之標示，除依國家標準規定作有關之標示其商品名稱、品質、規範有化學成分者其成分外，並應加註商標或嘜頭生產或製造加工者之名稱及地址，重量或容量，如其商標經依法註册取得專權頭者，應標明「註册商標」字樣或符號，輸入商品在國內市場銷售者，應由輸入人於銷售前以中文標示之，並加輸入人之名稱、地址。又商品檢驗法規定標示所用文字應以中文為主，如兼用外國文字時，其字體不得大於中文，專供外銷之商品，得用輸往地區通用文字標示之，但應先報請檢驗機構核備。（商品檢驗法）（管　歐）

商品標章

係指商品上所用之標識或章記而言，不限於商標，惟當然包括商標在內，商標法規定相同或近似於同一商品習慣上通用之標章者，不得作為商標，申請註册，（商標法、二、7.）足見凡表示商品上所用之標識或章記，均概括謂之為標章。（商標法）（管　歐）

商品複驗

商人對於其商品檢驗不合格時，應有提出異議之申訴機會，以糾正檢驗人員可能發生之誤差，因此報驗人於接到商品檢驗不合格之通知後，得以十五日內請求免費複驗一次，複驗應就原樣品為之，但原樣品已無剩餘或已不能再加檢驗者，得重行取樣，又申請複驗，除應於規定期限內為之外，並應附具理由及必要資料。（商品檢驗法）（管　歐）

商品檢驗方法

商品檢驗之方法，國家標準有規定者從其規定，但規定有二種以上之方法時，各檢驗人員雖可擇一採用，惟應力求一致，如係國家標準未規定者檢驗機構得依其性質參照其他可行之通用方法執行。（商品檢驗法）（管　歐）

商品檢驗主管機關

商品檢驗法及商品檢驗法施行細則中所稱之「主管機關」係指經濟部而言。（商品檢驗法）（管　歐）

商品檢驗法

商品檢驗法係於民國二十一年十二月十四日公佈施行，五十四年五月二十五日修正公佈同日施行全文三十八條，因舊法施行三十餘年，其間因社會環境之變遷，工商各業之發展，國民經濟原以農業經濟為主者，已逐漸步入工業化之途，尤以近年來政府為加速經濟發展，致力於各項措施之改善，對於拓展對外貿易一項視為施政之重點，在統計數字上顯示，工礦產品輸出年有增加，在外匯收入中日佔重要地位，商品檢驗為經濟行政之一環，必須加以配合運用，藉使產品品質提高，以確立國際市場之信譽，原有商品檢驗法立法當時，置重於農產品及其加工品之出口檢驗，不但條文簡略，且因時移勢易，深感不能適應時代需要，乃審愼研討，加以修改，其修正要旨以商品檢驗之目的，在提高商品品質，樹立市場信譽，以保障消費者之利益，對於工礦產品之出口檢驗，以我國工業建設近年來始有長足之進展，在此階段，廠商設備及技術良窳不一，檢驗大有必要，惟出口檢驗之措施仍不免其消極性質，應積極的促進生產廠商自有檢驗設備，自作品質管制，使產品穩定於較高水準，方不致有參差不齊之虞，本法即本此基本觀念而修正，故明定技術輔導，以加強政府促進提高商品品質之措施，工礦產品出口檢驗採取分類分級制，使優良廠商獲得鼓勵，並誘導設備技術較次之廠商，充實設備，改進技術，庶能在國際市場上競爭，及奠定對外貿易基礎，修正案之特色有十，如左：

㈠擴大應施檢驗商品之範圍，舊法規定商品檢驗之對象僅為輸出輸入之商品，修正案將內銷商品亦納入檢驗之列，其目的在促使製造廠商，以正當方法生產，不僅顧及國內消費者之利益，亦予正當生產者以保障。

㈡增訂動植物進出口檢疫，使已施行之各該施行細則取得法律依據。

㈢明定商品之品目由主管機關指定公布，以適應工礦產品逐步推行出口檢驗之要求，並顧及內銷商品檢驗之逐項分批推行。

㈣明定商品之規範與標準依照國家標準，以期國家標準之推行及統一商品之規範。

㈤維持產地檢驗制度，並為配合需要，得經請求就出產地點或廠商臨場執行檢驗，又為適應農畜水產品出口實際情形，明定港口驗對辦法以核對其出品是否相符。

㈥增加包裝及標示之檢查，因商品之包裝，對其品質之保持，極關重要，又標示商品之品質及規範，以引起買受者之重視。

㈦檢驗技術方面，明定由檢驗機關檢驗外，得委託代施檢驗，為約束受託辦理試驗或檢驗機構或法人團體之人員起見，規定其辦理受託事項時，賦予公務員身分，行使職務內之職權得不受干擾，且責以應負之義務。

㈧舊法對檢驗費僅規定收費之最高額，執行時易生爭執，修正案則明定收費率及收費實施辦法分別訂定，俾資依據。

㈨加強罰則之規定，將行政罰改為刑罰，增列科處徒刑之規定，且將罰鍰數額提高，以杜不法，樹立商德。

㈩增列對物處分，以策公共安全，舊法規定，凡進出口商品檢驗不合格者，僅不准其進出口，尚未達到取締之要求，修正案增列對物處分，或命令停止產製銷售，以收實效。（商品檢驗法）（管　歐）

商品檢驗法施行細則

商品檢驗法於民國二十一年十二月十四日公佈施行後，因當時尚未制定標準法及各種商品之國家標準，為適應實際需要，乃於每公佈一種應施檢驗之商品時，即依該商品之性質訂定一項施行細則，以規定品質檢驗之標準及方法，民國三十五年標準法公佈施行，經經濟部中央標準局對於各種商品之國家標準雖亦陸續予以訂定，然尚不足適應執行商品檢驗之實際需要，故以一種商品訂定一項施行細則之方式仍繼續援用，至民國五十年，先後公佈之施行細則已達五十八種，連同具有法規性質之辦法及規則等共七十六種，不但數量繁雜，規定亦多重複雷同，民國五十四年五月二十五日商品檢驗法修正公佈，擴大應施檢驗商品之範圍，增列內銷商品檢驗，動植物疫病蟲害檢驗，商品標示及包裝之檢查，對物處分，檢驗費之收取，並加強罰則，吸收原規定於各種商品檢驗細則中之若干事項，其內容較舊法有重大變更，而經濟部中央標準局對於各種商品國家標準之訂定，亦已漸趨完備，為配合修正後之商品檢驗法，並期商品之國家標準與商品檢驗二者適切發揮其相輔相成之作用，乃依商品檢驗法之內容通盤檢討，並歸納前述之各類商品檢驗施行細則及其他有關行政命令，參酌日本、泰國、美國以及聯合國有關法典詳加研議，草擬商品檢驗法施行細則草案，其內容計分八章，共一百一十九條，第一章總則，第二章輸出輸入商品檢驗，第三章國內商品檢驗，第四章動物檢驗，第五章植物病蟲害檢驗，第六章檢驗費用，第七章罰則，第八章附則，其要點有二：

㈠配合商品檢驗法之規定⑴增訂國內商品檢驗程序，對於應施檢驗商品之範圍，擴及內銷商品。⑵增訂動物及植物疫病蟲害之防疫措施，以求有效防止國外疫病蟲害之侵入或國內疫病蟲害之傳出。⑶增訂臨場檢驗時，集貨場之設置及其應遵守之事項，以利臨場檢驗工作之進行。⑷增訂商品標示及包裝之檢查，規定應施檢驗之商品之標示及須經包裝始能保持品質之商品應施包裝檢查之檢查方法及其應遵守事項，以便實施。⑸增訂費率及收費之辦法，規定檢驗時，收取檢驗費、臨場費、消毒隔離、留檢飼養、栽培等費用，以資遵循。

㈡歸納現行各種施行細則及各有關行政命令並予具體規定(1)將現行各種施行細則中，有關報請檢驗及發證放行等程序相互重複雷同者，予以歸納合併，並爲適當之補充，明定由「報請檢驗」至「發證放行」之程序。(2)規定凡檢驗時之取樣數量、取樣方法、包裝規格、合格標準及標示規定等一切檢驗，悉依國家標準辦理，以求統一。(3)因工商業之發達，工礦產品不斷增加，如應施檢驗之商品，固定品名，恒不能適應實際情況實施檢驗，爲機動實施商品檢驗以適應實際需要，輸出輸入商品檢驗之品目，國內商品檢驗品目及應施產地檢驗商品之品目等，皆不予規定，而由主管機關視實際需要隨時公布之，使能隨時調整而合乎機動原則，又爲迅速並有效防疫，對於動植物疫病蟲害之檢驗，得由檢驗機關機動實施，以免滋蔓。商品檢驗法施行細則於中華民國五十七年三月十五日由經濟部以經臺(57)商字第〇八八七五號令公佈。

（商品檢驗法）（管　歐）

商業

商業是以營利爲目的之事業，所謂以營利爲目的，即該事業經營之動機、經營之方式，一切均以追求利益爲其最終目的，一般所謂「商」，有二種意義，一爲經濟上意義的商，一爲法律上意義的商，所謂經濟上意義的商，係指通貨物有無之媒介行爲，即介於生產者與消費者之間調劑供需的一種行爲，此種行爲可稱之爲「買賣商，」亦可稱之爲「固有商，」至法律上意義的商，即除固有商外，凡與固有商有直接或間接關係之行爲者均是。例如運送、銀行、倉庫業等，此所謂商業，乃指法律上意義之商，因此，商業登記法第二條特別規定，凡經營農林業、畜牧業、漁業、礦業、水電煤氣業、製造業、加工業、建築業、運送業、金融業、保險業、擔保、信託業、證券業、銀樓業、當業、買賣業、國際貿易業、出租業、倉庫業、承攬業、打撈業、出版業、印刷、製版、裝訂業、廣告、傳播業、旅館業、娛樂業、飲食業、行紀業、居間業、代辦業、服務業及其他營利事業等業務之獨資或合夥，均爲商業。此外，沿門沿路叫賣者，於市場外設攤營業者，家庭農、林、漁、牧業者，家庭手工業者及合於中央主管機關所定之其他小規模營業標準者等小規模業務，亦爲商業，惟因其規模小，資本少，故得免辦商業登記（商登、四）。（商業登記法）（管　歐）

商業名稱

見「商號」條。（商事法）（林咏榮）

商業的經理人

民法第五五三條所謂經理人，係指有爲商號管理事務並爲其簽名之權利的人。公司法上所謂經理人，除「爲商號」三字改爲「爲公司」外，其餘含義相同。不過，公司法上所謂經理人有廣狹二義，狹義的經理人僅係指經理或總經理而言；而廣義的經理人，則包括總經理與經理，以及輔佐總經理與經理的副總經理、協理與副經理。副總經理、協理與副經理並可設置一人至數人，如何設置，應以章程定之（參照現行公司法第二十九條以下）。德日兩國商法，均規定經理人於商法總則篇，我現行公司法略從之。至法國商法，則不設經理人的特定規定，而援照民法上一般經理人的規定行之。（商事法）（林咏榮）

商業負責人

商業登記法所稱之商業負責人，在獨資經營之情形下，係指出資人或其法定代理人，蓋出資人如爲限制行爲能力人，依民法第七十七條前段之規定，其所爲意思表示及受意思表示，應得法定代理人之允許，又限制行爲能力人未得法定代理人之允許所爲單獨行爲無效（民法第七十八條），其未得法定代理人之允許所訂立之契約，亦須經法定代理人之承認始生效力，因此在出資人爲限制行爲能力人時，由其法定代理人爲商業負責人。至於合夥經營，則以執行業務之合夥人爲商業負責人。此外，經理人在執行職務範圍內亦爲商業負責人，因經理人對於第三人之關係，就商號或其分號，或其事務之一部，視爲其有管理上一切必要行爲之權（民法第五五四條），且除對外有爲商號簽名之權利外，在訴訟法上，就其所任之事務，視爲有代表商號爲原告或被告或其他一切訴訟上行爲之權利（民法第五五五條）。（商業登記法）（管　歐）

商業帳簿

係指商業主人爲表明其營業及財產狀況，依法作成的帳簿。從廣義上或實質上言，商業帳簿乃泛指一切營業帳目的記載，其記載出於法律上所規定，抑出於當事人的意思，均非所問。反之，從狹義上或形式上言，商業帳簿的作成，乃遵照商事法尤其商業會計法的規定，其作成乃商事法尤其商業會計法所課的義務。因爲商業帳簿在作用上既以備營業上計算的依據與帳目上糾紛的佐證，亦以供營利課稅的參考。所以最高法院四年上字第一七五八號判例云：「凡商人間的債務關係，自應以帳簿爲憑」，凡不備置商業帳簿者，則處以一萬元以下罰金（參照商業會計法第六七條第一項）。商業帳簿的設置，當追溯於商業尤其銀行業的創立。古代埃及、巴比倫、既已有使用商業帳簿的跡象，而羅馬踵起，其被使用，隨商業進展更趨於發達。但在那時，充其量亦不過具有簡單的單式簿記而已；其進而爲近代的複式簿記，則發生於十三世紀末葉以來的意大利商業都市。迨至一六七三年，法國路易十四所頒行的商事條例，關於商業帳簿始有較具體的規定。一八〇七年法國商法典繼之，成爲拉丁語系諸國規制上的模範。其立法的主旨，在於取締非法，凡帳簿種類、記載方法、政府對於帳簿的監督、帳簿的證據力及其提供法院以作證明的義務等，網羅靡遺，既嚴格而又嚴密。德國一八六一年舊商法從之，惟其規定較爲概括而簡要。學者稱此種立法例，爲干涉主義。反之，英美兩國僅其破產法曾就有關帳簿的特殊事項加以規定，旨在便於管財人的接收與債權額的分配；至一般商業帳簿如何設置，悉聽當事人的自由，學者稱此種立法例，爲放任主義。瑞士債務法及德國新商法，均採緩和主義或稱折衷主義，亦即商人必須設置帳簿，並負提供證明的義務；惟其記載的方法，則委諸合理的商習慣，俾在嚴格規制之下，無礙於帳簿技術以至商業經營的發展。至於日本，在明治三十六年所頒行的商法，會創設商業帳簿制度。昭和十三年加以修正，大體上係採自德國新商法。我國關於商業帳簿的規定，創始於前清的商人通例，原係以德日兩國商法的總則篇爲藍本，其中所規定的「商業帳簿」，與「商業登記」並列，各爲其一章。民國三年所頒行的商人通例亦同。迨至民國十八年民法頒行，其編制係採民商合一主義，無所謂獨立的商法，而具有商法總則性的法律如商人通例，亦不復存在。惟自公司法於十八年頒行後，一般非公司組織的商業，又不可不有法律以爲管理的依據，除經司法院二十二年院字第九八九號解釋，以在不牴觸現行法令的範圍內，仍可援用「商人通例」外，當時迫於需要，乃截取「商人通例」中的商業登記，商業帳簿及商號等項，纂爲商業登記法，於民國二十六年付之實施。其中商業帳簿與商業登記兩不相關，顧名思義，實不妥當。所以現行商業登記法乃删去舊法第一六條關於商業帳簿的規定，而商業會計，則委之商業會計法。（商事法）（林咏榮）

商業帳簿，乃係商人爲明白表示其財務狀況及營業情形，依法所編具之簿册也。其意義又有實質與形式之分，實質之意義，係指商人所備置之一切簿册，不問其格式是否合乎法律之規定或其備置之原因係基於法規之要求均爲商業帳簿；至於形式的意義，則係指商人基於法律之規定所備置的各種簿册。商業帳簿，依商業登記法及商業會計法之規定，可分爲序時帳簿與分類帳簿二類，序時帳簿以事項發生之時序爲主而爲紀錄，可分爲一、普通序時帳簿：以對於一切事項爲序時登記或並對於特種序時賬項之結數爲序時登記而設者，如日記簿或分錄簿等屬之。二、特種序時帳簿：以對於特種事項爲序時登記而設者，如現金簿、銷貨簿、進貨簿等屬之。分類帳簿以事項歸屬之會計科目爲主而爲紀錄，亦可分爲二種：一、總分類帳簿：爲記載各統馭科目而設者；二、明細分類帳簿：爲記載各統馭科目之明細科目而設者。商業必須設置之帳簿，爲普通序時帳簿及總分類帳簿，製造業或營業範圍較大者並得設置紀錄成本之帳簿，或必要之特種序時帳簿及各種明細分類帳簿，惟如其會計組織健全，已使用總分類帳科目日記表者，得免設普通序時帳簿。此外，商業應於每屆會計年度終了後二個月內辦理決算，於辦理決算時，應造具(1)營業報告書(2)資產負債表(3)財產目錄(4)損益表(5)盈餘分配表或虧損撥補表五種報表，此亦係商業帳簿。（商業登記法）（曾　歐）

商業組織

商業組織的形態，可大別爲：(a)獨資組織（individual proprietorship）—個人獨資的商業組織，其主人的責任屬於無限，對於該項營業，享有一切得享有的權益，並負擔一切應負擔的義務。(b)合夥組織（partnership）—凡二人以上互約出資以經營其共同事業者，謂之合夥（參照民法第六六七條）。合夥人得以金錢，亦得以勞務爲出資，其業務除合夥契約另有訂定外，由合夥人共同執行。業務上損益的分配，如未經約定者，應按各合夥人出資額的比例定之。合夥財產不足淸償合夥的債務時，各合夥人對於不足的數額，應連帶負無限淸償的責任（參照民法第六六八條以下），此種場合，稱之爲普通合夥（general partnership）；其在合夥人之中，如有一部分以出資額爲比例分享其營利，並以出資額爲限分擔其有限的責任者，則稱之爲隱名合夥（silent partnership）」。隱名合夥人對於業務沒有執行權，而僅有其監察權（參照民法第七〇〇條以下）。(c)公司組織（company or corporation）—以營利爲目的，依公司法組織並經登記而成立的社團法人，稱之爲公司。公司可分爲①無限、②有限、③兩合、④股份有限及⑤股份兩合等五種，其詳見公司種類條。商事公司起源於中世紀意大利沿海都市的船舶共有與康孟達(accomandita)契約，前者逐漸發展爲股份有限公司，後者逐漸分化爲隱名合夥與兩合公司。而普通合夥與無限公司則濫觴於中世紀意、德等國由數子共同繼承其亡父所遺的商號。普通合夥之與無限公司，隱名合夥之與兩合公司，在歷史發展上、經濟作用上以及其合夥人或股東的權利義務上，皆屬相同；所不同者，公司的組織具有法人人格（legal entity, juristic person），而合夥或獨資的商號則無之。（商事法）（林咏榮）

商業登記

所謂商業登記，係指依商業登記法及商業登記法施行細則之規定，按照法定之程序，由當事人將應行登記之事項，向商業登記主管機關所爲之登記，商業之經營與社會經濟有密切之連帶關係，若無一定之方法，以表示其營業狀態，非特不能保護公衆之利益，對其本身之信用亦難以建立，因此各國政府大都有關於商業登記之法規。（商業登記法）（管　歐）

商業登記主管機關

商業登記法所稱之主管機關，在中央爲經濟部，在省爲建設廳，在直轄市爲社會局或建設局，在縣（市）爲縣（市）政府。（商登、六）。（商業登記法）（管　歐）

商業登記法

商業登記法係於民國二十六年六月廿八日公佈施行，五十六年十一月二十八日修正公佈，同日施行，全文四十二條，因舊法施行已近三十年，由於社會經濟環境之不斷變更，其內容多已不能適應現實之需要，爲配合加速經濟發展，改善企業環境，經濟部乃提出修正草案，呈奉行政院函請立法院完成立法程序，其修正要點如下：

一、關於簡化便民方面

㈠維持與公司法之平行關係　商業一詞之含義，原可包括一切公司組織及非公司組織之商業在內，惟就法律關係言，公司組織之商業，其管理已另有專法（公司法），舊法適用之範圍，雖係包括公司組織之商業，惟在實施上，凡公司組織之商業，依公司法向主管機關辦理公司登記，領取公司執照後即可開業，不再向所在地之縣市政府依商業登記法辦理登記，致當地縣市政府缺乏公司組織商業之資料，在商業行政上形成脫節，因此，新法特規定公司組織之商業於辦理公司登記領得公司執照後，復須向所在地縣市政府辦理商業登記，又爲貫澈簡化商業登記之目的，仍維持原有實體上之方式，惟爲使縣市政府明瞭公司組織商業之業務及動態，以期密切配合聯繫起見，特規定公司組織之商業，主管機關核准設立時，應將登記文件，抄送所在地縣市政府備查，登記事項如有變更，則由受理變更登記之主管機關，就其准駁以副本抄送所在地縣市政府（商業登記法第三十三條）。

㈡對商業須經特許之限制　舊法對於何種商業，須經主管機關特許後，方得准予登記，並無明文規定，各機關輒基於管理上之需要，紛紛制訂對特定商業之管理規則，規定經營某種特定事業者，須先申請主管機關之許可並發給執照，於是產生一種商業，須領多種執照之現象，而各機關之制定管理規則，並無法律上之節制，繁雜混亂，應予匡正，按商業之開業登記，原屬創設登記，登記後特定營業之主管機關自仍可予管理，如有違法情事，亦可撤銷其登記，原不必先經目的事業主管機關之特許，惟若干商業對於社會秩序或公共安寧關係特別重大，並須有一定之設備，非事前審查核准，難以對事後補救者，自亦有先經許可之必要，新法爲兼顧起見，特規定：「商業之經營，依法或經行政院核定須經主管機關許可者，於獲得許可後方得登記」（商業登記法第五條），使各機關隨時制訂管理規則之情形，有所改善。

㈢實施統一發證　新法規定，依法律或經行政院核定之規章，仍可規定某種商業之經營須經主管機關之許可並發給執照，故實施統一發證仍有需要，關於實施統一發證，經濟部制定有「臺灣地區各縣市營利事業登記簡化聯繫辦法」，惟此一辦法缺乏法律依據，玆特明文規定：「商業之登記，如依其他法令之規定須辦理他種登記者應實施統一發證；其辦法由行政院定之，登記證由中央主管機關規定格式，由各地方主管機關自行印製」，俾資根據（商業登記法第二十一條）。

(四)規定主管機關辦理商業登記之期限：

1.規定主管機關對於商業登記之申請，如有違反法令或不合法定程序者，應於收文後五日內通知改正（商登、廿三）。

2.規定主管機關辦理商業登記案件之期間，自收件之日起至發證之日止，直轄市及市不得超過十五天，縣不得超過二十天（商登、二四）。

二、關於加強管理方面

(一)增列商業之種類　舊法對商業分為十六類，未能包括若干新興行業，新法特參照實際情形增訂為三十二類（商登、二）。

(二)改任意登記為強制登記　舊法對商業登記原採任意登記制度，惟行政院早於民國三十二年五月十三日即以命令規定商號登記應一律改為強制登記，新法特規定商業及其分支機構，非經登記不得開業，但小規模之營利事業不在此限（商登、三）。

(三)加強罰則

1.舊法之罰則罰鍰最高額為一百元，殊嫌輕微，不足以收警戒之效，新法分別情形，加重處罰，情節重大者並可處營利事業之負責人三千元以下罰鍰，如有觸犯刑法者，並依刑法之規定處罰（商登、三四、三五）。

2.規定罰鍰得移送法院強制執行　主管機關對於違反本法規定者所處之罰鍰，對抗不繳納者，難依行政執行法之規定達成強制其繳納之目的，為補救計，特規定罰鍰得移送法院強制執行（商登、三九）。（商業登記法）（管　歐）

商業補行登記

指在商業登記法未實施前，已開始經營而未辦理商業登記之營利事業，應於商業登記法施行後六個月內補辦商業登記手續，凡逾此六個月期限而不為補行登記者，視為未經登記即行開業，除由主管機關依職權命令其停業外，並處罰該商業負責人三千元以下之罰鍰（商登、四〇、三五）。（商業登記法）（管　歐）

商業會計法

我國商業會計法於民國三十七年一月七日訂定公佈，四十一年一月一日總統令在臺灣省分期實施。凡全省公司組織的商業，及省轄市經登記資本額在新臺幣十萬元以上之合夥組織的商業及獨資組織的商業，均為其實施的對象。四十五年七月一日起擴大其範圍，及於各縣市經登記資本額在新臺幣五萬元以上的行號。五十一年一月一日起，更擴大而及於全省公司組織及各縣市（局）經登記資本在新臺幣一十萬以上獨資或合夥的商業。五十三年七月三十日修正公布的現行商業會計法，旨在謀商業組織因其規模大小不一的適應性，計分總則、會計事項及憑證、會計科目帳簿及其報表、入帳基礎、損益計算、決算及審核、罰則及附則等八章，都七十條。（商事法）（林咏榮）

商業證券

法國通例，把流通證券分為商業證券（effets de commerce）與財產證券（valeurs mobilières），前者如滙票、支票等是；後者如公債券、公司債券及股票等是。（商事法）（林咏榮）

商會之和解

謂商人不能清償債務，在有破產聲請前，請由當地商會所為和解之程序也。商人請求和解，以未經向法院聲請和解者為限。商會應就債務人簿册，或以其他方法，查明一切債權人，使其參加和解並出席債權人會議。和解經債權人會議可決時，應訂立書面契約。（破產法四一、四二、四七）。（破產法）（陳　册）

商號

商號是商業主體（亦即商號主人）用以經營其商業的名稱。商號既係商業的名稱，所以德、法及日本立法例，無論何種商業組織，包括獨資、合夥或公司組織的商業，其名稱均為商號。我國舊商業登記法所規定的商號，係對獨資或合夥的商業而言；而公司組織的商業，在公司法上稱之為「公司名稱」。現行商業登記法第二十八條，概稱之為「商業之名稱」。（商事法）（林咏榮）

商標

凡因表彰自己所生產製造、加工、揀選、批售或經紀之商品，而使用特定標誌或符號，以與他人之商品區別者，此種特定之標誌或符號，即為商標。其目的在標示某種商品，使其與他種或同類性質之商品有所區別，以防杜他人倣效，並便利社會大眾之識別；商標乃表彰商品之象徵，不但表示商品之來源，保證商品之品質，且能作爲商品之廣告，兼具有財產之性質，故商標之選定，應適合商品之性質，且應具有獨創性，不宜模倣他人所有之標章，其所用之文字、圖形、記號或其聯合式應特別顯著，並應指定名稱及所施顏色。何謂「特別顯著」，我商標法並未具體規定其內容，祇以特別顯著爲必要，不限以應與商品形狀、功用及顏色分離獨立成爲一個物體，對商標所用之文字，商標法則規定其包括讀音在內，以國文爲主，其讀音以國語爲準，並得以外文爲輔，惟外國商標，除商標名稱外，不受此種拘束，換言之，外國人申請註册之商標，其所用文字無須以國文爲主，而本國人申請註册之商標，其所用文字雖未限於僅能使用中國文字，惟仍應以國文爲主，外文爲輔，且外文不能較中文爲大，以免主輔顚倒。又商標法上所稱文字，係當然包括字之各體在內，不能以字體正草、大小及排列方法相異，而視爲文字不同，其以外國文字用於商標上者，亦應視爲文字，不能認爲係商標法所稱之記號。

商標係因表彰自己所生產製造或販賣之商品，而使用特定標識以與他人之商品區別者，其作用在於表示商品之來源，保證商品品質，作爲商品之廣告，因此商品可藉商標而鞏固其在購買人心目中的地位及信用，其在經濟上已具有財產之性質，目前各國均以無形財產視之，我國亦然；商標雖與發明、新型或新式樣之專利權同爲無形財產，但在效用上則不盡相同，後者由於技術不斷進步，品質型式等之更改，隨時均在改變之中，且經過一定期間以後，將不能再享有專利權。反之，商標則使用愈久，效用愈顯，如每經一定期間後繼續申請延展，則可永遠使用，效益甚大。

商標之種類，大約可分爲左列三種：

一、表彰營業者之商標：例如表彰營業者之姓名、商號、肖像等屬之。

二、表彰商品之商標：此可分(一)文字商標(二)圖形商標(三)記號商標(四)結合文字、圖形及記號等二者以上之商標(五)立體商標—各國通常僅許平面者得作爲商標註册，惟在法國及奧大利，瓶箱包裝之形態及樣式，亦得作爲商標註册，此當可稱爲立體商標。

三、僅表彰業務之商標：(一)服務商標—例如運輸、交通、通信、廣播、電影、銀行、餐館等之標章。(二)團體商標—即運動團體及慈善團體等非營利團體，爲表彰其業務所使用之標章。(三)證明標章、檢查標章—國家機關或自治團體或組織，於製品之檢查所用之檢查標章、證明標章。

除以上所列舉者外，亦有所謂貯藏商標、防護商標及聯合商標者。（商標法）

（曾　歐）

商標法

我國商標法之嚆矢，爲前清光緒二十年所施行之商標註册試辦章程二十八條，亦即我國商標行政之開始。民國十二年五月四日，前北京政府又公布商標法四十四條，同月八日公布商標業施行細則三十七條，十四年九月十二日，國民政府於廣東公布「商標條例四十條」及其細則三十二條。十六年國民政府奠都南京，是年十二月一日成立「全國註册局」，直隸國民政府，公布「全國註册局註册條例十三條」。十七年十二月十九日，工商部公布「查驗商標註册暫行章程八條」。十八年十一月八日，工商部公布「工商部商標局繼續辦理廣東建設廳移交商標案件暫行辦法八條」。全國統一後，十九年五月六日，國民政府公布「新商標法」四十條，較舊法增損頗多，其重要者爲關於刑罰之規定全部刪去，並增列中國國民黨黨徽及總理遺像姓名別號不得作爲商標註册。時適工商部改併爲實業部，故工商部制定之商標法施行細則四十條結果由實業部於十九年十二月三十日以部令公布，與本法於民國二十年一月一日同日施行。新商標法於二十四年十一月二十三日第一次修正公布，二十七年四月十六日商標局奉令第二次修正，二十九年十月十九日第三次修正公布，施行細則於二十一年九月三十日第一次修正公布，二十六年十月十九日第二次修正公布，三十二年七月十四日第三次修正公布，三十七年十月十一日第四次修正公布，政府遷臺後，新商標法於四十七年十月二十四日第四次修正公布，四十九年三月十八日經濟部公布修正施行細則，是爲我國現行商標法及其施行細則。現行商標法之特色，約如左述：

(一)採用限制使用主義爲原則，而以申請主義爲輔；例如商標法第三條第二項規定：「前項實際最先使用者，於中華民國境內使用之日逾一年未爲商標申請註册時，由最先申請者註册」。現行商標法所以採取折衷主義，其立法精神旨在鼓勵商標註册。

(二)現行商標法爲吸引外人投資，輸入外國技術，並提高商品品質遂於第十一條第三項但書有附條件之「授權使用」，以及第十六條第一項第四、第五兩款涉及商品品質之管理，凡此均為現行法之新立法例。

㈢舊商標法之審查、異議、評定係採核駁再審查、異議再審查、再評定等兩審制，因此每遇有商標權爭執，非經年所能了事，現行法則予以簡化，僅保留審查、異議、評定各一審。

㈣現行商標法對於申請註冊之商標，除採審查主義外，亦兼採公告主義，即申請註冊之商標，須由審查員先行審查認為得予註冊者，則登載於商標公報，俟滿六個月別無利害關係人提起異議或經辯明其異議時，始准註冊。（商標法）（管　歐）

商標相同或近似

商標之是否相同或近似，以其構成各商標之主要部分有無特別顯著之差異為準，應予隔離觀察，以為判定。縱令二商標對照比較時能見其差別，然如異時異地各別觀察則不易見者，仍不得謂非近似。故凡商標無論在外觀上、名稱上、觀念上，其主要部分近似在客觀上有足以引起混同誤認之虞，而其他附屬部分雖不近似，仍不得不謂為近似，而相同或近似於他人同一商品、同類商品，或雖非同類，而性質相同或近似之商品之註冊商標，及其註冊商標未滿一年者，均不得作為商標，申請註冊，但原相同或近似商標註冊失效前，已有一年以上不使用時，不在此限（商標法、二、12.）。（商標法）（管　歐）

商標專用權撤銷

所用商標專用權撤銷，即經註冊之商標專用權，商標主管機關，依職權或利害關係人之申請，予以撤銷，而使商標專用權歸於消滅。

商標專用權，除得由註冊人隨時申請撤銷外，如有左列情形之一者，商標主管機關得依職權或據利害關係人之申請撤銷之。

㈠於其註冊商標，自行變換或加附記，以圖影射而使用之者。商標之註冊，係採真實主義，其註冊後如有變更、移轉，經過法定期間未經申請註冊（繼承除外），及經過法定期間不為使用等情形，與實際不合，主管機關均得予以撤銷。

㈡註冊後並無正當事由，迄未使用已滿一年，或停止使用已滿二年者。所謂迄未使用已滿一年，係指自商標註冊之日起，至今尚未使用而已滿一年而言；所謂停止使用已滿二年，係指商標註冊後，曾經使用而中斷已滿二年之情形。

㈢商標移轉後已滿一年，未經申請註冊者，但因繼承之移轉不在此限。

㈣違反商標法第十一條第三項，而授權他人使用商標或知情他人違反授權使用條件而不加干涉者。商標專用權人，除移轉其商標外，原則上不得授權他人使用其商標，但他人商品之製造，係受商標專用權人之監督支配，而能保持與該商標商品相同品質，並經商標主管機關核准者，始得授權他人使用其商標，如違反此規定而授權他人使用商標或知他人違反授權使用條件而不加干涉者，均構成商標專用權撤銷之原因。

㈤註冊商標商品之品質，於商標註冊後，經主管機關檢驗品質，連續三次不合格者。此項規定，旨在提高商品品質，保護公眾利益。

商標主管機關，依上述所定情形而為商標專用權撤銷之處分，應於六十日以前，通知商標專用權人或其代理人，如商標專用權人對該項撤銷之處分有不服者，得自收到處分書之日起六十日內向主管部會提起訴願。（商標法）（管　歐）

商標異議

我國商標法係採公告主義，因此商標主管機關，對於申請專用之商標，經審查員審查後認為合法者，應先將申請之商標登載於商標公報，其目的在使利害關係人，於該公告期間內，如發現該公告之商標，係仿造或影射其商標者，即可向商標主管機關提起異議。

提起異議，應具備申請書，敍述理由及必要之證據，並附具申請書之繕本，一併呈送商標主管機關，以便轉達對方依限具書答辯；我現行商標法雖無明文規定商標主管機關對於利害關係人之異議，應通知商標申請人，惟商標法第二十四條第一項後段既規定「經辯明其異議時始行註冊」，則商標主管機關，對利害關係人異議之提起，應有通知商標申請人之義務。

商標異議之期間，依商標法第二十四條第一項之規定，係自商標主管機關將審定之商標登載於商標公報之日起六個月內提起之，如逾期始行提起，商標主管機關則以異議不適法為理由，駁回其申請，並喪失異議申請權。

商標異議之申請權人，依商標法規定，係由利害關係人申請；所謂利害關係，指對現已存在之權利，或合法利益有影響關係而言，至於將來可能發生權利利益之希望，既非現實之利益可比，自不包括在內，因此，利害關係人，包括商標權人，如因繼承而移轉者則屬商標繼承人，如因轉讓而移轉，則為受讓人，如商標權人受破產之宣告者，因商標權自破產開始即屬破產財團，因此，異議之申請應屬破產管理人。（商標法）（管　歐）

商標授權

商標授權，係商標專用權人，授權他人使用其商標。我商標法為保護消費者之利益，避免遭受欺矇，原則上係採禁止授權使用，即商標專用權人，除移轉其商標專用權外，不得授權他人使用其商標；但如因商標之授權，而可提高商品品質時，則就經濟政策上觀之，實具有特殊意義，因此，我商標法乃於第十一條第三項規定：「商標專用權人，除移轉其商標外，不得授權他人使用其商標。但他人商品之製造，係受商標專用權人之監督支配而能保持該商標商品之相同品質，並經商標主管機關核准者，不在此限」。

商標授權，如係經由外商授與者，通常此外國商標，均其國際上之名牌產品，其品質所以優良，乃係累積數十年以上之製造技術及其他各項寶貴經驗所得之商譽，因此，該商標之輸入，勢將有助於我製造技術之改良，惟商品實際上既係在我國製造，則此經授權而在我國使用之外國商標，亦應受我國商標法之拘束，即應註明在中國製造及製造廠名，同時，其文字標示亦應以中文為主，外文為輔。（商標法）（管　歐）

商標評定

取得商標專用權之商標，如發現該商標有違反商標法第一條至第四條之規定，經商標主管機關評定作為無效者，於其評定確定之時，溯及最初自始無效。

關於商標評定，依商標法第二十七條之規定，左列兩種情形，由利害關係人申請評定：

㈠依第十八條規定其註冊應無效者　即商標專用或專用期間延展之註冊，違反第一條至第四條之規定者。請求評定商標之註冊為無效，應以註冊當時適用之法律為準，註冊以後法律雖有變更，但其是否應評定作為無效，仍應視其註冊有無違反當時法律之規定以為斷。

㈡應認定商標專用權之範圍者　即註冊商標其平面圖樣之構成部分，或指定商品某一部份，應否在專用權範圍之內，利害關係人如認為有認定之必要者，得提請商標主管機關評定。

此外，如違反商標法第一條或第二條第一款至第十款及第十二款規定，其註冊應無效者，除利害關係人得申請評定外，審查人員亦得提請評定。

評定之制度，係為保護利害關係人之權益，但如無期間之限制，則商標權人之權益，將永遠處於不確定之狀態，因此商標法第二十七條第三項規定，對於註冊之商標違反第二條第十一款、第三條或第四條規定者，自登載商標公報之日起如已滿三年，則不予評定。此項期間係無時效性質之法定期間，在此期間內請求評定，應予受理，如認其請求為有理由，自得將該商標專用之註冊評定為無效。

商標經評定之評決確定後，任何人不得就同一事實及同一證據，申請為同一之評定，其曾經異議之註冊商標，於訴願決定後，對方亦不得以同一事實及同一證據，申請評定，其目的係維持「一事不再理」之原則。

「評定」在性質上與「異議」相似，二者皆得由利害關係人提起，但在時間上，異議係行於未註冊之前，而請求評定，則係行於已註冊之後。（商標法）（管　歐）

商標註冊

凡以商標申請註冊者，每一商標應依商標法施行細則第三十八條各項所定商標之類別，繕具申請書，並附送指定着色圖樣十紙，及印版一枚。該項圖樣如不使用着色者，則以墨色為準。商標圖樣，應用堅韌光潔之紙料為之，長及寬均不得過十三公分。商標印版應用金屬細鋼版，或其他宜於印刷者，長及寬亦均不得過十三公分，厚不得過三公分。商標主管機關認為必要時，得通知商標註冊申請人，另送商標之說明書與應附各件，及添送商標圖樣。如依商標法第二條第九款（相同或近似於中華民國政府，或展覽性質之集會，所發給之褒獎牌狀，而以自己所受者作為商標之一部分時），及同條第十一款（有他人之肖像、姓名、商號或法人及其他團體之名稱，而已得其承諾時），及同條第十二款（他人註冊商標失效前已有一年以上不使用時）申請註冊者，應證明各該款但書規定，得准註冊之事實。如依第三條之規定申請註冊者，倘於申請前業經使用時，應證明使用該商標之事實及其年月日，如有相同或近似之商標，在同月日申請，須經各申請人協議者，商標主管機關應指定相當期間，通知各申請人議定申報，專歸一人使用，否則一概不准予註冊，蓋我國對於商標專用權係採限制使用主義，惟此呈請註冊於同一商品之近似或相同兩商標，如使用先後不同時，則應准最先使用者註冊，但實際最先使用者，於中華民國境內，使用之日，逾一年未為商標申請註冊時，由最先申請者註冊。

同一商人於同一商品為分辨品質，使用類似之商標而欲申請註冊為聯合商標者，應附送該商標使用之證明文件，或附送其原註冊證。如同時以兩個以上類似之商標申請註冊者，應指定其一為正商標，以其餘與之聯合。又如同一人於同一商品先後或同時以簡及繁之商標申請註冊，則以其一為正商標，其餘與之聯合。

商標專用期間，自註冊之日起，以二十年為限，並得依商標法第十三條規定申請延展，但每次仍以二十年為限，至於申請延展之次數，我商標法則未有明文限制規定，申請商標專用期間續展之註冊者，應於期滿六個月前申請，併附送原註冊證及商標圖樣，如商標專用期滿，或已逾六個月期限未及申請者，仍得加繳另定之公費而申請延展。（商標法）（管　歐）

商標註冊申請權

凡因表彰自己所生產、製造、加工、揀選、批售或經紀之商品，就其商品所使用之商標，在與商標法所定要件相符合時，為專用該商標，得依法申請註冊，是為商標註冊申請權。

商標註冊申請權，與商標註冊後，所得主張之商標專用權，固然有別，惟因其係發生商標專用權之基礎權利，因此亦係具有財產價值之一種財產權，故因商標註冊之申請，所生之權利得與其營業一併移轉於他人，（商標法、五）我商標法關於商標註冊，採最先使用主義為原則，而以最先申請主義為例外，與專利法係採取最先申請主義者不同。

商標註冊申請權，係對於國家請求商標註冊之權利，因其係要求國家有所「行為」，故應屬公權之一種，此與專利申請權無異。商標註冊申請權，固係具有財產價值之一種財產權，但如未提出申請，實尚無實益可言，因此商標法規定因商標註冊之申請所生之權利，得與其營業一併移轉於他人，亦即承認惟有在商標註冊申請後，始能移轉；而承受商標註冊之申請所生之權利者，非經請准更換原申請人之名義，不得以之對抗第三人，從而承受註冊申請之權利者，更換原申請人名義時，應與原申請人連署，並附呈其為合法承受及移轉該營業之證明字據，商標註冊申請所生之權利，雖得為移轉，然究其性質，則不得為質權之標的物，此與商標專用權之得為質權標的物者不同。（商標法）（管　歐）

商標註冊證

係指商標主管機關，對於申請專用之商標，經審查員審查後認為合法，除以審定書通知申請人外，並經登載於商標公報滿六個月別無利害關係人之異議或經辨明其異議時，准予註冊，而由商標主管機關發給書面證明，以證明商標申請人持有該註冊之商標專用權。

凡經核准註冊之商標，除應分別註錄於商標簿冊外，並發給註冊證，商標註冊證，如有遺失或毀損時，商標專用權者，得聲敘事由，加具證明申請補給，依該項規定補給註冊證者，其舊註冊證，則以公報宣示無效，其因商標無效之評定確定，或經裁決及其他事由消滅其商標專用權者，應通知繳還商標註冊證，並以公報宣示之。（商標法）（管　歐）

商標審定公告

商標主管機關，於申請專用之商標，經審查員審查後，認為合法者，除以審定書通知申請人外，應先登載於商標公報，至於應公告之事項，我商標法無明確之規定，但依照實例，不外登載：(1)審定號數(2)商標名稱(3)指定商品之類別(4)申請人之商號姓名、住所，在法人則為其名稱及營業所事務所(5)國籍(6)有代理人者，其姓名、住所或營業所，(7)申請書編號及到局年月日等。

申請商標註冊，必須審定公告，其期間為六個月。如在此六個月期間內，別無其他利害關係人之異議或經辨明其異議時，始行註冊，如在此期間內，利害關係人另以與他人審定商標相同或近似之商標呈請註冊，並同時根據商標法第三條前段規定，以自己之商標實際使用在先而未中斷為理由，對他人之審定商標提出異議，自應依異議程序為實質上之審查，以定准駁，商標申請人對於核駁之審定有不服時，得於六十日以內，依法提起訴願（商標法、二四、二五）。（商標法）（管　歐）

商標審定撤銷

審定商標自行變換或加附記以圖影射，而使用之者，商標主管機關，得依職權或利害關係人之申請撤銷之。商標申請人，因商標受上開所定撤銷之處分，有不服時，得於六十日內，依法提起訴願，所謂變換或加附記，係指就該審定商標本體之圖樣文字色彩等加以變換，或就該審定商標本體加以附記而言。（商標法）（管　歐）

商標影射

所謂商標影射，係指就其審定（或註册）商標變換或加附記之結果，足以使其與他人之註册商標相混淆，使人誤認其爲他人之註册商標而言。（商標法）（管　歐）

商標權

商標權亦稱商標專用權，乃對於註册時所指定之商品，得專用註册商標之權利。所謂專用，乃謂僅商標註册人有排他的、獨占的使用該項商標之權。

商標係屬無形財產權之一種，隨着工商業之發達，以及國際貿易之發展，商標在經濟上之地位，亦愈形重要，世界各國皆將其列爲工業所有權之一，我國亦然，由於商品可藉商標而建立其在購貨人心目中的信用及地位，其在國家經濟發展上因而亦負有重大之任務，國家自有保護之必要，而保護之道，惟有就商標予以註册，因此，商標自註册之日起，由註册人取得商標專用權，（商標法、十一、1.）商標經註册而取得專用權之後，有禁止他人再行使用相同或近似商標於同一商品、同類商品或雖非同類而性質相同或近似之商品之權。（商標法、二、12.）

商標專用權，以呈請註册之圖樣及所指定之商品爲限，（商標法、一一、2.），如於其註册商標自行變換或加附記使用，無論有無影射之意圖，概不得對抗第三人，又商標一經指定使用於某類商品中之一種商品，其專用權僅及於該一種商品，如祇指定使用某類商品，而未列舉商品之名稱者，則其專用權及於全類。

商標專用權之效力，以註册時審定之名稱及圖樣爲限，其呈請時所爲之說明及習慣上之別名不能主張之；商標專用權之期間，自註册之日起，以二十年爲限，其專用期間，得申請延展，但每次仍以二十年爲限（商標法、一一、十三）。（商標法）（管　歐）

票據

票據是一種發票人約定自己支付一定金額，或委託第三人支付一定金額的有價證券。前者係指票據法上的本票（promissory note），後者指票據法上的滙票（bill of exchange）和支票（cheque check）。（商事法）（林咏榮）

票據文句

表明其爲滙票（本票或支票）的文字，學者稱之爲票據文句（wechselklausel）。這是用以表明票據的性質，但亦不限於「滙票」（或「本票」或「支票」）兩字，凡意義相同即可，如滙票亦可稱爲滙券或滙兌券。故司法院第二四七號解釋稱：「未載本票或其同一意義之文字，不能認有票據之效力」。又院字第一四二二號解釋，更廣泛地說：「票據載明祈付即期洋若干元之字樣，即足以證明支票之性質者，雖未記明支票二字，應認爲有支票之效力」。（商事法）（林咏榮）

票據行爲

票據行爲係指簽名於票據之上，而發生票據上一定權利和義務的要式單獨行爲。凡發票、背書、保證承兌等，皆屬於票據行爲。票據是文義證券，在票據上簽名者，應依票據上所載的文義負其責任（參看票據法第五條）；如由二人以上共同簽名時，應連帶負責（參看票據法第五條）。票據上所載金額的文字，與號碼不相符時，則以文字爲準（參看票據法第七條）。票據行爲因簽名而發生效力，故簽名爲票據行爲共通的要件，其簽名得以蓋章、畫押代之（參看票據法第六條）。票據行爲有主票據行爲與從票據行爲的區別；發票爲創造票據的原始行爲，故稱爲主票據行爲；其餘票據行爲，如背書、承兌、保證等，則稱從票據行爲。（商事法）（林咏榮）

票據行爲的代理

票據行爲是法律行爲，故亦如一般法律行爲得由代理人爲之。代理人記載爲本人代理意旨，而爲發票、背書和承兌等票據行爲時，其票據行爲對於本人直接發生效力（法律上所稱「本人」，與通俗所稱「本人」有別，通常係以「本人」爲自己的代名詞；而法律上所稱「本人」，却係指當事的本人，例如某乙爲某公司某經理的代理人，則「爲本人代理」一語，本人係指某經理非指某乙。代理人如未記載代理的意旨而簽名於票據時，則應自負票據上的責任（參看票據法第九條）。無代理權的人而以代理人名義簽名於票據者，應自負其責，而代理人逾越權限時，其權限外的部分，亦爲無權代理，應自負票據上的責任（參看票據法第一〇條）。（商事法）（林咏榮）

票據行爲的獨立

票據上雖有無行爲能力人的簽名，但不影響其他簽名者的權利義務（參看票據法第八條）。例如某甲年未滿七歲，其所爲的發票行爲雖因其無行爲能力而無效，但具有行爲能力的他人，如在該票據上爲背書、承兌等行爲時，這些背書承兌行爲，仍屬有效。因爲票據是流通證券，接受票據者如必先調查票據簽名人是否有行爲能力，勢必阻礙票據的流通；所以票據法特別承認票據行爲的獨立性，使此一票據行爲不會因另一票據行爲而受任何的影響。（商事法）（林咏榮）

票據抗辯

票據抗辯，係指票據債務人對於特定人或一般人，得就一定事由，據以拒絕票據上債務的履行。凡票據債務人對於票據上一切的人得以拒絕履行者，稱之爲物的抗辯（real defences），亦稱客觀的抗辯或絕對的抗辯（absolute defences），其僅對於票據上特定的人得以拒絕履行者，稱之爲人的抗辯，或指名的抗辯（personal or nominal defences），亦稱主觀的抗辯或相對的抗辯（relative defences）。茲分述之：(a)物的抗辯　此種抗辯，包括票據的形式與票據上權利的實質，凡票據債務因罹時效而消滅，或基於無行爲能力而被撤銷，及票據行爲上意思表示的欠缺或有瑕疵等等，均屬之。例如下列各款之一均可據爲物的抗辯的事由，即①票據形式要件的欠缺（票據法第一一條），②行爲能力的欠缺（民法第七五條第七六條），③票據行爲的被脅迫（民法第九二條），④票據的僞造（票據法第一五條），⑤票據的變造（票據法第一六條），⑥票據罹時效而消滅（票據法第二二條），⑦票面金額已經提存（票據法第七六條），⑧定期票據尚未到期（票據法第二四條第一項第九款、第一二〇條第一項第八款），⑨票據保全手續的欠缺（票據法第一〇四條），⑩因除權判決而無效（票據法第一一九條、民訴法第五五二條—五六三條）。(b)人的抗辯　此種抗辯，乃基於票據以外之個人的實質關係。例如原因關係的無效、債權人受領能力的欠缺等等，均屬之。人的抗辯，既係由於個人的實質關係而生，如其漫無標準，不僅有礙票據的流通，抑亦不足以保護善意取得票據的第三人，所以各國立法例，對於人的抗辯的範圍，特加以限制，茲可分爲兩大類型：①英美制—就票據權利人方面加以規定，凡前手權原的瑕疵，而存在於前手當事人間的人的抗辯，不影響於善意執票人。其執票人得對於票據上一切債務人請求付款（英國票據法第三八條第二項，其原文爲：Where he is holder in due course, he holds the bill, free from any defect of title of prior, as well as from mere personal defences avaiable to proior partier among themselves, and may enforce against all parties liable on the bill. 美國統一證券流通法第五七條亦同）。②大陸制—就票據債務人方面加以規定，凡票據債務人不得以其對於發票人或前手執票人間所存的人的抗辯，對抗執票人，但執票人於取得票據時，知其有害於債務者，不在此限（統一票據法第一七條，其原文爲：Personal used on a bill of exchange cannot set up against the holder defences founded on their personal relations with drawn or witn previous holder unless the holder in acquiring the bill, has knowingly acted to the detriment of the debtor. 德國票據法第一七條、日本票據法第一七條均同）。我國票據法第一三條採之，亦即：(1)直接抗辯—關於一般債權的讓與、其債務人所得對抗讓與人（原債權人）的事由，均得以之對抗受讓人（民法第二九九條第一項）；而票據上權利的讓與，則異其效果。凡依背書方法取得票據上權利者，「票據債務人不得以自己與發票人或執票人的前手間所存抗辯的事由，對抗執票人」（票據法第一三條前段）換言之，人的抗辯，係以直接當事人之間爲限，稱之爲直接抗辯。(2)惡意抗辯—執票人取得票據出於惡意或欺詐者，票據債務人得以其自己與發票人或執票人的前手間所存抗辯的事由對抗之（票據法第一三條但書），學者稱之爲惡意抗辯（exceptiodoli）。（

商事法）（林咏榮）

票據的利息

利息（interest），亦稱「利息文句」，係就票據金額，依一定利率、附以利息的記載，我國票據法規定發票人得在票據上就其金額爲支付利息及其利率的記載。利率未經載明時，定爲年利六釐。利息自發票日起算，但有特約者，不在此限（票據法第二八條）。利息的記載，多少有礙於票據金額的一定性，其記載是否有效，各國立法例未盡一致，英美法認爲有效（英國票據法第九條，美國統一流通證券法第二一條）；而日本舊商法則認爲無效（伊澤孝平著票據法第三三三頁），其現行票據法試圖接近於英美法，乃作折衷的規定。日本票據法第五條規定：「發票人得於見票即付或見票後定期付款的滙票，記載關於票據金額附以可生利息之旨的約定。於其他的滙票，爲此項的記載者，視爲無記載」；「利率應記載於票據；如無利率的記載，其利息約定的記載，視爲無記載」；「利息未附以特別之日爲表示者，應自發票之日起算」（德國票據法第五條、法國商事法第一一二條均同；統一票據法第五條略同）。其所以僅承認關於見票即付或見票後定期付款的滙票，而排斥其他的滙票者，蓋其他的滙票，不外乎定日付款與發票日後定期付款，此二者既有預定的期日可計，自可預加其利息於票據金額，在實際上無記載利息的必要。（商事法）（林咏榮）

票據的保證

票據的保證（good aval, wechselbürgschaft），就是票據債務人以外的第三人，以擔保票據上債務的履行爲目的所爲的附屬的票據行爲（票據法第五八條）。票據債務人所以不得爲票據的保證人的原因，在於票據債務人已負票據上的責任，即使他再爲票據的保證，亦難期增加票據的信用，故現行法特予限制；惟此限制，在日內瓦統一法卻無之（參照統一票據法第三〇條第二項、德國、日本票據法第三〇條第二項，法國商法第一三〇條第二項亦同），而英美立法例，根本上卻不承認票據的保證制度。票據保證債務，對於其所保證的主債務，在本質上具有從屬性，此與民法上的保證同；惟票據爲期安全與流通，其保證在適用上具有獨立性，此則與民法上的保證不同。茲就其不同者論之：(1)民法上的保證，偏於從屬的性質，保證債務以主債務成立爲要件，而票據的保證，應適用票據獨立的原則，除因方式的欠缺者外，被保證人的債務，縱爲無效，保證人仍負擔其義務（票據法第六一條第二項，統一票據法德國票據法、日本票據法同第三二條第二項同、法國商法第一三〇條第七項）。(2)民法上的保證，屬於對人關係，保證人乃爲其特定的主債務人爲之，其特定的主債務人不明者，則保證不能成立；而票據的保證，屬於票據關係，爲何人保證而不明者，其保證不妨有效（參照票據法第六〇條，統一票據法德國票據法、日本票據法同第三一條第四項）。(3)民法上的保證，係契約行爲（民法第七三九條）；而票據的保證，係單獨行爲（票據法第五九條）。(4)民法上的保證，有檢索抗辯權（亦稱先訴抗辯權、民法第七四五條）；而票據的保證則沒有。(5)票據的保證、保證人於清償後，有追索權（票據法第六四條），其消滅時效應依本法第二二條的規定；而民法上的保證，保證人於清償後，有求償權及代位權（民法第七四九條），其消滅時效，則依民法第一二五條規定。(6)票據的保證，共同保證人必須連帶負責；而民法上的保證，卻得以特約除外（民法第七四八條）。（商事法）（林咏榮）

票據的僞造

所謂票據的僞造，不僅指發票行爲的僞造，且泛指一切票據行爲的僞造。所以背書的僞造、承兌的僞造、保證的僞造，皆係票據的僞造，但各個票據行爲的有效成立，原以簽名爲其共通的要件；故票據上簽名的僞造，亦即票據的僞造。票據的僞造或票上簽名的僞造，不影響於眞正簽名的效力（參看票據法第一五條）。質言之，即在僞造以前，在票據上眞正簽名的人，或在僞造以後，在僞造的票據上爲各種行爲且係眞正簽名的人，均須依票據上所載文義負其責任。票據僞造的被僞造人，既未簽名於票據，當然不負票據上的責任；而僞造者所爲的僞造，依刑法第二〇二條以下的規定，構成僞造有價證券之罪。其取得者及被僞造者因僞造所受的損害，得依民法第一八四條以下的規定，請求僞造人損害賠償。（商事法）（林咏榮）

票據的嚴正（Wechselstrenge; Rigor Combialis）

票據的嚴正，係指票據在形式上和實質上具有嚴正的性格。就形式的意義言，如票據須具備一定的款式，始爲有效；票據被拒絕付款時，必須作成拒絕付款證書，方得行使追索權；以及因票據涉訟時，其在民事訴訟法第一三第三八九條第四款與第四〇九條第二款所規定的簡易程序等是。再就實質的意義言，票據發行後，如非其款式欠缺，票據債務人關於人的抗辯，即受限制（參照「票據抗辯」條），及票據債務人全體對於善意執票人應連帶負責（參照票據法第九六條）等是。凡此皆所以便利票據的流通與保護票據的安全，學者稱之爲「票據的嚴正」。（商事法）（林咏榮）

票據的變造

所謂票據的變造，係指票據上簽名以外，而對於票據上權利義務有關的記載事項，加以不法的變更。這裏所謂權利義務有關事項，不問其爲絕對記載事項，抑爲任意事項，亦不問其是否重要，只要用不法手段加以變更時，皆爲票據的變造（但如作票據上簽名的變更，則爲票據的僞造）。票據經變造時，簽名在變造後者，例如甲在二千元的滙票變造爲三千元，而背書讓與他人之後；乙於該票上爲承兌時，對於善意或無過失的執票人，應依變造的文義，負支付三千元的責任。若簽名在變造前者，如前例，應依原有的文義，負責支付二千元。如不能辨別前後時，推定簽名在變造前（參看票據法第一六條）。（商事法）（林咏榮）

票據時效

民法中的普通債權，通常須經十五年間、五年間，或二年間不行使而消滅（參看民法第一二五條至一二七條）。但票據交易，貴在迅速敏捷，故特設短期時效的規定。即票據上的權利，對滙票承兌人及本票發票人，自到期日起算，三年間不行使，因時效而消滅；對支票發票人一年間不行使，因時效而消滅；滙票、本票的執票人，對前手的追索權，自作成拒絕證書日起算，一年間不行使因時效而消滅；支票的執票人，對前手的追索權，四個月不行使因時效而消滅。其免除作成證書者，滙票，本票自到期日起算。滙票、本票的背書人，對於前手追索權，自爲清償之日或被訴之日起算，六個月間不行使，因時效而消滅。支票的背書人對於前手的追索權，二個月不行使，因時效而消滅（參看票據法第二二條第一、二、三項）。至時效的中斷和不完成等，因票據法沒有特別的規定，自可適用民法（參看民法第一二九至一四三各條）。（商事法）（林咏榮）

票據統一法

國際聯盟行政院經濟委員會，於一九二七年至一九二八年擬定票據統一法草案，提付一九三〇年在日內瓦召開的票據法統一會議討論，經議定公約三種：㈠滙票、本票統一公約，其附件有二，(a)滙票、本票統一法。凡七十八條，其內容除少列法律牴觸一章外，其餘與一九一〇年及一九一二年海牙會議所議定的統一規則相似，(b)各締約國保留條款。㈡解決滙票本票關於法律牴觸的公約。㈢滙票、本票與印花稅有關的公約。簽字㈠㈡兩項公約者，凡二十二國簽字於㈢項公約者凡二十三國。一九三一年復集會於日內瓦，討論支票統一問題，參加者凡三十國，通過三項公約：㈠統一支票公約，其附件有二：(a)支票統一法，(b)保留條款。簽字者二十國；㈡解決支票關於法律牴觸的公約，㈢關於支票印花稅法的公約，簽字者二十一國。前項公約，應經聯盟國包括常任理事國三國及非聯盟國七國的批准並加入後經過九十日發生效力。關於滙票與本票的三項公約，經簽字並於一九三四年一月十日起批准者，有德、奧、比利時、丹麥、但澤、芬蘭、法國、意大利、日本、盧森堡、挪威、荷蘭、波蘭、葡萄牙、瑞典、瑞士等十六國。簽字而未批准者有巴西、哥侖比亞、厄瓜多爾、西班牙、匈牙利、秘魯、捷克、土耳其、南斯拉夫等九國。而摩納哥於一九三四年及蘇俄於一九三六年亦加入公約。至印花稅以外的二項公約經簽字並批准者，有希臘。僅於印花稅公約簽字並批准者有英國。關於支票的三項公約，經簽字並批准者，有德國、丹麥、但澤、芬蘭、法國、希臘、意大利、日本、摩納哥、挪威、荷蘭、葡萄牙、瑞典、瑞士等十五國。簽字而未批准者有奧地利、比利時、厄瓜多爾、西班牙、匈牙利、盧森堡、墨西哥、羅馬尼亞、捷克、土耳其、南斯拉夫等十一國。僅簽字於印花稅公約並經批准者有英國。此外，尼加拉瓜於一九三二年，愛爾蘭於一九三六年亦加入印花稅公約。英美兩國在最初即無意參加公約，故正式參加滙票、本票及支票公約者僅德國法系、法國法系諸國而已。（商事法）（林咏榮）

票據喪失

票據是有價證券，同時又是提示證券，故行使票據上的權利，以佔有票據爲必要。若執票人喪失票據的佔有，不但權利人無從行使權利，且有被無權利人冒領票上金額的危險，爲此票據法上另有救濟的規定：㈠止付通知—執票人喪失票據時，應即爲止付的通知（參看票據法第一八條）。經止付通知後，付款人不得任意爲付款，否則付款人應自負意外危險的責任。㈡公示催告—執票人喪失票據時，得爲公示催告的聲請（參看票據法第一九條第一項）。關於公示催告的聲請程序及其效果，應參照民事訴訟法第五三九條至第五六七條的規定。但自公示催告開始後，至法院爲除權判決止，其間尚需經相當的時日，而付款人的信用和財產難保長久不變；故公示催告程序開始後，其經到期的票據，聲請人得提供擔保請求票據金額的支付；不能提供擔保時，得請求將票據金額提存於法院、商會、銀行公會或其他得受提存的公共會所。其尚未到期的票據，聲請人得提供擔保請求給予新票據（參看票據法第一九條第二項）。（商事法）（林咏棠）

票據資金

見「非票據關係」條。（商事法）（林咏棠）

票據預約

見「非票據關係」條。（商事法）（林咏棠）

票據毀損

票據的毀損，係指基於切斷、磨滅或汚損，而喪失票據的完整性。毀損的效果與塗銷相同（參看「票據塗銷」條）。票據毀損，如非權利人故意爲之者，其權利不因之而歸於消滅，但其權利人應舉證證明毀損非出於故意並證明毀損前票據的文義，方得主張票據上的權利。（商事法）（林咏棠）

票據塗銷

票據上的簽名或記載被塗銷時，非由票據權利人故意爲之者，不影響於票據的效力（參看票據法第一七條）。所謂塗銷（cancellation），不問其係用化學方法，抑用紙片黏蓋其上，亦不問被塗銷的文義，是否能夠辨識，均爲票據的塗銷；但塗銷的結果，已不能辨識其爲票據時，則當與票據喪失同論。而票據物質的毀損或截斷時，亦當準用票據塗銷的規定。（商事法）（林咏棠）

票據種類

關於票據的分類，大陸法系諸國，大抵皆從海牙票據規則，日內瓦統一票據法及統一支票法，以滙票【德：gezaogeuer Wechsel，法：lettre de change，日：爲替手形（かはせうかた）】與本票【德：eigener wechsel，法：billet a ordre，日：約束手形：（セくそくるかた）】，規定於商法（如法國）、票據法（如德國、日本，先規定於商法，後另訂票據法），債務法（如瑞士）；而支票【德：scheck，法：chéquy，日：小切手（てきそ）】，則皆規定於支票法。蓋以前者爲信用證券，以後者爲支付證券。僅就前者言，可分爲兩種，如併後者言，則可分爲三種。至於英國票據法及美國統一流通證券法，雖亦承認滙票（英美 bill of exchange draft） 本票（英美：promissory note）與支票（英：cheque，美 check），但均視支票爲「即期並以銀行爲付款的滙票」（a check is a bill of exchange drawn on a bank payable on demond）（參看美國流通證券法第一八五條、英國票據法第七三條），故彼邦學者有將票據法分爲滙票、本票和支票三種（如 Essel, R. Dillavou and Charoles. G. Howeud 兩氏，見兩氏所著的 Principles of Business Law 1951 p. 143）；亦有將其分爲滙票及本票兩種，而支票則包括於滙票之中者（如 A. Lincain Lavine, Earl Winfield Maunce and Towues Loring Dawson 三氏，見三氏所著的 Modern Business Law p. 148，及 Business Law（text and cases）p. 626）。我國現行票據法分票據爲滙票、本票及支票三種。（商事法）（林咏棠）

票據黏單

黏單（affixed slip），係指票據餘白不敷記載時，爲延長票據而黏於票據的紙片（票據法第二三條）。日本票據法稱之爲「補箋」（日本票據法第一三條第二項）。惟日本及德法諸國立法例，皆以此規定於「背書」的章節中（法國商法第一一七條、日本票據法、德國票據法及統一票據法均第一三條），因爲背書的次數，既無限制，始有餘白不敷記載的可能。我國現制雖以黏單規定於通則，可適用於一切票據行爲；惟黏單的適用，既以原票據餘白不敷記載爲前提；其在實際上亦祇背書與拒絕證書有其適用的可能。所以本法特別規定，拒絕證書應在票據或其黏單上作成之，否則不能認爲有效（票據法第一〇八條—第一一一條、第一二四條、第一四四條）。而在黏單上所爲的背書，其效力與在原票據爲之者相同。黏單在票據上僅具補充的性質，其法律關係，皆以與原票據密切結合爲依歸，所以我票據法第二三條特規定其構成要件如下：①票據餘白須不敷記載。②黏單後的第一記載、須書於騎縫上。③票據與黏單騎縫處須加蓋印章。凡此三者，皆以防止僞造或變造；如有違反，其黏單的記載，則不生票據上的效力。（商事法）（林咏榮）

票據關係

票據爲表彰私法上權利的證券，其權利的創設與取得，乃基於票據行爲；凡基於票據行爲發生而涉及票據上權利的一切法律關係，稱之爲票據關係。雖票據爲不要因證券，其自身的法律關係，乃依其抽象的證券的文義而定；惟票據行爲的終極目的，在於金錢的支付，「爲何支付」（Why are payments made）？「如何支付」（How to make payments）？其行爲的背後，常隱存實質的法律關係，簡稱爲票據的實質關係。此種關係，非屬於票據法上票據行爲的範疇，亦與票據上的權利無關。稱之爲非票據關係。票據關係以票據法爲準據，而非票據關係有基於票據法的規定者，如本法第二二條第四項所規定的利得償還請求權是，稱之爲「票據法上的非票據關係」；亦有基於其他法律的規定者稱之爲「非票據法上的非票據關係」。後者又可大別爲：(1)原因關係—票據授受在其原 因上的法律關係；(2)資金關係—票據債務相互間關於支付或清償的法律關係；(3)票據預約—票據關係在其準備上的法律關係。合原因關係與資金關係，則爲 基礎關係。（商事法）（林咏榮）

票據權利

票據上權利，簡稱票據權利。票據權利，就是以達到票據上一定金額的支付爲直接目的所賦與的權利。其權利以票據金額支付請求權或其追索權爲核心。第一步先請求支付票據上的金額；如付款人在到期日不能付款時，第二步再行使其追索權。他如票據持有人對於票據保證人、參加承兌人或參加付款人的請求權亦屬之。此外，票據法上所規定關於票據的種種請求權，乃票據法上的權利；而非票據上之權利。例如利得償還請求權（票據法第二十二條第四項），眞正權利人對於惡意或重大過失而取得票據者的返還請求權（票據法第十四條），滙票複本交出或原本返還的請求權（票據法第一百一十六條第三項、第一百一十九條第二項）等是，因爲這些請求權，不以票據上金額的支付爲直接目的，且這些請求權的行使，亦不以持有票據爲必要。反之，票據上權利，則依隨於證券（票據），兩者密切結合，凡取得票據上的權利，必須取得其證券。（商事法）（林咏榮）

執行

實現刑事確定判決內容之行爲，謂之執行。刑事審判程序，以確定國家刑罰權爲目的，而其最終效果，乃爲刑罰權之實行，不爲執行，無由實現。一、執行之機關：㈠檢察官：1.因駁回上訴或抗告、撤回上訴或抗告者，由上級法院檢察官執行下級法院之裁判。2.由原下級法院裁判或經上訴而被駁回或撤回而卷宗仍在原下級法院者，由原下級法院之檢察官指揮執行。㈡推事：依裁判之性質或有特別規定者，由法院或審判長、受命推事、受託推事指揮執行之。二、執行之程式：執行刑罰或保安處分，應以指揮書附具裁判書或筆錄之繕本或節本爲之。㈠死刑之執行：死刑應經司法行政最高機關令准，於監獄內執行之，應由檢察官蒞視，並命書記官在場，制作筆錄。受死刑之諭知者，如在心神喪失中，或爲懷胎婦女在生產前，由司法行政最高機關命令停止執行。其於痊癒或生產後，非有命爲停止之機關命令，不得執行。㈡自由刑之執行：徒刑及拘役，於監獄內分別拘禁，令服勞役。但得因其情節，免服勞役。如有下列情形，在事故消滅前停止執行：1.心神喪失者。2.懷胎五月以上者。3.生產未滿二月者。4.現罹疾病，恐因執行而不能保其生命者。對於心神喪失或患病者，得送入醫院或其他處所治療。應受上列刑罰之人未經羈押者，應傳喚之。傳喚不到，應行拘提，如已逃匿，依法通緝。㈢其他刑罰及處分之執行：1.罰金、罰鍰、沒收、沒入及追徵之裁判，依檢察官命令執行之。但罰金、罰鍰，得由推事當庭指揮執行，檢察官於必要時，得囑託地方法院民事執行處爲之。2.沒收物，由檢察官處分之。3.扣押物之應受發還人所在不明或因他故不能發還者，檢察官應公告之。經六個月無人聲請發還，以其物歸屬國庫。4.撤銷緩刑，由該管檢察官聲請所在法院裁定之。5.更定其刑，由該管檢察官聲請法院裁定之。受刑人或其法定代理人、配偶，亦得向檢察官請求為更定執行刑之聲請。6.免服勞役，罰金易服勞役，均由檢察官命令之；並應與處徒刑或拘役之人犯，分別執行。7.關於付保安處分、延長或免其處分之執行，由該管檢察官聲請法院執行之。8.依刑法第四十三條易以訓誡者，由檢察官執行之。（詳刑訴法第四五六條至第四八二條）。(刑事訴訟法)（陳　珊）

執行中之登記

強制執行程序中所應為之登記行為也。供強制執行之財產權，其取得、設定、喪失或變更，依法應登記者，為強制執行時，執行法院應通知該管登記機關，登記其事由。（強制執行法一一）。(強制執行法)（陳　珊）

執行之救助

執行機關於一定情形之下，對於債務人得暫時免於強制執行，或免除其一部執行之謂。其情形有以下四種：㈠執行程序中之查封，應酌留債務人及其家屬二個月間生活所必需之物。是項期間，執行推事審核債務人家庭狀況，得伸縮之；但不得短於一個月或超過三個月。㈡債務人及其家屬所必需之衣服、寢具、餐具及職業上或教育上所必需之器具物品，不得查封。債務人對於第三人之債權，係維持債務人及其家屬生活所必需者，不得為強制執行。㈣債務人如實無財產可供執行，或執行後所得之數不足清償債務者，經債權人同意，得命債務人寫立書據，載明俟有資力之日償還。（強制執行法五二、五三、一二二、一二七）。(強制執行法)（陳　珊）

執行刑

見「宣告刑」條。(刑法總則)（王建今）

執行名義

據以開始強制執行之基本資料曰執行名義。有下列各種：㈠確定之終局判決。㈡假扣押、假處分、假執行之裁判。及其他依民事訴訟法為強制執行之裁判。㈢依民事訴訟法所成立之和解或調解。㈣依公證法作成之公證書。但以債權人之請求，係以給付金錢或其他代替物或有價證券之一定數量為標的，而於證書上載明應逕受強制執行者為限。㈤抵押權人依民法第八百七十三條之規定，為拍賣抵押物之聲請，經法院為許可強制執行之裁定者。㈥其他依法律之規定，得為強制執行名義者。（強制執行法第四條）。(強制執行法)（陳　珊）

執行法院

以實施強制執行為職務之機關曰執行法院，通常又稱之為執行庭。諸如接受聲請、發布命令，為指揮、停止及撤銷執行之處分，皆屬於執行法院之職權，由執行推事主司其事，無言詞辯論，無合議制度，惟較大之地方法院，事務繁重，置有執行推事多人者，亦得指定庭長綜綰執行庭之事務。(強制執行法)（陳　珊）

執行延緩

執行法院於強制執行程序進行中，因有特定事由，而暫不執行之情形也。實施強制執行時，債務人如具確實擔保經債權人同意者，即得延緩執行。（強制執行法一〇）。(強制執行法)（陳　珊）

執行處

執行處為辦理民事執行事務機關之總稱，包括推事、書記官及執達員等。(強制執行法)（陳　珊）

執行停止

已開始之強制執行，因有特定事由而中止其程序者，謂之執行停止。強制執行，以不停止為原則，諸如債務人聲明異議或提起異議之訴等是。惟為保護當事人之利益，亦有得以停止之特別規定。(強制執行法第一八條一項但書、七二條）。(強制執行法)（陳　珊）

執行異議

對於強制執行之命令及其實施之方法、程序或其他侵害利益之情事，依法表示反對之意思者，為執行異議，亦稱聲請或聲明異議。當事人或利害關係人，對於強制執行之命令，或對於執行推事、書記官、執達員實施強制執行之方法，強制執行時應遵守之程序，或其他侵害利益之情事，得於強制執行程序終結前，為聲請或聲明異議。但強制執行，不因而停止。此項聲請及聲明異議，由執行法院裁定之。不服裁定者，得於五日內提起抗告。（強制執行法一二）。（強制執行法）（陳　珊）

執行異議之訴

債務人或第三人，依據特定事由或權利，向執行法院，以訴求為排除或撤銷強制執行處分之判決者，為執行異議之訴：㈠債務人執行異議之訴。執行名義成立後，如有消滅或妨礙債務人請求之事由發生，債務人得於執行程序終結前，提起異議之訴。如以裁判為執行名義時，其為異議原因之事實，發生在前訴訟言詞辯論終結後者，亦得主張之。㈡第三人執行異議之訴。第三人就執行標的物有足以排除強制執行之權利者，得於強制執行程序終結前，向執行法院對債權人提起異議之訴。如債務人亦否認其權利時，並得以債務人為被告。債務人或第三人就強制執行事件得提起異議之訴時，執行處得指示其另行起訴，或諭知債權人經其同意後，即由執行法院撤銷強制執行。（強制執行法一四—一六）。（強制執行法）（陳　珊）

執行費用

在強制執行程序中所需支出之費用，為執行費，以必要費用為限，由債務人負擔，並應與強制執行之債權，同時收取。此項費用，得命債權人，代為預納。債權人因強制執行而支出之費用，得求償於債務人者，得準用民事訴訟法第九十一條之規定，向執行法院聲請確定其數額。是項費用及取得執行名義之費用，得求償於債務人者，得就強制執行之財產，優先受償。依判決為強制執行，其判決經變更或廢棄時，受訴法院因債務人之聲請，應於其判決內命債權人償還強制執行之費用。此項規定，於判決以外之執行名義為撤銷時，準用之。（強制執行法第二八—三〇條）。（強制執行法）（陳　珊）

執行筆錄

強制執行時所作成之記錄，謂之執行筆錄。如查封筆錄、拍賣筆錄、分配筆錄等是（見各該條）。（強制執行法）（陳　珊）

執行當事人

所謂執行當事人，乃指強制執行事件中之債權人與債務人而言。前者為有執行名義，得向執行機關請求實行其私權之一方；後者為有服從執行機關受強制力而負擔支付義務之一方。執行當事人亦須具備法律上之能力。在訴訟法上有當事人能力及訴訟能力者，亦即具有執行當事人之資格。（強制執行法）（陳　珊）

執行債務人

在強制執行法上應受強制執行之人為執行債務人，其相對人則為執行債權人。於第三人執行異議之訴，執行債務人如亦否認該第三人之權利，得為被告（強制執行法）（陳　珊）

執行債權人

在強制執行法上有請求執行機關實施執行權利之人為執行債權人。強制執行，除有特別規定者外，因債權人之聲請為之。（強制執行法）（陳　珊）

執行疑義

對於執行事項及範圍有未盡明瞭之情形也。執行處遇有此種情形，應調閱卷宗。是項卷宗，如為他法院所需時，應自作繕本或節本，或囑託他法院移送繕本或節本。（強制執行法八）。（強制執行法）（陳　珊）

執行請求權

債權人以執行名義所確定之權利為依據，而對於執行法院請求實施國家強制力，以實現其私權內容之權利，謂之執行請求權。（強制執行法）（陳　珊）

執行調查

執行機關於開始強制執行前，關於強制執行之法定要件或執行標的物所為之探求行為也。強制執行事件有調查之必要時，除命債權人查報外，執行推事得自行或命書記官調查之。為調查時如認為必要者外，無庸傳訊當事人。（強制執行法九、一九）。（強制執行法）（陳　珊）

執行撤銷

執行處於強制執行程序進行中，因有特定事由，而取消執行處分之情形也。如於執行開始後發見債權人查報之財產確非債務人所有者，即應由執行法院撤銷其執行處分。（強制執行法一七）。（強制執行法）（陳 冊）

執行機關

辦理強制執行事務之法院稱曰執行機關，即由地方法院所設之民事執行處。內置專任推事及書記官，督同執達員，依法執行職務。但在事務較簡之法院，得由推事及書記官兼辦之。（強制執行法第一—三條）。（強制執行法）（陳 冊）

執行聲請

除假扣押、假處分及假執行之裁判，其執行應依職權為之者外，強制執行，因債權人之聲請為之。其程式應依下列規定，提出證明文件：㈠依強制執行法第四條第一款聲請者，應提出判決正本並判決確定證明書或各審級之判決正本。㈡依同條第二款聲請者，應提出裁判正本。㈢依同條第三款聲請者，應提出筆錄正本。㈣依同條第四款聲請者，應提出公證書。㈤依同條第五款聲請者，應提出債權、抵押權之證明文件及裁定正本。㈥依同條第六款聲請者，應提出得為強制執行名義之證明文件。上項各種證明文件，債務人未經提出者，執行處應調閱卷宗。但受聲請之法院非係原第一審法院時，不在此限。（強制執行法第五、六條）。（強制執行法）（陳 冊）

強佔

陸海空軍刑法第三十一條所稱之強佔，係指憑藉權勢，以強制手段，而佔有之行為，謂之強佔，不以取得所有權為條件。（特別刑事法）（吳 智）

強佔財物

凡意圖為自己或第三人不法利益，藉勢或藉端排除他人佔有原狀而強行佔領其物之謂；該項財物非僅專指動產，即不動產亦包括在內。戡亂時期貪污治罪條例第四條第三款定有強佔財物罪。（特別刑事法）（吳 智）

強拉

即指不法強行征取之謂，如軍刑法第三十二條規定強拉牲畜之罪是。（特別刑事法）（吳 智）

強制工作處分

宣告強制工作處分，有一般犯罪與特定犯罪之分：前者凡有犯罪之習慣或以犯罪為常業或因遊蕩或懶惰成習而犯罪者，得於刑之執行完畢或赦免後，令入勞動場所強制工作（刑法九〇條）；後者如竊盜犯贓物犯有下列情形之一者，應於刑之執行前令入勞動場所強制工作：㈠有犯罪之習慣者。㈡以犯竊盜罪或贓物罪為常業者。㈢因遊蕩或懶惰成習而犯罪者。㈣品性惡劣素行不端，經當地警察機關會同里長或鄰長證明者（戡亂時期竊盜贓物犯保安處分條例四條）。關於執行強制工作處分之期間，前者為三年；後者為五年。前者應於裁判時諭知一定期間；後者無庸諭知期間。強制工作，不僅在矯正犯人之惡性，尤在使其獲得謀生之技能，將來重入社會後，不致再行犯罪。（刑法總則）（王建今）

強制拍賣

為拍賣之一種，對法定拍賣與任意拍賣而言。凡由國家機關以強制力所為之拍賣皆屬之。此在法院實施強制執行程序中，係對於動產或不動產執行之第二步方法，即將債務人業已受查封之動產或不動產依法公開競賣，而不為任何人之意思所左右也。（強制執行法）（陳 冊）

強制到庭之傳票 (Subpoena)

強制到庭之傳票者，乃法院責令證人或當事人到庭之書狀也（見 James A. Ballentine: Law Dictionary, 1959, p. 1244）。（英美衡平法）（何孝元）

強制治療處分

明知自己有花柳病或痲瘋，隱瞞而與他人為猥褻之行為或姦淫，致傳染於人者，處一年以下有期徒刑、拘役或五百元以下罰（刑法二八五條）。為防止此種惡疾之傳染，以維護人羣之健康與優生，故刑法第九十一條規定，得令入相當處所強制治療，並於刑之執行前為之。其期間至治癒時為止。此種保安處分，應於裁判時併宣告之（刑法九六條）。（刑法總則）（王建今）

強制執行

執行機關依債權人之聲請，或以職權對於應行強制執行之民事確定判決或其依法得為執行名義之事件，用國家之強制力使義務人履行之者曰強制執行。通常乃由地方法院民事執行處實施之。（強制執行法）（陳　珊）

強制執行法

規定民事案件強制執行程序之法律曰強制執行法。其性質為一種公法，各國立法例有以之規定於民事訴訟之中者，有另以單行法定之者。如日本即採前例，我國則採後例。現行強制執行法，係於民國二十九年一月十九日國民政府公布，同日施行。三十四年五月十六日修正第一百二十八條及第一百二十九條。三十七年十二月二十一日總統令修正第一百二十八條及第一百二十九條條文。三十二年七月二十八日司法行政部頒行辦理強制執行案件注意事項。四十九年四月八日同部又頒行改進民事強制執行提要點。（強制執行法）（陳　珊）

強制管理

對於在強制執行程序中業經查封之不動產，法院於認為不必拍賣時，依債權人之聲請或以職權所決定之管理行為曰強制管理。管理人由執行法院選任之。但債權人亦得推薦適當之人，執行處對於管理人應指示關於管理上必要之事項，並監督其職務之進行。其有不能勝任或管理不當之情形，執行法院得撤退之。強制管理之目的，在以該被管理之不動產的收益，作為清償債權之用，及至債權受完全清償時，法院應依職權撤銷之（強制執行法第一〇三—第一一一條）。（強制執行法）（陳　珊）

強制履行

執行法院基於特定之執行名義，而命債務人為一定之行為，稱曰強制履行，有下列兩種情形：㈠為他人所能代為履行者。如債務人不履行時，執行法院得以債務人之費用，命第三人代為履行（強制執行法第一二七條）。㈡為他人所不能代為履行者。如債務人不履行時，執行法院得定債務履行之期間，及逾期不履行應賠償損害之數額向債務人宣示或處或併處債務人以一千元以下之過怠金。但此種規定，於夫妻同居之判決不適用之（強制執行法第一二八條）。（強制執行法）（陳　珊）

強制履行（Specific Performance）

強制履行者，乃衡平法院判令違約之一方履行其契約之謂也。強制履行須具有下列要件：㈠強制履行之契約必須有效且能拘束雙方當事人，㈡強制履行契約之內容必須確定，㈢須普通法上無適當之救濟，㈣救濟須屬相互者，即指任何一方之當事人對於他方，均得請求救濟也。強制履行，乃特殊之救濟，僅於普通法院缺乏相當之救濟時，始得為之。故衡平法院應否給予此項救濟，純屬法院自由裁量之事項，而非當事人應有之權利。

如契約係規定須要被告不作為者，強制履行之命令，即為禁止被告作為之命令。如契約規定為使一方轉讓土地，他方給付價金者，衡平法院則以強制履行命令，命被告轉讓土地，但附以原告給付價金之條件，作為被告之對待給付。又被告在履行契約之期限未屆至前，預先拒絕契約之履行時，原告即可不待期限之到來而請求強制履行。如被告不能為全部之給付者，則得為一部分給付，對於被告不能給付之部分，原告即可免除給付價金之義務（見 McClintock on Equity, Second Edition, 1948, pp. 125-136, 149, 181）。

衡平法院之准許強制履行，必須能達成契約之目的，否則衡平法院不為也。例如勞務契約及履行契約須法院監督執行之契約，依其性質，法院無法執行是（見 J.F. Wilson: The Law of Contract, 1957, p. 472）。（英美衡平法）（何孝元）

強要

指以強暴力量，要挾他人作為之謂，如軍刑法第十八條規定之強要長官降敵罪是。（特別刑事法）（吳　智）

強姦

陸海空軍刑法第八十七條之強姦罪，與刑法第二百二十一條之強姦罪構成要件相同，惟法定刑為唯一死刑，至軍人犯姦淫未滿十四歲女子之準強姦罪者，則依刑法第二百二十一條第二項處斷，不以軍刑法之強姦罪論。（特別刑事法）（吳　智）

強姦罪（Rape）

對於婦女以暴力或其他方法，違反其自由意志使不能抗拒而姦淫之謂。如被害人經行為人略施暴力後，勉為同意與其姦淫時，不得謂為強姦，僅口頭上反對，非有效之抗拒（Kitchen v. State, 61 OKl. Cr. 435, 69 p.2d 411,415）通常以男性生殖器部分伸入女性生殖器（penetration）即為有效之姦淫，體外（without penetration）射精則否。現行州立法對於強姦罪另有規定，與「普通法」略異，即與未達法定年齡女子姦淫，無論被害人同意與否，均觸犯強姦罪，謂之法定強姦罪（State v. Ellison 19 N.M. 428, 144 p. 10, 13）。（英美刑法）（桂公仁）

強盜罪

強盜罪，即意圖為自己或第三人不法之所有，以強暴、脅迫、藥劑、催眠術或他法，至使不能抗拒而取他人之物或使其交付之謂。如對他人所施之強暴脅迫尚未達於使其不能抗拒之程度，則為搶奪，而非強盜。強盜罪除刑法第三百二十八條規定外，尚有懲治盜匪條例與陸海空軍刑法第八十四條之特別規定。在戒嚴區域結夥強盜者，應適用陸海空軍刑法第八十四條之規定，如係一人犯強盜罪，依據司法院院字第九八二號解釋：「陸海空軍刑法第八十三條之罪，包括強盜罪在內」。即應適用該條處斷。亦即單純之強盜罪，與搶奪罪同其處罰。刑法第三百三十九條規定：「竊盜或搶奪，因防護贓物、脫免逮捕或湮滅罪證而當場施以強暴脅迫者，以強盜論」。此即所謂準強盜罪。因懲治盜匪條例與陸海空軍刑法中均無準強盜罪之規定，故實例上對於準強盜罪仍適用刑法處斷。（刑法分則）（王建今）

強盜罪（Robbery）

違反被害人自由意志，以暴力脅迫將其佔有中之金錢或其他動產奪取為己有。本罪以被害人受暴力脅迫致不能抗拒為成立要件；否則在無暴力脅迫情形下，只能論以竊盜罪。故論者有以為強盜罪乃複合竊盜罪（compound larceny），蓋本罪實為以暴力脅迫為竊取手段之竊盜罪。若被告乘人不備將他人手中動產奪走，被害人不及抵抗，即被告未施實際之暴力脅迫時，不得論以本罪（Lear v. State, 39 Ariz. 313, 6 p. 2d 426）。本罪成立要件如下：㈠須有搶取行為，㈡携走搶得之財物，㈢須為有價值之動產，㈣須自他人身體或其面前搶取，㈤須違反被害人自由意志，㈥須有強暴脅迫使他人無法抗拒，㈦須有強盜之故意。（英美刑法）（桂公仁）

強募財物

係指藉勢或藉端募集財物，或強令他人應募者皆是。其所施行之手段，足以使人發生恐怖心理，不得不交付其違法派定之財物而言。惟須有為自己或第三人不法所有之意圖，若為圖利國庫，則與貪污之意義不合，除成立刑法或其他特別刑法相當罪名外，不構成戡亂時期貪污治罪條例第四條第三款之所定。（特別刑事法）（吳　智）

強暴占有

為占有分類之一，對和平占有而言。即依強暴手段取物之占有或保持之謂，強暴之解釋，為施用不正當之腕力，凡非由正當方法占有者均屬之。（民法物權）（陳　珊）

強暴毆擊罪（Assaulting and Battering）

故意非法施行暴力，令他人有身體即時受傷害之恐懼，且如非因故中止，行為人之傷害顯有成為事實可能（State v. Staw, 97 N.J. L.349, 116 A. 425），謂之強暴。傷害之故意為本罪成立要件，但過份輕率，草菅人命，如瘋狂駕車等，視行為人有傷害之故意，美國部分州有將強暴罪分為一級強暴罪，二級強暴罪，三級強暴罪者。強暴時使用致命武器，有犯他罪可能者，謂之加重強暴罪。未經被害人同意，非法以武力打擊他人身體，謂之毆擊罪；若輕擊他人身體或衣物等，態度粗暴，且未經被害人同意，亦足成立毆擊罪；他如未得病患者之同意，逕行外科手術之醫生，亦犯本罪（Bonner v. Moran, 126 F. 2d 121, 122, 75 U.S. App. D.C. 156）。下列情形毆擊而不過當時，行為人不負責任

：㈠父母，監護人或教師懲罰子女或學生，㈡公務員依法逮捕，㈢車輛查票員或站長，或公共場所之所有人驅逐擾亂秩序者，㈣對侵害或毀損財產之防禦行爲。通常強暴與毆擊罪爲輕罪，但加重強暴罪得依重罪論處，且以特定故意爲成立要件。（英美刑法）（桂公仁）

專任聘僱人員

專任聘僱人員爲軍事審判法第三條第一款所規定。凡軍事單位編制內聘請或僱用之人員任專職者均屬之。如軍事機關聘請之專任教授、講師或僱用之技工等是。惟一般兼職之聘僱人員則非視同現役軍人。（特別刑事法）（吳　智）

專利申請權

凡得依法申請專利，創設專利權之權，謂之專利申請權；取得專利申請權之方法有三：㈠新發明之具有工業上價値者；㈡對於物品之形狀、構造或裝置，首先創作，合於實用之新型者；㈢對於物品之形狀、花紋、色彩首先創作，適於美感之新式樣者，凡合乎上述三要件之一者，發明人或創作人或其受讓人或繼承人卽得依專利法之規定，備具申請書，詳細說明書圖式，模型或樣品及宣誓書，向專利局申請專利，其由受讓人或繼承人申請者，應敍明發明人（或創作人）姓名，並附具受讓或繼承之證件。就權利之本身言，謂之爲專利權；就取得該項權利之願望及程序言，謂之爲專利申請權。

專利申請權，係於新發明、新型或新式樣合於專利法所規定之要件時，特定人得對於國家請求設定專利權爲內容之權利，就其得請求國家給予專利權而言，其本身應爲公權之一種，然在另一方面，專利請求權係基於得就新發明、新型或新式樣享有專有製造、販賣或使用之專利權而來，專利權旣係無形財產權之一種，從而專利請求權亦具有私權上財產權之性質，因此我專利法規定，專利申請權得讓與或繼承，但在專利申請權爲共有時，各共有人未得其他共有人之同意，不得以其應有部分讓與他人，承受專利申請權者，如非在申請時得以承受人名義申請專利或在申請後向專利局申請變更名義者，不得以之對抗第三人。（專利法）（管　歐）

專利局

關於專利事項，於經濟部設立專利局掌理之，其組織以法律定之（專、十），舉凡專利權之核准、消滅或撤銷均應由其公告，並得依職權隨時檢查發明品、創作品之是否實施及實施之是否適當，凡核准專利滿三年而無適當理由未在國內實施或未適當實施其發明者，專利局得依職權撤銷其專利權，或依關係人之請求特許其實施，並通知專利權人，特許實施人對專利權人應予補償金並按年將實施情形報告專利局，關於補償金之數額如有爭執，則由專利局核定之，此外，凡專利權之繼承、讓與、租與、消滅、撤銷、徵用等均由專利局審查並公告。惟目前專利局組織法尙未制定，專利局亦未設置，有關專利事項之處理，均係由經濟部呈准授權中央標準局負責辦理。（專利法）（管　歐）

專利法

我國專利制度，肇始於民國元年工商部訂立之獎勵工藝品暫行章程，獎勵方式爲發明品給予五年之專賣權，改良品則頒給褒狀，至十二年修正爲工業品獎勵章程。國民政府成立後，於十七年六月公布獎勵工業品暫行條例，專利分爲十五年、十年、五年、三年，褒獎分爲褒狀與獎章，十九年四月將是項條例廢止。延至二十一年九月始有獎勵工業技術暫行條例之頒布，規定凡中華民國人民對於工業上之物品或方法首先發明者，經實業部審查確定後，給予專利十年或五年之獎勵，期滿後得請求延展一次；實業部並曾公布小工業及手工藝獎勵規則，其中規定對各種製造品有特別改良者，給予獎金、獎章、褒狀、匾額之獎勵，實爲對新型或新式樣首先創作之獎勵。二十八年四月該暫行條例予以修正，規定新發明專利十年，新型專利五年，新式樣專利三年。

三十三年五月二十九日國民政府公布專利法，後以抗戰甫經勝利，一切尙未就緒，因此延至三十六年始由行政院明令自三十八年一月一日起施行；復於四十八年八月修正，四十九年五月十二日再修正部分條文，惟二次之修正，僅係將條文用語配合現行公文程式予以修改，及將專利年費提高二倍，申請規費提高一倍而已。現行專利法計分發明、新型、新式樣、附則四章，共一百三十三條。依照專利法之規定，專利事務原應設立專利局掌理之，惟因專利法自公布以迄明令施行，國家均在戰亂之中，政府遷臺以後，各級機構，復實行緊縮政策，以致專利局迄未設立。三十九年四月二十四日經濟部乃令中央標準局兼辦專利事務，五十二年間，復將新型、新式樣之專利條件，委託臺灣省政府建設聽負責審查。惟公告與專利證書之發給，仍均由中央標準局辦理。專利法之立法要旨如左：

㈠專利範圍：凡發明物品或製造方法，具有工業上價值者，給予十五年專利權；對物品之形狀構造或裝置首先創作合於實用之新型，給予十年專利權；對物品之形狀花紋色彩首先創作，適於美感之新式樣，給予五年之專利權。

㈡不予專利之物品：發明之物品為化學品、飲食品及嗜好品、醫藥品及其調合品者，或發明、新型、新式樣之使用違反法律妨害公共秩序善良風俗或衛生，以及新型、新式樣相同，近似國旗黨旗軍旗勳章之形狀者，均不予專利。

㈢專利權之保護：取得專利權之人，專有製造、販賣或使用其發明、新型、新式樣之權，若發明為一種方法，包括以此種方法直接製成之物品。偽造或仿造有專利權之物品，或明知為偽造仿造而販賣或意圖販賣而陳列或自國外輸入者，專利法分別規定處三年以下有期徒刑、拘役或科或併科五千元以下罰金。

㈣專利權之撤銷：專利權經核准後，如發現在申請時並非新發明或首先創作，無工業上之價值或不合實用，係不得專利之物品，或在申請時所檢送之說明書，其記載非發明之眞實方法，故意不載明實施之必要事項，故意記載不必要事項使實施為不可能或困難，與在外國申請專利之說明書內容不同，任何人均得舉發，請求撤銷之。專利權經撤銷後，視為自始不存在。（專利法）

（管　歐）

專利訴訟

專利權受損害時，專利權人或實施權人或承租人，得請求停止侵害之行為，賠償損害或提起訴訟，其提起訴訟者謂之專利訴訟，包括民、刑事訴訟，法院受理專利訴訟案件，得向專利局諮詢意見或調閱文卷或通知派員到庭說明，其用作侵害他人專利權行為之物，或由其行為所生之物，得以被害人之請求，施行假扣押，於判決賠償後，作為賠償金之全部或一部，對於專利權受損害之數額，法院得請專利局代為估計，專利訴訟案件判決後，法院應以判決書副本送達專利局，被侵害人並得聲請法院將判決書全部或一部登報，其費用由敗訴人負擔。在一般訴訟，訴訟全部或一部，以他訴訟之法律關係是否成立為據者，法院得命在他訟訴終結以前，中止訴訟程序，此項規定，於法律關係應由行政官署確定其是否成立者準備之（民訴一八二條），此為訴訟法上得停止審判之規定，停止與否，法院有自由裁量之權，但在專利法，則硬性規定，專利訴訟在申請案、異議案、撤銷案未確定以前，法院應中止其程序。（專利法）（管　歐）

專利期間

即專利權人享有專利權之期限，專利期間因專利權取得原因不同而有異，其因新發明取得專利權者，依專利法第六條第二項之規定，專利期間自申請之日起算，十五年為期；其因創作新型取得專利權者，依同法第九十九條第二項之規定，自申請之日起算，十年為期；其因創作新式樣取得專利權者，依同法第一百十四條之規定，自呈請之日起算，五年為期。（專利法）（管　歐）

專利標記

專利標記係由專利權人附加於專利物品或包裝上，以表明其為專利品之標識，其未附加標記，致他人不知為專利品而侵害其專利權者，不得請求損害賠償，專利標記於專利權消滅或撤銷後，不得附加之。（專利法）（管　歐）

專利證書

專利證書係由專利局於申請專利之發明、新型或新式樣經審查確定後，分別給予新發明專利權、新型專利權或新式樣專利權時所發給之證書，以證明其專利權之取得與享有，其號數應附加於專利物品或包裝上，以表明該物品為專利物，其未附加者，於其專利權受侵害時，不得請求損害賠償，專利證書號數在專利權消滅或撤銷後不得附加，專利證書應記載呈請人姓名、證書號數、專利之物品或方法（在新式樣為新式樣之物品及類別），專利期限及發給證書之年月日等，專利證書費每件六十元，專利證書遺失或毀損時，專利權人得聲敘事由呈請補發，但應另登報三天聲明作廢。（專利法）（管　歐）

專利權

專利權者，係指專利權人就其新發明、新型或新式樣享有專有製造、販賣或使用之權，依專利法之規定，可分為下列三種：

㈠發明專利權：此係指政府為保護具有工業上價值之新發明，於該新發明備具新穎性、進步性及其價值能明顯確定且不在法律所規定排除之範圍內者，則賦與發明人或其受讓人或繼承人享有專利之權。

㈡新型專利權：此係指政府為保護對於物品之形狀、構造或裝置首先創作而合於實用之新型者，賦以特定人以專利權，使新型專利權人，得以排除他人而專有製造、販賣或使用其新型之權。

㈢新式樣專利權：此係指政府為保護首先對於物品之形狀、花紋、色彩有新式樣之創作者，而賦與特定人以專利權，使新式樣專利權人，得就其新式樣之物品，專有製造或販賣之權。

專利權係一種無形財產權，因此專利權一經依照專利法之規定審查確定後，於專利期間內，即具有排除他人為製造、販賣或使用其發明或新型或新式樣之效力，專利權於受侵害時，專利權人或實施權人或承租人，得請求停止侵害之行為，賠償損害或提起訴訟，專利權因係財產權之一種，因此亦得讓與、繼承或出租與他人。其在讓與之情形，應由各當事人署名附具契約，呈請專利局換發證書，其在繼承時，應附具證件，申請專利局換發證書，其租與他人實施者，應備具呈請書，敍明租與部分、地域、期間，並且附送契約，由當事人連署，於契約成立後三個月內呈請專利局備案。專利權為共有時，除共有人自己實施外，非得各共有人之同意，不得讓與或租與他人實施，但另有約定者，則從其約定。又專利權為共有而非由共有人全體實施時，應以契約規定共有人間之權利義務，並呈請專利局備案，以預防紛爭。

專利權固係得以排除他人而專有製造、販賣或使用之權，但在例外情形，政府因軍事上之利用或國營事業上之需要，得限制或徵用專利權之一部或全部，惟應給予專利權人以補償金。（專利法）（管　歐）

專利權人

凡新發明之具有工業上價值而依法呈請專利並取得專利權之人或對於物品之形狀、構造或裝置，首先創作合於實用之新型而依法申請專利並取得專利之人或對物品之形狀、花紋、色彩首先創作適於美感之新式樣而依法呈請並取得專利權人，均為專利權人。

由於專利權係財產權之一，得予出租或轉讓，因此，凡因專利權之出租或讓與而取得專利權之人，亦係專利權人。（專利法）（管　歐）

專利權共有人

共有專利權之人，謂之專利權共有人，專利權為財產權之一種，自得為共有之標的物，除另有規定外，固得準用民法關於共有之規定，惟因其係無形財產權，在其特性上當有別於有形財產權，因此，我專利法爰就專利權之共有，特規定：專利權為共有時，除共有人自己實施外，非得各共有人之同意，不得讓與或租與他人實施，但另有約定者，從其約定，非得各共有人之同意，不得以其應有部分，讓與他人，二人以上為專利權之共有者辦理一切程序時，除約定有代表者外，應共同連署，此所稱之代表，應由共有人全體約定，此項代表為呈請時，應附具約定之證件；專利權為共有，而非由共有人全體實施時，應以契約規定共有人間之權利義務，並呈請專利局備案，凡關於專利權之一切法律行為，或辦理一切程序，有共有人或關係人者，均應連署。（專利法）（管　歐）

專科沒收

沒收為從刑之一種，通常應附隨於主刑而為宣告。惟有時主刑並不存在，例如依刑法第六十一條之規定免除其刑，遇有應沒收之物時，則無主刑可以依附。此種情形，仍得依刑法第三十九條之規定，專科沒收。（刑法總則）（王建今）

專科罰金

所謂專科罰金，係指除罰金外，不得另科他刑而言。例如刑法第二百六十六條第一項規定：「在公共場所或公眾得出入之場所賭博財物者，處一千元以下罰金」。專科罰金之罪，法院無選擇他刑之餘地。（刑法總則）（王建今）

專家證人及普通證人（Expert Witness and Lay Witness）

法院或當事人傳喚在藝術、科學、商業、特定行業或其他人類活動（human activity）方面有特殊知識或經驗之人，就訴訟事實加以觀察、審理、提供有關之證言或意見者，謂之專家證人，亦即大陸法所謂之鑑定人，與普通證人不同，後者依法通常不得陳述個人意見，僅得作事實上之陳述。（英美刑法）（桂公仁）

專案檢驗

應施檢驗之輸出輸入商品，其檢驗通常係依國家標準執行之，其未定國家標準者，則由主管機關定之，惟在國際貿易上，買方對於標的物所要求之規格並非完全，係依照國家標準，其要求規格高於國家標準者固然有之，其要求規格低於國家標準者，亦所在多有：「在買方要求規格低於國家標準之情形下，如果政府硬性規定該商品須符合國家標準後始準出口，則該筆交易定然無法成交，買賣雙方固然遭受損失，就政府立場而言，也損失外匯，此實非商品檢驗法之立法意旨，因此商品檢驗法第八條第二項特規定輸出商品其輸往地區所規定之規範低於國家標準者，得經貿易主管機關之許可，依買受者約定之規範檢驗，在此情形下，賣方擬輸出之產品，雖低於國家標準，只要其產品不至影響我國產品在國際市場之聲譽，當可檢具買方要求規格申請檢驗出口，此即專案檢驗出口。至於專案檢驗進口，即係指商品檢驗法第八條第三項規定「輸入商品如因特殊原因，其規範低於國家標準者，應先經主管機關核准」之情形而言。（商品檢驗法）（管　歐）

專屬管轄

對於某種特定之訴訟事件，法律限定由某特定之法院管轄者，謂為專屬管轄。此就被告言之，即於該法院有專屬審判籍。其他凡不限定專屬某法院管轄者，則為非專屬管轄。現行法定為專屬管轄者，有不動產事件（民訴一〇），再審之訴（四九九），支付命令（五一〇），撤銷除權判決（五五一），婚姻事件（五六八），親子事件（五八三、五八九、五九二），禁治產事件（五九七、六二〇），宣告死亡事件（六二六）等。專屬管轄之效力強大，以其可以排斥其他管轄之適用。既不能依當事人之合意予以變更，亦不能如普通審判籍與特別審判籍，遇有二者並存時，得任向其中一法院起訴。惟所謂只得向特定之法院起訴，有時並非指「唯一」之法院而言。如遇有民事訴訟法二十一條之情形，仍有該條之適用。（民事訴訟法）（李學燈）

專屬審判籍

見「專屬管轄」條。（民事訴訟法）（李學燈）

動物占有人之侵權責任

動物之性質，隨時有加損害於他人之危險，占有人既居於管束動物之地位，自應盡相當之注意，不使其侵害他人，否則應負損害賠償之責（民法第一九〇條）。動物之占有人，如依該動物之種類及性質，已盡相當管束之能事，或縱加以相當之管束，而仍不免發生損害者，占有人不負損害賠償之責任（民法第一九〇條但書）。動物係由第三人或他動物之挑動，致加損害於他人時，其占有人對於被害人，仍不能以其動物係被挑動而免其責任，惟占有人於賠償被害人之後，仍可向該第三人或該他動物之占有人求償（民法第一九〇條第二項）。（民法債編總論）（何孝元）

動物疫病

商品檢驗法第十三條規定所稱動物疫病係指牛瘟、口蹄疫、牛肺疫、鼻疽、炭疽病、黑腿病、出血性敗血症、布氏桿菌病、結核病、焦蟲病、錐蟲病、假性皮疽、馬傳染性貧血、羊痘、疥癬、豬瘟、豬丹毒、家禽霍亂、雞瘟、新城雞瘟、雛白痢、狂犬病及家禽慢性呼吸器病、蜜蜂巢腐病、魚類錨蟲病而言。（商品檢驗法）（管　歐）

動物疫病檢驗物

商品檢驗法所稱動物疫病檢驗物係指左列各款（商檢、一三）：

一、家畜家禽及與其血統相近之野生動物。

二、前款動物之屍體、骨、肉、脂肪、皮、毛、角、蹄、腱、生乳、血液、血粉、精液、卵。

三、其他可能傳播動物病原體之蜜蜂寄生蟲牧草、飼料、病菌、病毒、疫苗、血清、包裝物、用具等。（商品檢驗法）（管　歐）

動物檢疫

為防止國外獸疫之侵入，主管機關於以命令禁止特定地區可能傳播動物疫病之動物疫病檢驗物輸入，此即動物檢疫，此項經禁止之動物疫病檢驗物，如係專供學術研究之用者，準用商品檢驗法施行細則第九十六條、第九十七條之規定予以特許輸入。（商品檢驗法）（管　歐）

動員召集

後備軍人及國民兵，於戰時或非常事變時，依作戰之需要而實施者。動員召集經　總統決定與國防部動員令，而由軍管區指揮師管區實施之。如有揑造免役、除役、轉役、緩役、或逐次召集原因、故意毀傷身體、緩召原因消滅後不自動申報、無故拒絕召集令、無故逾入營期限、或使人頂替介紹頂替或頂替他人等意圖避免召集者，為妨害兵役行為，妨害兵役治罪條例第六條規定，應處五年以下有期徒刑。（特別刑事法）（吳　智）

動產（Movable）

為民法上物之一種，凡性質上不須破壞或變更而能全部移動其位置者，皆為動產。我民法對動產所下之立法定義，採除外概括方式，即不動產以外之物皆屬之（第六七條）。惟動產所有權（right of ownership in movables）之取得方法有五：㈠即時取得，即動產物權之讓與，非將動產交付不生效，易言之，以交付為即時取得。㈡先占取得。㈢遺失物之拾得，經過招領期間而無人領取者。㈣埋藏物之發現而占有。㈤添附取得。（民法總則）（張鏡影）

動產所有權

以動產為標的之所有權，為動產所有權，在物權編所有權章，列為特則之一，立有專節。關於動產所有權之行使，並無設特則之必要，其於權利取得，依於法律行為或法律事實者，有與其他物權或所有權相共通者，如動產讓與及時效取得，已分別規定於物權通則及所有權通則中；其為動產所特有之取得方法，則不能無特則規定。故於動產所有權之專節中，限以所有權之特定取得方法為內容，計有即時取得、先占取得、遺失物之拾得取得、埋藏物之發見取得及添附取得等五種。（民法第八〇一—八一六條）。（民法物權）（陳　珊）

動產抵押（Chattel Mortgage）

動產抵押，係指以動產為標的所設定的抵押權。申言之，亦即「動產抵押者，謂抵押權人對於債務人或第三人不移轉占有，而就供擔保債權之動產設定動產抵押權，於債務人不履行契約時，抵押權人得占有抵押物，並得出賣，就其賣得價金優先於其他債權而受清償之交易」（動產擔保交易法十五條）。本法所規定的動產抵押，在債的擔保作用上，雖與民法所規定的不動產抵押相同；但在性質上則仍有區別。蓋民法上的不動產抵押權，係屬於擔保物權；而異於所有權或用益物權（民法所規定的典權與地上權，均屬於用益物權，玆所謂用益，係使用與收益的簡稱）。因此，民法上抵押人對於其提供擔保的抵押物，不僅未失其使用收益的權利；且得以其抵押物的所有權讓與他人、或就之設定地上權或為其他權利的處分（參照民法第八百六十七條）。其所以如此者，實由於不動產抵押權的性質使然。因不動產抵押在其抵押物上所設定的負擔，乃基於其抵押物的價值。而不在於其抵押物所有權的歸屬。雖在通常情形，不動產抵押權的設定，其標的物多係由債務人以其所有物充之；但第三人以其所有物代債務人設定抵押者，亦非法所不許，故民法第八百六十條特揭櫫不動產抵押物的歸屬，為：「債務人或第三人」；本法第十五條亦同。且不動產抵押權既存在於抵押物的價值，故民法第八百七十一條第一項及第八百七十二條第一項又以明文分別規定：「抵押人的行為，足以使抵押物的價值減少者，抵押權人得請求停止其行為，如有急迫的情事，抵押權人得自為必要的保全處分」；「抵押物價值減少時，抵押權人得請求抵押人回復抵押物的原狀，或提出與減少價額相當的擔保」。惟其如此，故不動產抵押權的設定，與其抵押物所有權的轉讓或用益物權的設定，彼此均非不相容。反之，本法所規定的動產抵押權，其抵押權，對於其抵押物的處分或設定負擔，則頗受限制（參照本法第十七條）。蓋不動產既係指土地及其定著物（參照民法第六十六條），則以不動產為標的所設定的抵押權，其標的物乃定著於一定處所，不能任意予以移動，其物權如有移轉，並以登記為要件（參照民法第七百五十八條），由於不動產本身的定著性及不動產登記制度的公示力，其對於不動產物權的利害關係人，可無慮該不動產物權的處分或設定負擔而損失其應得的權利，故不動產抵押權，容許其抵押物所有權的轉讓或用益物權的設定；反之，動產係指土地及其定著物以外的物（參照民法第六十七條），其在本質上既多非定著，且本法所謂抵押的設定，通常皆基於交易關係的存在；因此本法第十五條所下動產抵押的定義，經特別標明「交易」，而交易則具有流通的功能，故以動產為標的所設定的抵押權，縱須經過登記；但其抵押物一旦被債務人亦即抵押權設定人加以處分，即隨之移轉其占有，將來抵押權人欲就其抵押物行使優先權或將其出賣以抵償債務時，未免發生困難。因之，本法對於動產抵押的抵押人，特限制其處分抵押物或就之設定負擔。（商事法）（林咏榮）

動產物權

爲物權學理上分類之一，對不動產物權而言，即以動產爲標的之物權也。如質權、留置權皆是。（詳不動產物權條）。（民法物權）（陳　珊）

動產執行

對不動產執行而言，即由執行機關以國家強制力，用查封及強制拍賣等方法，施於債務人之動產，而使其履行義務之處分。（強制執行法四五－七四）。（強制執行法）（陳　珊）

動產質權

因擔保債權，占有由債務人或第三人移交之動產，得就其賣得價金，受清償之權利，稱爲動產質權。一、取得：㈠設定取得。質權之設定，因移轉占有而生效力。質權人不得使出質人代自己占有質物。㈡即時取得。質權人占有動產而受關於占有規定之保護者，縱出質人無處分其質物之權利，質權人仍取得質權。如甲以受寄於乙之金錶一隻，出質於不知情之丙，甲雖無處分此錶之權利，丙仍因善意占有而取得質權。此與八〇一條所有權之即時取得條件相同，亦爲追及效力之例外規定。二、範圍：質權所擔保者，爲：㈠原債權。㈡利息。㈢遲延利息。㈣實行質權之費用。㈤因質物隱有瑕疵而生之損害賠償。以上乃係原則，但契約另有訂定者，不在此限。三、效力：㈠質物之保管。質權人應以善良保管人之注意，保管質物。㈡質物之孳息。質權人得收取質物所生之孳息，但契約另有訂定者，不在此限。其有收取質物所生孳息之權利者，應以對於自己財產同一之注意，收取孳息，並爲計算，以之先抵充收取孳息之費用，次抵原債權之利息，次抵原債權。㈢質物之處分：1.轉質。質權人於質權存續中，得以自己之責任，將質物轉質於第三人。其因轉質所受不可抗力之損失，亦應負責，以保護出質人之利益。2.拍賣。因質物有敗壞之虞或其價值顯有減少，足以害及質權人之權利者，質權人得拍賣質物，以其賣得價金，代充質物。四、實行：質權實行之方法，亦與抵押權相同，而容有異。㈠拍賣。質權人於債權已屆清償期而未受清償者，得拍賣質物，就其賣得價金，而受清償。約定債權已屆清償期而未爲清償時，質物之所有權即移屬於質權人者，其約定無效。是乃流質約，特設禁止規定。拍賣得聲請該管法院或由質權人逕行爲之。在無拍賣法可據時，得依債編施行法第十四條以變賣方法行之，質權人於拍賣前，應通知出質人。但不能通知者，不在此限。㈡質權人取得質物之所有權。㈢其他方法。以上㈡㈢兩種，均準用抵押權之實行規定。五、消滅。質權除有一般物權之消滅原因，而生效消效果外，其所特有之消滅原因爲：㈠原債之消滅。動產質權所擔保之債權消滅時，質權人應將質物返還於有受領權之人。㈡質物之返還。動產質權，因質權人返還質物於出質人而消滅。返還質物時，爲質權繼續存在之保留者，其保留無效。㈢質物占有之喪失。質權人喪失其質物之占有，不能請求返還者，其動產質權消滅。㈣質物之滅失。動產質權，因質物滅失而消滅。如因滅失得受賠償金者，質權人得就賠償金取償。（民法第八八四－八八九條）。（民法物權）（陳　珊）

動產擔保交易的登記

動產擔保交易法第六條規定：「動產擔保交易的登記機關及其有效區域，由行政院視動產擔保性質，分別以命令定之」。依行政院五十四年六月七日所頒行與五十七年二月廿六日所修正的動產擔保交易法施行細則第三條的規定，動產擔保交易的登記機關，如左：㈠機器、設備、工具、原料、半製品、成品、農林漁牧產品及牲畜，以省（市）政府建設廳（局）爲登記機關；但得由該登記主管機關授權標的物所在地的縣市政府，代辦登記事宜。㈡甲種車輛，以省政府交通處、直轄市政府建設局爲登記機關；但得由該登記主管機關授權省公路局交由標的物所在地的各監理所站，代辦登記事宜。㈢乙種車輛，以省（市）政府財政廳（局）爲登記機關；但得由該登記主管機關授權縣市稅捐稽徵處，代辦登記事宜。㈣加工出口區內之機器、設備、工具、原料、半製品、成品及車輛等，以加工出口區管理處爲登記機關。動產擔保交易的有效區域，以其登記機關的管轄區域爲限（參照動產擔保交易法施行細則第四條）。關於動產擔保交易的登記主要機關，各國立法不一其例，大別的有二：(A)採統一登記者——如美國各州對於動產擔保交易的登記，原則上係由地方自治機關專設或指定的機構辦理是。析言之，美國統一信託收據法所規定的登記主管機關，統一於州務院（the department of state）；而動產抵押及附條件買賣，則因其標的物的狀態與性質而異，大凡一般的標的物，其登記主管屬於市鎮登錄員（

the office of the city or town clerk）。至於特殊的標的物，其登記主管則屬於州公共工程局（the superintendent of public works）。(B)採分別登記者—如日本先後頒行的農業動產信用法、汽車抵押法、建設機械抵押法及航空機抵押法，均係規定分別由主管登記機關負責登記。我動產擔保交易法施行細則從之。民法上抵押權的設定，以登記為成立的要件，亦即凡未經登記者，其抵押權的設定不生法律的效力（參照民法第七百五十八條及八百六十條以下等條）。而動產擔保交易法對於動產抵押、附條件買賣及信託占有的契約，僅規定：「非經登記，不得對抗善意第三人」（參照動產擔保交易法第五條）。換言之，動產擔保交易法所規定的動產擔保交易，其契約上所設定的物權，因契約的訂立而發生效力；惟欲使其契約上所設定的物權得以對抗善意第三人，則須踐履登記的程序。如其為惡意的第三人，縱其契約未經登記，仍可對抗之。（商事法）（林咏榮）

動機（Motive）

動機，乃誘致或推動為某行為之原因也。（見Black's Law Dictionary, 4th ed. 1957, p. 1164.）。動機不能作為約因。蓋約因乃原告給予被告具有法律上價值之利益，而動機則否（見J.L. Brierly: Anson's Law of Contract, 12th ed., 1952, p. 91.）。（英美契約法）（何孝元）

假扣押

假扣押係就金錢請求或得易為金錢請求之請求，為保全將來之強制執行對於債務人之財產予以扣押（查封），禁止其處分之程序（民訴五二二Ⅰ）。所謂金錢請求，即請求之以金錢為給付標的者。所謂得易為金錢請求之請求，係指其請求本非金錢請求，但得以金錢請求代之者而言。假扣押，依債權人之聲請為之。關於未到履行期之請求，如有保全執行之必要，亦得聲請假扣押（五二二Ⅱ）。其聲請，由本案管轄法院或假扣押標的所在地之地方法院管轄。所謂本案管轄法院，係指訴訟已繫屬或應繫屬之第一審法院，但訴訟繫屬第二審者，以第二審法院為本案管轄法院。所謂假扣押之標的，即應行假扣押之物或權利。假扣押之標的如係債權，以債務人住所或擔保之標的所在地為假扣押標的所在地（五二四）。假扣押，非有日後不能強制執行或甚難強制執行之虞者，不得為之。所謂有不能強制執行之虞者，如債務人揮霍無度，或就其財產為不利之處分，將成為無資力之情形等是。所謂有甚難執行之虞者，如債務人將遷移遠方或隱匿財產等是。應在外國為強制執行者，視為有日後甚難執行之虞（五二三）。聲請假扣押得任以書狀或言詞為之。有關請求標的（五二二）及假扣押之原因（五二三）應釋明之（五二六Ⅰ）。債權人雖未為釋明，如就債務人所應受之損害已供法院所定之擔保者，得命為假扣押；或雖經釋明，法院亦得使債權人供擔保後，命為假扣押（五二六Ⅱ、Ⅲ）。假扣押裁定內，應記載債務人供所定金額之擔保後，得免為或撤銷假扣押（五二七），如使債權人供擔保後，命為假扣押者，應記載其擔保（五二六Ⅳ）。命為假扣押之裁定，除債權人得聲請撤銷外（五三〇Ⅲ），於下列各種情形，得許債務人聲請撤銷之。㈠本案尚未繫屬，依債務人聲請，命債權人於一定期間內起訴而不遵行者（五二九）。㈡假扣押之原因消滅或其他命假扣押之情事變更者。㈢債務人得陳明可供法院所定之擔保或將請求之標的物提存者（五三〇）。撤銷假扣押之聲請，應向假扣押之法院為之；如本案已繫屬者，向本案法院為之。又假扣押裁定，因自始不當而撤銷，或因債權人不於法定期間內起訴及因債權人之聲請撤銷者，債權人應賠償債務人因假扣押或供擔保所受之損害（五三一）。又假扣押與假處分之區別，參見「假處分」條。（民事訴訟法）（李學燈）

假扣押之執行

即以假扣押之裁定為名義之執行也。假扣押之執行，應於裁定送達後，立即開始，或與送達同時為之，以貫徹保全效果，故不待債權人之聲請而逕依職權行之。因執行假扣押收取之金錢，及依分配程序應分配於假扣押債權人之金額，應提存之。假扣押之動產，如有減少價格之虞，或保管需費過多時，執行法院得因債權人或債務人之聲請，或依職權，定期拍賣，提存其賣得金。對於債權或其他財產權執行假扣押者，執行法院應準用強制執行法第一一五及一一六條之規定，分別發禁止處分清償之命令。假扣押之執行，除以上規定外，準用關於動產、不動產之規定。（強制執行法一三二—一三六）。（強制執行法）（陳　珊）

假定之主張

見「主張」條。（民事訴訟法）（李學燈）

假定之合併

即預備之合併，爲客觀的訴之合併之一種，見「預備之合併」條。（民事訴訟法）（李學燈）

假定之抵銷抗辯

見「主張」條。（民事訴訟法）（李學燈）

假定之聲明

見「預備之聲明」條。（民事訴訟法）（李學燈）

假決議

出席於股份有限公司的股東未及定額數（亦即代表已發行股份總數過半數），但已有代表已發行股份總數三分之一以上時，得以出席股東表決權過半數的同意，爲假決議，並將假決議通知各股東，其發行無記名股票者，並應將假決議公告，於一個月內再行召集股東會，如仍有已發行股份總數三分之一以上股東出席，並經出席股東表決過半數的同意，視爲普通決議（公司法第一七五條△），此種假決議，雖仍沿舊公司法，以適用於普通決議爲限；惟舊公司法僅規定「不滿前項定額」，而無最低法定人數的規定，是否極少數股東出席即可做成假決議？在解釋上頗滋疑義。現行公司法針議此一缺憾，已規定其定足數。（商事法）（林咏榮）

假處分

假處分係就金錢請求以外之請求，爲保全強制執行，對於請求標的爲某種處分，或就爭執之法律關係，定其暫時狀態之程序（民訴五三二，五三八）。關於金錢請求以外之請求，如得易爲金錢請求之請求時，債權人既可就非金錢之請求聲請假處分，亦可因將來或須主張金錢請求而聲請假扣押（五二二）。所謂金錢請求以外之請求，係指非金錢之給付，而爲各個物之給付或其他行爲而言。其請求非必以財產法上之給付或行爲爲標的，例如就親屬法上交付子女之請求，亦得爲之。惟須因請求標的之現狀如有變更，則有日後不能強制執行或甚難執行之虞，始得爲假處分。其不能執行或甚難執行之虞，須係存於請求之標的，或各個之給付，若僅存於債務人一般財產之狀態，則不得爲假處分之理由，此亦爲不同於假扣押之一點。其於爭執之法律關係，有定暫時狀態之必要者，準用關於假處分之規定（五三八），所謂定暫時狀態即在維持現在之狀態，防止現狀之變更。假處分之聲請，由本案管轄法院管轄，但有急迫情形時，得由請求標的所在地之地方法院管轄（五三四）。假處分所必要之方法，由法院酌量定之。爲求能達債權人聲請之目的，得選任管理人及命令或禁止債務人爲一定之行爲（五三五）。非有特別情事，法院不得許債務人供擔保而撤銷假處分（五三六）。由請求標的所在地之地方法院爲假處分之裁定者，同時應定期間，命債權人向本案管轄法院聲請就假處分之當否爲裁定。不於期間內爲聲請者，應依聲請撤銷假處分之裁定（五三七）。假處分與假扣押同爲保全程序，除不同於假扣押之規定（五三四至五三七），略如上述外，關於假扣押之規定準用之（五三三）。（民事訴訟法）（李學燈）

假處分之執行

即以假處分裁定爲名義之執行也。假處分之執行，應於裁定送達後，立即開始，或與送達同時爲之，以貫徹保全效力。假處分裁定，應選任管理人管理系爭物者，於執行時，法院應使管理人占有其物。假處分裁定，係命令或禁止債務人爲一定行爲者，法院應將該裁定送達於債務人。如係禁止債務人設定、移轉或變更不動產上之權利者，法院應將該裁定揭示。假處分之執行，除以上規定外，準用關於假扣押之規定。（強制執行法一三二、一三七—一四〇）。（強制執行法）（陳　珊）

假執行之宣告

假執行爲判決確定前之執行。假執行之宣告，謂就尚未確定之終局判決，賦與執行力之宣告。判決本以確定後始得執行爲原則，但確定尚須經過相當期間，且敗訴之當事人得以上訴之方法聲明不服，阻斷判決之確定，如任其拖延訴訟，在判決確定前處分或隱匿其財產，使判決確定後，勝訴人無從獲得執行之效果，殊失保護私權之本旨。爲使私權能得及時之保護，於有必要情形，對於未確定之終局判決亦賦與執行力，此假執行制度之所由設。不得上訴第三審之訴訟，其第二審判決在宣示或送達時即屬確定，自不得宣告假執行。宣告假執行爲賦與假確定力即執行力爲目的之裁判，有形成裁判之性質。判決經宣告假執行者，除附有供擔保之條件外，不必待其確定，即可據以聲請執行。其執行與執行確定判決無異，得爲一切之執行行爲，非若假扣押、假處分之僅以保全將來强制執行爲限。關於假執行之判決，無論爲宣告假執行，不准假執行，駁同宣告假執行之聲請，附條件宣告假執行或准免假執行，均應記載於判決主文（民訴三八九至三九三Ⅱ）。判決宣告假執行，乃構成判決之一部，應由爲該判決之法院於該判決同時宣告之，但亦例外於判決後以補充判決爲之（三九四），或於上訴後以裁定爲之（四四二，四五六），更有例外對於裁定單獨以裁定爲之者（五一七）。得爲假執行宣告之判決，以給付判決爲限，給付判決中有不適於强制執行者（强執一二八Ⅱ），自亦不得爲假執行之宣告。關於假執行之宣告，有應依職權爲之者（民訴三八九），有依聲請爲之者（三九〇）。關於假執行之聲請，應於言詞辯論終結前爲之（三九三Ⅰ）。假執行之宣告，因就本案判決或該宣告有廢棄或變更之判決，自該判決宣示時起，於其廢棄或變更之範圍內，失其效力（三九五Ⅰ），法院廢棄或變更本案判決者，應依被告之聲明，將其假執行或因免假執行所爲給付及所受損害，於判決內命原告返還及賠償。被告未聲明者，應告以得爲聲明（三九五Ⅱ）。判決經宣告假執行者，其效力併及於訴訟費用之裁判。至於裁定，原則上不待確定即可執行（四九一Ⅰ），自無宣告假執行之可言。惟對於支付命令，亦屬於裁定之性質，爲實現督促之本旨，例外得宣告假執行（五一七）。（民事訴訟法）（李學燈）

假裝條件（False Condition）

爲條件之一，對眞實條件而言。又稱非眞實條件。所謂眞實條件（true condition）者，即條件之成就與否，繫於將來不確定之事實，而法律承認其有效力之條件也。例如偶成條件隨意條件混合條件積極條件消極條件及停止條件與解除條件等皆屬之。假裝條件則不然。其外形雖似條件，而實質不是條件或不能成爲條件。其在法律上無絲毫之效力者，約有五種：(1)既定條件（resolutory condition），又稱必成條件，即其條件在法律行爲當時已成就而確之條件也。因不能使不確定之條件狀態發生效力，故非眞實條件。(2)不能條件(impossible condition)，即以不能成就之事實爲條件內容之條件也。此種法律行爲，無異繫於已確定不能成就之事實爲條件，其法律行爲永遠不能發生效力，自係假裝條件。(3)不法條件(unlawful condition)，係以違反公共秩序善良風俗，或其他强行法規禁止事項爲內容之條件也。法律行爲違反公序良俗及法規禁止之事項均無效（民法第七一條及七二條）。其條件成就而無效，自不能謂爲非假裝條件。(4)法定條件（lawful condition），即依法律之規定，或因法律行爲之性質，當然發生法律行爲之效力者，此與繫於確定之事實爲條件內容者無異，應屬於假裝條件。(5)矛盾條件（repugnant or insensible condition）即其條件之事實與其法律行爲之內容相牴觸之條件也。例如甲與乙約，將屋一棟贈乙，但附一條件，即須該屋被焚後始生贈與之效力。此無異無標的物之贈與，其條件顯爲假裝。（民法總則）（張鏡影）

假裝期限

爲期限之一，對眞實期限而言。所謂眞實期限（true limitation of time）者，即法律承認其存在而能發生效力之期限也。例如始期與終期是。亦即是有確定到來之事實也。假裝期限則不然，徒具期限之外形，而無期限之實質，換言之，即無一確定之期日或期間。故不能到來之事實及到來而不確定之事實，均爲假裝之期限。因其無期限之實質，故無法律上之效力也。例如余於日出西方之日償汝債，此即不能到來之事實。又如約定九月五日中愛國獎券，則以之償汝債，此雖有到來之日期，而無確定之事實。此其所以爲假裝期限。（民法總則）（張鏡影）

假釋

假釋是受徒刑之執行，而有悛悔實據者，經過一定期間，許其暫行出獄，嗣後於一定期間內未犯罪者，刑罰權因而消滅之制度。假釋制度，導源於英國，其後各國相繼仿效。我國刑法第十章有詳細規定。依刑法第七十七條規定，假釋之要件如下：㈠須受徒刑之執行經過一定期間，即無期徒刑逾十年，有期徒刑逾二分之一。蓋因自由刑之執行，重在改善犯人之惡性，經過一定期間後，可能獲得感化之實效。㈢須有悛悔實據。監獄行刑，採累進處遇方法，其行狀善良者，逐漸進級，而達於假釋之階段。㈢須由監獄長官呈司法行政最高官署

（司法行政部）核准。徒刑之執行，以使受刑人改悔向上，適於社會生活爲目的（監獄行刑法一條）。假釋爲達到此種目的之階梯。故監獄管理人員必須以全力促進犯人向改悔之途前進，以發揮假釋制度之效能。（刑法總則）（王建今）

假釋（Parole）

附條件之釋放受刑人，如其假釋期間行爲表現良好，則可絕對免除剩餘之刑期，否則仍須入監服刑至刑期屆滿爲止。要者，受刑人須在監期間表現良好而有悛悔實據者始得申請假釋。（英美刑法）（桂公仁）

從犯

幫助他人犯罪者爲從犯（刑法三〇條）。又稱爲幫助犯。從犯之要件，約有下列三點：第一須有正犯之存在。第二須有幫助他人犯罪之故意。過失行爲不成立從犯。第三須有幫助之行爲。其行爲無論爲物質的或精神的，亦無論爲積極的或消極的，均可構成。至於犯罪之時間，無論其爲事前幫助或事中幫助，均可成立從犯。如正犯之犯罪行爲已經終了，從犯即無由成立。從犯具有從屬性，即正犯不成立犯罪時，從犯亦隨之而無罪。此點與教唆犯有獨立性者有別。參閱「教唆犯」條。（刑法總則）（王建今）

從刑

所謂從刑，係指附隨於主刑所科處之刑罰而言。依刑法第三十四條規定，從刑分下列二種：第一褫奪公權，即剝奪犯人公法上之權利，又稱爲「能力刑」或「資格刑」。其所褫奪之資格如下：㈠爲公務員之資格。㈡公職候選人之資格。㈢行使選舉、罷免、創制、複決四權之資格。關於褫奪公權之期間，除死刑、無期徒刑應宣告褫奪公權終身外，其他刑事案件之褫奪公權，以宣告刑爲六月以上有期徒刑及依犯罪之性質認爲有褫奪公權之必要者爲限。其期間爲一年以上十年以下。不得加減，即最低爲一年，最高爲十年。自主刑（即六月以上有期徒刑）執行完畢或赦免之日起算（刑法三七條）。第二沒收，爲財產刑之一種。除違禁物得單獨宣告沒收外，其他沒收，應於裁判時併宣告之（刑法四〇條）。沒收除刑法第三十八條有一般規定外，在刑法分則及特別刑法中恒有沒收之特別規定，有優先適用之效力。（刑法總則）（王建今）

從物權

爲物權學理上分類之一，係對主物權而言，即附隨於其他權利之物權也。從物權因其他權利之發生而發生，隨其他權利之消滅而消滅，不能獨立存在。如有債權而後有抵押權、質權、留置權等供其擔保，有需役地之所權，而後有地役權供其便宜。一旦債務清償或需役地滅失，上述從物權自亦不復存在。（民法物權）（陳　珊）

從參加

見「訴訟參加」條。（民事訴訟法）（李學燈）

從當事人

參見「主當事人」及「當事人」條。（民事訴訟法）（李學燈）

從新兼從輕主義

犯罪在舊法時期，裁判在新法時期，究應如何適用法律問題，有從舊主義，即依行爲時之法律處斷。有從新主義，即依裁判時之法律處斷。有從舊兼從輕主義，即以從舊法處斷爲原則，但如新法規定較輕者，則從新法處斷。有從新兼從輕主義，即以從新處斷爲原則，但如舊法規定較輕者，則從舊法處斷。我國刑法第二條第一項規定：「行爲後法律有變更者，適用裁判時之法律，但裁判前之法律有利於行爲人者，適用最有利於行爲人之法律」，即係採從新兼從輕主義。蓋新法爲適應新時代與新社會之需要而產生，自應適用新法裁判。惟如絕對從新，則在舊法時期不爲罪而新法時期以爲犯罪或舊法時期處罰輕而新法時期處罰重，不僅於行爲人極爲不利，且將使人民之權利常受立法者所左右，而無所適從，與法律不溯既往之原則，大相背馳。故此項規定，極爲適當（參照「刑法關於時之效力」條）。（刑法總則）（王建今）

從寬解釋說（Doctrine of liberal Construction）

龐德（Prof. Rosco Pound）教授認爲從嚴解釋刑事法規，不僅無法適應社會進步，有違公衆意願，且足以扼殺立法精神與本旨（Hall, Strict or

Liberal Construction of Penal Statutes,48. Harvard Law rev.748 ,1935)。故以刑事法規用語及目的爲範疇，對其適用作引伸擴張之解釋，較能防患於未然，確保被告法益，以符立法獎善懲惡本旨 (Lawrence v. McCalmont, 2. How.426, 11 L. Ed. 326)，是謂之從寬解釋說。「普通法」之從嚴解釋刑事法規，既時與立法意旨背道而馳，是以美國部分州議會立法，明文廢止「普通法」舊有之從嚴解釋說，另一部分州中，雖未積極廢止，但法律明定，採從寬解釋說，俾能符立法意旨，而達公平正義。(英美刑法)(桂公仁)

從嚴解釋說 (Doctrine of Strict Construction)

按法令明文，逐字逐句加以解釋，凡法令不及載者，決不擴張解釋(Warner v. King, 267 Ill. 82, 107 N.E. 837, 839)。大法官馬歇爾 (Chief Justice Marshall) 以爲普通法之從嚴解釋說固有其可採處，但切忌抹殺立法意旨，如刑法用語明確，則無從嚴解釋之必要。議者以爲立法機關代表國家行使刑罰權，如許司法機關任意擴張解釋刑法，是司法侵越立法，或違憲將立法權授與司法機關，違背三權分立原則。論者更以爲，政府立法，若不採從嚴解釋，政府可能侵害人民權益。事實上，政府爲民保姆，立法機關立法向以人民利益爲前提，而且從寬解釋 (liberal construction)亦有一定限度，並非一定會侵害人民權益。職此之故，始有折衷說出現，以從寬解釋爲主，有如下情勢時，則採從嚴解釋：(一)刑法科刑過重，與犯罪之不法性不成正比。(二)法令用語不明確，或有溯及既往效力時，被告善意自願守法，但有不知適從情形時。(三)時勢變遷過鉅，舊法不足適應時(Hall,Strictor Liberal Construction of Penal Statutes, 48 Harvard. L. Rev. 748 , 1935) 。 (英美刑法)(桂公仁)

通同作弊

陸海空軍刑法第四十三條所謂通同，即夥同之意，應解為共犯，所謂作弊，係指不依法令辦理，如偷工減料或浮造報銷等是。(特別刑事法)(吳　智)

通行權

爲相鄰關係之一，即通行於他人土地之權利也。我民法上情形有三：(一)普通通行權。土地因與公路無適宜之聯絡，致不能爲通常使用者，土地所有人得通行週圍地以至公路。但對於通行地因此所受之損害，應支付償金。是項情形，有通行權人，應於通行必要之範圍內，擇其週圍地損害最少之處所及方法爲之。(七八七條)。(二)開設道路之通行權。有通行權人於必要時，得開設道路。但對於通行地因此所受之損害，應支付償金。(七八八條)。(三)土地分割讓與後之通行權。因土地一部之讓與或分割，致有不通公路之土地者，不通公路土地之所有人因至公路，僅得通行受讓人或讓與人或他分割人之所有地。此項情形，有通行權人，無須支付償金。(七八九條)。(民法物權)(陳　冊)

通行權　(Right of Way)

通行權者，乃一人，數人或一般人得自由通行他人土地之權利也(見 James A. Ballentine: Law Dictionary, 1959, p. 1148)。通行權有公私之分：私的通行權，乃屬於地役權之一種，故得適用一般地役權之規定；公的通行權，包括公路通行權與河上通行權兩種。所謂公路通行權，乃指出入公路之通行權及公路上之通行權而言。出入公路之通行權者，乃接近公路之土地所有人，由其土地至公路，得自由通行，他人不得阻擾其出入之權利也。公路上之通行權者，乃自由通過公路之權利也。出入公路之通行權乃屬於私人之權利，如有侵害之事實發生，土地占有人毋須證明損害，即可對於行爲人提起損害賠償之訴。公路上之通行權乃屬於公共之權利，犯之者，應負刑事責任。除被害人能證明受有特殊之損害外，行爲人對於被害人不負民事責任。至於河上通行權之性質與公路通行權相同，故得類推適用之(見 R.F.V. Heuston: Salmond on Torts, 11th ed.,1953, pp. 300-313)。(英美侵權行爲法)(何孝元)

通知書

通知書原爲具有通知性質文書之通稱，惟現行民事訴訟法(五七、二、一修正公布)將舊法沿用之傳票一詞，一概改稱爲通知書(民訴一五一I、一五六等條)，如此則係專指法院通知當事人或其他訴訟關係人，於期日準時到場之文書。立法理由源於二十四年所頒辦理民事訴訟案件應行注意事項(三八)，於傳喚有特別情形之證人鑑定人時，規定得另備一種通知書形式，因於修正本法時，將所有傳票字樣，一律改爲通知書，「以示民刑案件性質之區別」。因而條文內舊有「傳喚」字樣，亦一律改爲「通知」，「被傳」改爲「被通知」（二九九、三〇〇等條）。一般通知書之內容，除記載到場之日、時及處所外，並應記明當事人、訴訟事件、法院及通知之目的等當然應予記明之事項。遇有特別規定應記載之事項者，應從其規定（如二五二、二九九、三二四、四三〇）。（民事訴訟法）（李學燈）

通姦罪（Adultery）

已婚之人與配偶以外之第三人，自願爲姦淫行爲（Franzetti v. Franzetti, 120 S.W. 2d 123, 127）。在古羅馬法及猶太法中，曾主張僅非法通姦之女當事人爲已婚，始構成通姦罪，而於男當事人已婚，女當事人未婚場合則否。部分英美普通法國家中，如美國德州法院則持另一看法，認爲縱然男女當事人中僅一人爲已婚，其非法姦淫時，二造均觸犯通姦罪。威斯康辛州法院更進而將通姦罪區分爲二：當事人均已婚者曰複合通姦罪（double adultery），僅一人已婚時曰單一通姦罪（single adultery）。又若通姦之當事人，在社會公然同居，狀如合法結婚，但其非法通姦事實爲社會大衆共知時，德州法院稱之謂公然通姦罪（open and notorious adultery）。（英美刑法）（桂公仁）

通常共同訴訟

通常共同訴訟，一稱普通共同訴訟，係指原告就合於共同訴訟要件之事件，其提起共同訴訟或分別提起單獨訴訟，原告有選擇自由權之共同訴訟。亦卽各共同訴訟人與相對人間有各別之請求，且就此所爲之判決效力互相無關，與必要共同訴訟，其訴訟標的對於共同訴訟之各人必須合一確定者不同。例如出租人請求數承租人交付租金，得將各承租人作爲共同被告（民訴五三 3.），而提起共同訴訟，然亦得對於各承租人分別提起給付租金之訴，此時如提起共同訴訟，卽玆所謂通常共同訴訟是。通常共同訴訟，既係聽任原告自由選擇依共同訴訟起訴或依單獨訴訟起訴，故如原告選擇單獨訴訟起訴，致使增加訴訟費用之負擔時，被告亦不得以之爲抗辯之理由。如提起共同訴訟，雖以數訴合併於一訴，亦祇屬於形式的合併，以便同時辯論及裁判，並非因而使法律關係之內容受其影響。共同訴訟人在訴訟上之關係，並無何種法律上之特別效果，因而各共同訴訟人之地位，與其獨立爲訴訟時同，各與他造獨自對立，其中一人之訴訟行爲，或他造對於共同訴訟人中一人之訴訟行爲，及關於其一人所生之事項，除別有規定外，其利害不及於他共同訴訟人（五五）。基此原則，可分述下列之效果：㈠共同訴訟人得各自獨立，任意爲訴訟行爲或不爲訴訟行爲。㈡共同訴訟人中一人所爲之訴訟行爲或遲誤訴訟行爲之效果，影響不及於他共同訴訟人。例如一人所爲之自認，其效力僅及於該共同訴訟人，而不及於他共同訴訟人，但法院仍可據爲認定事實之參考。㈢共同訴訟人之他造，對於各訴訟人之關係亦然。卽他造之訴訟行爲，對於共同訴訟人不須同一。對於共同訴訟人中一人所爲訴訟行爲或遲誤訴訟行爲之效果，對於他共同訴訟人亦不生若何之影響。㈣訴訟當事人，依我國法原不得爲證人，共同訴訟人就有利於己之事實，自亦不得爲他共同訴訟人之證人。然就單及於他共同訴訟人之事實，則得爲證人至於證據共通之原則（二二二），在共同訴訟人間，得以適用。故共同訴訟人中一人之陳述，與他共同訴訟人之陳述有矛盾時，法院得依其中一人之陳述，依自由心證認他造之陳述爲虛僞。㈤法院之裁判，對於共同訴訟人不必同時爲之，且其內容亦得互異。㈥關於共同訴訟人中一人所生之事項（如訴訟程序停止之原因），其利害不及於他共同訴訟人。㈦各共同訴訟人得各別委任不同之代理人代理訴訟。㈧關於訴訟成立要件及權利保護要件，須按各共同訴訟人分別調查。其中一人之欠缺，不影響於他共同訴訟人。㈨訴訟費用，由共同訴訟人各自獨立負擔爲原則。原則上係按其人數平均分擔，但於訴訟之利害關係顯有差異者，法院得酌量其利害關係之比例，命分別負擔。其因連帶不可分之債敗訴者，則應連帶負擔訴訟費用（八五）。其餘參見「共同訴訟」條。（民事訴訟法）（李學燈）

通常法定期間

見「期間」及「法定期間」條。（民事訴訟法）（李學燈）

通常訴訟程序

我國於清末變法以後施行之法院編制法，採四級三審制。管轄判決程序之第一審法院，有地方審判廳與初級審判廳之分，以訴訟事件之輕微簡單或應速辦結者，屬之初級審判廳管轄，其餘屬之地方審判廳管轄，嗣廢除初級審判廳，仍於地方審判廳內設置簡易庭以受理第一審之初級案件。現行法採三級三審制，專以地方法院管轄第一審，另無初級法院或簡易庭之設，惟將訴訟事件之輕微簡單或應速辦結，或經當事人合意者，特別規定簡易訴訟程序以資適用，與舊制初級審判廳或簡易庭之訴訟程序相當。其不適用此項特別規定之程序，則謂之通常訴訟程序。因而第一審程序中有通常訴訟程序與簡易訴訟程序之分。其於簡易程序無規定者，仍適用通常程序之規定。（民事訴訟法）（李學燈）

通謀虛偽表示

通謀虛偽表示（False declaration of intention known to the other party (conspiracy); Simulation　拉丁），又稱爲虛偽表示。對眞意保留而言。爲故意不一致之一種。即表意人爲欺哄第三人而與相對人通謀，故意爲非眞意之意思表示也。例如甲欠乙債款萬元，恐到期房屋受扣押，乃與丙通謀佯爲讓與以欺乙。然法律爲保護第三者，自不能認爲有效。我國民法第八十七條第一項規定，表意人與相對人通謀而爲虛偽意思表示者，其意思表示無效。但不得以其無效對抗第三人。例如上例之丙，又將假買得之屋轉售與丁，而丁本不知丙賣之屋係甲僞爲讓與者，丁乃善意之第三人。此項丙丁之讓受房屋之行爲，自爲有效。惟虛偽表示通常由當事人雙方之通謀，故與眞意保留之對於相對人所爲之意思表示不同。（民法總則）（張鏡影）

通譯

稱通譯者，謂指譯述語言文字，傳達雙方意思之人。稱翻譯偏重於文字，稱通譯偏重於語言。故訴訟當事人及證人、鑑定人等，如有不通中國語言者，由通譯傳達之，其有不通推事所用語言者亦同（法組七五）。參與辯論人如不通中華民國語言，或推事不通參與辯論人所用之方言，或參與辯論人爲聾、啞人不能用文字表達意思者，法院均應用通譯（民訴二〇七Ⅰ、Ⅱ）。關於通譯之設置，有常設或臨時指定者，如爲常設者，通譯二字即爲職稱，依法院組織法而設置，係屬法院之職員，所謂任用之通譯是。其執行職務，有迴避規定之準用（三九）。如爲臨時指定者，由受訴法院選任，所謂選任之通譯是。關於鑑定人之規定，諸如選任、具結、拒却、日費、旅費等，於選任之通譯均準用之（二〇七Ⅲ、三二六、三三一、三三八）。（民事訴訟法）（李學燈）

因訊問與陳述者言語不通或因被告或證人爲聾啞並不能以文字爲問答而爲居間翻譯之第三人爲通譯。通譯除依法院組織法所設置之法院職員外，由其他人員臨時擔任者，準用鑑定之規定。（刑事訴訟法）（陳　珊）

第一審

現行刑事訴訟制度，採數級審理主義，第一審爲初審程序，除犯內亂、外患、妨害國交等罪，由高等法院或其分院管轄外，一般案件之管轄權，屬於地方法院。第一審程序有公訴與自訴兩種：自訴章中除其特別規定者外，準用公訴規定。（刑事訴訟法）（陳　珊）

第一審程序

依起訴而開始，以判決爲目的之訴訟程序，謂之判決程序。廣義之民事訴訟程序，除判決程序外，尚有抗告程序，督促程序，保全程序，公示催告程序等。判決程序，按照審級，又有第一審程序（民訴第二編）與上訴審程序（第三編）之別。第一審程序又有通常訴訟程序（第一章）與簡易訴訟程序（第三章）之分。第一審程序關於通常訴訟程序之規定，於上訴審程序無特別規定時，亦準用之。（四六三、四八一參照）。（民事訴訟法）（李學燈）

第二審上訴

有上訴權人不服地方法院第一審未確定之判決，向管轄第二審之高等法院請求撤銷或變更之方法，爲第二審上訴。㈠原審法院進行之程序：1.原審法院認爲上訴不合法律上之程式或法律上不應准許或其上訴權已喪失者，應以裁定駁回之。但其不合程式可補正者，應定期間先命補正。2.原審法院認無上訴不合法之情形，應速將該案卷宗及證物送交第二審法院。3.被告在看守所或監獄而不在第二審法院所在地者，原審法院應命將被告解送第二審法院所在地之看守所或監獄，並通知第二審法院。㈡第二審法院進行之程序：第二審之審判，除有特別規定外，準用第一審判之規定。1.審理：(1)審判長對被告爲人別訊問後，應命上訴人陳述上訴之要旨。(2)第二審法院，應就原審判決經上訴之部分調查之。2.判決：(1)第二審法院認爲上訴有不合法之情形者，應以判決駁回之。但其情形可以補正而未經原審法院命其補正者，審判長應定期間先命補正。⑵第二審法院認爲上訴無理由者，應以判決駁回之。⑶認爲上訴有理由，或上訴雖無理由，而原判不當或違法者，應將原判決經上訴之部分撤銷，就該案件自爲判決。由被告上訴或爲被告之利益而上訴者，不得諭知較重於原審判決之刑。但因原審判決適用法條不當而撤銷之者，不在此限。⑷因原審判決諭知管轄錯誤、免訴、不受理係不當而撤銷之者，得以判決將該案件發回原審法院。因原審判決未諭知管轄錯誤係不當而撤銷之者，如第二審法院有第一審管轄權，應爲第一審之判決。⑸刑訴法第三六七條之形式判決及對於原審諭知管轄錯誤、免訴或不受理之判決上訴時，第二審法院認其爲無理由而駁回上訴，或認爲有理由而發回該案件之判決，得不經言詞辯論爲之。⑹第二審判決書，得引用第一審判決書所記載之事實及證據。被告或自訴人得爲上訴者，應併將提出上訴理由書之期間，記載於送達之判決正本。（刑事訴訟法）（陳　珊）

第二審程序

現行法院組織法關於審級制度，採三級三審制爲原則，三級二審制爲例外。對於地方法院或其分院之第一審判決，得向高等法院或其分院上訴。因其係對於第一審判決上訴而開始之程序，故謂之第二審程序。民事訴訟法關於第二審之審判，採續審制，卽除審查第一審判決之當否外，並續行第一審之言詞辯論，當事人在第一審所爲之訴訟行爲，於第二審亦有效力（民訴四四八），同時並得在第二審提出新攻擊或防禦方法（四四七）。是知第二審程序在形式上雖爲另一新程序，但在實質上實爲第一審程序之續行，故除別有規定外，關於第一審通常訴訟程序之規定，亦準用之（四六三）。又第二審程序，係就事實之認定，與法律之適用，兼予審查，是以其性質爲事實審兼法律審。（民事訴訟法）（李學燈）

第三人之清償

第三人之清償者，乃債務人或其代理人以外之第三人所爲之淸償也。債之淸償，原則上得由第三人爲之。但當事人另有訂定或依債之性質不得由第三人淸償者（民法第三一一條第一項但書），或第三人之淸償債務人有異議並經債權人拒絕者（民法第三一一條第二項），則第三人不得爲淸償。然第三人就債之履行有利害關係者，債權人則不得拒絕（民法第三一一條第二項但書）。所謂有利害關係之第三人，例如保證人是。

第三人爲債務人淸償後，如其淸償係出於贈與者，第三人不得於淸償後，復對於債務人行使求償權；如其淸償之目的，在爲保全自己之利益，則其於淸償後，就淸償之限度內，得以自己名義，代位行使原債權人之權利，但不得有害於債權人之利益（民法第三一二條）。（民法債編總論）（何孝元）

第三人利益契約

第三人利益契約者，乃當事人之方與他方約定，由他方向第三人爲一定之給付，而第三人因此直接取得請求其給付權利之契約也。使當事人之方向第三人爲給付者，稱爲要約人；負擔向第三人爲一定之給付者，稱爲債務人；因而取得直接請求給付權利者，稱爲第三人，亦稱爲受益人。

第三人利益契約之成立，須具備下列要件：㈠須約由當事人一方向第三人爲給付，㈡須第三人對於債務人取得直接請求給付之權利，㈢第三人取得之權利須限於債權，㈣要約人須有得請求債務人向第三人爲給付之權利。

第三人利益契約之特點，乃第三人於第三人利益契約生效後，對於債務人有直接請求給付之權利，亦卽對於債務人，得行使一切債權人之權利（民法第二六九條第一項）。第三人對於第三人利益之契約，未表示受益之意思以前，當事人得變更其契約或撤銷之（民法第二六九條第二項）。如第三人對於當事人之一方，表示不欲受益時，視爲自始未取得其權利（民法第二六九條第三項）。（民法債編總論）（何孝元）

第三人負擔契約

第三人負擔契約者，乃以第三人給付爲標的之契約也。負有使第三人對債權人爲給付者，爲債務人，享有請求債務人對其爲給付者，爲債權人，而契約上之債權人與第三人之間，則無任何權利義務關係，故債權人對於第三人無直接請求爲給付之權利。例如乙與甲訂立契約，負擔由丙爲甲演劇之債務，甲爲契約上之債權人，乙爲契約上之債務人，丙爲第三人，丙與甲並無法律關係是。第三人負擔契約之債務人於第三人不爲給付時，應負損害賠償責任（民法第二六八條）。第三人對於債權人，則不負任何責任，因其非契約當事人之一，自

不受契約之拘束，故第三人之爲給付與否？悉聽其自由，債權人不能施以強制執行也。（民法債編總論）（何孝元）

第三審上訴

有上訴權人不服高等法院第二審或第一審未確定之判決，向最高法院請求撤銷或變更之方法爲第三審上訴。其對第二審判決上訴者，亦適用第三審程序。(一)上訴之限制：刑法第六十一條所列各罪之案件經第二審判決者，不得上訴於第三審法院。(二)上訴之理由：第三審上訴非以判決違背法令爲理由，不得爲之：1.判決不適用法則或適用法律不當者，爲違背法令。2.有下列情形之一者，其判決當然爲違背法令：(1)法院之組織不合法者。(2)依法律或裁判應迴避之推事參與審判者。(3)禁止審判公開非依法律之規定者。(4)法院認管轄權之有無係不當者。(5)法院受理訴訟或不受理訴訟係不當者。(6)除有特別規定外，被告未於審判期日到庭而逕行審判者。(7)依法應用辯護人之案件或已經指定辯護人之案件，辯護人未經到庭而逕行審判者。(8)除有特別規定外，未經檢察官或自訴到庭陳述而爲審判者。(9)依本法應停止或更新審判而未經停止或更新者。(10)依本法應於審判期調查之證據而未予調查者。(11)未予被告以最後陳述之機會者。(12)除有特別規定外，已受請求之事項未予判決，或未受請求之事項予以判決者。(13)未經予與審理之推事參與判決者。(14)判決不載理由或所載理由矛盾者。3.訴訟程序雖有其他違背法令情形而顯然於判決無影響者，不得爲上訴理由。4.原審判決後，刑罰有廢止、變更或免除者，得爲上訴之理由。上訴書狀應敍述上訴理由；其未敍述者，得於提起上訴後十日內補提理由書於原審法院；未補提者，毋庸命其補提。在監所人提出上訴狀之規定，於此亦準用之。他造當事人接受上訴書狀或補提上訴理由書之送達後，得於十日內提出答辯書於原審法院。上列期間，均非不變。如係檢察官爲他造當事人，則應提答辯書。答辯書應提出繕本，由原審法院書記官送達於上訴人。(三)上訴之進行：1.原審法院認爲上訴不合法者應以裁定駁回之。但其不合程式可以補正者，應定期先命補正。2.對於合法上訴，原審法院於接受答辯書或提出答辯書之期間已滿後，應速將該案卷宗及證物，送交第三審法院之檢察官。檢察官接受卷宗及證物後，應於七日內添具意見書送交第三審法院。但於原審法院檢察官提出之上訴書或答辯書者外無他意見者，毋庸添具意見書。無檢察官爲當事人之上訴案件，原審法院應將卷宗及證物送交第三審法院。3.上訴人及他造當事人，在第三審法院未判決前，得提出上訴理由書、答辯書、意見書或追加理由書於第三審法院。是項書狀，應提出繕本，由第三審法院書記官送達於他造當事人。(四)上訴之審判：第三審之審判，除其特別規定外，準用第一審審判之規定。1.不適用強制辯護之規定。2.原則上不經言詞辯論爲之。但法院認有必要者，得命辯論。是項辯論，非以律師充任之代理人或辯護人，不得行之。3.命辯論之案件，得以庭員一人爲受命推事，調查上訴及答辯之要旨，制作報告書。4.審判期日，受命推事應於辯論前朗讀報告書。檢察官或代理人、辯護人應先陳述上訴之意旨，再行辯論。5.被告或自訴人無代理人、辯護人到庭者，應由檢察官或他造當事人之代理人、辯護人陳述後，即行判決。被告及自訴人均無代理人、辯護人到庭者，得不行辯論。6.第三審法院之調查，以上訴理由所指摘之事項爲範圍。但刑訴法第三百九十三條所列各款之事項，得依職權調查之。6.第三審法院應以第二審判決所確認之事實爲基礎。但關於訴訟程序及得依職權調查之事項，得調查事實。是項調查，得以受命推事行之，並得囑託他法院之推事調查。依調查結果，認爲起訴程序違背規定者，第三審法院得命補正；其法院無審判權而依原審判決後之法令有審判權者，不以無審判權論。(五)上訴之判決：1.駁回上訴之判決：(1)上訴不合法之駁回。(2)未具上訴理由之駁回。(3)上訴無理由之駁回。2.撤銷原判之判決：(1)自爲判決：第三審法院因原審判決雖係違背法令，而不影響於事實之確定，或應諭知免訴或不受理、或有刑訴法第三百九十三條第四款或第五款之情形而撤銷之者，應就該案件自爲判決。但應爲發回或發交更審之判決者，不在此限。(2)發令更審：甲.第三審法院因原判決諭知管轄錯誤、免訴或不受理係不當而撤銷之者，應以判決將該案件發回原審法院。但有必要時，得逕行發回第一審法院。乙.第三審法院因原審法院未諭知管轄錯誤係不當而撤銷之者，應以判決將該案件發交該管第二審或第一審法院。但第四條所列之案件，有管轄權之原審法院爲第二審判決者，不以管轄錯誤論。丙.第三審法院因上列各種撤銷判決以外之情形而撤銷原審判決者，應以判決將該案件發回原審法院，或發交與原審法院同級之法院。3.判決之效力：爲被告之利益而撤銷原審判決時，如於共同被告有共同之撤銷理由者，其利益並及於共同被告。（刑事訴訟法）（陳　珊）

第三審程序

現行法院組織法，關於審級制度，採三級三審制為原則，對於高等法院或其分院之第二審判決，得向最高法院上訴。因係對於第二審判決上訴而開始之程序，故謂之第三審程序。第三審之職務，雖亦審查第二審判決之當否，以保護當事人之私權，但同時並以統一法律之解釋適用為其目的。故第三審程序與第二審程序異其性質，並非事實及法律之覆審，而為法律之終審。故學者稱之為法律審。依民事訴訟法之規定，第三審程序之特色如次：㈠對於第二審判決上訴，非以其違背法令為理由，不得為之（民訴四六七、四六八、四六九參照）。㈡上訴之聲明，不得變更或擴張之（四七三Ⅰ）。㈢被上訴人不得為附帶上訴（四七三Ⅱ）。㈣第三審之判決不經言詞辯論為之，但法院認為必要時，不在此限（四七四）。㈤第三審法院應以第二審判決確定之事實為判決基礎（四七六Ⅰ）。其與第二審程序相同者，則同為上訴審程序（第三編）。如上訴不合法，應即駁回其上訴，毋庸進而審查原判決之當否。第三審程序，除別有規定外，準用第二審程序之規定（四八一）。此外關於總則（第一編）之規定，當然適用於第三審程序；關於第一審通常訴訟程序（第二編第一章）之規定，亦間接準用之（四六三）。（民事訴訟法）（李學燈）

國內商品檢驗

商品檢驗法應於民國五十四年五月修正公佈後，擴大應施檢驗商品之範圍，增列內銷商品檢驗，蓋內銷商品，諸如電工器材、消防器材、食品等關係人民之生命財產甚鉅，確有實施檢驗之必要。應施檢驗之國內市場商品，及種類及品目由主管機關指定公布之，而國內市場商品生產廠場，於商品種類品目經指定公布後，應附具廠商登記文件連同樣品向當地檢驗機關申請登記，此項登記包括：生產廠場名稱、廠場及其主營業所地址、商業組織類別、負責人姓名、住址、設立年月日、實收資本額、主要設備、檢驗設備及品質管制情形、產品種類、名稱、規格、商標或標識、全年或每月產銷數量等應施檢驗之國內市場商品，依下列規定執行檢驗：

㈠定期檢驗。㈡隨時抽驗。

如經主管機關特別規定者，應於運出場廠前報請檢驗（商品檢驗法第十條），但如未經指定為出廠檢驗者，則由檢驗機構隨時向生產廠場或市場取樣檢驗。應施檢驗國內市場商品之檢驗，依國家標準執行之，未定國家標準者，由主管機關定之（商檢、一一），此項國內市場商品，如國家標準或經主管機關指定之標準有分級之規定者，應加分級之標識。應施檢驗之國內市場商品，經檢驗不合格時，主管機關得命令其停止生產、製造、陳列或銷售。（同法第十二條）（商品檢驗法）（管　歐）

國民兵役

國民兵役依兵役法第十七條分為三種：

㈠初期國民兵役—以男子年滿十八歲者服之，為期一年，得就所在地施以軍事預備教育。

㈡甲種國民兵役—以初期國民兵役期滿，適合於常備兵與補充兵現役所需之超額者服之，由縣市政府施以一個月至三個月之軍事訓練。

㈢乙種國民兵役—以初期國民兵役期滿，而未服常備兵役、補充兵役或甲種國民兵役者服之。就所在地施以一個月以內之軍事訓練。

其教育訓練，以不脫離生產為原則，甲乙種國民兵役期限均至屆滿四十五歲除役時止。如有意圖避免徵集，依妨害兵役治罪條例第五條規定，應處三年以下有期徒刑。（特別刑事法）（吳　智）

國家標準

所謂國家標準，係指中國國家標準而言，其英文為 Chinese National Standard，簡稱為CNS；由於各國的工業進展情形不同，因此各國所定的國家標準亦互有差異，但無論如何，凡產品達於國家標準時，其本國當即承認其合格之產品。各國政府為促進工業之發展，提高產品之品質，通常對於合乎國家標準之產品，均給予某程度之方便與優待，在我國，例如達國家標準之產品，即准予申請使用㊣字標記，准予檢驗輸出與輸入等，此外，有基於安全之理由非經檢驗合格，合乎國家標準之產品不得在市場出售者，例如消防器材即是。（標準法）（管　歐）

國家標準制定法

本辦法係經濟部依據標準法第一條之規定所制定，中華民國三十六年九月二十七日公布，同時施行，全文十一條，規定制定國家標準之程序，及有關標

準起草委員會與標準審查委員會等機構之職掌等事項。（標準法）（管　歐）

國家標準制定程序

依國家標準制定辦法第三條之規定，制定國家標準，應經過之程序爲：一、提議，二、起草，三、徵求意見，四、初審，五、複審，六、審決，七、核定，八、備案，九、公布等九種，茲分述如左：

㈠提議：何種產品宜制定國家標準，政府機關固得依據職權，斟酌實際需要，向中央標準局建議，卽其他學校團體、公私廠商或消費者，亦得向中央標準局建議釐訂某種國家標準，惟究應予以接受或否決，中央標準局應視實際情形予以決定。

㈡起草：前項建議如經中央標準局接受後，卽提交有關標準起草委員會或委託機關、團體、學校、廠商、專家編擬標準草案，在起草時所需之參考資料，由中央標準局負責供給。

㈢徵求意見：經編擬完竣之草案，卽由中央標準局印送各委員專家及有關方面徵求意見，以預防遺落或集思廣益。

㈣初審：草案經有關方面及專家表示意見之後，卽彙集其意見，送交有關標準起草委員會小組委員會初審，如有必要時，亦得另組專門委員會加以初步審查。

㈤複審：標準草案經初步審查通過後，由標準起草委員會常務委員會議複審之，如常務委員會議認爲未能適合時，卽發還小組委員會或專門委員會重加研究後，再行審議。

㈥審決：標準草案經複審通過後，由標準審查委員會審定之，如審查結果認爲未能適合時，發還有關標準起草委員會常務委員會議復議後再行送審；如經發還標準起草委員會常務委員會議復議通過之標準草案，標準審查委員會仍認爲不適合時，則待組織專門委員會研究後決定之。如標準審查委員會對某案問題不能表決時，則組織仲裁委員會，由對立兩方各指派三人，由標準審查委員會聘請會外專家一人爲主席表決之。

㈦核定、備案及公布：標準草案經標準審查委員會審決後，卽送由中央標準局呈請經濟部核定、備案，並公布爲國家標準。（標準法）（管　歐）

國家總動員

係指政府下達動員令，集全國人力、物力、財力由平時體制轉爲戰時體制之一切措施，以應戰爭要求，獲致勝利而言。（特別刑事法）（吳　智）

國家總動員物資

依照總動員法第三條規定，國家總動員物資，計有如下各類：一、兵器、彈藥及其他軍用器材。二、糧食、飼料及被服品料。三、藥品、醫藥材料及其他衞生材料。四、船舶車馬及其他運輸器材。五、土木建築器材。六、電力與燃料。七、通訊器材。八、前列各款器材之生產、修理、支配、供給及保存上所需之原料與機器。九、其他政府臨時指定之物資。政府必要時，得對國家總動員物資徵用，或徵購其一部或全部，對其生產、販賣使用、修理、儲藏、消費、遷移、或轉讓，於必要時得加以指導，管理節制，或禁止。（特別刑事法）（吳　智）

國家總動員法

政府於戰時，爲動員全國人力、物力集中運用，加強國防力量，貫徹戰爭勝利之目的而制定之特別法也。在實施動員時期，其效力有排斥其他有關之普通法律而優先適用，凡與本法及其附屬法令規定不同之法律，屆時暫停適用；故其地位就國家整個法制體系言，高於其他普通法律，雖次於憲法，實具有戰時憲法之效力。本法經國民政府於中華民國三十一年三月二十九日公布，同年五月五日施行。（特別刑事法）（吳　智）

國家總動員業務

所謂國家總動員業務，係指戰時凡有關國防力量各種業務，及經政府臨時指定之業務而言。依照國家總動員法第四條規定，如關於國家總動員物資之生產、修理、支配、供給、輸出、輸入、保管及必要之試驗研究業務。金融業務，運輸通訊業務，衞生及傷兵難民救護業務，情報業務，民生日用品專購業務，徵購及搶運業務，及維持後方秩序并保護交通機關及防空業務等，計有十二項均屬之。（特別刑事法）（吳　智）

船長

我國海商法第二條規定：「稱船長者，謂受船舶所有人僱用，主管船舶一切事務之人員」。船長對於船舶所有人，乃基於僱傭契約，為其特定船舶的指揮者。由於船舶遠航海上，離開國家權力所及的地域，易於遭遇特殊的危險，所以各國立法例，對於船長，一方面為保護公益，賦與公法上廣泛的權力，他方面為保護私益，亦承認其有私法上種種權限。先就公法上的權力言，船長權力，即所謂「船舶權力」（schiffsgewalt master's authority）。析言之，即(一)管理指揮權。(二)緊急處分權。(三)最後決定權。再就私法上的權限言—此即船長對船舶所有人的代理權限。其權限的劃分，各國立法上所採的主義有三：(1)英國主義，以行為的種類為標準；(2)法國主義，以是否船舶所有人所在地為標準；(3)德國主義，以在船籍港的內外為標準。我舊海商法從之。而我新法僅承認船長有信用行為的代理權。亦即船長為支付船舶的修理費、救助費或其他繼續航行所必要的費用，得為左列行為：(a)金錢的借入(b)貨載的質賣。（商事法）（林咏榮）

船舶

船舶法所稱的船舶，屬於廣義，凡「在水面或水中可供航行的船舶」皆屬之（參看船舶法第一條）。而海商法所稱的船舶屬於狹義，故其第一條規定：「本法稱船舶者，謂在海上航行及在與海相通水面或水中所航行的船舶。船舶具有：(甲)不動產性。如：(1)登記制度—船舶所有權、抵押權及租賃權的保存、設定、移轉、變更、限制、處分或消滅，均須向主管航政機關登記，否則，不得以之對抗第三人（船舶登記法，第二、三、四條。海商法第九條）。關於登記，船舶視同不動產物權。(2)強制執行—凡海商法上所規定的船舶，其強制執行，準用不動產執行的規定（強制執行法第一一四條）(3)領土延長—在中國領域外的中國船艦犯罪者，以在中國領域內犯罪論（刑法第四條），各國立法例大抵皆同。以船舶等於本國的領土，而且有不動產性。(乙)人格性—船舶頗類似於自然人，如：(1)名稱—船名由船舶所有人自定；但不得與他船舶名相同。除為戰時避免捕獲者外，不得毀壞或塗抹船名（船舶法第七第九條）。(2)國籍—本國船舶，在原則上非領有本國國籍證書不得航行（船舶法第六條）。(3)船籍港—船舶所有人應自行認定船籍港。船舶的船籍港，與自然人的住所，均以此定訴訟的管轄（船舶法第十一條第一四一條民事訴訟法第一第七兩條）。（商事法）（林咏榮）

船舶的抵押權

船舶抵押權，係指以船舶為標的物的一種抵押權。海上動產抵押制度的建立，始於一八七四年十二月十日訂立與一八八五年七月十日修正的法國海上抵押權法（hypotheque maritime）。當時立法者稱之為「不移轉占有的動產質權」(gages sans depossession)。一九二二年有關各國議定海上優先權、抵押權公約，歐陸多數國採之。我國海商法第三一至三五等條略同。船舶抵押權，亦為抵押權的一種，與民法上的不動產抵押權同其性質。其順位、效力及消滅等項，除本法另有規定外，均可適用民法有關的規定（海商法第五條）。所謂本法另有規定，如：船舶及建造中的船舶，得就之設定抵押權；惟此項抵押權的設定，僅船舶所有人或受其特別委任之人（如船長和船舶經理人），始得以書面為之。仍須登記，方得對抗第三人（海商法第三一、第三二、第三三、第三四等條及民法第七六〇條），而民法關於不動產抵押權的設定則以登記為生效的要件（民法第七五八條）。此則兩者不同。（商事法）（林咏榮）

船舶的強制執行

船舶負有債務時，債權人依訴訟程序，自可聲請法院就船舶為強制執行，其程序應適用不動產強制執行的規定（對於船舶強制執行，得依補訂民事執行辦法準用關於不動產執行的規定者，應以船舶法第一條所稱依海商法規定的船舶為限，經二十五年最高法院院字第一五八六號解釋有案）。船舶雖亦如一般財產得就之為扣押或假扣押，惟自運送人或船長發航準備完成時起，以迄於航行完成時止，不得為之；但為使航行可能所生的債務，不在此限（參看海商法第四條）。關於船舶的扣押，英美法例較為寬廣；而德法法系的商法，對於發航準備完成時，均禁止之。日本商法亦然，我現行海商法蓋取法於大陸制。（商事法）（林咏榮）

船舶的國籍

見「船舶」條。（商事法）（林咏榮）

船舶的優先權

優先權係指基於船舶特定的債權，就該船舶及附屬物有優先受償的權。一九二二年，有關各國議定海上優先權抵押權公約，歐洲大陸多數國從之。我國海商法以左列各款，爲優先受償的債權。(1)訴訟費及爲債權人的共同利益而保存船舶或標賣所支付的費用，船鈔、港埠建設費、引水費、拖船費、自船舶開入最後港後的看守費、保存費、檢查費。(2)船長海員及其他服務船舶人員，本於僱傭契約所生的債權，其期間未滿一年者；(3)爲救助及撈救所負的費用及報酬及船舶對於共同海損的分擔額；(4)船舶所有人或船員的過失所致的船舶碰撞或其他航行事變，旅客及船長海員之身體傷害，貨載的毀損或滅失，加於港埠設施的損害賠償；(5)船長在船籍港外，依其職權爲保存船舶或繼續航行的實在需要所爲的行爲，或契約上所生的債權；(6)對於託運人所負的損害賠償。(商事法)(林咏棠)

船舶拖帶(Towage)

船舶拖帶係指以此船拖帶彼船的航行。各國商法海商篇鮮有船舶拖帶的規定，其著之於判例者，以英國爲最早。彼邦海上裁判所嘗以拖船與被拖船在法律上視爲單一體的船舶而處理之，迨至十九世紀末，德國乃以判例創立船舶拖帶航行屬於一體的原則(Grundsatz der nautischen Einheit des Schleppzuge)。我國海商法仍因舊貫，以船舶拖帶規定於「運送契約」章(舊法第四章新法第五章)中，其對拖船與被拖船之間的法律關係，直認爲一種運送契約，故船舶拖帶亦可稱爲拖船契約(towage contract)。(商事法)(林咏棠)

船舶經理人

船舶爲數人共有時，其共有人應選任船舶經理人，經理其營業。船舶經理人的選任，應以共有人過半數並其應有部分的價值，合計過半數的同意爲之。此蓋兼重於人數及其投資價值，必須兩者各逾其半數，方能當選充任(海商法第一七條)。船舶經理人關於船舶的營運，在訴訟上或訴訟外代表共有人(海商法第一八條)。惟出賣或抵押船舶時，非經共有人以過半數並其應有部分價值合計過半數同意的書面委任，不得爲之。船舶共有人對於船舶經理人權限所加的限制，不得對抗善意第三人(海商法第一九條)。船舶經理人於每次航行完成後，應將其經過情形，報告於共有人，共有人亦得隨時檢查其營業情形，並查閱帳簿(海商法第二〇條)。(商事法)(林咏棠)

船舶碰撞

船舶碰撞，就是二個以上船舶相互間，發生損害的接觸。其構成要件有二：(1)二個以上船舶相互接觸—亦即船舶和船舶發生衝突，故日本商法稱「碰撞」爲「衝突」。船舶碰撞，必係船舶和船舶相接觸；如其所接觸者爲浮標、巖礁等，非茲所謂碰撞。(2)二個船以上船舶發生損害—船舶和船舶碰撞，必然發生損害，其在損害上過失的有無、程度的輕重以及賠償責任的歸屬，由於海上航行技術上的複雜性格，所以各國商法均就在這方面設特殊的規定(例如德國商法第七三四—七三九條、法國商法第四〇七條、日本商法第七九七至七九八條等是)，我國海商法亦然(參看海商法第一三五條以下)。(商事法)(林咏棠)

責任

此處所謂責任，係指刑事責任而言。所謂刑事責任，即指行爲人爲犯罪行爲時，具有非難可能性而言。詳言之，刑事責任之發生，以行爲人具有一定之精神狀態與一定之心理狀態爲前提。一定之精神狀態爲「責任能力」；一定之心理狀態爲「責任條件」。所謂一定之精神狀態，即須達到一定年齡，精神已經成熟且無障礙之意；所謂一定之心理狀態，即具有故意或過失而爲社會所可非難之意。(刑法總則)(王建今)

責任年齡

所謂責任年齡，係指自然人達到一定年齡以後所應負之刑事責任而言。責任年齡，分爲下列三種：一、未滿十四歲之人，爲全無責任能力人。其犯罪行爲不罰。但得令入感化教育處所，施以感化教育之保安處分(刑法一八條一項、八六條一項)。二、十四歲以上未滿十八歲及滿八十歲之人，爲減輕責任能力人。其犯罪行爲得減輕其刑(刑法一八條二項三項)。三、十八歲以上八十歲未滿之人，爲完全責任能力人，即對於一切犯罪行爲，應負法律上之完全責任。(刑法總則)(王建今)

責任阻却事由

所謂責任阻却，卽是違法阻却。在通常情形之下雖具備犯罪構成要件，但在特定情形之下，該項行爲，不負刑事責任。在現行刑法中，規定責任阻却之事由，有下列五種：一、正當防衞行爲（刑法二三條）。二、緊急避難行爲（刑法二四條）。三、業務上之正當行爲（刑二二條）。四、依法令之行爲（刑二一條一項）。五、依所屬上級公務員命令之職務上行爲（刑法二一條二項）。（刑法總則）（王建今）

責任保險

責任保險　liability insurance Hsftpflichtuersicherung, assurance de responsabilité assurance la reponsabilité civile）契約，就是責任保險人於被保險人對於第三人，依法應負賠償責任而受賠償的請求時，負賠償責任的財產保險契約（保險法第九〇條）。企業隨經濟發展而發展，其因企業生活上必然招致的損害，日見嚴重，德國和英國早有「責任法」（Haftpflichtgesetz）及「廠主責任法」（Employers Liability Act）的制定，而日本及我國亦有工場法及礦業法的頒行，大抵皆係關於事業主人扶助責任的規定，而擴張民法上侵權行爲的解釋。惟此等立法的主旨，均側重於社會安全，而在性質上屬於公法。其具有私法上契約性質的責任保險，則於一八八二年以後在法國見之實行。其他各國亦相繼踵之。（商事法）（林咏榮）

責任能力

所謂責任能力，卽指對於一定行爲，發生刑法上一定效果之行爲人的適格（適當資格）而言。亦卽行爲人之精神已達成熟狀態，且無障礙之意。

責任能力，依年齡及精神狀態，分爲下列三種：一、絕對無責任能力人：㈠未滿十四歲之人（刑法一八條一項）。㈡心神喪失人（刑法一九條一項）。二、減輕責任能力人：㈠十四歲以上未滿十八歲之人（刑法一八條二項）。㈡滿八十歲之人（刑法一八條三項）㈢精神耗弱人（刑法一九條二項）。㈣瘖啞人（刑法二〇條）。三、有完全責任能力人，卽十八歲以上八十歲未滿而精神無障礙之人。（刑法總則）（王建今）

責任條件

所謂責任條件，亦稱責任意思，卽指犯人對於侵害法益所爲之一定的意思決定而言。此種意思決定，不外二種形態：其一爲「故意」；其二爲過失。犯罪以處罰故意爲原則；處罰「過失」爲例外（參照刑法一二條）。刑法爲何要處罰犯罪人？卽因其行爲具有惡性，故意與過失爲惡性之所由表現，故意之惡性重，所以任何犯罪，凡具有故意者，必須加以處罰，過失之惡性輕，所以過失行爲之處罰，以有特別規定者爲限（刑法一二條二項）。（刑法總則）（王建今）

責任準備金

責任準備金（premium reserve, liability reserve, underwriting prämieunbertrag reserve, mathematrque, reserve, prämienreserve, Deckungskapital,reserve pour risque en cours），就是人壽保險人爲準備將來支付保險金，所積存的金額。惟此係指狹義的責任準備金，若就廣義的責任準備金而言，則兼賅本法第一四五條以下關於保險業分別保險種類所積存的各種責任準備金。狹義的責任準備金，其來源爲：①在時間上預收的保險法；②在實質上超收的保險費。故在某種情形下保險人應將此項責任準備金返還於應得的人。（商事法）（林咏榮）

責問權

當事人對於訴訟程序規定之違背，不問其係出諸法院或他造當事人之行爲，均得提出異議（民訴一九七），是謂之責問權。但當事人已表示無異議或知其違背或可知其違背並無異議而爲本案辯論者，不在此限。惟此項但書規定，於該訴訟程序之規定，非僅爲當事人之利益而設者，不適用之（一九七Ⅱ）。蓋訴訟程序之規定，有僅爲當事人之利益而設者，例如關於送達（除以送達定不變期間之起算點，或爲裁判之發表方法者外）或各種期間（除不變期間外）之規定，關於不得在休息日指定期日之規定，訴訟程序當然停止，裁定停止效力之規定，調查證據方式僅爲當事人利益之規定等是。有非僅爲當事人之利益而設者，例如關於法院組織之規定，自行迴避之規定，專屬管轄之規定以及當事人能力，訴訟能力，法定代理權，訴訟代理權，關於必要之言詞辯論，辯論公開，不變期間，起訴程式及其他要件，起訴前應經調解，上訴抗告或再審之訴，應否准許，一事不再理，各種着重於公益之規定是。對於非僅爲當事人之利益而設之規定，如有違背，當事人得隨時行使責問權。如僅爲當事人利益而設之規定，責問權自可捨棄或因怠於行使而喪失。所謂表示無異議，卽係明示捨棄責問權。所謂知其違背或可知其違背並無異議而爲本案辯論，係指當事人雖未明示無異議，但在客觀上足認其已知違背或可知其違背而並無異議，且爲本案辯論者而言。所謂本案辯論，係指關於訴訟標的之辯論。如僅爲訴訟成立要件之辯論，仍不喪失其責問權。（民事訴訟法）（李學燈）

被告之拘提

強制被告至一定處所之處分，謂之拘提。卽以書面方式命司法警察以強制方法於一定時期內拘束被告至一定處所受訊問之情形。傳喚及拘提，同以使被告到場爲目的，惟前者係自由到場，後者乃強制到場。拘提之原因有二：㈠被告經合法傳喚，無正當理由不到場者。㈡被告犯罪嫌疑重大，而有下列情形之一者，得不經傳喚逕行拘提：1.無一定之住、居所者。2.逃亡或有事實足認爲有逃亡之虞者。3.有事實足認爲有湮滅、僞造、變造證據或勾串共犯或證人之虞者。4.所犯爲死刑、無期徒刑或最輕本刑爲五年以上有期徒刑之罪者。拘提之方式。拘提被告，應用拘票，並應記載下列事項：㈠被告之姓名、性別、年齡、籍貫及住、居所。被告之姓名不明或因其他情形有必要時，應記載其足資辨別之特徵。被告之年齡、籍貫、住、居所不明者，得免記載。㈡案由。㈢拘提之理由。㈣應解送之處所。拘票，於偵查中由檢察官簽名，審判中由審判長或受命推事簽名。拘提之執行。拘提，由司法警察或司法警察官執行，並得限制其執行之期間。拘票得作數通，分交數人各別執行；且應備二聯，執行拘提時，應以一聯交被告或其家屬。執行拘提後，應於拘票記載執行之處所及年、月、日、時；如不能執行者，記載其事由，由執行人簽名，提出於命拘提之公務員。拘提於必要時得在管轄區域外行之，或請求該地之司法警察官執行。審判長或檢察官得開具拘票應記載之事項，囑託被告所在地之檢察官拘提被告；如被告不在該地者，受託檢察官得轉託其所在地之檢察官，是爲間接囑託。被告爲現役軍人者，其拘提應以拘票知照該管長官協助執行。拘提之注意：㈠應注意被告之身體及名譽。㈡用強制力不得逾必要之程度。㈢應卽解送指定之處所，如三日內不能到達，應先解送較近之法院，訊問其人有無錯誤。㈣到場後應卽訊問，至遲不得逾二十四小時。除認其有應覊押之情形外，於訊問畢後應卽釋放或命具保、責付或限制住居。（刑事訴訟法）（陳　珊）

被告之訊問

對於被告之發問及質疑，使其陳述事實及理由之行爲，謂之訊問。訊問被告，應先詢其姓名、年齡、籍貫、職業、住、居所，以查驗其人有無錯誤，如係錯誤，應卽釋放，是爲人別訊問。訊問時應告以犯罪之嫌疑及所犯罪名，罪名經告知後，認爲應變更者，應再告知，並應與以辯明犯罪嫌疑之機會；如有辯明，應命就其始末連續陳述，其陳述有利之事實者，應命其指出證明之方法。被告有數人時，應分別訊問之；其未經訊問者，不得在場。但因發見眞實之必要，得命其對質。被告亦得請求對質，對於被告對質之請求，除顯無必要者外，不得拒絕。訊問被告，應出以懇切之態度，不得用強暴、脅迫、利誘、詐欺及其他不正之方法。被告爲聾或啞或語言不通者，得用通譯，並得以文字訊問或命以文字陳述。被告對於犯罪之自白及其他不利之陳述，並其所陳述有利之事實與指出證明之方法，應於筆錄內記載明確，俾據以調查證據，認定犯罪事實之有無。（刑事訴訟法）（陳　珊）

被告之通緝

對於逃匿之被告通知其他機關拘解一定處所之強制處分爲通緝。通緝被告，應用通緝書，記載下列事項：㈠被告之姓名、性別、年齡、籍貫、住、居所，及其他足資辨別之特徵。但年齡、籍貫、住、居所不明者得免記載。㈡被訴之事實。㈢通緝之理由。㈣犯罪之日、時、處所。但處所不明者，得免記載。㈤應解送之處所。通緝書於偵查中由檢察長或首席檢察官簽名，審判中由法院院長簽名。通緝之程式。應以通緝書通知附近或各處檢察官、司法警察機關；遇有必要時，並得登載報紙或以其他方法公告之。通緝經通知或公告後，檢察官或司法警察官得拘提被告或逕行逮捕之。利害關係人，得逕逮捕通緝之被告，送交檢察官、司法警察官，或請求檢察官、司法警察官逮捕之。通緝之撤銷。通緝於其原因消滅或已顯無必要時，應卽撤銷。撤銷通緝之通知或公告，準用通緝程式之規定。（刑事訴訟法）（陳　珊）

被告之傳喚

命被告於一定之期日，到一定處所受訊問之行爲，謂之傳喚。㈠傳喚之方法：1.應用傳票。傳票於偵查中由檢察官簽名，審判中由審判長或推事簽名，應記載以下事項：⑴被告之姓名、性別、年齡、籍貫及住、居所。⑵案由。⑶應到之日、時、處所。⑷無正當理由不到場者，得命拘提。被告之姓名不明或因其他情形有必要時，應記載其足資辨別之特徵。被告之年齡、籍貫、住、居所不明者，得免記載。2.面告到場。對於到場之被告，經面告以下次應到之日、時、處所及如不到場得命拘提，並記明筆錄者，與已送達傳票有同一之效力。3.陳明到場。被告經以書狀陳明屆期到場者，與面告到場之效力相同。㈡傳喚之注意：1.傳喚在監獄或看守所之被告，應通知該監所長官。2.被告因傳喚到場者，除確有不得已之事故外，應按時訊問之。（刑事訴訟法）（陳　珊）

被保險人（Insured; Assured）

被保險人係指於保險事故發生時，遭受損害，享有賠償請求權的人（保險法第四條前段）。在財產保險契約中，被保險人爲被保險利益的主體，享有保險賠償金的請求權，其與受益人恒爲一體，而要保人亦得爲被保險人；在人身保險契約，以被保險人的生命或身體爲契約的標的，如要保人以自己的生命或身體爲保險的標的，則要保人與被保險人同爲一人。其關於保險賠償金是否由被保險人受領，抑由第三人受領，則視保險契約的內容如何訂立而定。惟人壽保險契約，得由本人訂立，亦得由第三人訂立（保險法第一〇四條），其由本人訂立者，則本人兼爲要保人，及被保險人。其由第三人訂立者，卽僅以被保險的人爲被保險人。凡由第三人訂立的人壽保險契約，如未經被保險人以書面承認，並經其約定保險金額者，其契約無效（保險法第一〇五條）。至於十四歲以下的未成年人或心神喪失或精神耗弱的人，均爲欠缺行爲能力的人；如以此等的人爲被保險人而訂立的人壽保險契約，縱經其書面承認並約定保險金額者，仍爲無效（保險法第一〇七條第一項）。（商事法）（林咏榮）

被害人之同意（Consent）

被害人之同意者，乃被害人允許行爲人爲不利於本人之意思表示也。被害人既授與行爲人爲不利於本人之意思表示之權，是不啻自願拋棄其權利。惟行爲人應於被害人指示之範圍內爲之，踰此，則喪失其特權。（見 Willian L. Prosser: Law of Torts, 2nd ed., 1955, p. 613）。

同意不限於明示，被害人亦得以默示爲之。凡以符號、事實、行爲、不行爲、或沉默等表示足以推定有同意之存在者，此之謂「默許（implied consent）」。例如一方爲他方種痘，而他方伸臂不加以拒絕是（見 Black's Law Dictionary, 4th ed., 1957, pp. 377-378; William L. Prosser: Law of Torts, 2nd ed., 1955, p. 83）。（英美侵權行爲法）（何孝元）

被邀人（Invitee）

被邀人者，乃不動產占有人爲其利益起見，邀請進入其區域之人也。關於被邀人之定義，有二學說：

㈠利益說

此說爲英國英德模判例所主張（Indermaur V.Dames, 1866, L.R.1C.P. 274, 35 L.J.C.P. 184, aff'd L.R. 2C.P. 311, 36 L.J.C.P. 181），其要義爲：被邀人乃爲不動產占有人謀經濟上之利益而來，自應享有其保護。美國法學會侵權篇亦採此說（見 Restatement of Torts, §§332,343,（Comment a））。

㈡被邀說

此說爲美國侵權法權威普勞斯所倡言，其要義爲：被邀人之受不動產占有人之保護，非由於利益關係，而係由於不動產占有人於邀請其來時，有保護其安全之默示，例如來聽演講之人，雖無予不動產占有人任何金錢上之利益；但不失爲被邀人。此說爲美國多數法院所採用。兩說比較，自以第二說較爲合理（見 Prosser on Torts, 2nd ed., 1955, pp. 452-457）。（英美侵權行爲法）（何孝元）

清償

清償者，乃依債之本旨，實現債務內容之行爲也。債權人之權利一經清償，卽因達其本來之目的而歸消滅，故清償爲債之消滅之一原因。清償爲債之內容之實現，祇須債務人之行爲，客觀的適合債務之內容，卽可使債務歸於消滅，債務人之有無爲給付之意思表示？債權人之有無爲受領給付之意思表示？自非所問，故清償爲非法律行爲。（民法債編總論）（何孝元）

清償人

清償雖非法律行爲，然其爲行爲則一。爲此行爲者，即謂之清償人。清償人原則上爲債務人或其代理人。所謂債務人，不僅爲單一債務人，即不可分債務之債務人，連帶債務之債務人，亦均包括在內。關於清償行爲，雖爲當事人雙方之代理人，亦爲法所不禁（民法第一〇六條但書）。又債之清償，亦得由第三人爲之。但下列三種情形第三人則不得爲清償：㈠當事人另有訂定者，㈡依債之性質不得由第三人清償者，㈢第三人之清償債務人有異議並經債權人拒絕者，第三人不得代爲清償。惟第三人就債之履行有利害關係者，債權人則不得拒絕（民法第三一一條）。（民法債編總論）（何孝元）

清償地

清償地者，債務人應爲清償之地也。我民法所謂清償地，係指清償處所而言，與履行之處所，給付之處所，同一意義。如債務人於清償地外爲給付之提出，即非依債務本旨之提出，於法不生提出之效力。清償地之確定方法爲：㈠法律有特別規定者，從其規定。例如標的物與價金應同時交付者，其價金應於標的物之交付處所交付之（民法第三七一條）；又如寄託物之返還，於該物應爲保管之地行之（民法第六〇〇條第一項）。㈡契約另有規定者，從其約定。㈢另有習慣者，從其習慣。㈣債有特性者，依其性質定之。㈤其他情形，依其情形定之，例如以遺囑指定贈與物之交付地是。㈥不能依上述方法決定者，依民法規定定之：㈠以給付特定物爲標的者，於訂約時其物所在地爲之。㈡其他之債，於債權人之住所地爲之（民法第三一四條）。（民法債編總論）（何孝元）

清償抵充

清償抵充者，乃債務人對於同一債權人，負擔同種給付之數宗債務，而提出之給付不足清償全部債務時，決定何宗債務應受清償之謂也（民法第三二一條）。關於清償抵充之方法，可分爲：㈠契約上之抵充：即清償人與受領清償人得以契約，定其應抵充之債務。惟當事人之契約，須於清償前，或至遲於清償時訂立之。㈡清償人之指定：即當事人間如無約定時，應由清償人於清償時，指定其應抵充之債務（民法第三二一條）。㈢法律上之抵充：即當事人間如無關於清償抵充之約定，而清償人又不行使指定權時，則應依法律所規定之順序：㈠債務已屆清償期者，儘先抵充。㈡債務均已屆清償期或均未屆清償期者，以擔保最少者儘先抵充；擔保相等者，以債務人因清償而獲益最多者，儘先抵充；獲益相等者，以先到期之債務儘先抵充。㈢獲益及清償期均相等者，各按比例抵充其一部（民法第三二二條）。

以上所述，係關於原本債務之抵充。而於債務人就一宗債務，於原本之外尚應支付利息及費用之場合，清償人所提出之給付，不足消滅其全部債額時，清償人所提出之給付，應先抵充費用，次充利息，次充原本（民法第三二三條前段）。（民法債編總論）（何孝元）

清償期

清償期者，乃債務人應爲清償之時期也。清償期之確定方法爲：㈠法律另有特別規定者，從其規定，例如民法第四三九條、第四七〇條、第四七八條、第五九七條、第六〇一條等是。㈡契約另有約定者，從其約定。㈢債有特性者，依其性質定之，例如宴席必須於指定時刻爲給付是。㈣其他情形，依其情形定之。㈤不能依上述方法決定者，依民法規定定之，即債權人得隨時請求清償，債務人亦得隨時爲清償（民法第三一五條）。清償期一旦屆至，即發生下列效果：㈠清償期屆至時，債務人應爲清償，債權人亦得請求清償。㈡自清償期屆至時起，消滅時效，開始進行（民法第一二八條）。㈢清償期係確定期限者，債務人自期限屆滿時起，負遲延責任。如係不確定期限或未定期限者，自經債權人催告時起，負遲延責任（民法第二二九條）。㈣清償期屆至時，債務人得爲清償之提出，如債權人拒絕受領或不能受領者，債權人自清償之提出時起，負遲延責任（民法二三四條、第二三五條）。㈤契約當事人互負債務，而均屆清償期者，於他方當事人未爲對待給付前，得行使同時履行抗辯權（民法第二六四條）。㈥二人互負給付相同之債務，而均屆清償期者，各得以其債務，與他方之債務，主張抵銷（民法第三三四條）。（民法債編總論）（何孝元）

清償費用

清償費用者，乃爲清償所必需之費用也。例如運送費、包裝費、滙費、關稅等是。此項費用，除法律另有規定或契約另有訂定外，應由債務人負擔。但因債權人變更住所，或其他行爲，致增加清償費用者，其增加之費用，則由債權人負擔（民法第三一七條）。例如債權發生時，債權人之住所，距債務人甚近，嗣後遷居遠方，致運送費或滙票增加；又如依債權人之請求，將給付物送交清償地以外之處所，或依特別之運送方法而爲運送，致運送費增加等是。

（民法債編總論）（何孝元）

婚生子女（Legitimate Children）

謂由婚姻關係受胎而生之子女也。故凡非適法婚姻所生之子女，概不得稱爲婚生子女，此爲原則。但有例外者四：(1)非婚生子女，其後生父與生母結婚者；(2)非婚生子女，經其生父認領者，視爲婚生子女。(3)非婚生子女與其生母之關係，亦視爲婚生子女；(4)非婚生子女經生父撫育者，視爲認領，亦稱爲婚生子女。以上四者，學說上謂之爲準婚生子女。（民法親屬）（張鏡影）

婚約（Betrothal; Engagement）

又名定婚，亦稱婚姻預約。即一男一女間以締結婚姻契約爲目的，而以自由意思表示訂立之婚姻預約，謂之婚約。此種契約乃親屬法上之契約，與債權契約或物權契約雖同名而性質迥異。蓋債權契約或物權契約之訂約雙方當事人，均有絕對履行契約之義務。婚約則不然。婚約之一方不得強迫他方履行。僅婚約解除時，無過失之一方得向有過失之他方，請求賠償因此所受之損害而已。此其所以不同於債權或物權契約者在此。惟婚約之訂定，須以當事人之自由意志爲根據。因此我民法有年齡之限制。即男未滿十七歲，女未滿十五歲者，不得訂定婚約。縱滿定婚年齡，其尚未成年者，仍須得法定代理人之同意。惟解除婚約，除當事人合意兩願解除者外，民法規定者爲法定解除。即男女之一方有下列情形之一者，他方得解除之。計(一)婚約訂定後，再與他人訂定婚約或結婚者；(二)故違結婚期約者；(三)生死不明已滿一年者；(四)有重大不治之病者；(五)有花柳病或其他惡疾者；(六)婚約訂定後成爲殘廢者；(七)婚約訂定後與人通姦者；(八)婚約訂定後受徒刑之宣告者；(九)有其他重大事由者。（民法親屬）（張鏡影）

婚姻（Marriage）

謂依法律規定，基於一男一女之自由意思而以終身共同生活爲目的，舉行法定方式而結合成爲配偶者也。婚姻本係昏因，鄭康成昏禮注：「昏，日入二刻半以後，天未曙以前；因，依人也。謂婿以昏時來而妻因之去也。」男女之正當結合，謂之婚姻，我國先賢訓爲人之大倫，須行六禮。詩經有「六禮不足，雖速我獄，室家不足」。今民法明定，結婚應有公開之儀式及二人以上之證人（民法九八二條）。若不具備此方式則無效。換言之，即非婚姻而爲苟合。又因倫理之維繫，復規定與下列親屬，不得結婚：(一)直系血親及直系姻親；(二)旁系血親及旁系姻親之輩分不相同者，但旁系血親在八親等外，旁系姻親在五親等者，均不在此限；(三)旁系血親之輩分相同，而在八親等以內者，但表兄弟姊妹則不在此限。五親等以內旁系姻親，於姻親關係消滅後，仍受不得結婚之限制（民法九八三條）。惟婚姻關係一經成立，在身分發生一定之效力，則今古無二致。對財產上之效力，在我國舊法及古代英國法羅馬法均採夫妻同體主義(coverture system)，通常以妻之人格爲夫之人格所吸收，即妻之法律行爲與財產享有之能力，均不能獨立爲之，須受夫之支配。近世因民權主義澎湃，男女平權，在法律上咸採夫妻別體主義(separate existence system)，即夫妻在法律上各有獨立之人格，處於對等地位，各有法律行爲與享有財產之能力。（民法親屬）（張鏡影）

婚姻事件程序

婚姻事件程序，係指(一)婚姻無效之訴，(二)撤銷婚姻之訴，(三)確認婚姻成立或不成立之訴，(四)離婚之訴，(五)夫妻同居之訴等事件之人事訴訟程序（民訴五六八）。於此所謂婚姻事件，專指以上列舉之事件而言。若非上述列舉之事件，雖屬夫妻間之訴訟，或以婚姻問題爲其前提要件，亦不適用婚姻事件之程序。惟非婚姻事件之訴訟，與婚姻事件有關者，有時亦得合併於婚姻事件而提起之（五七二Ⅱ）。婚姻事件程序之特別規定，要點如次：(一)專屬管轄之規定（五六八Ⅰ）；(二)被告適格之規定（五六九）；(三)有訴訟能力人範圍之擴大（五七〇）；(四)離婚之訴及夫妻同居之訴，於起訴前應經法院調解（五七七Ⅰ）；(五)訴之合併、變更、追加、或提起反訴之特別規定（五七二、五七三）；(六)當事人處分主義之例外：(1)認諾及自認效力之不適用（五七四Ⅰ）；關於訴訟上自認及不爭執事實之效力之規定，在撤銷婚姻、離婚或夫妻同居之訴，於撤銷婚姻、離婚或拒絕同居之原因，事實不適用之；在婚姻無效或確認婚姻成立或不成立之訴，於無效或不成立及婚姻有效或成立之原因、事實不適用之（五七四Ⅱ）；(2)法院因維持婚姻或確定婚姻是否無效或不成立，得斟酌當事人所未提出之事實，惟於裁判前，應令當事人有辯論之機會（五七五）；㈦強制當事人或法定代理人本人到場，當事人或法定代理人本人不從法院之命到場者，得對之科以罰鍰，但不得拘提之（五七六Ⅰ）；㈧離婚之訴及夫妻同居之訴，法院認當事人有和諧之望者，得以裁定命於六個月以下之期間內停止訴訟程序，但以一次爲限（五七八）；㈨法院得依聲請命扶養或監護子女或爲其他假處分（五七九）；㈩夫或妻於判決確定前死亡者，關於本案視爲訴訟終結，但第三人提起撤銷婚姻之訴後，僅夫或妻死亡者，不在此限（五八〇）。餘參見「人事訴訟程序」條。（民事訴訟法）（李學燈）

婚姻財產契約（Marriage Settlement）

婚姻財產契約者，乃男女之間籌劃婚姻，並決定一方對於他方財產所享之權利或一方之財產移轉予他方之契約也。此類契約係建立於婚姻約因之基礎上，故不適用於婚姻成立之後，但根據已成立之契約條款所訂立之婚姻財產契約，則不在此限（見 James A. Ballentine: Law Dictionary, 1959, p. 798.）。（英美契約法）（何孝元）

婚姻無效之訴

婚姻無效之訴（民訴五六八Ⅰ），係指本於民法第九八八條所定婚姻無效之原因，求爲宣告婚姻無效之訴。此爲婚姻事件之一種，其性質爲確認之訴。餘參見「婚姻事件程序」條。（民事訴訟法）（李學燈）

連保切結

二人以上共同具結，互負保證責任之謂。戡亂時期檢肅匪諜條例，爲防止匪諜潛伏活動，特規定機關、學校、部隊、工廠或其他團體所有人員，應取具二人以上之連保切結，如有發現匪諜潛伏，連保人與該管直屬主管人員應受處分。其處分辦法，依戡亂時期檢肅匪諜舉辦聯保辦法之規定辦理。（特別刑事法）（吳　智）

連帶保證（Surety）

連帶保證者，乃保證人基於連帶保證契約與主債務人負連帶責任之保證也。換言之，即保證人於主債務人應履行債務時，負有連帶之責（見James A. Ballentine: Law Dictionary, 1959, p. 1255.）。（英美契約法）（何孝元）

連帶債務

連帶債務者，乃數債務人對於同一給付，均須爲全部之給付，而依一次之全部給付，各債務均歸消滅之多數主體之債之謂也（民法第二七二條）。依此定義：㈠連帶債務須有數個債務人，㈡連帶債務係數個之債務，㈢數個債務須係同一給付，㈣數個債務須有同一之目的，㈤數個債務之發生無須本於同一原因，㈥各債務人均負全部給付之義務。

連帶債務之發生，有出於法律行爲者，法律行爲所發生之連帶債務，必須有明示之意思表示，不得推定（民法第二七二條第一項）；亦有出於法律規定者（民法第二七二條第二項），例如民法第一八五條、第一八七條、第一八八條等是。

連帶債務之債權人，得對於債務人中之一人或數人，或其全體，同時或先後請求全部或一部之給付；連帶債務未全部履行前，全體債務人仍負連帶責任（民法第二七三條）。如連帶債務人中之一人爲清償、代物清償、提存、抵銷或混同而債務消滅者，他債務人亦同免其責任（民法第二七四條）。就連帶債務人之對內關係而言，連帶債務人相互間，除法律另有規定或契約另有訂定外，應平均分擔義務（民法第二八〇條）。連帶債務人中之一人，因清償或其他行爲，致他債務人同免責任者，得向債務人請求償還其各自分擔之部分，並自免責時起之利息，是爲連帶債務人相互間之求償權（民法第二八一條）。（民法債編總論）（何孝元）

連帶債權

連帶債權者，乃數債權人，依法律或法律行爲，對於債務人有同一之債權，而各得向債務人爲全部給付之請求，並依一次之全部給付，各債權均歸消滅之多數主體之債之謂也（民法第二八三條）。依此定義：㈠連帶債權須有數債權人，㈡連帶債權係數個債權，㈢數個債權須係同一給付，㈣數個債權須有同一目的。連帶債權之發生，必須出於法律規定或法律行爲（民法第二八三條）。連帶債權之債務人，得向債權人中之一人，爲全部之給付（民法第二八四條）。因連帶債權人中之一人，已受領清償、代物清償、或經提存、抵銷、混同而債權消滅者，他債權人之權利，亦同消滅（民法第二八六條）。至於連帶債權人相互間，以平均分受其利益爲原則。如法律另有規定或契約另有訂定者，亦應從其規定或約定（民法第二九一條）。（民法債編總論）（何孝元）

連續犯

所謂連續犯，係指連續數行爲而犯同一之罪名，以一罪論而言。其構成要件如下：㈠須有數個獨立之行爲。㈡須有概括之犯意。㈢須所犯爲同一罪名。所謂同一罪名，以同一罪質爲已足，不以同一法條爲限。㈣須數個獨立行爲有連續關係。即往往取決於外部的類似關係，例如在同一場所或接近之場所、接近之時間，同一被害人及同一或類似之方法等，均可成立連續關係。連續犯之數個獨立行爲，均可分別獨立成罪，而僅論以一罪，對於犯人不免失之寬縱，故學者甚多主張廢除連續犯之體制者，我國票據法於民國四十九年三月三十一日修正公布施行時，其第一百四十二條即明定排除連續犯之適用。惟一般犯罪，因常業犯、牽連犯及想像上之犯罪競合等，均爲一罪。若將連續犯取消，則顯然失其平衡作用，故仍有維持連續犯體制之必要。（刑法總則）（王建今）

連續自白（Consecutive Confession）

被告因嚴刑逼供或其他非法方法作非任意自白後，另作之「任意」自白，此後一自白謂之連續自白。原則上言之，非任意自白不得採爲有效證據，而與其相關連，受其影響所及之連續自白，亦不認爲合法有效之證據（Constitutional Law, American Casebook Serious, by Lockhart, pp. 744）。（英美刑法）（桂公仁）

參加付款

參加付款（payment by intervention for honour）是承兌人或付款人以外之第三人，於票據被拒絕承兌或被拒絕付款時，爲防止追索權之行使，向執票人爲付款的行爲。參加付款與參加承兌（參看「參加承兌」條），其目的皆在於防止追索權之行使，藉以挽救票據的信用；惟參加付款乃由參加人就票上金額，爲現實的支付，除承兌人外，任何人均得爲之；而參加承兌乃由參加人就票上金額爲附條件支付的承擔，其得爲參加承兌者，限於票據債務人以外之人。前者行於拒絕付款之時，而後者於拒絕承兌之時，且參加付款，非票據行爲，而參加承兌却係票據行爲之一，這是兩者在性質上的差異。（商事法）（林咏榮）

參加承兌

參加承兌（acceptance by intervention for honour），是預備付款人或票據債務人以外的第三人，因票據不獲承兌，於到期日前爲防止執票人行使追索權所爲的附屬的票據行爲。其爲參加承兌的人，叫做參加承兌人；因參加承兌行爲而直接受利益的人，叫做被參加人。按預備付款人之設，原在於預防滙票被付款人拒絕承兌或拒絕付款時可能發生的追索。滙票上經指定有預備付款人者，執票人於到期日前，得行使其追索權時，自得請求其參加承兌，該預備付款人爲當然參加承兌人，學者稱之爲當然參加（票據法第五三條第一項）。至票據債務人，如發票人、背書人等，於不獲付款時，執票人原可對之行使追索權，無庸其參加承兌。而票據債務人以外任何第三人，經執票人的同意，得指定票據債務人中的一人爲被參加人，而爲參加承兌，學者稱之爲任意參加（票據法第五三條第二項）。就性質上言，我國以參加承兌爲承兌的一種，規定於承兌的次一節；實則，承兌乃承諾爲票據主債務人的行爲；而參加承兌乃以防止追索權的行使爲目的，僅承擔其追索義務而已；俟滙票到期，執票人仍須先向付款人或擔當付款人請求付款，如遭拒絕，始得向參加承兌人爲付款的提示而請示付款，非如「承兌」，一經承諾簽名，即應負付款的責任。故日內瓦統一票據法乃將「參加承兌」併同「參加付款」，規定於「第七章追索權」之後一章，題其章名曰「參加」（De l'intervention, intervention for honour）。（德國、日本票據法及法國商法均同）。此不僅在編制上與我國不同，抑亦可由此以顯示參加承兌在性質上的差異。（商事法）（林咏榮）

參加叛亂集會

集會者指多數人爲協議某項事件，而暫時集合一處之狀態，無論其爲定期集會或臨時集會，凡以叛亂爲目的而自願參與者，不問原因如何，方式如何，

任務如何，均應依懲治叛亂條例第五條科以參加叛亂集會之罪。（特別刑事法）

（吳　智）

參加叛亂組織

組織者，係以達一定共同目的，依特別多數人之合意而成立之永久團體。所謂叛亂之組織，凡意圖破壞國體、竊據國土、或以非法之方法顛覆政府、變更國憲之團體皆屬之，且不以具有組織之形式為要件。參加者，即自願參與加入之意，雖僅口頭表示，而經吸收納入叛亂之組織內，即係參加叛亂組織，并無須若何形式，在未經自首或有其他事實證明已脫離該組織前，仍認其行為在繼續狀態，均應依懲治叛亂條例第五條科以參加叛亂組織罪。（特別刑事法）（吳　智）

參加調解

就調解事件有利害關係之第三人，經法院之許可，得參加於調解程序。法院並得將事件通知之，命其參加（民訴四一二），是為參加調解。此因調解事件有涉及第三人之問題，則使第三人參加，既可一併解決，且有時可使調解易於成立，尤符調解制度之本旨。第三人得以書狀或言詞聲請，經法院之裁定許可其參加。法院亦得依職權，命其參加。第三人得僅輔助當事人之一造，亦得加入該程序為當事人，故與訴訟參加限於輔助一造，且無須先得法院之許可者不同（五八至六〇參照）。（民事訴訟法）（李學燈）

教育召集

為使服兵役義務者完成應受之軍事教育所實施之召集；依軍事需要於舉行訓練或演習時實施之。教育召集之順序，按補充兵預備役、國民兵、常備兵預備役召集之，必要時得依軍職專長教育之需要召集之。後備軍人及國民兵應受之教育召集，在其役齡內以五次為限，每次為三十日以內，每年以一次為準，戰時得視教育需要，酌增次數與時間。在召集時應以不妨礙服役者之生計為著眼。對於意圖避免教育召集者；如故意捏造免役、除役、轉役、或免除召集原因、故意毀傷身體、無故逾應召期限三日、無故拒絕接受召集令、或使人頂替、介紹頂替、或頂替他人等情形，即屬妨害兵役行為，妨害兵役治罪條例第七條規定，應處三年以下有期徒刑。（特別刑事法）（吳　智）

教育與犯罪

教育就廣義言，可分為家庭教育、學校教育與社會教育三種。家庭教育為一切教育之基礎，學校教育為教育之骨幹，社會教育為教育之補助。個人生活之過程，為出身於家庭，成長於學校，出處於社會。故家庭學校及社會均為培養個人人格之場所。倘家庭與社會環境不良，而又缺乏學校教育，則雖無天生之惡性，亦必受不良環境之習染，而易生犯罪之危險，反之，雖有先天惡性之遺傳關係，如家庭教育與學校教育完美，亦可轉移本性，變化氣質。據美國少年法庭報告，少年犯罪，多出自以下三種家庭：㈠父母有惡習染，如烟酒癖之類。㈡家庭中有犯罪或不道德之行為。㈢家庭分裂，如離婚、遺棄、爭鬥或其他不良現象。此外就吾人日常經驗考察，凡家庭生活過嚴、過寬、冷酷、寂寞、沉悶、乾燥無味及過分壓迫等不合理之情況，亦為導致少年犯罪之因素。依據刑事統計，國民教育程度之高低有無，與犯罪適成一正比例，教育程度高者之犯罪，較教育程度低者為少，而未受教育者之犯罪，較受教育者為多。至社會教育與國民道德及羣衆心理之關係，亦至為密切，例如電影、小說、戲劇、圖畫等，倘帶有誨淫誨盜之色彩，則無異為傳播姦淫、猥褻、竊盜、強盜等罪之工具，為刑事政策上最應注意之事也。（刑事政策）（王建今）

教育刑

所謂教育刑，即不以刑罰為報應之手段，而以之為受刑人之教育方法，藉以改善其惡性，使其復歸於社會之意。此種主張，始於倡導目的刑論之德國學者李士特（Liszt），其後特別強調教育刑之名稱者，為德國學者李蒲曼（Liepmann）。認為刑罰之本身，即為一種教育。此種理論，與特別預防主義及不定期刑主義相結合，而構成新派刑法理論（參見「刑法理論」「特別預防主義」「不定期刑」條）。（刑事政策）（王建今）

教唆犯

所謂教唆犯，係指唆使初無犯罪意思或意思尚未確定之人犯罪者而言。教唆犯在立法上有從屬性與獨立性之分，採從屬性之立法例，認為教唆犯應以正犯（被教唆人）實施犯罪而成立，若被教唆人於受教唆後未實施犯罪行為者，教唆者卽不能予以處罰。採獨立性之立法例，認爲教唆者對他人一經教唆後，無論被教唆人是否犯罪，教唆犯應卽成立。蓋教唆犯係創造犯意之人，惡性重大，不可輕恕。我國刑法第二十九條規定，對教唆犯係採獨立處罰主義。卽被教唆人雖未至犯罪，教唆犯仍以未遂犯論，但以所教唆之罪有處罰未遂之規定者爲限。教唆犯在主觀方面，須有教唆他人犯罪之故意，在客觀方面，須有教唆他人犯罪之行爲。此種行爲，無論用語言、文字或感情激動等，均可構成。（刑法總則）（王建今）

教唆罪（Solicitation）

依英美「普通法」，以言語或行爲唆使他人犯重罪或輕罪，無論被教唆人是否因而犯該罪，教唆人負「輕罪」（misdemeanor）之責。通常單純犯意爲法所不罰，然教唆犯罪不僅犯意昭彰，且有確切之教唆行爲，影響社會公安至鉅 Lawrence J., in rex v. Higgins, 2 East 5).

教唆犯與未遂犯不同，著手於犯罪行爲之實行而不遂者爲未遂犯，僅在「準備」行爲階段而未至「著手」者，自不得謂爲未遂犯。又，被教唆人犯罪時，教唆人本人在現場積極參與其事者，教唆人視同主犯，否則應爲尋前從犯（accessory before the fact）(State v. Blechman, Supreme Court. N.J., 135 N.J.L.99, 50 A. 2d. 152）（英美刑法）（桂公仁）

停止條件（Condition Precedent）

爲法律行爲附款中條件之一種也。乃對解除條件而言。謂法律行爲之效力發生，繫於將來不確定之事實的成就之意思表示也。換言之，卽限制法律行爲效力發生之條件也。附停止條件之法律行爲，必須該條件成就時，法律行爲始發生效力。例如甲與乙約定，若乙與丙結婚，則甲免除乙之債務。是甲之免除債務之法律行爲生效，必須乙與丙實行結婚後，其債務乃可免除。我國民法規定：「附停止條件之法律行爲，於條件成就時始發生效力」（第九九條第一項）。倘因條件成就而受不利益之當事人，如以不正當行爲阻止其條件之成就者，則視爲條件已成就。如因條件成就而受利益之當事人，如以不正當之行爲促成其條件者，則視爲條件不成就（第一〇一條）。如上例甲暗中破壞乙丙之情感，使不能達成結婚，乙能舉證由於甲以不正當之行爲從中破壞。則在法律上認爲條件已成就，卽學說上所稱之擬制成就也。倘乙因可受免除債務之利益，若用詐術使丙與之結婚，甲能舉證由於乙使用不正當行爲促成之結婚，則在法律上認爲條件不成就。亦卽學說上所謂之擬制不成就。此無他，因其有背誠實信用之故耳。蓋條件之成就與否，繫於不確定之事實，亦卽聽其自然演變。若以不正當行爲使之成就，顯係違背約定之旨。此法律有擬制條件之設也。（民法總則）（張鏡影）

停止請求權

日本昭和二十五年（1950 A.D.）修正商法，爲強化個別股東權，特採取英、美的阻止命令（injunction）制度，而有所謂「差止請求權」；我新公司法仿之，凡董事會決議，爲公司登記業務範圍以外的行爲，或爲其他違反法令或章程的行爲時，繼續一年以上持有股份的股東，得請求董事會停止其行爲（公司法第一九四條、日本商法第二七二條、惟其限制較寬，凡繼續六個月以上持有股份的股東，均可請求之）。如董事會不理睬時，並可提起訴訟，依保全程序以假處分制止之（我國民事訴訟法第五二八條、第五三四條、日本民事訴訟法第七五五條）。（商事法）（林咏榮）

停止審判程序

審判程序進行中因故暫行休歇之情形爲審判程序之停止。其原有以下數種：㈠被告心神喪失者，應於其回復以前停止審判。被告因疾病不能到庭者，應於其能到庭以前停止審判。以上兩項情形，被告如顯應諭知無罪或免刑判決者，得不待其到庭，逕行判決。許用代理人案件委任有代理人者，上列三種法則，均不適用。㈡犯罪是否成立以他罪爲斷，而他罪已經起訴者，得於其判決確定前，停止本罪之審判。㈢被告犯有他罪已經起訴應受重刑之判決，法院認爲本罪科刑於應執行之刑無重大之關係者，得於他罪判決確定前，停止本罪之審判。㈣犯罪是否成立或刑罰應否免除，以民事法律關係爲斷，而民事已經起訴者，得於其程序終結前停止審判程序。停止審判之原因消滅時，法院應繼續審判。當事人亦得爲此聲請。（刑事訴訟法）（陳　珊）

停役

暫行停止服兵役之謂，兵役法第二十條規定，如於服現役期中，患病不堪行動，常備兵在六個月以內，補充兵在應受訓練時間四分之一以內，無痊復之望，而願自行醫療者，或有犯罪嫌疑在羈押中已逾三個月者，或犯罪判處徒刑在執行中者，或無故離營已逾一個月者，均得依法予以停役。停役原因消滅時回復現役。

又常備軍官或士官在現役期間具有下列情形之一者，予以停役：一、失蹤逾三個月。二、被俘者。三、撤職者（不含士官）。四、因案在羈押中逾三個月者。五、判處徒刑在執行中者。六、因其他事故必須予以停役者。前項停役原因消滅時，得按情節予以回役，或免予回役。（特別刑事法）（吳　智）

停業登記

商業經登記後，如因故暫停營業一個月以上而又欲繼續保留其登記權益時，即應為停業之登記，此所謂因故暫停營業，其期間通常係指短暫之二、三個月而言，惟如商號主體人應召入伍服常備兵現役陸軍二年海空軍三年申請暫停營業時，我政府為表示優待現役軍人之至意，亦准予停止營業以保留其登記權益。

申請為停業之登記，依商業登記法第十六條之規定應於停止之日起十五日內為之。（商業登記法）（曾　歐）

陸空保險（Insurance of Transport, by Inland or by Air）

陸空保險契約，就是保險人對於保險標的物的運送，因陸上、內河、或航空一切事變及災害所致的毀損、滅失及費用，負賠償責任的財產保險契約（保險法第八五條）。德國在一九〇八年所頒行的保險契約法，其第二章（損害保險）第五節以專節規定運送保險（transporty-ersicherung），日本商法第三編第十章第一節（損害保險）第三款亦然。惟由於近代航空事業的發達，空中運送漸趨於頻繁，於是運送保險一般慣例上遂兼及航空所致的損害。我國現行保險法於第三章第三節特增設「陸空保險」的規定，不僅彌補舊法的缺漏（舊法未設運送保險），且亦為各國立法開先例。（商事法）（林咏榮）

陸海空軍刑法

本法為規定對於侵害軍隊戰力者，定其國家刑罰權之實體法；亦即對於侵害戰力之一定行為，付與一定法律之制裁之法律，於民國十八年九月二十五日，經國民政府公布施行，民國二十六年七月十九日又修正第二條、第一百十二條、第一百二十二條條文、內分兩編，共一百二十二條，第一編總則，為法例、文例、刑之執行、及刑之減免等，第二編為分則，共十七章，規定各種犯罪之特別要件，及應科刑罰之限度，本法係關於身份之特別法，原則上採軍人犯主義，兼採軍事犯主義，對軍人犯罪優先適用，但其他後法有較重規定者，依從新從重原則適用之，至對非陸海空軍軍人於戰地或戒嚴區域犯本法第二條所列各罪，因其關係軍事之安全，與軍紀之嚴肅甚鉅，故設其例外規定亦適用本法。（特別刑事法）（吳　智）

陸海空軍軍人

即指陸海空軍現役軍人而言，（參「陸海空軍現役軍人」條）。（特別刑事法）（吳　智）

陸海空軍現役軍人

陸海空軍現役軍人，可分兩種，一、現役軍人，指陸海空軍軍官、士官、士兵，現職在營服役者而言，二、視同現役軍人，亦以現役軍人論，如⑴軍用文職人員，及專任聘僱人員，⑵文職公務員兼任軍職，於戰時負有作戰任務者，⑶軍事學校在校學員生，⑷參加作戰之國民兵，⑸參加作戰之志願兵，⑹戰時擔任警備地方之保安部隊官兵，⑺參加作戰之地方團隊，⑻應召期間之後備軍人。（特別刑事法）（吳　智）

條件（Condition）

條件者，附屬於契約之明示或默示之條款，使契約規定之任務，繫於將來不確定之事實之謂也。

英美法上契約之條件可分為：

㈠停止條件與解除條件（condition precedent and condition subsequent or resolutive）：停止條件者，條件成就時，債務即以之發生之條件也。解除條件者，條件成就時，債務即以之消滅之條件也。

㈡同時履行之條件（concurrent conditions）：同時履行之條件者，乃在同一契約內有兩個條件，附屬於兩個不同之債務，而須同時履行之謂也。

㈢推定條件（implied condition）：推定條件有三，即：㈠條件推定其附屬於契約之內者，即契約之履行，以有此條件為前提，如一方違背契約，亦即違背此條件，他方即可依違背條件之規定，撤銷其契約。㈡依情勢變更之原則，如情勢變更，致使契約之目的不能達到，或履行不能，法律因之推定條件不成就，而當事人之債務亦因之免除。㈢如契約之成立，係基於某種事實之眞實，則此項事項之眞實，即推定其為契約成立之條件，如該項事實非眞實或不存在時，應視為條件不成就，契約亦因之失效（見Salmond and Williams on Contracts, 2nd ed., 1945, pp. 47-57.）。（英美契約法）（何孝元）

條件禁制品

所謂條件，指表意人以將來客觀上不確定事實之成否為限制，以決定法律行為效力之一種法律行為附款也。故戰時禁制品條例，所指之條件禁制品，其適用範圍，須由國防部隨時呈請行政院核定公布，惟其基本種類依同條例第四條規定為：

一、糧食、食品、飼料及非軍用被服。

二、供給前款物件之生產或製造機器及材料物品等是。（特別刑事法）（吳　智）

條件說

見「因果關係」條。（刑法總則）（王建今）

條款（Term）

條款者，乃契約當事人於契約內明示，或依法律，或依事件性質推定之意思表示也。英美法對於契約條款之解釋，其方式有三：㈠依當事人明示條款而為解釋；㈡依法律推定條款而為解釋；㈢由法院解釋。所謂明示之條款（express term），乃契約當事人於契約內明示之意思表示也。所謂法律推定之條款（term implied by law），乃契約中未經規定之事項，解釋契約時，在法律上推定其已包涵在契約之內之謂也。至契約不能依當事人明示條款或法律推定之條款而為解釋時，惟有由法院依據事件之性質，審酌當時之情形而為之，是為法院解釋之條款（term by construction）。（見 J. F. Wilson: The Law of Contract, 1957, pp. 235, 252, 259.）

又契約之附條款有補充條款（supplementary term）與附屬條款（collateral term）之別：前者，得以外在證據證明當事人除本約外，另有於履行前或履行時特訂之條款，以補充本約之不足；後者，得以外在證據證明本約附有附屬之條款，該條款有時可以停止本約條款之效力。雙方當事人如已將意思表示訂為契約之條款者，原則上不得以口頭證據增加，刪減或否認之，但上述情形乃此項原則之例外。（見 Chitty on Contracts, vol. I, 1961, pp. 276-277.）。（英美契約法）（何孝元）

常備士官役

常備士官役依兵役法第八條規定分為兩種：

㈠現役—以適齡男子及現役或後備之士兵，依志願考選受規定之常備士官教育，期滿考試合格者服之，或以服役成績優良之現役士兵依規定甄選合格者服之。

㈡預備役—常備士官現役期滿，退伍服預備役，至除役時止。（特別刑事法）（吳　智）

常備兵役

常備兵役為義務役之一種，分現役與預備役兩階段。現役以男子年滿十九歲之年，經徵兵檢查合格於翌年徵集入營服務之。陸軍為期二年，海空軍為期三年，期滿退伍轉為預備役，平時在鄉受後備軍人之管理，及教育、勤務、點閱、臨時各種召集；戰時受動員召集，擔任作戰任務，至屆滿四十五歲除役。如有意圖避免徵集或召集之行為，妨害兵役治罪條例第四條、第六條、第七條均明定有罪刑。（參徵集及各種召集條）（特別刑事法）（吳　智）

常備軍官役

常備軍官役依兵役法第七條規定分為二種：

㈠現役—以適齡男子及現役或後備之士官、士兵，依志願考選，受規定之常備軍官教育，期滿考試合格者服之。

㈡預備役—以常備軍官現役期滿退伍服之，至除役時止。（特別刑事法）（

吳　智）

常業犯

見「習慣犯」條。（刑法總則）（王建今）

終止收養關係之訴

終止收養關係之訴，本於民法所定得爲終止收養關係之原因（民訴一〇八二），請求法院判決宣告收養關係消滅之訴。其性質爲形成之訴，係收養事件之一種。餘參見「收養事件程序」條。（民事訴訟法）（李學燈）

終止契約

終止契約者，乃使契約之效力，嗣後消滅之意思表示也。終止契約，有依當事人約定者，有依法律之規定者。終止權之行使，應向他方以意思表示爲之，契約當事人之一方有數人者，其意思表示，亦應由其全體或向其全體爲之。此項意思表示，不得撤銷（民法第二六三條，第二五八條）。終止契約之效力，僅使契約所生之效力，嗣後消滅，其以前之債權債務關係，並不受其影響，自不生回復原狀之義務，故與解除契約不同。（民法債編總論）（何孝元）

終局判決

終局判決，係於某審級以終結訴訟全部或一部爲目的之判決（民訴三八一、三八二），亦卽關於訴或上訴所爲之判決。如於某審級僅判決訴訟進行中所生之爭點，以爲終局判決之準備，而非以終結訴訟爲目的者，則爲中間判決（三八三）。法院爲終局判決，須訴訟事件之全部或一部達於可爲裁判之程度。所謂達於可爲裁判之程度，係指法院依法律上之理由，足認其訴訟毋庸更行辯論，而應與以保護權利或拒絕保護而言。亦卽法院審理之結果，關於訴或上訴之有無理由，已達於得爲終局判斷之狀態是。訴訟事件之全部或一部經法院爲終局判決後，該訴訟事件之全部或一部在該審級卽告終了。但訴訟繫屬並非隨同終局判決而立卽消滅。例如第一審爲終局判決後，於上訴期間屆滿前，其訴訟仍認爲在第一審繫屬中。上級法院廢棄原判決將該事件發回或發交下級法院時，該事件一面脫離上級法院，一面又因而復繫屬於下級法院。對於終局判決得獨立上訴，對於中間判決則不得獨立上訴，惟得隨其後之終局判決受上訴法院之審判（四三八）。終局判決中，以終結訴訟之全部爲目的者，謂之全部終局判決；其僅以終結訴訟之一部爲目的者，謂之一部終局判決。詳見各該條。（民事訴訟法）（李學燈）

終身定期金（Life Annuity or Life Interests）

卽當事人約定一方於自己或他方或第三人生存期內，定期以金錢給付他方或第三人之契約也。終身定期金契約（life annuity agreement）之標的物曰終身定期金。給付之一方曰終身定期金債務人，受給付之一方曰終身定期金債權人。終身定期金契約（contract of life annuity）爲要式契約，須以書面爲之，所以防止爭端也。其給付應按季預先支付，但契約別有訂定者，從其約定。給付金額以契約所定者爲準。在終身定期金預付後，該期屆滿前而定期金債權人死亡者，該債權人仍取得該期金額之全部。如契約上對於期間有疑義時，推定其爲債權人之生存期內。金額有疑義時，推定其爲每年應給付之金額。終身定期金在原則上不能移轉，惟契約上訂定移轉，則爲例外。若以遺贈贈人以終身定期金者，除適用遺贈之規定外，亦準用終身定期金之有關各規定（民法第七二九條至第七三五條）。（民法債編分則）（張鏡影）

部分錯覺（Partial Delusion; Partial Insanity）

行爲人因精神障礙（如精神病等）致心神喪失，行爲當時不知其行爲之性質，或雖知其行爲性質但不能明辨是非，不知其行爲爲非法時，通常可作爲有效免罪之抗辯。反之，若行爲人犯罪當時，因身心疾患，年老癡騃或身心發育不全致精神耗弱而下意識犯罪，如其行爲時知其行爲爲違法，則難以精神耗弱（partial insanity）爲免罪之抗辯；但於以特定故意爲犯罪成立要件場合，一般認爲得作爲減刑參考（Fisher v. U.S., 328 U.S. 436, 66 S. Ct. 1318）。（英美刑法）（桂公仁）

部曲

漢制兵由徵調，非將帥所得而私，及其末年，邊將擁兵自重者始別募一種兵如後世所謂「家丁」者以爲自己的腹心，而部曲的名因而成立。部曲的身分與官戶同（參看「番戶」條），國有者爲官戶，私有者爲部曲。部曲的女，謂之客女，其身分亦等於官戶。（中國法制史）（林咏榮）

部隊

陸海空軍刑法第十一條所稱部隊，爲陸海空軍軍隊、官署、學校和一切特設機關之總稱。（特別刑事法）（吳　智）

捨棄上訴權

當事人於上訴期間內，未爲上訴前向法院表示放棄上訴權之意思，爲捨棄上訴權。當事人捨棄上訴權，應向原審法院以書狀爲之。但於審判期日，得以言詞爲之。在監所人提起上訴之規定，於捨棄上訴權者準用之。捨棄效力，即喪失其上訴權，書記官應速通知他造當事人。（刑事訴訟法）（陳　

冊）

捨棄或認諾

原告就其依訴之聲明所爲關於某法律關係之主張後，不復維持，而向法院爲拋棄其主張之陳述，謂之捨棄，亦稱訴訟標的之捨棄。被告對於原告依訴之聲明所爲關於某法律關係之主張，不爲反對，而向法院承認其主張之陳述，謂之認諾，亦稱訴訟標的之認諾。訴訟標的之捨棄或認諾，須於言詞辯論時爲之，始生訴訟法上當然應受敗訴判決之效力（民訴三八四）。其捨棄或認諾，係向法院爲之，故他造雖不在場，亦有效力。在行準備程序之受命推事前爲之者，仍須嗣後於言詞辯論時履行法定（二七五）之程序，始得爲判決之基礎。在事實審法院，無論訴訟至何程度，均得爲之。在第三審則不得爲此行爲，因法律審不得斟酌新訴訟資料。捨棄與認諾同屬陳述之性質，係屬具有陳述性之訴訟行爲。當事人爲此行爲時，不必有使生訴訟法上效果之目的，而效果之發生，亦非因當事人有此目的而然，故非訴訟法上之法律行爲。又捨棄或認諾，並非以關於訴訟標的之處分爲目的之意思表示，故亦不得認其爲私法上之法律行爲。當事人爲訴訟標的之捨棄或認諾時，法院仍應注意下列各點：㈠捨棄須無牴觸實體法上關於限制拋棄權利之規定（如繼承開始前之繼承權及父母對於子女之親權，均不得拋棄是）；認諾之法律關係，非現行法上不許存在，其內容不違反强行規定及公序良俗者；㈡須具備訴訟成立要件，而後始得爲捨棄或認諾之判決；須有保護之必要且有當事人之適格，而後始得爲認諾之判決；㈢須就關於訴訟標的之主張爲之（故認諾與自認有別，後者係就爲維持關於訴訟標的之主張而提出之攻擊防禦方法爲陳述）；㈣爲捨棄或認諾之行爲，須有訴訟能力或代理權；㈤須於該訴訟事件之言詞辯論時，以言詞陳述之；㈥當事人如已爲此項陳述，即應受其拘束，不得撤回；㈦須就得爲處分之訴訟標的爲之，例如就爲訴訟標的之親屬關係爲捨棄或認諾，不得以爲判決之基礎是；此外並應注意不適用認諾之特別規定（五七四Ｉ、五八八、五九四、六一五、六二四Ⅲ、六三九等）。餘參見「捨棄或認諾之判決」條。（民事訴訟法）（李學燈）

捨棄或認諾之判決

法院本於原告（或反訴原告）所爲訴訟標的之捨棄，而爲原告（或反訴原告）敗訴之判決，謂之捨棄判決。本於被告（或反訴被告）所爲訴訟標的之認諾，而爲被告（或反訴被告）敗訴之判決，謂之認諾判決。當事人爲訴訟標的之捨棄或認諾，均有受敗訴之效果（民訴三八四）。故原告爲捨棄後，法院應不調查其權利保護要件是否具備，即以捨棄爲基礎，認原告之訴爲無理由，而爲駁回其訴之判決，此即爲捨棄判決。被告爲認諾後，法院應不調查爲訴訟標的之法律關係是否果屬存在或不存在，即以認諾爲基礎，認原告之訴爲有理由，而爲被告敗訴之判決，此即爲認諾判決。惟捨棄或認諾之判決，仍係本案判決而非程序判決。因此於權利保護要件中，關於法院應依職權調查之事項，以及訴訟成立要件之存否，法院仍應調查之。例如訴訟標的本無保護之必要，或當事人不適格，仍應爲駁回其訴之判決。訴本不合法，仍應爲駁回其訴之裁定。不得本於原告之捨棄或被告之認諾，而爲原告或被告敗訴之判決。當事人如關於訴訟標的不得爲處分者，其所爲之捨棄或認諾無效，不得以爲判決之基礎。例如就爲訴訟標的之親屬關係爲捨棄或認諾是。訴訟標的之捨棄或認諾，須於言詞辯論時爲之。雖他造不在場，亦得生捨棄或認諾之效力。在行準備程序之受命推事前爲之者，仍須嗣後於受訴法院之言詞辯論時，經當事人陳述其要領，或由庭員或書記官朗讀筆錄後（二七五），始得以爲判決之基礎。餘參見「捨棄或認諾」條。（民事訴訟法）（李學燈）

偵查

偵查機關以蒐集必要資料，斷定起訴或不起訴為目的所為之準備程序為偵查。偵查程序之實施，屬於檢察官之職責，檢察官因告訴、告發、自首或其他情事，甚至風聞傳說，知有犯罪嫌疑者，應即開始偵查。其他公務員依據法律有協助檢察官偵查犯罪之職權或義務者，稱為司法警察官及司法警察（見另條）。是乃偵查補助機關，亦得接受告訴、告發、自首或因其他情事發動偵查。（刑事訴訟法）（陳　珊）

偵查之停止

犯罪是否成立或刑罰應否免除，以民事法律關係為斷者，檢察官應於民事訴訟終結前，停止偵查。犯人不明者，於認有法定之應不起訴情形以前，不得終結偵查。（刑事訴訟法）（陳　珊）

偵查之實施

實施偵查，應注意下列各點：㈠偵查，不公開之。㈡發見犯罪事實之全部或一部係告訴乃論之罪而未經告訴者，於被害人或其他得為告訴之人到案陳述時，應訊問其是否告訴，記明筆錄。㈢遇被告不能到場，或有其他必要情形，得就其所在訊問之。㈣關於偵查事項，檢察官得請該管機關為必要之報告。㈤訊問證人、鑑定人時，如被告在場者，被告得親自詰問；詰問有不當者，檢察官得禁止之。㈥預料證人、鑑定人於審判時不能訊問者，應命被告在場。但恐證人、鑑定人於被告前不能自由陳述者，不在此限。㈦遇有急迫情形，得命在場或附近之人為相當之輔助。檢察官於必要時，並得請附近軍事官長派遣軍隊輔助。㈧檢察官知有犯罪嫌疑而不屬其管轄者，應即分別通知或移送該管檢察官；但有急迫情形時，應為必要之處分。㈨檢察官依偵查所得之證據，足認被告有犯罪嫌疑者，應提起公訴。被告之所在不明者，亦應提起公訴。㈩案經偵查終結，具有法定之應不起訴或得不起訴之原因者，即為或斟酌情形而為不起訴之處分（詳另條）。（刑事訴訟法）（陳　珊）

現行犯

犯罪在實施中或實施後即時發覺者，為現行犯。所謂「在實施中」，係指犯罪行為尚未完了之狀態而言。所謂「實施後即時發覺」，乃指犯罪行為雖已完畢，而在當時即被發覺之情形，通常以尚未離開現場為標準。司法院解字第三三九五號解釋，以「密接於犯罪行為之時間即被發覺」者，為「即時發覺」。（刑事訴訟法）（陳　珊）

現在給付之訴

見「給付之訴」條。（民事訴訟法）（李學燈）

現役軍人

依軍事審判法第二條規定，現役軍人，謂陸海空軍軍官、士官、士兵現職在營服役之軍人。所謂現職在營，係指依法派任軍職及依兵役法徵召入營服役者而言。（特別刑事法）（吳　智）

移送之判決

移送之判決，係指廢棄原判決而將該事件移送於管轄法院之判決。第二審法院不得以第一審法院無管轄權而廢棄原判決，但違背專屬管轄之規定者，不在此限。因第一審法院無管轄權而廢棄原判決者，應以判決將該事件移送於管轄法院（民訴四五二）。此項判決為終局判決與發回判決同為解決程序上之問題，故得不經言詞辯論為之（四五三）。又第三審法院廢棄原判決時，如因第一審法院違背專屬管轄之規定而第二審法院未為移送之判決者，仍應為移送之判決，參見「自為判決」條。（民事訴訟法）（李學燈）

移送管轄

移送管轄謂直接上級軍事審判機關基於法定之原因，如為期審理公平或因事實上之便利，或因軍事審判機關駐地有變更時，將有管轄權之軍事審判機關受理之案件暨被告，移送於其他同等軍事審判機關審理之謂。（特別刑事法）（吳　智）

移轉管轄

由上級法院以裁定將案件移轉於他法院管轄之情形，曰移轉管轄。移轉之原因有二：㈠有管轄權之法院因法律或事實不能行使審判權者。前者如推事迴避原因，後者如發生重大障礙。㈡因特別情形由有管轄權之法院審判，恐影響公安或難期公平者。移轉管轄之程式，如由當事人聲請者，應以書狀敍述理由向該管法院爲之。其由案件繫屬之法院或訴訟關係人之請求，經上級法院以職權爲移轉之裁定，於理亦非不可。移轉裁定，應由直接上級法院爲之，如直接上級法院不能行使審判權時，由再上級法院爲之。（刑事訴訟法）（陳　珊）

移轉管轄（Change of Venue）

將繫屬於某一地區法院（county or district）之案件移轉至另一地區法院管轄之謂。亦有認爲將繫屬案件自一法院移至同一地區之另一法院管轄，亦屬移轉管轄，唯第一說始爲較正確之定義。美國聯邦及各州憲法多有移轉管轄之規定，如基於社會輿論或種族歧視等原因，不移轉管轄將對被告不利時，得經被告聲請或檢方聲請移至其他法院審理。再如該州憲法無移轉管轄規定時，在制定法(Statue)無反對規定情形下，應依「普通法」規定，得移轉管轄(People v. Peterson, 93 Mich. 27, 52 N.W. 1039)。（英美刑法）（桂公仁）

推定

推定用爲法律上之術語，通常係指一種法則或一種推論而言。使用此一術語，意在表示某一事實或若干事實，與另一事實或若干事實間之關係。中國法律上所用之術語，有所謂法律上之推定及事實上之推定。「法律上推定之事實無反證者，無庸舉證」（民訴二八一），即係前者。「法院得依已明瞭之事實，推定應證事實之眞僞」（二八二），即係後者。嚴格言之，所謂推定，如意指一種法則，應專指法律上之推定而言。法律上推定之事實，在無相反之證據提出以前，當事人主張該項事實者，即無庸舉證。故推定之性質，其本身並非證據，實已成爲關於證據之法則。如有甲事實之存在（或不存在），無待證據，可以推定乙事實之存在（或不存在）。甲事實爲基礎事實，乙事實爲推定事實。基礎事實之確立，在訴訟中或係本於證據所認定，或係本於法則所認定（如由於法院之認知是）。其係本於證據認定者，當事人主張該項基礎事實，自仍須依一般之規定，負舉證責任。例如私文書經本人或代理人簽名、蓋章、或按指印，或有法院或公證人之認證者，推定爲眞正（三五八），關於經本人或其代理人簽名、蓋章或按指印之基礎事實，除他造當事人已無爭執外，自應由提出該文書主張此項事實之當事人盡其舉證責任後，始得推定其爲眞正是。至於所謂事實上之推定，僅爲邏輯上之推論（或推理），即法院得依已明瞭之事實，推定應證事實之眞僞（二八二）。此非減輕或免除當事人舉證之責任，而係法院根據經驗法則，論理法則，爲邏輯上之演繹而得之結論。在無相反之推論，或相反之事實提出以前，自亦有認定事實眞僞之效力。如有相反之推論，則其相對之分量即成爲問題。所謂已明瞭之事實，即係基礎事實。不必限於以證據證明之事實，例如無爭執之事實，法院認知之事實，以及由推論所得之事實，均可謂爲已明瞭之事實。亦即已明瞭之事實，不必限於所謂間接證據。此外尚有所謂決定性之推定，或法律上之完全推定者，發生絕對相等，不許以反證推翻之效力。此爲法律擬制之規定，實無推定之性質。如中國民法上關於各種「視爲」之規定，以及刑法上關於各種「視爲」及以某某論之規定，均爲適當之例證。（民事訴訟法）（李學燈）

推定代理（Presumed Agency）

推定代理者，即妻於日常處理家務時購置器具、家產或日常生活必需品等，推定其爲夫之代理人之謂也。所謂日常生活必需品，係指日常生活所必需而合乎其夫之生活標準者，至其是否爲日常生活所必需，由售貨商負舉證之責。故售貨商於售貨與家庭主婦時，應先查明其物是否爲其夫禁止購置或爲家中已備有者，蓋其物雖屬日常所必需，若係爲其夫所禁購或已備有者，則不適用推定代理之規定。惟售貨商與妻曾有交易，而其夫曾代爲給付價金時，則形成表見代理之關係，此時如其夫僅有禁止其妻購買物品之表示，而未通知售貨商，尚不足以解除表見代理之狀態（見J. F. Wilson : The Law of Contract, 1957, pp. 205-207.）。（英美契約法）（何孝元）

推事之迴避

推事爲狹義法院之成員，其應迴避之情形有三：㈠自行迴避。推事於該管案件，有下列情形之一者，應自行迴避，不得執行職務。1.推事爲被害人者。2.推事現爲或曾爲被告或被害人之配偶、八親等內之血親、五親等內之姻親或家長家屬者。3.推事與被告或被害人訂有婚約者。4.推事現爲或曾爲被告或被害人之法定代理人者。5.推事曾爲被告之代理人、辯護人、輔佐人或曾爲自訴人、附帶民事訴訟當事人之代理人、輔佐人者。6.推事曾爲告訴人、告發人、證人或鑑定人者。7.推事曾執行檢察官或司法警察官之職務者。8.推事曾參與前審之裁判者。以上八款情形，或恐意存偏見，或恐先有成見，故均列爲法定之迴避原因。(二)聲請迴避。當事人遇有下列情形之一者，得聲請推事迴避：1.推事有自行迴避之原因而不自行迴避者。2.推事有自行迴避原因以外情形，足認其執行職務有偏頗之虞者。所謂有偏頗之虞，係指推事與訴訟關係人具有故舊恩怨等關係，其審判恐有不公平者而言，若僅對於推事之指揮訴訟或其訊問方法有所不滿，不能指爲有偏頗之虞。當事人不問訴訟程度如何，得隨時聲請推事迴避；但以有偏頗之虞爲原因，如已就該案件有所聲明或陳述後，即不得聲請，惟若聲請迴避之原因發生在後或知悉在後者，不在此限。聲請程式，應以書狀舉其原向推事所屬法院爲之。但於審判期日或受訊問時，亦得以言詞聲請，迴避原因及發生或知悉在後之事實，均應釋明。被聲請迴避之推事，得提出意見書。如其認聲請有理由者，即毋庸裁定，自行引避。聲請迴避之裁定，由該推事所屬法院以合議行之，被聲請迴避之推事，不得參與。其因不足法定人數不能合議者，由院長裁定之；如並不能由院長裁定者，由直接上級法院裁定之。如爲駁回聲請之裁定，得提起抗告。聲請效力，除因急速處分或以有偏頗之虞爲理由者外，應即停止訴訟程序。(三)命令迴避。該管聲請迴避之合議庭或院長，如認推事有應自行迴避之原因者，亦未經當事人之聲請，亦應依職權爲迴避之裁定。是項裁定，毋庸送達。（刑事訴訟法）（陳　珊）

勘驗

勘驗係法院於訴訟程序，因欲發見某事實，而本於其知覺之作用，自行查驗某物體之行爲。任依各種知覺，如視覺、聽覺、嗅覺、味覺、觸覺等作用而爲查驗之行爲均屬之。其查驗之物體，謂爲勘驗之標的物。簡稱勘驗物，而實則並不以有形之物或普通所稱之物爲限，如查驗無形之物（如嗅其氣味）或查驗人之身體，均係勘驗之標的。勘驗物之證據力，通常較其他證據爲强，惟首應注意勘驗物是否眞正，勘驗物與待證事實有無關連，次及勘驗之方法是否無誤，結果是否可信以定之。凡文書依其內容可爲證據者，概謂之書證。法院於訴訟程序，閱覽文書，雖亦有勘驗之性質，但應適用書證程序之規定。當事人聲請勘驗，應表明勘驗之標的物及應勘驗之事項（民訴三六四）。法院亦得任意依職權而行勘驗（二〇三4，二六九4），且以其他方法調查證據之際，如遇有自行查驗證據之必要時，即就便加以勘驗者，亦往往有之。受訴法院、受命推事或受託推事於勘驗時得命鑑定人參與（三六五）。勘驗、於必要時，應以圖畫或照片附於筆錄（三六六）。書證程序之有關規定，於勘驗準用之（三六七）。（民事訴訟法）（李學燈）

法院或檢察官以調查證據及犯罪情形爲目的，而對人物處所實施之檢驗處分爲勘驗。勘驗之對象，包括人之身體、物之形態及地之外狀。勘驗處分有以下數項：(一)犯所之履勘。爲達勘驗目的，須履勘犯罪場所或其他與案情有關之處所。於行勘驗時，得命證人、鑑定人到場。(二)身體之檢查。對於被告之身體，得隨時檢查。如係對於被告以外之人，以有相當理由可認爲於調查犯罪情形有必要者爲限，始得爲之。檢查婦女身體，應命醫師或婦女行之。(三)屍體之檢驗及解剖。檢驗或解剖屍體，應先查明屍體有無錯誤。檢驗屍體，應命醫師或檢驗員行之。解剖屍體，應命醫師行之。因檢驗或解剖屍體，得將該屍體或其一部暫行留存，並得開棺及發掘墳墓。爲上述處分時，應通知死者之配偶或其他同居或較近之親屬，許其在場。(四)其他必要之處置。遇有非病死或可疑爲非病死者，該管檢察官應速相驗；如發現有犯罪嫌疑，應繼續爲必要之勘驗，以便偵查。有關搜索及扣押之規定，如本法第一二七條搜索軍事上應秘密之處所，第一四六條至第一五一條之夜間行搜索扣押及關係人等之在場，第一五三條之囑託搜索或扣押，於勘驗均準用之。（刑事訴訟法）（陳　珊）

勘驗之忍耐義務

勘驗之忍耐義務，或稱容受勘驗之義務，謂當事人或第三人，有依法院之命，容受其勘驗或提出勘驗物之義務。此項義務，與爲證人之義務及提出文書之義務同，乃國家欲期眞實之發現，以獲得裁判之公正，對於占有勘驗物之人，命其提出勘驗物或容受勘驗之公法上義務（民訴三六七準三四三、三四七）。凡應服從中華民國法權之人，無論其爲當事人或第三人，有此義務，與爲證人之義務同。非若提出文書之義務，僅限於一定之範圍（三四四、三四八）。至違背勘驗之忍耐義務，則準用關於違背提出文書義務之規定（三六七，準三四五，三四九）。故無正當理由，不從法院之命提出勘驗物或容受勘驗者，如爲當事人，法院得逕認他造關於勘驗之主張為正當；如為第三人，法院得以裁定科五十元以下之罰鍰，於必要時，並得爲强制處分。若勘驗物爲人之身體，法院命他造或第三人容受勘驗時，自得通知其於期日到場。又如爲機關保管或公務員執掌之勘驗物，法院得調取之（三六七準三五〇）。第三人得請求提出勘驗物或容受勘驗所生之費用（三六七準三五一）。當事人因妨礙他造使用，故意將勘驗物隱匿、毀壞、或致不堪使用者，法院得認他造關於勘驗之主張爲正當（三六七準三六二）。（民事訴訟法）（李學燈）

勘驗文書

文書依其內容而爲區別，可分爲勘驗文書與報告文書。其係記載文書制作人之意思表示或其他陳述者，謂之勘驗文書。因法院得依其所載之事項，自行觀察某人之意思表示或其他陳述，與勘驗無異，故有是名。勘驗文書中，又可分爲處分文書與非處分文書。某人以生某法律上效果爲目的之意思表示，稱爲處分文書，例如契約、遺囑、票據或官署之命令文書等是。其記載非以發生某法律上之效果爲目的之陳述，稱爲非處分文書，例如問候信函或情書等是。文書所記載之事項，爲某人關於觀察事實結果之報告者，謂之報告文書。其與勘驗文書之區別，在勘驗文書係法院據以自行觀察待證之事項，而報告文書，則待證之事項，係由制作人觀察，而記載其結果於文書，例如收據、日記、商業賬簿、法院筆錄、以及報告事實之各種文書等，法院卽依此項文書，藉知他人觀察之結果，並非自行觀察，故報告文書之作用，有類乎人證，而無證人之陳述可生不盡不實之流弊。亦有某一文書，兼備兩種文書之性質者，如文書之一部，記載以生某法律上之效果爲目的之意思表示，同時他部分又記載爲意思表示之時日、處所是。其以上述各種文書供證據之用者，一稱爲勘驗證書，報告證書，處分證書及非處分證書。其餘參見「文書」條。（民事訴訟法）（李學燈）

情況證據（Circumstancial Evidence）

卽所謂之間接證據，陪審團得據此有關間接事實之證據，推理以證明主要事實存在。一般推定證據（presumptive evidence）多係由間接犯罪事實或情況構成，故爲情況證據之一，反言之，並非所有情況證據均係推定證據（Best, Pres. 246; Id. 12）。間接證據僅係證明他項事實，卽間接事實；由間接事實而推理主要事實。唯間接事實，本於推理作用，足以證明待證事實者，得爲情況證據；但此間接事實與主要事實具有關連關係，始得據以推理。情況證據之情況，因其內容性質不同，約可分爲內部徵象與外部形跡二種；因其情況與犯罪行爲時間上關係之不同，有屬於行爲前，有屬於行爲時，有屬於行爲後者。因情況性質狀態之不同，其證明方法亦不一致（陳樸生，「刑事證據法研究」，司法行政部印行）。（英美刑法）（桂公仁）

情事變更

情事變更之法則，爲民事訴訟法所明定者有二：㈠在於訴訟繫屬後，許以他項聲明代最初之聲明（民訴二五六3），此因情事之變更，無由達到最初請求之目的，致有變更最初聲明之必要，否則卽不能達訴之目的者而言。如原告於起訴時求爲判決命被告交付某物，後因該物滅失，給付不能，改求賠償損害（民二二六I）是。又如原告最初求爲判決命被告給付某物，在訴訟繫屬中，該物經法律禁止交易，成爲不融通物，乃改求命給付金錢是。因情事變更而以他項聲明代最初之聲明，係爲實際上之便宜計，許原告任意爲之。只須情事確屬變更，卽有其適用。故其情事之變更，係發生於起訴前或起訴後，均非所問。㈡在於法律行爲成立後，因不可歸責於當事人之事由，致情事變更，非當時所得預料，而依其原有效果顯失公平者，法院應依職權公平裁量爲增減給付或變更其他原有效果之判決，且於非因法律行爲發生之法律關係亦準用之（三九七）。此係酌採已失效之復員後辦理民事訴訟補充條例之規定（條例一二、一三），而設應依職權之明文，立法理由說明不受當事人進行主義之限制。惟依民事訴訟之本質，應解爲仍須在當事人聲明或抗辯之範圍內，依職權公平裁量爲妥。此因情事變更而爲增減給付或變更其他原有效果，應斟酌社會經濟情形，及其他各種因素，兼顧兩造之利益及其經濟狀況與彼此間之關係定之，不得以物價指數爲唯一裁量之標準，庶可達於公平之目的。（民事訴訟法）（李學燈）

情勢變更（Rebus Sic Stantibus）

情勢變更者，乃因情勢變更，致使契約之目的不能達到，或履行不能，法律因之推定條件不成就，而當事人之債務亦因以免除之原則也（見 Salmond and Williams on Contracts, 2nd ed. 1945, p. 57.）。（英美契約法）（

何孝元）

授權之代理（Express Appointment）

授權之代理者，乃代理人經本人授權，以本人名義為意思表示或受意思表示，而使其法律效果直接對本人發生效力之代理也。通常代理之成立，多基於授權行為。代理人行使代理權，僅能於代理權範圍內為之，此種授權行為，乃非要式行為，故以口頭、書面，或由行為推定其有代理權為之均可。惟代理人為本人為蓋印契約之行為時，則須有契據式之授權證書，否則無效。此種權限，名之曰「代理人之權能」（見 J.F. Wilson: The Law of Contract , 1957, p. 201.）。（英美契約法）（何孝元）

授權資本制（Authorized Capital System）

授權資本制亦稱創立主義（konstruktionsprinzip）肇始於英美兩國。依此制，在公司設立之際，資本額雖應揭載於基本的章程（memorandum of association），但祇須一定數的發起人各認定並繳足其資本總額中的小部分（美國各邦尚未一致；而英國則為發起人至少各認定並繳足其資本總額中之一股以上）公司即可因之成立；其未認定的部分，則授權於董事會認為必要時，一次或分次募集，其募集的股額，原在章程所記載的資本總額之內，故無須變更章程，亦不必履行舊法所定招股與催收股款的繁重程序，其增加資本，較為便捷。因此，自第一次世界大戰以後，素以大陸法制炫耀的德國，亦於一九三七年所頒行的股份法，在資本確定的原則下，採行近似於授權資本制的認許資本制（Genehmigtes Kapital）。亦即公司得以章程訂定，其在登記後五年內，董事會有權就認許的數額，發行新股，增加資本；惟此項認許的數額，不得超過授權時現存資本總額的半數（德國股份法第一六九條）。日本舊商法原亦係遵循資本確定的原則；迨昭和二五年（1950 A.D.）修正後，乃就英美兩國的授權資本制加以折衷，亦即公司資本總額四分之一，應於公司成立時認定並繳足。此一部分，屬於確定，以謀基礎的健全；其餘四分之三，授權董事會一次或分次發行，此一部分屬於授權，以期應用的靈活（參照日本商法第一六六條第二項）。我現行法從日本立法例，特規定：「股份有限公司的資本，應分為股份」，「股份總額，得分次發行；但第一次應發行的股份，不得少於股份總額四分之一」（公司法第一五六第一項前段、第二項）。（商事法）（林咏榮）

習慣（Custom）

乃指由多數人對同一事項，經過長時間，反覆而為同一之行為也。因此，習慣是一種事實上的慣例。其通行於全國者，謂之一般習慣。通行於一地方者，謂之地方習慣。至一般人所信行者，謂之普通習慣。適用於特種身分或職業及地位者，謂之特別習慣。習慣本為法源。各國民法多採為補充法律所未及規定者。我民法第一條即明定：「民事，法律所未規定者，依習慣。」惟習慣經國家承認時，則成為習慣法（customary law），在英國則稱為（common law）。惟民事採用之習慣，其必備之要件有五：一須有習慣之存在；二須為人人確認其有法之效力；三須係為法令所未規定之事項；四須不背於公共秩序與善良風俗者；五須經國家明示或默示承認者。我國民法雖以習慣為法律未規定者乃能適用，此亦原則而已。而實際上在民事法規中，恒有優先法律適用之效力。例如民法第六十八條但書，但交易上有特別習慣者，依其習慣。又如第三百七十二條，價金依物之重量計算者，應除去包皮之重量，但另有習慣者，從其習慣之類是。其餘尚多，難一一列舉。（民法總則）（張鏡影）

習慣犯

又稱常習犯。即指有犯罪習慣者而言。此種犯罪人惡性較重，處以刑罰，尚難收改善之效，並應施以強制工作之保安處分（刑法九〇條）。習慣犯之中，有以犯罪為常業者，稱為「常業犯」。即指別無正當職業，專依犯罪為生者而言，如常業竊盜（刑法三二二條）、常業詐欺（刑法三四〇條）、常業強盜（刑法三三一條）等是。常業犯除施以保安處分外，其法定刑較普通犯罪為重。（刑法總則）（王建今）

陳述

當事人之陳述，一稱當事人之主張，見「主張」條。（民事訴訟法）（李學燈）

陳述（Representation）

陳述者，意思表示之謂也。為陳述者，為表意人（representor），向之為陳述者，為陳述之相對人（representee）。陳述之相對人有三種：㈠與表意人直接為交易之人，㈡表意人預備將意思向之傳達之人，㈢不特定之相對人。

英美法之意思表示可分為一般陳述（representation）、事實陳述（statement of fact）、意見陳述（statement of opinion）、意思陳述（statement of intention）及法律陳述（statement of law）五種。一般陳述，恒為契約內容之一部分；然有時則否，非構成契約內容之一般陳述，僅係引誘他人訂約為目的之意思表示，與契約之效力無關。

陳述之錯誤得使契約撤銷者，惟有事實陳述錯誤之一種，其關於現在或將來之事實，均非所問。意思及意思陳述之錯誤，則無礙於契約之效力，但不無例外，如意見或意思陳述視為事實陳述者，其錯誤，契約亦可因之撤銷。意見經公佈而成為事實者，亦視為事實陳述。對於他人之評判，則不得目為一般陳述。法律陳述如含有事實在內者，視為事實陳述；其有關於文件之要旨、效力、或目的者，則視為一般陳述；其關於私權而與一般法律有別者，亦視為事實陳述。但法律陳述並未與事實混合而具有獨立性者，不得視為一般陳述。

陳述有持續之效力，蓋雙方當事人交易之成立，莫不以陳述是賴，情事一有變更，陳述勢將變為不實，除對方知情外，表意人即有告知之義務；又表意人所為之意思表示不知其有錯誤，而事後始發覺者，表意人亦負有通知更正之義務，否則對方卽可據以為撤銷契約之理由（見 Chitty on Contracts, vol. 1, 1961, pp. 117-120.）。（英美契約法）（何孝元）

陳述之義務

見「證人之義務」條。（民事訴訟法）（李學燈）

接戰地域

戒嚴法第二條第一項第二款規定之接戰地域，係指戒嚴地域接近敵前直接攻守防禦之地區。接戰地域內地方行政事務，如省（直轄市）縣（市）民政、財政、建設、教育、兵役、交通等，及司法事務，如民、刑訴訟審判以外之行政事務，皆移歸該地最高司令官掌管。地方行政官如省（直轄市）長、縣（市）長及省縣以下各級公務員與該地區內高等法院、地方法院院長、首席檢察官、檢察官等，亦皆應受該地最高司令官之指揮。於接戰地域內犯戒嚴法第八條第一項所列內亂罪、外患罪、妨害秩序罪、公共危險罪、偽造貨幣有價證券及文書印文罪、殺人罪、妨害自由罪、搶奪強盜及海盜罪、恐嚇及擄人勒贖罪、毀棄損壞罪以及其他特別刑法之罪者，軍事審判機關得自行審判或交法院審判之。（特別刑事法）（吳　智）

接續犯

所謂接續犯，係指在相接近的時間與場所之內，數個同種類之行為，其間有不可分之密接關係；就其全體觀察成為一罪者而言。例如同一機會，以數個暴行，傷害同一被害人，構成一個傷害罪。又同一機會，在同一場所，竊取多種財物，構成一個竊盜罪等是。接續犯與連續有別，連續犯雖亦有數個行為，但各個行為均可獨立成罪；接續犯之各個行為，僅能成立一個犯罪。故接續犯較連續之觀念為狹。（刑法總則）（王建今）

添附

一物之上合以他人之物，而取得合成物、混合物、加工物所有權之總稱，謂之添附，亦稱添附取得。添附並非法條上之用語，我從德國立法例，將上述三種情形，依次排列於動產所有權中，亦即採取添附之法則。按最廣義之添附，尚包括孳息及埋藏物，狹義之添附，不及於加工，上述定義，乃為廣義之添附。我民法以添附限於動產，類似羅馬法上不動產添附之法例，則規定於土地法中。（民法物權）（陳　冊）

添附之效果

添附為法律事實，從而發生權利變動，而生以下之效果：㈠及於物權者。依第八一一—八一四條之規定，動產之所有權消滅者，如由不動產所有人取得附合於該不動產上之動產所有權者，其動產所有權消滅。由主物所有人取得合成物或混合物之所有權者，則從物所有人喪失其動產所有權。共有合成物或混合物，雙方原有之動產所有權概行消滅。加工人取得加工物之所有權者，材料所有權亦卽消滅。準此該動產上之其他物權，如質權或留置權，亦與物之所有權同歸消滅，因已失其附麗也。（八一五條）㈡及於債權者：依第八一一—八一五條之規定，喪失權利而受損害者，（如上述各種喪失所有權或其他物權之情形），得依關於不當得利之規定，請求返還。蓋因法律行爲而物權之得喪變更，得因各該法律關係，定其效果，添附爲法律事實，惟有依不當得利之規定，返還所受利益，以補失權者之損害。（八一六條）。（民法物權）（陳　冊）

得槍不繳

陸海空軍刑法第四十條所謂得槍不繳，指對敵作戰或剿匪繳獲之槍枝而不向上級或主管方面呈繳者而言，至其獲得之槍枝，是否爲意圖自己，或第三人不法之所有，在所不問。（特別刑事法）（吳　智）

得撤銷之契約（Voidable Contract）

得撤銷之契約者，即契約本身並非無法律上之效力，僅因其有瑕疵，有撤銷權之一方得予撤銷之謂也。撤銷權人有使契約失效或繼續生效之選擇權：撤銷權人如行使其撤銷權，契約因之失效；如對於契約加以承認，則契約繼續有效，而其之撤銷權亦因之喪失。

撤銷之原因，有由於意思表示爲虛僞表示，或被脅迫，或受不正當勢力之影響，或由於當事人爲未成年人，或瘋癲人，或酗酒人。在契約未履行之前，撤銷權人得不訴請撤銷，而於被訴時，可主張撤銷爲抗辯。但如契約已經一部分履行，則爲保護對方或善意第三人之利益起見，撤銷權人應即時行使其撤銷權，否則貨物之所有權一經移轉予善意第三人，撤銷權人即不得再行使撤銷權，祇得基於詐欺，向對方訴請賠償，以求救濟。撤銷權亦得屬於雙方當事人，例如雙方當事人曾經互相詐欺，或均爲酒醉人，惟此項情形，實屬罕見（見Caitty on Contracts, vol.1, 1961,p.10.）。（英美契約法）（何孝元）

勒收捐稅

勒收、強制徵收之謂，捐稅、指國家依法律規定之一切捐稅而言，人民依憲法第十九條規定，固有納稅之義務，倘私立名目，爲不法之勒收，即構成軍刑法第二十八條之勒收捐稅罪。（特別刑事法）（吳　智）

勒徵

係指行爲人意圖爲自己或第三人不法之所有，憑藉權勢或以某種事由爲藉口，施行恫嚇，勒派或徵用民有或公有財物之謂。戡亂時期貪污治罪條例第四條第三款定有罪刑。（特別刑事法）（吳　智）

牽連犯

所謂牽連犯，係指犯一罪而其方法或結果之行爲犯他罪名者而言。例如行使僞造文書詐財，行使僞造文書爲詐財之方法，則爲犯一罪與其方法行爲之犯罪有牽連關係。殺人後遺棄屍體，遺棄屍體爲殺人之結果，是爲犯一罪與其結果行爲之犯罪有牽連關係，均從一重處斷。牽連犯在學說上有主觀說與客觀說之分：前者認犯人在主觀上須對方法或結果之行爲具有認識，始能成立牽連犯；後者認爲不以犯人之意思決定爲必要，僅以在客觀方面有方法與結果之關係爲已足。後說爲通說。蓋因牽連犯原爲二個犯罪行爲，不過從一重處斷而已。犯罪行爲是否構成牽連犯，由法院依職權認定之，不受當事人意思之拘束。（刑法總則）（王建今）

牽連管轄

數法院管轄之案件相牽連，得合併由其中一法院管轄之情形，爲牽連管轄，因得合併於一法院，故又稱爲合併管轄，相牽連之案件，乃二以上之獨立犯罪，合併審判，固多便利，各別辦理，亦非不可，如有二以上之確定判決，自得依法定程序，定其應執行之刑。所謂相牽連之案件，係指有下列情形之一者而言：㈠一人犯數罪者。㈡數人共犯一罪或數罪者。㈢數人同時在同一處所各別犯罪者。㈣犯與本案有關係之藏匿人犯、湮滅證據、僞證、贓物各罪者。同級法院相牽連之各案如已繫屬於數法院者，經各該法院之同意，得以裁定將其案件移送於一法院合併審判之。有不同意者，由共同之上級法院裁定之。不同級法院管轄之案件相牽連者，得合併由其上級法院管轄。已繫屬於下級法院者，其上級法院得以裁定命其移送上級法院合併審判。但若爲數人同時在同一處所各別犯罪之情形，則彼此風馬無關，而因審判方便，剝奪被告審級利益，權衡輕重，並非適宜，即無庸移送上級法院。牽連案件因避免裁判衝突及節省勞費之功用而合併審判，至受移之法院，對之有無管轄權，在所不問。（刑事訴訟法）（陳　冊）

牽連管轄指相牽連之案件，數軍事審判機關各有管轄權之一部時，合併由一軍事審判機關審理之謂。依軍事審判法第四十五條規定，不同級軍事審判機關各有管轄權之一部時，全部由上級軍事審判機關管轄。同級軍事審判機關各有管轄權之一部時，由受理在先者管轄。依法應受軍事審判之非現役軍人與現役軍人共同犯罪，應由管轄現役軍人之軍事審判機關管轄。（特別刑事法）（吳智）

貨款收訖（For Value Received）

貨款收訖者，即指已付對價之謂也。此之所謂對價，不以金錢為限。貨款收訖一詞常于滙票或本票見之。如載有「貨款收訖」之字樣者，即可視為在表面上對價已付可信之證據（見 Black's Law Dictionary, 1957, pp. 773, 1722.）。（英美契約法）（何孝元）

貨幣之債

貨幣之債者，乃以一定數額之貨幣為給付標的之債也。雖非以貨幣給付為標的之債，但至給付不能而變為損害賠償時，亦成為貨幣之債。貨幣之債有國內貨幣之債與外國貨幣之債之分。國內貨幣之債者，乃以國內貨幣，為給付標的之債也。外國貨幣之債者，以外國貨幣，為給付標的之債也。當事人約定以特種通用貨幣之給付，為債之標的者，如其貨幣至給付期失通用效力時，應給以他種通用貨幣，債務人不得以給付不能為理由，免其給付之義務（民法第二〇一條）。至於以外國通用貨幣定給付額者，債務人得按給付時給付地之市價，以中華民國通用貨幣給付之。但訂明應以外國通用貨幣為給付者，不在此限（民法第二〇二條）。（民法債編總論）（何孝元）

排水權

為相鄰間水權關係之一，情形有三：㈠自然流水。由高地自然流至之水，低地所有人不得妨阻。水之就下，乃其性也，妨阻則生災害。由高地自然流至之水，而為低地所必需者，高地所有人縱因其土地之必要，不得妨堵其全部。㈡工作物破潰阻塞之水。土地因蓄水、排水或引水所設之工作物（如水池、水塔、水管等）破潰、阻塞，至損害及於他人之土地，或有致損害之虞者，土地所有人應以自己之費用，為必要之修繕、疏通或預防。但其費用之負擔，另有習慣者，從其習慣。㈢簷滴。土地所有人，不得設置屋簷或其他工作物，使雨水直注於鄰地之不動產（民法七七五—七七七條）。（民法物權）（陳　珊）

排除妨害行為（Abatement of Nuisance）

排除妨害行為者，即他人之行為足以妨害占有人之土地使用受益者，占有人或經其授權之人得以自力排除之也。例如土地占有人遇有鄰地樹木之枝根逾越疆界者，得刈除之是。土地占有人遇有必要時，並得進入鄰地而排除其侵害，亦屬其權利行使之範圍。惟占有人未行使其權利之前，首應通知鄰地所有人，俾便自行排除之。但遇有緊急情形不及通知或排除妨害毋須進入鄰地者，則不在此限。土地占有人行使其權利，不得使他人蒙受不需要之損害，且應擇發生損害最少之方法為之。占有人於排除妨害後，即不得再請求損害賠償。然如情節輕微，法院不予強制處分之救濟時，占有人亦不得自力救濟。至於公共之妨害行為，其情形則有不同。例如於公路上設有籬笆阻攔人之行路，則人人得以拆除之，縱無損害，亦得為之（見 R.F.V. Heuston: Salmond on Torts, 11th ed., 1953, pp. 219-222）。（英美侵權行為法）（何孝元）

區分所有

數人區分一建築物而各有其部分者，稱為區分所有。該建築物及其附屬物之各個部分，屬於各所有人之獨有，但其共同部分如屋面、隔牆、樓梯等等，推定為各所有人之共有。其修繕費及其負擔，由各所有人按其所有部分之價值分擔之。此為法律上之推定法則，如有某部分歸於某所有人之特約可證者，不在此限。此種情形，其一部分之所有人，有使用他人正中宅門之必要者，得使用之。但另有特約或另有習慣者，從其特約或習慣。因使用正中宅門致所有人受損害者，應支付償金。（民法第七九九條—八〇〇條）。（民法物權）（陳　珊）

區段徵收

亦稱地帶征收，係土地徵收之一種制度，乃對於一定區域內之私有土地全部征收，重行整理劃分，再行分配使用之制度。依土地法之規定，於有下列情形之一時，得為區段徵收：㈠實施國家經濟政策，㈡新設都市地區，㈢舉辦國防事業或公用事業（土、二一二）；政府為區段徵收之土地，於重新分段整理後，將土地放領出賣或租賃時，原土地所有權人或土地他項權利人有優先承受之權（土、二一八）。（土地法）（曾　歐）

累犯

刑法第四十七條規定：「受有期徒刑之執行完畢或受無期徒刑一部之執行而赦免後，五年以內再犯有期徒刑以上之罪者，爲累犯」。依此規定，其要件如下：㈠須曾受徒刑之執行。累犯制度，爲針對刑罰感應力薄弱之犯人而設。若未受徒刑之執行，根本不生刑罰感應力問題。㈡須受有期徒刑之執行完畢或受徒刑一部之執行而赦免後五年以內再行犯罪。此爲推定其刑罰感力薄弱之期間。㈢須再犯有期徒刑以上之罪。若再犯之罪，其法定最高度之刑爲拘役罰金，則情節輕微，不足構成累犯。具備上述三要件，則爲累犯，因累犯惡性重大，故必須加重其刑。刑法第四十七條所謂加重本刑至二分之一，係指加重之程度，最高可達二分之一而言。在本刑二分之一以內，以加重若干爲宜，則由法院之自由裁量。（刑法總則）（王建今）

累積投票

美國若干州爲防止多數股股東以其所處的優勢，把持董事的選舉；而少數股股東毫無當選的機會，乃擷取國會議員選舉上比例代表制的精神，而創設所謂「累積投票制」（system of cu-mutive voting）。日本昭和二五年（1950 A.D.）所修正的商法從之（日本商法第二百五十六條之三）。我新法亦規定：「股東會選任董事長時，每一股份有與應選出董事人數相同的選舉權，得集中選舉一人或分配選舉數人（例如董事候選人爲ABC三人時，則一股有三個選舉權，可對A投一票並對B投兩票，或對ABC各投一票，亦可集中三票投於其中的一人），由所得選票代表選舉權較多者，當選爲董事」（公司法第一百九十八條第一項）。累積投票制的主旨，在於保障少數股股東權，使多數股與少數股的股東，在董事候選的名額上爲合理的分配，俾當選的機會，得以平衡。今假定多數股股東握有二一〇票，少數股股東握有三〇股，其所選任的董事係三人時，則：多數股：70 × 3 = 210票，少數股：30 × 3 = 90票，亦即少數股股東握有九〇票，集中於一人，必可當選，而多數股股東雖握有二一〇票，但分配於二人以上時，其當選者亦祇能有二人。（商事法）（林咏榮）

處分

民事訴訟之裁判，係指爲裁判機關之法院，或審判長，受命推事，受託推事等，就訴訟事件或其關係事項，所爲之意思表示。法院書記官對於訴訟關係人所爲之意思表示，雖在他國法例亦有稱之曰裁判者，我民事訴訟法則稱之曰處分，以示與法院之意思表示相區別。關於筆錄之更正或補充（民訴二一六Ⅱ，二九四Ⅱ，三七九Ⅱ），關於卷內文書之閱覽、抄錄，或攝影，或付與繕本、影本或節本（二四二），或關於判決確定證明書之付與（三九八）等所爲之處分是。法院書記官爲此等處分時，亦須向外發表，故應依送達或其他方法通知關係人（二四〇Ⅰ）。對於書記官之處分，如有不服，不得逕行抗告，僅得提出異議，由其所屬法院就異議之當否爲裁定（二四〇Ⅱ）。對此裁定，自得依一般規定提起抗告。至於法院之意思表示，亦有稱之曰處分者，如因保護應禁治產人之身體及財產，得命爲必要之處分（六〇六，六一六Ⅱ），或抗告法院得在裁定前，停止原裁定之執行或爲其他必要處分（四九一Ⅲ）是。此之所謂處分，其性質均屬於裁定，應適用裁定有關之規定。（民事訴訟法）（李學燈）

處分文書

見「勘驗文書」條。（民事訴訟法）（李學燈）

康孟達契約

中世紀意大利沿海都市有所謂「康孟達」（Commenda, accomandita）契約，亦即航海者與資本家合作，販售貨物於海外，資本家以其出資負有限的責任，餘由航海者負其全部責任，所有盈利則按出資額或其所約定的比例分享。此種契約逐漸發展而成爲隱名合夥及兩合公司。（商事法）（林咏榮）

康德法律哲學（Kantian Philosophy of Law）

康德（Immanuel Kant　1724-1804）是德國先驗哲學（Transzendental philosophie）之大家，主張用批判方法以探討人類理性之功能。其學說精義悉見於所著「純粹理性批判」、「實踐理性批判」及「判斷力批判」三書。其中實踐理性批判與其法律哲學直接有關。實踐理性批判探討人之意志，藉以求得普遍的道德律。此道德律稱「絕對命令」(categorical imperative)，要求「個人個別行為之準則應同時能作為人類行為之普遍原則」。康德認為人為意志自由而有理性的存在物，遵守絕對命令，即能擺脫情慾而達最高的道德自由。上述絕對命令雖為康德道德哲學與法律哲學之基礎，不過道德性(morality)為個人內心動機之事，而合法性(legality)則為行為符合法律外在標準之事，兩者截然不同。由上述先驗的絕對命令加以推演，康德認為法律即「為使各個人的任意行動，依自由之普遍原則，互相協調所需要之全部條件」。康德此種強調個人自由之理論，產生下列幾項結論：㈠國家之功用，專在執行法律以確保個人權利。對個人活動不應多所過問。㈡藉社會契約之觀念以說明政治權力之移轉。主張分權以防專制，但反叛行為則不許。㈢立法權應歸人民，人民公意不可能損害個人，故必須服從。㈣強調契約為意志之結合。個人權利，尤其是財產權，為人格之表現，與人格同不可侵。雙方互享權利，無損個人人格。㈤提倡自由參加之國家聯盟，最後實現世界國，使個人為直接公民。(法理學)(馬漢寶)

參考文獻：

Immanuel Kant, The Philosophy of Law, W. Husik translation, 1887

Edwin Patterson, Juris prudence-Men and Idea of Law, Brooklyn, 1953 pp. 384-389.

殺人罪

殺人罪為侵害自己以外之自然人生命法益之罪。生命不僅為個人最重要之法益，同時亦為構成社會與國家之基本要素。故法律對於殺人罪，無論古今中外，必須嚴加處罰。所謂人，係指自己以外之自然人而言。本法對於自殺無處罰規定，自不成立犯罪。法人雖亦為法律上之人格者，但無生命之可言。自然人，謂自出生後能獨立呼吸至呼吸斷絕心臟永停止鼓動之人，均受法律之保護，如加殺害，通常均構成刑法第二百七十一條之普通殺人罪，處死刑、無期徒刑或十年以上有期徒刑。此外殺人罪，並包括殺直系血親尊親屬罪(刑法二七二條)、義憤殺人罪(刑法二七三條)、母殺嬰兒罪(刑法二七四條)、加工自殺罪(刑法二七五條)、過失致死罪(刑法二七六條)。(刑法分則)(王建今)

殺嬰罪(Infanticide)

英美普通法不認殺一未誕生之嬰兒為犯罪，職此之故，出生前在母體中時已受傷，致死產者，不法加害人無須負殺人刑責。反之，若出生前在母體中時受傷，出生後為生存，隨後始因該傷死亡，不法加害人應負殺人之責。在摩根一案中，認為嬰兒得為殺嬰罪客體者，以出生後生存者為限，凡與母體脫離，血液獨立循環時為生存。雖然嬰兒有脫離母體前已能呼吸者，有於脫離母體後經一時間始能呼吸者。一般言之，以能獨立呼吸為出生，蓋能獨立呼吸，表示已脫離母體，血液能獨立循環。由於證明嬰兒出生之種種困難，極難確定被告之殺嬰罪責，故美國部分州法律規定隱藏嬰兒死亡或出生之事實者為犯罪。(Morgan v. State, 148 Tenn. 417, 256 Siw. 433, 1923)(英美刑法)(桂公仁)

混合

為添附情形之一，即異其所有人之動產相混合，不能識別，或識別需費過鉅，而定其所有權歸屬之法律事實也。液體動產相混合，稱為混融，又名融合，如酒與酒混合，油與油混合或金與銀混合皆是。固體動產相混合，稱為混淆，又名混雜，如牛羊豆谷之相混皆是。羅馬法上之混合法則，以液體動產為限，因混雜情形，識別較易，無庸定混合物所有權之歸屬也。我民法第八一三條定以標準曰：「動產與他人之動產混合，不能識別或識別需費過鉅者，準用前條(八一二)之規定，即能分別主從關係者，亦以主物之所有人，取得混合物所有權；不能分別主從關係者，亦按動產混合時之價值，為雙方所共有。(民法物權)(陳　珊)

混合(Confusio)

混合者，乃數不同所有人之動產互相混合而成為一物也(見 James A. Ballentine: Law Dictionary, 1959, p. 262)。(英美侵權行為法)(何孝元)

混同

混同者，乃因債權與債務同歸一人，而使債之關係消滅也(民法第三四四條前段)。混同，乃法律事件之一種，祇須債權與債務歸於一人之事實即可使債權消滅，無須有任何之意思表示。發生混同之情形，有概括繼受與特定繼受二種。但如(甲)債權爲他人權利之標的，例如丙於甲對乙之債權上有質權時，縱令乙繼承甲，或甲繼承乙，其債權並不因混同而消滅，丙仍得行使其質權是。(乙)法律另有規定時，例如依票據法第三四條規定，票據債務人由背書取得票據時，其債權與債務雖同歸一人，其票據上之債權，不因混同而消滅，在票據未到期前，仍可輾轉流通是（民法第三四四條但書）。（民法債編總論）（何孝元）

爲物權消滅原因之一，即兩種絕不相容之資格歸集於一人之情形也。如某人對於同一事件，既爲權利人又爲義務人，即不生法律關係。民法於此情形，以第三四四條規定其效果曰：「債權與其債務同歸一人時，債之關係消滅」。此一原則，用於債法，稱爲混同，於債之消滅中獨立一款。學者以之引用於物權關係，原非切合，故各國法例，有消滅及不消滅兩種主義。羅馬法係採前者，德國法係採後者。我民法折乎中衷，原則上採消滅說而以不消滅說爲例外。即兩種物權無併存之必要者，消滅其一，有併存之必要者，則不消滅。觀於第七六一條「同一物之所有權及其他物權，歸屬於一人者，其他物權因混同而消滅。但其他物權之存續，於所有人或第三人有法律上之利益者，不在此限」之規定，即足以明所有權與其他物權所生混同之效果。又於第七六三條規定：「所有權以外之物權及以該物權爲標的權利歸屬於一人者，其權利因混同而消滅。前條但書之規定，於上項情形準用之」以表明其他物權間相混同之效果，亦有原則與例外之不同。（民法物權）（陳　珊）

基本條款

保險契約的基本條款，就是保險契約上應記載的事項，其事項依保險法第五五條的規定，共有八款（詳見左表財產保險欄）。這是一般保險契約共通的基本條款，而人壽保險、健康保險、傷害保險，尚有增加的基本條款。爲便於比較起見，特列爲左表：

保險類別／事項		應記載事項	依據法條
財產保險		(一)當事人的姓名及住所 (二)保險的標的物 (三)保險事故的種類 (四)保險責任開始的日時及保險期間 (五)保險金額 (六)保險費 (七)無效及失權的原因 (八)訂約的年月日	保險法第五五條
人身保險	人壽保險	(一)當事人的姓名及住所 (二)被保險人的姓名、性別、年齡及住所 (三)受益人的姓名及與被保險人的關係或確定受益人的方法 (四)請求保險金額的保險事故及時期 (五)保險金額 (六)減少保險金額之條件（依第一一八條有減少保險金額之條件者） (七)保險費 (八)無效及失權的原因 (九)訂約的年月日	保險法第一〇八條
	健康保險	(一)當事人的姓名及住所 (二)被保險人的姓名、性別、年齡、職業及住所被保險人與要保人的關係 (三)保險事故的種類 (四)保險責任開始的日期及保險期間 (五)保險金額 (六)保險費 (九)無效及失權的原因 (八)訂約的年月日	保險法第一二九條
	傷害保險	(一)當事人的姓名及住所 (二)被保險人的姓名、性別、年齡、職業、住所及與要保人的關係 (三)保險事故的種類 (四)受益人的姓名及與被保險人的關係或確定受益人的方法 (五)請求保險金額的事故及時期 (六)保險責任開始之日時及保險期間 (七)保險金額 (八)保險費 (九)無效及失權的原因 (十)訂約的年月日	保險法第一三二條

（商事法）（林咏榮）

基準日

股份有限公司的股份，在公司決定分派股息及紅利或其他利益之基準日前五日內；不得轉讓，此一定之日，係指公司股東會所決定的某月某日，這一日叫做基準日（參照公司法第一六五條第二項後半段）此制淵源於美國。（商事法）（林咏榮）

寄存送達

寄存應送達之文書於特定之機關，另作通知書告知應受送達人者，謂之寄存送達，或稱告知送達。此於送達不能直接交付本人，又不能付與其同居人或受僱人時，得將文書寄存送達地之自治或警察機關，並作送達通知書，黏貼於應受送達人住居所、事務所或營業所門首，以為送達（民訴一三八）。故其要件有三：㈠須不能依第一三六條及第一三七條為送達，㈡須將文書寄存於送達地之自治或警察機關，㈢應作送達通知書，黏貼於應受送達人住居所、事務所或營業所門首以為送達。若僅將文書寄存，而未黏貼通知書者，仍不生送達之效力。該項通知書，法律雖未規定其程式，然必須發生告知之作用，故應記載應送達之文書，寄存之機關，法院之名稱及作通知書之年月日，並由送達人簽名。一經黏貼通知書後，即以黏貼通知書時為送達之時，應受送達人何時前往領取或曾否領取，均不影響送達之效力。（民事訴訟法）（李學燈）

寄託（Deposit）

謂當事人之一方以物交付他方，他方允為保管之契約也。交付保管之方曰寄託人（depositor），允為保管之方曰受寄人（depositary），寄託以無償為原則，有償為例外，係要物契約。即以交付物為成立要件。其寄託之標的以物為限，不問動產不動產均無不可。惟德瑞立法例則僅限於動產。若以權利之保管為標的者，自不能成立寄託。又保管與管理不同。前者監護標的物，不使毀損消滅，保持其原狀。後者，則兼具改良利用之行為。又寄託因寄託物之所有權是否移轉？遂有通常寄託與消費寄託之別。前者，亦稱純粹寄託。凡寄託物之標的物非為代替物或金錢者，皆為通常寄託。寄託契約終止時，應返還原物。後者，又稱不規則寄託。即寄託物如為代替物時，若約定寄託物之所有權移轉於受寄人，則由受寄人以種類品質數量相同之物返還，並自受領寄託物時起，適用關於消費借貸之規定。如寄託物為金錢時，推定受寄人無返還原物之義務。但須返還同一數額（參看民法寄託節內各條）。（民法債篇分則）（張鏡影）

既判力

既判力又稱判決之實質上確定力，即為訴訟標的之法律關係，於確定終局判決中已經裁判者，就當事人言之，不得更以該法律關係為標的更行起訴，且於其他訴訟用作攻擊或防禦方法，亦不得為與確定判決意旨相反之主張（民訴三九九）。就法院言之，則不得再就已裁判之法律關係反於確定判決意旨為裁判。其反於確定判決之意旨而為主張者，法院於判決時不得斟酌之。其以已經裁判之法律關係為新訴訟之標的者，法院應以違背一事不再理之原則，認其訴為不合法，以裁定駁回之（二四九Ⅰ7）。既判力為訴訟法上之效力，為防止判決之抵觸本於公益上之理由而承認之效力。故法院為判決時，應依職權調查其判決是否抵觸既存之確定判決之既判力。當事人對之不得自由處分，故如拋棄既判力，或合意變更其效力者，均屬無效。判決之有既判力，以訴訟標的即當事人以訴或反訴所主張或不認之法律關係於該終局判決中已經裁判者為限。故關於既判力之範圍，可分為客觀範圍與主觀範圍。客觀範圍為：㈠關於未為判決標的之法律關係，無既判力。㈡判決僅就某法律關係一部為裁判者，惟關於已裁判之一部有既判力。㈢既判力之發生，係以為確定判決最後事實審言詞辯論終結當時所主張或否認之法律關係為基礎。㈣既判力，不及於判決之理由。惟主張抵銷之對待請求，其成立與否於判決理由中加以裁判者，以被告主張抵銷之額為限，例外認其有既判力（四〇〇Ⅱ）。㈤有既判力者，以本案之終局判決為限，故以程序上理由，將訴駁回之判決，無既判力。主觀範圍為對於何人有既判力，㈠既判力祇及於受判決之當事人為原則，然下列之第三人，依法律之規定，亦為既判力之所及：㈡訴訟繫屬後為當事人之繼受人者（四〇一Ⅰ），㈢訴訟繫屬後為當事人或其繼受人占有請求之標的物者（四〇一Ⅰ），㈣對於為他人而為原告或被告者之判決，其既判力及於該他人（四〇一Ⅱ），㈤因參加人承當訴訟而脫離訴訟之當事人，亦為既判力所及（六四），㈥人事訴訟程序之判決，有明定對於第三人發生既判力者（五八二、五八八、五九六Ⅰ、六四〇Ⅰ），㈦公司設立無效之判決（公九Ⅰ），撤銷公司股東會決議之判決（公一八九），對於非當事人之社員或股東有既判力。餘參見「判決之羈束力」條。（民事訴訟法）（李學燈）

既遂犯

所謂既遂犯，係指行為人實行犯罪終結完成犯罪構成要件而言。詳言之，行為人之犯罪狀態：一、實行行為已終結。二、完成犯罪普通構成要件與特別構成要件。刑法以處罰既遂為原則，處罰未遂及陰謀預備為例外，即非有特別規定

，不得處罰。（刑法總則）（王建今）

率隊

陸海空軍刑法第三十三條之率隊，指率領能聽從隨和之羣衆而言，率隊降敵罪之構成要件有三，㈠須有多數人，㈡須有共同之犯罪意思，㈢多數須為聽從隨和者，故率隊有首謀隨和之分，其性質與聚衆相接近。（特別刑事法）（吳智）

率隊降敵

陸海空軍刑法第三十三條之率隊降敵，係指率領所屬部隊，自動投降至敵人勢力範圍內，聽其命令指揮而言，其所謂率隊者，應指部隊中之首長，小之如一班班長，大之如一師一團之主官均是，至隊之人數并無限額。（特別刑事法）（吳　智）

設立無效

我國公司法對於公司設立的無效，未設特別規定，悉以民法上所規定者為原則，而處理之。此在法國，其學說與判例，却以設立無效應不溯及既往，承認已存在的「事實公司」（société de fait）。而英美法例，因其公司（corporations）成立的條件簡易，從而公司設立無效者甚少。至德國股份法對於公司除揭其最根本的無效原則外，凡某種瑕疵得以補正者，亦併行規定，其餘事項縱有違反，却不以之為設立無效的原因。因之其法的理念，判為兩國範疇，前者學者稱之為本質的規定或效力的規定（Werentliche od. esrentielle Normen, Mussvorschrift）；後者稱之為細則的規定或命令的規定（reglementarische Bestimmungen, oldnungsnorschriften），而設立無效，僅限於前者，均與我國現制不同。日本商法關於設立無效，特規定自公司成立之日起二年內，得以訴主張之，但以股東提出者為限（日本商法第一三六條）。如原告勝訴而判決確定其設立無效時，此項判決對於當事人以外的第三者具有拘束的效力（日本商法第一三六條、第一〇九條及第四二八條）；但承認設立無效的公司，在既往事實上的存在（此與法國現例相同），亦即公司、股東、第三者相互間已存在的權利義務，不受無效判決的影響（日本商法第一三六條、第一一〇條及第四二八條），並準用解散的規定，循清算的程序，以了結其債權債務的關係（日本商法第一三八條）；惟在無限公司，其無效的原因僅涉及某一股東者，則該股東視為退股，而其他股東得以一致的議決而繼續之。如股東僅餘一人時，亦可加入新股東（日本商法第一三九條、第九五條Ⅱ、第九七條）。反之，原告敗訴而判決確定其設立有效時，此項判決祇對於當事者之間發生效力，在此場合，原告如有惡意或重大過失者，應對公司連帶負損害賠償的義務。（商事法）（林咏榮）

敕令格式

宋初仍沿用唐代的律令格式，神宗時凡律所不載者，概以敕斷之，宋代的敕，頗具有唐代律的性質，因此遂變更其法典的名目而為敕令格式。凡禁於未然者謂之敕，禁於已然者謂之令，設於此以待彼者謂之格，使彼效之者謂之式。其敕就是前代的律，多屬於刑法；其令與格是不屬於刑法的其他法規；其式為行政法例。（中國法制史）（林咏榮）

許可迴避

推事遇有法定自行迴避之原因，固應自行迴避；如有以外之情形，足認其執行職務有偏頗之虞者，當事人亦得聲請其迴避。如覺有此情形，而當事人又不聲請時，經院長許可，得迴避之（三八Ⅱ）。此種許可，既非訴訟上之裁定，當係本於司法行政監督之作用（法組一一、一八、二三、八七），而有行政上允許之意義。其餘參見「自行迴避」、「聲請迴避」等條。（民事訴訟法）（李學燈）

敗行劣習（Moral Turpitude）

行為人素行不良，卑劣無恥，妄顧他人權益，蔑視其對社會大眾之義務，言行不為社會通行之正義，誠信原則所接受。無論「普通法」或「制定法」，就各類犯罪均規定其構成要件，是凡危害公共秩序，危害公共衞生及公共安寧，社會風紀等卑劣行為，或妨礙司法，行政公務之行為，「普通法」概視為敗行劣習，予以禁止（Marsh v. State Bar of California, 210 Cal. 303, 291 p. 583, 584）。（英美刑法）（桂公仁）

問刑條例

明孝宗弘治十三年（1500 A.D.）頒行問刑條例，問刑條例，猶現代的刑事訴訟法。迨神宗萬曆二年（1574 A.D.）將大明律與問刑條例合併，並以嘉靖三十三年以後未經收輯的條例附之，於是條例與律乃合爲一。（中國法制史）（林咏榮）

將來給付之訴

見「給付之訴」條。（民事訴訟法）（李學燈）

赦免

所謂赦免，係指「大赦」、「特赦」、「減刑」及「復權」而言（赦免法一條）。赦免權由總統依法行使之（憲法四〇條）。大赦是對於一定時期內一定之犯罪，發生下列之效力：（一）已受罪刑之宣告者，其宣告爲無效。（二）未受罪刑之宣告者，其追訴權消滅（參照赦免法二條）。故大赦有消滅罪刑之效力。大赦案須經行政院會議決後，提經立法院通過，由總統公布施行（憲法五八條、六三條）。特赦是受罪刑宣告之人，經總統之命令，免除其刑之執行，其情節特殊者，得以其罪刑之宣告爲無效。（赦免法三條）。減刑是受罪行宣告之人，經總統之命令，減輕其所宣告之刑（赦免法四條）。復權是受褫奪公權之人，經總統之命令，回復其所褫奪之公權（赦免法五條）。大赦是概括的與一般的。特赦、減刑及復權，均以特定人爲限。赦免在昔日爲君主之恩典，在今日民主國家，則爲一種刑事政策，以濟法律之窮，而使犯人有改過遷善之機會。（刑法總則）（王建今）

祖免親

見「五服親」條。（中國法制史）（林咏榮）

酗酒（Intoxication）

本指飲用毒藥，人體中毒之現象，通常專指酒精中毒，亦即醉酒是(Sapp v. State, 116 Ga. 182, 42 S.E. 410)。行爲人故意醉酒，致不能控制自己之自由意志而犯罪時，應使負刑責；蓋故意醉酒者，推定其準備承擔任何後果，尤有進者，醉酒易於偽裝，如可用作免責原因，勢必威脅社會治安。但英美法一般承認於須特定故意爲犯罪構成要件之場合，若因醉酒而欠缺該特定犯意時，行爲人不負刑責(People v. Guillett, 342 Mich. 1, 69 N.W. 2d. 140)。（英美刑法）（桂公仁）

脫逃罪

國家機關，依法限制人民之自由，予以逮捕拘禁，爲出於執行公務之權力作用，人民有服從之義務。如自行脫逃或他人縱放或便利其脫逃者，即構成脫逃罪。規定於刑法第八章，自第一百六十一條至第一百六十三條計有三條。其內容包括自行脫逃罪、普通人縱放或便利脫逃罪及公務員縱放或便利脫逃罪三種。自行脫逃罪之犯罪主體，以依法逮捕拘禁之人爲限。所謂依法逮捕拘禁之人，例如看守所在押之刑事被告、監獄內之受刑人、執行保安處分機關之受強制工作、感化教育、勸戒之人犯、警察機關拘留之違警人及民事強制執行之受管人等均屬之。倘逮捕拘禁於法無據，則其脫離拘禁處所，卽不生犯罪問題。又普通人民逮捕現行犯，雖有刑事訴訟法第八十八條第一項之依據，如在送交有權偵查機關以前，尚未進入公權力監督之下，亦不生脫逃罪問題。（刑法分則）（王建今）

脫逃罪（Crime of Escape）

警察或有關司法人員因故意或過失，任在其合法管束下之罪犯逃脫，或罪犯本人故意自合法管束中逃脫，而未構成越獄罪情形，二者均觸犯本罪。至囚犯破獄，逃離合法監禁處所，另成立越獄罪。若行爲人明知囚犯在合法監禁中，利用暴力等不法方法，將後者送離監禁處所，則成立劫獄罪(crime of rescue)，與越獄罪(prison breach)又不同。（英美刑法）（桂公仁）

陪席推事

合議審判，除審判長外（法組三、四），其他參與審判之推事均爲陪席推事。陪席推事於告明審判長後，亦得向當事人發問或曉諭（民訴一九九Ⅲ）或對於證人發問（三一九）。又審判長及法院書記官應於筆錄內簽名，審判長因故不能簽名者，應由資深陪席推事簽名，並附記其事由（二一七）。陪席推事，均爲庭員。凡依法使受命推事爲行爲者，由審判長指定之（二〇二、二一七〇）。筆錄如需朗讀時審判長得令庭員或書記官爲之（二七五、二九七）。其

他關於裁判之評議，除陳述意見之次序以資淺年少者爲先外，其表決權則按人計數，與審判長同。(民事訴訟法)(李學燈)

健康保險(Health Insurance)

健康保險契約，係指保險人於被保險人疾病、分娩及其所致殘廢或死亡時，負給付保險金責任的一種人身保險契約(保險法第一二五條)。德、法、瑞士及日本等多數國立法例，皆以健康保險與社會保險相關聯，故其保險契約法或商法法典中保險部門，均未設規定；大都以單行法的方式出現。在美國法例，以「傷亡與健康保險」(accident and health insurance. accidental policies insure against the contingency of accidental injury or accidental death)爲意外保險(casualty insurance)的一種，其傷亡與健康可併於一個保險單(many policies combine accident and health insurance)，我舊保險法採大陸諸國立法例，未設健康保險的規定，現行摭取美國成規而增列於第四章(人身保險)第二節中。(商事法)(林咏榮)

控訴(Arraigment)

庭上傳喚被告，向其宣示公訴(indictment)內容，就所起訴(charge)罪名，詢問被告，使作認罪與否之答辯(plea of guilty or not guilty)。被告除以其起訴狀有欠缺，違反「一事不再理」原則，曾受赦免或管轄錯誤，得聲請駁回公訴外應作認罪或無罪答辯。爲認罪之答辯，即全部承認檢察方面主張時，與陪審團有罪之評決同一效力，法院得不經本案之審理，僅調查其情狀，而爲量刑之宣告；如被告爲無罪答辯或沉默時，法院即應爲本案之審理(State v. Voelpel, 213 Iowa 702, 239 N. W. 677, 679.)。美國部分州法律，對被告爲認罪答辯後，法院逕作量刑宣告之權加以限制，即法院應於此向被告諭知其「認罪答辯」之後果，如被告仍堅持其「認罪答辯」，法院始可作量刑之宣告。另有部分州法律規定，處死刑之犯罪案件中，縱被告作認罪答辯，庭上亦不得逕作量刑之宣告，仍應循正常程序爲本案之審理。(英美刑法)(桂公仁)

偶發犯

偶發犯是與常習犯相對立的名詞。偶發犯是因外來偶然的刺激，以致犯罪者，此類犯罪人，惡性甚淺，將來再犯的危險性亦甚微，故以不起訴處分或宣告緩刑爲宜。(刑法總則)(王建今)

張斐律解

晉代明法掾張斐所著的律解，亦即當時法律的解釋，其釋文甚爲精闢。(中國法制史)(林咏榮)

淆惑聽聞

陸海空軍刑法第九十二條所謂淆惑聽聞，係指以不實之言，淆亂迷惑他人聽聞而言，但應以關於軍事者爲限。(特別刑事法)(吳　智)

庸賃

「賃富人之田」與「書傭」，均見於漢書；惟其著於法例可考者，則始於唐律，其名例篇規定：「若計庸(同傭)賃爲贓者，亦勿徵(沒收)」；「庸賃雖多，各不得超過其本價」。疏議云：「庸，謂私役使所監臨，及借車馬之屬，計庸一日爲絹三尺，以受所監臨財物論；賃，謂碾磑(製粉所用之臼)邸店(旅社)舟船之類，須計賃價爲坐，既計庸賃爲贓，其贓原非正物，故雖非會赦，其贓並亦不徵」；「假有借驢一頭，乘經百日，計庸得絹七匹二丈，驢估止直五匹，此則庸多，仍依五匹爲罪，自餘庸賃雖多，各準此法」。本條立法主旨，在於防止主管官吏，假公濟私，役使其所監臨之人或借用車馬，違反之者依法律所定，計傭之工資與賃之租金，以定贓之多少，罪之重輕。(中國法制史)(林咏榮)

淹禁罪囚

見「斷獄程限」條。(中國法制史)(林咏榮)

掠奪罪

陸海空軍刑法在保持軍紀、維護戰力，故對軍人掠奪行爲，列有專章，內含掠取械彈罪、搶奪財物罪、盜取財物、或強迫買賣罪，以軍人犯之者，不但危害治安，亦且損及軍譽，其處罰故加重論擬。(特別刑事法)(吳　智)

略誘罪(Abduction)

以詐術或暴力誘拐他人之妻子或被監護人，包括祕密綁票之行爲，構成略誘罪。美國多數州之刑事立法特定，對未達法定年齡女性，爲結婚、姘居或賣淫之目的而加以拘留時，行爲人即觸犯本罪。另有部分州之制定法規定，凡勾引有婦之夫，使遺棄妻子移情別戀之女之行爲人，亦觸犯本罪（Humphrey v. Pope, 122 Cal. 253, 5?, p. 847）。（英美刑法）（桂公仁）

規範責任論

規範責任論，認爲責任之本質，在於行爲人不顧法律規範之適法的期待，而竟敢出於違法行爲，所以在規範上不能不科以一定之刑事責任。換言之，法律規範，原在期待人民守法，犯罪是不顧此種期待所生之結果。因之，適法行爲之「期待可能性」，爲規範責任論之中心思想（參見「期待可能性」條）。（刑法總則）（王建今）

貧窮與犯罪

犯罪現象爲社會現象之一，社會生活，以經濟生活爲中心。故當經濟生活發生問題時，即發生社會問題，進而至於犯罪。依各國刑事統計，犯罪者以貧窮之人爲最多。貧窮者固未必犯罪，然而貧窮足以招致犯罪，貧窮成爲犯罪之主要因素，犯人中貧窮者占最多數，則爲公認之事實。孟子云：「無恒產而有恒心者，惟士爲能。若民則無恒產，因無恒心，苟無恒心，放僻邪侈，無不爲已」。管仲云：「倉廩實而後知禮節，衣食足而後知榮辱」。由是可知貧窮爲犯罪之造因，自古已然。欲謀犯罪之減少與消滅，根本之圖，在使人民免於貧困，則竊盜、侵占、詐欺及違反票據法等犯罪自可減退，乃必然之理也。（刑事政策）（王建今）

陰謀

所謂陰謀，係指二人以上共同爲犯罪之協議而言。其要件如下：一、須爲二人以上，一人不構成陰謀。二、須共同爲犯罪之協議。即各人犯意之相互同意。倘一方提出，他方反對者，仍屬單純之犯意表示，不成立陰謀。陰謀原則上不予處罰。但重大之犯罪，如內亂罪外患罪之陰謀，因其具有危險性，故特設處罰陰謀犯之規定。（刑法總則）（王建今）

陸海空軍刑法第十六條所稱陰謀，係指二人以上，經協議，暗中籌謀或計劃進行，圖達其行爲之目的者而言。（特別刑事法）（吳　智）

宿藏物

埋藏物在舊時法律謂之宿藏物，如唐律雜律規定：「諸於他人地內得宿藏物，隱而不送者，計合還主之分，坐贓論減三等」，依令應與地主均分，亦即其一半爲還給地主之份。元承其制，於大元通制禁令門規定：「諸鋤獲宿藏之物，在他人地內者，得與地主中分；在官地內者，一半納官；在己地內者，即同業主」。明清律與唐宋律相較，不僅在名稱上改宿藏物爲埋藏物（現行民法仍之），其取得埋藏物的所有權所設的限制亦較寬。明清律於戶律錢債門規定：「若於官私地內，掘得埋藏無主之物者，並聽收用」。（中國法制史）（林咏榮）

野獸說（Wild Beast Test）

英美「普通法」強調行爲人意思自由，認爲心神喪失或精神耗弱者欠缺意思能力，無從具有通常之犯意，應予阻却責任。至於如何判別行爲人之精神障礙，其標準甚夥，昔日英國法家布賴克騰氏曾創「野獸說」，認爲行爲人若心神喪失，瘋狂一如野獸，欠缺知識與理智，不能了解事物之性質而犯罪時，應予阻却責任（Bracton: De Legibus（Twiss ed.）f. 420b, 321）。（英美刑法）（桂公仁）

救護行爲（Act to Rescue）

又名緊急避難。爲自衞行爲（act of self-defence）中之一種。係對防禦行爲而言。在刑法上則構成阻却違法。民法上亦爲免責之要件，而不構成侵權行爲。其與防禦行爲不同者，因防禦行爲係防禦現時不法侵害所爲之反擊行爲。而救護行爲係避免急迫危險時所爲之救護行爲。民法規定，因避免自己或他人生命身體自由或財產上急迫之危險所爲之行爲，不負損害賠償之責任。但以避免危險之必要，並未逾越危險所能致之損害程度爲限。且其危險之發生，如行爲人有責任者，應負損害賠償之責。依此規定，其成立之要件：一須有急迫之危險。例如左鄰起火，將延及己屋，破右鄰壁而逃生，自不負損害賠償責任。二須危險急迫，如上例火頭已至，非破右鄰壁，則無以逃生。三須爲急自己或他人之生命身體自由，或財產上之危險所爲之加害行爲。如上例爲搶救火宅中住之人，破右鄰壁而入，搶救人及財物，自應免除賠償責任。或因闢避火道而拆近火之屋，亦不負賠償責任。四須其危險之發生，行爲人無有責任者。倘行爲人有責任者，仍應負責。例如己屋樓下失火，在樓上搗毀鄰壁逃生，須己屋失火非由其自己失愼起火，乃可免除賠償責任是。（民法總則）（張鏡影）

朗讀案由

案由係指特定訴訟事件之事由，如原告某某與被告某某因求償債款事件是。朗讀案由爲期日之開始（民訴一五八）。舊法原規定：期日，以該事件之點呼爲始。點呼者，於指定之時屆至後，向訴訟關係人告知期日開始之謂，由審判長自爲之，或命書記官或庭丁爲之，均無不可。現行法修正以朗讀案由爲始，通常由法院書記官爲之。如由審判長自爲之，亦無不可。期日非因所指定之日期屆至而當然開始，故雖至指定之日時，而尙未朗讀案由者，自不能謂期日已開始。因而訴訟關係人有無遲誤期日，自應以朗讀案由後已否到場爲準。（民事訴訟法）（李學燈）

訴

當事人向一定之法院，就一定之權利或法律關係主張有訴權存在，求爲利己判決之聲明，法院因而爲判決程序之進行者，謂之訴。法律條文有訴訟者（民訴二四八），亦有僅稱訴之一字者（二四五至二四七），義屬相同。與起訴或訴訟行爲等用語，涵義不盡一致。蓋起訴爲開始判決程序之一種訴訟行爲，以後各種訴訟行爲不得謂之起訴。故起訴係就判決程序之起點而言，稱訴，則指整體而言。惟有時用爲訴請、訴求之義，則有與起訴同視，故學者間所下定義，亦有指爲開始判決程序之行爲者。當事人有其相對之一方，在第一審起訴之當事人爲原告，其相對人爲被告，原告以訴求爲利己判決之聲明，爲訴之聲明。其所主張有訴權存在之權利或法律關係，因而求爲判決者，爲訴之標的。原告被告（當事人），與訴之聲明，及訴之標的，均爲訴之要素。訴之同一與否，即以此三種要素是否同一以爲斷。本訴與他訴，亦即以此相區別。民事訴訟，法院不能依職權開始，僅得因訴而始能爲判決程序之開始及進行。訴或起訴，雖可附帶發生私法上之效果（民一二九I3、九五九），然非私法上之行爲。各種之訴，因其求爲判決之內容不同，可分爲給付之訴、確認之訴及形成之訴。詳見各該條。此外依不同之標準，又可爲各種不同之分類。如通常訴訟程序之訴，簡易訴訟程序之訴與特別訴訟程序之訴；獨立之訴與中間之訴；財產權上之訴與非財產權之訴；單一之訴與複數之訴是。（民事訴訟法）（李學燈）

訴之自由

訴之自由，一稱起訴自由權，係指人民有訴訟之權（憲一六）。蓋人民於私權受危害或有受危害之虞時，法律既不許自力救濟，自須訴諸國家之司法機關以求保護。人民得訴求國家之保護，即有訴之自由，亦即起訴之自由權。起訴之自由，爲人格權中所包含自由之一種，無論何人均有此項權利，且爲憲法所明定。一經起訴以後，國家司法機關與兩造當事人之間，即發生訴訟之法律關係。司法機關對於當事人有調查裁判之義務，當事人亦有求就其訴之是否合法及有無理由加以裁判之權利。惟調查裁判之結果，是否於何造當事人有利，均非所問。故訴之自由，兩造均有之。既有受判決之權利，亦有受判決之義務，非必即有受利己判決之權利。其與訴權之爲當事人可得要求利己判決之權利者，顯然有別。參見「訴權」條。（民事訴訟法）（李學燈）

訴之合併

就單一之權利或法律關係爲訴訟標的，於單一之原告及單一之被告間開始之訴訟，謂之單一之訴。否則凡當事人之一造或兩造爲複數，或訴訟標的爲複數者，則爲複數之訴，亦即訴之合併。在民事訴訟上，通常對於訴之觀念，原係以單一之訴爲原則。但爲達訴訟經濟之目的，及防止裁判之牴觸，乃亦承認複數之訴，故有訴之合併之制度。其係訴訟標的爲複數者，謂之客觀的訴之合併；其係當事人之一造或兩造爲複數者，謂之主觀的訴之合併，在法律上稱之爲共同訴訟。訴之合併，有由於當事人之行爲所致者，如一訴主張數項標的，或提起共同訴訟是。有由於法院之行爲所致者，如命合併辯論及合併裁判是。有於訴訟開始即發生者，如原告起訴時即係提起複數之訴是；有於訴訟進行中發生者，如原告爲訴之追加，或被告提起反訴，或當事人之一造死亡時，有多數之繼承人，承受其訴訟是。其係客觀的訴之合併，以一訴主張數項標的者，與分別提起單一之訴同，其價額合併計算之。惟以一訴主張之數項標的互相競合或應爲選擇者，訴訟標的之價額，應依其中價額最高者定之（民事訴訟費用法五、六）。訴訟標的之一部或以一訴主張之數項標的，其一達於可爲裁判之程度者，法院得爲一部之終局判決（民訴三八二）。惟於主觀的訴之合併，對於共同訴訟之各人，必須合一確定者（五六），則應對於共同訴訟人之全體，爲同一之判決。（民事訴訟法）（李學燈）

訴之追加

見「訴之變更或追加」條。（民事訴訟法）（李學燈）

訴之撤回

訴之撤回，即起訴行爲之撤銷，爲原告向法院表示撤回其訴，不求爲判決之意思，亦即原告使已生效之起訴行爲，自始無效之意思表示。民事訴訟，本於當事人之辯論主義，起訴與否，既一任當事人之自由，故亦許原告於判決確定前，得撤回訴之全部或一部，但被告已爲本案之言詞辯論者，應得其同意。訴之撤回，應以書狀爲之。但在言詞辯論時，得以言詞爲之。於言詞辯論時所爲訴之撤回，應記載於言詞辯論筆錄，如他造不在場，應將筆錄送達（民訴二六二）。關於被告同意之方式，法無明文，應解爲任由被告提出同意書狀，或於撤回書狀連署，或在法院書記官前以言詞陳述同意，由其制作筆錄（一二二），均無不可。訴之撤回，爲訴訟法上之一方法律行爲，原告一經對於法院表示撤回之意思，即爲成立。其撤回之行爲，苟在判決確定以前，雖至上訴審後，亦得爲之，使已爲之判決失其效力。訴之撤回適法者，其訴不經法院之裁判，當然終結。惟如撤回不適法時，應以中間判決諭示其旨（三八三），或俟就訴爲終局判決時，於其理由中諭示之。訴經撤回者，視同未起訴，訴訟繫屬，溯及自始而消滅。如於本案經終局判決後將訴撤回者，不得復提起同一之訴（二六三）。此外因訴之撤回，訴訟費用由原告負擔（八三），又因訴之提起所生私法上之效力，如時效因起訴而中斷者，則因訴之撤回而視爲不中斷（民一三一）；又定有除斥期間之權利，因遵守其期間所爲裁判上之請求，亦因訴之撤回而失其遵守之效力（九〇、一〇五三）。（民事訴訟法）（李學燈）

訴之聲明

訴之聲明，即應受判決事項之聲明（民訴二四四Ⅰ、3），亦即請求法院爲如何判決之聲明。表明訴之聲明，應記載原告對於被告就爲訴訟標的之權利或法律關係，所求判決之內容及範圍。如給付之訴，請求被告支付租金五千元；確認之訴，請求確認原告與被告間就某地之租賃關係不存在；在形成之訴，請求判決准原告與被告離婚是。此項訴之聲明，於原告勝訴時，通常與判決主文之內容相同，故亦可稱爲請求判決之結論。且因屬決定法院審判之範圍，故必須明確一定，不得附以條件，但預備之聲明則不在此限。又以一訴請求計算及被告因該法律關係所應爲之給付者，得於被告爲計算之報告前，保留關於給付範圍之聲明（二四五）。例如合夥人退夥，請求他合夥人結算退夥時合夥財產之狀況（六八九）並請求於被告爲結算報告前，保留關於返還出資額範圍之聲明是。當事人之聲明有不明瞭或不完足者，法院應依其闡明權，令當事人敍明或補充之（民訴一九九Ⅱ）。法院之爲判決，須本於當事人之聲明。除別有規定（如八七、三八九或應爲駁回訴或上訴之判決）外，不得就當事人未聲明之事項爲判決。否則爲訴外裁判，得爲上訴之理由。（民事訴訟法）（李學燈）

訴之變更或追加

訴之變更，謂原告於起訴後，提起新訴訟以代替原有之訴。訴之追加，謂原告於起訴後，提起新訴以合併於原有之訴。訴之要素，爲當事人、訴訟標的及訴之聲明（即應受判決事項之聲明）三者。若此三者，於訴訟進行中，有一變更，即爲訴之變更；有一追加，即爲訴之追加。訴之變更、追加，易使訴訟延滯，或關係趨於複雜，於被告之防禦有所不便，故法律規定於訴狀送達後，原告不得將原訴變更或追加他訴，但經被告同意或不甚礙被告之防禦及訴訟終結者，不在此限（民訴二五五Ⅰ）。被告於訴之變更或追加無異議，而爲本案之言詞辯論者，視爲同意變更或追加（二五五Ⅱ）。此外法律尚有以特別規定准許訴之變更追加者（如二五六、五七二）。在第二審亦得爲訴之變更追加，通常須經他造之同意（四四六）。訴之變更或追加，得不以訴狀爲之，而於言詞辯論時以言詞爲之（二六一）。如新訴專屬他法院管轄或不得行同種之訴訟程序者，不得爲之（二五七）。至訴之有無變更或追加，及其變更或追加應否准許，法院應依職權調查之。如認其變更或追加應准許者，應即就其新訴爲辯論及裁判。其以新訴代替原有之訴者，原有之訴，當然終結，不能更爲審判。若係追加新訴者，則應就新訴與舊訴，依共同訴訟或訴之客觀之合併之規定辦理。如認訴之變更或追加不應准許，或新訴專屬他法院管轄，或不得行同種之訴訟程序者，則應以裁定駁回之（二四九Ⅰ6.），而仍就原有之訴為辯論及裁判。但在訴之變更，如原告已明示撤回原有之訴者，則原有之訴即因撤回而終結。法院因不甚礙被告之防禦及訴訟之終結，而許訴之變更或追加或以訴為非變更或無追加之裁判，不得聲明不服（二五八）。（民事訴訟法）（李學燈）

訴外裁判

法院就當事人未聲明之事項為判決者，謂之訴外裁判。法院之判決事項，原則上須本於當事人之聲明，此為不告不理之原則及辯論主義應有之結果，故除別有規定外，法院不得就當事人未聲明之事項為判決（民訴三八八）。否則，即成學說上之所謂「訴外裁判」。然此僅係原則，尚有下列之例外：㈠法院無待當事人之聲明，應於終局判決為訴訟費用之裁判（八七）。㈡法院有無待原告之聲明，應就判決或得就判決為假執行之宣告者（三八九、四五七Ⅱ）。㈢法院有無待被告之聲明，得於判決內定相當之履行期間者（三九六Ⅰ）。㈣法院為駁回訴（或上訴）之判決者，無待被告（或被上訴人）之聲明。除例外情形，原則上不得為訴外裁判，蓋法院不得以當事人所未求之利益歸之，即超過其聲明事項而為判決，亦非所許。例如原告祇求判決命被告清償債務之一部，法院不得判令其清償全部是。然法院就當事人聲明之範圍內，僅認其請求之一部，或於其請求加以限制，則無不可。例如原告主張一定數額之請求，法院得為認其請求一部之判決；原告求命被告即時清償，法院得於判決內定履行之期間是。又法院為判決，不受當事人所述法律見解之拘束。當事人之聲明有不明瞭或不完足者，應令其敘明或補充之（一九九）。如僅用語錯誤，法院本於其聲明之真意而予勝訴之判決者，則不得謂其所判決者，係未經當事人聲明之事項。關於未經當事人聲明不得判決之原則，於各種程序及各審級均有其適用（四五〇、四七五）。訴外裁判，雖非當然無效，但當事人得以上訴請求予以廢棄。惟因判決受有利益之當事人，如在上訴審得變更聲明者，自可變更為與該判決有同一內容之聲明以除去其瑕疵。（民事訴訟法）（李學燈）

訴狀

通常訴訟程序之起訴，應向法院提出書狀為之，此種起訴之書狀，謂之訴狀。訴狀一經提出於法院，即為已經起訴，而生訴訟之繫屬。故訴狀應就特定何人之間，為如何之法律關係，而要求為如何之判決，予以表明。因此依法必須表明各款事項（民訴二四四）：㈠當事人及法定代理人。當事人即原告與被告，應於不致與他人相混之程度表明之。當事人為無訴訟能力人時，並應表明其法定代理人，而記載其姓名及住所等。當事人為法人或非法人之團體者，應表明其代理人或管理人。㈡訴訟標的。訴訟標的為請求或其他法律關係，原告就如何之法律關係，求法院之判決，應於可與他權利或法律關係區別之程度表明之。㈢應受判決事項之聲明。即訴之聲明，應表明原告對於被告就為訴訟標的之權利或法律關係，所求判決之內容及範圍。以上各事項，均應在訴狀內表明，此為通常訴訟程序起訴之法定程式，屬於訴訟成立要件之一，法院應依職權調查之。違背此程式者，無起訴之效力，法院應以訴為不合法，以裁定駁回之，惟其欠缺可以補正者，審判長應定期間先命補正（二四九Ⅰ、6）訴狀除必須表明上述事項外，並宜記載因定法院管轄，及其適用程序所必要之事項（二四四Ⅱ）。又關於準備言詞辯論之事項（二六五），即原告擬在言詞辯論時提出之事實、證據及聲明等，亦宜於訴狀內記載之（二四四Ⅲ），以供準備書狀之用（二六六Ⅰ）。此外關於當事人書狀之一般規定（一一六以下），亦應依照辦理。惟僅違背此等規定者，於起訴之效力，並無影響，尚不能謂為違背起訴程式之規定。惟因書狀不合程式或有其他欠缺者，審判長應定期間命其補正（一二一）。餘參見「起訴」條。（民事訴訟法）（李學燈）

訴訟上之和解

訴訟上之和解，亦稱審判上之和解，即當事人於訴訟繫屬中在受訴法院或受命推事，受託推事前，約定互相讓步以終止爭執或防止爭執發生，同時以終結訴訟全部或一部為目的之合意。訴訟上之和解，雖可由主持和解之推事酌擬和解辦法，勸諭兩造依從，有時不免帶公權力強制之色彩，然其成立，仍須兩造當事人之合意，且即以其合意為已足，仍不失為自治的解決民事紛爭之方法，實與強制的解決方法之判決程序，完全以適用法律為目的者不同。其性質既為私法上終結糾紛之合意，同時又為訴訟法上終結訴訟之合意。一方面有訴訟法上之效力，他方面亦生實體法上之效力，故實為訴訟法律行為與私法法律行為二者之併存。在訴訟繫屬中，法院不問訴訟程度如何，如認有成立和解之望者，得於言詞辯論時，或使受命推事或受託推事，試行和解（民訴第二編第一章第四節三七七）。故訴訟上之和解，必在受訴法院或受命推事受託推事前為之，否則僅能成立民法上之和解。訴訟上和解之讓步，並非全以關於爭執之事項為限，關於其他事項之讓步，亦無不可。其以終結訴訟或其某爭點為目的，故必須於訴訟繫屬中為之，與起訴前為避免訴訟而行之調解不同（第二編第二章）。試行和解而成立者，法院書記官應作成和解筆錄，記載和解已成立之意旨及其內容（三七九Ⅰ）。訴訟上和解成立，與確定判決有同一之效力（三八〇Ⅰ），故關於為訴訟標的之法律關係而為者，不待法院裁判，即時使該訴訟終結；關於訴訟之某爭點而為者，不待法院裁判，即時使該爭點終結；如係於已有裁判後而為和解者，以前所為之裁判，亦因和解成立而當然失效。和解有無效或得撤銷之原因者，無論其係訴訟法上之原因或實法上之原因，當事人均得請求繼續審判。請求繼續審判，應於一定期間內為之，其不合法者，法院應以裁定駁回，顯無理由者，得不經言詞辯論，以判決駁回之。凡此均應準用有關再審之訴之規定（三八〇Ⅱ、Ⅲ、五〇〇、五〇二）。（民事訴訟法）（李學燈）

訴訟上之和解（Compromise of a Suit）

訴訟上之和解者，乃雙方當事人於法院約定互相讓步以息爭端之契約也（見 James A. Ballentine: Law Dictionary, 1959, p. 250.）。訴訟上之和解，可成為有價值之約因。當事人善意信其有法律上訴追之權，因他方之請求放棄其權利者，受有法律上之損害。此項損害，自可視為對於對方諾言之約因（見 J. F. Wilson: The Law of Contract, 1957, pp. 51-52.）。（英美契約法）（何孝元）

訴訟上之擔保

見「訴訟費用之擔保」條。（民事訴訟法）（李學燈）

訴訟上自認

見「自認」條。（民事訴訟法）（李學燈）

訴訟之法律關係

訴訟繫屬發生後，法院與當事人之間，即有所謂訴訟之法律關係成立。受訴法院不可不為完結訴訟之行為，亦即法院對於當事人有就其訴之是否合法及有無理由予以調查裁判之義務，當事人對於法院亦有求其為調查裁判之權利。關於訴有無理由之調查義務，須其訴合法方可發生。故法院應先就訴之是否合法加以調查，經認其訴為合法時，始就訴之有無理由有調查裁判之義務。所謂訴訟之法律關係，如僅就法院與當事人間關於訴有無理由為辯論及裁判之權利義務而言，則可稱之為本案訴訟之法律關係。此種關係成立後，當事人於具備權利保護要件時，即有得求國家為利己判決之權利，通常稱為判決請求權。參見「訴訟繫屬」條，「訴權」條，「權利保護要件」及「判決請求權」等條。（民事訴訟法）（李學燈）

訴訟之移送

訴訟之移送，係謂訴訟繫屬中，法院因無管轄權而以裁定將該訴訟移轉其繫屬於他法院。法院就訴訟之全部或一部認為無管轄權者，原應以其訴為不合法而駁回之，但為訴訟經濟，且顧及原告之利益，避免另行起訴之時日延誤而發生時效完成，除斥期間屆滿等不利之效果，故特設訴訟移送之制度。凡訴訟之全部或一部，法院認為無管轄權者，依原告聲請或依職權以裁定移送於其管轄法院。移送訴訟之聲請被駁回者，不得聲明不服（民訴二八）。移送訴訟前如有急迫情形，法院應依當事人聲請或依職權為必要之處分（二九）。移送訴訟之裁定確定時，受移送之法院受其羈束，除專屬於他法院管轄者外，並不得以該訴訟更移送於他法院（三〇）。移送訴訟之裁定確定時，視為該訴訟自始即繫屬於受移送之法院（三一Ⅰ）。是凡移送以前在原法院所為之訴訟行為，均視為於受移送法院內所為；其因此所生訴訟法及實體法上之效力，均繼續存在。受移送之法院，應繼續移送前之程序，以進行訴訟。（民事訴訟法）（李學燈）

訴訟主體

民事訴訟，係國家司法機關（法院）因確定私權，基於私人（當事人）之請求，而保護其私法上之權利或利益之程序。故其程序恆因當事人向法院為確定私權之請求而開始。訴訟程序一經開始之後，法院與兩造當事人，及兩造當事人之間，即生訴訟法上之法律關係，而自始至終，為進行程序之主體。因此所謂訴訟主體，卽指法院與兩造當事人而言。至於當事人以外之其他訴訟關係人或第三人，以及廣義法院之輔助人員，或因其非以自己之名爲訴訟，或因其僅爲他人之訴訟而實施特定之訴訟行爲，或因其非爲職司審判之人員而非爲狹義之法院，故均不得稱之爲訴訟主體。（民事訴訟法）（李學燈）

訴訟外自認

見「自認」條。（民事訴訟法）（李學燈）

訴訟代理人

訴訟代理人，謂依當事人之委任，以當事人名義爲訴訟行爲（及受訴訟行爲）之人，因其代理權之發生，由於本人之意定，與法定代理不同，故又稱爲委任代理或意定代理。各國立法例，有採律師訴訟主義者，所有訴訟，均須委任律師爲訴訟代理人。有採律師獨占制度者，雖採任意代理主義，但如委任訴訟代理人代爲訴訟行爲時，則須以律師充任。我國民事訴訟法採任意代理主義，亦卽當事人訴訟主義爲原則，凡當事人或其法定代理人本人，均許自爲訴訟行爲，亦得委任訴訟代理人代爲訴訟行爲，而不以委任律師爲限。惟非律師而爲訴訟代理人者，法院得以裁定禁止之（民訴六八Ⅰ）。訴訟代理人，應於最初爲訴訟行爲時，提出委任書，但由當事人以言詞委任，經法院書記官記明筆錄者，不在此限（六九）。委任應於每一審級爲之。案件由上級法院發回更審者，原訴訟代理人亦須另行提出委任書。訴訟代理權之範圍，有限定委任，概括委任與特別委任之別。限定委任係就代理權加以限制於代理特定之行爲，應於委任書或筆錄內表明。概括委任，則不加限制。訴訟代理人就其受委任之事件，有爲一切訴訟行爲之權。但捨棄、認諾、撤回、和解、提起反訴、上訴或再審之訴、選任代理人及關於强制執行之行爲或領取所爭物，非受特別委任不得爲之（七〇）。訴訟代理人有二人以上者，均得單獨代理當事人。所爲事實上之陳述，經到場之當事人本人，卽時撤銷或更正者，不生效力。訴訟代理權，不因本人死亡、破產或訴訟能力喪失而消滅，法定代理有變更者亦同。關於訴訟委任之解除，非通知他造，不生效力。由訴訟代理人解除委任者，自爲解除之意思表示之日起，十五日內，仍應爲防衛本人權利所必要之行爲。訴訟代理權有欠缺而可以補正者，應定期間命其補正，但得許其暫爲訴訟行爲（七一至七五）。（民事訴訟法）（李學燈）

訴訟成立要件

訴訟成立要件，爲開始本案訴訟法律關係之要件。原告本於訴之自由權（憲一六），向法院起訴後，卽生訴訟繫屬，法院固有以裁判終結其訴之義務。然欲使法院就其訴之有無理由爲本案之辯論及裁判，必須其訴先爲合法之訴而後可。然非所有之訴均爲合法之訴，必須具備一定之要件，始能成立合法之訴訟。此種要件卽謂之訴訟成立要件，亦卽指合法之訴訟所應具備之要件。此係訴權之前提要件，故又稱爲訴權之形式要件。在學說上亦有主張此等要件之存否，縱於開始本案審理後，再予調查，亦無不可，故不得稱爲訴訟成立要件或開始本案訴訟之要件者。亦有逕稱爲訴之合法要件者。自一般情形言之，不合法之訴，實無使法院爲本案審理判決之效力，應逕以裁定駁回之。至其內容，通常可分爲絕對之訴訟成立要件與相對之訴訟成立要件。學者間又有稱前者爲訴訟成立要件，後者因須被告主張後，始足妨礙訴訟之進行，則稱爲訴訟障礙之事項者。絕對之要件，係指因行本案辯論及裁判所必具之要件。除法律別有規定外，如當起訴時有欠缺者，本案訴訟之法律關係不能發生，起訴後發生欠缺者，本案訴訟之法律關係歸於消滅。因其爲一般公益應備之要件，其欠缺無待於當事人之主張，亦不因當事人拋棄責問權而補正，法院應依職權調查之。如認爲有欠缺時，一般均應以裁定駁回原告之訴，惟其情形可以補正者，審判長應定期間，先命補正（民訴二四九Ⅰ）。此種要件如下：㈠訴訟事件屬於普通法院之權限。㈡訴訟事件屬於受訴法院之管轄。㈢原告及被告有當事人能力。㈣原告及被告有訴訟能力。㈤由訴訟代理人代行起訴者，其代理權無欠缺。㈥起訴合於程式及具備其他要件。㈦同一事件別無訴訟繫屬。㈧非於本案經終局判決後將訴撤回，復提起同一之訴。㈨訴訟標的非確定判決或和解效力之所及。㈩應經調解之事件，於起訴前曾經調解而未成立等（二四九Ⅰ1至7、三八〇Ⅰ、四〇〇、四〇三、四二四Ⅱ、五七七、五八七參照）。至所謂相對之要件者，係爲保護當事人利益而設，須經被告主張後，始足以妨礙本案訴訟之法律關係之發生或使其消滅。有無此等訴訟障礙，法院不得依職權調查之。其有關事項如下：㈠有供訴訟費用擔保義務之原告不供擔保者（九六、九八、一〇一）。㈡有供起訴擔保義務之原告不供擔保者（公司二一四Ⅱ、二二七、民訴一〇六），㈢當事人間經締結有公斷，或仲裁契約而逕行起訴者（公斷一，仲裁三），㈣當事人間有適用簡易訴訟程序之合意而於起訴前未經調解者（四〇四Ⅱ）。（民事訴訟法）（李學燈）

訴訟行爲

訴訟行爲，係指就特定訴訟可生訴訟法上效果之一切行爲而言。故凡司法機關及當事人或其他訴訟關係人所爲之行爲，可生訴訟法上之效果者，皆爲訴訟行爲。訴訟程序即係由訴訟行爲所構成。訴訟行爲，自廣義言之，亦屬所謂訴訟法上之法律事實。蓋依訴訟法之規定，凡可發生訴訟法上之效果者，均可稱爲訴訟法上之法律事實。此種廣義之訴訟法上法律事實，包括訴訟行爲之事實，即基於人之意思發動，作爲或不作爲而生訴訟法上效果之事實。然而狹義之訴訟法上法律事實，則專指非行爲之法律事實，亦即人之行爲以外之事實。例如當事人或法定代理人之死亡（民訴一六八、一七〇），當事人受破產或禁治產之宣告（一七四），阻礙法院執行職務之天災或其他事故發生（一八〇）等是。訴訟法上訴訟行爲與私法上之法律行爲，雖類似而並不相同。私法上之法律行爲以私權之形成爲目的，訴訟行爲則以確定私權爲目的。前者爲私法上私權關係形成之原因，後者則爲訴訟法上亦即公法上法律關係形成之原因。訴訟行爲最終之目的，雖在於確定私權關係，但依各個訴訟行爲直接發生者，則爲訴訟法上法律關係之發生、變更或消滅。此與法律行爲爲私權關係發生、變更或消滅之原因不同。故訴訟行爲並不適用或準用關於法律行爲之規定，而應依訴訟法之規定或因訴訟行爲之性質所生之法理，以決定其方式及效果。（民事訴訟法）（李學燈）

訴訟告知

訴訟告知，謂當事人之一造將其訴訟對於有利害關係之第三人爲告知。因第三人如爲輔助參加，於其所輔助之當事人爲有益之事，故設告知訴訟之制度，規定當事人得於訴訟繫屬中，將其訴訟告知於因自己敗訴而有法律上利害關係之第三人，受訴訟告知者，得遞行告知（民訴六五），藉以促其參加訴訟而發生告知訴訟之效力。告知訴訟，須於訴訟繫屬中爲之，此爲告知人之權利；而非其義務，是否爲此告知，得自由決定。告知爲具備法定方式之通知，應以書狀表明理由及訴訟程度提出於法院，由法院送達於第三人（六六Ⅰ），始生效力。在簡易訴訟程序，亦得求法院書記官作成筆錄，以代提出書狀（四二八、一二二）。告知訴訟之書狀，並應送達於他造（六六Ⅱ）。意在使其知有告知訴訟之事，並非告知生效力之要件。訴訟告知之行爲本身，只屬於訴訟繫屬之事實報告，而非訴訟參加之要求，亦非對第三人爲裁判上之請求，其目的僅在使第三人知有訴訟之繫屬，並知有參加之機會。受告知人，是否參加訴訟，仍有其自由。惟如不爲參加或參加逾時者，視爲於得行參加時已參加於訴訟，使受參加效力之拘束，亦即本於裁判之參加效力，對於告知人不得主張本訴訟之裁判不當（六七、六三），蓋所以貫徹告知訴訟之目的。遞行告知人將訴訟遞行告知於因其所受告知之當事人敗訴而有法律上利害關係之他人，以促其爲參加者，則遞受告知人與遞行告知人之間，亦同樣發生參加之效力。至訴訟告知，與本訴訟之進行本無影響，但法院如認受告知人能爲參加者，爲保護告知人與受告知人之利益起見，得在其參加前，以裁定停止本訴訟之程序（一八五）。第三人因受告知而始參加訴訟者，稱爲告知參加，其參加之程序及參加之效力，仍適用關於一般訴訟參加之規定（五八至六四），惟爲訴訟告知之當事人，不得主張其無法律上利害關係而提出異議（六〇Ⅰ參照），則爲當然之解釋。（民事訴訟法）（李學燈）

訴訟拘束

見「訴訟繫屬」條。（民事訴訟法）（李學燈）

訴訟卷宗

關於訴訟事件之一切文書，由法院彙集而保存之者，謂之訴訟卷宗。亦有即稱之爲卷或卷宗者（民訴三一Ⅱ、一四一至一四三、一四八、一五三，二一三Ⅰ5、二一五、二四一、二四二、三六一Ⅰ、四四三、四六二、四八〇等）。如自廣義言之，爲關於訴訟文書之總稱，亦可指因送達由當事人所執存之文書而言，則非本法所指之卷宗。本法規定當事人書狀、筆錄、裁判書、及其他關於訴訟事件之文書法院應保存者，應由書記官編入卷宗（二四一）。所謂其他關於訴訟事件之文書，諸如被聲請迴避之推事意見書（三四Ⅲ），送達證書（一四一），不能送達之報告書（一四二），公示送達證書（一五三），應受送達人提出之收據及交付郵政機關爲送達之證書（一四三），已爲送達或不能爲送達之通知書（一四八），調查復文或報告書意見書（二八九、二九五、三四〇、三五五），鑑定書（三三五），證書之繕本節本或無須發還之原本（三六一Ⅰ），勘驗之圖畫或照片（三六六）等均應編入卷宗。至卷宗之編號及保存，另有司法行政部令如民刑案件編號計數規程及法院文卷保存期限規程加以規定。卷宗滅失事件之處理，則另以法律定之（二四一Ⅱ）。訴訟卷宗，不僅法院得利用之，即當事人及第三人亦得向法院書記官請求閱覽、抄錄或攝影卷內文書，或預納費用，請求付與繕本影本或節本。第三人經當事人同意或釋明有法律上之利害關係，經法院長官許可者，亦得爲同樣之請求（二四二）。書記官不准閱覽抄錄攝影或拒絕付與繕本節本者，得對於其處分向法院提出異議（二四〇）。法院長官不爲許可者，得對於其處分向有監督權之長官請求救濟（法組八七、八八）。裁判草案及其準備或評議文件，不得交當事人或第三人閱覽，抄錄或付與繕本或節本；裁判書在宣示前或未經推事簽名者亦同（民訴二四三）。（民事訴訟法）（李學燈）

訴訟法律行爲

訴訟法律行爲，亦即訴訟上之法律行爲，謂當事人之意思表示，以生訴訟法上之某效果爲目的，法律即從而認其效果之訴訟行爲。此種行爲，因無須法院之裁判，法律即從其表示之內容而逕認其效果，其性質與民法上之法律行爲相當，故在學說上稱爲訴訟法律行爲。自其成立之要件言之，得別爲一方行爲與雙方行爲。前者乃由行爲人一方之意思表示所成立之訴訟行爲，如訴或上訴、抗告及其他聲明之撤回（民訴二六二、四五九、四八一、四九三），上訴權或抗告權及責問權之捨棄（四三九、四八一、四九三、一九七），訴訟代理之委任（六九），無能力人或無代理人所爲訴訟行爲之承認（四八，七五Ⅱ）等是。後者或稱爲訴訟上之合意，乃由雙方當事人彼此表示意思趨於一致，從而成立之訴訟行爲。例如定管轄之合意（二四），擔保物之約定（一〇二Ⅰ），訴訟程序停止之合意（一八九），及訴訟上之和解（三七七），適用簡易程序應經調解之合意（四二七Ⅲ）等是。（民事訴訟法）（李學燈）

訴訟能力

訴訟能力，乃得有效爲訴訟行爲（或受訴訟行爲）之能力。因其與民法上之行爲能力相當（但非相同），故亦稱訴訟上之行爲能力。訴訟能力僅有有無之分，非如民法上之行爲能力，尙有限制行爲能力之設。凡能獨立以法律行爲負義務者，有訴訟能力（民訴四五）。故㈠民法上有行爲能力者，如成年人及未成年人已結婚者，自有訴訟能力。惟未成年人已結婚者，雖如提起關於夫妻財產制契約之訂立、變更、廢止或離婚之訴，仍須得其法定代理人之允許（民一〇〇六、一〇〇九參照）。㈡民法上無行爲能力者，原則上無訴訟能力。未成年人及禁治產人自無訴訟能力，胎兒亦然。又事實上常處於心神喪失狀態之成年人而未受禁治產宣告者，亦應解爲無訴訟能力。惟就撤銷禁治產宣告之訴，受宣告人有訴訟能力（民訴六一二、六一九、六二四）。限制行爲能力人在民法上於法定範圍內，有行爲能力，但在訴訟上仍不得謂有訴訟能力。除有特別規定外，仍應由法定代理人代理，始爲合法。惟如遇有特別規定時（五七〇、五八四、五九六Ⅱ），未成年人亦有訴訟能力。㈢外國人之行爲能力，依其本國法定之（涉外民事法律適用法一Ⅰ）。訴訟能力亦然。然依其本國法無訴訟能力，而依我國法有訴訟能力者，視爲有訴訟能力（同上Ⅱ）。㈣法人有無訴訟能力，因採實在說或擬制說而異。依司法院解釋（二六、院、一六八九。三四、院、二九三六），法人爲訴訟當事人時，其委任訴訟代理人，應由其代表人爲之。法人之代表人在民事訴訟上爲法定代理人，適用關於法定代理人之規定。是在民事訴訟仍採擬制說。㈤非法人之團體，實體法上本無行爲能力，訴訟法上亦無訴訟能力。無訴訟能力人之所爲，及對於無訴訟能力人之訴訟行爲，應屬無效，而非祇得撤銷。然如有形式上訴訟行爲之外形者，經合法承認，則溯及於行爲時發生效力（四八）。訴訟能力有欠缺而可以補正者，法院應先定期間命其補正，如恐久延致當事人受損害時，得許其暫爲訴訟行爲（四九）。至於適法起訴後，當事人喪失訴訟能力者，除有訴訟代理人外，訴訟程序當然停止（一七〇，一七三）。（民事訴訟法）（李學燈）

訴訟財產權（Chose in Action）

訴訟財產權者，乃以訴權而不以占有主張之權利也。此種權利，不僅限於契約上之權利，即專利權、著作權等權利亦屬之（見Anson's Law of contract, 1952, p. 265.）。（英美契約法）（何孝元）

訴訟參加

訴訟參加者，就他人間已繫屬之訴訟，原為第三人而加入訴訟之謂。其義之廣者，包含所謂主參加與從參加兩者。其義之狹者，則專指從參加而言。民事訴訟法第一編第二章第三節所規定之訴訟參加即為從參加，一稱輔助參加，即就兩造之訴訟，有法律上利害關係之第三人，為輔助一造起見，於該訴訟繫屬中參加訴訟之謂（民訴五八Ⅰ）。其加入於訴訟之第三人，謂之參加人，亦即廣義當事人中之從當事人，被輔助之當事人，謂之被參加人或主當事人。參加人係以第三人之資格，輔助當事人之一造，故非狹義之當事人，亦與共同訴訟人有別，又以自己之名義，為保護自己之利益，加入他人間已繫屬之訴訟而為訴訟行為，故與訴訟代理人或輔佐人係以當事人本人名義為訴訟行為者不同。參加人得委任訴訟代理人，如與其所輔助之當事人，以同一人為訴訟代理人亦無不可。惟一人不得同時為訴訟之當事人及參加人，故由法定代理人或訴訟代理人行訴訟者，其本人不得為參加。如參加人承受訴訟或承當訴訟，其參加即歸消滅。參加人須有當事人能力及訴訟能力，無訴訟能力者，須由其法定代理人合法代理。此外並應具備下列之要件，否則其參加即屬不適法，當事人得聲請法院駁回之（六〇Ⅰ）㈠須他人間訴訟在繫屬中，㈡對於他人間之訴訟為之，㈢須就兩造之訴訟有法律上之利害關係、否則如僅有事實上、道德上、情感上、經濟上或名譽上之利害關係者，則法律無保護之必要，皆不許為參加。至所謂法律上之利害關係，係指第三人私法上之地位，因當事人之一造勝訴，將可免受不利益，若該造敗訴，將致直接或間接受不利益者而言。若僅有公法上之利害關係，例如有受刑事訴追之危險時，亦不得為參加。參加人期以輔助一造獲得勝訴之結果以間接維護自己之利益，並非直接為自己有所請求，故與主參加之性質為共同訴訟者不同。參加，得與上訴抗告或其他訴訟行為合併為之，應向本訴訟繫屬之法院提出參加書狀。參加人得按參加時之訴訟程度，輔助當事人為一切訴訟行為。但其行為與當事人之行為牴觸者，不生效力（五八、五九、六一）。訴訟標的，對於參加人及其所輔助之當事人必須合一確定者，準用第五十六條之規定（六二），學說上謂之獨立之從參加。參加人對於其所輔助之當事人，不得主張本訴訟之裁判不當，是所謂裁判之參加效力。但參加人因參加時訴訟之程度，或因該當事人之行為，不能用攻擊或防禦方法，或當事人因故意或重大過失不用參加人所不知之攻擊或防禦方法者，不在此限（六三）。參加人經兩造同意時，得代其所輔助之當事人承當訴訟。參加人承當訴訟者，其所輔助之當事人脫離訴訟。但本案之判決，對於脫離之當事人，仍有效力（六四）。第三人因當事人告知訴訟始行參加者，謂之告知參加，詳見「訴訟告知」條。（民事訴訟法）（李學燈）

訴訟救助

民事訴訟採有償主義，當事人進行訴訟，原應自行支出所必要之費用。惟對於因無資力支出費用而不能伸張或防禦權利之人，不可不有救助，俾使其私權可達同受保護之目的。故於無資力人具備一定條件時，准其暫免某種費用而為訴訟，此即謂之訴訟救助。訴訟救助非免訴訟費用之負擔，故於受負擔訴訟費用之裁判時，仍應盡其負擔之義務。當事人聲請救助之要件：㈠須無資力支出訴訟費用，㈡須非顯無勝訴之望（民訴一〇七）。至對於外國人准予訴訟救助，依條約或該外國人之本國法，中華民國人在其國得受訴訟救助者為限（一〇八）。惟予訴訟救助者，得暫免審判費用，免供訴訟費用之擔保，暫行免付執達員應收之費用及墊款，法院得為受救助人選任律師代理訴訟，暫行免付酬金（一一〇）。准予訴訟救助，於假扣押、假處分、上訴及抗告亦有效力（一一一）。（民事訴訟法）（李學燈）

訴訟費用

民事訴訟為防止濫訟及達公平利用之目的，採有償主義，即因訴訟程序支出之費用，由當事人自行負擔。此項負擔之性質，通說謂係基於公法上之義務。當事人之支出訴訟費用者，如依法應由他造負擔訴訟費用時，得請求他造償還。所謂訴訟費用，非指當事人實際上所支出之一切費用俱包括在內，而係以法令之規定為準。依民事訴訟費用法之規定，當事人為伸張或防禦權利必要支出之費用，有各種名稱。依其性質，又可分為裁判上費用及裁判外費用兩種。裁判上費用即民事訴訟費用法所稱之裁判費，指當事人對於國家司法行為之報酬而應繳納於國庫之費用，如當事人於訴訟書狀貼用司法印紙（或以聯單代替）是。民事訴訟法有審判費用之用語（民訴一一〇Ⅰ、一一四），較此所謂裁判費為廣，凡因請求法院為審判行為所應支出之費用或法院為審判行為所需費用應由當事人支出者皆屬之。即裁判外費用如公告費，調查證據費，狀紙費等亦包括在內。裁判外費用，指其他在訴訟程序上所支出之費用，如送達費、抄錄費、翻譯費、郵電費、運送費、登載公報新聞紙費，證人鑑定人通譯之到庭費，食宿舟車費、滯留費、推事書記官出外調查證據費、執達員送達文書之食宿舟車費等是。此外依訴訟書狀規則購用狀紙之費用，或由法院選任代理人之酬金（五一、一一〇4、三七四、五八五），自亦屬於訴訟費用。至當事人自行委任代理人所支給之酬金，或因訴訟所支出之旅費，因不在法令所定費用之內，均不得列入訴訟費用。法令所定之費用，如定有額數者，超額支出之費用，亦不得併計。法院爲訴訟行爲之費用，得命當事人預納之（九四Ⅱ）。預納費用者，最後非必負擔其費用。法律就訴訟費用之負擔設有詳細之規定。此外並規定訴訟費用之擔保及訴訟救助，詳見各該條。（民事訴訟法）（李學燈）

訴訟費用之負擔

民事訴訟採有償主義，因訴訟程序支出之費用，由當事人自行負擔。惟當事人有兩造，爲保護私權並達公允之目的，應由就此項費用與有責任之當事人負擔（例外亦有得由與有責任之第三人負擔）。負擔訴訟費用之當事人，不惟自己支出之費用，歸其負擔，即他造當事人所支出之費用，亦歸其負擔，故他造得請求依確定訴訟費用額之裁判（民訴八七、九〇、九一，九五）而爲償還。自理論言之，當事人因其償還亦得以他造之侵權行爲爲理由而起訴，請求賠償因訴訟所生之一切實在費用及其他損害，但此際則非本於訴訟費用之規定而爲主張。關於訴訟費用負擔之標準：㈠以由敗訴之當事人負擔爲原則（七八）。所謂敗訴之當事人，包括各審級受不利終局判決之當事人，其敗訴之理由如何，有無故意過失，在所不問。㈡例外情形，亦有應由勝訴之當事人負擔或得命其負擔全部或一部者。例如被告對於原告關於訴訟標的之主張逕行認諾，並能證明其無庸起訴者（八〇），勝訴人之行爲，非爲伸張或防衞權利所必要者，或敗訴人之行爲，按當時之訴訟程度爲伸張或防衞權利所必要者（八一），或當事人不於適當時期提出攻擊或防禦方法，或遲誤期日或期間，或因其他應歸責於己之事由而致訴訟延滯者（八二）。㈢至於各當事人一部勝訴，一部敗訴者，各負擔其支出之訴訟費用。但法院得酌量情形，命兩造以比例分擔或命一造負擔（七九）。㈣共同訴訟人，按其人數，平均分擔訴訟費用，但共同訴訟人於訴訟之利害關係顯有差異者，法院得酌量其利害關係之比例，命分別負擔。共同訴訟人因連帶或不可分之債敗訴者，應連帶負擔訴訟費用。共同訴訟人中有專爲自己之利益而爲訴訟行爲者，因此所生之費用，應由該當事人負擔（八五）。㈤因參加訴訟所生之費用，原則上由參加人負擔（八六）。㈥原告撤回其訴者，由原告負擔。撤回上訴或抗告者準用之（八三）。㈦當事人爲和解者，其和解費用及訴訟費用，各自負擔之，但別有約定者，不在此限（八四）。㈧法院書記官、執達員、法定代理人或訴訟代理人因故意或重大過失，致生無益之訴訟費用者，法院得依聲請或依職權以裁定命該官員或代理人負擔。依法（四九，七五）得許其暫爲訴訟行爲之人不補正其欠缺者，因其訴訟行爲所生之費用，法院得依職權以裁定命其負擔（八九）。法院爲終局判決時，應依職權爲訴訟費用之裁判（八七Ⅰ）。訴訟費用之裁判，非對於本案裁判有上訴時，不得聲明不服（八八）。訴訟不經裁判而終結者，法院應依聲請以裁定爲訴訟費用之裁判（九〇Ⅰ）。（民事訴訟法）（李學燈）

訴訟費用之擔保

訴訟費用之擔保，係擔保負擔訴訟費用之當事人確實履行其義務。民事訴訟進行中，兩造均須支出訴訟費用。訴訟由原告所惹起，如被告勝訴，本可向負擔訴訟費用之原告求償，惟若原告在中華民國無住所事務所及營業所，即有難以求償之虞，故法律規定訴訟費用擔保之制度，其用意亦在防止原告之濫訴。其要件爲：㈠須原告於中華民國無住所、事務所、及營業所（民訴九六Ⅰ）。供訴訟費用之擔保，僅限於原告或反訴原告。惟原告請求中，被告無爭執之部分，足以賠償訴訟費用時，自無命供擔保之必要（九六Ⅱ）；又原告曾受訴訟救助者，亦有免供擔保之效力（一一〇2）。㈡須依被告之聲請（九六Ⅰ），法院不得依職權爲之。被告已爲本案之言詞辯論者，不得聲請命原告供擔保。但應供擔保之事由知悉在後者，不在此限（九七）。被告聲請命原告供擔保者，於其聲請被駁回或原告供擔保前得拒絕本案之辯論（九八）。法院命原告供擔保者，應於裁定中定擔保額及供擔保之期間。定擔保額，以被告於各審應支出之費用總額爲準（九九）。關於聲請命擔保之裁定，得於五日內抗告（一〇〇），原告於裁定所定供擔保之期間內不供擔保者，法院應以裁定駁回其訴。但在裁定前已供擔保者，不在此限（一〇一）。供擔保應提存現金，或法院認爲相當之有價證券。但當事人別有約定者，不在此限。應供擔保之原告，不能依上述規定爲提存者，法院得許由該管區域內有資產之人，具保證書代之（一〇二）。關於提存物或保證書之規定（一〇二至一〇五），於其他依法令供訴訟上之擔保者準用之（一〇六）。其他訴訟上之擔保，如爲假執行或假扣押，假處分所命供之擔保（三九〇、三九二、五二六、五二七、五三〇、五三三），或關於停止强制執行命供之擔保（强執一八）。又依其他法令，有應就起訴供擔保者（公司二一四、二二七），並準用得拒絕本案辯論，及於裁定中定擔保額及期間，以及得爲抗告或應以裁定駁回其訴之規定（一〇六後段）。（民事訴訟法）（李學燈）

訴訟費用額之確定

關於當事人負擔訴訟費用之數額，法院究應於裁判訴訟費用負擔時，一併確定，抑或於日後另行確定，各國立法例不一。我國採折衷制，於訴訟費用負擔之裁判，固可同時確定費用額，但如僅諭知訴訟費用由何人負擔，而未確定其數額，則留待於該裁判有執行力後，依當事人之聲請或依職權另以裁定確定之，亦無不可。故明定法院未於訴訟費用之裁判確定其費用額者，第一審受訴法院於該裁判有執行力後，應依聲請並得依職權以裁定確定之（民訴九一Ｉ）。所謂裁判有執行力，應解爲命負擔訴訟費用之裁判生執行力。包括已確定之裁判及經宣告假執行之裁判在內（三八九、三九〇、三九八、四九一、二三五、二三六等參照）。關於訴訟費用之權利及義務，得由繼承人承繼，故確定費用額之聲請，得由原訴訟當事人之繼承人，或對其繼承人爲之。聲請確定訴訟費用額者，應提出費用計算書，交付他造之計算繕本及釋明費用額之證書（九一Ⅱ）。費用計算書所載之費用，原則上爲已經支出之費用。當事人分擔訴訟費用者，法院應於裁判前命他造於一定期間內，提出費用計算書及釋明費用額之證書。他造如已遵期提出者，法院爲確定費用額之裁判時，應視爲各當事人應負擔之費用已就相等之額抵銷，而確定其一造應賠償他造之差額。若他造遲誤上述法院所定期間者，法院得僅就聲請人一造之費用裁判之，但他造嗣後仍得聲請確定其訴訟費用額（九二、九三）。至法院依職權爲訴訟費用額之裁定者，立法意旨係補救有訴訟救助而預防無人聲請之情形，當不適用上述費用計算書及爲相當釋明之規定。法院爲確定費用額之裁定時，得命書記官計算之（九四Ｉ）。（民事訴訟法）（李學燈）

訴訟程序

凡向一定之目的，並依一定之計劃而爲之多數行爲，就其全體言之，謂之程序。故訴訟程序，即指以一定之程式所爲一切訴訟行爲之整體而言。法院及當事人並其他訴訟關係人所爲之行爲，可生訴訟法上之效果者，均爲訴訟行爲。各該訴訟行爲，依法律所定，均向確定私權之目的行之。民事訴訟即由此多數行爲連貫而成之程序。法律有就訴訟程序之通則加以規定者（民訴第一編第四章），有就各種程序分別加以規定者（第二編至第九編），惟各種程序除有特別規定外，原則上亦均適用通則之規定。其餘參見「民事訴訟」條。（民事訴訟法）（李學燈）

訴訟程序之停止

訴訟程序，一經開始，本應繼續進行，以期迅速終結，然因某種事由，有應停止其進行或宜停止其進行者，故民事訴訟法有訴訟程序停止之規定（第一編第四章第四節）。關於停止之規定，可以類別爲三：有因法定之某事實發生，訴訟程序當然停止者，舊法稱之爲中斷；有因合於法定原因，訴訟程序由法院以裁定停止者，舊法稱之爲中止；有因當事人合意停止或兩造遲誤言詞辯論期日視爲合意停止者，舊法稱之爲休止。以上三者，或爲不能進行；或爲不宜進行；或爲顧及當事人之進行主義，而無背於當事人之意思。惟此三者均係本於法律上之原因，而爲訴訟程序之停止，與因法院或當事人由於事實上不爲進行之行爲，因而使訴訟程序停滯進行者有別。訴訟程序之停止終竣後，應按停止時之狀態，再行進行；期間因訴訟程序之停止而停止進行者，則更始進行（一八八）。所謂更始進行，即更令全期間從始進行。但不變期間之進行，不因合意停止而受影響（一八九Ｉ）。關於訴訟程序之停止，雖爲判決程序而設，然於其他民事訴訟程序，除有特別規定外，應解爲亦準用之。其餘詳見「當然停止」，「裁定停止」及「合意停止」條。（民事訴訟法）（李學燈）

訴訟標的

訴訟標的，亦即訴之標的，通常即指當事人爲確定私權之請求時所主張或否認之權利或法律關係，欲法院對之加以裁判者而言。所謂法律關係，乃法律上所定爲權利主體之人對於人或物之關係，質言之，亦即權利義務之關係。故訴訟標的，實卽法律關係，法律關係之得爲民事訴訟標的者，通常固爲私法上之法律關係。財產權上之法律關係或非財產權上之法律關係均屬之。實際多爲私法上之請求權。惟例外亦得以確定證書是否由作成名義人作成之事實（民訴二四七後段）爲訴訟標的，或因法有特別明文規定，以公法上之法律關係爲訴訟標的（選舉罷免訴訟，憲一三二），得爲訴訟標的之法律關係，不以一個權利義務爲限，其中有包含數個權利義務者。其屬片務關係，或屬雙務關係，均無不可。至其以何種法律關係爲訴訟標的，與在如何範圍內爲訴訟標的，通常依原告之聲明定之（民訴二四四、Ⅰ、2、3）。故在請求一部履行之訴，只以該部之請求權爲訴訟標的，其餘未請求履行部分之請求權，則非訴訟標的。又爲訴訟標的之法律關係，不以訴訟當事人間之法律關係爲限，如破產管理人關於破產財團涉訟是。對於同一訴訟標的，可能爲不同態樣之給付或確認等請求。故有時請求雖不相同，而訴訟標的可能同一。當事人如以不適爲民事訴訟之標的，訴求法院加以裁判時，例如向民事法院請求撤銷行政官署之處分，法院卽應認其訴爲不合法，以裁定駁回之（二四九、Ⅰ、1）。訴訟標的與㈠定法院之管轄，㈡定適用之訴訟程序，㈢定征收裁判費之標準，㈣定既判力之範圍，㈤二重訴訟之禁止等均有關係。（民事訴訟法）（李學燈）

訴訟標的之恒定

訴訟標的之恒定，係學說上之用語，謂訴訟標的因訴訟繫屬而發生恒定之效果。訴訟繫屬後訴狀一經送達，除經被告同意或不甚礙被告之防禦及訴訟之終結者外，原則上原告不得將原訴變更或追加他訴（民訴二五五Ⅰ）。此卽訴之變更或追加之禁止，就訴訟標的言，有人稱之爲訴訟標的之恒定。參見「訴之變更或追加」條。（民事訴訟法）（李學燈）

訴訟標的之價額

關於財產權之訴訟，其標的之金額或價額與第一審適用通常訴訟程序或簡易訴訟程序（民訴四二七），及上訴審計算上訴利益爲可否上訴第三審之標準（四六六）以及徵收裁判費之標準（民訴費用二），均有關係。訴訟標的之價額，由法院核定。核定訴訟標的之價額，以起訴時之交易價額爲準，無交易價額者，以原告就訴訟標的所有之利益爲準（四）。故法院核定訴訟標的之價額，應以爲訴訟標的之法律關係之客觀價額爲準，且應依原告就訴訟標的所有之利益，以核定其價額。關於訴訟標的價額之核定及其計算之方法，過去分別規定於民事訴訟法及民事訴訟費用法之中，現則合併規定於後者之內（五七、二、一、修正公布），而爲實施民事訴訟所必須適用之規定。（民事訴訟法）（李學燈）

訴訟繫屬

訴訟繫屬，一稱訴訟拘束，謂因訴之提起，法院就該事件進行判決程序之狀態，亦卽訴訟因起訴而繫屬於法院，或訴訟程序已開始之謂。在訴訟已開始而尚未終結之間，謂之曰在訴訟繫屬中。故其狀態因訴之提起而開始，持續至訴訟終了爲止。其非進行判決程序之假扣押、假處分、或證據保全等，不得稱爲訴訟繫屬。如非依訴或反訴所爲聲明審判之特定請求，而係請求以外作爲攻擊防禦方法之主張或抗辯者，亦不生訴訟繫屬之問題。通常所謂進行判決程序，僅以起訴爲已足，至其訴是否合法，在所不問。故訴訟繫屬，實爲起訴所生之效果。至其發生之時期，凡以訴狀提出於法院而起訴者（民訴二四四Ⅰ），因訴狀提出於法院時發生訴訟繫屬。其係求法院書記官作成筆錄而起訴者，於作成筆錄時發生訴訟繫屬（四二八、一二二）。如係於言詞辯論時起訴者，於以言詞陳述起訴之時發生訴訟繫屬。訴訟繫屬，因訴之撤回、終局裁判之確定，訴訟上和解成立、遲誤聲請補充判決之時間，或當事人於訴訟中兩造死亡，無人承受訴訟或一造死亡有特定之情形時（如五八〇、五八八、五九六Ⅰ、六一四、六二四Ⅲ、或一造死亡應由他造繼承者），或有法律規定之其他事由時而消滅。訴訟繫屬之重要效果：㈠管轄之恒定（二七）；㈡當事人之恒定，卽訴訟繫屬中，爲訴訟標的之法律關係，雖移轉於第三人，於訴訟無影響（二五四Ⅰ）；㈢第三人得爲主參加（五四）或從參加（五八）；㈣當事人得爲訴訟告知，受告知者得遞行告知（六五）；㈤重複起訴之禁止，當事人不得就已起訴之事件，於訴訟繫屬中更行起訴（二五三）；㈥訴之變更或追加之限制，訴狀送達後，原則上原告不得爲訴之變更或追加（二五五Ⅰ）；㈦提起反訴之准許，被告於言詞辯論終結前，得在本訴訟繫屬之法院，提起反訴（二五九Ⅰ）。

（民事訴訟法）（李學燈）

訴權

訴權，係指私人對於國家司法機關，要求依判決為保護行為之權利，又稱判決請求權。蓋國家既禁止私人為自力救濟，則於私人請求保護時，如其有保護之必要及當事人之適格，司法機關自應就其所主張法律上正當與否，加以判斷而為本案之判決。私人請求保護之方法，有依判決程序行之者，有依其他程序行之者。訴依判決程序行之，故稱為判決請求權。按訴權之本質及內容，學說不一，此可稱為本案判決請求權說或司法行為請求權說。亦有更進而稱為權利保護請求權者，則屬於公法上訴權說中之具體訴權說，較之抽象訴權說及舊日之私法上訴權說，原已成為最有力之通說。依此說，有訴權者，不但有權請求就法律上之當否為本案之判決，且有權請求保護而受勝訴之判決。蓋以私人可得要求利己判決之權利，即係訴權之本質。私人如希冀其訴權之成立，自非有法律上一定之要件存在不可，此即學者所稱之權利保護要件。除關於保護之必要，及當事人適格之要件外，尚須具有為訴訟標的法律關係之要件。當事人具備各該項要件，即可依其訴之聲明，受利己之判決。至於私法上訴權說，以訴權亦屬於私權，為私法上請求權之作用或效果，起訴亦即係原告行使私權之方法。然訴訟有公法關係之存在，且在消極確認之訴，原告本未主張有何私法上之請求權。此係德意志普通法時代之舊說，久為通說所不採。此後因公法學之發達而有公法上訴權說，以訴權為人民對於國家之公法上的權利。此說又可分為抽象訴權說，具體訴權說，及本案判決請求權說。除後二者已見前述外，抽象訴權說，以訴權僅為得以起訴請求開始訴訟或實施訴訟之權能，並無求為一定判決之權利。如此殆與起訴自由權有相同之涵義。然訴權與訴之自由應有差別。訴之自由，為人格權中所包含自由之一種。無論何人均有訴之自由，亦即中國憲法第十六條所稱訴訟之權，然同時有受法院為裁判之義務。至於是否求得本案之判決或得求為利己之判決，則非所問。法院如認為訴不合法而以裁定駁回，亦與訴之自由無損。自與訴權有受一定判決之權利者不同。（民事訴訟法）（李學燈）

訴權之存在要件

當事人得依訴要求法院為利己之判決，為達其訴訟之目的，而期訴權之成立，自須具備一定之要件。此項要件稱為訴權之存在要件，亦有稱為訴訟要件者。通說可分為訴訟成立要件（形式要件），及權利保護要件（實質要件）。亦有將訴權之存在要件，專指後者即權利保護要件而言，而將前者稱為合法要件，亦即開始本案訴訟之要件者。詳見各該條。（民事訴訟法）（李學燈）

訴權之形式要件

見「訴訟成立要件」條。（民事訴訟法）（李學燈）

訴權之實質要件

見「權利保護要件」條。（民事訴訟法）（李學燈）

無人繼承之動產 (Bona Vacantia)

無人繼承之動產者，乃指無所有人之動產也。此項財產應歸屬於國家（見 James A. Ballentine: Law Dictionary, 1959, p. 162）。（英美衡平法）（何孝元）

無主物（Things without Owner）

為物之所有權未為人所享有之物也。對有主物而言。惟無主物有得先占之無主物與不得先占之無主物兩種。得先占之無主物，如拋棄之物，或野獸野禽及河海之鱗介等是，可以先占而取得該物之所有權。不得先占之無主物，如遺失物漂流物是，此等物本為有主物，不過因物偶然脫離所有人之占有，並非所有人有拋棄之意思，不過所有人不明而已，故與得先占之無主物不同。不得先占取得之物，如遺失物漂流物須經過自治機關或警署之揭示招領，經過六個月無人認領時，其先占權乃屬於拾得人。他人不得先占。若拾得人不經過此項法定程序而據為己有，則構成刑法第三三七條侵占遺失物漂流罪。另有無主不動產(ownerless immovable)及無主動產(ownerless movable)，其取得所有權，則於物權中各有規定，茲不贅。（民法總則）（張鏡影）

無主物之占有

爲占有分類之一，對有主物之占有而言。以所有意思占有無主動產者，即依先占法則取得其所有權，至於無主之不動產，則歸屬於國庫。（民法物權）（陳　冊）

無行爲能力人（Person Incapable of Disposing）

爲自然人行爲能力之一，即絕對無法律行爲，或無接受法律行爲之能力之人也。縱然在事實上曾爲法律行爲，或曾接受法律行爲，亦不發生效力。無行爲能力人有二種：㈠未滿七歲之未成年人（person under seventh year of age），按各國立法例之採數分主義者，均於未成年期之內，設有滿七歲及未滿七歲之二種階段。對未滿七歲之人，不問是否有意思能力，均視爲無行爲能力。我國民法第十三條第一項即有此規定。㈡禁治產人（interdicted person），即被禁止治其財產之人。亦即是在法律上對自己所有財產無管理及處分之能力之人也。對於一切法律上有效之法律行爲，均須由其法定代理人或依法應爲監護之人爲之，方爲有效。我國民法未區分禁治產與準禁治產。惟舊民律草案中規定心神喪失者宣告爲禁治產人。精神耗弱者宣告爲準禁治產人。現則均視爲無行爲能力人。禁治產制創設之作用，一方面爲保護禁治產人之利益，他方面爲維持社會之安全。其要件有三：⑴須有心神喪失或精神耗弱，致不能處理自己事務之事實；⑵須有聲請權人之聲請。即其自己或配偶或最近親屬二人；⑶須經法院之宣告。禁治產宣告之效力爲確定的。即凡未經過法院宣告者不得爲禁治產人。一經宣告之後，則非經撤銷不能回復其有行爲能力。且爲絕對的，無論對何人皆發生效力。故被宣告爲禁治產者，必須有法定代理人。或以監護人任之。若於心神或精神回復時，仍須經過撤銷程序。而撤銷宣告禁治產之訴，係以聲請禁治產人爲被告。如該聲請人死亡者，則以禁治產人之法定代理人爲被告。法院認爲有理由者，應以判決撤銷宣告禁治產之裁定。關於禁治產之聲請及撤銷禁治產之聲請，專屬於禁治產人住所地之地方法院管轄。（民法總則）（張鏡影）

無因管理

無因管理者，乃未受委任，又無法律上之義務，而爲他人管理事務之謂也（民法第一七二條前段）。管理他人之事務者，謂之管理人。受其管理事務者，謂之本人。管理人與本人之間，因無因管理而發生債權債務之關係，其所生之效果，乃本於法律之規定，而非本於當事人之意思，故其性質爲事實行爲，而非法律行爲。無因管理，恒因干預他人之事務，而侵害他人之權利。此等行爲，原屬侵權行爲，但因其於本人私益及社會公益，兩有裨益，故法律特免除其違法性，而視爲合法行爲。無因管理，乃人類義舉，本係道德行爲，故除法律有特別規定外，管理人不得請求報酬。

管理人爲本人管理事務，須依本人明示或可得推知之意思，以有利於本人之方法爲之（民法第一七二條）。如管理人違反本人明示或可得推知之意思而爲事務之管理者，對於因其管理所生之損害雖無過失，亦應負賠償之責。但如管理人違反本人明示或可得推知之意思，而爲本人盡公益上之義務，或爲其履行法定扶養義務者，如就管理行爲並無過失，本人雖因其管理而生損害，亦不負賠償之責（民法第一七四條）。又管理人爲免除本人之生命、身體或財產上之急迫危險而爲事務之管理者，對於因其管理所生之損害，除有惡意或重大過失者外，不負賠償之責（民法第一七五條）。

管理事務利於本人，並不違反本人明示或可得推知之意思者，管理人爲本人支出必要或有益之費用，或負擔債務，或受損害者，得請求本人償還其費用及自支出時起之利息，或清償其所負擔之債務，或賠償其損害（民法第一七六條第一項）。如管理事務不利於本人並違反其意思時，本人仍得享有因管理所得之利益，而本人對於管理人所負償還費用及利息之義務，清償債務之義務，以及賠償損害之義務，則以其所得之利益爲限（民法第一七七條）。（民法債編總論）（何孝元）

無形物權

對有形物權而言。即以無形利益爲標的並得直接行使及排除他人干涉之財產權也。如著作權、專利權、商標權、商號權等皆是。論者對此稱爲廣義物權。普通民法上之物權，以有體物爲限。無形權利之規定，則委之於行政法規。（民法物權）（陳　冊）

無否認權（Estoppel）

無否認權者，乃蓋印契約之內容如有不利於立約人之記載者，立約人不得否認之謂也。如該記載涉及全體之立約人，全體立約人均受其拘束。如該記載僅涉及立約人中之一人，則僅該一人受其拘束。此項原則有其限制，即：㈠祇能適用於雙方當事人及其繼受人；㈡祇能適用於由蓋印契約所產生之權利，而不適用於附屬之權利；㈢祇能適用於明晰而毫無疑問之記載；㈣不能與「否認簽立契約」、「契約非法」、及「契約當事人爲無行爲能力人」之抗辯相抗衡。於此情形，縱事實與契約所記載不符，事實則勝過記載。又立約人雖無否認權，但遇有契約無效之理由，立約人仍得主張之，不受無否認權之拘束。抑有進者，契約上之無否認權既屬於行爲上之無否認權之一種，則關於此點，蓋印契約與簡單契約並無差別（見 Chitty on Contracts, vol. 1, 1961, pp. 15-16）。（英美契約法）（何孝元）

無約因之諾言（Nude Pact）

無約因之諾言者，乃無對價關係之諾言也。當事人依據簡單契約提起之損害賠償之訴，必須具有約因而後可。諾言未具約因或形之於蓋印契約者，在法律上不能生效（見 James A. Ballentine: Law Dictionary, 1959, p. 889.）。（英美契約法）（何孝元）

無故

陸海空軍刑法所謂無故，係指無正當理由或未奉該管長官之命令而擅自作爲，或不作爲之情形而言。（特別刑事法）（吳　智）

無記名證券（Instrument to Bearer; Obligation to Bearer; Bearer Paper）

謂持有人對於發行人得請求其依所記載之內容爲給付之證券也。發行證券之人曰發行人(promisor)，持有證券之人曰持有人(bearer)。此種證券有特徵三：一爲證券卽權利，權利卽證券；二爲證券持有人卽享有證券上之權利而請求給付。三爲轉讓時只須交付卽取得證券權利，勿庸背書。所以使於流轉也。無記名證券之發行人於持有人提示證券時，卽有給付之義務。惟已知持有人就證券無處分之權利者，或發行人已接到他人因證券遺失被盜或滅失之止付通知者。如發行人竟爲給付，則仍不能免除其依證券應負擔之義務。又無記名證券雖因遺失被盜或其他非因自己之意思而流通者，發行人對於善意持有人則仍應負責。至本於證券之無效，或證券之內容，或本於發行人與持有人間之法律關係者，則發行人仍得對抗持有人。持有人請求給付時，應將證券交還發行人。發行人收回後，縱持有人就該證券無處分之權利，發行人仍取得該證券之所有權。此種證券如有遺失或滅失者，法院得因持有人之聲請，依公示催告之程序，宣告其無效（參照民法無記名證券節內有關條文）。（民法債編分則）（張鏡影）

無限公司

無限公司係二人以上股東所組織，其股東對公司債務負連帶清償責任的公司（公司法第二條第一項第一款）。無限公司爲典型的人合公司，以其股東的人的信用或資望爲公司的基礎。其全體股東並以從債務人的地位，對於公司債權人負連帶無限的責任。就責任言，股東係處於從債務人；而公司則處於主債務人。其相互的關係，恰如民法上保證人和被保證人。無限公司淵源於中世紀意德等國商業都市由數子共同繼承其父所遺同一商號的家族團體；其以明文規定之者，則始於法國一六七三年商事條例上所謂「普通公司」（société en general）。迨一八○七年法國商法典始改稱爲「合名公司」（société en nom colectif）。所謂「合名公司」，亦卽公司得合數股東之名，以爲其名稱（參照法國商法第二十一條）。並由公司的名稱而顯示其股東的責任（參看法國商法第二十二條），俾一望而知其與「隱名公司」（société anonymes），有所差別。（法國稱股份有限公司，爲隱名公司）。德日兩國商法均仿之，前者名之爲 Offene Handelsgesellschaft.（直譯之應爲「開明公司」，亦卽股東的姓名應公開表明的公司；意譯之應爲「合名公司」）。後者名之爲「合名會社」（亦卽無限公司）。按德國商法第一九條第一項規定：「合名公司的名稱：…至少須用股東中一人的姓名或包括全體股東的姓名」，可見德制仍殘留「合名」的原始意味；而日本商法第十六條卻規定：「商人得以其姓名或其他名稱爲商號」（日制公司名稱亦爲商號）。依此，日制雖曰合名會社，但不以合名爲必要，是否存而實亡。我國立制，不斤斤於形式上公司的名稱是否包含股東的姓名，而着眼於實質上公司的基礎在於股東的無限責任，乃名之曰：「無限公司」。惟仍從法國法系的成規，以無限公司爲法人（法國及意大利在解譯上比利時在立法上均承認之），日本亦然；而德國、瑞士、匈牙利、瑞典及荷蘭諸國，則否認其法人格（荷蘭在學說上），僅以其爲合夥的另一類型。在英美法上相當於我國無限公司的合夥（partnership）亦同。雖然，無限公司原由家族團體發展而來，其在全體股東連帶負無限的責任上，仍以一人或聚合信用素著的少數人爲中心而經營之。就其實質言，不外乎另一類型的合夥企業或以一二人爲組織中心的個人企業。法律所以特賦予法人格者，乃基於立法上的政策，使其對外關係趨於確定；如僅就其內部關係言，則無限公司固具有濃厚的合夥的性質。（商事法）（林咏榮）

無效（Void）

即行爲之外表似法律行爲，而其實在法律上全然不發生拘束力，亦即是絕對不發生權利與義務之關係也。無效之法律行爲，並不因當事人之承認及時效或無效之原因消滅等情形而變爲有效。惟應注意者，此與得撤銷之法律行爲不同。因無效之法律行爲，在法律上根本自始不發生效力。得撤銷之法律行爲，必須經過有撤銷權人之撤銷後，始失其效力。其不同之點在此。至無效之原因，乃欠缺法律行爲之生效要件。此要件則有一般要件與特別要件兩種：前者，依一般通說，須有當事人及標的物與意思表示，三者缺一，則法律行爲無效。後者，則爲各個法律行爲所特有之成立要件，例如要物行爲與要式行爲，除應具備上述之一般要件外，尚須具備要式行爲或要物行爲。若婚姻欠缺要式行爲，寄託未交付寄託物是。此外，法律行爲雖具上述之一般要件或特別要件，若違反強制或禁止之規定，或有背於公共秩序或善良風俗者亦均無效。又無效行爲如非絕對無效者，有時亦可轉換爲他項法律行爲而發生效力，謂之無效法律行爲之轉換（conversion of the void act）。我民法第一一二條對此規定，無效之法律行爲，若具備他法律行爲之要件，並因其情形可認當事人，若知其無效即欲爲他法律行爲者，其他法律行爲認爲有效。（民法總則）（張鏡影）

無效契約（Void Contract）

無效契約者，乃法律不賦與效力之契約也。自一般情形言之，無效契約不能產生法律上之效果，即任何一方不能依據契約向他方請求給付。貨物已交付者，交付之一方可提起侵權行爲之訴，訴請他方返還原物或賠償損害。金錢已給付者，給付之一方可提起準契約之訴，訴請他方返還其給付。契約無效之原因甚多，如錯誤、不法、違反特別法規定等是。

無效契約有使雙方當事人之行爲均屬無效，即任何一方不得依據契約請求對方爲給付。但亦有使一方當事人之行爲無效者，例如供給未成年人非生活必需之物品，未成年人如能證明其已給付貨價或準備給付時，相對人則不得不履行其給付，反之則不可。於此情形，相對人與未成年人所訂立之契約，與其謂之爲無效契約，毋寧謂之爲得撤銷之契約（見 Chitty on Contracts, vol. 1, 1961, p. 9.）（英美契約法）（何孝元）

無條件支付的委託

爲求滙票，便於承兌與流通，其委託爲金額的支付，必須單純，不得附以條件，稱之爲無條件的委託（unconditional order to pay）。統一票據法第一條第二款規定：「一定金額無條件支付的委託（an unconditional order to pay a determinate sum of money）」；而日本票據法同條款却規定：「就支付一定金額之旨，爲單純的委託」，惟兩者含義並無不同。（商事法）（林咏榮）

無庸舉證

見「舉證責任之例外」條。（民事訴訟法）（李學燈）

無罪之推定（Presumption of Innocence）

依法律上之規定，推定某特定事實之存在，除有反對事實之證明，不以證明爲必要，是謂之法律上之推定，另依生活經驗法則而獲之推定，即所謂之事實上之推定，英美法採當事人舉證原則，推定法則深具折衝之效，特允當事人就此事實不負舉證之責。是以，被告受刑事追訴時，依法應作無罪之推定，若無充分證據證明其罪狀，應受無罪開釋（Blim v. U.S., C.C.A.ILL., 68 F. 2d 484, 487）。（英美刑法）（桂公仁）

無罪判決

不能證明被告犯罪或其行爲不罰者，應諭知無罪之判決。因未滿十四歲或心神喪失而其行爲不罰，認爲有諭知保安處分之必要者，並應諭知其處分及期間。（刑事訴訟法）（陳　珊）

無罪釋放之主張（Plea of Autrefois Acquit）

被告主張其已經因同一犯罪事實被訴，被審，且經判無罪釋放，故應依「一事不再理」原則，對其不得再行追訴。蓋法院判決有其公認之終結性（finality of judgement），亦係司法排難解紛，伸張正義之目的，捨此不為，則徒增當事人之勞費困擾而已，美國聯邦或各州憲法，判例多承認此一原則。（英美刑法）（桂公仁）

無期限之物權

為物權學理上分類之一，對有期限物權而言，即永久存續之物權也，如所有權是。（詳有期限物權條）。（民法物權）（陳　珊）

無期徒刑

見「主刑」條。（刑法總則）（王建今）

無期徒刑（Life Imprisonment）

被告判刑後送監執行，拘束其身體自由，使不得隨意行動。通常所謂監禁（imprisonment），不以將被監禁人置於特定為禁閉用之處所，或以有形之力監禁之為必要，以口頭禁止他人行動自由即是。無期徒刑通常指將被告監禁終身，尤於犯謀殺罪等重罪案件為然。美國廢除死刑之各州，被判一級謀殺罪者（murder in the first degree），常處以無期徒刑。（英美刑法）（桂公仁）

無瑕疵占有

為占有分類之一，對瑕疵占有而言。和平、公然、善意、無過失之占有，通稱為無瑕疵占有。此種區分，僅為用語上之便利而設。（民法物權）（陳　珊）

無瑕疵物（Things with No Defects）

凡物之品質形體效用均完全而無缺點者為無瑕疵物。反之，則為有瑕疵物。例如馬之買賣以健全為良，肉類蔬果之買賣以新鮮為佳。健全與新鮮乃無損於物之價值而適合於通常之效用。故為無瑕疵之物。即物之自身無瑕疵耳。出賣人對於買受人於具備法定要件時，始負物之瑕疵擔保責任。至於贈與標的物有瑕疵時，贈與人不負擔保責任，是為原則。若贈與人故意不告知其瑕疵者；或贈與人保證其無瑕疵者；或當事人關於擔保責任定有特約者；或為附有負擔之贈與，贈與人在負擔之限度內負與出賣人有同一之擔保責任者；均仍應負損害責任。惟物之瑕疵，除物之物體的瑕疵，即上述之瑕疵外，尚有物之權利的瑕疵。所謂物之權利的瑕疵，即出賣人應擔保第三人就買賣之標的物，不得主張任何權利（民法第三四九條）。即學說上所謂之權利的瑕疵擔保（warranty against defects of right）。亦稱追奪擔保。又物之物體的瑕疵，出買人固應負物的瑕疵擔保(warranty against defects of thing)責任。而買受人亦應按物之性質，依通常程序，從速檢查其所受領之物。如發見有應由出賣人負物的瑕疵擔保責任時，應即通知出賣人。如怠於通知，則視為所受領之物為無瑕疵物（民法第三五六條）。（民法債編分則）（張鏡影）

無償契約

無償契約者，乃當事人一方無所給付，而取得利益之契約也，例如贈與，使用借貸等是。無償契約債務人之注意程度較有償契約債務人為輕（民法第二二〇條）。（民法債編總論）（何孝元）

無關本案之判決

對於判決之分類，有分為本案判決與無關本案之判決。指非就訴訟標的所為之判決而言。又稱程序上之判決，或形式判決。凡關於程序上之判決均屬之，不以就訴之不合法而為之判決為限。如第二審法院以第一審法院無管轄權而廢棄原判決者，將該事件移送於管轄法院之判決（民訴四五二），以及諭示訴或上訴為合法或不合法或訴訟程序有重大瑕疵之判決是。（民事訴訟法）（李學燈）

無議決權股

原則上每一股份，有一議決權（即表決權）；但德日等國立法例，亦承認股份有限公司的無議決權優先股（德股第十二條第一款、第一一五條以下，日本商法第二四二條）。在美國法例，凡章程如無另作訂定時，其優先股通常無議決權（normally preferred stock is given no voting power）。所以無議決權股，實淵源於美國，我現行公司法第一一七九條第二項及第一八〇條採之。（商事法）（林咏榮）

無權占有

爲占有分類之一，對有權占有而言，又稱無權原占有，即占有人之對物占有，欠缺法律上原因之謂。（民法物權）（陳　冊）

無權代理（Unauthorized Agency）

爲代理之一種，對有權代理而言。卽未經授權代理而爲代理之行爲也。因其具備其他代理各要件，僅缺代理權之代理行爲。法律爲便利實際起見，乃設此制。此制有廣義及狹義的無權代理兩種。廣義的無權代理，如表現代理是。狹義的無權代理，專指無權代理而言。因表現代理係由法律視同有代理權。故與狹義的無權代理在原則上已無代理權者有異。但民法爲保護第三人起見，仍認此狹義的無權代理有不確定之效力。許其在一定條件之下發生特種效力。故規定無代理權人以代理人之名義所爲之法律行爲，非經本人承認，對於本人不生效力（民法一七〇條一項）。此卽一經本人承認，始能確定生效。至其承認乃以意思表示爲之，學者謂此爲本人之承認權。若加以否認，則謂之本人之拒絕權。且又規定無權代理行爲之相對人，得定相當期限催告本人確答是否承認。如逾期未爲確答者視爲拒絕承認（同上條二項）。此爲免不確定之權利久處懸而不決之狀態中，故予相對人以催告權。此外又規定無代理權人所爲之法律行爲，其相對人於本人未承認前得撤回之。但法律行爲時，明知其無代理權者，不在此限（第一七一條）。此卽令相對人有衡量利益輕重而賦予撤回之權。而法律爲保護善意之第三人起見，又規定無權代理人以他人之代理人名義所爲之法律行爲，對於善意之相對人負賠償損害之責（第一一〇條）。至損害之範圍，不論消極損害或積極損害，均在賠償之列。（民法總則）（張鏡影）

裁判

裁判（民訴二二〇），係指就特定之訴訟事件，法院（包含審判長、受命推事、受託推事等裁判機關），對當事人或訴訟關係人所爲意思表示之總稱。法院之訴訟行爲，有事實行爲與意思表示之別。例如閱覽書狀，聽取陳述，調查證據及爲發問或曉諭等，均非意思表示之行爲。其屬於意思表示者，不問其內容如何，概稱爲裁判。裁判依其形式，可分爲判決及裁定兩種。凡稱裁判者，有時係包括二者而言，有時亦可單指裁定或判決。法院書記官所爲之意思表示，例如關於筆錄之更正補充（二一六、二九四Ⅱ、三七九Ⅱ），卷內文書之閱覽抄錄或攝影，及繕本、影本或節本之付與（二四二）等，則稱爲處分（二四〇），以示與法院之意思表示有別。除確認證書眞僞之裁判外，判決通常爲確定法律關係存否之裁判，原則上應經言詞辯論爲之，且須依一定之程式，並以書面作成（二二一、二二六、二二七）。但例外亦有得不經言詞辯論爲判決者（四七四、二四九Ⅱ、四五三、五〇二Ⅱ）。判決非法院不得爲之，故審判長、受命推事或受託推事無爲判決之權。裁定則無關於法律關係存否之問題，在原則上乃關於訴訟程序上之爭點意思表示，其就實體上爭點爲裁定者，則屬例外，如支付命令是。裁定得不經言詞辯論爲之（二三四Ⅰ），且不必依一定之程式，或必須作成書面、凡法院、審判長、受命推事、受託推事均得依法爲之。判決係對於當事人所爲之意思表示，裁定則係對於當事人或訴訟關係人所爲之意思表示。不服判決者，當事人得提起上訴，不服裁定者，當事人或訴訟關係人得提起抗告或聲明異議。對於法院書記官之處分，僅得提起異議，由其所屬法院裁定之。惟法院之意思表示，亦有稱之曰處分者，仍應適用裁定有關之規定。詳見「判決」、「裁定」及「處分」條。（民事訴訟法）（李學燈）

法院對於當事人或其他訴訟關係人，依據事實及法律所爲有拘束力之意思表示，爲裁判。㈠裁判之方式。裁判，除依本法應以判決行之者外，以裁定行之。判決種類繁多，如何記載，於第一審程序中有詳細之規定，容於另條說明。裁定則無定格，實例上仿判決方式而爲製作，惟其內容較簡。㈡裁判之資料。裁判應本於當事人之辯論、陳述及法院依職權調查所得之資料爲之，情形不一：判決，除有特別規定外，應經當事人之言詞辯論爲之。裁定因當庭之聲明而爲之者，應經訴訟關係人之言詞陳述，爲裁定前有必要時，得調查事實。判決應敍述理由。得爲抗告或駁回聲明之裁定亦同。㈢裁判之宣示。宣示裁判，應朗讀主文，說明其意義，並告以理由之要旨。宣示裁定，應告以裁定之意旨；其敍述理由者，並告以理由。上述應宣示之判決或裁定，於宣示之翌日公告之，並通知當事人。㈣裁判書之制作及送達。裁判應制作裁判書者，爲裁判之推事應於裁判宣示後三日內，將原本交付書記官。書記官應於裁判原本，記明接受之年、月、日並簽名。裁判制作裁判書者，除有特別規定外，應以正本送達於當事人、代理人、辯護人及其他受裁判之人。是項送達，自接受裁判原本之日起，至遲不得逾七日。上述交付原本及送達裁判之期間，均為訓示規定，並非不變期間，伸長縮短，無妨於法定效果。（刑事訴訟法）（陳　珊）

裁判上之減輕

見「法律上之減輕」條。（刑法總則）（王建今）

裁判之核定

軍事裁判須經核定，軍事審判法第一百三十三條第一項第二項規定，軍事法庭所為之裁判，須先經該管軍事審判機關長官核定後，始能宣示或送達。最高軍事審判機關高等覆判庭之判決，須呈請　總統核定後，始能宣示或送達。（特別刑事法）（吳　智）

裁判之參加效力

裁判之效力，原則上本不及於第三人，惟有法律上利害關係之第三人，既於訴訟繫屬中參加訴訟，得為其所輔助之當事人為一切訴訟行為，則於本訴訟之生此裁判及其裁判之歸於確定，自應與該當事人同負其責任。換言之，亦即本訴訟之裁判，於參加人與其所輔助之當事人間自亦應生其效力。因此，法律明定參加人對於其所輔助之當事人不得主張本訴訟之裁判不當（民訴六三），學說上稱此為裁判之參加效力。此祗於參加人與主當事人間發生效力，至於參加人與他造當事人間則不生任何效力，故與既判力對於兩造當事人均發生效力者不同。參加人對於其所輔助之當事人，不得於後日之他訴訟，主張本訴訟之裁判不當，不獨關於其裁判之訴訟標的為然，即其作為裁判基礎，就事實上或法律上問題所為之判斷，亦不得於他訴訟爭執之。例如債權人對於保證人提起清償債務之訴，經主債務人參加而敗訴，保證人受判決確定並向債權人清償後，向主債務人提起請求清償之訴時（民七四九），主債務人不得主張該判決認主債務之存在為不當。此種效力，不問為通常之參加或獨立之參加（民訴六二），一律發生。惟如有下列情形之一，參加人例外得主張本訴訟之裁判不當（民訴六三但書）。㈠因參加時訴訟之程度，不能用攻擊或防禦方法者，㈡因其所輔助之當事人之行為，不能用攻擊或防禦方法者，㈢因其所輔助之當事人之故意或重大過失，不用參加人所不知之攻擊或防禦方法者。參加人如於他訴訟主張上述情形之存在，應負舉證責任，證明後，即可不受本訴訟裁判之羈束。又受訴訟之告知者，如不為參加或參加逾時，則視為於得行參加時已參加於訴訟，關於上述裁判之參加效力之規定準用之。參見「訴訟參加」及「訴訟告知」條。（民事訴訟法）（李學燈）

裁判之覆議

覆議，發交覆行評議之謂。軍事審判法第一百三十三條第三項第四項規定，軍事審判機關長官核定裁判時，如認有不當或違背法令，應發交覆議，不得逕為變更原裁判之核定，發交覆議以一次為限。覆議結果，不論變更或維持原裁判，軍事審判機關長官應照覆議之裁判，予以核定。（特別刑事法）（吳　智）

裁判書

法院對於案件裁判所制作之文書為裁判書。裁判書應由推事制作；但不得抗告之裁定當庭宣示者，得僅命書記官記載於筆錄。裁判書除依特別規定外（如刑訴法第三〇九條、三一〇條之記載事項），應記載受裁判人之姓名、性別、年齡、職業、住所或居所；如係判決書，並應記載檢察官或自訴人並代理人、辯護人之姓名。裁判書之原本，應由為裁判之推事簽名；審判長有事故不能簽名者，由資深推事附記其事由；推事有事故者，由審判長附記其事由。裁判書或記載裁判之筆錄之正本，應由書記官依原本制作之，蓋用法院之印，並附記證明與原本無異之字樣。是項規定，於檢察官起訴書及不起訴處分書之正本準用之。（刑事訴訟法）（陳　珊）

裁判費

見「訴訟費用」條。（民事訴訟法）（李學燈）

裁定

法院之意思表示，除依法應用判決者外，均以裁定行之（民訴二二〇）。審判長、受命推事、受託推事、對於當事人或其他訴訟關係人所為之意思表示，均為裁定。故應用裁定為意思表示者，雖依慣例用批示、通知、或其他名稱，亦不失爲裁定之性質。本法於法院之意思表示，有稱爲命令或處分者（五〇八、五一四、四九一Ⅲ、五七九、六〇六、六一六），均應依有關裁定之規定辦理。惟審判長或陪席推事向訴訟關係人所爲之發問曉諭或指示，無意思表示之性質者，均不得謂爲裁定。裁定毋庸作成文書，即作成文書，亦無必須之程式，且概得不必經言詞辯論爲之（二一三Ⅰ5、二三四、二三七）。但如經言詞辯論爲之者，應宣示之（二三五），且非參與辯論之推事，不得參與裁定（二三九、二二一Ⅰ）。裁定經宣示後，爲該裁定之法院、審判長、受命推事、受託推事應受其羈束，不宣示者，經送達後受其羈束。但關於指揮訴訟之裁定（如一五四、一五九、一六七、一六三、一七三、一八二至一八六、一九八至二〇一、二〇三至二〇八、二一〇、二七二等），或別有規定者（許其自行撤銷或變更、如一五九、一六三、一八六、四九〇Ⅰ、五〇七、五二九、五三〇、五六七、六〇六Ⅱ、六〇九Ⅱ、六二〇、六二四Ⅱ等），不在此限（二三八）。所謂不在此限，即得自行撤銷或變更之。惟若已經抗告法院裁判其當否，或有關之事件已經終結，或其內容已經實現，自不得更行撤銷或變更之。（民事訴訟法）（李學燈）

裁定之更正及補充

關於判決之更正及補充之規定（民訴二三二、二三三），於裁定亦準用之（二三九）。故裁定如有誤寫誤算或其他類此之顯然錯誤或正本與原本不符者，得隨時依聲請或職權以裁定更正之。更正裁定，應附記於原裁定之原本或正本。又應裁定之事項，有脫漏者，當事人亦得聲請補充裁定，應於裁定送達後二十日之不變期間內爲之。餘參見「判決之更正」及「判決之補充」條。（民事訴訟法）（李學燈）

裁定之宣示

裁定得不經言詞辯論爲之（民訴二三四）。經言詞辯論之裁定，應以宣示之方法向外發表（二三五）。關於其宣示之程序，別無何項規定。於期日爲裁定者，應解爲亦得以宣示向外發表。曾行宣示者，應由書記官記載於筆錄（二一三Ⅰ6）。至當事人是否在場，亦不影響宣示之效力（二二五、二三九）。至不宣示之裁定，應以送達向外發表，已宣示之裁定，得抗告者，應爲送達（二三六）。裁定經宣示後，爲該裁定之法院、審判長、受命推事或受託推事受其羈束。不宣示者，經送達後受其羈束。但關於指揮訴訟或別有規定者，不在此限（二三八）。餘參見「判決之宣示」條。（民事訴訟法）（李學燈）

裁定之確定

見「確定判決」條。（民事訴訟法）（李學燈）

裁定迴避

推事有法定自行迴避之原因而不自行迴避者，或有其他之情形，足認其執行職務有偏頗之虞者，經當事人之聲請由法院或院長裁定迴避（民訴三三、三四、三五），其未經當事人聲請者，如有法定自行迴避之原因，亦應由法院或院長依職權爲迴避之裁定（三八）。以上二種，均屬於所謂裁定迴避，與自行迴避，無庸經過裁定程序者不同。其餘參見「自行迴避」，「聲請迴避」等條。（民事訴訟法）（李學燈）

裁定停止

民事訴訟程序因有法定原因，由法院裁定停止進行者，謂之裁定停止。此在舊法（五十七年二月一日修正公布前）稱之爲中止。法院一爲停止訴訟程序之裁定後，不問其裁定是否適當，訴訟程序即時停止進行。縱對該項裁定提起抗告時亦然（民訴一八七、四九一）。在裁定停止原因消滅後，應再由法院以裁定撤銷停止訴訟程序之裁定，在未撤銷以前，縱使該停止原因，事實上已不存在，亦不得進行訴訟。依裁定停止訴訟程序之原因計有：㈠訴訟全部或一部之裁判，以他訴訟之法律關係是否成立爲據者，法院得在他訴訟終結以前，以裁定停止訴訟程序（一八二Ⅰ）；上項規定，於法律關係，應由法院以外之機關確定其是否成立者，準用之（一八二Ⅱ）；㈡訴訟中有犯罪嫌疑牽涉其裁判者，法院得在刑事訴訟終結前，以裁定停止訴訟程序（一八三）；㈢第三人提起主參加訴訟（五四）者，法院得在該訴訟終結前，以裁定停止本訴訟之程序（一八四）；㈣當事人依法（六五）告知訴訟，法院如認受告知人能爲參加者，得在其參加前，以裁定停止訴訟程序（一八五）；㈤關於離婚之訴，夫妻同居之訴，收養之訴，法院如認爲當事人有和諧之望者，得以裁定命於六個月以下之期間內停止訴訟程序（五七八、五八八）；(六)有民事訴訟法第一六八條至第一七二條規定當然停止之原因，而有訴訟代理人者，其訴訟程序，雖不當然停止，但法院得酌量情形以裁定停止訴訟程序（一七三）。裁定停止之原因消滅或終了時，仍俟法院撤銷停止之裁定，始告停止終竣。撤銷停止訴訟程序之裁定，法院得依聲請或職權為之（一八六），且不必俟停止之原因消滅後，始得撤銷。關於停止訴訟程序之裁定及關於撤銷停止之裁定，均得抗告（一八七）。訴訟程序裁定停止間，法院及當事人不得為關於本案之訴訟行為，一切期間停止進行，（不變期間亦然），自停止終竣時起，全期間復更始進行（一八八）。以上均就停止訴訟程序言之，其餘參見「訴訟程序之停止」條。此外在公示催告程序中，另有裁定停止公示催告程序之規定。即申報權利人，如對於公示催告聲請人所主張之權利有爭執者，法院應酌量情形，在就所報權利有確定裁判前，裁定停止公示催告程序（五四八）。（民事訴訟法）（李學燈）

裁定期間

期間除法定者外，由法院或審判長酌量情形定之（民訴一六〇Ⅰ）。獨任審判，即以該推事行審判長之職權（法組四Ⅱ）。受命推事或受託推事關於其所為之訴訟行為，亦得酌定期間（民訴一六七）。凡法院或審判長等以裁定所酌定之期間，謂之裁定期間。如法院裁定命補正代理權、能力等欠缺之期間（四九、七五），審判長裁定命補正書狀欠缺之期間（一三一Ⅰ）等是。法院或審判長等所定期間，自送達定期間之文書時起算；無庸送達者，自宣示定期間之裁判時起算，但別定起算方法者，不在此限（一六〇Ⅱ）。期間之計算，依民法之規定（一六一）。期間如有重大理由，得伸長或縮短之。（民事訴訟法）（李學燈）

裁定管轄

依法院裁定以決定案件之管轄法院者，為裁定管轄。指定管轄與移轉管轄，純由直接上級法院或最高法院以裁定決之，固為裁定管轄，即牽連案件之由裁定移送而合併其管轄者，亦應解為裁定管轄。至於同一案件繫屬於有數管轄權之數法院者，由繫屬在先之法院管轄，固為法定管轄，但其經共同之直接上級法院裁定，而由繫屬在後之法院管轄者，亦不失為裁定管轄。（刑事訴訟法）（陳　冊）

單一之訴

見「訴之合併」條。（民事訴訟法）（李學燈）

單一物合成物與聚合物

所謂單一物(single thing)，為物之一種，對合成物及聚合物而言。即在形體上獨立自成一體之物也。如牛一隻，是天然之單一物也。汽車一輛，乃人為之單一物也。襪一雙，則社會觀念上之單一物也。所謂合成物(compound thing)，又名組成物，即由數個獨立物組成為一物之謂也。在法律上認此合成物為一權利之客體。如房屋船舶之類是。所謂聚合物(collective thing)，亦稱集合物。即由數個獨立物聚合而成為一物，而各個獨立物是可分可聚的，分與聚均可成為法律上權利的客體。此種聚合物又可分為法律上之聚合物與事實上之聚合物，後者如財產，後者如羊羣是。（民法總則）（張鏡影）

單方錯誤（Unilateral Mistake）

單方錯誤者，乃契約當事人一方主觀之認識與客觀之認識不符之謂也。衡平法院對於因單方錯誤而成立之契約，准予撤銷之，而在普通法上則不可（見James A. Ballentine: Law Dictionary, 1959, pp. 1314, 1315.）。（英美契約法）（何孝元）

單純之合併

單純之合併，為客觀的訴之合併之一種，係指同一原告對於同一被告，以一訴同列數宗可得兩立之請求，要求法院就各請求為判決，故一稱並列之合併。此項合併，就各請求均要求為判決，既與單一之聲明之競合之合併有異，亦與僅就請求之一求為判決之預備之合併不同。其種類又可分為：(一)無牽連請求之合併。其為訴訟標的之數項法律關係，其間並無何等法律上或事實上之牽連。例如依買賣契約請求交付價金，與依租賃契約請求遷讓房屋之合併，或依消費借貸契約請求清償借款，與依所有權請求返還占有物之合併是。(二)有牽連請求之合併。其為訴訟標的之數項法律關係，其間有牽連關係存在，而各法律關係，又係可得獨立請求之合併。有時爲數訴訟標的之數法律關係，其發生之原因相同，各請求互相獨立，例如本於同一消費借貸契約，合併提起償還原本及清償利息之訴；或本於同一租賃契約，合併提起給付租金之訴，及返還租賃物之訴，此時爲並立的牽連關係。訴訟標的之某法律關係，因爲訴訟標的之他法律關係存在而生，此時則爲主從的牽連關係，第一請求爲第二請求之先決問題，對第一請求當否之判決，則具有爲第二請求之中間判決之性質，例如合併提起確認有繼承權，並請求交還遺產之訴是。其餘參見「客觀的訴之合併」條。（民事訴訟法）（李學燈）

單純沉默（Non-disclosure）

單純沉默者，即對事實並無隱匿而僅不爲披露之謂也（見 Black's Law Dictionary, 4th ed., 1957, P.1206）。詐欺之成立，須詐欺人有虛構事實之行爲。單純沉默，不得視爲詐欺（見 R.F.V. Heuston: Salmond on Torts, 11th ed., 1953, pp. 687-688）。（英美侵權行爲法）（何孝元）

單純強暴罪（Simple Assault）

行爲人企圖以暴力加有形之傷害於他人，謂之單純強暴罪。行爲須爲實際而明顯，單純之言語或準備階段，無發生強暴結果之可能者爲不足。至行爲人是否須具強暴之故意，判例見解甚不一致，多數主張以具一般故意（general criminal intent）爲即足。加重強暴罪（aggravated assaults）則不同，除行爲人有致他人有形傷害之企圖外，另須有犯殺人、強姦等重罪之故意，美國各州制定法按實際情形，分別規定該罪成立要件。再者，單純強暴罪與毆擊罪（battery）顯有不同，後者情形中，行爲人之不法傷害力量已然直接或間接加於被害人身體，無論其力量如何輕微，均足構成毆擊罪，且行爲人僅須具有一般故意即足，此可於從犯者是否有過失，或間接故意情況下得知。（英美刑法）（桂公仁）

單務契約

單務契約者，乃僅當事人一方負擔債務，或雙方均負擔債務，而其債務無對價的意義之契約也。屬於此類契約，可分二種：㈠契約之效力，僅使當事人一方負擔債務者，例如贈與、消費借貸、無償寄託等是。㈡契約之效力，雖使雙方當事人負擔債務，然未立於對價的關係者，例如使用借貸是（民法第四六四條），以及契約成立後，當事人始因特別事由而負擔債務者，例如無償契約之委任人負擔費用償還義務之場合是（民法第五四六條）。在單務契約，並不發生同時履行抗辯（民法第二六四條）與危險負擔（民法第二六六條以下參照）等問題。（民法債編總論）（何孝元）

單務契約（Unitateral Contract）

單務契約者，乃契約當事人之一方受拘束之契約也。例如本票之繕立，滙票之承兌，遺失物之懸賞廣告，或買賣選擇之給與等是（見 Chitty on Contracts, Vol. 1, 1961, p. 9.）。（英美契約法）（何孝元）

單獨行爲與共同行爲

所謂單獨行爲（unilateral act）爲法律行爲之一種，對契約及共同行爲而言。又稱爲單方行爲，即以一方之意思表示爲其成立要件之法律行爲。換言之，單方表示即生效力。惟單獨行爲有須向相對人表示，始得成立者；有不須向相對人表示即得成立者。前者，如撤銷、追認及解除等行爲是。後者，如捐助行爲，遺囑行爲等是。其與契約及共同行爲之分際，乃以意思表示之狀態爲標準。因之，共同行爲（joint conduct or act）乃對於同方向平行合致所爲兩個以上之意思表示爲其要素之法律行爲也。至契約則由二個以上之意思表示而爲相互之對應作用與交錯合致而成者，故與共同之目的同一方向之意思協同進行，而構成個別意思之共同行爲者不同。換言之，契約之意思表示乃爲交錯之合致，而共同行爲之意思表示，乃平行之合致，二者自屬有異。如社團法人之設立與總會之決議，即共同行爲顯著之例。不過共同行爲，有時亦爲契約之成分，例如合夥契約，或數人共同爲買賣契約是。亦有時爲單獨行爲之成分，如數人共同爲捐助行爲是。（民法總則）（張鏡影）

單獨海損不擔保（Free from Particular Average 簡稱 F.P.A.）

單獨海損不擔保係指保險人在原則上對於全損及其極接近全損依法得以委

付時所存的損害、共同海損、損害防止費用、救助費用，負賠償的責任；其他的單獨海損亦即非船長故意所爲的處分，及船舶或貨載由於非常原因所致的損害，則不負其責任。但在約款之下，以但書訂定凡基於沉沒、火災、觸礁、擱沙、碰撞等所致的損害負其責任者，較爲通常。此即所謂 London Clause。因爲在約款上設此除外的例，足以使單獨海損不擔保的條件趨於緩和。（商事法）（林咏榮）

結合大幫

懲治盜匪條例第二條第一項第三款所謂結合大幫，係指匪徒之結合已達於相當衆多人數，且以搶刧爲目的，具有相當團體組織者言，與結夥僅指少數匪徒之結合，聚衆僅指不確定之多衆集合而可隨時增加之狀況，均不相同。（特別刑事法）（吳　智）

結合犯

將二以上之獨立犯罪行爲，依法律規定結合而爲一罪者，謂之結合犯。例如強盜放火罪、強盜強姦罪、海盜放火罪、海盜強姦罪（刑法三三二條三三四條）等是。關於結合犯之着手時間，通說以第一行爲之着手，即認爲結合犯之着手。採主觀說論者，則以開始遂行結合犯之犯意的行爲時，爲結合犯之着手。結合犯之內容有二以上之行爲，其行爲之間雖有方法結果之關係，亦不成立牽連犯。結合犯之主要目的部分雖然未遂，而法律上處罰較重部分既遂者，應爲結合犯之既遂。例如強盜殺人罪，既生殺人之結果，強盜部分縱屬未遂，應依既遂論處。（刑法總則）（王建今）

結私黨

陸海空軍刑法第一百十九條之結私黨，係指多數人以同一目的及共通之意思團結而言，其構成要件有三：㈠須有多數人，㈡須以同一目的及共通之意思，故有宗旨有章則，㈢須爲有組織之團結，其與多衆共同，多衆集合之非有組織者有異，即與夥黨亦有不同，蓋結私黨祇須有違背服從義務之意圖，而形之於外形之結私黨，即屬犯罪。（特別刑事法）（吳　智）

結果犯

結果犯又稱爲實質犯或實害犯。即指犯罪構成要件，除一定之行爲外，更須有法定結果之發生者而言。刑法上大多數之犯罪，均屬此類。此類犯罪，在行爲人實施犯罪行爲後未發生法定結果者，稱爲未遂犯。例如竊盜罪，在行竊後贓物未得手者是。結果犯之成立，在行爲與結果之間，必須有因果關係之存在。（刑法總則）（王建今）

結果加重犯

因犯罪致發生一定之結果，而有加重其刑之規定者，謂之結果加重犯（刑法一七條）。論者有謂刑法僅就犯罪之結果科刑，顯然忽視犯人之主觀要件。然而刑法第十七條規定，對於結果加重犯之處罰，以行爲人能預見其結果之發生爲要件，倘不能預見其發生時，則結果加重犯即無從成立。所謂能預見，既非有預見，亦非無預見，係指應注意並能注意而不注意之過失狀態而言。換言之，行爲人有犯輕罪之故意，因過失而發生重罪之結果。例如甲故意傷害乙之身體，乙受傷後，因破傷風菌之侵入發生死亡之結果。此種情形，依社會通常觀念，行爲人雖無故意，但對於死亡之結果爲可能預見之事，故不能不負傷害致死之刑責。此種能預見之過失狀態，即爲加重結果犯之主觀要件。由是可知刑法第十七條所規定之結果加重犯，並非單純就結果論罪，甚爲明顯。（刑法總則）（王建今）

結果責任（Strict Liability）

結果責任者，乃被告於特定情形之下，雖無過失，亦應負賠償責任之謂也，例如勞工賠償法規是。法院之所以令被告負無過失賠償責任者，乃因被告爲自己目的而圖利，其所處地位較爲優越，且能將危險移轉於社會大衆分擔之故也（見 Prosser on Torts, 2nd ed, 1955, pp. 317-318）。（英美侵權行爲法）（何孝元）

結果責任主義

結果責任主義者，即遇有損害，縱無過失，亦應負賠償之責任也。昔時民智蒙昧，對於侵害行爲之制裁，不究侵害者之內心，惟憑損害以爲斷，受有損害，即予報復。嗣後民智漸開，遂有「無過失，無責任」之說興，而道德觀念輸入法律之體制，亦自斯始。輓近因物質文明之發達，危險事業之激增，過失主義發生動搖，故近世各國法律，爲適應環境之需要，已有由過失主義，移轉於結果主義之傾向。依理而言，民事責任，旨在塡補所受之損害，苟有損害，卽應賠償，固不必問其有無故意過失也。我民法以過失主義爲原則，惟在危險事業之特殊情形，則採結果責任主義，以達保護社會安全之目的。（民法債編總論）（何孝元）

結社集會

結社者，依陸海空軍刑法第一百二十條規定，係指多數特定人達成某種之共同目的而結成一個團體是也，集會爲一時之多數人以特定目的，而聚集開會之謂。（特別刑事法）（吳　智）

結夥

陸海空軍刑法第八十四條之結夥，係指結集特定之多數人而言，其構成要件有三：㈠須結夥三人以上，㈡須有共同實施犯罪之意思，㈢須有共同實施犯罪之行爲。（特別刑事法）（吳　智）

普及破產主義

與屬地破產主義相對稱，謂凡在本國內之破產宣告，其效力及於在外國之財產。依此主義之結果，凡破產人在外國之財產於宣告破產之後，亦以之歸屬於破產財團，此在執行上多有未便，各國立法例從者甚少，我破產法亦不採取。（破產法）（陳　珊）

普通決議

見「特別決議」條。（商事法）（林咏榮）

普通物權

對特別物權而言，卽民法中所列之各種物權也。亦卽狹義物權。（民法物權）（陳　珊）

普通審判庭

普通審判庭採合議制，以審判官三人組織之。除戰時縣政府或其相等之機關外，各級軍事審判機關均得組織之，管轄案件如左：

一、士兵及其同等軍人犯無期徒刑以上之罪。

二、士官、尉官及其同等軍人犯五年以上有期徒刑以上之罪。

三、校官及其同等軍人之犯罪。

（軍事審判法第二十六條第二款第二十七條第一項前段第四十條）

（特別刑事法）（吳　智）

普通審判籍

依被告之人（就其住居所，事務所或營業所等）與法院管轄區域之關係爲定管轄之標準，法院對於該被告就一切訴訟，（除有專屬管轄者外）有管轄權，而不問訴訟標的爲如何者，稱爲普通審判籍。蓋就被告言之，在該法院之管轄區域內爲有普通審判籍，亦卽指被告就一切之訴應受或得受該法院審判之權利義務而言。就被告之人與法院管轄區域之關係言，此係屬人的管轄。凡對被告起訴，通常卽向其有普通審判籍之法院爲之。民事訴訟法第一條及第二條卽爲關於普通審判籍之規定。第一條規定自然人之普通審判籍，第二條規定法人及非法人團體之普通審判籍。普通審判籍係基於以原就被（actor seguitur forumrei. A plaintiff must sue in the jurisdiction to which the defendant is subjcet）之大原則，重在保護被告之利益，防止原告之濫訴。（民事訴訟法）（李學燈）

普通覆判庭

普通覆判庭以審判官三人合議行之，由高級及最高軍事審判機關組織之，覆判左列初審案件：

一、士兵及其同等軍人處無期徒刑以下之刑。

二、士官、尉官及其同等軍人處有期徒刑以下之刑。

三、校官及其同等軍人處有期徒刑七年未滿之刑。

四、前三款之官兵經諭知無罪、免訴、免刑或不受理者。（特別刑事法）（吳　智）

詐害（Injurious Falsehood）

詐害者，乃以虛僞之意思表示損害他人之財產所有權或其價值之謂也。構成詐害之要件有三，即：㈠行爲人之陳述係屬虛僞，㈡行爲人須有惡意，㈢須被害人受有特殊之損害。此類行爲，可分二種：

㈠詆毀他人財產之所有權（slander of title）

詆毀他人財產之所有權者，乃一方對於他方財產之所有權加以虛僞與惡意之否認也。其目的在詆毀他人之動產或不動產之所有權，使其難於出售。例如原告拍賣其財產，而爲被告之相反主張所阻礙；或原告銷售其貨物，而被告僞稱該貨物係侵害其專利權是。

㈡貶損他人財產之價值（disparagement of property）

貶損他人財產之價值者，乃一方對於他方財產之品質加以貶損之謂也（見R.F.V. Heuston: Salmond on Torts, 11th ed., 1953, pp. 703-705; William L. Prosser: Law of Torts, 2nd ed., 1955, p. 760 ）。（英美侵權行爲法）（何孝元）

詐欺

詐欺（Fraud）

此爲詐欺人故意欺罔被詐欺人，使陷於錯誤，並因其錯誤而爲意思表示之行爲也。既係被欺罔而爲之意思表示，顯非被詐欺人之眞意表示，其表示所生之結果乃被詐欺之結果也。惟詐欺構成之要件有四。㈠須有詐欺之故意；㈡須有詐欺之行爲；㈢須因詐欺行爲而陷於錯誤；㈣須其發生之錯誤與詐欺行爲有因果之關係。我國民法採德瑞法例，規定因被詐欺而爲意思表示者，表意人得撤銷其意思表示。應於發見詐欺終止後一年內爲之。但自意思表示後，經過十年仍未發見者，即不得撤銷。若詐欺係由第三人所爲者，則以相對人明知其事實，或可得而知者爲限，始得撤銷之。至被詐欺而爲之意思表示，其撤銷不得以之對抗善意之第三人。蓋爲保護交易之安全也（第九二條至第九三條）。關於詐欺之認定，法國民法規定，不得以推定定之。必須舉證證明（第一一〇九條）。德瑞民法對此未作規定。我民法亦然。被詐欺人如未舉證，僅敍陳事實，則由法官憑其經驗法則，自由心證。難免差池。法國立法例，似有參考之必要。（民法總則）（張鏡影）

詐欺（Fraud）

詐欺者，乃表意人明知其陳述爲虛僞，或不信其陳述爲眞實，或對其陳述之眞僞漫不經心而爲之表示也。至於有無過失，在所不問。故意之錯誤表示即屬詐欺。故意之錯誤表示之要件有三，即㈠須無誠意；㈡須明知其陳述爲虛僞；㈢須陳述爲虛僞。因詐欺而成立之契約，相對人得承認之而請求損害賠償，或否認之，而訴請法院撤銷之。

衡平法上詐欺之意義，較普通法上詐欺之意義爲廣。表意人向對方有告知之義務而違反之者，即屬詐欺，此之謂「擬制之詐欺」（contructive fraud）。此項情形，多於當事人間有信任關係者見之。故衡平法上之詐欺，不問惡意之有無，祇需證明有此告知之義務而經違反者爲已足。所謂信任關係，如信託人與受益人，律師與當事人，或父母與子女之關係也（見Chitty on Contracts, Vol. 1, 1961, pp. 124-127.）。（英美契約法）（何孝元）

詐欺（Deceit）

詐欺者，乃故意欺罔他人，使其陷於錯誤，而受有損害之行爲也。詐欺成立之要件爲：㈠須詐欺人之陳述，係屬虛構，㈡須詐欺人有使被詐欺人陷於錯誤之故意，㈢須相對人信賴其陳述，而陷於錯誤，㈣須相對人受有損害（見R.F.V. Heuston: Salmond on Torts, 11th ed., 1953, p. 687 ）。（英美侵權行爲法）（何孝元）

詐欺之故意（Scienter）

詐欺之故意者，乃詐欺人於爲意思表示時明知其陳述爲不實而仍向相對人表示也。提起詐欺之訴時，通常必須證明詐欺人有詐欺之故意（見James A. Ballentine: Law Dictionary, 1959, p. 1170 ）。（英美侵權行爲法）（何孝元）

詐欺取財罪（False Pretense）

以言詞或行爲，扭曲現在或過去之事實，使被害人信以爲眞，自願將金錢或其他財產上利益，無償交付予被告之謂，要在被告有虛僞詐欺之行爲，及被害人因詐欺而損失錢財之結果，如以僞造支票交予被害人換取財產上利益。「詐欺取財」與「侵占」不同，後一情形中被害人無交付所有權（ownership）

之故意，亦與「竊盜」不同，竊盜罪之被害人除無交付所有權之故意外，更無交付占有權（possession）故意，與僞造(forgery)亦略有不同，詐欺取財罪以被告取得財物爲要，而僞造罪中被告有僞造、變造行爲卽足，不以實際取得金錢爲必要(Black's Law Dictionary, pp. 723-24)。(英美刑法)(桂公仁)

詐欺和解罪

債務人聲請和解經許可後，以損害債權人爲目的，而有詐欺破產情形之一者，爲詐欺和解。處五年以下有期徒刑。（破產法一五五）。(破產法)(陳　珊)

詐欺破產罪

卽破產人以詐欺方法損害債權人之行爲也。破產人在破產宣告前一年內，或在破產程序中以損害債權人爲目的，而有下列行爲之一者，爲詐欺破產罪，處五年以下有期徒刑：1.隱匿或毀棄其財產或爲其他不利於債權人之處分者。2.揑造債務或承認不眞實之債務者。3.毀棄或揑造帳簿或其他會計文件之全部或一部，致其財產之狀況不眞確者。（破產法一五四）。(破產法)(陳　珊)

詐欺罪

刑法分則第三十二章所規定之詐欺罪，分爲下列四種：㈠普通詐欺罪，卽意圖爲自己或第三人不法之所有，以詐術使人將本人或第三人之物交付之謂（刑法三三九條一項）。分析言之：⑴須意圖爲自己或第三人不法之所有。⑵須施用詐術，使人陷於錯誤。⑶須使人將本人或第三人之物交付。㈡詐欺得利罪，卽指以前述普通詐欺罪之方法，得財產上不法之利益或使第三人得之者而言（三三九條二項）。㈢常業詐欺罪（三四〇條）所謂常業詐欺，係指行爲人素無正業，專以犯詐欺罪爲生者而言。㈣準詐欺罪，卽意圖爲自己或第三人不法之所有，乘未滿二十歲人之知慮淺薄或乘人之精神耗弱，使之將本人或第三人之物交付之謂（三四一條一項）。本罪與普通詐欺罪不同之點，普通詐欺罪須以詐術使人陷於錯誤而交付，本罪則不施詐術，僅乘未滿二十歲人之知慮淺薄或乘人之精神耗弱，使之交付財物而已。(刑法分則)(王建今)

間接正犯

所謂間接正犯，係指利用無責任能力人或無犯罪意思之人實施犯罪者而言。無責任能力人及無犯意之人，其行爲均爲不罰。而利用之者，無異利用機械而達成其犯罪之目的。故認爲間接正犯，卽應處以正犯之刑。通常間接正犯利用他人犯罪之狀態如下：一、利用無責任能力人。二、利用不知情之人。三、強制他人至使不能抗拒而犯罪。間接正犯與教唆犯不同者，教唆犯係教唆有責任能力人犯罪，而間接正犯則多爲利用無責任能力人犯罪，爲其最大之區別。(刑法總則)(王建今)

間接故意

見「故意」條。(刑法總則)(王建今)

間接送達

見「補充送達」條。(民事訴訟法)(李學燈)

間接送達主義

見「直接送達主義」條。(民事訴訟法)(李學燈)

間接審理主義

見「直接審理主義」條。(民事訴訟法)(李學燈)

間接證據

爲證據之一種，對直接證據而言。凡由他項事實間接證明待證事實者，爲間接證據。如以曾聞某甲揚言放火，又曾見其購買引火物料，在起火前後，又有人見其在火場附近往來，以證明其有放火事實，但無人當場目擊其如何放火是。上述各個事實，皆屬可能放火之特定情況，故又稱爲情況證據，集多種情況證據，參互以觀，亦可作心證上之判斷，是又有「綜合證據」之稱。(刑事訴訟法)(陳　珊)

發回更審（De Novo）

上級法院將案件發回原審下級法院重新審判，以裁定行之（venire de novo），必須另經召集陪審團陪審之程序，其更審始爲合法（Parker V. Lewis, 45 OKL. 807, 147 P. 310, 311）。（英美刑法）（桂公仁）

發回或發交之判決

發回或發交之判決，係指廢棄原判決，而將該事件發回原法院或發交其他同級法院更爲審理之判決。第一審法院之訴訟程序有重大之瑕疵者，第二審法院得廢棄原判決，而將該事件發回原法院，但以因維持審級制度認爲必要時爲限（民訴四五一Ⅰ）。所謂訴訟程序有重大之瑕疵，係指其違背訴訟程序之規定，其違背與判決內容有因果關係，或因其訴訟程序違背規定，不適於第二審辯論及裁判者而言。所謂因維持審級制度認爲必要時，係指該訴訟程序有重大瑕疵者，尙須經由第一審依法辯論，非發回更審不足以維持當事人之審級利益是。應否發回，第二審法院得審酌情形定之。此項判決係屬解決訴訟程序上之問題，得不經言詞辯論爲之（四五三）。在第三審法院認上訴有理由而廢棄原判決，應將該事件發回原第二審法院或發交其他同級法院（四七八Ⅰ）。蓋此項事件，事實之調查，不應由第三審法院行之。其究應發回抑或發交，則由第三審法院審酌情形定之。受發回或發交之法院，應以第三審法院爲廢棄理由之法律上判斷爲判決之基礎（四七八Ⅱ）。（民事訴訟法）（李學燈）

發行新股

舊公司法循大陸法系的確定資本制，公司資本的總額於章程中揭載之。其總額所包含的股份，應一次認足或募足，但得分期繳納股款。嗣後公司因應業務的發展，如須再行招募新股，即爲增加資本，資本總額隨之變更，自應變更原有的章程，故其招募新股與增加資本，併行規定於變更章程的一節中（舊公司法第四章第九節）；新法改從英美法系的授權資本制，當公司設立時，其章程雖應揭載資本的總額，但其總額所包含的股份，得分次發行，而每次發行的股份，其股款却須一次繳納，嗣後董事會有權依法定程序，就原定總額未發行的股份，陸續發行，此種股份的發行，既不影響於章程，自無須爲章程的變更。故新公司法仿日本現行立法例，特闢專節規定之（新法第五章第八節，日本商法第二編第四章第三節之二）。這可稱之爲通常的發行新股（或稱爲狹義的發行新股）。至於特殊的發行新股（或稱廣義的發行新股），係指公司章程原定資本總額以外，另須增額發行者。此種股份的發行，與大陸制的發行新股相當。（商事法）（林咏榮）

發起人（Promoter）

股份有限公司，應有七人以上爲發起人，其中須半數在國內有住所（公司法第一二八條Ⅰ）；無行爲能力人或限制行爲能力人不得爲發起人；法人爲發起人者；以公司爲限（公司法第一二八條Ⅱ Ⅲ）。蓋過去有不少股份有限公司，係由一個家族組成，其發起人往往以無行爲能力人或限制行爲能力人，勉強湊足法定人數，不免冒濫；且所謂法人範圍頗廣，行政或教育機關亦爲法人，此類法人的設立，原非以營利爲目的，若許其爲公司的發起人，殊多流弊，故現行公司法特加以限制。至就發起人在法律上的地位而論，發起人在公司設立中所爲的行爲，其與設立後的公司，在法律上的關係如何？過去學者間，有倡第三人利益契約說、代理說、繼承說、或無因管理說，以解釋之者。但現時幾無人和之，蓋公司依登記而成立，公司在登記前未具法人人格，但經七人以上發起人訂立章程，並各爲一股以上的認定，均構成將來公司組織中人的與物的要素的全部或一部，發起人因設立行爲所取得的權利或所負擔的義務，形式上屬於發起人，實質上卻屬公司的前身，亦即設立中的公司；從而公司一旦成立，其權利義務在形式上亦併歸於公司。此種權利祇是程序上歸屬的變更，而不能視爲繼承。亦不能從第三者關係的契約、代理、無因管理等個人法上的法理以解譯之；設立中的公司與設立後的公司，係同一體，發起人在設立期間原係公司的事務執行機關，故以「機關說」爲正當（同說，梅仲協著商事法要義第三六頁大隅健一郎著會社法第六五頁）。（商事法）（林咏榮）

發起設立

股份有限公司的設立，因其股份是否由發起人全數認足，在程序上有所謂設立二分法，如：①發起設立—亦即同時設立或單純設立（Simultangründung, Einheitsgründung, fondation successive, Constitution entre fondateürs）；②募集設立—亦即漸次設立或複雜設立（Sukzessugründung, stufengrundung.fondasion successive, constetution par appel an public）。前者係指發起人認足股份總數，公司因而成立；後者係指發起人僅認定股份總數的一部分，其餘尚須向外公開招募，俟招募結束後，召集創立會時，公司始告成立。德、意及瑞士等多數立法例，皆採此種區分主義；而英、美、法及其他少數國立法例，僅就募集設立爲着眼而規定之。惟在實際上，法國恰如德國，却以發起設立居多；而募集設立，在德國幾乎瀕於絕跡。蓋彼邦商業銀行對於公司的股份，往往爲全額的承受，俟該公司成立後，再以其股份亦即股票出賣，以謀取其溢價。英美兩國關於股份的認定，原亦可分爲：①設立登記前認定的股份（Stock subscriptions before incorporation）；②設立登記後認定的股份（Stock subscriptions after incorporation）。兩者雖頗類似於發起設立與募集設立，但其前者不限於發起人，這是兩者不同的地方。我國現行公司法，作如下的規定：(1)發起設立—發起人認足第一次應發行的股份時，應即按股繳足股款；(2)募集設立—發起人不認足第一次發行的股份時，應募足之（參照公司法第一三一條及第一三二條）。（商事法）（林咏榮）

發播（Publication）

發播者，乃以足以毀損他人名譽之意思表示，散佈於衆人之行爲也。所謂散佈，非必廣爲宣揚之謂，僅有一二人知之爲己是。夫妻間之通訊，不構成誹謗；惟如行爲人於被害人之夫或妻前，指摘有毀損被害人名譽之事實，則誹謗因發播而成立。使第三人代爲宣讀誹謗文件，或對第三人宣讀誹謗文件，均發生發播之效力。本人口述誹謗事實，使書記或速記員代爲繕寫，斯爲言語誹謗；如以繕妥之文件發播之，則成立書面誹謗。發播不限於積極或公開之行爲，如有人焉，於其行爲控制之處所上，發現有誹謗文字，而不爲之除去者，亦負發播之責，但以能除去而不除去者爲限。

發播之成立與否，應視第三人對於其所發播之內容能否了解以爲斷；苟第三人對之不能了解，誹謗卽無由成立。發播之事實，若已證實，則無論有無故意或過失，行爲人均應負損害賠償之責；其處於次要之地位，如販賣報紙者等，而對於發播之文件內容確不知情者，可不負責（見 Restatement of Torts, §581）（見 Salmond on Torts, 11th ed., 1953, pp. 442-443）。（英美侵權行爲法）（何孝元）

期日

期日（Date）

與期間相對稱。卽不可區分之時點也。易言之，卽特定時期。例如約定明年三月五日交貨。到明年三月四日謂之期前。債務人無期前清償之義務。到明年三年六日謂之期後，債務人若於此日清償，卽應負遲延給付之責任。債務人僅能於明年三月五日，既不放棄期限之權利，亦不負遲延之責任也。期日與期間之區別，在有無繼續之觀念。因期間爲時線，有長度，亦卽是有起點及終點。由起點繼續至終點，謂之期間，其與期日之不同者在此。因期日僅有始期而無終期之故耳。故附始期之法律行爲，於期限屆至時，發生效力（民法第一〇二條）。（民法總則）（張鏡影）

期日爲法院與當事人及其他訴訟關係人會合爲訴訟行爲之時期。如言詞辯論期日（民訴一九二至一九五、二五一），準備程序期日（二七三Ⅰ），調查證據期日（二六九4、二九〇、一六七Ⅰ、二九九Ⅰ2），訊問關係人期日（二三四Ⅱ），調解期日（四〇七），宣示裁判期日（二二三Ⅱ）等是。通常應預行指定，除別有規定外，由審判長依職權定之（一五四）。例外在簡易訴訟程序，當事人於法院通常開庭之日，得不待通知，自行到場爲訴訟之言詞辯論（四三二）。又在獨任推事行審判時，或受命推事、受託推事關於其所爲之行爲須定期日時，卽由該推事指定之（法組四、民訴一六七Ⅰ）。又在合意停止訴訟程序後續行訴訟之期日，須經當事人聲請，始可指定。指定屬於裁定之性質，須指定日期及時間。時間（卽鐘點）應爲一定時點，只定其始點。至於期日屆至，則因行爲開始或終了。期日以朗讀案由爲始（一五八），故雖屆指定期日之時點，而尚未朗讀案由者，不能謂期日已開始。訴訟關係人有無遲誤期日，亦係以朗讀案由後已否到場爲準。該期日所應爲之訴訟行爲完畢，或雖未完畢，經審判長明示或默示期日終了者，如宣布延展期日（一五九Ⅰ）或表示閉庭或退庭，該期日卽爲終了。期日，除有不得已之情形外，不得於星期日或其他休息日定之（一五五）。期日經指定後，法院書記官應作通知書送達於訴訟關係人，但經審判長面告以所定之期日命其到場，或訴訟關係人曾以書狀陳明屆時到場者，與送達有同一之效力（一五六）。期日如有重大理由，得變更或延展之。變更或延展期日，除別有規定外，由審判長裁定之（一五九）。所謂變更，謂於期日開始前，取銷該期日，而另定新期日，所謂延展，謂於期日開始後，不為原定之訴訟行為，或為之而未終了，延至再定期日而為之。所謂別有規定，如依法應由法院裁定是（二六八、三八六）。其原由受命推事、受託推事指定者，自亦得為變更或延展之裁定（一六七Ⅱ）。對於指定期日或變更或延展期日之裁定，不得抗告（四八三）。（民事訴訟法）（李學燈）

法院與當事人或其他訴訟關係人會合而為訴訟行為之時為期日。審判長、受命推事、受託推事或檢察官指定期日行訴訟程序者，應傳喚或通知訴訟關係人使其到場。但訴訟關係人在場或刑訴法有特別規定者，不在此限。如第七十二條之告知被告到場，第一七六條之告知證人到場是。期日除有特別規定（如第二八四條之無辯護人到庭；第二九四條之停止審判；第三〇六條之逕行判決等情形）外，非有重大事由，不得變更或延展之。其經變更或延展者，應通知訴訟關係人。期日如有遲誤，得命拘提或逕行判決。（刑事訴訟法）（陳　冊）

期日之變更或延展

期日如有重大理由，得變更或延展之（民訴一五九Ⅰ）。變更應在原定之期日開始前，延展應在既定之期日開始後。變更或延展期日，可致訴訟之遲延，故限於有重大之理由。何種情形為有重大之理由，應由為裁定之法院、審判長、受命推事、受託推事認定之。例如因推事或當事人罹病或有其他重大事故，或因天災阻斷交通或其他不可避之障礙而有變更期日之必要；或因調查證據或因事件繁雜不能於當日終結其辯論而有延展期日之必要是。惟法律如有特別規定者，應從其規定（如二〇八Ⅱ、二六八、二七三Ⅱ、三八六）。變更或延展，原則上由審判長裁定（一五九Ⅱ），以免合議之煩。例外亦有應由法院裁定者（如二六八、三八六），如由法院為此裁定，其所變更或延展新期日，仍由審判長指定之（一五四）。其原由受命或受託推事指定之期日，自亦應由該推事為變更或延展之裁定（一六七）。變更或延展，屬於審判長或法院，或受命推事、受託推事之職權，當事人如有聲請，僅有促其職權發動之效用。對於該項聲請，自毋庸為准駁之裁判。其餘參見「期日」條。（民事訴訟法）（李學燈）

期限（Term or Limitation of Time）

為法律行為附款之一，對條件而言。乃一種法律行為之任意附款。其效力之發生或消滅均繫於將來確實之事實者也。例如約定民國五十七年三月五日清償債務。則債權人於是年三月五日以前，其請求權之效力並不發生，必須到三月五日，債權人之請求權及債務人之清償義務，始均於此確定之日而發生效力。惟其成立之要件有三：一須為法律行為之任意附款，二須為決定原法律行為之發生或消滅；三須為將來確定可以屆至之事實。至於期限在原則上是得以任意附加於法律行為。但有例外不得附加者，如撤銷承認是。期限有二，一為始期（time of commencement），即附始期之法律行為，於期限屆至時，發生效力。二為終期(time of termination)，即附終期之法律行為，於期限屆滿時，失其效力（民法第一〇二條）。（民法總則）（張鏡影）

期待可能性

所謂期待可能性，是指行為人於行為時，有期待其不犯罪，即應為適法行為之可能性而言。刑事責任是因犯罪人不顧期待可能性，而違反法律上之義務，所以不能不予以處罰。關於期待可能性有無之標準，有三種學說：第一行為人標準說，即以行為人平常其他行為有無期待可能性為標準。第二通常人（平均人）標準說，即以社會普通人有無期待可能性為標準。第三國家標準說，即以國家維持社會秩序所需要之程度，衡定行為人有無期待可能性為標準。此三說之中，應以第二說為當。關於期待可能性構成刑事責任之學說，亦有三種：㈠認為刑事責任之構成要素，除故意、過失外，尚須有期待可能性之第三要素。㈡認為期待可能性包含於故意過失之內。㈢認為期待可能性之不存在，為阻却違法之事由。此三說之中，應以第二說為當。蓋因行為非出於故意或過失者不罰，為刑法第十二條所明定，自不能於故意過失之外，認有其他責任要素之存在。（刑法總則）（王建今）

期待權

期待權（Anwartschaftsrecht）

又名歸復權，即條件成否未定中，當事人對於將來成就或不成就所能得之權利，或有希望免除之義務，或為一種單純希望之權也。學者間有主張此種權利非物權亦非債權，乃為一種特別之權利者；亦有主張此為一種法律上之狀態或地位者。我國民法對此種權利設有保護之規定。即條件之法律行為當事人於條件成否未定前，若有損害相對人因條件成就而應得利益之行為者，負賠償損害之責任（民法第一百條）。至期限到來，乃為確定。故其所應得之利益，自較因條件所得者，更為確定，尤須更加保護。故民法第一〇二條作準用之規定。（民法總則）（張鏡影）

期待權（Reversionary interest）

期待權者，乃一方對於他方占有之不動產或動產上所取得之未來享用權也（見 Black's Law Dictionary, 4th ed., 1957, p.1483）。期待權有二，即：㈠不動產之期待權（reversionary interest in land）：所謂不動產之期待權者，乃除占有外對於土地之合法權利也。例如出租人對於租出之土地或房屋之權利是。㈡動產之期待權（reversionary interest in chattels）：例如於定有期限之寄託，寄託人對於未到期之寄託物所享有之權利是（見 Salmond on Torts, 11th ed., 1953, pp. 363-367）。（英美侵權行為法）（何孝元）

期間

期間 (Period)

與期日相對稱，即由一定之時期至另一定之時期之限定之時間也。期間為時綫，有繼續性。例如約定，自民國五十年三月四日起，至五十二年五月五日止，因為時綫，故有繼續之觀念。與期日為時點無繼續之觀念者不同。期間因由起點至終點之故，其計算方法，因之而異：關於起點計算，如以時定期間者，即時起算。如以日星期月或年定期間者，其始日不計入。例如自三月三日起，至若干日止。則應自三月四日起算。惟年齡之計算，則出生之日亦須算入。關於終期之計算，如以日星期月或年定期間者，則以其期間末日之終止為期間之終止。例如至三月五日終止，則以三月五日午後十二時為終止。餘類推。若期間不以星期月或年之始日起算者，則以最後之星期月或年與起算日相當日之前一日為期間之末日。例如星期三日上午十時與人約定一星期之期間，則自星期四日起算至下星期三日為期間之末日。但以月或年定期間者，於最後之月無相當之日者，則以其月之末日為期間之末日。例如自一月三十一日起，約一個月的期間，則以二月二十八日，如係閏年則以二十九日為期間之末日而終止是。倘遇期間之末日之終止為星期日或紀念放假日或其他休息日時，則延至次日為終止期。至月或年非連續計算者，用自然計算法，即月不論大小，概以三十日為一月。年不論平閏，概以三百六十五日為一年。若月或年係連續者，則用曆法算法，即依曆上所載之月或年之次第之大小平閏而計算之。大抵以工作天計算者用自然計算法。月年利息計算者則用曆法計算（民法第一二〇條至第一二三條）。（民法總則）（張鏡影）

期間 指訴訟關係人單獨為訴訟行為之時期，如訴訟關係人不按時期為其應為之訴訟行為者，即發生遲誤之效果。期間可分為裁判上之期間與法律上之期間，分別稱為裁定期間與法定期間。前者係由法院或審判長酌量情形定之（民訴一六〇）。至於受命推事或受託推事關於其所為之行為，亦得酌定期間（一六七Ⅰ）。後者係指法律所規定之期間，又有不變期間與通常法定期間之別。所謂不變期間，在民事訴訟法特附以不變期間之名，除因訴訟程序當然或裁定停止而停止進行外（一八八Ⅱ），不因其他情事而受影響，雖有重大理由，亦不得伸長或縮短之（一六三但書）。如聲請補充判決期間（二三三Ⅱ），上訴期間（四四〇、四八一），抗告期間（四八七），再審之訴之期間（五〇〇Ⅰ），債務人提出異議之期間（五一八），撤銷除權判決之訴之期間（五五二Ⅰ），撤銷禁治產宣告之訴之期間（六一一Ⅰ）等是。所謂通常法定期間或非不變期間，則未附以不變期間之名，如提出附屬文件原本，及閱覽原本，製作繕本之期間（一二〇），聲請回復原狀之期間（一六四Ⅰ），聲請裁定訴訟費用之期間（九〇Ⅱ），證人、鑑定人請求日費旅費之期間（三二三Ⅱ、三二四），支付命令聲請宣告假執行之期間（五二〇）等是。期間之計算，依民法之規定（一六一）。惟計算法定期間，如當事人不在法院所在地住居，且無訴訟代理人住居法院所在地得為應為之訴訟行為者，尚須扣除其在途之期間。應扣除之在途期間，由司法行政最高機關定之（一六二）。期間如有重大理由，得伸長或縮短之，但不變期間不在此限。伸長或縮短期間，由法院裁定，但期間由審判長所定者，由審判長裁定（一六三）。至於受命推事、受託推事關於其所為之行為，既得酌定期間，如有重大理由，自亦得由該推事裁定伸長或縮短之。（民事訴訟法）（李學燈）

法院或訴訟關係人單獨為訴訟行為，而應遵守之期限為期間。期間由法律所規定者爲法定期間。其由法院或審判長裁定者爲裁定期間。刑訴法上所定期間甚多而效果不一，更可分爲以下數種：㈠通常期間與不變期間。前者爲訓示性質，不生絕對效果；後者不得伸長縮短，逾期即不生效。㈡固有期間與增加期間。前者如上訴期間爲十日，聲請再議期間爲七日，抗告期間長者五日，短者爲三日，皆爲法所原有，固爲不許變動。後者爲訴訟關係人所留程期，則爲增加。㈢行爲期間與不行爲期間。前者一般法定期間均屬之。後者如就審期間，僅留供準備之用。㈣效力存續期間與效力停止期間。前者如第一〇八條之羈押期間；後者如六十條之停止公示送達生效期間。期間之計算，依民法規定。應於法定期間內爲訴訟行爲之人，其住所、居所或事務所不在法院所在地者，計算該期間時，應扣除其在途之期間。是項應扣除之在途期間，由司法行政最高機關定之。現所通行之訴訟當事人在途期間表，亦簡稱爲程期表，早在民國十年八月二十六日由前司法部所訂定，至三十四年十一月二十三日由司法行政部頒令修正，四十一年四月二十一日復行修正。（刑事訴訟法）（陳　冊）

善良管理人之注意原則（Test of Reasonable Man）

所謂善良管理人（reasonable man）實乃法律上之擬制。於任意殺人（voluntary manslaughter）情形，被告是否基於激憤（provocation）殺人？此一激憤是否合理合法？其衡量標準有主觀說，客觀說二種。第一說以爲被告殺人時是否因被害人刺激而激憤難當，應以其主觀性格爲準，但反對此說者認爲，純以個人主觀性格爲準，可能發生性格粗暴者逍遙法外，溫馴者常身首異處情形實非法律毋枉毋縱本旨。故第二說以爲，應擬制一合情合理之「個人」，以其心性爲準，由陪審團依犯罪事實審度被告犯罪當時心神狀態，決定其是否故意，過失或激憤，亦即以此擬制之「個人」（reasonable man）之注意能力，取決被告應注意之程度。

然而事實上，英美法院適用時，多就被告個人特性及善良管理人注意之原則加以考慮，可謂採主觀說及客觀說二者之長，兼籌並顧。（1953 Report of the Royal Commission on Capital Punishment. pp.52）。（英美刑法）（桂公仁）

善良管理人之懷疑（Reasonable Doubt）

陪審團於訴訟進行中檢視原告所提證據，陪審員對證據之證明力謹愼審察且抱懷疑態度，若對證據之證明力深信不疑（beyond reasonable doubt），即可作被告有罪之裁決（verdict）（R.V. Summers, 36 Cr. App. R. 15, 1 All Eng. R. 1059. 1952）。此處所謂之「懷疑」，係指基於邏輯推理者，決非自我憑空臆測，是以，陪審員檢視全部證據後，對被告犯罪事實有不能自圓其說之感，亦即有善良管理人之懷疑。另一部分學者主張「懷疑」應基於陪審員個人之理性與道德，欲作有罪裁決，陪審員須忠實地深信被告確已犯罪（moral certainty）。（英美刑法）（桂公仁）

善意（Good Faith）

善意者，乃指一方無取得非法利益之心意，而對促成非法交易之行爲亦不知情也（見 James A. Ballentine: Law Dictionary, 1959, P 555）。（英美侵權行爲法）（何孝元）

善意占有

爲占有分類之一，對惡意占有而言。即不知爲無權占有而占有其物之謂。亦有解爲信其有正當權利而占有其物之狀態者，我國民法上善意之用語，係指不知情而言，是以前說較當，如甲以乙所有之機車出賣與丙，丙不知其爲乙所有，買受而占有之，丙之占有即爲善意。（民法物權）（陳　冊）

善意第三人（Bona Fide Purchaser）

所謂善意第三人者，乃指對於促成不法之交易不知情而付有對價之人也（見 James A. Ballentine: Law Dictionary, 1959, p. 162）。第三人如屬善意有償者，法律對其所取得之財產所有權特予以保護，以確保交易之安全（見 R.F.V. Heuston: Salmond on Torts, Eleventh Edition, 1953, p. 314）。（英美侵權行爲法）（何孝元）

惡性

所謂惡性，即指犯罪之危險性或社會的危險性或反社會性而言。爲新派刑法理論之中心觀念。舊派刑法理論，認爲犯罪人刑事責任之重輕，應依犯罪行爲所生實害之大小爲標準，而新派刑法理論，則以犯罪人於其行爲所表現之惡性

的大小為標準。所謂主觀主義及性格責任論等理論，均由是而生。（刑法總則）（王建今）

惡念（Malo Animo）

心存不軌，罪惡之意圖。在威伯斯特一案中（Commonwealth V. Webster, S.J. Ct. of Mass.,1850, 59 Mass. 295, 386），美國麻省最高法院認為「一級謀殺罪」構成要件，為「惡意預謀」（malice aforethought），此與「惡念」極為近似。「惡意」不僅指憤怒、仇恨，亦泛指任一非法或不正當之動機。個人有尊重社會公益之義務，違背此義務，妄顧社會安全，雖非以侵害特定個人為必要，然而因侵害他人法益時，足以顯示行為人有「惡念」。（英美刑法）（桂公仁）

惡意（Malice）

惡意者，乃基於不善之動機之故意也。惡意為故意之一種，其與普通之故意區別，即在基於不善之動機之一點。但動機與行為無關，故惡意常能為普通之故意。然於誣告罪與誹謗罪之成立，動機則有其重要性，此時之惡意，宜解為動機不善之故意（見R.F.V. Heuston: Salmond on The Law of Torts, 11th ed., 1953, pp. 31-34）。（英美侵權行為法）（何孝元）

惡意占有

為占有分類之一，係對善意占有而言，乃明知為無權占有而為占有之謂（詳善意占有條）。（民法物權）（陳　珊）

惡意預謀（Malice Aforethought）

欠缺法定或免責理由而殺人，其行為前企劃之心理狀態謂之惡意預謀(State V. Thomas, 157 Kan. 526, 142 P. 2d 692. 693)。在謀殺罪中，行為人明知或可預見其行為足以產生死亡，或身體上重大傷害，或犯任何重罪之結果；或行為人並不希望其結果發生，然而行為人從事行為時，推定已有惡意預謀。以前法學上關於「惡意預謀」之定義，與目前的略有出入；以為謀殺罪中被告僅須有一般惡意預謀為已足，不必對特定遇害人而存在(State V. Pike, 49 N. H. 399, 6 Am. Rep. 533)。又，惡意預謀亦得為默示或推定（implied）存在，如被告行為時並無顯著殺人或重傷害之犯意，不過據其行為趨勢，能推出有造成死亡或重傷害之可能，例如被告以足猛踢被害人小腹，或以巨斧猛砍被害人，且行為或使用武器殺傷性，即可推知被告有惡意預謀Wellar v. People, 30 Mich. 16, 1874)。（英美刑法）（桂公仁）

給付

給付者，乃債務人履行債務所為之行為或不行為也。例如締結僱傭契約者，僱用人得請求受僱人為服勞務之行為，學者稱之為積極的給付。又如某甲與某乙約定於一定期間內，某乙不得彈琴，以妨礙其工作，則某乙於其約定期間內，即負有不得彈琴之消極的義務，此即不行為之給付，學者稱之謂消極的給付。（民法債編總論）（何孝元）

給付（Performance）

給付者，乃當事人依照契約之本旨實現其內容之謂也。

契約以全部履行為原則，但如有下列情形，則視為例外，應予酬報：㈠給付之頓挫（frustration of performance）；㈡可分之契約（divisible contract）；㈢因可歸責於他方事由之給付不能（prevention of performance）；㈣部分履行之受領（acceptance of partial performance）；㈤實質給付（substantial performance）㈥違反瑕疵擔保（breach of warranty）(見J.F. Wilson: The Law of Contract, 1957, pp. 416-424.)。(英美契約法)（何孝元）

給付之訴

給付之訴，即求為給付判決之訴，亦即原告主張其有私法上請求被告給付之請求權存在，要求法院判決確定其存在，同時並命被告履行之訴。例如訴請判令被告為一定金額或特定物之給付，一定之意思表示，一定之作為或不作為等均屬之。給付之訴，通常須原告請求之給付已屆履行期；或被告有到期不履行之虞，而原告之私權有保護之必要者（民訴二四六），始得提起。因其所要求之給付，得為現在之給付（主張於言詞辯論終結當時，被告有給付義務），或將來之給付（主張於將來履行期到來時，被告有給付義務），故又可分為將

來給付之訴，現在給付之訴。（民事訴訟法）（李學燈）

給付不能

給付不能者，乃不能實現給付之內容之謂也。債之發生當時即屬不能者爲自始不能；其於發生後所生之給付不能者，爲嗣後不能。不作爲，亦可發生給付不能之情形。例如負有不進入鄰地之義務，嗣因緊急避難，不得不進入隣地是。給付不能之效力，應視其不能是否出於因可歸責於債務人之事由而有差異：㈠因不可歸責於債務人之事由，致給付不能者，債務人免給付義務（民法第二二五條第一項）。㈡因可歸責於債務人之事由，致給付不能者，債權人得請求賠償損害（民法第二二六條第一項）。（民法債編總論）（何孝元）

給付判決

判決之內容，係認定原告之請求權存在，而命被告履行者，謂之給付判決。對於給付之訴所爲之判決，非必即爲給付判決。蓋以其訴爲無理由，而予以駁回者，則爲確認判決。此際或因認爲原告對於被告之請求權不存在，或因其無保護之必要，或因當事人之適格有欠缺，而確認原告無受給付判決爲保護之權。故給付之訴，勝訴時固爲給付判決，敗訴時則爲確認判決。其就現在給付之訴，所爲之給付判決，乃命被告即時爲一定給付之判決；就將來給付之訴（民訴二四六）所爲之給付判決，乃命被告將來爲一定給付之判決。給付判決確定後，不但有既判力（確定給付義務），並得據以請求強制執行，此與確認判決及形成判決，無執行力者不同。（民事訴訟法）（李學燈）

給付遲延

給付遲延者，即債務人於給付期，能給付而不爲給付之謂，亦稱爲債務人之遲延。債務人之遲延給付，發生下列之效力：㈠債務人遲延給付時，債權人得請求其賠償因遲延而生之損害（民法第二三一條第一項）。㈡債務人在遲延中，對於因不可抗力而生之損害，亦應負責。但債務人能證明縱不給付遲延而仍不免發生損害者，債務人即不負賠償之責（民法第二三一條第二項）。㈢遲延後之給付，於債權人無利益者，債權人得拒絕其給付，並得請求賠償因不履行而生之損害（民法第二三二條）。㈣遲延之債務，以支付金錢爲標的者，債權人得請求依法定利率計算之遲延利息。但約定利率較高者，仍從其約定利率。惟對於利息，無須支付遲延利息。債權人如能證明於遲延利息外，尚有其他損害，並得請求賠償（民法第二三三條）。（民法債編總論）（何孝元）

提出給付

提出給付者，乃債務人履行債務所必要之行爲也。債權人對於已提出之給付，拒絕受領或不能受領者，自提出時起，負遲延責任（民法第二三四條）。故給付之提出，爲債權人遲延之要件。給付之提出，有現實提出與言詞提出。所謂現實提出，即債務人已完成其給付所必要之行爲，使債權人得隨時受領之謂。所謂言詞提出，亦稱口頭提出，即債務人僅將準備給付之事情，通知債權人，並催告其受領或協力之謂。以言詞提出替代現實提出，必須債權人預示拒絕受領之意思，或給付並需債權人之行爲者，始得爲之（民法第二三五條但書）。（民法債編總論）（何孝元）

提存

提存者，乃清償人將其給付提交於提存所以代清償，而使其債務歸於消滅之行爲也。清償人於債權人受領遲延，或不能確知孰爲債權人而難爲給付情形之下，得將其給付物爲債權人提存之，以代清償（民法第三二六條）。提存之性質爲私法上之契約，寄託契約及第三人利益之契約。提存之主體，係兼指提存人與提存所或保管人而言。提存之客體，原則上以動產爲限。提存之成立，須提存人交付提存物於提存所，並須指定受其利益之第三人即債權人。提存之程序爲：㈠呈交提存書，㈡通知債權人。給付物如不適於提存，或有毀損、滅失之虞，或提存需費過鉅者，清償人得聲請清償地之初級法院拍賣，而提存其價金（民法第三三一條）。債務人一經合法提存，即生與清償同等之效力，債之關係，因而消滅。提存人於提存後，債權人即得本第三人利益之契約，向提存所隨時受取提存物。但債權人關於提存物之權利，自提出後十年間不行使而消滅，其提存物屬於國庫（民法第三三〇條）。（民法債編總論）（何孝元）

提存所

提存所者，乃提存之處所也。提存應於清償地之提存所爲之（民法第三二一七條）。提存所附設於地方法院。無提存所者，該地之初級法院因淸償人之請求，應指定提存所或選任保管提存物之人（民法第三二七條第一項後段）。提存人與提存所之關係，依寄託契約定之，惟提存人不得請求返還。至於債權人則處於第三人利益契約之地位，向提存所得隨時受取提存物（民法第三二九條）。（民法債編總論）（何孝元）

提審

提審謂軍事覆判機關自原審軍事審判機關，將被告提解或傳喚到庭，進行事實審理。對提審之案件，覆判機關僅能就聲請覆判部份調查事實。提審時應先行令知原審軍事審判機關。被告在押者，應由原審轉知在押被告之監所長官。（特別刑事法）（吳　智）

絕對的不定期刑

見「不定期刑」條。（刑事政策）（王建今）

絕對的訴訟成立要件

見「訴訟成立要件」條。（民事訴訟法）（李學燈）

絕對禁制品

絕對指唯一而無相類者能與之對抗是也，如「絕對不能」，「絕對無效」，戰時禁制品條例，所指之絕對禁制品，依戰時禁制品條例第三條規定爲：

一、兵器、彈藥、爆發物及軍用化學品。
二、陸上、海上、或空中之運輸工具。
三、燃料及潤滑劑。
四、軍用被服、裝具及陣營具。
五、通信器材。
六、軍用地圖、照片、模型、儀器、及文書圖表。
七、軍用建築材料。
八、金銀有價證券及本國及外國貨幣。
九、金屬礦產及其成品、半成品。
十、屬於戰略物資之非金屬礦產、及其成品、半成品。
十一、前列各款物件之製造原料，及配件附件。
十二、前列各款物件之生產製造或修理機械，及在使用上所必需具備或利用之物品及畜類等均屬之。（特別刑事法）（吳　智）

越界建屋關係

爲相鄰間關係之一，即建築房屋逾越疆界之情形也。土地所有人建築房屋逾越疆界（指一部越界）者，鄰地所有人如知其越界而不即提出異議，不得請求移去或變更其建築物。但得請求土地所有人，以相當之價額，購買越界部分之土地。如有損害，並得請求賠償（第七九六條）。（民法物權）（陳　珊）

越訴

漢代皆以縣爲訴訟的第一級，郡爲第二級，郡之上在漢代凡民事歸於部（州）的刺史，而刑事則歸於中央的廷尉，是爲三級制。在魏晉南北朝，無論民事抑刑事，皆遞送至州，再由州轉送於廷尉，是爲四級制。隋唐仍採縣、郡及中央的三級制。宋元兩代略同唐制。明代第一審爲縣，第二審爲府，第三審爲按察使司，第四審爲刑部、都察院，其屬於大獄者並由三法司或九卿會審之。淸承明制，惟其第四審爲督撫，第五審爲刑部、都察院。淸末，改採四級三審制，所謂四級，係指大理院及高等、地方、初級審判廳，自漢至淸，各朝代在原則上均不許越級而訴，違者罰之，例如唐律鬬訟篇規定：「諸越訴及受者，各笞四十」，疏議云：「凡諸辭訟，皆從下始，從下至上，令有明文，謂應經縣；而越向州府省之類，其越訴及官司受者，各笞四十，若有司不受，訴者亦無罪」。（中國法制史）（林咏榮）

越權行爲（Ultra Vires Act）

越權行爲者，乃法人於其指定目的之範圍外行使權利之行爲也。此種行爲，於法無效。越權行爲之主義，旨在保障股東及法人之債權人之權益，惟對於善意第三者之利益，則保護欠周。故英國於一九四六年成立寇因委員會（The Cohen Committee in 1946），倡議廢止是項限制，但該國一九四八年頒行之公司法仍未見予以採納（見 J. F. Wilson: Principles of the Law of Contract, 1957, pp. 194-195.）。（英美契約法）（何孝元）

就母再婚後所生子女確定其父之訴

就母再婚後所生子女確定其父之訴，係就母再婚後所生子女，於母之現配偶及前配偶中，求爲確定何人爲其父之訴。其性質爲確認之訴，係生子關係事件之一種。餘參見「生子關係事件程序」條。（民事訴訟法）（李學燈）

就審期間

送達訴狀或言詞起訴之筆錄與言詞辯論期日之間，應有相當距離之時間，俾被告得準備辯論及到場應訴，謂之就審期間。在通常訴訟程序，至少應有十日爲就審期間，在簡易訴訟程序，至少應有五日，但遇有急迫情形者均不在此限（民訴二五一Ⅱ、四二九）。就審期間，並非固有期間之性質，不適用得以裁定伸長或縮短之規定（一六三）。惟言詞辯論期日如有變更（一五九），即無異延長就審期間。關於期間之計算，仍應依民法之規定（民一一九）。因言詞辯論期日之指定不當或送達遲延，因而違背關於就審期間之規定者，被告於言詞辯論期日雖不到場，法院亦不得依原告之聲請，由其一造辯論而爲判決（民訴三八六1）。一般言之，就審期間之主旨，既係爲使被告得準備辯論及到場應訴而設，故限於初次言詞辯論期日始有其適用。此後續行辯論期日，即非有酌留之必要。其餘參見「固有期間」條。（民事訴訟法）（李學燈）

疏水權

爲相鄰間水權關係之一，即在他人土地上爲疏通工事之權利也。水流如因事變在低地阻塞，高地所有人得以自己之費用，爲必要疏通之工事。但其費用之負擔。另有習慣者，從其習慣（民法第七七八條）。（民法物權）（陳　珊）

疏怠（Laches）

疏怠者，乃衡平法對怠於行使權利之當事人不予以保護之謂也。例如當事人一方不於相當時期內向他方主張權利者，衡平法院卽可以其有疏怠而不予救濟，以維交易之平（見 James A. Ballentine: Law Dictionary, 1959, p. 722）。（英美衡平法）（何孝元）

買回（Redemption or Repurchase）

謂出賣人依據買賣當時特約，於一定期限內，返還其領受之價金，而買回其所出賣之標的物之契約也。此制源於羅馬，旨在保護物之所有人之權利，使物之所有人因一時之急需，出賣其物，在特約之下，仍得買回出賣之物，既達經濟上之目的，復不至喪失其原有之權利。在抵押制未實現以前，買回實具此作用也。其性質若何？學者之見解不一。有認爲係買回者，有認爲係買賣契約之解除者。有認爲係買回權利之保留者。後說已成通說。

惟各國立法例不一，有限於不動產始有保留之權利者，如瑞士日本民法是（瑞債二一六條二項，日民五七九條）。然多數國家立法例，則不僅限不動產，卽動產亦得爲之。我民法第三百七十九條之規定，係從多數立法例。雖動產亦得附買回之特約。惟其返還之原價金不給利息，因其與原買受人就標的物所得之利益，視爲互相抵銷。（民法債編分則）（張鏡影）

買賣（Purchase and Sale）

謂當事人之一方，約定移轉財產權於他方，他方亦約定支付價金於一方之契約也。其約定移轉財產權之一方曰出賣人。約定支付價金之他方曰買受人。此契約僅需當事人就標的物及價金互相同意時，卽爲成立，屬於諾成契約不要式契約。因雙方均有交付及受領，故又爲雙務契約有償契約。其標的物以財產權爲限，有體物與無體物均非所問，惟必須以能移轉者爲必要。且他方必須支付價金。若仍以財產支付，則爲互易而非買賣。如價金未具體約定者，依情形可得而定者，視爲定有價金。此爲正常之買賣，另有特種買賣及買回，詳各該條。（民法債編分則）（張鏡影）

開庭

軍事審判之開庭，爲軍事法庭進行審判之程序。與法院內民事庭刑事庭執行庭等審訊各種案件，傳喚當事人或其他訴訟關係人到庭就訊或辯論同。

軍事審判庭應公開行之，但有關國防機密或軍譽之案件得不公開。軍法人員出庭執行職務時應着制服。又軍事法庭爲審判時應用中華民國語言。（特別刑事法）（吳　智）

開閉言詞辯論

審判長開閉言詞辯論（民訴一九八）。言詞辯論期日，以朗讀案由爲始（一五八），言詞辯論則以當事人聲明應受裁判事項爲始（一九二）。故所謂開言詞辯論，卽指朗讀案由之後，命當事人聲明應受裁判之事項而言。閉言詞辯論，乃指於事件已可爲裁判時之言詞辯論終結而言（二一〇）。亦有指言詞辯論期日不再進行辯論之謂，於事件已可爲裁判或應裁定停止訴訟或延展期日時，及因訴訟程序當然或合意停止或因撤回和解等，凡屬不再行辯論時而言。審判長之閉言詞辯論，有時雖默示之亦無不可。例如審判長退庭，宣示判決或延展期日之裁定，或另就他事件開其言詞辯論，卽係默示意思以閉之。（民事訴訟法）（李學燈）

最近原因原則（Proximate Cause）

由於事物自然繼續之關聯作用，未經其他原因介入而中斷，致產生一特定結果。此一原因謂之最近原因，換言之，後事實之發生，必基於前事實，若無前事實，則無後事實，二者之間必有最近因果關係(Swayne v. Conn. Co., 86 Conn. 439, 85 A. 634, 635)。英國法律原採「當然與可能之結果說」（the natural and probable consequence），卽行爲人對於其行動，出於故意，或其結果，雖非出於故意，而爲一般具有理性之人所能預見其當然與可能發生者，應負責任，但自雷槙列米斯案始，英國改採直接條件說（the direct consequence），以爲行爲苟能發生損害，縱該損害非行爲人所預期，祇須能直接溯源至原來過失行爲，而無其他獨立原因介入者，行爲人應負其責任。美國法律認爲因果關係，牽涉甚廣，非可一槪論之，學者史脆特謂：「處理此類案件，應依邏輯，常識，判例，公平正義及社會政策斷之」，足徵美國迄無一定準則可循。（何孝元著，英美侵權行爲法槪述，司法行政部印行。）（英美刑法）（桂公仁）

最高軍事審判機關

軍事審判法第十一條規定，國防部爲最高軍事審判機關。審理將官或其同等軍人犯罪案件及該管一般現役軍人犯罪案件（同法第四十四條第一項），並覆判國防部與各高級軍事審判機關管轄之初審案件，以及不屬於高級軍事審判機關覆判之各初級軍事審判機關管轄之初審案件（同法第五十一條第二項）。此外，非常審判案件亦屬最高軍事審判機關管轄（同法第三十一條）。（特別刑事法）（吳　智）

植物疫病蟲害

商品檢驗法所規定之植物疫病蟲害，係指眞菌、粘菌、細菌、毒素及寄生性植物或其具有繁殖力之部分等直接或間接爲害有用植物之有害植物以及節足動物之昆蟲、蜘蛛、線蟲，及其他無脊椎動物等爲害有用植物之有害動物而言（商檢・一三）。（商品檢驗法）（管　歐）

植物疫病蟲害檢驗物

商品檢驗法所稱植物疫病蟲害之檢驗物係指左列各款（商檢・一三）：

一、植物本體或其一部。

二、植物之產品，但經過適當製造手續或用眞空容器裝盛者，不在此限。

三、已死植物全株或一部之作食品、藥材、飼料、燃料，或其他用途者。

四、植物之包裝物。（商品檢驗法）（管　歐）

減少資本

資本爲公司損益計算的基準，以純財產額保留於公司，藉以提供公司債務的擔保，此爲資合公司信用的礎石，故在原則上不得任意減少之；惟公司因其事業收縮，無需於預定的資本而形成資金過剩時，亦得減少其資本（簡稱減資）。亦卽公司以發還其過剩的資金於股東，其積極財產隨資本額的減少而減少，是爲實質的減資；至公司因其財產價格低落，爲使原資本額與純財產額相一致，亦可減少其資本額。在此場合，資本額雖減少，而公司的積極財產並未減少，是爲名義上的減資。（商事法）（林咏榮）

減刑

見「赦免」條。（刑法總則）（王建今）

虛報敵情

虛報，謂虛僞不合眞實之報告；敵情，指敵軍情況而言。研判敵情，如有虛僞不正確之報告，影響指揮官之判斷，於軍事成敗至鉅，故戰時軍律第九條規定嚴罰，至虛報之敵情，指揮官是否予以判斷處置，其後果如何，應非所問。（特別刑事法）（吳　智）

虛僞表示（Simulation or False Declaration of Intention）

爲故意不一致之一種。卽表意人爲欺騙第三人，而與相對人通謀，故意爲非眞意之意思表示也。因此又稱爲通謀虛僞表示(false declaration of intention known to other party (conspiracy); simulation)（拉丁）。例如甲欠乙債數十萬元，恐到期乙訴請法院扣押其房屋，乃與丙通謀，僞爲讓與於丙，使乙不能達扣押而拍賣受淸償之目的。此甲丙通謀虛僞表示之效力如何？我民法與德民法第一一七條相同，卽表意人與相對人通謀而爲虛僞意思表示者，其意思表示爲無效（民法八七條第一項）。此無效雙方均得主張之。惟對第三人之效力如何？如上例，倘丙以虛僞受讓得之甲之房屋，轉讓與於不知情之丁。甲是否可向丁主張丙丁之讓與無效？我民法規定，不得以其無效對抗善意第三人（同上條項但書）。則甲不能以自己與丙之讓與爲無效而對抗丁之受讓。此因丁爲善意之第三人。若丁知情，則甲得以其無效對抗之。又善意之第三人固得對表意人主張有效，亦可主張無效，法律賦第三人以自由衡量之權，其主張有效時，表意人不得以無效對抗，旨在保護交易秩序之安全。主張無效，旨在爲其自身之利益計也。（民法總則）（張鏡影）

順位之合併

卽預備之合併，爲客觀的訴之合併之一種，見「預備之合併」條。（民事訴訟法）（李學燈）

順序之聲明

見「預備之聲明」條。（民事訴訟法）（李學燈）

報告文書

見「勘驗文書」條。（民事訴訟法）（李學燈）

報應主義

認刑罰之本質，在於報復或贖罪，犯罪爲一種惡行，刑罰卽爲對於此種惡行之報復手段，由是導入人格之自律與責任觀念，此種報復的程度，應與犯罪的實害相等價，卽所謂罪刑均衡主義。其理論的基礎，建立於倫理的或道義的觀念之上，例如康德（Kant）所說，對於犯罪科以刑罰，爲出於吾人良心之無上命令。黑格爾（Hegel）所說，對於犯罪行爲報以刑罰手段，卽可回復正義。凡此皆爲報應主義的論據。惟報應主義以對於犯人施以報復爲已足，其對於社會作用，至多不過爲消極的鎭壓而已，缺少積極的理想與方法，故近代學者及立法，甚少單純的採用。（刑法總則）（王建今）

集合犯

集合犯爲必要的共犯之一種。卽集合多數人，以同一目的而爲共同行爲之犯罪。例如內亂罪及聚衆妨害公務罪等是。此種犯罪，有首謀者、參加者及在場助勢者之區別，其處刑因而有輕重之分（參見刑法一〇一條、一三六條、一五〇條）。（刑法總則）（王建今）

集貨場

農場品已設有集貨選別包裝場所者，得申請臨場檢驗，此項得申請臨場檢驗之場所稱爲集貨場，其設置由經營該項業務之產銷團體（法人）就生產集中地點依規定條件向檢驗機關聲請，經審查核准後設置之。（商品檢驗法）（管　歐）

盜用公款罪（Embezzlement）

受託人、代理人等，負有誠實信任職責者，以詐欺之故意將他人委託之金錢或財產上利益，據爲己有之謂。「普通法」本無處罰「侵占」規定，其後部分州刑事立法，以爲在侵占行爲中，被告對於標的物之取得係非出於侵權行爲，實不能論以竊盜罪，蓋侵占發生當時，被告已合法取得標的物所有權。被告與被害人間例應有誠信關係，前者違背義務，將受託財物侵占據爲己有，以重罪論處，並非過當（Moody v. People, 65 Colo. 339, 176 P. 476）。（英

美刑法）（桂公仁）

盜賣軍用品

所謂軍用品，係指於軍事上有直接效用而言，以其攸關戰力，如被盜取，不啻侵蝕戰力，危害作戰，故應懲處，陸海空軍刑法第七八條之盜賣軍用品罪，不包含械彈，幷本罪包括盜而不賣在內，祇要有意圖售賣，而為盜取之行為，即屬既遂。（特別刑事法）（吳　智）

搜索

以發現被告或犯罪證據為目的而對人物處所實施之強制處分為搜索，亦為對於人物強制之一種。㈠搜索之對象：1.對於被告之搜索。對被告之身體、物件及住宅或其他處所，必要時得搜索之。2.對於第三人之搜索。對第三人之身體、物件及住宅或其他處所，以有相當理由可信為被告或應扣押之物存在時為限，得搜索之。3.對於婦女之搜索。搜索婦女之身體，應命婦女行之；但不能由婦女行之者，不在此限。㈡搜索之注意。1.搜索應保守秘密，並應注意受搜索人之名譽。2.經搜索而未發見應扣押之物者，應付與證明書於受搜索人。3.政府機關或公務員所持有或保管之文書及其他文件應扣押者，應請求交付。但於必要時得搜索之。4.軍事上應秘密之處所，非得該管長官之允許，不得搜索。㈢搜索之方式。1.一般搜索。應用搜索票，記載下列事項：(1)應搜索之被告或應扣押之物。(2)應加搜索之處所、身體或物件。搜索票，於偵查中由檢察官簽名，審判中由審判長或受命推事簽名。搜索，除由檢察官或推事親自實施外，由司法警察或司法警察官執行。2.逕行搜索：(1)檢察或推事親自搜索時，得不用搜索票。但應出示證件。(2)司法警察或司法警察官逮捕被告或執行拘提、羈押時，雖無搜索票，得逕行搜索其身體。(3)有下列情形之一者，司法警察或司法警察官雖無搜索票，得逕行搜索住宅或其他處所：甲、因逮捕被告或執行拘提羈押者。乙、因追躡現行犯或逮捕脫逃人者。丙、有事實足信為有人在內犯罪而情形急迫者。是項搜索，應於執行後二十四小時內，呈報檢察官或法院。3.強制搜索。抗拒搜索者，得用強制力搜索之。但不得逾必要之程度。（刑事訴訟法）（陳　珊）

搜索扣押之實施

持票為搜索及扣押時，應提示搜索票於刑訴法第一四八條在場之關係人。因搜索及扣押得開啟鎖扃、封緘或為其他必要之處分。實施搜索及扣押時，依刑訴法有關規定，應命住居人、看守人或可為其代表之人、鄰居之人就近自治團體之職員在場。通知機關長官或可為其代表之人到場。當事人及辯護人亦得在場。搜索或扣押暫時中止者，於必要時應將該處所閉鎖或派人看守。實施搜索或扣押時，發見另案應扣押之物，亦得扣押送該管法院或檢察官。搜索扣押，亦得為直接或間接之囑託。（刑事訴訟法）（陳　珊）

統一發證

所謂統一發證，即將商業登記、營業登記、特定或特許業務之許可等依照政府制定之統一發證辦法（臺灣地區各縣市營利事業登記簡化聯繫辦法）規定使用同一申請書表，向營業所所在地之主管機關提出申請，經有關機關會核與規定相符者，即以縣市長名義塡發一張營利事業登記證，其目的在簡化申請手續，提高行政效率，藉資便民。（商業登記法）（管　歐）

番戶

番戶即為罪人家屬更番執役的戶，亦即官戶。唐制凡反逆相坐，沒其家為官奴婢，一免為番戶，再免為雜戶，三免為良民。（中國法制史）（林咏榮）

創立會

創立會為認股人在公司成立前所組織的議決機關，其性質與公司成立後的股東會相當。在股款繳足後，發起人應於二個月內召集創立會（公司法第一四三條）。第一次發行的股份募足後，逾三個月而股款尚未繳足；或已繳納而發起人不於二個月內召集創立會者，認股人得撤回其所認的股份（公司法第一五二條）。創立會的召集，議事程序及決議方法，均準用公司法第一七二條第一項第三項第六項、第一七四條至第一七九條、第一八一條及第一八三條關於股東會有關事項的規定。創立會的職權如下：①聽取發起人報告。②選任董事及監察人。③調查資本（另詳調查資本條）。④修改章程或廢止公司。（商事法）（林咏榮）

進化論的法學（Evolutionary Theories of Law）

英國學者史本塞（Herbert Spencer 1820-1903）受達爾文（Charles Darwin）學說之影響，創立法學。主張文明與法律猶生物學上之有機體，是進化的產物，爲生存競爭、天然選擇以及適者生存等因素所支配。文明之發展係由簡單劃一的社會生活，漸進於複雜而多姿的社會生活。其主要階段有二：即由原始化的武力社會漸進為較高級的工業社會。前者藉戰爭、強制、身分而維持。至第二階段，則個人日益自由，依契約方式而生活，并捨戰爭而求和平。依史本塞之見，公平正義的觀念係以自由為基礎，而實含利己與利人二種因素。換言之，法律之基則在於「個人有行為的自由，但不得侵害他人的平等自由」。此種「平等的自由」（equal freedom）觀念，與盛行當時的個人主義及放任政策（Laissez faire）適相配合，而極似康德為法律所下的定義。由上述基則，即可演繹而得種種的權利，如人身完整權、行動自由權、財產權、信仰崇拜權、言論出版權等。國家唯一的功用即在保障個人權利。個人責任感日益發展，國家的權能即應隨之日愈縮小。故史本塞反對一切國營事業及社會立法。

（法理學）（馬漢寶）

參考文獻：

Herbert Spencer, Justice, New York, 1891.

Edgar Boden heimer, Juris Prudence-The Philosophy and Method of the Law, Harvard, 1962, pp. 77-79.

費用平攤

日本昭和十三年（1938 A.D.）修正商法時，對於公司的創業費用與新股發行費用及公司債償還差額，在資產負債表上的處置，設若干特別的規定，企業界甚感便利，我國現行公司法從之。亦即：①公司創業及證券發行費用的平攤—依第四一九條第一項第五款所支出的費用，及爲設立登記所支出的規費，得列入資產負債表的資產項下：此項金額應於公司開業後五年內每一決算期平均攤銷之（公司法第二四二條、日本商法二八六條）。發行新股或公司債時，爲發行所支出的必要費用，得列資產負債表的資產項下：此項金額，應於新股發行後三年內或公司債的償還期限內的每一決算期，平均攤銷之（公司法第二四三條、日商法第二八六之二僅限於新股發行）。②公司償還公司債應付差額的平攤—應償還公司債債權的總金額，超過依公司債募集所得實額的差額，得列入資產負債表之資產項下：此項金額，應於公司債償還期限內的每一決算期，平均攤銷之（公司法第二四四條、日商法第二八七條）。（商事法）（林咏榮）

量刑

見「刑之酌科」條。（刑法總則）（王建今）

視同現役軍人

視同現役軍人，亦稱準現役軍人。雖非現役之陸海空軍軍人，以其在軍事機關或部隊服行勤務，同爲軍隊構成之一員，均直接間接參加作戰，爲維護軍紀，貫徹軍令，故特視同現役軍人。

視同現役軍人，陸海空軍刑法第六條規定爲視同陸海空軍軍人：

一、陸海空所屬之學員學生。

二、陸海空軍軍佐、軍屬。

三、地方警備隊之官長、士兵。

視同現役軍人，依軍事審判法第三條規定如左：

一、陸海空軍所屬軍用文職人員及專任聘僱人員。

二、文職公務員兼任軍職，於戰時負有作戰任務，而犯陸海空軍刑法或其特別法與軍事有關之罪者。

三、陸海空軍所屬在校之學員、學生。

四、依志願編入部隊服務，或參加作戰者。

五、戰時國民兵被召輔助戰時勤務或參加作戰者。

六、戰時擔任警備地方之保安部隊官長、士兵。

七、戰時參加戰鬥序列之地方民眾自衛團隊、警察隊及其他特種部隊之官長、士兵或隊員。

八、應召期間之後備軍人。

陸海空軍刑法第六條所列視同陸海空軍軍人，除第二款之軍佐軍屬以不合現制外，其餘均含於軍事審判法第三條所列各款之內。

視同現役軍人犯罪，依關於現役軍人之規定追訴審判之。（特別刑事法）（吳智）

散佈謠言

凡肆意宣告本無其事而憑空虛構揑造之言論，謂之散佈謠言；其與事事政治有關與否，則非所問；其方法亦不問為文字語言、圖書或其他方法均屬之，祇要具有叛亂之意思而散佈謠言，並足以妨害地方安寧秩序，或搖動人心之虞者，即屬懲治叛亂條例第六條之散佈謠言罪。（特別刑事法）（吳　智）

貿易主管機關

商品檢驗法及商品檢驗施行細則所稱之「貿易主管機關」，係指經濟部及外匯貿易審議委員會而言。

（按外匯貿易審議委員會已經裁撤，其業務分別劃歸經濟部所屬之國際貿易局及中央銀行所屬之外匯管理局）。（商品檢驗法）（管　歐）

喪服制

舊時喪服服式及服期，垂為定制，是為喪服制，其制約言之：①斬衰三年。②齊衰，分為期服一年（又分為杖期與不杖期）、五月、三月。③大功九月，④小功五月。⑤緦麻三月，以上為五服，五服外無服，謂之袒免。有服者謂之有服親，反之，謂之無服親。參看「五服親」條。（中國法制史）（林咏榮）

登記物權

為物權學理上分類之一，對非登記物權而言，即以登記方式為變動要件之物權也，在民法上凡為不動產物權之取得、設定、喪失、變更，非經登記，不生效力。惟依其他法律，動產物權之活動，亦有以登記為方式者，如船舶及航空器等，但為對抗效力，非經登記僅不得對抗第三人。（詳非登記物權條）。（民法物權）（陳　冊）

郵政送達

應行送達之文書，交郵政機關為送達者，謂之郵政送達。郵政送達之情形有二：一為以郵差為送達人而依通常送達方法所為之送達。按依職權為送達者，除由法院書記官得於法院內自為送達外（民訴一二六），通常情形係由法院書記官交執達員或郵政機關行之。由郵政機關行送達者，以郵差為送達人（一二四）。郵差實施送達，原則上同於執達員行送達之程序，惟依舊有郵局送達訴訟文書實施辦法，為遷就事實，另有若干補充之規定。此外尚有一種郵政送達，則不依通常送達方法辦理，而帶有制裁之用意。即當事人或代理人於受訴法院所在地無住居所事務所及營業所者，審判長得命其於一定期間內指定送達代收人。如不於期間內指定送達代收人而陳明者，法院書記官得將應送達之文書註明該當事人或代理人之住居所、事務所或營業所交付郵政機關，以交付文書時，視為送達之時（一三三）。書記官應作記載該事由及年月日時之證書附卷（一四三Ⅱ），毋須送達證書。惟實務上以作掛號郵件，取得收據為宜。至以後該文書果否到達以及何時到達，均與交付時所生之送達效力不生影響。其餘參見「送達」條。（民事訴訟法）（李學燈）

逮捕

對於通緝犯或現行犯逕行拘束自由解送至一定處所之行為，謂之逮捕。通緝經通知或公告後，檢察官、司法警察官及利害關係人均得逕行逮捕被告（見「通緝」條）。現行犯不問何人得逕行逮捕之。執行逮捕，應注意被告之身體及名譽。被告抗拒逮捕或脫逃者，得用強制力逮捕之；但不得逾必要之程度。逮捕之被告，應即解送指定之處所；如三日內不能到達指定之處所者，應先行解送較近之法院，訊問其人有無錯誤。無偵察犯罪權限之人逮捕現行犯者，應即送交檢察官、司法警察官或司法警察。司法警察官、司法警察逮捕或接受現行犯者，應即解送檢察官。對於無偵查權限而逮捕現行犯之人，應詢問其姓名、住居所及逮捕之事由。被告因逮捕到場者，應即時訊問，至遲不得逾二十四小時，除認其有應羈押之情形外，於訊問畢後應即釋放或命具保、責付或限制住居。（刑事訴訟法）（陳　冊）

黑格爾法律哲學 (Hegelian Philosophy of Law)

黑格爾(Georg Wilhem Friedrich Hegel 1770-1831）是德國觀念論(Idealismus)之巨擘。其哲學系統組織嚴密，包羅宏富。主要思想在認為人類理性為一切之根本，藉歷史與文明而不斷開展。故「凡合理者皆實在，凡實在者皆合理」。理性之開展程序，恒出於正(thesis)、反(Antithesis)、合(synthesis)之辯證方式(dialectic)。世界的一切皆循此程序演進，周而復始，以實現自由與精神之最高理想。因此，人的精神由個人私利的主觀精神（正），進而為社會國家的客觀精神（反），最後返諸個人而成藝術、宗教、哲學的絕對精神（合）。主觀精神之表現，則由抽象的權利（正），經道德（反）而成為社會倫理（合）。社會倫理則復由家庭（正），經社會（反），止於國家（合）而獲得充分發展。換言之，國家為人民精神與社會倫理之總體，以實現倫理理想為宗旨。故個人唯經由國家始能完成自己。至於法律，即為客觀精神之最初表現。黑格爾強調，自由非謂個人有權任意作為。自由之理想在以理性控制私慾，從而互相尊重人格與權利，使個人的意志合於普遍的意志。法律的功用即在於此。（參閱「新黑格爾法律哲學」）（法理學）（馬漢寶）

參考文獻：

Hegel, The Philosophy of Right, T.M. Knox Translation, Oxford, 1942.

Wolfgang Friedmaun, Legal Theory (5th edition), London, 1967, pp. 164-174

捏報戰績

捏報，指捏造或增改事實，而為虛偽之報告；戰績，指作戰之功績。作戰期間，戰績之豐歉，為研判敵我對比之態勢，而作有利於我之處置，亦即知己知彼之道，如無戰績，因偏私心理捏報或改報戰績邀功，不但使上級為錯誤之處置，而致軍事於不利，且促賞罰不平，影響士氣，故戰時軍律第九條規定處無期徒刑或十年以上有期徒刑，以維綱紀。（特別刑事法）（吳　智）

短期自由刑廢止論

見「刑事政策之基本原則」條。（刑事政策）（王建今）

湮滅證據罪

湮滅證據為妨害國家搜查權之犯罪。因犯罪事實，應依證據認定（刑訴法一五四條）。證據若被湮滅，則偵查與審判均將無從進行，犯人因而倖逃法網，故不能無罰。刑法第一百六十五條規定：「偽造、變造、湮滅或隱匿關係他人刑事被告案件之證件或使用偽造變造之證據者，處二年以下有期徒刑或五百元以下罰金」。偽造、變造、湮滅或隱匿證據，均足以使真實之證據難於發見，而妨害國家刑罰權之行使，故規定於同一法條之內。惟行為人於他人刑事被告案件裁判確定前自白者，減輕或免除其刑。配偶、五親等內之血親或三親等內之姻親圖利犯人或依法逮捕拘禁之脫逃人而犯第一百六十五條之罪者，減輕或免除其刑（刑法一六六條、一六七條）。（刑法分則）（王建今）

貽誤軍機

戰時軍律第十一條規定，貽誤軍機，係指貽誤軍事上之事機、時機、機宜而言，并非軍機治罪條例第一條所規定之軍機。（特別刑事法）（吳　智）

都察院

秦漢有御史大夫及御史中丞之設，漢且有給事中，魏晉沿之，及隋唐才有御史臺。御史臺掌糾察官邪，肅正綱紀，大事則廷議，小事則上封。內分為三院：一是臺院，置御史，主糾百僚；二是殿院，置殿中御史，主殿庭供奉；三是察院，置監察御史，主巡撫州縣。宋承唐制，但有諫院之設，於是諫院與御史臺並舉，這是我國臺諫並立的開端。元，御史臺地位甚崇，而其組織則甚簡單，除察院外，僅設殿中司，置殿中侍御史二員，另仿行中書省之例，有行御史臺之設。至其諫職，雖置左右補闕與給事中，但未能發揮職權。及明代監察制度又臻於完密，洪武十四年罷御史，擴大察院組織，稱之為都察院，設左右都御史，左右副都御史、左右僉都御史。（中國法制史）（林咏榮）

筆錄

法院書記官將以言詞所為訴訟行為之內容加以紀錄，並簽名附卷為證之文書，謂之筆錄。筆錄所記載之內容及其效力，有詳加規定者，亦有不詳加規定者。例如言詞辯論筆錄，應記載辯論進行之要領，及各款一定之事項（民訴二一二、二一三）。關於言詞辯論所定程式之遵守，專以筆錄證之（二一九）。當事人或代理人於言詞辯論外，關於訴訟行為之聲明或陳述，除依法應用書狀者外，得於法院書記官前以言詞為之。書記官應作筆錄，並於筆錄內簽名。此以筆錄代書狀，故關於書狀應記載事項，以及書狀內引用文書證物，及繕本送達，他造得請求閱覽各規定，均在準用之列（一二二、一一六、一一八至一二〇）。於言詞辯論時所為訴之變更、追加或提起反訴，應記載於言詞辯論筆錄；如他造不在場，應將筆錄送達（二六一Ⅱ）。準備程序筆錄，應將各當事人所用之攻擊防禦方法及對於他造之聲明並攻擊或防禦方法之陳述，記載明確（二七一）。當事人之一造，於準備程序之期日不到場者，應對於到場之一造，行準備程序，將筆錄送達於未到場人（二七三Ⅰ）。準備程序至終結時，應告知當事人，並記載於筆錄（二七四）。於準備程序後行言詞辯論時，當事人應陳述準備程序之要領，但審判長得令庭員或書記官朗讀準備程序筆錄代之（二七五）。未記載於準備程序筆錄之事項，於準備程序後行言詞辯論時，除有例外之情形外，不得主張之（二七六）。受訴法院於言詞辯論前調查證據或由受命推事、受託推事調查證據者，法院書記官應作調查證據筆錄。此筆錄準用關於言詞辯論筆錄之規定。受託推事調查證據筆錄，應送交受訴法院（二九四）。於受訴法院外調查證據者，當事人應於言詞辯論時陳述其調查之結果。但審判長得令庭員或書記官朗讀調查證據筆錄代之（二九七Ⅱ）。在證據保全程序，調查證據筆錄，由命保全證據之法院保管。但訴訟繫屬他法院者，應送交該法院（三七五）。試行和解成立者，應作成和解筆錄。此筆錄準用關於言詞辯論筆錄之規定，並應於和解成立之日起十日內，以正本送達當事人（三七九）。在調解程序，應作調解程序筆錄，記載調解之成立或不成立及期日之延展或訴訟之辯論。調解推事以職權爲解決事件適當之裁定並當場宣示者，應一併記載於筆錄。關於言詞辯論筆錄之規定，於調解程序準用之（四二一）。簡易訴訟程序，當事人兩造不待通知自行到場者，其起訴應記載於言詞辯論筆錄（四三二）。當事人於宣示判決時以言詞捨棄上訴權者，應記載於言詞辯論筆錄；如他造不在場，應將筆錄送達（四三九）。其他參見「言詞辯論筆錄」條。（民事訴訟法）（李學燈）

在法院或檢察官實施訴訟程序中關於供詞或其他關係事項之記錄爲筆錄。可分爲以下三種：㈠訊問筆錄。訊問被告、自訴人、證人、鑑定人及通譯，應當場制作筆錄，記載下列事項：1.對於受訊問人之訊問及陳述。2.證人、鑑定人或通譯如未具結者，其事由。3.訊問之年、月、日及處所。是項筆錄應向受訊問人朗讀或令其閱覽，詢以記載有無錯誤。如受訊問人請求將記載增、刪、變更者，應將其陳述附記於筆錄。筆錄應命受訊問人緊接其記載之末行簽名、蓋章或捺指印，應由在場之書記官制作之。其行訊問之公務員應在筆錄內簽名；如無書記官在場，由行訊問之公務員親自制作筆錄。㈡搜索、扣押、勘驗筆錄，搜索、扣押及勘驗，應制作筆錄，記載實施之年、月、日及時間、處所並其他必要之事項。扣押應於筆錄內詳記扣押物之名目，或制作目錄附後。勘驗得制作圖畫或照片附於筆錄。並應令依本法命其在場之人簽名、蓋章或按指印。是項筆錄應由在場之書記官制作之。其行搜索、扣押、勘驗之公務員應在筆錄內簽名；如無書記官在場，由行搜索、扣押、勘驗之公務員親自制作之。㈢審判筆錄。審判期日應由書記官制作審判筆錄，記載下列事項及其他一切訴訟程序：1.審判之法院及年、月、日。2.推事、檢察官、書記官之官職、姓名及自訴人、被告或其代理人並辯護人、輔佐人、通譯之姓名。3.被告不出庭者，其事由。4.禁止公開者，其理由。5.檢察官或自訴人關於起訴要旨之陳述。6.辯論之要旨。7.對於受訊問人之訊問及其陳述，並證人、鑑定人或通譯未具結之事由。8.曾當庭向被告宣讀或告以要旨之文書。9.當庭曾示被告之證物。10.當庭實施之扣押及勘驗。11.審判長命令記載及依訴訟關係人聲請許可記載之事項。12.最後曾予被告陳述之機會。13.裁判之宣示。受訊問人就是項筆錄中關於其陳述之部分，得請求朗讀或交其閱覽，如請求將記載增、刪、變更者，應附記其陳述。審判筆錄應由審判長簽名；審判長有事故時，由資深陪席推事簽名；獨任推事有事故時，僅由書記官簽名；書記官有事故時，僅由審判長或推事簽名；並附記其事由。審判期日之訴訟程序，專以筆錄爲證。審判筆錄內引用附卷之文書或表示將該文書作爲附錄者，其文書所記載之事項，與記載筆錄者，有同一之效力。辯護人經審判長許可，得於審判期日携同速記到庭記錄。（刑事訴訟法）（陳　珊）

測謊器 (Lie Detectors and Truth Serums)

通常所謂之測謊器係根據嫌犯回答問題時，其血壓，呼吸快慢，出汗量，由儀器上曲線圖指示其答案之眞僞。另一方法係將某種麻醉劑（scopolamine）注射入嫌犯體內，使其處於半睡眠或下意識狀態，致吐露犯罪事實之眞象。此二種取得供述之方法深爲衆人詬病，蓋在此情況下儀器之使用難有絕對正確性，尤其後一方法，嫌犯有拒絕供述（right to remain silent）之憲法權利，現乘其處於下意識或半睡眠狀態套取口供，與嚴刑逼供同樣有悖法理。一般言之，測謊器取得之供述僅供審判時之參考或作補助證據之用。（英美刑法）（桂公仁）

猥褻罪（Sodomy）

同性之間或異性之間，或人與獸之間，反常態，反自然之奸淫行為，俗謂之鷄姦即包括在內(Strum v. State, 168 Ark. 1012, 272 S.W. 359)。一般刑事立法或司法判例常認其為「反自然罪」（crime against nature），雖未條列罪狀，舉凡以違反自然方法達成姦淫目的者，俱謂之猥褻罪。本罪甚為卑劣無法以言詞形容，審判時如公開陳述證言，其喪風敗德實不亞於觸犯本罪。（英美刑法）（桂公仁）

欺騙罪（Cheating）

故意以違反公序良俗及誠實信用之方法詐騙他人之財物或其他權利之謂。普通法所處罰之欺騙行為，並非重罪行為，但因其手段狡猾奸詐，非常人所能預防，甚且可能侵害社會全體之利益，故有處罰禁止必要。例如以不正確之度量衡出售物品，或以虛偽標記，詐術使他人交付金錢財物等欺騙公衆行為是。（英美刑法）（桂公仁）

答辯狀

答辯狀係指被告對於原告之聲明及其所提出之攻擊防禦方法加以答辯或並自己所用攻擊或防禦方法之陳述，而提出於法院之書狀。被告因準備言詞辯論，宜於未逾就審期間二分之一以前提出答辯狀（民訴二六六Ⅱ）。此答辯狀即被告之準備書狀，應依照準備書狀（二六五）及一般書狀之規定制作之，並提出繕本，以備法院送達於他造（一一六以下）。提出答辯狀之期間，應隨就審期間而定。其性質非固有之期間，故不適用關於期間之規定。法律所以規定提出之期間，意在酌留送達答辯狀繕本與原告之期間，俾原於辯論期日前亦得知被告之攻擊防禦方法。被告未於此期間提出，仍可於言詞辯論前相當之時期提出。至答辯狀內記載不完全時，或事後始知悉或發生之事項為其所不及記載者，如認為此等事項，有通知原告而使為準備必要時，亦應提出記載該事項之補充書狀。提出準備書狀，本為當事人在訴訟法上之義務，而非權利。被告之提出答辯狀亦然。如違反此項義務不提出，或提出之時期不當或書狀不完全者，法律雖無強制之規定，但有時將因此受訴訟上不利益之結果。至提出以後，可生各種訴訟上之效果，自不待言。（八二、二七九、三八五、三八六4參照）。其餘參見「準備書狀」條。（民事訴訟法）（李學燈）

復權

謂法院以裁定回復破產人因受破產宣告而喪失法律上一切公私權利，並不再受任何以破產宣告為消極資格之限制也。破產人依清償或其他方法解免其全部債務時，得向法院為復權之聲請。破產人不得依上項規定解免其全部債務，而未因詐欺破產或詐欺和解而受刑之宣告者，得於破產終結三年後或於調協履行後，向法院為復權之聲請。其經法院許可復權後，如發現有詐欺破產應受處罰之行為者，法院於為刑之宣告時，應依職權撤銷復權之裁定。（破產法一五〇—一五一）。（破產法）（陳　珊）

「見赦免」條。（刑法總則）（王建今）

債

債者，乃特定人間請求特定行為之法律關係也。債之關係，為人與人間之權利義務關係，就權利方面言，為債權，就義務方面言，則為債務，有債權必有債務，有債務必有債權，兩者不能分離，故債者，包括債權債務之全體也。債權係特定人對特定人之權利，故為相對權，又稱對人權。換言之，債權人僅得對於債務人有請求給付之權利。債之內容，在向債務人請求為特定之行為。所謂行為，又稱給付，即債務人履行債務所為之行為或不行為也。（民法債編總論）（何孝元）

債之更改（Novation）

所謂債之更改，乃契約當事人之一方經他方當事人之同意以新契約替代舊契約之行為，新契約成立，舊契約即行消滅之謂也（見 Chitty on Contracts, Vol. 1, 1961, p. 421; Atiyah: The Law of Contract, 1961, pp. 200-201）。（英美契約法）（何孝元）

債之消滅

債之消滅者，乃債之關係，客觀的失其存在之謂也。債之消滅，不僅債之主體與債脫離關係，即債之本身，亦客觀的失其存在而消滅也。我民法規定，債之消滅之原因有五，即：清償、提存、抵銷、免除、混同是也。其他散見於各條文中者，如解除條件之成就（民法第九九條第二項），終期之屆滿（民法第一〇二條第二項），法律行爲之撤銷（民法第一一四條），給付不能（民法第二二五條），契約之解除（民法第二五四條以下），主體之死亡等；法律另有規定者，例如民法第四五二條，第四七二條第四款，第五五〇條等；或當事人有約定者，皆可爲債之消滅之原因。（民法債編總論）（何孝元）

債之移轉

債之移轉者，乃於不變更債之內容之限度內，變更其主體之謂也。債之移轉之情形有三：㈠債權讓與：即債之內容不變更，而債權人變更之謂，例如債權人依契約移轉其權利於第三人是（民法第二九四條）。㈡債務承擔：即債之內容不變更，而債務人變更之謂，例如第三人與債權人訂立契約，承擔他人之債務；或由第三人與債務人訂立承擔債務之契約是（民法第三〇〇條，第三〇一條）。㈢概括的承受：即債之內容不變更，而內容內之債權債務，統由一人概括承受，例如第三人將債務人之資產及其負債，概括的承受是也（民法第三〇五條）。（民法債編總論）（何孝元）

債之發生

債之發生者，乃當事人間發生債權債務關係之謂也。其原因有由於法律行爲者，如契約行爲，合同行爲，單獨行爲者是；有由於違法行爲者，如侵權行爲是；亦有由於事實行爲者，如無因管理，不當得利是。

我民法以契約，無因管理，不當得利及侵權行爲，爲債之發生之原因。其以代理權之授與列入債之發生中者，不過便宜之規定，初非以其爲債之發生之原因。

債之發生原因中，有獨立發生債之關係者，有隨他法律關係而發生債之關係者。我民法僅就獨立發生之債之主要原因規定於債篇中，其隨他法律關係而發生之債，則附於他法律關係而規定之，例如因共有 而生之費用償還請求權（民法第八二二條第二項）因一定親屬關係而生之扶養請求權（民法第一一一四條），因土地徵收而生之補償請求權（土地法第二三六條）是。（民法債編總論）（何孝元）

債之標的

債之標的者，乃構成債權內容之債務人之行爲也。凡基於債之關係，債權人所得請求，而債務人所應實行者，均爲債務人之行爲。故債之標的與給付有同一意義，即皆指債務人之行爲而言。欲使債之標的有效，必須具備法律行爲之生效要件，即：㈠給付須爲可能：即債務人之行爲，須爲可能實現之事項也。㈡給付須爲適法：即債務人之行爲，須不違反法律規定（民法第七一條），及須不背乎公共秩序或善良風俗也（民法第七二條）。㈢給付須爲確定：即債務人之行爲，其內容須當時已經確定，或可能確定者也。至債之標的是否須有財產上之價格？在所不問（民法第一九九條第二項）。又債之標的，不以作爲爲限，即不作爲亦得爲給付，學者稱之爲消極給付（民法第一九九條第三項）。（民法債編總論）（何孝元）

債務

債務者，乃債務人應爲履行給付之義務也。債權人基於債之關係，得向債務人請求給付（民法第一九九條第一項）；而債務人亦僅對特定債權人負有給付之義務。（民法債編總論）（何孝元）

債務人之拘提

執行法院基於特定原因，而強制債務人至一定處所之處分也：㈠傳喚不到之拘提。債務人受合法傳喚，無正當理由不到場者，執行法院得拘提之。㈡不提擔保之拘提。債務人有下列情形之一者，執行法院應命其提出擔保，無相當擔保者，得拘提之：1.顯有履行義務之可能，故不履行者。2.顯有逃匿之虞者。3.就應供執行之財產，有隱匿或處分之情事者。4.於調查執行標的物時，對於推事或書記官拒絕陳述者。（強制執行法二一、二二）。拘提應用拘票，應記載下列事項，由推事及書記官簽名：㈠應拘提人之姓名、性別及住居所。㈡拘提之理由。㈢應到之日時及處所。由執達員執行之。並準用刑事訴訟法關於拘提之規定。（管收條例一—四）。（強制執行法）（陳珊）

債務人之管收

執行法院，基於特定原因，而置債務人於管收所中之強制處分也。一、管收之原因：㈠不供擔保者。（見債務人之拘提）。㈡不為報告者。債務人依法應報告其財產狀況而不為報告或為虛偽之報告者，執行法院得管收之。二、管收之期限。原則上不得逾三個月，有管收新原因發生時，仍得再行管收，但以一次為限。三、管收之效力。債務人履行債務之義務，不因管收而免除。四、管收之方式。管收應用管收票，應記載下列事項，由推事及書記官簽名：㈠應管收人之姓名、性別及住居所。㈡管收之理由。五、管收之執行：㈠解送。執行管收，由執達員將應管收人送交管收所。㈡驗收。管收所所長驗收後，應於管收票附記送到之年、月、日時，並簽名。㈢停止。債務人有下列情形之一者，不得管收。其情形發生於管收後者，應停止管收之執行：1.因管收而其一家生計有難以維持之虞者。2.懷胎六月以上，或生產後二月未滿者。3.現罹疾病，恐因管收而不能治療者。㈣處所。管收所應單獨設置。未有單獨設置者，應與刑事被告之羈押處所隔離。㈤處遇：1.管束。被管收人之管束，以維持管收所秩序所必要者為限。2.生活。管收人得自備飲食及日用必需物品。3.交往。管收人得與外人接見、通訊、受授書籍及其他物件，但管收所得限制或檢閱之。六、管收之注意：㈠法院應隨時提詢被管收人，每月至少不得在二次以下。㈡管收情形是否適當，法院應隨時考察或糾正之。七、管收之撤銷。被管收人已就債務提出相當擔保，或管收期限屆滿，或執行完結時，應即釋放。八、管收之費用。因管收而支出之飲食及其必要費用，由債務人負擔。九、管收之報告。各法院每屆月終，應造具管收報告書，呈報司法行政部，至遲不得逾翌月十日。十、管收之規則，由各省高等法院擬定，呈請司法行政部核准。（強制執行法第二十二、二十三—二十五條。管收條例五—一五）。（強制執行法）（陳　冊）

債務人不給付

債務人不給付者，乃債務人不依債務本旨為給付也。債務人不給付，可分三種：㈠給付不能：即不能實現給付之內容之謂也。㈡不完全給付：即債務人違反債之本旨之給付也。㈢不為給付：即債務人於給付期，能給付而不為給付之謂也，亦稱給付遲延。債務人於履行給付時，不為注意，或缺之相當注意，則債務人對於因此所發生之損害，應負其責。（民法債編總論）（何孝元）

債務更新

債務更新者，乃因清償舊債務，而負擔新債務，並因新債務之履行，而使舊債務消滅之謂也，又稱間接給付（民法第三二〇條）。例如因清償千元之債務，發行同額之票據是。因清償債務而對於債權人負擔新債務者，除當事人另有意思表示外，若新債務不履行時，其舊債務仍不消滅（民法第三二〇條）。故債務更新僅有確保清償之效力，必須債權人就新債務滿足後，舊債務始行消滅。（民法債編總論）（何孝元）

債務消滅之公認證書

債務全部或一部消滅，而負債字據業已毀滅，或因其他事由不能返還，或該項字據別無空白，不能記入消滅債務之事由者，債務人得請求債權人作成債務消滅證書，聲請債務履行地之法院、公證人、警察官署、商會、或自治機關，蓋印簽名，即所謂公認證書是也（民法第三〇八條第二項，民法債篇施行法第九條）。（民法債編總論）（何孝元）

債務承擔

債務承擔者，乃以移轉債務為內容之契約之謂也。即由第三人替代債務人，負擔其債務之契約也。此第三人，即所謂承擔人。債務承擔之契約，有由債權人與第三人訂立者，亦有由債務人與第三人訂立者。債權人與第三人訂立契約，承擔債務者，其債務於契約成立時，移轉於該第三人（民法第三〇〇條）。債務人與第三人訂立契約，承擔債務者，非經債權人承認，對於債權人，不生效力（民法第三〇一條）。在未經債權人承認以前，該契約仍處於不確定之狀態中，欲使之確定，債務人或承擔人約定相當期限，催告債權人於該期限內確答是否承認，如逾期不為確答者，視為拒絕承認（民法第三〇二條第一項）。債務承擔之效力，僅使債務人脫離債之關係，並使其債務由承擔人承擔。債務人因其法律關係所得對抗債權人之事由，承擔人亦得以之對抗債權人。惟承擔人不得以屬於債務人之債權，對於債權人主張抵銷（民法第三〇三條第一項）。（民法債編總論）（何孝元）

債權

債權，乃特定人對特定人之權利，故爲相對權，又稱對人權（民法第一九九條）。換言之，債權人僅得對於債務人有請求給付之權利，除債務人以外，則對於任何人不得作此請求。

債權與物權雖同爲財產權，而其性質與效力，均有不同：㈠物權爲直接管領其物之權利；債權則爲對於特定人要求其爲一定行爲之權利，而非直接取得其物之支配權。㈡物權爲絕對權，卽任何人皆負有不可侵害其權利之義務；債權則爲相對權，對於債權人負擔義務者，惟特定之債務人。㈢物權有優先權，而債權無之。㈣物權有追及權，而債權無之。㈤物權較之普通債權得優先行使。

債權與請求權，就對於他人請求爲一定行爲一點言之，頗相類似。但由債權而生之權利，除請求權外，尚有代位權、撤銷權、抗辯權、抵銷權、解除權等其他之權利，故不能謂債權卽請求權。

債權與親屬權，就爲特定人間之權利一點言之，亦頗相似。但親屬權之發生，以親屬關係爲基礎。至於債權之發生，毋庸以特別關係爲前提。

債權與訴權，絕然不同：訴權爲訴訟法上之公權，卽人民對於國家請求有利於己判決之權利；而債權則爲私權，卽債權人對於債務人私人間請求行爲之權利也。（民法債編總論）（何孝元）

債權人之代位權

債權人之代位權者，乃因債務人怠於行使其權利，致影響於債權人之利益，債權人爲保全其債權起見，得以自己名義，行使債務人權利之權利也（民法第二四二條）。

代位權之行使，不限於審判上之方法，卽審判外之方法，亦得爲之。至於其得行使之範圍：㈠須屬於債務人之權利，㈡須屬於財產權，㈢須非專屬於債務人本身之權利（民法第二四二條但書）。所謂專屬於債務人之權利者，例如禁止扣押之權利，不得讓與之權利是。（民法債編總論）（何孝元）

債權人之請求狀 (Creditor's Bill)

債權人之請求狀者，乃債務人意圖隱匿其財產，妨礙判決之執行或詐欺債權人而故將財產移轉時，債權人得請求衡平法院查明債務人所隱匿之財產，或責令債務人交出其資產，以償債務，或撤銷其財產之移轉之非法行爲之救濟也（見 McClintock on Equity, Second Edition, 1948, pp. 553-554）。（英美衡平法）（何孝元）

債權人之撤銷權

債權人之撤銷權者，乃債權人對於債務人所爲有害債權之行爲，得聲請法院予以撤銷之權利也。債權人之得行使其撤銷權，須債務人之行爲害及債權人之債權：所謂有害及債權云者，卽債務人積極的減少財產，或消極的增加債務，因以減削其淸償資力，而使債權淸償不能或困難之謂也。債務人所爲之無償行爲，有害及債權者，債權人得聲請法院撤銷之（民法第二四四條第一項）。其爲有償行爲者，則須債務人明知有損害於債權人之權利，且須受益人亦明知有損害於債權人之權利，始得爲之（民法第二四四條第二項）。亦卽查明債務人與受益人有無損害債權人之行爲也。又得行使撤銷權之債權人之債權，雖不限於金錢債權，惟必須以財產給付爲標的（民法第二四四條第三項）。故不作爲之債權，以勞務爲標的之債權，均不在其內。然此等債權，因債務不履行而變爲損害賠償之債時，則亦有其適用。（民法債編總論）（何孝元）

債權人會議

爲破產機關之一，卽各破產債權人，依法院之召集而成立之決議機關也。債權人會議之召集，因破產管理人或監督人之聲請爲之，應由法院指派推事一人爲主席，破產管理人及監查人均得列席對破產人爲必要之詢問。債權人會議之決議，原則上應有出席破產債權人過半數，而其所代表之債權額超過總債權額之半數者之同意。（破產法一一六、一一七、一二三）。（破產法）（陳　珊）

債權之準占有人

所謂債權之準占有人，卽行使債權者之謂，如持有負債字據之人是（民法第九六六條第一項），與一般占有人同。對於無受領權之第三人所爲之淸償，原則上不發生效力。惟向第三人爲淸償經其受領者，如受領人係債權之準占有人者，以債務人不知其非債權人者爲限，有淸償之效力（民法第三一〇條第二款）。清償有效後，債權卽歸消滅，眞正債權人自不得再向債務人請求清償，惟有依不當得利之規定，向債權之準占有人請求返還利益而已。（民法債編總論）（何孝元）

債權分配

謂以強制執行所得之金額，分配於多數債權人也：㈠分配表之作成。因強制執行所得之金額，如有多數債權人參與分配時，執行處應作成分配表，並指定分配期日，於分配期日前三日以繕本交付債務人及各債權人；並置於書記室，任聽閱覽。㈡分配之參與。他債權人參與分配者，應於強制執行程序終結前，以書狀聲明之。對於已開始實施強制執行之債務人財產，他債權人有再聲請強制執行者，視爲參與分配之聲明：1.聲明之限制。如執行標的物不經拍賣而在聲明參與分配前，已交付債權人，或經執行處收受，視爲已由債務人向債權人清償者，他債權人卽不得爲參與分配之聲明。2.聲明之依據：⑴有執行名義之債權人聲明參與分配時，應提出該執行名義之證明文件。⑵無執行名義之債權人參與分配時，應提出其債權之證明，並釋明債務人無其他財產足供清償。3.聲明之回答。執行處於接受參與分配之聲明後，應通知各債權人及債務人，命於三日內爲是否承認聲明人參與之回答。債權人及債務人對於參與分配無異議時，執行處應以聲明參與分配之債權加入分配表。債權人或債務人不於三日內回答或不於分配期日到場者，以無異議論。如有異議，執行處應卽通知聲明人，如其仍欲參與分配，應於十日內對異議人另行起訴；並應向執行處爲起訴之證明，經證明後，其債權所應受之分配金額，應行提存。㈢分配之實行。實行分配時，應由書記官作成分配筆錄。參與分配之債權人，除有優先權者外，應按其債權額數，平均分配。㈣分配之異議。債權人對於分配表有不同意者，應於分配期日前，向執行法院提出書狀，聲明異議。執行法院如認異議爲正當，而到場他債權人不爲反對之陳述者，應卽更正分配表而爲分配。異議未依上項規定終結者，應就無異議之部分，先行分配。異議未終結者，聲明異議人非自分配期日起十日內對於他債權人起訴，並向執行處爲起訴之證明，執行處得依原定分配表，實行分配。（強制執行法三一—四一）。（強制執行法）（陳　珊）

債權證書

債權證書者，乃證明債權之文件，卽負債字據之謂。債務人於債之全部消滅時，得請求返還之（民法第三〇八條第一項前段），債權證書既經返還，自應推定債之關係消滅（民法第三二五條第三項）。惟此不過推定而已，如債權人能提出反證，證明其與事實不符，則仍可主張其權利。（民法債編總論）（何孝元）

謂債務人所立俟有資力之日，卽爲償還之字據也。債務人無財產可供強制執行，或雖有財產經強制執行後，所得之數額不足清償債務者，經債權人同意，得命債務人寫立書據，載明俟有資力之日償還。此項情形，如債權人不同意時，應於二個月內續行調查，經查明無財產，或命債權人查報而到期故意不爲報告，執行法院應發給憑證，交債權人收執，載明俟發見有財產時，再予強制執行，而暫行終結其程序。（強制執行法二七）。（強制執行法）（陳　珊）

債權讓與

債權讓與者，以移轉債權爲內容之契約之謂也。原則上債權人得將債權讓與於第三人，但下列三種情形則屬例外：㈠依債權之性質不得讓與者，㈡依當事人之特約不得讓與者，㈢債權禁止扣押者（民法第二九四條第一項）。債權之讓與，非經讓與人或受讓人通知債務人，對於債務人不生效力（民法第二九七條第一項）。故讓與之通知，爲對債務人之生效要件。債務人於受通知時，其所得對抗讓與人之事由，皆得以之對抗受讓人（民法第二九九條第一項）。（民法債編總論）（何孝元）

債權讓與（Assignment）

債權讓與者，乃契約債權人不經債務人之同意，將契約上之權利讓與第三人之謂也。契約上之債權人，稱之爲讓與人（assignor）；受讓與權利之人，稱之爲受讓人（assignee）（見 Restatement of The Law, Contracts, §149.）。（英美契約法）（何孝元）

債權讓與之通知

債權讓與之通知者，乃通知債權讓與事實之行爲也。債權之讓與，非經讓與人或受讓人通知債務人，對於債務人不生效力（民法第二九七條第一項）。讓與之通知，讓與人與受讓人均得爲之。讓與人已將債權讓與通知債務人者，縱未爲讓與或讓與無效，債務人仍得以其對抗受讓人之事由，對抗讓與人（民法第二九八條第一項）。例如債務人信其通知，而向受讓人爲清償，或爲其他之行爲時，對於讓與人，亦得主張此項行爲有效是。惟通知係由受讓人爲之者，則不在準用之列，此時，債務人應審查其證據是否眞實，而負擔給付之危險。但受讓人將讓與人所立之讓與字據，提示於債務人者，與通知有同一效力（民法第二九七條第二項）；卽受讓人對於債務人主張受讓事實，行使債權時，亦得認爲兼有通知之效力。惟法律另有規定者，則可不必通知（民法第二九七條第一項但書）例如指示證券，以背書讓與（民法第七一六條第二項），無記名證券，以交付讓與，均毋須以通知爲生效要件是。（民法債編總論）（何孝元）

準文書

見「文書」條。（民事訴訟法）（李學燈）

準占有

爲占有之一種，對物之占有而言。亦稱權利占有，卽對於有體物外無形權利之占有也。財產權不因物之占有而成立者（如著作權、專利權、商標權等），行使其財產權之人爲準占有人。民法上關於占有之規定，於是項準占有準用之（民九六六）。（民法物權）（陳　珊）

準犯罪（Quasi Crime）

行爲具有犯罪性質，但並未經法律規定須加處罰者，包括所有非犯罪，非輕罪劣行（not misdemeanors），謂之準犯罪，多以沒收（forfeiture）或罰金處罰之。行爲人是否有犯本罪之故意（voluntary）在所不計(Wiggins v. Chicago, 68Ill. 375)，如係過失造成損害，或縱在無過失亦負責任情形下，就他人行爲發生之損害負責時，亦屬準犯罪行爲(McCaleb V. Fox Film Corporation, C.C.A. La., 299F. 48, 50)。（英美刑法）（桂公仁）

準正當防衛（Imperfect Self-Defence）

對於現在不法之侵害，行爲人得爲防衛自己或他人權利有反擊之權，是謂正當防衛。但若行爲人首先肇事，與被害人發生爭執鬥毆，致置自己生命於緊急危難中時，行爲人又未先行退讓（retreat or with drawal），逕行自衛而擊殺被害人，於此行爲人依法不得主張正當防衛而免責，其殺人行爲係準正當防衛，勿令負謀殺罪刑責，但須負任意殺人罪責（voluntary manslaughter）。要者行爲人肇事時須無犯重罪之惡意（felonious intent），雖非基於激憤殺人，但仍負任意殺人罪責（Reed v. State, 11 Tex. App. 509, 40 Am. rep. 795. 1882）。（英美刑法）（桂公仁）

準共有

所有權以外之財產權準用共有規定之情形，爲準共有。如民法上之其他物權，民法以外之漁業權、礦業權、著作權、專利權、商標權乃至各種債權，皆不無分別共有或公同共有之狀態，其於發生、活動及消滅之效力，均準用共有專節中所列之規定。（民法第八三一條）。（民法物權）（陳　珊）

準成年（Quasi-Adult）

卽未成年人而在法律上視爲成年人也。此制有三：(1)爲宣告成年制，卽未成年人達相當年齡時，雖未成年，得由法院宣告其有完全之行爲能力。德國民法採之。該法第三條規定，滿十八歲之未成年人，得依監護法院之裁定，宣告爲成年。德國因承襲羅馬法，羅馬法雖規定以二十五歲爲成年，但男滿二十歲，女滿十八歲，得由皇帝宣告其有完全之行爲能力。(2)自治產制，法國民法採之。卽未成年人因結婚而解除親權（第四七六條）。又未成年人雖未結婚，但年齡已屆滿十五歲者，得由父母之意思解除其親權（第四七七條）。倘無父母時，得由親屬會解除其親權，惟以年滿十八歲者爲限（第四七八條）。所謂解除親權者，卽未成年之法律行爲，勿須得法定代理人事前之同意，事後之承認而能完全生效也。既能完全生效，自成爲自治產人。(3)結婚成年制，瑞士民法採之，該法第十四條第二項規定，結婚人爲成年。日民法仿瑞制，亦規定未成年人結婚時，視爲成年（第七五三條）。我國民法襲自瑞法，故規定未成年人已結婚者有行爲能力（第十三條第二項）。惟瑞制尚兼採宣告成年制，卽滿十八歲之未成年人，得依其自己之願意及父母之同意，由監護官署宣告爲成年。其設

有監護人者，該管官署於接受未成年人之聲請時，須詢問監護人（第十五條）。（民法總則）（張鏡影）

準自認

準自認，即擬制自認，默示自認，見「自認」條。（民事訴訟法）（李學燈）

準再審

對於已確定之裁定聲請再審，準用關於再審之訴之規定，故學說上有稱之曰準再審，見「聲請再審」條。（民事訴訟法）（李學燈）

準抗告

受命推事或受託推事，通常僅能行使受訴法院所指定或囑託之權限及職務，而受其指定或囑託之羈束，故訴訟關係人對其所為之裁定，不許逕向上級法院抗告，惟其裁定如係受訴法院所為而依法得為抗告者，亦不可無救濟之途，但應先求受訴法院就其裁定之當否，予以裁判，故許其得向受訴法院提出異議（民訴四八五Ⅰ），例如法院科證人罰鍰之裁定得為抗告（三〇三Ⅳ），此項裁定如係受命推事或受託推事所為時（二九〇），得向受訴法院提出異議是。此項異議準用對於法院同種裁定抗告之規定（四八五Ⅱ），故學說上稱之為準抗告。其提出異議亦應於十日或五日之不變期間內，向受訴法院為之（四八七、四八八）。受訴法院就異議所為之裁定，得為抗告（四八五Ⅲ）。餘參見「抗告程序」條。（民事訴訟法）（李學燈）

不服審判長、受命推事、受託推事或檢察官之處分，向其所屬法院聲請撤銷或變更之方法為準抗告。㈠準抗告之範圍：1.關於羈押、具保、責付、扣押或扣押物發還及因鑑定將被告送入醫院或其他處所之處分。2.對於證人、鑑定人或通譯科罰鍰之處分。㈡準抗告之期間：聲請期間為五日，自為處分之日起算，其為送達者，自送達後起算。㈢準抗告之程式：聲請撤銷處分，以書面敍述理由，提出該管法院為之。㈣準抗告之裁判：法院就撤銷處分聲請所為之裁定，不得抗告。但對於其就撤銷罰鍰之聲請而為之者，得提起抗告。以得為抗告誤為撤銷或變更之聲請者，視為已提起抗告；其得為聲請誤為抗告者，視為已有聲請。（刑事訴訟法）（陳　珊）

準法定代理人

非法人團體雖有當事人能力，但無訴訟能力，關於其為當事人之訴訟，由其代表人或管理人代為之。此等代表人或管理人雖非法定代理人，惟性質上與法人之董事或股東極相類似，有宜使其與法定代理人同樣待遇之必要，如合夥執行業務之股東即為一例。故法律明定關於法定代理之規定，於此項代表人或管理人準用之（民訴五二）。代表人或管理人有數人時，在訴訟上是否均得單獨代表團體，應依民法及其他法令定之（四七）。法令未就此設有規定者，應解為均得單獨代表團體。又依法令得為訴訟上行為之代理人，雖有意定代理之性質，然依法令當然有代理為訴訟及受訴訟行為之權，無須另受委任，與一般意定代理有別。故亦準用法定代理之規定（五二）。如商號之經理人、船舶經理人、失蹤人之財產管理人、公司之監察人或股東會另選代表公司為訴訟之人均屬之（民五五五，海商一八，公司二一三）。其餘參見法定代理人條。（民事訴訟法）（李學燈）

準物權

對本物權而言，即準用物權規定之其他財產權也。如漁業法第五條規定「漁業權視為物權，除本法有特別規定外，準用民法關於土地之規定」。礦業法第十一條規定：「礦業權視為物權，除本法有特別規定外，準用關於不動產諸法律之規定」。故對漁業法上之漁業權及礦業法上之礦業權，皆稱之為準物權。（民法物權）（陳　珊）

準契約（Quasi-Contract）

準契約者，乃當事人依法律規定所發生債權債務之關係也。準契約原非契約，其所生之債務，乃法律所規定，而非若明示或默示契約由當事人合意構成。其立法理由，不外乎法律不許任何人以他人損失，謀取自己之利益也。其主張之方式，仍以契約之形式為之，即原告提起損害賠償之訴時，一若雙方當事人曾經立有契約然，不過被告允為給付之諾言，乃為法律所擬制者，而非經當事人之同意。

準契約可分為下列八種，即：㈠因事實錯誤而為之給付；㈡因全無對待給付而爲之給付；㈢非法之給付；㈣替代侵權行爲之訴而爲之給付；㈤被脅迫而爲之給付；㈥法律強制之給付；㈦按工作價値而爲相當之給付及㈧供給必需品之給付（見 J.F. Wilson: Principles of the Law of Contract, 1957, pp. 481-502.）。（英美契約法）（何孝元）

準現行犯

非現行犯而有下列行爲之一者，仍以現行犯論，一般稱之爲準現行犯：㈠被追呼爲犯人者。㈡因持有兇器、贓物或其他物件或於身體、衣服等處露有犯罪痕跡，顯可疑爲犯罪人者。（刑事訴訟法）（陳　珊）

準裁判上自白（Quasi Extra Judicial Confession）

所謂裁判上自白係指被告在起訴認可程序中所爲有罪之答辯(plea of guilty）是。另有所謂裁判外之自白者指無論是否經司法程序而取得，即以本案裁判上自白，爲他案之證據時亦得認爲裁判外之自白或準裁判上自白，英美法上所謂自白即指此（陳樸生著「刑事證據法研究」第59頁）。（英美刑法）（桂公仁）

準備書狀

準備書狀，係準備言詞辯論之書狀，即當事人就其擬在言詞辯論時提出之攻擊或防禦方法，及對於他造之聲明並提出之攻擊或防禦方法之陳述，預先記明提出於法院之書狀。其作用係預計他造非有準備不能爲明瞭或完足之聲明或陳述，法院非有準備不能令爲適當完全之辯論，因而預先提出書狀於法院，由法院送達繕本於他造。他造由此書狀，得知該當事人在辯論時提出如何之訴訟資料，即對之準備自己應提出之事項，因而在辯論期日各得爲適當完全之辯論，法院亦可據此等書狀內記載之事項，在言詞辯論前，爲蒐集或調查證據等處置，並於辯論時盡其指揮之能事，而使訴訟得以迅速終結。故法律明定：當事人因準備言詞辯論之必要，應以書狀記載其所用之攻擊或防禦方法，及對於他造之聲明並攻擊或防禦方法之陳述，提出於法院，由法院送達於他造（民訴二六五）。原告之訴狀，所以供起訴之用，故於訴狀外，本另須提出準備書狀，以爲言詞辯論之準備，然法律爲便宜起見，乃許以訴狀記載準備言詞辯論之事項，即以訴狀兼供準備書狀之用（二六六Ⅰ）。至被告因準備言詞辯論，宜於未逾就審期間二分之一以前，提出答辯狀（二六六Ⅱ）。此項答辯狀，即被告之準備書狀。如應通知他造使爲準備之事項，有未記載於訴狀或答辯狀者，當事人應於言詞辯論前相當之時期，提出記載該事項之準備書狀（二六七）。又法院於言詞辯論開始後，如認言詞辯論之準備尚未充足，得延展辯論期日，並定期間命當事人提出必要之準備書狀（二六八），以期能有充足之準備並免於辯論終結後再開辯論。準備書狀之效力，約舉有四：㈠當事人如不提出準備書狀，或不於相當時間內提出，或其提出內容不完全，致他造不能於言詞辯論期日爲辯論，而法院更定期日者，其因此所生之訴訟費用，雖該當事人勝訴，法院亦得命其負擔全部或一部（八二）。㈡當事人所提出之聲明，事實或證據未於相當時期通知他造者，他造雖於言詞辯論期日不到場，該當事人亦不得聲請法院由其一造辯論而爲判決（三八六4.）。㈢本於當事人一造辯論而爲判決時，如未到場當事人有準備書狀之陳述者，應斟酌之（三八五Ⅱ）。㈣當事人於準備書狀內自認他造主張之事實者，即生訴訟上自認之效力，他造就該事實，無庸舉證（二七九Ⅰ）。其餘參見「言詞辯論之準備」條。（民事訴訟法）（李學燈）

準備給付（Tender of Performance）

準備給付者，乃給付義務人於遭受拒絕受領後，將其所交付之貨物或金錢，置於他方可得檢查之狀況下，始可發生與現實給付同等之效力也。履行契約，有須對方當事人之協助始克成就者，例如交付貨物或金錢，均需他方之受領行爲，受領人苟不予協助，法律規定給付義務人僅爲準備履行之行爲爲已足（見 J.F. Wilson: The Law of Contract, 1957, pp. 421, 422.）。（英美契約法）（何孝元）

準備程序

準備程序係受命推事所爲準備言詞辯論，闡明訴訟關係之程序。申言之，即行合議審判之訴訟事件，法院於必要時以庭員一人爲受命推事，使行準備程序。準備程序，以闡明訴訟關係爲止。但另經法院命於準備程序調查證據者，不在此限（民訴二七〇）。受命推事，由合議庭之審判長依法指定（二〇二Ⅰ），惟審判長亦得指定自己爲受命推事。行準備程序之裁定，於言詞辯論期日爲之者，應宣示之，非於言詞辯論時所爲者，應送達於當事人（二三五，二三六Ⅰ）。準備程序，係廣義言詞辯論之一部，故關於本案之訴訟資料，當事人均得於準備程序中，以言詞提出，由受命推事蒐集整理，以爲言詞辯論之準備。關於言詞辯論之規定，除性質上不許可者外，均得適用之。當事人之一造，於準備程序之期日不到場者，應對於到場之一造，行準備程序，將筆錄送達於未到場人（二七三Ⅰ）。準備程序筆錄，應將各當事人所用攻擊或防禦方法及對於他造之聲明並攻擊或防禦方法之陳述，記載明確（二七一）。於準備程序後行言詞辯論時，當事人應陳述準備程序之要領，但審判長得令庭員或書記官朗讀準備程序筆錄代之（二七五）。未記載於準備程序筆錄之事項，於準備程序後行言詞辯論時不得主張之。但法院應依職權調查之事項，或當事人主張該事項不甚延滯訴訟，或經釋明非因重大過失不能在準備程序提出者，不在此限（二七六）。按之準備程序之精神，須較複雜之事件有行準備程序之必要者，始宜行之。如事件簡單，訴訟關係甚爲明瞭者，即無行準備程序之必要。其餘參見「言詞辯論之準備」條。（民事訴訟法）（李學燈）

準鑑定人

機關或團體受法院之囑託爲鑑定者（民訴三四〇），謂之囑託鑑定，學說上有稱之爲準鑑定人，以示與自然人爲鑑定人者有別。亦有以自然人之鑑定爲狹義之鑑定，而以機關或團體之鑑定爲廣義之鑑定者。良以鑑定常需種種之設備，或有賴各種專家之協力，故有時遂有囑託機關或團體爲鑑定之必要。此種囑託鑑定，與一般鑑定略有不同。所有關於鑑定人之訊問具結及科罰等規定，均難適用。惟關於出具鑑定書及到場說明，以及共同或各別陳述意見，法院准其利用在法院之資料，得請求調取證物或訊問證人或當事人，得請求日費、旅費及相當之報酬，與鑑定所需費用之規定（三三五至三三八），均準用之。其鑑定書之說明，由該機關或團體所指定之人爲之（三四〇）。被指定之人係被囑託者之代表，其意見應作被囑託者意見之一部，未可視爲即係一般之鑑定人。關於鑑定人拒絕鑑定及鑑定人之拒却，亦不準用於囑託鑑定。惟如遇有不適當之情形，法院自得撤銷已爲之囑託，或另囑託其他機關團體爲鑑定，或選任自然人爲鑑定。其餘參見「鑑定」及「鑑定人」條。（民事訴訟法）（李學燈）

當事人

於民事訴訟以自己之名，向國家司法機關，請求確定私權之人及其相對人，爲民事訴訟之當事人。當事人之一方，即爲訴訟中相訟爭之一造。當事人之兩造及國家司法機關之法院同爲民事訴訟之主體。當事人之兩造，通常處於對立之地位，因此一人不能同時兼爲兩造當事人。若於訴訟中，一方因繼承或其他原因而繼承其相對人之地位，致二者歸於一人時，訴訟即當然終了。當事人向法院實際爲訴訟行爲者，固不限定親自爲之，惟必須以自己之名爲之。其非以自己名義爲當事人之他人，雖依法律規定爲確定判決效力之所及（民訴四〇一Ⅱ），然該他人仍非當事人。又當事人雖爲訴訟關係之主體，但不必現實的自爲訴訟行爲，得由訴訟代理人爲之，如爲無訴訟能力者，應由法定代理人爲之。代理人非以自己名義，故爲代理人而非當事人。然法律條文內所稱之當事人，有時亦可就廣義解釋，而包含參加人、法定代理人及訴訟代理人在內（五八、七六、七七、一九〇、二四二），此可稱爲廣義之當事人。然通常恆就狹義而言，蓋所謂當事人云者，即以其名而爲訴訟之謂。爲訴訟標的之法律關係或權利之主體，然有時亦非盡然，而係基於特別規定，就他人之法律關係有實施訴訟之權能。例如遺產管理人（民一一七九），遺囑執行人（一二一五），破產管理人（破產七五、九〇、九二）。船舶經理人（海商一八）等是。又如第三人以夫妻爲共同被告，提起確認婚姻不成立之訴，該第三人因爲訴訟當事人之原告，但非婚姻關係之當事人。債權人因保全債權，以自己之名義行使債務人之權利（民二四二）而起訴時，固爲訴訟當事人之原告，但非該法律關係之當事人。至於當事人在各種訴訟程序中之稱謂，並不一致，在判決程序，於第一審曰原告、被告，於第二、三審曰上訴人、被上訴人。在抗告程序，稱提起抗告之人爲抗告人，但無被抗告人之稱，其提起再抗告者，稱再抗告人。在再審程序，謂之再審原告、再審被告。在督促程序及保全程序稱聲請人或請求人爲債權人，稱其相對人爲債務人。在訴訟前後或訴訟進行中爲聲請者，概稱爲聲請人。（民事訴訟法）（李學燈）

以自己之權利義務受法院裁判之訴訟主體爲當事人。刑事訴訟雖不以當事人進行主義爲原則，但於特定訴訟行爲，有專屬於當事人之權限者，如由當事人以外之人爲之，除有特別規定者外，即無視其效力。如刑訴法第十八條之聲請推事迴避，第一六七條對於證人、鑑定人詰問權之行使，第三四四條之提起上訴等規定皆是，如不明確規定何者為當事人，則於程序進行，爭議自所難免。故於第三條明定稱謂，限以檢察官、自訴人及被告爲本法上之當事人。（刑事訴訟法）（陳　珊）

當事人不平等主義

見「當事人平等主義」條。（民事訴訟法）（李學燈）

當事人平等主義

此就訴訟程序上兩造地位所採之立法主義。凡於訴訟程序上當事人兩造之權利義務不設等差者，謂之當事人平等主義，一稱當事人同等主義。反之，在訴訟程序上當事人兩造之權利義務設有等差者，謂之當事人不平等主義或不同等主義。民事訴訟之當事人兩造同應受私權之保護，爲求達公平保護之目的，自應採用當事人平等主義。如指定管轄之聲請（民訴二三），推事迴避之聲請（三三），訴訟救助之聲請（一〇七），上訴之提起（四三七，四六四）等，兩造基於同樣之條件，均得爲之，並無若何差異。惟如訴訟費用之擔保（九六），僅得命原告爲之，說者謂係採用當事人不平等主義。然課原告以供擔保之義務，係基於特別理由，亦難謂有不平等之可言。參見訴訟費用之擔保條。（民事訴訟法）（李學燈）

當事人主義（Adversary System）

刑事訴訟係為確定國家具體的刑罰權而設，旨在保障個人自由及維護社會安全，即以發見事實眞相為目的，維持程序公正爲其手段。英美法系國家刑事訴訟程序採當事人主義，認為訴訟之進行，證據之調查，以當事人爲主，法院以第三者姿態，聽取兩造辯論而為判斷，與採職權主義之刑事訴訟程序不同，後者對於訴訟之進行及證據之調查，以法院爲主不待當事人舉證，證據之證明力如何，由法院依自由心證判斷。（英美刑法）（桂公仁）

當事人恒定

當事人恒定，謂訴訟繫屬後，爲訴訟標的之法律關係，雖有移轉，於訴訟亦無影響（民訴二五四Ⅰ）。申言之，即訴訟繫屬後，爲訴訟標的之法律關係，雖移轉於第三人，其當事人並不因而喪失爲訴訟之權能。故訴訟繫屬，足生當事人恒定之效力，此在學說上稱爲當事人恒定主義。例如甲對於乙就某債權提起給付之訴後，雖於訴訟中，將其債權讓與第三人之丙，而甲仍得居於原告之地位續行其訴訟。又如甲對於乙提起確認抵押權之訴後，訴訟繫屬中，乙雖以抵押物之所有權移轉於第三人之丙，而乙仍不可不居於被告之地位，續行其訴訟。爲訴訟標的之法律關係之移轉，不以本於法律行爲之移轉爲限，其依法令之規定及國家之處分而移轉者亦屬之。所謂於訴訟無影響，言原告或被告並不因訴訟標的之移轉致失其爲訴訟之權能，而仍得爲正當當事人以完結其訴訟。惟受移轉之第三人，如經訴訟之他造同意，得代當事人承當訴訟，或依法（五四）提起主參加之訴。（民事訴訟法）（李學燈）

當事人能力

當事人能力，謂得爲民事訴訟當事人之能力，亦即得用自己之名，要求確定私權或爲其對造之資格。當事人爲訴訟法律關係之主體，故當事人能力亦可謂爲得爲訴訟法律關係主體之資格，或謂爲訴訟的權利能力。民事訴訟之目的在於保護私法上之權益，故原則上有私法上之權利能力者，有當事人能力。但例外亦有雖無權利能力而有當事人能力者。前者稱爲實質的當事人能力，後者稱爲形式的當事人能力。㈠關於實質的當事人能力。有權利能力者，有當事人能力（民訴四〇Ⅰ）。現行民法上有權利能力者，限於自然人與法人。自然人之權利能力，原則上始於出生，終於死亡（民六）。故自然人出生後死亡前，皆有當事人能力。民法爲保護胎兒之利益，以將來非死產者爲限，關於其個人利益之保護，視爲既已出生（七）。故民事訴訟法亦設明文規定，胎兒關於其可享受之利益，有當事人能力（民訴四〇Ⅱ）。法人於法令限制內有權利能力，但不能享受專屬於自然人之權利（民二六），故應於此範圍內有當事人能力。經認許之外國法人，於法令限制內與同種類之中國法人有同一之權利能力（民總施行一二，公司三七五），故亦於此範圍內有當事人能力。在中華民國享有治外法權之人，雖有權利能力，但除自願外，無爲消極的當事人能力。至於權利能力受限制者（例如外國人取得土地所有權，參照土地法一七至一九），積極的當事人能力固應受限制，消極的當事人能力則不必受限制。㈡關於形式的當事人能力。非法人之團體，於民法上本無權利能力，惟法令上既容許其設立及存在，社會上亦常以該團體之名義爲交易，爲因應實際之需要，保護交易之安全，宜使其爲訴訟之主體。是以非法人之團體，設有代表人或管理人者，有當事人能力（民訴四〇Ⅲ）。其要件：(1)須設有代表人或管理人，(2)須其團體之組織有一定名稱及事務所或營業所，(3)團體有一定之目的並有繼續的性質，(4)團體須有獨立之財產，與其構成員或關係人之財產有別。由上可見實體上之權利能力與訴訟法上之當事人能力不盡相同：(1)有權利能力者，有當事人能力；(2)有權利能力者，無消極的當事人能力；(3)無權利能力者，有當事人能力。（民事訴訟法）（李學燈）

當事人送達主義

見「職權送達主義」條。（民事訴訟法）（李學燈）

當事人處分主義

一稱處分權主義或不干涉主義。見「辯論主義」條。（民事訴訟法）（李學燈）

當事人進行主義

民事訴訟之開始及開始後之進行與終結，委之於當事人之意思者，謂之當事人進行主義。反之，不問當事人之意思如何，法院依職權進行訴訟者，謂之職權進行主義。民事訴訟原則上凡遇應由當事人自定之訴訟行爲，均採當事人進行主義。如訴訟程序之開始，必本於當事人之聲明（民訴一九二，二四四，四一九，五〇八，五二二，五三二，五四〇），上訴審之程序亦然（四三七，四六四，四八二）。當事人得合意停止訴訟程序（一八九，一九一），得撤回訴或上訴或抗告（二六二，四五九，四八一，四九三），得以和解終結本案（三七七，三八〇）是。然於訴訟開始後，訴訟進行之遲速，亦於國家之利益有關。故於性質上不應由當事人自定之行爲，則採用職權進行主義。如依職權爲送達（一二三），指定期日（一五四），裁定停止訴訟程序及撤銷停止訴訟程序之裁定（一八二至一八六），以及裁定命續行訴訟（一七八）等是。（民事訴訟法）（李學燈）

當事人適格

當事人適格，亦稱正當當事人，乃指當事人就特定之訴訟標的，有實行訴訟之權能者而言。其權能之有無，應依當事人與特定訴訟標的之關係定之。當事人適格與當事人能力不同：㈠當事人能力乃得爲民事訴訟當事人之能力。當事人適格，乃就訴訟標的有實行訴訟之權能，在受訴者，並有訴訟之責任，亦即有法律上之必要。㈡當事人能力係就一般訴訟存在，當事人適格係就特定訴訟存在，原則上就爲訴訟標的之法律關係有實體法上之管理權或處分權者，有爲訴訟之權能。故當事人適格，必有當事人能力。有當事人能力，於特定事件，非必爲正當當事人。㈢當事人能力之有無，專依民事訴訟法第四十條之規定。當事人之是否適格，則依實體法及訴訟法之規定決之。㈣當事人能力，屬於訴訟成立要件（訴權之形成要件）。如無當事人能力，應認其訴爲不合法而以裁定駁回之（民訴二四九Ⅰ3）。當事人適格，屬於權利保護要件（訴權之實質要件）。是否爲正當當事人，亦屬於職權調查事項。如當事人不適格，應認其訴爲無理由，以判決駁回之。（民事訴訟法）（李學燈）

當時證據

爲證據之一種，對事前證據及事後證據而言。即在犯罪行爲發生時之證據，如當場遺留之指紋，拋棄之贓物，破損之物件，及親見人犯在場之證言等是。（刑事訴訟法）（陳　珊）

當然不法（Malum in Se）

從自然法，道德律或國家法律觀點言之，行爲或案件本質上爲不法(State V. Shedoudy, 45 N.M. 516, 118 P. 2d 280, 287)。行爲之本質及後果當然侵害社會公益，並無待於國家法令以明文處罰，換言之，犯罪行爲之不法，乃因該行爲之本質自始不法，非由於法令之強制認定，如普通法上諸類犯罪，似謀殺罪，竊盜罪是。

然則，並非所有當然不法之犯罪均淵源自普通法，若行爲本質不法，有侵害他人身體，財產傾向，但不構成刑法上之犯罪，僅爲民事上侵權行爲者，亦比比皆是(19 Am. ＆Eng. ENC. (2d. Ed.), pp. 705)。故被告未得他人書面許可，在其土地上狩獵，開槍誤殺他人。被告狩獵行爲係違反該州法律，應係法定不法行爲（malum prohibitum），該行爲本質非當然不法，被告如更無過失，即與過失殺人罪要件不合，不負過失殺人罪責（manslaughter）(State V. Horton, 139 N.C. 588, 51 S.E. 945)。（英美刑法）（桂公仁）

當然迴避

見「自行迴避」條。（民事訴訟法）（李學燈）

當然停止

民事訴訟程序，因法定事實之發生，當然停止進行者，謂之當然停止。此在舊法（五十七年二月一日修正公佈前）稱之為中斷。遇有法定事實之發生，無待當事人之聲請或法院之裁判，亦不問當事人及法院是否知悉，訴訟程序，在有人承受訴訟以前，均當然停止進行。法定之原因事實計有：㈠當事人死亡者（民訴一六八），㈡法人因合併而消滅者（一六九），㈢當事人喪失訴訟能力或法定代理人死亡或其代理權消滅者（一七〇），㈣受託人之信託任務終了者（一七一），㈤本於一定資格，以自己名義，為他人任訴訟當事人之人，喪失其資格或死亡者（一七二Ⅰ），㈥被選定為訴訟當事人之人全體喪失其資格者（一七二Ⅱ），㈦當事人受破產之宣告者（一七四），㈧法院因天災或其他事故不能執行職務者（一八〇），㈨當事人於戰時服兵役或因天災或其他事故與法院交通隔絕者（一八一）。上述第㈠至第㈥種有關各條之規定，於有訴訟代理人時不適用之，但法院得酌量情形，裁定停止其訴訟程序（一七三）。此因訴訟代理權不因本人死亡、破產或訴訟能力喪失而消滅，法定代理人有變更者亦同（七三），故訴訟程序自無當然停止之必要。又在第㈠至第㈥種情形，如有法定之人承受其訴訟者，當然停止之狀態即告終竣。在第㈦種情形，除依破產法有承受訴訟人外，如破產程序終結，其當然停止之狀態亦告終竣。在第㈧種情形，於法院公告執行職務時停止終竣；但因戰事不能執行職務者，須於法院公告執行職務屆滿六個月時始告終竣。在第㈨種情形，於障礙消滅時停止終竣；惟因戰事交通隔絕者，則於障礙消滅屆滿六個月時停止終竣。又在第㈧及第㈨兩種情形所定六個月之停止期間內，當事人如均向法院為訴訟行為者，其停止終竣。在第㈠至㈦種情形所定之承受訴訟人，於得為承受時，應即為承受之聲明。他造之當事人亦得聲明承受訴訟（一七五）。當事人不聲明承受時，法院亦得依職權，以裁定命其續行訴訟（一七八）。訴訟程序當然停止間，法院及當事人不得為關於本案之訴訟行為。但於言詞辯論終結後，因第㈠至第㈨種情形而當然停止者，本於其辯論之裁判得宣示之。訴訟程序當然停止者，一切期間停止進行，（不變期間亦然）；自停止終竣時起，全期間復更始進行（一八八）。其餘參見「訴訟程序之停止」條。（民事訴訟法）（李學燈）

當然違背法令

見「違背法令」條。（民事訴訟法）（李學燈）

損失保險

見「保險種類」條。（商事法）（林咏榮）

損害

損害有積極損害與消極損害之分：積極損害者，因損害原因事實之發生，致使現存財產減少也；消極損害者，因損害原因事實之發生，致妨害現存財產之增加也。消極損害，可依通常情形，或依已定之計劃設備，或其他特別情事，可得預期而未取得之利益估計之（民法第二一六條第二項），亦即所謂所失利益。所謂依通常情形可得預期之利益者，例如房屋為人佔據，依通常情形，本可自己使用收益，或以之出租收取租金，乃因被佔而不能自己使用受益，或租與他人收取租金，可視為所失之利益是。所謂依已定之計劃設備可得預期之利益者，例如開設冰店，預計每月可獲利若干，嗣因所訂機器未到，致未能開始營業，其因機器未到，不能開始營業所損失之利益，可視為所失之利益是。又所謂依特別情事可得預期之利益者，例如與人訂立轉賣契約，乃因出賣人不克交付標的物，致可取得之利益而不能取得，亦可視為所失之利益是。（民法債編總論）（何孝元）

損害保險

見「保險種類」條。（商事法）（林咏榮）

損害賠償（Damages）

損害賠償者，乃契約當事人之一方違背契約或義務，法律給予他方依其所受損害所得請求之金錢賠償也（見 James A. Ballentine: Law Dictionary, 1959, p. 325.）。契約一經有效成立，即生效力。當事人違背契約而不履行者，應負損害賠償之責。損害賠償可分爲：

㈠一般損害賠償與特別損害賠償（general damages and special damages）

一般損害賠償者，乃法律推定其爲侵害他人權利時所生之結果也。特別損害賠償者，乃被害人所受金錢上之損害也。

㈡名譽上之損害賠償（nominal damages）

名譽上之損害賠償者，乃當事人一方違約，而他方受有損害，但無法證明之謂也。

㈢可估計之損害賠償與不可估計之損害賠償（liquidated damages and unliguidated damages）

可估計之損害賠償者，乃損害之數額可依法律或由當事人確定之也。不可估計之損害賠償者，乃損害之數額無法確定，僅可由陪審員，或無陪審員時由法官估計之也。

㈣所失利益之損害賠償（damages for prospective loss）

所失利益之損害賠償者，乃原告因被告違約所得請求賠償之可得預期之損害也。

㈤懲罰性之損害賠償（exemplary damages）

懲罰性之損害賠償者，乃原告所請求之數額超過實際上所受之損害也（見 Chitty on Contracts, vol. I, 1961, pp. 565-569.）。（英美契約法）（何孝元）

損害賠償之留置權（Distress Damage Feasant）

損害賠償之留置權者，乃動物不法侵害占有人之土地者，占有人於動物所有人未賠償其損害之前得予扣留之之謂也。按通常情形，動物之被扣留者，多爲牲畜，或其他有侵犯他人之土地之可能性之動物；今則不以此爲限，即無生機之物，祇須其能侵犯他人之土地者，皆得爲被扣留之標的物。行使此種權利，須具備下例要件：㈠扣留人須爲土地之合法占有人；㈡動物須不法侵入占有人之土地；㈢須有損害發生；㈣扣留須於該動物未離開土地前爲之；㈤扣留人應以和平方式，由動物所有人或管領人取得之。留置權之行使，有停止占有人行使損害賠償請求權之效力，兩者不得並施；然如被扣留之動物死亡，或非由於扣留人之過失，或該動物業已交還原主，則占有人仍得訴請賠償（見 Salmond on Torts, 11th ed., 1953, pp. 222-226)。（英美侵權行爲法）（何孝元）

損害賠償之訴（Assumpsit）

損害賠償之訴者，乃一方因他方違反履行口頭契約之明示或默示承擔之義務，所提起之一種訴訟也（見 James A. Ballentine: Law Dictionary, 1959, p. 118.）。十三世紀時，英國法律有關契約訴訟，僅限於二種方式：一爲債務訴訟，一爲蓋印契約訴訟。普通債務之訴屬於前者，蓋印契約債務之訴屬於後者。惟此二種方式均不適用於簡單及未經履行之契約。十五世紀，普通法院始創制一種訴訟方式，許依據簡單契約亦得提起訴訟，名之曰「損害賠償之訴」。損害賠償之訴之提起，並非漫無限制，必須有違反契約侵害他人權利之事實，且須具有約因而後可（見 Arthur Taylor Von Mehren: The Civil Law System, 1957, pp. 577-580.）。（英美契約法）（何孝元）

損害賠償之債

損害賠償之債者，乃以賠償損害爲標的之債也。其發生之原因有二：㈠法律行爲：即依契約而負損害賠償責任者，如保險契約，擔保契約等是。㈡法律規定：即法律依據某事實使負損害賠償責任者，如侵權行爲，債務不履行，公用征收等是。損害，可分爲財產上之損害與非財產上之損害。通常交易上得以金錢估計價格之損害，爲財產上之損害；不能以金錢估計價格之損害，則爲非財產上之損害，如姓名、生命、身體、健康、名譽、自由所生不利益之狀態是（民法第一九條，第一九四條，第一九五條）。

我民法關於損害賠償之方法，以回復原狀爲原則，但法律另有規定，或當事人訂有特約（民法第二一三條第一項），或回復原狀遲延（民法第二一四條），或回復不能或困難時（民法第二一五條）則以金錢賠償。損害賠償之範圍，除法律另有規定或契約另有訂定外，應以塡補債權人所受損害及所失利益爲限。此之所謂所受損害，即財產上之積極的損害之謂；所謂所失利益，即財產上之消極的損害之謂。又依通常情形，或依已定之計劃設備，或其他特別情事，可得預期之利益，視爲所失利益（民法第二一六條第二項）。（民法債編總論）

（何孝元）

損害賠償責任之減輕 (Mitigation of Damages)

損害賠償責任之減輕者，乃指在激憤或衝動之下所為之行為而請求減輕懲罰性之損害賠償額之謂也。惟於賠償性之損害賠償，則不得以激憤或衝動作為減輕之事由（見 James A. Ballentine: Law Dictionary, 1959, p. 824 ）。（英美侵權行為法）（何孝元）

損益分派

公司以營利為目的，股東投資於公司，其目的亦在於營利。故其股息紅利的分派為股東應享的權利。此項股息和紅利簡稱之為股利。惟資合公司分派股息紅利時，應循一定的會計程序行之，其詳見公司法第五章第六節「會計」中。（商事法）（林咏榮）

損益相抵

損益相抵者，乃被害人因發生損害賠償義務之原因事實受有損害，同時受有利益時，卽應由損害額中扣除利益額，以其餘額為賠償額也。例如交易遲延，固有遲延損害，但在買受人，亦因遲延而受節省草料之利益，此項利益，應由損害額中扣除是。關於此點，我民法雖無明文規定，然此項原則，已寓意於民法第二六七條及第四八七條之規定中矣。（民法債編總論）（何孝元）

損壞軍用品罪

損壞，指損傷敗壞之意，亦卽有形的破壞使喪失物之效用，軍用品係對軍事有直接之效用，苟有損傷，不但影響戰力，幷且危害國家，故陸海空軍刑法就損壞軍用品罪，列為一章，對犯罪行為予以懲處，藉以保護戰力，其規定有燒燬或炸燬軍用物品罪、損壞軍用物品罪、燒燬露積軍用物品罪、及毀棄損傷軍用物品罪。（特別刑事法）（吳　智）

禁止侵入權

為相鄰間關係之一，卽禁止他人侵入地內之權利也。土地所有人得禁止他人侵入其地內，是乃原則，但有下列情形之一者，不在此限：㈠有通行權者之侵入。㈡樵牧之侵入。依地方習慣，任他人入其未設圍障之田地、牧場、山林刈取雜草，採取枯枝、枯幹或採集野生物、放牧牲畜者。㈢查收物品之侵入。土地所有人遇他人之物品或動物偶至其地內者，應許該物品或動物之占有人或所有人入其地內，尋查取回。此項情形，土地所有人受有損害者，得請求賠償。於未受賠償前，得留置其物品或動物。（民法第七九〇—七九一條）。此外尚有氣響及振動之侵入，得否禁止，亦有其原則與例外：土地所有人於他人之土地有煤氣、臭氣、蒸氣、熱氣、灰屑、喧囂、振動及其他與此相類者侵入時，得禁止之。但其侵入輕微，或按土地形狀、地方習慣，認為相當者，不在此限。（第七九三條）。（民法物權）（陳　珊）

禁止處分 (Injunction)

禁止處分者，乃衡平法院制止違約之一方為某特定行為之命令也（見James A. Ballentine: Law Dictionary, 1959, p. 650 ）。勞務契約雖不得據以強制履行，但法院可禁止債務人為他人服同種之勞務，藉以達成使債務人履行債務之目的。惟法院行使此項職權，須基於下述二種要件：㈠須於契約內訂有消極條款，否則法院不得頒發禁止命令。㈡須無與強制履行有同等之效力。（見 J.F. Wilson: The Law of Contract, 1957, pp. 474-476 ）

禁止處分可分為：㈠不行為之禁止處分 （ prohibitory injunction ） 與行為之禁止處分（ mandatory injunction ），㈡中間禁止處分 （ interlocutory injunction ）與永久禁止處分（ perpetual injunction ）。不行為之禁止處分者，乃禁止被告不得從事或繼續致害他人之行為之處分也。行為之禁止處分者，乃迫令被告為一定行為，以糾正其過去之不法，或履行法定義務之處分也。中間禁止處分者，乃於訴訟審理未開始前所為之處分也。永久禁止處分者，乃於訴訟審理終結，判決確定後所為之處分也（見 Salmond on Torts, 11th ed., 1953, pp. 186-187 ）。（英美衡平法）（何孝元）

禁地禁海禁空

國防上所設各種要塞、堡壘、軍港、軍營、軍用航空港場、軍械廠庫、與其他重要軍事設施地區，均稱爲禁地。凡重要軍事區域而禁止通過之海面謂之禁海。凡重要國防軍事設施而禁止或阻止飛航之上空，謂之禁空。其要塞、堡壘等，爲例示規定；國防禁止或限制之空中、地面、水上、區域、處所或建築物，爲概括規定；以指定爲條件。以上指定區域，如有侵入、私入、強入、留滯行爲，視其情節，依妨害軍機治罪條例第九條處罰。如有測量、攝影、描繪、記述、觀測行爲，縱無其他犯意，亦依同條例第八條論罪。（特別刑事法）（吳　智）

禁役

禁止服兵役之謂，因服兵役爲國民之光榮義務，負有保國衞民之神聖責任，必須品行端正，忠信仁愛，道德無缺，勇於犧牲之人，才有資格擔當；寡廉鮮恥，不守國法之罪犯，自不許側身軍伍，託以重任，故特禁止服任兵役。兵役法第五條規定，凡曾判處七年以上有期徒刑者，即禁服兵役。但如經大赦，則與未受刑之宣告同，認禁役原因消滅，仍予徵召。禁役者如經依法赦免、減刑、假釋，其實際執行徒刑期間不滿四年時，免除禁役，依法補行征兵處理。

又依兵役法施行法第五十九條規定，應禁役之役齡男子或後備軍人及國民兵，應由原判決處理之司法機關，於判決確定後十五日內，參照「免役、禁役、緩徵、緩召實施辦法」第八條第九條，通知其本籍或寄居縣（市）政府依規定處理。如爲現役軍人，則由原審理機關通知其原屬部隊核定禁役，並通知其所屬團管區司令部及縣市政府。（特別刑事法）（吳　智）

禁戒處分

係保安處分之一種。即對煙毒犯及因酗酒而犯罪者，予以勒戒之謂。禁戒處分分下列二種：第一吸食或施用煙毒者之禁戒處分。依戡亂時期肅清煙毒條例第九條規定：「施打毒品、吸食毒品或鴉片者，處三年以上七年以下有期徒刑。吸用蔴煙或抵癮物品者，處一年以上三年以下有期徒刑。犯前二項之罪有癮者，應由審判機關先行指定相當處所勒戒，不適用刑法第八十八條第三項之規定」。本條例係特別法，應優先適用。刑法第八十八條第三項規定：「依禁戒處分之執行，法院認爲無執行刑之必要者，得免其刑之執行」。本條例意在加重煙毒犯之處罰。故不適用以保安處分代替刑罰之規定。第二因酗酒而犯罪者之禁戒處分。刑法第八十九條規定，因酗酒而犯罪者，得於刑之執行完畢或赦免後，令入相當處所施以三個月以下之禁戒。蓋所以預防再度發生犯罪之危險也。（刑法總則）（王建今）

禁治產人（Interdicted Persons）

乃無行爲能力人之一種，被禁止治理其財產。質言之，即在法律上對其自己所有的財產無管理和處分之能力之人。凡一切法律上有效之法律行爲，均須由法定代理人（監護人）爲之，方能有效。此制創設之理由。一方面爲保護禁治產人之利益，他方面爲維持社會交易秩序之安全。其成爲禁治產人之要件有三：(I)須有心神喪失，或精神耗弱，致不能處理自己事務之情形。(II)須有聲請權人之聲請，即本人、配偶、或最近親屬二人。(III)須有法院之宣告（民法第十四條第一項）。禁治產一經宣告之後，即發生絕對之效力，故無論何人非經宣告不得爲禁治產人。經宣告者非經撤銷不得爲非禁治產人。因此，在禁治產之原因消滅時，應撤銷其宣告（同上條第二項）。另有準禁治產人(quasi-interdicted person)，指精神耗弱人、聾人、啞人、盲人及浪費人之受準禁治產宣告者，僅成爲限制行爲能力人、非若禁治產人係完全無行爲能力人。我國舊民律草案採之。現民法已無禁治產與準禁治產之區別，將心神喪失與精神耗弱兩者，皆視爲無行爲能力人。（民法總則）（張鏡影）

禁治產之宣告程序

禁治產之宣告程序，即成年人因心神喪失或精神耗弱致不能處理自己之事務，因本人、配偶或最近親屬二人向法院聲請宣告禁治產之人事訴訟程序（民一四，民訴五九七以下）。禁治產之宣告，係剝奪人之行爲能力，故與公益有關，須用職權主義。禁治產之聲請，專屬應禁治產人住所地之法院管轄。但聲請之原因事實發生於禁治產人之居所地者，得由該居所地之法院管轄。又應禁治產人之住所地法院不能行使職權者，由其居所地之法院管轄。如應禁治產人在中華民國無住所或住所不明者，以其在中華民國之居所視爲其住所（民訴五九七II，五六八）。宣告禁治產程序之進行，應本於聲請爲之。有聲請權人爲聲請時，應表明其原因事實及證據（五九八）。法院就禁治產之聲請，應斟酌聲請人所表明之事實及證據，依職權爲必要之調查（六〇一I），並得於禁治產之程序開始前，命聲請人提出診斷書（五九九）。法院應於鑑定人前訊問應禁治產人或使受託推事於鑑定人前為之，但有礙難訊問之情形或恐有害其健康者，不在此限（六〇二）。禁治產之宣告，非就應禁治產人之心神狀況訊問鑑定人後，不得為之（六〇三）。禁治產之程序，不得公開行之（六〇〇）。法院就禁治產之聲請，認其形式上或實質上之要件有欠缺者，應以附理由之裁定，駁回其聲請。聲請人得提起抗告（六〇七Ⅰ），或得新為禁治產之聲請。宣告禁治產之裁定，應附理由，並應送達於聲請人及禁治產人之法定代理人或依法律應為監護之人（六〇四）。此項裁定，自禁治產人之法定代理人或依法律應為監護人之人受送達時，發生效力。又為保護交易安全，法院應以相當之方法，將該裁定要旨公告之（六〇五）。對於此項裁定，不得抗告，但得提起撤銷禁治產宣告之訴（六〇九）。餘參見「禁治產事件程序」條。（民事訴訟法）（李學燈）

禁治產事件程序

禁治產事件程序，係指關於禁治產之宣告及其撤銷之程序而言。法律為保護心神喪失或精神耗弱之人以及與此等人之交易安全起見，定有禁治產制度。於實體法中規定禁治產之原因及其效力（民一四，一五，七六，一一一〇），於訴訟法中規定禁治產事件程序（民訴第九編第三章）。此項程序，並非排除現在私權被害之程序，乃係保護禁治產人，確定其應否設立監護人之程序。換言之，實為預防私權將來發生危害，特干涉其法律行為能力之裁判程序。故其性質，本屬非訟事件，然民事訴訟法既將此程序視作民事訴訟而規定於該法之中，除於該程序有特別規定外，自應適用或準用民事訴訟法之一般規定。惟此項程序，係確定人之行為能力及其範圍，與公益有關，故其程序之進行，採用職權主義，不得任當事人之意思而自由處分。禁治產之宣告及撤銷，均依聲請為之。關於其聲請之裁判，以裁定行之。對於宣告禁治產之裁定，及駁回撤銷禁治產之聲請之裁定，得提起撤銷之訴。（民事訴訟法）（李學燈）

禁運區域與禁運對象

戰時禁制品條例，所稱之禁運區域與禁運對象，依絕對及條件禁制品不同而有別。

絕對禁制品之禁運區域與禁運對象如左：

一、敵國領土。
二、敵國佔領地。
三、敵國殖民地。
四、敵國武力控制區域。
五、敵國受聯合國託管之區域。
六、敵國武裝部隊。
七、住在敵國供給敵用之商人。
八、敵國政府之代理人，及在敵國政府直接或間接督導下之商人，或其他人員而言。

條件禁制品之禁運區域與禁運對象如左：

一、敵國防禦域，或敵國軍隊根據地或補給地。
二、敵國武裝部隊。
三、敵國行政官署。
四、住在敵國供給敵用之商人。
五、敵國政府之代理人及在敵國政府直接或間接監督下之商人或其他人員。（特別刑事法）（吳　智）

違反糧食管理治罪條例

本條例係基於安定民食，充裕軍糈之統制糧食政策而制定，於三十七年十一月十日公布施行，四十二年一月三日經行政院令指定全國為施行區域，全文共十七條，其立法精神：㈠為調節糧食適度供應，而免壟斷居奇，㈡實施征購制度，以控制糧食生產及消費，㈢保護農民，禁止收買青苗重利貸放糧食行為。（特別刑事法）（吳　智）

違式裁判

裁判違背程式者，學說上謂之違式裁判，例如應以裁定為裁判而竟以判決為之，或應以判決為裁判而竟以裁定為之是（民訴二二〇參照）。對於違式裁判聲明不服時，究以裁判之形式為準，抑以法律之規定為準，歷來有不同之主張。前者為形式說，後者為實質說。例如應以判決裁判之事項而誤以裁定為之者，依形式說，則以原法院事實上所為之裁判為標準而提起抗告；依實質說，則以原法院法律上應為之標準而提起上訴是。按一般當事人所能識別者為法院裁判之形式，法院誤用裁判形式，通常人不能察知其是否誤用時，則無論於理論上或實際上，均不能苛求當事人較諸法院更富有法律之知識，自得以形式為準，而定其聲明不服之方法。惟依法院實際所為裁判之內容，足認其係判決或裁定者，雖該裁判誤用裁定或判決之名，當事人仍得以實質為準而為聲明不服之方法，法院自應准許，以維當事人之權益。故應以判決裁判之事項，而法院誤以裁定裁判之，在當事人依法應有之上訴權，自無因法院之違式裁判而受影響之理（參照最高法院十八，抗，三一七判例）。著者歷來主張本於以上理論而以當事人之權益為準，可稱為第三說即當事人之權益說。新法（五七、二、一修正公布）於抗告程序新增一條規定，應為抗告而誤為異議者，視為已提起抗告，應提出異議而誤為抗告者，視為已提出異議（四九五）；並可參照。（民事訴訟法）（李學燈）

違約金

違約金者，乃當事人約定於債務人不履行債務時，使債務人應支付一定金額，或為其他給付之謂也（民法第二五〇條第一項）。違約金之約定，通常多約定以金錢給付，但為金錢以外之給付，亦無不可（民法第二五三條）。又違約金之支付，通常多約定向債權人支付，但約定對於第三人支付，亦無不可。

關於違約金之性質，我民法原則上以違約金為損害賠償額之預約，例外則以其為債務不履行之制裁。民法第二五〇條第二項所規定之違約金，具有兩種性質：㈠為因債務不履行時所應支付之違約金。當事人苟有違約金之約定者，除有特別訂定外，則法律上視為因不履行債務而生之損害賠償總額（民法第二五〇條第二項），亦即債權人於債務人不履行債務時，祇能請求支付違約金，不得請求履行或不履行之損害賠償。㈡為因履行不適當時所應支付之違約金。當事人間特別約定，如債務人不於適當時期，或不依適當方法履行債務時，即須支付違約金者，則其約定違約金之作用，僅為履行時期或履行方法不適當時，所應支付之賠償額，又可謂之為因不為完全給付之違約金，非為債務不履行之損害賠償，故此時如債務尚未履行時，債權人除請求違約金外，並得請求履行或不履行所生之損害賠償（民法第二五〇條第二項但書）。（民法債編總論）（何孝元）

違約損害賠償之訴（Action ex Contractu）

違約損害賠償之訴者，乃因違反契約之義務或責任而請求損害賠償之訴訟也。此項訴訟，並非由於法律規定而產生（見 James A. Ballentine: Law Dictionary, 1959, p. 23.）。（英美契約法）（何孝元）

違背法令

對於第二審判決上訴，非以其違背法令為理由，不得為之（民訴四六七）。何謂違背法令，法律分設概括及列舉之規定。㈠判決不適用法規或適用不當者，為違背法令（四六八）。所謂法規，泛指應適用之各種法規而言，無論其為實體法抑為程序法，為成文法抑為習慣法，為公法抑為私法，或依法應適用之國際法或外國之法規均屬之。所謂不適用法規，係指有應適用之法規而不適用。所謂適用不當，係指對於不應適用之法規而適用之，或對於應適用之法規而未為正當適用者而言。所謂違背，包含直接違背及間接違背。例如判斷事實，不遵經驗定則者，可謂間接違背法律規定（二二二）是。惟所謂違背法令，須以法院就其法令有適用之義務。故如訓示之規定，或任意之規定，雖未適用，尚不得謂為違背法令。此種概括所稱之違背法令，須與第二審判決有因果關係，即因違背法令而影響裁判（判決主文）者，始足以當之。若法規不適用或適用不當，僅涉無關重要之點，而與主文之裁判尚無何等之影響者，則不得謂有因果之關係，亦即不得以此為第三審上訴之理由。㈡有下列各款情形之一者，其判決當然為違背法令（四六九）：(1)判決法院之組織不合法者，(2)依法律或裁判應迴避之推事參與裁判者，(3)法院於權限之有無辨別不當或違背專屬管轄之規定者，(4)當事人於訴訟未經合法代理者，(5)違背言詞辯論公開之規定者，(6)判決不備理由或理由矛盾者。凡有上述列舉情形之一者，因係涉及重要程序之規定，有絕對遵守之必要，定為當然違背法令，即無論其違背與判決之間，是否實有因果之關係，必須當然認有如此關係，以其判決為不當而廢棄之。當事人毋庸證其因果關係之存在，亦不許反證其不存在，當然以其判決為不當，亦不得依其他理由視其判決為正當，無從準用「依其他理由認為正當者，應以上訴為無理由」之規定（四四九Ⅱ）。（民事訴訟法）（李學燈）

違背職守罪

軍人具有保國衞民之天職，其責任遠較一般公務員爲重，爲維護軍紀與保持戰力，陸海空軍刑法特對違背職守行爲訂有專章，惟本章之罪，與辱職罪行，殊難劃分。本法之制定大概將違背職守行爲之重大者列入辱職一章，而於違背職守章內所列者，爲後備軍人之不應召集，欺矇哨兵，遺失或損壞所保管之軍用品，及兵艦之失職行爲，機械人員錯安機件肇事，發禮砲失職，不遵命集合，私結黨社，無故發槍砲各罪行，以影響軍紀與戰力甚鉅，故明定刑罰。（特別刑事法）（吳　智）

違禁物

凡法令禁止私自製造、持有及販運之物，皆爲違禁物。例如鴉片、嗎啡及軍用鎗礮等均是。違禁物有害社會之安全，故不問屬於犯人與否，均應於裁判時宣告沒收。如案未起訴或不起訴者，則由檢察官聲請法院以裁定單獨宣告沒收（刑法四〇條）。（刑法總則）（王建今）

違禁物品

戡亂時期貪污治罪條例第四條第五款所謂之違禁物品，與刑法第二十八條第一項第一款之違禁物相當，學說上分爲絕對的違禁物品，與相對的違禁物品。絕對的違禁物，指任何人不得製造、販賣或持有之物。相對的違禁物，指特定之人不受禁止，但一般人不得製造、販賣、或持有者。（特別刑事法）（吳　智）

預約

預約者，乃約定將來訂立一定契約之契約也。預約在使當事人負擔締結本約之義務。本約與預約，係屬二個獨立之契約。預約義務人如不爲訂立本約，預約權利人得請求其履行，並得請求損害賠償（民法第二二七條），或解除預約（民法第二五四條）。（民法債編總論）（何孝元）

預備

所謂預備，係指實行犯罪前之準備行爲而言。因此種行爲，尚未達於着手階段，故原則上不予處罰。惟重大犯罪，預備行爲亦有相當之危險性，因之法律上亦有特別規定其處罰者，例如內亂罪、外患罪、放火罪、殺人罪及強盜罪等均處罰預備行爲。一般犯罪無處罰預備之規定者，縱有預備行爲，亦不生犯罪問題。（刑法總則）（王建今）

預備士官役

爲士官役之一種，須具備兵役法第十條各款法定資格或條件，例如曾在公立或已立案之私立高中以上學校畢業者，或曾服常備兵、補充兵現役期滿成績優良者等，依志願考選受八個月以內之預備士官教育，並視必要分發軍事機關部隊見習四個月以內，期滿合格者服之。其與預備役之士官有別，兩者不屬同一役種。

預備士官在預備役中亦應依兵役法第三十八條之規定受各種召集，如有意圖避免預備士官之徵集或召集者，妨害兵役治罪條例第四條第六條第七條均定爲處罰明文。（特別刑事法）（吳　智）

預備之合併

預備之合併，一稱順位之合併，或假定之合併，爲客觀的訴之合併之一種。此係原告預慮其所提起之某訴爲無理由，因而同時提起在理論上不相容之他訴以合併之。亦即以同一訴訟程序合併主張在理論上相排除之數個請求，以備第一位之請求無理由時，可就第二位之請求即預備聲明得有理由之判決。故第一位之請求有理由者，不再就第二位之請求爲裁判。必先位之請求無理由，始裁判預備之請求。此種合併又可細分爲二：㈠基於同一事實，所生不同之法律上效果之預備合併。即原告主張某事實，因此事實所生各種法律上不同之效果，即以不同之效果而爲請求之合併。例如買賣，因物有瑕疵，出賣人依法（民三五四）應負擔保之責任者，買受人本於同一事實，請求解除契約，惟恐不得勝訴之判決，併求減少價金（三五九）之訴是。㈡基於不同之事實所生不同之法律上效果之預備合併。即原告基於數種不同之事實，合併提起不相容之數請求。例如提起履行契約之訴，預慮契約無效，因而合併提起不當得利之訴，預備請求返還不當得利是。其餘參見「客觀的訴之合併」條。（民事訴訟法）（李學燈）

預備之抵銷抗辯

見「主張」條。(民事訴訟法)(李學燈)

預備之聲明

當事人之聲明，本不得附條件，然有時因預慮其聲明無理由，乃同時爲他項之聲明，請求法院於認先位之聲明無理由時，即就後位之聲明予以審理裁判者。因此有二個以上之聲明順序的存在，學說上稱之爲預備之聲明，又稱假定之聲明或順序之聲明。按諸訴訟行爲之性質及訴訟之本旨，應予容許。當事人先依第一位之聲明要求保護私權，如第一位之聲明被容許時，此聲明之目的已達，次位之聲明即可不予調查。如第一位之聲明被認爲無理由時，方依次就第二位以下之聲明而爲調查裁判。例如原告聲明求爲判決命被告履行契約交付某物，預慮此項聲明無理由，因而預備聲明若不能判令履行契約，則求判被告返還不當得利（價金）若干元是。參見聲明條。(民事訴訟法)(李學燈)

預備付款人(Notadressat)

預備付款人，就是在票據上指定在付款地的第三人，當付款人拒絕承兌或付款時，應即參加承兌或付款的人。發票人或背書人於付款人之外，記載預備付款人一人，並以在付款地者爲限（票據法第二十六條第二項、第三五條）。預備付款人的記載，原以鞏固票據付款之信用爲目的；當滙票的執票人，向付款人爲承兌的提示（票據法第四十二條），而被拒絕承兌時，得請求預備付款人參加承兌（票據法第五三條第一項）。當付款人不爲付款時，並應向預備付款人爲拒絕付款的提示，否則對於指定預備付款人的人及其後手喪失追索權（票據法第七九條）。(商事法)(林咏榮)

預備軍官役

爲軍官役之一種，以具有兵役法第九條各款法定資格或條件，例如曾在公立或已立案之私立專科以上學校畢業者，曾服常備士官現役二年以上者等，依志願考選受一年以內之預備軍官教育，並視必要分發軍事機關部隊，見習六個月以內，期滿合格者服之。平時在鄉受後備軍人之管理及教育、勤務、點閱等召集，戰時或國防需要受動員、臨時兩種召集，入營服任軍職，不若常備軍官之須長期服行現役，亦非預備役軍官，兩者役種不同。(特別刑事法)(吳　智)

預備審問(Preliminary Examination)

行爲人被控犯罪後，通常被帶至法官或治安區(magistrate)前，就犯罪證據作初步調查，確定是否可將被告交保候傳。預備審問程序，無定罪之作用，其目的在保障被告法益，防止司法權之濫用而已。(英美刑法)(桂公仁)

過水權

爲相鄰間水權關係之一。即使自己土地內之水通過他人土地之權利也。㈠過水權之發生。高地所有人，因使浸水之地乾涸，或排泄家用、農工業用之水以至河渠或溝道，得使其水通過低地。但應擇於低地損害最少之處所及方法爲之；並對於低地所受之損害，應支付償金。㈡工作物之使用。土地所有人因使其土地之水通過，得使用高地或低地所有人所設之工作物。但應按其受益之程度，負擔該工作物設置及保存之費用（民法第七七九—七八〇條）。(民法物權)(陳　珊)

過失

爲責任條件之一。犯罪以處罰故意爲原則，處罰過失爲例外（刑法一二條）。過失以應注意並能注意而不注意爲構成要件（刑法一四條）。即行爲人在客觀方面須有注意之義務，在主觀方面須有注意之能力，因怠於注意致發生犯罪事實之謂。過失有不認識之過失與認識之過失之分。前者對於構成犯罪之事實全無預見，後者對於構成犯罪之事實雖預見其能發生而確信其不發生，仍屬無預見之狀態。此點與未必之故意有別。認識之過失，對於構成犯罪之事實具有不發生之確信，而未必之故意，對於構成犯罪之事實並無不發生之確信，即縱然發生，亦在行爲人預料之中，與其本意並不違背（參見「不認識之過失」條）。(刑法總則)(王建今)

過失(Negligence)

侵權行爲法之過失，含有二種意義：一爲獨立侵權行爲之名稱，一爲侵權行爲之因素。茲依次分述如下：

一過失爲獨立侵權行爲之名稱

過失爲獨立侵權行爲之一種。舉凡有違反注意之義務，而使他人蒙受其損害者，即構成過失行爲。申言之，過失，非內心之狀態，而係損害他人之行爲。過失，乃一般具有理性之人認爲應爲之行爲而不爲，或一般具有理性之人認爲不應爲之行爲而爲之之謂。嚴格言之，過失之意義，豈僅爲不注意之作爲或不作爲而已，其乃係違反對於他人應盡之義務，而使他人受其損害之行爲也。

二、過失爲侵權行爲之因素

過失，乃不注意之謂。過失有由於對構成侵害之事實，因行爲人未盡通常人所應有之注意，致未能預見其結果之能發生者，謂之欠缺認識，有由於行爲人明知其行爲能發生危險，而對於其結果之發生，竟悍然不顧者，謂之魯莽或重大過失。又有時因缺乏技能而負過失責任者，此則因行爲人明知無技術能力，而自願任之，因之使人誤信其有此能力，故應以有技術能力者之注意繩之，其不能達成此標準而僨事，亦以過失論。反之，如其行爲非出於自願，而係被迫爲之者，則不得視爲過失（見 R.F.V. Heuston: Salmond on the Law Torts, 11th ed., 1953, pp. 36-38, 429-493）（英美侵權行爲法）（何孝元）

過失（Negligence）

在規範日常生活準則下，普通理智之人應爲之事，而處於同一情況中之被告疏忽不作爲，或普通理智之人不應爲者，而處於同一情況之被告竟爲之，是謂過失(Schneeweisz v. Illinios Cent. R. Co., 196 Ill. App. 248, 253)。或曰，行爲人未能如一般理智之人運用普通注意力（ordinary care），以致違反法定義務，意外侵害他人法益。刑法上之過失(criminal negligence)爲構成過失殺人罪（manslaughter）要件，有以州法律規定其適用者。「普通法」亦認爲，妄顧他人身體安全，致傷害或致人死地時，爲有過失。過失之種類甚夥，有相對過失（comparative negligence），共同過失（concurrent negligence），與有過失（contributory negligence）等。

英美法中「過失」，不分等級（degrees），「注意力」則分。如將過失分成三類（classification），則應盡最大注意而未盡時，視爲重大過失（gross negligence），應盡普通注意而未盡時，視爲普通過失（ordinary negligence），應盡輕微注意而未盡時，視爲輕微過失（slight negligence）(Murray v. De Luxe Motor Stages of Illinois, Mo. App., 133 S.W. 2d 1074, 1078)。

部分英美法學者，主張普通過失不足構成刑責，基於社會道義原則，應以「任意」之違法行爲爲刑事制裁對象；所謂「任意」，乃指精神健全之常人，在客觀環境下所表現之故意（intention）及恣縱（recklessness），前者乃指認識犯罪事實且有意使其發生或其發生並不違背本意；後者乃指對犯罪事實缺之具體認識，但明知危險存在，猶怠於爲必要注意，是其應受道義責難程度，較次於故意，足以產生刑責。至若普通過失，對犯罪事實欠缺認識，因一時疏失而侵害他人法益，從道義立場觀之無甚非難處，故不令負刑責，與民事塡補損害爲目的，雖普通過失亦足構成賠償責任不同。但上述學者主張，「普通過失」亦有例外可構成刑責者：㈠從事合法行爲而致他人於死，㈡自然犯罪致人於死，而擬制有犯意存在，㈢因事實上之錯誤致生不可預見之結果等是。

「過失」以欠缺注意爲成因，故注意程度應如何定其標準，學者間迪說，主張原則上以通常理智之人應有之注意爲準，但精神耗弱人，幼年人，或生理上有缺陷之人，則以其本身所能注意之程度爲準，可謂允當。（韓忠謨：「刑事責任之理論研究」，司法行政部印行）。（英美刑法）（桂公仁）

過失占有

爲占有分類之一，對無過失占有而言，即占有人於爲占有之當時，如爲相當注意即可知爲無權而竟怠於注意，斯爲有過失，此在民法上爲不動產短期取得時效之消極要件。無過失占有。爲占有分類之一，對過失占有而言，即占有人於占有之當時，雖爲相當注意，仍不能知爲無權利而占有者爲無過失，此在民法上爲不動產短期取得占有時效之特別要件。（民法物權）（陳　珊）

過失相抵

過失相抵者，乃損害之發生或擴大，非僅因賠償義務人之行爲，而被害人亦與有過失也。所謂損害之發生，被害人與有過失者，例如汽車開駛過速，而猶越道而過，致爲撞傷是。所謂損害之擴大，被害人與有過失者，例如明知賣主交來之機器不良，而猶試用之，致使爆炸而受損害是。於此情形，法院得視其過失程度如何，以減輕賠償金額，或免除賠償責任（民法第二一七條第一項）。

又重大之損害原因，爲債務人所不及知，而被害人不預促其注意或怠於避免或減少損害者，亦爲與有過失（民法第二一七條第二項）。所謂重大之損害原因，爲債務人所不及知，而被害人不預促其注意者，例如以有價證券，裝入信封，託人保管，而不告以貴重物品在內，致爲遺失是。所謂怠於避免或減少損害者，例如債務人給付有傳染病之家畜，不予隔離，致其他家畜亦被傳染是。（民法債編總論）（何孝元）

過失責任

過失責任者，乃債務人就其過失行爲所應負之責任也。所謂過失，即欠缺注意之謂。過失既因注意義務之程度不同，則責任之重輕，自亦因之而異。即抽象的過失，注意之程度高，故債務人之責任重；具體的過失，注意之程度較低，故債務人之責任亦較輕；重大過失，注意之程度最低，故債務人之責任亦最輕。關於過失責任，我民法皆有明文規定。如法律無特別規定，當事人亦未爲約定，則依民法第二二〇條第二項規定：「過失之責任，依事件之特性而有輕重，如其事件非予債務人以利益者，應從輕酌定。又依民法第二二二條規定，重大過失之責任，不得預先免除，以其有背於強行法規及公序良俗也（民法第七一條，第七二條）。（民法債編總論）（何孝元）

過怠（Fault）

過怠者，乃一人因過失、鹵莽或不知情而侵害他人之非法行爲或不行爲也（見 Black's Law Dictionary, 4th ed., 1957, p. 738）。（英美侵權行爲法）（何孝元）

過怠破產罪

即因破產人之過怠行爲而致影響破產程序作用之犯罪也。舊破產法第三三〇條定有三種情形：㈠浪費賭博，或因買空賣空致減少多額之財產，或負擔多額之債務者。㈡以遲延破產宣告爲目的，收買商品而以大不利益之條件處分之者。㈢不爲法定之商業帳簿，或爲之而財產狀況記載不明，或藏匿毀損之者。本罪之處罰，爲一年以上三年未滿有期徒刑，或五百元以下之罰金。現行法則分以下情形：㈠違背破產人義務之行爲：1.破產人拒絕提出破產法第八十七條所規定之說明書或清冊，或故意於說明書內不開列其財產之全部或拒絕將第八十八條所規定之財產或簿冊、文件移交破產管理人者，處一年以下有期徒刑。2.依破產法第七十四條、第八十九條及第一百二十二條之規定有說明或答復義務之人，無故不爲說明或答復，或爲虛僞之陳述者，處一年以下有期徒刑、拘役或五百元以下之罰金。㈡破產人損害財產之行爲。破產人在破產宣告前一年內，有下列行爲之一者，處一年以下有期徒刑：1.浪費、賭博或其他投機行爲，致財產顯然減少或負過重之債務者。2.以拖延破產之宣告爲目的，以不利益之條件，負擔債務或購入貨物或處分之者。2.明知有破產原因之事實，非基於本人之義務，而以特別利於債權人中之一人或數人爲目的，提供擔保或消滅債務者。（破產法一五二、一五三、一五六）。（破產法）（陳　珊）

過當防衛

所謂過當防衛，即指防衛行爲超過適當程度而言。防衛是否過當，須就實施時之情節而爲判斷，不以侵害與防衛之法益之輕重爲標準。例如被盜匪綁架監禁於匪窟，若非殺死看管之人，無從脫險，斯時縱致看管人於死，亦非過當防衛。防衛行爲如不過當，則阻却其違法性，應予不罰。若防衛過當，例如對方以竹棒來擊，而以手鎗還擊致死，其侵害與防衛顯失均衡。仍不能免責，僅得減輕或免除其刑（參照刑法二三條但書）。（刑法總則）（王建今）

新式樣

所謂新式樣者，係指對於物品之形狀、花紋、色彩，首先創作適於美感，並且在呈請專利前，無相同或近似之新式樣發佈於刊物或在國內公開使用，並無相同或近似之新型或新式樣，核准專利在先者。

新式樣係以合乎美感爲基本要件，與新型之創作應合於實用者不同，新式樣因須適於美感，因此必須表現於物品之上，離開物品，即無所謂新式樣，此所謂物品，係指能單獨達成使用目的之物而言，物品之一部，如能單獨達成使用之目的，並得爲交易之標的物時，亦屬此處所稱之物品。

所謂「形狀」，係指就外部所認識之外面形象而言，所稱「花紋」，係指裝飾、陪襯用之形象而言，所謂「色彩」，係指以單一色而成之著色而言，如色彩使用二種以上者，應視爲花紋，依專利法之規定，此種「形狀、花紋、及色彩」，各得單獨爲新式樣之內容。

凡對於物品之形狀、花紋、色彩，首先創作，適於美感之新式樣，原則上均得申請專利，但對於下列物品，專利法仍不予新式樣專利：㈠妨害公共秩序、善良風俗或衞生者。㈡相同或近似於黨旗、國旗、國父遺像、國徽、軍旗、印章、勳章（專、九七）。（專利法）（管　歐）

新型

所謂新型，係指對於物品之形狀、構造或裝置，首先創作合於實用，而其製品在申請前尚未見於刊物，並無下列情形之一者（專、九六）：

㈠申請前已在國內公開使用，他人可能仿效者。
㈡有相同之發明或新型，核准專利在先者。
㈢已向外國政府申請專利逾一年者。
㈣經陳列於政府或政府認可之展覽會，於開會之日起逾六個月尚未申請專利者
㈤申請專利前，大量製造而非從事實驗者。

所謂物品之形狀，指能自外部認識之外面形象；所謂構造，係指物理的機械構造而言，化學構造不包括在內；所謂裝置，係指組合二個以上原有單獨使用價值之物品，使其能發生新效用而言。

創作新型，如合於實用者，原則上均得申請專利，惟有下列情形之一者，仍不予新型專利：㈠新型之使用違反法律者。㈡妨害公共秩序、善良風俗、或衞生者。㈢相同或近似於黨旗、國徽、勳章之形狀者。（專、九七）(專利法)（管　歐）

新派

見「刑法理論」條。（刑法總則）（王建今）

新康德法律哲學（Neo-Kantian Philosophy of Law）

十九世紀與廿世紀之間，一部分學者以康德哲學為基礎，從事建立新的法學，稱新康德法律哲學。如史坦姆勒（Rudolf Stammler 1856-1938）、戴爾凡丘（Giorgio Del Vecchio）、開爾遜（Hans Kelsen）、哈德溥（Gustave Radbruch）等均屬之。不過由於取捨不同，所得結論頗有出入。可以史坦姆勒的法律哲學為例，略加說明。史坦姆勒與康德同，認為社會為意志自由的個人所結成的團體。不過根據康德的絕對命令，法律在使個人的任意行為與其他個人的行為互相協調。而依史坦姆勒之見，法律乃在調整個人目的與社會目的。由此一「社會理想」（social ideal）可進而推求「正當法律的原則」（principles of just law）。正當法律的原則有二，謂「尊重之原則」（principles of respect）與「參與原則」（principles of participation）。前者指個人意志不應受他人武斷意志之支配，以及個人對他人之主張必須無害他人為「社會一員」之人格。後者指任何人不應被武斷擯斥於社會之外，以及依合法的權力剝奪個人社會生活利益時，必須無害其人為「社會一員」之人格。遇有特定爭執時，則藉假想的「特定團體」（a special community），置特定爭執於其中，以觀法律能否使有關之個人目的符合社會目的。換言之，史坦姆勒承認絕對的法律理想，但由於實證法因時因地而異，此一法律理想只屬形式的，幷無一定的內容。故其學說不在發現正當法律的具體規條，只求抽象而普遍適用的方式。實證法只須形式合於上述社會理想之原則，即屬正當而無須計其內容。此即史坦姆勒所謂「內容可變的自然法」（Natural law with a changing content）之理論。在服膺自然科學及相對主義而同時渴望絕對理想的時代，此種理論自有其特殊的意義。（法理學）（馬漢寶）

參考文獻：

Rudolf Stammler, The Theory of Justice (1925), I. Husik Translation
Julius Stone, The Province and Function of Law, Harvard University press, 1950, pp. 317-327.

新發明

所謂新發明，係指發明之內容，就已往之技術或知識尚未能得知者而言，亦即尚未為社會所共知。有下列情形之一者，即不能稱為新發明（專、一）：

㈠申請前已見於刊物或已在國內公開使用，他人可能仿效者。
㈡有相同之發明核准專利在先者。
㈢已向外國政府申請專利逾一年者。
㈣經陳列於政府或政府認可之展覽會，於開會之日起逾六個月尚未申請專利者
㈤申請專利前，秘密大量製造，而非從事實驗者。

新發明，如欲申請專利，除在消極上必須無上述之情形外，在積極上，必

須具有工業上價值，並且明顯確定，所謂工業上價值，係指該新發明，適合實用並已達到工業上實施之階段而言。

新發明，如具有工業上價值者，原則上固均得申請專利，但下列五類物品，則不予專利，以其關係公眾衛生或公益（專、四）：

(一)化學品：化學品包括依化學方法所製之物質，因此項發明如予專利，將阻礙以此物質為原料之製造工業之發達及以此物質為前提要件之發明。

(二)飲食品及嗜好品：此兩項均屬人類生活上之必需品，關係民生甚巨，故不欲專利權。惟某種物品，本係供用於其他用途者，偶因特殊人之使用於飲食品或嗜好品者，即不屬於此處所謂之飲食品及嗜好品。又本款規定，係以物品本身為目的，故雖為飲食品或嗜好品，若其製造方法具有工業上價值者，仍得就其發明之方法，申請專利。

(三)醫藥品及其調合品：醫藥品及其調合品，雖因公益上關係，不予專利，但如對於既存之醫藥品，發明新製造方法者，得以此新製造方法申請專利。

(四)發明品之使用違反法律者。

(五)妨害公共秩序、善良風俗或衛生者：新發明物品或新發明方法，如係有妨害公共秩序、善良風俗或衛生者，原即有害無益，自不得更許以專利，以助桀為虐。

除上述五種情形外，如在外國已消滅或撤銷之專利權，亦不得再依專利法申請專利。（專利法）（曾　歐）

新黑格爾法律哲學（Neo-Hegelian Philosophy of Law）

黑格爾根據辯證的推理，認為國家即是倫理理想或道德觀念之實現。換言之，唯有與國家合而為一，個人始能充分發展。黑格爾以後，不少歐洲學者進一步闡揚此種理論，如德國之卞德（J.Binder）、賴涵茲（K.Larenz）、意大利之吉奧勃第（V.Gioberti）等皆其著者。此輩學者強調國家為世界歷史精神之表現，個人無條件從屬於國家，即可以完成自己，因稱新黑格爾學派。論者以為其說對於廿世紀法西斯（facist）極權國家之興起，具有直接影響。（參閱「黑格爾法律哲學」）（法理學）（馬漢寶）

參考文獻：

Wolfgang Friedmann, Legal Theory (5th edition), London 1967, pp. 174-175

新經院法學（Neo-Scholastic Theories of Law）

新經院思想（Neo-Scholasticism）為天主教近代的一種神學與哲學運動。於過去數十年間對於法學的影響，在法、德、美、意等國最為顯著。新經院法學家之理論在重點與細節上雖彼此頗有出入，在基本上則均確信自然法先實證法而存在，并優於實證法。此種自然法論源自中世紀聖湯瑪斯之法律哲學，故以概括抽象的原則為自然法之內容。因此，新經院思想亦稱新湯瑪斯學（Neo-Thomism）。在先，如瑞士學者卡塞良（Victor Catherine）、法國學者賴佛（Louis Le Fur）均強調自然法僅含數條基本原則。其後，德國學者羅芒（Heinrich A. Rommen）更指出自然法只具二項自明的原則：即「公正之事為之，不公正之事莫為之」，「屬於人自己的，應給予之」。從此推演，即可得較具體的規則。晚近不少新經院法學家更從不同的立場，致力闡揚自然法思想。例如法國學者馬理當（Jacques Maritain）提倡一種以傳統自然法觀念為基礎之人類權利的學說，另一法國學者雷克雷（Jacques Leclercq）則主張借重社會學觀察事實之方法，以窺知人之社會本性，進而建立基於此種本性的自然法。意大利學者唐特凡（A.P. d'Entreves）更建議改採義務論的（deontological）自然法，以企獲得各方面學者均能接受的討論基礎。此外，德國學者郗貝爾（Ernst von Hippel）、梅斯納（Johannes Messner）等亦為新經院學派之代表者。（參閱「經院法學」、「自然法學」）（法理學）（馬漢寶）

參考文獻：

Edgar Bodenheimer, Jurisprudence- The Philosophy and Method of the Law, Harvard, 1962, pp. 134-139.

補正期間

所謂補正期間，係指主管機關對於商業登記之申請，認為有違反法令或不合法定程式者，應通知當事人補正之期間，此項期間，商業登記法第二十三條規定應於收文後五日內通知之。又主管機關於通知當事人補正時，應將其應行補正之事項，一次通知，不得逐項通知，此所以便民也。（商業登記法）（曾　歐）

補充兵役

補充兵役依兵役法第十六條規定，分爲兩種：

(一)現役——以適合常備兵現役之超額男子，徵集入營者服之。陸軍爲三個月至六個月，海空軍及特種兵爲三個月至一年，期滿退伍。

(二)預備役—以現役期滿退伍者服之，至屆滿四十五歲除役時止。

補充兵在服預備役中，亦應依兵役法第四十條之規定，受動員、臨時、教育、勤務等各種召集。如意圖避免補充兵現役之徵集或各種召集者，妨害兵役治罪條例第四條第六條第七條分別定有處五年以下或三年以下有期徒刑之明文。(特別刑事法)(吳 智)

補充判決

見「判決之補充」條。(民事訴訟法)(李學燈)

補充送達

補充送達，亦稱間接送達，係不獲會晤應受送達人而爲直接交付時，得將文書付與其同居人或受僱人之送達（民訴一三七）。此項送達之要件：(一)送達於住居所、事務所或營業所不獲會晤應受送達人。(二)將文書付與有辨別事理能力之同居人或受僱人。所謂同居人，指與應受送達人居住一處共同爲生活者而言，不以有親屬關係爲限，亦不必以永久共同生活爲目的（民一一二三參照）。所謂受僱人指其被僱有相當繼續之性質，且係服日常勞務者而言。所謂有辨別事理能力，指普通常識而非幼童或精神病人而言（郵局送達訴訟文書實施辦法第十條參照）。(三)其同居人或受僱人須非他造當事人。否則其利害相反，恐有匿不轉交之事故，爲保護本人之利益計，故不許對之爲送達。(民事訴訟法)(李學燈)

補助證據

爲證據之一種，對獨立證據而言。凡證據本身不能證明犯罪事實之存否，而僅能證明他種證據之正確性，爲其證明力之補助者，爲補助證據。如證明證人之品行端正，從無謊言；或某種證物之發現，確實可信等是。(刑事訴訟法)(陳 卌)

補強證據

爲證據之一種，對主要證據而言。凡足增強主要證據之證明力而生補充效果之證據，爲補強證據。如告訴人之陳述，雖得視同證言，惟若無主要之人證物證，單憑告訴人之指陳歷歷，亦不足爲認定犯罪事實之依據。以之與其他證據，參互以觀，能發生補強作用。(刑事訴訟法)(陳 卌)

補強證據（Corroborative Evidence）

補充現有證據，加強或確認其證明力者之謂（In re Cardoner's Estate, 27 N.M. 105, 196 p. 327, 328）。不以與主證據係獨立證據爲必要，即依主證據而得之證據亦得證明之；不限於直接證據，間接證據亦包括在內。其他有關證人之性格、能力，乃用以證明證據之信用性之事實，謂之補助證據，與補強證據略有出入。(英美刑法)(桂公仁)

補償關係

補償關係者，乃要約人使債務人對於第三人負擔債務之原因關係也。此種原因關係，常由於要約人與債務人間之契約而發生，亦有由他種原因而生之債權關係而發生，因而成立第三人利益契約。例如於買賣契約，出賣人約定，買受人以其價金交付於第三人是。(民法債編總論)(何孝元)

意外事變（Misadventure）

由於行爲人之意外行爲而致他人於死或傷害，如「意外殺人」（homicide by misadventure）情形中，行爲人從事合法行爲，無傷人之故意，不幸意外殺害他人時，應予減刑或使免負刑責。法學家布來克史東氏（Blackstone）曾舉一例（Blackstone Commentaries, Lewis ed., Book 4. pp. 192），謂工人在一行人稀少之鄉間修繕房屋，將木料拋入街心，並高聲警告行人注意，仍意外將被害人擊斃。在此情形下，行爲人從事一合法行爲，不僅無殺人故意，且已盡注意之義務，實爲「意外殺人」，應予減刑或免責。換言之，若修繕之房屋在大都市，行人如織，或行爲人明知街上正有人行走，未加警告逕將木料拋下殺死被害人，則應分別論以過失殺人罪（manslaughter）或謀殺罪（murder）。(英美刑法)(桂公仁)

意定代理

見「訴訟代理人」條。（民事訴訟法）（李學燈）

意定物權

爲物權學理上分類之一，對法定物權而言，即基於當事人之意思表示而成立之物權也。物權法爲強行法，且採法定創設主義，依當事人之合意而成立物權，必須履行合法之設定程序，故稱設定物權，如地上權、永佃權、地役權、典權、抵押權、質權皆屬之。質權以動產爲標的，經移轉占有而成立，程式較簡。（民法物權）（陳　珊）

意思表示（Declaration of Intention）

即其意思希望發生私法上效果之意思表彰於外之行爲也。其要件有五：(1)必須存有欲其發生私法上效力之意思，故稱之爲效力意思。例如發生購物之決心是。(2)必須有一意思作用，使其內部之效力意思與外部之表示行爲(act of declaration)相聯絡而成爲一致，換言之，即須有欲將效力意思表示之意思也。例如將購物之決心表示於外部是，故曰表示意思。(3)必須發生相當之行爲乃能生效。而此行爲乃本於意識之作用，故曰行爲意思。例如口稱購物是。至其實施表示於外之行爲，始稱爲表示行爲。(4)意思表示必須一致。(5)意思表示須無瑕疵，質言之，即意思係自由意思表示也。亦即是意思表示，未受詐欺或脅迫而非出於本意之表示耳。至意思表示之方法，以不要式爲原則，要式爲例外。而要式之意思表示，又分爲法定方式與約定方式二者。前者，由法律明文規定有一定之方式，如不履行其方式，則不發生效力。例如不動產所有權之移轉，男女之結婚，須依其法定方式，始生效力。我民法第七三條更明定，法律行爲不依法定方式者無效。後者由當事人自由約定，如一方不履行其約定方式，則爲違約，他方即可主張其無效。關於意思表示之解釋，應探求當事人之眞意，不得拘泥於所用之辭句。（民法總則）（張鏡影）

意思表示之執行

強制執行，基於以爲一定意思爲標的而取得之執行名義，曰意思表示之執行。爲執行名義之判決，係命債務人爲一定之意思表示而不表示者，視爲自判決確定時已爲其意思表示；但意思表示有待於對待給付者，自法院就已爲對待給付或提出相當擔保給予證明書時，視爲已爲其意思表示。（強制執行法一三〇）。（強制執行法）（陳　珊）

意思實現

依習慣、或依事件之性質、或依要約人之意思、承諾無須通知者，在相當時期內，如有可認爲承諾之事實時，是爲意思實現，契約亦可成立（民法第一六一條）。此項契約之要件有三：㈠須依習慣、或事件之性質、或要約人預先聲明，承諾無須通知：所謂依習慣，承諾無須通知者，例如向酒館預定酒席，依習慣無須爲承諾之通知是。所謂依事件之性質，承諾無須通知者，例如懸賞廣告，以行爲人完成一定行爲爲承諾，性質上無須爲承諾之通知是，所謂依要約人之意思表示，承諾無須通知者，例如要約人於爲要約時或其後聲明承諾無須通知是。㈡須有可認爲承諾之事實。可認爲承諾之事實，係以客觀推斷之，不必承諾人認識該事實之爲承諾意思之表示。例如發送所定購物品之履行行爲，或使用要約人所送物品之受領行爲，或旅館主人對於所定房間實行打掃所爲之準備行爲，均足認爲承諾之事實業已發生是。㈢須此可認爲承諾之事實發生於相當時期內。此之所謂相當時期內，乃一般人認爲在此期間內，要約之拘束力仍然存在。（民法債編總論）（何孝元）

經院法學（Scholastic Theories of Law）

經院法學以經院思想（Scholasticism）爲基礎。經院思想係歐洲中世紀，信仰基督的（Christian）學者綜合亞里斯多德的哲學與宗教教義而成。其中，聖湯瑪斯（St. Thomas Acquinas 1226-1274）實發揚光大之。其學說足以代表羅馬天主教教義（Roman Catholicism）。因此，經院思想亦稱湯瑪斯學（Thomism）。依聖湯瑪斯之見，法律分爲四種。即永久法（lex aeterna）、自然法（lex naturalis）、神示法（lex divina）及人爲法（lex humana）。永久法是神的理性與智慧，支配宇宙一切。唯神能充分知之。但人類憑神授的理性，得以認識永久法的一部分，是即自然法。自然法爲人類行爲之一般原則，其最基本者即「行善戒惡」。人依其合理的本性所企求之事，必爲善的。從而人類自保之本能，異性結合，養育子女之欲望，認識上帝、追求知識之自然傾向，謀營社會生活而避免互相侵犯之願望等，皆原則之著者。此等基本原則永垂不變。不過由基本原則推演而得之次級原則，則視情形可以改變。自然法之抽象原則受神示法之輔助，以規律人類生活。神示法即上帝經由舊約與新約聖經而啟示於人者。至於人為法，則指「主持團體者為公共福祉而制作公布之理性的命令」。換言之，聖湯瑪斯認為人為的法律含有理性的成分，而為自然法原則之具體的確定。國家制定的法律隨時間環境而變，但凡與理性或自然法牴觸者，即為不合正義的法律。不合正義的法律不具法律的本質，可以不加服從。不過聖湯瑪斯強調公共秩序與安寧之重要性。故主張人為的法律，除非與神示法衝突，不可輕言反抗。聖湯瑪斯的法學理論組織嚴謹、系統完備，對於以後的天主教法學影響至鉅。（參閱「新經院法學」，「自然法學」）（法理學）（馬漢寶）

參考文獻：

Acquinas, Summa Theologica, Fathers of the English Dominican Province Translation, London, 1913-1925

Edgar Bodenheimer, Jurisprudence-The Philosophy and Method of the Law, Harvard, 1962, pp. 23-76

經追認後之代理（Agency by Ratification）

經追認後之代理者，即代理人無代理權，或有代理權而逾越其權限範圍所為之契約行為，嗣經本人承認，而使其契約發生效力之謂也。經追認後之代理，與有代理權之代理同，其效力溯及於契約訂立時。惟無權代理人為行為時，須係以本人名義為之，若以自己名義為之者，雖經承認，亦不生效。又無權代理人為行為時，更須本人當時已有行為能力及本人追認時其自身亦須有行為能力，蓋代理人訂約時，本人若無行為能力，則根本不得為授權行為，追認時無行為能力，則追認為無效（見 J.F. Wilson: The Low of Contract, 1957, by J.F.Wilson, pp. 202-205.）。（英美契約法）（何孝元）

經理人（Manager）

謂有為商號管理事務及為其簽名之權利之人也。授與經理權者曰商號所有人。授與方法，不問明示或默示，均無不可。其權限如何？依授權行為而定也。經理人與代辦商同為商號之所有人。但頗有區別。前者，其地位係從屬於商號之使用人；後者，其地位則為獨立之商人。前者，係管理商號之事務；後者，係辦理商號之事務。前者，係在商號內管理事務；後者，係在商號外辦理事務。前者，無地域之限制；後者，則有地域之限制。關於經理權之消滅，我民法設有反面之規定，即經理權不因商號所有人之死亡破產，或喪失行為能力而消滅（第五六四條）。（民法債編分則）（張鏡影）

經濟法

在第一次世界大戰前後，資本主義經濟趨於高度化，而企業的集中，如 cartel, trust, Konzern 等獨占或聯營方式不斷的出現。各國為避免獨占性的壟斷，並謀調劑非常時期的供需，乃有經濟統制的實施，於是經濟統制的立法，遂應運而生。其以經濟統制法為中心的經濟法，亦為立法的新課題。本來經濟法（Recht der wirtschaft）的概念，淵源於德國學者的倡導；但其界說，迄今尚未確定。主張消極說者，以經濟法為國民經濟諸規範中的一種，而不承認其具有獨立的法域，如 Nussbaum 著 Das neue Deutsche Wirtschafts-recht 2, Aufl. 1922 S.1.；而主張積極說者，以經濟法具有獨立性，乃促進經濟發展中企業者關於經濟企業的特別法，如 Kaskel 著 Gegenstand und Systematisher Anfbau des Wirtschaftser echts als Rechtsdisziplirs und Lehefach. JW. 1926, S. 11. ff, insbes S. 12 。不過，經濟統制乃直接或間接以企業為其主要的對象，所以經濟法與規範企業組織及活動的商事法，尤其公司法，在體系上兩者遂發生相互交錯的關係。學者對於這一點所持的見解，可分為兩派，其一以經濟之法的規制，一方面以個別經濟主體的利益為基礎，就其主體相互間的利益加以調整；他方面又着眼於國民經濟，其調整原則，却以全體的利益超越於個別經濟主體的利益為依歸。在此場合，前者屬於公司法及其他商事法的任務；後者屬於經濟法的任務，兩者各構成各別的法域。另一派以商事法包括公司法，莫不以企業關係為其規制的重心，其與以維持並發展企業為目的的經濟法，在本質上原屬相同，故在過渡時期，兩者雖各有其法的領域，但最後必歸於合一。（商事法）（林咏榮）

經濟部中央標準局組織條例

本條例原名為「工商部中央標準局組織條例」，三十八年一月十七日公布，四十二年十二月二十八日修正爲現名。條例規定中央標準局隸屬於經濟部，掌理全國標準事宜，設置各科室並得附設其他有關機構。（詳見「中央標準局」）（標準法）（管　歐）

經營糧食業人

違反糧食管理治罪條例，所稱經營糧食業之商人，係指依糧商登記規則，領有糧商營業執照之商人而言，（包括農會、合作社）糧商經營不得超過其核准登記以外之糧食種類或業務。（特別刑事法）（吳　智）

解約金

解約金就是解約返還金的簡稱。解約返還金（return premium, sunender value Rück uergutete pramine, valeur de rachat），係指要保人在保險期間內，中途終止契約時，保險人就其所積存的責任準備金應償付的金額。我國保險法第一二九條第一項規定：「要保人終止保險契約，而保險費已付足二年以上者，保險人應於接到通知二個月內，償付解約金，其金額不得少於要保人應得責任準備金的四分之三。（商事法）（林咏榮）

解除條件（Condition Subsequent）

爲條件之一種，對停止條件而言。謂法律行爲之效力消滅，繫於不確定之事實之意思表示也。易言之，即限制法律行爲效力之消滅之條件也。凡附此條件之法律行爲，一俟該條件成就時，法律行爲之效力卽行消滅。例如甲對乙曰：「君之債務卽日免除，但不得與丙同居。如有同居事實，債務仍卽恢復。」我民法第九十九條第二項規定：「附解除條件之法律行爲，於條件成就時失其效力」。於此可知解除條件未成就之前，法律行爲自始有效。須條件成就後乃失效力。但當事人特約使條件成就之效果，不於條件成就時發生者依其特約（同上條三項）。（民法總則）（張鏡影）

解除權

所謂解除權，乃由有解除權之一方向他方爲意思表示，使已成立之契約，溯及旣往而歸於消滅之權利之謂。解除權爲形成權。其發生之原因，有由於當事人以契約約定者，謂之約定解除權；有由於法律規定者，謂之法定解除權。法定解除權又可分爲二種：一爲一般的法定解除權，卽規定各種契約所共同之解除原因，如我民法第二五四條至第二五六條規定者是；一爲特種的法定解除權，卽規定某種契約所特有之解除原因，如民法第三五九條，第四九四條所規定者是。

一般的法定解除之發生原因，有二種：㈠因給付遲延之解除：在非定期行爲之情形，契約當事人之一方遲延給付者，他方當事人得定相當期限，催告其履行，如於期限內不履行時，得解除其契約（民法第二五四條）。在定期行爲之情形，依契約之性質，或當事人之意思表示，非於一定時期爲給付不能達其契約之目的，而當事人之一方不按期給付者，他方當事人得不爲催告而解除其契約（民法第二五五條）。㈡因給付不能而解除：債權人於有第二二六條之情形，得解除其契約（民法第二五六條）。所謂民法第二二六條之情形，係指因可歸責於債務人之事由致給付全部不能，或一部不能，或雖一部不能而其他部分之履行於債權人無利益者之三種情形而言，對於第一種情形及第三種情形，債權人固可於損害賠償請求及契約解除之間，擇一而行之，但對於第二種情形，卽債務人之一部給付，係屬可分且於債權人有利時，則債權人僅對於不能給付之部分有解除權。

至於不完全給付，我民法並無准予解除契約之規定，然依理而言，不完全給付如可以補正，經債權人催告後，而債務人不於催告期限內補正時，似可類推適用民法第二五四條給付遲延之規定，解除其契約。不完全給付雖可補正，而於債權人無利益時，可類推適用民法第二五五條定期給付遲延之規定，解除其契約。如不完全給付而不能補正時，則可類推適用民法第二五六條給付不能之規定，以解除其契約。（民法債編總論）（何孝元）

解散隊伍

解散隊伍爲利敵行爲之一，卽未奉命令而使隊伍喪失其原來之組織，或編制系統，而消失其整體性及作戰力，故軍刑法第十九條規定意圖利敵、解散隊伍者，處極刑。（特別刑事法）（吳　智）

解嚴

解嚴，依戒嚴法第十三條規定，指戒嚴情況終止，或經立法院決議，移請總統解嚴時，總統應即宣告解嚴，一律回復原狀之謂。自解嚴之日起，軍事機關因宣告戒嚴而取得之權限，應分別交還行政及司法機關。對於人民基本權利與自由之限制，應即解除。由軍事審判機關受理判決之民、刑案件，自解嚴之翌日起，得依法上訴。（特別刑事法）（吳　智）

戡亂時期貪污治罪條例

本條例爲刑法瀆職罪之特別法，於民國五十二年七月十五日公布，同日施行。全文共計二十條。所謂貪污罪，係指公務員因貪圖利得而辱瀆其職守之犯罪而言。貪污罪爲瀆職罪中之主要犯罪，而賄賂罪又爲貪污罪中之主要犯罪。所謂賄賂，係指以金錢或得以金錢計算之財物，對於執行職務之人爲不正之餽贈而言。貪污罪之犯罪主體，並不以公務員爲限，其受公務機關委託承辦公務之人及共犯，亦適用本條例（本條例二條、三條）。本條例之處刑，一般較刑法爲重。惟犯罪情節輕微，而其所得財物在三千元以下者，仍適用有較輕處罰規定之刑法或其他法律（本條例九條）。對於宣告有期徒刑以上之刑者，並宣告褫奪公權（本條例十七條）。蓋既經犯瀆職罪而被處刑，自不應於一定期間內再行享有公權。（刑法分則）（王建今）

我國對懲治貪污制定特別法，始於民國二十七年六月二十七日，以當時對日抗戰軍興，爲整飭政風，期抗戰勝利，經前國民政府定頒懲治貪污暫行條例，施行至民國三十二年六月三十日，因懲治貪污條例公布施行而廢止。懲治貪污條例施行後，曾於民國三十五年一月一日，三十六年十一月二十五日，三十八年九月二十九日，三十九年六月二日先後經四次修正；至民國四十三年五月以政府在臺灣之各種制度建立，政治日見修明，認本條例無再行延長施行必要，經　總統令於同年六月一日施行期滿予以廢止。現行戡亂時期貪污治罪條例，係應戡亂時期，爲澄清吏治嚴懲貪污，加強行政效率，集中物力、財力、人力，貫徹復國建國目的需要，經立法委員林樹藝等一百一十二人聯名提出草案，完成立法程序，於五十二年七月十五日　總統令公布施行。（特別刑事法）（吳　智）

戡亂時期肅清煙毒條例

本條例於民國四十四年六月三日禁烟節總統明令公布施行，蓋自舊禁烟禁毒治罪條例於四十一年六月三日，因施行期間屆滿而廢止後，由於共匪推行毒化辦法，爲應付其陰謀，及配合國際禁烟政策，爰有本條例之制定，本條例全文共二十二條，其顯明特質：㈠採取行政措施與刑罰制裁合一之限期肅清政策。㈡採取自動投戒烟毒措施。㈢採用覆判制之特別審判程序，期結案訊速。（特別刑事法）（吳　智）

戡亂時期檢肅匪諜條例

本條例爲刑法內亂罪及外患罪之特別法，民國三十九年六月十三日總統令公布同日施行。本條例之特點，在於預防、檢舉及偵辦匪諜事件。無論何人，發現匪諜或有匪諜嫌疑者，均應向當地政府或治安機關告密檢舉。如明知爲匪諜而不告密檢舉或縱容之者，處一年以上七年以下有期徒刑（本條例四條、九條）。本條例對於誣告罪特別加重處罰，即故意陷害誣告他人爲匪諜者，處以其所誣告各罪之刑（本條例十條一項），以保障善良人民。（刑法分則）（王建今）

政府爲肅清匪諜，預防其滲透、潛伏，進行叛亂活動，而制定本條例；規定獎懲，期人人防諜，人人檢肅之，本條例於民國三十九年六月十三日經　總統令公布施行，四十三年十二月二十八日修正第十四條條文。（特別刑事法）（吳　智）

戡亂時期竊盜犯贓物犯保安處分條例

戡亂時期竊盜犯贓物犯保安處分條例，爲刑法保安處分關於感化教育，強制工作規定之特別法，係適應戡亂時期之需要，爲戢止竊風，防止少年犯罪而制定，民國四十四年十二月三十日公布施行，四十五年一月三日行政院令指定臺灣省爲施行區域，依該條例規定，㈠凡十四歲以上，未滿十八歲之竊盜犯及與竊盜案件有關之贓物犯，一律免除其刑，令入感化處所，施以一年以上三年以下之感化教育，㈢凡年滿十八歲以上之竊盜犯，贓物犯，而有(1)犯罪習慣、(2)以犯竊盜罪或贓物罪爲常業，(3)因遊蕩或懶惰成習而犯罪，(4)品性惡劣素性不端之情形者，應判決於刑之執行前令入勞動場所強制工作二年以上五年以下，執行強制工作處分之結果，認爲無執行其刑之必要者，執行機關得檢具事證

報由檢察官聲請法院免除其刑之執行。（特別刑事法）（吳　智）

傳票

民事訴訟法已將舊有傳票字樣，一律改爲通知書，見「通知書」條。（民事訴訟法）（李學燈）

傳喚

舊法以傳票通知當事人或其訴訟關係人於期日到場者，謂之傳喚。現行法已一律改爲通知，見「通知書」條。（民事訴訟法）（李學燈）

傳聞證據

見「直接證據」條。（民事訴訟法）（李學燈）

爲證據之一種，對原始證據而言。凡由傳聞得來，本身無證明待證事實之效力，必依附原始證據，方能爲使事理明顯之原因者，爲傳聞證據。如某甲證明某乙殺人，謂係由目擊其事之某丙所傳述是。傳聞證據可供心證參考，並非絕無證據能力。（刑事訴訟法）（陳　珊）

傳聞證據（hearsay testimony）

證人供述之證言非係根據其親身經驗，僅複述他人之陳述而已，證據力有否，唯該他人陳述之眞實性是視，此類證據稱曰傳聞證據。實際上傳聞證據證人乃重複他人陳述，提供二手資料，故有不認其爲證人者，所作證言除於特殊情形下，甚少爲庭上採信(State v. Ah Lee, 18 Or. 540, 23 p. 424, 425)。（英美刑法）（桂公仁）

傳播不實消息

指與事實不眞不確不相符合之信息，廣爲傳遞播揚者而言；其爲全部不符，抑爲一部不符，則非所問，凡具有叛亂之意思而故意傳播，無論傳播方法如何，及爲軍事性或政治性或其他之不實消息，而足以破壞地方安寧秩序或動搖人心之虞者，即屬懲治叛亂條例第六條之傳播不實之消息罪。（特別刑事法）（吳　智）

資本三原則

資本（Grundkapital, stammkapital, Capital Social, Jorntstock）爲股份有限公司之物的基礎（Sachliches Substrat）。大陸法制，向來承認所謂資本三原則，即：①資本確定的原則（Prinzip des Eesten Grundkapitals）—謂公司設立時，應有一定的資本，其資本全額須經股東的認定，並按期繳足。我舊法即係採用此種主義。②資本維持的原則，亦即資本拘束的原則（Grundsatz des Binding des Grundkapitals）—謂股份有限公司應維持相當於資本額之財產，以具體的財產，充實抽象的資本；如股票的發行價格不得低於票面金額，股東不得以其對於公司的債權，抵繳其已認未繳的股款，公司非彌補虧損及提出法定盈餘公債後不得分派股利等規定（公司法第一四〇條、第一五四條第二項第二三二條第一項）屬之。③資本不變的原則（Prinzip der Beständing keit des Grundkapitals）—謂資本額自體不許自由減少；如有減少的必要，亦須履行一定繁重的法定程序，如公司法第二七九至二八一等條的規定。我舊法蹈襲確定資本制，公司在設立之際，既因招募股份與催繳股款，在手續上不勝其周折；而其事業開拓資本缺乏之時，又須依變更章程的方法，經股東會的決議並聲請主管機關核准，方可發行新股，增加資本。其在程序上殊感繁重，而在時間上尤爲緩急不能相濟。且其未規定最低的資本額，任意湊集，亦可組織股份有限公司，則股份有限公司不免失其以資合爲中心的團體性，更不足以促大規模企業的發展。新法爲補苴罅漏，改採授權資本制，參看授權資本制條。（商事法）（林咏榮）

資本調查

股份有限公司創立會所選任的董事和監察人，應於選任後即就該公司章程上所記載的資本，爲切實的調查，並向創立會報告。董事或監察人如有由發起人當選，且與其自身有利害關係者，此項調查，創立會得另選檢查人爲之。經調查後，其所列事項如有冒濫或虛僞者，得由創立會裁減或責令補足。發起人如有妨礙調查的行爲、或董事、監察人、檢查人報告有虛僞者，各科四千元以下的罰金。此項調查報告，經董事、監察人或檢查人的請求，而延期提出時，創立會應延期續行集會討論之（參看公司法第一四五至一四七條），至有限公司，主管機關於該公司申請登記時，本法第四一二條第一項所列的①②③等三款亦應加以檢查，抵繳資本的財產，如估價過高，得予以裁減（參看公司法第四一二條）。（商事法）（林咏榮）

資合公司

資合公司係指公司的信用基礎，依存於公司之物的資本。股份有限公司為典型的「資合公司」（kapitalgellschaft, sociéte de capitaux）。且其股東的結合，無須彼此瞭解，任何人均得充之，故此種公司趨於大衆化，而稱之為大衆化公司。（商事法）（林咏榮）

資格刑

見「從刑」條。（刑法總則）（王建今）

毀棄

陸海空軍刑法第一百零五條所規定之毀棄，係指將兵器、彈藥糧食、艦船飛機、被服等軍用品，銷毀棄置，使其喪失物質上之効用而言。（特別刑事法）（吳　智）

毀棄損壞罪

毀棄損壞罪，卽對於他人之財物加以毀損之謂。財物因犯罪而受毀損者，並不以刑法分則第三十五章所規定者為限，其他各章亦多有毀損行為，如刑法一〇七條、一一五條、一一八條、一三八條、一三九條、一四一條、一六〇條、一六一條、一六二條、一八一條、一八二條、一八四條、一八五條、一八九條、二四七條、二四九條等均是。故第三十五章之毀損罪，係其他各章毀損行為以外之概括的規定，如其毀損行為適合於其他各章之規定時，卽無適用本章規定之餘地。本章規定之犯罪如下：㈠毀損文書罪（刑法三五二條）。㈡毀壞建築物、礦坑、船艦罪（三五三條）。㈢毀損一般物品罪（三五四條）。㈣詐損財產罪（三五五條）。㈤損害債權罪（三五六條）。（刑法分則）（王建今）

毀損罪（Malicious Mischief）

以報復仇恨為動機，故意毀損他人動產之行為之謂（People V. Petheram, 31N.W. 188, 64 Mich. 252）。「普通法」將其視為民事上侵權行為而已，美國多數州刑事立法則更論以毀損罪。論者亦有主張行為人是否有侵害他動產之目的，非本罪成立要件，茲所謂之惡意無非具有任意與輕率行為卽足，無須有特定惡意。（英美刑法）（桂公仁）

感化教育

感化教育，乃為保安處分之一種，在犯懲治叛亂條例之罪，因情節輕微，或因自首，或反正來歸，或因犯罪發覺後，檢舉叛徒，或叛徒之組織因而破案，視其情節如思想仍有偏差情形，得在三年以下之期間內，施以感化教育，使能瞭解國家政策法令，復返社會重新作人。感化教育期間不得延長，倘受感化教育期間內，經考核思想純正，行狀善良，悛悔有據，無繼續執行之必要時，得免其執行。倘思想行狀未會改善，有再犯之虞者，得經執行機關，令入勞動教育場所，強制工作，嚴加管訓。（特別刑事法）（吳　智）

感化教育處分

因犯罪宣告感化教育處分，有一般犯罪與特定犯罪之分：一般犯罪分為二種：㈠未滿十四歲人之感化教育處分。因未滿十四歲而不罰者，得施以三年以下之感化教育（刑法八六條一項、三項）。此種感化教育處分，由檢察官聲請法院宣告之。㈡未滿十八歲人之感化教育處分。因未滿十八歲而減輕其刑者，得於刑執行完畢或赦免後，施以三年以下之感化教育。但宣告三年以下有期徒刑、拘役或罰金者，得於執行前為之（刑法八六條二項、三項）。特定犯罪之感化教育處分，如戡亂時期竊盜犯贓物犯保安處分條例第三條規定：十四歲以上未滿十八歲之竊盜犯贓物犯免除其刑，令入感化教育處所施以感化教育。此種感化教育處分，由檢察官提起公訴後，以判決宣告之。感化教育採學校教育方式，由少年輔育院實施之。（刑法總則）（王建今）

傷害保險

傷害保險（personal accident insurance, unfallversicherung, assurance contre les accidents）契約，係指保險人於被保險人遭受意外傷害及其

所致殘廢或死亡時，負給付保險金額責任的一種人身保險契約（保險法第一三一條）。德國於一九〇八年五月三十日所頒行的保險契約法，規定「傷害保險（unfallversicherung）於第四章。法國一九三〇年七月十三日所頒行的保險契約法，仍未對於傷害保險設具體的規定；惟第三章「人保險」（Des assur-ances de personues）中第一節第五四條曾涉及傷害保險。現行日本商法第三編商行為中第十章所規定的「保險」、未及「傷害」，而瑞士保險契約法，則規定「傷害保險」於第三章。我舊保險法於第三章（人身保險）第三節設「傷害保險」的規定，現行法仍因舊貫，規定於第四章（人身保險）第三節中。（商事法）（林咏榮）

傷害罪

傷害罪乃侵害人之身體或健康之犯罪。身體與健康，爲人類生存之第一要件，故法律必須加以保護。此不僅重視個人之安全與法益，亦所以維護社會秩序與國家元氣。刑法分則第二十三章規定傷害罪，自二百七十七條至第二百八十七條計有十一條，包括普通傷害罪（刑法二七七條一項）、傷害罪之結果加重犯（刑法二七七條二項）、重傷罪（刑法二七八條一項）、重傷罪之結果加重犯（刑法二七八條二項）、義憤傷害罪（刑法二七九條）、傷害直系血親尊親屬罪（刑法二八〇條）、施暴行於直系血親尊親屬罪（刑法二八一條）、加工自傷罪（刑法二八二條）、聚衆鬥毆罪（刑法二八三條）、過失傷害罪（刑法二八四條）、傳染花柳病痲瘋罪（刑法二八五條）、妨害幼童自然發育罪（刑法二八六條）。（刑法分則）（王建今）

搶奪

指意圖爲自己或第三人不法之所有，而乘人不備，或使人不能抗拒，公然奪取之行爲而言，軍刑法第八十三條之搶奪罪，并包強盜在內。（特別刑事法）（吳　智）

搶奪罪

搶奪罪，卽意圖爲自己或第三人不法之所有，而搶奪他人動產之謂。搶奪行爲，係介乎竊盜行爲與強盜行爲之間，搶奪是乘人之不備，以公然方法，奪取他人之動產；竊盜是乘人之不知，以秘密方法，取得他人之動產；強盜是以強暴脅迫等公然之方法，至使不能抗拒而取他人之物或使其交付。搶奪罪在刑法中較普通竊盜罪稍重，與加重竊盜罪（刑法三二一條）相等，而較強盜罪爲輕，卽其法定刑爲六月以上五年以下有期徒刑。惟在戰地或戒嚴區域犯搶奪罪，因陸海空軍刑法第二條第九款及第八十三條之特別規定，則應處死刑、無期徒刑或十年以上有期徒刑。（刑法分則）（王建今）

運送人

見「海上運送」條。（商事法）（林咏榮）

運送營業（Carriage）

謂以運送物品或旅客爲營業而受運費之契約也。運送營業人謂之運送人。託運物品者謂之託運人。此契約之性質如何？有以爲委任契約者，有以爲僱傭者，亦有謂爲委託契約者，更有以爲承攬契約者。殊不知運送非事務之委託，不能解釋爲委任。運送以運送物品或旅客爲營業目的，事實上非勞務之給付，自不能認爲僱傭。運送人雖負保管運送物品之責，然此非營運送契約之目的，況於物品之外，更有旅客，何能謂對旅客爲寄託？其非寄託可知矣。惟運送人爲託運人完成運送而受運費，實與承攬契約相近。德日派學者多認爲係承攬契約之一種。我國民法係在承攬契約之外，專設運送契約。應認爲係獨立契約。惟運送人對於物品運送(carriage of goods)之義務，則有塡給提單，按期運送，不得變更指示，負擔運送物損害，通知運送物到達及交付運送物等義務。其權利則有請求託運單交付，提單返還，處分時之損害賠償，受領遲延對運送物之拍賣以及運費等請求權。其對旅客運送(carriage of passenger)之義務，則有應於旅客到達時返還行李，及按約定時間送到約定地點諸義務。其權利則有運費請求權及對旅客行李逾限不取回者之拍賣權。關於託運人亦有交付文件及告知運送物與報明運送物價值等義務（民法第六二二條至六五九條）（民法債編分則）（張鏡影）

義大利學派

新派刑法理論，創始於義大利刑法學者龍波羅梭（Lommbroso）斐利

（Ferri）等。龍波羅梭認爲犯罪係由於人類的遺傳與生理關係而形成，有生來犯罪人論及犯罪遺傳論等理論之倡導，斐利更進而將犯罪原因分爲個人的原因與社會的原因加以研究，構成刑事實證學派的理論。因彼等均爲義大利人，故新派刑法理論，又稱爲義大利學派。（刑法總則）（王建今）

著手

犯罪行爲，通常分爲陰謀、預備、著手、實行四階段。除陰謀屬於特定之犯罪狀態外，預備爲著手前之行爲，著手爲實行之開始。就殺人行爲言，携帶手槍爲預備，擧槍描準爲著手，槍發爲實行。陰謀及預備之處罰，以有特別規定爲限。一經著手，則構成既遂或未遂。如未達於著手階段，則不生未遂問題。（刑法總則）（王建今）

溯及既往之法律（Retroactive Law）

新法律制訂後，其效力使及於其未制定前之行爲或事實，或限制，撤銷依現行法律取得之權利，或課行爲人以新義務者，謂之溯及既往之法律。人民固然有服從法律義務，但必以法律之存在爲前提，因法律僅於施行後始有其拘束力，對於施行前之行爲不得強人遵守，是爲法律不溯既往之原則，英美法與大陸法皆承認上述原則，不認溯及既往之法律爲有效，但於刑罰之加減，時效有疑義，得爲被告之利益，例外承認其效力。（英美刑法）（桂公仁）

罪刑法定主義

無法律，卽無犯罪與刑罰。換言之，法律未規定之行爲，犯罪與刑罰皆不存在。任何行爲，縱爲社會所譴責，但在法律上未規定爲犯罪，卽不得處以刑罰。亦卽刑法第一條規定：「行爲之處罰，以行爲時之法律有明文規定者爲限」。此卽爲罪刑法定主義。

此種無法律卽無刑罰的思想，最初發生於一二一五年英國大憲章（Magna Charta），其用意卽在保障國民個人的自由與權利，而爲對國家權力的自我限制。到了一七八九年法國大革命當時所發表的人權宣言第八條規定：「法律除絕對必要之刑罰外，不得有其他處罰之規定。無論何人，非依犯罪前制定之法律，不得處罰」。及至一八一〇年法國刑法第四條規定：「不問違警罪、輕罪、重罪，非依犯罪前所制定之刑法，不得處罰」。自此以後，各國刑法均相繼採用。因採用罪刑法定主義，結果產生四個原則：㈠刑法之法源，排除習慣法。㈡刑法之效力在原則上不溯及既往。㈢禁止類推解釋。㈣排斥絕對不定期刑。罪刑法定主義，爲近代法制國家共守之原則。亦卽爲保障個人權利最有效之武器。（刑法總則）（王建今）

農作改良物

爲土地改良物分類之一種，與建築改良物並列。（土、五）詳見「土地改良物」條。（土地法）（曾　歐）

董事會

股份有限公司業務的執行，由董事會決定之。除本法或章程規定，應由股東會決議的事項外，均得由董事會決議行之（公司法第二〇二條）。公司董事會，應由三分之二以上董事的出席，及出席董事過半數的同意，互選一人爲董事長，並得依章程規定的人數，依同一方式，互選常務董事。公司設有常務董事者，其董事長，應由常務董事依前項方式互選之。董事長須有中華民國國籍，並在國內有住所，常務董事須半數以上在國內有住所。董事對內爲股東會、董事會，及常務董事會的主席，對外代表公司，董事長請假或因故不能行使職權時，由董事長指定常務董事一人代理之。其未設常務董事者，指定董事一人代理之，董事長未能指定代理人者，由常務董事或董事互推一人代理之。凡代表公司者，關於公司營業上一切業務，有辦理的權。公司對於其代表權所加的限制，不得對抗善意第三人。（公司法第二〇八條）有限公司原採雙軌制，亦得依股份有限公司，選任董事執行業務（參照公司法第一〇八條）。（商事法）（林咏榮）

煙毒

戡亂時期肅清烟毒條例所稱烟者，指鴉片、罌粟、罌粟種子及蔴烟、或抵癮物品。稱毒者，指嗎啡、高根、海洛因、或其合成製品。（特別刑事法）（吳智）

督促程序

關於給付金錢或其他代替物，或有價證券一定數量之請求，依債權人之聲請，即向債務人發附條件之支付命令，若該債務人不於一定期間提出異議時，即依債權人之聲請，宣告假執行之程序，謂之督促程序。此種程序並不適用於一切訴訟，除其請求限於上述之標的外，尚須具備下列要件：㈠為請求之標的，限於給付之請求權。㈡聲請人就其請求無為對待給付之義務。㈢支付命令之送達，須非應於外國為之，或非應依公示送達為之（民訴五〇九）。支付命令之聲請，專屬債務人為被告時，依民事訴訟法第一條、第二條或第六條規定有管轄權之法院管轄（五一〇）。法院認為無管轄權，或聲請不合法（如不合於五〇八條至五一一條之規定）或依聲請之意旨，認債權人之請求為無理由者，均應以裁定駁回之。就請求之一部不得發支付命令者，應僅就該部分之聲請駁回之。上項裁定，不得聲明不服（五一三）。對於支付命令之聲請，認為合法並有理由者，應發支付命令，以裁定行之。對於聲請無論准駁，均不訊問債務人（五一二）。債務人於支付命令送達後十五日內，得不附理由提出異議（五一四Ⅱ、五一六Ⅰ）。債務人不提出異議者，應依債權人之聲請，宣告假執行（五一七）。宣告假執行之裁定送達後十五日內，仍得提出異議，逾此期間者，應以裁定駁回之（五一八）。支付命令，一經合法提出異議，即失其效力，以支付命令之聲請，視為起訴或聲請調解（五一九）。此時督促程序終結，應分別適用通常訴訟程序或簡易訴訟程序辦理。債權人之請求，得依督促程序主張之者，亦得逕行提起給付之訴，可選擇行使之。餘參見「支付命令」一條。（民事訴訟法）（李學燈）

孳息（Fruit）

乃原物所產生之收益也。更可分為二：一為天然孳息(natural fruit)，即植物之果實，動物之產物，及其他依物之用法所收穫之出產物（民法第六十九條第一項）也。惟其要件：(1)須與原物分離，獨立成為一體。至動物之產物，在未分離前，須與原動物為一體者。而產出之際，且不有害於原物。所謂不害於原物者，應依社會之觀念為標準。故其產生之方法，係出於人工，或出於天然，均非所問。(2)須依其他依物之用法所收穫者，乃指其收穫應合於該物之經濟上目的而言。例如種田以穫穀是。若因種田而掘得黃金，則非其孳息矣。至於天然物之取得，民法規定，有收取天然孳息之人，其權利存續期間內取得與原物分離之孳息（同法第七十條第一項）。然必須在分離時方可取得。至收取之人則僅限於有收取權利之人。且必須於其權利存續期間內方得為之。所謂收取權利人，係指當時與原物有法律關係之人，如承租人占有人地上權人永佃權人典權人之類是。另一為法定孳息(legal fruit)，即利息租金及其他因法律關係所得之收益（同法第六十九條第二項）。所謂利息及租金，皆為許可他人使用其物而取得之報酬。所謂其他因法律關係所得之收益，因法定孳息不限於物，即權利亦在其內。惟收取法定孳息權利之人，按其權利存續期間內之日數取得其孳息（同法第七十條第二項）。因此項孳息乃係隨時發生，故可按日收取，如於一定期間收取時，自亦可按其權利存續之日數收取之。（民法總則）（張鏡影）

亂倫罪（Incest）

有血親或姻親關係，且依法禁止其結婚之男女相互通姦時，觸犯亂倫罪（Sings v. State, 35 Okl. Cr. 340,250 p. 938, 940）。英美普通法未專設處罰規定，惟各州刑事立法幾皆承認其為重罪，予以重懲。要者必行為人對其間血親，姻親關係之存在有所認識，或曾經他人告知而明知故犯者，始構成本罪。（英美刑法）（桂公仁）

匯票

所謂滙票，係發票人簽發一定的金額，委託付款人於指定的期日，無條件支付與受款人或執票人的信用證券。不過，票據法上的滙票，與社會觀念上的滙票，兩者並不一致，如以銀行所用的條滙、電滙為例，則條匯與電匯匯款條或通知單，並非憑票給付的票據，付款人與匯款人之間，僅構成一種委託的關係，故條匯或電匯，都不是票據法上的匯票；而匯票是否為票據法上的匯票，當視票上記載的事項與票據法上所規定的要件是否相合而定，若要件欠缺時，只能依其情形適用民法上指示證券的規定（參看民法第七一〇至七一八條及票據法第二條）。歐洲之票據乃起源於匯款。當十二世紀之頃，意大利沿海都市商業頗為興隆；惟貨幣尚未統一，因貨幣的兌換，乃有所謂兌換商，日本學者稱之為兩替商（campsores）。迨各地貿易發達，兌換商逐漸進而兼營匯款業務。於是商人可納款於甲地兌換商，換取約付證書；憑此證書，向該兌換商在乙地開設的支店或其代理店，領取乙地通用的貨幣，是為匯票制度的濫觴，其

見之於立法，始於一六七三年法國商事條例第五第六二章所規定的票據。（商事法）（林咏榮）

詢問（Examination）

司法人員就犯罪事實，情況，對被捕之嫌疑犯加以盤詰，如認其罪嫌重大，則將其移送法院起訴受審之謂。又，當事人或律師就爭論事實，向證人提出詢問，以探求證言之眞實性，藉以證明欲證之犯罪事實。詢問有反對詢問（cross-examination），直接詢問（direct examination），預備詢問（preliminary examination），分別詢問（separate examination）等形式（Black's Law Dictionary, pp. 664-65）。（英美刑法）（桂公仁）

瑕疵擔保

瑕疵擔保（Warranty Against Defects）

爲出賣人對買受人應負擔保出賣物無瑕疵之義務。惟標的物之瑕疵擔保有二：㈠爲物之瑕疵擔保（warranty agaist defects of thing），卽出賣人將有體物交付買受人時止，對其物之價值，或其通常效用，與約定效用有滅失減少之瑕疵時應負擔保之責任也。換言之，卽對標的物有缺點之擔保。其成立要件有五：⑴須確爲重要瑕疵；⑵其瑕疵須爲於危險移轉前或移轉當時已存在者；⑶須爲買受人不知情並無重大過失者；⑷須買受人踐行檢查而卽時通知者；⑸須當事人間未有特約者。如出賣人違背瑕疵擔保時，買受人得行使契約解除權，或減少價金，或易以無瑕疵之物，亦得請求損害賠償。㈡爲權利的瑕疵擔保（warranty agaist defects of right），又名追奪擔保（warranty for quiet enjoyment），卽買賣標的物之財產權，因權利之一部欠缺，或全部欠缺，或受限制，或在法律上欠缺存在之原因，致不能移轉於買受人者，出賣人應盡防遏或救濟，使第三人不能對該標的物行使追奪之擔保責任也。其成立要件有三：⑴權利之瑕疵須於契約成立時已存在者；⑵須買受人於契約成立時不知其權利有瑕疵者；⑶須當事人間未有特約免除或限制者。如出賣人違反追奪（eviction）擔保義務者，買受人得行使契約解除權，損害賠償請求權及價金減少權（民法第三四九條至第三六五條）。（民法債編分則）（張鏡影）

瑕疵擔保（Warranty）

瑕疵擔保者，乃契約當事人以書面或口頭擔保契約標的之存在或實現之條款也。當事人違反瑕疵擔保者，祇發生損害賠償之問題，契約並不因之消滅（見 Black's Law Dictionary, 4th ed., 1957, p. 1758; James A. Ballentine: Law Dictionary, 1959, p. 1355）。（英美契約法）（何孝元）

勤務召集

戰時或非常事變時，爲輔助軍隊戰時勤務、或地方自衞、防空或協助維持治安等勤務之需要而實施之。輔助軍隊戰時勤務之召集，以甲種國民兵爲主，不足時召集乙種國民兵或初期國民兵。其餘之勤務召集以召集乙種國民兵爲主，於不妨礙輔助軍隊戰時勤務之召集時，得召集甲種國民兵，不足時召集初期國民兵。勤務召集應儘先召集國民兵，爲兵役法第四十條所規定，但必要時並得經國防部許可，召集補充兵預備役，或常備兵預備役。每年應受召集時間爲三十日以內，必要時得予延長，時間以三十日爲限。經延長時間者，應於次年應召時間內扣算，或予以適當之救助與補償。如有意圖避免勤務召集之行爲而有故意捏造免除召集原因、故意毀傷身體、無故逾召集期限三日、無故拒絕接受召集令、或頂替等情事，妨害兵役治罪條例第七條定有明文應處三年以下有期徒刑。（特別刑事法）（吳　智）

載貨證券

無論爲傭船契約或搭載契約，船長於貨物裝載後，因託運人的請求卽應發給載貨證券（海商法第九七條）。載貨證券的性質與陸上運送的提單相同，屬於有價證券的一種。（商事法）（林咏榮）

鄉飲酒禮

周代有鄉飲酒禮。爲五禮中嘉禮之一，亦卽此禮自漢以後，歷代沿用之，明清律儀制篇還列有鄉飲酒禮一條。（中國法制史）（林咏榮）

募集設立

見「發起設立」條。（商事法）（林咏榮）

賄賂陪審員罪（Embracery）

對於陪審員行求期約或交付賄賂，或其他不正當利益，使其就事實作有利於一造當事人之認定，英美普通法論以輕罪。亦有州郡特以制定法規定其罪為賄賂罪之一種。本罪之未遂罪不罰（Wise man v. Comm., 143 Va. 631, 130 S.E. 249, 251）。（英美刑法）（桂公仁）

道義責任論

關於刑事責任的本質，有道義責任論與「社會責任論」之分。依據道義責任論，所謂刑事責任，是對於違法行為之行為人在道義上的非難可能性。換言之，因為行為人的違法行為，是基於其自由意思之決定而產生，所以應受道義的非難。

道義責任論，在刑法史上是代表舊派刑法理論的責任觀念。是受德國哲學家康德（Kant）的哲學思想之影響而形成的，以自由意思之理論為前提，建立了客觀主義，著重於犯人之行為，在刑罰理論方面，則採報應主義，與道義思想相結合。

道義責任論，認為人是「自由意思」的主體，即凡人皆具有平等的理性，人的一切行為，皆出於自由意思，犯罪行為，即為人違反其理性之要求而發生，所以應受道義的非難。因人之內在理性（道義性）既屬相同，則其犯罪責任的評價，即應以其外部行為所生實害之大小為依據。至於行為人的性格或人格，則並不重視。因此道義責任論，為個別行為責任的理論。

依據道義責任論，刑罰評價的對象，必須具有自由意思之人。換言之，必須行為人能理解刑法上禁止的意義，由其意思決定而悍然為犯罪之行為者，然後方能課以刑責。此即所謂責任能力。也就是基於道義觀念，認刑罰為對於犯罪的報應，故又稱為報應刑主義之責任的理論。

所成問題者，道義責任論，是根據哲學上自由意思學說而建立的理論，即所謂行為主義與報應主義，乃自由主義與個人主義的產物。然而到了十九世紀下半期至二十世紀，因為實證主義的擡頭，依據形而上學之絕對的自由意思說，漸被否定，人的意思，是受素質與環境的影響而有所決定，即相對的自由意思說，乃應運而生。（刑法總則）（王建今）

歇業登記

商業於終止營業時，自終止營業時起，應於十五日內申請為歇業之登記，並繳銷登記證（商登、一七）。申請歇業之登記，原則上在營利事業主體人死亡後，原商號之權利義務由其繼承人繼承，如繼承人無意繼承原商號而繼續營業者，此時應由全體繼承人依法共同申請歇業之登記，不得以死亡主體人名義申請。如全體繼承人均拋棄繼承權時，此時應依民法第一一七六條第一項準用關於無人承認之繼承之規定，由親屬會議選定遺產管理人負責辦理。（商業登記法）（管　歐）

想像的競合犯

所謂想像的競合犯，係指刑法第五十五條前段所稱：「一行為而觸犯數罪名」而言。又稱為想像上數罪或想像的併合罪。所謂一行為，即從自然的觀察為一個行為之意。所謂觸犯數罪名，即完成數個犯罪構成要件之意。此種犯罪之本質，究為一罪或數罪？為學者所爭執。有主張本為數罪，不過在處斷上從一重罪裁判而已。又稱處斷上一罪或裁判上一罪。有主張本來為一罪者。應以前說為當。此種犯罪，有異種類想像的競合與同種類想像的競合之分。前者例如發一槍而擊死一人，同時毀損他人之物者是；後者例如發一槍而擊死二人者是。在同種類想像的競合之下，往往無輕重之分，僅從一罪處斷而已。（刑法總則）（王建今）

電請覆判

軍事審判法第二百十四條關於電請覆判之規定，謂敵前犯專科死刑之案件，宣告死刑者，如於該管區域內為鎮壓叛亂、維持治安，確有重大關係時，原審軍事審判機關，得先摘敘被告姓名、年齡、犯罪事實、證據、所犯法條及必須緊急處置之理由，電請覆判機關先予覆判，隨後補送卷宗證物。但覆判庭認為有疑義時，應電令速即呈送卷宗證物。惟如事後發覺所處罪行與事實證據不符，或有重大錯誤者，原審軍事審判機關長官及審判人員應依法治罪。又同法第二百十五條規定，覆判庭於電請覆判為核准時，應自接受電報之日起，五日內呈請核定，令准執行，其核准之電文，視為核准判決。（特別刑事法）（吳　智）

認知

認知，即審判上之認知（judicial notice），日譯裁判上之當然認知，係指審判中法院或推事之認知，無待當事人之舉證而言。認知之對象，可分爲法律與事實。適用法律，本屬於法官之職責，故應爲法院所認知。「習慣、地方制定之法規及外國之現行法」，法院亦得予認知。其「爲法院所不知者，當事人有舉證之責任。但法院得依職權調查之」（民訴二八三）。關於「事實於法院已顯著或爲其職務上所已知者」，法院應予認知，當事人無庸舉證。「前項事實，雖非當事人提出者，亦得斟酌之。但裁判前應令當事人就其事實有辯論之機會」（二七八）。其餘參見「舉證責任之例外」條。（民事訴訟法）（李學燈）

認股書

股份有限公司的發起人應備認股書，載明招股章程上所列的各款事項（參照公司法第一百三十七條），並加記主管機關核准文號及年、月、日。如不備認股書或認股書記載不實者，發起人各科一千元以下罰鍰；其所備認股書有虛僞的記載時，各科四千元以下罰金。認股書通常均爲二聯單，認股人上塡寫所認股數、金額及住所、並簽名蓋章。以超過票面金額發行股票者，認股人應於認股書註明認繳的金額（公司法第一三八條）。認股人有照所塡認股書繳納股款的義務（公司法第一三九條）。（商事法）（林咏榮）

認罪答辯（Plea of Guilty）

罪嫌依法被捕，檢方提出證據對其加以追訴，此時被告得以種種方法拖延或規避正式審判，如可主張一事不再理，主張就該被訴之罪已受赦免，主張該法院無管轄權或陪審團爲非法或不當組成等。相反地，被告亦得承認被訴之犯罪事實，爲認罪之答辯，於此法院得依法作成被告有罪之判決。認罪答辯事關被告法益至鉅，故法律通常加以限制，如，被告作認罪答辯時，法庭應向其詳釋該答辯之後果，如被告聆聽後仍堅持其答辯，庭上得逕作成被告有罪之判決，一如已經陪審團爲被告有罪之認定。但有刑罰加重或減免情事時，法庭應傳詢證人後爲之，以昭鄭重。（英美刑法）（桂公仁）

認領子女之訴

認領子女之訴，係求命非婚生子女之生父表示意思，承認自己爲其生父之訴（民一〇六七）。其性質爲給付之訴，係生子關係事件之一種。至非婚生子女之生父，得依法（民一〇六五）起訴請求認領其非婚生子女，則爲一般確認之訴，非茲生子關係事件之認領之訴。餘參見「生子關係事件程序」條。（民事訴訟法）（李學燈）

認領無效之訴

認領無效之訴，係本於民法所定認領無效之原因，請求法院宣告其認領無效之訴。例如生父所爲認領之意思表示，係在無意識或精神錯亂中所爲者，得依法（民七五）提起認領無效之訴是。又非婚生子女或其生母，對於生父之認領，得否認之（民一〇六六）。除僅爲否認之意思表示外，如提起訴訟時，亦爲此種之訴。其性質爲確認之訴，係生子關係事件之一種。餘參見「生子關係事件程序」條。（民事訴訟法）（李學燈）

認諾

見「捨棄或認諾」條。（民事訴訟法）（李學燈）

認諾判決

見「捨棄或認諾之判決」條。（民事訴訟法）（李學燈）

認證本

見「原本」條。（民事訴訟法）（李學燈）

認識之過失

見「不認識之過失」條。（刑法總則）（王建今）

認識主義

見「故意」條。（刑法總則）（王建今）

對人權（Right in Personam）

對人權者，乃對於某特定人課予義務之權利也（見James A. Ballentine: Law Dictionary, 1959, p.1145; Black's Law Dictionary, fourth edition, 1957, p. 1487）。（英美衡平法）（何孝元）

對於承諾者之行爲無不法之可言（Volenti Non Fit Injuria）

所謂「對於承諾者之行爲無不法之可言」者，乃一方經他方明示或默示之同意侵害權利者，得免負侵權行爲之責也。此項原則不僅適用於故意之行爲，且對於非故意之侵害，亦有其適用。例如於侵害、恐嚇或妨害名譽等行爲之訴，被害人之承諾，得爲免責之事由是。被害人之自願拋棄權利，乃爲法之所不禁，但對犯罪行爲之承諾，則屬例外之情形也（見Salmond on Torts, 11th ed., 1953, pp. 38-42）。（英美侵權行爲法）（何孝元）

對於第三人之執行

即就債務人對於第三人之金錢債權或其他財產權之執行也。一、種類：㈠金錢債權。就債務人對於第三人之金錢債權爲執行時，執行法院應依職權禁止債務人收取或爲其他處分，並禁止第三人向債務人清償。此項情形，執行法院得以命令許債權人收取，或將該債權移轉於債權人。如認爲適當時，得命第三人向執行法院支付轉給債權人。㈡物權。就債務人基於債權或物權，得請求第三人交付或移轉動產或不動產之權利爲執行時，執行法院除以命令禁止債務人處分，並禁止第三人交付或移轉外，如認爲適當時，得命第三人將該動產或不動產交與執行法院，依關於動產或不動產執行之。㈢其他財產權。動產、不動產及以上兩種以外之財產權執行時，準用對於第三人之金錢債權及交付或移轉動產或不動產權利執行之規定。執行法院，並得酌量情形，命令讓與或管理，而以讓與價金或管理之收益清償債權人。二、程式：依以上三種情形所爲之命令，應送達於債務人。有第三人者，並應送達於第三人。已爲送達後，應通知債權人。三、效力：㈠第三人不承認債務人之債權或其他財產權之存在，或於數額有爭議時，應於接受法院命令後十日內提出書狀，向執行法院聲明。㈡債權人對於第三人之聲明，認爲不實時，得向該管法院提起訴訟，並通知債務人。㈢債務人對於第三人之債權或其他財產權，持有書據，執行法院命其交出而拒絕者，得將該書據取出，並得以公告宣示未交出之書據無效。另作證明書，發給債權人。㈣債務人對於第三人之債權，係維持債務人及其家屬生活所必需者，不得爲強制執行。（強制執行法一一五－一二二）。（強制執行法）（陳 珊）

對物權（Right in Rem）

對物權者，乃對於一般人課予義務之權利也。此之所謂一般人，係指全世之人或除某些特定人外之全世之人而言（見Black's Law Dictionary, Fourth Edition, 1957, p. 1487）。（英美衡平法）（何孝元）

對席判決

見「缺席判決」條。（民事訴訟法）（李學燈）

對價關係

對價關係之意義有二：㈠對價關係者，乃雙務契約之雙方當事人互享權利互負義務之關係也。例如買賣契約訂立之結果，賣主負有交付標的物之義務，而享有受領價金之權利；買主則負有給付價金之義務，而享有領受標的物之權利是。㈡對價關係者，乃第三人利益契約之要約人使第三人對於債務人取得債權之原因關係也。此種原因，有由於要約人爲自己利益，而訂立第三人利益契約者，例如要約人爲第三人之債務人，爲免其債務，使債務人對於第三人負擔債務是；亦有要約人爲第三人之利益，而訂立此項契約者，例如要約人以對於第三人爲贈與之意思，使第三人取得債權是。惟此種原因關係，與第三人利益契約之成立無關。然如要約人與第三人間之原因關係失其存在，則要約人對於第三人得基於不當得利，請求其返還已由要約人取得之利益（民法第一七九條）。（民法債編總論）（何孝元）

對價關係（Bargain）

對價關係者，即一方之諾言換取對方之諾言，或一方之諾言換取對方之給付之謂也（見 Restatement of Contracts, § 4.）。例如甲對乙言：「爾如願給予英金五磅，予願給爾予所有之車」，乙如接受甲之要約，對價即屬成立（見Chitty on Contracts, vol. 1, 1961, p. 3.）。（英美契約法）（何孝元）

對質權（Right of Confrontation）

英美憲法（美國聯邦憲法第六修正案）通常規定刑事被告有與檢方證人對質之憲法權利，此不僅指被告得要求與檢方證人親自對質，且許被告或其律師反對詢問檢方證人（cross-examination），並可藉以獲取態度證據（demeanor evidence）。（英美刑法）（桂公仁）

僞造文書印文罪

所謂文書，係指記載於紙上或物品上之文字符號，具有存續性之意思表示。所謂印文，乃表現印信之符號。兩者均爲表示社會生活公共之信用。僞造文書分有形僞造與無形僞造兩種：有形僞造，卽作成非眞正文書。亦卽作成者與名義人不一致之文書。換言之，卽以他人名義制作文書或將他人之眞正文書加以變更之謂；無形僞造，卽有制作權之人，作成內容虛僞之文書。換言之，卽以自己名義所制作之文書，而其內容登載不實之謂。刑法第二百十條至第二百十二條之規定，屬於有形僞造；第二百十三條至第二百十五條之規定，屬於無形僞造。僞造文書罪，有僞造公文書與僞造私文書之分，兩者均以足生損害於公衆或他人爲成立要件。所謂足生損害，係指公衆或他人事實上有因此受損害之虞者而言，不以已生損害爲必要。刑法第十五章所謂僞造印文罪，包括僞造印章、印文或署押三者在內。所謂印章，係指印顆而言。所謂印文，通常係指以印章所現出之印影而言。所謂署押，係指署名簽押而言。僞造之印章、印文或署押，不問屬於犯人與否沒收之（刑法二一九條）。所以消滅再犯之危險也。（刑法分則）（王建今）

僞造文書罪（Forgery）

意圖詐欺，僞造或變造文書，據以證明自己權利，或使他人負擔義務謂之。僞造他人簽名（a forgery），提供僞造、變造之證據，捏造事實，皆觸犯本罪。本罪以行爲人有詐欺之故意爲必要，但詐欺之對象、方法無須爲特定，亦無須發生預期之結果，例如僞造他人簽名，持其支票往銀行領款，雖其在該行無帳戶，亦構成僞造文書印文罪。明知文書爲僞造，仍以詐欺之意圖而行使之，觸犯行使僞造文書罪。一般言之，「普通法」視本罪爲輕罪論處，美國各州制定法（statute），有訂其爲重罪者。（英美刑法）（桂公仁）

僞造有價證券罪

所謂有價證券，卽具有一定價格之證券。詳言之，持有證券之人，欲行使券載之權利，必須占有該證券，且在市場得自由轉讓，而有流通之效力者，謂之有價證券。有價證券流通之效力，雖不若幣券之廣大，但因社會經濟之發達與交易之頻繁，有價證券之效用，遂日趨廣大，例如支票之使用，較之使用幣券尤爲便利。故僞造有價證券，不僅妨害社會交易之安全，亦有害個人之利益，論其罪質，較僞造文書爲重大。刑法分則第十三章規定僞造有價證券罪，自第二百零一條至第二百零五條計有五條，包括僞造變造有價證券及行使罪、僞造變造郵票印花稅票及行使罪、僞造變造船票車票或其他往來客票及行使罪及製造交付或收受僞造有價證券器械原料罪等在內。僞造有價證券行爲之處罰，重於其行使行爲。若先僞造而後行使者，其行使行爲爲僞造行爲所吸收，應從僞造之罪刑處斷。（刑法分則）（王建今）

僞造度量衡罪

度量衡爲計算一定分量之器具。度用以計算長短，如尺寸是；量用以計算容量，如斗升是；衡用以計算重輕，如斤兩是。中華民國度量衡，以萬國權度公會所制定鉑銥公尺公斤原器爲標準。長度以公尺爲單位。重量以公斤爲單位。量容以公升爲單位（度量衡法一條、二條）。國家爲維護社會交易之安全與誠實信用，制頒度量衡法，規定統一之定程，違背此種定程者，自不能無罰。所謂定程，係指度量衡法規定之標準而言。刑法分則第十四章規定僞造度量衡罪，自第二百零六條至第二百零九條，計有四條，包括製造或變更違背定程之度量衡罪、販賣違背定程之度量衡罪及行使違背定程之度量衡罪在內。違背定程之度量衡，不問屬於犯人與否沒收之（刑法二〇九條），蓋所以防止留傳使用之危險也。（刑法分則）（王建今）

僞造貨幣罪

貨幣爲經濟生活之媒介，於國計民生關係至切。倘有僞造變造貨幣之行爲或行使之者，不僅破壞國家之金融財政，而社會交易信用，亦受其擾害，故必須明定其處罰。刑法第十二章規定僞造貨幣罪，自第一百九十五條至第二百條，計有六條。本章所保護之幣制，爲貨幣、紙幣及銀行券三種。所謂貨幣，係指硬幣而言。由國家製造發行，具有一定之形式、分量與價值。硬幣有正幣與輔幣之分。我國幣制，採銀本位，正幣爲銀幣，輔幣爲鎳幣與銅幣。所謂紙幣，以紙製造，由政府指定國家銀行發行，爲代替硬幣使用之幣券。所謂銀行券，係指經政府之認可，暫許其他銀行發行，以爲代用硬幣之幣券。民國三十二年十月爲應國家及社會之需要，頒行妨害國幣懲治條例，爲刑法第十二章僞造貨幣罪之特別法，有優先適用之效力。臺灣銀行發行之新臺幣，原爲地方性之幣券，而非國幣。但自中央銀行委託代理發行之日起，如有僞造變造等行爲者，亦應依妨害國幣懲治條例論科（司法院釋字九九號）。（刑法分則）（王建今）

僞造貨幣罪（Counterfeiting）

未經合法授權，以詐欺之故意、僞造、變造或複製貨幣之謂。美國憲法明定其聯邦政府始有鑄造貨幣之權，並授權國會立法，對僞造美國貨幣，或企圖，陰謀僞造美國貨幣者，或私藏僞造貨幣之銅版、工具者分別處以刑罰。部分州憲法亦有類似規定，除將僞造貨幣明訂爲犯罪外，認爲僞造商標亦爲犯罪。（英美刑法）（桂公仁）

僞證罪

僞證罪爲侵害國家審判權之犯罪。刑法第一百六十八條規定：「於執行審判職務之公署審判時，或於檢察官偵查時，證人、鑑定人、通譯於案情有重要關係之事項，供前或供後具結而爲虛僞之陳述者，處七年以下有期徒刑」。依此規定，其特別構成要件如下：㈠犯罪主體須爲證人、鑑定人或通譯。㈡須於執行審判職務之公署審判時或於檢察官偵查時爲虛僞之陳述。㈢須於供前或供後具結。㈣須於案情有重要關係之事項爲虛僞之陳述。必須具備上列四要件，而後始成立僞證罪。惟行爲人如於裁判或懲戒處分確定前自白者，減輕或免除其刑（刑法一七二條）。僞證罪爲侵害國家法益之罪，被僞證人非直接被害人，不得提起自訴。（刑法分則）（王建今）

僞證罪（Perjury）

英美「普通法」認爲在訴訟程序中，證人若依法宣誓保證其證言眞實，仍故意就重要繫爭事項提供虛僞證言，即觸犯本罪。至若唆使他人僞證者，構成教唆僞證罪（subornation of perjury）。「普通法」以外之制定法常規定在行政等非司法程序中，如申報退稅或請發退休金時，行爲人故意作虛僞誓言（false swearing），亦構成本罪（Black's Law Dictionary, pp. 1297, perjury）。（英美刑法）（桂公仁）

監查人

爲破產機關之一，即代表債權人監督破產程序進行之人也，由債權人會議所選任，得隨時向破產管理人要求關於破產財團之報告，並得隨時調查破產財團之狀況。破產人出席債權人會議，應答覆監查人之詢問。破產管理人所爲重要行爲，應得監查人之同意。（破產法八五、一二〇—一二三）。（破產法）（陳　珊）

監督輔助人

幫助和解監督人執行職務之人，曰監督輔助人，由法院選任會計師或當地商會所推舉之人員，或其他適當之人充之，其數額爲一人或二人。其報酬由法院定之，有優先受清償之權。法院認爲必要時，亦得命其提供相當之擔保。監督輔助人之職務如下：㈠監督債務人業務之管理，並制止債務人有損債權人利益之行爲。㈡保管債務人之流動資產，及其業務上之收入，但管理業務及債務人維持家庭生活所必需之費用，不在此限。㈢完成債權人清册。㈣調查債務人之業務、財產及其價格。執行上項業務，應受監督人之指揮。（破產法一一、一八）。（破產法）（陳　珊）

監獄（Penitentiary）

被告受有罪之判決，發監受刑或令服勞役之處（State v. Rardon, 221 Ind. 154）。監獄與感化院（reformatory）及監所（jail）三者略異，前者爲拘留犯較重之罪之受刑人，而後二者則爲暫時拘留犯人處所，非具處罰性；通常犯人拘留於監所，旨在候審而非受刑故。又，美國之州監獄周圍，可供犯人工作之處，亦屬監獄範圍。（英美刑法）（桂公仁）

監護（Guardianship）

乃私法爲保護無父母，或父母均不能行使親權時之未婚的未成年人，及保護禁治產人之身體財產爲目的，所規定之制度也。可分爲二種：一爲未婚的未成年人之監護；另一爲禁治人之監護。前者，在監護之開始，其原因有三：(1)未婚的未成年人無父母者；(2)父母均不能行使負擔對於其未成年子女之權利與義務者；(3)父母委託他人監護者。關於監護權之終止：(1)絕對終止之原因，如受監護人死亡，或受死亡之宣告，或已達於成年，或行親權人回復其親權，或撤銷所特定之監護事項者。(2)相對之終止原因：如監護人死亡，或受死亡之宣告，或受禁治產之宣告，或因一定原因經親屬會議撤退其監護，或因正當理由辭職。後者，監護開始之原因，即受監護人因受禁治產之宣告。至其監護終止：(1)絕對終止原因，如受監護人死亡，或受禁治產宣告，或受監護人撤銷禁治產之宣告。(2)相對終止之原因，則與上述未婚之未成年人之監護的相對終止原因同，不贅敘。（民法親屬）（張鏡影）

監護人（Guardians）

即負擔監護職務之人也。日本稱爲後見人。其地位極爲重要，須有完全行爲能力人始得充任。因此，未成年人及禁治產人均不得任之。一經充任之後，在原則上非有正當理由不得辭職。關於監護人之職務：㈠對未成婚之未成年人之監護職務有三：(1)對受監護人之身體之職務，如保護教育與必要範圍內之懲戒權是；(2)對受監護人法律行爲之職務，即爲其法定代理人。但對不動產之處分，須先得親屬會議之許可；(3)對受監護人財產上之管理職務，如財產之調查與管理及報告等是。㈡對禁治產人之監護，其職務亦有三：(1)管理受監護人之財產；(2)護養及治療受監護人之身體；(3)代理受監護人之法律行爲。至監護人所監護之財產，無收益之權。惟法律規定得享有報酬之請求權者，其請求之數額若干，則須由親屬會議按其勞力及受監護人財產收益之狀況酌定之。監護人因產生方式不同，可分爲四種：㈠委託監護人，即父母對其未成年子女，於特定事項在一定期間內，委託他人行使監護職務時；其受委託人曰委託監護人。在禁治產人之監護則無此種監護人之設置（民法一〇九二條）。㈡指定監護人，又名遺囑監護人。乃後死之父或母以遺囑所指定之監護人也。在未成婚之未成年人之監護與禁治產人之監護，均可有此種監護人。惟前者指定監護人之順位，乃先於法定監護人，而後者則以法定監護人之順位居先耳（民法第一〇九三條）。㈢法定監護人，即由法律所規定之當然監護人。在未婚之未成年人之父母均不能行使負擔其監護職務，或死亡而無遺囑指定任何監護人時，始得依法律規定之下列順序而爲法定監護人：(1)與未成年人同居之祖父母；(2)家長；(3)不與未成年人同居之祖父母；(4)伯父或叔父；(5)由親屬會議選定之人（民法第一〇九四條）。在禁治產人之法定監護人之順序：(1)配偶；(2)父母；(3)與禁治產人同居之祖父母；(4)家長。如無上述各款之人時，始得指定監護人（民法第一千一百十一條）。㈣選定監護人。謂由親屬會議所選任之監護人也。須有下列情形之一時始得爲之。即(1)無指定監護人者；(2)無法定監護人者。至選定之監護人，是否限於親屬，法無明文規定。應解釋爲親屬以外之人，亦得被選。（民法親屬）（張鏡影）

監護處分

監護處分係保安處分之一種，即對有精神缺陷之犯罪人所實施之監督及保護處分。受處分之對象有二：㈠因心神喪失而不罰者，得令入相當處所施以三年以下之監護（刑法八七條一項三項）。心神喪失人已無控制行爲之能力，自無刑罰之適應性，若不予以適當之處分，則對於社會將繼續發生危險，故必須加以監護。㈡因精神耗弱或瘖啞而減輕其刑者，得於刑之執行完畢或赦免後，令入相當處所，施以三年以下之監護（刑法八七條二項三項）。監護處分，應於裁判時併宣告之（刑法九六條）。（刑法總則）（王建今）

管制物品

管制物品指政府以法令或命令指定管理或統制進口或出口之物品，經行政院依懲治走私條例第二條第二項專案指定公告者而言。

附：懲治走私條例第二條第二項管制物品項目及數額

甲、管制進出口物品

㈠槍械、子彈、炸藥、毒氣及其他兵器。

㈡宣傳赤化或其他違反反共抗俄之書籍、圖片及文件。

㈢僞造之各種幣券、有價證券、郵票、印花稅票及其他稅務單據憑證。

㈣鴉片類、大麻類、高根類、化學合成麻醉藥品類，并以上各類物品之各種製劑。

以上各項物品，不論數額多寡，概予管制。

乙、管制出口物品

第一類

(一)食鹽、及含氯化鈉百分之二十五以上之混合物超過三百公斤者。

(二)米、穀、麥、麵粉及其他經政府公告管制之雜糧超過一百公斤者。

(三)糖、方糖、塊糖、氷糖、赤糖、糖漿超過一百公斤者。

第二類

(一)鋼、鐵、銅、錫、鉛、鋁、鎳之條塊、錠、片或其他形態者。

(二)燃煤、燃油、滑物油及食油。

(三)硫磺。

(四)炭烟(墨烟)及其類似品。

一次私運以上第二類各項物品之一項或數項，其總額照海關緝獲時離岸價格計算，超過新台幣一萬五千元者。

第三類

(一)翻印外文書籍及翻印外文書籍之底版(包括排字版紙型暨照相原版)。

(二)翻印外國唱片，翻製外國唱片之母模，(即製造唱片之底版)，及製用翻製外國唱片之圖標暨封套。

以上各項物品不論數量多寡，概予管制出口。

丙、管制進口物品

(一)人造纖維、蔴、毛、絲所紡織及與其他纖維混紡交紡之匹頭、衣料、花邊料、及衣服。

(二)洋煙、洋酒、捲煙紙。

(三)野蔘。

(四)鮑魚、海蔘、魚翅、燕窩。

(五)糖精。

(六)外國發行之獎券、彩票、或其他類似之票券。

一次私運以上各項物品之一項或數項，其總額照海關緝獲時起岸價格計算，超過新台幣二萬一千元者，(外幣按當時規定滙率折算)。(特別刑事法)(吳　智)

管轄

法院之受理訴訟(或非訟)事件，自縱的方面言之，有審級之制度，自橫的方面言之，有地域之區分。一國之訴訟事件，自非一法院可得全部予以受理。法院非一，則於多數之訴訟事件，如何分配於各法院，即不可沒有一定之標準。稱管轄者，即依法律之規定，將一定之訴訟事件，分配於各法院之標準，亦即關於法院相互間事務分配之範圍。法院就某種事件，屬於其受理之範圍，對之有審判之職務及權限者，則該法院對該訴訟事件為有管轄權。關於各種事件，分配於各法院之標準，有本於職務之種類而定之者，可稱之曰職務管轄；有本於土地之區域而定之者，可稱之曰土地管轄；有本於事件之種類而定之者，可稱之曰事物管轄。有由於上級法院之指定者，則為指定管轄；有由於當事人之意思而定之者，則為合意管轄。職務管轄中，又有所謂審級管轄(或稱通常職務管轄)，及特別職務管轄。土地管轄及特別職務管轄中，有依法律之規定，某種事件，專屬於特定之法院管轄者，則為專屬管轄。昔採四級三審制，於第一審有所謂地方案件與初級案件之分，依事件之種類而定其第一審屬於地方審判廳或初級審判廳管轄之標準，故有所謂事物管轄之稱，現採三級三審判，各種事件之第一審，均由地方法院管轄，除設有簡易訴訟程序外，並無關於事物管轄之規定。民事訴訟法第一章第一節之管轄，本為判決程序第一審法院(均係地方法院)之土地管轄而設之規定。此種管轄，尚有定於其他法律或本法其他章節者。本節內並就有關土地管轄之指定管轄(不限於第一審法院)及合意管轄予以規定。至於職務管轄中之審級管轄及特別職務管轄，則於本法其他章節或其他法律中定之。(民事訴訟法)(李學燈)

管轄恒定

定法院之管轄，以起訴時為準(民訴二七)。此在學說上稱為管轄恒定原則。蓋起訴後定管轄之情事變更，如影響於受訴法院之管轄，則訴訟不免因管轄問題而遲延，甚至有難於進行之虞。故依起訴時之情事，受訴法院有管轄權者，其後不因定管轄之情事變更而失其管轄權。例如起訴時被告之住所或營業所在受訴法院之管轄區域內，該法院依法(一、六)有管轄權者，其後雖被告有遷徙住所或關閉營業所情事，該法院並不因而失其管轄權。又為符合法律不欲因管轄問題而致訴訟遲延之本旨，如於起訴時受訴法院無管轄權，其後因定管轄之情事變更，至言詞辯論終結時，可認為有管轄權者，其於起訴時管轄權之欠缺，應視為已因之而補正，即應認其有管轄權。(民事訴訟法)(李學燈)

管轄原因

見「土地管轄」條。（民事訴訟法）（李學燈）

管轄錯誤判決

法院對於無權管轄之案件，應諭知管轄錯誤之判決，並同時諭知移送於管轄法院。（刑事訴訟法）（陳　珊）

管轄權

見「管轄」條。（民事訴訟法）（李學燈）

緊急戒嚴

緊急戒嚴，謂當情勢緊急時，總統得經行政院之呈請，依戒嚴法宣告緊急戒嚴；但應於一個月內提交立法院追認。在立法院休會期間，應於其復會時，即提出追認。（特別刑事法）（吳　智）

緊急處分之代理（Agency of Necessity）

所謂緊急處分之代理者，乃代理人原無代理權，而於特殊情形下所為於本人有利之行為者，本人對於該行為仍受拘束之謂也。例如：㈠運送貨物之船舶於航行中遇有緊急情況時，船主為本人之利益，保全貨物及船隻之安全，雖未授權，亦得為緊急處分，但以在商業上認為係當時所必要之行為，且屬無法向本人請示者為限。㈡依上述情形類推，陸上運送遇有緊急情況時，運送人亦得為緊急處分，惟仍須在商業上認為係必要之行為及屬無法向本人通知之者為限。㈢夫妻經分居後，妻得以夫之名義購買生活必需品，但以夫妻分居非因妻之過失所致者為限。㈣依英國一八八二條票據法第六五條規定：滙票經拒絕承兌後，非票據上義務人得經執票人同意，參加承兌（見J. F. Wilson: The Law of Contract, 1957, pp. 207-209.）。（英美契約法）（何孝元）

緊急處置

緊急處置，係於接戰地域，犯專科死刑之現行犯，幷宣告死刑，為鎮壓罪犯，爭取機宜之特別審判程序。現行法中設此程序者，見於戰時軍律第十四條第二項，懲治叛亂條例第十一條，國軍作戰連坐令第二十條，及軍事審判法第二百十四條。但具備之要件則有異同，其相同者，㈠須犯專科死刑之案件幷宣告死刑者，㈡須在接戰地域，㈢須有緊急處置之必要，㈣事後須呈報。如發覺事實與證據不符，或重大錯誤者，對軍事長官及各級承辦人應分別依法治罪。其相異者，㈠戰時軍律，懲治叛亂條例，國軍作戰連坐令規定，先執行事後再呈報，軍事審判法則規定，先電請覆判（參電請覆判條），㈡國軍作戰連坐令幷特別規定須會同政工主管作緊急處置。（特別刑事法）（吳　智）

緊急避難

所謂緊急避難，係指因避免緊急危難而犧牲第三者權利之行為而言。刑法第二十四條規定：「因避免自己或他人生命、身體、自由、財產之緊急危難而出於不得已之行為不罰。但避難行為過當者，得減輕或免除其刑」。依此規定，其構成要件如下：一、須有緊急之危難。即現在不能抗拒之危險狀態。二、須避免自己或他人之生命、身體、自由、財產之緊急危難。他如名譽之危難則不包括在內。三、避難行為須出於不得已。即除加害於他人外，別無他法可以使用。四、避難行為須不過當。即由避難行為所生之損害，不得大於由危險所生之損害。學者稱之為緊急避難之均衡性。如避難行為過當者，仍不能不負刑事責任，僅得減輕或免除其刑而已。（刑法總則）（王建今）

實行

實行為實踐或實施犯罪構成要件之行為。實行犯罪之後，如已完成犯罪構成要件者，為既遂犯，未完成犯罪構成要件者，為未遂犯。例如以槍殺人，命中致死者，為殺人既遂。命中未死或未能命中者，為殺人未遂。犯罪以處罰既遂為原則，處罰未遂為例外。（刑法總則）（王建今）

實益所有權

見「法定所有權」條。（商事法）（林咏榮）

實質犯

實質犯是以實害或結果之發生爲必要的犯罪，又稱「結果犯」。與「形式犯」或「舉動犯」相對立之用語。實質犯不僅須有一定的行爲，更須有一定結果之發生。如無結果之發生，則爲未遂犯。而行爲與結果之間且須有因果關係之存在。刑法上大多數之犯罪，如殺人罪、傷害罪、竊盜罪及强盜罪等均屬之。（刑法總則）（王建今）

實質給付（Substantial Performance）

實質給付者，乃債務人雖非依債之本旨，但可認爲足以滿足債權人之願望所爲之給付也。於此情形，法院亦例外准予債務人取得相當之報酬。故如給付之瑕疵僅屬細微，債權人不得藉此拒絕受領，然可請求減少對待給付，或請求損害賠償。惟此種不完全之給付，須契約不以十足給付爲要件時，始得爲之（見 J. F. Wilson: The Law of Contract, 1957, p. 419. ）。（英美契約法）（何孝元）

僱用人（Master）

僱用人者，乃監督受僱人之工作與指示完成工作之方法之人也（見 James A. Ballentine: Law Dictionary, 1959, p. 799 ）。僱用人對於受僱人於執行職務所爲之侵權行爲，與受僱人負連帶賠償之責。構成此項責任之要件，須：㈠有僱傭關係之存在，㈡受僱人之侵權行爲，於執行職務範圍內爲之者（見 R. F. V. Heuston: Salmond on The Law of Torts, 11th ed., 1953, p. 97 ）。（英美侵權行爲法）（何孝元）

僱用人之侵權責任

僱用人對於受僱人之選任及監督其職務之執行，負有盡相當注意之義務，如受僱人因執行職務不法侵害他人之權利時，應與受僱人負連帶賠償之責（民法第一八八條第一項）。但僱用人選任受僱人及監督其職務之執行，若已盡相當之注意，或縱加以相當之注意而仍不免發生損害者，僱用人不負賠償責任（民法第一八八條第一項但書）。如被害人依前項但書之規定，不能受損害賠償時，法院因其聲請，得斟酌僱用人與被害人之經濟狀況，令僱用人爲全部或一部之損害賠償（民法第一八八條第二項）。僱用人對於受僱人，因執行職務所加於他人之不法侵害，對於被害人方面，雖應與加害人負連帶責任，但僱用人賠償損害時，對於爲侵權行爲之受僱人，有求償權（民法第一八八條第三項）。（民法債編總論）（何孝元）

僱傭（Hire of Services）

謂當事人約定，一方爲他方於一定或不一定期限內服勞務，他方給付報酬之契約也（民法四八二條）。約定服勞務之一方曰受僱人。給付報酬之他方曰僱用人。其契約性質爲諾成契約不要式契約有償契約及雙務契約。其勞務不以體力爲限，即智力亦在其內，如醫師教師護士之勞務是。其報酬亦不僅限於金錢，即其他給付亦屬之。惟僱傭與承攬不同，前者以勞務爲給付，後者以勞務之結果爲給付。又與委任亦不同。因委任係以處理事務爲標的也。至受僱人之義務爲供給勞務，非得僱用人之同意，不得使第三人代服勞務。而僱用人受領勞務遲延者，受僱人亦無補服勞務之義務，且仍得請求報酬。但受僱人因不服勞務所減省之費用，或轉向他處服勞務所取得，或故意怠於取得之利益，僱用人得由報酬額內扣除之（民法第四八四條及四八七條）。對於僱傭契約之終止，其定有期限者，期限屆滿時終止。其依勞務性質者或目的定者，則勞務完工或目的達成時終止。否則，各當事人得隨時終止其契約。如習慣有利於受僱人者，則從其習慣（民法第四八八條）。若受僱人明示或默示保證其有特種技能者，如無此種技能時，則僱用人得終止其契約（第四八五條）。（民法債編分則）（張鏡影）

誣告（Malicious Prosecution）

誣告者，乃惡意控訴他人，使其受刑事處分，而無合理及可能之原由之謂也。構成誣告之要件有四：㈠須申告人有申告之事實；㈡須申告程序爲有利於被申告人之終結；㈢須申告無合理及可能之原由；㈣須申告人懷有惡意（見 Prosser on Torts, 2nd ed., 1955, p. 645 ）。（英美侵權行爲法）（何孝元）

誣告他人爲匪諜

誣告者，乃虛構或揑造事實，以言詞或書面而向有權偵查犯罪之機關或公務員申告之謂。誣告罪本有獨立處罰制，及反坐制兩說，值此戡亂時期，匪諜罪刑，法定刑甚重，尤以誣告罪，不僅妨害個人安全法益，並妨害國家審判權，爲保障國家及個人權益，本「刑亂用重」「刑期無刑」之旨，誣告他人爲匪諜罪，採反坐制，即處以其所誣告各罪之刑。（特別刑事法）（吳　智）

誣告罪

誣告罪爲侵害國家審判權，同時侵害個人法益之罪。分爲普通誣告罪與準誣告罪兩種。前者爲意圖他人受刑事或懲戒處分，向該管公務員誣告者，處七年以下有期徒刑（刑法一六九條一項）。其特別構成要件爲：㈠須有使他人受刑事或懲戒處分之意圖。換言之，即須有陷害他人之故意。若誤認爲有此事實或以爲有此嫌疑，而告訴或告發者，自不能成立誣告罪。㈡須有誣告之行爲。㈢須向該管公務員而爲誣告；後者爲意圖他人受刑事或懲戒處分，而僞造變造證據或使用僞造變造之證據者，亦同（刑法一六九條二項）。其特別構成要件有二：㈠須意圖他人受刑事或懲戒處分。㈡須僞造變造證據或使用僞造變造之證據。亦與普通誣告罪受相同之處罰。（刑法分則）（王建今）

誣告罪（Malicious Prosecution）

英美法稱誣告者，乃無合理及可能之原因，惡意控訴他人，欲使其受刑事處分之謂。刑事處分，以被誣告人有被處徒刑，或受名譽上玷汚，或金錢上損失之可能者爲限。所控之事項，以所控之罪刑定之，訴訟費用之支出，不得視爲損害。本罪成立要件有四：㈠須申告人有申告之事實，㈡須申告無可能及無合理之原由，㈢須申告人懷有惡意，㈣須申告程序爲有利於被申告人之終結，被申告人始得提起誣告之訴（詳見何孝元：「英美侵權行爲法概述」，司法行政部印行）。（英美刑法）（桂公仁）

蓋印契約（Covenant; Contract under Seal or Specialty）

蓋印契約者，乃當事人約定某行爲之履行或容忍，或某特定義務之履行或不履行所成立之書面並蓋有印章與交付之契約也（見 James A. Ballentine: Law Dictionary, 1959, p. 305.）。蓋印契約，亦名契據（deed），純因方式而生效，與當事人之合意或契約之有無約因無關。此種契約，多用之以移轉財產權或利益，或產生某種債務，或確認既得之財產權或利益之行爲。蓋印契約之成立要件爲：㈠須以書面爲之；㈡須有簽名；㈢須塡寫日期；㈣須蓋有印章；㈤須爲交付。此類契約具有下列之特質，即：㈠無需有對價之約定；㈡第三人得爲蓋印契約之受益人；㈢立約人得提出否認簽立契約之抗辯；㈣立約人不得否認契約內所述之事實；㈤有吸收簡單契約之效力；㈥消滅時效期限較長（見 Chitty on Contracts, vol. 1, 1961, pp. 11-16.）。（英美契約法）（何孝元）

蓋印契約之吸收力（Merger）

蓋印契約之吸收力者，乃簡單契約與蓋印契約同時存在時，後者有吸收前者之效力也。契約當事人訂立簡單契約後，訂立蓋印契約以規定簡單契約之內容，蓋印契約吸收簡單契約，從而前訂之簡單契約即歸於消滅。蓋印契約吸收力之發生，須二契約有優劣之分，且標的物與當事人必須相同，否則不可（見 Chitty on Contracts Vol. 1, 1961, pp. 16, 547.）。（英美契約法）（何孝元）

蓋然率（Probability）

蓋然率，係指就過去同種類保險事故發生的實例，予以累集，依統計上大數法則（prinsiple of large numbers, loi des grands nombres; Gestez der grossen zohlen），以推測其未來可能發生的比率。所謂大數法則，係指某事件在反復(n)次中，出現(r)次，在其反覆次數較多時，則（r／n）常接近保持同一數値的確率，亦即「蓋然率」。（商事法）（林咏榮）

輕罪（Petty Misdemeanor）

竊盜罪中，行爲人須有竊盜之故意，欠缺此一要件，縱罪跡昭彰，亦不能論以竊盜罪，例如，偷駕他人汽車遨遊，用畢棄置於車主可能發見之地，是謂竊車嬉戲（joy ridding），行爲人終無竊盜永久據爲己有之故意，難論以竊盜罪，故美國部分州立法，特以明文處以輕罪（petty misdemeanor）（People v. Pastel, 306 Ill. 565, 138 N.E. 194. 1923）。（英美刑法）（桂公仁）

輕微通姦罪（Fornication）

未婚男女間非法之姦淫行爲，英美普通法論以輕微通姦罪，若行爲人之一已婚，另一爲未婚，前者犯通姦罪（adultery），後者則犯本罪。部分州法律另訂明：勿論男子是否已婚，其若與已婚女子奸淫，二者均以通姦罪論處（Banks v. State, 96 Ala. 78, 11 So. 404）。（英美刑法）（桂公仁）

煽動訴訟罪（Common Barratry）

挑撥訴訟或爭端，普通法以煽動訴訟罪論。要者，須行爲人非法煽動，引起不必要之訴訟程序（groundless proceeding）。若行爲人與訴訟無法律上利害關係，非法唆使他人訴訟，並自願負擔一部或全部訴訟費用者，成立幫助訴訟罪（maintenance）；若前述之行爲人與訴訟當事人約定勝訴後朋分利益，則另構成普通法上之包攬訴訟罪（champerty）。（英美刑法）（桂公仁）

煽惑

陸海空軍刑法第十六條所規定之煽惑，指煽動鼓惑之謂，與教唆區別之點有三：㈠教唆必對特定人，煽惑不必對於特定人爲之，㈡教唆以被教唆人已否實施犯罪，而定其既遂未遂，煽惑則不問被煽惑者已否成立犯罪，㈢教唆行爲雖有公然者，然多屬秘密性質，本條之煽惑則屬公然者。（特別刑事法）（吳　智）

誘使潰走

陸海空軍刑法第十九條第四款誘使潰走，係指意圖利敵，引誘唆使隊伍潰散陷於混亂之狀態，至喪失戰力而言。（特別刑事法）（吳　智）

誘導詢問（Leading Question）

發問人之問題出於巧思，足以誘使證人作其預期之回答或有利於發問人之回答者，謂之誘導詢問，約可分爲下述三種情形（「刑事證據法研究」，陳樸生著，第七七頁）：㈠虛偽誘導，乃暗示證人使故意爲異其記憶之陳述，㈡錯覺誘導，其暗示使證人發生錯覺，致爲異其記憶之陳述，㈢記憶誘導，因其暗示而引起證人之記憶。英美法採當事人主義，禁止直接發問時作誘導詢問，而在反對發問時則不禁止。（英美刑法）（桂公仁）

輔佐人

輔佐人者，經法院之許可與當事人或訴訟代理人同於期日到場，以言詞輔佐當事人爲訴訟之第三人。輔佐人非當事人或訴訟代理人於期日偕同到場，不得爲之，故若偕同到場之當事人或訴訟代理人退庭，輔佐人卽失其資格，不得爲訴訟行爲。輔佐人係經法院許可到場之人，凡有意思能力者，無論何人均得受此許可，不以律師爲限，惟其人如不適於充任者，法院自得不予許可，既經許可，亦得隨時撤銷之（民訴七六）。輔佐人所爲之陳述，當事人或訴訟代理人不卽時撤銷或更正者，視爲其所自爲（七七）。此項效力爲法律上之擬制，與訴訟代理人之行爲係直接對於本人發生效力，而非視爲本人之行爲者不同。輔佐人所得爲之行爲，雖無限制，惟該行爲如係被輔佐人不得爲之者，亦應解爲不得爲之。例如經訴訟代理人偕同到場者，訴訟代理人如未受特別委任，輔佐人自不得爲捨棄認諾等行爲。（民事訴訟法）（李學燈）

爲保護被告或自訴人之利益，在訴訟上予以幫助行爲之人爲輔佐人。被告或自訴人之配偶、直系或三親等內旁系血親或家長、家屬或被告之法定代理人於起訴後，得向法院以書狀或於審判期日以言詞陳明爲被告或自訴人之輔佐人，得在法院陳述意見。其陳述範圍，並無限制，其爲法律上或事實上之意見，均無不可，惟須爲有利於被告或自訴人之陳述，方得據爲審酌資料。（刑事訴訟法）（陳　珊）

輔助參加

見「訴訟參加」條。（民事訴訟法）（李學燈）

精神狀態異常與犯罪

所謂精神，係指人之心理上一切智能作用而言。精神爲支配一切行動之原動力，故精神狀態異乎常人者，則易於發生犯罪行爲。精神狀態異常之原因，有由於先天之氣質者，亦有由於後天之環境者，形成感覺、知覺、意志、感情及理解作用上之障礙，而成爲各種精神病，如白痴、暴躁狂、憂鬱狂、妄想狂、癲癇狂及中毒性精神病等，皆易發生犯罪行爲。此種具有精神病之犯人，惟有施以適當之監護或治療，始能收防衛社會之實效。（刑事政策）（王建今）

精神耗弱人

見「心神喪失人」條。（刑法總則）（王建今）

誤傳（Incorrect Transmision）

爲非故意不一致之一種。即意思表示人之意思表示，被傳達人傳達錯誤，或傳達機關傳達與意思表示內容相左之謂也。此在學說上謂之實質誤傳。與之相對者有形式誤傳，即對於已成立之意思表示，因誤投與非意思表示之相對人也。例如甲以信兩封分致乙丙兩人，被送信人將寄丙之信誤交與乙，寄乙之信誤交與丙。此種誤傳，不能適用撤銷之規定，應適用意思表示尚未到達，予以撤回。非若實質誤傳，已因傳達人或傳達機關之錯誤表示已達到於相對人，雖非表意人之錯誤，然其結果並無二致。我民法仿德瑞法例，明定意思表示，因傳達人或傳達機關傳達不實者，得比照錯誤之規定撤銷之（第九八條）。若誤傳由於表意人之過失所致者，則不得撤銷。其撤銷之除斥期間及對於相對人或第三人之賠償責任，亦均與錯誤之各規定相同。（民法總則）（張鏡影）

誤導詢問（Misleading Question）

詢問證人時不得以暗示使證人發生錯覺，致爲異其記憶之供述。蓋於此情形下，證人若對發問之當事人有好感，則可因其暗示爲有利之供述，反之，若對該發問者有成見，再加以證人思慮不周，易生錯誤之供述，因而在反對發問（cross-examination）時，則爲誤導詢問，即應禁止之，以免證人誤解致作不實之供述。（英美刑法）（桂公仁）

嘉石之制

秋官司寇之職，以嘉石平罷民，凡萬民之有過失而未麗于法（未麗于法即法未規定）而爲害于州里者，桎梏而坐諸（於）嘉石，役諸（於）司空，使之悔悟自新，凡重罪，旬又三日（十又三日）坐，另課役朞年（滿一年之役），其次，九日坐，另課役九月，其次七日坐，另課役七月，其次五日坐，另課役五月。其下罪，三日坐，另課役三月，使州里任之（爲之保證），則宥而舍之，是一種感化教育。（中國法制史）（林咏榮）

駁回

民事裁判之用語，凡爲不予准許之表示者，謂之駁回。故法院對於訴（或上訴、再審之訴等）或其他之聲請、聲明、異議、請求（或抗告、再抗告等），認爲不合法或無理由，而爲否定的裁判者，均用駁回一詞以表示之。如原告之訴駁回，上訴駁回，再審之訴駁回，聲請駁回，抗告駁回之例是（民訴二四九、四四二Ⅰ、四四四Ⅰ、四四九、四八一、五〇二、三六、四八六Ⅱ、四九〇Ⅱ、四九二Ⅰ）。裁判，除依法應用判決者外，以裁定行之（二二〇）。其以裁定爲駁回者，除法院外，亦有由審判長或受命推事、受託推事爲之者。對於訴（或上訴、再審之訴等）之不合法而予駁回，以裁定爲之。因其無理由而予以駁回，則以判決爲之。（民事訴訟法）（李學燈）

酷刑峻法（Cruel and Unusual Punishment）

凌虐受刑人，跡近野蠻行爲之刑罰，或刑罰之刑度過高，致與受刑人被控之罪不成比例，與社會道德標準大相逕庭之謂（State v. Driver, 78 N.C. 423）。若受刑人因煤氣室機械失靈而未被處死，另擇期執刑死刑時，不得主張違反美國聯邦憲法第十四修正案之「合法程序款」（due process clause），更不得謂違反同法第八修正案「禁止酷刑峻法款」，蓋第八修正案所禁止者係刑罰之方法（method）或手段不得嚴酷，至煤氣室機械失靈純係意外，非憲法所欲禁止者（Constitutional Law, American Case Book, Lockhart, Kamisar, Choper, pp. 848）。（英美刑法）（桂公仁）

需役地（Dominant Tenement）

需役地者，乃對供役地課予負擔而享有地役權利益之土地也（見James A. Ballentine: Law Dictionary, 1959, p. 401）。（英美侵權行爲法）（何孝元）

圖利叛徒

圖利叛徒，指犯罪人雖非叛徒，但有圖利叛徒之意思，和直接間接爲有利於叛徒之行爲者，均屬之。懲治叛亂條例第四條第一項，一至七款爲直接圖利叛徒罪，第八款以下，爲間接圖利叛徒罪，法定刑爲死刑、無期徒刑、或十年以上有期徒刑。（特別刑事法）（吳　智）

罰金

見「主刑」條。（刑法總則）（王建今）

罰金（Fine）

依法有管轄權之法院，令被判罪之被告繳納一定金額，以示處罰，得包括沒收或民事方面之損害賠償等具有處罰性質之罰金（penalty）。處罰（penalty）一詞，意義較罰金籠統，後者一定具有處罰之意，前者則可能指罰金，或指其他方式之處罰。（英美刑法）（桂公仁）

領事裁判權

領事裁判權（consular jurisdiction）的締訂，原以一八四二年的江寧條約為始作俑者，在此以前，已有「現成事實」，至此則訂諸文書而已。領事裁判權內容為：(1)華洋混合的民事案件由中外官員會同審辦。(2)華洋混合的刑事案件則中國人由中國地方官按中國法律審判，外國人由該國領事按該外國法律審斷。(3)純粹外人間案件，中國政府均不得過問，於是領事裁判權的制大備，迨天津條約締結後，領事裁判權又擴展一步，原來規定華洋刑事案件，又須「會同審訊」。此項領事裁判權經對日抗戰的勝利，而終由英美等國自動放棄。民國三十二年國府令，現本府已與美國及英國政府分別簽訂條約，廢除在華的治外法權（亦即領事裁判權），及其他有關的特權，並廢止一九〇一年（光緒二十七年）九月七日在北京締結的辛丑和約，同時英美兩國政府宣佈上海與廈門公共租界內的行政與管理權應歸還我國，租界內的所有權利亦均放棄，其與英國簽訂的條約中，英國政府更放棄天津和廣州租界內的各種權益。（中國法制史）（林咏榮）

態度證據（Demeanor Evidence）

有關證人或利害關係人言行，面部表情之證據，例如證人作證時聲調之高低，作答時情緒猶豫或穩定之程度，一舉一動，一顰一笑等事實，均謂之態度證據（Rains v. Rains, 17 N.J. Misc. 310, 8 A. 2d 715, 717）。（英美刑法）（桂公仁）

截留款項

陸海空軍刑法第二十九條規定截留款項，係指未經主管機關允准，或無合法原因，自行截留公款之謂，凡非己所應得之款項，擅自扣留，不論一部全部，即屬截留款項。（特別刑事法）（吳　智）

僕區

左傳昭公七年云：「吾先君文王，作僕區之法」，按僕區係楚國時刑書書名，據說「僕」就是「隱」，「區」就是「匿」，亦即關於隱匿罪犯的刑罰。（中國法制史）（林咏榮）

瘖啞人

所謂瘖啞人，係指啞而兼聾者而言。因此種自然人，接受教育之能力較低，其精神狀態自與常人有別。故刑法第二十條規定：「瘖啞人之行為，得減輕其刑」。惟此種瘖啞人，應以出生時發生或出生後自幼發生者，始有其適用，若年歲已長而始發生瘖啞之情形者，即與該條立法之意旨不合，自無該條減刑之適用。又刑法第八十七條第二項規定：「得於刑之執行完畢或赦免後，令入相當處所，施以監護」。以確保社會之安全。（刑法總則）（王建今）

聚衆

由首謀者集合不特定之多數人為聚衆，軍刑法第十六條第十七條之聚衆，指結集意思聯絡之多衆，而所結集者，有隨時可以增加之狀況而言，不以人數之多寡為標準，若僅結夥三人，尚非聚衆，至意思聯絡起於臨時，抑聚衆之當時，則非所問，結集之狀況，亦祇須有增加之情勢即是，是否增加并非必要。（特別刑事法）（吳　智）

遠期支票

遠期支票乃遲填發票日的支票，所以英國票據法上稱之為post-dated cheques，例如五十七年五月十一日所發行的支票，其發票日當然應填五十七年五月十一日；惟發票人因當日在銀行尚無存款，乃商得受款人同意，於一個月後兌現，遂將其發票日遲填為五十七年六月十一日，這就是所謂遠期支票。英國法既不以發票日為票據的絕對必要記載事項（參看英國票據法第三條第四項第一款），故亦承認遠期支票為有效；但依其一八九一年印花稅法第三十八條第一項的規定，凡對未經適當貼用印花稅票的支票予以發行、轉讓或收領之者，應無權憑票受償。我國舊票據法僅規定支票限於見票即付，有相反之記載者，其記載無效（舊票據法第一二四條、新票據法第一二八條第一項）。例如支票上記載關於未來的到期日，則此到期日的記載，應歸於無效。我國現行票據法為防止所謂遠期支票的氾濫，乃仿照日內瓦統一支票法第一二八條第二項，增列：「執票人於票載日期前提示付款時，應即付款」。（商事法）（林咏榮）

漏稅物品

戡亂時期貪污治罪條例第四條第五款所稱之漏稅物品，係指國家依法律規定之一切應行納稅，而偷漏不納稅之物品而言，不以脫漏關稅之走私物品為限。並本罪係以公用馬匹、駄獸、艦艇、舟車、或航空器裝運為要件，若僅係其應納稅之物品而不納稅，或其私將應稅物品進口或出口者，則應依其他有關法律論罰外，非本條例所指之罪。（特別刑事法）（吳　智）

誠實信用之契約（Contract Uberrimae Fidei）

誠實信用之契約者，乃當事人因其所處地位懸殊，而一方有將契約之主要事實據實告知對方之義務之契約也。其中最主要者為保險契約。他如公司募股、土地買賣、保證、合夥、處理家產等契約均屬之。於此情形，當事人違反據實陳述之義務，即為詐欺行為（見 Chitty on Contracts, vol. 1961, p. 141.）。（英美契約法）（何孝元）

蒞審

蒞審謂軍事覆判機關組織覆判庭，蒞臨原審軍事審判機關實施事實審理。對於蒞審之案件，覆判機關應僅就聲請覆判部分調查之。蒞審時應先行令知原審軍事審判機關。被告在押者，並應由原審轉知羈押被告之監所長官。（特別刑事法）（吳　智）

銀盤原則（Silver Platter Doctrine）

美國諸州之警察治安人員，因行為人被控觸犯州罪（state crime），非法搜索其住宅或身體而實際取得之聯邦罪證據（evidence of federal crime），得用之於聯邦法院以對抗行為人，但必須聯邦治安人員未參與該非法搜索，始可將非法取得之證據提出聯邦法院採用（simply receive the illegal evidence on a "silver platter"），謂之銀盤原則，對其適用爭議甚多。（英美刑法）（桂公仁）

種類之債

種類之債者，乃以某種類之物，為其給付標的之債也。例如給付米十石，或牛肉十斤是。種類之債，必須以種類之名稱指示其給付物，且須以種類中之某物為其給付之標的。種類之債，經其物之種類數量及品質確定後，仍不能成為特定之債，必也，其給付物業已具體確定，不能以同種類之物代替而後可。

種類之債之特定方法有二：㈠債務人交付其物之必要行為完結：即債務人關於履行，在自己方面，已為其應為之一切行為也。㈡經債權人同意指定其應交付之物：種類之債，由債務人一方指定其應交付之物，經債權人同意後，亦可成為特定（民法第二〇〇條第二項）。種類之債雖由不特定而變為特定，但因給付標的物之所有權尚未移轉，故其危險仍由債務人負擔。然如買受人（即債權人）請求將標的物送交清償地以外之處所者，自出賣人（即債務人）交付其標的物於運送承攬人時起，標的物之危險，由買受人負擔（民法第三七四條）。又如標的物經特定後，債權人如有受領遲延情事，自債權人遲延時起，危險負擔，即移轉於債權人（民法第二六七條）。種類之債，並無給付不能之情形；然經特定後，如其物因不可抗力而減少，以致給付不能時，債務人免其給付義務（民法第二二五條第一項）。（民法債編總論）（何孝元）

夥黨

陸海空軍刑法第六十五條、第六十七條、第六十九條、第七十一條、第九十四條、第九十六條引用之夥黨，係指夥同黨羽而言，其構成要件有三，㈠須在三人以上，㈡須有共同犯罪之目的，且須有組織者，㈢須共同實施犯罪。夥黨與多數共同之性質相近，惟夥黨有組織，故有首謀其餘之分，故法定刑亦重。（特別刑事法）（吳　智）

團體主義公司

見「資合公司」條。（商事法）（林咏榮）

撤回上訴

上訴人於提起上訴後，在終局判決前，向法院表示不求就其上訴予以裁判之意思表示，謂之撤回上訴。其僅向他造當事人表示撤回者，不生撤回之效力。撤回上訴須具備下列要件：㈠須由上訴人為之，訴訟代理人非受特別委任者（民訴七〇Ⅰ）不得代為撤回；㈡須於終局判決前為之（四五九Ⅰ）；㈢在撤回第二審上訴，若被上訴人已為附帶上訴者，應得其同意（四五九Ⅰ但）。撤回上訴者，喪失其上訴權（四五九Ⅱ）。原判決即告確定，不得再行上訴，若再行上訴，即不應准許，法院應以裁定駁回之（四四四Ⅰ）。雖再行上訴時上訴期間尚未屆滿亦然。惟被告撤回之上訴，如本非合法，則並不因撤回該項不合法之上訴而喪失其上訴權。撤回上訴，一面生喪失上訴權之效果，一面又生終結上訴審程序之效果。如在第二審程序，被上訴人之附帶上訴，除可視為獨立之上訴外，亦隨上訴之撤回而失其效力（四六一）。上訴之撤回，應以書狀為之，但在言詞辯論時，得以言詞為之，準用有關訴之撤回之規定（四五九Ⅲ，二六二Ⅱ，Ⅲ）。餘參見「訴之撤回」條。（民事訴訟法）（李學燈）

有上訴權人於提起上訴後向法院表示不願判決之意思為撤回上訴。上訴於判決前，得撤回之。為被告之利益而上訴者，非得被告之同意，不得撤回。自訴人上訴者，非得檢察官之同意，不得撤回。撤回上訴，應向上訴審法院為之。但於該案卷宗送交上訴審法院以前，得向原審法院為之。撤回上訴，應用書狀，但於審判期日，得以言詞為之。在監所人提起上訴之規定，於撤回上訴準用之。撤回效力，喪失其上訴權，書記官應速通知他造當事人。（刑事訴訟法）（陳　珊）

撤回聲請覆判

聲請覆判人於覆判判決前，得隨時撤回其所提起之聲請覆判。惟如係為被告之利益聲請覆判者，非得被告之同意，不得撤回其聲請。否則應認其撤回無效。撤回聲請覆判，應向覆判機關為之。但於該案卷宗送交覆判機關以前，得向原審軍事審判機關為之。撤回聲請覆判者，喪失其聲請權。（特別刑事法）（吳　智）

撤銷（Rescission）

撤銷者，乃取消從前之交易，使當事人回復原狀之謂也。得撤銷之契約原非無效，須經撤銷後始屬無效。但如撤銷前標的物已移轉於善意有償之第三人時，則無救濟之可能（見 Chitty on Contracts, vol ; 1, 1961, p. 114.）。（英美契約法）（何孝元）

撤銷死亡宣告之訴

對於宣告死亡之判決，另以判決撤銷其宣告，即除去該宣告死亡之判決者，謂之撤銷死亡宣告之訴。宣告死亡之判決，與除權判決同，不得對之提起上訴（民訴六二五、五五一）。如有不服，祇得提起撤銷之訴。此為形成之訴，有以除去宣告死亡之判決（即撤銷死亡宣告）為目的者，亦有僅以更正所確定死亡之時為目的者。凡有法律上利害關係之人，基於某種法律上之原因、事實得以原聲請宣告死亡之人或其他利害關係人為被告，於一定之不變期間內，提起撤銷死亡宣告之訴（六三五）。所謂法律上之原因事實者，指有法律所定得提起撤銷除權判決之事由（五五一Ⅱ）或受死亡宣告人尚生存，或確定死亡之時有不當者而言（六三六）。提起此訴，須於三十日之不變期間內為之。此項期間，自原告知悉死亡宣告之判決時起算，但如以為判決之推事應自行迴避或原判決有再審之理由（五五一Ⅱ4、6），提起此訴者，如原告知有宣告死亡判決時不知其事由者，自知悉其事由時起算。宣告死亡之判決宣示後已逾五年者，不得提起撤銷之訴（五五二參照）。但以受死亡宣告之人現尚生存為理由提起撤銷死亡宣告者，則不受此期間之限制（六三七）。撤銷死亡宣告之訴，與公益有關，故其他人事訴訟程序有關規定（五八一，五九四，五九五，六一三）亦準用之（六三九）。撤銷死亡宣告之訴有數宗者，法院應合併之。該數訴之諸原告或諸被告，均應視為共同訴訟人，適用關於必要之共同訴訟合一確定之規定（六三八、五六Ⅰ）。撤銷死亡宣告之訴，不得合併提起他訴或於其程序為他訴之追加或提起反訴（六三九、六一三）。法院就撤銷死亡宣告之訴，認為不合法者，以裁定駁回之（二四九Ⅰ7.）；認為無理由者，應為駁回其訴之判決；其係顯無撤銷死亡宣告判決之理由者，得不經言詞辯論，以判決駁回之（六二五，五五三，五〇二）；如認為有理由者，應撤銷死亡之宣告，其僅以確定死亡之時不當而提起之訴，則應為更正死亡之時之判決。撤銷死亡宣告或更正死亡之時之判決，均為形成判決，故有溯及之效力，且不問對於何人均有效力。但法律為顧全善意人之利益及交易之安全，特設兩項例外：㈠對於判決確定前之善意行為不受影響；㈡因宣告死亡取得財產者，僅於現受利益之限度內，負歸還財產之責（六四〇）。（民事訴訟法）（李學燈）

撤銷收養之訴

撤銷收養之訴，係本於法律所定得撤銷收養之原因（民一〇七三至一〇七六）而請求法院判決撤銷以除去收養效力之訴。至如收養之意思表示錯誤或被詐欺脅迫而為收養之意思表示，依法（民八八、八九、九八）得撤銷者，其撤銷祇須以意思表示為之（一一六）。對於此項意思表示是否有效發生爭執時，則為確認收養關係成立或不成立之訴，而非撤銷收養之訴（司法院字二二七一號解釋參照）。撤銷收養之訴之性質為形成之訴，係收養事件之一種。餘參見「收養事件程序」條。（民事訴訟法）（李學燈）

撤銷除權判決之訴

撤銷除權判決之訴，係對於除權判決，受該判決所及之利害關係人，得以公示催告聲請人為被告，向原法院提起撤銷已有判決之形成之訴。除權判決，依法不得上訴（民訴五五一），然若無救濟之途，未免有違平等保護之旨，故有下列情形之一者，法律復許提起撤銷除權判決之訴：㈠法律不許行公示催告程序者，㈡未為公示催告之公告或不依法定方式為公告者，㈢不遵守公示催告之公告期間者，㈣為除權判決之推事應自行迴避者，㈤已經申報權利，而不依法律於判決中斟酌之者，㈥有民事訴訟法第四九六條第一項第七款至第十款之再審理由者（五五一Ⅱ）。撤銷除權判決之訴，應於三十日之不變期間提起之。此項期間，自原告知悉除權判決時起算。但有民事訴訟法第五五一條第四款或第六款所定事由提起撤銷除權判決之訴，如原告於知有除權判決時不知其事由者，自知悉其事由時起算。惟除權判決宣示後已逾五年者，不得提起撤銷之訴（五五二）。撤銷除權判決之訴雖與再審之訴不同，然其對於確定判決之聲明不服則一，故民事訴訟法第五〇一條及第五〇二條關於再審之規定，於撤銷除權判決之訴準用之（五五三）。（民事訴訟法）（李學燈）

撤銷婚姻之訴

撤銷婚姻之訴（民訴五六八Ⅰ），係指本於民法第九八九條至第九九七條所定得撤銷婚姻之原因，求為除去婚姻將來效力之訴（民九九八，結婚撤銷之效力，不溯及既往）。此為婚姻事件之一種，其性質為形成之訴。餘參見「婚姻事件程序」條。（民事訴訟法）（李學燈）

撤銷登記

撤銷登記係指商業登記後，由於有某法定情事發生由主管機關對於該商號予以撤銷登記權益或撤銷其部分登記事項。我商業登記法第三十一條規定，商業有下列情事之一者，主管機關得依職權或據利害關係人申請，撤銷其登記或其部分登記事項：一、登記事項有虛偽不實情事，經法院判決確定者。二、營業行為有違反法令、公共秩序或善良風俗，受勒令歇業之處分者。三、登記後滿六個月尚未開始營業，或開始營業後自行停止營業一年以上者。撤銷登記原是主管官署依職權為之，法律所以規定主管官署亦得據利害關係人之申請，予以撤銷登記者，蓋利害關係人與之關係密切，當係最能了解詳細情形。主管機關對於普通商號有商業登記法第三十一條第一項規定情形時，固得逕行撤銷其登記或其部分登記事項，如在特許商業，則該商業之經營，原係經過該業主管機關之特許後方准予申請登記者，主管官署在為撤銷處分前，自亦應先徵詢各該特許機關之同意，在相反情形下，如係由特許機關撤銷特許商業者，此時該特許機關則無需先徵求商業主管機關之同意，只須由該特許機關通知登記機關撤銷其登記即可。（商業登記法）（管　歐）

撤銷禁治產宣告之訴

依民法規定得聲請禁治產之人，對於法院所為禁治產宣告之裁定，認為不當，於法定期間內，向就禁治產之聲請（曾為裁判之地方法院，求為判決撤銷禁治產宣告之裁定。此項訴訟，謂之撤銷禁治產宣告之訴（民訴六〇九Ⅱ）。故凡依民法規定得聲請禁治產之人，亦即有聲請權之人（民一四），均可為此訴之原告，雖原聲請人亦然。此訴之被告，原則上為原聲請禁治產之人，惟如係由原聲請禁治產人起訴或該聲請人死亡者，則以禁治產人之法定代理人爲被告（民訴六一〇），撤銷禁治產宣告之訴，應於三十日之不變期間內提起之。此項期間，於禁治產人自其知悉禁治產宣告時起算；於他人自該裁定發生效力時起算（六一一）。受禁治產宣告人，依法原無行爲能力（民一五），不能獨立以法律行爲負義務，從而亦無訴訟能力（民訴四五）。然法律爲保護禁治產人之利益起見，明定撤銷禁治產宣告之訴，受宣告人有訴訟能力。惟受禁治產宣告人常不適於爲訴訟行爲，故法律又明定關於未成年之養子女爲訴訟行爲，審判長應依聲請或得依職權選任律師爲其訴訟代理人之規定準用之（六一二，五八五）。撤銷禁治產宣告之訴，不得合併提起他訴，或於其程序爲訴之追加或提起反訴（六一三）。受禁治產人於判決確定前死亡者，關於本案視爲訴訟終結（六一四）。撤銷禁治產宣告之訴，與婚姻事件及親子關係事件同屬人事訴訟，有關公益；又與禁治產宣告之聲請性質相似；故關於各該程序所採職權主義之規定，於此訴亦準用之（五八一，五九四，五九五，六〇二，六〇三，六一五）。法院如認其訴不合法者，應以裁定駁回之（二四九Ｉ）。認其訴爲無理由者，以判決駁回之。若認其訴爲有理由者，應以判決撤銷宣告禁治產之裁定，並於判決確定前，因保護禁治產人之身體或財產，得命爲必要之處分（六一六）。撤銷禁治產宣告之判決爲形成判決，一經確定，卽有溯及既往之效力，視爲與自始未有宣告禁治產之裁定同。且其判決對於第三人亦有效力，故禁治產人在撤銷禁治產前所爲之行爲，無論其本人或第三人，均不得本於宣告禁治產之裁定而主張無效（六一七Ⅱ）。但爲保護交易之安全，撤銷禁治產宣告前，監護人以法定代理人資格所爲之行爲，不失其效力（六一七Ｉ）。（民事訴訟法）（李學燈）

撤銷禁治產宣告之程序

撤銷禁治產宣告程序，可分爲二：一爲撤銷禁治產宣告之訴之程序，一爲聲請撤銷禁治產之程序。前者係以宣告禁治產之裁定不當爲原因，對之提起獨立之訴之程序，求爲判決撤銷禁治產宣告之裁定，學者有稱爲民事訴訟法上之撤銷者。後者則爲本人之精神能力回復，以禁治產之原因消滅爲理由，依民法之規定（民一四Ⅱ），聲請以裁定撤銷禁治產宣告之程序，學者有稱爲民法上之撤銷者。詳見各該條。（民事訴訟法）（李學燈）

撤銷認領之訴

撤銷認領之訴，係就已爲認領有親子關係，而後求法院撤銷其認領，除去其效果之訴。其性質爲形成之訴，係生子關係事件之一種。餘參見「生子關係事件程序」條。（民事訴訟法）（李學燈）

調協

謂破產人與破產債權人團體間，於破產財團分配未認可前，爲終結破產程序所締定之強制契約，經法院認可而生效力之程序也。（破產法一二九—一三七）。（破產法）（陳　珊）

調協計劃

謂破產人依調協程序所提出之清償辦法也。調協計劃，應載明下列事項：㈠清償之成數。㈡清償之期限。㈢有可供之擔保者，其擔保。破產人有下列情形之一者，不得提出調協計劃：㈠所在不明者。㈡詐欺破產尚在訴訟進行中者。㈢因詐欺和解或詐欺破產受有罪之判決者。調協計劃，應送交破產管理人審查，由破產管理人提出於債權人會議。（破產法一二九—一三一）。（破產法）（陳　珊）

調協異議

謂破產管理人、監査人、債權人及破產人就調協之決議所爲之反對表示也。法院對於調協異議，應傳喚上開人等，爲必要之訊問，債權人會議之主席，亦應到場陳述意見。法院如認爲債權人會議可決之調協條件公允，應以裁定認可調協，經認可後對於一切債權人，均有效力。（破產法一三三—一三六）。（破產法）（陳　珊）

調取證據之訴 (Bill for Discovery)

調取證據之訴者，乃當事人之一方爲取得他方所持有或知悉之文件或事實而提起之一種訴訟也（見James A. Ballentine: Law Dictionary, 1959, p. 152）。在普通法上，當事人於本訴有利害關係者，既不得到庭作證，亦不得被迫作證，而法院又無法使當事人一方將其持有之有關證據，提交對方閱覽，致原告實無法證明爲被告所控制之事實，衡平法院遂准許原告提起調取證據之訴，俾得將在衡平法院取得之證據，用之於普通法法院之訴訟上。惟自美國新制定之聯邦民事訴訟規則 Federal Rules of Civil Procedure）施行後，規定有任何一方於訴訟進行中，得向他方覓取證據（見 Federal Rules of Civil Procedure for the District Courts (1938) Rules 33-38, 28 U.S.C.A. following section 723 C.），此項訴訟已不得再行提起矣（見 McClintock on Equity, 2nd ed., 1948, pp. 547-549.）。（英美衡平法）（何孝元）

調查證據

調查證據，係指調查證據方法，用以發現證據資料之行爲。訴訟上之調查證據，通常應由受訴法院爲之，庶可對於證據有直接之認識，符合直接審理主義，自由心證主義之原則，以期發現眞實。惟受訴法院有時不能或不便直接調查證據者，法律爲應實際之需要，在受訴法院認爲適當時，得使庭員一人爲受命推事，或囑托他法院指定推事，調查證據（民訴二九〇）。此外並得囑託機關、學校、商會、交易所或其他團體爲必要之調查（二八九）。又法院調查證據，通常只應在其管轄區域內爲之，如其行爲應在他法院管轄區域內爲之者，自應囑託該法院爲之，惟如有必要，爲實際上便宜起見，受訴法院受命推事或受託推事，得在管轄區域外爲調查（二九三）。應於外國調查證據者，應囑託該國管轄機關或駐在該國之中華民國大使、公使或領事爲之（二九五Ｉ）。外國機關調查證據，自應遵守該國法律辦理，但雖違背該國法律，如於中華民國之法律無違背者，仍有效力（二九五Ⅱ）。法院不能依當事人聲明之證據而得心證，或因其他情形認爲必要時，得依職權調查證據（二八八）。依辯論主義之精神，仍應以當事人之聲明爲原則，有不知聲明者，審判長應行使闡明權，促其聲明（一九九）不得已時，始依職權爲調查。依職權調查證據與否，由法院決之，當事人不得以未行使此職權爲不服其判決之理由。調查證據之結果，應曉諭當事人爲辯論。於受訴法院外調查證據者，當事人應於言詞辯論時陳述其調查之結果。但審判長得令庭員或書記官朗讀調查證據筆錄代之（二九七）。調查證據之程序，法律上有加以規定或限制者。如違背規定，在證據方面，可以發生證據能力問題，或證據憑信性問題；在裁判方面，對於用以爲基礎之裁判，即爲有法律上之瑕疵，當事人得據以爲不服之理由。（民事訴訟法）（李學燈）

調解

見「調解程序」條。（民事訴訟法）（李學燈）

調解人

當事人兩造於調解程序，各得推舉一人至三人爲調解人，於期日到場，協同調解，兩造之調解人應爲同數（民訴四一一Ｉ）。當事人一造有多數者，在解釋上祇得共同推舉一人至三人爲調解人，其推舉應以協議行之。不問當事人有無推舉調解人，如法院認有第三人適於協同調解時，得選任爲調解人。受選任之調解人得請求法院法定之日費及旅費（四一一Ⅲ）。法院應通知其於調解期日到場，當事人推舉之調解人，如非於期日偕同到場，而經預行陳明法院者亦同（四一一Ⅳ）。（民事訴訟法）（李學燈）

調解程序

調解爲對有爭議之兩造調停排解，期其達成合意，藉以避免訴訟之程序。如兩造爲此合意，謂之調解成立，否則謂之調解不成立。法律爲防止訴訟而設調解之規定，稱之爲調解程序（民訴第二編第二章），係於訴訟繫屬前行之。調解成立者，與訴訟上和解有同一之效力（四一六Ｉ、參照三八〇Ｉ、與確定判決有同一之效力）。惟二者於程序上有重大之差異：㈠調解限於起訴前，由第一審法院依聲請爲之（四〇三至四〇五）；訴訟上和解，則係訴訟繫屬後由繫屬法院依職權爲之。㈡調解由調解推事行之（四一〇）；訴訟上和解除由法院行之外，並得使受命推事或受託推事行之。㈢法定其他調解機關亦得爲民事之調解（四〇三，並參照鄉鎮調解條例，耕地三七五減租條例），調解成立，或經法院核定後，即不得再行起訴，或得逕請强制執行；訴訟上之和解則無其他和解之機關，訴訟外之和解，僅生民法上之效力。㈣在法院調解成立，如有無效或得撤銷之原因者，當事人得提起宣告調解無效或撤銷調解之訴（四一六Ｉ）；訴訟上和解有無效或得撤銷之原因者，則得請求繼續審判。㈤和解必須互相讓步，調解由一造讓步亦可。又調解本爲非訟事件而非民事訴訟，現既定於民事訴訟法中，則於性質許可之範圍內，亦應適用或準用民事訴訟法之規定。依法於起訴前應經調解之事件，可分爲三類：㈠適用簡易訴訟程序之訴訟，但有法定之例外情形者，不在此限（四〇三）。㈡有適用簡易程序合意之事件（四〇四Ⅱ）。㈢人事訴訟有應經調解之規定者（五七七，五八七）。其他不適用簡易訴訟程序之訴訟，當事人亦得於起訴前，聲請調解（四〇四Ⅰ）。調解之聲請應表明爲調解標的之法律關係及爭議之情形（四〇五）。法院於必要時，得命當事人或法定代理人本人於調解期日到場（四〇八）。當事人無正當理由不到場者，法院得以裁定科五十元以下之罰鍰；其有代理人到場而本人無正當理由不遵命到場者亦同（四〇九）。調解程序不用開庭之形式，得不公開（四一〇）。兩造各得推舉一人至三人爲調解人，於期日到場，協同調解。法院如認有第三人適於協同調解時，得選任爲調解人（四一一）。就調解事件有利害關係之第三人，經法院之許可，得參加於調解程序（四一二）。調解推事，於必要時得調查證據，並就調解事件，酌擬平允辦法，力謀雙方之協和（四一四）。關於財產權爭議之調解，當事人不能合意，但已甚接近者，調解推事得徵詢調解人之意見，斟酌一切情形，求兩造利益之平衡，於不違反兩造當事人之主要意思範圍內，以職權爲解決事件適當之裁定（四一七）。當事人或利害關係人，得於裁定送達於當事人之翌日起，十日內提出異議。於上項期間內提出異議者，裁定失其效力，並視爲調解不成立；未於上項期間內提出異議者，視爲調解成立（四一八）。兩造於期日到場而調解不成立者，得依一造之聲請，命即爲訴訟之辯論。但他造如聲請延展期日者，應許可之（四一九）。兩造或一造於期日不到場者，得視爲調解不成立或另定調解期日（四二〇）。調解程序中之勸導及當事人之陳述或讓步，於調解不成立後起訴者，不得採爲裁判之基礎（四二二）。餘參見「訴訟上之和解」條及「簡易訴訟程序」條。（民事訴訟法）（李學燈）

調戲婦女

陸海空軍刑法第六十一條規定，凡以違背風化之猥褻言語，或不正動作，希圖挑引婦女性慾之發動者，謂之調戲婦女，其調戲之婦女，指良家婦女而言，亦不問其是否有夫。（特別刑事法）（吳　智）

確定判決

確定判決（Res Judicata）

判決已無上訴之途，而處於不能廢棄或變更之狀態者，謂之確定判決。確定判決如經依法提起再審或撤銷之訴，雖可廢棄或變更（民訴四九六至四九八、五五一Ⅱ、六二五、六三五、六三六等），但在未經廢棄或變更之前，不得謂該判決尚未確定。關於判決確定之時期，因其判決得否上訴或曾否上訴而異：㈠得上訴之判決於當事人兩造喪失上訴權時確定。其情形有三：⑴當事人兩造均未於上訴期間內提起上訴者，於上訴期間內有合法上訴者，阻其確定（三九八Ⅰ）。⑵當事人兩造捨棄上訴權者（四三九，四八一）判決因而確定，不待上訴期間之屆滿。⑶當事人一造未於上訴期間有合法之上訴，他造捨棄上訴權或撤回上訴者（四五九Ⅱ），判決亦歸於確定。如撤回係在上訴期間已滿後，則原判決溯及於上訴期間屆滿時確定。惟若一造捨棄上訴權或撤回上訴，他造仍得提起上訴時，則因得爲附帶上訴之故，原判決尚不得謂已臻於確定（四六〇）。㈡曾經上訴之判決因上訴不合法經駁回而確定時，溯及於上訴期間屆滿時即告確定。合法上訴，因上訴無理由而被駁回確定時，則原判決與該上訴審判決一併確定。㈢不得上訴之判決於宣示時確定，不宣示者，於送達時確定（三九八Ⅱ）。前者，如除權判決，宣告死亡判決或不得上訴第三審之判決（五五一Ⅰ、六二五、四六六）於宣示時確定。後者，如不經言詞辯論之判決，及第三審不宣示之判決，均於送達時確定（四五三、五〇二Ⅱ、四七四）。其向各當事人送達之時不同者，以最初送達之時爲準。判決對於兩造係同時確定。在客觀合併之訴，經合併爲一判決者，苟對於其一部有上訴時，該判決全部均不確定。在主觀合併之數訴，除必要之共同訴訟外，其判決在諸對立之當事人間各別確定。中間判決，既不能獨立上訴（四三八）亦不能獨立確定。關於判決確定之規定（三九八），應準用於裁定。在得抗告之裁定，於抗告期間屆滿時確定，不得抗告者，則於宣示時確定，不宣示者，於送達時確定。惟不得抗告之裁定，除有明文不得聲明不服者外，亦得隨同判決受上訴法院之審判（四三八）。又捨棄抗告權與撤回抗告（四九三），亦爲裁定確定之原因。判決確定後當事人如有需要（如因提起再審之訴、或聲請執行、或聲請登記等），得請求法院付與判決確定證明書。此項證明書，由第一審法院於聲請後七日內付與之，但卷宗在上級法院者，由上級法院付與之（三九九）。（民事訴訟法）（李學燈）

確定判決者，乃法院就其管轄之系爭事件所為之最後裁判也。當事人或訴訟關係人間之權利因確定判決而臻於明確。確定判決對於因同一系爭之點或事實所生之訴訟或其他具有共同管轄權而為之裁判，有拘束力（見 James A. Ballentine: Law Dictionary, 1959, p. 1130）。（英美衡平法）（何孝元）

確定故意

見「故意」條。（刑法總則）（王建今）

確定訴訟費用額

見「訴訟費額之確定」條。（民事訴訟法）（李學燈）

確定資本制

見「資本三原則」條。（商事法）（林咏榮）

確認之訴

確認之訴，即求為確認判決之訴，亦即要求確定權利或法律關係存否（成立或不成立），或證書眞僞之判決之訴。確認之訴，除確認證書眞僞之訴外，應以現在之法律關係為訴訟標的，及原告保存自己之權利狀態所必要者為限。證書之眞僞，原為事實問題，惟因關係重要，法律定為亦得提起確認之訴（民訴二四七）。其他非法律關係之事實問題，或法律之存否、效力、解釋等，均不得為確認之訴之標的。又所謂法律關係，通常須為私法上之法律關係，且以現在之法律關係為限。非原告有即受確認判決之法律上利益者，不得提起之。其求確定法律關係存在者，為積極確認之訴，例如請求確認地上權存在之訴。其求確定法律關係之不存在者，為消極確認之訴。例如請求確認婚姻關係不存在之訴。又因提起之方式不同，得分為獨立確認之訴，與中間確認之訴。前者指係獨立提起之訴。後者為訴訟進行中，於某法律關係之成立與否有爭執，而其裁判應以該法律關係為據，並求確定其法律關係存否之訴（二五六、5）；如由原告提起者，為訴之追加，由被告提起者，則為反訴。又因確認之標的不同，又可分為法律關係確認之訴與證書眞僞確認之訴。前者為求確定法律關係之存在或不存在；後者為求確定證書是否由作成名義人所作成。（民事訴訟法）（李學燈）

確認收養關係成立或不成立之訴

確認收養關係成立或不成立之訴，係求為確認某二人或三人間，有無因收養而生親子關係之訴。其性質為確認之訴，係收養事件之一種。餘參見「收養事件程序」條。（民事訴訟法）（李學燈）

確認判決

判決之內容，係止於確定某法律上效果或法律關係存在或不存在者，謂之確認判決。確認之訴，為原告求為確認判決之訴，無論原告之主張為有理由或無理由，法院對之所為之勝訴或敗訴之判決，均屬確認判決。至於給付之訴或形成之訴，則須法院認為原告之訴為無理由，而為駁回原告之訴之判決時，始為消極的確認判決。無論何種確認判決，均不得據以強制執行。惟依其判決之既判力，可確定法律上之效果，或當事人間法律關係之狀態。（民事訴訟法）（李學燈）

確認婚姻成立或不成立之訴

確認婚姻成立或不成立之訴（民訴五六八Ⅰ），係指請求法院判決確認某二人間有無夫妻關係之訴。此為婚姻事件之一種，其性質為確認之訴。其確認婚姻關係成立者，為積極確認之訴；其確認婚姻關係不成立者，為消極確認之訴。餘參見「婚姻事件程序」條。（民事訴訟法）（李學燈）

審判

法院就原告起訴之案件，斷定刑罰權之存否及其範圍之程序，為審判。㈠審判之準備：1.指定審判期日，傳喚被告或其代理人，並通知檢察官、辯護人、輔佐人。第一次審判期日之傳票，至遲應於七日前送達；刑法第六十一條所列各罪之案件，至遲應於五日前送達。2.法院得於第一次審判期日前訊問被告，檢察官及辯護人亦得在場。除有急迫情形外，法院應將訊問之日時及處所預行通知之。3.起訴或其他訴訟行為，於法律上必備之程式有欠缺可以補正者，法院應定期間，以裁定命其補正。4.法院得於審判期日前傳喚證人、鑑定人或通譯及調取或命提出證物。5.當事人或辯護人，得於審判期日前，提出證據及聲請法院為傳喚人證及調取或提出證物之處分。6.法院得於審判期日前訊問證人及命爲鑑定及通譯。當事人及辯護人得於訊問證人、鑑定人或通譯時在場，其訊問之日、時及處所，法院應預行通知之。7.法院得於審判期日前，為搜索、扣押及勘驗。8.法院得於審判期日前，就必要之事項，請求該管機關報告。行合議審判之案件，得以庭員一人為受命推事，行上列之準備程序。其權限與法院或審判長同。(二)審判之進行：1.審判期日應由推事、檢察官及書記官出庭。除有特別規定外，被告不到庭者，不得審判。許被告用代理人之案件，得由代理人到庭。2.被告在庭時，不得拘束其身體；但得命人看守。被告到庭後，非經審判長許可，不得退庭。審判長因被告在庭，得為相當處分。3.強制辯護之案件無辯護人到庭者，不得審判。但宣示判決，不在此限。4.審判期日，以朗讀案由為始。4.審理之順序：(1)審判長之人別訊問。(2)檢察官起訴要旨之陳述。(3)審判長就被訴事實訊問被告。(4)審判長調查證據。(5)調查證據完畢後，審判長命檢察官、被告、辯護人依次就事實及法律辯論之。已辯論者，得再為辯論。(6)審判長於宣辯論終結前，最後應詢問被告有無陳述。(7)辯論終結後，遇有必要情形，得命再開辯論。(三)審判之更新。(四)審判之停止。(五)審判之結果。應為判決：1.判決之種類：計分有罪、免刑、無罪、免訴、不受理、管轄錯誤等判決。2.判決之程式：(1)應制作判決書，分別記載其裁判之主文、事實與理由。並應記明上訴期間及提出上訴狀之法院於判決正本，送達於告訴人及告發人。(2)經言詞辯論之判決，應自辯論終結之日起七日內宣示，被告雖不在庭，亦得為之；且不以參與審判之推事為限。(3)犯刑法偽證及誣告罪章或妨害名譽及信用罪章之罪者，因被害人或其他有告訴權人之聲請，得將判決書全部或一部登報，其費用由被告負擔。3.判決之效力：(1)及於羈押被告之效力。羈押之被告，經諭知無罪、免訴、免刑、緩刑、罰金或易以訓誡或因欠缺追訴條件或違反再起訴之規定而諭知不受理之判決者，視為撤銷羈押。但上訴期間內或上訴中，得命具保、責付或限制住居；如不能具保、責付或限制住居，而有必要情形者，並得繼續羈押之。(2)及於扣押物之效力。扣押物未經諭知沒收者，應即發還。但上訴中遇有必要情形，得繼續扣押之。扣押之贓物應發還被害人者，不待其請求即行發還。（刑事訴訟法）（陳冊）

審判上之和解

見「訴訟上之和解」條。（民事訴訟法）（李學燈）

審判官

審判官依軍事審判法第十三條第三項規定，係指軍事審判官及參與審判時之軍官。（特別刑事法）（吳　智）

審判長

在合議制之法院，以庭員一人居於主席之地位，該庭員即稱為審判長。合議審判，以庭長充審判長，無庭長或庭長有事故時，以庭員中資深者充之。獨任審判即以該推事行審判長之職權（法組四）。庭長之職責，係監督各該庭事務並定其分配（一二Ⅱ、一九Ⅱ、二四Ⅱ），審判長之職責，係於特定事件為首席推事，主持審判之進行。故庭長為實施司法行政之機關，審判長係實施訴訟行為之機關。關於審判長之權限，一為固有之權限，因其為組織合議庭之一員，與其他推事同。雖於參與評議時為主席，但表決權則同於其他庭員，各以一個為限。一為特殊之權限，對內則有裁判評議之主持（七九），受命推事之指定（民訴二〇二Ⅰ）；對外則列其主要者有如：(一)開閉及指揮言詞辯論並宣示法院之裁判（一九八），(二)注意令當事人得為適當完全之辯論，並行使闡明權（一九九），(三)法院應為之囑託，除別有規定外，由審判長行之（二〇二），(四)特別代理人之選任（五一），(五)期日之指定（一五四），(六)訊問及調查（三一二、三一六至三二一等），(七)法庭指揮及維持秩序權（法組六六至七二）。（民事訴訟法）（李學燈）

審判庭

審判庭係管轄初審之軍事法庭。就形式分，審判庭有簡易審判庭、普通審判庭及高等審判庭。就實質分，有獨任審判庭及合議審判庭。（軍事審判法第二十六條）（特別刑事法）（吳　智）

審判費用

見「訴訟費用」條。（民事訴訟法）（李學燈）

審判籍

見「土地管轄」條。（民事訴訟法）（李學燈）

審級管轄

見「職務管轄」條。（民事訴訟法）（李學燈）

複本（Bill in a Set or Parts of a Set）

所謂複本，即對於一個票據關係，所發行的數個票據證券。複本限於滙票，而不適用於本票或支票，複本各份效力均同，其間並無正副、主從的區別。滙票之中，不僅可在國內由甲地發出而在乙地付款，且可在國際間由甲國發出而在乙國付款，爲預防中途遺失和便利請求承兌，滙票的受款人，得自負擔其費用，請求發票人發行複本。受款人以外的執票人，雖亦得請求發行複本；但須依次經由其前手請求，並由其前手在各複本上爲同樣的背書（參看票據法第一一四條）。滙票的複本，通常以同一的文句，作成滙票兩份或三份，至多以三份爲限，標明複本的字樣，並編列字號，以資識別、分別寄遞（參看票據法第一一五條前段及票據法施行法第七條）。此兩份或三份滙票，法律上各具獨立的效力。其未經標明複本字樣並編列號數者，則善意的取得人，無從知其複本相互間的關係，故視爲各別獨立的滙票，以保護善意執票人的利益（參看票據法第一一五條後段）。數份的複本，合爲一個權利和義務關係。故在原則上言，凡其中的一份已爲付款，則他份即失效力。（商事法）（林咏榮）

複代理人

見「選任代理人」條。（民事訴訟法）（李學燈）

複合或加重竊盜罪（Compound or Aggravated Larceny）

以竊盜之故意，竊取他人動產，意圖永久據爲己有，是謂竊盜罪，然其型態甚夥，許多州刑事立法，爲濟夜盜罪及強盜罪之窮，加設「複合或加重竊盜罪」，即被告直接由被害人住宅或其身體竊取動產，此種特殊侵權行爲，惡性較一般竊盜罪爲大（Anderson V. Winfree, 85 Ky. 597, 4 S.W. 351），應予區分，論以本罪方是。（英美刑法）（桂公仁）

複利

複利者，乃債權人將債務人未於清償期支付之利息滾入原本，再生利息之謂也。利息原則上不得滾入原本，再生利息（民法第二〇七條第一項）。惟當事人以書面約定，利息遲付逾一年後，經催告而不償還時，債權人得將遲付之利息，滾入原本，無須再得債務人之同意（民法第二〇七條第一項但書）。又商業上另有習慣，例如銀行之活期存款，於利息支付期不爲支付時，亦可以之滾入原本是。（民法債編總論）（何孝元）

複保險

凡要保人以同一保險利益，同一保險事故，向一個保險人訂立一個或數個契約，均稱爲「單保險」（Simple insurance）單保險是以一個保險人存在爲前提，若要保人對於同一保險利益，同一危險與數保險人分別訂立數個契約，則稱爲複保險（double insurance）。（參看保險法第三五條）。複保險是以向數個保險人訂立二個以上的保險契約爲前提。複保險除另有約定外，要保人應將保險人姓名及保險金額通知各保險人（參看保險法第三六條），以防要保人利用複保險契約，致保險金額的總和超過保險標的價值，同時並使各保險人間彼此共知危險發生時，比例分擔其所保金額的責任（參看保險法第三八條），要保人故意不爲此種通知，或意圖不當得利而爲複保險者，其契約無效。（參看保險法第三七條）。但爲保護善意的保險人計，訂約時不知情的保險人，於不知情的時期內，仍取得其保險費（參看保險法第二三條第二項）。善意的複保險，其保險金額的總額，超過保險標的價值時，除另有約定外，各保險人對於保險標的之全部價值，僅就所保金額負比例分擔的責任，但賠償總額不得超過保險標的價值（參看保險法第三八條）。（商事法）（林咏榮）

複數之訴

即「訴之合併」，見該條。（民事訴訟法）（李學燈）

質物

謂供質權設定之標的物也，如動產或其他權利。權利質權係準用動產質權之規定，故以不動產權利如地上權、永佃權、典權等，不得為質權之標的物。質物之所屬，為債務人或第三人（詳質權條）。（民法物權）（陳　珊）

質劑

周禮地官有：「以質劑結信而止訟」與「大市以質，小市以劑」之語，長券曰質，短券曰劑，均書於一札，前文後文相同而就其中切為兩半，各執其半札，即今之合同。凡市廛買賣，得以此合同為信用的預約付款。此事如非後儒所臆造，可謂為我國古時票據的初胚。（中國法制史）（林咏榮）

質權

謂以動產占有之移轉或其他權利之讓與為條件而成立之擔保物權也。在他國立法例，亦有以不動產為標的之質權，我民法於不動產物權中，因有典權制度，故僅有動產質權與權利質權兩種（詳各該條）。（民法物權）（陳　珊）

質權（Pledge）

質權者，乃債務人移轉其動產予債權人，以作為履行債務之擔保也。惟其所移轉者，乃動產之占有，而非其所有權，故在某特定情形下，仍得贖回之。如債務人不能清償其債務時，質權人得將該動產出賣而受清償（見 James A. Ballentine: Law Dictionary, 1959, p. 976）。（英美衡平法）（何孝元）

質權人

謂有以動產或其他權利為擔保之債權人也。（詳質權條）。（民法物權）（陳　珊）

緩召

應受動員召集或臨時召集之後備軍人，及國民兵因故延緩召集者，謂之緩召。緩召原因消滅時，仍受召集。依兵役法第四十二條規定，得予緩召之情形如下：

㈠患病經證明不堪服作戰任務者。

㈡現任國防工業之專門技術員工，經審查核定者。

㈢現任國民學校教員，曾在教育部認可之師範學校畢業或經檢定合格任教一年以上，經審查核定者。

㈣負家庭生計主要責任，而無同父兄弟，或有同父兄弟均已應徵召或均未滿十八歲者；或無同父兄弟，而生父已年逾五十歲或死亡者。

㈤犯最重本刑為有期徒刑以上之刑之罪在追訴中者；或犯罪判處徒刑在執行中者。

捏造緩召原因或緩召原因消滅後無故逾三十日未自動申報者，依妨害兵役治罪條例第六條規定，應處五年以下有期徒刑。（特別刑事法）（吳　智）

緩刑

所謂緩刑，即受刑之宣告後，依據特定情形，在一定之期間內，暫緩執行，俟緩刑期滿，而緩刑之宣告未經撤銷者，刑罰權即歸消滅之制度。緩刑之目的，在於救濟短期自由刑之弊害，使初犯及犯情輕微者有改過自新之機會，實為一種優良之刑事政策，為近代各國所採用。緩刑制度，約有三種：㈠緩宣告。即僅止於犯罪之認定，如於一定期間內未再犯罪者，即免其刑之宣告。英美法系諸國，大抵採用此制。㈡緩執行。即受刑之宣告後，於一定期間內附條件的暫緩執行。我國及日本等國採用此制。㈢附條件特赦。受刑之宣告後，依行政權作用，在一定條件之下，予以特赦。德國採用此制。關於緩刑之要件，依我國刑法第七十四條規定：㈠須受二年以下有期徒刑、拘役或罰金之宣告。因緩刑之主旨，在於救濟短期自由刑之弊害，故以宣告刑為準，法定刑如何，在所不問。㈡須未曾受有期徒刑以上刑之宣告或非累犯者。㈢須認以暫不執行為適當者。緩刑期滿，而緩刑之宣告未經撤銷者，其刑之宣告失其效力（刑法七六條）。即視為自始未受刑之宣告，其效果等於未受有罪之判決。易使犯人澈底悔改。（刑法總則）（王建今）

緩刑（Probation）

英美國家對判處輕罪（minor offense）之犯人，尤其是少年犯，常暫緩執行其刑，將其發交負責監護之官吏（probation officer）監護，以觀後效，唯此純屬管轄法院之裁量權。緩刑期內更犯一定之罪或受一定徒刑之宣告者，得撤銷緩刑之宣告(People v. Leach, 22 Cal. App. 2d 525, 71 P. 2d 594, 595)。(英美刑法)(桂公仁)

緩期清償

緩期清償者，乃債務人清償債務之時期，得予以展緩之謂也。清償，應依債務本旨為之，故債務人無為一部清償之權利(民法第三一八條第一項)。但債務人多為經濟上之弱者，如因境遇困難而不能一次為全部清償，或無力即時清償者，法院亦得斟酌債務之之境況，許其於無甚害於債權人利益之相當期限內，分期給付，或緩期清償(民法第三一八條第一項但書)。給付不可分者，法院亦得比照前項但書之規定，許其緩期清償(民法第三一八條第二項)。(民法債編總論)(何孝元)

緩徵

現役徵集之役齡男子，因故延緩徵集，謂之緩徵。緩徵原因消滅時，仍受徵集，如意圖避免兵役，揑造緩徵原因者，妨害兵役治罪條例第四條、第五條定有罪刑。關於得緩徵之情形，兵役法第三十六條規定如下：

(一)公立或已立案之私立高級中學，及其同等以上學校在校之未畢業學生。

(二)犯最重本刑為有期徒刑以上之刑之罪，在追訴中者，或犯罪判處徒刑在執行中者。(特別刑事法)(吳　智)

請求

見「聲明」條。(民事訴訟法)(李學燈)

請求返還扣留物之訴(Detinue)

請求返還扣留物之訴者，乃一方因其動產、契據或文件為他方非法扣留所提起請求返還原物之一種訴訟也(見James A. Ballentine: Law Dictionary, 1959, p.370)。請求返還扣留物之訴有二種：一為扣留寄託物之訴(detinue sur bailment)，一為扣留遺失物之訴(detinue sur trover)，前者基於違約，後者基於違法。扣留遺失物之訴，已成為扣留他人之物之侵占之訴，不復屬於扣留之訴。故今之扣留之訴，僅有扣留寄託物之訴之一種(參見Salmomd on Torts,11th ed.,1953,p. 35))。(英美侵權行為法)(何孝元)

請求繼續審判

請求繼續審判，謂向原法院為聲明，求其就原有之訴繼續為辯論及裁判。民事訴訟上之和解成立後，無論於私法上或訴訟法上有無效或得撤銷之原因者，當事人如不欲受該和解內容之拘束，得向原法院請求繼續審判(民訴三八〇Ⅱ)。蓋訴訟上之和解，一面為私法上之法律行為，一面為訴訟行為。如其意思表示有私法上無效之原因者，其和解為無效，其有私法上得撤銷或解除之原因而經撤銷或解除者亦然。如因和解係無訴訟能力人或無合法代理權之人所為，或因其他情事，依法應認為該訴訟行為不生效力者，其和解亦應為無效。又和解成立，與確定判決有同一之效力(三八〇Ⅰ)，不得以上訴或抗告之方法聲明不服。如遇有無效或得撤銷之原因，不可不有救濟之途。舊法(三十四年修正公布之民事訴訟法)沿用過去之判解，規定得請求繼續審判。現行法因之。此項請求，由原當事人於法定期間(三八〇Ⅲ、五〇〇)向訴訟原繫屬之法院為之。其不合法者，應以裁定駁回之。顯無理由者，得不經言詞辯論，以判決駁回之(三八〇Ⅲ、五〇二)。除依此規定逕行駁回者外，法院應定言詞辯論期日，先就和解有無無效或得撤銷之原因為辯論，如認為無此原因者，即以判決駁回其請求。如認有無效或得撤銷之原因，則應就原訴訟進行辯論，依一般規定而為裁判。至關於和解有無效或得撤銷之原因，得以中間判決諭示其旨，或俟終局判決時，於其理由中說明之(三八三、二二六Ⅲ)。法院就原訴訟為判決確定後，其和解溯及於和解成立時失其效力。餘參見「訴訟上之和解」條。(民事訴訟法)(李學燈)

請求權之競合

請求權之競合者，乃有同一目的之數個請求權，在同一當事人間，同時存在也。例如侵權行為損害賠償請求權與不當得利返還請求權之競合是。因侵權行為所生之損害賠償請求權，自請求權人知有損害及賠償義務人時起，二年間不行使而消滅；自有侵權行為時起逾十年者，亦同(民法第一九七條第一項)。如賠償義務人曾因侵權行為受有利益，而被害人未於上述規定期間內行使其因侵權行為所生之損害賠償請求權，依我民法第一九七條第二項規定，被害人仍得於民法第一二五條之消滅時效完成前，依不當得利之規定，向義務人請求返還其利益，此之謂請求權之競合。（民法債編總論）（何孝元）

標準少年法庭法（Standard Juvenile Court Act）

往昔英美普通法學者以為，未成年人殺人，應與成年人一樣論以謀殺罪，但受審時亦應予陪審團陪審之權，否則審判程序為違憲。稍後美國約有半數州立法，設少年犯法庭，對十六歲以下少年犯罪有絕對管轄權，無論所犯之罪為重罪抑或輕罪。新澤西州於一九四九年修訂之標準少年法庭法可謂此類立法典型，除賦少年法庭管轄十六歲以下少年犯罪之權外，並亦得管轄十六歲以上至十八歲之青少年犯罪，但於後一種情形中，如所犯之罪原係重罪，如謀殺罪是，少年法庭得將其移送普通法院刑事庭受審，且明訂不得移送十六歲以下之少年犯。（英美刑法）（桂公仁）

標準法

標準法係中華民國三十五年九月二十四日國民政府公布，同日施行，全文九條，本法所稱標準，係依標準制定程序，所制定全國共同遵守之國家標準，關於標準制定程序，由經濟部定之，並規定標準範圍，暨經濟部設中央標準局，掌理全國各種標準事宜。（標準法）（管　歐）

標準起草委員會

國家標準之擬定，必須依靠具有專門才識者為之，始能勝任，而農、礦、工各業產品目眾多，各有各自之規格、特性，實非一、二人所能瞭然，因此必須組織專家委員會，網羅對於某類產品具有特別見識之專家組織之，以負責起草該類產品之國家標準，如此，方能免於疏落而達盡善盡美之境地，因此，始有標準起草委員會之設，目前我國標準起草委員會計分有下列各種：一、土木工業標準起草委員會；二、機械工業標準起草委員會；三、電氣工業標準起草委員會；四、自動機工業標準起草委員會；五、交通標準起草委員會；六、化學工業標準起草委員會；七、紡織工業標準起草委員會；八、鑛冶工業標準起草委員會；九、農業標準起草委員會；十、工業安全標準起草委員會十種，此外，並得視實際需要，隨時增設。

起草委員會委員，由中央標準局局長聘請有關機關、團體、學校、廠鑛或其他專門人員充任之，任期三年，起草委員會各設主席一人，常務委員十五人至廿一人，均由中央標準局局長就委員會指定之，並組織常務委員會；起草委員會委員均為無給職。（標準法）（管　歐）

標準範圍

依標準法第二條之規定，標準範圍如下：一、各種單位名稱定義、符號及常數；二、各種品質及尺度標準；三、各種試驗法標準；四、各種關係互換性能之標準；五、各種安全標準；六、其他應遵守之標準。（標準法）（管　歐）

概括的故意

見「故意」條。（刑法總則）（王建今）

概括的債務承擔

概括的債務承擔者，乃概括承擔他人所屬資產及負債也。其情形有二：㈠財產或營業之概括承受：在單純之債務承擔契約，如係第三人與債務人之所訂立，非經債權人承認，對於債權人不生效力；就他人之財產或營業概括承受其資產及負債者，則祇須對於債權人為承受之通知或公告，即生承擔之效力（民法第三〇五條第一項）。因債務人關於到期之債權，自通知或公告時起，未到期之債權，自到期之時起，二年以內，與承擔人仍連帶負其責任（民法第三〇五條第二項）。㈡營業之合併：凡甲營業與乙營業合併，而互相承受其資產及負債者，其情形與概括的承受同。其因甲乙兩營業之合併而成立之新營業，對於甲乙兩營業之債務，負其責任（民法第三〇六條）。（民法債編總論）（何孝元）

概念法學（Begriffs Jurisprudenz）

「概念法學」一詞為德國學者耶林（Rudolf von Ihering）所創，用以諷刺十九世紀盛行於德國的一種研究法學的方法。當時的風氣是崇拜法典，認為成文法一旦制定即可自給自足。司法官只須將已有的法律條文，藉邏輯的方式加以運用，即可應付一切問題。由於條文或法規原係由抽象的概念或名辭所構成，上述方法事實上即在認為利用概念，演繹類推，任何事件均可解決。故稱概念法學。此種法學必然不顧公平正義的觀念與社會的實際需要。因此，在社會事象一旦發生重大變遷時，類比推理的方法究屬有限，不足彌補法典的缺陷，難免造成社會的不平。故十九世紀末期，在歐洲即發生劇烈的反抗。自由法運動，利益法學皆其著者。（參閱「目的法學」，「自由法說」，「利益法學」）（法理學）（馬漢寶）

參考文獻：

Julius Stone, The province and Function of Law, Harvard, 1950, pp. 160-165.

暴行脅迫

暴行指對於他人之身體加以強暴之行爲，脅迫卽指以加危害使人發生恐懼心理，迫其意思受屈服而言，陸海空軍刑法弟六十六條至第七十二條明定有暴行脅迫罪，乃以軍人重在階級服從，尤須尊重職守，倘有粗暴行爲，自應加以處罰，陸海空軍刑法規定之暴行脅迫罪分四種，㈠爲暴行脅迫，㈡對上官以外之軍人當執行職務時爲暴行脅迫，㈢對哨兵爲暴行脅迫，㈣多衆集合爲暴行脅迫，其處罰對前三種，以敵前及非敵前定其罪刑輕重，若夥黨犯之者，處罰尤重，對第四種，則以爲首、指揮、助勢或附和隨行者，而定輕重之標準。（特別刑事法）（吳　智）

暴動

陸海空軍州法第十六條所謂暴動，係指多數人結合，施以不法之暴力或脅迫引起動亂者而言。（特別刑事法）（吳　智）

徵收補償

指因徵收土地所應給予之補償地價，其地價補償費，由需用土地人負擔；被徵收土地應補償之地價，依下列之規定：㈠已依法規定地價，其所有權未經移轉者，依其法定地價；㈡已依法規定地價，其所有權經過移轉者，依其最後移轉時之地價；㈢未經依法規定地價者，其地價由該管市縣地政機關估定之。至於保留徵收之土地應補償之地價，依徵收時之地價；土地改良物被徵收時，其應受之補償費，依該管市縣地政機關估定之價額（土、二三六、二三九至二四一）。（土地法）（曾　歐）

徵集

現役及齡男子，經徵兵檢查合格並中籤者，縣市政府依團管區指定服役部隊，塡發徵集令，限準時到達指定地點，報到入營謂之「徵集」。通常係就本籍地舉行徵集，如欲參加寄居地徵集時，首須呈報本籍地縣市政府核准。至國民兵之徵集程序，除不入營外，與常備兵補充兵現役同，其徵集程序，應按軍事勤務所需之專長與體位等次序徵訓之。其徵集得在寄居地行之，但仍應列入本籍徵額內。對於意圖避免預備軍官、預備士官、或常備兵補充兵現役之徵集者；妨害兵役治罪條例第四條有明文規定，應處五年以下有期徒刑；如意圖避免國民兵徵集者，同條例第五條明文規定應處三年以下有期徒刑。（特別刑事法）（吳　智）

養子女（Adopted Children）

俗稱義子義女。卽生前收養他人之子女，不問同姓與否，以爲已之子女也。此與舊律之嗣子有別，蓋嗣子必須向同姓或近親始可立爲嗣。且必限於男性。養子女則不限於男性也。現民法規定收養之限制，僅收養者之年齡應長於被收養者二十歲以上。於收養又無人數之限制。非若德國民法規定，收養者須無婚生子乃得收養子或女一人。並須向法院保證其教育。德國之制有似我國舊律之立嗣。現制未仿德國，孰知竟貽爲今日臺灣以收養女爲買女爲娼之護符。養女之制實有修正之必要。養子女之收養爲要式行爲，應以書面爲之。惟自育撫養爲子女者，則不需書面以證明其身分也。養子女從收養者之姓。須至收養關係終止時起，回復其與本生父母之關係。其本姓自亦回復。又收養子女，輩分是否相當，現民法無明文規定。惟司法院院字第七六一號解釋：「旁系血親在八親等以內，旁系姻親在五親等以內，輩分不相同者，自不得爲養子女。」是輩分不相當者不得收養爲養子女。至獨身男子可否收養子女，依民法解釋，別無限制明文，自屬可以收養。惟以遺囑收養遺囑養子(Adoption testamentaire)，法日民法均有規定。我民法無之。若援得以遺囑指定繼承人之法理觀之，以遺囑收養子女，似爲法理所不禁。（民法親屬）（張鏡影）

賤民

唐制，別賤民於良民，賤民中又分爲三級，最下是奴婢，次爲番戶，再次爲雜戶。番戶亦稱官戶，參看「番戶」條。（中國法制史）（林咏榮）

影本

見「原本」條。（民事訴訟法）（李學燈）

節本

見「原本」條。（民事訴訟法）（李學燈）

毆打（Battery）

毆打者，乃未經本人允許，又無特權，而有危害或侵犯他人之故意，接觸他人之身體之謂也（見 Restatement of Torts, §18）。毆打之要件有三：㈠須有接觸之事實：接觸不限於被害人之本體，即其所服之衣服，或手中持有之物件，或其他附屬於其身體者，均應包括在內。又接觸不須加害人之本身直接與被害人之身體接觸，即利用他物爲之，亦無不可。㈡被害人無須知悉。㈢加害人須有危害或侵犯他人之故意：所謂危害或侵犯他人之故意，乃有意使其危害或侵犯他人之行爲生效，其行爲之生效與否，以及損害之有無發生，在所不計。但日常社交，未嘗不時有輕拍他人之肩，以促其注意；或緊握他人之臂，以表示熱情，於此場合，則不得視爲毆打，因其無危害或侵犯他人之故意也（見 Prosser on Torts, 2nd ed., 1955, pp 30–34）。（英美侵權行爲法）（何孝元）

鴉片罪

鴉片含有麻醉毒性，不僅傷害個人健康，而於民族健康，乃至人類健康亦均有極大之危害，故鴉片乃人類之公敵。我國刑法分則第二十章規定鴉片罪，自第二五十六條至第二百六十五條計有十條，其重要犯罪如下：㈠製造鴉片罪（刑法二五六條一項）。即以罌粟汁製成鴉片之謂。鴉片（Opium）爲鹼性類植物之一種，其製法爲收取罌粟中未熟果實之汁，候乾製成褐色之塊狀，色如泥土，故又稱鴉片土，內含嗎啡等毒質。服之極易成癮，消耗血液，敗精傷神，最有害於身體之健康。㈡製造嗎啡、高根、海洛因罪（刑二五六條二項）。嗎啡（Marphia）爲植物鹼類中之重要物品，以鴉片蒸發製成，爲無色微細柱狀之結晶體，味苦，其毒性較鴉片爲尤強。高根（Cocain）係從高加（Coca）樹葉中提取製成白色之結晶體，有麻醉性，產於南美秘魯、智利等地。海洛因（Heroin）爲白色結晶之粉末，有麻醉性。以上三種，長時施打使用，即中毒成癮，其害更甚於鴉片。㈢販賣鴉片、嗎啡、高根、海洛因罪（刑法二五七條一項二項）。㈣製造販運吸煙器具罪（刑法二五八條）。㈤爲人施打嗎啡或以館舍供人吸食鴉片罪（刑法二五九條）。㈥栽種罌粟罪（刑法二六〇條一項）。㈦販運罌粟種子罪（刑法二六〇條二項）。㈧公務員強迫栽種罌粟或販運罌粟種子罪（刑法二六一條）。㈨吸用鴉片毒品罪（刑法二六二條）。㈩持有鴉片毒品或專供吸食鴉片器具罪（刑法二六三條）。㈪公務員包庇鴉片毒品罪（刑法二六四條）。以上各罪，均爲刑法所規定，法定刑度，均不甚高，不足以適應戡亂時期之需要，故於民國四十四年六月三日復頒行戡亂時期肅清煙毒條例。本條例爲前述鴉片罪之特別法，在戡亂時期有優先適用之效力。（刑法分則）（王建今）

增加資本

在大陸法系諸國所謂增加資本（簡稱增資），其方法約有三種：㈠增加股份的數額—例如原有股份總數一千股，今增爲一千五百股，其中五百股爲新股，另行募集；㈡增加股份的金額—例如原有每股五十元，今增爲每股一百元，股東另繳每股差額五十元；㈢前列兩種兼而採之。而英美兩國實行授權資本制，其所謂增加資本，可分爲①通常的發行新股；②特殊的發行新股。前者在章程上原定資本總額之內，其募集新股，並不發生章程變更問題；後者在章程上原定資本總額的外，其募集新股，與大陸制所謂募集新股相同（參看「發行新股」條）。我舊公司法從日本舊商法採大陸制；惟日本於昭和二十五年（1950 A.D.）修正商法，改採英美制，刪去其舊商法第三四八條至第三七條關於依變更章程爲增加資本的規定；而僅規定增加股份總額的限制。我新公司法從之，除削除舊法第二四七條至第二五九條（但其中若干條已移植於前節的發行新股中）外，並揭櫫：公司非將已規定的股份總額全數發行後，不得增加資本；增加資本後，第一次發行的股份，不得少於增加的股份總數四分之一（公司法二七八條）。（商事法）（林咏榮）

鄰地使用權

為相鄰間關係之一，即為營造或修建工事時使用鄰地之權利也。土地所有人因鄰地所有人在其疆界或近旁營造或修繕建築物，有使用其土地之必要，應許鄰地所有人使用其土地。但因而受損害者，得請求償金。（第七九二條）。（民法物權）（陳　珊）

輪次歸休

受動員召集或臨時召集入營之後備軍人或國民兵，在應召服役期間，除依法免役、禁役、除役等情形外，非至戰爭結束復員後，則永不能離營；為使軍中達到新陳代謝功能，及服役義務公平起見，特規定於軍事作戰無妨礙時，得予提前離營，謂之輪次歸休，以資調節。惟離營歸鄉後，仍為後備軍人身份，於軍事需要時，仍有再受動員召集與臨時召集之義務。至得予輪次歸休之情形，依兵役法第四十三條規定為左列各款情形之一者：

一、所需員額之過剩者。

二、在徵服現役期間曾經延役者。

三、應召在營服役期間已滿二年以上者。

四、服役成績優良者。（特別刑事法）（吳　智）

緣坐

緣坐即連坐，連坐起源甚早，如秦相商鞅主政時代，即曾實行「什一相收司連坐」，漢文帝時廢收孥相坐之法；但魏晉以降，仍有家屬從坐的刑罰。迨至唐，其律賊盜篇規定：「謀反及大逆者……父子年十六以上皆絞。十五以下及母女妻妾祖孫兄弟姊妹……並沒官。伯叔父兄弟的子皆流三千里」，謂之緣坐。唐律緣坐限於反叛、惡逆不道之罪；明律略同。而清律例的緣坐，却擴及姦黨，交結近侍諸項。（中國法制史）（林咏榮）

敵前

陸海空軍刑法所謂敵前，指直接與敵對峙，當攻守或警戒之要衝而言。（特別刑事法）（吳　智）

暫保單（Binder; Binding Slip）

所謂暫保單，或稱臨時保險單，亦即保險人為證明保險契約的簽訂及其內容，對於要保人所簽發的一種臨時書據。此種書據，在正式保險單未簽發前，自亦發生保險契約的效力。（商事法）（林咏榮）

墮胎罪

胎兒為人類生命形成之初期狀態，墮胎為殘害胎兒生命，不僅有傷人道，亦妨害母體之健康與人口之繁殖，並影響民族國家之盛衰，故不能無罰。刑法分則第二十四章規定墮胎罪，自第二百八十八條至第二百九十二條計有五條，包括孕婦自行墮胎罪（刑法二八八條一項）、孕婦聽從他人墮胎罪（二八八條二項）、加工墮胎罪（二八九條一項）、意圖營利加工墮胎罪（二九〇條一項）、未經孕婦同意使之墮胎罪（二九一條一項）及介紹墮胎罪等在內。（刑法分則）（王建今）

墮胎罪（Abortion）

胎兒在母體內，未能獨立呼吸前，非法以人工逼其早產，或於其自然生產期到來前，以人為方法殺死取出，行為人均論以墮胎罪。至於胎兒在母體內尚未成形，未有脈搏以前加以墮落，是否構成本罪，頗多爭論。美國部分州之刑事立法均規定墮落有生命之胎兒始構成墮胎罪，論以殺人罪。大多數州立法主張以藥劑，機械或其他方法墮落母體內有生命之胎兒，致胎兒死亡者為殺人罪，但經醫師認為墮落胎兒可達保全母親生命之目的，且有此必要時不在此限。（英美刑法）（桂公仁）

魯莽（Recklessness）

魯莽者，乃行為人對其不法行為之發生與否漫不經心之謂也。魯莽之情節，較普通過失為重。例如一方對於他方之權利悍然不顧而加以侵害者，他方雖為一侵人人或與有過失，亦應負損害賠償之責（見James A. Ballentine: Law Dictionary, 1959, p. 1095）。（英美侵權行為法）（何孝元）

遷移登記

商業遷移於原登記機關之管轄區域以外時，應向原登記機關申請爲遷出之登記，並向遷入區域之登記主管機關申請爲遷入之登記（商登一五）。商業因遷移地址而辦理遷移登記時，如與遷入地登記有案之商號發生名稱相同或類似時，應由遷入地主管機關通知改正後再行辦理。（商業登記法）（管　歐）

廢棄

民事裁判之用語，凡對原裁判不予維持，而使其效力不存在之表示，謂之廢棄。故上級法院對於當事人之上訴、抗告、再抗告等，認爲有理由，不維持下級法院之裁判，而使原裁判之效力不存在者（民訴四五一、四七七、四八六Ⅱ、四九二Ⅱ等參照），無論其爲變更原裁判或爲其他之裁判，例於主文內先行諭示原裁定廢棄，或原判決廢棄是。裁定固有許由原法院或審判長自行撤銷或變更或自爲更正之情形（二三八但、四九〇Ⅰ），判決亦有例外情形，得由原法院予以廢棄者，如向爲判決之原法院提起再審之訴（四九九），經認有再審理由，而原判決亦非正當，則應將原確定判決廢棄，另爲新判決代之，或爲發回發交之判決是。（民事訴訟法）（李學燈）

數罪併罰

關於區別一罪與數罪之標準，在學說上有主觀說與客觀說之分，主觀說以犯人之意思爲準；客觀說以犯罪行爲爲準。兩說應以後者爲當。關於構成數罪併罰之各個犯罪，以裁判確定前所犯者爲限（刑法五〇條）。若裁判確定後更犯他罪者，即無數罪併罰之適用。數罪併罰之方法，有四種原則：第一吸收主義。即就數罪宣告刑中之最重者科處之，其他較輕者，均爲重刑所吸收。第二限制加重主義。即在宣告刑各刑中之最長期或最多額以上，各刑合併之刑期或金額以下，定其刑期或金額。第三併科主義。即以數罪之宣告刑一併科處。第四折衷主義。即視刑罰之種類，爲分別之規定，事實上不能併科或加重者，則明定爲執行其一，可併科或加重者，則折衷之，而爲適當之處罰。本法第五十一條係採折衷主義，其第一款至第四款及第八款係採吸收主義。第九款及第十款係採併科主義。第五款至第七款係採限制加重主義。此種立法，甚爲合理。（刑法總則）（王建今）

線管安設權

爲相鄰間關係之一，即安設線管於他人土地上下之權利也。土地所有人非通過他人之土地，不能安設電線、水管、煤氣管或其他筒管，或雖能安設而需費過鉅者，得通過他人土地之上下而安設之。但應擇其損害最少之處所及方法爲之；並應支付償金。依是項規定安設電線、水管、煤氣管或其他筒管後，如情事有變更時，他土地所有人得請求變更其安設。因變更安設所生之費用，由土地所有人負擔。但另有習慣者，從其習慣。（民法第七八六條）。此一權利，在使人人均有利用公共設備之機會，以享受物質文明也。（民法物權）（陳　珊）

廣播送達

廣播送達係公示送達之一種方法，爲軍事審判法第九十四條所特別規定。廣播送達，限對法權所不及之地域行之。連續廣播三日，自最後播出之日起，經三十日發生效力。（特別刑事法）（吳　智）

緘默權（Right to Remain Silent）

美國聯邦憲法明訂刑事被告有受律師辯護之權，且得於訴訟程序任一階段中主張之，是以偵察機關對被告偵訊時若被告無律師在場，得拒絕回答檢方所提問題。蓋被告通常未受法律訓練，恐其不利於己之證言爲檢方紀錄，移作被告判罪基礎，謂之被告之緘默權，檢方亦有提示被告此一憲法權利之義務（White v. Maryland, 373 U.S. 59, 10 L. Ed, 2d 193, 83 S. Ct. 1050）。（英美刑法）（桂公仁）

賠償代位

賠償代位者，乃損害賠償請求權人就其物或權利所生之損害，已受全部之清償時，負賠償責任之人得向損害賠償請求權人，請求讓與基於其物之所有權，或基於其權利對於第三人之請求權也（民法第二二八條）。蓋損害賠償之目的，在使被害人回復發生損害前之原狀，而非使被害人因而受不當之利益。例如受寄人因過失致其寄託物被盜，於賠償寄託人後，得向寄託人請求讓與基於其物之所有權，俾得向盜取人請求返還其物或損害賠償是。又如受任人受委任人之託收取債權，因急於收取，致使債務人逃逸，受任人於賠償委任人後，得向委任人請求讓與其對於債務人之債權是。（民法債編總論）（何孝元）

誹謗罪（Criminal Libels）

無事實根據，而以文字、圖畫指責他人，其指責足以導致社會對被害人之錯覺，有損被害人聲譽之謂。本罪較言語誹謗（slander）惡性大，蓋其影響久遠，爲當然誹謗（actionable per se），被害人毋須證明特殊侵害（special damage）之存在，故犯之者除民事責任外，尙須負刑事責任。行爲人得以下列事項爲抗辯，主張免除誹謗罪責：㈠行爲人如能證明其對被害人之指責係有合法之根據，其主旨眞實（truth in substance）時，行爲人縱有惡意亦得免責，㈡行爲人基於其身分或地位，而有指責被害人之特權；如陪審員、證人、當事人、律師在審判程序中所爲之言論；上下議院議員在議會立法程序中所爲之言論；高級行政官員執行職務時所爲言論；行爲人之指責係經被害人自己同意；夫妻間之談話等，涉及第三人名譽時，不負誹謗罪責，是爲行爲人絕對特權。另外，行爲人對他人名譽之指責係無惡意，且係基於法律上或道德上義務者；行爲人爲保障本人利益或社會公益而對他人指責，得主張正當防衞免責；其他屬於審判程序、立法程序及行政管理等特權紀錄（privileged records），其傳播人得主張免責，㈢行爲人對他人名譽之指責，經其證明係基於爲公益之正當評論（fair comment）；行爲人證明其誹謗文字確無惡意或重大過失，經行爲人及時道歉，如爲被害人接受時，均得主張免負本罪刑責。（英美刑法）（桂公仁）

憐憫殺人（Mercy-Killing）

無法定理由，又非激憤（Provocation）場合，而故意致人於死，縱行爲人出於悲天憫人之動機，亦難謂其無殺人惡意。是故醫生憐憫患者，爲減輕其臨死前痛苦，經病人同意施藥助其死亡之情形，多數法學者認爲醫生觸犯謀殺罪，或至少爲一般殺人罪（manslaughter），應處以無期徒刑。玆舉數例如后：㈠醫生爲減輕病人痛苦，注射針劑促其無痛死亡，醫生須負普通謀殺罪。病人自己承諾，極度之病痛等事實均不得爲抗辯。㈡醫生故意供給過量安眠藥予病人，致病人自殺死亡；醫生應以教唆殺人，論以謀殺罪共犯。㈢病人患不治之症，痛苦難當，少量毒劑可以止痛，亦可能毒斃病人，一般醫生了然於此，仍予病人服食毒劑，俾減少病痛，如因而毒斃病人，一般言之，醫生可主張緊急避難（necessity）而免責，可謂網開一面。㈣病患病危，苟延殘喘生不如死時，醫生消極不予服藥診治，致病人死亡得以解脫，通常法律免除醫生刑責。總之，憐憫殺人有其人道主義方面之理由，加以陪審制度，赦免制度極具伸縮性，如有適度立法監督，被告行爲常爲不罰（Perkins, Criminal Law, 40 1957）。（英美刑法）（桂公仁）

遺失物之拾得

即拾得他人遺失之動產，而取得其所有權之法律事實也。所謂「遺失物」，學理上有不同之定義：有謂「非由於所有人或占有人之拋棄，亦非爲他人侵奪而喪失占有之動產」爲「遺失物」者。有謂此一定義，於被盜之物，在侵奪人手中喪失，而爲第三人拾得之情形，無可解釋，而以「不知爲何人所有，而爲某人所占有之動產」爲遺失物者。多數人雖認後說較當，惟前說之例，在竊盜之行爲人，雖係出於侵奪，而第三人之拾得，仍爲被遺失之動產。取得遺失物所有權之程序：㈠通知。拾得遺失物者，應通知其所有人。㈡招領。不知所有人或所有人所在不明者，應爲招領之揭示。㈢報告。不爲揭示或經揭示後所有人不於相當期間認領者，拾得人應報告警署或自治機關。報告時應將其物一併交存。㈣認領。遺失物拾得後六個月內，所有人認領者，拾得人或警署或自治機關，於揭示及保管費受償還後，應將其物返還之。拾得人對於所有人，得請求其物價值十分三之報酬。㈤拍賣。如拾得物有易於腐壞之性質，或其保管需費過鉅者，警署或自治機關應拍賣之而存其價金。㈥取得所有權。遺失物拾得後六個月內，所有人未認領者，警署或自治機關應將其物或其拍賣所得之價金，交與拾得人，歸其所有。拾得漂流物或沉沒品者，適用關於拾得遺失物之規定。此即所謂水上遺失物之拾得，在我民法無異於陸上遺失物之特別規定。（民法第八〇三—八〇七條、八一〇條）。（民法物權）（陳　珊）

遺產分割（Partition of Inheritance）

謂繼承人有數人時，將遺產分配於各繼承人，使其分別專有其應繼分也。分割方法，如被繼承人於遺囑中自訂有分割方法或委託他人代定者，自應依其所囑。如無遺囑，則由繼承人協議定之。如不能達成協議，則訴請法院以裁判定之。遺產分割，原則上繼承人得隨時請求分割。但有下列情形之一者，則不得請求。⑴當事人另有契約訂定者；⑵被繼承人以遺囑禁止分割者；⑶胎兒之應繼分未保留者。至遺產一經分割，其效力應自何時發生？立法例有二種主義：㈠為宣示主義，又稱認定主義。即主張遺產分割之效力，應溯及於繼承開始時。其理由謂分割乃一種宣示行為。在分割前各共有人間已認定其各有之特定部分。分割時僅係互相承認其應繼分之所有權而加以一度宣示而已。此種主義因溯及於繼承開始時，可杜絕許多糾紛，各國立法例多採之。我國民法亦然（第一一六七條）。㈡為移轉主義，又名創定主義。謂遺產分割之效力不應溯及於繼承開始時。因遺產在未分割前，各繼承人對於遺產為共有關係而有總括之支配權力，須於分割後始各享有其應繼分，因分割而始移轉各應繼分之所有權於各繼承人，創定新的歸屬關係。其效力自不應溯及於既往。此主義在使第三人之權利不因分割而受影響。實際上易啓糾紛，殊有害於繼承人之利益。（民法繼承）（張鏡影）

遺產管理人

遺產管理人（Manager of the Deceased Property）

即對遺產負有管理權利之人也。遺產須設管理人者，其情形有二：⑴各繼承人對於遺產為公同共有者，得由繼承人中互推一人為管理人（民法一一五二條）。⑵在無人承認繼承者，由親屬會議選定遺產管理人。關於遺產管理人之職務：㈠編製遺產清冊；㈡為保存遺產必要之處置；㈢公告或通知債權人及受遺贈人；㈣清償債權或交付遺贈物；㈤移交遺產（第一一七七條至一一八〇條）。（民法繼承）（張鏡影）

遺產管理人（Administrator）

遺產管理人者，乃遺囑法庭指派處理死者遺產之人也。此等人之職務，雖類似公職，而依一般人對于其意思之解釋，則非公職人員，僅可謂之準公職人員（見 James A. Ballentine: Law Dictionary, 1959, p. 39）。（英美衡平法）（何孝元）

遺棄

遺棄乃本無故意，而因其他原因喪失其管理、保管、持有或掌握者而言，與委棄須有故意之情形不同。（特別刑事法）（吳　智）

遺棄罪

遺棄罪為對於生命身體所加之危險之犯罪。遺棄罪有狹義與廣義之分，狹義之遺棄罪，係指對於無自救力之人，並無保護義務，而以積極行為使其處於生存上危險境地之謂。例如將嬰兒棄諸通衢，病人移置郊野等是。廣義之遺棄罪，除狹義之遺棄罪外，包括對於無自救力之人，有保護義務，而以積極或消極行為使其處於生存上危險境地之情形在內。例如父母對於無謀生能力之子女或子女對於年老無謀生能力之父母，依民法有扶養義務而不為扶養者是。刑法分則第二十五章規定遺棄罪，其中定有㈠無保護義務者之遺棄罪（刑法二九三條一項），即遺棄無自救力之人之行為。本罪之構成，以行為人有積極之行為為限。如僅係消極行為，則不成立犯罪。例如路見患有重病之乞丐，不予救助，自無刑責。㈡有保護義務者之遺棄罪（二九四條一項），即對於無自救力之人，依法令或契約，應扶助養育或保護而遺棄之或不為其生存所必要之扶助養育或保護者。本罪以積極之遺棄行為，固可構成，即消極的不予置理，亦可構成。㈢遺棄罪之加重規定，即對於直系血親尊親屬犯第二百九十四條之罪者，加重其刑至二分之一（二九五條）。（刑法分則）（王建今）

遺棄傷病官兵

戰時軍律第十三條所稱遺棄傷病官兵，係指對傷病官兵負有安全責任之人員，於事前既不盡力予以照護，妥為籌謀安置，臨事又無移運安全地帶之方，致令棄置不顧者而言，如因不可抗拒事故，致發生遺棄傷病官兵事實，或已盡其一切可能方法，而仍不免於遺棄時，即不能令負本條責任。（特別刑事法）（吳　智）

遺棄毀損軍用品貽誤補給

戰時軍律第九條第九款，所謂遺棄毀損軍用品，係指在作戰區域，雖非故意，而將武器、彈藥、糧秣、車輛、油料、或其他重要軍用品，未盡保管處置之責，遺棄毀損，因而貽誤補給而言。（特別刑事法）（吳　智）

遺傳與犯罪

關於犯罪之遺傳，即惡性之遺傳，有以下二種見解：㈠隔世遺傳，即指遠祖身心之性質，復現於今世之後裔而言。此種見解，爲意大利學者龍波羅梭(Lommbroso)所倡導。雖未成定論，但在學術研究方面，深爲各國刑事學者所重視。㈡近接遺傳，即從最近接續之祖先，探求其遺傳之要素，以說明犯罪惡性之由來。根據各刑事統計，觀察犯罪遺傳之關係，近接遺傳說，顯較隔世遺傳說爲信而有徵。（刑事政策）（王建今）

遺贈（Legacy）

謂遺囑人依遺囑方式，將其財產之一部或全部（除特留分外）贈與特定人，而於其死後發生效力之單獨的無償的行爲也。爲遺贈者曰遺贈人，受遺贈者曰受遺贈人。惟遺贈與贈與不同。前者爲處分死後財產之行爲，後者爲處分生前財產之行爲。又前者與遺贈人死後發生效力，後者則於贈與人生存中經受贈人允爲收受而生效力。且前者爲單獨行爲；並須依一定之方式，係要式行爲。後者爲雙方行爲，並爲諾成行爲及不要式行爲。按遺贈雖係死後發生效力。但有下列情形之一時，其遺贈仍失其效力。⑴受遺贈權喪失時；⑵受遺贈人死亡；⑶遺贈物不屬於遺產之內者。至受遺贈人若不願接受遺贈時，法律並不加以強制。惟受遺贈人得於此時表示承認或拋棄。若不表示，則繼承人或其他利害關係人，得定一相當期限請求受遺贈人表示其願否。若不於其所定期限內表示願否者，法律規定視爲承認。如經表示不願承受遺贈，則所拋棄之遺贈物仍屬於遺產，而其效力溯及於遺囑人死亡之時。（民法繼承）（張鏡影）

遺囑（Testament）

謂人於生存中，預期死亡時處理其遺產或其他事務，以效力發生於死後爲目的之要式單獨表示意思之行爲也。爲遺囑者曰遺囑人（testator），須具有遺囑能力(capacity of testator to devise)。亦即是滿十六歲以上之限制行爲能力人及有行爲能力人而未被宣告禁治產者。反之，無行爲能力人及未滿十六歲者，均不得爲遺囑（民法一一八六條）。有遺囑能力之遺囑人得自由以遺囑處分其財產。但不得違反關於特留分之規定。惟遺囑係要式行爲，須依法定之方式。因方式不同，遺囑分爲五種：㈠自書遺囑(holographed testament;Testamentum holographa)（拉丁），即由遺囑人自己書寫遺囑全文，記明書寫之年月日，須親自簽名，如有增減塗改，應註明其處所字數，並須另行簽名（民法一一九〇條）。㈡公證遺囑(notary testament)，即由遺囑人在公證人面前口述遺囑意旨，由公證人筆記，並宣讀講解，記明年月日，經遺囑人認可，同時應指定二人以上之見證人。此項公證遺囑由公證人見證人及遺囑人同行簽名。如遺囑人不能簽名，公證人應將事由記明，使按指印代之。如其地未設公證人，得由法院書記官爲之。旅外僑民則在中華民國領事駐在地作成遺囑，由領事行之（民法一一九一條）。㈢密封遺囑(secret testament)，即由遺囑人在遺囑上簽名後，將其密封，在密封縫處亦須簽名，並指定二人以上之見證人，將遺囑向公證人提出，且陳述其爲自己之遺囑。如非自己所書寫者，亦應向公證人陳述繕寫人之姓名住所。由公證人在封面記載該遺囑提出之年月日及遺囑人所爲之陳述，並與遺囑人及見證人同行簽名。如無公證人之地，得由法院書記官行之。旅外華僑則由其所在地之中國領事爲之。凡密封遺囑未具備上述方式而具備自書遺囑之方式者，有自書遺囑之效力。此密封遺囑非在親屬會議上當場不能開拆（民法一一九二及一一九三與一二一三條）。㈣代筆遺囑(Dictated testament)，即須指定三人以上之見證人，由遺囑人口述遺囑意旨，並由見證人中之一人筆記宣讀講解，經遺囑人認可後，記明作成之年月日及代筆人之姓名，應須見證人全體及遺囑人同行簽名。遺囑人如不能簽名時，以按指印代之（民法一一九四條）。㈤口授遺囑(oral testament)，係遺囑人有生命危急，或其他特種情形，不能依其他方式爲遺囑者，即指定二人以上之見證人，由遺囑人口授遺囑意旨，經見證人中之一人將遺囑意旨據實作成筆記，並記明年月日，與其他見證人同行簽名。此種遺囑因在緊急情形時爲之，自遺囑人能依其他方式爲遺囑之時起，經過一個月而失其效力。爲避免假冒計，在遺囑人死亡後三個月內，須由見證人中之一人，或利害關係人，提經親屬會議認定其眞僞。對親屬會議之認定如有異議，得聲請法院判定之（民法一一九五—一一九七條）。（民法繼承）（張鏡影）

遺囑之撤銷(Revocation or Cancellation of a Testament)

即對所爲之遺囑加以撤銷，使其不生效力之行爲也。其撤銷之方法有二：

⑴由遺囑人明示者——即由遺囑人明白表示撤銷之意思，我民法規定得隨時依遺囑方式撤銷遺囑之全部或一部。⑵由於法律上推定者——即法律於某種情形

之下，視爲撤銷，我民法規定者：（甲）前後遺囑相牴觸者，其牴觸部分，前遺囑視爲撤銷。（乙）遺囑人之行爲與遺囑相牴觸者，其牴觸部分之遺囑視爲撤銷。（丙）遺囑人破毀塗銷，或記明廢棄意思於其上者，其遺囑亦視爲撤銷。關於遺囑撤銷後，復將遺囑加以撤銷時，其復撤銷之效力如何？各國立法例有二：有採復活主義者，有採非復活主義者。前者，係尊重遺囑人之意思，認爲撤銷遺囑行爲，必係遺囑人認爲不當，而有維持原遺囑之意思，自應許其效力復活。德國民法採之。我民法未有規定。後者，認爲撤銷行爲復經撤銷時，僅係後撤銷行爲與前撤銷行爲之關係，並未明言回復原遺囑，故不能因此而謂遺囑人有維持前遺囑之意思，而使其效力復活。日本民法採之，我民法亦未設有規定。（民法繼承）（張鏡影）

遺囑見證人（Witness for Testament）

指在遺囑人製作遺囑時當場親身參與其事而眼見之人也。因其親身參與其事，故對遺囑有莫大之關係。法律爲慎重計，設有消極之限制規定。即凡有下列情事之一者，不得爲見證人。⑴未成年人及禁治產人；⑵繼承人及其配偶或其直系血親；⑶受遺贈人及其配偶或其直系血親；⑷爲公證人或代行公證職務之同居人助理人或受僱人（民法第一一九七條）。此因禁治產人無行爲能力，未成年人易受人愚弄。其餘規定之人，慮其偏私，爲求得遺囑之眞實計，故不使其爲遺囑見證人也。（民法繼承）（張鏡影）

遺囑能力（Capacity of Testator to Devise）

即法律規定，人須屆滿一定年齡，始能作成遺囑之能力也。遺囑之限制年齡，即遺囑年齡，各國立法例不同。日本定爲滿十五歲。普國奧國定爲十四歲。德國定爲十六歲。瑞士及加拿大定爲十八歲。我國民法仿德制，亦定爲十六歲（第一一八六條第二項）。此等法律規定之遺囑年齡均係限制行爲能力人。在限制行爲能力人作成法律行爲，須得法定代理人事前之允許，事後亦須得其追認，始生效力。獨對作成遺囑，僅無行爲能力人不得爲遺囑。而限制行爲能力人亦僅限制未滿十六歲者不得爲遺囑。滿十六歲者，則無須經法定代理人之允許，得爲遺囑（第一一八六條）。蓋尊重其自由意思也。（民法繼承）（張鏡影）

遺囑執行人

遺囑執行人（Executor of Testament）

乃對於遺囑負有使其發生效力之責任之人也。其性質如何？約有三種學說：㈠爲遺囑人之代理人說；㈡爲繼承人之代理人說；㈢爲被繼承人債權者之代理人說。我國民法採第二說，視爲繼承人之代理人（一二一五條第二項）。其產生方法，由遺囑人以遺囑指定者，或委託他人代爲指定者，至均未能依上述方法指定時，得由親屬會議選定之。如不能選定時，則由利害關係人聲請法院指定之。其資格之限制，凡未成年人或禁治產人，均不得爲遺囑執行之。其職務則於就職後，對遺囑有關財產，如有編製清册之必要時，應即編製清册，交付繼承人。並有管理遺產及爲執行上必要行爲之職務。惟遺產執行人有數人時，其執行職務以過半數意思決定之。如遺囑另有意思表示者，則從其意思。若怠於執行職務，或有其他重大事由時，利害關係人得請求親屬會議改選他人。其由法院指定者，得聲請法院另行指定（民法一二〇九—一二一八條）。（民法繼承）（張鏡影）

遺囑執行人（Executor）

遺囑執行人者，乃立遺囑人於遺囑中指定管理其遺產之人也（見 James A. Ballentine: Law Dictionary, 1959, p. 465）。（英美衡平法）（何孝元）

擅自挪用（Misappropriation）

將他人之物非法據爲己有，有監守自盜之意，但並非專指侵占公款言(Bannon v. Knauss, 57 Ohio App. 288, 13 N.E. 2d 733, 735 。一般而言，職責與金錢有關者，如銀行員、代理人、受託人等，侵占其管有他人之物時，謂之「擅自挪用」，觸犯輕罪（misdemeanor）。他如竊盜、詐欺取財、收取贓物、強盜，均以非法據他人之物爲己有爲構成要件，自亦屬「擅自挪用」範圍。（英美刑法）（桂公仁）

擅自進退

指在敵前不遵命令，擅自前進、或退却而言，如軍刑法第二十五條不遵命令擅自進退罪是。（特別刑事法）（吳　智）

擅自棄守

擅自棄守云者，爲戰時軍律第二條所規定之罪刑，乃指有守土之責，未奉命令，自作主張，放棄守土之謂，所謂命令，即指有指揮權或命令權之長官所發之命令而言。（特別刑事法）（吳 智）

擅自遷移機關所在地

擅者專也，遷者遷徙也，在作戰區域內未經當地最高指揮官允許，擅自遷移機關所在地，足以影響士氣民心，甚至失去聯繫，指揮不便，故戰時軍律第九條第十款明定處罰，本罪之成立，祇須一經實行遷移，無論已否竣事，即應治罪。（特別刑事法）（吳 智）

擅提公款

戡亂時期貪汚治罪條例第五條第一款，所謂之擅提公款，指未經主管或上級機關之核准，擅自提取公款者而言；並本罪以意圖得利爲犯罪之前提，圖利以不法之利益爲限，是本罪必須具有不法所有，或意圖不法利益之犯罪故意。欠缺故意，縱因其行爲失當，要不能倒果爲因，逕以結果入人於罪。（特別刑事法）（吳 智）

擅離配置地

擅離指無正當理由，又未奉長官命令，而擅自離開之謂，配置地係指作戰上必要而配置之地域而言，以其影響戰鬥上之部署，故軍刑法第三十六條規定，擅離配置地失誤軍機者處死刑。（特別刑事法）（吳 智）

擅離部屬

戰時軍律第十一條所稱擅離部屬，係指部隊長無正當合法原因，或阻却違法原因，擅自離開其統率之官兵而言。（特別刑事法）（吳 智）

擅離勤務所在地

指無故擅離奉指定服行勤務之所在地而言，軍刑法第五十一條對衞兵、巡查偵探，恐失誤警戒勤務，定有無故擅離配置地罪。（特別刑事法）（吳 智）

擅權

指不法踰越其職權，而任由己意擅自作爲者謂之擅權，陸海空軍刑法對擅權罪，有不遵命令，擅自進退或戰鬥罪、私自募兵罪、私招盜匪罪、勒取捐稅罪、把持機關罪、截留款項罪、受理訴訟或干涉司法罪、強佔民房罪、私賣公物罪、強迫人民充當伕役罪、強拉牲畜罪、強封舟車罪等。（特別刑事法）（吳 智）

親子關係事件程序

民事訴訟法所定親子關係事件程序（民訴第九編第二章），係專指三類親子關係事件之程序。此三類親子關係事件，係指㈠收養事件（包括收養無效之訴、撤銷收養之訴、確認收養關係成立或不成立之訴、終止收養關係之訴）（五八三）；㈡生子關係事件（包括否認子女之訴、認領子女之訴、認領無效之訴、撤銷認領之訴、就母再婚後所生子女確定其父之訴）（五八九）；㈢親權事件（包括宣告停止親權之訴、撤銷停止親權宣告之訴）（五九二）。詳見各該條。（民事訴訟法）（李學燈）

親等計算法（Counting Method of the Degree of Relationship）

所謂親等（degree of kinship）者，乃表示親屬關係之遠近親疏，而爲親屬間法律上的權利義務關係及世代之標誌者也。親等分別之標準，係以親系爲根據。故親系爲親等之基礎，而親等則爲親屬法之基礎。我國在民法未制定以前，係以服制圖表示親屬之親疏。民法制定後，始易以親等計算親屬之遠近。其計算方法有二種：一爲羅馬法計算法，我國採之。另一爲寺院法計算法。我國歷次民法草案採之，以其與服制相符合。現民法不復採用，今惟英國採行。所謂羅馬法計算法(calculation Method in Roman Law)的計算方法：(1)對於直系血親屬的算法，係從己身上下數起，以一世爲一親等，則世代之數與親等之數互相吻合。例如親子間爲一世，即爲一親等，祖父母爲以上二親等，孫爲以下二親等，其餘以上以下準此類推。(2)對旁系血親屬的計算法，則先由己身數至同源之直系血親，再由同源之直系血親數至與之計算親等之血親，以其總世數爲親等之數。例如兄弟姊妹，由己身數至同源之父母爲一親等，再由父母數至兄弟姊妹仍爲一親等，合之爲二親等，即己身與兄弟姊妹爲二親等，又如伯叔與己身，由己身數至同源之祖父母爲二親等，再由祖父母數至伯叔爲一親等，合之爲三親等。餘準此類推。各國均採此法例。至寺院法計算法（Calculation Mothod in Canon Law)的計算方法。(1)對於直系血親屬之親等計算法，與羅馬計算法相同。(2)對旁系血親屬之計算法，並不合算雙方之世數。僅算一方之世數，即從己身數至同源之祖，再從所指之親屬另行數至同源之祖，如二者之世數相等，則以任何一方之世數定其親等。若雙方世數不相等時，則從多者定之。例如己身與伯叔之親等，則由己身數至同源之祖父母爲二親等。伯叔數至同源祖父爲一親等。則從多者定爲二親等，故己身與伯叔爲二親等。

（民法親屬）（張鏡影）

親屬法（Law of Domestic Relation）

其意義有三種：最廣義者，指國家各種法令中有關於親屬關係之規定而言。廣義者，則包括民法中親屬篇有關親屬身分上之關係，與因身分所發生之權利義務關係，以及其他附屬之監護制度各規定而言。狹義者，則專指確定親屬身分關係及其相互間之各種權利義務之規定而言，至監護制度與財產關係則不在其內。我國現行之親屬法係採廣義者。適用於一般國民，其內容之規定，不許當事人任意取捨，其性質爲普通法實體法，並爲強行法。我國親屬專法之創始，爲清宣統三年所告成之民律草案第四編親屬，其擔任起草者爲修訂法律館館員章宗元朱獻文陳鑫高種四人。大多根據大淸現行律，囿於宗法之思想。民國十七年國民政府法制局所擬之親屬法草案，毅然脫離宗法範圍，而襲取德國親屬法。民國十九年立法院據爲藍本，正式起草。同年十二月三日三讀會通過。同月二十六日公布，翌年五月五日施行。惟其中若干規定爲我國夙所未有者，例如夫妻財產制。其中又有互相矛盾規定者，例如家與夫妻財產制。至與傳統倫理相背者，如繼母爲姻親。他如婚約之不得強迫他方履行，亦與習俗相反，導致視訂婚爲兒戲。故雖施行近四十年，頗多備而未用。現時提倡中國文化，似有修正之必要。（民法親屬）（張鏡影）

親屬會議（Family Council）

謂因當事人法定代理人或其他利害關係人所召集而成立之會議。其會員爲五人。其產生方法有法律規定者，有由指定者。前者，會員應就未成年人禁治產人或被繼承人之下列親屬與順序定之。即一爲直系血親尊親屬；二爲三親等內旁系血親尊親屬；三爲四親等內之同輩血親。如爲同一順序之人則以親等近者爲先，親等同者，則以父系之親屬爲先。如同系而親等同者，以年長者爲先。後者，如無法定之親屬，或親屬不足法定人數時，法院得因有召集權人之聲請，於其他親屬中指定之。又會員之資格亦有限制，凡未成年人禁治產人或監護人，均不得爲親屬會議會員。又被褫奪公權人失踪人被死亡宣告之人，及遠適異方之人，品行不端之人，或顯然不堪勝任之人，亦均不得爲會員。會員一經選定或指定之後，原則上不許任意辭職。但有正當理由者，不在此限。親屬會議開會時，須有三人以上之出席，始爲有效。非有出席會員過半數之同意，不得決議。有召集權者對決議有不服者，自決議之日起，在三個月內得向法院聲請救濟（民法第一一二九條至一一三七條止）。（民法親屬）（張鏡影）

親屬關係（Family Relation）

親屬關係因何而發生？有因血統而發生者，有因婚姻而發生者，有因法律之擬制而發生者，因發生之原因不同，而消滅之原因亦隨之而異。玆分述如下：㈠因血統所生之親屬關係，則始於出生，終於死亡。此係造物自然之作用，不能用人爲方法以消滅其關係。縱世有訂立脫離血親之契約，聲明斷絕父子兄弟姊妹關係者，法律並不承認其有效。故除死亡之外，凡血親間均以有親屬關係存在爲前提。㈡因姻親所生之親屬，以婚姻成立而發生。即以婚姻解消而消滅。但解消原因只限於婚姻之撤銷與離婚及改嫁。至配偶之一方死亡，則不能以之爲解消之原因。即其與卑直系血親之配偶之關係，並不因夫死妻再婚，或妻死贅夫再婚時而消滅。㈢因擬制血親所生之親屬關係，則因終止收養關係而消滅。（民法親屬）（張鏡影）

親權（Parental Power）

謂以父母之身分，對其子行使教養衞三者之權力也。有最廣義廣義狹義三種意義。最廣義者，指以父母之身分，基於法律之規定範圍內，對其子女所有之一切權利與義務，均有管理之權力而言。廣義者，指以父母之身分，在法律規定範圍內，對其未成年之子女之權利義務有管理之權力而言。狹義者，僅指以父母之身分，依法律之規定範圍內，對於其未成年子女之身體上及財產上有管理之權力而言。我民法採廣義者。蓋最廣義者，除子女出嫁後脫離親權外，男子則「父在子不得專」之義，不問其為成年與未成年，唐律即本此精神也。舊民律草案初採狹義，偏於子女之權利而忽視其義務。現民法折衷之。惟親權與家長權不同。前者，係保護未成年子女身體上及財產上之利益而設置。後者，為保護家屬全體之利益而設置。關於父母行使親權，原則上雙方共同行使之。如行使之意思不一致時，由父行使之。如雙方不能共同負擔義務時，由有能力之一方負擔之。至於親權之內容，約有：㈠保護及教養之權利義務；㈡懲戒權；㈢特有財產之管理權；㈣為法定代理人之權利義務。上述各權，如有濫用，亦有救濟之道。民法特許其最近尊親屬或親屬會議得加以糾正。糾正無效時，尚得請求法院宣告停止其親權之一部或全部（民法第一〇八四條至一〇九四條）。（民法親屬）（張鏡影）

親權之代行（Parens Patriae）

十九世紀期間，無論犯罪者為未成年，抑或為成年，所受刑事處分幾同，僅予分別監禁而已。至本世紀初，刑罰觀念漸進，深感被告年齡與刑事責任間關係至密，認為未成年人智慧未開，不能明辨善惡，若因一時失足犯罪，即令負一般刑責，恐不能達刑罰目的。故國家社會立於代行親權地位，特設少年法院等專門機構，予誤入歧途之青少年以自新向善之機會(Elliott, Conflicting Penal Theories in Statutory Criminal Law 32)。Parens Patriae 一詞本指君主、州郡等主權而言(In re Turner, 94 kan. 115, 145 P. 871, 872)。（英美刑法）（桂公仁）

親權事件程序

親權事件，在親子關係事件程序中，係專指宣告停止親權之訴及撤銷停止親權宣告之訴而言（民訴五九二）。親權事件程序之特點約舉如次：㈠專屬行親權人或曾行親權人住所地之法院管轄（五九二）。㈡宣告停止親權之訴，依民法（一〇九〇）規定，得由子女之最近尊親屬或親屬會議，以行親權之父或母或父母二人為被告而提起之。至撤銷停止親權宣告之訴，則以現行親權之人或監護人為被告(民訴五九三)。至原告則應解為得由停止親權人或最近尊親屬或親屬會議之會員提起之。㈢關於認諾及訴訟上自認或不爭執事實之效力之規定，於親權事件不適用之（五九四）。㈣法院得斟酌當事人所未提出之事實，於裁判前應令當事人有辯論之機會（五九五）。㈤親權事件與婚姻事件，同屬人事訴訟，故若干關於婚姻事件程序之規定，於親權事件亦準用之（五九六）。（民事訴訟法）（李學燈）

選任代理人

訴訟代理人受特別委任者，得選任代理人（民訴七〇Ⅰ），此即訴訟代理人所委任之代理人，即通稱之複代理人。複代理人與本人，本無信任之關係，故須基於特別委任，方得選任。複代理人之權限應依為選任之訴訟代理人所受委任之內容定之，自不得超過為選任之訴訟代理人所受委任之權限。又所謂選任代理人，不僅指代理人以本人名義選任他人為代理人而言，代理人以自己名義選任複代理人亦包含在內（三五、院解三二六四）。餘參見「訴訟代理人」條。（民事訴訟法）（李學燈）

選定當事人

多數有共同利益之人，不能構成得為當事人之團體者，得由其中選定一人或數人為全體起訴或被訴（民訴四一），此一人或數人即為被選定之當事人。或稱代表的當事人。關於多數人有共同利益之訴訟，除係非法人之團體設有代表人或管理人者，得逕由該團體為當事人外，其起訴或被訴之當事人，本須由該多數人全體充任，當事人始行適格。然如人數過多，可能易使訴訟程序陷於遲滯與混雜。法律上因設選定當事人之制度。選定當事人雖係將訴訟實施權授與他人，但被選定之人係以自己之名為訴訟行為，故為當事人而非訴訟代理人。選定在訴訟繫屬前，或訴訟繫屬後，均得為之。其於訴訟繫屬後選定者，除被選定人外，其他當事人脫離訴訟。被選定之人得更換或增減之，但非通知他造，不生效力，選定及其更換增減，應以文書證之。被選定人中有因死亡或其他事由喪失其資格者，他被選定人仍得為全體為訴訟行為。非得共同利益人全體之同意，被選定人不得為捨棄認諾撤回或和解（四一至四四）。對於被選定人所為之判決，其效力應並及於選定人（四〇一Ⅱ）。（民事訴訟法）（李學燈）

選科罰金

所謂選科罰金，係指在罰金與其他主刑之中，任由法院選擇一種而言。例如刑法第三百二十條規定竊盜罪之法定刑，爲五年以下有期徒刑、拘役或五百元以下罰金。依此規定，法院得按犯罪之情節，就徒刑、拘役、罰金三者任選其一，予以宣告。（刑法總則）（王建今）

選擇之主張

見「主張」條。（民事訴訟法）（李學燈）

選擇之債

選擇之債者，乃於數宗給付中，選定一宗給付，爲其標的之債也。在未行使選擇權以前，債之內容雖爲數宗給付，而其標的則爲一個，至於何宗給付爲此標的，須俟選擇後，始能確定。例如約定給付房屋一所或銀圓萬元，在未選擇以前，兩者皆處於平等的選擇狀態，惟選定銀圓萬元後，銀圓萬元即爲債之標的，而選擇之債，乃歸特定。

選擇之債之特定方法有三：㈠當事人以契約使其給付特定。㈡於數宗給付中，選定應履行之給付。㈢數宗給付中，有自始不能或嗣後不能給付者，債之關係僅存在於餘存之給付（民法第二一一條）。如僅餘存一宗可能給付時，則選擇之債變爲單純之債而發生特定之效力。（民法債編總論）（何孝元）

選擇審判籍

同一訴訟，遇有普通審判籍與特別審判籍或數特別審判籍並存時，除有專屬管轄外，原告得選擇其一而向其中一法院起訴。就被告言之，謂之選擇審判籍。民事訴訟法第二十條至第二十二條，即係就此審判籍相互牽連之關係而爲規定。一、共同訴訟之被告數人，其住所不在同一法院管轄區域內者，各該住所地之法院俱有管轄權，但依第四條至第十九條規定有共同管轄法院者，由該法院管轄（民訴二〇）。二、被告住所，不動產所在地，侵權行爲地或其他據以定管轄法院之地，跨連或散在數法院管轄區域內者，各該法院俱有管轄權（二一）。三、同一訴訟，數法院有管轄權者，原告得任向其中一法院起訴（二二）。在得選擇之審判籍中，如原告任向其中一法院起訴，他法院之管轄權並不因而喪失。如再向他法院起訴，除得以已有訴訟繫屬在前，以裁定駁回外（二四九17）；苟在前繫屬之訴訟，已經撤回或因其他不合法之情形而駁回，則後繫屬之法院，仍應依一般規定審理之。（民事訴訟法）（李學燈）

選擇權（Option）

選擇權者，乃一方得以約定價格而於指定期限內，向他方購買財產之權利也（見 James A. Ballentine: Law Dictionary, 1959, p. 912.）。英美法上契約之要約人對於要約期限之限制，不受任何拘束。要約相對人如欲使要約人受要約之拘束，須向要約人購得一選擇權，並須給付對價或以契據爲之。如此，則要約人即不得在指定期限內撤回其要約（見 Chitty on Contracts, vol. 1, 1961, pp. 43-44.）。（英美契約法）（何孝元）

獨立之攻擊或防禦方法

獨立之攻擊或防禦方法，指當事人因攻擊或防禦所主張之事項，不須其他事實之補助，獨立可生某種法律上之效果者而言。訴訟標的，通常爲私法上之法律關係。故凡原告或被告主張之事項，足使某法律關係發生、變更、消滅或足妨其效力之發生者，皆屬獨立之攻擊或防禦方法。至證據與證據抗辯及單純之法律問題，則不得爲獨立之攻擊或防禦方法。當事人關於同一訴訟標的，提出數種獨立之攻擊或防禦方法者，爲謀訴訟進行之便利及經濟起見，法院得命限制其種類而爲辯論（民訴二〇六），以免混雜與遲滯。餘參見「攻擊或防禦方法」條、「民事訴訟」條。（民事訴訟法）（李學燈）

獨立之附帶上訴

附帶上訴與上訴本有從屬之關係，如遇上訴經撤回或因不合法而被駁回者，本應失其效力。但附帶上訴備上訴之要件者，視爲獨立之上訴，此種附帶上訴可稱爲獨立之附帶上訴，參見「附帶上訴」條。（民事訴訟法）（李學燈）

獨立之承攬人（Independant Contractor）

獨立之承攬人者，乃依自己之方法爲僱用人完成一定之工作，不受僱用人之指示與監督而供給勞務之人也（James A. Ballentine: Law Dictionary, 1959, p. 632）。僱用人原則上對於獨立承攬人之行爲，不負責任，但間亦有僱用人對於其行爲負損害賠償責任者，此類情形，計有三種：㈠僱用人使承攬人爲非法行爲者，無論其事前有授權行爲，或事後予以承認，應對於他人所受之損害，負賠償之責。㈡僱用人因選任承攬人不當，或由於其指示有過失，致使他人受有損害時，應負過失行爲之責。㈢僱用人將不得委託他人代爲之行爲，委由承攬人代爲之者，應對於承攬人行爲之結果，負其責任（見 R.F.V. Heuston: Salmond on The Law of Torts, 11th ed., 1953, pp. 98,133-135）。（英美侵權行爲法）（何孝元）

獨立之從參加

訴訟標的，對於參加人及其所輔助之當事人必須合一確定者（民訴六二），此種參加，學說上稱之爲獨立之參加或獨立之從參加，亦稱特種之從參加，或共同訴訟之從參加。參加人，則稱爲獨立之參加人，以與通常之參加有別。通常之從參加，其本訴訟之裁判，本應僅於當事人間，及參加人與其所輔助之當事人間發生效力，然本諸訴訟標的之性質，例外於參加人與主當事人之他造間亦生效力者，則有必須合一確定情形。所謂必須合一確定，係指依法律之規定，就本訴訟所爲之判決，其效力亦應及於參加人，雖參加人不爲參加時亦然。例如股份有限公司之股東，提起撤銷股東會決議之訴（公司一八九）時，他股東出而參加訴訟。又如訴訟繫屬後，爲訴訟標的之法律關係移轉於第三人（民訴二五四參照），該第三人爲從參加等情形是。此種參加人於兩造之訴訟，有直接之利害關係，因保護其利益，應使其於訴訟有獨立地位，故定應以此種參加人視作必要共同訴訟人，準用第五十六條之規定。因準用之結果，其所輔助之當事人之行爲，於參加人有利益者，其效力及於全體，不利益者，對於全體不生效力，而參加人之行爲，雖與其所輔助當事人之行爲相牴觸，亦得生效力（六一但書參照）。例如所輔助之當事人爲自認，參加人仍得爲爭執；所輔助之當事人捨棄上訴權，參加人仍得提起上訴是。又由參加人所生訴訟當然停止或裁定停止之原因，其當然停止或裁定停止之效力及於其所輔助之當事人全體，應停止本訴訟之進行。惟獨立之參加人，究係處於參加人之地位，仍與共同訴訟人有別。故性質上非當事人不得爲之行爲（如提起反訴、訴之變更或追加、訴或上訴之撤回、關於訴訟標的之捨棄或認諾等），參加人仍不得爲之；又或他造應對其所輔助之當事人而爲之行爲（如他造當事人聲明上訴或提起反訴等），亦不得對其爲之。此外法院之判決，除關於訴訟費用之裁判（八六）外，亦不得對參加人爲之。（民事訴訟法）（李學燈）

獨立證據

爲證據之一種，對補助證據而言。凡證據本身之證明力，即足以使事理明顯，從而認定犯罪事實之有無者，爲獨立證據，通常之人證物證皆是。（刑事訴訟法）（陳　珊）

獨占禁止法

美國於一八九〇年有所謂雪曼反托拉斯法案(Sherman Antitrust Act)，迄今仍爲彼邦限制企業上「私人獨占」（private monopolies）的基礎，屬於衡平法（equity）的範疇。日本於昭和二十二年（1947A.D），亦訂頒獨占禁止法，其全名爲：「關於私的獨占之禁止及公正交易保護的法律」。其創制均係基於國民經濟全體的利益，藉以確保交易的公平，並防止過份自由競爭所生的弊害。（商事法）（林咏榮）

舉動犯

見「形式犯」條。（刑法總則）（王建今）

舉證責任

舉證責任，乃當事人要求依其主張爲裁判，須就其主張之特定、重要、有關聯之事實，並得爲證據標的者，舉證證明之責任。如不能舉證證明其主張，則負擔不能依其主張爲裁判之危險。就此定義重要之點，可得而析述者：第一，首將主張與舉證相連貫，即當事人之舉證，乃所以支持其主張。在言詞辯論主義，原則上須依當事人所主張之事實及提出之證據，確定事實關係。如當事人不主張之事實，不得據爲裁判之基礎，故當事人負主張責任。如不能舉證證明其所主張之事實爲眞實，則負擔不能依其主張爲裁判之危險。故主張與舉證二者有不可分之連貫關係。第二，所謂主張之特定事實，係指具體之事實而言，無論程序上之事實，實體上之事實，均包括之。第三，所謂重要之事實，係指於法律上爲重要者而言，否則亦無庸命負舉證責任。第四，所謂有關聯之事實，係指有邏輯上之關聯及法律上之關聯而言。第五，所謂得為證據之標的，其無證據能力或屬於舉證之例外或免除，不屬於證據之對象者，均無舉證之必要。第六，所謂舉證證明，兼括舉證責任中之舉證負擔及證明負擔（說明之負擔）而言。第七，關於舉證責任之性質，歷來學者之見解，有主張權利說者，謂舉證之一造，得提出證據，實為一種權利。然舉證責任之性質，實與權利之行使不同。當事人就其主張之事實，有時且無庸舉證者，此係免除其負擔，尤不得謂為剝奪其權利。有主張義務說者，謂因舉證責任之分配，既命一造當事人舉證證明其主張，否則將受不利之裁判，故舉證實為法律上之義務。且從日譯舉證責任一詞言之，責任即義務之意，然舉證責任原來之字義，本指負擔而言，當事人不能舉證證明其主張者，不過因此遭受不能依其主張為裁判之危險，法院及他造當事人並無要求其必須舉證證明之權利。權利與義務相對待，無權利即無義務之可言，亦即該造當事人並非對他人不履行義務，亦不因此負有損害賠償之責，或受其他之制裁。有主張效果說者，謂當事人為求得利己之心證，避免受不利益之裁判起見，而有舉證證明其主張事實之必要，否則在訴訟上將發生不利之效果。此為多數學者所主張。著者避免用不利一詞，而用不能依其主張為裁判以代之，依此修正而同意最後之一說。惟依著者之意，所謂效果，亦即課當事人以負擔。故可直指本來之字義，謂舉證責任，非權利，非義務，而為負擔。第八，所謂危險，即引申負擔之意，而揭其為危險負擔。亦即有舉證責任之當事人，如不能舉證證明其主張，則負擔不能依其主張為裁判之危險。（民事訴訟法）（李學燈）

見「證責」條。（刑事訴訟法）（陳　珊）

舉證責任之分配

舉證責任，有舉證及證明兩階段。故舉證責任之內容，細析之有所謂舉證負擔與證明負擔。證明負擔實為舉證責任之本義。在審判中，有證明負擔之當事人，自始至終須負擔系爭事實之證明，說服審理事實之人，使其置信於其主張，否則將難於依其主張而為裁判。此種證明負擔，依法律及經驗法則，按兩造各自有利於己之主張而分配於兩造當事人之間，即所謂舉證責任之分配。故所謂舉證責任之分配，實即證明負擔之分配。因舉證證明，有時並非易事，一經分配以後，該造即負擔不能依其主張為裁判之危險。是以舉證責任之分配，常可顯然影響訴訟之結果。其分配之理由，我國過去論民事訴訟之著述，均謂假定一切事實，均須由原告負舉證責任，則其勝訴遠較被告為困難，顯係原告地位之不平等，為公平起見，應使分配於原告及被告之間。然而公平僅為重要理由之一，此外尚有其他法則上及政策上之原因。至其如何分配，依各地之法律，及各家之學說，至為複雜紛紜。我國法律上所謂：「當事人主張有利於己之事實者，就其事實有舉證之責任」（民訴二七七），則係揭示原則性之規定。歷來所引學說，大別如下：㈠法規分類說：舉證責任分配之標準，除法律有明文規定外，其他依法規可分為原則的規定與例外的規定兩者而定之。欲求原則規定之適用者，不可不主張其規定要件之事實，於必要範圍內並為證明之。欲求例外規定之適用者，亦不可不主張例外規定要件之事實，於必要範圍內並為證明之。至為原告或被告則非所問。例如法文之用語，有但書及除外之規定，法文之位置，有總則與分則，均有原則與例外之關係。然而甚多之法文，非必有原則及例外之對稱，且有時依其用語及位置，亦甚難完全確定，即不易決定分配之標準。㈡要證事實分類說：就要證事實（或應證事實）本身之性質或內容，予以簡單之分類，而定原則性之標準。有分為積極事實與消極事實者：(1)無推定之積極事實，或有反對推定之消極事實，主張者，有舉證之責任。(2)有推定之積極事實，或無反對推定之消極事實，主張者，無舉證之責任。(3)兩造主張相反之事實，均係無推定之積極事實，則因主張之事實被認定時，受積極的利益之人有舉證之責任。此說本於否定者無須舉證之思想，而衍為凡無反對推定之消極事實，主張者均無舉證之責任，故有稱為消極的事實說者。然如對於消極的事實，有主張之責任時，徒以無反對之推定，即謂無舉證之責任，自不可通。至於肯定的或否定的主張，不能徒以用語之形式為準。此外又有所謂外界事實說，即將事實分為外界事實與內界事實，凡外界之事實，主張者有舉證之責任，至於內界之事實，因難於立證，故主張者無舉證之責任。然內界之事實，除有法律規定，減輕舉證之責任外，亦非不能以證據而予以推論，自不能謂可免除舉證之責任。㈢法律要件分類說：此說中之通說亦稱為特別要件說，係就訴權存在之要件中，關於法律關係存在或不存在之舉證責任，分三種情形以定分配之標準。(1)關於法律關係發生所需之事實，分為特別要件之事實（例如租賃關係約定租物使用、給付租金、為租金支付請求權發生之特別要件）

，與一般要件之事實（例如雙方當事人有無行爲能力之事實爲一般要件）。屬於特別要件者，由主張法律關係存在之當事人，負主張及舉證之責任，屬於一般要件者，由主張法律關係不存在之當事人負主張及舉證之責任。⑵關於妨礙法律關係發生之事實（例如違反公序良俗及意思表示虛僞或錯誤），由主張法律關係不存在之當事人負主張及舉證之責任。⑶關於法律關係發生後消滅或變更之事實（例如清償、提存、抵銷、免除、混同、債務更新、請求權消滅、時效完成等），由主張法律關係不存在之當事人負主張及舉證之責任。（如有消滅或變更所必要的一般要件欠缺之事實，仍同⑴例，由對造負主張及舉證之責任）。此說僅就權利保護要件事項中，關於爲訴訟標的之權利或法律關係存在與不存在，定其分配之標準。故主張其他事實之存在或不存在，仍可參照以上各說及一般之原則（二七七）解決之。（民事訴訟法）（李學燈）

舉證責任之免除

見「舉證責任之例外」條。（民事訴訟法）（李學燈）

舉證責任之例外

舉證責任與主張責任雖有密切之關係，然其範圍，非必常相一致。蓋當事人對於利己之事實，固有主張之責任，但其所應主張之事實，並非概須負舉證之責任。其應負舉證責任者，祇以應證明之事實爲限。卽在某種情形，當事人雖已主張有利於己之事實，但亦無庸舉證，此卽爲舉證責任之例外，或稱舉證責任之免除。其情形可分爲：㈠認知之事實。事實於法院已顯著，或爲其職務上所已知者，無庸舉證（民訴二七八Ⅰ）。此種事實，一爲顯著事實，二爲職務上已知之事實。本爲審判上所應認知（ judicial notice ）。所謂顯著事實，指爲一般人所周知之事實。構成法院之推事，同時爲社會構成之一員，自亦應有所知悉。所謂職務上已知之事實，指爲該法院之推事依其職務上之行爲、視察或經驗而認識之事實。舊說以在該推事記憶中，無須查閱卷宗者爲限，爲著者所不採。此種事實，究在本訴訟事件得知，抑在他訴訟事件或非訟事件得知，均非所問。在合議制之法院，卽以參與合議之多數推事知悉爲已足。顯著或職務上已知之事實，雖非當事人提出者，法院亦得斟酌之，但裁判前，應令當事人就其事實，有辯論之機會（二七八Ⅱ）。㈡自認之事實。當事人主張不利於他造之事實，經他造於訴訟上爲承認此事實之陳述者，謂之訴訟上之自認。故當事人主張之事實，經他造於準備書狀內或言詞辯論時或在受命推事、受託推事前自認者，無庸舉證（二七九Ⅰ）。當事人於自認有所附加或限制者，應否視有自認，及當事人撤銷自認所及於自認效力之影響，由法院審酌情形斷定之（二七九Ⅱ）。當事人對於他造主張之事實，於言詞辯論時不爭執者，視同自認。但因他項陳述可認爲爭執者，不在此限（二八〇Ⅰ）。當事人對於他造主張之事實爲不知或不記憶者，應否視同自認，由法院審酌情形斷定之（二八〇Ⅱ）。㈢法律上推定之事實。法律上推定之事實無反證者，無庸舉證（二八一）。所謂法律上推定之事實，卽法律本於甲事實之存在（或不存在），在無反證提出以前，必須推定乙事實之存在（或不存在）。此項法律上推定之事實，當事人如無反證以證明其爲不實者，主張該推定事實之當事人，卽無庸舉證。惟甲事實爲基礎之事實，當事人如就該項事實爲有於己之主張，除有例外情形，仍有舉證之責任。（民事訴訟法）（李學燈）

舉證責任之轉換

舉證責任之轉換，謂舉證責任於兩造當事人之間，由一造轉換至另一造之義，舊說謂舉證責任分配於某造當事人之後，有因特殊情事而易位者，謂之舉證責任之轉換。其最著之情形有二：㈠他造故意使有舉證責任之一造不能舉證或舉證有顯著之困難者，在證明有反對事實以前，推定有舉證責任之一造之主張爲眞實。㈡依一般經驗法則，推定其存在之事實，若他造主張其不存在之特別事由，應由他造就該事由，負舉證責任。然嚴格言之，上述情形，除法院依自由心證，原得爲事實上之推定外，其餘仍屬舉證責任分配之問題，並非分配後又由一造轉換於他造。按舉證責任有舉證及證明兩階段，故細析其內容，可分爲兩種負擔，一爲證明負擔，一爲舉證負擔。前者，爲舉證責任之本義，訴訟中某一特定事實之證明負擔，只限於某一造有之，因此有所謂分配問題，一經分配以後，該造如不能證明其主張，則自始至終負擔不能依其主張爲裁判之危險，不發生轉換之問題。後者，則爲兩造於訴訟中，如有相反之主張，均須提供證據以進行之，亦卽有以證據進行訴訟之負擔。其有證明負擔之一造，通常固應先行舉證，然於舉證後，他造欲加反駁，通常亦應提供證據以資進行，因此遂有轉換之問題，可由當事人一造轉換至另一造。蓋一造提出證據足以支持其主張，亦即使其主張初步成立以後，他造欲推翻對造之證據，或使其陷於疑而難信之地步，或另有積極肯定之主張，此時亦須舉證以進行其訴訟。否則將使訴訟停止於他造有利之地步，亦即可使他造解除其證明之負擔。餘參見「舉證責任」條及「舉證責任之分配」條。（民事訴訟法）（李學燈）

戰地

陸海空軍刑法第二條所稱戰地者，係指軍事作戰上實際需要所劃定對敵攻擊防禦之地區，凡交戰雙方之領域，以及公海公空敵我兩軍作戰行動之領域，皆稱之為戰地。（特別刑事法）（吳　智）

戰時

軍事審判法第七條規定所謂戰時，係戰爭時期之簡稱，指戰爭開始至戰爭終止之期間而言。即政府自對外國開始作戰之時起，至敵國侵略行為終止，和平恢復之日止之期間為戰時。

政府為鎮壓叛亂，宣佈戒嚴，自宣布之日起，至叛亂敉平，社會秩序恢復正常狀態，宣告解嚴之日止之期間，視同戰時。（特別刑事法）（吳　智）

戰時交通電業設備及器材防護條例

戰時之交通電業設備，直接關係軍事行動，故制定特別法以防護之。本條例於民國四十九年四月二十五日　總統令公布施行，全文共二十條，其立法精神：㈠公告重要交通設備及器材項目。㈡指定防護主管機關，㈢明定竊盜損毀之刑罰。至有關交通電業之重要設備及器材由交通部、經濟部、國防部分別公告之，有關交通部門曾經交通部於民國五十年五月二十七日公告「重要交通設備及器材項目表」可參考。（特別刑事法）（吳　智）

戰時軍律

戰時軍律，係作戰時期對侵害戰力者規定犯罪與刑罰之法律，亦即以特定時間、特定身分、特定地域與事項為標準而制定之特別刑事法律，於民國二十六年八月二十四日前國民政府為適應對日抗戰需要，曾公佈中華民國戰時軍律，共十條，及中華民國戰時軍律施行條例，共五條二種，二十七年九月九日軍事委員會訂頒補充條文二條，於二十八年十月二十一日及三十一年四月四日，三十二年五月十四日前後修正三次，至三十五年六月五日因抗戰勝利明令廢止，三十九年政府為適應戡亂需要，由行政院制定戰時軍律共十五條，於同年十一月二日經總統明令公佈，同日施行，是為現行戰時軍律。（特別刑事法）（吳　智）

戰時禁制品條例

政府為加強國防力量，貫徹軍事勝利，制定戰時禁制品條例，於民國四十四年六月三日公佈，同日施行。其內容係規定戰時禁制品之種類，及其禁運區域與禁運對象。（特別刑事法）（吳　智）

衡平法上之抵押權（Equitable Mortgage）

衡平法上之抵押權者，乃依據普通法雖尚不足以成立抵押權，但在衡平法上，以特定財產作為清償債務之擔保之謂也。此類抵押權，得以之對抗一般人，但善意有償第三人則屬例外之情形（見James A. Ballentine: Law Dictionary, 1959, p. 441）。（英美衡平法）（何孝元）

衡平法上之留置權（Equitable Lien）

所謂衡平法上之留置權，乃衡平法院加之於債務人之物上一種負擔，債權人毋須占有其物者也。衡平法上之留置權有二種：㈠意定留置權，即依當事人之意思對於某特定物設置者，以作為債務人清償債務之擔保也，例如衡平法上之抵押權（equitable mortgage）及質權（equitable pledge）是；㈡法定留置權，即法院為主持公平起見，不論當事人意思之有無，給予債權人之一種救濟，以保護其權利也（見McClintock on Equity, 2nd ed., 1948, p. 319）。（英美衡平法）（何孝元）

衡平法上之動產抵押權（Equitable Chattel Mortgage）

衡平法上之動產抵押權者，乃於動產上設定抵押而具有價值之約因之契約也。關於此項契約，無須以書面訂立，即令口頭為之，亦屬有效（見James A. Ballentine: Law Dictionary, 1959, p. 440）。（英美衡平法）（何孝元）

衡平法上之債權優先順序原則

(Principle of Marshaling Assets)

衡平法上之債權優先順序原則者，乃一債務人有二債權人，其中一債權人在二筆金錢債務或財產上有權利，而另一債權人僅在其中一筆上有權利，則後者即得請前者先就其獨有擔保之金錢債務或財產行使之原則也。例如二抵押權人在同一土地上享有抵押權，一債權人僅有該抵押權，而他一債權人尚有其他擔保時，則該他債權人應先就其他擔保求償，求償無效時，再及於抵押權是。然適用此項原則致債權人或第三人有蒙受重大損害之虞時，則不得適用之（見McClintock on Equity, second edition, 1948, p. 545）。（英美衡平法）（何孝元）

擔保人之拘提管收

執行法院因擔保人故縱債務人逃亡而強制其到一定處所或置之於管收所內之處分也。有關拘提管收之執行，見債務人拘提管收之規定。如於擔保書狀載明債務人逃亡或不履行由其負清償責任者，執行法院得因債權人之聲請，逕向擔保人為強制執行。（強制執行法二三）。（強制執行法）（陳　珊）

擔保物權

為物權學理上分類之一，對用益物權而言，即以物之交易價格為內容之物權也。如抵押權、質權、留置權皆是。前清民律草案（一草）曾以擔保物權為章名，本民法未予採取。（民法物權）（陳　珊）

擔保證券

見「不移轉占有的動產質權」條。（商事法）（林咏榮）

擔當付款人

擔當付款人，就是票據上指定其為付款人擔當付款的人。發票人得於付款人之外，記載一人為擔當付款人（票據法第二六條第一項）。其未經發票人指定擔當付款人者，付款人得於承兌時記載之（票據法第四九條）。擔當付款人，不以在付款地者為限。凡票據記載擔當付款人者，執票人仍須向付款人為承兌，惟到期日請求付款時，應向擔當付款人為之（票據法第三九條第二項）。英美法例無所謂擔當付款人；德法日諸國舊法，曾設有規定，但其現行法改從日內瓦統一法，承認其事實，而否認「擔當付款人」的名稱。而英國票據法第二八條，美國統一流通證券法第二九條，有所謂（accommodation party），或譯之為擔當關係人；惟考其內容，異於德法日及我國現制的擔當付款人。（商事法）（林咏榮）

積極的當事人

民事訴訟之當事人，學說上有所謂積極的當事人與消極的當事人之分。前者為要求開始訴訟程序之人，指原告、上訴人、抗告人、債權人或聲請人而言。後者為要求對之開始訴訟程序之人，指被告、被上訴人、債務人或相對人而言。其餘參見「當事人」條。（民事訴訟法）（李學燈）

積極的確認之訴

見「確認之訴」條。（民事訴訟法）（李學燈）

積極證據

為證據之一種，對消極證據而言，凡係證明犯罪事實之存在，從而作為確定國家刑罰權之論據者，皆為積極證據，亦稱有罪證據。又因多為原告所舉出，故又名攻擊證據，惟積極證據有時依法院之職權調查而發現。（刑事訴訟法）（陳　珊）

錯誤

錯誤（Error; Mistake）

為非故意不一致之一種。乃認識與對象不一致之謂也。換言之，即表意人非故意而作與眞意不一致之意思表示。惟錯誤之意思表示計有三種：(1)動機之錯誤——即表示意思之動機有錯誤。例如誤信房屋破壞而修理之，其意思與表示，並不發生不一致之問題。(2)表示之錯誤——即表示行為有錯誤，例如貨價一百元，誤書為二百元，或口說為二百元之錯誤是。(3)內容之錯誤——此又分為四：(甲)法律上之錯誤，即誤解法律規定而作成之意思表示。例如誤認耕地租賃權為永佃權，而將耕地租賃權讓與他人，致出租人終止其耕地租賃契約是。(乙)事實上之錯誤，即誤認事實而所為之意思表示，例如當事人資格之錯誤或物之性質之錯誤是。此因當事人之資格或物之性質，若在交易上認爲重要者，其錯誤視爲表示內容之錯誤（民法第八八條第二項）。㈣重要之錯誤，卽關於阻却行爲之決意事項之錯誤，例如甲以物出賣與乙，乙誤以爲甲之贈與而收受之，不給價金是。㈤不重要之錯誤，卽不關於阻却行爲之決意事項之錯誤，例如甲乙之買賣，其意思表示並無錯誤，僅計算價金或標的物重量有錯誤，此可以更正者，不影響於法律行爲之成立是。至於意思表示內容有錯誤，其在法律上之效力如何？各國立法例不一，德國第一次民法草案及日本民法則本於羅馬法諺：「錯誤者無意思（errantis nulla voluntas est）」側重意思主義之旨，認爲無效。德國現民法及奧民法側重表示主義，認爲係得撤銷之法律行爲。未撤銷前該錯誤之行爲仍有效。法國民法採折衷主義，認爲無效而兼得撤銷。我國民法從德奧立法例，採撤銷主義。遂明定：「意思表示之內容有錯誤，或表意人若知其情事，卽不爲意思表示者，表意人得將其意思表示撤銷之。但以其錯誤或不知情事，非由於表意人自己之過失者爲限（第八八條第一項）。惟其撤銷亦有時限之限制，卽自意思表示後，經過一年而消滅（第九〇條）。然其相對人或第三人苟因信其意思表示爲有效而受損害時，表意人仍應對之負賠償責任（參照九一條）。（民法總則）（張鏡影）

所謂錯誤，卽行爲人主觀之認識，與客觀之事實相齟齬，亦卽所犯與所知不一致者而言。刑法上之錯誤，有「事實錯誤」與「法律錯誤」之分，詳見各本條。（刑法總則）（王建今）

錯誤之管轄

法院對案件無管轄權者，應諭知管轄錯誤之判決；惟在判決前所實施之訴訟程序，不因法院無管轄權而失效力，否則調查所得之證據，勘驗事物之結果，均不得爲裁判資料，重爲實施，徒增勞費，若有滅失，無法覓求，是皆有妨公權之行使。至法院因發見眞實之必要或遇有急迫情形時，得於管轄區域外行其職務。法院雖無管轄權，如有急迫情形，應於其管轄區域內爲必要之處分。是皆爲管轄錯誤之情形，惟非確定刑罰權存否之裁判行爲，其於訴訟程序之進行，均屬有益無損。（刑事訴訟法）（陳　珊）

錯誤陳述（Misrepresentation）

錯誤陳述者，乃一方之陳述有使他方對于事實之眞相爲不同之認識之謂也（見 James A. Ballentine: Law Dictionary, 1959, p. 823）。（英美侵權行爲法）（何孝元）

擄人勒贖罪

擄人勒贖罪，係以擄人之手段，而意圖勒取金錢或其他財物爲要件。詳言之，第一須有勒贖之意圖。第二須有擄人之行爲。擄人之罪質，爲妨害他人之自由。勒贖之罪質，爲恐嚇取財。故刑法第三百四十七條之擄人勒贖罪，實質上爲妨害自由罪與恐嚇取財罪之結合犯。又在擄人後取贖前，犯罪狀態均在繼續中，故本罪亦有繼續犯之性質。（刑法分則）（王建今）

擄人罪（Kidnapping）

非法拘禁他人並將其押運至另一處所，卽構成本罪。美國部分州制定法規定，行爲人非法拘禁他人，雖無將其押運他處事實，如具有將他人押運之故意，亦觸犯本罪。「普通法」中按輕罪論處，而一般制定法則特別論以重罪。行爲人擄人目的，多在向被害人家屬勒索金錢財物等，如某些制定法認爲，非法進入他人座車，迫令駕駛人駛往其他處所者，亦成立本罪（Blashfield, Cyc. of Automobile Law and Prac., Perm. ed. § 5528. 42）。（英美刑法）（桂公仁）

諾成契約

諾成契約者，乃因當事人意思表示之一致，卽能成立之契約也。例如買賣、租賃、僱傭等是。諾成契約與要物契約不同，蓋後者於意思表示之一致以外，尙須實行給付始能成立。（民法債編總論）（何孝元）

諾言（Promise）

諾言者，乃一方當事人對於他方當事人負擔行爲或不行爲義務之表示也（見 Restatement of Contracts, § 2）。負擔此義務者，爲「爲諾言人」（promisor），享有此權利者，爲「受領諾言人」（promisee）。例如甲對乙言：「爾願購買我之馬否？」，乙曰：「我願」，甲之要約經乙承諾後，卽成爲諾言，甲爲諾言人，乙爲受領諾言人。

契約之成立，諾言必須有約因或形之於蓋印契約，蓋英美法之契約重視對價關係故也。對價關係者，乃一方之諾言換取對方之諾言，或一方之諾言換取對方之給付之謂也。無償之諾言（bare promise），因其無約因，故不生效力（見Chitty on Contracts, vol. 1, 1961, pp. 2-3.）。（英美契約法）（何孝元）

擇一的故意

見「故意」條。（刑法總則）（王建今）

圜土之制

周禮秋官大司寇之職，掌聚教罷民（聚集並教導怠惰而犯過錯的人民）並交其所屬司圜執行，收容於圜土，而服勞役；能改者，上罪三年而舍（釋放），中罪二年而舍，下罪一年而舍，其不能改而出圜土者殺，這可以說是一種拘役並使之遷善的制度。（中國法制史）（林咏榮）

默示自認

即準自認，擬制自認，見「自認」條。（民事訴訟法）（李學燈）

歷史法學（Historical Jurisprudence）

十八世紀末期，極端個人主義的自然法思想盛行一時，認爲專憑人的理性即可推演而得內容完備的法典。且此種崇拜個人理性的思想終於導致法國革命，影響所及，權威與傳統悉遭鄙棄。於是乃有歷史法學在德國興起，與上述思想對抗。此一法學之代表者應推薩維尼（Friedrich Carl von Savigny 1779-1861）及溥荷塔（Georg Friedrich Puchta 1798-1846）。德國的歷史法學強調法律是民族生活之產物，是民族精神（Volksgeist）之表現。法律如語言，與民族同其發展，隨民族而異其內容。換言之，一民族之法律須從該民族之歷史中求之，故極端注重傳統與習慣，而輕視立法。此種藉歷史研究以探討法律問題之方式，後經英國法學家梅因（Henry Maine 1822-1888）據以創立英國歷史法學。不過梅因進而對原始社會及文明社會之法律制度作廣泛的比較研究，其結果認爲在類似的歷史環境下，法律制度以一定的「進化模型」而重現。梅因深信法律進化之一項主要原則，即「由身分而至契約」（from status to contract）。（法理學）（馬漢寶）

參考文獻：

Herman Kantorowicz, "Savigny and the Historical School of Law", 53 Law Quarterly Review 326, (1937)

Henry Maine, Ancient Law, London, 1861, 1930 (new edition)

擁兵自衛

國家養兵，原爲保國衞民，而服從命令爲軍人天職，且最高軍事長官掌有全國軍令調遣全國軍隊之權，不容稍有違抗，倘部隊長掌握軍隊，爲一己利益，保衞自己實力，而不服從軍事長官調遣之命令者，軍刑法第六十三條規定處死刑。（特別刑事法）（吳　智）

諷刺之釋明（Innuendo）

諷刺之釋明者，乃原告於書面誹謗或言語誹謗之訴之訴狀內，就被告誹謗之眞意予以陳明之謂也（見James A. Ballentine: Law Dictionary, 1959, p. 655）。妨害名譽之事實意思表示，有表現於外者，有隱蓄於內者，其表現於外者，應由被告加以辯解，且予以證明，方可免責。其隱蓄於內者，因表面上無妨害名譽之表示，故應由原告於訴狀內予以釋明，並加以證明，俾法官明瞭被告眞意之所在也（見 Salmond on Torts, 11th ed., 1953, pp. 434-435）。（英美侵權行爲法）（何孝元）

錢莊

錢莊爲舊式金融機關的一種。它起源於上海開埠之前。據民國十年（1921 A. D.）祝周頤重修內園記中所載：「蓋自乾隆至今，垂二百年，斯園閱世滄桑，而隸屬錢業如故」云云，可見錢莊的歷史悠遠，據一般傳說，當在一七三六年至一七九五年間（清乾隆年間），上海沒有開埠的時候，有浙江紹興煤炭商人，在南市開設炭棧，時以棧中餘款，兌換銀錢，並放款給鄰近店舖，遂成爲上海銀錢業的鼻祖。（中國法制史）（林咏榮）

融通物與不融通物

融通物(res innostro patrinronio)（拉丁）為物之一種，對不融通物而言。又稱為可有物，即凡得為買賣交易及處分之目的物皆屬之。不融通物(res extra commerciun)（拉丁），亦稱不可有物。其與融通物之區別，在物之能否為私權的客體及在法律上能否處分為標準。故凡物之不能為私權客體及不能在法律上處分者，即為不融通物。其不得為私權之客體者，例如江上之清風，山間之明月是。其不得在法律上受處分者，屬於公有物者，如官署軍艦是；屬於禁制物（即法令所禁止之物）者，例如鴉片及意圖擾亂治安時所備之軍火等是。惟禁制物在解除禁制後，則不融通物即變為融通物。（民法總則）（張鏡影）

賭博罪

所謂賭博，係指以偶然輸贏互爭財物得喪之共同行為而言。幸而贏者，足以啟僥倖之心；不幸而輸者，則每有傾家蕩產之後果，更有鋌而走險造成其他犯罪之因素。故不能無罰。刑法分則第二十一章規定賭博罪，自第二百六十六條至第二百七十條，計有五條，包括普通賭博罪（刑法二六六條一項）。常業賭博罪（刑法二六七條）。圖利供給賭場或聚衆賭博罪（刑法二六八條）。辦理有獎儲蓄或發行彩票罪（刑法二六九條一項）。經營有獎儲蓄或媒介彩票買賣罪（刑法二六九條二項）。公務員包庇賭博罪（刑法二七〇條）。（刑法分則）（王建今）

撾登聞鼓

皇朝時代於朝堂之外懸鼓，凡人民有冤抑之情或有諫議之言，許登階擊鼓，由職司錄奏以聞，謂之撾登聞鼓。晉書武帝紀：「泰始五年六月，西平人麴路，伐登聞鼓」，嗣後歷朝多有此制，而唐令於此設有明文，曰：「有冤者登帝闕，撾登聞鼓直訴；由有司錄奏之」。宋刑統卷二十四引唐代宗大曆十二年四月十二日敕云：「自今以後，有擊登聞鼓者，委金吾將軍收狀為進」。大清會典卷三十七云：「⑴狀內事情必關軍國重務大貪大惡奇冤異慘，方許擊鼓；⑵登聞鼓之設，係恐民間受屈於貪官汙吏及官民波陷重罪冤枉無伸，俾直達天聽」。又云：「設登聞鼓於都察院門首，每日輪流御史一員監值」。撾（擊）登聞鼓申訴而不實者，唐律科以杖八十；明清律科以杖一百。（中國法制史）（林咏榮）

褫奪公權

見「從刑」條。（刑法總則）（王建今）

激憤（Provocation）

煽動他人，使產生激動與憤恨，轉而促成後者報復反擊之決心之謂(State v. Byrd, 52S. C. 480, 30S.E.482)。激憤所以能降低殺人行為惡性，使成為任意殺人罪(Voluntary manslaughter)，必須被害人行為促使通常理智之人情感衝動，且無相當時間平抑，喪失判別是非能力，致行為人不克自制而欲訴諸暴力（Commonwealth v.Gelfi, 282 Pa. 434, 128A. 77,79.）。

至於被害人行為，是否足以引起被告激憤，通常以「善良管理人」或「通常理智之人」（reasonable man）的情緒狀態為確定標準，至「息怒時間」（cooling time）長短如何，應由陪審團就犯罪事實，分別審察以定。全由被告主觀心智情狀，決定「激憤」存在與否則欠允當（1953 Report of the Royal Commission on Captal Punishment, pp. 52, 53.）。（英美刑法）（桂公仁）

機關占有

又稱補助占有。為占有分類之一，係對本人占有而言，如僱用人、學徒或基於其他類似之法律關係，受他人之指示而對於物有管領之力者，僅該他人為占有人。為占有之受僱人等乃為本人之機關，即本人之占有補助人也。至於董事為法人而占有之狀態，有謂法人為機關者，亦有謂董事為機關者，當以後說較妥。（民九四二）。（民法物權）（陳　珊）

整體法學（Integrative Jurisprudence）

整體法學是美國學者郝爾（Jerome Hall）所提倡，而為晚近重視價值的法學理論之一。郝爾認為「合理性」(rationality)與道德性（morality）為法律之本質。實證法應指「實際的倫理性權力規範」(actual ethical power norms)，而不包括「純粹的權力規範」（sheer power norms）。換言之，國家制定的規範如完全欠缺倫理內容，即喪失法律之本質。依郝爾之見，法律乃是「形式」（form）、「價值」(value)與「事實」(fact)之結合。法律之價值成分非僅是主觀欲望及個人利益之表現，而是可以理性加以分析者。道德問題容或不易解決，但不能卽謂評價之客觀性全無可能。郝爾的整體法學卽係根據上述綜合性的觀念而來。郝爾強調整體法學不僅在將各種學派之精華兼而有之，而是切實達成一種「綜合」(synthesis)。不過為討論方便計，將整體法學分為四部，卽法律目的論（legal axiology），亦卽法律哲學或自然法）、法律本體論（legal ontology ，亦卽基本法律概念之形成）、法律社會學（sociology of law）及形式法律科學（formal legal science）。基本法律概念之創設，固為問題之中心，而基本概念之邏輯分析則為形式法律科學的工作。至法律社會學將參與基本範疇之創設及改善，而法律目的論則將不斷自法律社會學方面的發展與觀察，吸取材料。因此，法律目的論、形式法律科學及法律社會學，只有視其對於評價、邏輯的分析、或經驗的說明與概括化各方面的着重程度，可以有所區別。法律本體論與一切法律哲學均具有同等的關係，故不能劃歸上述任一專類。郝爾相信，法學如此分類，足以顯示互相均可配合，而為一種妥當的法律哲學提供基礎。（法理學）（馬漢寶）

參考文獻：

Hall, "Integrative Jurisprudence", in Interpretations of Modern Legal Philosophies, edited by Paul Sayre, Oxford, 1947, pp. 313-330.

聲明

對於法院或審判長，受命推事，受託推事，要求或請求為一定行為之意思表示，稱之曰聲明或聲請。二者可以概稱之曰請求。法文有時或稱聲明，或稱聲請，多隨文義之所宜。大體言之，關於本案（如訴之聲明）或就事項而言（如聲明證據），類稱曰聲明。關於程序（如聲請迴避）或就行為而言（如聲請調查證據），類稱曰聲請。亦有在法文內僅舉聲明，與陳述相對稱，實卽包括聲請，概指各種請求而言者（民訴一一六4、一二二、一九九Ⅱ、四二八）。聲明當須表明其請求之意旨，及所以為此請求之理由，受此項聲明之法院或審判長等，如認其聲明有理由者，負有應其請求之意旨而為訴訟行為之義務。關於本案實體之事項，除依法得依職權裁判外（二八、八七、一五四、三八九），原則上非依當事人之聲明，不得為裁判。又凡法律規定當事人得為如何之聲明，或法院應依或得依聲明為如何之裁判者，則認當事人有聲明權。法院對於此種聲明，如不容納，應以裁判駁回之。否則，對於不認其有聲明權之聲明，如不容納，可毋庸為駁回之裁判。例如當事人聲請再開已閉之言詞辯論，法院雖不命再開（二一〇），亦無加以裁判之必要。聲明或聲請，原則上不許附條件。惟在訴訟程序終結前，其條件之成就與否可以確定，有由法律規定予以容許者（三九〇、三九五Ⅱ），又在學說上所謂預備或假定之聲明或順位的聲明，亦應容許之。如當事人預慮其聲明無理由，同時為他項之聲明，請求法院於認先位之聲明（如命被告履行契約）無理由時，則就後位之聲明（如合併提起返還不當得利之訴），予以調查裁判是。（民事訴訟法）（李學燈）

聲明之減縮

聲明之減縮，係指不變更訴訟標的，而就訴之聲明為數理上或實質上之減縮而言。減縮應受判決事項之聲明，雖因訴之聲明有所變更而生訴之變更，惟於被告之防禦，旣無不利之影響，於訴訟之終結，亦無妨礙之可言。故許由原告任意為之，無庸經被告之同意（民訴二五五、二五六2）。餘參見「擴張或減縮應受判決事項之聲明」條。（民事訴訟法）（李學燈）

聲明之擴張

聲明之擴張，係指不變更訴訟標的，而就訴之聲明為數理上或實質上之擴張而言。擴張應受判決事項之聲明，雖因訴之聲明有所變更或追加而生訴之變更、追加，惟不甚礙被告之防禦及訴訟終結，故許原告於訴狀送達後，雖不經被告同意，亦得為之（民訴二五五、二五六2）。餘參見「擴張或減縮應受判決事項之聲明」條。（民事訴訟法）（李學燈）

聲明異議

受刑人或其法定代理人或配偶以檢察官執行之指揮為不當者，得向諭知該裁判之法院聲明異議。是項聲請，應以書狀為之。於裁判前得以書狀撤回其聲請。刑訴法第三百五十一條關於在監所人提出書狀之規定，於聲明及撤回異議準用之，法院應就異議之聲明為裁定。（刑事訴訟法）（陳　珊）

聲明疑義

當事人對於有罪裁判之文義有疑義者，得向諭知該裁判之法院聲明疑義。是項疑義之聲明，應以書狀為之，並得於裁判前，以書狀撤回之。刑訴法第三五一條關於在監所人提出書狀之規定，於疑義之聲明及撤回準用之。法院應就聲明而為裁定。（刑事訴訟法）（陳　珊）

聲明權

見「聲明」條。（民事訴訟法）（李學燈）

聲請

見「聲明」條。（民事訴訟法）（李學燈）

聲請回復原狀

見「回復原狀」條。（民事訴訟法）（李學燈）

非因過失、遲誤上訴、抗告或聲請再審之期間，或聲請撤銷或變更審判長、受命推事、受託推事裁定或檢察官命令之期間者，於其原因消滅後五日內得聲請回復原狀。許用代理人之案件，代理人之過失，視為本人之過失。因遲誤上訴或抗告或再審期間而聲請回復原狀者，應以書狀向原審法院為之。其遲誤聲請撤銷或變更審判長、受命推事、受託推事裁定或檢察官命令之期間者，向管轄該聲請之法院為之。非因過失遲誤期間之原因及其消滅時期，應於書狀內釋明之。聲請時應同時補行期間內應為之訴訟行為，由受聲請之法院與補行之訴訟行為合併裁判之；如原審法院認其聲請應行許可者，應繕具意見書，將該上訴或抗告案件送由上級法院合併裁判。受聲請之法院於裁判回復原狀之聲請前，得停止原裁判之執行。聲請再議期間，亦係不變，如有遲誤，亦得依上述程式為回復原狀之聲請，由原檢察官定其准駁。（刑事訴訟法）（陳　珊）

聲請再審

再審之訴，為對於確定判決聲明不服之方法，對於裁定不得為之。然裁定已確定者，有時亦不免有再審之原因，自亦不可無救濟之途。故遇有法定（民訴四九六Ⅰ、四九七）得為再審理由之情形者，得準用再審程序（第五編）之規定，聲請再審（五〇七）。學者間有稱之為準再審者。惟其準用，亦應僅限於性質許可之範圍內始得為之。法律既稱曰聲請再審，自不同於再審之訴，關於其聲請是否合法及有無再審理由之裁判，自應均以裁定行之。再開程序後所為之裁判，亦應以裁定行之。至對於其裁定之抗告，亦應適用一般之規定。又裁定之為判決基礎者，如有再審之原因，對於該裁定固得聲請再審，然亦得據以對於該判決提起再審之訴（四九八）。餘參見「再審程序」條，「再審理由」條。（民事訴訟法）（李學燈）

聲請再議

告訴人不服檢察官之不起訴處分，向上級法院首席檢察官或檢察長請求撤銷變更之行為，謂之聲請再議。再議之聲請，應於接受不起訴處分書之翌日起七日內為之，是乃不變期間。原檢察官認聲請為有理由者，應撤銷其處分，繼續偵查或起訴。認聲請為無理由者，應即將該案卷宗及證物送交上級法院首席檢察官或檢察長。聲請如已逾期，應駁回之。原法院首席檢察官認為必要時，於送卷前得親自或命令他檢察官再行偵查，分別撤銷或維持原處分；其維持原處分者，應即送交。上級法院首席檢察官或檢察長認再議之聲請為無理由者，應駁回之；認為有理由者，應分別為下列處分：㈠偵查未完備者，命令原法院檢察官續行偵查。㈡偵查已完備者，命令原法院檢察官起訴。（刑事訴訟法）（陳　珊）

聲請迴避

依民事訴訟法第三十三條規定，遇有左列各款情形，當事人得聲請推事迴避：一、推事有前條所定之情形而不自行迴避者二、推事有前條所定以外之情形，足認其執行職務有偏頗之虞者。所謂前條所定情形，係指同法第三十二條所定各款，應自行迴避之情形而言。推事不自行迴避，或由於誤解，或由於不知其緣由在所不問，當事人於訴訟終結前，不問訴訟在如何程度，均得聲請法院，為迴避之裁定。其以足認推事執行職務，有偏頗之虞為理由時，應基於客觀的具體的事實關係而為斷。例如推事與當事人一造有深厚之交誼或嫌怨或於訴訟之結果有利害關係是。為防當事人濫用權利，拖延訴訟起見，附有時期之限制，即當事人如已就訴訟有所聲明或陳述後，不得以有偏頗之虞為理由，聲請迴避。但迴避之原因發生在後或知悉在後者，不在此限（三三Ⅱ）。推事被聲請迴避者，在該聲請事件終結前，應停止訴訟程序。但其聲請因違背第三十三條第二項（時期之限制），或第三十四條第一項（應舉其原因向推事所屬法院爲之）或第二項（原因及發生在後或知悉在後之事實，應釋明之）之規定，或顯係意圖延滯訴訟而爲者，不在此限。又停止訴訟程序中，如有急迫情形仍應爲必要處分。（三七）。此所謂必要處分，自僅以中間行爲爲限，而不能及於終結訴訟之行爲。被聲請迴避之推事，如以其聲請爲有理由者，毋庸裁定，應即迴避（三五Ⅲ）。就迴避之聲請爲裁定時，被聲請迴避之推事，不得參與（二五Ⅱ）。聲請經裁定駁回者，得於五日內抗告，其以聲請爲正當者，不得聲明不服（三六）。其餘參見「裁定迴避」條。**（民事訴訟法）（李學燈）**

聲請駁回

聲請駁回，駁回聲請覆判之請。聲請覆判如違背法律上之程式，或聲請人之聲請覆判權已經喪失者，原審軍事審判機關於接收聲請覆判之文書後發覺者，應由原審以裁定駁回之，但其情形可以補正者，應定期間命其補正。如原審未發覺，或發覺而未予裁定駁回時，覆判機關應以裁決駁回之。聲請覆判雖無上述違誤情形，如覆判機關依其審理結果，認爲初審判決認定事實，適用法律均無違誤者，則以其聲請爲無理由以判決駁回之。**（特別刑事法）（吳　智）**

聲請撤銷禁治產

依民法規定得聲請禁治產之人，於禁治產之原因消滅後，求爲裁定撤銷禁治產之裁定者，稱之爲聲請撤銷禁治產（民訴六一九）。此本於原因消滅而聲請以裁定撤銷禁治產，與撤銷禁治產宣告之訴，係依宣告時之情事，以該裁定爲不當，求爲判決撤銷者不同。凡得聲請禁治產之人（民一四），皆有聲請撤銷禁治產之權。故原聲請禁治產之人亦得爲之。如有數個聲請，法院應合併之。禁治產人已死亡後，不得爲撤銷禁治產之聲請，若於已爲聲請後死亡者，程序當然終結。又聲請人於程序進行中死亡者，除有同一聲請權之他人，應准續行其程序外，亦應視爲終結。此項聲請專屬禁治產人住所地之地方法院管轄。若禁治產人在中華民國無住所或住所不明者，以其在中國之居所，視爲其住所。無居所或居所不明者，以其在中國最後之住所，視爲其住所。若仍不能依上述規定定其管轄法院者，得向就禁治產之聲請曾爲裁判之地方法院爲之（六二〇、五六八）。禁治產之宣告應否撤銷與應否宣告禁治產同爲有關公益，且性質亦相類似，故關於聲請禁治產之聲請及其審理程序之規定（五九八至六〇三），亦準用之。法院就撤銷禁治產之聲請，認爲合法且有理由者，應即爲撤銷禁治產之裁定，並附理由，送達於聲請人及禁治產人（六二三）。禁治產人不服，得依一般之規定抗告（四八三）。如認其聲請不合法或無理由者，應以裁定駁回之。對此駁回之裁定，不得抗告（六二四Ⅰ）。惟亦不可無救濟之途，故法律明定得聲請撤銷禁治產之人，對於此項駁回之裁定，得向該聲請曾爲裁判之法院提起撤銷之訴（六二四Ⅱ）。得聲請撤銷禁治產之人，即爲依民法規定得聲請禁治產之人（六一九），故提起撤銷之訴，並不以原聲請人爲限。此訴之性質，本屬形成之訴，但其判決無溯及既往之效力，與撤銷禁治產宣告之訴之判決有溯及力者不同。惟兩訴之性質究相類似，故關於被告之適格、訴訟能力、以及其他程序，亦準用後者之規定（六一〇、六一二至六一六、六一七Ⅰ、六一八、六二四）。又撤銷禁治產之裁定確定後，原禁治產之宣告，對於將來失其效力，監護人之職務由此終結，原受禁治產宣告之人，亦成爲有行爲能力之人。故爲保護禁治產人之利益，第一審受聲請法院，應將撤銷禁治產之裁定要旨公告之（六二三）。**（民事訴訟法）（李學燈）**

聲請覆判

聲請覆判，依軍事審判法第一百八十七條規定，係當事人或關係人對於初審軍事審判機關未確定之判決，聲明不服，請求該管覆判機關撤銷或變更以爲救濟之方法。軍事檢察官、被告不服初審之判決者，得聲請覆判。爲被告之利益，軍事檢察官、被告之直屬長官亦得聲請覆判；被告之配偶或法定代理人並得獨立聲請覆判。原審辯護人得爲被告之利益聲請覆判，惟不得與被告明示之意思相反。聲請覆判應以文書提出於原審軍事審判機關。聲請覆判期間爲十日，自送達判決後起算。聲請覆判未聲明爲一部者，視爲全部聲請覆判。對於判決之一部聲請覆判者，其有關係之部分，視爲亦已聲請覆判。**（特別刑事法）（吳　智）**

應受判決事項之聲明

見「訴之聲明」條。（民事訴訟法）（李學燈）

應受送達人

實施送達，原則上應向被通知之當事人或其他訴訟關係人之本人爲之，但法律上又設有各種例外之規定（民訴一二七至一三四），故所謂應受送達人，實兼指各種規定應向其爲送達之人或經指定之送達代收人（一三三、一三四）而言，有時並包括得付與有辨別事理能力之同居人或受僱人（一三七Ⅰ）在內。詳見送達，直接送達，及留置送達各條。應受送達人有數人時，除法定代理人有二人以上者，得僅向其中一人爲之（一二七Ⅱ）；以及訴訟代理人有數人時，僅向其中一人爲之（七一Ⅰ、一二七Ⅱ之類推解釋），即生送達之效力外；應分別對之爲送達。如僅以應送達之文書一通，交付於其中之一人，而該一人又非其他應受收達人之代理人者，對於其他應受送達人，即不得謂爲已受合法之送達。（民事訴訟法）（李學燈）

應依職權調查之事項

應依職權調查之事項，係指該事項雖未經當事人主張，法院亦應斟酌之。且當事人間就該事項雖無爭執，亦須得有心證，始可認定。例如屬於訴訟成立要件之事項及關於保護必要之要件與當事人適格之要件之事項等，法律亦有以明文定之（如一七七Ⅰ、二七六、二七八Ⅱ、二八三、三八六3.、六〇一），或規定應依職權爲某種行爲者。此類事項，多屬有關公益，不受當事人主張之拘束，且不問訴訟進行至何程度，法院應自動爲調查。因此不論何時，亦許當事人主張此等事項，以促法院職權之發動。（民事訴訟法）（李學燈）

應施檢驗商品品目

關於進出口應施檢驗商品品目檢驗時限及證書有效期限表均由經濟部另行制定公布實施。（商品檢驗法）（管　歐）

應買人

因拍賣而有購買權利之人爲應買人。在依強制執行程序所爲動產拍賣，如無應買人時，執行處應作價交債權人收受。債權人不收受時，應由執行法院撤銷查封，將拍賣物返還債務人。在不動產之拍賣，於交付債權人而不願承受時，應命強制管理。在管理中依債權人或債務人之聲請，得再減價或另估價拍賣。（強制執行法七一、七五）。（強制執行法）（陳　珊）

應訴管轄

即擬制的合意管轄，見「合意管轄」條。（民事訴訟法）（李學燈）

應繼分（Successional Portion）

謂共同繼承人對於所繼承財產各應得其部分之成數也。與應得分(compulsory portion; reserved portion)有別。應得分乃應得之特留分也。我民法規定應繼分之成數如下：㈠同一繼承順序之繼承人有數人時，按人數平均繼承。但法律另有規定者，不在此限。㈡養子女之應繼分爲婚生子女二分之一，但養父母無直系血親卑親屬爲繼承人時，其應繼分與婚生子女同。㈢配偶與其被繼承人之直系血親卑親屬同爲繼承人時，其繼承之應繼分與他繼承人平均。㈣配偶與其被繼承人之父母或兄弟姊妹同爲繼承時，其應繼分爲遺產二分之一。㈤配偶與其被繼承人之祖父母同爲繼承人時，其應繼分爲遺產三分之二。㈥如配偶爲僅有之繼承人時，其應繼分爲遺產之全部（民法第一一四一條至一一四二條）。上述爲法定應繼分。至指定繼承人之應繼分，則以遺囑所定者爲標準。故應繼分又有法定應繼分與指定應繼分之別。（民法繼承）（張鏡影）

應繼遺產（Property of Succession）

指繼承人所繼承之財產而言。我國民法第一一七三條規定，繼承人中有在繼承開始前，因結婚分居或營業，已從被繼承人受有財產之贈與者，應將該贈與價額加入繼承開始時被繼承人所有之財產中，爲應繼遺產。但被繼承人於贈與時有反對之意思表示者，不在此限。（民法繼承）（張鏡影）

臨時召集

臨時召集之目的，在平時爲現役補缺，戰時爲人員補充，或在軍事警備上有需要時實施之。對於意圖避免臨時召集者，即指妨害兵役治罪條例第六條所規定之妨害兵役行爲之一者，處五年以下有期徒刑。所謂妨害兵役之行爲詳「

動員召集」條。（特別刑事法）（吳　智）

臨時戒嚴

臨時戒嚴，謂當戰爭或叛亂發生之際，某一地域猝受敵匪之攻圍，或應付非常事變時，該地陸海空軍最高司令官，得依戒嚴法宣告臨時戒嚴。如該地無最高司令官時，得由陸海空軍分駐團長以上之部隊長，依戒嚴法宣告臨時戒嚴。臨時戒嚴之宣告，應由該地最高司令官或陸海空軍分駐團長以上之部隊長，迅速按級呈請提交立法院追認。同時，該地最高司令官應將戒嚴之情況及一切處置，隨時迅速按級呈報總統。（特別刑事法）（吳　智）

臨時阻止命令或臨時禁止處分命令（Temporary Restraining Order or Temporary Injunction）

臨時阻止命令或臨時禁止處分命令者，乃衡平法院為保存緊爭財產之原有狀態直至雙方當事人之權利確定時為止所發佈之命令也。此項命令與我民事訴訟法之假處分相類似。臨時阻止命令與臨時禁止處分命令之區別在：後者之發佈，須先通知他造當事人，而前者不必，於此情形，衡平法官不但為雙方當事人之仲裁，抑且應顧及被告之權利，使其不至因未受到通知而受損害（見 McClintock on Equity, Second Edition, 1948, 30-31）。（英美衡平法）（何孝元）

臨陣退却

陸海空軍刑法第三十三條之臨陣退却，係指與敵作戰時，不盡其所應盡之責，及未經上級長官或該管直屬指揮官之許可，擅自後退而言。（特別刑事法）（吳　智）

臨場費

商品檢驗法所稱之臨場費，係指檢驗機構應申請人之請求，派員至檢驗機構所在地以外之地點臨場執行檢驗、取樣、監督包裝、改裝重加標識所需之費用，其標準係比照公務人員國內出差旅費規則之規定收取之，其因此支出之其他必要費用，並由申請人負擔。（商檢、二九）（商品檢驗法）（曾　歐）

臨場檢驗

商品檢驗法中所規定之商品檢驗，原則上應就檢驗機構所在地執行之，但例外亦得應申請人之請求，於生產地點或生產工廠中為之，此即臨場檢驗。臺灣省過去因執行產地檢驗，乃由生產團體（合作社、農會）設置檢驗場，日久弊端叢生，現已撤銷檢驗場改定集貨場標準，以供臨場檢驗之需要。（商品檢驗法）（曾　歐）

隱名代理之原則（Doctrine of Undisclosed Principal）

隱名代理之原則者，乃代理人為代理行為時並未披露本人之姓名，且為相對人所不知者，代理人以自己之名義而為代理行為之原則也（見 James A. Ballentine: Law Dictionary, 1959, pp. 1313.）。於此場合，代理人對於其所為之行為，自應單獨負責，並得主張契約上之權利。惟本人亦可出面主張之。契約之他方亦可於本人或代理人任擇其一，而使其負契約上之責任。惟本人主張權利時，應受下列之限制，即：㈠不得與契約之內容相反，㈡代理人之資格無關重要，㈢本人主張權利時，僅限於代理人所得主張者，而不得超越其範圍。相對人於本人出面後，固得向代理人或本人行使其權利，惟不得向代理人及本人同時為之（見 J.F. Wilson: The Law of Contract 1957, pp. 214-217.）。（英美契約法）（何孝元）

隱名合夥（Sleeping Partner; Dorment Partnership）

乃當事人約定，一方對於他方所經營之事業出資，而分受其營業所生之利益及分擔其所生之損失的契約。出資之方曰隱名合夥人，營業之方曰出名營業人，又曰出名合夥人。隱名合夥與合夥不同有五點：(1)前者，隱名合夥人之出資，移屬於出名營業人之所有。後者，合夥人之出資為合夥財產，乃為合夥人之公同共有。(2)前者，由出名營業人執行營業之業務，隱名合夥人並不參與或協助營業。後者，合夥之營業，由合夥人全體參與營業業務之執行。(3)前者，出名營業人為對外權利義務之主體。後者，則以全體合夥人為對外權利義務之主體。(4)前者，其當事人乃單純契約之關係。後者，除契約關係外，尚有團體之性質。(5)前者，勞務及信用不得為出資。後者，勞務及信用均可得為出資。除此五點外，其餘與合夥近似；故準用關於合夥之規定。至於隱名合夥之性質，為諾成契約，不要式契約；且為有償契約，要因契約；同時又係雙務契約與債權契約。又隱名合夥人之出資雖移屬於出名營業人。第隱名合夥契約終止時，如營業有盈餘時，出名營業人應返還隱名合夥人之出資及給與其應得之利益。如營業有損失時，則僅返還其餘存額於隱名合夥人。（民法債編分則）（張鏡影）

隱秘占有

爲占有分類之一，對公然占有而言，即占有狀態之表現，故意爲避免他人發見之行爲是。如竊盜將竊取之物，藏匿於一定處所，則爲隱秘占有。但依之性質，以普通之方法爲占有，亦有由外部不能窺見之情形，如爲引火而將管筒埋於地下，並非爲避免他人之發見，即非隱秘占有。（民法物權）（陳　珊）

隱匿事實

隱匿事實（Active Concealment）

隱匿事實者，乃意圖藏匿事實而使其不被揭露之行爲也。隱匿事實，得與虛構事實之陳述同視。例如出賣人故意隱藏貨物之瑕疵，即可構成詐欺是（見 R. F. V. Heuston: Salmond on Torts, 11th ed., 1953, p. 688）。（英美侵權行爲法）（何孝元）

隱匿事實（Concealment and Nondisclosure）

隱匿事實者，乃一方對於他方就其已知之事項有揭露實情之義務而不爲陳述之謂也（見 Black's Law Dictionary, fourth edition, 1957, p. 360）。隱匿事實與虛僞表示，其效果相同。在公開交易時，雙方當事人固得保持沉默，但如一方有供給他方以事實之義務，他方並對之信賴而爲交易時，則供給事實之一方必須披露眞情，此時若不爲陳述，即應負虛僞表示之責。又當事人之一方爲陳述時雖無詐欺之意思，但事後發覺其所述非實，則該當事人亦有更正通知之義務（見 McClintock on Equity, second edition, 1948, pp. 224-226）。（英美衡平法）（何孝元）

隱藏行爲（Act of Concealment）

係虛僞表示中隱藏他項法律行爲之謂也。所謂隱藏他項法律行爲者，例如甲有好友乙丙丁三人，甲欲贈送乙花園洋房一座，但慮及丙丁怪其厚此薄彼，乃與乙約以出賣方式將其移轉於乙，實則隱藏贈與。此時甲乙之讓與花園洋房之買賣係虛僞而無效。至隱藏之贈與契約仍爲有效。即甲乙之法律關係，不適用買賣之規定，而適用關於贈與之規定。我民法第八七條第二項規定：「虛僞意思表示，隱藏他項法律行爲者，適用關於該項法律行爲之規定。」蓋尊重表意人之眞意耳。（民法總則）（張鏡影）

檢索抗辯權（Beneficium Excussionis）

爲保證人抗辯權之一種，與催告抗辯相對稱。所謂催告抗辯權，亦稱先訴抗辯權。即保證人得請求債權人先行催告主債務人履行債務之謂也。故保證人須於催告後，主債務人仍不履行時，保證人始負責任。我民法對此無明文規定。僅規定保證人於債權人未就主債務人之財產強制執行而無效果前，對於債權人得拒絕淸償。此種檢索抗辯權，並無否認債權人請求權之效力，實不過一種延期抗辯而已。因此，如有下列情形之一時，保證人即不得主張抗辯。即㈠保證人放棄檢索權者；㈡保證契約成立後，主債務人之住所營業所或居所有變更，致其請求淸償發生困難者；㈢主債務人受破產宣告者；㈣主債務人之財產不足淸償其債務者（民法第七四五條及七四六條）（民法債編分則）（張鏡影）

檢察官之管轄

檢察官配置於法院而獨立行使其職權，故其執行職務之範圍，亦依法院審級及其土地區域爲標準。其於法院管轄之規定，自應準用。惟檢察機關之組織與名稱，與法院不同，其在牽連案件得合併由一法院審判者，亦得由一檢察官合併偵查或合併起訴；如該管他檢察官有不同意者，由共同之直接上級法院首席檢察官或檢察長命令之。此所謂「一檢察官」、「他檢察官」，係一法院或他法院之檢察官而言，若爲同一法院檢察官之併案偵查，則非爲牽連管轄問題之解決。至刑訴法第十三條之域外執行職務及第十四條域內爲必要處分之規定，於檢察官亦準用之。（刑事訴訟法）（陳　珊）

檢察官及其書記官之迴避

檢察官實施偵查，認定犯罪嫌疑之事實，亦不應存有偏見或成見，故辦理檢察事務之書記官，於偵查程序之補助作用，與法院書記亦正相同，故刑訴法關於推事迴避原因及聲請程式，於檢察官及爲補助行爲之書記均準用之。但曾於下級法院執行檢察官、書記官或通譯之職務者，在上級法院即不得爲迴避原因，至曾在下級法院執行司法警察官職務者，性質相同，自亦不在準用之列。至於聲請迴避之准駁，應由所屬首席檢察官或檢察長核定之。首席檢察官之迴避，應聲請直接上級法院首席檢察官或檢察長核定之。其檢察官僅有一人者亦同。（刑事訴訟法）（陳　卌）

檢驗合格證書

應施檢驗之商品，經檢驗合格適於輸出或輸入者，由經濟部發給合格證書，此項證書，因各種商品之不同，而分別規定其有效期間。（商品檢驗法）（管　歐）

檢驗費

依指商品於辦理檢驗時，根據經濟部所公佈之收費率，按照商品之市價徵收之費收，此種收費率於經濟部商品檢驗局從價徵收檢驗費費額表內規定之。（商品檢驗法）（管　歐）

擬制自認

擬制自認，即準自認、默示自認，見「自認」條。（民事訴訟法）（李學燈）

擬制的合意管轄

即默示的合意管轄，見「合意管轄」條。（民事訴訟法）（李學燈）

擬制送達

見「公示送達」條。（民事訴訟法）（李學燈）

營利法人

在民法上所謂法人，原分爲社團法人與財團法人，以營利爲目的的社團，其取得法人資格，應依特別法的規定。所謂特別法爲公司法和銀行法等是，質言之，凡依公司法或銀行法組織並經登記的公司或銀行，稱之爲營利法人。因爲公司或銀行，都是以營利爲目的的社團。（商事法）（林咏榮）

營利保險（Profitable Insurance）

營利保險乃保險事業經營者對於參加保險者所徵收的保險費，並就保險費加以運用所獲得之利益的總和，減去其對於參加保險者，可能支付保險金的總額，以其差額的利得爲目的的保險。此種保險，乃其營業者與各別參加保險者，就其所訂立的有償的債權契約，以定彼此的法律關係。經營營利保險者，限於股份有限公司（保險法第一三六條第一項前段）。（商事法）（林咏榮）

營業所

商人經營其商業的場所，稱之爲營業所。營業所不限於一個，在數個營業所中彼此即發生主從的關係，其中一個爲主營業所，餘則爲分支機構。商業依公司組織者，稱其主營業所爲「本公司」，稱其分支機構爲分公司（參照公司法第三條第二項）。商業依獨資或合夥組織者，舊商業登記法分別稱之爲本店及支店（舊商業登記法第一一條及第二一條第二項）。（商事法）（林咏榮）

濫用職權

國家賦予軍人以權力，原有法定職掌與權責，若逾越法令所賦予之範圍而濫行使用，即構成陸海空軍刑法第七十三條濫用職權罪。（特別刑事法）（吳智）

濫行訴訟（Misuse of Legal Procedure）

濫行訴訟者，乃利用訴訟，以達其非法之目的之行爲也。此類行爲，可分爲三：㈠誣告，㈡不法之民事控訴，㈢濫用法律手續（見 William L. Prosser: Law of Torts, 2nd ed., 1955, pp. 645-669）。（英美侵權行爲法）（何孝元）

縱火罪（Arson）

英美「普通法」對惡意縱火焚毀他人住宅者，論以縱火罪，其旨在保障居住安寧。此處所謂惡意，係指意外及過失以外之故意言，若行為人引火不慎，意外或過失將他人住宅焚毀，不得以本罪論處。再者，標的物住宅必須實際上遭火全部或一部焚毀，始得成立本罪。

部分州刑事立法將普通法中之縱火罪略予擴張，即被焚之不動產不限於「他人之不動產」；住宅不以有人現住為限；各種建築物均得為本罪標的；故意焚毀他人價值二十五美元以上之動產亦得論以本罪；故意縱火焚屋詐取保險金者雖不使負縱火罪責，亦論以重罪（felony）。（英美刑法）（桂公仁）

縱兵殃民

係指有命令關係之長官，放棄或怠忽其管教權責，任使士兵居於無組織、無紀律之狀態，縱容在外不法行為不加約束，危害人民之生命、身體、財產、自由等權，因其不作為之結果，使人民受意外之損失者，謂之縱兵殃民，以其破壞軍紀軍譽甚大，故軍刑法第三十四條規定，應處死刑。（特別刑事法）（吳　智）

點呼

見「朗讀案由」條。（民事訴訟法）（李學燈）

點閱召集

為掌握應受動員召集者，瞭解其動向，避免動員計劃所定應召人員，屆時發生不確不明現象，而實施之一種召集。因此對於已瞭解其動向之退伍不久者，於國防作戰準備無妨礙時，兵役法施行法第五十三條規定得免受此種召集。此外如有兵役法第四十四條各款規定情形之一者，例如患病不堪行動，家庭發生重大事故必須本人處理，中等以上學校在學學生正在受課期間，民意代表正值開會期中等情事，得免除本次之召集，但若有捏造免除召集原因，故意毀傷身體、無故不參加、拒絕接受召集令、或使人頂替等，即屬妨害兵役治罪條例第七條所指之妨害兵役行為，應處三年以下有期徒刑。（特別刑事法）（吳　智）

聯合商標

同一商人於同一商品為分辨品質，而使用與其原註冊商標相類似之商標時，此種相類似之商標，即為聯合商標。（商標法、四）我商標法雖規定相同或近似於他人同一商品、同類商品或雖非同類而性質相同或近似之商品之註冊商標，不得作為商標申請註冊，（商標法、二、12）惟聯合商標則不受此種拘束，且以與自己原註冊商標相類似且指定使用之商品相同為申請註冊之特殊要件，蓋以聯合商標之註冊，不但能確認原註冊商標之類似範圍，保護其已建立之信譽，且能防止他人以相類似或有關之商標申請註冊，避免不正之競爭，其作用與追加專利、聯合新式樣相同。

聯合商標呈請註冊，應否核准，以二商標是否類似為準，而比較兩商標是否相類似，則以其是否大致相同，易滋誤認為斷，商標法第四條所謂類似，係指比較兩商標雖稍有差異，而大致相同，易使人誤認者而言，至同法第二條各款所謂近似，與本條所謂類似，一係指近似於他人之標章，一係指與自己之商標相類似，對己對人，其限制既有寬嚴之別，則用語程度，自不無深淺之差（司法院二六院一六一二）。

我商標法施行細則第九條第二項規定，同一商人同時以兩個以上類似之商標申請註冊者，應指定其一為正商標，以其餘與之聯合，依此規定，原註冊商標與聯合商標有正從之分，則正商標如被撤銷時，聯合商標亦應全部撤銷，反之，聯合商標被撤銷時，其正商標不受影響，又聯合商標亦不得分析移轉，因此，當其中之一仍在使用時，利害關係人不得主張其餘已註冊之正商標或聯合商標於註冊後並無正當事由，迄未使用已滿一年，或停止使用已滿二年，申請撤銷其商標專用權，是亦為聯合商標註冊之優點所在。（商標法）（曾　歐）

聯合新式樣

近似之新式樣屬於同一人者，謂之聯合新式樣，聯合新式樣專利之呈請者，應附呈其原專利證書，經審查確定給予聯合新式樣專利權時，發給聯合新式樣之專利證書，並將該證書之號數填入原專利證書後，蓋印發還。聯合新式樣專利之期間，法無明文規定，解釋上似應以至原專利權期間屆滿時為止。（專利法）（曾　歐）

謄本

謄本足以助長票據的流通，得由匯票或本票的執票人作成（匯票上關於謄本的規定，依票據法第一二四條，準用於本票，而支票則無所謂謄本）。謄本應標明謄本字樣，謄寫原本上的一切事項，並註明迄於何處，爲謄寫部分，以使與原本相區別，並將已作謄本之旨，記載於原本，在謄本上得爲背書和保證的行爲，其效力與在原本所爲者相同（參看票據法第一一八條）。爲提示承兌送出原本者，應於謄本上載明接收人的姓名或商號及其住址。滙票上有此記載者，執票人得請求接收人交還原本。接收人拒絕交還時，執票人非將曾向接收人請求交還原本而未經其交還的事由，以拒絕證明書證明，不得行使追索權（參看票據法第一一九條）。（商事法）（林咏榮）

醜行罪（Infamous Crime）

英美「普通法」規定，若行爲人觸犯叛國罪（treason），重罪（felony），及詐欺行爲（crimen falsi），社會公認其爲傷風敗俗之醜行劣跡，將喪失其出庭作證陪審資格。美國聯邦憲法第五修正案明定非依法由大陪審團裁決，不得判處任何人以醜行罪。本罪爲侵害司法行政，損害人民政治權益；亦有認爲醜行罪之所以「醜」，並非該罪之性質而係加於行爲人之處罰使然，一般係將行爲人監禁於州監獄（state prison or penitentiary）。（英美刑法）（桂公仁）

謠言

陸海空軍刑法第九十二條所稱謠言，係指本無事實，而虛構其事實，或僞造無稽之消息，傳播於衆者而言。（特別刑事法）（吳　智）

邀車駕

邀就是遮留，車駕就是皇帝所乘的車駕。邀車駕，俗謂之攔輿遞御狀。唐律鬪訟篇規定：「諸邀車駕……以身自理訴而不實者，杖八十」，明清律略同；惟其科刑增爲杖一百。（中國法制史）（林咏榮）

幫助訴訟罪（Maintenance）

行爲人未經第三者授權，亦未期待訴訟結果之利益，逞一時之快，以金錢資助第三人提起訴訟或抗辯，傷風敗俗，影響社會安寧秩序，此等惡意興訟，有礙司法行政，侵害大衆公益，爲法理所不容，行爲人應以幫助訴訟罪論處（Black's Law Dictionary, see Maintainance）。（英美刑法）（桂公仁）

闌遺物

唐律稱遺失物爲闌遺物，其雜律規定：「諸得闌遺物，滿五日不送官者，各以亡失罪論，贓重者坐贓論，私物坐贓減二等」，疏議云：「…罪止徒二年，其物各還官主」。明清律稍異唐制，其戶律錢債門規定：「凡得遺失之物，限五日內送官，官物盡數還官，私物召人識認，於內一半給與得物人充賞，一半給還失物人，如卅日內無人識認者，全給。五日限外，不送官者，官物坐贓論，私物減坐贓二等，其物一半入官，一半給主，若無主全入官」。（中國法制史）（林咏榮）

褻瀆祀典及侵害墳墓屍體罪

慎終追遠崇奉祭祀，爲我國文化自古以來之特色。亦爲構成民族道德與淳風美俗之基本要素。與近代民主法治國家信教自由同一觀念。墳墓屍體爲後人祭祀之對象，故褻瀆祀典罪與侵害墳墓屍體罪同列爲一章（刑法分則十八章），計有五條（二四六條至二五〇條）。包括侮辱壇廟、寺觀、教堂、墳墓或公衆紀念處所罪（刑法二四六條一項），妨害喪葬祭禮、說教、禮拜罪（刑法二四六條二項）、損壞、遺棄、污辱或盜取屍體罪（刑法二四七條一項）、損壞、遺棄或盜取遺骨、遺髮、殮物或遺灰罪（刑法分則二四七條二項）、發掘墳墓罪（刑法二四八條）等在內。（刑法分則）（王建今）

償還股

償還股係指公司爲調度一時需要的資金，特發行附以償還條件的股份而言。亦即當公司不需要該項資金時，得併同應受分派的利益或利息，以之償還各該股東，而消除其股份。此即美國制的 redeemable stock，日本於昭和二十五年（1950 A.D.）採入商法第二二二條第一項。（商事法）（林咏榮）

瀆職罪

瀆職罪爲公務員辱瀆職守，致損害國家威信之犯罪。所謂公務員，係指依法令從事於公務之人員而言。瀆職罪之犯罪主體，最大多數固爲公務員，但並不以此爲限。仲裁人因有其法定之職守，故亦有關於瀆職罪之規定。刑法分則第四章規定瀆職罪，自第一百二十條至第一百三十四條共計十五條，包括委棄守地罪、賄賂罪、枉法裁判罪、濫用職權罪、凌虐人犯罪、違法執行刑罰罪、越權受理訴訟罪、違法徵收及抑留或剋扣款物罪、廢弛職務釀成災害罪、直接或間接圖利罪、洩漏國防以外之秘密罪及拆匿郵電罪等在內。除此之外，尚有一瀆職罪之概括規定，即公務員假借職務上之權力機會或方法，以故意犯本章以外各罪者，加重其刑至二分之一。但因公務員之身分已特別規定其刑者，不在此限（刑法一三四條）。有此規定，則一切犯罪，凡公務員假借職務上之權力機會或方法以故意犯之者，均構成瀆職罪。較通常人民之犯罪，普徧加重，如所犯為最重本刑三年以下有期徒刑之罪，因法定刑加重之結果，即非刑法第六十一條之罪，而可上訴於第三審法院。（刑法分則）（王建今）

瀆職罪（Offense of Misconduct in Office）

行為人假借職務上之便利，或濫用職權從事非法行為，或故意怠忽，不履行其法定職務；如勒索、欺壓、詐欺及背信等是。至拒絕執行上級交辦事務；或雖非上級交辦事務而行為人擅自利用權力處理者，亦構成本罪（Wysong v. Walden, 120 W. Va. 122, 196 S.E. 573, 575）。（英美刑法）（桂公仁）

隸屬管轄

隸屬管轄又稱建制管轄。現役軍人均納入軍事建制系統內，其犯罪除將官外，初審管轄權屬於其所隸屬之軍事審判機關。（特別刑事法）（吳　智）

職務期間

職務期間係指就司法機關為訴訟行為所定之期間，或稱類似期間。如法院宣示判決，應自辯論終結後五日內為之（民訴二二三Ⅲ），判決原本，應自宣示之日起，於五日內交付法院書記官（二二八Ⅰ），判決，應以正本送達於當事人，自書記官收領原本時起，至遲不得逾十日（二二九Ⅱ）之例是。遲誤此種期間，僅生曠廢職務之問題，非如當事人或其他訴訟關係人遲誤固有期間，通常發生不得更為該訴訟行為之效果。其餘參見「固有期間」條。（民事訴訟法）（李學燈）

職務管轄

依法院職務之種類為標準所定之管轄，謂之職務管轄。此項管轄又可分為通常職務管轄（或稱審級管轄），與特別職務管轄。前者關於法院審級之劃分，後者關於特別職務之分配。二者均屬強制之規定，不許法院或當事人合意變更之。一、所謂通常職務管轄，因審級制度之存在而發生，亦即所謂審級管轄，法院依審級而劃分其職務。現制審級有三，以三審為原則，二審為例外（民訴四六六、法組一〇、一五、一七、二〇、及二二等條），第一審法院，為地方法院及其分院，管轄第一審民事訴訟案件，故又稱初審法院或起訴法院。第二審法院，為高等法院及其分院，管轄不服地方法院或其分院之第一審裁判而上訴或抗告之民事訴訟案件。故又稱第二審上訴法院或抗告法院。第三審法院，為最高法院，又稱第三審上訴法院，或再抗告法院，管轄不服高等法院或其分院之第二審裁判而上訴，抗告或再抗告之民事訴訟案件，又稱終審法院。二、所謂特別職務管轄，則因其性質之特殊，有時異於通常必按審級次序而由第一審開始管轄之規定。如再審之訴專屬為判決之原法院管轄，但有其他法定情形者（民訴四九九），專屬原第二審法院管轄。又如保全程序，本案現繫屬於第二審法院者，由第二審法院管轄，其餘情形均由第一審法院管轄。（五二四、五三三）。（民事訴訟法）（李學燈）

依各級法院之審判權責及訴訟程序之種類決定其職務分配之標準者為職務管轄，又稱分管轄或審級管轄。如第一審訴訟案件，原則上由地方法院管轄（有刑訴法第四條高等法院管轄第一審案件之例外）。第二審上訴案件，原則上由高等法院管轄（有最高法院管轄第二審上訴案件之例外）。抗告案件，由其上級法院管轄。再審案件，原則上由為原確定判決之法院管轄。非常上訴案件，由最高法院管轄。是皆就通常程序或特種程序之訴訟，分別釐定標準，分配審判職務於該管法院，故有以上之名稱。（刑事訴訟法）（陳　珊）

職業與犯罪

犯罪大都為社會環境之產物，而社會環境與職業之關係，至為密切。職業不僅影響人之經濟生活，且足以影響其思想與性格，結果乃造成犯罪因素之一。日本學者勝水淳行有云：「職業影響於思想，因此影響於犯罪。例如屠宰業者每多養成殘忍之性格；鍛冶工與石工每多養成粗暴之性格；賤業婦與娼妓每多缺之道德觀念。又雖同爲鍛冶工，自營者與被雇傭者之間，亦有其不同之責任觀念與道德觀念」。此不僅理論爲然，而在刑事統計上亦屬信而有徵。（刑事政策）（王建今）

職權主義

見「辯論主義」條。（民事訴訟法）（李學燈）

職權送達主義

關於訴訟上之文書或特定事項通知於訴訟關係人之行爲，立法上所採取之主義，有所謂當事人送達主義與職權送達主義之分。當事人送達主義，係指基於當事人之意思而爲送達之主義，法院不得以職權爲之。與之相對待者，爲職權送達主義，係不問當事人之意思如何，法院依職權而爲送達之主義。我國民事訴訟法係以職權送達主義爲原則（民訴一二三），當事人送達主義爲例外（一四九Ⅰ）。職權送達主義中之送達機關，有由書記官自爲送達者（一二六），有交執達員或郵政機關行之者（一二四、一三三），有囑託外交部爲之者（一四四、一四六），有囑託該管軍事機關或長官爲之者（一四七），有於外國爲送達應囑託該國管轄機關或駐在該國之中華民國大使或公使或領事爲之者（一四五）。當事人送達主義中，則唯有聲請公示送達之一種，該項送達，亦有例外情形，得依職權爲之者（一四九Ⅲ、一五〇）。其餘參見「送達」條。（民事訴訟法）（李學燈）

職權進行主義

見「當事人進行主義」條。（民事訴訟法）（李學燈）

職權調查證據

調查證據，依辯論主義，原應本於當事人之聲明。惟固守此項原則，如當事人不知爲此項聲明，或依其所聲明之證據，不能得有心證，則以之爲裁判之基礎，卽難免不合於眞實。故法院不能依當事人聲明之證據而得心證，或因其他情形認爲必要時，得依職權調查證據（民訴二八八），以濟辯論主義之窮。所謂因其他情形認爲必要，意義雖甚廣泛，然適用時當體會法律之精神，仍以當事人聲明爲原則，有不知聲明者，審判長應行使闡明權促其聲明（一九九）。應否依職權調查證據，由法院之意見決之。當事人不得以法院未行使此職權爲上訴之理由。行使此職權時，宜兼顧當事人兩造之利益，爲公平之處置。又命行勘驗，鑑定及囑託機關或團體爲調查，法院得任意依職權爲之（二〇三4.）卽不受上述規定（二八八）之限制，其餘參見「調查證據」條。（民事訴訟法）（李學燈）

職權覆判

軍事審判法第一百八十八條所稱之依職權送請覆判，係謂初審軍事審判機關對於將官案件之判決，無論有罪（科刑、免刑）無罪、免訴或不受理之判決，以及校官、尉官、士官、士兵宣告死刑、無期徒刑之判決，不待聲請，依職權送請管轄之覆判機關覆判。（特別刑事法）（吳　智）

覆判

覆判於軍事審判制度中爲第二審，亦爲終審，係對於初審軍事審判機關不當判決之一種救濟方法。覆判具有司法制度上二審與三審之雙重性能，採書面審理。以法律審爲原則，必要時亦得提審或蒞審，是則又兼事實審。案經覆判判決卽行確定，不得聲請再覆判。（特別刑事法）（吳　智）

覆判制度

軍事審判採三級二審制，分初審及覆判二審。覆判制度，係對初審判決有聲請覆判權人，於判決確定前，聲明不服，向覆判機關聲請覆判；或初審軍事審判機關對於將官案件之判決及宣告死刑、無期徒刑之判決，不待聲請依職權送請覆判之制度。（特別刑事法）（吳　智）

覆判庭

覆判庭分普通覆判庭及高等覆判庭，爲第二審軍事法庭，無論事實審或法律審均得爲之。（特別刑事法）（吳　智）

覆判期間

軍事審判之覆判期間，謂覆判審限規定之期間。覆判除提審，莅審按通常審判程序，應依軍事審判審限規則規定期間外，關於書面審理之案件，其覆判期間為二十日。依軍事審判法第二百零三條第一項規定，覆判機關對於覆判案件之判決，應自覆判庭接受卷宗證物之日起二十日內為之。惟必要時得由覆判庭聲請覆判機關長官核准展期。展期每次二十日，以二次為限。至電請覆判案件之覆判期間，則為五日。軍事審判法第二百十四條第一項規定，「敵前犯專科死刑之案件宣告死刑者，如於該管區域內，為鎮壓叛亂，維持治安確有重大關係時，原審軍事審判機關得先摘叙被告姓名、年齡、犯罪事實、證據、所犯法條及必須緊急處置之理由，電請覆判機關先予覆判。」又同法第二百十五條規定，覆判庭於電請覆判為核准時，應自接受電報之日起，五日內呈請核定，令准執行。（特別刑事法）（吳　智）

覆判機關

軍事審判之覆判機關，謂有軍事審判權設置覆判庭之機關。高等覆判庭由最高軍事審判機關組織之。普通覆判庭由高級軍事審判機關及最高軍事審判機關組織之。惟戰時最高軍事審判機關即國防部於戰區得設置普通覆判分庭或高等覆判分庭。（特別刑事法）（吳　智）

覆判權之捨棄

軍事審判法上所稱覆判權之捨棄，謂有聲請覆判權之人於宣示判決後，聲請覆判期間末日前，明示拋棄其覆判權。捨棄覆判權應向原審軍事審判機關為之。一經捨棄其聲請覆判權，即生失權之效果，不能再行恢復原狀。捨棄之範圍並無限制，即對初審判決之一部捨棄聲請覆判權亦無不可。捨棄聲請覆判權應以文書為之，但於審判期日得以言詞為之。（特別刑事法）（吳　智）

覆判權之喪失

有聲請覆判權之人，一經聲明捨棄，或經聲請覆判人撤回者，即發生喪失聲請覆判權之效力，嗣後不得再行聲請覆判。（特別刑事法）（吳　智）

簡易判決

簡易訴訟程序判決書內之事實及理由，得僅記載要領（民訴四三四），學者有稱之為簡易判決者。所謂要領，就事實之記載言，不必將當事人提出之攻擊或防禦方法，一一詳記無遺。就理由之記載言，關於攻擊或防禦方法之意見及法律上之意見，亦可出以簡單扼要之論斷（二二六Ⅱ、Ⅲ參照）。且其事實與理由亦可不必分欄敍述。至於判決書內其他應記載之事項，例如當事人、主文及為判決之法院等，則仍與通常訴訟程序同。（民事訴訟法）（李學燈）

判決不依通常規定而以簡略方式行之者，為簡易判決。㈠範圍：以簡易判決處刑時，除其主刑限於拘役罰金外，得併科沒收或為其他必要之處分，亦得諭知免刑。㈡聲請：檢察官偵查刑法第六十一條所列各罪之案件時，審酌情節認為宜以簡易判決處刑者，應即以書面為聲請。聲請準用起訴之程式。與起訴有同一之效力。如經法院認為不得或不宜以簡易判決處刑者，應適用通常程序審判之。㈢判決：以簡易判決處刑案件，法院應立即處分。判決應載下列事項：1.當事人、代理人及辯護人之人別記載。2.犯罪事實及證據與其認定之理由。3.應適用之法條。4.第三百零九條所列主文應載之事項。5.提起上訴之曉示。書記官接受簡易判決原本後，應立即制作正本送達於當事人。（刑事訴訟法）（陳　珊）

簡易送達

送達，本為法院書記官之職權，自應得將文書親自交付應受送達人，惟因書記官之事務繁多，故原則上係交執達員或郵政機關行之（民訴一二四）。其有應受送達人現在法院內者，為省送達之勞費，得由書記官於法院內將文書付與之（一二六），並命受送達人提出收據附卷，無庸另作送達證書，以資簡便，故可謂之簡易送達。所謂應受送達人，兼指應受送達之本人及依第一二七條至一三四條所規定之應受送達人而言。應受送達人是否為該訴訟事件前赴法院或在法院之原因為何，均非所問。（民事訴訟法）（李學燈）

簡易程序

法院審判特定輕微之刑事案件，不依通常程序，而以簡易方法行之者為簡易程序。刑法第六十一條所列各罪之案件，第一審法院依被告在偵查中之自白或其他現存之證據，已足認定其犯罪者，得因檢察官之聲請，逕以簡易判決（詳另條）處刑。但有必要時，應於處刑前訊問被告。依是項判決所科之刑，以拘役或罰金爲限。（刑事訴訟法）（陳　珊）

簡易訴訟程序

簡易訴訟程序（民訴第二編第三章），略稱簡易程序，所以別於通常訴訟程序而言。訴訟程序之所以有簡易通常之分，源於四級三審制時期之舊民事訴訟條例及民事訴訟律，就初級審判廳之訴訟程序，設有若干簡易之規定。現制三級三審，民事訴訟亦就訴訟事件之輕微簡單或宜於速結者於第一審程序中，設有若干特別之規定，以期便捷，謂之簡易訴訟程序。故在第一審程序中，爲通常訴訟程序之特別程序，至第二審後，則與通常訴訟適用之程序同。其在第一審，除別有規定外，仍適用通常訴訟程序之規定（四三六Ⅱ）。依現行法，適用簡易程序之事件，共分三項：㈠關於財產權之訴訟，其標的之金額或價額在二千元以下者（四二七Ⅰ）。㈡下列各款訴訟（輕微簡單或應速辦結者），不問其標的之金額或價額，一律適用簡易程序：(1)出租人與承租人間，因接收房屋或遷讓、使用、修繕、或因留置承租人之傢俱，物品涉訟者；(2)僱用人與受僱人間，因僱傭契約涉訟，其僱傭期間在一年以下者；(3)旅客與旅館主人，飲食店主人或運送人間，因食宿、運送費或因寄存行李，財物涉訟者；(4)因請求保護占有涉訟者；(5)因定不動產之界線或設置界標涉訟者（四二七Ⅱ）。㈢合於前二項規定之訴訟，得以當事人之合意，適用簡易程序（四二七Ⅲ）。簡易訴訟程序之特點：㈠在獨任推事前行之（四三六Ⅰ）。㈡上述第㈠項及第㈡項之訴訟，於起訴前，除有例外之情形，應經法院調解（四〇三）。㈢起訴及其他期日外之聲明或陳述，概得以言詞爲之（四二八）。㈣就審期間之縮短與通知之簡易（四二九、四三〇）。㈤當事人於期日攜帶證物偕同證人到場（四三〇）。㈥準備書狀非必須提出，且得直接通知他造（四三一）。㈦兩造得自行到場爲言詞辯論（四三二）。㈧通知證人或鑑定人，得依法院認爲便宜之方法行之，並得命其於法院外以書狀爲陳述（四三三）。㈨判決書內之事實及理由，得僅記載要領（四三四）。餘參見「簡易辯論」條及「簡易判決」條。（民事訴訟法）（李學燈）

簡易審判庭

簡易審判庭爲獨任制，以審判官一人行之。各級軍事審判機關均得組織之，管轄左列案件：

一、士兵及其同等軍人犯有期徒刑以下之罪。

二、士官、尉官及其同等軍人犯五年未滿有期徒刑以下之罪（軍事審判法第二十六條第一款第二十七條第一項及三十九條）。（特別刑事法）（吳　智）

簡易辯論

簡易訴訟程序之言詞辯論，依特別規定（民訴四二八至四三三），較通常訴訟程序爲簡易，故有稱之爲簡易辯論者。當事人在言詞辯論期日以外之行爲，亦概得以言詞爲之（四二八）。關言詞辯論期日之通知書，及就審期間（四二九、四三〇），言詞辯論之準備（四三一），至於不待通知，自行到場爲辯論（四三二），以及通知證人或鑑定得用便宜之方法，並得命其於法院外以書狀爲陳述（四三三）等，均有特別之規定，以期簡易迅速。參見「簡易訴訟程序」條。（民事訴訟法）（李學燈）

轉役

指由某種兵役轉服另一種兵役而言。如後備軍人管理規則第四十四條規定：經免官轉爲士官役者，後備期間核准晉升士官或軍官者，教育召集期間甄選合格爲預備軍官或預備士官者。他如由現役退伍轉爲預備役，預備軍官（士官）現役，志願轉爲常備軍官（士官）現役經審定者，均謂之轉役。如有揑造轉役原因，意圖避免動員、臨時、教育勤務或點閱召集者，妨害兵役治罪條例第六條第七條，分別定有處罰明文。（特別刑事法）（吳　智）

轉典人

謂在典權存續中將典物轉典於他人之人也。即爲原典權人。此與典權之讓與不同。惟轉典受法律限制，出典人得逕向轉典權人行使回贖權。（參「典權」條）。（民法物權）（陳　珊）

轉換股

轉換股係指在股份有限公司發行數種股份的前提下，此種股份得以轉換他種股份而言。日本商法於昭和二十五年（1950 A.D.），採美國制的（convertible stock），追加第二二二條之二至之七以規定轉換股的發行，及其轉換的條件與程序。我現行公司法第二四八條第一項第十八款採之。（商事法）（林咏榮）

轉讓登記

所謂轉讓，乃是將商號專用權讓與他人，在商號轉讓，由他人頂續營業時，應爲轉讓之登記，商號轉讓時，原則上應與商業同時轉讓，但讓與人與受讓人訂有特別契約者，則不在此限，若僅受讓他人之商號者，對讓與人於轉讓前用該商號所負之債務不負轉讓契約所定以外之責任。商業轉讓，應經登記公告，使第三人皆知，其登記應由讓受雙方聯名申請，並附送轉讓契約正本或抄本，如爲營業概括承受者並應檢附對債權人爲承受之通知抄本或公告報紙。（商業登記法）（管　歐）

藏匿人犯罪

刑法第一百六十四條規定：「藏匿犯人或依法逮捕拘禁之脫逃人或使之隱避者，處二年以下有期徒刑、拘役或五百元以下罰金。意圖犯前項之罪而頂替者亦同」。此卽爲藏匿人犯罪。所謂犯人，係指觸犯刑事法令所規定之罪名者而言，不以起訴後之犯人爲限。所謂藏匿人犯，係指將犯人藏於一定處所，使偵查機關不易發覺而言。所謂隱避，係指以藏匿以外之方法，使犯人隱蔽逃避而言。無論藏匿或隱避，均屬妨害國家搜查權之行使，故不能無罰。惟配偶、五親等內之血親或三親等內之姻親圖利犯人或依法逮捕拘禁之脫逃人，而犯藏匿人犯之罪者，減輕或免除其刑（刑法一六七條）。（刑法分則）（王建今）

藏匿重犯罪（Misprison of Felong）

須行爲人知犯重罪之事實，故意或過失加以隱匿不報。若由於行爲人過失，未及時阻止他人犯重罪，或於他人犯重罪行爲完成後，過失未將之扭送法辦，行爲人與犯重罪之人間須無犯意之聯絡，亦未積極參與或幫助犯該一重罪。則不得論以本罪。（U.S. v. Perlstein, C.C.A.N.J., 126 F. 2d 789,798）（英美刑法）（桂公仁）

藏匿叛徒

懲治叛亂條例第四條第七款所定之藏匿叛徒，係指將叛徒潛藏隱匿，使偵查者不能發現或難於發現者，卽爲藏匿叛徒；行爲態樣上多偏於消極事後之作爲，本罪不問其方法，原因及效果如何，倘行爲人已完成藏匿之行爲，罪卽成立。（特別刑事法）（吳　智）

藉勢勒索

指行爲人圖爲自己或第三人不法之所有，憑藉本人或他人之權勢，施行恫嚇，使人發生恐怖心理，以索取財物爲構成要件；不以所藉權勢在其職務範圍內或與其職務有直接關係爲必要。本罪行於戡亂時期貪汚治罪條例第四條第三款，及陸海空軍刑法第三十七條均有列定，應依犯罪人之身分分別適用之。惟陸海空軍刑法第三十七條之藉勢勒索罪，不問其有無公務人員身分，凡屬爲軍人均適用之。又軍人犯本罪其具有公務人員身分者，則依罪刑從重原則，適用戡亂時期貪汚治罪條例第四條第三款。

又本條係指憑藉權勢施行恫嚇，以索取財物之謂；至憑藉本人抑或他人之權勢，均可不問，亦不以所憑藉之權勢事由在其職務範圍內，或與其職務有直接關係爲必要條件。（特別刑事法）（吳　智）

藉端勒索

爲戡亂時期貪汚治罪條例第四條第三款所定之罪，所謂藉端係以某種事由爲藉口；勒索係施行恫嚇使人發生恐懼心理，以索取財物，圖爲自己或第三人不法之所有，爲本罪構成要件。至所藉事由並不以在其職務範圍內，或與其職務有直接關係爲必要。（特別刑事法）（吳　智）

糧食

違反糧食管理治罪條例所稱糧食，依本條例第二條規定係指穀、米、小麥、麵粉及其他經政府公告管制之雜糧而言，省市政府爲管理雜糧公告時，應經中央糧食主管機關之核准。（特別刑事法）（吳　智）

糧食業戶農戶

違反糧食管理條例，所稱農戶包括自耕農及佃農。所謂業戶，即指擁有田地收取租穀之業主，舊稱糧戶。農戶所有穀米以儲藏自宅倉庫或寄藏合法糧商或農會、合作社為限。小業戶所有稻谷，亦應儲藏自宅倉庫或寄藏合法糧商倉庫，不得分散藏匿於農戶或其他處所。（特別刑事法）（吳　智）

雙方分擔損害之原則（Apportionment of Damages）

雙方分擔損害之原則者，乃依雙方過失責任之輕重，以定各應分擔損害之數額之原則也。例如美國聯邦僱用人之責任法案（The Federal Employers' Liability Act）、商船法案（The Merchant Marine Act）以及其他有關各州鐵道及勞工法案等，均採用此項原則（見 William L. Prosser: Law of Torts, 2nd ed., 1955, p. 297–298）。（英美侵權行為法）（何孝元）

雙務契約

雙務契約者，乃雙方當事人各須負擔有對價的關係之債務之契約也。例如買賣、互易、租賃、承攬、有償委任、有償寄託、居間、合夥等是。所謂對價關係，以主觀的有報償關係為已足，客觀的價格是否相同？在所不問。雙務契約與單務契約有別，蓋後者僅當事人一方負擔債務，或雙方雖均負擔債務，但其債務無對價的意義之存在。兩者區別，在雙務契約有同時履行抗辯（民法第二六四條），危險負擔（民法第二六六條以下參照）等問題，而在單務契約則無之。又契約之解除（民法第二五四條以下參照），亦重在適用於雙務契約。（民法債編總論）（何孝元）

雙務契約（Bilateral Contract）

雙務契約者，乃契約當事人雙方均受拘束之契約也。換言之，即一方之諾言換取對方之諾言，例如甲對乙言：「爾如願給與予一千元，予願售與爾予所有之車」是（見 Chitty on Contracts, vol. 1, 1961, p. 9.）。（英美契約法）（何孝元）

雜戶

雜戶乃先代配隸在諸司課役者，即工樂雜戶，太常樂人諸斯養戶也，宋元以後，雜戶為例甚多，如叛宋投金的惰戶丐戶，其人在里巷，任穢下雜役，妻入大家為櫛工伴婆。如不附靖難而為明成祖所編的樂戶，不與平民齒，雖老耄者對大家幼年亦自稱曰「娃」。又如徽寧的伴當，亦稱細民，猶奴僕之義，為人伴當者，雖丁戶村莊相等，遇事亦須往而服役（參「番戶」條）。（中國法制史）（林咏榮）

繕本

見「原本」條。（民事訴訟法）（李學燈）

繡衣直指

武帝時侍御史出巡，例加「繡衣直指」之名，均以糾姦猾、治大獄為任務。師古云：「衣以繡者，尊寵之也」；服虔云：「指事而行，無阿私也」。（中國法制史）（林咏榮）

舊派

見「刑法理論」條。（刑法總則）（王建今）

歸責

歸責者，乃債務人違反其注意義務應負責任之狀態也。債務人既負有給付之義務，則其於履行給付時，自應負有注意之義務。如債務人於履行給付時，不為注意，或缺乏相當注意，則債務人對於因此所發生之損害，應負其責。所謂不為注意及缺乏相當注意，即故意與過失之謂。法律有明定債務人就故意負責者，例如民法第一七五條，第二三七條等是；有明定其就抽象的過失負責任者，例如民法第四三二條第一項，第四六八條第一項，第五三五條後段，第八八八條，第九三三條是；有明定其就具體的過失負責任者，例如民法第五三五條前段、第五九〇條前段、第六七二條、第一一〇〇條是；有明定其就重大過失負責任者，例如民法第一七五條，第二三七條，第四一〇條，第五四四條第二項是；有明定其就通常事變負其責任者，例如民法第六〇六條第一項，第六〇七條，第六三四條，第六五四條是；有明定其就不可抗力負其責任者，例如民法第二三一條第二項，第八九一條是。如法律無特別規定，當事人亦未為約定，則依民法第二二〇條第二項之規定，即過失之責任，依事件之特性而有輕重，如其事件非予債務人以利益者，應從輕酌定。

上述情形，乃指債務人違反其注意義務而言。惟所謂歸責，亦有就債權人而言者，例如民法第二六七條規定，當事人一方，因可歸責於他方之事由，致給付不能者，得請求對待給付。此之所謂因可歸責於他方之事由，係指因可歸責於他方債權人之事由而言。（民法債編總論）（何孝元）

擴張或減縮應受判決事項之聲明

擴張或減縮應受判決事項之聲明，指其擴張或減縮，僅生訴之聲明之變更或追加，並不同時生訴訟標的之變更或追加者而言。聲明之擴張或減縮，有數理上與實質上之別。前者如原告最初求爲判決命被告清償本金一萬元，後則擴張連同利息爲一萬一千元；或最初求就法律關係之全部判決，後乃僅求其一部判決是。後者如原告先求確認買賣關係存在，後乃擴張求命被告履行；或最初求爲給付判決，後僅求爲確認判決是。擴張或減縮應受判決事項之聲明，雖將因此產生訴之變更或追加，惟於被告之防禦及訴訟終結，通常無甚影響，故法律明定許原告任意爲之（民訴二五六2.）。（民事訴訟法）（李學燈）

鎖閉期間

股份有限公司的股份，在股東常會開會前一個月內，或股東臨時會開會前十五日，不得轉讓，此一定的期間，叫做股東名簿的鎖閉期間（參照公司法第一六五條第二項前段），此制淵源於德國。（商事法）（林咏榮）

斷獄程限

唐憲宗元和四年（A. D. 809）敕：大理寺檢斷不得過二十日，刑部覆下不得過十日。如刑部覆有異同，寺司重按，不得過十五日，省司量覆不得過七日，如有牒外州府節目，及於京城內勘推，即日以報，牒到後計日數，被勘司却報，不得過五日，仍令察使各準敕文，勾舉糺訪。穆宗長慶元年（A. D. 821）據御史中丞牛僧儒奏議，以民苦於刑獄淹滯，乃又立程限，大事，大理寺限三十五日，詳斷畢申刑部，限三十日聞奏；中事，大理寺三十日，刑部三十五日；小事，大理寺二十五日，刑部二十日，一狀所犯十人以上，或所斷罪二十件以上者，爲大；所犯六人以上或所斷罪十件以上者，爲中；所犯五人以下或所斷十件以下者爲小。其或所報罪狀並所結刑名並同者，則雖人數甚多，亦同一人之例，違者罪有差。於是淹遲罪囚的責任，始有具體的明文；然其責任怎樣，還是沒有規定。歷宋到元，雖均有斷獄程限之設，惟逾越程限仍未繫以一定的刑罰。迨至明，關於淹禁罪囚，其律始有專條，即：「凡獄囚情犯已完，監察御史、提刑按察司審錄無冤，別無追勘事理應斷決者，限三日內斷決，應起發者，限一十日內起發；若限外不斷決、不起發者，當該官吏，三日笞二十，每三日加一等」。清因明律，酌加損益，其效力爲之增強，原規定爲：「凡獄囚情犯已完，別無追勘未盡事理，應斷決者限三日，應起發者限十日；若限外不斷決、不起發過三日，笞二十，每三日加一等，罪止杖六十；因而淹禁致死者，因該死罪杖六十，流罪杖八十，徒罪杖一百，杖以下徒一年」。（中國法制史）（林咏榮）

鎭壓

以武力懾服暴動羣衆，遏阻暴亂不安事件之發生，謂之鎭壓，通常須以法律上之權力始可爲之，如軍刑法第十四條規定之鎭壓罪是。（特別刑事法）（吳智）

證人

第三人於他人之訴訟，陳述自己觀察具體事實之結果者，謂之證人。玆所謂觀察，不以目擊爲限，凡本於見聞或各種知覺得知事實者均屬之。其以人之知識或經驗爲材料之證據方法，謂之人證。聲請訊問證人，謂之聲明人證。聲明人證，應表明證人及訊問之事項（民訴二九八）。陳述事實之人謂之證人。其所爲言詞之陳述謂之證言。在他國法律，有當事人亦得自居於證人之地位者，依我國法，證人係就他人之訴訟（三〇二），陳述自己觀察具體事實之結果，故證人必爲第三人。當事人及代理該訴訟而與當事人同視之法定代理人，關於該訴訟均不得爲證人。又各共同訴訟人，對於有利於己之共同事實，亦不得爲他共同訴訟人之證人。惟就與自己無關或非有利於己之事實，則仍不妨爲其他共同訴訟人之證人。至於已脫離訴訟之當事人，及確定判決效力所及之他人，暨訴訟代理人、參加人、輔佐人等，在理論上均得爲證人，但其證言是否可信，則由法院判斷之。（民事訴訟法）李學燈）

在法院或檢察官前以言詞陳述見聞事實之第三人爲證人。證人之義務有三：㈠到場義務。證人經合法傳喚，無正當理由而不到場者，得科以五十元以下之罰鍰，並得拘提之；再傳不到者亦同。是項罰鍰處分，由法院裁定之。檢察官傳喚者，應請所屬法院裁定。對於罰鍰裁定，得提起抗告。傳喚證人到場，多準用傳喚被告之規定，惟證人傳票之記載事項爲：1.證人之姓名性別及住、居所。2.待證之事由。3.應到之日、時、處所。4.無正當理由不到場者，得科罰鍰或命拘提。5.證人得請求日費及旅費。傳票至遲應於到場期日二十四小時前送達。但有急迫情形者，不在此限。證人不能到場或有其他必要情形，得就其所在或於其所在地法院訊問之。拘提證人，準用拘提被告之規定。㈡爲證言之義務。證人現爲或曾爲公務人員，而就其職務上應守秘密之事項訊問者，應得該管監督機關或公務員之允許，除有妨害國家之利益者外，對此不得拒絕。證人有以下拒絕證言之原因：1.與被告或自訴人有下列關係者：(1)現爲或曾爲被告或自訴人之配偶、五親等內之血親、三親等內之姻親或家長、家屬者。(2)與被告或自訴人訂有婚約者。(3)現爲或曾爲被告或自訴人之法定代理人或現由或曾由被告或自訴人爲其法定代理人者。2.恐因陳述致自己或與其有上述關係之人受刑事追訴或處罰者。3.證人就醫師、律師、宗教師、會計師等類業務上所知悉有關他人秘密之事項受訊問而未經本人允許者。拒絕證言，應釋明原因。如因恐受刑事追處而拒絕，得命具結以代釋明。其准駁由檢察官命令或推事裁定行之。㈡具結之義務。證人應命具結。但有下列情形之一者，不得令其具結：1.未滿十六歲者。2.因精神障礙，不解具結之意義與效果者。3.與本案有共犯或有藏匿人犯及湮滅證據、僞證、贓物各罪之關係或嫌疑者。4.有本法第一八〇條第一項或第一八一條情形而不拒絕證言者。5.爲被告或自訴人之同居人或受僱人者。證人於訊問前具結者，應於結文內記載「當據實陳述，決無匿、飾、增、減」等語；其於訊問後具結者，結文內應記載「係據實陳述，並無匿、飾、增減」等語。於朗讀結文後簽章或按指印。訊問證人應告以具結義務及僞證之處罰，無正當理由拒絕具結或證言者，得科以五十元以下之罰鍰。訊問證人，應先調查其人有無錯誤及拒絕證言之原因。證人有數人時，應隔別訊問，並命對質。且應命其就訊問事項之始末連續陳述。爲使陳述明確或爲判斷眞僞，應爲適當之訊問。與本案無關或與證人有損之情事，非有必要，不得訊問。至關訊問之按時及方法，均準用訊問被告之規定。證人除被拘提或無正當理由，拒絕具結或證言者外，得向法院請求法定之日費及旅費。是項請求，應於訊問完畢後十日內爲之，但旅費得請求預行酌給。此外囑託訊問證人，與囑託拘提相若。（刑事訴訟法）（陳　冊）

證人（Witness）

犯罪當時在現場，或就犯罪事實，以其所見所聞在法庭作證之人之謂。證人首須宣誓，保證其證言證據眞實性，始能爲庭上採信。他如證人在文件上簽字，包括結婚，立遺囑等法律行爲，以備日後證明該法律行爲效力。若法律有特別規定時，被告得請求庭上准其爲自己利益作證（State v. Mckinnon, 223 N.C. 160, 25 S.E. 2d, 606, 609）。檢察官及司法警察官、警察、辯護人、推事等原則上均得爲證人，如有應行迴避情事，自不得再執行職務。美國已前多數州刑事立法皆規定證人之適格，如當事人就證人能力聲明異議，應舉證彈劾之，或依反對發問程序加以質詢，由法官取決。證人由舉出證人之當事人詢問時，爲直接發問，由他造當事人詢問者，爲反對發問；直接發問時採問答式，但認有使證人連續陳述必要時，經法院裁量，得許爲會話式陳述，但嚴禁誘導發問，重複發問及其他不當發問。（英美刑法）（桂公仁）

證人之拘押（Arrest and Detention of Witness）

證人之身分或地址不明時，法院傳票常無法送達，致檢方因證據不足對犯罪不能起訴，影響司法效能至鉅。故英美國家警察機關習慣於事前將犯罪案件之證人加以拘押然後交保候傳，以免證人爲規避作證麻煩，捏造姓名地址，致檢方傳票不能如期送達。至於證人之拘押純係警察機關之習慣，事實上並無法律或判例之依據（Crininal Law and It's Enforcement, Book II, pp. 42, Book World Co.）。（英美刑法）（桂公仁）

證人之能力

見「證人之資格」條。（民事訴訟法）（李學燈）

證人之訊問

證人之訊問，乃調查證據方法之一種，爲取得證言，以發見證據資料之行爲。各國之立法例，有以當事人之詢問爲主者，有以法官之訊問爲主者。我國法律則以法官之訊問爲主，而以當事人之發問爲輔。審判長對於證人，應先訊問其姓名、年齡、職業及住居所；於必要時，並應訊問證人與當事人之關係，及其他關於證言信用事項（民訴三一七）。此爲調查其人有無錯誤，及應否具結，或於必要時調查其得否拒絕證言，以及關於證言之信用，學者有稱之爲訊問事項外之訊問者。審判長爲以上之訊問後，於爲訊問事項之訊問前，應命證人各別具結，但其應否具結有疑義者，得於訊問後行之（三一二Ⅰ）。證人具結前，應告以具結之義務及僞證之處罰（三一二Ⅱ）。證人有數人者，如係證明同一事項，爲免附和失實，應予隔別訊問。如彼此矛盾，審判長認爲必要時，得命其對質（三一六）。訊問證人時，應命其就訊問之事項連續陳述。其陳述不得朗讀文件或用筆記代之，但經審判長許可者，不在此限（三一八）。審判長因使證人之陳述明暸完足，或推究證人得知事實之原因，得爲必要之發問。陪席推事告明審判長後，得對於證人發問（三一九）。當事人得聲請審判長對於證人爲必要之發問，審判長亦得許可當事人自行發問。審判長認爲聲請之發問或經許可之自行發問有不當者，得不爲發問或禁止之（三二〇、二〇〇Ⅱ）。法院如認證人在當事人前不能盡其陳述者，得於其陳述時命當事人退庭。但證人陳述完畢後，審判長應命當事人入庭，告以陳述之事項（三二一）。（民事訴訟法）（李學燈）

證人之資格

證人之資格，一稱證人之能力，卽於訴訟中得爲證人之資格，具備資格者謂之證人之適格，該證人卽爲適格之證人。民事訴訟法關於證人能力，未設若何限制之規定。故凡被稱爲曾經歷某事實者，就該事實卽有爲證人之資格。如經法院指定爲證人後，卽有爲證人之義務。至於該證人究竟實際是否經歷該事實，並對於該事實有無認識及陳述能力，均屬另一問題。其人之年齡、智識、性別、信仰、職業、精神狀態及與當事人之關係等如何，均無礙於其爲證人之能力。民事訴訟法雖有認證人無具結之能力，然仍有證人之能力，關於證人之陳述是否可信，卽其證言之證據力如何，由法院依自由心證判斷之。（民事訴訟法）（李學燈）

證人之義務

除法律別有規定外，不問何人，於他人之訴訟，有爲證人之義務（民訴三〇二）。此項義務，乃訴訟法上之義務，亦卽公法上之義務，係對國家而存在。負有此項義務者，不問其國籍如何，凡應服從我國司法權之人均屬之。證人之義務有三，每種義務均有例外之規定。㈠到場之義務。卽證人有應法院之通知，到場受訊，非至訊問完畢，或得許可時，不得離去之義務。違背義務，應受一定之制裁（三〇三）。若本人未能親自到場，而委任代理人到場或以書狀代到庭爲言詞之陳述，則仍應視爲未履行到場之義務。惟元首爲證人者，應就其所在訊問之（三〇四）。又遇證人不能到場或有其他必要情形時，得就其所在地訊問之（三〇五）。又享有治外法權之人，自無到場之義務。他若證人得拒絕證言者，如於訊問期日前，已將其拒絕之原因事實陳明並已釋明，經認其拒絕證言爲有理言者，亦得免除其於該期日到場之義務（三〇九）。㈡陳述之義務，亦卽所謂證言義務。證人除因特殊原因，經法定程序得拒絕證言外（三〇六，三〇七至三一〇），經合法通知到場後，有爲陳述之義務。違背義務，應受一定之制裁（三一一）。㈢具結之義務，證人有作證之義務，不獨應爲陳述，並應爲眞實之陳述。爲保證其爲眞實之陳述，他國法律有宣誓之制度，我國則以具結構成僞證罪之要件（刑一六八）爲保證。故證人應爲確切擔保其係據實陳述之表示，此項表示，稱爲具結。審判長於訊問前，應命證人各別具結。但其應否具結有疑義者，於訊問後行之。審判長於證人具結前，應告以具結之義務及僞證之處罰。證人具結，應於結文內記載當據實陳述，決無匿飾增減等語。證人應朗讀結文，如不能朗讀者，由書記官朗讀，並說明其意義。結文應命證人簽名，其不能簽名者，由書記官代書姓名並記明其事由，命證人蓋章或按指印（三一二、三一三）。惟未滿十六歲或因精神障礙不解具結意義及其效果之人爲證人者，不得令其具結（三一四Ⅰ）。以與當事人有配偶或親屬關係，依法得拒絕證言（三〇七Ⅰ1至3）而不拒絕之人爲證人，或以當事人之受僱人或同居人或就訴訟結果有直接利害關係之人爲證人，得不令其具結（三一四Ⅱ）。以上絕對免除具結義務與相對免除具結義務之證人所爲之證言，其證據力如何，仍由法院自由判斷之。證人違背具結義務，應受一定之制裁（三一五、三一一）。以上三種義務，違背之者所受之制裁，除違背到場義務，曾受科處罰鍰之裁定，經再次通知仍不到場者，得再科一百元以下之罰鍰並得拘提外，其餘均以裁定科五十元以下之罰鍰。科證人罰鍰之裁定，得爲抗告，抗告中應停止執行（三〇三、三一一、三一五）。如係受命推事、受託推事所爲者，應向受訴法院提出異議，異議中亦應停止執行。（民事訴訟法）（李學燈）

證人之適格

見「證人之資格」條。（民事訴訟法）（李學燈）

證人之權利

證人有應通知到場作證之公法上義務，則因到場所需之日費及旅費，自亦有依法定標準得向國家請求之權利。此項請求，應於訊問完畢時或完畢後十日內爲之，關於此項請求之裁定，得爲抗告。其所需之旅費，得依其請求預行酌給之（民訴三二三）。所謂日費及旅費，包括到庭費、滯留費、在途食宿舟車費及滯留日期內之食宿費等（民訴用二七）。此項請求權，乃對國家之權利，均一經到場，縱經當事人捨棄該人證，或證人依法拒絕證言，而未受訊問時，亦得請求之。此項費用，爲訴訟費用之一部，最後應由敗訴之當事人負擔，然法院亦得命當事人預納之（九四Ⅱ）。此外證人有陳述之義務，然於一定情形，亦有拒絕證言權。此亦爲證人之權利，見「拒絕證言」條。（民事訴訟法）（李學燈）

證明

證明爲心證之結果。凡依外部原因置信於待證事項爲眞僞存否，發生高度之確信者，謂之證明。如自訴訟上之當事人言之，則證明係提出證據能使法院對於待證事項之眞僞存否信爲確實之行爲。因心證之程度有強弱之不同，訴訟法上有證明與釋明之分。得生強固之心證（信其確實如此者），謂之證明。僅生薄弱之心證，亦即發生低度之確信（信其大概如此）者，謂之釋明。惟所謂高度之確信，亦只係根據普通之理智經驗所可獲得最可信之認識，主觀信其爲眞實，非必能如數理上之確信，達於絕對的客觀之眞實。當事人就其主張之事實，除就訴訟上之聲明、聲請或請求，有迅速決定其許可與否之必要，法律規定應釋明者外，均應舉證證明之。其僅須釋明爲已足者，以法律有特別規定者爲限，得用可使法院信其主張爲眞實之一切證據，但不能即時調查者不在此限（民訴二八四）。故以書證爲釋明者，應將該書證原本提出於法院，證人、鑑定人所作證明書及鑑定書，均可用爲釋明之方法。以證人爲證據方法者，須偕同證人到場得即時訊問而後可。苟尚待調取，或命持有人提出之證書，與尚待通知之證人或鑑定人，則不得以爲釋明之方法。至當事人所提出之證據，是否可以即時調查，依法院之自由意見判斷之。法院調查供釋明用之證據，非必盡如求得證明之嚴格，必須遵守形式上之證據程序。例如證人鑑定人之書狀陳述，雖未到庭爲具結之證言，亦無妨供釋明之用是。（民事訴訟法）（李學燈）

證責

亦稱舉證責任。檢察官就被告犯罪事實，應提出證明方法之必要負擔，爲舉證責任。公衆週知之事實，於法院已顯著或爲其職務上所已知之事實，均無庸舉證（刑訴第一六一、一五七、一五八）。刑訴法仍以職權進行主義爲原則，雖亦兼採當事人進行主義之例外，而所謂舉證責任，效力並不顯著。（刑事訴訟法）（陳　珊）

證據

證據係用爲證明因素之事實。凡用以證明（或釋明）待證事實存在或不存在之事實，亦即用爲證明（或釋明）待證事實之基礎事實，據以推論待證事實之存在或不存在者，謂之證據。故證據爲證明之方法，亦即證明之原因，凡使待證事項明顯之原因，亦即使人置信於待證事項爲眞僞存否之外部原因，謂之證據。由此導致認定事實之人內部意識作用而爲心證之原因。此外部原因之證據，爲事實而非法則。所謂由外部之證據事實導致內部之心證作用，心物合一而得證明（或釋明）。故證明（或釋明）係對於證據而生心證之結果。歷來有稱證據爲證明或證明之結果者均誤。惟有時即指證據資料或證據方法而言，然嚴格言之，仍有區別，詳見各該條。（民事訴訟法）（李學燈）

證據爲證明事理之原因，凡係使某一事實或法則明顯之原因者皆是。惟其定義甚多：有僅指證明原因而言者，有包括證明、證明原因、證明結果而言者，亦有指證明證明結果、證明原因與證據方法而言者。總之證據之作用，係在根據特定事實以證明他種不明之事實，故可謂爲使事理明顯之原因。證據類別，約有下列數種：㈠本證（亦稱主證）與反證。㈡物證與人證。㈢直接證據與間接證據。㈣積極證據與消極證據。㈤獨立證據與補助證據。㈥原始證據與傳聞證據。㈦一般證據與補強證據。㈧事前證據、事後證據與當時證據。（詳各該條）。（刑事訴訟法）（陳　珊）

證據力

所謂證據力亦稱證據之證明力，係證據資料得爲證明之價値。詳言之，即審理事實之人對於外部原因之證據，所發生內部意識作用之力量；亦即依證據事實對於待證事實所置信其眞僞存否之力量或程度。證據必須先有證據能力，即須先爲適格之證據，或可受容許之證據，而後始生證據力之問題。前者係有無問題，後者係有無或強弱，大小之程度問題。無證據能力，則根本不予容許爲證據。無證據力，則審理事實之人不予置信。所謂自由心證（民訴二二二），或自由判斷，係專就證據力而言。對於無證據能力之證據，則無自由判斷之餘地。（民事訴訟法）（李學燈）

意義有二：㈠證據之證明力，恒簡稱爲證據力，如證據力強、證據力薄弱等是。㈡爲判決效力之一種，即指某項訴訟之判決可供其他案件證明之用而言。換言之凡證據方法得爲證據之力者皆曰證據力，通常謂任何判決皆具有證據力，但有反證者，仍應調查。（刑事訴訟法）（陳　珊）

證據之對象

見「證據之標的」條。（民事訴訟法）（李學燈）

證據之標的

證據之標的，即證據之客體，亦即證據之對象。凡某事項須以證據證明其爲眞實，而使法院得有心證者，該事項即爲證據之標的。反之，若當事人主張之事實，無庸舉證者，即不爲證明之對象，或爲證據之標的。得爲證據之標的者，約可分爲下列各項：㈠事實。包括當事人主張之事實，及法院應依職權調查之事實。當事人間雖無爭執之事實，而法院應依職權調查者，亦爲證據之標的。民事訴訟上之各種事實，又可分爲(甲)關於訴訟成立要件之事實，(乙)關於權利保護要件之事實，(丙)關於證據力之事實，(丁)關於其他實體法、程序法上待證之事實。㈡法規。法律爲法官所應認知，應依職權而爲適用，當事人不負舉證之責。惟關於習慣，地方制定之法規，及外國現行法爲法院所不知者，當事人有舉證之責任。但法院得依職權調查之（民訴二八三）。㈢特別經驗法則。人類本於經驗歸納所得之法則，範圍至爲廣泛。一般經驗法則，爲法院所應認知。惟特別經驗法則，攸關專門知識之範圍，非推事所能盡悉，例外仍得爲證據之標的。如鑑定人之鑑定，鑑定證人之作證是。惟自理論言之，法規爲證據之標的者，亦即視爲事實，特別經驗法則亦然。其以鑑定人或鑑定證人之意見爲證據者，則屬於意見證據。均仍以事實爲證據之標的。（民事訴訟法）（李學燈）

證據之證明力

見「證據力」條。（民事訴訟法）（李學燈）

證據方法

證據方法係指所可用爲發見證據資料之客體。如證人、證物、鑑定人、文書或勘驗之標的物等，皆係證據方法，因可自各該客體發現資料而使用爲證據。故有時亦即指證據或證據資料而言。（民事訴訟法）（李學燈）

證據方法，意義有二：一爲發見證據之手段，如訊問證人、鑑定人，察閱證書、勘驗人物處所等是。一則指證明證據之材料，如證人、鑑定人、證書及勘驗之標的物是。證據方法，僅爲可供調查之資料，能否成爲證據，尚待法院之審認。（刑事訴訟法）（陳　珊）

證據分離主義

見「自由順序主義」條。（民事訴訟法）（李學燈）

證據共通原則

證據共通原則，係指法院調查證據之結果，得用於任何一造，以判斷其所爭事實之眞僞。當事人就其主張有利於己之事實，雖負舉證責任，然法院斟酌證據，則不以該負舉證責任當事人之一造所提出者爲限。他造如有提出之證據或依職權調查所得之證據，均得就任何一造所主張之事實，用以判斷其眞僞。

故任何一造當事人聲明並提出證據，於兩造當事人間或共同訴訟人間，不問是否必要共同訴訟，法院均得用爲判斷其所主張事實之依據。「法院爲判決時，應斟酌全辯論意旨及調查證據之結果，依自由心證判斷事實之眞僞」（民訴二二二）。故凡經調查之證據，不問其種類如何，何人聲明，或依職權所調查，統應就其結果加以斟酌。且所有言詞辯論全體意旨，亦悉應加以斟酌之。（民事訴訟法）（李學燈）

證據判斷

法院衡量證據之證明力而斟酌取捨，爲證據之判斷。證據之證明力，由法院自由判斷，是爲自由心證主義。無證據能力，未經合法調查，顯與事理有違，或與事實不符之證據，不得作爲判斷之依據。被告之自白，非出於強暴、脅迫、利誘、詐欺、違法羈押或其他不正之方法，且與事實相符者，得爲證據。被告之自白，不得作爲有罪判決之唯一證據，仍應調查其他必要之證據，以察其是否與事實相符。被告未經自白，又無證據，不得僅因其拒絕陳述或保持緘默而推斷其罪行（刑訴第一五五、一五六條）。（刑事訴訟法）（陳　珊）

證據抗辯

證據抗辯，係指當事人之一造，就他造所提證據，對其證據之本身加以抗辯。例如當事人主張他造聲明之證據不合法，無證據能力，或無證據價值，不足憑信是。抗辯有訴訟上抗辯與實體上抗辯之別，此爲訴訟上抗辯之一種，與反證不同。反證係另提他項事實，自行聲明證據以證與他造所欲證者爲相反之事項。證據抗辯則並未另行聲明證據，僅係攻擊對造證據不得作爲裁判之基礎。惟有關證據力或證據能力之事項，亦得爲證明之對象，故使用另一證據而對他造之證據加以抗辯時，亦無不可。又在舉證過程中，一造爲證據抗辯，同時又提出反證者，亦事所恒有。餘參見「抗辯」條。（民事訴訟法）（李學燈）

證據保全

證據保全者，謂證據有滅失或礙難使用之虞，於訴訟未繫屬，或雖已繫屬而尚未開始調查證據前，所爲預行調查證據之程序。其與一般調查證據不同者，在於訴訟未繫屬，或已繫屬而未達調查之階段，爲達保全之目的而預行爲之

。此時法院所應斟酌者，不在有無調查之必要，而在有無保全之必要。當事人聲請保全證據，非因證據有滅失或礙難使用之虞，或經他造同意者，不得爲之（民訴三六八）。其聲請，在起訴後向受訴法院爲之，在起訴前，向受訊問人住居地或證物所在地之地方法院爲之。惟遇有急迫情形時，於起訴後，亦得向受訊人住居地或證物所在地之地方法院爲之（三六九）。對於受聲請之法院所爲駁回聲請之裁定，得爲抗告，對於准許保全之裁定，不得聲明不服（三七一）。法院認爲必要時，得於訴訟繫屬中，依職權爲保全證據之裁定（三七二）。依保全證據程序調查證據之結果，無論聲請人或他造當事人，基於證據共通之原則，均得於訴訟程序利用之。（民事訴訟法）（李學燈）

證據能力

證據能力，亦稱證據資格，謂證據方法或證據資料，可用爲證明之能力，亦即可受容許或可被採用爲證據之資格。凡屬可受容許之證據，謂有證據能力，或稱之曰適格之證據。證據能力與證據力係截然兩事。證據必須先有證據能力，而後始生證據力之問題。證據能力，係自形式方面觀察其資格；證據力，係自實質方面考察其價值。例如法律上之限用書證（民訴二四Ⅱ），人證之證言即無證據能力；至於該文書之內容是否可信，則依自由心證（二二二）而爲判斷，即屬於證據力之問題。其餘參見「證據力」條。（民事訴訟法）（李學燈）

某種事物或人之陳述依法具有爲證據之資格者，爲證據能力。如被告不自由或與事實不符之自白、證人之個人意見或推測之詞，及其在審判外之陳述而在法律無特別規定者，皆不得作爲證據（刑訴第一五六、第一五九、第一六〇）。（刑事訴訟法）（陳　珊）

證據能力（Credibility）

證人之證言或提供其他證據可被採用之程度之謂，與作證資格（competence）不同。作證資格係指在特定條件下，證人之證言，書據依法得在法院供作證據之資格，作證資格之有無須先確定，次始及於證據能力，證人可能有作證資格，但其證言未必可信，反之，證人未必有作證資格，而其證言却足供法院採信，故作證資格有無由法院裁決，有無證據能力或被採信能力係陪審團決

定權限。然則在某種情形下，二者意義一致，如州法律常規定遺囑執行時，可信證人（credible witness）一語，即指有資格在法庭提供可被採信之證據之證人（/ Jarm. Wills, 124）。有關證據能力之限制，有下述幾種情形：㈠大陸法以為，不能依直接審理方式調查之證據，無證據能力，㈡大陸法及英美法共認被告非任意性之自白，無證據能力，㈢無關連性之證據，無證據能力，㈣英美法認為無從依反對發問權加以調查之證據，無證據能力，㈤合法性法則，指未具備法定方式或要件之證據，無證據能力，㈥以不正當方式取得之證據，失其信用性，無證據能力（陳樸生：「刑事證據法研究」第四三頁）。（英美刑法）（桂公仁）

證據結合主義

見「自由順序主義」條。（民事訴訟法）（李學燈）

證據資料

證據資料或證據材料，係指自證據方法所得之資料，亦即調查證據所得之資料，如證言、鑑定書、書證之內容、勘驗之筆錄圖畫照片等，自其中可以發見證據者而言。凡得利用其中已知事實，而推論待證（或應證）事實眞僞存否之資料，亦即得爲證據之資料。故普通所稱證據，亦常指證據資料而言。（民事訴訟法）（李學燈）

凡可爲證明待證事實之材料，爲證據資料，簡稱證料。即供證明之事物，通常皆是已知之事實，據已知之事實使未知之事實從而臻於顯明，故又稱爲證明原因。如被告之自白、證人之證言、鑑定人之鑑定結果及其他合法調查之證據皆是。（刑事訴訟法）（陳　珊）

證據調查

法院以發現眞實爲目的而就人證或物證探求其證明力之行爲，稱曰證據調查。調查證據，於審判期日爲之，但受命推事或受託推事亦得指定期日，進行調查。其依職權或應當事人或其他訴訟關係人之聲請均得行之。調查程序約為：㈠證物之提示。證物應示被告令其辨認，如係文書而被告不解其意義者，應告以要旨。㈡文書之宜讀。筆錄及其他文書可為證據者，應向被告宜讀或告以要旨。其為有關風化、公安或有毀損他人名譽之虞者，應交被告閱覽，不得宜讀；如被告不解其意義者，應告以要旨。㈢關係人之詰問。證人、鑑定人由審判長訊問後，當事及辯護人得直接或聲請審判長詰問之。如係當事人聲請傳喚者，先由該當事人或辯護人詰問，次由他造之當事人或辯護人詰問，再次由聲請傳喚之當事人或辯護人覆問；但覆問以關於因他造詰問所發現之事項為限。審判長認詰問有不當者，得禁之；並於詰問後續行訊問。㈣證人、鑑定人之在庭。證人、鑑定人雖經陳述完畢，非經審判長之許可，不得退庭。㈤被告之退庭。審判長預料證人、鑑定人或共同被告於被告前不能自由陳述者，得於其陳述時，命被告退庭。但陳述完畢後，應再命被告入庭，告以陳述之要旨。㈥調查證據聲請之駁回。當事人或辯護人聲請調查之證據，法院認為不必要者，得以裁定駁回之。㈦意見之詢問。審判長每調查一證據畢，應詢問被告有無意見；並應告知被告得提出有利之證據。㈧異議之聲明。行合議審判之案件，當事人或辯護人對於審判長或受命推事之處分，得向法院聲明異議，法院應就是項異議之當否裁定之。受命推事於審判期日前訊問被告或證人、鑑定人者，準用上述審判長有關訊問之規定。參與合議審判之陪席推事，得於告知審判長後，訊問被告或證人、鑑定人（刑訴第一六三至第一七四條）。（刑事訴訟法）（陳　珊）

證據辯論

指出對造所提出之證據為不合法或非眞實而加以辯論者，為證據辯論。法院應予當事人、辯護人、代理人或輔佐人，以辯論證據證明力之適當機會（刑訴第一六二）。（刑事訴訟法）（陳　珊）

離去職役

陸海空軍刑法第九十三條規定之離去職役，指無正當事故或未經長官核准，而擅自離去現有之職役而言，職，指軍官之職務，役，指士兵之服役，所謂職役，以現有職役為前提，倘無服職役之義務，縱行離去，亦不能構成犯罪，又其離營，雖經長官准假，若逾假而無故不歸，且有逃亡之意思者，亦成立離去職役罪。（特別刑事法）（吳　智）

離婚（Divorce）

又稱離異，即人爲之解消婚姻關係之謂也。質言之，即夫婦於婚姻有效中，由雙方當事人之協議，或基於法定原因而請求判決解除其婚姻關係。然與別居不可相混。蓋前者，姻親關係因而消滅，後者，婚姻及姻親關係依然存在。前者，當事人之一方之扶養義務爲之免除；後者，當事人之一方仍有扶養義務。又前者之繼承權隨之消滅，後者則否。且前者，當事人可自由再婚。後者，再婚則罪犯重婚。至於離婚與婚姻之撤銷亦不同。蓋前者之原因存在於結婚之後。後者，撤銷之原因，係存在於結婚之前或結婚之時。又前者之目的，在消滅完全無瑕疵之婚姻。後者之目的，在消滅有瑕疵之婚姻。且前者，僅當事人可以請求，後者，則不以當事人爲限，當事人法定代理人或其最近親屬，甚至利害關係人（民法第九百八十九條至九百九十二條）均得請求撤銷。再前者，當事人之一方死亡，則不得爲之。後者則反是。至於離婚之方式，依我民法規定有兩種方式：一爲判決離婚，另一爲協議離婚（詳各本條）。（民法親屬）（張鏡影）

離婚之訴

離婚之訴（民訴五六八Ⅰ），係指本於民法所定得爲離婚之原因（民一〇五二）請求法院判決婚姻關係消滅之訴。此爲婚姻事件之一種，其性質爲形成之訴。如就兩願離婚是否合法或立有爭執而提起之訴訟，則應認爲係確認婚姻成立或不成立之訴，而非離婚之訴。餘參見「婚姻事件程序」條。（民事訴訟法）（李學燈）

懲戒權（Disciplinary Authority）

懲戒權者，乃父母或視同父母之人對於子女，師長對於學生，軍官對於下屬，或船長對於船員與乘客所行使之矯正與懲罰之權力也。惟行使此項懲戒權，必須出於善意，且須以合理方法爲之，始得免責（見Prosser on Torts, 2nd ed., 1955, pp. 113-115）。（英美侵權行爲法）（何孝元）

懲治走私條例

懲治走私條例，係民國三十七年三月十一日公布施行，於民國四十四年二月二十九日修正，旨在安定社會，穩定金融及調節經濟物資之供求，嚴密外滙貿易之管制，凡私運政府管制物品或應稅物品進口出口，或有抗拒檢查，持械拒捕，公然威脅檢查人員情事，或以走私爲常業之案件，一律由海關或關務署移送司法或軍法機關依該條例處罰。（特別刑事法）（吳　智）

懲治叛亂條例

本條例爲刑法內亂罪及外患罪之特別法。民國三十八年六月二十一日　總統令公布，同日施行。三十九年四月及四十七年七月曾經兩次修正。全文十三條。本條例之特點，在於加重內亂罪及外患罪之處罰，以適應戡亂時期之需要。但對於犯本條例之罪自首或反正來歸者或於犯罪發覺後，檢舉叛徒或有關叛徒組織因而破獲者，得不起訴或減輕或免除其刑（本條例九條一項）。此種規定，較之刑法尤爲寬大，以勵自新（參照「內亂罪」條）。（刑法分則）（王建今）

本條例乃爲防範危害民國而設之特別法，「抗戰勝利後，叛徒擴大叛亂，「貽害民國」，政府爲貫徹戡亂，乃本刑亂用重之旨，制定本條例，以期收懲一儆百之效，故本條例係刑法內亂外患等罪之特別法，亦爲陸海空軍刑法叛亂罪之特別法，依特別法優於普通法之原則，在本條例施行期內，關於觸犯本條例之罪者，依本條例科刑，本條例於民國三十八年六月二十一日　總統令公佈施行，三十九年四月二十六日修正第四條，四十七年七月二十六日修正第九條。（特別刑事法）（吳　智）

懲治盜匪條例

懲治盜匪條例，係刑事特別法，其條文多爲刑法強盜罪加重之規定，民國三十三年四月八日政府爲保障人民生命財產之安全，維護社會秩序安寧，特公布懲治盜匪條例，同日施行，對於所有犯強盜罪而有結合大幫、強刼公署、強刼殺人、擄人勒贖、聚衆走私、放火決水、擾亂治安、破壞交通等情事者，一律優先適用該懲治盜匪條例處罰。（特別刑事法）（吳　智）

類似之必要共同訴訟

類似之必要共同訴訟，指數人就爲訴訟標的之法律關係，雖非必須一同起訴或一同被訴（原告有選擇行單獨訴訟或行共同訴訟之自由），然如行共同訴訟，則訴訟標的對於共同訴訟之各人，卽必須合一確定之訴訟（民訴五六）。如行單獨訴訟，在法律上各有獨立實施訴訟之權能，其中一人起訴或一人被訴時，依法律之規定，在該訴訟所爲本案判決之效力，應及於得爲共同訴訟之他人，如該他人爲共同訴訟人，卽爲類似之必要共同訴訟。其訴訟標的，於各共同訴訟人間卽有合一確定之必要。（另詳合一確定條）。例如數人共同提起婚姻無效、撤銷婚姻或確認婚姻成立或不成立之訴（五八二），或共同提起撤銷死亡宣告之訴（六三五），股份有限公司之多數股東提起撤銷股東會決議之訴（公司一八九）是。關於訴訟成立要件之事項，應就各共同訴訟人分別調查之。如其中一人有欠缺者，僅對該當事人之部分，駁回原告之訴卽可。訴之撤回，得由共同原告中之一人或對共同被告中之一人單獨有效爲之。此均與固有之必要共同訴訟有所不同。然訴訟標的之法律關係，旣亦必須合一確定，則爲防止判決之歧異，須謀求判決基礎及訴訟進行之一致，則與固有之必要共同訴訟，同樣適用法律上特設之規定（民訴五六）。參見「固有之必要共同訴訟」條，「必要共同訴訟」條及「共同訴訟」條。（民事訴訟法）（李學燈）

類似物權

爲物權分類之一，對本權而言，卽對物有事實上之管領力也。此種情形，稱爲占有。在採占有權利主義之國家，民法上之占有，亦屬物權之一種而名之曰「占有權」。我國採占有事實主義，不生對抗各種物權之效力，惟爲維持社會秩序，禁止自力爭奪，而以法律認許占有爲推定之權利，其狀態受法律保護，是雖無權利之名，但亦不無權利之實，故稱之爲類似物權。對於無權占有，僅得根據本權作用，依法請求回復，但不得以本權爲侵奪占有之抗辯主張。（民法物權）（陳　珊）

關係人會議

重整債權人及股東，爲公司重整的關係人，出席關係人會議。其因故不能出席時，得委託他人代理之。關係人會議由重整監督人爲主席，並召集除第一次以外的關係人會議。重整監督人召集會議時，於五日前訂明會議事由，以通知及公告爲之。一次集會未能結束，經重整監督人當場宣告連續或展期舉行者，得免爲通知及公告。關係人會議的任務如下：⑴聽取關於公司業務與財務狀況的報告及對於公司重整的意見—此項報告及意見，由公司重整人提出；⑵審議及表決重整計劃—此項重整計劃，應由公司重整人提出。⑶決議其他有關重整的事項—此等事項有關方面均可提出。關係人會議開會時，公司重整人及公司負責人應列席備詢。公司負責人無故對於其詢問不爲答覆或爲虛僞的答覆者，各處一年以下有期徒刑，拘役或科四千元以下的罰金。（參看公司法第三○○、三○一兩條）（商事法）（林咏榮）

辭訟比

漢明帝時司徒鮑昱奏定辭訟比七卷及決事科條八卷，均出自其幕僚陳寵所撰，辭訟比可以說是判決例的彙編。（中國法制史）（林咏榮）

繳清保險

我國保險法一一八條第二項規定：「減少保險金額或年金，應以訂原約時的條件，訂立同類保險契約爲計算標準，其減少後的金額，不得少於原契約終止時已有的責任準備金減去營業費用，而以之作爲保險費一次交付所能得的金額」。例如十年期的人壽保險契約，保險金額一萬元，每年交付保險費一千元，至第三年共已交付三千元，假定其中以百分之八十爲責任準備金，保險人倘於此時終止保險契約，其責任準備金已有二千四百元。至「營業費用，以原保險金額百分之一爲限」（保險法一一八條第三項），姑以百分之一計，計一百元，則責任準備金二千四百元減去營業費用一百元，應爲二千三百元。卽以此數作爲保險費，一次交付；而投保於同一條件及種類的人壽保險，並以所餘七年爲期，則其原保險金額一萬元應減爲三千九百一十元（此係以二千三百元爲本金，假定年利率一分，單利計算，七年所得的本利和；但通常多以複利計算）。其計算方式爲$2,300+2,300\times\frac{1}{10}\times7=3910$元。此數爲減少後的最低額，當事人縱有特約，亦不得少於此項金額。保險金額減少後，通例要保人不必再繼續交付保險費，卽變爲已交足保險費的保險，謂之「繳清保險」（paid-up insurance, prämienfreie Versicherung, assurance ibérée）（商事法）（林咏榮）

贈與（Donation）

指當事人之一方以意思表示，將自己之財產，無償給與他方，經他方允受而生效力之契約也。但以不動產或其他非經登記不得移轉之財產為贈與者，則須經登記後始能發生效力。贈與因係無償契約，故法律允許在贈與之財產未交付前，贈與人得任意撤銷其贈與。惟立有字據之贈與，或履行道義之義務，則不得撤銷其贈與。因此，不動產之移轉應以書面為之者，自不得撤銷贈與。但受贈人於受贈後，對於贈與人或其最近親屬有故意侵害之行為，依刑法有處罰明文者，或對於贈與人有扶養義務而不履行者，贈與人除無宥恕之表示外，自知悉之日起，一年內得撤銷其贈與契約。而以不當得利請求返還其贈與之財產。若為不動產，可憑撤銷贈與之判決向登記機關申請塗銷其登記而取回其不動產。倘贈與人係因受贈人之不法行為致死亡者，其繼承人於知悉此不法行為時起六個月內，得行使其撤銷權。又贈與人於贈與約定後尚未履行前，其經濟狀況顯有變更，如因贈與致其生計有重大影響，或妨礙其扶養義務之履行者，得拒絕其履行。其贈與契約並非撤銷，贈與義務亦未消滅。若經濟狀況有改善時，仍應依約履行（參看民法贈與節內有關條文）。（民法債編分則）（張鏡影）

贈與者，乃一方無償移轉其財產予他方之謂也。為贈送之人，謂之贈與人（donor）。接受贈物之人，謂之受贈人（donee）（見 James A. Ballentine: Law Dictionary, 1959, pp. 403, 404）。（英美衡平法）（何孝元）

嚮導

陸海空軍刑法第十八條第四款所謂嚮導，係指敵人對我方地形地物，交通要道，糧藏水源等，均不熟悉，而為之導引路線者而言。（特別刑事法）（吳　智）

繼承拋棄（Waiver of Succession; Renunciation of Succession）

凡依法享有繼承權之人，表示不願繼承者為繼承拋棄。為繼承拋棄者，須於知悉其得繼承之時起，二個月內向法院或親屬會議或其他繼承人為拋棄繼承權之表示。其拋棄之效力，溯及於繼承開始時。至拋棄之應繼分，應為如何之歸屬，我民法規定如下：㈠同一順序之繼承人中一人拋棄繼承權時，其應繼分歸屬於其他同一順序之繼承人。㈡同一繼承順序之繼承人均拋棄其繼承權時，則須先就遺產清償被繼承人之債務並交付遺贈物後，如有賸餘，則以之歸屬於國庫。㈢指定繼承人拋棄其繼承權時，其應繼分歸屬於法定繼承人（民法第一一七四條至一一七六條）。惟繼承拋棄與繼承喪失，不可相混。後者，因繼承人在特定情形之下，受法律剝奪其繼承遺產之權利。則其應繼分應由該繼承人之直系血親卑親屬代位繼承之。前者則否。（民法繼承）（張鏡影）

繼承法（Law of Succession）

所謂繼承者，有時指繼承宗祧，有時指繼承財產。前者，我國民法未制頒以前之制度。後者，現民法所採之制度，亦即各國一般之立法例。其要件有三：一須在被繼承人死亡以後，開始繼承權。二須有合法之繼承人；三為原則上包括被繼承人遺產之移轉。溯繼承之制，在部族時代為共有財產，固無繼承之可言。嗣後家族制度建立，於是有家長權之繼承觀念，近世歐美個人主義發達，遂趨重於財產之繼承。故所謂繼承法者，專指繼承財產之法而言。成為私法之一種，其內容大多屬於強制性質，故又為強行法。其適用以不及於外國人為原則。因各國習慣互異，不能強其從同也。各國對繼承法之編制，亦因其繼承觀念不同而不一致。奧國納繼承法於物權之中，瑞士列於物權編之前。德日及我國則位於親屬編之後。我國民法未制頒以前，本無繼承之專法。及清光緒三十三年起草民律，至宣統三年完成第五編繼承，實為嚆矢。但仍沿宗祧之傳統習慣。迨國民政府奠都南京，立法院制定民法，繼承編全部共三章，計八十八條，廢棄宗祧繼承。純採遺產繼承。其特點如下：㈠繼承人除直系血親卑親屬外，配偶父母兄弟姊妹及祖父母均有繼承權。㈡須無直系血親卑親屬時，始得指定繼承人。㈢男女繼承權平等，女子則無論已未出嫁，皆有繼承權。㈣確立配偶有相互繼承權。㈤繼承人得限定以繼承所得之遺產清償被繼承人之債務。如既不聲明限定繼承，又不拋棄繼承，則對被繼承人之債務須負責任。㈥遺囑方式，㈦財產雖可自由處分，然法律規定之特留分，絕對不受其影響。（民法繼承）（張鏡影）

繼承財產之執行

以繼承財產為名義之執行，曰繼承財產之執行，包括繼承及特定繼承均屬之。執行法院應將所繼承之財產總額，核算分配，並給與分得部分之權利移轉證書。（強制執行法一三二）。（強制執行法）（陳　珊）

繼承登記

已登記之商號，於本人死亡後，由其繼承人繼承者，應由繼承人將繼承商號之事項，聲請登記，此即繼承登記。在獨資商號負責人死亡後之情形，其商號財產應與該負責人其他財產合併為應繼承財產，由各繼承人依法繼承，如繼承人有數人者，在分割遺產前，依民法第一千一百五十一條規定，各繼承人對於遺產全部為公同共有，因此倘欲辦理商號繼承登記，可依合夥之例辦理，若繼承人中之一人，未得其他繼承人之同意，單獨申請辦理繼承登記，則法律不予允許。（商業登記法）（管　歐）

繼續占有

為占有分類之一，對非繼續占有而言，即占有狀態持續中未有間斷之謂。繼續占有之實益，為不動產所有權取得時效之要件。（民法物權）（陳　珊）

繼續犯

所謂繼續犯，與「即成犯」（即時犯）相對立。即指雖具備犯罪既遂之構成要件，而其犯罪之狀態仍在繼續中者而言。例如侵入住宅罪（刑法三〇六條）妨害自由罪（刑法三〇二）等是。關於繼續犯的追訴權時效，應自行為終了之日起算（刑法八〇條二項但書）。（刑法總則）（王建今）

繼續侵權（Continuing Trespass）

行為人之行為自始為侵權行為（trespass），據此取得他人之占有權亦非合法，本應令負民事上賠償責任，但行為人嗣後復以竊據故意，占為己有，遂使此繼續性侵權行為一變而為刑事上之竊盜行為，以竊盜罪論處。例如在柯姆士一案中（State v. Coombs, 55 Mo. 477, 1868），被告向被害人借馬車，表示欲使用一定時間，馳往一定地點後即返還被害人，而事實上被告心中計劃使用較長時間，馳較遠路程，故其取得之占有權非經被害人真正同意，乃一侵權行為，自亦非合法之契約行為，嗣後被告馳往目的地將馬車變賣據有價款，其繼續性侵權行為從此轉為竊盜行為。（英美刑法）（桂公仁）

警戒地域

戒嚴法第二條第一項第一款規定之警戒地域，係指戰爭或叛亂發生時宣告戒嚴，受戰爭影響，應行警戒之地區。警戒地域內，地方行政官如省（直轄市）長、縣（市）長及省縣以下各級公務員與該地區內高等法院、地方法院院長、首席檢察官、檢察官等處理有關軍事之事務，應受該地最高司令官之指揮。於警戒地域內犯戒嚴法第八條第一項所列內亂罪、外患罪、妨害秩序罪、公共危險罪、搶奪強盜及海盜罪、恐嚇及擄人勒贖罪，以及同條第二項所定特別刑法之罪者，軍事審判機關得自行審判，或交法院審判之。（特別刑事法）（吳　智）

警察權（Police Power）

英美國家憲法常授權其州郡議會，制訂刑事，警察法規，設定罰則以維持社會治安之謂。警察權行使之目的直接在預防犯罪，消弭暴力，間接在確保個人自由及財產所有權等應享之憲法權利。他如改進社會衛生，提倡正當娛樂，亦係警察權行使之對象（Black's Law Dictionary, pp. 1317）。（英美刑法）（桂公仁）

闡明訴訟關係

闡明訴訟關係，謂使訴訟關係臻於明瞭，亦即就特定之訴明瞭其性質及內容，與當事人之爭點及兩造之聲明及主張以及其攻擊防禦之方法，闡明只求臻於明瞭為止，與進一步而確定訴訟關係有別。法院因闡明或確定訴訟關係，依法得為各種之處置（民訴二〇三）。行合議審判之事件，預料其訴訟關係較為複雜，法院於必要時以庭員一人為受命推事，使行準備程序，闡明其訴訟關係（二七〇），將所有訴訟資料，由受命推事集合整理，俾將來之言詞辯論，得以順利進行，但準備程序之目的，只在闡明訴訟關係為止，並不包括調查證據在內，雖因準用法院因闡明訴訟關係，得為某種調查證據之行為（二七二、二〇三），但此種調查證據，不能逾越闡明訴訟關係之目的，亦即不得因確定訴訟關係而為之。（民事訴訟法）（李學燈）

闡明權

審判長應向當事人發問或曉諭，令其陳述事實，聲明證據或爲其他必要之聲明及陳述，其所聲明或陳述有不明瞭或不完足者，應令其敍明或補充之（民訴一九九Ⅱ）。此爲審判長之闡明權。闡明權既爲審判長之職權，同時並可認爲審判長之義務，此於法律規定用「應向」「應令」等詞可以見之。是凡因定訴訟關係所須之聲明或陳述，如應受裁判事項之聲明，事實上之陳述，證據聲明，及對於他造所提出事實或證據之陳述等，應隨時向當事人發問或曉諭，令其聲明或陳述之。其所聲明或陳述有不明瞭或不完足者，應令其敍明或補充之。發問或曉諭，祇可於辯論主義之限度內行之，必依當事人言詞之主張或書狀之記載，有發問或曉諭之線索，或足以引起發問或曉諭之根據者而後可。若當事人全未提出之攻擊防禦方法或事實上之主張，自不得曉諭其提出或主張之。又如勸令當事人爲訴之變更、追加或改用他種攻擊防禦方法，亦非屬於闡明權之範圍。惟發問或曉諭，必須指示當事人所應爲之特定聲明或陳述，如僅以概括之詞，詢其是否更有聲明或陳述，自不得謂盡闡明之義務。則訴訟程序卽屬有重大之瑕疵（四五一），基此所爲之判決，亦係違背法令，得爲上訴第三審之理由（四六七）。陪席推事於告明審判長後，亦得向當事人發問或曉諭（一九九Ⅲ）。當事人經發問或曉諭，令其陳述或聲明而不爲之者，除應分別情形，視其是否合於自認（二八〇）或視同不到場（三八七）之規定，以及不爲聲明，不發生聲明應有之效果外，並於判斷事實之眞僞時，依自由心證加以斟酌之（二二二）。（民事訴訟法）（李學燈）

競合之合併

競合之合併，一稱重疊之合併，爲客觀的訴之合併之一種。此係指同一原告對於同一被告，主張其可得兩立之請求，以單一之聲明，要求法院爲同一之判決。此種合併，又可細分爲二：㈠同一給付之合併。此指原告合併起訴，主張數項請求而其請求之標的爲同一給付。例如基於消費借貸契約及票據上之債權請求交付一定金額；或基於所有權及本於租賃契約請求返還某物是。㈡同一法律效果之合併。此指原告合併提起數宗形成之訴，而其形成之效果爲同一內容。例如提起離婚之訴，主張數種之離婚原因（民一〇五二）；或提起終止收養關係之訴，主張數種終止收養關係之原因（民一〇八一）是。以上兩種情形，通常係以單一之聲明，求單一之判決，然爲訴訟標的之請求或可致某法律上效果之權利既有兩項以上，自係數訴合併。惟其可得兩立之數請求係向同一之目的競合，有重疊之關係，非至其中之某請求有理由以前，須就全部之請求加以審理；如某一請求有理由時，可無待其餘請求之有理由，即可本於某一請求之有理由而爲勝訴之全部判決，而於判決理由中分別說明之。與數請求之單純合併不同。（民事訴訟法）（李學燈）

競合管轄

同一案件數法院均有管轄權之情形爲競合管轄。如被告住所在甲地，居所在乙地，所在地在丙地，犯罪地又在丁地，此四處地方法院對之均有管轄權，而事實上僅能從一個判決，如案件已有二以上法院之繫屬，則管轄權相競合矣，因同一案件而有多數之管轄法院，故亦稱多數管轄。在此情形，必須確定其一，否則判決衝突，何所適從？法定解決方法，以繫屬先後爲準。其由繫屬在先之法院管轄，固較適宜，若有特別情形，經共同上級法院之裁定，亦得由繫屬在後之法院管轄。此際失其管轄權之法院，雖已爲若干程序之進行，至此已不能爲審判，惟有依刑訴法第三〇三條第七款諭知不受理之判決，以終結其程序。（刑事訴訟法）（陳　冊）

競業禁止

所謂競業禁止（Konpurrenzverbot），係指業務上競爭的禁止，無限公司的股東，皆可執行業務及代表公司，卽使不執行業務而無代表權，但仍有監視權，對於公司業務的經營，均能了解。倘股東利用其職權與地位，與公司作業務上的競爭，勢必使公司業務蒙受損害。故公司法特規定：「股東若非經其他股東全體的同意，不得爲他公司的無限責任股東，或合夥事業的合夥人。執行業務的股東，不得爲自己或他人爲與公司同類營業的行爲。執行業務的股東，違反前項規定時，其他股東得以過半數的決議，將其爲自己或他人所爲行爲之所得，作爲公司的所得；但自所得產生後逾一年者，不在此項。」茲所謂「作爲公司的所得」，學者稱之爲介入權。兩合公司及股份兩合公司的無限責任股東，有限公司執行業務的股東及股份有限公司的董事皆同；惟股份有限公司經其股東會代表已發行股份總數三分之二以上股東出席和出席股東表決權過半數，予以許可者，不在此限（參看公司法第一一五條、第三五八條第一項第一

款、第一〇八條及二〇九條。）至於不執行業務的有限責任股東，則不受此項限制（參看公司法第一二〇條）。（商事法）（林咏榮）

譯本

見「原本」條。（民事訴訟法）（李學燈）

釋明

見「證明」條。（民事訴訟法）（李學燈）

懸賞廣告

懸賞廣告者，乃以廣告之方法，對於完成一定行為之人，給與報酬之行為也（民法第一六四條第一項前段）。關於懸賞廣告之性質，有契約說與單獨行為說二種。現行民法債篇將懸賞廣告列入契約一款內，解釋上應採契約說，蓋懸賞廣告，乃廣告人對於不特定人所為之要約，而以完成其指定行為為默示承諾，行為完成時，契約即由此成立，其性質類似民法第一六一條規定所謂由意思實現而成立契約之契約。懸賞廣告既係契約之要約，自應具備一般要約之要件，此外，更應具備下列之特殊要件：㈠須依廣告之方法而為要約：懸賞廣告之契約，須以廣告之方法為之，故為要式行為。所謂廣告，乃使不特定多數人得知其意思表示之方法，或以書面、或以言詞、或登載報章、或張貼通衢，均無不可。但須向不特定人為之，否則為通常廣告。又所謂不特定人，以屬於多數為已足，非必為一般之世人。㈡須聲明給與報酬：廣告人之為廣告，須對於完成廣告上指定行為之人，負擔給付報酬之義務（民法第一六四條第一項），故為有償行為。㈢須聲明對於完成一定行為之人給與報酬：懸賞之標的，以一定行為為限。而此項廣告所指定之行為，必須行為人完成後，始得請求報酬，故為要物行為。

行為人完成一定行為，懸賞契約即為成立。行為人因之取得請求給與報酬之債權，廣告人亦因之負擔給付報酬之債務（民法第一六四條第一項前段）。惟數人同時或先後完成一定行為時，如廣告人對於最先通知者已為報酬之給付，其給付報酬之義務，即為消滅（民法第一六四條第二項）。又廣告人對於不知有廣告而完成該行為之人，亦負有給付報酬之義務（民法第一六四條第一項後段）。

廣告人於行為完成前得撤銷之（民法第一六五條），惟須具備下列要件：㈠撤銷須在未完成指定行為前為之，㈡撤銷須依以前之廣告同一方法為之，㈢須廣告人未拋棄其撤銷權。懸賞廣告經撤銷而失其效力，亦即廣告人不復有給付報酬之義務。但預定報酬之廣告，如於行為完成前撤銷時，除廣告人證明行為人不能完成其行為外，對於行為人因該廣告善意所受之損害，應負賠償之責，但以不超過預定報酬額為限（民法第一六五條）。依此規定，行為人如欲取得損害賠償，應證明其所受之損害，係屬善意；廣告人如欲免其賠償之責，則須證明行為人不能完成其行為，例如搜索逃失家畜之懸賞廣告，廣告人證明其家畜業已死亡是。（民法債編總論）（何孝元）

辯論之公開

法院、當事人及其他訴訟關係人於言詞辯論期日所為訴訟之辯論及裁判之宣示，應公開法庭行之。但有妨害公共秩序或善良風俗之虞時，得不公開（法組六五）。公開為公平之保證，故辯論之公開或不公開，如不公開者，其理由，應於言詞辯論筆錄內記載明確（民訴二一二5）。關於言詞辯論所定程式之遵守，專以筆錄證之（二一九）。法庭不公開時，審判長應將不公開之理由宣示，仍得允許無妨礙之人旁聽（法組六八）。違背言詞辯論公開之規定者，其判決當然為違背法令（民訴四六九5），足為上訴第三審之理由（四六七）。其餘參見「公開審理主義」條。（民事訴訟法）（李學燈）

辯論主義

辯論主義亦稱當事人處分主義或不干涉主義，即法院僅據當事人聲明之範圍，及其所提供之訴訟資料，以為審判基礎之主義。當事人所未聲明之利益，不得歸之於當事人。當事人所未提出之事實及證據，不得斟酌之。當事人間不爭之事實，無待得有心證，亦不可不以為裁判之基礎。反是，則為干涉主義，或稱職權主義，不問當事人有聲明陳述與否，法院得依職權蒐集訴訟資料，甚或越出其聲明之範圍而為裁判。民事訴訟法採辯論主義為原則（民訴三八八、三八四、一九二至一九五、二二二、二七七、二七九、二八〇等）。對此原則亦有若干之例外，如法院依職權裁判訴訟費用及宣告假執行（八七、八九、九

五、三八九），斟酌顯著之事實或職務上已知之事實（二七八），依職權調查事實（一七七Ⅰ、二四九Ⅰ），及依職權調查證據（二〇三4、二八八、二八九、三四〇、三五〇、三五五Ⅱ、三六三、三六七）等均屬之，人事訴訟，因其結果與公益有關，兼採干涉主義之範圍，尤較廣泛（五七四、五七五、五八八，五九四，五九五、六〇一、六〇七Ⅱ、六一五、六二一、六二四Ⅲ、六三一、六三九）。（民事訴訟法）（李學燈）

辯護人

對於原告攻擊，以維護被告利益為目的而施以防禦行為之人為辯護人。辯護之作用有三：一以檢察官之學術經驗，均非被告所能及，用辯護人補其智能之不足。次以被告於被起訴後心煩意亂，用辯護人以濟其思慮之未週。三以檢察官之地位，與法院相對立，用辯護人以防審理上之偏聽。現行法上之辯護制度，可分為公設辯護與私人辯護；指定辯護與選任辯護；強制辯護與任意辯護；多數辯護與共同辯護等數種，其內容於以下有關說明中見之：㈠辯護人之選任。被告於起訴後得隨選任辯護人。被告之法定代理人、配偶、直系或三親等內旁系血親或家長、家屬，得獨立為被告利益選任辯護人，被告同意與否，在所不問。每一被告之選任辯護人，以三人為限。辯護人雖不限資格，但依法應以律師充之，非律師而為辯護人，須經審判長之許可，許可後如認有不當，仍得撤銷。辯護人之選任，於每審級為之，其方式應提出委任書狀於法院。㈡辯護人之指定。最輕本刑為三年以上有期徒刑，或高等法院管轄第一審之案件，未經選任辯護人者，審判長應指定公設辯護人為其辯護；其他案件認有必要者亦同。如已選任辯護人，於審判期日無正當理由而不到庭者，審判長亦得指定公設辯護人為被告辯護，因係強制辯護，如不經指定辯護人而逕予審判，其程序為當然違背法令。被告有數人者，得指定一人辯護；但各被告之利害相反者，不在此限。指定辯護人後，經選任律師為辯護人者，得將指定之辯護人撤銷。指定辯護人依法雖以公設辯護人充任，若該法院管轄區無公設辯護人時，亦得指定律師為辯護人，若竟無開業律師亦無其他可供指定之人，則於判決內記明事由，即在強制辯護，亦非違法。為使辯護權之順利行使，依法特賦予辯護人以相當權利：如刑訴法第三十二條之收受送達。第三十三條之檢閱卷宗及證物並得抄錄或攝影。第三十四條之接見羈押被告並互通書信。第四十九條之得於審判期日攜同速記到庭紀錄。第一六二條之請求調查證據及詢問人證。第一六六條之詰問。第二八九條之辯論等權利，均係為辯護人所特設，故稱之為固有權利。其次如第一一〇之聲請停止被告羈押。第一五〇條之行搜索扣押時之在場。第二一九條之行勘驗時之在場。第二七三之訊問被告時之在場。第二七五條之提出證據及傳喚人證、調取證物之聲請。第二七六條之訊問證人、鑑定人或通譯時在場等權利，雖非專為辯護人而設，但為維護被告利益，辯護人亦得為之，故稱之為傳來權利。（刑事訴訟法）（陳　冊）

屬人的管轄

見「普通審判籍」條。（民事訴訟法）（李學燈）

屬地破產主義

與普及破產主義相對稱，謂破產在外國宣告或和解在外國成立者，對於債務人或破產人在內國之財產不生效力也。我破產法第四條即採取之。（破產法）（陳　冊）

屬物的管轄

見「普通審判籍」與「特別審判籍」條。（民事訴訟法）（李學燈）

驅逐（Ejectment）

驅逐者，乃占有人因其土地為他人侵奪，請求法院為之驅逐出境，以恢復其占有也。占有人之土地因他人之侵奪，或他人合法使用期滿後拒絕返還者，均得提起驅逐之訴以為救濟（見 Salmond on Torts, 11th ed., 1953, pp. 242-243）。（英美侵權行為法）（何孝元）

驅逐出境處分

我國刑法第九十五條規定：「外國人受有期徒刑以上刑之宣告者，得於刑之執行完畢或赦免後驅逐出境」。此種保安處分，係針對行為惡劣之外國人，以完全隔離之方法，而達到防衛社會之目的，為一般國家刑事立法之通例。故我國刑法亦採之。（刑法總則）（王建今）

贓物罪

所謂贓物罪，係指對於因侵害財產法益所得之物爲一定之處分者而言。分析言之：第一贓物以因侵害財產法益所得之物爲限，例如犯竊盜、搶奪、強盜、海盜、侵占、詐欺、恐嚇、擄人勒贖等罪所得之物均是。如其行爲與財產犯罪之構成要件不合，即無贓物之可言。第二須對贓物爲一定之處分，如收受、搬運、寄藏、故買贓物或爲牙保等行爲均是。第三行爲人須有贓物之認識，若並不知其爲贓物，縱有前述之處分行爲，亦不構成犯罪。（刑法分則）（王建今）

贓物罪（Receiving Stolen Property）

對於他人非法取得，侵占之財物，明知而故意收受之謂（Underwood v. State, 36 OKL,Cr. 21, 251 p. 507, 508）。構成本罪要件爲：㈠收受之財物須爲他人事先竊取，㈡被告須有實際收受或幫助藏匿之行爲，㈢被告行爲時明知其爲竊物，㈣須以獲取不法利益或阻止物主占有標的物爲目的。本罪不以直接證據證明爲必要，即間接證據，如能達證明效用，亦認爲有效。（英美刑法）（桂公仁）

露積之軍用物品

陸海空軍刑法第一百零四條規定，燒燬露積之軍用品，係指軍用倉庫外堆積於露天外之兵器、彈藥、糧食、被服，或其他軍用物品而言。都係在運輸補給中，如有燒燬之者，犯罪惡性重大，應分別犯罪地域，從重處罰。（特別刑事法）（吳　智）

權利之濫用（Missbrauch des Rcchts ; Abus du Droit）

即行使權利時，超出一定範圍之謂也。法律認許權利主體之行使權利，不僅爲謀其個人之利益。抑且藉此以謀社會之利益。違反此旨，法律即加以禁止，各國民法均有此規定。我國民法第一四八條明定，權利之行使，不得以損害他人爲主要目的。即禁止權利之濫用也。關於禁止權利之濫用之根據，有兩種學說：一爲道德觀念說——認爲己所不欲，勿施於人，是本於道德而云然，因之，在法律上明定，行使債權，履行債務，應依誠實及信用方法，以免他人遭受損害。另一爲社會觀念說——認爲社會應以大多數人相互之利益爲前提。與此原則合，則法律加以保護。若只圖一己之私利而損及他人權利者，法律自應加以禁止。瑞士民法有「行使權利，履行義務，應誠實信用，顯然濫用權利者，法律不予保障。」蘇俄民法亦有「私權利反於社會經濟之意義而行使時，不得爲之。」採後說之結果，惟蘇俄共產國家，習於粧點門面，好話說盡，壞事做盡，口惠而實不至耳。（民法總則）（張鏡影）

權利保障書（Bill of Rights）

政府改組後通常經由立法方式，正式聲明確保人民之自由權利。如美國聯邦政府與各州憲法，幾皆將人民基本自由及權利或特權逐條列舉（Hamill v. Hawks, C.C.A. OKL., 58 F. 2d. 41, 47.）。一七九一年美國國會增修聯邦憲法十條，即權利保障書，其內容如后：

㈠人民有信教自由、言論自由、出版自由、和平集會自由、及向政府請願之權利。㈡人民有置備及携帶武器權利。㈢軍隊不得非法或未經屋主同意而佔用民房，人民有居住安寧之權利。㈣人民有保護其身體、住所、文件、財產之權，不受無理拘捕、搜索與扣押，非依法定程序不得簽發搜索票，拘票或扣押狀。㈤人民有受大陪審團陪審之權，受一事不再理原則保障及不受強迫自證其罪之權，非依合法程序或相當補償，不得剝奪人民之生命、自由及征用私產。㈥人民有受迅速，公開，有陪審團參加之審判之權，有知悉被訴案件性質與理由之權，有爲已拘提證人，或與他造證人對質之權，有延聘律師辯護之權。㈦普通法法院受理之案件，標的物價值二十元以上者，有受陪審團陪審之權，經陪審團認定後之事實，非依普通法原則，不得在任何法院重審。㈧不得索取過多之保證金或科以過重之罰金，或處以非常殘酷之刑罰。㈨不得因本憲法列舉某些權利，其表示人民所保留之其他權利可容取銷或被忽視。㈩憲法未授予聯邦政府之權力，或未禁止各州行使之權力，視爲由人民保留行使。（參閱美國聯邦憲法修正案原文）。（英美刑法）（桂公仁）

權利保護要件

權利保護要件，又稱訴權之實質要件，係指當事人得求有利於己之本案判決所必要之要件。故法院非認爲某方當事人具備此項要件，不得爲保護該當事人權利之本案判決。由當事人方面而言，當事人之一造具備此項要件者，該當事人對法院卽有要求利己判決之權利，而法院對之亦有保護其正當利益之義務。此種權利稱爲依判決保護權利之請求權，亦卽權利保護請求權，或稱判決請求權，亦卽通稱之爲訴權是。所謂權利保護要件，乃指當事人必須具備此項要件，乃可依其訴之聲明而受有利於己之本案判決以保護其權利。權利保護要件，因當事人要求判決之內容不同，亦卽依判決保護權利之請求權種類不同而異。例如有因給付判決請求權，確認判決請求權及形成判決請求權之不同而異其要件者。又就同一訴訟觀之，原告依判決保護權利之請求權之要件與被告依判決保護權利之請求權之要件，恰屬相反。惟各種判決之程序，均以保護私法上之權利或法律關係之正當利益爲目的，故各程序之權利保護要件，共可大別爲三：㈠關於保護之對象。卽關於爲訴訟標的之法律關係之要件，其中一爲對象存否之要件，關於本案欲得勝訴判決之當事人，以訴或抗辯主張其存在或不存在之法律關係（卽訴訟標的），須眞實存在或不存在。例如給付之訴，必須私法上之給付請求權存在；積極的確認之訴，必須原告所主張之權利或法律關係存在；消極的確認之訴，必須原告所否認之權利或法律關係不存在；形成之訴，必須原告主張可致某法律上效果之權利存在是。二爲對象可受保護資格之要件，須私法上之權利或法律關係，爲審判上所得主張者。例如超過最高利率之超過部分利息（民二〇五），無受保護之資格是。㈡關於保護之必要。本案欲得勝訴之判決之當事人，須有保護其權利之必要，亦卽在法律上有受判決之利益。例如給付之訴，原告之請求已屆履行期，或雖未到履行期，而被告有到期不履行之虞是（民訴二四六）。㈢關於正當當事人。卽當事人適格之要件，在該訴訟事件之原告及被告，須俱爲正當之當事人，而就爲訴訟標的之法律關係有以自己之名義，實行訴訟之權能。例如在給付之訴，須主張在私法上有請求權或就該請求權有處分權或管理權之人爲原告，以其義務人爲被告。又在私法上有請求權者，原則上爲正當之當事人，惟例外就應屬破產財團之訴訟，破產人無爲原告或被告之適格是。至其存在之時期，通常應以言詞辯論終結時爲準。此與訴訟成立要件是否存在，以起訴時爲準，如不具備，不進入本案之辯論，卽以裁定駁回原告之訴者不同。故如辯論終結時，權利保護要件具備，則雖起訴當時有欠缺者，亦屬無妨。反之，如起訴當時此項要件存在，而辯論終結時有欠缺者，則法院應認原告之訴爲無理由而駁回之例是。至其存在之調查，在保護對象之要件，應依當事人之辯論決之。至關於保護之必要及關於正當當事人，因係關於國家應爲保護行爲與否之要件，法院自應依職權調查，不問當事人曾否主張。原告之訴如欠缺要件之一時，法院應認其請求爲無理由，以判決駁回之。此項判決，由被告觀之，則爲被告已具備其權利保護要件，因而可得保護其權利之判決。餘參見「訴權」條，「訴權之存在要件」條，及「訴訟成立要件」條。（民事訴訟法）（李學燈）

權利保護請求權

關於訴權之學說，有以權利保護請求權之名稱代替訴權之名稱。所謂權利保護請求權，乃私人對於國家，依民事訴訟要求保護權利之權。在民事訴訟上其依判決程序要求保護權利者，則稱爲判決請求權。此說認爲私人得向法院起訴，係法治國家任何人均有之權利，此爲訴之自由。而判決請求權，則係更進一步而係得求法院爲有利於己判決之權利。法院認爲原告之請求具備權利保護要件時，卽應依原告之聲明爲其有利之判決。若認原告之請求不備權利保護要件時，卽應認原告之訴爲無理由，而以判決駁回之。亦卽無異認爲被告具備權利保護要件，而爲有利於被告之判決。餘參見「訴權」條，「權利保護要件」條及「訴之自由」條。（民事訴訟法）（李學燈）

權利能力（Legal Capacity；Capacity for Rights）

卽權利主體之資格。日本民法稱之爲「私權之享有」。德國學者稱之爲「人格」。其實就是享有私權利之能力。惟權利能力，依其範圍，則有廣狹二義：狹義者指僅在私法上享受權利的資格而言。與義務能力相對立。廣義者，則包括在私法上的享受權利和負擔義務而言。我國民法採之。依其性質，則有一般權利能力(general legal capacity)與特別權利能力(special legal capacity)。前者是就一般權利得爲其主體之謂。不論其爲自然人或法人，抑爲本國人或外國人，均得爲之。後者，僅就特別權利乃得爲其主體之資格，例如專屬於自然人之權利義務，如夫權妻權親權，則法人不得爲之（民法廿六條但書）。又如外國人在中國不得爲土地法第十七條所規定各項土地之買受或承租權利之主體是。權利能力因與人格有不可分離之關係，故法定不得拋棄（民法十六條）（民法總則）（張鏡影）

權利質權

以可讓與之債權或其他權利為標的物之質權，謂之權利質權。權利質權之性質，有主權利讓與說者，係就其設定方法而言。有主權利客體說者，係就其所供擔保之作用而言，自以後者為較當。權利質權，除質權章第二節之規定外，準用關於動產質權之規定，其內容可分為通則與特則：一、通則：此乃權利質權之共通法則，不論其標的物為債權抑為其他權利也：㈠權利質權之設定。權利質權之設定，除其本節有規定外，應依關於其權利讓與之規定為之。㈡權利質權之效力。為質權標的物之權利，非經質權人之同意，出質人不得以法律行為使其消滅或變更。二、特則：㈠以債權為標的物之質權：1.設定。應以書面為之。如債權有證書者，並應交付其證書於債權人。2.效力：⑴為質權標的物之債權，其清償期先於其所擔保債權之清償期者，質權人得請求債務人，提存其為清償之給付物。⑵為質權標的物之債權，其清償期後於其所擔保債權之清償期者，質權人於其清償期屆滿時，得直接向債務人請求給付。如係金錢債權，僅得就自己對於出質人之債權額，為給付之請求。⑶為質權標的物之債權，其債務人受質權設定之通知者，如向出質人或質權人一方為清償時，應得他方之同意，他方不同意時，債務人應提存其為清償之給付物。㈡以其他權利為標的物之質權：1.設定：質權以無記名證券為標的物者，因交付其證券於質權人而生設定質權之效力。以其他之有價證券為標的物者，並應依背書之方法為之。2.效力：⑴質權以無記名證券、票據或其他依背書而讓與之證券為標的物者，其所擔保之債權，縱未屆清償期，質權人仍得收取證券上應受之給付。如有預行通知證券債務人之必要，並有為通知之權利，債務人亦僅得向質權人為給付。⑵及於附屬權利。質權人以有價證券為標的物者，其附屬於該證券之利息證券、定期金證券或分配利益證券，以已交付質權人者為限，其質權之效力，及於此等附屬之證券（民法第九〇〇—九一〇條）。（民法物權）（陳冊）

竊盜之故意（Animus Furandi）

竊取他人財物，永久據為己有之故意之謂(Jones v. Commonwealth, 172 Va. 615, 1 S.E.2d 300, 301）。於華倫一案中(Warren v. State, 223 Ind. 552, 62 N.E. 2d 624)，被告受僱於通用汽車公司油料庫，因為業務需要管有各倉庫大門鑰匙，數月間利用職務上便利勾通卡車司機盜賣油料，遂以竊盜罪起訴。被告抗辯主張其管有鑰匙，對油料有絕對佔有權，難以證明其有竊盜犯意，充其量觸犯侵占權。美國印州最高法院認為被告雖管有倉庫鑰匙，並非對庫中油料即取得佔有權，此可自被告看守倉庫之職責推之，再自其數月間連續盜賣事實，推知其有非法據他人之物為己有之竊盜故意。（英美刑法）（桂公仁）

竊盜罪

竊盜罪為侵害財產犯罪之一種，直接侵害他人之財產，間接妨害社會之安寧秩序，故不能無罰。刑法分則第二十九章規定竊盜罪，自第三百二十條至第三百二十四條計有五條，其犯罪種類如下：㈠竊取動產罪（刑法三二〇條一項），亦稱普通竊盜罪。即以意圖為自己或第三人不法之所有，而竊取他人之動產為構成要件。所謂竊取，係指乘人不知，而以秘密方法取得而言。所謂動產，係指土地及其定著物之不動產以外之物而言，包括電氣在內。所謂他人，係自己以外之第三人而言。㈡竊佔不動產罪（第三二〇條二項）。所謂不動產，係指土地及其定着物而言。所謂竊佔，係指乘人不知，擅自佔據他人之不動產，而侵害其支配權而言。㈢加重竊盜罪（三二一條）。㈣常業竊盜罪（三二二條）。㈤親屬竊盜罪（三二四條）。須告訴乃論。關於竊盜罪之處罰，除刑法外，尚有特別法或其他法律之特別規定，如戡亂時期竊盜犯贓物犯保安處分條例，森林法規定竊取森林主副產物之處罰，電業法規定竊用電流之處罰等。凡竊盜罪有特別規定者，應儘先適用。（刑法分則）（王建今）

竊盜罪（Larceny）

以永久據為己有之故意，未經他人同意，而竊取其動產，觸犯本罪。其構成要件有：㈠竊取之行為(taking and carrying away)，㈡他人之動產（ the personal property of another ），㈢竊取之故意(with intent to steal ）。竊盜罪約可分為如下數種：㈠複合竊盜罪，㈡推定竊盜罪，㈢大竊盜罪，㈣小竊盜罪，㈤受託人竊盜罪，㈥單純竊盜罪 (Black's Law Dictionary, pp. 1023, Larceny)。往日社會經濟組織較為單純，個人稍盡注意即足免於被詐欺，故昔時「普通法」僅處罰竊盜行為，蓋其惡性大，非常人智慮能及，而一般詐財行爲，如短少他人訂貨等「愚弄」行爲（make a fool of another），自有民事方面之救濟。其後社會經濟發達，貿易日繁，詐術翻新，遂有盜用公款罪（embezzlement），詐欺取財罪（false pretense）出現，以救處罰竊盜罪之窮。竊取他人動產，如其價值在一定金額以上者，論以大竊盜罪（grand larceny），本應處以死刑，後刑罰思想漸進，法曹悲天憫人，不再區分大、小竊盜罪，亦不再處以極刑。目前美國部分州之刑事立法已廢除竊盜罪，侵占罪等類別，而統稱之曰「偷竊罪」（theft）。（英美刑法）（桂公仁）

竊聽罪（Eavesdropping）

英國刑法規定，凡在他人牆角，窗前或檐下竊聽他人談話，以之發爲誹謗中傷之言論者觸犯本罪。「普通法」以輕罪論處，科以罰金或交保候傳等。美國聯邦憲法第四修正案禁止非法搜索，因非法搜索取得之物不得採爲證據。在羅柏玆（Lopez v. U.S., 373 U.S. 427, 10L. Ed. 2d. 462, 83 S. Ct.1381）一案中，稅務員身懷錄音機前往被告家裏，暗中將後者向其行賄之談話錄下並提出法院作爲證據。美國聯邦最高法院認爲稅務員係經被告同意進入其住宅，錄音過程並非竊聽性質，故不僅不構成竊聽罪，該錄音亦得有效採爲證據。（英美刑法）（桂公仁）

竊聽電信（Wiretapping）

美國聯邦憲法第四修正案規定因非法拘捕或搜索而取得之證據不得用以對抗被告。至以竊聽器等裝置，錄取被告間有關犯罪之會話，是否得有效用作證據以對抗被告，爭論甚久。在翁姆士代德(Olmstead v. U.S., 277 U.S. 438; 48 S.Ct. 564)及高德曼(Goldman v. U.S., 316 U.S. 114; 62 S.Ct. 993)二案中，法院認爲竊聽被告間有關犯罪之電信，並未侵害其居住安寧（no entry），與第四修正案之禁止規定不抵觸，因而取得之證據得對抗被告，不得視爲違憲。（英美刑法）（桂公仁）

鑑定

鑑定爲基於特別知識或經驗之第三人，在訴訟程序上陳述其關於法規或經驗定則之意見，輔助法院而爲判斷事實眞僞之行爲。其陳述該項意見之人，謂之鑑定人。鑑定人須係第三人，故當事人，及應與當事人同視之人，均不得就該訴訟爲鑑定人。鑑定人與證人不同。蓋證人係陳述其自己見聞事實之人，鑑定人係陳述其自己推理意見之人。凡有特別知識或經驗者，法院均可選任爲鑑定人，且得撤換之（民訴三二六、三二七），故鑑定人爲可代替之證據之方法。證人因係陳述自己見聞事實之人，故性質上不許他人代替。鑑定人既可由他人代替，故對於鑑定人不得拘提（三二九），當事人亦可聲明拒却鑑定人（三三一）。證人因不許他人代替，故得拘提之（三〇三），當事人不得對之聲明拒却。聲明人證，應表明證人及訊問之事項（二九八），聲請鑑定，只表明鑑定之事項（三二五），至鑑定人則由受訴法院選任並定其人數，法院亦得命當事人指定應選任之鑑定人（三二六I）。證人不得以書面代到庭之陳述，鑑定人則得具鑑定書陳述意見，鑑定書須說明者，得命鑑定人到場說明（三三五）。鑑定人有數人者，得命其共同或各別陳述意見（三三六）。證人以自然人爲限，鑑定則尙可囑託機關或團體爲之，其鑑定書之說明，由該機關或團體所指定之人爲之（三四〇）。鑑定所需資料在法院者，應告知鑑定人准其利用，鑑定人因行鑑定，得請求調取證物或訊問證人或當事人，經許可後，並得對於證人或當事人自行發問（三三七）。鑑定人於法定之日費旅費外，得請求相當之報酬。鑑定所需費用，得依鑑定人之請求預行酌給之（三三八）。鑑定意見，法院並不受其拘束，仍得自爲判斷，或另行選任鑑定人從事鑑定。是以鑑定人既爲法院之輔助機關，同時亦爲證據方法。故鑑定，除別有規定外，準用關於人證之規定（三二四）。其餘參見「鑑定人」條及「拒絕鑑定人」條。（民事訴訟法）（李學燈）

第三人就其特別知識及技能上之經驗向法院陳述其判斷事實之意見者爲鑑定。實施鑑定之人稱爲鑑定人。鑑定程序除有特別規定外，準用人證之規定。㈠鑑定人之選任。鑑定人由審判長、受命推事或檢察官就下列之人選任一人或數人充之：1.就鑑定事項有特別知識經驗者。2.經政府機關委任有鑑定職務者。㈡鑑定人之義務。鑑定人亦如證人之具有到場、爲鑑定及具結之義務，但不拘提，其應於鑑定前具結，結文內應記載：「必爲公正誠實之鑑定」。㈢鑑定人之拒却。當事人得依聲請推事迴避之原因，拒却鑑定人。但不得以鑑定人於該案件曾爲證人或鑑定人爲拒却之原因。鑑定人已就鑑定事項爲陳述或報告後，不得拒却。但拒却之原因發生在後或知悉在後者，不在此限。拒却鑑定人，應將拒却之原因及發生或知悉在後之事實釋明之。其准駁在偵查中由檢察官命令之，審判中由審判長或受命推事裁定之。㈣鑑定之實施。審判長、受命推事或檢察官於必要時，得使鑑定人於法院外為鑑定；並得將關於鑑定之物，交付鑑定人。因鑑定被告心神或身體之必要，得預定期間，將被告送入醫院或其他適當之處所。鑑定人因鑑定之必要，得經審判長、受命推事或檢察官之許可，檢查身體、解剖屍體或毀壞物體，關於此節，準用勘驗之規定。因鑑定之必要，得經審判長、受命推事或檢察官之許可，檢閱卷宗及證物，並得請求蒐集或調取之。鑑定人得請求訊問被告、自訴人或證人，並許其在場及直接發問。㈤鑑定之報告。鑑定之經過及其結果，應命鑑定人以言詞或書面報告。鑑定人有數人時，得使其共同報告之。但意見不同者，應使其各別報告。以書面報告者，於必要時得使其以言詞說明。㈥鑑定人之增易。鑑定有不完備者，得命增加人數或命他人繼續或另鑑定。㈦鑑定之囑託。法院或檢察官得囑託醫院、學校或其他相當之機關為鑑定，或審查他人之鑑定。關於鑑定實施，準用一般鑑定之規定。㈧鑑定之費用。鑑定人於法定之日費、旅費外，得向法院請求相當之報酬及償還因鑑定所支出之費用。㈨鑑定證人。依特別知識得知已往事實之人為鑑定證人。如醫師、藥劑師、助產士等是。訊問此類之人，適用關於人證之規定。（刑事訴訟法）（陳　珊）

鑑定人

第三人在訴訟程序上受法院之選任，基於其特別知識或經驗，陳述關於法規或經驗定則之意見者，謂之鑑定人。從事於鑑定所需之學術、技藝或職業或經機關委任有鑑定職務者，於他人訴訟，有為鑑定人之義務（民訴三二八）。鑑定人之義務與證人之義務同，如到場之義務，陳述之義務，具結之義務，鑑定人皆有之。關於證人違反義務之制裁，於鑑定人亦準用之。故鑑定，除別有規定外，準用關於人證之規定（三二四）。鑑定人非如證人必限於特定之人為之，故不得拘提（三二九）；如其拒絕鑑定，除合於證人得拒絕證言之規定（三〇七Ｉ）外，倘有其他理由經法院認為正當者，亦得免除其鑑定義務（三三〇）。鑑定人應於鑑定前具結，於結文內記載必為公正誠實之鑑定等語（三三四）。其結文內之用語，與證人異，且亦非如證人之具結得於訊問後為之。無具結能力之人，應不得選任為鑑定人，故關於證人不得令其具結與得不令其具結之規定（三一四），應無準用之餘地。鑑定人由受訴法院選任並定其人數，法院得命當事人指定應選任之鑑定人，已選任之鑑定人，法院得撤換之（三二六）。受命推事或受託推事依鑑定調查證據者，亦有上述受訴法院之權限。但經受訴法院選任鑑定人者，不在此限（三二七）。其餘參見「鑑定」條及「拒却鑑定人」條。（民事訴訟法）（李學燈）

鑑定人之拒却

見「拒却鑑定人」條。（民事訴訟法）（李學燈）

鑑定之宣誓

鑑定為軍事法庭使第三人本其特有之專門知識或經驗，辨別證據，報告其斷定意見之謂。為保證鑑定之眞實性與可信性，依軍事審判法第一百二十九條規定，鑑定人於鑑定前應宣誓：「必為公正誠實之鑑定」，是謂鑑定之宣誓。如係囑託鑑定，程序上不準用宣誓之規定。因軍事審判法第一百二十九條之規定，應宣誓者，係專對自然人為鑑定者而設。（特別刑事法）（吳　智）

鑑定證人

訊問依　特別知識得知已往事實之人者，適用關於人證之規定（民訴三三九），此在學說上稱為鑑定證人。就其有特別知識言之，固類似鑑定人，但非如鑑定人基於特別知識陳述其現在之意見，而係依其特別知識，就已往之事實以為證明，故在實質上仍為證人而非鑑定人。其陳述義務，非他人所能代替，無故不到場者，得用拘提之規定。其他關於具結及拒絕陳述請求費等均不得與鑑定人同視。惟此種證人除陳述依特別知識得知已往事實之外，若更令其陳述關於法規或經驗定則之意見，亦即鑑定之意見者，則為證人而兼鑑定人，除適用人證之規定外，應併適用鑑定之規定。例如以曾經檢驗受傷人之醫師為證人，訊問該人受傷之情形，或以曾經檢查房屋工程之工程師為證人，訊問該房屋倒塌前之建築狀況，本為一種證人之性質，自應適用關於人證之規定。若法院於醫師報告死者受傷情形後，更詢以此種情形是否不可救治，或於工程師報告房屋建築狀況後，更詢以其後倒塌之原因，而令其陳述推理人意見時，此際應併適用關於鑑定之規定。其人不惟應依證人之例具結，並應依鑑定人之例具結。至於日費及旅費等，應從額數較多之鑑定人應得標準支給之。其有觀察某種事實，須依特別知識，法院命鑑定人代為觀察者，則鑑定人於陳述鑑定意見外，並應報告現在觀察事實之結果。此仍為鑑定人之任務，與鑑定證人報告已往事實者不同，僅以鑑定人之資格具結為已足。其餘參見「鑑定人」條。（民事訴訟法）（李學燈）

贖刑

贖與罰名異實同，為財產刑。尚書舜典既有：「金作贖刑」，而呂刑尤重五罰，自罰百鍰至罰千鍰。降及漢代，罰金迭見於紀傳。魏明帝青龍二年，改士庶罰金之令，男聽息罰金代刑。魏律序略有贖刑十一、罰金六的記載，其詳莫考。晉律以罰金為主刑，凡死罪金二斤，五歲刑金一斤十二兩，四歲刑、三歲刑、二歲刑、各以四兩為差。梁沿晉制，惟得以金折絹，死罪金二斤、絹十六疋；髡鉗五歲刑金一斤十二兩、絹十四疋；四歲刑金一斤八兩、絹十二疋；三歲刑金一斤四兩、絹十疋；二歲刑金一斤、絹八疋。北齊贖罪亦准以絹代金，死一百疋，流九十二疋，五歲刑七十八疋，四歲刑六十四疋，三歲刑五十疋，二歲刑三十六疋。北周贖罪，贖杖刑者五，金一兩至五兩；贖鞭刑者五，金六兩至十兩；贖徒刑者五，一年金十二兩，二年十五兩，三年一斤二兩，四年一斤五兩，五年一斤八兩；贖流刑，一斤十二兩，俱役六年，不以遠近為差等；贖死罪，金二斤。隋贖例最重者絞斬，贖銅百二十斤，最輕者笞五十贖銅五兩。唐贖例與隋同，惟自天寶後，願以錢易銅者聽，每斤一百二十文。唐對於死刑雖設贖，但限制甚嚴，必犯流罪以下，始聽贖，然如加役流、反逆緣坐流、子孫犯過失殺流、不孝流、會赦減死流等，均在禁贖之列。而徒刑如過失殺傷尊親徒、故毆人至廢徒、男夫姦盜及婦人犯姦徒，亦均不許贖。宋明及清在現行刑律訂頒之前，其刑名皆同於唐；惟贖例較唐為嚴。宋刪革唐的官廕減贖之條，而職官犯罪許贖者限於公罪，私罪則否。遼金元諸代刑名既與唐不盡相同，其贖例除金的泰和律仿唐制定贖刑而倍其銅數外，遼的贖刑，以錢千折杖一百。元對於官吏公罪輕者或年老在七十以上，年幼在十五以下不堪杖責者，均聽贖之，及明始分為：①收贖。②納贖。③贖罪。清沿明制，收贖施之於老幼廢疾，天文生及婦人折杖（折抵杖刑）等項，銀數最微，自數分至四錢五分而止，納贖謂無力依律決配，有力照律納贖。贖罪專為官員正妻及律難的決並婦人有力者而設。（中國法制史）（林咏榮）

襲廕

周時世侯世卿，遞代相承，皆以嫡長子繼其位，而襲其爵，此為封建制度與宗法制度的密切結合。漢以後，其間有的採封建的制者，故繼位與襲爵之變相的制度，如廕襲之類仍然存在。惟廕襲係皇帝任意封贈，並非如周制乃由嫡長子當然繼承。如漢景帝「封故楚趙傳相，內史前死事者四人（之）子，皆為列侯」，即其一斑。唐代又重新確立封爵制度，唐律詐偽篇規定：「諸非正嫡不應襲爵而詐承襲者，徒二年；非子孫而詐承襲者，從詐假官法；若無官廕詐承他廕而得官者徒三年」。疏議云：「依封爵令，王、公、侯、伯、子、男，皆子孫承嫡者傳襲，以次承襲，具在令文」。凡王、公、侯、伯、子、男，身存之日，不為立嫡，身亡之後，由嫡襲爵，若無嫡子，及有罪疾者，立嫡孫，無嫡孫以次立嫡子同母弟，無同母弟立庶子，無庶子，立庶孫，無後者國除，宋明清諸代大抵皆沿襲之。（中國法制史）（林咏榮）

變更之判決

變更之判決，係於廢棄原判決後，而自為變更原判決內容之判決。其在第二審法院認上訴為有理由者，應於上訴聲明之範圍內變更原判決之判決（民訴四五〇）。所謂認上訴為有理由，係指原判決於上訴人不利且屬不當，應為與原判決不同之判決而言。所謂上訴聲明，係指對於原判決不服之程度（全部或一部）及應如何廢棄或變更之聲明是（四四一 I 3.）。惟此僅於法院不能依職權裁判之事項有其適用，他若關於訴訟費用之裁判（八七），關於假執行之宣告（三八九），則應依職權為之。又第三審法院認上訴為有理由者，就該部分應廢棄原判決（四七七 I）。如有法定情形（四七九）應就該事件自為判決，其所自為之判決，亦即變更原判決之判決。其在再審程序，若認再審之訴有再審理由，於再開本案之程序後，經調查審理之結果，認原確定判決為不當，而自為判決以代之者，亦為變更原判決之判決。（民事訴訟法）（李學燈）

變更登記

係指登記之商號，其登記事項有變更時，應為變更之登記，所謂變更，例如商號更改名稱，變更營業項目等均是，變更登記依商業登記法第十九條之規定，應於登記事項變更後十五日內為之。（商業登記法）（管　歐）

麟趾格

北齊文宣帝受東魏（550 A.D.）禪後，命羣臣刊定魏朝麟趾格，以格代前代之科，律令仍沿前制，因為麟趾格在麟趾殿刪定，故名。（中國法制史）（林咏榮）

囑託送達

法院將應行送達之文書，囑託其他機關代為送達者，謂之囑託送達。依現行法規定，可分為下列各種：㈠法院相互間之囑託送達。應送達之處所在其他法院管轄區域內者，法院得向送達地地方法院為送達之囑託（民訴一二五）。受囑託之法院應依一般通常送達之方法而為送達。如應受送達人之應受送達處所不明時，應否公示送達，仍應由原囑託之法院裁定之。㈡於有治外法權人之住居所或事務所為送達者，得囑託外交部為之（一四四）。此係以應送達之處所為標準，而非以應受送達人有無治外法權為標準。應否囑託，法院有酌定之權。㈢於外國為送達者，應囑託該國管轄機關或駐在該國之中華民國大使、公使或領事為之（一四五）。督促程序、支付命令之送達，無此項囑託之適用（五〇九）。㈣對於駐在外國之中華民國大使、公使或領事為送達者，應囑託外交部為之（一四六）。此係對於大使、公使或領事本人為送達時有其適用，如對其隨員或家屬於外國為送達者，仍依前述第三項之囑託為之。㈤對於出戰或駐在外國之軍隊或軍艦之軍人為送達者，得囑託該管軍事機關或長官為之（一四七）。此為同法第一二九條及第一四五條之補充規定，其送達發生效力之時期，自以受囑託之該管機關或長官送達於應受送達人時為準。（民事訴訟法）（李學燈）

囑託鑑定

見「準鑑定人」條。（民事訴訟法）（李學燈）

羈押

為恐被告逃亡或串證，而將其留置於看守所內之處分，為被告之羈押。㈠羈押之原因。被告經訊問後，認為有刑訴法第七十六條所定之拘提原因者，於必要時得羈押之。若雖有法定得羈押之情形，亦得為具保、責付或限制住居之斟酌。羈押為拘束人身自由之強制處分，非有必要，不得輕易為之。㈡羈押之方式。羈押被告，應用押票，按被告指印，並記載下列事項：1. 被告之姓名、性別、年齡、籍貫及住、居所。2. 案由。3. 羈押之理由。4. 羈押之處所。被告之姓名不明或因其他情形有必要時，應記其足資辨別之特徵。被告之年齡、籍貫、住居所不明者，得免記載。押票，於偵查中由檢察官簽名，審判中由審判長或受命推事簽名。㈢羈押之執行。執行羈押，由司法警察將被告解送指定之看守所，該所長官驗收後，應於押票附記解到之年、月、日、時並簽名。刑訴法第七十九條、第八十一條、第八十九條及第九十條關於拘提執行及注意之規定，於執行羈押準用之。被告及得為其輔佐之人，得以言詞請求執行羈押之公務員或其所屬之機關付與押票之繕本。是項請求，不得拒絕，並應立即付與。管束羈押之被告，應以維持羈押之目的及押所之秩序所必要者為限，被告得自備飲食及日用必需品，並與外人接見、通信、受授書籍及其他物件；但押所得監視或檢閱之，如認其情事有足致其脫逃或湮滅、偽造變造證據或勾串共犯或證人之虞者，並得禁止或扣押之。被告非有事實認為有暴行或逃亡、自殺之虞者，不得束縛其身體。束縛身體之處分，由押所長官命令之，並應即時陳報該管法院或檢察官核准。羈押被告之處所，檢察官應勤加視察；按旬將視察情形呈報主管長官，並通知法院。㈣羈押之撤銷。羈押於其原因消滅時，應即撤銷，將被告釋放。羈押被告，偵查中不得逾二月，審判中不得逾三月；但有繼續羈押之必要者，得於期間未滿前，由法院裁定延長之。在偵查中延長羈押期間，應由檢察官聲請所屬法院裁定。延長羈押期間，每次不得逾二月，偵查中以一次為限。如所犯最重本刑為十年以下有期徒刑以下之刑者，審判中第一審、第二審以三次為限，第三審以一次為限。案經發回者，其延長羈押期間之次數，應更新計。羈押期間已滿未經起訴或裁判者，視為撤銷羈押；但得命具保、責付或限制住居。案件經上訴者，延長羈押期間，由上訴審法院裁定之；但卷宗及證物尚在原審法院者，應由原審法院裁定之。在上訴中被告羈押期間如已逾原判決之刑期者，應即撤銷羈押，將被告釋放；但檢察官為被告之不利益上訴者，得命具保、責付或限制住居。㈤羈押之停止。被告及得為輔佐人之人或辯護人，得隨時具保，聲請停止羈押。許可其聲請者，應命提出保證書，並指定相當之保證金額。保證書以該管區域內殷實之人或商舖所具者為限，並應記載保證金額及依法繳納之事由。指定之保證金額，如聲請人或許由第三人繳納者，免提出保證書，保證金得許以有價證券代之。許可停止羈押之聲請者，得限制被告之住居。如犯專科罰金之罪，保證金額不得逾罰金之最多額。許可聲請者，應於接受保證書或保證金後，停止羈押，暫復被告自由。羈押之被告，有下列情形之一者，如經具保聲請停止羈押，不得駁回：(1)所犯最重本刑為一年以下有期徒刑、拘役或專科罰金之罪者。2.懷胎五月以上或生產後二月未滿者。3.現罹疾病，非保外治療顯難痊癒者。羈押之被告，得不命具保而責付於得為其輔佐人之人或該管區域內其他適當之人，停止羈押。受責付者，應出具證書，載明如經傳喚應令被告隨時到場。羈押之被告，得不命具保而限制其住居，停止羈押。停止羈押後，有下列情形之一者，得再羈押：1.經合法傳喚無正當之理由不到場者。2.受住居之限制而違背者。3.新發生法定羈押原因者。被告於保釋後逃匿者，應命具保人繳納指定之保證金額，並沒入之。不繳納者，強制執行。已繳納者沒入之。以上為停止羈押之方法及嗣後有妨保全目的之效果，至於停止羈押後無妨其目的者，如已撤銷羈押或執行羈押或因裁定而致羈押之效力消滅時，即免除具保之責任。其具保證金之第三人，將被告預備逃匿情形，於得以防止之際報告法院、檢察官或司法警察官而聲請退保者，得准其退保。免除具保之責任或經退保者，應將保證書註銷，或將未沒入之保證金發還。以上關於保證責任之法律效果，於受責付者準用之。(刑事訴訟法)(陳　珊)

雲五社會科學大辭典（第六冊）

法律學索引

五畫

六畫

七畫

八畫

九畫

十畫

十一畫

十二畫

十三畫

十四畫

十五畫

十六畫

十七畫

十八畫

十九畫

二十畫

二十一畫

二十二畫

二十三畫

二十四畫

二十五畫

Index

D

E

F

M

N

Q

R

法律學／何孝元主編．-- 初版．-- 臺北市：
臺灣商務，民60
面；公分．—（雲五社會科學大辭典普及本；第6冊）
含索引
ISBN 957-05-0558-3(平裝）

1. 法律 - 字典,辭典

580.4 81004547

雲五社會科學大辭典 普及本第六冊

法律學

定價新臺幣五〇〇元

名譽總編輯 王雲五
編輯委員會召集人 楊亮功 陳雪屏 羅志淵
本冊主編 何孝元
出版委員會主任委員 劉季洪
出版者 印刷所 臺灣商務印書館股份有限公司
臺北市重慶南路一段三十七號
電話：(〇二)二三一一六一一八
傳真：(〇二)二三七一〇二七四
郵政劃撥：〇〇〇〇一六五—一號
出版事業登記證：局版北市業字第九九三號

・一九七一年十二月初版第一次印刷
・一九九九年六月初版第八次印刷

ISBN 957-05-0558-3（平裝） 32725011

雲五社會科學大辭典

名譽總編輯：王雲五
出版委員會主任委員：劉季洪

每部十二册

			精裝本	普及本
第一册	社會學	龍冠海主編	360元	180元
第二册	統計學	張果爲主編	405元	225元
第三册	政治學	羅志淵主編	495元	405元
第四册	國際關係（增訂本）	張彝鼎主編	450元	360元
第五册	經濟學	施建生主編	495元	315元
第六册	法律學	何孝元主編	585元	450元
第七册	行政學	張金鑑主編	405元	225元
第八册	教育學	楊亮功主編	450元	225元
第九册	心理學	陳雪屏主編	405元	225元
第十册	人類學	芮逸夫主編	405元	225元
第十一册	地理學	沙學浚主編	450元	225元
第十二册	歷史學（增訂本）	方　豪主編	495元	315元

精裝本 總價 5,400元 / 普及本 總價 3,375元

讀者回函卡

感謝您對本館的支持，為加強對您的服務，請填妥此卡，免付郵資寄回，可隨時收到本館最新出版訊息，及享受各種優惠。

姓名：________________　性別：□男 □女

出生日期：____年____月____日

職業：□學生 □公務（含軍警） □家管 □服務 □金融 □製造
□資訊 □大眾傳播 □自由業 □農漁牧 □退休 □其他

學歷：□高中以下（含高中） □大專 □研究所（含以上）

地址：□□□________________________

____

電話：（H）____________（O）____________

購買書名：________________________

您從何處得知本書？

□書店 □報紙廣告 □報紙專欄 □雜誌廣告 □DM廣告
□傳單 □親友介紹 □電視廣播 □其他

您對本書的意見？（A/滿意 B/尚可 C/需改進）

內容______ 編輯______ 校對______ 翻譯______

封面設計______ 價格______ 其他______

您的建議：________________________

____

____

臺灣商務印書館

台北市重慶南路一段三十七號 電話：（02）23116118・23115538

讀者服務專線：080056196 傳真：（02）23710274

郵撥：0000165-1號 E-mail：cptw@ms12.hinet.net